NOMOSKOMMENTAR

Dr. Hilmar Ferner | Dr. Holger Kröninger (Hrsg.)

Baugesetzbuch

Handkommentar

Dr. Hilmar Ferner, Richter am Verwaltungsgericht Gießen
Johannes Kirchmeier, Rechtsanwalt, Fachanwalt für Verwaltungsrecht, Saarbrücken
Thomas Kniest, Richter am Verwaltungsgericht Gießen
Dr. Holger Kröninger, Rechtsanwalt, Saarbrücken

Die Deutsche Bibliothek – CIP-Einheitsaufnahme

Die Deutsche Bibliothek verzeichnet diese Publikation in
der Deutschen Nationalbibliografie; detaillierte bibliografische
Daten sind im Internet über http://dnb.ddb.de abrufbar.

ISBN 3-8329-0231-7

1. Auflage 2005
© Nomos Verlagsgesellschaft, Baden-Baden 2005. Printed in Germany. Alle Rechte, auch die des Nachdrucks von Auszügen, der fotomechanischen Wiedergabe und der Übersetzung, vorbehalten.

Inhaltsverzeichnis

Abkürzungsverzeichnis	19
Bearbeiterverzeichnis	23
Einleitung	25

Erstes Kapitel
Allgemeines Städtebaurecht ... 29

Erster Teil
Bauleitplanung ... 29

Erster Abschnitt
Allgemeine Vorschriften ... 30

§ 1	Aufgabe, Begriff und Grundsätze der Bauleitplanung	30
§ 1a	Ergänzende Vorschriften zum Umweltschutz	38
§ 2	Aufstellung der Bauleitpläne	40
§ 2a	Begründung zum Bauleitplanentwurf, Umweltbericht	42
§ 3	Beteiligung der Öffentlichkeit	43
§ 4	Beteiligung der Behörden	47
§ 4a	Gemeinsame Vorschriften zur Beteiligung	48
§ 4b	Einschaltung eines Dritten	50
§ 4c	Überwachung	51

Zweiter Abschnitt
Vorbereitender Bauleitplan (Flächennutzungsplan) 51

§ 5	Inhalt des Flächennutzungsplans	51
§ 6	Genehmigung des Flächennutzungsplans	57
§ 7	Anpassung an den Flächennutzungsplan	59

Dritter Abschnitt
Verbindlicher Bauleitplan (Bebauungsplan) 60

§ 8	Zweck des Bebauungsplans	60
§ 9	Inhalt des Bebauungsplans	63
§ 9a	Verordnungsermächtigung	71
§ 10	Beschluss, Genehmigung und Inkrafttreten des Bebauungsplans	72

Vierter Abschnitt
Zusammenarbeit mit Privaten; vereinfachtes Verfahren 77

§ 11	Städtebaulicher Vertrag	77
§ 12	Vorhaben- und Erschließungsplan	81
§ 13	Vereinfachtes Verfahren	89

Zweiter Teil
Sicherung der Bauleitplanung 92

Erster Abschnitt
Veränderungssperre und Zurückstellung von Baugesuchen 92

§ 14	Veränderungssperre	92
§ 15	Zurückstellung von Baugesuchen	98
§ 16	Beschluss über die Veränderungssperre	101
§ 17	Geltungsdauer der Veränderungssperre	102
§ 18	Entschädigung bei Veränderungssperre	104

Zweiter Abschnitt
Teilung von Grundstücken; Gebiete mit Fremdenverkehrsfunktionen 106

§ 19	Teilung von Grundstücken	106
§§ 20 und 21	(weggefallen)	109
§ 22	Sicherung von Gebieten mit Fremdenverkehrsfunktionen	109
§ 23	(weggefallen)	116

Dritter Abschnitt
Gesetzliche Vorkaufsrechte der Gemeinde 116

§ 24	Allgemeines Vorkaufsrecht	116
§ 25	Besonderes Vorkaufsrecht	122
§ 26	Ausschluss des Vorkaufsrechts	125
§ 27	Abwendung des Vorkaufsrechts	127
§ 27a	Ausübung des Vorkaufsrechts zugunsten Dritter	129
§ 28	Verfahren und Entschädigung	131

Dritter Teil
Regelung der baulichen und sonstigen Nutzung; Entschädigung 138

Erster Abschnitt
Zulässigkeit von Vorhaben 138

§ 29	Begriff des Vorhabens; Geltung von Rechtsvorschriften	138
§ 30	Zulässigkeit von Vorhaben im Geltungsbereich eines Bebauungsplans	141
§ 31	Ausnahmen und Befreiungen	144

Inhaltsverzeichnis

§ 32	Nutzungsbeschränkungen auf künftigen Gemeinbedarfs-, Verkehrs-, Versorgungs- und Grünflächen	148
§ 33	Zulässigkeit von Vorhaben während der Planaufstellung	149
§ 34	Zulässigkeit von Vorhaben innerhalb der im Zusammenhang bebauten Ortsteile	150
§ 35	Bauen im Außenbereich	163
§ 36	Beteiligung der Gemeinde und der höheren Verwaltungsbehörde	179
§ 37	Bauliche Maßnahmen des Bundes und der Länder	181
§ 38	Bauliche Maßnahmen von überörtlicher Bedeutung auf Grund von Planfeststellungsverfahren; öffentlich zugängliche Abfallbeseitigungsanlagen	183

Zweiter Abschnitt
Entschädigung 183

§ 39	Vertrauensschaden	183
§ 40	Entschädigung in Geld oder durch Übernahme	187
§ 41	Entschädigung bei Begründung von Geh-, Fahr- und Leitungsrechten und bei Bindungen für Bepflanzungen	191
§ 42	Entschädigung bei Änderung oder Aufhebung einer zulässigen Nutzung	194
§ 43	Entschädigung und Verfahren	202
§ 44	Entschädigungspflichtige, Fälligkeit und Erlöschen der Entschädigungsansprüche	204

Vierter Teil
Bodenordnung 207

Erster Abschnitt
Umlegung 207

§ 45	Zweck und Anwendungsbereich	207
§ 46	Zuständigkeit und Voraussetzungen	210
§ 47	Umlegungsbeschluss	212
§ 48	Beteiligte	215
§ 49	Rechtsnachfolge	216
§ 50	Bekanntmachung des Umlegungsbeschlusses	216
§ 51	Verfügungs- und Veränderungssperre	217
§ 52	Umlegungsgebiet	219
§ 53	Bestandskarte und Bestandsverzeichnis	221
§ 54	Benachrichtigungen und Umlegungsvermerk	223
§ 55	Umlegungsmasse und Verteilungsmasse	224
§ 56	Verteilungsmaßstab	228
§ 57	Verteilung nach Werten	230
§ 58	Verteilung nach Flächen	232

§ 59	Zuteilung und Abfindung	234
§ 60	Abfindung und Ausgleich für bauliche Anlagen, Anpflanzungen und sonstige Einrichtungen	239
§ 61	Aufhebung, Änderung und Begründung von Rechten	241
§ 62	Gemeinschaftliches Eigentum; besondere rechtliche Verhältnisse	242
§ 63	Übergang von Rechtsverhältnissen auf die Abfindung	243
§ 64	Geldleistungen	244
§ 65	Hinterlegung und Verteilungsverfahren	246
§ 66	Aufstellung und Inhalt des Umlegungsplans	247
§ 67	Umlegungskarte	250
§ 68	Umlegungsverzeichnis	251
§ 69	Bekanntmachung des Umlegungsplans, Einsichtnahme	252
§ 70	Zustellung des Umlegungsplans	252
§ 71	Inkrafttreten des Umlegungsplans	253
§ 72	Wirkungen der Bekanntmachung	254
§ 73	Änderung des Umlegungsplans	256
§ 74	Berichtigung der öffentlichen Bücher	257
§ 75	Einsichtnahme in den Umlegungsplan	257
§ 76	Vorwegnahme der Entscheidung	258
§ 77	Vorzeitige Besitzeinweisung	259
§ 78	Verfahrens- und Sachkosten	261
§ 79	Abgaben- und Auslagenbefreiung	262

Zweiter Abschnitt
Vereinfachte Umlegung 262

§ 80	Zweck, Anwendungsbereich, Zuständigkeiten	262
§ 81	Geldleistungen	267
§ 82	Beschluss über die vereinfachte Umlegung	268
§ 83	Bekanntmachung und Rechtswirkungen der vereinfachten Umlegung	269
§ 84	Berichtigung der öffentlichen Bücher	270

Fünfter Teil
Enteignung 271

Erster Abschnitt
Zulässigkeit der Enteignung 271

§ 85	Enteignungszweck	271
§ 86	Gegenstand der Enteignung	275
§ 87	Voraussetzungen für die Zulässigkeit der Enteignung	277
§ 88	Enteignung aus zwingenden städtebaulichen Gründen	281
§ 89	Veräußerungspflicht	281
§ 90	Enteignung von Grundstücken zur Entschädigung in Land	284
§ 91	Ersatz für entzogene Rechte	287
§ 92	Umfang, Beschränkung und Ausdehnung der Enteignung	288

Zweiter Abschnitt
Entschädigung 290

§ 93	Entschädigungsgrundsätze	290
§ 94	Entschädigungsberechtigter und Entschädigungsverpflichteter	293
§ 95	Entschädigung für den Rechtsverlust	294
§ 96	Entschädigung für andere Vermögensnachteile	300
§ 97	Behandlung der Rechte der Nebenberechtigten	302
§ 98	Schuldübergang	305
§ 99	Entschädigung in Geld	306
§ 100	Entschädigung in Land	308
§ 101	Entschädigung durch Gewährung anderer Rechte	313
§ 102	Rückenteignung	314
§ 103	Entschädigung für die Rückenteignung	316

Dritter Abschnitt
Enteignungsverfahren 317

§ 104	Enteignungsbehörde	317
§ 105	Enteignungsantrag	318
§ 106	Beteiligte	319
§ 107	Vorbereitung der mündlichen Verhandlung	321
§ 108	Einleitung des Enteignungsverfahrens und Anberaumung des Termins zur mündlichen Verhandlung; Enteignungsvermerk	322
§ 109	Genehmigungspflicht	325
§ 110	Einigung	326
§ 111	Teileinigung	328
§ 112	Entscheidung der Enteignungsbehörde	329
§ 113	Enteignungsbeschluss	331
§ 114	Lauf der Verwendungsfrist	335
§ 115	Verfahren bei der Entschädigung durch Gewährung anderer Rechte	336
§ 116	Vorzeitige Besitzeinweisung	338
§ 117	Ausführung des Enteignungsbeschlusses	342
§ 118	Hinterlegung	346
§ 119	Verteilungsverfahren	346
§ 120	Aufhebung des Enteignungsbeschlusses	347
§ 121	Kosten	348
§ 122	Vollstreckbarer Titel	350

Sechster Teil
Erschließung 351

Erster Abschnitt
Allgemeine Vorschriften 353

§ 123 Erschließungslast 353
§ 124 Erschließungsvertrag 356
§ 125 Bindung an den Bebauungsplan 363
§ 126 Pflichten des Eigentümers 369

Zweiter Abschnitt
Erschließungsbeitrag 370

§ 127 Erhebung des Erschließungsbeitrags 370
§ 128 Umfang des Erschließungsaufwands 390
§ 129 Beitragsfähiger Erschließungsaufwand 401
§ 130 Art der Ermittlung des beitragsfähigen Erschließungsaufwands 405
§ 131 Maßstäbe für die Verteilung des Erschließungsaufwands 410
§ 132 Regelung durch Satzung 424
§ 133 Gegenstand und Entstehung der Beitragspflicht 426
§ 134 Beitragspflichtiger 435
§ 135 Fälligkeit und Zahlung des Beitrags 437

Siebter Teil
Maßnahmen für den Naturschutz 443

§ 135a Pflichten des Vorhabenträgers; Durchführung durch die Gemeinde; Kostenerstattung 443
§ 135b Verteilungsmaßstäbe für die Abrechnung 446
§ 135c Satzungsrecht 447

Zweites Kapitel
Besonderes Städtebaurecht 449

Erster Teil
Städtebauliche Sanierungsmaßnahmen 449

Erster Abschnitt
Allgemeine Vorschriften 449

§ 136 Städtebauliche Sanierungsmaßnahmen 449
§ 137 Beteiligung und Mitwirkung der Betroffenen 452
§ 138 Auskunftspflicht 452
§ 139 Beteiligung und Mitwirkung öffentlicher Aufgabenträger 454

Zweiter Abschnitt
Vorbereitung und Durchführung

§ 140	Vorbereitung	455
§ 141	Vorbereitende Untersuchungen	456
§ 142	Sanierungssatzung	457
§ 143	Bekanntmachung der Sanierungssatzung, Sanierungsvermerk	459
§ 144	Genehmigungspflichtige Vorhaben und Rechtsvorgänge	459
§ 145	Genehmigung	461
§ 146	Durchführung	463
§ 147	Ordnungsmaßnahmen	464
§ 148	Baumaßnahmen	465
§ 149	Kosten- und Finanzierungsübersicht	466
§ 150	Ersatz für Änderungen von Einrichtungen, die der öffentlichen Versorgung dienen	467
§ 151	Abgaben- und Auslagenbefreiung	468

Dritter Abschnitt
Besondere sanierungsrechtliche Vorschriften 469

§ 152	Anwendungsbereich	469
§ 153	Bemessung von Ausgleichs- und Entschädigungsleistungen, Kaufpreise, Umlegung	469
§ 154	Ausgleichsbetrag des Eigentümers	471
§ 155	Anrechnung auf den Ausgleichsbetrag, Absehen	473
§ 156	Überleitungsvorschriften zur förmlichen Festlegung	475
§ 156a	Kosten und Finanzierung der Sanierungsmaßnahme	475

Vierter Abschnitt
Sanierungsträger und andere Beauftragte 476

§ 157	Erfüllung von Aufgaben für die Gemeinde	476
§ 158	Voraussetzungen für die Beauftragung als Sanierungsträger	477
§ 159	Erfüllung der Aufgaben als Sanierungsträger	478
§ 160	Treuhandvermögen	479
§ 161	Sicherung des Treuhandvermögens	481

Fünfter Abschnitt
Abschluss der Sanierung 482

§ 162	Aufhebung der Sanierungssatzung	482
§ 163	Fortfall von Rechtswirkungen für einzelne Grundstücke	483
§ 164	Anspruch auf Rückübertragung	483

Sechster Abschnitt
Städtebauförderung 485

§ 164a Einsatz von Städtebauförderungsmitteln 485
§ 164b Verwaltungsvereinbarung 486

Zweiter Teil
Städtebauliche Entwicklungsmaßnahmen 486

§ 165 Städtebauliche Entwicklungsmaßnahmen 486
§ 166 Zuständigkeit und Aufgaben 489
§ 167 Erfüllung von Aufgaben für die Gemeinde; Entwicklungsträger 490
§ 168 Übernahmeverlangen 491
§ 169 Besondere Vorschriften für den städtebaulichen Entwicklungsbereich 491
§ 170 Sonderregelung für Anpassungsgebiete 493
§ 171 Kosten und Finanzierung der Entwicklungsmaßnahme 494

Dritter Teil
Stadtumbau 494

§ 171a Stadtumbaumaßnahmen 494
§ 171b Stadtumbaugebiet, städtebauliches Entwicklungskonzept 496
§ 171c Stadtumbauvertrag 496
§ 171d Sicherung von Durchführungsmaßnahmen 497

Vierter Teil
Soziale Stadt 498

§ 171e Maßnahmen der Sozialen Stadt 498

Fünfter Teil
Erhaltungssatzung und städtebauliche Gebote 499

Erster Abschnitt
Erhaltungssatzung 499

§ 172 Erhaltung baulicher Anlagen und der Eigenart von Gebieten
(Erhaltungssatzung) 499
§ 173 Genehmigung, Übernahmeanspruch 504
§ 174 Ausnahmen 505

Zweiter Abschnitt
Städtebauliche Gebote 506

§ 175 Allgemeines 506
§ 176 Baugebot 508
§ 177 Modernisierungs- und Instandsetzungsgebot 510
§ 178 Pflanzgebot 512
§ 179 Rückbau- und Entsiegelungsgebot 512

Sechster Teil
Sozialplan und Härteausgleich — 514

§ 180 Sozialplan — 514
§ 181 Härteausgleich — 516

Siebter Teil
Miet- und Pachtverhältnisse — 517

§ 182 Aufhebung von Miet- oder Pachtverhältnissen — 517
§ 183 Aufhebung von Miet- oder Pachtverhältnissen über unbebaute Grundstücke — 520
§ 184 Aufhebung anderer Vertragsverhältnisse — 520
§ 185 Entschädigung bei Aufhebung von Miet- oder Pachtverhältnissen — 521
§ 186 Verlängerung von Miet- oder Pachtverhältnissen — 522

Achter Teil
Städtebauliche Maßnahmen im Zusammenhang mit Maßnahmen zur Verbesserung der Agrarstruktur — 522

§ 187 Abstimmung von Maßnahmen; Bauleitplanung und Maßnahmen zur Verbesserung der Agrarstruktur — 522
§ 188 Bauleitplanung und Flurbereinigung — 524
§ 189 Ersatzlandbeschaffung — 524
§ 190 Flurbereinigung aus Anlass einer städtebaulichen Maßnahme — 525
§ 191 Vorschriften über den Verkehr mit land- und forstwirtschaftlichen Grundstücken — 526

Drittes Kapitel
Sonstige Vorschriften — 527

Erster Teil
Wertermittlung — 527

§ 192 Gutachterausschuss — 527
§ 193 Aufgaben des Gutachterausschusses — 528
§ 194 Verkehrswert — 530
§ 195 Kaufpreissammlung — 532
§ 196 Bodenrichtwerte — 533
§ 197 Befugnisse des Gutachterausschusses — 534
§ 198 Oberer Gutachterausschuss — 535
§ 199 Ermächtigungen — 535

Inhaltsverzeichnis

Zweiter Teil
Allgemeine Vorschriften; Zuständigkeiten;
Verwaltungsverfahren; Planerhaltung 536

Erster Abschnitt
Allgemeine Vorschriften 536
§ 200 Grundstücke; Rechte an Grundstücken; Baulandkataster 536
§ 200a Ersatzmaßnahmen 537
§ 201 Begriff der Landwirtschaft 540
§ 202 Schutz des Mutterbodens 543

Zweiter Abschnitt
Zuständigkeiten 547
§ 203 Abweichende Zuständigkeitsregelung 547
§ 204 Gemeinsamer Flächennutzungsplan, Bauleitplanung bei Bildung
 von Planungsverbänden und bei Gebiets- oder Bestandsänderung 554
§ 205 Planungsverbände 559
§ 206 Örtliche und sachliche Zuständigkeit 564

Dritter Abschnitt
Verwaltungsverfahren 566
§ 207 Von Amts wegen bestellter Vertreter 566
§ 208 Anordnungen zur Erforschung des Sachverhalts 567
§ 209 Vorarbeiten auf Grundstücken 567
§ 210 Wiedereinsetzung 569
§ 211 Belehrung über Rechtsbehelfe 570
§ 212 Vorverfahren 571
§ 212a Entfall der aufschiebenden Wirkung 572
§ 213 Ordnungswidrigkeiten 579

Vierter Abschnitt
Planerhaltung 581
§ 214 Beachtlichkeit der Verletzung von Vorschriften über die Aufstellung
 des Flächennutzungsplans und der Satzungen ergänzendes Verfahren 581
§ 215 Frist für die Geltendmachung der Verletzung von Vorschriften 592
§ 215a (weggefallen) 594
§ 216 Aufgaben im Genehmigungsverfahren 594

Dritter Teil
Verfahren vor den Kammern (Senaten) für Baulandsachen 595
§ 217 Antrag auf gerichtliche Entscheidung 595
§ 218 Wiedereinsetzung in den vorigen Stand 598
§ 219 Örtliche Zuständigkeit der Landgerichte 600

§ 220	Zusammensetzung der Kammern für Baulandsachen	600
§ 221	Allgemeine Verfahrensvorschriften	601
§ 222	Beteiligte	603
§ 223	Anfechtung von Ermessensentscheidungen	604
§ 224	Entfall der aufschiebenden Wirkung im Umlegungsverfahren und bei vorzeitiger Besitzeinweisung	604
§ 225	Vorzeitige Ausführungsanordnung	605
§ 226	Urteil	607
§ 227	Säumnis eines Beteiligten	608
§ 228	Kosten des Verfahrens	609
§ 229	Berufung, Beschwerde	611
§ 230	Revision	612
§ 231	Einigung	612
§ 232	Weitere Zuständigkeit der Kammern (Senate) für Baulandsachen	613

Viertes Kapitel
Überleitungs- und Schlussvorschriften 615

Erster Teil
Überleitungsvorschriften 615

§ 233	Allgemeine Überleitungsvorschriften	615
§ 234	Überleitungsvorschriften für das Vorkaufsrecht	616
§ 235	Überleitungsvorschriften für städtebauliche Sanierungs- und Entwicklungsmaßnahmen	616
§ 236	Überleitungsvorschriften für das Baugebot und die Erhaltung baulicher Anlagen	617
§ 237	(weggefallen)	618
§ 238	Überleitungsvorschrift für Entschädigungen	618
§ 239	Überleitungsvorschrift für die Grenzregelung	618
§§ 240 und 241	(weggefallen)	619
§ 242	Überleitungsvorschriften für die Erschließung	619
§ 243	Überleitungsvorschriften für das Maßnahmengesetz zum Baugesetzbuch und das Bundesnaturschutzgesetz	620
§ 244	Überleitungsvorschriften für das Europarechtsanpassungsgesetz Bau	621
§ 245	Überleitungsvorschriften für den Stadtumbau und die Soziale Stadt	622
§ 245a	(weggefallen)	623
§ 245b	Überleitungsvorschriften für Vorhaben im Außenbereich	623
§ 245c	(weggefallen)	623

Zweiter Teil
Schlussvorschriften 624

§ 246 Sonderregelungen für einzelne Länder 624
§ 246a (weggefallen) 625
§ 247 Sonderregelungen für Berlin als Hauptstadt der Bundesrepublik Deutschland 625

Anlage (zu § 2 Abs. 4 und § 2a) 626

Literaturverzeichnis 627

Stichwortverzeichnis 629

Musterverzeichnis

- Einwendungen bei der frühzeitigen Bürgerbeteiligung, § 3 Abs 1 BauGB — 45
- Anregungen im förmlichen Auslegungsverfahren, § 3 Abs 2 BauGB — 46
- Antrag auf Normenkontrolle gem § 47 VwGO wegen Unwirksamkeit eines Bebauungsplans — 74
- Antrag auf Erlass einer einstweiligen Anordnung im Normenkontrollverfahren — 76
- Einwendungen im Genehmigungsverfahren gem § 10 Abs 2 BauGB — 76
- Vertragsformular eines Durchführungsvertrages zum Vorhaben- und Erschließungsplan (§ 12 BauGB) — 85
- Normenkontrolle gegen eine Veränderungssperre (§ 14 BauGB) — 97
- Widerspruch gegen die Zurückstellung eines Baugesuchs (§ 15 BauGB) — 100
- Klage auf Erteilung einer Genehmigung zur Begründung von Wohnungseigentum (§ 22 BauGB) — 115
- Widerspruch gegen die Ausübung eines Vorkaufsrechts (§ 24 BauGB) — 121
- Antrag auf Abwendung des Vorkaufsrechts gemäß § 27 BauGB — 128
- Antrag auf gerichtliche Entscheidung gegen die Ausübung eines preislimitierten Vorkaufsrechts(§ 28 Abs 3 Satz 1 BauGB) — 137
- (Nachbar-) Widerspruch gegen eine Baugenehmigung — 160
- Antrag auf Aussetzung der Vollziehung gem §§ 80a Abs 1 Nr 2, 80 Abs 4 VwGO nach Nachbarwiderspruch — 160
- Antrag an das Verwaltungsgericht auf Anordnung der aufschiebenden Wirkung und Stilllegung nach Nachbarwiderspruch — 161
- Verpflichtungsklage auf Erteilung eines Vorbescheids — 162
- Antrag auf Übernahme nach §§ 40, 43 BauGB — 191
- Antrag auf Entschädigung gem § 42 BauGB — 200
- Antrag auf gerichtliche Entscheidung gegen die Ablehnung von Ansprüchen — 201
- Widerspruch gegen einen Umlegungsbeschluss — 214
- Antrag auf gerichtliche Entscheidung gegen einen Umlegungsplan nach §§ 66, 217 BauGB — 249
- Antrag auf Anordnung der aufschiebenden Wirkung gegen eine vorzeitige Besitzeinweisung (§§ 77 oder 116, 224 BauGB) — 260
- Enteignungsbeschluss nach § 113 BauGB — 333
- Antrag auf gerichtliche Entscheidung gegen einen Enteignungsbeschluss — 334
- Besitzeinweisungsbeschluss (§ 116 BauGB) — 342

Musterverzeichnis

- Ausführungsanordnung (§ 117 BauGB) — 345
- Erschließungsvertrag (§ 124 BauGB) — 359
- Widerspruch gegen einen Erschließungsbeitragsbescheid — 387
- Antrag an die Behörde auf Aussetzung der Vollziehung des Erschließungsbeitragsbescheides nach § 80 Abs 4 VwGO — 388
- Antrag an das Verwaltungsgericht auf Anordnung der aufschiebenden Wirkung des Widerspruchs gegen Erschließungsbeitragsbescheid gem § 80 Abs 5 VwGO — 389
- Vertragsformular für einen Ablösevertrag eines Erschließungsbeitrages — 442

Abkürzungsverzeichnis

aA	andere Ansicht
aaO	am angegebenen Ort
AbfG	Gesetz über die Vermeidung und Entsorgung von Abfällen (Abfallgesetz)
Abs	Absatz
aF	alte Fassung
Alt	Alternative
aM	anderer Meinung
Anm	Anmerkung
AO	Abgabenordnung
Art	Artikel
AS	Amtliche Sammlung
Aufl	Auflage
B	Beschluss
BAnz	Bundesanzeiger
BauGB	Baugesetzbuch (fr. Bezeichnung Bundesbaugesetz – BbauG)
BauGBMaßnG	Maßnahmengesetz zum Baugesetzbuch
BauNVO	Verordnung über die bauliche Nutzung der Grundstücke-Baunutzungsverordnung
BauO	Bauordnung
BauOBln	Bauordnung Berlin
BauR	Baurecht
BauROG 1998	Gesetz zur Änderung des Baugesetzbuchs und zur Neuregelung des Rechts der Raumordnung vom 18.08.1997
BayVBl	Bayerische Verwaltungsblätter
BBauBl	Bundesbaublatt
BBauG	Bundesbaugesetz 1976, geändert durch Gesetz vom 06.07.1979
Bd	Band
Begr	Begründung
Bek	Bekanntmachung
BeurkG	Beurkundungsgesetz
BFH	Bundesfinanzhof
BFHE	Sammlung der Entscheidungen und Gutachten des Bundesfinanzhofs
BGB	Bürgerliches Gesetzbuch
BGBl	Bundesgesetzblatt
BGH	Bundesgerichtshof
BGHR	Rechtsprechung des Bundesgerichtshofs
BGHZ	Entscheidungen des Bundesgerichtshofs in Zivilsachen
BPl	Bebauungsplan
BR-Drs	Bundesrat, Drucksache

Abkürzungsverzeichnis

BRS	Baurechtssammlung
bspw	beispielsweise
Buchholz	Sammel- und Nachschlagewerk der Rechtsprechung des BVerwG, Hrsg. von Buchholz
BT-Drs	Deutscher Bundestag, Drucksache
BVerfG	Bundesverfassungsgericht
BVerfGE	Entscheidungen des Bundesverfassungsgerichts
BVerwG	Bundesverwaltungsgericht
BVerwGE	Entscheidungen des Bundesverwaltungsgerichts
BWVBl	Verwaltungsblätter Baden-Württemberg
bzgl	bezüglich
bzw	beziehungsweise
dh	das heißt
DÖV	Die öffentliche Verwaltung
DVBl	Deutsches Verwaltungsblatt
EAG Bau	Gesetz zur Anpassung des Baugesetzbuchs an EU-Richtlinien
Erl	Erläuterung(en)
ESVGH	Entscheidungssammlung des Hessischen Verwaltungsgerichtshofes und des Verwaltungsgerichtshofes Baden-Württemberg mit Entscheidungen des Staatsgerichtshofes beider Länder
evtl	eventuell
ff	fortfolgende
FPl	Flächennutzungsplan
FlurbG	Flurbereinigungsgesetz
GastG	Gaststättengesetz
gem	gemäß
GemT	Gemeindetag
GewArch	Gewerbearchiv
GG	Grundgesetz
ggf	gegebenenfalls
GKG	Gerichtskostengesetz
GmS-OGB	Gemeinsamer Senat der Obersten Gerichtshöfe des Bundes
grds	grundsätzlich
GuG	Grundstücksmarkt und Grundstückswert
HessVGRspr	Rechtsprechung der Hessischen Verwaltungsgerichte
hM	Herrschende Meinung
HS	Halbsatz
HSGZ	Städte- und Gemeindezeitung

Abkürzungsverzeichnis

idF	in der Fassung
idR	in der Regel
idS	in diesem Sinne
InsO	Insolvenzordnung
iR	im Rahmen
iS	im Sinne
iSd	im Sinne des/der
iSv	im Sinne von
iVm	in Verbindung mit
KAG	Kommunalabgabengesetz
KStZ	Kommunale Steuer-Zeitschrift
LBO	Landesbauordnung
LKV	Landes- und Kommunalverwaltung
maW	mit anderen Worten
MDR	Monatsschrift des Deutschen Rechts
mwN	mit weiteren Nachweisen
mzN	mit zahlreichen Nachweisen
NJW	Neue Juristische Wochenschrift
NJW-RR	NJW-Rechtsprechungsreport Zivilrecht
Nr	Nummer
NuR	Natur und Recht
NVwZ	Neue Zeitschrift für Verwaltungsrecht
NVwZ-RR	Neue Zeitschrift für Verwaltungsrecht-Rechtsprechungsreport
NWVBl	Nordrhein-Westfälische Verwaltungsblätter
OLG	Oberlandesgericht
OVG	Oberverwaltungsgericht
RdL	Recht der Landwirtschaft
Reg-E	Regierungsentwurf
Rn	Randnummer
Rspr	Rechtsprechung
S	Seite
s	siehe
SächsBauO	Sächsische Bauordnung
SächsVBl	Sächsische Verwaltungsblätter
sog	sogenannte(n)(r)(s)
StBauFG	Städtebauförderungsgesetz
TA Lärm	Technische Anleitung zum Schutz gegen Lärm

Abkürzungsverzeichnis

TA Luft	Technische Anleitung zur Reinhaltung der Luft
ua	und andere; unter anderem
uä	und ähnliche
UPR	Umwelt- und Planungsrecht
UStG	Umsatzsteuergesetz
usw	und so weiter
uU	unter Umständen
UVPG	Gesetz über die Umweltverträglichkeitsprüfung
v	vom
VA	Verwaltungsakt
vbBPl	Vorhabenbezogener Bebauungsplan
VBl BW	Verwaltungsblätter Baden-Württemberg
VEPl	Vorhaben- und Erschließungsplan
VG	Verwaltungsgericht
VGH	Verwaltungsgerichtshof
vgl	vergleiche
Vorb	Vorbemerkung
Vspr	Veränderungssperre
VTr	Vorhabenträger
VwGO	Verwaltungsgerichtsordnung
VwVfG	Verwaltungsverfahrensgesetz
WEG	Gesetz über das Wohnungseigentum und das Dauerwohnrecht-Wohnungseigentumgesetz
WertV	Verordnung über die Grundsätze für die Ermittlung des Verkehrswerts von Grundstücken-Wertermittlungsverordnung
WoBauG	Wohnungsbaugesetz
zB	zum Beispiel
ZfBR	Zeitschrift für Deutsches und Internationales Baurecht
ZfW	Zeitschrift für Wasserrecht
Ziff	Ziffer

Bearbeiterverzeichnis

Dr. Hilmar Ferner: Einleitung, §§ 1–10, 29–38, 136–179
Johannes Kirchmeier: §§ 11–18, 45–84, 200–216
Thomas Kniest: §§ 123–135c, 180–191
Dr. Holger Kröninger: §§ 19–28, 39–44, 85–122, 192–199, 217–247; Muster

Zitiervorschlag
HK-BauGB/*Bearbeiter*, § 34 Rn 3

Einleitung

Der Standort des Baugesetzbuches innerhalb des öffentlichen Baurechts lässt sich am besten durch einen Rückblick auf die bisherige Rechtsentwicklung verdeutlichen. Unter „Baurecht" verstand man in der 1. Hälfte des 19. Jahrhunderts ausschließlich das Baupolizeirecht, also den Tätigkeitsbereich der Polizeibehörden iR der Gefahrenabwehr bei Neubauten oder schon bestehenden baulichen Anlagen. Im Zuge einer zunehmenden Industrialisierung und steigender Nachfrage nach angemessenem Wohnraum trat die Notwendigkeit einer vorausschauenden und geordneten städtebaulichen Planung zu Tage, der die Länder überwiegend mit sog „Aufbaugesetzen" zu begegnen versuchten. Als das Bundesministerium für Wohnungsbau im September 1950 zwei Referentenentwürfe zu einem „Baugesetz für die Bundesrepublik Deutschland" und zu einem „Gesetz über die vorläufige Baulandbeschaffung" vorlegte, kam es zu Bedenken hinsichtlich der umfassenden Gesetzgebungszuständigkeit des Bundes. Das Bundesverfassungsgericht arbeitete in einem zu dieser Frage in Auftrag gegebenen Gutachten erstmals die beiden großen Bereiche des öffentlichen Baurechts, nämlich das Städtebaurecht (Bauplanungsrecht) und das Bauordnungsrecht heraus, und erkannte nur für das Erstere dem Bund die Gesetzgebungskompetenz zu (vgl BVerfGE 3, 407). Das Städtebau- bzw Bauplanungsrecht hat im Wesentlichen die bauplanerische Gebietsgestaltung und das Einfügen von baulichen Anlagen in die Umgebung zum Gegenstand, während das Bauordnungsrecht auf landesrechtlicher Ebene das Genehmigungsverfahren bzw die Freistellung hiervon regelt und Anforderungen gestalterischer und baukonstruktiver Hinsicht stellt. In verschiedenen Bundesländern bestehen jedoch Entwicklungstendenzen weg von einem präventiven, durchkodifizierten Genehmigungsverfahren hin zu einer repressiven, auf der Eigenverantwortlichkeit und Sachkompetenz der am Bau Beteiligten basierenden Baukontrolle.

Im Bundesbaugesetz vom 23.06.1960 (BGBl I S 341) sind – auf der Grundlage des vom Bundesverfassungsgericht erstellten Gutachtens – die Vielzahl der zuvor bestehenden, überwiegend landesrechtlichen und zudem unterschiedlichen sowie zum Teil unvollkommenen Regelungen gesichert, zusammengefasst und inhaltlich weiterentwickelt worden. Damit hatte nach zehnjährigen Beratungen eine Gesetzgebungsarbeit ihren Abschluss gefunden, deren besondere Bedeutung in der – durch die Gesetzgebungskompetenz begrenzten – Vereinheitlichung des Städtebaurechts auf Bundesebene zu sehen ist.

Etwa ab der Mitte der 60er Jahre zeichnete sich eine Veränderung in der Zielsetzung des allgemeinen Städtebaus ab. Außerhalb der Sanierungs- und Entwicklungsgebiete zeigte sich insbesondere die Notwendigkeit, neben einer regionalen differenzierten Wachstumspolitik die vorhandenen städtebaulichen Strukturen zu erhalten und zu erneuern. Dies bedingte zwangsläufig auch eine grundlegende Weiterentwicklung der im BBauG enthaltenen Ordnung des Städtebaurechts, die ihren Ausdruck in dem Gesetz zur Änderung des BBauG vom 18.08.1976 (BGBl I S 2221) fand, nachdem bereits 1971 mit dem Städtebauförderungsgesetz in teilweiser Ergänzung und Fortentwicklung des BBauG ein auf die Besonderheiten der Sanierungs- und Entwicklungsmaßnahmen ausgerichtetes Instrumentarium geschaffen worden war.

Einleitung

3 Auf Grund eines Regierungsbeschlusses vom 22.02.1984 wurde in der Folgezeit der Gesetzentwurf für ein neues Baugesetzbuch erstellt, welches am 01.07.1987 in Kraft trat (BGBl I S 2191). Wesentliche Ziele dieser Neuregelung waren die Zusammenfassung der rechtlichen Grundlagen des Städtebaus in einem einheitlichen Gesetzeswerk, die Stärkung des Umwelt- und des Denkmalschutzes, eine Rechts- und Verwaltungsvereinfachung sowie eine Stärkung der Planungshoheit der Gemeinden. Hierzu wurde keine Neukodifizierung des gesamten Städtebaurechts in Angriff genommen, das BauGB ist vielmehr eine umfassende Gesamtnovellierung, die sich in der Folge auch auf die Wertermittlungsverordnung, die Baunutzungsverordnung und die Planzeichenverordnung erstreckte.

Als Ende der 80er Jahre die Nachfrage nach Wohnraum erheblich stieg, versuchte der Gesetzgeber, dem erneut Rechnung zu tragen. Am 01.06.1990 trat ein auf fünf Jahre befristetes Maßnahmengesetz zum BauGB in Kraft (BGBl I S 926). Es enthielt Erleichterungen für das Bauleitplanungsverfahren, erweiterte das Vorkaufsrecht der Gemeinden und verbesserte die Genehmigungsmöglichkeiten für Wohnbauvorhaben in Gebieten mit Bebauungsplänen (Befreiung) und im nicht beplanten Innenbereich. Erleichtert wurde auch die Umnutzung bisher landwirtschaftlich genutzter Gebäude. Unterstützt wurde das Anliegen der Wohnraumbeschaffung durch verfahrensrechtliche Vorschriften. Auf Grund des Einigungsvertrages vom 31.08.1990 wurde das BauGB insgesamt auch in den neuen Bundesländern eingeführt, wobei den dortigen Besonderheiten durch bis zum 31.12.1997 befristete Sonderregelungen Rechnung getragen wurde.

4 Eine weitere Erleichterung des Bauens und eine Verfahrensbeschleunigung strebte der Gesetzgeber mit dem am 01.05.1993 in Kraft getretenen Investitionserleichterungs- und Wohnbaulandgesetz (BGBl I S 466) an. Unter dem Eindruck wirtschaftlicher Probleme und zunehmender Diskussionen über den Wirtschaftsstandort Deutschland wurden weitere materiell- und verfahrensrechtliche Erleichterungen und Beschleunigungseffekte im Bereich des öffentlichen Baurechts angestrebt. Gleichzeitig wurden in den §§ 8a–8c Bundesnaturschutzgesetz – BNatSchG – Neuregelungen des Verhältnisses der naturschutzrechtlichen Eingriffsregelung zur Bauleitplanung und zur Zulässigkeit von Vorhaben entwickelt und auch das Gesetz über die Umweltverträglichkeitsprüfung wurde entsprechend geändert.

5 Entsprechend dem Bundestagsbeschluss vom 12.02.1993 wurde am 01.01.1998 dem Auslaufen der zeitlich befristeten Regelungen durch das Inkrafttreten des Bau- und Raumordnungsgesetzes – BauROG 1998 vom 18.08.1997 (BGBl I S 2081) – Rechnung getragen, mit dem ua das Baugesetzbuch in weiten Bereichen novelliert wurde. Ziel war es, die verschiedenen Regelungswerke „wieder einheitlich im Baugesetzbuch zusammenzuführen". Dabei wurden die Erfahrungen mit den befristeten Gesetzen ausgewertet und Teile hiervon in Dauerrecht überführt. Die naturschutzrechtliche Eingriffsregelung wurde weiterentwickelt und mit anderen Vorschriften zum Schutz von Natur und Umwelt im BauGB verankert. Ein weitgehender Verzicht auf eine Rechtskontrolle der kommunalen Bauleitplanung soll die Planungshoheit der Gemeinden stärken, die Notwendigkeit einer Teilungsgenehmigung wurde nahezu vollständig abgeschafft und dem Strukturwandel in der Landwirtschaft wurde durch erweiterte Umnutzungsmöglichkeiten von ehemals landwirtschaftlich genutzten Au-

ßenbereichsanlagen Rechnung getragen. Wieder einmal sollen auch Verfahrensänderungen zur Beschleunigung und Erleichterungen beim Bauen führen und damit wirtschaftliche Impulse geben.

Am 24.06.2004 beschloss der Bundestag mit Zustimmung des Bundesrates das Gesetz zur Anpassung des Baugesetzbuchs an EU-Richtlinien (Europarechtsanpassungsgesetz – EAG Bau, BGBl I S 1359). Hiermit soll den zwingenden Vorgaben der Richtlinie 2001/42/EG des Europäischen Parlaments und des Rates vom 27.06.2001 (Plan-UP-Richtlinie) und der Richtlinie 2003/35/EG des Europäischen Parlaments und des Rates vom 26.05.2003 (Öffentlichkeitsbeteiligungsrichtlinie) Rechnung getragen werden. Es sollen gleichzeitig die umweltbezogenen Anforderungen des Gemeinschaftsrechts in die Bauleitplanung integriert und planungsrechtliche Verfahrensschritte auf hohem Umweltniveau vereinheitlicht und gestärkt werden, um eine zügige und sichere Planung zu ermöglichen, die dem Leitbild der nachhaltigen Stadtentwicklung entspricht. Zugleich soll das Planungsrecht vereinfacht, aber auch zusätzliche Steuerungsmittel für besondere städtebauliche Situationen eingeführt werden. Schließlich will der Gesetzgeber den Gemeinden rechtliche Grundlagen für Stadtumbaumaßnahmen und Maßnahmen der „Sozialen Stadt" an die Hand geben.

6

Die immer wieder ähnliche Formulierung der Ziele des Gesetzgebers bei der Schaffung bzw Weiterentwicklung baurechtlicher Normen, insbesondere die gewünschten Beschleunigungs- und Vereinfachungseffekte einerseits und die tatsächliche Verfahrensdauer und Regelungsdichte andererseits zeigen das Spannungsfeld deutlich auf, in dem sich das öffentliche Baurecht stets bewegt. Es besteht zwar der Wunsch und die Notwendigkeit, aktuellen wirtschaftlichen und gesellschaftlichen Entwicklungen in engem zeitlichem Zusammenhang Rechnung zu tragen, doch haben die „Sünden" des Städtebaus idR langfristige Auswirkungen, so dass jede Lockerung gesetzlicher Restriktionen im öffentlichen Baurecht einer intensiven Prüfung der möglichen Folgen bedarf.

Erstes Kapitel
Allgemeines Städtebaurecht

Erster Teil
Bauleitplanung

Die §§ 1–13 BauGB enthalten allgemeine Vorschriften über die Entstehung von **Bauleitplänen** und normieren die beiden Stufen, in denen sich Bauleitplanung vollzieht, nämlich den **Flächennutzungsplan** und den **Bebauungsplan**. Außerdem werden Möglichkeiten für die konsensuale Zusammenarbeit mit Privaten zur Verfügung gestellt. Die Bauleitplanung ist städtebauliche Planung, ihr Gegenstand Vorbereitung und Leitung der gesamten Bebauung in Stadt und Land einschließlich ihrer Kehrseite, der Abgrenzung des von der Bebauung grds freizuhaltenden Bodens der Gemeinde, bestehend aus den freizuhaltenden Grundstücken des Planbereichs und dem Außenbereich (Berliner Kommentar, Rn 75 der Einführung). Weil kein Raum für sich steht, ist die Bauleitplanung eingebettet in das Gesamtplanungssystem der Bundesrepublik Deutschland, das sich in Raumordnung, Landesplanung und städtebauliche Planung gliedert. Für das Verhältnis der drei Planungsebenen gilt das **Gegenstromprinzip**, wonach die Ordnung der Einzelräume sich in die Ordnung des Gesamtraumes einfügen, die Ordnung des Gesamtraumes aber auch die Gegebenheiten und Erfordernisse seiner Einzelräume berücksichtigen soll (Cholewa/Dyong/von der Heide/Sailer, S 2 f vor §§ 1–13). Die Klärung des Verhältnisses des Bauplanungsrechts zum Umwelt- und Fachplanungsrecht war eines der zentralen Anliegen des BauROG 1998, welches mit der Zielsetzung, der durch Art 20a GG neu in die Verfassung eingefügten Staatszielbestimmung des Umweltschutzes im Bauplanungsrecht umfassend Rechnung zu tragen, wichtige umweltschützende Maßgaben und Verfahren unmittelbar in das BauGB integrierte, wenngleich die materielle naturschutzrechtliche Kernregelung im BNatSchG verblieb (Ernst/Zinkahn/Bielenberg, Rn 8 der Vorb zu §§ 1–13). Da durch das Baugesetzbuch das Grundrecht der **Baufreiheit** (Art 14 GG) so weit eingeschränkt wird, dass durch die Regelung der baulichen und sonstigen Nutzung der Grundstücke die Ordnung der städtebaulichen Entwicklung gewährleistet ist, muss die Bauleitplanung von der Zweckbestimmung des Gesetzes getragen sein und einen vom Gesetz vorgesehenen zulässigen Inhalt haben (Gelzer/Birk, Rn 16 f). Da sich also eine ganze Reihe teilweise einschneidender Rechtsfolgen an die Bauleitplanung knüpfen, wird sie auch als ein Kernstück des modernen Städtebaurechts bezeichnet (Battis/Krautzberger/Löhr, Rn 1 zu § 1).

Erster Abschnitt
Allgemeine Vorschriften

§ 1 Aufgabe, Begriff und Grundsätze der Bauleitplanung

(1) Aufgabe der Bauleitplanung ist es, die bauliche und sonstige Nutzung der Grundstücke in der Gemeinde nach Maßgabe dieses Gesetzbuchs vorzubereiten und zu leiten.

(2) Bauleitpläne sind der Flächennutzungsplan (vorbereitender Bauleitplan) und der Bebauungsplan (verbindlicher Bauleitplan).

(3) Die Gemeinden haben die Bauleitpläne aufzustellen, sobald und soweit es für die städtebauliche Entwicklung und Ordnung erforderlich ist. Auf die Aufstellung von Bauleitplänen und städtebaulichen Satzungen besteht kein Anspruch; ein Anspruch kann auch nicht durch Vertrag begründet werden.

(4) Die Bauleitpläne sind den Zielen der Raumordnung anzupassen.

(5) Die Bauleitpläne sollen eine nachhaltige städtebauliche Entwicklung, die die sozialen, wirtschaftlichen und umweltschützenden Anforderungen auch in Verantwortung gegenüber künftigen Generationen miteinander in Einklang bringt, und eine dem Wohl der Allgemeinheit dienende sozialgerechte Bodennutzung gewährleisten. Sie sollen dazu beitragen, eine menschenwürdige Umwelt zu sichern und die natürlichen Lebensgrundlagen zu schützen und zu entwickeln, auch in Verantwortung für den allgemeinen Klimaschutz, sowie die städtebauliche Gestalt und das Orts- und Landschaftsbild baukulturell zu erhalten und zu entwickeln.

(6) Bei der Aufstellung der Bauleitpläne sind insbesondere zu berücksichtigen:

1. die allgemeinen Anforderungen an gesunde Wohn- und Arbeitsverhältnisse und die Sicherheit der Wohn- und Arbeitsbevölkerung,
2. die Wohnbedürfnisse der Bevölkerung, die Schaffung und Erhaltung sozial stabiler Bewohnerstrukturen, die Eigentumsbildung weiter Kreise der Bevölkerung und die Anforderungen kostensparenden Bauens sowie die Bevölkerungsentwicklung,
3. die sozialen und kulturellen Bedürfnisse der Bevölkerung, insbesondere die Bedürfnisse der Familien, der jungen, alten und behinderten Menschen, unterschiedliche Auswirkungen auf Frauen und Männer sowie die Belange des Bildungswesens und von Sport, Freizeit und Erholung,
4. die Erhaltung, Erneuerung, Fortentwicklung, Anpassung und der Umbau vorhandener Ortsteile,
5. die Belange der Baukultur, des Denkmalschutzes und der Denkmalpflege, die erhaltenswerten Ortsteile, Straßen und Plätze von geschichtlicher, künstlerischer oder städtebaulicher Bedeutung und die Gestaltung des Orts- und Landschaftsbildes,
6. die von den Kirchen und Religionsgesellschaften des öffentlichen Rechts festgestellten Erfordernisse für Gottesdienst und Seelsorge,

7. die Belange des Umweltschutzes, einschließlich des Naturschutzes und der Landschaftspflege, insbesondere
 a) die Auswirkungen auf Tiere, Pflanzen, Boden, Wasser, Luft, Klima und das Wirkungsgefüge zwischen ihnen sowie die Landschaft und die biologische Vielfalt,
 b) die Erhaltungsziele und der Schutzzweck der Gebiete von gemeinschaftlicher Bedeutung und der Europäischen Vogelschutzgebiete im Sinne des Bundesnaturschutzgesetzes,
 c) umweltbezogene Auswirkungen auf den Menschen und seine Gesundheit sowie die Bevölkerung insgesamt,
 d) umweltbezogene Auswirkungen auf Kulturgüter und sonstige Sachgüter,
 e) die Vermeidung von Emissionen sowie der sachgerechte Umgang mit Abfällen und Abwässern,
 f) die Nutzung erneuerbarer Energien sowie die sparsame und effiziente Nutzung von Energie,
 g) die Darstellungen von Landschaftsplänen sowie von sonstigen Plänen, insbesondere des Wasser-, Abfall- und Immissionsschutzrechts,
 h) die Erhaltung der bestmöglichen Luftqualität in Gebieten, in denen die durch Rechtsverordnung zur Erfüllung von bindenden Beschlüssen der Europäischen Gemeinschaften festgelegten Immissionsgrenzwerte nicht überschritten werden,
 i) die Wechselwirkungen zwischen den einzelnen Belangen des Umweltschutzes nach den Buchstaben a, c und d,
8. die Belange
 a) der Wirtschaft, auch ihrer mittelständischen Struktur im Interesse einer verbrauchernahen Versorgung der Bevölkerung,
 b) der Land- und Forstwirtschaft,
 c) der Erhaltung, Sicherung und Schaffung von Arbeitsplätzen,
 d) des Post- und Telekommunikationswesens,
 e) der Versorgung, insbesondere mit Energie und Wasser,
 f) der Sicherung von Rohstoffvorkommen,
9. die Belange des Personen- und Güterverkehrs und der Mobilität der Bevölkerung, einschließlich des öffentlichen Personennahverkehrs und des nicht motorisierten Verkehrs, unter besonderer Berücksichtigung einer auf Vermeidung und Verringerung von Verkehr ausgerichteten städtebaulichen Entwicklung,
10. die Belange der Verteidigung und des Zivilschutzes sowie der zivilen Anschlussnutzung von Militärliegenschaften,
11. die Ergebnisse eines von der Gemeinde beschlossenen städtebaulichen Entwicklungskonzeptes oder einer von ihr beschlossenen sonstigen städtebaulichen Planung.

(7) Bei der Aufstellung der Bauleitpläne sind die öffentlichen und privaten Belange gegeneinander und untereinander gerecht abzuwägen.

(8) Die Vorschriften dieses Gesetzbuchs über die Aufstellung von Bauleitplänen gelten auch für ihre Änderung, Ergänzung und Aufhebung.

Gesamtübersicht

		Rn			Rn
I.	Aufgabenbeschreibung	1	V.	Allgemeine Ziele	10
II.	System der Bauleitplanung	4	VI.	Leitlinien der Planung	11
III.	Erforderlichkeit von Planung	5	VII.	Abwägungsgebot	13
IV.	Anpassungsgebot	9			

I. Aufgabenbeschreibung

1 Abs 1 bringt mit der Aufgabenumschreibung mehrere Grundprinzipien der Bauleitplanung zum Ausdruck: Die **städtebauliche Entwicklung und Ordnung** soll durch Vorbereitung und Leitung der baulichen und sonstigen Nutzung (zB Grünflächen, landwirtschaftliche Flächen) gewährleistet werden. Die Vorbereitung und Leitung der städtebaulichen Entwicklung soll durch Planung, und zwar ausschließlich durch die im BauGB vorgesehenen Plantypen erfolgen. Die Regelungen müssen konkret individuell sein (BVerwGE 50, 114 = BRS 30 Nr 17 = BauR 1976, 175). Sie müssen positiv bestimmen, welche bauliche und sonstige Nutzung zulässig ist. Es handelt sich aber nicht automatisch um eine unzulässige **Negativplanung**, wenn die Änderung eines Bebauungsplanes nur den Zweck hat, die unerwünschte Ansiedlung eines Einkaufszentrums zu verhindern (BVerwGE 68, 360 = BRS 42 Nr 52 = BauR 1984, 373; BVerwG NVwZ 1991, 875 = DVBl 1991, 445). Das erforderliche Maß der **Konkretisierung** von Festsetzungen eines Bebauungsplanes richtet sich danach, was nach den Umständen des Einzelfalles für die städtebauliche Entwicklung und Ordnung erforderlich ist und dem Gebot gerechter Abwägung der konkret berührten Belange entspricht (BVerwG Buchholz 406.11 § 9 BBauG Nr 30 = BauR 1988, 448).

2 Der Bauleitplan muss in objektiver Beziehung zur städtebaulichen Ordnung stehen (BVerwGE 45, 309 = BRS 28 Nr 4). Falls er dem nicht Rechnung trägt, sondern sonstigen Belangen dient, hat dies regelmäßig seine Nichtigkeit zur Folge (OVG Koblenz NVwZ 1986, 937 = BauR 86, 412).

3 Es gibt im BauGB keine bauliche Nutzung ohne Plan (§ 30) oder Planersatz (§§ 34, 35), allerdings stellt das BauGB nunmehr mit den §§ 11 und 12 den städtebaulichen Vertrag und den Vorhaben- und Erschließungsplan als Handlungsformen zur Verfügung, die eine Zusammenarbeit mit Privaten ermöglichen und Schnittfelder zwischen Satzungen und Verträgen eröffnen.

II. System der Bauleitplanung

4 Nach dem ebenfalls nicht geänderten Abs 2 ist das Planungssystem des BauGB zweistufig. Der **Flächennutzungsplan** als erste Stufe ist seinem Wesen nach nur ein vorbereitender Bauleitplan. Er stellt grobmaschig für das gesamte Gemeindegebiet die beabsichtigte Art der Bodennutzung in den Grundzügen dar (BVerwGE 48, 70 = BRS 29 Nr 8). Deshalb werden in einem Flächennutzungsplan regelmäßig keine einzelnen Baugebiete dargestellt, sondern zB nur Bauflächen ausgewiesen. Demgegenüber trifft der **Bebauungsplan** als Ergebnis der zweiten Stufe ins Einzelne gehende rechtsverbindliche Festsetzungen für die städtebauliche Ordnung und besitzt Rechtsnormcharakter. Der Bebauungsplan ist grds aus dem Flächennut-

zungsplan zu entwickeln, was bedeutet, dass die Grundkonzeption des Flächennutzungsplanes fortzuschreiben ist und der Flächennutzungsplan in seinen Grundsatzentscheidungen nicht verändert werden darf (BVerwGE 48, 70 = DVBl 1975, 661).

III. Erforderlichkeit von Planung

Abs 3 trägt der Planungshoheit der einzelnen Gemeinden Rechnung. Dabei erlaubt § 205 auch, dass sich Gemeinden zu einem Planungsverband zusammenschließen; dies ist nach § 205 Abs 2 sogar zwangsweise möglich (vgl BVerfGE 56, 298; BVerwGE 67, 321; OVG Lüneburg BRS 28 Nr 16). Durch die Regelung in Abs 3 wird die **Planungspflicht** und **Planungsbefugnis** der Gemeinde festgelegt, wobei ihr jedoch ein Planungsermessen eingeräumt ist (BVerwG, DVBl 1971, 759 = DÖV 1971, 633). Die Nichterfüllung dieser Pflichtaufgabe kann insbesondere, wenn es zur Abstimmung und Umsetzung einer höherrangigen Planung notwendig ist, kommunalaufsichtliche Maßnahmen rechtfertigen. Als solche kommen das Anordnungsrecht und die Ersatzvornahme in Frage. Auf der anderen Seite besteht aber kein Anspruch des Bürgers auf Aufstellung von Bauleitplänen, da die Planungspflicht ausschließlich im öffentlichen Interesse besteht. Diese Regelung fand sich früher in § 2 Abs 3, wurde aber durch das EAG Bau 2004 im Zuge der Umstrukturierung der Verfahrensvorschriften verlagert. Die ausdrückliche Erwähnung, dass ein Anspruch auf Aufstellung von Bauleitplänen auch nicht durch Vertrag begründet werden kann, entspricht der schon immer bestehenden Ansicht der Rechtsprechung (vgl BVerwG BRS 36 Nr 30 = DVBl 1980, 686).

5

Diese Regelung, die Rechtsansprüche auf die Aufstellung eines Bauleitplanes ausschließt, gestattet keine Ausnahme (BVerwG Buchholz 406.11 § 2 BBauG Nr 16 = BRS 32 Nr 1). Auch einen Anspruch auf Schaffung des durch den Bauleitplan vorgesehenen Zustandes, zB Grünflächen (Plangewährleistungsanspruch) gibt es nicht (BVerwG BRS 22 Nr 185). Die **Aufstellung** eines Bauleitplanes ist erforderlich – zeitlich und dem Umfang nach –, wenn die geordnete städtebauliche Entwicklung ohne Planung nicht gewährleistet ist. In kleineren Gemeinden kann dies in Ausnahmefällen entbehrlich sein (BVerwGE 26, 287 = BRS 18 Nr 49). Der Gemeinde steht bei der Frage der Erforderlichkeit einer Aufstellung von Bauleitplänen ein nicht unerheblicher Spielraum iR ihrer Planungshoheit zur Verfügung, der die **Planungskontrolle** auf die Ermessensüberprüfung (vgl § 114 VwGO) beschränkt (BVerwG Buchholz 406.11 § 2 BBauG Nr 7 = BRS 24 Nr 15). Ein Verstoß gegen § 1 Abs 3 liegt aber vor, wenn ein Bebauungsplan für ein Ortszentrum vorhandene Gebäude und Baugrundstücke zwar in seinen räumlichen Geltungsbereich einbezieht, weitgehend aber auf Festsetzungen verzichtet und den Bestand damit ganz überwiegend planerisch sich selbst überlässt (VGH Mannheim BRS 60 Nr 9).

6

Die Verpflichtung der Gemeinde nach § 1 Abs 3 erstreckt sich auch darauf, zu prüfen, ob bereits bestehende Bauleitpläne ergänzt, geändert oder ggf sogar aufgehoben werden müssen (§ 2 Abs 4). Außerdem ist zu prüfen, ob der durch die Planung erstrebte Zustand nicht auch ohne weiteres durch ein hoheitliches Handeln anderer Art hergestellt werden könnte und somit der Gemeinde eine Handlungsalternative zur Verfügung stünde (BVerwG Buchholz 406.11 § 1 BauGB Nr 91). Einen Anspruch auf Fortbestand der bestehenden Bauleitplanung gibt es nämlich nicht. Allerdings können in einem solchen Fall Entschädigungsansprüche nach § 42 entste-

7

hen. Die Durchsetzung einer gemeindlichen **Planungspflicht** aus § 1 Abs 3 mit den Mitteln der Kommunalaufsicht ist bundesrechtlich zulässig (BVerwG DVBl 2004, 234).

8 Der in Abs 3 enthaltene unbestimmte Rechtsbegriff der **Erforderlichkeit** ist in der Vergangenheit kaum problematisiert worden, bietet aber die Möglichkeit, in ganz erheblichem Maß den Zielen des Umweltschutzes in der Bauleitplanung Rechnung zu tragen. Würde bei der zu Beginn jeder Bauleitplanung zu treffenden **Planungsgrundentscheidung** nämlich die Tatbestandsvoraussetzung der Erforderlichkeit einer Bauleitplanung iSd Verhältnismäßigkeitsgrundsatzes (mildestes Mittel) als Rechtfertigung der Planung und des Eingriffs in Natur und Landschaft verstanden, so wäre iS einer **Subsidiaritätsklausel** Bauleitplanung nur dann gerechtfertigt, wenn und soweit die Ziele der städtebaulichen Entwicklung und Ordnung nicht ohne bzw mit weniger Landschaftsverbrauch erreicht werden könnten. Hierzu müsste die planungswillige Gemeinde alle Alternativen zur Ausweisung bisher unbebauter Flächen als Bauland erheben, prüfen und bei der Planungsgrundentscheidung berücksichtigen (vgl im Einzelnen *Ferner*, Minimierung von Flächenverbrauch bei der Schaffung von Wohnraum).

IV. Anpassungsgebot

9 Das in Abs 4 enthaltene Anpassungsgebot richtet sich an die planende Gemeinde und begrenzt die nach § 2 Abs 1 Satz 1 bestehende **Planungshoheit** der Gemeinde. Anpassung bedeutet, dass die Ziele der Raumordnung für die Bauleitplanung unmittelbar bindende Vorgaben sind, die auch bei der Abwägung nicht überwunden werden können (BVerwGE 90, 329 = NVwZ 1993, 167). Die Ziele der Raumordnung müssen hinreichend konkretisiert und der gerichtlichen Nachprüfung zugänglich sein (BVerwGE 6, 342 = BVerwG Buchholz 406.18 Schleswig-Holstein § 2 Nr 1), wobei unter **Raumordnung** die zusammenfassende, übergeordnete Planung und Ordnung eines größeren Raumes zu verstehen ist. Die maßgebliche Leitvorschrift für die Raumordnung ist das Raumordnungsgesetz des Bundes vom 08.04.1965 (BGBl I S 306) idF vom 18.08.1997 (BGBl I S 2081) und die hiernach ergangenen Zielsetzungen in Wort oder Plan (zB Regionaler Raumordnungsplan). Die Anpassungspflicht betrifft in erster Linie den **Flächennutzungsplan**. Ist dieser den Zielen der Raumordnung angepasst, kann dies auch für den daraus entwickelten **Bebauungsplan** (§ 8 Abs 2) unterstellt werden. Zu bemerken ist noch, dass bei einer Änderung der Ziele der Raumordnung die bestehenden Bauleitpläne nicht automatisch unwirksam werden (OVG Lüneburg BRS 30 Nr 10); sie müssen dann aber entsprechend geändert werden. Die Gemeinden können gerichtlichen Rechtsschutz gegen sie bindende Ziele der Raumordnung in Anspruch nehmen (BVerwGE 81, 307 = NVwZ 1989, 654) und die Plangenehmigungsbehörde kann das Zustandekommen und die Bindungswirkung der Ziele prüfen (Hess VGH UPR 1991, 349). Verstöße gegen das Zielanpassungsgebot des § 1 Abs 4 können nach § 215a Abs 1 Satz 1 ausgeräumt werden (BVerwG BauR 2004, 280).

V. Allgemeine Ziele

10 Abs 5 statuiert die allgemeinen Ziele einer Bauleitplanung. Durch die Neufassung im BauROG 1998 erhielt das Prinzip der **Nachhaltigkeit** besonderes Gewicht. In Form einer Präambel wurden als übergeordnete Leitbegriffe der Bauleitplanung

formuliert: Gewährleistung einer nachhaltigen städtebaulichen Entwicklung und einer dem Wohl der Allgemeinheit entsprechenden sozialgerechten Bodennutzung, Sicherung einer menschenwürdigen Umwelt sowie Schutz und Entwicklung der natürlichen Lebensgrundlagen. Durch das EAG Bau 2004 wird das Prinzip der **Nachhaltigkeit** weiter ausgestaltet, indem in einem eigenen Absatz die Ausgleichsfunktion der Bauleitplanung bzgl der sozialen, wirtschaftlichen und umweltschützenden Anforderungen an die Nutzung des Gemeinschaftsgutes „Boden" auch in Verantwortung gegenüber künftigen Generationen besonders betont wird. Der zweite Teil des bisherigen Satzes 1 wird im neuen Satz 2 übernommen und um Anforderungen zur allgemeinen Baukultur ergänzt. Hierdurch wird der Forderung nach einer wahrnehmbaren baukulturellen Integrations- und Kulturleistung der Gesellschaft als Beitrag für attraktive Städte, für eine stabile Wirtschaftsentwicklung und für mehr Qualität im Erscheinungsbild der bebauten Umwelt Rechnung getragen.

VI. Leitlinien der Planung

Im Anschluss an diese Hauptleitsätze des Abs 5 werden nunmehr in einem eigenen Absatz in beispielhafter, nicht abschließender („insbesondere") Weise und ohne Rangfolge konkrete Leitlinien angeführt. Diese Leitlinien sind als unbestimmte Rechtsbegriffe (BVerwGE 34, 301 = BRS 22 Nr 4) bei der Kontrolle des Abwägungsvorganges sowohl in der Auslegung als auch in der Anwendung im gerichtlichen Verfahren uneingeschränkt überprüfbar. Mit dem EAG Bau 2004 wurde ein einheitlicher Katalog der wesentlichen, unter Nachhaltigkeitsaspekten zu berücksichtigenden Belange formuliert, in den die umweltbezogenen Belange, die bisher in § 1a enthalten waren, integriert wurden. Dies soll die formale Gleichstellung der Umweltbelange mit den sonstigen Abwägungsbelangen verdeutlichen.

Während Nr 1 unverändert geblieben ist, wurde in Nr 2 die bisher aufgeführte Vermeidung einseitiger Bevölkerungsstrukturen durch den Belang der Schaffung und Erhaltung sozial stabiler Bewohnerstrukturen ersetzt, um das gesetzgeberische Anliegen vollständiger zu erfassen. Die Änderung in Nr 3 soll dem Anliegen des Gender Mainstreaming Rechnung tragen und außerdem die sprachliche Trennung der Behinderten von den jungen und alten Menschen beseitigen. Die Neufassung von Nr 4 betont nunmehr die Bedeutung der Bauleitplanung für die innerörtliche Entwicklung stärker als zuvor. Damit soll das städtebauliche Anliegen der **Bestandsentwicklung** im Verhältnis zur **Neuausweisung** von Bauland gestärkt werden. Die Gestaltung des Orts- und Landschaftsbildes findet sich nunmehr in Nr 5, der zu seinem bisherigen Inhalt auch die bereits erwähnten Belange der Baukultur aufführt. Nr 6 formuliert unverändert die von den Kirchen und Religionsgesellschaften des öffentlichen Rechts festgestellten Erfordernisse für Gottesdienst und Seelsorge als städtebaulichen Belang. Nr 7, wo bisher nur auf § 1a hingewiesen wurde, nennt nunmehr ausdrücklich einen Katalog der wesentlichen **Umweltbelange**, die in der Bauleitplanung zu berücksichtigen sind. Ihre besondere Bedeutung wird durch die zusätzliche Nennung im ersten Satzteil betont. Die Regelung dient auch der Umsetzung der Plan-UP-Richtlinie, da sie im Einzelnen die Belange aufführt, die Gegenstand der Umweltprüfung sein sollen. Insgesamt wird eine bessere Übersichtlichkeit und eine Vereinfachung des Verwaltungsvollzuges angestrebt. Die **Umweltverträglichkeitsprüfung** ist nunmehr nicht auf die nachteiligen Umweltauswirkun-

gen beschränkt, wodurch sich Synenergieeffekte für die Abwägungsentscheidung ergeben können. Zur verbesserten Übersichtlichkeit wurde Nr 8 neu gestaltet und sprachlich aktualisiert, ohne dass wesentliche inhaltliche Änderungen erfolgt sind. Die Belange des Verkehrs einschließlich des öffentlichen Personennahverkehrs finden sich nunmehr in Nr 9, wo sie inhaltlich angereichert und systematisch gestärkt worden sind. Durch die Berücksichtigung einer nachhaltigen Verkehrspolitik in der Bauleitplanung können kommunale Bestrebungen nach einer Verringerung von Lärm- und Schadstoffbelastungen im städtischen Raum gestärkt werden. Nr 10 entspricht der bisherigen Nr 9, berücksichtigt aber auch die Rolle der Gemeinden als Planungsträger bei der gesellschaftspolitischen Aufgabe der Konversion ehemaliger Militäranlagen. Hier bietet sich eine gute Möglichkeit zum **Flächenrecycling**, das zu einem geringeren Verbrauch von Flächen an anderer Stelle führen kann, die bisher ökologisch unbelastet sind. Nr 11 entspricht inhaltlich der bisherigen Nr 10, übernimmt aber auch dessen mangelnde Konkretisierung.

VII. Abwägungsgebot

13 Abs 7, der unveränderte bisherige Abs 6, enthält als das zentrale Gebot rechtsstaatlichen Ursprungs (BVerwGE 64, 270 = NVwZ 1982, 437) das Abwägungsgebot. Aus der Formulierung ergibt sich, dass iR der Abwägung kein automatischer Vorrang der öffentlichen Belange besteht. Das Gebot der gerechten Abwägung der unterschiedlichen Belange ergibt sich nicht nur aus § 1 Abs 7, sondern ist Ausdruck des in Art 20 Abs 3 GG verankerten Rechtsstaatsprinzips (BVerwGE 64, 270 = NVwZ 1982, 1473). Die vorgeschriebene Abwägung bezieht sich nach dem BVerwG (E 45, 309 = BRS 28 Nr 4; E 75, 214) sowohl auf den **Abwägungsvorgang**, der sich in der Zusammenstellung des **Abwägungsmaterials** erschöpft (BVerwGE 48, 56 = BRS 29 Nr 6), als auch auf das **Abwägungsergebnis**, das sich auf die Gewichtung dieses Materials und die darauf beruhende Entscheidung zu Gunsten bestimmter öffentlicher und privater Belange bezieht. Die Gemeinde kann sich bei Kollision zwischen verschiedenen Belangen für die Bevorzugung des einen und damit notwendigerweise für die Zurückstellung eines anderen entscheiden (BVerwGE, 45, 309 = BauR 1974, 311), was im Einzelfall sogar dazu führen kann, dass ein Belang „weggewogen" wird. Grds muss eine Gemeinde bei einer Planung für alle in Betracht kommenden Möglichkeiten offen sein. Diese planerische Freiheit ist aber faktisch bei Großprojekten (zB Industrieansiedlung, Krankenhäuser, Sportanlagen) eingeschränkt, weil sich ohne eine vorhergehende Absprache keine sinnvolle Planung durchführen lässt. Eine solche Bindung der Gemeinde ist nur dann zulässig, wenn die Vorwegnahme sachlich gerechtfertigt ist und die planungsrechtliche Zuständigkeitsordnung gewahrt bleibt, dh die Mitwirkung der Gemeindevertretung – als für die Planung zuständiges Gremium – muss bei den Vorentscheidungen gesichert sein, und die vorgezogene Entscheidung darf inhaltlich nicht zu beanstanden sein (BVerwGE 45, 309 = DVBl 1974, 767).

14 Die Gemeinde ist bei der Abwägung verpflichtet, alle schon bestehenden städtebaulichen Spannungslagen im Wege einer erkennbaren **Bestandsaufnahme** zu berücksichtigen und auch die durch die Planung hervorgerufenen Folgewirkungen mit einzubeziehen (sog Gebot der Problembewältigung; OVG Berlin NVwZ 1984, 188; BVerwG NVwZ 1990, 115 = DVBl 1989, 1050). Dabei müssen aber noch nicht be-

reits alle möglicherweise auftretenden Konflikte gelöst werden; dies kann auch dem einzelnen bau- oder immissionsschutzrechtlichen Genehmigungsverfahren überlassen bleiben (BVerwGE 69, 30 = BVerwG Buchholz 406.11 § 1 BBauG Nr 26 = NVwZ 1984, 235).

Das objektiv-rechtliche Gebot der **Rücksichtnahme** ist auch bei der Aufstellung der Bauleitpläne zu beachten (BVerwGE 67, 334 = NJW 1984, 138 = BRS 40 Nr 4). Danach muss jedes Vorhaben auf die Umgebung Rücksicht nehmen und Auswirkungen vermeiden, die zu einer unzumutbaren Beeinträchtigung entweder bestehender oder geplanter Vorhaben führen; eine Einschränkung oder vollkommene Unterlassung der Nutzungsmöglichkeiten des Grundstücks wegen der Betroffenheit des Nachbarn wird vom Rücksichtnahmegebot nicht verlangt. Vielmehr muss eine Abwägung der Belange aller betroffenen Grundstücke und aller rechtlich geschützten Interessen erfolgen. So ist zB ein Bebauungsplan, der in unmittelbarer Nachbarschaft eines Wohngebietes ein Industriegebiet vorsieht, wegen des Verstoßes gegen das Rücksichtnahmegebot nichtig (BVerwGE 45, 309 = BVerwG Buchholz 406.11 § 1 BBauG Nr 9 = DÖV 1975, 92). Zu den privaten Belangen, die in der Abwägung zu berücksichtigen sind, zählt nämlich auch das Interesse, vor vermehrten **Lärmimmissionen** bewahrt zu bleiben (BVerwG v 19.08.2003, 4 BN 51/03). Dem Gebot der Rücksichtnahme kann iR der Bauleitplanung dadurch Rechnung getragen werden, dass die gebotene Trennung zwischen einem Wohngebiet und einem Gewerbegebiet durch einen hinreichend großen Abstand – dieser Bereich kann zB als Mischgebiet ausgewiesen werden – dokumentiert wird (BayVGH NJW 1983, 297). Bei der Überplanung bereits bebauter Gebiete ist zur Ermittlung der abwägungsrelevanten Belange eine erkennbare Bestandsaufnahme erforderlich, der gerade bei zu erwartenden Konfliktsituationen besondere Bedeutung zukommt (OVG NRW BRS 55 Nr 12 = DÖV 1993, 1101).

Das **Abwägungsgebot** ist erst verletzt:
(1) wenn eine sachgerechte Abwägung überhaupt nicht stattgefunden hat (**Abwägungsausfall**; VGH BW BRS 18 Nr 2);
(2) wenn in den Abwägungsvorgang nicht eingestellt wurde, was nach Lage der Dinge in ihn hätte eingestellt werden müssen (**Abwägungsdefizit**; BVerwGE 45, 309 = BauR 1974, 311);
(3) wenn im Abwägungsergebnis die Bedeutung der betroffenen Belange verkannt und dadurch die Gewichtung verschiedener Belange in ihrem Verhältnis zueinander in einer Weise erfolgt ist, durch die die objektive Gewichtung eines dieser Belange völlig verfehlt wird (**Abwägungsfehleinschätzung**; BVerwGE 34, 301 = BVerwG Buchholz 406.11 § 1 BBauG Nr 1 = DVBl 1970, 414 = BRS 22 Nr 4).

Mängel im **Abwägungsergebnis** führen idR zur Nichtigkeit des Bebauungsplanes. Dagegen sind die Mängel im **Abwägungsvorgang**, dh im Falle des Abwägungsausfalls und des Abwägungsdefizits, bei einer gerichtlichen Überprüfung nur dann erheblich, wenn sie offensichtlich und auf das Abwägungsergebnis von Einfluss gewesen sind (§ 214 Abs 3 Satz 2) (vgl: BVerwGE 64, 33 = BVerwG Buchholz 406.11 § 155b BBauG Nr 1 = DÖV 1982, 280), wobei die Sach- und Rechtslage im Zeitpunkt der Beschlussfassung über den Bauleitplan maßgebend ist (§ 214 Abs 3 Satz 1). Die erforderliche **Kausalität** zwischen dem Fehler im Abwägungsvorgang und dem Abwägungsergebnis ist dann gegeben, wenn die konkrete Möglichkeit be-

steht, dass die Gemeindevertretung als zuständiges Organ eine andere Planungsentscheidung getroffen hätte, falls sie den Fehler im Abwägungsvorgang vermieden hätte (BVerwGE 64, 33 = DÖV 1982, 280 = BRS 38 Nr 37; BVerwG v 09.10.2003, 4 BN 47/03). Mängel werden gegenüber einem an sich Rügeberechtigten unbeachtlich, wenn sie nicht innerhalb der Frist nach § 215 schriftlich bei der Gemeinde geltend gemacht werden. Aus § 1 Abs 6 und Abs 7 folgen keine subjektiven Rechte auf angemessene Abwägung bestimmter Belange (BVerwGE 54, 211 = DÖV 1977, 826 = BauR 1977, 394).

§ 1a Ergänzende Vorschriften zum Umweltschutz

(1) Bei der Aufstellung der Bauleitpläne sind die nachfolgenden Vorschriften zum Umweltschutz anzuwenden.

(2) Mit Grund und Boden soll sparsam und schonend umgegangen werden; dabei sind zur Verringerung der zusätzlichen Inanspruchnahme von Flächen für bauliche Nutzungen die Möglichkeiten der Entwicklung der Gemeinde insbesondere durch Wiedernutzbarmachung von Flächen, Nachverdichtung und andere Maßnahmen zur Innenentwicklung zu nutzen sowie Bodenversiegelungen auf das notwendige Maß zu begrenzen. Landwirtschaftlich, als Wald oder für Wohnzwecke genutzte Flächen sollen nur im notwendigen Umfang umgenutzt werden. Die Grundsätze nach den Sätzen 1 und 2 sind nach § 1 Abs. 7 in der Abwägung zu berücksichtigen.

(3) Die Vermeidung und der Ausgleich voraussichtlich erheblicher Beeinträchtigungen des Landschaftsbildes sowie der Leistungs- und Funktionsfähigkeit des Naturhaushalts in seinen in § 1 Abs. 6 Nr. 7 Buchstabe a bezeichneten Bestandteilen (Eingriffsregelung nach dem Bundesnaturschutzgesetz) sind in der Abwägung nach § 1 Abs. 7 zu berücksichtigen. Der Ausgleich erfolgt durch geeignete Darstellungen und Festsetzungen nach den §§ 5 und 9 als Flächen oder Maßnahmen zum Ausgleich. Soweit dies mit einer nachhaltigen städtebaulichen Entwicklung und den Zielen der Raumordnung sowie des Naturschutzes und der Landschaftspflege vereinbar ist, können die Darstellungen und Festsetzungen auch an anderer Stelle als am Ort des Eingriffs erfolgen. Anstelle von Darstellungen und Festsetzungen können auch vertragliche Vereinbarungen nach § 11 oder sonstige geeignete Maßnahmen zum Ausgleich auf von der Gemeinde bereitgestellten Flächen getroffen werden. Ein Ausgleich ist nicht erforderlich, soweit die Eingriffe bereits vor der planerischen Entscheidung erfolgt sind oder zulässig waren.

(4) Soweit ein Gebiet im Sinne des § 1 Abs. 6 Nr. 7 Buchstabe b in seinen für die Erhaltungsziele oder den Schutzzweck maßgeblichen Bestandteilen erheblich beeinträchtigt werden kann, sind die Vorschriften des Bundesnaturschutzgesetzes über die Zulässigkeit und Durchführung von derartigen Eingriffen einschließlich der Einholung der Stellungnahme der Kommission anzuwenden.

Ergänzende Vorschriften zum Umweltschutz § 1a

§ 1a wurde durch das BauROG 1998 neu eingeführt, um die **ökologischen Belange** in der Bauleitplanung zu stärken. Trotz seiner erst kurzen Geltungsdauer hat ihn das EAG Bau 2004 aber bereits geändert, um der neuen Gesamtsystematik Rechnung zu tragen. 1

Nach der amtlichen Begründung zum Gesetzentwurf bildet Abs 1 die Überleitung zwischen § 1 und den ergänzenden Vorschriften. Angesichts des noch immer nicht vollständig geklärten dogmatischen Gehalts der Vorschrift (vgl Ferner, Minimierung von Flächenverbrauch bei der Schaffung von Wohnraum, S 47 f) wird aber die Frage zu klären sein, ob in der strikten Formulierung nicht eine Stärkung der umweltschützenden Belange in der Bauleitplanung zu sehen ist. 2

Nachdem bis zum Inkrafttreten des BauROG 1998 der Umweltschutz in § 1 Abs 5 Satz 2 Nr 7 relativ unspezifiziert genannt worden war, zwingt die ausdrückliche Nennung wichtiger Umweltschutzbelange in § 1 Abs 6 iVm § 1a die Gemeinde dazu, sich explizit hiermit auseinander zu setzen, um **Abwägungsfehler** zu vermeiden. 3

§ 1a enthält in seinem Abs 2 den früher in § 1 Abs 5 Satz 3 und danach in § 1a Abs 1 enthaltenen Grundsatz des sparsamen und schonenden Umgangs mit Grund und Boden (**Bodenschutzklausel**), der durch das BauROG 1998 um die Begrenzung der Bodenversiegelungen auf das notwendige Maß erweitert wurde. Nunmehr hat das EAG Bau 2004 die Bestrebungen, den **Flächenverbrauch** zu begrenzen, nochmals verstärkt und den Gemeinden konkrete Handlungsanweisungen gegeben. Um die weitere Inanspruchnahme von Flächen zu verringern, sind die Entwicklungsmöglichkeiten der Gemeinde zu nutzen. Während unklar bleibt, ob hierin ein zwingendes Gebot, etwa iS einer **Subsidiaritätsklausel** (vgl Ferner, Minimierung von Flächenverbrauch bei der Schaffung von Wohnraum, S 57) zu sehen ist, werden die vom Gesetzgeber hierzu für sinnvoll gehaltenen Maßnahmen konkret, aber nicht abschließend („insbesondere") genannt. Dabei dürfte insbesondere die Wiedernutzbarmachung von Flächen in der Zukunft ein besonderes Gewicht erhalten. Wenig konsequent erscheint dagegen die weiche Formulierung der **Umwidmungsklausel** in Satz 2, die die Bedeutung dieser Regelung in der Praxis deutlich mindern dürfte. Satz 3 stellt die Verbindung zur Abwägung her. Durch die weitere Aufwertung der Bodenschutzklausel trägt der Gesetzgeber der Zielsetzung des Art 20a GG Rechnung und verstärkt den Schutz der natürlichen Lebensgrundlagen, indem er auf eine verdichtete Bauweise hinwirkt und den Grundwasserschutz durch Reduzierung der Bodenversiegelungen auf das notwendige Maß verbessert (vgl auch § 179). Dieser Schutz wird durch das Bundesbodenschutzgesetz ergänzt. 4

In Abs 3 der Vorschrift findet sich – inhaltlich unverändert – der sog Baurechtskompromiss des BNatSchG, wie er seit dem BauROG 1998 besteht. Von dort zu übernehmen sind insbesondere die Legaldefinition des **Eingriff**s und die hieran anknüpfende Abfolge der Entscheidung (Vermeidung, Ausgleich, Ersatz). Die bislang für die Genehmigung von Vorhaben entwickelte Struktur wird nunmehr auf die Ebene der Bauleitplanung übernommen. Dabei spielt aber die Unterscheidung zwischen Ausgleichs- und Ersatzmaßnahmen keine Rolle. Die in § 19 Abs 3 BNatSchG festgelegte Stufenfolge entfällt zu Gunsten einer umfassenden Anwendung des § 1 Abs 7. 5

Abs 4 übernimmt – inhaltlich unverändert – die Regelung des bisherigen Abs 2 Nr 4 und sieht unter den genannten Voraussetzungen eine Verträglichkeitsprüfung der Bauleitplanung nach der **Fauna-Flora-Habitat-Richtlinie** (EG-Richtlinie 92/43 v 6

21.05.1992, ABl EG Nr L 206 S 7) und der Europäischen **Vogelschutzrichtlinie** vor. Diese enthalten insbesondere Verpflichtungen der Mitgliedstaaten zur Ausweisung von Schutzgebieten und Schutzpflichten für solche Gebiete. In der Folge werden bei der Bauleitplanung die Erhaltungsziele und der Schutzzweck des europäischen Schutzgebietssystems („Natura 2000") zu berücksichtigen sein. Hierzu können durch die Bauleitplanung zB Schutzgebiete als „Trittsteine" in Form festgelegter Ausgleichsflächen und Ausgleichsmaßnahmen vernetzt werden oder „Pufferflächen" für besonders schutzwürdige Gebiete ausgewiesen werden. Besteht die Gefahr, dass die genannten Ziele durch eine Bauleitplanung erheblich beeinträchtigt werden können, ist eine besondere Verträglichkeitsprüfung und ggf eine Konsultation der Europäischen Kommission durchzuführen. Eine solchermaßen beeinträchtigende Planung ist nur zulässig, wenn keine Alternative mit geringerer Eingriffsintensität besteht und zwingende Gründe des überwiegenden öffentlichen Interesses die Planung notwendig machen. In einem solchen Fall sind zwingend geeignete Ausgleichsmaßnahmen vorzunehmen und die Europäische Kommission zu unterrichten. Gibt es ein solches überwiegendes öffentliches Interesse nicht, kann auch die Abwägung im Bauleitplanungsverfahren dieses Ergebnis nicht überwinden. Zwar gestaltet sich die Umsetzung der genannten Richtlinien ins deutsche Recht durch eine Novelle zum Bundesnaturschutzgesetz derzeit noch schwierig, doch entfaltet zumindest die Europäische Vogelschutzrichtlinie, weil diese, anders als die Fauna-Flora-Habitat-Richtlinie objektive Kriterien für die Gebietsausweisung vorgibt und nicht auf ein konsensuales Umsetzungsverfahren angewiesen ist, schon jetzt unmittelbare Rechtswirkungen.

§ 2 Aufstellung der Bauleitpläne

(1) Die Bauleitpläne sind von der Gemeinde in eigener Verantwortung aufzustellen. Der Beschluss, einen Bauleitplan aufzustellen, ist ortsüblich bekannt zu machen.
(2) Die Bauleitpläne benachbarter Gemeinden sind aufeinander abzustimmen. Dabei können sich Gemeinden auch auf die ihnen durch Ziele der Raumordnung zugewiesenen Funktionen sowie auf Auswirkungen auf ihre zentralen Versorgungsbereiche berufen.
(3) Bei der Aufstellung der Bauleitpläne sind die Belange, die für die Abwägung von Bedeutung sind (Abwägungsmaterial), zu ermitteln und zu bewerten.
(4) Für die Belange des Umweltschutzes nach § 1 Abs. 6 Nr. 7 und § 1a wird eine Umweltprüfung durchgeführt, in der die voraussichtlichen erheblichen Umweltauswirkungen ermittelt werden und in einem Umweltbericht beschrieben und bewertet werden; die Anlage zu diesem Gesetzbuch ist anzuwenden. Die Gemeinde legt dazu für jeden Bauleitplan fest, in welchem Umfang und Detaillierungsgrad die Ermittlung der Belange für die Abwägung erforderlich ist. Die Umweltprüfung bezieht sich auf das, was nach gegenwärtigem Wissensstand und allgemein anerkannten Prüfmethoden sowie nach Inhalt und Detaillierungsgrad des Bauleitplans angemessenerweise verlangt werden kann. Das Ergebnis der Umweltprüfung ist in der Abwägung zu berücksichtigen. Wird eine Umweltprüfung für das Plangebiet oder für Teile davon in einem Raumordnungs-, Flächennutzungsoder Bebauungsplanverfahren durchgeführt, soll

die Umweltprüfung in einem zeitlich nachfolgend oder gleichzeitig durchgeführten Bauleitplanverfahren auf zusätzliche oder andere erhebliche Umweltauswirkungen beschränkt werden. Liegen **Landschaftspläne oder sonstige Pläne nach § 1 Abs. 6 Nr. 7 Buchstabe g** vor, sind deren Bestandsaufnahmen und Bewertungen in der Umweltprüfung heranzuziehen.

Aus Abs 1 Satz 1 ergibt sich, dass die Bauleitplanung als **Selbstverwaltungsangelegenheit** (Art 28 Abs 2 GG) grds die Aufgabe der Gemeinde ist (BVerfGE 77, 288 = DVBl 1988, 482). Diese Selbstverwaltungsaufgabe wird mit dem Begriff der **Planungshoheit** umschrieben (BVerwGE 34, 301 = BRS 22 Nr 4). Die gemeindliche Planungshoheit besteht jedoch nicht uneingeschränkt; so beschränkt der Vorbehalt zu Gunsten von Fachplanungen die Gemeinde in ihrer Planungshoheit in Bezug auf die vorhandene Anlage der Fachplanung (BVerwGE 81, 111 = NVwZ 1989). Dieser Vorbehalt gibt dem Gesetzgeber aber nicht die Möglichkeit, die Planungshoheit völlig zu beseitigen oder derart auszuhöhlen, dass der einzelnen Gemeinde zu ihrer Ausübung kein ausreichender Spielraum mehr verbleibt (BVerfGE 23, 353 = DÖV 1968, 571; vgl auch BVerfGE 56, 258 = DVBl 1981, 535). Eine Gemeinde kann die Verletzung ihrer Planungshoheit bei der Inanspruchnahme des Gemeindegebiets durch eine überörtliche Planung dann geltend machen, wenn für das betroffene Gebiet bereits eine hinreichend bestimmte Planung der Gemeinde vorliegt, ohne dass diese schon verbindlich sein muss, und diese Planung durch den überörtlichen Fachplan nachhaltig gestört wird, dh es muss zu unmittelbaren Auswirkungen gewichtiger Art auf die Planung kommen (BVerwG, NVwZ 1984, 584 = UPR 1985, 130; BVerwG NVwZ 1994, 285 = DÖV 1993, 914). Die Gemeinde darf von ihrem Planungsrecht nur nach Maßgabe des BauGB, der auf Grund des BauGB erlassenen Vorschriften (insbesondere der BauNVO) und unter Beachtung sonstiger öffentlich-rechtlicher Vorschriften (zB Landschaftsschutzverordnung) Gebrauch machen. Aus der Planungshoheit folgt gleichzeitig ein Beteiligungsrecht der Gemeinde bei anderen Fachplanungen (BVerwG Buchholz 442.40 § 6 LuftVG Nr 2 = BRS 22 Nr 29).

1

Die ortsübliche **Bekanntmachung** des Aufstellungsbeschlusses nach Abs 1 Satz 2 bestimmt sich nach Landesrecht, so dass in diesem Zusammenhang den maßgebenden **Hauptsatzung**en der Gemeinden besondere Bedeutung zukommt. Der **Aufstellungsbeschluss** muss hinreichend eindeutig und für den Bürger erkennbar den räumlichen Bereich umgrenzen, für den die Absicht besteht, einen Bauleitplan aufzustellen, braucht allerdings keine Aussage über den Inhalt der beabsichtigten Planung zu enthalten (BVerwGE 51, 121). Ebenfalls nach Landesrecht beurteilt sich, unter welchen Voraussetzungen Mitglieder gemeindlicher Gremien von der Mitwirkung wegen Interessenkollision ausgeschlossen sind (BVerwG, DVBl 1971, 757 = BRS 24 Nr 20). Wirkt ein wegen Befangenheit ausgeschlossenes Mitglied bei der Beratung und Abstimmung mit, ist der gefasste Beschluss unwirksam (OVG Koblenz BRS 42 Nr 16). Trifft ein Befangenheitsgrund auf ein nicht formal ausgeschlossenes Mitglied zu, ist der mit seiner Mitwirkung gefasste Beschluss ebenfalls unwirksam (OVG Münster BRS 24 Nr 21). Befangenheitsgründe sind zB gegeben, wenn ein Mitglied Grundstückseigentümer im vorgesehenen Planbereich ist (OVG Lüneburg NVwZ 1982, 200 = BRS 38 Nr 32).

2

3 Der Planaufstellungsbeschluss ist zwar keine Wirksamkeitsvoraussetzung für den späteren Bauleitplan (BVerwGE 79, 200), er ist aber ua Voraussetzung für den Erlass einer Veränderungssperre nach § 14 Abs 1, die Zurückstellung von Baugesuchen gem § 15 und die vorgezogene Zulässigkeit von Vorhaben nach § 33. Er kann konkludent im Auslegungsbeschluss enthalten sein.

4 Abs 2 begründet zu Gunsten benachbarter Gemeinden einen Anspruch auf Abstimmung, der klageweise im Wege der (auch vorbeugenden) Feststellungsklage geltend gemacht werden kann (BVerwG Buchholz 406.11 § 2 BBauG Nr 10 = DVBl 1973, 34; OVG Bautzen, LKV 1993, 97). Dieses **interkommunale Abstimmungsgebot** ist aber nur dann zu beachten, wenn eine Nachbargemeinde hinreichend konkrete Planungen benennt, die beeinträchtigt sein könnten (VG Gießen v 19.07.1999 – 1 G 817/99 –). Zu berücksichtigen sind nur städtebauliche Belange der Nachbarkommune (OVG Greifswald NordÖR 1999, 461). Satz 2 des Absatzes wurde durch das EAG Bau 2004 angefügt. Er erweitert den bisherigen Geltungsbereich auf raumordnerische Belange, um den Gemeinden im Standortwettbewerb – korrespondierend zu § 1 Abs 4 – eine berechtigende, verteidigungsfähige Position zu schaffen. Von einem qualifizierten Abstimmungsgebot idS ist auszugehen, wenn ein Vorhaben die in § 11 Abs 3 Satz 1 BauNVO bezeichneten Merkmale aufweist (BVerwG BauR 2003, 55).

5 Abs 3 regelt als Verfahrensgrundnorm entsprechend der bisherigen Rechtslage nunmehr ausdrücklich die Ermittlung und Bewertung des Abwägungsmaterials. Die gesetzlichen Vorgaben für den zeitlichen Ablauf des Aufstellungsverfahrens der Bauleitplanung entsprechen dem Verfahrensansatz der Plan-UP- und Projekt-UVP-Richtlinie. Diese stellen auf die Ermittlung, Beschreibung und Bewertung der Umweltauswirkungen ab, um eine inhaltlich sachgerechte Berücksichtigung zu erreichen.

6 Abs 4 knüpft hieran an und konkretisiert die Anforderungen. Satz 1 definiert den Begriff der **Umweltprüfung** und nennt die einzubeziehenden Vorschriften. Satz 2 trägt Art 8 der Plan-UP-Richtlinie Rechnung und sichert die Berücksichtigung des Umweltberichts. Satz 3 regelt Umfang und Detaillierungsgrad der Untersuchung (sog Scoping) im Interesse eines effizienten Aufstellungsverfahrens. Insoweit bedarf es aber keines gesonderten Beschlusses, so dass auch keine selbstständige Anfechtbarkeit besteht. Die Möglichkeit der Abschichtung nach Satz 4 dient einer rationellen Verfahrensgestaltung, setzt aber voraus, dass sich die maßgeblichen Verhältnisse nicht entscheidend verändert haben. Der Begrenzung kostenträchtiger Doppelplanungen dient auch Satz 5, indem er die Möglichkeit schafft, andere Pläne heranzuziehen.

§ 2a Begründung zum Bauleitplanentwurf, Umweltbericht

Die Gemeinde hat im Aufstellungsverfahren dem Entwurf des Bauleitplans eine Begründung beizufügen. In ihr sind entsprechend dem Stand des Verfahrens
1. **die Ziele, Zwecke und wesentlichen Auswirkungen des Bauleitplans und**
2. **in dem Umweltbericht nach der Anlage zu diesem Gesetzbuch die auf Grund der Umweltprüfung nach § 2 Abs. 4 ermittelten und bewerteten Belange des Umweltschutzes**

darzulegen. Der Umweltbericht bildet einen gesonderten Teil der Begründung.

Die durch das EAG Bau 2004 neu formulierte Regelung fasst die Vorschriften zum Erläuterungsbericht von Flächennutzungsplänen und zur Begründung von Bebauungsplänen, einschließlich des Umweltberichts in einer Vorschrift zusammen und dient ebenfalls der Umsetzung der Plan-UP-Richtlinie, indem sie die Bedeutung des Umweltberichts stärkt. Aus dem Hinweis auf den Stand des Verfahrens folgt, dass dieser bis zum Beschluss über den Bauleitplan fortzuschreiben ist.

§ 3 Beteiligung der Öffentlichkeit

(1) Die Öffentlichkeit ist möglichst frühzeitig über die allgemeinen Ziele und Zwecke der Planung, sich wesentlich unterscheidende Lösungen, die für die Neugestaltung oder Entwicklung eines Gebiets in Betracht kommen, und die voraussichtlichen Auswirkungen der Planung öffentlich zu unterrichten; ihr ist Gelegenheit zur Äußerung und Erörterung zu geben. Von der Unterrichtung und Erörterung kann abgesehen werden, wenn
1. ein Bebauungsplan aufgestellt oder aufgehoben wird und sich dies auf das Plangebiet und die Nachbargebiete nicht oder nur unwesentlich auswirkt oder
2. die Unterrichtung und Erörterung bereits zuvor auf anderer Grundlage erfolgt sind.

An die Unterrichtung und Erörterung schließt sich das Verfahren nach Absatz 2 auch an, wenn die Erörterung zu einer Änderung der Planung führt.
(2) Die Entwürfe der Bauleitpläne sind mit der Begründung und den nach Einschätzung der Gemeinde wesentlichen, bereits vorliegenden umweltbezogenen Stellungnahmen für die Dauer eines Monats öffentlich auszulegen. Ort und Dauer der Auslegung sowie Angaben dazu, welche Arten umweltbezogener Informationen verfügbar sind, sind mindestens eine Woche vorher ortsüblich bekannt zu machen; dabei ist darauf hinzuweisen, dass Stellungnahmen während der Auslegungsfrist abgegeben werden können und dass nicht fristgerecht abgegebene Stellungnahmen bei der Beschlussfassung über den Bauleitplan unberücksichtigt bleiben können. Die nach § 4 Abs. 2 Beteiligten sollen von der Auslegung benachrichtigt werden. Die fristgemäß abgegebenen Stellungnahmen sind zu prüfen; das Ergebnis ist mitzuteilen. Haben mehr als 50 Personen Stellungnahmen mit im Wesentlichen gleichem Inhalt abgegeben, kann die Mitteilung dadurch ersetzt werden, dass diesen Personen die Einsicht in das Ergebnis ermöglicht wird; die Stelle, bei der das Ergebnis der Prüfung während der Dienststunden eingesehen werden kann, ist ortsüblich bekannt zu machen. Bei der Vorlage der Bauleitpläne nach § 6 oder § 10 Abs. 2 sind die nicht berücksichtigten Stellungnahmen mit einer Stellungnahme der Gemeinde beizufügen.

Aus der Änderung der Begrifflichkeit durch das EAG Bau 2004 ergibt sich keine inhaltliche Veränderung, sie dient lediglich der terminologischen Angleichung an andere Normen. Die Vorschrift bezweckt, die Belange der Bürger möglichst frühzeitig zu berücksichtigen und damit verschiedene Planungsalternativen zu fördern, wodurch eine sachgerechte Entscheidung besser ermöglicht wird. Die **Öffentlichkeitsbeteiligung** ist in zwei Stufen vorgesehen. Die erste Stufe enthält die frühzei-

tige Bürgerbeteiligung (Abs 1) und besteht aus zwei Elementen: Dem Unterrichtungsgebot und dem Anhörungsgebot. Ziel ist es, den Bürger, dh jeden, der von der Planung betroffen oder an ihr interessiert ist (BVerwGE 69, 344 = BRS 42 Nr 23 = BauR 1984, 602), bereits in einem Stadium zu beteiligen, in dem sich die Planung noch nicht zu einem konkreten, die Einzelheiten regelnden Entwurf verfestigt hat. Durch die Ausweitung der **Auslegungspflicht** um die umweltbezogenen Stellungnahmen soll die Informationsmöglichkeit für die Bürger und die Transparenz der Planung verbessert werden. Über die Ausgestaltung der Anhörung enthält diese Vorschrift keine Regelung. Der öffentlichen Unterrichtung ist dabei Genüge getan, wenn die Allgemeinheit als unbestimmter Personenkreis in geeigneter Form in Kenntnis gesetzt wird. Durch die öffentliche Unterrichtung soll ein Dialog zwischen Bürgern und Gemeinde ausgelöst werden, der dann in die sich anschließende Anhörung mündet.

2 Nach Satz 2 kann die Gemeinde durch Beschluss des nach Kommunalrechts zuständigen Organs nach ihrem Ermessen in zwei Fällen von der frühzeitigen Bürgerbeteiligung absehen, und zwar bei der Aufstellung und bei der Änderung eines Bebauungsplans mit nur unwesentlichen Auswirkungen und dann, wenn die Bürgerbeteiligung schon bei anderer Gelegenheit durchgeführt wurde. Dies kann der Fall sein, wenn die Gemeinde sog „informelle" Planungen (zB Rahmenpläne) aufgestellt und in diesem Zusammenhang die Bürger schon über die mit der Bauleitplanung beabsichtigten Ziele und Zwecke der Planung unterrichtet und mit ihnen eine Erörterung herbeigeführt hat. Diese Regelung dient daher einer Vereinfachung des Verfahrens; sie kommt allerdings nur bei Planungen der Gemeinde zum Zuge. Satz 3 bringt das Prinzip der Einmaligkeit der frühzeitigen Bürgerbeteiligung zum Ausdruck, dh Änderungen auf Grund der Unterrichtung und Erörterung führen nicht zu einer nochmaligen Durchführung des Beteiligungsverfahrens nach Abs 1. Ein Verstoß gegen die Regelung über die frühzeitige Bürgerbeteiligung ist für die Wirksamkeit eines Bebauungsplans unerheblich (BVerwG UPR 2003, 152).

3 Abs 2 beinhaltet das förmliche Beteiligungsverfahren; es beginnt dann die zweite Stufe der Bürgerbeteiligung. Hält die Gemeinde an ihrer Planung fest, so beschließt sie die **Auslegung** des Bauleitplanentwurfes mit der Begründung und den wesentlichen, bereits vorliegenden umweltbezogenen Stellungnahmen. Diesem Beschluss folgt die ortsübliche **Bekanntmachung** – die Art und Weise regelt das jeweilige Landes- und Ortsrecht (BVerwGE 55, 369 = BVerwG Buchholz 406.11 § 12 BBauG Nr 7 = DVBl 1978, 815) – mit dem in Abs 2 Satz 2 bezeichneten Inhalt, wobei Ort und Dauer der Auslegung mindestens eine Woche vorher ortsüblich bekannt zu machen ist. Dabei muss jeder Interessierte ohne weiteres, dh ohne noch Fragen und Bitten an die Bediensteten der Gemeinde stellen zu müssen, in die Unterlagen Einblick nehmen können. Diesen Anforderungen ist nicht genügt, wenn die Unterlagen auf einem Aktenschränkchen in einem Dienstzimmer der Gemeinde bereitgehalten werden, das für Dritte nicht frei zugänglich ist (VGH Mannheim v 11.12.1998). Die Bekanntmachung der Planentwürfe soll Anstoßfunktion haben (BVerwGE 55, 369 = BRS 33 Nr 36) und dazu auffordern, mit Anregungen zur Wahrung der eigenen Rechte im Interesse einer gerechten Abwägung (§ 1 Abs 7) zur Planung beizutragen. In der Bekanntmachung ist der Beginn der Auslegungsfrist von mindestens einem Monat anzugeben, wobei der erste Tag der Auslegung

mitzuzählen ist (gem Senat der obersten Gerichtshöfe, BVerwGE 40, 363 = BVerwG Buchholz 406.11 § 2 BBauG Nr 9).

Auf das Fristende, auf das in der Bekanntmachung nicht hingewiesen zu werden braucht, finden die §§ 188 Abs 2, 2. Alt und 193 BGB Anwendung. Innerhalb der **Monatsfrist** kann die Möglichkeit der Einsichtnahme auf eine bestimmte Anzahl von Stunden für den Publikumsverkehr beschränkt werden, sofern dadurch die Einsichtsmöglichkeit nicht unzumutbar eingeschränkt wird (BVerwG Buchholz 406.11 § 2 BBauG Nr 21 = NJW 1981, 594; für Kleingemeinden VGH München VBl 1981, 691). Aus der Anstoßfunktion der Bekanntmachung folgt, dass der Planbereich möglichst genau und unmissverständlich zu umgrenzen ist, wobei eine grobe Umschreibung der Grenzen ausreichend ist. So entsprechen zB Flurbezeichnungen (BGH NJW 1981, 2060 = BauR 1981, 348) oder geläufige Gebietsnamen dem Kennzeichnungsgebot. Dem interessierten Bürger wird im Regelfall bewusst sein, dass der genauere Umfang des von der Bauleitplanung erfassten Bereichs nur durch eine Einsichtnahme in die jeweiligen Planunterlagen feststellbar ist (BVerwG Buchholz 406.11 § 2a BBauG Nr 7 = BRS 42 Nr 43 = BauR 1984, 602).

Über die während der Auslegungsfrist eingegangenen Bedenken und Anregungen ist von dem nach Landesrecht zuständigen Verwaltungsorgan der Gemeinde zu beraten. Nach Ablauf der Frist eingehende Bedenken und Anregungen braucht die Gemeinde nicht mehr zu überprüfen; die Frist ist allerdings keine Ausschlussfrist. Das Prüfungsergebnis der fristgerecht eingegangenen Anregungen und Bedenken teilt die Gemeindeverwaltung dem Einzelnen schriftlich mit (mangels Regelung handelt es sich dabei nicht um einen Verwaltungsakt); bei Masseneinwendungen gestattet Abs 2 Satz 5 eine vereinfachte Unterrichtung. Die unberücksichtigt gebliebenen Bedenken und Anregungen sind nebst einer Stellungnahme der Gemeinde zusammen mit dem beschlossenen Bauleitplan der höheren Verwaltungsbehörde zur Genehmigung (§§ 6, 10 Abs 2) vorzulegen. Insgesamt ist die Vorschrift der neuen Rechtslage angepasst worden.

Anhang

▶ **Muster**
Einwendungen bei der frühzeitigen Bürgerbeteiligung, § 3 Abs 1 BauGB

An das

Stadtplanungsamt der Stadt ...

Aufstellung des BPls Nr ...

hier: frühzeitige Bürgerbeteiligung am ...

Sehr geehrte Damen und Herren,

wir beehren uns anzuzeigen, dass uns Herr A mit der Wahrnehmung seiner Interessen beauftragt hat. Anwaltliche Vollmacht fügen wir bei.

Namens und im Auftrag unseres Herrn Mandanten erheben wir hiermit gegen das BPl-Verfahren Nr ... **Einwendungen** und fordern Sie auf,

das BPl-Verfahren für den BPl Nr ... aufzuheben und einzustellen; **oder**
das BPl-Verfahren für den BPl Nr ... dahingehend abzuändern, dass [...]

Gründe:

1. Nach den folgenden Maßstäben erweist sich die in Aussicht genommene Planung für die städtebauliche Entwicklung und Ordnung nicht als erforderlich iSv § 1 Abs 3 BauGB. Erforderlich ist ein BPl, wenn diesem eine planerische Konzeption der Gemeinde zugrunde liegt (BVerwG NVwZ 1991, 875 ff). Die betroffenen bzw beabsichtigten Festsetzungen müssen in ihrer eigentlichen Zielsetzung gewollt und erforderlich sein. Sie dürfen etwa nicht nur das vorgeschobene Mittel sein, um einen Bauwunsch zu durchkreuzen oder private Interessen zu befriedigen (BVerwG NVwZ 1999, 1338; BVerwGE 81, 111 f). Ob eine Planung iSd § 1 Abs 2 erforderlich ist, hängt nicht von dem Gewicht der für oder gegen sie sprechenden privaten Interessen ab. Als Rechtfertigung geeignete Gründe kommen allein öffentliche Belange in Betracht. Ist die Planung nicht an bodenrechtlich relevanten Ordnungskriterien ausgerichtet, so scheitert sie bereits auf dieser Stufe (BVerwG NVwZ 1999, 1338, 1339).

So liegt der Fall hier. [...]

2. Die entsprechende Planung genügt auch nicht den Anforderungen, die sich aus dem Abwägungsgebot des § 1 Abs 6 BauGB ergeben. Danach sind bei der Aufstellung bzw Änderung von BPlen die privaten und öffentlichen Belange gegeneinander und untereinander gerecht abzuwägen. Zu den privaten Belangen, die dabei besonders zu berücksichtigen sind, zählt nach allgemeiner Meinung in hervorgehobener Weise auch die Eigentumsgarantie des Art 14 GG (BVerwG BRS 54 Nr 42). Die beabsichtigte Umwidmung des Grundstücks unseres Herrn Mandanten wird den Anforderungen aus § 1 Abs 6 BauGB nicht gerecht. [...]

▶ **Muster**
Anregungen im förmlichen Auslegungsverfahren, § 3 Abs 2 BauGB

An das Planungsamt der Stadt

Btr.: BPl-Entwurf ...

Anregungen zu dem vom ... bis ... öffentlich ausgelegten BPl-Entwurf ...

Sehr geehrte Damen und Herren,

wir beehren uns anzuzeigen, dass uns die Eheleute A mit der Wahrnehmung ihrer Interessen beauftragt haben. Eine auf uns lautende Vollmacht ist beigefügt. Unsere Mandanten sind Eigentümer des Grundstücks, eingetragen im Grundbuch von ... Flur ... PNr...

Namens und im Auftrag unserer Mandanten erheben wir hiermit gegen den ausgelegten Plan nach § 3 Abs 3 BauGB **Anregungen** und fordern Sie auf,

das BPl-Verfahren für den BPl [...] aufzuheben und einzustellen;

oder das BPl-Verfahren für den BPl [...] dahingehend abzuändern, dass [...]

Der ausliegende BPl wird von unseren Mandanten aus folgenden Gründen beanstandet:
1. Der ausliegende BPl-Entwurf entspricht nicht dem Gebot des § 1a Abs 2 BauGB, wonach mit Grund und Boden sparsam und schonend umgegangen werden soll [...].
2. Die vom Planungsamt vorgelegte Planung genügt nicht den Anforderungen, die sich aus § 2a BauGB ergeben, wonach dem Entwurf des Bauleitplans eine Begründung beizufügen ist. Der Umweltbericht genügt nicht den Anforderungen des § 2 Abs 4 BauGB (Battis/Krautzberger/Löhr, NJW 2004, 2553 (2555)).
3. Letztlich beruht der Planentwurf auf einer ungenügenden Abwägung der beteiligten öffentlichen und privaten Belange. Die Umweltprüfung steht mit dem Abwägungsgebot in engem Zusammenhang. Dies wird bereits an mehreren Stellungen des BauGB deutlich (§§ 1 Abs 7, 1a Abs 2 und 3, 2 Abs 3 und 4, 4 Abs 2, 6 Abs 5, 10 Abs 4 BauGB). Das Ergebnis der Umweltprüfung ist in der Abwägung zu berücksichtigen (§ 2 Abs 4 Satz 4 BauGB). Den Anforderungen wird der Entwurf des BPls nicht gerecht. [...]. Das sachgerecht angewendete Abwägungsgebot verlangt eine Alternativprüfung (BVerwGE 100, 370 f). ◀

§ 4 Beteiligung der Behörden

(1) **Die Behörden und sonstigen Träger öffentlicher Belange, deren Aufgabenbereich durch die Planung berührt werden kann, sind entsprechend § 3 Abs. 1 Satz 1 Halbsatz 1 zu unterrichten und zur Äußerung auch im Hinblick auf den erforderlichen Umfang und Detaillierungsgrad der Umweltprüfung nach § 2 Abs. 4 aufzufordern. Hieran schließt sich das Verfahren nach Absatz 2 auch an, wenn die Äußerung zu einer Änderung der Planung führt.**
(2) **Die Gemeinde holt die Stellungnahmen der Behörden und sonstigen Träger öffentlicher Belange, deren Aufgabenbereich durch die Planung berührt werden kann, zum Planentwurf und der Begründung ein. Sie haben ihre Stellungnahmen innerhalb eines Monats abzugeben; die Gemeinde soll diese Frist bei Vorliegen eines wichtigen Grundes angemessen verlängern. In den Stellungnahmen sollen sich die Behörden und sonstigen Träger öffentlicher Belange auf ihren Aufgabenbereich beschränken; sie haben auch Aufschluss über von ihnen beabsichtigte oder bereits eingeleitete Planungen und sonstige Maßnahmen sowie deren zeitliche Abwicklung zu geben, die für die städtebauliche Entwicklung und Ordnung des Gebiets bedeutsam sein können. Verfügen sie über Informationen, die für die Ermittlung und Bewertung des Abwägungsmaterials zweckdienlich sind, haben sie diese Informationen der Gemeinde zur Verfügung zu stellen.**
(3) **Nach Abschluss des Verfahrens zur Aufstellung des Bauleitplans unterrichten die Behörden die Gemeinde, sofern nach den ihnen vorliegenden Erkenntnissen die Durchführung des Bauleitplans erhebliche, insbesondere unvorhergesehene nachteilige Auswirkungen auf die Umwelt hat.**

Diese Vorschrift, die durch das EAG Bau 2004 den Vorgaben der Plan-UP-Richtlinie angepasst wurde, sichert die Abstimmung zwischen verschiedenen **Planungsträger**n und macht der Gemeinde die besondere Sachkenntnis der zu beteiligenden Institutionen zugänglich. Welche Behörden und Stellen zu beteiligen sind, ist in

1

den einzelnen Bundesländern durch Ausführungserlass geregelt und richtet sich im Einzelfall nach der Planart und dem durch die konkrete Planung berührten Aufgabenkreis der Träger.

2 Die Neuregelung durch das EAG 2004 sieht nunmehr eine zweistufige Behördenbeteiligung vor und zwar eine frühzeitige, dh vor Erstellung des Entwurfs im Hinblick auf Umfang und Detaillierungsgrad der Untersuchung (Abs 1) und eine spätere, dh zum Entwurf selbst (Abs 2). So soll die Gemeinde in die Lage versetzt werden, frühzeitig die erheblichen Belange zu ermitteln und zu bewerten, was zu einer Zeit- und Kostenersparnis führen kann. Dabei bedeutet Beteiligung nicht, dass die jeweiligen Träger der beabsichtigten Planung letztlich zustimmen müssten, sondern nur, dass ihnen Gelegenheit zur Stellungnahme zu geben ist. Teilweise wird die Beteiligung faktisch schon im Vorfeld der Planungen iR von sog **Clearing-Stellen** durchgeführt, was zwar die förmliche Beteiligung nicht ersetzt, aber sinnvollerweise etwaige Bedenken und Anregungen schon in einem frühen Stadium einbringt und damit ebenfalls Zeit und Planungskosten sparen kann.

3 Abs 2 Satz 2 verpflichtet die Träger öffentlicher Belange dazu, ihre (förmlichen) Stellungnahmen innerhalb eines Monats abzugeben, wobei die Gemeinde diese Frist bei Vorliegen eines wichtigen Grundes angemessen verlängern kann. Dies soll ebenso zu einer Beschleunigung des Bauleitplanungsverfahrens führen wie die Verpflichtung der Behörden, sich auf ihre fachlichen Aufgabenbereiche zu beschränken. Außerdem sollen sie iS einer abgestimmten Planung der öffentlichen Hand der Gemeinde Aufschluss darüber geben, ob und für welchen Zeitraum sie selbst Planungen und sonstige Maßnahmen beabsichtigen oder eingeleitet haben, die für das Plangebiet relevant werden können. Diese Verpflichtung dient neben der Abstimmung auch der Planungssicherheit und einem effektiven Verwaltungshandeln, indem vermieden wird, dass ein Planungsträger seinen Plan schon nach kurzer Zeit wieder ändern oder aufheben muss.

4 Der durch das EAG Bau 2004 neu geschaffene Abs 3 normiert eine Informationspflicht der beteiligten Behörden, damit die Gemeinden ihrer Pflicht zur Überwachung iSd Plan-UP-Richtlinie nachkommen können. Dies entlastet sie von eigenen Nachforschungen und Erhebungen.

§ 4a Gemeinsame Vorschriften zur Beteiligung

(1) Die Vorschriften über die Öffentlichkeits- und Behördenbeteiligung dienen insbesondere der vollständigen Ermittlung und zutreffenden Bewertung der von der Planung berührten Belange.
(2) Die Unterrichtung nach § 3 Abs. 1 kann gleichzeitig mit der Unterrichtung nach § 4 Abs. 1, die Auslegung nach § 3 Abs. 2 kann gleichzeitig mit der Einholung der Stellungnahmen nach § 4 Abs. 2 durchgeführt werden.
(3) Wird der Entwurf des Bauleitplans nach dem Verfahren nach § 3 Abs. 2 oder § 4 Abs. 2 geändert oder ergänzt, ist er erneut auszulegen und sind die Stellungnahmen erneut einzuholen. Dabei kann bestimmt werden, dass Stellungnahmen nur zu den geänderten oder ergänzten Teilen abgegeben werden können; hierauf ist in der erneuten Bekanntmachung nach § 3 Abs. 2 Satz 2 hinzuweisen. Die Dauer der Auslegung und die Frist zur Stellungnahme kann

angemessen verkürzt werden. **Werden durch die Änderung oder Ergänzung des Entwurfs des Bauleitplans die Grundzüge der Planung nicht berührt, kann die Einholung der Stellungnahmen auf die von der Änderung oder Ergänzung betroffene Öffentlichkeit sowie die berührten Behörden und sonstigen Träger öffentlicher Belange beschränkt werden.**
(4) Bei der Öffentlichkeits- und Behördenbeteiligung können ergänzend elektronische Informationstechnologien genutzt werden. Soweit die Gemeinde den Entwurf des Bauleitplans und die Begründung in das Internet einstellt, können die Stellungnahmen der Behörden und sonstigen Träger öffentlicher Belange durch Mitteilung von Ort und Dauer der öffentlichen Auslegung nach § 3 Abs. 2 und der Internetadresse eingeholt werden; die Mitteilung kann im Wege der elektronischen Kommunikation erfolgen, soweit der Empfänger hierfür einen Zugang eröffnet hat. Die Gemeinde hat bei Anwendung von Satz 2 Halbsatz 1 der Behörde oder dem sonstigen Träger öffentlicher Belange auf dessen Verlangen einen Entwurf des Bauleitplans und der Begründung zu übermitteln; § 4 Abs. 2 Satz 2 bleibt unberührt.
(5) Bei Bauleitplänen, die erhebliche Auswirkungen auf Nachbarstaaten haben können, sind die Gemeinden und Behörden des Nachbarstaates nach den Grundsätzen der Gegenseitigkeit und Gleichwertigkeit zu unterrichten. Abweichend von Satz 1 ist bei Bauleitplänen, die erhebliche Umweltauswirkungen auf einen anderen Staat haben können, dieser nach den Vorschriften des Gesetzes über die Umweltverträglichkeitsprüfung zu beteiligen; für die Stellungnahmen der Öffentlichkeit und Behörden des anderen Staates, einschließlich der Rechtsfolgen nicht rechtzeitig abgegebener Stellungnahmen, sind abweichend von den Vorschriften des Gesetzes über die Umweltverträglichkeitsprüfung die Vorschriften dieses Gesetzbuchs entsprechend anzuwenden.
(6) Stellungnahmen, die im Verfahren der Öffentlichkeits- und Behördenbeteiligung nicht rechtzeitig abgegeben worden sind, können bei der Beschlussfassung über den Bauleitplan unberücksichtigt bleiben, sofern die Gemeinde deren Inhalt nicht kannte und nicht hätte kennen müssen und deren Inhalt für die Rechtmäßigkeit des Bauleitplans nicht von Bedeutung ist. Satz 1 gilt für in der Öffentlichkeitsbeteiligung abgegebene Stellungnahmen nur, wenn darauf in der Bekanntmachung nach § 3 Abs. 2 Satz 2 zur Öffentlichkeitsbeteiligung hingewiesen worden ist.

Die durch das EAG Bau 2004 ebenfalls neu geschaffene Vorschrift fasst die bisherigen Regelungen über die Öffentlichkeits- und Behördenbeteiligung zusammen. Abs 1 hat dabei im Wesentlichen programmatische Bedeutung, indem die Wichtigkeit der Verfahrensvorschriften betont wird, da deren Missachtung indizielle Bedeutung auch für die Einhaltung des materiellen Rechts hat. Abs 2 dient der Verfahrensbeschleunigung.

Die erneute **Beteiligung** nach Abs 3 Satz 1, die zuvor in § 3 Abs 3 geregelt war, ist erforderlich, wenn der Bauleitplan nach der öffentlichen Auslegung geändert oder ergänzt wird (vgl. Hess VGH HessVGRspr 1985, 25). Dabei ist der Gemeinde bei der erneuten Auslegung die Möglichkeit eingeräumt, zu bestimmen, dass Bedenken

und Anregungen nur zu geänderten oder ergänzten Teilen des Bauleitplanentwurfes vorgebracht werden können, wofür die Frist verkürzt werden kann, wenn dies nach pflichtgemäßem Ermessen angemessen und ausreichend erscheint. Bleiben die Grundzüge der Planung unberührt, so kann das vereinfachte Verfahren nach § 13 Nr 2 angewendet werden.

3 Abs 4 eröffnet den Gemeinden die Möglichkeit zur Nutzung elektronischer Medien. Die Beteiligung durch das **Internet** nach Satz 1 befreit dabei aber – anders als Satz 2 – nicht von formalen Beteiligungserfordernissen des § 3.

4 Abs 5 Satz 1 trägt der Tatsache Rechnung, dass sich die Wirkung von Bauleitplänen nicht immer auf das eigene Staatsgebiet beschränkt. Er ordnet deshalb an, dass in den Fällen grenzüberschreitender Auswirkungen die Gemeinden und Träger öffentlicher Belange des Nachbarstaates, „deren Interessen und Aufgaben betroffen sein können", zu unterrichten sind. Diese **Unterrichtung** hat nach den Grundsätzen der Gegenseitigkeit und Gleichwertigkeit zu geschehen. Die Regelung ist insbesondere bei der Planung industrieller Großprojekte, emittierender oder gefährlicher Anlagen von Bedeutung und soll den Nachbarstaat in die Lage setzen, ggf seine eigene Planung den zukünftigen Gegebenheiten anzupassen. Abweichend hiervon soll dann, wenn Bauleitpläne erhebliche Umwelteinwirkungen auf einen anderen Staat haben können, das Gesetz über die Umweltverträglichkeitsprüfung herangezogen werden.

5 Abs 6 regelt die Präklusion. Wird innerhalb nicht rechtzeitig eine Äußerung abgegeben, so kann die Gemeinde bei der Abwägung davon ausgehen, dass die Planung nicht mit den Interessen dieses Trägers öffentlicher Belange kollidiert. Verspätet vorgebrachte Belange sind ausnahmsweise – soweit noch möglich – bei der Abwägung zu berücksichtigen, wenn sie der Gemeinde bekannt waren oder ihr hätten bekannt sein müssen, da die Gemeinde dann in ihrem Vertrauen auf den Ablauf der Frist nicht schutzwürdig ist oder wenn die verspätet vorgebrachten Belange für die Rechtmäßigkeit der Abwägung von Bedeutung sind, denn es macht keinen Sinn, einen späteren Nichtigkeitsgrund sehenden Auges in Kauf zu nehmen. In der Öffentlichkeitsbeteiligung gilt dies nur, wenn in der Bekanntmachung nach § 3 Abs 2 Satz 2 ein entsprechender Hinweis erfolgte.

§ 4b Einschaltung eines Dritten

Die Gemeinde kann insbesondere zur Beschleunigung des Bauleitplanverfahrens die Vorbereitung und Durchführung von Verfahrensschritten nach den §§ 2a bis 4a einem Dritten übertragen.

1 § 4b dient zum Einen der Beschleunigung des Verfahrens und der Gewinnung externen Sachverstandes, wenn er vorsieht, dass die Vorbereitung und Durchführung von Verfahrensschritten nach den §§ 3–4a einem Dritten übertragen werden kann. Diese Vorschrift ist aber auch im Zusammenhang mit den §§ 11 und 12 zu sehen und stärkt das Prinzip der **Kooperation** zwischen Gemeinden und Privaten im Städtebaurecht. Dritter kann jedenfalls ein neutraler Mediator sein, der die genannten Verfahrensschritte unabhängig vornimmt und ggf zwischen den kollidierenden Interessen vermittelt. Er bleibt aber hierbei stets Verwaltungshelfer ohne hoheitli-

che Befugnisse und die alleinige Entscheidungsverantwortung der Gemeinde bleibt unberührt. Ob und inwieweit ein Investor als Nutznießer einer bestimmten Planung Dritter iSd Vorschrift sein kann, ist zumindest fraglich und wird von der Rechtsprechung, insbesondere unter Berücksichtigung des Prinzips der demokratischen Legitimation zu klären sein. Die eigentliche Abwägung wird als Kernbereich interessenneutraler hoheitlicher Normsetzung sicher in der Hand der Gemeinde bleiben müssen.

§ 4c Überwachung

Die Gemeinden überwachen die erheblichen Umweltauswirkungen, die auf Grund der Durchführung der Bauleitpläne eintreten, um insbesondere unvorhergesehene nachteilige Auswirkungen frühzeitig zu ermitteln und in der Lage zu sein, geeignete Maßnahmen zur Abhilfe zu ergreifen. Sie nutzen dabei die im Umweltbericht nach Nummer 3 Buchstabe b der Anlage zu diesem Gesetzbuch angegebenen Überwachungsmaßnahmen und die Informationen der Behörden nach § 4 Abs. 3.

Die Vorschrift wurde durch das EAG Bau 2004 neu geschaffen und dient dem sog **Monitoring** im Baurecht. Der hierdurch für die Gemeinden entstehende Aufwand soll durch die Möglichkeit, bereits bestehende Informationssysteme zu nutzen verringert werden. Eine hilfreiche Wirkung für die Gemeinden kann hierbei § 4 Abs 3 entfalten, da die so gewonnenen Informationen in das Verfahren einfließen können. Durch die neu eingeführte Pflicht sollen die Gemeinden die erheblichen Auswirkungen der Durchführung ihrer Bauleitpläne, insbesondere auf die **Umwelt**, überwachen. Erheblich sind insoweit vor allem Auswirkungen auf die in § 1 Abs 6 Nr 7 genannten Belange. Die Ausgestaltung des Monitoring nach Zeitpunkt, Inhalt und Verfahren bleibt dabei den Gemeinden überlassen, die sich an den Bedürfnissen und Erfordernissen des jeweiligen Umweltberichts und ihres Planungskonzepts orientieren sollen. Das jeweils von der Gemeinde ausgewählte Monitoring-Konzept ist im Umweltbericht zu beschreiben, um es transparent zu machen. Aus den Ergebnissen des Monitoring können sich weitere Planungserfordernisse ergeben, wobei durchaus Unterschiede zwischen dem Flächennutzungsplan und dem Bebauungsplan bestehen können. Eine erneute Durchführung der Umweltprüfung wird aber nicht erforderlich.

Zweiter Abschnitt
Vorbereitender Bauleitplan (Flächennutzungsplan)

§ 5 Inhalt des Flächennutzungsplans

(1) Im Flächennutzungsplan ist für das ganze Gemeindegebiet die sich aus der beabsichtigten städtebaulichen Entwicklung ergebende Art der Bodennutzung nach den voraussehbaren Bedürfnissen der Gemeinde in den Grundzü-

gen darzustellen. Aus dem Flächennutzungsplan können Flächen und sonstige Darstellungen ausgenommen werden, wenn dadurch die nach Satz 1 darzustellenden Grundzüge nicht berührt werden und die Gemeinde beabsichtigt, die Darstellung zu einem späteren Zeitpunkt vorzunehmen; in der Begründung sind die Gründe hierfür darzulegen. Der Flächennutzungsplan soll spätestens 15 Jahre nach seiner erstmaligen oder erneuten Aufstellung überprüft und, soweit nach § 1 Abs. 3 Satz 1 erforderlich, geändert, ergänzt oder neu aufgestellt werden.

(2) Im Flächennutzungsplan können insbesondere dargestellt werden:
1. die für die Bebauung vorgesehenen Flächen nach der allgemeinen Art ihrer baulichen Nutzung (Bauflächen), nach der besonderen Art ihrer baulichen Nutzung (Baugebiete) sowie nach dem allgemeinen Maß der baulichen Nutzung; Bauflächen, für die eine zentrale Abwasserbeseitigung nicht vorgesehen ist, sind zu kennzeichnen;
2. die Ausstattung des Gemeindegebiets mit Einrichtungen und Anlagen zur Versorgung mit Gütern und Dienstleistungen des öffentlichen und privaten Bereichs, insbesondere mit den der Allgemeinheit dienenden baulichen Anlagen und Einrichtungen des Gemeindebedarfs, wie mit Schulen und Kirchen sowie mit sonstigen kirchlichen und mit sozialen, gesundheitlichen und kulturellen Zwecken dienenden Gebäuden und Einrichtungen, sowie die Flächen für Sport- und Spielanlagen;
3. die Flächen für den überörtlichen Verkehr und für die örtlichen Hauptverkehrszüge;
4. die Flächen für Versorgungsanlagen, für die Abfallentsorgung und Abwasserbeseitigung, für Ablagerungen sowie für Hauptversorgungs- und Hauptabwasserleitungen;
5. die Grünflächen, wie Parkanlagen, Dauerkleingärten, Sport-, Spiel-, Zelt- und Badeplätze, Friedhöfe;
6. die Flächen für Nutzungsbeschränkungen oder für Vorkehrungen zum Schutz gegen schädliche Umwelteinwirkungen im Sinne des Bundes-Immissions- schutzgesetzes;
7. die Wasserflächen, Häfen und die für die Wasserwirtschaft vorgesehenen Flächen sowie die Flächen, die im Interesse des Hochwasserschutzes und der Regelung des Wasserabflusses freizuhalten sind;
8. die Flächen für Aufschüttungen, Abgrabungen oder für die Gewinnung von Steinen, Erden und anderen Bodenschätzen;
9. a) die Flächen für die Landwirtschaft und b) Wald;
10. die Flächen für Maßnahmen zum Schutz, zur Pflege und zur Entwicklung von Boden, Natur und Landschaft.

(2a) Flächen zum Ausgleich im Sinne des § 1a Abs. 3 im Geltungsbereich des Flächennutzungsplans können den Flächen, auf denen Eingriffe in Natur und Landschaft zu erwarten sind, ganz oder teilweise zugeordnet werden.

(2b) Für Darstellungen des Flächennutzungsplans mit den Rechtswirkungen des § 35 Abs. 3 Satz 3 können sachliche Teilflächennutzungspläne aufgestellt werden.

(3) Im Flächennutzungsplan sollen gekennzeichnet werden:
1. Flächen, bei deren Bebauung besondere bauliche Vorkehrungen gegen äußere Einwirkungen oder bei denen besondere bauliche Sicherungsmaßnahmen gegen Naturgewalten erforderlich sind;
2. Flächen, unter denen der Bergbau umgeht oder die für den Abbau von Mineralien bestimmt sind;
3. für bauliche Nutzungen vorgesehene Flächen, deren Böden erheblich mit umweltgefährdenden Stoffen belastet sind.

(4) Planungen und sonstige Nutzungsregelungen, die nach anderen gesetzlichen Vorschriften festgesetzt sind, sowie nach Landesrecht denkmalgeschützte Mehrheiten von baulichen Anlagen sollen nachrichtlich übernommen werden. Sind derartige Festsetzungen in Aussicht genommen, sollen sie im Flächennutzungsplan vermerkt werden.

(5) Dem Flächennutzungsplan ist eine Begründung mit den Angaben nach § 2a beizufügen.

Gesamtübersicht

	Rn		Rn
I. Allgemeines	1	V. Kennzeichnungspflicht	12
II. Darstellungskatalog	2	VI. Verhältnis zu anderen Planungen	14
III. Naturschutzrechtlicher Ausgleich	10	VII. Planbegründung	15
IV. Teilflächennutzungsplan	11	VIII. Rechtsnatur des Flächennutzungsplans	16

I. Allgemeines

Der **Flächennutzungsplan** ist die erste Stufe der gemeindlichen Bauleitplanung und bereitet die weitere städtebauliche Entwicklung vor. Er umfasst nach Abs 1 Satz 1 grds das gesamte Gemeindegebiet, wobei die Gemeinde nach Abs 1 Satz 2 die Möglichkeit hat, aus der Darstellung Flächen auszunehmen, deren spätere Darstellung von ihr allerdings beabsichtigt sein muss. Zur übergreifenden Darstellung der Entwicklungsvorstellungen der Gemeinde genügt es, dass in dem Flächennutzungsplan die beabsichtigte **städtebauliche Entwicklung** sowohl nach ihrer tatsächlichen Grundlage als auch nach ihrer Grundkonzeption in großen Zügen vorgezeichnet wird. Der Flächennutzungsplan ist deshalb grobmaschiger als der Bebauungsplan (BVerwGE 48, 70 = BVerwG Buchholz 406.11 § 8 BBauG Nr 2 = BRS 29 Nr 8). Satz 3 des Absatzes wurde durch das EAG Bau 2004 eingefügt, damit die Flächennutzungspläne regelmäßig überprüft und ggf an neue städtebauliche Entwicklungen angepasst werden. Die Regelung kann auch unnötigen Verfahrensaufwand vermeiden helfen, indem die Abschichtungsregelung bei der Umweltprüfung nach § 2 Abs 4 Satz 4 genutzt wird; außerdem kann sie zum **Monitoring** iSv § 4c beitragen. Im Interesse der Verwaltungseffizienz bezieht sich die Verpflichtung nur auf die erstmalige oder erneute Aufstellung von Flächennutzungsplänen, nicht aber auf deren Änderung oder Ergänzung, die nur iR der regelmäßigen Überprüfung mitbehandelt werden sollen.

II. Darstellungskatalog

2 Der Darstellungskatalog des Abs 2 ist nicht abschließend, wobei sich denkbare Ergänzungen des Katalogs wegen des Entwicklungsgebotes des § 8 Abs 2 Satz 1 an dem zu orientieren haben, was zulässiger Inhalt eines Bebauungsplanes sein kann (§ 9). Die Art der jeweiligen Darstellung im Flächennutzungsplan richtet sich nach der **Planzeichenverordnung**. Die Darstellungen selbst haben sich an den voraussehbaren Bedürfnissen der Gemeinde auszurichten. Welche einzelnen Darstellungen in einen Flächennutzungsplan aufgenommen werden sollten, richtet sich allein nach den in § 1 enthaltenen Regelungen, wobei den Gemeinden allerdings eine **planerische Zurückhaltung** zugebilligt wird (BVerwG Buchholz 406.19 Nachbarschutz Nr 55 = NVwZ 1984, 102 = BauR 1983, 543).

Der Flächennutzungsplan grenzt stets die Teile eines Gemeindegebietes, die städtebaulich weiter entwickelt werden sollen (**Bauflächen**) von jenen Gebietsteilen ab, die von einer baulichen Nutzung grds freigehalten werden sollen. Die Bauflächen nach Abs 2 Nr 1 werden nach der allgemeinen Art der baulichen Nutzung in Wohnbauflächen (W), gemischte Bauflächen (M), gewerbliche Bauflächen (G) und Sonderbauflächen (S) gegliedert (§ 1 Abs 1 BauNVO). Innerhalb der Bauflächen können wiederum die Baugebiete nach der besonderen Art (§ 1 Abs 2 iVm §§ 2 f BauNVO) und dem allgemeinen Maß (§ 16 Abs 1 Bau NVO) der baulichen Nutzung gegliedert werden.

3 Abs 2 Nr 2 erfasst die der Allgemeinheit dienenden baulichen Anlagen und Einrichtungen des Gemeinbedarfs sowie die darüber hinausgehende öffentliche und private Infrastruktur, zB Ladenzentren, private Bildungseinrichtungen, Krankenhäuser. Es genügt nicht, eine Fläche für den **Gemeinbedarf** auszuweisen. Erforderlich ist vielmehr, die konkrete Angabe des Verwendungszwecks, zB Schule, Kirche (vgl zum Bestimmtheitsgebot BVerwG BauR 1994, 486 = ZfBR 1994, 301). Mit der ausdrücklichen Nennung der Sport- und Spielanlagen soll der Gemeinde nach den Vorstellungen des Gesetzgebers die Möglichkeit gegeben werden, wohngebietsnahe Sport- und Spielflächen festzulegen, solche Flächen frühzeitig zu sichern und vorsorgend mögliche Konflikte zu vermeiden.

4 Zu den Verkehrsflächen nach Abs 2 Nr 3 zählen neben den Straßenverkehrsflächen auch die Flächen für den Eisenbahn- und Luftverkehr sowie den ruhenden Verkehr.

5 Abs 2 Nr 4 übernimmt die Begriffe des Abfallbeseitigungsgesetzes. Die Versorgungsanlagen sind Anlagen der Daseinsvorsorge. Diese Regelung wurde um die Darstellungsmöglichkeit von Flächen für Ablagerungen erweitert, um bereits frühzeitig Flächen darstellen zu können, auf denen potentiell umweltgefährliche Stoffe mit dem Ziel gelagert werden, sich ihrer auf Dauer zu entledigen.

6 Die Darstellung einer Grünfläche nach Abs 2 Nr 5 besagt zugleich auch, dass auf dieser Fläche bauliche Anlagen unzulässig sind, die nicht der vorgesehenen Nutzung der Grünfläche wesensgemäß sind. Die Grünfläche hat städtebauliche Bedeutung und dient in erster Linie der Naherholung der Bewohner, der Verbesserung des Kleinklimas und der Auflockerung der Bebauung.

7 Flächen für **Nutzungsbeschränkungen** nach Abs 2 Nr 6 kommen zB in Betracht bei Atomkraftwerken, sonstigen gefährlichen oder Lärm, Gerüche oder Abgase emittierenden Anlagen, bei Flughäfen oder militärischen Anlagen. Schädliche Umwelteinwirkungen sind Immissionen, die nach Art, Ausmaß oder Dauer geeignet sind, erhebliche Nachteile oder erhebliche Belästigungen für die Allgemeinheit

oder die Nachbarschaft herbeizuführen, § 3 Abs 1 BImSchG. Nachteile und Belästigungen sind aber nur dann erheblich, wenn sie der Umgebung nicht zuzumuten sind (BVerwGE 50, 49 = DVBl 1976, 214). Flächen für Nutzungsbeschränkungen können nur für solche Flächen dargestellt werden, für die eine bestimmte Nutzungsart (zB Wohnbaufläche, gewerbliche Baufläche) vorgesehen ist. Dagegen können Flächen für Vorkehrungen darüber hinaus noch als selbstständige Nutzungen dargestellt werden (zB Lärmschutzwall). Regelmäßig werden die Nutzungsbeschränkungen und Vorkehrungen erst im Bebauungsplan konkret festgesetzt, weil die dann aktuell bestehende Situation sich möglicherweise von der zum Zeitpunkt der Aufstellung des Flächennutzungsplans wesentlich unterscheidet (bspw Verbesserung technischer Möglichkeiten im Bereich des Immissionsschutzes).

Der Begriff der Landwirtschaft nach Abs 2 Nr 9a ergibt sich aus der Legaldefinition des § 201; mit dem Begriff „Wald" in Abs 2 Nr 9b ist das BauGB den Waldgesetzen von Bund und Ländern angeglichen worden.

Nach Abs 2 Nr 10 kann der Flächennutzungsplan als Instrument des vorbeugenden **Umweltschutz**es im Bereich der Landschaftspflege eingesetzt werden. Die Gemeinde kann Flächen für landschaftsschützende Maßnahmen darstellen, die zum Ausgleich von geplanten baulichen Eingriffen in Natur und Landschaft erforderlich sind. Neu aufgenommen wurde durch das BauROG 1998 der Bodenschutz als Gegenstand möglicher Darstellung. Dies entspricht der **Bodenschutzklausel** des § 1a Abs 1 und dem Anliegen des geplanten Bodenschutzgesetzes.

III. Naturschutzrechtlicher Ausgleich

Abs 2a unterstreicht die Bedeutung des Flächennutzungsplans für die naturschutzrechtliche Ausgleichsregelung. Er schafft als Option die Möglichkeit, Flächen für den **Ausgleich** bestimmten geplanten Eingriffen zuzuordnen. Geschieht dies bereits auf der Ebene des Flächennutzungsplanes, so wird das spätere Verfahren der Aufstellung des Bebauungsplans entlastet, was allerdings nur dann möglich ist, wenn schon früh die Quantität und Qualität des späteren Eingriffs abgesehen werden kann.

IV. Teilflächennutzungsplan

Abs 2b, der durch das EAG Bau 2004 eingeführt wurde, geht über den ursprünglichen Gesetzesentwurf hinaus und ermöglicht allgemein die Aufstellung von Teilflächennutzungsplänen mit den Rechtswirkungen des § 35 Abs 3 Satz 3.

V. Kennzeichnungspflicht

Das Kennzeichnungsgebot des Abs 3 dient dazu, Hinweise auf Einwirkungen zu geben, die aus der Nachbarschaft oder aus dem Untergrund des Grundstücks kommen können. Unter äußeren Einwirkungen iSd Abs 3 Nr 1 sind solche zu verstehen, die den Bestand oder die Standsicherheit des Gebäudes beeinträchtigen können, zB Bergsenkungsgebiete, Erdrutschgebiete, Überschwemmungsgebiete.

Durch Abs 3 Nr 3 wird die Kennzeichnungspflicht für sog Altlasten normiert. Dabei bleibt die Kennzeichnungspflicht auf Flächen beschränkt, die für eine bauliche Nutzung vorgesehen sind. Daraus ergibt sich, dass aus Anlass der Aufstellung eines Flächennutzungsplanes nicht die Aufstellung eines Altlastenkatasters unabdingbar notwendig wird.

VI. Verhältnis zu anderen Planungen

14 Die Möglichkeiten der städtebaulichen Entwicklung einer Gemeinde werden zu einem erheblichen Teil durch bereits bestehende oder in Aussicht genommene Festsetzungen auf Grund förmlicher Planfeststellungsverfahren (zB nach dem Bundesfernstraßengesetz oder dem Abfallbeseitigungsgesetz) oder Nutzungsregelungen (zB nach den Naturschutzgesetzen) anderer Planungsträger beeinflusst. Der Flächennutzungsplan soll ein möglichst lückenloses Bild dieser Regelungen vermitteln und sie daher nach Abs 4 nachrichtlich übernehmen (verbindliche Planung) oder vermerken (noch nicht verbindliche Planung).

VII. Planbegründung

15 Die **Begründung** nach Abs 5, die nicht Teil des Flächennutzungsplanes ist (arg. aus §§ 3 Abs 2, 6 Abs 5 Satz 2), dient zur Erläuterung der Darstellungen des Flächennutzungsplanes im Genehmigungsverfahren bei der höheren Genehmigungsbehörde (§ 6), informiert aber auch die an der Aufstellung beteiligten Bürger und die Träger öffentlicher Belange und soll weiterhin denjenigen das Verständnis erleichtern, die später in den Flächennutzungsplan Einsicht nehmen. Durch die Verweisung auf § 2a wird klargestellt, welche Darstellungen aufzunehmen sind und bis zur Beschlussfassung fortgeschrieben werden müssen.

VIII. Rechtsnatur des Flächennutzungsplans

16 Der **Flächennutzungsplan** hat nicht den Charakter einer **Satzung**. Er ist auch weder ein Verwaltungsakt noch ein öffentlich-rechtlicher Vertrag zwischen den Planungsbeteiligten. Der Flächennutzungsplan ist vielmehr als eine hoheitliche Maßnahme eigener Art (VGH Bad-Württ, ESVGH 23, 188 = BRS 27 Nr 17) anzusehen. Er enthält einen qualifizierten Sachverhalt, aus dem das BauGB in einzelnen Beziehungen rechtliche Folgerungen zieht. Unmittelbare Bindung erzeugt der Flächennutzungsplan gegenüber der Gemeinde nach Maßgabe des § 8 Abs 2 (**Entwicklungsgebot**) und öffentlichen Planungsträgern, die beteiligt worden sind und dem Flächennutzungsplan nicht rechtzeitig und in hinreichend konkretisierter Form widersprochen haben. Die Bindungswirkung gegenüber diesen Planungsträgern besteht darin, dass sie ihre Fachplanung dem Flächennutzungsplan anzupassen haben (§ 7). Weitere unmittelbare Rechtswirkungen nach außen hat der Flächennutzungsplan nicht (BVerwGE 68, 311 = BVerwG Buchholz 406.11 § 35 BBauG Nr 210 = NVwZ 1984, 367). Mittelbare Rechtswirkungen entfaltet der Flächennutzungsplan in § 34 Abs 4 Nr 2 und § 35 Abs 3 Nr 1. Die Beachtlichkeit einzelner Darstellungen als öffentliche Belange iR des § 35 ist eine mögliche Folge des Flächennutzungsplanes (BVerwGE 77, 300 = BVerwG Buchholz 406.11 § 5 BBauG Nr 5 = NVwZ 1966, 54).

17 Der Bürger hat auf Grund der Rechtsnatur des Flächennutzungsplanes gegen dessen Darstellungen keinen unmittelbaren **Rechtsschutz**. Wegen der fehlenden Rechtssatzqualität scheidet eine Normenkontrollklage und wegen der fehlenden Verwaltungsaktsqualität eine Anfechtungs- oder Verpflichtungsklage aus. Lediglich die Nachbargemeinde kann sich gegen einzelne Darstellungen des Flächennutzungsplanes mit der Feststellungsklage wenden, wenn sie der Ansicht ist, die sich aus § 2 Abs 2 ergebende Pflicht zur Abstimmung sei verletzt (BVerwGE 40, 323 =

BRS 25 Nr 14; BVerwGE 75, 142 = DVBl 1987, 481). Die Genehmigung des Flächennutzungsplanes nach § 6 stellt im Verhältnis zur Gemeinde einen Verwaltungsakt dar (BVerwGE 75, 142 = BVerwG Buchholz 406.11 § 10 BBauG Nr 13 = NVwZ 1987, 492).

§ 6 Genehmigung des Flächennutzungsplans

(1) Der Flächennutzungsplan bedarf der Genehmigung der höheren Verwaltungsbehörde.

(2) Die Genehmigung darf nur versagt werden, wenn der Flächennutzungsplan nicht ordnungsgemäß zustande gekommen ist oder diesem Gesetzbuch, den auf Grund dieses Gesetzbuchs erlassenen oder sonstigen Rechtsvorschriften widerspricht.

(3) Können Versagungsgründe nicht ausgeräumt werden, kann die höhere Verwaltungsbehörde räumliche oder sachliche Teile des Flächennutzungsplans von der Genehmigung ausnehmen.

(4) Über die Genehmigung ist binnen drei Monaten zu entscheiden; die höhere Verwaltungsbehörde kann räumliche und sachliche Teile des Flächennutzungsplans vorweg genehmigen. Aus wichtigen Gründen kann die Frist auf Antrag der Genehmigungsbehörde von der zuständigen übergeordneten Behörde verlängert werden, in der Regel jedoch nur bis zu drei Monaten. Die Gemeinde ist von der Fristverlängerung in Kenntnis zu setzen. Die Genehmigung gilt als erteilt, wenn sie nicht innerhalb der Frist unter Angabe von Gründen abgelehnt wird.

(5) Die Erteilung der Genehmigung ist ortsüblich bekannt zu machen. Mit der Bekanntmachung wird der Flächennutzungsplan wirksam. Ihm ist eine zusammenfassende Erklärung beizufügen über die Art und Weise, wie die Umweltbelange und die Ergebnisse der Öffentlichkeits- und Behördenbeteiligung in dem Flächennutzungsplan berücksichtigt wurden, und aus welchen Gründen der Plan nach Abwägung mit den geprüften, in Betracht kommenden anderweitigen Planungsmöglichkeiten gewählt wurde. Jedermann kann den Flächennutzungsplan, die Begründung und die zusammenfassende Erklärung einsehen und über deren Inhalt Auskunft verlangen.

(6) Mit dem Beschluss über eine Änderung oder Ergänzung des Flächennutzungsplans kann die Gemeinde auch bestimmen, dass der Flächennutzungsplan in der Fassung, die er durch die Änderung oder Ergänzung erfahren hat, neu bekannt zu machen ist.

Der **Flächennutzungsplan** bedarf zu seiner Rechtswirksamkeit der **Genehmigung** durch die höhere Verwaltungsbehörde. Das Prüfungsrecht der höheren Verwaltungsbehörde ist auf eine reine Rechtskontrolle beschränkt. Diese Kontrolle umfasst aber auch die Vorschriften, deren Verletzung den Unbeachtlichkeitsregelungen der §§ 214, 215 unterliegt (§ 216). Sie wird angesichts der weitgehend aufgehobenen Genehmigungs- und Anzeigepflicht bei Bebauungsplänen (vgl unten Erl zu § 10) zukünftig erheblich an Bedeutung gewinnen.

1

2 Die Versagungsgründe in Abs 2 sind erschöpfend aufgezählt. Eine sonstige Rechtsvorschrift iSd Norm ist auch eine Verordnung über die Festsetzung eines Landschaftsschutzgebietes (BVerwG ZfBR 2000, 202). Liegt deshalb keiner dieser Gründe vor, muss die höhere Verwaltungsbehörde die Genehmigung erteilen. Unterlässt sie dies, hat die Gemeinde einen vor den Verwaltungsgerichten im Wege der Verpflichtungsklage durchsetzbaren Anspruch auf Genehmigungserteilung (BVerwGE 34, 301 = BVerwG Buchholz 406.11 § 1 BBauG Nr 1 = BRS 22 Nr 4). Ist der zur Genehmigung vorgelegte Flächennutzungsplan fehlerhaft, muss die höhere Verwaltungsbehörde die Genehmigung versagen; ihr steht insoweit kein Ermessen zu. Die Rechtskontrolle erstreckt sich auf eine Überprüfung in verfahrensrechtlicher und materiellrechtlicher Hinsicht. Im verfahrensrechtlichen Bereich ist dies in erster Linie die Beteiligung nach §§ 3 f, das Auslegungsverfahren und die landesrechtlichen Anforderungen an das Verfahren. Die materiellrechtliche Überprüfung umfasst im vollen Umfange im Wesentlichen die **Erforderlichkeit** nach § 1 Abs 3, die Anpassung an die Ziele der Raumordnung und Landesplanung (§ 1 Abs 4) und die Einhaltung der Grundsätze der Bauleitplanung (§ 1 Abs 6). Einer eingeschränkten rechtlichen Kontrolle unterliegt das **Abwägungsgebot** nach § 1 Abs 7 (BVerwGE 45, 309 = BauR 1974, 311; zur Verletzung des Abwägungsgebotes vgl Erl zu § 1). Zu den sonstigen Rechtsvorschriften iSd Abs 2 zählen zB Bundes- und Landesgesetze.

3 Abs 3 ermächtigt die Genehmigungsbehörde, Teile von der Genehmigung auszunehmen, ohne dass es dazu eines Antrages der Gemeinde bedarf. Die Gemeinde ist jedoch vorher dazu nach § 28 VwVfG anzuhören. Die Voraussetzungen, unter denen die Genehmigungsbehörde Teile des Flächennutzungsplanes ausnehmen kann, ergeben sich aus § 5 Abs 1 Satz 2 (vgl BVerwG DVBl 1985 = NVwZ 1985, 847).

4 Die Möglichkeit einer Genehmigung unter **Auflagen** richtet sich nach den allgemeinen Vorschriften des Verwaltungsverfahrensrechts, dh insbesondere § 36 Abs 1 VwVfG. Eine mit einem Endtermin versehene Befristung und ein Widerrufsvorbehalt kommen als Nebenbestimmung nicht in Betracht, da damit die zeitlich unbeschränkte Geltung der Bauleitpläne zumindest in Frage gestellt wäre. In der Praxis werden Genehmigungen oft mit einer Bestimmung versehen, die darauf gerichtet ist, dass die Wirksamkeit des Planes erst nach einer inhaltlichen Änderung oder Ergänzung eintritt; dies wird als eine sog **Genehmigung nach Maßgabe** bezeichnet (BVerwGE 75, 262 = BRS 46 Nr 12). Es handelt sich dabei um eine Ablehnung der begehrten Genehmigung für den Flächennutzungsplan in der vorgelegten Fassung, wobei allerdings eine Genehmigung für einen Flächennutzungsplan im Voraus ausgesprochen wird, wenn das in der Maßgabe Angeführte berücksichtigt wird (OVG Münster DVBl 1968, 395 = DÖV 1968, 290). Durch eine Genehmigung nach Maßgabe dürfen aber nicht die Grundzüge der Planung insgesamt oder in wesentlichen Bereichen tangiert werden. Auch darf eine solche Genehmigung nicht dazu führen, dass der erforderliche Abwägungsprozess verkürzt bzw das Abwägungsergebnis vorherbestimmt wird. Notwendig ist im Falle einer Genehmigung nach Maßgabe, dass von dem zuständigen Gemeindegremium ein sog **Beitrittsbeschluss** gefasst wird, der die Maßgabe berücksichtigt. Ansonsten kann der Flächennutzungsplan nicht wirksam werden (BVerwGE 75, 262 = NVwZ 1987, 492).

5 Die Genehmigungsfrist des Abs 4 dient der Beschleunigung des Genehmigungsverfahrens. Die Dreimonatsfrist beginnt mit dem Eingang des vollständigen Plans (mit

Erläuterungsbericht) bei der Genehmigungsbehörde. Die Berechnung der Frist richtet sich nach §§ 187 ff BGB. Eine Verlängerung dieser Dreimonatsfrist kann idR nur bis zu weiteren drei Monaten erfolgen, wobei dafür aber ein wichtiger Grund erforderlich ist. Nach Ablauf der Frist tritt die Genehmigungsfiktion ein (Abs 4 Satz 4). Die fingierte Genehmigung steht in jeder Hinsicht einer erteilten Genehmigung gleich. Eine Ablehnung ohne die erforderliche Begründung löst allerdings nicht die Genehmigungsfiktion aus, weil dem der ausdrücklich geäußerte Wille der Genehmigungsbehörde entgegenstünde.

Die Genehmigung kann bis zur Bekanntmachung nach Maßgabe der §§ 48 ff VwVfG zurückgenommen werden; dies gilt auch für die fingierte Genehmigung (VGH BW BRS 40 Nr 21). Nach Inkrafttreten des Planes ist die Rücknahme aber aus Gründen der Rechtssicherheit unzulässig (BVerwGE 75, 262 = NVwZ 1987, 492).

Mit der **ortsüblichen Bekanntmachung** der Genehmigung wird der Flächennutzungsplan wirksam. Die Art der Bekanntmachung richtet sich nach Landesrecht, so dass insbesondere den jeweiligen gemeindlichen **Hauptsatzung**en besondere Bedeutung zukommt. Auflagen müssen nicht mit bekannt gemacht werden (BVerwGE 75, 271 = BRS 46 Nr 14). Ausreichend ist es, wenn in der Bekanntmachung eine nur schlagwortartige Kennzeichnung des Plangebiets angegeben wird, da es iR der Bekanntmachung nach Abs 5 nicht auf eine Anstoßfunktion ankommt (BVerwGE 69, 344 = BauR 1984, 602). Satz 3 wurde durch das EAG Bau 2004 eingefügt und trägt den anderen Änderungen durch dieses Gesetz Rechnung.

Mit der Regelung über die Neubekanntmachung nach Abs 6 soll der Gemeinde die Möglichkeit gegeben werden, bei oftmals zahlreichen Änderungen den aktuellen Stand des Flächennutzungsplanes zu dokumentieren. Die Neubekanntmachung hat aber keine konstitutive Wirkung.

§ 7 Anpassung an den Flächennutzungsplan

Öffentliche Planungsträger, die nach § 4 oder § 13 beteiligt worden sind, haben ihre Planungen dem Flächennutzungsplan insoweit anzupassen, als sie diesem Plan nicht widersprochen haben. Der Widerspruch ist bis zum Beschluss der Gemeinde einzulegen. Macht eine Veränderung der Sachlage eine abweichende Planung erforderlich, haben sie sich unverzüglich mit der Gemeinde ins Benehmen zu setzen. Kann ein Einvernehmen zwischen der Gemeinde und dem öffentlichen Planungsträger nicht erreicht werden, kann der öffentliche Planungsträger nachträglich widersprechen. Der Widerspruch ist nur zulässig, wenn die für die abweichende Planung geltend gemachten Belange die sich aus dem Flächennutzungsplan ergebenden städtebaulichen Belange nicht nur unwesentlich überwiegen. Im Falle einer abweichenden Planung ist § 37 Abs. 3 auf die durch die Änderung oder Ergänzung des Flächennutzungsplans oder eines Bebauungsplans, der aus dem Flächennutzungsplan entwickelt worden ist und geändert, ergänzt oder aufgehoben werden musste, entstehenden Aufwendungen und Kosten entsprechend anzuwenden; § 38 Satz 3 bleibt unberührt.

§ 8 Erstes Kapitel. Erster Teil. Dritter Abschnitt 60

1 Die Vorschrift bezweckt eine Harmonisierung der von verschiedenen Seiten – Gemeinde und Fachplanungsträger – beabsichtigten Bodennutzung. Eine solche Abstimmung ist auch erforderlich, da ein **Flächennutzungsplan** die konkretisierten Belange des Städtebaus zu berücksichtigen hat (BVerwGE 74, 124 = DÖV 1986, 924). Die Anpassungspflicht nach Satz 1 besteht nur bei einem fehlerfreien und rechtswirksamen Flächennutzungsplan und betrifft im Wesentlichen künftige Fachplanungen. Sie bedeutet, dass der Planungsträger die Ziele und Zwecke des Flächennutzungsplanes, soweit er davon betroffen ist, strikt beachten muss. Dies gilt aber dann nicht, wenn der Planungsträger im Aufstellungsverfahren nicht von der Gemeinde beteiligt worden ist. Mit der Anpassungspflicht des öffentlichen Planungsträgers korrespondiert ein entsprechendes subjektives Recht der Gemeinde auf Anpassung. Der Planungsträger kann dieser Anpassungspflicht dadurch entgehen, dass er Widerspruch gegen den Flächennutzungsplan oder einzelne Darstellungen einlegt.

2 Bei einer Veränderung der objektiven Sachlage muss zunächst versucht werden, eine einvernehmliche Lösung zwischen Gemeinde und Planungsträger zu finden. Eine Veränderung der Sachlage ist gegeben, wenn seit dem Wirksamwerden des Flächennutzungsplanes objektiv neue tatsächliche Verhältnisse eingetreten sind. Kommt eine einvernehmliche Lösung nicht zustande, muss der Planungsträger zur Wahrung seiner Position nachträglich dem Flächennutzungsplan widersprechen (Satz 4). Die Zulässigkeit eines solchen Widerspruches ist in Satz 5 geregelt. Setzt sich der Planungsträger mit seinen geltend gemachten Belangen gegenüber dem Flächennutzungsplan durch, hat er der Gemeinde die Aufwendungen und Kosten, die durch die Änderung oder Ergänzung entstehen, zu ersetzen (Satz 6).

Dritter Abschnitt
Verbindlicher Bauleitplan (Bebauungsplan)

§ 8 Zweck des Bebauungsplans

(1) Der Bebauungsplan enthält die rechtsverbindlichen Festsetzungen für die städtebauliche Ordnung. Er bildet die Grundlage für weitere, zum Vollzug dieses Gesetzbuchs erforderliche Maßnahmen.
(2) Bebauungspläne sind aus dem Flächennutzungsplan zu entwickeln. Ein Flächennutzungsplan ist nicht erforderlich, wenn der Bebauungsplan ausreicht, um die städtebauliche Entwicklung zu ordnen.
(3) Mit der Aufstellung, Änderung, Ergänzung oder Aufhebung eines Bebauungsplans kann gleichzeitig auch der Flächennutzungsplan aufgestellt, geändert oder ergänzt werden (Parallelverfahren). Der Bebauungsplan kann vor dem Flächennutzungsplan bekannt gemacht werden, wenn nach dem Stand der Planungsarbeiten anzunehmen ist, dass der Bebauungsplan aus den künftigen Darstellungen des Flächennutzungsplans entwickeltsein wird.
(4) Ein Bebauungsplan kann aufgestellt, geändert, ergänzt oder aufgehoben werden, bevor der Flächennutzungsplan aufgestellt ist, wenn dringende Gründe es erfordern und wenn der Bebauungsplan der beabsichtigten städtebaulichen

Entwicklung des Gemeindegebiets nicht entgegenstehen wird (vorzeitiger Bebauungsplan). Gilt bei Gebiets- oder Bestandsänderungen von Gemeinden oder anderen Veränderungen der Zuständigkeit für die Aufstellung von Flächennutzungsplänen ein Flächennutzungsplan fort, kann ein vorzeitiger Bebauungsplan auch aufgestellt werden, bevor der Flächennutzungsplan ergänzt oder geändert ist.

Der Bebauungsplan stellt grds die zweite Stufe im System der Bauleitplanung dar. Abs 1 Satz 1 knüpft an § 1 Abs 2 an und wird ergänzt durch die abschließende Regelung (BVerwG Buchholz 406.11 § 9 BBauG Nr 6 = BRS 23 Nr 6) des § 9 über den Inhalt eines Bebauungsplanes. Um der Ordnungsfunktion des Bebauungsplanes gerecht zu werden, müssen die Festsetzungen trotz des Normcharakters der **Satzung** konkret individuell sein (BVerwGE 50, 114 = NJW 1976, 1329). Das erforderliche Maß der Konkretisierung von Festsetzungen eines Bebauungsplanes richtet sich danach, was nach den Umständen des Einzelfalles für die **städtebauliche Entwicklung** und Ordnung erforderlich ist und dem Gebot gerechter Abwägung der konkret berührten Belange entspricht (BVerwG Buchholz 406.11 § 9 BBauG Nr 30 = NVwZ 1989, 659). Durch die verbindlichen Festsetzungen eines Bebauungsplanes wird sowohl der Inhalt des Grundeigentums für die unmittelbar betroffenen als auch die benachbarten Grundstücksflächen bestimmt (BVerwGE 42, 5 = BRS 27 Nr 5). Dabei kann und soll das allgemeine Bauplanungsrecht keinen „Milieuschutz" gewährleisten, so dass bspw Wohnimmissionen, die von einer Asylbewerberunterkunft ausgehen, idR auch in solchen Gebieten hinzuzunehmen sind, die durch eine andere homogene Wohnbevölkerung geprägt sind (BVerwG BauR 1997, 72 = NVwZ 1997, 384).

Abs 1 Satz 2 stellt die Verbindung zu anderen Vorschriften des BauGB her, für die der Bebauungsplan die Grundlage bildet. Im Einzelnen handelt es sich dabei um Teilungsgenehmigungen, Ausübung des Vorkaufsrechts, Genehmigung von Bauvorhaben, Beschlüsse über Umlegungen und Grenzregelungen, Enteignung, Erschließungsmaßnahmen, Baugebote, Pflanzgebote und Rückbau und Entsiegelungsgebote. Der Inhalt des Bebauungsplanes wird richtungsweisend dahin bestimmt, dass er grds (Ausnahmen: Abs 2 Satz 2 und Abs 4) aus dem **Flächennutzungsplan** zu entwickeln ist (Abs 2 Satz 1). Dieser Anforderung ist dann Genüge getan, wenn er sich bei seiner Inkraftsetzung als inhaltliche Konkretisierung des zu dieser Zeit wirksamen Flächennutzungsplanes darstellt (BVerwGE 56, 283 = BauR 1978, 449), wobei unwesentliche Änderungen unbeachtlich sind. Auf der anderen Seite ist ein Bebauungsplan, der nicht in diesem Sinn aus dem Flächennutzungsplan entwickelt ist, ungültig (BVerwGE 48, 70 = BRS 29 Nr 8; HessVGH RdL 1989, 81). Ein Verstoß gegen dieses **Entwicklungsgebot** ist aber dann unbeachtlich, wenn der Bebauungsplan die sich aus dem Flächennutzungsplan ergebende geordnete städtebauliche Entwicklung nicht beeinträchtigt, § 214 Abs 2 Nr 2. Keine Auswirkungen auf den Bebauungsplan hat es auch, wenn sich nach seiner Bekanntmachung herausstellt, dass der Flächennutzungsplan wegen Verletzung von Verfahrens- und Formvorschriften unwirksam ist, § 214 Abs 2 Nr 3. Diese Norm bezieht sich auch auf landesrechtliche Verfahrensmängel (BVerwG NJW 1984, 1775).

§ 8 Erstes Kapitel. Erster Teil. Dritter Abschnitt

3 Abs 2 Satz 2 enthält eine Ausnahme von der grundsätzlichen Zweistufigkeit der Bauleitplanung, wenn der Bebauungsplan zugleich die Funktion eines Flächennutzungsplanes erfüllt (BVerwGE 48, 70 = BVerwG Buchholz 406.11 § 8 BBauG Nr 2). Ein Flächennutzungsplan ist dann nicht erforderlich, wenn der Bebauungsplan wegen der geringen Bautätigkeit in der Gemeinde ausreichend ist, um eine städtebauliche Entwicklung zu gewährleisten, was aber allenfalls in kleinen Landgemeinden in Betracht kommt (VGH BW BauR 1983, 222). Auch wenn die praktische Bedeutung des Bebauungsplanes derart unbedeutend ist, dass die Grundkonzeption der Planung nicht berührt wird, ist der vorherige Flächennutzungsplan nicht erforderlich (Hess VGH ESVGH 18, 200). Bei einem Verstoß gegen § 8 Abs 2 Satz 2 ist § 214 Abs 2 Nr 1 zu beachten.

4 Das Parallelverfahren des Abs 3 dient der Beschleunigung des Bebauungsplanverfahrens und ist dadurch gekennzeichnet, dass Flächennutzungsplan und Bebauungsplan in einem zeitlichen Zusammenhang und gezielter inhaltlicher Abstimmung aufeinander aufgestellt werden können (BVerwGE 70, 172 = NVwZ 1985, 485). Nach Abs 3 Satz 2 kann nunmehr entgegen dem bisherigen Recht der Bebauungsplan bereits vor dem Flächennutzungsplan angezeigt und bekannt gemacht werden.

5 Die Aufstellung eines vorzeitigen Bebauungsplanes nach Abs 4 Satz 1 setzt voraus, dass kein wirksamer Flächennutzungsplan vorliegt, wobei es ohne Bedeutung ist, ob ein bestehender Flächennutzungsplan funktionslos (BVerwG Buchholz 406.11 § 5 BBauG Nr 2 = BRS 28 Nr 3), wegen Rechtsmängeln aufgehoben oder unwirksam geworden ist oder ob ein solcher Plan überhaupt noch nicht besteht. Um den Flächennutzungsplan nicht zu entwerten, wird ausdrücklich festgelegt, dass der vorherige Bebauungsplan nicht der beabsichtigten städtebaulichen Entwicklung des Gemeindegebietes entgegenstehen darf. Das Vorliegen von dringenden Gründen iSd Abs 4 Satz 1 bestimmt sich nach den konkreten Erfordernissen des Einzelfalls, wobei letztlich maßgebend ist, ob eine geordnete städtebauliche Entwicklung eher durch das Abwarten bis zum Flächennutzungsplan für das gesamte Gemeindegebiet oder durch einen vorzeitigen Bebauungsplan gefährdet wird (BVerwG Buchholz 406.11 § 155b BBauG Nr 7 = NVwZ 1985, 745) zB, wenn ohne einen vorzeitigen Bebauungsplan die Gemeinde einen unvertretbaren Schaden erleiden würde (Hess VGH BRS 30 Nr 194). Aber auch in einem solchen Fall folgt aus dem Entwicklungsgebot des Abs 2, dass die Gemeinde nachträglich einen Flächennutzungsplan aufstellen muss, der dann die Vorgaben des Bebauungsplanes übernimmt. Ein Bebauungsplan, der aus einem wegen fehlender Planungskompetenz unwirksamen Flächennutzungsplan entwickelt worden ist, kann als vorzeitiger Bebauungsplan angesehen werden und als solcher wirksam sein (BVerwG NVwZ 1992, 882 = DVBl 1992, 574).

Das Entwicklungsgebot des § 8 Abs 2 Satz 1 stellt keine nachbarschützende Vorschrift zugunsten Dritter dar (BVerwG Buchholz 406.19 **Nachbarschutz** Nr 31 = BRS 32 Nr 17 = BauR 1977, 394).

§ 9 Inhalt des Bebauungsplans

(1) Im Bebauungsplan können aus städtebaulichen Gründen festgesetzt werden:
1. die Art und das Maß der baulichen Nutzung;
2. die Bauweise, die überbaubaren und die nicht überbaubaren Grundstücksflächen sowie die Stellung der baulichen Anlagen;
3. für die Größe, Breite und Tiefe der Baugrundstücke Mindestmaße und aus Gründen des sparsamen und schonenden Umgangs mit Grund und Boden für Wohnbaugrundstücke auch Höchstmaße;
4. die Flächen für Nebenanlagen, die auf Grund anderer Vorschriften für die Nutzung von Grundstücken erforderlich sind, wie Spiel-, Freizeit- und Erholungsflächen sowie die Flächen für Stellplätze und Garagen mit ihren Einfahrten;
5. die Flächen für den Gemeinbedarf sowie für Sport- und Spielanlagen;
6. die höchstzulässige Zahl der Wohnungen in Wohngebäuden;
7. die Flächen, auf denen ganz oder teilweise nur Wohngebäude, die mit Mitteln der sozialen Wohnraumförderung gefördert werden könnten, errichtet werden dürfen;
8. einzelne Flächen, auf denen ganz oder teilweise nur Wohngebäude errichtet werden dürfen, die für Personengruppen mit besonderem Wohnbedarf bestimmt sind;
9. der besondere Nutzungszweck von Flächen;
10. die Flächen, die von der Bebauung freizuhalten sind, und ihre Nutzung;
11. die Verkehrsflächen sowie Verkehrsflächen besonderer Zweckbestimmung, wie Fußgängerbereiche, Flächen für das Parken von Fahrzeugen, Flächen für das Abstellen von Fahrrädern sowie den Anschluss anderer Flächen an die Verkehrsflächen; die Flächen können auch als öffentliche oder private Flächen festgesetzt werden;
12. die Versorgungsflächen;
13. die Führung von oberirdischen oder unterirdischen Versorgungsanlagen und -leitungen;
14. die Flächen für die Abfall- und Abwasserbeseitigung, einschließlich der Rückhaltung und Versickerung von Niederschlagswasser, sowie für Ablagerungen;
15. die öffentlichen und privaten Grünflächen, wie Parkanlagen, Dauerkleingärten, Sport-, Spiel-, Zelt- und Badeplätze, Friedhöfe;
16. die Wasserflächen sowie die Flächen für die Wasserwirtschaft, für Hochwasserschutzanlagen und für die Regelung des Wasserabflusses;
17. die Flächen für Aufschüttungen, Abgrabungen oder für die Gewinnung von Steinen, Erden und anderen Bodenschätzen;
18. a) die Flächen für die Landwirtschaft und b) Wald;
19. die Flächen für die Errichtung von Anlagen für die Kleintierhaltung wie Ausstellungs- und Zuchtanlagen, Zwinger, Koppeln und dergleichen;
20. die Flächen oder Maßnahmen zum Schutz, zur Pflege und zur Entwicklung von Boden, Natur und Landschaft;

21. die mit Geh-, Fahr- und Leitungsrechten zugunsten der Allgemeinheit, eines Erschließungsträgers oder eines beschränkten Personenkreises zu belastenden Flächen;
22. die Flächen für Gemeinschaftsanlagen für bestimmte räumliche Bereiche wie Kinderspielplätze, Freizeiteinrichtungen, Stellplätze und Garagen;
23. Gebiete, in denen
 a) zum Schutz vor schädlichen Umwelteinwirkungen im Sinne des Bundes-Immissionsschutzgesetzes bestimmte luftverunreinigende Stoffe nicht oder nur beschränkt verwendet werden dürfen,
 b) bei der Errichtung von Gebäuden bestimmte bauliche Maßnahmen für den Einsatz erneuerbarer Energien wie insbesondere Solarenergie getroffen werden müssen;
24. die von der Bebauung freizuhaltenden Schutzflächen und ihre Nutzung, die Flächen für besondere Anlagen und Vorkehrungen zum Schutz vor schädlichen Umwelteinwirkungen und sonstigen Gefahren im Sinne des Bundes-Immissionsschutzgesetzes sowie die zum Schutz vor solchen Einwirkungen oder zur Vermeidung oder Minderung solcher Einwirkungen zu treffenden baulichen und sonstigen technischen Vorkehrungen;
25. für einzelne Flächen oder für ein Bebauungsplangebiet oder Teile davon sowie für Teile baulicher Anlagen mit Ausnahme der für landwirtschaftliche Nutzungen oder Wald festgesetzten Flächen
 a) das Anpflanzen von Bäumen, Sträuchern und sonstigen Bepflanzungen,
 b) Bindungen für Bepflanzungen und für die Erhaltung von Bäumen, Sträuchern und sonstigen Bepflanzungen sowie von Gewässern;
26. die Flächen für Aufschüttungen, Abgrabungen und Stützmauern, soweit sie zur Herstellung des Straßenkörpers erforderlich sind.

(1a) Flächen oder Maßnahmen zum Ausgleich im Sinne des § 1 a Abs. 3 können auf den Grundstücken, auf denen Eingriffe in Natur und Landschaft zu erwarten sind, oder an anderer Stelle sowohl im sonstigen Geltungsbereich des Bebauungsplans als auch in einem anderen Bebauungsplan festgesetzt werden. Die Flächen oder Maßnahmen zum Ausgleich an anderer Stelle können den Grundstücken, auf denen Eingriffe zu erwarten sind, ganz oder teilweise zugeordnet werden; dies gilt auch für Maßnahmen auf von der Gemeinde bereitgestellten Flächen.

(2) Im Bebauungsplan kann in besonderen Fällen festgesetzt werden, dass bestimmte der in ihm festgesetzten baulichen und sonstigen Nutzungen und Anlagen nur
1. für einen bestimmten Zeitraum zulässig oder
2. bis zum Eintritt bestimmter Umstände zulässig oder unzulässig
sind. Die Folgenutzung soll festgesetzt werden.

(3) Bei Festsetzungen nach Absatz 1 kann auch die Höhenlage festgesetzt werden. Festsetzungen nach Absatz 1 für übereinander liegende Geschosse und Ebenen und sonstige Teile baulicher Anlagen können gesondert getroffen werden; dies gilt auch, soweit Geschosse, Ebenen und sonstige Teile baulicher Anlagen unterhalb der Geländeoberfläche vorgesehen sind.

(4) Die Länder können durch Rechtsvorschriften bestimmen, dass auf Landesrecht beruhende Regelungen in den Bebauungsplan als Festsetzungen aufgenommen werden können und inwieweit auf diese Festsetzungen die Vorschriften dieses Gesetzbuchs Anwendung finden.

(5) Im Bebauungsplan sollen gekennzeichnet werden:
1. Flächen, bei deren Bebauung besondere bauliche Vorkehrungen gegen äußere Einwirkungen oder bei denen besondere bauliche Sicherungsmaßnahmen gegen Naturgewalten erforderlich sind;
2. Flächen, unter denen der Bergbau umgeht oder die für den Abbau von Mineralien bestimmt sind;
3. Flächen, deren Böden erheblich mit umweltgefährdenden Stoffen belastet sind.

(6) Nach anderen gesetzlichen Vorschriften getroffene Festsetzungen sowie Denkmäler nach Landesrecht sollen in den Bebauungsplan nachrichtlich übernommen werden, soweit sie zu seinem Verständnis oder für die städtebauliche Beurteilung von Baugesuchen notwendig oder zweckmäßig sind.

(7) Der Bebauungsplan setzt die Grenzen seines räumlichen Geltungsbereichs fest.

(8) Dem Bebauungsplan ist eine Begründung mit den Angaben nach § 2a beizufügen.

Gesamtübersicht

	Rn		Rn
I. Allgemeines	1	VI. Landesrechtliche Regelungen	27
II. Festsetzungen	4	VII. Kennzeichnungen mit Warnfunktion	28
III. Naturschutzrechtliche Kompensation	23	VIII. Nachrichtliche Übernahme	29
IV. Befristete Festsetzungen	25	IX. Geltungsbereich	30
V. Festsetzung von Höhenlagen	26	X. Begründung	31

I. Allgemeines

Der **Bebauungsplan** trifft Festsetzungen, dh Planaussagen normativen Charakters. Der Katalog der **Festsetzungen** ist abschließend (BVerwG Buchholz 406.11 § 9 BBauG Nr 6 = BRS 23 Nr 6). Diese Festsetzungen können durch § 15 BauNVO noch ergänzt, nicht aber korrigiert werden (BVerwG DVBl 1989, 661 = BauR 1989, 306). Planerische Festsetzungen müssen städtebaulich motiviert sein, mehr wird nicht verlangt (BVerwG BRS 65 Nr 44).

Aus dem Grundsatz der **planerischen Zurückhaltung** folgt, dass Regelungen, deren Intention auch noch bei der Erteilung der späteren Baugenehmigung erfüllt werden kann, nicht unbedingt bereits im Bebauungsplan festgesetzt werden müssen (OVG NRW NVwZ 1995, 713 = DÖV 1995, 390), wenngleich dies idR aus Gründen der Rechts- und Planungssicherheit sinnvoll ist.

Eine von dem Katalog nicht gedeckte Festsetzung ist ungültig, was aber nach den allgemeinen Grundsätzen über die **Teilnichtigkeit** idR keine Auswirkungen auf die Wirksamkeit des Gesamtplanes hat. Nach dem Inhalt des Bebauungsplanes werden

ein einfacher und ein qualifizierter Bebauungsplan unterschieden. Der Letztere ist nur gegeben, wenn Festsetzungen über die Art der baulichen Nutzung (Abs 1 Nr 1), über das Maß der baulichen Nutzung (Abs 1 Nr 2) und über örtliche Verkehrsflächen (Abs 1 Nr 11) getroffen werden (§ 30 Abs 1). Im Hinblick auf den normativen Charakter der zeichnerischen Festsetzungen und die daraus folgende Notwendigkeit einer Vereinheitlichung ist nach § 9a - dem früheren § 2 Abs 5 – die **Planzeichenverordnung** ergangen. Die jeweiligen Festsetzungen müssen dem Bestimmtheitsgebot genügen; sie bestimmen den Inhalt des Grundeigentums sowohl für die unmittelbar von der Festsetzung betroffenen Flächen als auch mittelbar für die benachbarten Flächen (BVerwGE 42, 5 = BRS 27 Nr 5).

II. Festsetzungen

4 Welche Arten der baulichen Nutzung nach Nr 1 ein Bebauungsplan festsetzen kann, ergibt sich aus der BauNVO. Durch die Möglichkeit einer Festsetzung von besonderen Arten der baulichen Nutzung werden die §§ 2-14 BauNVO Bestandteil des Bebauungsplanes, soweit nicht in § 1 Abs 4-9 BauNVO etwas anderes bestimmt ist, § 1 Abs 3 Satz 2 BauNVO. Ein Ausschluss bestimmter Nutzungen (zB Spielhallen), im Bebauungsplan ist im Zusammenhang mit den Festsetzungen eines Baugebietes nach der BauNVO zulässig (BVerwGE 77, 308 = NVwZ 1987, 1072). Über das Maß der baulichen Nutzung enthält die Baunutzungsverordnung Regelungen in den §§ 16-21a BauNVO. Zu den Festsetzungen nach Nr 2 vgl §§ 22, 23 BauNVO.

5 Nr 4. Die **Nebenanlagen** müssen als typisches Zubehör zu einer Hauptnutzung auf Grund anderer Vorschriften erforderlich sein (BVerwG Buchholz 406.11 § 29 BBauG Nr 19 = BRS 30, 117). Als Beispiele kommen in Betracht: notwendige Garagen und Stellplätze nach den Landesbauordnungen bzw den hiernach ergangenen Stellplatzsatzungen; landesrechtliche Vorschriften über Kinderspielplätze.

6 Nr 5. Unter **Gemeinbedarf** (vgl auch § 5 Abs 2 Nr 2), der im Bebauungsplan konkret zu bezeichnen ist (zB Altenwohnheim), sind die der Allgemeinheit dienenden baulichen Anlagen und Einrichtungen zu verstehen. Dabei ist die Festsetzung einer Gemeinbedarfsfläche mit dem Zusatz „Schule und Anlage für soziale und sportliche Zwecke" regelmäßig hinreichend konkretisiert (BVerwG Buchholz 406.11 § 9 BBauG Nr 30 = NVwZ 1989, 659). Die Nichtigkeit eines Bebauungsplanes ist auch nicht schon deshalb gegeben, weil er einen Sportplatz ohne ausdrückliche Konkretisierung der Art der auf ihm zulässigen Sportausübung und ohne räumliche Festlegung der einzelnen Sportanlagen in der Nachbarschaft zu einem Wohngebiet festsetzt (BVerwGE 81, 197 = BauR 1989, 172). Eine Festsetzung für den Gemeinbedarf eröffnet einer Gemeinde auf der einen Seite das Vorkaufsrecht nach § 24 Abs 1 Nr 1 und verpflichtet sie auf der anderen Seite zur Entschädigung unter den Voraussetzungen des § 40 Abs 1 Satz 1 Nr 1.

7 Nr 6. Durch diese Regelung soll den Gemeinden die Möglichkeit gegeben werden, aus besonderen städtebaulichen Gründen die Zahl der Wohnungen in Wohngebäuden festzusetzen. Solche Gründe können angenommen werden, wenn zB durch eine Vielzahl von Wohnungen der Gebietscharakter eines Dorfgebiets zerstört werden würde. Bei der Frage der Anwendbarkeit ist nicht auf die Person des Grundstückseigentümers abzustellen. Es handelt sich hier um eine zulässige Inhalts- und Schrankenbestimmung iSd Art 14 Abs 1 Satz 2 GG. Dass die Gemeinde dieses pla-

nerische Instrument nicht nach Belieben einsetzen darf, stellt der Gesetzgeber dadurch sicher, dass Festsetzungen auf der Grundlage dieser Vorschrift einer Rechtfertigung aus der besonderen städtebaulichen Situation bedürfen.

Nr 7. Voraussetzung für eine Bebauung iR dieser Festsetzung ist nicht, dass es sich um sozialen Wohnungsbau handelt, sondern nur, dass es sich um Vorhaben handelt, die nach Größe, Ausstattung und städtebaulichen Anforderungen die Voraussetzungen des sozialen Wohnungsbaus erfüllen. 8

Nr 8. Von dieser Festsetzung sind Personengruppen betroffen, deren persönliche Lebensumstände besondere Anforderungen an die Art, Ausstattung oder Lage der Wohnungen stellen (zB Behinderte, alte Menschen, Studenten). Verhindert werden soll damit die Schaffung einer Ghettosituation. Eine mögliche Entschädigung der betroffenen Grundstückseigentümer richtet sich nach § 40 Abs 1 Nr 2. 9

Nr 10. Es handelt sich um Grundstücke innerhalb eines Baugebiets, die ohne diese Festsetzung grds bebaubar wären. Anlass zu derartigen Festsetzungen können zB die Erhaltung einer Aussicht, der Blick auf ein Kulturdenkmal oder die bessere Durchlüftung eines Wohnblocks sein. Ein evtl Entschädigungsanspruch beurteilt sich nach § 40 Abs 1 Nr 12. 10

Nr 11. Von dieser Festsetzung werden nunmehr ausdrücklich neben den öffentlichen auch die privaten **Verkehrsflächen** erfasst. Wenn die Errichtung von Verkehrsanlagen der Planfeststellung bedarf, schließt dies eine Festsetzung für diesen Zweck im Bebauungsplan nicht aus (BVerwGE 72, 172 = BVerwG Buchholz 406.11 § 1 BBauG Nr 28). Die Gemeinden sind grds befugt, iR dieser Vorschrift eine eigene Verkehrspolitik zu betreiben, es ist aber stets unter dem Gesichtspunkt der Erforderlichkeit einer Planung zu prüfen, ob ein staatliches Vorgehen den eingetretenen, städtebaulich relevanten Missstand nicht ohne Weiteres unterbinden könnte (BVerwG Buchholz 406.11 § 1 BauGB Nr 91). 11

Nr 12. Unter Versorgungsflächen sind alle Flächen für die Versorgungseinrichtungen iSd § 5 Abs 2 Nr 4 in einer Gemeinde zu verstehen. 12

Nr 13. Unter „Führung" ist die Trassenführung gemeint, wobei sowohl eine oberirdische als auch eine unterirdische möglich ist. 13

Nr 14. Diese Regelung ist auf das Abfallgesetz abgestimmt. Durch das BauROG 1998 wurde die Rückhaltung und Versickerung von Niederschlagswasser aufgenommen, um die modernen Technologien für den sparsamen Umgang mit Trinkwasser zu stärken und damit auch Art 20a GG Rechnung zu tragen. 14

Nr 15. Bei der Festsetzung ist der konkrete Verwendungszweck anzugeben. Die Festsetzung „**Grünfläche**" gestattet deshalb nicht die Errichtung eines Spielplatzes (BVerwGE 42, 5 = DÖV 1973, 712). Ein Dauerkleingarten ist unter den Voraussetzungen des § 1 BKleingG gegeben (BVerwGE 68, 6 = NVwZ 1984, 581). Nicht zur Nichtigkeit führt es, wenn die Grünfläche nicht als öffentlich oder privat gekennzeichnet ist, sich dies aber durch Auslegung ermitteln lässt (OVG NRW v 25.06.1996). 15

Nr 18. Eine Festsetzung als Fläche für die Landwirtschaft ist nur dann zulässig, wenn dadurch diesbezügliche Zwecke gefördert werden sollen (BVerwGE 77, 300 = NVwZ 198, 54). Ist mit einer solchen Festsetzung nur die Verhinderung einer Bebauung beabsichtigt, ist der Bebauungsplan insoweit mangels Erforderlichkeit ungültig (BVerwGE 40, 258 = BauR 1972, 282). 16

§ 9 Erstes Kapitel. Erster Teil. Dritter Abschnitt

17 Festsetzungen nach Nr 20 sind solche im Bereich des funktionellen Landschaftsschutzes. Diese Festsetzungsmöglichkeit dürfte durch die Neuregelungen des BauROG 1998 zu § 9 Abs 1a und § 135a Abs 2 Satz 2 (vgl die dortigen Erl) wesentlich an Bedeutung verlieren, da die Gemeinden in solchen Fällen zukünftig wohl eher entsprechende Flächen vorsorglich als Ausgleichsflächen ausweisen werden, um aktuell oder geplante Eingriffe zu kompensieren.

18 Nr 21. Eine derartige Festsetzung begründet nicht das Geh-, Fahr- oder Leitungsrecht; es muss vielmehr noch umgesetzt werden, durch zB Vertrag oder Enteignung (BVerwG Buchholz 406.11 § 42 BBauG Nr 1 = DVBl 1985, 798). Als dingliches Recht kommt in erster Linie, soweit es durch die Landesbauordnungen vorgesehen ist, die Baulast in Betracht; ansonsten die §§ 1018 ff BGB und §§ 1090 ff BGB.

19 Nr 22. Das Landesbaurecht regelt, welche Gemeinschaftsanlagen, die nur beispielhaft aufgeführt sind, geschaffen werden können. Sie können sowohl auf gemeindlichen als auch auf privaten Grundstücken vorgesehen werden. Verkehrsflächen innerhalb von Gemeinschaftsanlagen müssen nur dann in einem Bebauungsplan festgesetzt werden, wenn dafür ein besonderer Anlass besteht (BVerwG NVwZ 1989, 663 = BauR 1989, 439).

20 Nr 23. Die Festsetzungsmöglichkeit dient den Belangen des **Umweltschutz**es. In Betracht kommt zB der Ausschluss bestimmter Brennstoffe wie Kohle oder Heizöl, wobei allerdings sichergestellt sein muss, dass die Versorgung auf andere Weise möglich ist. Denkbar ist es, einzelne Flächen oder Grundstücke im Geltungsbereich eines Bebauungsplanes von dem Verwendungsverbot oder der Verwendungsbeschränkung auszunehmen (BVerwG NVwZ 1989, 664 = DVBl 1989, 369). Zur Auslegung des Begriffs „luftverunreinigende Stoffe" kann das BImSchG herangezogen werden. Nach den Gesetzesmaterialien sind besondere städtebauliche Gründe (vgl hierzu: BVerwGE 77, 317 = NVwZ 1987, 1074) zB in Kurorten gegeben.

21 Nr 24. Hier ist klargestellt, dass die danach zulässigen immissionsschutzbezogenen Festsetzungen so bestimmt sein müssen, dass ihnen die konkret zu treffenden Maßnahmen entnommen werden können. Nach dem gesetzgeberischen Willen ist damit eine isolierte Festsetzung von Emissions- und Immissionsgrenzwerten ausgeschlossen (BVerwG NVwZ 1994, 1009 = DÖV 1994, 570). Zur Konkretisierung der baulichen und technischen Maßnahmen brauchen Grenzwerte nicht festgelegt zu werden (BVerwG DVBl 1989, 1103 = NVwZ 1990, 159). Aus Abs 1 Nr 24 folgt nicht die Befugnis, auch Festsetzungen über die Erstattung der Kosten solcher Vorkehrungen mit rechtsbegründender Wirkung in den Bebauungsplan aufzunehmen (BVerwGE 80, 184 = BRS 48 Nr 15). Für die Gemeinde verbleibt aber die Möglichkeit, nach § 1 Abs 4 BauNVO nach dem Emmissionsverhalten von Betrieben die Baugebiete zu gliedern.

22 Nr 25. Es ist nicht zulässig, eine solche Festsetzung für das gesamte Gemeindegebiet zu treffen (BVerwGE 50, 114 = BVerwG Buchholz 406.11 § 2 BBauG Nr 15). Die Festsetzung über die Anpflanzungspflicht wird durch das **Pflanzgebot** (§ 178) vollzogen. Diese Festsetzung ist nur aus städtebaulichen Gründen und nicht aus solchen des Natur- oder Landschaftsschutzes gerechtfertigt.

III. Naturschutzrechtliche Kompensation

Abs 1a öffnet den Kompensationsraum und sieht vor, dass Festsetzungen zum Ausgleich der durch einen Bebauungsplan vorgesehenen **Eingriffe** nicht nur durch den (Eingriffs-)Bebauungsplan selbst, sondern auch durch einen gesonderten (Ausgleichs-)Bebauungsplan erfolgen können. Dieses Ergebnis erzielte die Rechtsprechung bisher durch die (rechtsfortbildende) Konstruktion des (einheitlichen) Bebauungsplanes mit zweigeteiltem Geltungsbereich (BVerwG DVBl 1996, 1121; BVerwG Buchholz 406.401 § 8a BNatSchG Nr 5 = NVwZ 1997, 1216 = BauR 1997, 799). Ob diese nunmehr überflüssig wird, dürfte davon abhängen, ob und wie das Problem des (denkbaren) unterschiedlichen rechtlichen Schicksals der nach § 9 Abs 1a möglichen getrennten Bebauungspläne gelöst werden kann. Wird der rechtliche Bestand zB des Ausgleichsbebauungsplanes als konstitutive Entscheidungsgrundlage für den Eingriffsbebauungsplan gesehen, so hat die Nichtigkeit des einen auch automatisch die Nichtigkeit des anderen zur Folge. Hierfür spricht, dass eine solche Verknüpfung dem Abwägungsgebot des § 1 Abs 7 am besten gerecht wird, die (Gesamt-)Entscheidungssituation des Plangebers berücksichtigt und sichergestellt wird, dass sich die notwendige Sorgfalt in der Bauleitplanung nicht nur auf den Eingriffsbebauungsplan erstreckt.

23

Diese Vorschrift bietet für die Gemeinde auch die Möglichkeit, geeignete **Ausgleichsmaßnahmen** auf gemeindeeigenen Grundstücken durchzuführen und diese einem **Eingriff** an anderer Stelle zuzuordnen. Diese Regelung kann insbesondere in Fällen der §§ 11 und 12 eine Rolle spielen. Abs 1a wird noch ergänzt durch die Kostenerstattungsregelung des § 135a Abs 2 und 3. Macht die Gemeinde von der Regelung nach § 9 Abs 1a Gebrauch, so muss sie den Ausgleichsbebauungsplan spätestens gemeinsam mit dem Eingriffsbebauungsplan beschließen, während andererseits der Ausgleichsbebauungsplan vorgezogen werden kann (vgl Erl zu § 135a Abs 2 Satz 2).

24

IV. Befristete Festsetzungen

Abs 2 der Vorschrift wurde durch das EAG Bau 2004 neu gefasst und ermöglicht Festsetzungen, nach denen bestimmte, im Bebauungsplan festzuhaltende Nutzungen nur für eine bestimmte Zeit zulässig sind, nur bei Fortbestand der Nutzung zulässig sind oder bis zum Eintritt bestimmter Umstände zulässig oder unzulässig sind. Damit aber die städtebauliche Entwicklung langfristig planungsrechtlich gesichert wird, ist gleichzeitig die Folgenutzung festzusetzen. Die Gründe hierfür müssen stets städtebaulicher Natur sein.

25

V. Festsetzung von Höhenlagen

Die Festsetzung einer **Höhenlage** nach Abs 3 Satz 1 kann für die Zuleitungen zu Versorgungseinrichtungen, Abwasserkanälen und für den Anschluss der Grundstücke an die anbaufähigen Verkehrsflächen (BVerwG Buchholz 406.11 § 9 BBauG Nr 17 = DÖV 1977, 325 = BRS 30 Nr 12) von Bedeutung sein. Beim Fehlen einer solchen Festsetzung besteht die Möglichkeit, dass die Baugenehmigungsbehörde die Höhenlage festlegt (OVG Saarland BRS 35 Nr 99 = BauR 1980, 158). Mit Festsetzungen nach Satz 2 wird die Grundlage geschaffen, um aus besonderen städtebaulichen Gründen differenzierte Nutzungsregelungen auf verschiedenen Ebenen

26

zu treffen. Dies gilt auch für unter der Geländeoberfläche liegende Anlagen (zB Bahnbauten). Es kann im Kellergeschoss oder darunter eine Verkehrsfläche, in Tief- und Erdgeschossen Ladenflächen, Büros in den darüber liegenden Geschossen und Wohnungen in den obersten Geschossen festgesetzt werden.

VI. Landesrechtliche Regelungen

27 Bei Abs 4 handelt es sich um eine Vorschrift formellen Charakters, die es ermöglicht, auf Landesrecht beruhende Regelungen (zB Baugestaltungssatzungen) in den Bebauungsplan als Festsetzungen aufzunehmen. Die Länder haben von dieser Möglichkeit durchweg Gebrauch gemacht. Sie können in der Rechtsvorschrift auch bestimmen, inwieweit die Vorschriften des Baugesetzbuches auf diese Festsetzungen Anwendung finden. Den Gemeindevertretern muss bei der Beschlussfassung über den Bebauungsplan aber bewusst sein, dass sie nicht nur über Bauplanungsrecht, sondern bspw auch über Bauordnungsrecht entscheiden, da sie sonst von einer unvollständigen Entscheidungsgrundlage ausgehen (vgl Hess VGH BRS 48 Nr 112 = BauR 1989, 138).

VII. Kennzeichnungen mit Warnfunktion

28 Die Kennzeichnungen nach Abs 5 haben keinen rechtsverbindlichen Charakter, sondern nur Warnfunktion. Ihr Fehlen begründet allein noch nicht die Unwirksamkeit des Bebauungsplanes (OVG Koblenz NVwZ 1986, 56 = BRS 42 Nr 4), kann aber auf einen Abwägungsfehler (§ 1 Abs 7) hindeuten. Nr 3 betrifft insbesondere die Kennzeichnungspflicht für sog Altlasten.

VIII. Nachrichtliche Übernahme

29 Die **nachrichtliche Übernahme** von nach anderen gesetzlichen Vorschriften getroffenen Festsetzungen iSv Abs 6 umfasst auch Denkmäler, da in einigen Bundesländern die Denkmaleigenschaft keiner besonderen Festsetzung bedarf, sondern unmittelbar aus dem Gesetz folgt. Die Aufnahme eines Kulturdenkmales in einen Bebauungsplan ist nur nachrichtlich (deklaratorisch) und hat keine rechtsbegründende (konstitutive) Wirkung.

IX. Geltungsbereich

30 Die Regelung des Abs 7 schließt aus, den Geltungsbereich eines Bebauungsplanes so festzusetzen, dass sich die Geltung des Planes nachträglich noch auf zusätzliche Gebiete erstrecken soll (BVerwGE 50, 1154 = BVerwG Buchholz 406.11 § 2 BBauG Nr 15). Die Grenzen des Bebauungsplanes ergeben sich regelmäßig aus den vermessungstechnisch genau durchgeführten zeichnerischen Darstellungen (vgl OVG NRW v 13.11.1992). Abs 7 enthält keine Aussage darüber, wie weit bzw eng die Grenzen eines Bebauungsplanes zu ziehen sind. Von daher kann es durchaus möglich sein, dass ein Bebauungsplan wenige oder sogar nur ein Grundstück erfasst (BVerwG Buchholz § 8 BBauG Nr 1 = NJW 1969, 1076 = DVBl 1969, 276). Da die Grenzziehung im Plan notwendigerweise durch eine Linie erfolgt, die bei maßstabsgetreuer Übertragung in die Örtlichkeit eine Breite erhält, welche zwangsläufig zu einer gewissen Unschärfe führt, dürfen die Anforderungen an das

Bestimmtheitsgebot insoweit nicht realitätsfremd überzogen werden. Es genügt, wenn sich aus dem Plan eindeutig ergibt, welche Grundstücke er umfasst (**Parzellenschärfe**).

X. Begründung

Abs 8 der Vorschrift befasst sich mit der **Begründung**, die nunmehr auch die Angaben nach § 2a umfasst. Sie ist nicht Bestandteil der **Satzung** nach § 10 Abs 1 (BVerwG Buchholz 406.11 § 2 BBauG Nr 7 = BRS 24 Nr 15); sie ist aber mit dem Bebauungsplan zu beschließen (BVerwG Buchholz 406.11 § 12 BBauG Nr 11 = BRS 42 Nr 26). Abs 8 Satz 1 stellt eine Verfahrens- und Formvorschrift iSd § 215 dar. Der Inhalt der Planbegründung nach Satz 2 muss Aussagen zu den wesentlichen Punkten des Bebauungsplanes im Hinblick auf den Inhalt des Planes und die ihn tragenden Gründe enthalten (BVerwGE 45, 309 = BVerwG Buchholz 406.11 § 1 BBauG Nr 9). Besondere Bedeutung kommt der Begründung im Zusammenhang mit der Frage zu, ob eine konkrete Festsetzung aus Gründen des **Nachbarschutz**es erfolgt ist. Die Erfüllung der Begründungspflicht ist eine Wirksamkeitsvoraussetzung des Bebauungsplanes (BVerwGE 74, 47 = BauR 1986, 298). Das Fehlen der Begründung führt zur Nichtigkeit des Bebauungsplanes (BVerwG Buchholz 406.11 § 2 BBauG Nr 7 = BRS 24 Nr 15); ein Begründungsdefizit ist jedoch unbeachtlich, § 214 Abs 1 Satz 1 Nr 2 HS 2. Eine Begründung, in der nur die gesetzlichen Vorschriften genannt werden oder der Planinhalt beschrieben wird, ist einer fehlenden Begründung gleichzusetzen, denn in der Begründung müssen sich die wesentlichen Leitgedanken für die von der Gemeinde getroffene Entscheidung widerspiegeln (BVerwGE 45, 309 = BauR 1974, 311). Einzugehen ist bei der Begründung des Bebauungsplanes – je nach Einzelfall – auf den Anlass der Planung und die damit verfolgten Ziele, die maßgeblichen Gründe für die Abwägung, die besonderen städtebaulichen Gründe für bestimmte Festsetzungen, die Bedeutung der Kennzeichnung nach Abs 5, die überschlägig ermittelten Kosten, die der Gemeinde dadurch voraussichtlich entstehenden, insbesondere Erschließungs- und sog Nachfolgekosten (OVG Lüneburg BRS 42 Nr 20) und die vorgesehene Finanzierung.

31

§ 9a Verordnungsermächtigung

Das Bundesministerium für Verkehr, Bau- und Wohnungswesen wird ermächtigt, mit Zustimmung des Bundesrates durch Rechtsverordnung Vorschriften zu erlassen über
1. **Darstellungen und Festsetzungen in den Bauleitplänen über**
 a) **die Art der baulichen Nutzung,**
 b) **das Maß der baulichen Nutzung und seine Berechnung,**
 c) **die Bauweise sowie die überbaubaren und die nicht überbaubaren Grundstücksflächen;**
2. **die in den Baugebieten zulässigen baulichen und sonstigen Anlagen;**
3. **die Zulässigkeit der Festsetzung nach Maßgabe des § 9 Abs. 3 über verschiedenartige Baugebiete oder verschiedenartige in den Baugebieten zulässige bauliche und sonstige Anlagen;**

4. die Ausarbeitung der Bauleitpläne einschließlich der dazugehörigen Unterlagen sowie über die Darstellung des Planinhalts, insbesondere über die dabei zu verwendenden Planzeichen und ihre Bedeutung.

1 § 9a übernimmt die früher in § 2 Abs 5 enthaltene Ermächtigung zum Erlass der näher bezeichneten Rechtsverordnungen. Aufgrund der bisherigen Ermächtigung ergingen die Baunutzungsverordnung (BauNVO) und die Planzeichenverordnung (PlanzVO). Durch die Verordnungsermächtigung wird die Planungshoheit der Städte und Gemeinden grds nicht geschmälert (BVerwGE 32, 31 = DÖV 1969, 73).

§ 10 Beschluss, Genehmigung und Inkrafttreten des Bebauungsplans

(1) Die Gemeinde beschließt den Bebauungsplan als Satzung.

(2) Bebauungspläne nach § 8 Abs. 2 Satz 2, Abs. 3 Satz 2 und Abs. 4 bedürfen der Genehmigung der höheren Verwaltungsbehörde. § 6 Abs. 2 und 4 ist entsprechend anzuwenden.

(3) Die Erteilung der Genehmigung oder, soweit eine Genehmigung nicht erforderlich ist, der Beschluss des Bebauungsplans durch die Gemeinde ist ortsüblich bekannt zu machen. Der Bebauungsplan ist mit der Begründung und der zusammenfassenden Erklärung nach Absatz 4 zu jedermanns Einsicht bereitzuhalten; über den Inhalt ist auf Verlangen Auskunft zu geben. In der Bekanntmachung ist darauf hinzuweisen, wo der Bebauungsplan eingesehen werden kann. Mit der Bekanntmachung tritt der Bebauungsplan in Kraft. Die Bekanntmachung tritt an die Stelle der sonst für Satzungen vorgeschriebenen Veröffentlichung.

(4) Dem Bebauungsplan ist eine zusammenfassende Erklärung beizufügen über die Art und Weise, wie die Umweltbelange und die Ergebnisse der Öffentlichkeitsund Behördenbeteiligung in dem Bebauungsplan berücksichtigt wurden, und aus welchen Gründen der Plan nach Abwägung mit den geprüften, in Betracht kommenden anderweitigen Planungsmöglichkeiten gewählt wurde.

1 Gemäß Abs 1 wird nach Beendigung des Auslegungsverfahrens der Bebauungsplan als **Satzung** beschlossen. Zuständig dafür ist die Gemeindevertretung (Rat der Gemeinde). Auch wenn auf Grund der Auslegung keine Anregungen und Bedenken eingegangen sind, bedarf es eines solchen **Satzungsbeschluss**es. Haben die eingegangenen Anregungen und Bedenken eine inhaltliche Änderung des Bebauungsplanes zur Folge, muss vor dem Satzungsbeschluss nach § 10 Abs 1 der Bebauungsplan gem § 3 Abs 3 Satz 1 – eine Beschränkungsmöglichkeit auf die geänderten Teile ist dabei möglich – erneut ausgelegt werden (Hess VGH HessVGRspr 1985, 25). Ergeht der Beschluss, bevor das Auslegungsverfahren und die Prüfung der Anregungen und Bedenken abgeschlossen sind, so ist der Bebauungsplan unwirksam (BVerwG Buchholz 406.11 § 10 BBauG Nr 1 = DVBl 1968, 517). Ein Mitwirkungsverbot für befangene Gemeindevertreter bei der Beschlussfassung richtet sich nach den Gemeindeordnungen der Länder.

Aus dem **Rechtsnormcharakter** des Bebauungsplanes folgt, dass seine Vereinbarkeit mit Bundes- oder Landesrecht in einem Normenkontrollverfahren nach § 47 VwGO überprüft werden kann. Die in einem Normenkontrollverfahren getroffene Feststellung der Nichtigkeit eines Bebauungsplanes wirkt rückwirkend auf den Zeitpunkt seines Erlasses und ist allgemeinverbindlich, § 47 Abs 5 Satz 2 VwGO. Die Rückwirkung lässt aber nicht mehr anfechtbare Entscheidungen der Verwaltungsgerichte unberührt, § 183 Satz 1 VwGO; dies gilt auch für alle bestandskräftigen Verwaltungsakte (vgl BVerwGE 56, 172 = BVerwG Buchholz 310 § 47 VwGO Nr 3). Nach Abs 2 dieser Vorschrift ist jedoch die Vollstreckung einer solchen Entscheidung unzulässig. Ggf kommt der Widerruf einer erteilten Baugenehmigung nach der Landesbauordnung in Betracht (OVG Koblenz NVwZ 1984, 43 = BRS 40 Nr 42).

Die Verwaltungsgerichte können in einem Verfahren über die Rechtmäßigkeit eines auf Grund des Bebauungsplanes ergangenen Verwaltungsakts (zB Versagung bzw Erteilung einer Baugenehmigung) die Gültigkeit des Bebauungsplanes in formeller und materieller Hinsicht (BVerwGE 45, 309 = BVerwG Buchholz 406.11 § 1 BBauG Nr 9) überprüfen, sog **Inzidentkontrolle**. Dies kann auch im Wege der vorbeugenden Unterlassungsklage erreicht werden (BVerwG Buchholz 406.11 § 35 BBauG Nr 90 = DVBl 1971, 746). Dabei sollen die Gerichte ihre Sachaufklärungspflicht nicht zum Anlass nehmen, im Verwaltungsstreitverfahren gleichsam ungefragt in eine Suche nach Fehlern in der Vor- und Entstehungsgeschichte von Satzung einzutreten. Dies gilt insbesondere dann, wenn über einen längeren Zeitraum allgemein von der Gültigkeit der Satzung ausgegangen wurde (BVerwG DVBl 1980, 230; VGH BW NVwZ 1994, 700).

Bebauungspläne können wie andere Rechtssätze weder durch die Bildung entgegenstehenden Gewohnheitsrechts (BVerwG 26, 282 = BVerwG Buchholz 406.11 § 10 BBauG Nr 2) außer Kraft treten noch durch Gewohnheitsrecht entstehen (BVerwGE 55, 369 = BauR 1978, 276). Bebauungspläne sind grds wirksam, so lange sie weder geändert noch aufgehoben worden sind (BVerwGE 75, 142 = BVerwG Buchholz 406.11 § 10 BBauG Nr 13). Eine eigene Verwerfungskompetenz der Gemeinde oder Baugenehmigungsbehörde besteht nicht (vgl aber Hess VGH NVwZ-RR 1994, 691), vielmehr ist ein als ungültig erkannter Bebauungsplan in dem für die Aufstellung von Bebauungsplänen geltenden Verfahren aufzuheben (BVerwGE 75, 142 = BVerwG Buchholz 406.11 § 10 BBauG Nr 13). Der Beschluss der zuständigen Gemeindevertretung, in dem die Nichtigkeit des Bebauungsplanes festgestellt wird, reicht dafür nicht aus (Hess VGH ESVGH 37, 123). Nur bei Verfahrens- oder Formfehlern kommt stattdessen eine rückwirkende Inkraftsetzung in Betracht (BVerwGE 75, 142 = NVwZ 1987, 492; BVerwGE 92, 266 = BRS 55 Nr 27).

Die Auswirkungen von Rechtsverstößen auf die Wirksamkeit eines Bebauungsplanes sind in §§ 214 ff geregelt. Davon nicht erfasst werden jedoch Verstöße gegen landesrechtliche Vorschriften beim Zustandekommen von Satzungen.

Abs 2 dient der Stärkung der kommunalen **Planungshoheit**. Er schafft das bisher bestehende Anzeigeverfahren ab. Der **Genehmigungspflicht** durch die höhere Verwaltungsbehörde unterliegen

§ 10 Erstes Kapitel. Erster Teil. Dritter Abschnitt

- der selbstständige Bebauungsplan nach § 8 Abs 2 Satz 2 und
- der vorgezogene Bebauungsplan nach § 8 Abs 3 Satz 2 und
- der vorzeitige Bebauungsplan nach § 8 Abs 4,

mithin die Bebauungspläne, die nicht aus dem Flächennutzungsplan entwickelt sind und bei denen deshalb nicht die Grundsatzplanung einer Rechtskontrolle unterzogen wurde. In diesen Fällen richtet sich das durchzuführende Genehmigungsverfahren nach § 6 Abs 2 und 4.

7 Abs 3 regelt die **Bekanntmachung** der Genehmigungserteilung bzw der Beschlussfassung, wenn eine Genehmigung nicht notwendig ist und dient so der Dokumentation des Verfahrensabschlusses für die Öffentlichkeit. Diese soll darauf aufmerksam gemacht werden, dass nunmehr der endgültige Plan mit seiner Begründung eingesehen werden kann, so dass fortan insoweit Rechtssicherheit und -klarheit besteht. Die Form der ortsüblichen Bekanntmachung richtet sich nach Landesrecht und den **Hauptsatzung**en der jeweiligen Gemeinden (BVerwG Buchholz 406.11 § 12 BBauG Nr 4). Ist der Bebauungsplan unter Auflagen oder Maßgaben genehmigt worden, soll in der Bekanntmachung darauf hingewiesen werden. Ein solcher Hinweis ist aber für die Wirksamkeit des Planes nicht erforderlich (BVerwGE 75, 271 = NVwZ 1987, 317). Ferner ist anzugeben, bei welcher Dienststelle der Bebauungsplan mit Begründung und der zusammenfassenden Erklärung nach Abs 4 eingesehen werden (BVerwGE 75, 262 = NVwZ 1987) und über den Inhalt Auskunft verlangt werden kann. Die Möglichkeit der Einsichtnahme kann auf die Kernarbeitszeit oder Vormittagsstunden beschränkt werden (BVerwGE 44, 244 = BRS 27 Nr 157). Die Bereithaltungsverpflichtung der Gemeinde für den Bebauungsplan nebst Begründung und Erklärung nach Abs 4 besteht zeitlich unbegrenzt.

8 Mit der Vollendung der Bekanntmachung tritt der Bebauungsplan in Kraft. Verfahrensfehler bei der Bekanntmachung sind beachtlich und führen zur Ungültigkeit des Bebauungsplanes.

9 Nach dem durch das EAG Bau 2004 neu gefassten Abs 4 der Vorschrift ist dem Bebauungsplan eine zusammenfassende **Erklärung** über die Art und Weise beizufügen, wie die Umweltbelange und die Ergebnisse der Öffentlichkeits- und Behördenbeteiligung berücksichtigt wurden und die konkrete Planungsalternative gewählt wurde. Diese Vorschrift erhöht sowohl den Rechtfertigungsdruck als auch die Transparenz der Planungsentscheidung und kann so zu sachgerechteren Ergebnissen führen.

Anhang

▶ **Muster**
Antrag auf Normenkontrolle gem § 47 VwGO wegen Unwirksamkeit eines Bebauungsplans

An das Oberverwaltungsgericht ...

In dem Normenkontrollverfahren

der Herren A und B

– Antragsteller –

Prozessbevollmächtigte:

gegen

die Stadt A, vertreten durch ...,

– Antragsgegnerin –

wegen Unwirksamkeit einer Satzung über die Aufhebung und Änderung eines Bebauungsplans

b e a n t r a g e n wir namens und im Auftrag der Antragsteller

die am ... vom Stadtrat der Antragsgegnerin beschlossene Satzung „...." bekannt gemacht am ... für unwirksam zu erklären.

Gründe:

I. Die Antragsteller sind Eigentümer des Grundstücks Es liegt im Geltungsbereich des angegriffenen Bebauungsplans ... Der Bebauungsplan weist ein ... aus und trifft mittels einer in den zeichnerischen Planteil aufgenommenen Nutzungsschablone folgende weitere Regelung für die zulässige Bebauung: [...].

II. Der Antrag ist zulässig und begründet.

1. Insbesondere sind die Antragsteller im Verständnis von § 47 Abs 2 Satz 1 VwGO befugt, den von ihr bekämpften Bebauungsplan zur gerichtlichen Nachprüfung in einem Normenkontrollverfahren zu stellen. Die Antragsteller sind zwar nicht Eigentümerin eines im Geltungsbereich des Bebauungsplans gelegenen Grundstücks. Es besteht jedoch die Möglichkeit, dass sie durch die planerische Entscheidung in ihrem durch § 1 Abs 6 BauGB gewährleisteten Recht auf fehlerfreie Berücksichtigung ihrer planbetroffenen Belange in der Abwägung verletzt ist, worin ein Recht iSv § 47 Abs 2 Satz 1 VwGO zu sehen ist (BVerwG BRS 63 Nr 47; BVerwG BRS 60 Nr 46). [...].

2.

2.1. Der angefochtene Bebauungsplan verstößt gegen § 1 Abs 3 BauGB. Den Anforderungen des § 1 Abs 3 BauGB ist erst Rechnung getragen, wenn die betreffende Planung zur Verwirklichung einer hinreichend konkreten planerischen Konzeption der Gemeinde sinnvoll und vernünftigerweise geboten ist (OVG Koblenz BRS 44 Nr 15). Bei Zugrundelegung dieser Maßstäbe ist die umstrittene Planung rechtlich zu beanstanden [...]

2.2. Der Bebauungsplan ist weiter unter Verstoß gegen die Anforderungen, die sich aus § 1 Abs 6 BauGB ergeben, zustande gekommen. Das Abwägungsgebot, dessen Anforderungen nach ständiger Rechtsprechung des BVerwGs (grundlegend: BVerwG BRS 28 Nr 4; BVerwG BRS 28 Nr 6) sowohl den Abwägungsvorgang als auch das Abwägungsergebnis betreffen, verlangt:

– dass eine Abwägung überhaupt stattfindet,
– dass in sie an Belangen eingestellt wird, was nach Lage der Dinge eingestellt werden muss,
– dass die Bedeutung der betroffenen Belange nicht verkannt wird und
– dass der Ausgleich zwischen ihnen nicht in einer Weise vorgenommen wird, die zur objektiven Gewichtung einzelnen Belange außer Verhältnis steht.

Der vorliegende Bebauungsplan [...].

Anmerkung:

Durch die Änderung des § 47 Abs 5 VwGO ist der Antrag auf Erklärung der Unwirksamkeit des Bebauungsplans zu richten, und nicht wie bislang auf Nichtigkeit (Art 4 EAG Bau).

▶ **Muster**
Antrag auf Erlass einer einstweiligen Anordnung im Normenkontrollverfahren

(§§ 10/12 BauGB § 47 Abs 6 VwGO)

In dem Verfahren

der Eheleute A

– Antragsteller –

gegen

die Gemeinde B

– Antragsgegnerin –

wegen Außervollzugsetzung eines BPls

stellen wir namens und im Auftrag der Antragsteller den **A n t r a g**,

den Vollzug des in der Sitzung am ... vom Rat der Antragsgegnerin beschlossen und am ... amtlich bekannt gemachten BPls ... vorläufig auszusetzen.

G r ü n d e :

Der Erlass der begehrten einstweiligen Anordnung ist zur Abwehr schwerer Nachteile für die Antragsteller dringend geboten. Für die gebotene Abwägung der beteiligten Interessen ist zunächst auf die Vor- und Nachteile abzustellen, die eintreten, wenn die Anordnung antragsgemäß ergeht, der BPl sich später indes als gültig erweist. Ihnen sind die Folgen gegenüberzustellen, die sich ergeben, wenn die Norm vollzogen wird, sich aber später deren Ungültigkeit herausstellt (Rechtsprechungsnachweise bei Kopp/Schenke, VwGO, 13. Aufl 2003, § 47 Rn 148; kritisch zu einer solchen Folgenabwägung Schoch, in: Schoch/Schmidt-Aßmann/Pietzner, VwGO, Loseblatt, Stand September 2003, § 47 Rn 153 ff). Auf dieser Grundlage ergibt sich ein überwiegendes Außervollzugsinteresse der Antragsteller.

Zum einen wird der Normenkontrollantrag mit hoher Wahrscheinlichkeit Erfolg haben [...].

Zum anderen gebietet auch die Interessenabwägung unabhängig von der Frage der Erfolgsaussichten den Erlass der einstweiligen Anordnung [...]. ◀

▶ **Muster**
Einwendungen im Genehmigungsverfahren gem § 10 Abs 2 BauGB

An die Plangenehmigungsbehörde

Betr.: Satzungsbeschluss der Gemeinde über den BPl [...] am ...

Sehr geehrte Damen und Herren,

unter Vorlage der beigefügten Vollmacht zeigen wir an, dass wir die Fa. A anwaltlich vertreten. Namens und im Auftrag unserer Mandantin fordern wir Sie auf,

die Genehmigung für den BPl [...], den der Gemeinderat der Gemeinde ... am ... als Satzung beschlossen hat, zu versagen.

G r ü n d e :

Wir gehen davon aus, dass der im Betreff bezeichnete BPl Ihnen zur Genehmigung vorliegt. Der BPl ist rechtswidrig. Er kann daher nicht genehmigt und durch öffentliche Bekanntmachung in Kraft gesetzt werden.

1. Der BPl verstößt gegen § 1 Abs 6 BauGB, das Abwägungsgebot. Schon der Abwägungsvorgang ist fehlerhaft. [...]

2. Die Belange des Umweltschutzes nach § 1 Abs 6 Nr 7 und § 1a BauGB sind nicht ausreichend für die Abwägung ermittelt, § 2 Abs 4 BauGB. [...] ◂

Vierter Abschnitt
Zusammenarbeit mit Privaten; vereinfachtes Verfahren

§ 11 Städtebaulicher Vertrag

(1) Die Gemeinde kann städtebauliche Verträge schließen. Gegenstände eines städtebaulichen Vertrags können insbesondere sein:
1. die Vorbereitung oder Durchführung städtebaulicher Maßnahmen durch den Vertragspartner auf eigene Kosten; dazu gehören auch die Neuordnung der Grundstücksverhältnisse, die Bodensanierung und sonstige vorbereitende Maßnahmen, die Ausarbeitung der städtebaulichen Planungen sowie erforderlichenfalls des Umweltberichts; die Verantwortung der Gemeinde für das gesetzlich vorgesehene Planaufstellungsverfahren bleibt unberührt;
2. die Förderung und Sicherung der mit der Bauleitplanung verfolgten Ziele, insbesondere die Grundstücksnutzung, auch hinsichtlich einer Befristung oder einer Bedingung, die Durchführung des Ausgleichs im Sinne des § 1 a Abs. 3, die Deckung des Wohnbedarfs von Bevölkerungsgruppen mit besonderen Wohnraumversorgungsproblemen sowie des Wohnbedarfs der ortsansässigen Bevölkerung;
3. die Übernahme von Kosten oder sonstigen Aufwendungen, die der Gemeinde für städtebauliche Maßnahmen entstehen oder entstanden sind und die Voraussetzung oder Folge des geplanten Vorhabens sind; dazu gehört auch die Bereitstellung von Grundstücken;
4. entsprechend den mit den städtebaulichen Planungen und Maßnahmen verfolgten Zielen und Zwecken die Nutzung von Netzen und Anlagen der Kraft- Wärme-Kopplung sowie von Solaranlagen für die Wärme-, Kälte- und Elektrizitätsversorgung.

(2) Die vereinbarten Leistungen müssen den gesamten Umständen nach angemessen sein. Die Vereinbarung einer vom Vertragspartner zu erbringenden Leistung ist unzulässig, wenn er auch ohne sie einen Anspruch auf die Gegenleistung hätte.

(3) Ein städtebaulicher Vertrag bedarf der Schriftform, soweit nicht durch Rechtsvorschriften eine andere Form vorgeschrieben ist.

(4) Die Zulässigkeit anderer städtebaulicher Verträge bleibt unberührt.

Gesamtübersicht

	Rn		Rn
I. **Novelle 2004**	1	2. Materiell-rechtliche Anforderungen	5
II. **Materiall-rechtliche Aspekte**	2	a) Recht- und Gesetzesbindung	5
1. Vertragsgegenstände	2	b) „angemessen"	6
a) „Städtebaulicher Vertrag"	2	3. Sicherungsgeschäfte	7
b) Freiheit der Vertragsgestaltung nach den Anforderungen der städtebaulichen Entwicklung	3	a) Leistungsbeschreibung	7
		b) Übliche Sicherungen	8
		c) Zeit oder Bedingung	9
c) Vorhaben auf Zeit und Erfüllungsbedingungen	4	d) Kündigung	10
		III. **Form und Verfahren**	11
		a) Schriftform	11
		b) Rechtsnatur	12

I. Novelle 2004

1 Mit der in Abs 1 Satz 2 Nr 2 angefügten Möglichkeit der Befristung oder Bedingung hat das Gesetz ein effizientes Mittel eingeführt, die Erfüllung des Ziels der städtebaulichen Entwicklung auch vertraglich zu sichern. Die eigentliche Regelung ist in § 9 II enthalten. Die Novelle hat damit den Vorschlag der unabhängigen Expertenkommission unter dem Vorsitz von Herrn Dr. Gaentzsch zur konsensualen **Leerstandsvorsorge** aufgegriffen (Rn 183–201, Bericht der unabhängigen Expertenkommission, erhältlich beim Fraunhofer Informationszentrum, Nobelstraße 12, 70569 Stuttgart). Die neue Nr 4 die Versorgung mit Energie betreffend erfordert einen städtebaulichen Zusammenhang mit dem Gebiet, wie alle anderen Bindungen auch.

II. Materiell-rechtliche Aspekte

1. Vertragsgegenstände

2 **a) „Städtebaulicher Vertrag":** Die Überschrift „Städtebaulicher Vertrag" kennzeichnet einen Sammelbegriff nach dem Hintergrund des Vertrages. **Inhalte sind Gegenstand der freien Gestaltung**. Abs 1 Satz 2 bezeichnet drei mögliche Grundinhalte, nämlich Maßnahmen als Inhalt in Nr 1, Zielbindungen in Nr 2 und Kostenübernahmen in Nr 3. Das Gesetz enthält weder eine Konkretisierung, wie wir sie vom zweiten Buch des BGB vertraut sind, noch eine Konkretisierung der Inhalte. Konkretisiert sind der Durchführungsvertrag zum Vorhaben- und Erschließungsplan (§ 12), der Erschließungsvertrag (§ 124) und der Ablösungsvertrag (§ 133 III Satz 5). Das Gesetz greift mit der Generalnorm auf, was die Rechtsprechung entwickelt hatte, insbesondere zum subordinationsrechtlichen Vertrag (BVerwGE 22, 213), zum Folgelastenvertrag (BVerwGE 42, 331) und zum Vorfinanzierungsvertrag (BVerwGE 22, 138; BVerwG, NVwZ 82, 377). Die Vorschrift bestätigt, dass die Verwirklichung der städtebaulichen Entwicklung für vertragliche Regelungen offen ist, soweit nicht Recht oder das Gesetz entgegensteht. Abzugrenzen ist lediglich vom Dienstleistungs- oder Werkvertrag, durch den sich die Gemeinde eines Unternehmers bedient, zB eines Ingenieurbüros, um einen BPl zu entwerfen oder eines Bauunternehmers, um eine Straße zu bauen. Auch die Vertragsnatur als öffentlich-

rechtlich oder zivilrechtlich ist dem Vertragsinhalt zu entnehmen und nicht generell festgelegt; praktisch erheblich ist die Zuordnung nur für den Rechtsweg (Rn 12).

b) Freiheit der Vertragsgestaltung nach den Anforderungen der städtebaulichen Entwicklung: Der mögliche Inhalt eines Vertrages obliegt dem Erfindungsgeist der Beteiligten. § 11 Abs 1 bezeichnet drei mögliche Gegenstände, das sind in Nr 1, die Vorbereitung und Durchführung von Maßnahmen einschließlich Bodenordnung – insbesondere freiwillige Umlegung –, die Bodensanierung und die Ausarbeitung der Planung, in Nr 2 die Erfüllung eines bestimmten städtebaulichen Ziels und in Nr 3 Folgekosten. Ein wichtiges, im Gesetz nicht genanntes Feld sind vertragliche Vereinbarungen zur Konfliktbewältigung (BVerwGE 109, 246 zu einer Sportplatzvereinbarung; BVerwG, Buchholz 406.12, § 11 Nr 25 zu einer Schweinehaltung; Birk, FS Schlichter, S 113). In der Rechtsprechung hat die Zielbindung iSd Nr 2 für besondere Bevölkerungsgruppen sowie des hohen Bedarfs der ortsansässigen Bevölkerung mit erheblichem Siedlungsdruck von außen eine Rolle gespielt (BVerwGE 92, Nr 56 „Weilheimer Einheimischen-Modell"; BGH, DVBl 85, 793; BGH, NJW 2003, 888). Bei allen Verträgen ist darauf zu achten, die Leistungen so konkret wie möglich zu bestimmen, die Abstimmung der städtebaulichen Maßnahmen mit der Gemeinde während der Ausführungsphase zu bestimmen und zu sichern und die Folgen von Leistungsstörungen zu regeln und zu sichern. 3

c) Vorhaben auf Zeit und Erfüllungsbedingungen: § 9 II lässt zu festzusetzen, dass bestimmte bauliche oder sonstige Nutzungen und Anlagen nur für einen bestimmten Zeitraum oder bis zum Eintritt bestimmter Umstände zulässig oder unzulässig sind, und § 11 I Satz 1 Nr 2 verweist hierauf und stellt klar, dass solche Befristung oder eine Bedingung auch vertraglich vereinbart werden kann. Früher war die Annahme von Nutzungsdauern um 100 Jahre üblich; heute kommen Investitionskalkulationen mit einem Bruchteil dieser Lebenserwartung vor, zB bei großflächigen Einzelhandelsbetrieben. Bleibt ein vertraglich vereinbartes Vorhaben stecken – zB wegen Insolvenz –, muss die Gemeinde das sich hieraus ergebende Problem bewältigen können, ohne eine Entschädigungspflicht nach § 42 zu riskieren. Der Eigentumsinhalt und damit verfassungsrechtlicher Bestandsschutz oder eigentumskräftige Anspruchsposition sind mit der Eigentumsinhaltsbestimmung (BVerfG, NVwZ 99, 979; BVerwGE 104, 68) auf Zeit oder unter einer Bedingung auf diese Zeit oder den Eintritt der Bedingung inhaltlich begrenzt. Festsetzung und Vertrag müssen übereinstimmen. Zweckmäßigerweise ist die Folgemaßnahme des Zeitablaufs oder des Eintritts der Bedingung mit zu vereinbaren und klarzustellen, dass ein Ersatzanspruch nach § 42 nicht entsteht. 4

2. Materiell-rechtliche Anforderungen

a) Recht- und Gesetzesbindung: Die Gemeinde ist an Recht und Gesetz gebunden, Art 20 III GG. Hieraus folgt als Anforderung „gesetzesdirigierte Vertragsgestaltung" (Schmidt-Aßmann, FS Gelzer, S 117). Die Gemeinde muss ihre Hoheitsrechte nach dem Gesetz ausüben und darf Abgaben nur nach Maßgabe des Gesetzes vereinnahmen. Umgekehrt ausgedrückt, sie darf einerseits über ihre Hoheitsrechte nicht vertraglich verfügen und andererseits eine Vergütung nicht vereinbaren, die einer abstrakten Steuer nahe käme. Für die Abwägung stellt Abs 1 Nr 1 HS 3 das klar, im Übrigen das in § 1 III Satz 2 bestimmte Verbot, einen Anspruch 5

auf Pläne und städtebauliche Satzungen durch Vertrag zu begründen. Für jede andere Leistung stellt das Abs 2 klar, der verlangt, dass die vereinbarten Leistungen den gesamten Umständen nach angemessen sein müssen (Rn 6).

6 **b) „angemessen":** Eine **betriebswirtschaftlich vernünftige Leistung** ist idR nach den gesamten Umständen angemessen (Hien, FS Schlichter, S 129/136). Sich die Erfüllung eines gesetzlichen Anspruchs erkaufen zu müssen, mag zwar nützlich sein, ist aber nicht vernünftig (BGH, DVBl 99, 231; BVerwGE 111, 162, beide zum sog Koppelungsverbot, der negativen Formulierung des positiven Angemessenheitsgebots). Zu fordern ist ein objektiver Maßstab. Die Formulierung, es dürfe nicht nach *„allgemeinem Empfinden ein Missverhältnis festzustellen"* sein (Stich, BK Rn 49) könnte sich missverstehen lassen, es ginge auch um etwas Subjektives. Der Gemeinde liegt die betriebswirtschaftliche Kalkulation des Investors nicht regelmäßig offen, und auch wenn wesentliche Zahlen offen liegen, kann die Gemeinde daraus nicht ohne weiteres eine einzige vernünftige betriebswirtschaftliche Kalkulation entnehmen. Sie ist jedenfalls in Grenzbereichen auf die **Erklärung** ihres Vertragspartners angewiesen, seine Kalkulation sei **betriebswirtschaftlich vernünftig**. Hatte die Gemeinde keinen Anlass, hieran zu zweifeln, kann sich ihr Vertragspartner nach Treu und Glauben nicht auf einen Irrtum berufen, um mangelnde Angemessenheit darzulegen. Verbleibt dem Investor ein beachtlicher Teil des Planungsvorteils (nach dem Münchener Modell 1/3, Hien, aaO, S 134), dürften die Vertragsschließenden ohne weiteres auf der sicheren Seite sein. Übersteigen die Kosten des Investors für die von ihm zu erbringenden Leistungen den Planungsvorteil, und zwar auch wesentlich, so kann das nach der Kalkulation gleichwohl betriebswirtschaftlich vernünftig sein. Es gibt weder eine Aufgabe noch gar eine Pflicht der Gemeinde, für jede Maßnahme zur städtebaulichen Entwicklung Geld zu investieren, soweit die Kosten den ohnehin schwer ermittelbaren Planungsvorteil übersteigen. Den „gesamten Umständen nach" verlangt **gebietsbezogene Kausalität** bzw. auf das Gebiet räumlich bezogene **Konnexität** (Schmidt-Eichstaedt, BauR 1996, 1/8). Das Recht der AGBs findet auch bei einem zivilrechtlichen städtebaulichen Vertrag keine Anwendung (BGH, NJW 2003, 888), weil das speziellere Angemessenheitsgebot vorgeht.

3. Sicherungsgeschäfte

7 **a) Leistungsbeschreibung:** Die von den Vertragsschließenden zu erbringenden Leistungen müssen so genau bestimmt sein, dass sie nötigenfalls gerichtlich durchsetzbar sind.

8 **b) Übliche Sicherungen:** In Betracht kommen die üblichen Sicherungsgeschäfte wie persönlich beschränkte Dienstbarkeit, Vertragsstrafe, Rückauflassungsverpflichtung, Rückauflassungsvormerkung, Kaufangebot, Rückbauverpflichtung ua. Bei der Vereinbarung ist auch zu bedenken, dass diese gebräuchlichen Sicherungsmittel im risikoreichsten Fall einer Leistungsstörung infolge der Insolvenz des Investors nicht ohne weiteres effizient sind.

9 **c) Zeit oder Bedingung:** Die durch § 9 II iVm § 11 Abs 1 Nr 1 eröffnete Möglichkeit, eine Zeit und eine Bedingung festzusetzen und zu vereinbaren, dient ua im Fall einer Leistungsstörung deren nachteilige Folge für eine Nachfolgeplanung abzumildern.

d) Kündigung: Der Vertrag ist nach Maßgabe von § 60 VwVfG des Bundes (§ 1 II Satz 1 VwVfG) kündbar oder anzupassen. Zweckmäßig ist, das Kündigungsrecht vertraglich näher zu regeln.

III. Form und Verfahren

a) Schriftform: Abs 3 verlangt Schriftform. Deren Anforderung ist § 126 BGB zu entnehmen. Die Vertragsschließenden müssen dieselbe Urkunde unterschreiben. Dabei genügt, dass jeder Vertragsschließende die für die andere Partei bestimmte Urkunde unterzeichnet. Schriftliche Korrespondenz erfüllt die Anforderung des § 126 BGB nicht (N OVG, NJW 1998, 2921). Der gerichtlich protokollierte Vergleich genügt (BVerwG, Buchholz 310, § 106 Nr 18). Im Übrigen gelten die §§ 311b I und 128 BGB für den öffentlich-rechtlichen Vertrag entsprechend.

b) Rechtsnatur: Öffentlich-rechtlicher oder zivilrechtlicher Vertrag: Die materiell-rechtlichen und formellen Anforderungen an einen städtebaulichen Vertrag sind dieselben, ob es sich im Einzelfall um einen öffentlich-rechtlichen, um einen zivilrechtlichen oder einen gemischt-öffentlich-rechtlich und zivilrechtlichen Vertrag handelt. Nur für den gegebenen Rechtsweg spielt die Frage nach der Rechtsnatur eine Rolle, die nach dem Einzelfall zu beantworten ist. Der sichere Weg wäre, sie nach dem engeren Geschäft zu beantworten und nicht nach dem entfernteren Hintergrund des Geschäfts.

§ 12 Vorhaben- und Erschließungsplan

(1) Die Gemeinde kann durch einen vorhabenbezogenen Bebauungsplan die Zulässigkeit von Vorhaben bestimmen, wenn der Vorhabenträger auf der Grundlage eines mit der Gemeinde abgestimmten Plans zur Durchführung der Vorhaben und der Erschließungsmaßnahmen (Vorhaben- und Erschließungsplan) bereit und in der Lage ist und sich zur Durchführung innerhalb einer bestimmten Frist und zur Tragung der Planungs- und Erschließungskosten ganz oder teilweise vor dem Beschluss nach § 10 Abs. 1 verpflichtet (Durchführungsvertrag). Die Begründung des Planentwurfs hat die nach § 2a erforderlichen Angaben zu enthalten. Für die grenzüberschreitende Beteiligung ist eine Übersetzung der Angaben vorzulegen, soweit dies nach den Vorschriften des Gesetzes über die Umweltverträglichkeitsprüfung notwendig ist. Für den vorhaben bezogenen Bebauungsplan nach Satz 1 gelten ergänzend die Absätze 2 bis 6.
(2) Die Gemeinde hat auf Antrag des Vorhabenträgers über die Einleitung des Bebauungsplanverfahrens nach pflichtgemäßem Ermessen zu entscheiden. Auf Antrag des Vorhabenträgers oder sofern die Gemeinde es nach Einleitung des Bebauungsplanverfahrens für erforderlich hält, informiert die Gemeinde diesen über den voraussichtlich erforderlichen Untersuchungsrahmen der Umweltprüfung nach § 2 Abs. 4 unter Beteiligung der Behörden nach § 4 Abs. 1.
(3) Der Vorhaben- und Erschließungsplan wird Bestandteil des vorhabenbezogenen Bebauungsplans. Im Bereich des Vorhaben- und Erschließungsplans ist die Gemeinde bei der Bestimmung der Zulässigkeit der Vorhaben

nicht an die Festsetzungen nach § 9 und nach der auf Grund von § 9a erlassenen Verordnung gebunden; die §§ 14 bis 18, 22 bis 28, 39 bis 79, 127 bis 135c sind nicht anzuwenden. Soweit der vorhabenbezogene Bebauungsplan auch im Bereich des Vorhaben- und Erschließungsplans Festsetzungen nach § 9 für öffentliche Zwecke trifft, kann gemäß § 85 Abs. 1 Nr. 1 enteignet werden.

(4) Einzelne Flächen außerhalb des Bereichs des Vorhaben- und Erschließungsplans können in den vorhabenbezogenen Bebauungsplan einbezogen werden.

(5) Ein Wechsel des Vorhabenträgers bedarf der Zustimmung der Gemeinde. Die Zustimmung darf nur dann verweigert werden, wenn Tatsachen die Annahme rechtfertigen, dass die Durchführung des Vorhaben- und Erschließungsplans innerhalb der Frist nach Absatz 1 gefährdet ist.

(6) Wird der Vorhaben- und Erschließungsplan nicht innerhalb der Frist nach Absatz 1 durchgeführt, soll die Gemeinde den Bebauungsplan aufheben. Aus der Aufhebung können Ansprüche des Vorhabenträgers gegen die Gemeinde nicht geltend gemacht werden. Bei der Aufhebung kann das vereinfachte Verfahren nach § 13 angewendet werden.

Gesamtübersicht

	Rn		Rn
I. Novelle 2004	1	c) Anforderungen	12
II. Gegenstand	2	d) Nummerndogma des § 9 I	
1. VEBPl	2	und BauNVO	13
a) Ein- oder mehrere Vorhaben	2	e) „Konflikttransfer"	14
b) Paket	3	f) Ergänzende Festsetzungen	15
c) Abstimmung	4	g) Fremdgrundstücke	16
d) „In der Lage"	5	III. Fehlerfolgen und Nicht-	
e) Inhalt des VEBPl	6	erfüllung	17
2. Durchführungsvertrag	7	a) Frist verlängern	17
a) § 11	7	b) Sanktion vor Fristablauf	18
b) Inhalt	8	c) Plangewährleistung	19
c) Antrag und Einleitung	9	d) Staatshaftung	20
3. vbBPl	10	e) Keine Gewährleistung der	
a) Durchführungsvertrag vor Satzungsbeschluss und Frist	10	Gemeinde	21
b) Hinweis auf das Vorhaben	11	IV. Rechtsschutz	22

I. Novelle 2004

1 Die Änderungen der Absätze 1 und 3 passen redaktionell an andere Änderungen an. Die Änderung von Abs 2 Satz 2 erstreckt die Initiative, über den voraussichtlich erforderlichen Untersuchungsrahmen der Umweltprüfung zu informieren, vom Vorhabenträger auf auch die Gemeinde.

II. Gegenstand

1. VEBPl

a) Ein- oder mehrere Vorhaben: Die Überschrift „Vorhaben- und Erschließungsplan" (VEBPl) bezeichnet nur einen Ausschnitt aus dem Regelungspaket. Die Regelung betrifft zwingend ein oder mehrere Vorhaben iSv § 29 (BVerwG Buchholz 406.11, § 12 Nr 26). Was „*das*" Vorhaben ist, bestimmt – wie auch sonst – der Bauherr, hier der VTr (BVerwG, Buchholz 406.11, § 12 Nr 25 und 26; BVerwG, BRS 28 Nr 42; BVerwG, BRS 33 Nr 63 und BVerwG, BRS 36 Nr 158).

b) Paket: Das Regelungspaket besteht aus drei rechtlich zusammengefügten Gegenständen. Das sind *erstens* der VEBPl, *zweitens* der Durchführungsvertrag und *drittens* der vbBPl. Autor des mit der Gemeinde abgestimmten VEBPl ist der VTr. Er beschreibt das Vorhaben und den Plan zu seiner Verwirklichung. Der Durchführungsvertrag regelt bindend, wie das Vorhaben zu verwirklichen ist. Der vbBPl ist der eigentumsinhaltsbestimmende BPl. Das Regelungspaket zielt auf fristgebundene Verwirklichung des einen oder der mehreren Vorhaben.

c) Abstimmung: Die Vorschrift verlangt einen „abgestimmten" VEBPl. Diese Anforderung betrifft einerseits den Vorgang des Abstimmens und andererseits dessen inhaltliches Ergebnis als abgestimmt. Das erfordert den frühzeitigen und sodann fortlaufenden engen Behördenkontakt. Hält die Gemeinde ergänzende Festsetzungen für erforderlich, die den Inhalt des VEBPl beeinflussen, ist auch das abzustimmen. Die Anfangsinitiative abzustimmen liegt beim VTr, im weiteren Verfahren, insbesondere wenn die Stellungnahmen aus der Bürgerbeteiligung und der TÖB vorliegen, auch bei der Gemeinde.

d) „In der Lage": Die Regelung stellt die Anforderung, dass der VTr „in der Lage" ist, den VEBPl durchzuführen. Die Gemeinde muss sich Gewissheit darüber verschaffen, dass er finanziell dazu in der Lage ist und die privatrechtliche Rechtsmacht hat, sein Vorhaben auf dem Grundstück auszuführen.

e) Inhalt des VEBPl: Der VEBPl bestimmt das bzw. die Vorhaben, die Erschließungsmaßnahmen und enthält den Umweltbericht. Das ist das Konzept eines BPls. Dabei handelt es sich der Sache nach nicht um den Entwurf eines BPls, selbst wenn ergänzende Festsetzungen nicht erforderlich sind.

2. Durchführungsvertrag

a) § 11: Der Durchführungsvertrag ist ein personenbezogener öffentlich-rechtlicher städtebaulicher Vertrag iSd § 11. Der Wechsel des VTr bedarf der Zustimmung der Gemeinde (Abs 5 Satz 1). Der VTr hat einen Anspruch auf die Zustimmung, sofern nicht das in Abs 5 Satz 2 bestimmte Hindernis vorliegt. Der **Eigentumswechsel** am Vorhabengrundstück beeinflusst den Vertrag nicht, entzieht aber möglicherweise dem VTr den Umstand, „in der Lage" zu sein, den VEBPl durchzuführen und riskiert damit, dass die Gemeinde pflichtgemäß mit der Sanktion reagiert (Rn 17). Im Übrigen muss der Vertrag den Anforderungen des § 11 genügen.

b) Inhalt: Der Vertrag enthält die Vereinbarung über den Ablaufplan, die Informationspflichten, die Überwachungsrechte- und Pflichten sowie die Sanktionen für den Fall der Nichterfüllung und die Sicherheiten. Im Gesetz sind diese Gegenstände nicht bestimmt. Stockt das Vorhaben vor dem Ausführungsbeginn, lässt sich die städtebauliche Entwicklung retten, indem die Gemeinde den vbBPl aufhebt

oder ändert und damit ermöglicht, anderweitig zu planen. Je weiter das Vorhaben fortgeschritten, aber noch nicht nutzbar fertig gestellt ist, desto schwieriger ist es, die halb fertige Ruine oder den Torso weiterzuentwickeln. Für einen solchen möglichen Fall sollte der Vertrag vorsorgen, sei es durch die Einräumung eines Ankaufsrechts der Gemeinde oder eines Kündigungsrechts mit dem Ziel, einen anderen Träger zu beauftragen.

9 c) **Antrag und Einleitung:** Etwaige Anforderungen an den Antrag des VTr an die Gemeinde, ein BPl-Verfahren einzuleiten und für diese Einleitung selbst sind dem Landesrecht zu entnehmen. Einen BPl-Aufstellungsbeschluss entsprechend § 2 I Satz 2 verlangt das Gesetz nicht.

3. vbBPl

10 a) **Durchführungsvertrag vor Satzungsbeschluss und Frist:** Vor dem Satzungsbeschluss über den vbBPl nach § 10 I muss der Durchführungsvertrag geschlossen sein, und der VTr muss sich verpflichtet haben, sein Vorhaben innerhalb einer bestimmten Frist durchzuführen. Die **Paketlösung** (Rn 3) besteht in der rechtlichen Verknüpfung einschließlich der zeitlichen Reihenfolge, dass zunächst ein abgestimmter VEBPl vorliegen muss (Rn 4), der aber auch bis zum Satzungsbeschluss hin noch abgestimmt geändert werden kann, im Antrag des VTr, das BPl-Verfahren einzuleiten, im Durchführungsvertrag und in der Verpflichtung des VTr, den VEBPl innerhalb einer bestimmten Frist durchzuführen, und erst wenn diese Anforderungen erfüllt sind, kann die Gemeinde einen vbBPl wirksam beschließen.

11 b) **Hinweis auf das Vorhaben:** Der vbBPl muss den Hinweis auf das oder die Vorhaben enthalten (BVerwG, Buchholz 406.11, § 12 Nr 26). Das ist eine materiell-rechtliche Anforderung. Abgesehen von der Verknüpfung mit dem bzw. den Vorhaben handelt es sich um einen BPl wie der reguläre BPl auch. Es gelten alle Anforderungen und Folgen, soweit nicht die Vorhabenbezogenheit entgegensteht.

12 c) **Anforderungen:** Nicht gelten deshalb die Vorschriften über die Veränderungssperre und die Zurückstellung von Baugesuchen (§§ 14–18), gemeindliche Vorkaufsrechte (§§ 24–28), Planungsentschädigung (§§ 39–44), die Umlegung (§§ 45–79), Erschließungsbeiträge (§§ 127–135) und Kostenerstattungen für naturschutzrechtliche Maßnahmen (§§ 135a–135c). Die Übergangs- und die Fehlerfolgenregelungen (§§ 233 und 214–216) gelten.

13 d) **Nummerndogma des § 9 I und BauNVO:** An das Nummerndogma des § 9 I und an die Vorgaben der BauNVO ist der vbBPl nicht gebunden, Abs 3 Satz 2. Die BauNVO hat jedoch eine Leitlinien- und Orientierungsfunktion bei der Konkretisierung der Anforderungen an eine geordnete städtebauliche Entwicklung, denen auch der VEBPl unterliegt (BVerwGE 116, 296). Weicht der VEBPl von der Vorgabe der BauNVO ab, ist die Abwägung besonders sorgfältig vorzunehmen und zu prüfen.

14 e) **„Konflikttransfer":** Wegen seiner Vorhabenbezogenheit muss der vbBPl einen hohen Konkretisierungsgrad haben, sodass ein *„Konflikttransfer"* kaum in Betracht kommt (BVerwG, Buchholz 406.11, § 12 Nr 25).

15 f) **Ergänzende Festsetzungen:** Ergänzende Festsetzungen nach § 9 I, die die Durchführung des VEBPl nicht hindern, kann die Gemeinde auch ohne Zustimmung des VTr treffen. Das gilt sowohl für Flächen außerhalb des Bereichs des VEBPl, Abs 4, als auch innerhalb des Bereichs, zB nicht überbaubare Grundstücksflächen.

g) Fremdgrundstücke: Flächen außerhalb des Bereichs des VEBPl kann die Gemeinde in den BPl einbeziehen, sei es um die Durchführung des Vorhabens zu ermöglichen, sei es um das Plangebiet geordnet zu arrondieren (BVerwG, Buchholz 406.11, § 12 Nr 26), Abs 4.

III. Fehlerfolgen und Nichterfüllung

a) Frist verlängern: Kann der VTr den VEBPl nicht fristgerecht durchführen, ist aber die Durchführung innerhalb einer bestimmten längeren Frist gesichert, kommt in erster Linie in Betracht, die Frist neu zu vereinbaren.

b) Sanktion vor Fristablauf: Ist abzusehen, dass der VTr die Frist nicht einhalten wird, kann die Gemeinde auch schon vor Fristablauf Sanktionen treffen, sei es um den Beginn der Durchführung zu verhindern oder dass eine unfertige Bauruine entstehen wird.

c) Plangewährleistung: Hebt die Gemeinde als Sanktion den vbBPl auf, oder ändert sie den Plan, sodass ein regulärer BPl anderen Inhalts entsteht, hat der VTr keinen Planungsentschädigungsanspruch nach § 42. Ein solcher Anspruch kommt jedoch für die Eigentümer nach Abs 4 einbezogener Grundstücke in Betracht.

d) Staatshaftung: Verzögert die Gemeinde die Durchführung, kommt ein Staatshaftungsanspruch in Betracht, § 839 BGB.

e) Keine Gewährleistung der Gemeinde: Einen Gewährleistungsanspruch des VTr gegen die Gemeinde darf diese nicht vereinbaren. Die Vereinbarung wäre unwirksam (BGHZ 76, 16; BGH, DBVl. 1989, 1094).

IV. Rechtsschutz

Der vbBPl ist sowohl im Normenkontrollverfahren nach § 47 VwGO als auch inzidenter überprüfbar. Eine Nachbargemeinde kann mangelnde interkommunale Abstimmung geltend machen (BVerwG, BRS 56 Nr 36).

Anhang

▶ **Muster**
Vertragsformular eines Durchführungsvertrages zum Vorhaben- und Erschließungsplan (§ 12 BauGB)

Vorbemerkung: Die Darstellung beschränkt sich zum Teil auf die Nennung der zu regelnden Verhältnisse; Muster zur Ausformulierung finden sich in: Handbuch Städtebauliche Verträge, Nomos Verlag, 1999 und EZB, Anhang § 12.

Die Gemeinde A, vertreten durch ihren Bürgermeister,

– nachstehend Gemeinde genannt -

und

die ...

– nachstehend Vorhabenträger genannt –

schließen folgenden Vertrag:

Teil I
Allgemeines

§ 1
Gegenstand des Vertrages

(1) Grundlage und Gegenstand des Vertrages ist das Vorhaben „Wohn- und Geschäftsbebauung zwischen ... und ... im Gemeindebezirk ... und die Erschließung der Grundstücke im Vertragsgebiet auf der Grundlage des vom Vorhabenträger vorgelegten Vorhaben- und Erschießungsplanes.

(2) Das Vertragsgebiet umfasst die im Lageplan (Anlage 1) umgrenzten Grundstücke.

§ 2
Bestandteile des Vertrages

Bestandteile des Vertrages sind

a) der Lageplan mit den Grenzen des Vertragsgebietes (Anlage 1)

b) der Plan zur Durchführung des Vorhabens (Anlage 2)

c) der Plan zur Durchführung der Erschließungsmaßnahmen einschließlich

- Entwässerungsplan (Anlage 3)

- Straßen-, Wege- und Grünordnungsplan (Anlage 4)

d) die von der Stadt/Gemeinde genehmigte Ausbauplanung für die Erschließungsanlagen mit Baubeschreibung (Anlage 5)

Teil II
Vorhaben

§ 1
Beschreibung des Vorhabens [...]

§ 2
Durchführungsverpflichtung

(1) Der Vorhabenträger verpflichtet sich zur Durchführung des Vorhabens im Vertragsgebiet nach den Regelungen dieses Vertrages.

(2) Der Vorhabenträger verpflichtet sich, spätestens ... Monate nach Inkrafttreten des vorhabenbezogenen BPls einen vollständigen und genehmigungsfähigen Bauantrag für das Vorhaben einzureichen. Er wird spätestens ... Monate nach Rechtskraft der jeweiligen Baugenehmigung mit dem Vorhaben beginnen und es innerhalb von ... Monaten/Jahren fertig stellen.

Auf Antrag des Vorhabenträgers können die obigen Fristen seitens der Gemeinde verlängert werden.

Teil III
Erschließung

§ 1
Herstellung der Erschließungsanlagen

(1) Der Vorhabenträger übernimmt die Herstellung der im beigefügten Plan dargestellten Erschließungsanlagen im Vertragsgebiet gemäß den sich aus Teil II § 2 ergebenden Vorhaben. Die Kosten der Planung und der notwendigen Erschließung übernimmt der Vorhabenträger in vollem Umfang.

(2) Die Gemeinde verpflichtet sich, die Erschließungsanlagen bei Vorliegen der in Teil III § 8 genannten Voraussetzungen kostenlos in ihre Unterhaltung und Verkehrssicherungspflicht zu übernehmen.

§ 2
Fertigstellung der Anlagen [...]

§ 3
Art und Umfang der Erschließungsanlagen

(1) Die Erschließung nach diesem Vertrag umfasst:

a) die Freilegung der öffentlichen Erschließungsanlagen
b) die Herstellung der öffentlichen Erschließungsanlagen
c) die Herstellung der öffentlichen Straßen, Wege und Plätze einschließlich

- Fahrbahnen
- Parkflächen
- Geh-, Fuß- und Radwege
- Straßenentwässerung
- Straßenbeleuchtung
- Straßenbegleitgrün
- Straßenbenennungsschilder
- Verkehrszeichen

nach Maßgabe der von der Gemeinde genehmigten Ausbauplanung.

§ 4
Ausschreibungen, Vergabe und Bauleitung

(1) Mit der Ausschreibung und Bauleitung der Erschließungsanlagen beauftragt der Vorhabenträger ein leistungsfähiges Ingenieurbüro, das die Gewähr für die technisch beste und wirtschaftlichste Abwicklung der Baumaßnahme bietet.

(2) Der Vorhabenträger verpflichtet sich, Bauleistungen nur nach Ausschreibungen auf der Grundlage der Verdingungsordnung für Bauleistungen (VOB) ausführen zu lassen.

§ 5
Baudurchführung [...]

§ 6
Haftung und Verkehrssicherung

Vom Tage des Beginns der Erschließungsarbeiten an übernimmt der Vorhabenträger im gesamten Erschließungsgebiet die Verkehrssicherungspflicht.

(2) Der Vorhabenträger haftet bis zur Übernahme der Anlagen für jeden Schaden, der durch die Verletzung der bis dahin obliegenden allgemeinen Verkehrssicherungspflicht entsteht und für solche Schäden, die infolge der Erschließungsmaßnahmen an bereits verlegten Leitungen und sonst wie verursacht werden. Der Vorhabenträger stellt die Gemeinde insoweit von allen Schadensersatzansprüchen frei. Diese Regelung gilt unbeschadet der Eigentumsverhältnisse. Vor Beginn der Baumaßnahme ist das Bestehen einer ausreichenden Haftpflichtversicherung nachzuweisen.

§ 7
Gewährleistung und Abnahme [...]

§ 8
Grunderwerb (Übernahme der Erschließungsanlagen) [...]

Teil IV
Schlussbestimmungen

§ 1
Kostentragung

(1) Der Vorhabenträger trägt die Kosten dieses Vertrages und die Kosten seiner Durchführung sowie die etwa anfallende Grunderwerbssteuer (Notarkosten, Grundbuchkosten etc).

(2) Die Kosten der notwendigen Vermessungsarbeiten sind ebenfalls vom Vorhabenträger in vollem Umfang zu übernehmen.

(3) Die notwendigen externen Ausgleichsmaßnahmen werden von der Gemeinde bis zu einem Höchstbetrag in Höhe von ... EUR übernommen.

§ 2
Rechtsnachfolge [...]

§ 3
Sicherheitsleistungen

(1) Als Sicherheit für die Durchführungsverpflichtung hinsichtlich der Erschließungsanlagen leistet der Vorhabenträger in Höhe von ... EUR (in Worten ... EUR) durch Übergabe einer unbefristeten selbstschuldnerischen Erfüllungsbürgschaft.

(2) Im Falle der Zahlungsunfähigkeit des Vorhabenträgers ist die Gemeinde berechtigt, noch offen stehende Forderungen Dritter gegen den Vorhabenträger für Leistungen aus diesem Vertrag aus der Bürgschaft zu befriedigen.

(3) Nach der Abnahme der Maßnahme und Vorlage der Schlussrechnungen mit Anlagen ist für die Dauer der Gewährleistungsfrist eine Gewährleistungsbürgschaft in Höhe von 5% der Baukosten vorzulegen.

§ 4
Haftungsausschluss

(1) Aus diesem Vertrag entsteht der Gemeinde keine Verpflichtung zur Aufstellung der Satzung über den Vorhaben- und Erschließungsplan. Eine Haftung der Gemeinde für etwaige Aufwendungen des Vorhabenträgers, die dieser im Hinblick auf die Aufstellung der Satzung tätigt, ist ausgeschlossen.

(2) Für den Fall der Aufhebung der Satzung können Ansprüche gegen die Gemeinde nicht geltend gemacht werden. Dies gilt auch für den Fall, dass sich die Nichtigkeit der Satzung über den Vorhaben- und Erschließungsplan im Verlauf eines gerichtlichen Streitverfahrens herausstellt.

§ 5
Vertragsänderungen, Unwirksamkeit von Vertragsbestimmungen [...]

§ 6
Wirksamwerden

Der Vertrag wird erst wirksam, wenn die Satzung über den Vorhaben- und Erschließungsplan in Kraft tritt.

....................., den

Für die Gemeinde: Für den Vorhabenträger

.. ..

Anmerkung:

Der Vertrag bedarf nach § 311 b BGB der notariellen Beurkundung (BVerwGE 70, 247; BGHZ 58, 386) ◄

§ 13 Vereinfachtes Verfahren

(1) Werden durch die Änderung oder Ergänzung eines Bauleitplans die Grundzüge der Planung nicht berührt oder wird durch die Aufstellung eines Bebauungsplans in einem Gebiet nach § 34 der sich aus der vorhandenen Eigenart der näheren Umgebung ergebende Zulässigkeitsmaßstab nicht wesentlich verändert, kann die Gemeinde das vereinfachte Verfahren anwenden, wenn

1. die Zulässigkeit von Vorhaben, die einer Pflicht zur Durchführung einer Umweltverträglichkeitsprüfung nach Anlage 1 zum Gesetz über die Umweltverträglichkeitsprüfung oder nach Landesrecht unterliegen, nicht vorbereitet oder begründet wird und
2. keine Anhaltspunkte für eine Beeinträchtigung der in § 1 Abs. 6 Nr. 7 Buchstabe b genannten Schutzgüter bestehen.

(2) Im vereinfachten Verfahren kann

1. von der frühzeitigen Unterrichtung und Erörterung nach § 3 Abs. 1 und § 4 Abs. 1 abgesehen werden,
2. der betroffenen Öffentlichkeit Gelegenheit zur Stellungnahme innerhalb angemessener Frist gegeben oder wahlweise die Auslegung nach § 3 Abs. 2 durchgeführt werden,
3. den berührten Behörden und sonstigen Trägern öffentlicher Belange Gelegenheit zur Stellungnahme innerhalb angemessener Frist gegeben oder wahlweise die Beteiligung nach § 4 Abs. 2 durchgeführt werden.

(3) Im vereinfachten Verfahren wird von der Umweltprüfung nach § 2 Abs. 4, von dem Umweltbericht nach § 2a und von der Angabe nach § 3 Abs. 2 Satz 2, welche Arten umweltbezogener Informationen verfügbar sind, abgesehen; § 4c ist nicht anzuwenden. Bei der Beteiligung nach Absatz 2 Nr. 2 ist darauf hinzuweisen, dass von einer Umweltprüfung abgesehen wird.

Gesamtübersicht

	Rn		Rn
I. Novelle 2004	1	2. Anforderungen	6
a) Gemeinschaftsrechtliche Vorgaben	1	a) Grundzüge der Planung	6
b) Änderungen	2	b) Nicht UVP-pflichtige Vorhaben	7
II. Vereinfachtes Verfahren	3	c) Umweltrelevante Planung	8
1. Gegenstand	3	3. Bürgerbeteiligung	9
a) Erleichtertes Verfahren	3	a) Betroffene	9
b) BPl-Änderung oder -Ergänzung	4	b) Alternative Beteiligungsform	10
c) Umgebungsbestandssichern der BPl	5	4. Überleitungsrecht	11
		III. Rechtsschutz	12

I. Novelle 2004

1 **a) Gemeinschaftsrechtliche Vorgaben:** In Hinblick auf die gemeinschaftsrechtlichen Vorgaben der Richtlinie 2001/42/EG des Europäischen Parlaments und des Rates vom 27.06.2001 über die Prüfung der Umweltauswirkungen bestimmter Pläne und Programme (ABl. EG Nr L 197 S 30) – Plan-UP-Richtlinie – und den Zwischenschritt des Gesetzes zur Umsetzung der UVP-Änderungsrichtlinie, der EVU-Richtlinie und weiterer EG-Richtlinien zum Umweltschutz vom 27.07.2001 (BGBl I S 1950 – „Artikel-Gesetz" –) ist § 13 über das vereinfachte Verfahren zur Aufstellung eines Bauleitplans neu gefasst. Für Minimalfälle, von denen Umweltauswirkungen offensichtlich nicht ausgehen werden, erlaubt Art 3 V Satz 1 der Plan-UP-RL ausnahmsweise, von den umweltrechtlichen Vorgaben abzusehen. Die Neufassung des § 13 macht hiervon Gebrauch (Reg-E, Drs 15/2250, 30 und 50; Pietzker, Gutachten zum Umsetzungsbedarf der Plan-UP-RL der EG im BauGB, S 66, erhältlich beim Fraunhofer-Informationszentrum für Raum und Bau (IRB), Nobelstraße 12, Stuttgart; Bericht der unabhängigen Expertenkommission unter dem Vorsitz von Herrn Dr. Gaentzsch, Rn 57, erhältlich ebenfalls beim IRB).

2 **b) Änderungen:** Die Absätze 1 und 3 sind in Hinblick auf die Plan-UP-RL neu gefasst. Für den im 34er Bereich die Umgebung bestandssichernden BPl ist das vereinfachte Verfahren eingeführt. Der die Erleichterungen regelnde Abs 2 ist redaktionell an die Neufassungen der §§ 3 und 4 redaktionell angepasst.

II. Vereinfachtes Verfahren

1. Gegenstand

3 **a) Erleichtertes Verfahren:** Die Vorschrift erleichtert das Planungsverfahren für den FPl und für den BPl, indem sie vom Zwang der in den Absätzen 2 und 3 bezeichneten Anforderungen entbindet und zusätzlich von den durch diese bedingte weiteren Anforderungen.

4 **b) BPl-Änderung oder -Ergänzung:** Änderungen und Ergänzungen betreffen bereits in Kraft befindliche FPle bzw BPle. § 1 VIII schreibt vor, dass die Vorschriften dieses Gesetzbuchs über die Aufstellung von Bauleitplänen auch für die Änderung, Ergänzung und Aufhebung gelten. Die Erweiterung eines Plangebiets ist Änderung. Ergänzung dient der Heilung eines unwirksamen Plans nach § 214 IV

(BVerwG, Buchholz 406.11 § 1 Nr 45). Betroffen ist der **Minimalfall**. Der Reg-E nennt als Beispiel die Änderung von WR in WA (BVerwG, BRS 63 Nr 41).

c) Umgebungsbestandssichernder BPl: Der sog bestandssichernde BPl betrifft einen 34er Bereich und dient, den Maßstab nach § 34 I zu sichern (BVerwGE 55, 369 „*Harmonie-Urteil*"). Das ist der Fall, dass sich eine erhaltenswerte oder homogene Siedlungsstruktur nach dem, was nach § 34 I oder II iVm der BauNVO zulässig wäre, ändern könnte (BVerwG, BRS 60 Nr 176). Eine Innenbereichs-Brache, bei der die Vorgängernutzung noch mit prägt und die eine unterschiedliche Nutzung und unterschiedliche Qualität des Gebiets bewirkte, gehört nicht dazu.

2. Anforderungen

a) Grundzüge der Planung: Im Fall der Änderung oder Ergänzung (Rn 4) darf der Grundzug der Planung nicht berührt sein (BVerwGE 56, 71). Der Plural „Grundzüge" besagt, dass die Anwendungsgrenze des § 13 auch mehrere Gegenstände betreffen kann, zB die Nutzungsart und das Maß der zulässigen Versiegelung. Es geht um die Konzeption des Plans insgesamt und nicht die ggf erhebliche Betroffenheit einzelner Grundstücke. Das vereinfachte Verfahren steht danach eher für **punktuelle Änderungen** zur Verfügung. Wählt die Gemeinde beim unwirksamen Plan statt des ergänzenden Verfahrens nach § 214 IV das vereinfachte Verfahren, darf das Plankonzept des unwirksamen Plans nicht berührt sein.

b) Nicht UVP-pflichtige Vorhaben: Abs 1 Nr 1 schließt den Anwendungsbereich der Vorschrift für die Festsetzung aus, die die Zulässigkeit eines Vorhabens begründet oder vorbereitet, das UVP-prüfungspflichtig ist.

c) Umweltrelevante Planung: § 1 VI Nr 7b betrifft innerhalb der Umweltbelange die FFH-Gebiete und Erhaltungsziele und der Schutzzweck von Gebieten gemeinschaftlicher Bedeutung. Abs 1 Nr 2 schließt den Anwendungsbereich der Vorschrift aus, wenn der bezeichnete Belang – auch unwesentlich – betroffen ist.

3. Bürgerbeteiligung

a) Betroffene: Das vereinfachte Verfahren erleichtert ua die Bürgerbeteiligung. Betroffen sind alle Bürger, die einen schutzwürdigen Belang einbringen (BVerwGE 59, 87/95), also auch Mieter, Pächter und ggf Gebietsnachbarn.

b) Alternative Beteiligungsform: Für die Art, wie die Gemeinde die Betroffenen beteiligt, hat sie einen weiten Spielraum. Sie kann einzeln korrespondieren, Einzelgespräche führen und in einem gemeinschaftlichen Erörterungstermin beteiligen. Alle Betroffenen zu ermitteln kann schwierig sein. Deshalb stellt Abs 2 Nr 2 alternativ das generelle Verfahren nach § 3 II zur Verfügung.

4. Überleitungsrecht

Für am 20.07.2004 anhängige vereinfachte Verfahren gilt die Übergangsregelung des § 233. Nach dessen Abs 1 Satz 1 ist die bisherige Fassung des § 13 weiter anzuwenden. Nach Satz 2 darf die Gemeinde noch nicht begonnene Schritte nach der aktuellen Fassung durchführen.

III. Rechtsschutz

Der im vereinfachten Verfahren zustande gekommene FPl bzw. BPl ist ein Plan wie jeder andere und entsprechend überprüfbar.

Zweiter Teil
Sicherung der Bauleitplanung

Erster Abschnitt
Veränderungssperre und Zurückstellung von Baugesuchen

§ 14 Veränderungssperre

(1) Ist ein Beschluss über die Aufstellung eines Bebauungsplans gefasst, kann die Gemeinde zur Sicherung der Planung für den künftigen Planbereich eine Veränderungssperre mit dem Inhalt beschließen, dass
1. Vorhaben im Sinne des § 29 nicht durchgeführt oder bauliche Anlagen nicht beseitigt werden dürfen;
2. erhebliche oder wesentlich wertsteigernde Veränderungen von Grundstücken und baulichen Anlagen, deren Veränderungen nicht genehmigungs-, zustimmungs- oder anzeigepflichtig sind, nicht vorgenommen werden dürfen.

(2) Wenn überwiegende öffentliche Belange nicht entgegenstehen, kann von der Veränderungssperre eine Ausnahme zugelassen werden. Die Entscheidung über Ausnahmen trifft die Baugenehmigungsbehörde im Einvernehmen mit der Gemeinde.

(3) Vorhaben, die vor dem Inkrafttreten der Veränderungssperre baurechtlich genehmigt worden sind, Vorhaben, von denen die Gemeinde nach Maßgabe des Bauordnungsrechts Kenntnis erlangt hat und mit deren Ausführung vor dem Inkrafttreten der Veränderungssperre hätte begonnen werden dürfen, sowie Unterhaltungsarbeiten und die Fortführung einer bisher ausgeübten Nutzung werden von der Veränderungssperre nicht berührt.

(4) Soweit für Vorhaben im förmlich festgelegten Sanierungsgebiet oder im städtebaulichen Entwicklungsbereich eine Genehmigungspflicht nach § 144 Abs. 1 besteht, sind die Vorschriften über die Veränderungssperre nicht anzuwenden.

Gesamtübersicht

	Rn		Rn.
I. Novelle 2004	1	c) Einzelne vom BVerwG erörterte Ziele	6
II. Planungs-Sicherungs-instrumente der §§ 14–18	2	d) Maßgebender Zeitpunkt	7
1. Übersicht	2	e) Austausch von Zielen	8
2. Gegenstand	3	2. Formelle Anforderungen	9
III. Anforderungen	4	a) BPl-Aufstellungsbeschluss, § 2 I 2	9
1. Planungsziel	4	b) Zeitliche Reihenfolge	10
a) Rechtmäßiges konkretes Planungsziel	4	c) Zeitraum zwischen BPl-Aufstellungsbeschluss und Vspr	11
b) Ausschluss nach § 1 IV–IX BauNVO	5	d) Räumlicher Geltungsbereich	12

	Rn		Rn.
IV. Rechtsfolge der Vspr	13	2. Anwendungsausschluss	19
1. Sperrwirkung	13	b) Rechtsbeständigkeit der formellen Zulässigkeit der Gemeinde gegenüber	20
a) Vorhaben, § 29 Abs 1 Nr 1	13		
b) Vorübergehend reduzierter Eigentumsinhalt	14	c) Widerruf der formellen Zulässigkeit	21
c) Baugenehmigungsverfahren	15		
d) Entschädigungsgeeignete Maßnahmen, Abs 1 Nr 2	16	d) Folge der Ausnahme	22
		e) Ersetzende Sanierungsbedürftigkeit, § 144 Abs 4	23
e) Zivilrechtlicher Mangel	17	**V. Ausnahmezulassung, Abs 2**	24
f) Nachbarschutz	18	a) Maßstab für Ermessen	24
		b) Ermessensreduzierung	25
		VI. Rechtsschutz	26

I. Novelle 2004

Den den Anwendungsausschluss für formell zulässige Vorhaben regelnden Abs 3 hat die Novelle 2004 der landesrechtlichen Möglichkeit der Genehmigungsfreistellung angepasst. Die übrigen Vorschriften hat die Novelle unverändert belassen.

II. Planungs-Sicherungsinstrumente der §§ 14–18

1. Übersicht

Der zweite Teil des ersten das allgemeine Städtebaurecht regelnden Kapitels des BauGB ist mit „Sicherung der Bauleitplanung" überschrieben. Er enthält drei Abschnitte. Der erste Abschnitt befasst sich in den §§ 14–18 mit der Veränderungssperre und der Zurückstellung von Baugesuchen. Der zweite Abschnitt betrifft die Teilung von Grundstücken sowie die Sicherung von Gebieten mit Fremdenverkehrsfunktion, und der dritte Abschnitt regelt gesetzliche Vorkaufsrechte der Gemeinde. Die Regelung der Veränderungssperre ist auf die §§ 14 und 16–18 aufgeteilt, § 15 betrifft die Zurückstellung von Baugesuchen. Die Anforderungen, Folgen und Ausnahmen sind in den §§ 14 und 16 geregelt, in § 17 die Geltungsdauer und das Außerkrafttreten und in § 18 die Entschädigungsfolge.

2. Gegenstand

Gegenstand des § 14 sind die Anforderungen, der Anwendungsbereich, die Folgen und die Ausnahmen der Veränderungssperre mit Ausnahme des Beschlusses, der in § 16 bestimmt ist.

III. Anforderungen

1. Planungsziel

a) Rechtmäßiges konkretes Planungsziel: Die Vspr ist das wichtigste Instrument, die verbindliche Bauleitplanung effektiv zu sichern (BVerwG, Buchholz 406.11, § 14 Nr 17). Abs 1 verlangt deshalb, dass die Veränderungssperre als Sicherungsmittel **erforderlich** ist, nicht aber Abwägung (BVerwG, Buchholz 406.11, § 14 Nr 20). Wegen der **Erforderlichkeit** als Sicherungsmittel muss die Planungsab-

sicht erkennbar sein (BVerwGE 51, 121). Das Planungsziel muss rechtmäßig sein (BVerwGE 34, 301; BVerwGE 81, 111). *„Als Sicherungsmittel ungeeignet ist eine Veränderungssperre nur dann, wenn sich das aus dem Aufstellungsbeschluss ersichtliche Planungsziel im Wege planerischer Festsetzung nicht erreichen lässt, wenn der beabsichtigte Bauleitplan einer positiven Planungskonzeption entbehrt und der Förderung von Zielen dient, für deren Verwirklichung die Planungsinstrumente des Baugesetzbuchs nicht bestimmt sind, oder wenn rechtliche Mängel schlechterdings nicht behebbar sind"* (BVerwG, Buchholz 406.11, § 14 Nr 23).

5 **b) Ausschluss nach § 1 IV–IX BauNVO:** Das Planungsziel kann darauf gerichtet sein, einen Ausschluss nach § 1 IV–IX BauNVO festzusetzen, zB einen großflächigen Einzelhandelsbetrieb auszuschließen oder Emissionen zu begrenzen (BVerwGE 68, 360/364; BVerwGE 77, 308; BVerwGE 77, 317).

6 **c) Einzelne vom BVerwG erörterte Ziele:** Das BVerwG hat die Zulässigkeit einer Vspr zugelassen für ein Vorranggebiet für Windenergieanlagen (BVerwG, Buchholz 406.11, § 14 Nr 25), für einen eine fernstraßenrechtliche Fachplanung ersetzenden BPl (BVerwGE 72, 172) und für eine vorsorgende Überplanung von demnächst zu entwidmenden bahnrechtlichen Flächen (BVerwG, Buchholz 406.11, § 14 Nr 12).

7 **d) Maßgebender Zeitpunkt:** Maßgebender Zeitpunkt dafür, dass die Vspr als Sicherungsmittel für ein rechtmäßiges Planungsziel erforderlich ist, ist der Zeitpunkt der Beschlussfassung über die Veränderungssperre (BVerwGE 51, 121; BVerwG, BRS 30 Nr 80).

8 **e) Austausch von Zielen:** Die Folge eines Austauschs der Planungsabsicht ist nicht revisionsrechtlich geklärt. Nach der Auffassung des VGH BW (ZfBR 89, 172) und des OVG Bln (BRS 49 Nr 110) ist der Austausch des zum Beschluss nach § 2 I Satz 2 erkennbaren Planungsziels unschädlich; nach dem N OVG macht der Austausch der Planungsabsicht die Vspr unwirksam (BauR 2000, 73). Da die Erforderlichkeit im Zeitpunkt des Beschlusses maßgebend ist (Rn 7) ist ein zeitlich vorausgehender Austausch der zum Planaufstellungsbeschluss erkennbaren Planungsabsicht unschädlich. Ein dem Beschluss nach § 16 zeitlich nachfolgender Austausch bleibt unschädlich, wenn die Vspr als Sicherungsmittel für das neue rechtmäßige Planungsziel **erforderlich** ist. Unwirksamkeit der Vspr als Folge des Austauschs könnte zudem dazu führen, dass zeitlich längst mögliche Vspren nacheinander erforderlich würden, was mit dem Eigentumsgrundrecht aus Art 14 I Satz 1 GG unvereinbar wäre und folglich der Gemeinde das effektive Sicherungsmittel für die aktuelle Planung zur städtebaulichen Entwicklung entzöge.

2. Formelle Anforderungen

9 **a) BPl-Aufstellungsbeschluss, § 2 I 2:** Die Vorschrift verlangt einen BPl-Aufstellungsbeschluss nach § 2 I Satz 2, Abs 1 (BVerwGE 79, 200/205).

10 **b) Zeitliche Reihenfolge:** Die Vorschrift verlangt die zeitliche Reihenfolge von zuerst des BPl-Aufstellungsbeschlusses nach § 2 I Satz 2 und danach der Vspr nach § 16 I (BVerwG, Buchholz 406.11, § 16 Nr 1). Sie verlangt nicht, dass der BPl-Aufstellungsbeschluss schon ortsüblich bekannt gemacht ist, bevor die Gemeinde den Beschluss nach § 16 fasst; die Gemeinde kann deshalb die beiden Beschlüsse in derselben Sitzung fassen (BVerwG, Buchholz 406.11, § 14 Nr 13).

c) Zeitraum zwischen BPl-Aufstellungsbeschluss und Vspr: Ein längerer Zeitraum zwischen dem BPl-Aufstellungsbeschluss nach § 2 I Satz 2 und dem Beschluss über die Vspr nach § 16 I ist unschädlich (BVerwG, Buchholz 406.11, § 14 Nr 21), selbst wenn er länger als die längstmögliche Sperre ist (BVerwG, Buchholz 406.11, § 17 Nr 8).

d) Räumlicher Geltungsbereich: Die Vspr muss ihren räumlichen Geltungsbereich bestimmen. Diese kann einen Teilbereich des in Aufstellung befindlichen BPls sein (BVerwGE 51, 121). Soll der Geltungsbereich der Vspr den des beabsichtigten BPls überschreiten, bedarf das eines entsprechenden zeitlich vorgängigen weiteren Beschlusses nach § 2 I Satz 2. Eine Vspr ist ausschließlich in einem Gemeindegebiet zulässig, nicht aber in einem gemeindefreien Gebiet (BVerwG, Buchholz 406.11, § 1 Nr 84).

IV. Rechtsfolge der Vspr

1. Sperrwirkung

a) Vorhaben, § 29 Abs 1 Nr 1: Die Vspr sperrt die Zulässigkeit von Vorhaben nach § 29 Abs 1 Nr 1. Dazu gehören Aufschüttungen und Abgrabungen (BVerwG, Buchholz 406.11, § 17 Nr 4), was nach § 29 Nutzungsänderung ist (BVerwG, Buchholz 406.11, § 29 Nr 41) und die Erweiterung eines Vorhabens (BVerwGE 65, 84/92).

b) Vorübergehend reduzierter Eigentumsinhalt: Die Vspr reduziert zeitlich vorübergehend und iR des erforderlichen Sicherungszwecks den Eigentumsinhalt nach Art 14 I Satz 2 GG auf das formell zugelassene und auf die bisher unbehelligte Nutzung.

c) Baugenehmigungsverfahren: Im Baugenehmigungsverfahren hindert die Vspr nach der modifizierten Schlusspunkttheorie (Ortloff, Öffentliches Baurecht II, Bauordnungsrecht, 4. Aufl, S 107) die Erteilung der abschließenden Genehmigung. Die Behörde darf weder die Baugenehmigung erteilen, noch die Bebauungsgenehmigung, noch darf sie sie versagen. Ist das Vorhaben landesrechtlich freigestellt, muss die Behörde dessen Ausführung verhindern.

d) Entschädigungsgeeignete Maßnahmen, Abs 1 Nr 2: Abs 1 Nr 2 betrifft entschädigungsgeeignete Maßnahmen nach den §§ 39 und 42. Auch insofern reduziert die Vspr zeitlich vorübergehend iR des erforderlichen Sicherungszwecks den Eigentumsinhalt nach Art 14 I Satz 2 GG.

e) Zivilrechtlicher Mangel: Zivilrechtlich begründet die Sperre einen Rechtsmangel (BGH, BRS 44 Nr 94).

f) Nachbarschutz: Mit Nachbarschutz ist die Vspr nicht angereichert; dies gilt auch dann, wenn der spätere BPl zugunsten des Betreffenden nachbarschützende Festsetzungen enthält (BVerwG, Buchholz 406.11, § 14 Rn 11).

2. Anwendungsausschluss

a) Formell zugelassene Vorhaben: Formell zulässige Vorhaben schließt Abs 3 von der Sperrwirkung aus. Der im Reg-E geäußerten Auffassung, Abs 3 fordere materiell-rechtliche Rechtmäßigkeit des Vorhabens (Drs 15/2260, 51 zu Nr 15), ist nicht zu folgen. Die Vorschrift verlangt, dass das Vorhaben „baurechtlich genehmigt worden oder aufgrund eines anderen baurechtlichen Verfahrens zulässig" ist.

Das ist die verfahrensrechtliche, formelle Rechtslage. Dass die Behörde materiell-rechtlich rechtswidrige Vorhaben genehmigt, kommt häufig vor. Die Überprüfung der Genehmigung oder Zulassung auf deren materiell-rechtliche Rechtmäßigkeit erlaubt Abs 3 nicht. Materiell-rechtliche Rechtmäßigkeit genügt andererseits nicht; erforderlich ist die der Gemeinde gegenüber rechtsbeständige Genehmigung (BVerwG, BRS 18 Nr 60). Das ist auch die Bebauungsgenehmigung (BVerwGE 69, 1; BGH, BRS 44 Nr 94). Eine Gilt-Genehmigung begründet formelle Zulässigkeit (BVerwGE 39, 154). „Fortführung" betrifft den formell zulässigen weiteren Abbau in einer Grube, also die Entnahme von Bestandteilen des Erdkörpers; das ist der spiegelbildlich umgekehrte Fall des Hinzufügens beim Bau oder der Aufschüttung. Unterhaltungsarbeiten und Fortführung liegen nur innerhalb der Bandbreite der formellen Zulässigkeit vor (BVerwGE 47, 126).

20 **b) Rechtsbeständigkeit der formellen Zulässigkeit der Gemeinde gegenüber:** Die Vorschrift verlangt Rechtsbeständigkeit eines die formelle Zulässigkeit herstellenden VA der Gemeinde gegenüber. Soweit ein VA über die formelle Zulässigkeit nicht erforderlich ist, verlangt Abs 3, dass die Gemeinde „nach Maßgabe des Bauordnungsrechts Kenntnis erlangt hat". Sollte das Landesrecht eine solche Kenntnisnahme nicht vorsehen, gilt der Anwendungsausschluss des Abs 3 nicht. Sie ist in diesem Fall analog anzuwenden, wenn die Gemeinde tatsächlich Kenntnis erlangt hat und Gelegenheit hatte, die Ausführung des Vorhabens zu unterbinden.

21 **c) Widerruf der formellen Zulässigkeit:** Den Anwendungsausschluss kann die Behörde durch Widerruf der Zulassung unterbinden. Die Widerrufsmöglichkeit ist dem landesrechtlichen Verfahrensfachrecht zu entnehmen und subsidiär dem landesrechtlichen allgemeinen Verwaltungsverfahrensrecht.

22 **d) Folge der Ausnahme: Sperrwirkung beseitigend:** Die Ausnahme nach Abs 2 beseitigt ausschließlich die Sperrwirkung. Das Gesetz legt der Ausnahme keine Konzentrationswirkung für sonstige Zulassungserfordernisse bei.

23 **e) Ersetzende Sanierungsbedürftigkeit, § 144 Abs 4:** Die Sanierungsbedürftigkeit nach § 144 ersetzt die Anwendung der §§ 14, 16, 17 und 18.

V. Ausnahmezulassung, Abs 2

24 **a) Maßstab für Ermessen:** Nach dem Wortlaut „kann" steht es im Ermessen der Gemeinde, die Ausnahme nach Abs 2 zuzulassen. Den Maßstab für die Zulassung bildet der konkrete Sicherungszweck der Vspr Da die Vspr zeitlich vorübergehend iR der Erforderlichkeit für den Sicherungszweck den Eigentumsinhalt nach Art 14 I Satz 2 GG reduziert (Rn 13) ist der Spielraum so eng, dass das „Kann" als Befugnis zu verstehen ist, von der die Gemeinde zwingend Gebrauch machen muss.

25 **b) Ermessensreduzierung:** Das BVerwG hat zwar Ermessen angenommen, dieses jedoch im Fall eines Folgenbeseitigungsanspruchs als auf Null reduziert (BVerwG, BRS 20 Nr 76).

VI. Rechtsschutz

26 Gegen die Vspr ist die Normenkontrollklage nach § 47 VwGO gegeben. Ist die Wirksamkeit der Vspr Vorfrage für einen Klageerfolg in einem Verwaltungsrechtsstreit, ist sie inzidenter zu prüfen. Gegen die versagte Ausnahme ist die Verpflichtungsklage gegeben. Die Gemeinde kann die ohne ihr Einvernehmen nach Abs 2 Satz 2 erteilte Ausnahme mit der Anfechtungsklage bekämpfen.

Anhang

▶ **Muster**
Normenkontrolle gegen eine Veränderungssperre
(§ 14 BauGB)

An das Oberverwaltungsgericht

In dem Normenkontrollverfahren

des Herrn A

– Antragsteller –

Prozessbevollmächtigte:

gegen

die Stadt B

– Antragsgegnerin –

wegen Nichtigerklärung einer Veränderungssperre (§ 14 BauGB)

beantragen wir für den Antragsteller,

die vom Rat der Antragsgegnerin am ... beschlossene und am ... bekannt gemachte Satzung über die Veränderungssperre ... für einen Teil des Geltungsbereichs des in Aufstellung befindlichen BPls Nr ... ist nichtig.

G r ü n d e :

I.

Der Antragsteller ist Eigentümer des Grundstücks ... Der Antragsteller beantragte die Erteilung einer Baugenehmigung für die Errichtung eines ... Daraufhin beschloss der Rat der Antragsgegnerin in seiner Sitzung am ... die Aufstellung des BPls „...". In einer weiteren Sitzung am ... beschloss der Stadtrat die vorliegend streitgegenständliche Satzung über eine Veränderungssperre für einen Teil des Geltungsbereichs des im Verfahren befindlichen BPls Nr ... zur Sicherung der Planung.

II.

1. Die gem § 47 Abs 1 Nr 1 VwGO statthafte Normenkontrolle ist zulässig. Die Antragsbefugnis (§ 47 Abs 2 Satz 1 VwGO) des Antragstellers folgt aus der Belegenheit seines Grundstücks im Geltungsbereich der verfahrensgegenständlichen Satzung.

2. Der zulässige Normenkontrollantrag ist auch begründet. Die materiell-rechtlichen Voraussetzungen für den Erlass einer wirksamen Veränderungssperre sind nicht gegeben. Die Maßnahme wurde nicht im Verständnis von § 14 Abs 1 BauGB „zur Sicherung der Planung" beschlossen. Voraussetzung für eine rechtmäßige Veränderungssperre ist nach der Rechtsprechung des BVerwGs allgemein, dass im Zeitpunkt ihres Erlasses hinreichend konkrete gemeindliche Vorstellungen über den Inhalt des BPls bestehen (BVerwG BRS 55 Nr 95; BVerwG NVwZ 2004, 447) [...]. ◀

§ 15 Zurückstellung von Baugesuchen

(1) Wird eine Veränderungssperre nach § 14 nicht beschlossen, obwohl die Voraussetzungen gegeben sind, oder ist eine beschlossene Veränderungssperre noch nicht in Kraft getreten, hat die Baugenehmigungsbehörde auf Antrag der Gemeinde die Entscheidung über die Zulässigkeit von Vorhaben im Einzelfall für einen Zeitraum bis zu zwölf Monaten auszusetzen, wenn zu befürchten ist, dass die Durchführung der Planung durch das Vorhaben unmöglich gemacht oder wesentlich erschwert werden würde. Wird kein Baugenehmigungsverfahren durchgeführt, wird auf Antrag der Gemeinde anstelle der Aussetzung der Entscheidung über die Zulässigkeit eine vorläufige Untersagung innerhalb einer durch Landesrecht festgesetzten Frist ausgesprochen. Die vorläufige Untersagung steht der Zurückstellung nach Satz 1 gleich.

(2) Soweit für Vorhaben im förmlich festgelegten Sanierungsgebiet oder im städtebaulichen Entwicklungsbereich eine Genehmigungspflicht nach § 144 Abs. 1 besteht, sind die Vorschriften über die Zurückstellung von Baugesuchen nicht anzuwenden; mit der förmlichen Festlegung des Sanierungsgebiets oder des städtebaulichen Entwicklungsbereichs wird ein Bescheid über die Zurückstellung des Baugesuchs nach Absatz 1 unwirksam.

(3) Auf Antrag der Gemeinde hat die Baugenehmigungsbehörde die Entscheidung über die Zulässigkeit von Vorhaben nach § 35 Abs. 1 Nr. 2 bis 6 für einen Zeitraum bis zu längstens einem Jahr nach Zustellung der Zurückstellung des Baugesuchs auszusetzen, wenn die Gemeinde beschlossen hat, einen Flächennutzungsplan aufzustellen, zu ändern oder zu ergänzen, mit dem die Rechtswirkungen des § 35 Abs. 3 Satz 3 erreicht werden sollen, und zu befürchten ist, dass die Durchführung der Planung durch das Vorhaben unmöglich gemacht oder wesentlich erschwert werden würde. Auf diesen Zeitraum ist die Zeit zwischen dem Eingang des Baugesuchs bei der zuständigen Behörde bis zur Zustellung der Zurückstellung des Baugesuchs nicht anzurechnen, soweit der Zeitraum für die Bearbeitung des Baugesuchs erforderlich ist. Der Antrag der Gemeinde nach Satz 1 ist nur innerhalb von sechs Monaten, nachdem die Gemeinde in einem Verwaltungsverfahren von dem Bauvorhaben förmlich Kenntnis erhalten hat, zulässig.

Gesamtübersicht

	Rn		Rn
I. Novelle 2004	1	3. Positive Anforderungen	7
II. Anwendungsbereich	2	a) Anforderungen des § 14	7
1. Gegenstand	2	b) Konkrete Behinderung des Planungsziels	8
a) Sicherung des Planungsziels im Einzelfall	2	III. Verfahren	9
b) Vorhaben	3	a) Antrag der Gemeinde	9
2. Anwendungsausschlüsse	4	b) „Hat" zurückzustellen oder zu untersagen	10
a) Wirksame Vspr	4	c) „Bescheid" Abs 2 HS 2	11
b) § 144	5	d) Dauer	12
c) Anwendungsausschluss nach § 14 III (Bebauungsgenehmigung)	6	e) Rechtsschutz	13

I. Novelle 2004

Die Novelle 2004 hat den Abs 3 angefügt, der die Planung von Vorranggebieten im Außenbereich nach § 35 III Satz 3 für privilegierte Außenbereichsvorhaben nach § 35 I Nr 2–6 regelt. Das sind alle privilegierten Außenbereichsvorhaben mit Ausnahme landwirtschaftlicher und forstwirtschaftlicher Betriebe und Kernenergieanlagen, nämlich Betriebe der gartenbaulichen Erzeugung (Nr 2), öffentliche Versorgungsbetriebe (Nr 3), nur im Außenbereich auszuführende Vorhaben (Nr 4), Windenergieanlagen (Nr 5) und bestimmte Anlagen zur Nutzung von Biomasse (Nr 6).

II. Anwendungsbereich

1. Gegenstand

a) Sicherung des Planungsziels im Einzelfall: Die Vorschrift dient, das Planungsziel im Einzelfall zu sichern. Das Instrument der Veränderungssperre (Vspr) sichert das Planungsziel gebietsbezogen normativ, und die Zurückstellung außerhalb der Vspr konkret im Einzelfall (BVerwG, Buchholz 406.11, § 17 Nr 6), und zwar grundstücksbezogen (in: BVerwG, Buchholz 406.11, § 17 Nr 9, zwar offen gelassen, weil es im zu entscheidenden Fall nicht darauf ankam, jedoch positiv beurteilt). Konsequenterweise ist die maximal einjährige Dauer der Zurückstellung auf die zweijährige Regeldauer einer etwa nachfolgenden Vspr nach § 17 I Satz 1 anzurechnen.

b) Vorhaben: Vorhaben sind Vorhaben nach § 29, Nutzungsänderungen, Abgrabungen und Aufschüttungen eingeschlossen.

2. Anwendungsausschlüsse

a) Wirksame Vspr: Die normative Regelung der Vspr geht einer Einzelfallregelung durch Zurückstellung vor und schließt sie aus. In der Zwischenzeit zwischen dem Außerkrafttreten einer Vspr und einer erneuerten oder einer neuen Vspr ist die Einzelfallregelung nach § 15 zulässig (N OVG, BRS 38 Nr 111).

b) § 144: Die Genehmigungsbedürftigkeit nach § 144 im Sanierungsgebiet ersetzt die Zurückstellung (Abs 2). Beschließt die Gemeinde das vereinfachte Sanierungsverfahren nach § 142 IV und schließt sie dabei die Genehmigungspflicht nach § 144 aus, bleibt § 15 anwendbar.

c) Anwendungsausschluss nach § 14 III (Bebauungsgenehmigung): Ist eine Bebauungsgenehmigung erteilt, darf die Behörde die abschließende Baugenehmigung nicht versagen. Ist die Bebauungsgenehmigung der Gemeinde gegenüber rechtsbeständig, ist eine Zurückstellung unzulässig (§ 14 III iVm § 15 I).

3. Positive Anforderungen

a) Anforderungen des § 14: Die Anforderungen an eine Vspr müssen vorliegen. Zur Sicherung des rechtmäßigen Planungsziels muss die Vspr **erforderlich** sein (s Rn 4 zu § 14). „*Ein Baugesuch darf nicht zurückgestellt werden, wenn die Gemeinde noch keine positiven Vorstellungen über den Inhalt des aufzustellenden BPls besitzt. Allein das Ziel, ein bestimmtes Vorhaben zu verhindern, genügt nicht*" (BVerwG, Buchholz 406.11, § 15 Nr 6). Zu den Anforderungen an die Vspr s Rn 4–12 zu § 14.

§ 15 Erstes Kapitel. Zweiter Teil. Erster Abschnitt

8 **b) Konkrete Behinderung des Planungsziels:** Die Vspr sperrt normativ unabhängig davon, ob das einzelne Vorhaben die Planung unmöglich macht oder erschwert; tut es das nicht, kommt eine Ausnahme nach § 14 II in Betracht. Da bei der Einzelfallregelung (Rn 2) die generelle Sperre nicht greift, verlangt die Vorschrift, dass zu befürchten ist, dass die Durchführung der Planung durch das Vorhaben – im Einzelfall – unmöglich gemacht oder wesentlich erschwert werden würde. Die Anforderung entspricht der Erforderlichkeit nach § 14 I.

III. Verfahren

9 **a) Antrag der Gemeinde:** Die Zurückstellung erfolgt auf Antrag der Gemeinde.

10 **b) „Hat" zurückzustellen oder zu untersagen:** Die Behörde schuldet der Gemeinde, die Entscheidung über die Zulässigkeit auszusetzen oder die Ausführung des Vorhabens vorläufig zu untersagen. Die Behörde muss aussetzen. Sie darf nicht abschließend über den Bauantrag entscheiden (BVerwG, DÖV 72, 497). Die Zurückstellung ist auch zulässig, wenn das Vorhaben bauordnungsrechtlich unzulässig ist (BVerwG, DÖV 86, 990).

11 **c) „Bescheid" Abs 2 HS 2:** Die Aussetzung oder Untersagung erfolgt durch „Bescheid" (Abs 2 HS 2). Danach handelt es sich um eine Regelung iSv § 35 VwVfG des Bundes (§ 1 II Satz 1 VwVfG).

12 **d) Dauer:** Die Dauer der Aussetzung bzw. der vorläufigen Untersagung ist im VA zu bezeichnen. Sie darf höchstens ein Jahr betragen.

13 **e) Rechtsschutz:** Anfechtungswiderspruch und Anfechtungsklage des Bauantragstellers sind jeweils mit dem Verpflichtungswiderspruch und der Verpflichtungsklage, die Klage nach § 75 VwGO, zu verbinden. Lehnt die Behörde die Aussetzung bzw. die Untersagung ab, kann die Gemeinde Verpflichtungswiderspruch und Verpflichtungsklage erheben. Erteilt die Behörde die Baugenehmigung, sind für die Gemeinde der Anfechtungswiderspruch und die Anfechtungsklage gegeben.

Anhang

▶ **Muster**
Widerspruch gegen die Zurückstellung eines Baugesuchs
§ 15 BauGB)

An die Stadt W

- Baurechtsamt -

Betr.: Zurückstellung des Bauantrags des Herrn A auf Genehmigung des Vorhabens ...

Sehr geehrte Damen und Herren,

wir beehren uns anzuzeigen, dass uns Herr A mit der Wahrnehmung seiner Interessen beauftragt hat. In der Anlage überreichen wir Vollmacht. Gegen die am ... erfolgte Zurückstellung des Bauantrags unseres Herrn Mandanten erheben wir hiermit

Widerspruch

und stellen den

Antrag,

1. der Bescheid vom ... ist aufzuheben,
2. die Hinzuziehung des Bevollmächtigten im Widerspruchsverfahren ist für notwendig zu erklären.

Gründe:

I. Unser Herr Mandant hat am ... einen Bauantrag zur Genehmigung des Vorhabens ... eingereicht. Auf Antrag der Gemeinde hat die Baugenehmigungsbehörde den angegriffenen Bescheid erlassen, wonach das Baugesuch für die Dauer von 12 Monaten zurückgestellt wurde.

II. Der zulässige Widerspruch ist begründet. Die Zurückstellung ist rechtswidrig und verletzt unseren Herrn Mandanten in seinen Rechten. Die erstrebte Planung ist auf ein Ziel gerichtet, das im konkreten Fall mit den Mitteln der Bauleitplanung zulässigerweise nicht erreicht werden kann. Für eine solche Planung besteht kein Sicherungsbedürfnis, welches durch eine Zurückstellung geschützt werden könnte (vgl: BRS 55 Nr 95; OVG Münster NVwZ-RR 1997, 602 (603)). [...] ◂

§ 16 Beschluss über die Veränderungssperre

(1) Die Veränderungssperre wird von der Gemeinde als Satzung beschlossen.
(2) Die Gemeinde hat die Veränderungssperre ortsüblich bekannt zu machen. Sie kann auch ortsüblich bekannt machen, dass eine Veränderungssperre beschlossen worden ist; § 10 Abs. 3 Satz 2 bis 5 ist entsprechend anzuwenden.

Die Novelle 2004 hat § 16 unverändert belassen. 1

§ 16 ergänzt § 14. Die Vorschrift verlangt für die Vspr eine Satzung. 2

Die Anforderungen für das Zustandekommen der Satzung sind dem Landesrecht iVm dem Ortsrecht zu entnehmen. 3

Die Anforderungen an die ortsübliche Bekanntmachung sind dem Landesrecht iVm der Bekanntmachungssatzung der Gemeinde zu entnehmen. Die Alternativen, entweder die Vspr ortsüblich bekannt zu machen – Abs 2 Satz 2 – oder ortsüblich bekannt zu machen, dass eine Vspr beschlossen ist – Abs 2 Satz 3 – nimmt darauf Bezug, dass die Vspr auch aus einer Zeichnung (Karte) bestehen kann, für deren Bekanntmachung das ortsübliche Bekanntmachungsmittel ungeeignet ist. 4

Der räumliche Geltungsbereich (s Rn 12 zu § 14) muss in der Bekanntmachung wenigstens schlagwortartig bezeichnet sein. Die der Vspr – ggf eigentumsinhaltsbestimmend (s Rn 14 und 16 zu § 14) – der Vspr unterworfenen Betroffenen müssen der Bekanntmachung ihre Betroffenheit entnehmen können. 5

§ 18 III Satz 2 fordert den Hinweis auf die Frist zur Geltendmachung eines evtl. Entschädigungsanspruchs. Verletzungsfolge ist, dass die Bekanntmachung die Frist nicht in Gang setzt. Die Wirksamkeit der Vspr beeinflusst der fehlende Hinweis nicht. 6

Die Fehlerfolgen und die mögliche Heilung sind in den §§ 214–216 geregelt. Ist die Vspr fehlerhafterweise bekannt gemacht, bevor der BPl-Aufstellungsbeschluss nach § 2 I Satz 2 bekannt gemacht ist (s Rn 10 zu § 14), lässt sich die Bekanntmachung ohne weiteres nachholen, ohne dass es des Rückgriffs auf § 214 IV das ergänzende Verfahren betreffend bedürfte (BVerwG, Buchholz 406.11, § 16 Nr 1). 7

§ 17 Geltungsdauer der Veränderungssperre

(1) Die Veränderungssperre tritt nach Ablauf von zwei Jahren außer Kraft. Auf die Zweijahresfrist ist der seit der Zustellung der ersten Zurückstellung eines Baugesuchs nach § 15 Abs. 1 abgelaufene Zeitraum anzurechnen. Die Gemeinde kann die Frist um ein Jahr verlängern.

(2) Wenn besondere Umstände es erfordern, kann die Gemeinde die Frist bis zu einem weiteren Jahr nochmals verlängern.

(3) Die Gemeinde kann eine außer Kraft getretene Veränderungssperre ganz oder teilweise erneut beschließen, wenn die Voraussetzungen für ihren Erlass fortbestehen.

(4) Die Veränderungssperre ist vor Fristablauf ganz oder teilweise außer Kraft zu setzen, sobald die Voraussetzungen für ihren Erlass weggefallen sind.

(5) Die Veränderungssperre tritt in jedem Fall außer Kraft, sobald und soweit die Bauleitplanung rechtsverbindlich abgeschlossen ist.

(6) Mit der förmlichen Festlegung des Sanierungsgebiets oder des städtebaulichen Entwicklungsbereichs tritt eine bestehende Veränderungssperre nach § 14 außer Kraft. Dies gilt nicht, wenn in der Sanierungssatzung die Genehmigungspflicht nach § 144 Abs. 1 ausgeschlossen ist.

Gesamtübersicht

	Rn			Rn
I. Novelle 2004	1	III.	Außerkrafttreten und Außerkraftsetzungspflicht	8
II. Geltungsdauer	2		1. Automatisches Außerkrafttreten	8
a) Grundsätzliches	2			
b) Regeldauer	3		a) Schlussbekanntmachung, § 10 III Satz 1, Abs 5	8
c) Anrechnung im Einzelfall	4			
d) Erste Verlängerung	5		b) Sanierungssatzung nach § 144 Abs 6	9
e) Zweite Verlängerung	6			
f) Erneute Vspr	7		2. Pflicht zum actus contrarius	10

I. Novelle 2004

1 Mit der Novelle 2004 ist das Zustimmungserfordernis der höheren Verwaltungsbehörde für die zweite Verlängerung – Abs 2 – und erneute Vspr – Abs 3 – aufgehoben. Im Übrigen ist die Vorschrift unverändert.

II. Geltungsdauer

2 **a) Grundsätzliches:** Die Vspr ist **eigentumsinhaltsbestimmend** (BVerwG, B v 27.04.1992 – 4 NB 11.92 – Buchholz 406.11, § 17 Nr 5). Sie bewirkt, dass der Eigentumsinhalt vorübergehend auf die Nutzung nach § 14 III reduziert bleibt. Je länger diese **Inhaltsreduzierung** andauert, desto näher liegt, dass sie mit der verfassungsrechtlichen Wertentscheidung des Art 14 GG nicht mehr vereinbar ist. Sie muss sich deshalb verfassungsrechtlich am **Zweck der geplanten Eigentumsinhaltsbestimmung nach § 9 messen** lassen. Dem Eigentümer- und Bauherreninteresse steht die Dauer der Planung der Gemeinde gegenüber. Die Geltungsdauer ist

danach die **Schnittstelle** zwischen verfassungsrechtlich rechtmäßiger Reduzierung des Eigentumsinhalts einerseits und andererseits dem Sicherungsbedürfnis für die Planung der städtebaulichen Entwicklung.

b) Regeldauer: Die Regeldauer der Vspr beträgt zwei Jahre. Die Gemeinde kann eine kürzere Dauer festsetzen. Verlängerbar ist die Dauer um jeweils ein Jahr auf längstens insgesamt vier Jahre. Eine außer Kraft getretene Vspr kann die Gemeinde ganz oder teilweise erneut beschließen.

c) Anrechnung im Einzelfall: Die Dauer der Vspr kann individuell unterschiedlich sein. Neben der normativ bestimmten Dauer gibt es die im Einzelfall anrechnungsfähige Zeit einer Zurückstellung nach § 15 Abs 1 Satz 2 (BVerwG, Buchholz 406.11, § 17 Nr 6). Die Anrechnung ist **grundstücksbezogen**; sie ist weder vorhaben- noch personenbezogen (BVerwG, Buchholz 406.11, § 17 Nr 9, mangels Erheblichkeit im zu entscheidenden Fall zwar offen gelassen, jedoch positiv beurteilt). Anzurechnen ist die Zurückstellungsdauer auf die zweijährige Regeldauer. Anzurechnen ist auch die Dauer einer faktischen Zurückstellung, die darauf beruht, dass die Behörde ein Baugenehmigungsverfahren über lange Zeit nicht abschließend bearbeitet hat (BVerwG, Buchholz 406.11, § 17 Nr 4; BVerwG, Buchholz 406.11, § 17 Nr 4; BVerwG, Buchholz 406.11, § 17 Nr 6). Im Fall der faktischen Veränderungssperre ist auf das dritte Jahr mit anzurechnen, das ist das erste Verlängerungsjahr (BVerwG, Buchholz 406.11, § 17 Nr 4). Im Normalfall darf die Dauer eines Baugenehmigungsverfahrens vom Eingang der vollständigen Unterlagen an nicht länger als drei Monate dauern.

d) Erste Verlängerung: Die Gemeinde kann die Dauer der Veränderungssperre ein erstes Mal um ein Jahr verlängern (Abs 1 Satz 3). Die Vspr muss iR des rechtmäßigen Planungsziels **unverändert erforderlich** sein, um den Sicherungszweck zu erfüllen (s Rn 4 zu § 14). Ist abzusehen, dass der Plan während des Verlängerungsjahres in Kraft treten wird, hindert das nicht die Verlängerung; mit dem Inkrafttreten des Plans tritt die Vspr ohnehin automatisch außer Kraft (Abs 5).

e) Zweite Verlängerung: Die zweite Verlängerung um ein viertes Jahr setzt voraus, dass neben den allgemeinen Anforderungen deutlich erhöhte weitere Anforderungen erfüllt sind. Die besonderen Umstände müssen in der objektiven Ungewöhnlichkeit und Dauer des Planungsverfahrens ihre Ursache haben und dürfen der Gemeinde nicht subjektiv zurechenbar sein (BVerwGE 51, 121). Unzureichende Personalausstattung, ein unnötig großes Plangebiet oder auch unnötig lange Verhandlungen mit Fachbehörden erfüllen die Anforderung nicht (BVerwG, aaO, 133).

f) Erneute Vspr: Ist die – höchstens vierjährige – Vspr außer Kraft getreten, bestehen deren Voraussetzungen jedoch fort, kann die Gemeinde sie ganz oder teilweise erneut beschließen (Abs 3). Die Anforderungen sind stärker als die der zweiten Verlängerung (BVerwGE 51, 121/133/135). Der Zeitraum nach dem Außerkrafttreten und der erneuerten Vspr kann eine faktische Sperrwirkung haben. Anzurechnen ist eine solche faktische Vspr nicht, wenn die normative Veränderungssperre den Zeitraum von insgesamt drei Jahren nicht übersteigt (BVerwG, Buchholz 406.11, § 17 Nr 6).

III. Außerkrafttreten und Außerkraftsetzungspflicht

1. Automatisches Außerkrafttreten

8 **a) Schlussbekanntmachung, § 10 III Satz 1, Abs 5:** Mit dem Inkrafttreten des BPls tritt die Vspr kraft Gesetzes außer Kraft.

9 **b) Sanierungssatzung nach § 144 Abs 6:** Im Sanierungsgebiet ersetzt § 144 die Veränderungssperre (BVerwGE 70, 83).

2. Pflicht zum actus contrarius

10 Gibt die Gemeinde ihre Planung auf, entzieht sie der Vspr damit deren Rechtfertigung. In diesem Fall muss sie die Vspr aufheben (BVerwG, Buchholz 406.11, § 17 Nr 8) (Abs 4). In ihrer Normgebungsbefugnis zum actus contrarius ist die Gemeinde in diesem Fall gebunden. Die Regeln über die demokratische Normgebungsfreiheit sind deshalb nicht anzuwenden. Das Eigentumsgrundrecht eines von der rechtswidrig aufrecht erhaltenen Norm Unterworfenen rechtfertigt die Leistungsklage und begründet einen Normaufhebungsanspruch. Zuständig wäre mangels anderweitiger Regelung das VG.

§ 18 Entschädigung bei Veränderungssperre

(1) Dauert die Veränderungssperre länger als vier Jahre über den Zeitpunkt ihres Beginns oder der ersten Zurückstellung eines Baugesuchs nach § 15 Abs. 1 hinaus, ist den Betroffenen für dadurch entstandene Vermögensnachteile eine angemessene Entschädigung in Geld zu leisten. Die Vorschriften über die Entschädigung im Zweiten Abschnitt des Fünften Teils sowie § 121 gelten entsprechend; dabei ist der Grundstückswert zugrunde zu legen, der nach den Vorschriften des Zweiten Abschnitts des Dritten Teils zu entschädigen wäre.

(2) Zur Entschädigung ist die Gemeinde verpflichtet. Der Entschädigungsberechtigte kann Entschädigung verlangen, wenn die in Absatz 1 Satz 1 bezeichneten Vermögensnachteile eingetreten sind. Er kann die Fälligkeit des Anspruchs dadurch herbeiführen, dass er die Leistung der Entschädigung schriftlich bei dem Entschädigungspflichtigen beantragt. Kommt eine Einigung über die Entschädigung nicht zustande, entscheidet die höhere Verwaltungsbehörde. Für den Bescheid über die Festsetzung der Entschädigung gilt § 122 entsprechend.

(3) Auf das Erlöschen des Entschädigungsanspruchs findet §44 Abs. 4 mit der Maßgabe Anwendung, dass bei einer Veränderungssperre, die die Sicherung einer Festsetzung nach § 40 Abs. 1 oder § 41 Abs. 1 zum Gegenstand hat, die Erlöschensfrist frühestens ab Rechtsverbindlichkeit des Bebauungsplans beginnt. In der Bekanntmachung nach § 16 Abs. 2 ist auf die Vorschriften des Absatzes 2 Satz 2 und 3 hinzuweisen.

Gesamtübersicht

	Rn		Rn
I. Novelle	1	e) Anspruchsposition	6
II. Grund der Entschädigung	2	f) Faktische Sperre	7
a) Eigentumsbegriff	2	**III. Höhe und Verfahren**	8
b) Abgrenzung	3	a) Substanzentschädigung in Geld	8
c) Ausdehnende Anwendung in der Praxis	4	b) Typische Nachteile	9
d) Primärrechtsschutz	5	c) Verfahren	10

I. Novelle

§ 18 hat die Novelle unverändert belassen. 1

II. Grund der Entschädigung

a) Eigentumsbegriff: Ihrem Wortlaut nach regelt die Vorschrift die Entschädigung 2 für eine Vspr, die länger dauert als vier Jahre, eine Zurückstellung nach § 15 eingeschlossen. Die Vspr ist **Eigentumsinhaltsbestimmung** iSd Art 14 I Satz 2 GG. Sie **reduziert den Eigentumsinhalt vorübergehend** iR des rechtmäßigen Planziels auf eine formell bindende Anspruchsposition und Bestandsschutz. Sie entzieht nicht Eigentum iSd klassischen Eigentumsbegriffs. Die bezeichnete Reduzierung bleibt jedoch mit zunehmender Dauer wegen der **Wertentscheidung von Art 14 GG** für Privatnützigkeit des Eigentums nur **bei entsprechendem Ausgleich zumutbar**.

b) Abgrenzung: § 18 schließt die Regelungen über die Vspr deshalb mit derjenigen 3 einer Eigentums**bindungsentschädigung** ab. Ab welcher Dauer die Eigentumsinhaltsreduzierung in Entzug kippt, ist offen; eine rechtmäßige Vspr dürfte eine so lange Dauer praktisch kaum erreichen.§ 18 grenzt folgerichtig nach der Dauer der Sperre ab. Bis zu vier Jahren ist die Reduzierung des Eigentumsinhalts zumutbar. Für die darüber hinausgehende Dauer gewährt die Vorschrift die Zumutbarkeit rechtfertigende Entschädigung.

c) Ausdehnende Anwendung in der Praxis: In der Praxis spielt die Vorschrift 4 auch für faktische Veränderungssperren und die Vorwirkung einer Enteignung eine Rolle. Der BGH hat die rechtmäßige faktische Vspr von der rechtswidrigen faktischen Bausperre unterschieden. Rechtmäßig soll die faktische Sperre sein, wenn die Anforderungen an die Festsetzung einer Vspr nach § 14 vorgelegen haben, die Gemeinde sie aber nicht wirksam festgesetzt hat (BGHZ 78, 152). Für die Fälle der rechtswidrigen faktischen Bausperre hat er – als Reaktion auf den Nassausgießungsbeschluss des BVerfGsE 58, 300, mit dem dieses den klassischen Eigentumsbegriff bestätigt hat – den richterrechtlichen Rechtssatz vom enteignungsgleichen Eingriff eingeführt. In diesem Zusammenhang spielt auch der Meinungsstreit darüber eine Rolle, inwieweit das Zivilgericht befugt ist, einen rechtsbeständigen, aber nicht vom VG bestätigten VA auf dessen Rechtmäßigkeit zu überprüfen. § 18 jedenfalls regelt die Entschädigung für den andernfalls nicht zumutbaren Vermögensnachteil infolge einer nach den §§ 14, 16, 17 und 214 und 215 nicht mit einem Fehler behafteten Vspr.

5 **d) Primärrechtsschutz:** Das Recht erlaubt weder ein „*Dulde und liquidiere*", noch honoriert es, freiwillig zu dulden und stattdessen zu liquidieren (BVerfGE 58, 300/ 324). Es verlangt, sich gegen das Rechtswidrige zu wehren und dadurch zu verhindern, dass der Vermögensnachteil entsteht, sog Primärrechtsschutz. Der Betroffene muss ggf die Baugenehmigung beantragen und klageweise durchzusetzen versuchen und später ggf zur Fortsetzungsfeststellungsklage übergehen.

6 **e) Anspruchsposition:** Ein entschädigungsfähiger Vermögensnachteil setzt eine der Vspr zeitlich vorausgehende eigentumskräftige Anspruchsposition voraus (BGHZ 78, 152/166).

7 **f) Faktische Sperre:** Die Vspr muss darüber hinaus für den Vermögensnachteil kausal sein (BGHZ 58, 124). War der Betroffene aus einem anderen Grund rechtlich oder tatsächlich gehindert, sein Vorhaben auszuführen, kann er Entschädigung nicht beanspruchen. War sein Vorhaben bauordnungsrechtlich unzulässig, scheiterte es hieran ohnehin. War der Betroffene finanziell ohnehin nicht in der Lage, sein Vorhaben auszuführen, hat er keinen auf die Vspr zurückzuführenden Vermögensnachteil.

III. Höhe und Verfahren

8 **a) Substanzentschädigung in Geld:** Zu entschädigen ist der Substanzverlust in Geld. Das wirkt sich insbesondere aus, wenn ein eingerichteter und ausgeübter Gewerbebetrieb gehindert war, sich durch Bodennutzung zu erweitern.

9 **b) Typische Nachteile:** Typische Vermögensnachteile sind die Baukostensteigerung, ein Steuernachteil, Sicherungskosten für das Grundstück und die ausgebliebene Bodenrente.

10 **c) Verfahren:** Die Entschädigung ist vom Betroffenen von der Gemeinde zu verlangen. Einigen sich der Betroffene und die Gemeinde nicht, entscheidet die höhere Verwaltungsbehörde (Abs 2 Satz 3). Im Übrigen sind die §§ 93–103 über die Enteignungsentschädigung, die §§ 121 und 122 über Kosten und die Vollstreckbarkeit des Titels sowie die §§ 39–44 anzuwenden. Als Rechtsmittel ist der Antrag auf gerichtliche Entscheidung nach § 217 gegeben.

Zweiter Abschnitt
Teilung von Grundstücken; Gebiete mit Fremdenverkehrsfunktionen

§ 19 Teilung von Grundstücken

(1) **Die Teilung eines Grundstücks ist die dem Grundbuchamt gegenüber abgegebene oder sonst wie erkennbar gemachte Erklärung des Eigentümers, dass ein Grundstücksteil grundbuchmäßig abgeschrieben und als selbständiges Grundstück oder als ein Grundstück zusammen mit anderen Grundstücken oder mit Teilen anderer Grundstücke eingetragen werden soll.**
(2) **Durch die Teilung eines Grundstücks im Geltungsbereich eines Bebauungsplans dürfen keine Verhältnisse entstehen, die den Festsetzungen des Bebauungsplans widersprechen.**

Gesamtübersicht

	Rn		Rn
I. Novelle 2004	1	**III. Verhinderung einer Umgehung städtebaulicher Regelungen (Abs 2)**	6
II. Teilung des Grundstücks (Abs 1)	2		
1. Begriff des Grundstücks	2		
2. Begriff der Grundstücksteilung	4		

I. Novelle 2004

Mit dem EAG Bau wurde das Recht der **Teilungsgenehmigung** umfassend geändert. Die Vorschriften über die behördliche Genehmigungspflicht von Grundstücksteilungen sind entfallen. An ihrer Stelle ist eine lediglich materielle Regelung getreten. Zur Begründung führt der Gesetzgeber aus, dass die Teilungsgenehmigung nach wie vor einen unverhältnismäßig hohen Verwaltungsaufwand verursache (BT-Drs 15/2250, 52). Auch die unabhängige Expertenkommission zur Novellierung des Baugesetzbuches führt in ihrem Bericht (Rn 171, 174) aus, dass der begrenzte Nutzen des Instruments für die Sicherung der Bauleitplanung im Geltungsbereich bestehender Bebauungspläne diese Erschwernisse nicht rechtfertige. Auch bestehe kein Erfordernis an einer bundesgesetzlichen Regelung, weil die meisten Landesbauordnungen bereits eine Teilungsgenehmigung kennen (vgl Bunzel, ZfBR 2004, 328 (336); Krautzberger, UPR 2004, 41 (47)). 1

II. Teilung des Grundstücks (Abs 1)

1. Begriff des Grundstücks

Abs 1 hat die in dem bisherigen § 19 Abs 2 BauGB enthaltene Definition des Begriffs der **Grundstücksteilung** ohne inhaltliche Änderung übernommen. Grundstück iSd § 19 ist nach dem Regelungszweck das Grundstück im grundbuchrechtlichen Sinne (BVerwGE 44, 250 (251); BVerwGE 50, 311 (317); BVerwG ZfBR 1991, 173). Die Festlegung auf den **grundbuchrechtlichen** Begriff schließt jedoch nicht aus, dass in Ausnahmefällen von diesem Begriff abgegangen wird, wenn andernfalls die Gefahr entsteht, dass der Sinn einer bestimmten bau- oder bodenrechtlichen Regelung offensichtlich verfehlt würde (BVerwGE 44, 250; EZB, § 19 Rn 34). Eine Zusammenfassung mehrerer Grundstücke durch eine Baulast kennt das Bundesrecht jedoch nicht (BVerwG BauR 1991, 582, 584; OVG Hamburg BauR 1991, 726). Der kompetenzrechtlichen Zuweisung nach Art 74 Nr 8 GG würde es widersprechen, wenn die Länder damit auch den bundesrechtlichen Begriff des Grundstücks verändern könnten (BVerwG BRS 52 Nr 161). 2

Den Ländern steht es aber frei, besondere bauordnungsrechtliche Anforderungen an das Baugrundstück zu stellen, das abweichend vom bundesrechtlichen Grundstücksbegriff definiert werden kann (BVerwG BRS 52 Nr 161; BVerfGE 40, 261). Der Landesgesetzgeber ist nunmehr frei, die landesrechtliche Teilungsgenehmigung auf bebauungsrechtliche Anforderungen zu erweitern (vgl § 9 Abs 1 LBO Saarland; § 7 BauOBln; § 8 Satz 2 SächsBauO). 3

2. Begriff der Grundstücksteilung

Unter Teilung eines Grundstücks ist die gegenüber dem Grundbuch abgegebene oder sonstige erkennbar gemachte **Erklärung** des Eigentümers zu verstehen, dass 4

ein Grundstücksteil grundbuchmäßig abgeschrieben oder als selbstständiges Grundstück oder als ein Grundstück zusammen mit anderen Grundstücken oder mit Teilen anderer Grundstücke eingetragen werden soll. Die Grundstücksteilung ist jede Abtrennung eines Grundstücks, unabhängig von der Größe des abzuschreibenden Grundstücksteils (OLG München BayVBl 1996, 91). Keine Teilung ist die Belastung des Grundstücks mit einem Recht (zB Dienstbarkeit, Erbbaurecht); soll jedoch nur ein Teil eines Grundstücks belastet werden und ist deshalb ein selbstständiges Grundstück einzutragen, so liegt hier eine Teilung iSd Abs 1 vor. Die Teilung nach § 8 WEG zur Bildung von Wohneigentum ist keine Teilung (BKL, § 19 Rn 4; KK, § 19 Rn 26).

5 Die erforderliche Erklärung muss grds vom Eigentümer selbst (BVerwGE 48, 87 = BRS 29 Nr 31) oder von einem Vertretungsberechtigten im Namen des Eigentümers abgegeben werden (BVerwG Buchholz 406.11 § 19 BBauG Nr 36). Die Erklärung kann gegenüber dem Grundbuchamt, dem Vermessungsamt zum Zweck der Vermessung des abzutrennenden Grundstücks und gegenüber der Genehmigungsbehörde abgegeben werden. Die schriftliche Teilungserklärung (BVerwG Buchholz 406.11 § 19 BBauG Nr 15 = BRS 20 Nr 80) – eine mündliche ist nicht ausreichend (BVerwG NVwZ 1984, 717 = BRS 42 Nr 103) – muss inhaltlich eindeutig sein, um der Rechtssicherheit im Grundstücksverkehr zu genügen. Der Antrag auf Vermessung eines Grundstücksteils ist daher nicht als Teilungserklärung anzusehen, wenn der Eigentümer gleichzeitig zu erkennen gibt, dass er nicht beabsichtigt, den Grundstücksteil grundbuchmäßig abschreiben zu lassen (OVG Lüneburg OVGE 17, 455).

III. Verhinderung einer Umgehung städtebaulicher Regelungen (Abs 2)

6 Durch die Teilung eines Grundstücks im Geltungsbereich eines (auch vorhabenbezogenen) Bebauungsplans dürfen keine Verhältnisse entstehen, die den **Festsetzungen** des Bebauungsplans widersprechen. Die Regelung ist nicht als gesetzliches Verbot iSv § 134 BGB zu verstehen. Sie stellt damit kein Hindernis für Grundbuchverfügungen dar (vgl aber Finkelnburg, NVwZ 2004, 844 (902)). Das Verbot ist allein durch die Bauaufsichtsbehörden im Bereich des präventiven und repressiven Handelns durchzusetzen.

7 Eine **Unvereinbarkeit** mit den Festsetzungen des Bebauungsplans liegt vor, wenn eine Teilung von Baugrundstücken im Geltungsbereich des Bebauungsplans durch die textliche Festsetzung ausdrücklich ausgeschlossen wurde und die Festsetzung des Bebauungsplans rechtmäßig bzw rechtswirksam ist (VG Osnabrück NVwZ-RR 2001, 721). Ein Verstoß kommt des weiteren dann in Betracht, wenn die für die abzuteilende Grundstücksfläche künftig beabsichtigte Nutzung nicht mit der im Bebauungsplan festgesetzten Nutzungsart vereinbar ist oder wenn durch die beabsichtigte Teilung ein Grundstück entsteht, das den Festsetzungen des Bebauungsplans über die bebaubaren Grundstücksflächen, die Mindestgröße der Baugrundstücke, die Stellung der baulichen Anlagen oä widerspricht.

§§ 20 und 21 (weggefallen)

§ 22 Sicherung von Gebieten mit Fremdenverkehrsfunktionen

(1) Die Gemeinden, die oder deren Teile überwiegend durch den Fremdenverkehr geprägt sind, können in einem Bebauungsplan oder durch eine sonstige Satzung bestimmen, dass zur Sicherung der Zweckbestimmung von Gebieten mit Fremdenverkehrsfunktionen die Begründung oder Teilung von Wohnungseigentum oder Teileigentum (§ 1 des Wohnungseigentumsgesetzes) der Genehmigung unterliegt. Dies gilt entsprechend für die in den §§ 30 und 31 des Wohnungseigentumsgesetzes bezeichneten Rechte. Voraussetzung für die Bestimmung ist, dass durch die Begründung oder Teilung der Rechte die vorhandene oder vorgesehene Zweckbestimmung des Gebiets für den Fremdenverkehr und dadurch die geordnete städtebauliche Entwicklung beeinträchtigt werden kann. Die Zweckbestimmung eines Gebiets für den Fremdenverkehr ist insbesondere anzunehmen bei Kurgebieten, Gebieten für die Fremdenbeherbergung, Wochenend- und Ferienhausgebieten, die im Bebauungsplan festgesetzt sind, und bei im Zusammenhang bebauten Ortsteilen, deren Eigenart solchen Gebieten entspricht, sowie bei sonstigen Gebieten mit Fremdenverkehrsfunktionen, die durch Beherbergungsbetriebe und Wohngebäude mit Fremdenbeherbergung geprägt sind.

(2) Die Gemeinde hat die Satzung ortsüblich bekannt zu machen. Sie kann die Bekanntmachung auch in entsprechender Anwendung des § 10 Abs. 3 Satz 2 bis 5 vornehmen. Die Gemeinde teilt dem Grundbuchamt den Beschluss über die Satzung, das Datum ihres Inkrafttretens sowie die genaue Bezeichnung der betroffenen Grundstücke vor ihrer Bekanntmachung rechtzeitig mit. Von der genauen Bezeichnung der betroffenen Grundstücke kann abgesehen werden, wenn die gesamte Gemarkung betroffen ist und die Gemeinde dies dem Grundbuchamt mitteilt.

(3) (weggefallen)

(4) Die Genehmigung darf nur versagt werden, wenn durch die Begründung oder Teilung der Rechte die Zweckbestimmung des Gebiets für den Fremdenverkehr und dadurch die städtebauliche Entwicklung und Ordnung beeinträchtigt wird. Die Genehmigung ist zu erteilen, wenn sie erforderlich ist, damit Ansprüche Dritter erfüllt werden können, zu deren Sicherung vor dem Wirksamwerden des Genehmigungsvorbehalts eine Vormerkung im Grundbuch eingetragen oder der Antrag auf Eintragung einer Vormerkung beim Grundbuchamt eingegangen ist; die Genehmigung kann auch von dem Dritten beantragt werden. Die Genehmigung kann erteilt werden, um wirtschaftliche Nachteile zu vermeiden, die für den Eigentümer eine besondere Härte bedeuten.

(5) Über die Genehmigung entscheidet die Baugenehmigungsbehörde im Einvernehmen mit der Gemeinde. Über die Genehmigung ist innerhalb eines Monats nach Eingang des Antrags bei der Baugenehmigungsbehörde zu entscheiden. Kann die Prüfung des Antrags in dieser Zeit nicht abgeschlossen werden, ist die Frist vor ihrem Ablauf in einem dem Antragsteller mitzuteilenden Zwischenbescheid um den Zeitraum zu verlängern, der notwendig ist, um

§ 22 Erstes Kapitel. Zweiter Teil. Zweiter Abschnitt

die Prüfung abschließen zu können; höchstens jedoch um drei Monate. Die Genehmigung gilt als erteilt, wenn sie nicht innerhalb der Frist versagt wird. Darüber hat die Baugenehmigungsbehörde auf Antrag eines Beteiligten ein Zeugnis auszustellen. Das Einvernehmen gilt als erteilt, wenn es nicht binnen zwei Monaten nach Eingang des Ersuchens der Genehmigungsbehörde verweigert wird; dem Ersuchen gegenüber der Gemeinde steht die Einreichung des Antrags bei der Gemeinde gleich, wenn sie nach Landesrecht vorgeschrieben ist.

(6) Bei einem Grundstück, das im Geltungsbereich einer Satzung nach Absatz 1 liegt, darf das Grundbuchamt die von Absatz 1 erfassten Eintragungen in das Grundbuch nur vornehmen, wenn der Genehmigungsbescheid oder ein Zeugnis gemäß Absatz 5 Satz 5 vorgelegt wird oder wenn die Freistellungserklärung der Gemeinde gemäß Absatz 8 beim Grundbuchamt eingegangen ist. Ist dennoch eine Eintragung in das Grundbuch vorgenommen worden, kann die Baugenehmigungsbehörde, falls die Genehmigung erforderlich war, das Grundbuchamt um die Eintragung eines Widerspruchs ersuchen; § 53 Abs. 1 der Grundbuchordnung bleibt unberührt. Der Widerspruch ist zu löschen, wenn die Baugenehmigungsbehörde darum ersucht oder die Genehmigung erteilt ist.

(7) Wird die Genehmigung versagt, kann der Eigentümer von der Gemeinde unter den Voraussetzungen des § 40 Abs. 2 die Übernahme des Grundstücks verlangen. § 43 Abs. 1,4 und 5 sowie § 44 Abs. 3 und 4 sind entsprechend anzuwenden.

(8) Die Gemeinde hat den Genehmigungsvorbehalt aufzuheben oder im Einzelfall einzelne Grundstücke durch Erklärung gegenüber dem Eigentümer vom Genehmigungsvorbehalt freizustellen, wenn die Voraussetzungen für den Genehmigungsvorbehalt entfallen sind. Die Gemeinde teilt dem Grundbuchamt die Aufhebung des Genehmigungsvorbehalts sowie die genaue Bezeichnung der hiervon betroffenen Grundstücke unverzüglich mit. Von der genauen Bezeichnung kann abgesehen werden, wenn die gesamte Gemarkung betroffen ist und die Gemeinde dies dem Grundbuchamt mitteilt. Der Genehmigungsvorbehalt erlischt, wenn die Mitteilung über seine Aufhebung beim Grundbuchamt eingegangen ist.

(9) In der sonstigen Satzung nach Absatz 1 kann neben der Bestimmung des Genehmigungsvorbehalts die höchstzulässige Zahl der Wohnungen in Wohngebäuden nach Maßgabe des § 9 Abs. 1 Nr. 6 festgesetzt werden. Vor der Festsetzung nach Satz 1 ist der betroffenen Öffentlichkeit und den berührten Behörden und sonstigen Trägern öffentlicher Belange Gelegenheit zur Stellungnahme innerhalb angemessener Frist zu geben.

(10) Der sonstigen Satzung nach Absatz 1 ist eine Begründung beizufügen. In der Begründung zum Bebauungsplan (§ 9 Abs. 8) oder zur sonstigen Satzung ist darzulegen, dass die in Absatz 1 Satz 3 bezeichneten Voraussetzungen für die Festlegung des Gebiets vorliegen.

Gesamtübersicht

	Rn		Rn
I. Novelle 2004	1	4. Bekanntmachung (Abs 2) und Begründung (Abs 10)	6
II. Satzung der Gemeinde (Abs 1, Abs 2 und Abs 10)	3	**III. Genehmigungspflicht und -versagung (Abs 4, Abs 5)**	7
1. Genehmigungsvorbehalt	3	**IV. Grundbuchrechtliche Folgen (Abs 6, Abs 8)**	12
2. Zweckbestimmung eines Gebiets für den Fremdenverkehr	4	**V. Übernahmeanspruch (Abs 7)**	13
3. Beeinträchtigung der Zweckbestimmung des Gebietes	5	**VI. Sonstige Satzungen (Abs 9)**	14
		VII. Rechtsschutz	15

I. Novelle 2004

§ 22 ist eine durch das BauGB 1987 eingeführte und durch das BauROG 1998 und EAG Bau fortentwickelte Vorschrift. Der Gesetzgeber hat zur Sicherung von **Gebieten mit Fremdenverkehrsfunktion** die Teilungsgenehmigung beibehalten. Sie soll verhindern, dass bestimmte, dem Fremdenverkehr dienende Gebiete durch sukzessive Umwandlung zweckentfremdet werden und dadurch auch die auf den Fremdenverkehr ausgerichtete öffentliche und private Infrastruktur sich im Nachhinein als Fehlplanung und Fehlinvestition darstellt. Der Regelung liegt die tatsächliche Vermutung des Gesetzgebers zugrunde, dass die Begründung von Wohnungseigentum in Fremdenverkehrsgebieten regelmäßig zu Zweitwohnungsnutzung führt mit der für den Fremdenverkehr negativen Folge, dass sog „Rollladen-Siedlungen" entstehen (BVerwGE 99, 237 f). 1

Zur **Sicherung** des Zwecks der Vorschrift wurde von den Grundbuchämtern in jedem Fall der Begründung oder Teilung von WEG oder Teileigentum die Vorlage einer Genehmigung oder eines Negativattestes verlangt, selbst wenn keine Fremdenverkehrssatzung erlassen war. Die neue Regelung lässt diesen in jedem Einzelfall erforderlichen Negativattest entbehrlich werden (Finkelnburg, NVwZ 2004, 897 (902)). An dessen Stelle ist eine Mitteilung des Satzungsbeschlusses und der hiervon betroffenen Grundstücke an das Grundbuchamt durch die Gemeinde getreten. Die Gemeinden sind ermächtigt, zur Sicherung ihrer Fremdenverkehrsfunktion einen Genehmigungsvorbehalt bei Begründung oder Teilung von Wohnungs- oder Teileigentum (§ 1 WEG) einzuführen. Die mit dem EAG Bau vorgenommenen Änderungen bezwecken die Erleichterung des **Grundbuchverfahrens** in den Fällen, in denen die Gemeinde von der Ermächtigung zum Erlass der Satzung keinen Gebrauch gemacht hat (Battis/Krautzberger/Löhr, NJW 2004, 2553 (2558)). § 22 ist verfassungsrechtlich unbedenklich (BVerwG ZfBR 1994, 246; BVerwGE 96, 217). 2

II. Satzung der Gemeinde (Abs 1, Abs 2 und Abs 10)

1. Genehmigungsvorbehalt

Die Begründung oder Teilung von Rechten nach dem WEG kann zur Sicherung der Zweckbestimmung von Gebieten mit Fremdenverkehrsfunktion unter Genehmigungsvorbehalt gestellt werden, Abs 1 Satz 1. Die Bestimmung der Genehmigungspflicht kann im Bebauungsplan oder durch gesonderte Satzung erfolgen. Die Ge- 3

meinde hat insoweit Wahlfreiheit. Nach Abs 1 Satz 3 wird für die Einführung des Genehmigungsvorbehalts durch Satzung weiter vorausgesetzt, dass durch die Begründung oder Teilung der Rechte die vorhandene oder vorgesehene Zweckbestimmung des Gebiets für den Fremdenverkehr und dadurch die geordnete städtebauliche Entwicklung beeinträchtigt werden kann. Abs 1 Satz 4 präzisiert, wann eine solche – bevorstehende oder vorgesehene - Zweckbestimmung für den Fremdenverkehr anzunehmen ist.

2. Zweckbestimmung eines Gebiets für den Fremdenverkehr

4 Das Gesetz führt Fallgruppen auf, für die eine Zweckbestimmung eines Gebietes für den Fremdenverkehr anzunehmen ist. Zu den Charakteristika der in Abs 1 Satz 2 gekennzeichneten Fallgruppen hat das BVerwG in seiner Rechtsprechung mehrfach Stellung genommen (BVerwGE 96, 217 (219 ff); BVerwG BRS 59 Nr 104). Die Vorschrift knüpft in Parallelität an Gebietsbezeichnungen an, die aus dem System der Baunutzungsverordnung als Art der baulichen Nutzung bekannt sind. Als besonders problematisch hat sich die Fallgruppe der **sonstigen Gebiete** *mit Fremdenverkehrsfunktion* erwiesen, *die durch Beherbergungsbetriebe und Wohngebäude mit Fremdenbeherbergung geprägt sind*. Das entscheidende Begriffsmerkmal in dieser Fallgruppe ist das Merkmal der **„Prägung"** (Rechtsprechungsübersicht: E/Z/B, § 22 Rn 16): Maßgeblich ist nicht eine qualitative Gegenüberstellung der für Fremdenbeherbergung und der auf der anderen Weise genutzten Grundstücke, sondern eine wertende Betrachtung, die die städtebauliche Besonderheit des vorgesehenen Satzungsgebiets zu erfassen sucht (BVerwGE 105, 1). Es ist nicht erforderlich, dass jedes einzelne Grundstück im Satzungsgebiet für Zwecke der Fremdenbeherbergung oder für Fremdenverkehrszwecke genutzt wird; die Nutzung von im Satzungsgebiet gelegenen Flächen zu öffentlichen Zwecken kann in Sonderfällen die im Übrigen feststellbare Prägung des Gebietes durch Fremdenbeherbergung aufheben (BVerwGE 99, 242 (247); BVerwGE 96, 217; vgl zum Begriff der Prägung: BVerwG Buchholz 406.11, § 22 BauGB Nr 1).

3. Beeinträchtigung der Zweckbestimmung des Gebietes

5 Weitere Voraussetzung (Abs 1 Satz 3) für den Genehmigungsvorbehalt ist, dass durch die Begründung oder Teilung der Rechte die Zweckbestimmung des Gebiets für den Fremdenverkehr beeinträchtigt werden kann. Es reicht aus, wenn nach den allgemeinen Erfahrungen in der betreffenden Gemeinde davon ausgegangen werden kann, dass entsprechendes **Gefährdungspotential** besteht oder entsteht, wenn Rechte nach dem WEG begründet oder geteilt werden (EZB, § 22 Rn 30). Für die Beurteilung, ob durch die Bildung von Rechten iSd Abs 1 Satz 1 und 2 und damit von Zweitwohnungen die geordnete städtebauliche Entwicklung beeinträchtigt sein kann, ist insbesondere die Vorstellung der Gemeinde darüber von Bedeutung, dass das betreffende Gebiet seine Fremdenverkehrsfunktion beibehalten oder entwickeln will. Anhaltspunkte dafür können Ausweisungen im Bauleitplan, informelle Planungen oder die Eigenart der Umgebung geben (BKL, § 22 Rn 9). Ein konkreter Nachweis der Beeinträchtigung ist nicht erforderlich (VGH Mannheim NVwZ 1994, 184 = NJW 1993, 3216; OVG Lüneburg BRS 52 Nr 92; OVG Schleswig BRS 55 Nr 48).

4. Bekanntmachung (Abs 2) und Begründung (Abs 10)

Abs 2 regelt die Bekanntmachung. Mit der Bekanntmachung wird die Satzung rechtsverbindlich (BVerwGE 105, 153: kein rückwirkendes Inkraftsetzen). Durch das EAG Bau neu eingeführt sind die **Mitteilungspflichten** an das Grundbuchamt, um eine zuverlässige Kenntnisnahme zu gewährleisten. Damit soll vermieden werden, dass beim Grundbuchamt Unklarheiten hinsichtlich des Termins, ab dem Genehmigungen bei der Begründung oder Teilung von Wohnungseigentum oder Teileigentum angefordert werden müssen, bestehen. Abs 10 Satz 1 verpflichtet zur Beifügung einer Begründung der sonstigen Satzung. In der Begründung ist darzulegen, dass die in Abs 1 bezeichneten Voraussetzungen für die Festlegung des Gebiets vorliegen.

III. Genehmigungspflicht und -versagung (Abs 4, Abs 5)

Mit der Rechtsverbindlichkeit der Satzung unterliegen die in Abs 1 bezeichneten wohnungseigentumsrechtlichen Vorgänge der gemeindlichen Genehmigung. Abs 4 Satz 1 enthält eine abschließende Regelung der Versagungsgründe. In den bezeichneten Fällen ist die Genehmigung zu versagen, der Genehmigungsbehörde ist somit kein Ermessen eingeräumt.

Die Zweckbestimmung eines Gebiets für den Fremdenverkehr wird dann beeinträchtigt iSv Abs 4 Satz 1, wenn durch die beantragte Begründung von Wohnungseigentum eine (weitere) Verschlechterung der **städtebaulichen Situation** eintritt; hierfür reicht es aus, wenn von dem beantragten Vorhaben eine negative Vorbildwirkung ausgeht (BVerwG Buchholz 406.11, § 22 BauGB Nr 1; BVerwG BVerwGE 99, 237 (239)). Es gibt keinen allgemeinen Erfahrungssatz, dass große Eigentumswohnungen (mehr als 120 m² Wohnfläche) in Fremdenverkehrsorten nicht als **Zweitwohnungen** genutzt werden (BVerwGE 99, 242). Schuldrechtliche Verpflichtungen der Erwerber, wonach Eigentumswohnungen nicht als Zweitwohnungen genutzt werden sollen, sind ungeeignet, das Genehmigungshindernis zu beseitigen (VG Sigmaringen VBlBW 2003, 132).

Abs 4 Satz 2 regelt den **Vormerkungsschutz** als Pflicht zur Genehmigung. Voraussetzung ist die eingetragene und beantragte Vormerkung zum Zwecke der Sicherung von Ansprüchen Dritter iSd § 883 BGB. Die Vorschrift schafft in verfassungsrechtlich nicht zu beanstandender Weise Vertrauen desjenigen, der vor dem Wirksamwerden der Instrumente des § 22 Dispositionen getroffen hat (BVerwG DÖV 1994, 879).

Abs 4 Satz 3 sieht eine **Härteregelung** vor. Die Genehmigung *kann* zur Vermeidung wirtschaftlicher Nachteile erteilt werden. Als wirtschaftliche Nachteile kommen Beeinträchtigungen der Fortführung des Beherbergungsbetriebes oder der Lebensführung des Eigentümers in Betracht, die die Ursache in der Versagung der Genehmigung haben würden, zB im Hinblick auf die Verwertung eines Grundstücks (BVerwG BRS 57 Nr 123; BVerwGE 105, 1 (5)).

Nach Abs 5 Satz 1 ist die Baugenehmigungsbehörde zuständige **Genehmigungsbehörde**. Sie entscheidet im Einvernehmen mit der Gemeinde. Im Regelfall ist innerhalb eines Monats nach Eingang zu entscheiden. Die Entscheidungsfrist kann durch Zwischenbescheid für den Zeitraum verlängert werden, der notwendig ist, um die

Prüfung abzuschließen, höchstens jedoch um drei Monate. Das Einvernehmen gilt als erteilt, wenn es nicht binnen zwei Monaten verweigert wird oder eine Zwischenentscheidung ergeht.

IV. Grundbuchrechtliche Folgen (Abs 6, Abs 8)

12 Bei einem Grundstück, das im Geltungsbereich liegt, darf das Grundbuchamt die Eintragung in das Grundbuch nur vornehmen, wenn der Genehmigungsbescheid oder ein **Zeugnis** gem Abs 5 Satz 5 vorgelegt wird oder wenn die **Freistellungserklärung** der Gemeinde gem Abs 8 eingegangen ist. Ist dennoch eine Eintragung vorgenommen, kann die Baugenehmigungsbehörde, falls die Genehmigung erforderlich war, das Grundbuchamt um die Eintragung eines Widerspruchs ersuchen. Die Grundbuchsperre gilt ab Rechtsverbindlichkeit des Bebauungsplans oder der sonstigen Satzung iSd Abs 1 Satz 1. Das Gesetz enthält nach Abs 8 eine ausdrückliche Regelung über die Verpflichtung zur Aufhebung des Genehmigungsvorbehalts, wenn die Voraussetzungen für den Genehmigungsvorbehalt entfallen sind. Liegen die Voraussetzungen hiergegen dafür nur für einzelne Grundstücke vor, so sind diese vom Genehmigungsvorbehalt freizustellen.

V. Übernahmeanspruch (Abs 7)

13 Abs 7 enthält eine Tatbestands- und Rechtsfolgenverweisung auf §§ 40 Abs 2 43 Abs 1, 4 und 5 sowie § 44 Abs 3 und 4. Der Eigentümer hat danach für den Fall der fehlenden wirtschaftlichen Zumutbarkeit einen Übernahmeanspruch nach § 40 Abs 2, wenn die Genehmigung versagt wird.

VI. Sonstige Satzungen (Abs 9)

14 Abs 9 Satz 1 ermächtigt die Gemeinde zu einer Festsetzung der höchstzulässigen **Zahl der Wohnungen** durch eine sonstige Satzung iSd Abs 1 Satz 1. Die nach § 9 Abs 1 Nr 6 vorgesehene Festsetzung dient auch dem Schutz von Gebieten mit Fremdenverkehrsfunktion, da Wohnvorhaben reguliert sind, die als Zweitwohnung genutzt werden sollen und die dadurch die städtebauliche Eigenart des Gebietes beeinträchtigen. Abs 9 ermöglicht eine verfahrensmäßige Verknüpfung der Einführung des Genehmigungsvorbehalts durch sonstige Satzung mit der Festsetzung der höchstzulässigen Wohnungszahl, ohne dass es eines Bebauungsplanverfahrens bedarf.

VII. Rechtsschutz

15 Bebauungspläne und die sonstige Satzung (Abs 1 Satz 1) können im Wege der Normenkontrolle (§ 47 Abs 1 Nr 1 VwGO) überprüft werden. Als Antragsteller kommen Eigentümer eines Grundstücks im Satzungsgebiet sowie auch Anspruchsberechtigte im Hinblick auf die Eintragung von Rechten iSd Abs 1 in Betracht. Wird die Genehmigung versagt (Abs 4) ist der Verwaltungsakt nach § 42 VwGO anfechtbar. Dies gilt auch für die Versagung der Erteilung eines Zeugnisses nach Abs 5 Satz 4. Diese Ansprüche sind im Wege der Verpflichtungsklage durchzusetzen.

Anhang

▶ Muster
Klage auf Erteilung einer Genehmigung zur Begründung von Wohnungseigentum (§ 22 BauGB)

An das Verwaltungsgericht

In dem Verfahren

der Eheleute A

– Kläger –

Prozessbevollmächtigte:

gegen

Gemeinde B

– Beklagte –

Prozessbevollmächtigte:

wegen Genehmigung nach § 22 BauGB

erheben wir hiermit gegen den Bescheid der Gemeinde B vom ... in der Form des Widerspruchsbescheides vom ...

Klage

und stellen den

Antrag,

1. Der Bescheid vom ... in Gestalt des Widerspruchsbescheids vom ... wird aufgehoben.

2. Es wird festgestellt, dass die Aufteilung des Gebäudes auf dem Grundstück Gemarkung ..., Parzellen Nr ..., keiner Genehmigung nach § 22 BauGB bedarf.

Hilfsweise,

Unter Aufhebung des Bescheides vom ... in Form des Widerspruchsbescheides vom ... die Beklagte zu verpflichten, die am ... beantragte Genehmigung zur Begründung von Wohnungseigentum im Gebäude auf dem Grundstück Gemarkung ... Parzelle ..., Flurstück ..., zu erteilen.

3. Die Hinzuziehung eines Bevollmächtigten für das Widerspruchsverfahren für notwendig zu erklären.

Gründe:

Die Klage ist zulässig und begründet.

I. Für das Gebäude auf dem Grundstück des Klägers ist die Genehmigungspflicht nicht wirksam begründet worden. [...].

II. Sofern man diese annehmen wollte, wäre die Beklagte dennoch verpflichtet, die beantragte Genehmigung zu erteilen, da Versagungsgründe gem § 22 Abs 4 BauGB nicht eingreifen. [...] ◄

§ 23 (weggefallen)

Dritter Abschnitt
Gesetzliche Vorkaufsrechte der Gemeinde

§ 24 Allgemeines Vorkaufsrecht

(1) Der Gemeinde steht ein Vorkaufsrecht zu beim Kauf von Grundstücken
1. im Geltungsbereich eines Bebauungsplans, soweit es sich um Flächen handelt, für die nach dem Bebauungsplan eine Nutzung für öffentliche Zwecke oder für Flächen oder Maßnahmen zum Ausgleich im Sinne des § 1a Abs. 3 festgesetzt ist,
2. in einem Umlegungsgebiet,
3. in einem förmlich festgelegten Sanierungsgebiet und städtebaulichen Entwicklungsbereich,
4. im Geltungsbereich einer Satzung zur Sicherung von Durchführungsmaßnahmen des Stadtumbaus und einer Erhaltungssatzung,
5. im Geltungsbereich eines Flächennutzungsplans, soweit es sich um unbebaute Flächen im Außenbereich handelt, für die nach dem Flächennutzungsplan eine Nutzung als Wohnbaufläche oder Wohngebiet dargestellt ist, sowie
6. in Gebieten, die nach § 30, 33 oder 34 Abs. 2 vorwiegend mit Wohngebäuden bebaut werden können, soweit die Grundstücke unbebaut sind.

Im Falle der Nummer 1 kann das Vorkaufsrecht bereits nach Beginn der öffentlichen Auslegung ausgeübt werden, wenn die Gemeinde einen Beschluss gefasst hat, einen Bebauungsplan aufzustellen, zu ändern oder zu ergänzen. Im Falle der Nummer 5 kann das Vorkaufsrecht bereits ausgeübt werden, wenn die Gemeinde einen Beschluss gefasst und ortsüblich bekannt gemacht hat, einen Flächennutzungsplan aufzustellen, zu ändern oder zu ergänzen und wenn nach dem Stand der Planungsarbeiten anzunehmen ist, dass der künftige Flächennutzungsplan eine solche Nutzung darstellen wird.

(2) Das Vorkaufsrecht steht der Gemeinde nicht zu beim Kauf von Rechten nach dem Wohnungseigentumsgesetz und von Erbbaurechten.

(3) Das Vorkaufsrecht darf nur ausgeübt werden, wenn das Wohl der Allgemeinheit dies rechtfertigt. Bei der Ausübung des Vorkaufsrechts hat die Gemeinde den Verwendungszweck des Grundstücks anzugeben.

Gesamtübersicht

	Rn			Rn
I. Novelle 2004	1		6. Grundstücke im Geltungsbereich eines Flächennutzungsplanes für unbebaute Außenbereichsflächen, die zur Nutzung als Wohnbaufläche oder Wohngebiete dargestellt sind (Abs 1 Nr 5)	9
II. Umfang des Vorkaufsrechts	2			
1. Allgemeine begriffliche Voraussetzungen	2			
2. Grundstücke im Geltungsbereich eines Bebauungsplanes mit öffentlicher Zweckbestimmung (Abs 1 Nr 1)	5			
3. Grundstücke in einem Umlegungsgebiet (Abs 1 Nr 2)	6		7. Unbebaute Grundstücke in Gebieten, die nach §§ 30, 33 oder 34 Abs 2 vorwiegend mit Wohngebäuden bebaut werden können	10
4. Grundstücke in einem förmlich festgelegten Sanierungsgebiet oder städtebaulichen Entwicklungsbereich (Abs 1 Nr 3)	7		**III. Rechte nach WEG und Erbbaurechte (Abs 2)**	11
			IV. Ausübung des Vorkaufsrechts	12
5. Grundstücke im Geltungsbereich einer Satzung zur Sicherung des Stadtumbaus und einer Erhaltungssatzung (Abs 1 Nr 4)	8		**V. Rechtsschutz**	15

I. Novelle 2004

Das gemeindliche Vorkaufsrecht dient der **Sicherung der Bauleitplanung** und darüber hinaus der Sicherung von städtebaulichen Maßnahmen unbeschadet einer beabsichtigten Bauleitplanung. Durch das EAG Bau wird das Vorkaufsrecht auf die Satzung über die Sicherung von Durchführungsmaßnahmen des Stadtumbaus als Folgeänderung zu den Vorschriften über den Stadtumbau erweitert. Mit der Einbeziehung des Gebiets solcher Satzungen in das allgemeine Vorkaufsrecht soll vergleichbar der Interessenlage in förmlich festgelegten Sanierungsgebieten und Entwicklungsbereichen sowie im Geltungsbereich der Erhaltungssatzung der Gemeinde ein Instrument an die Hand gegeben werden, mit dem sie durch den Grundstückserwerb zB die von ihr im Rahmen der Stadtumbausatzung verfolgten Zwecke fördern kann (BT-Drs 15/2250, 53).

1

II. Umfang des Vorkaufsrechts

1. Allgemeine begriffliche Voraussetzungen

Bei dem allgemeinen Vorkaufsrecht nach § 24 handelt es sich um ein gesetzliches Vorkaufsrecht, das als öffentlich-rechtliche Belastung auf dem von ihm erfassten Grundstück ruht. Es steht nach Abs 1 der Gemeinde nur bei Kaufverträgen iSd § 433 BGB zu (nicht zB beim Tausch: BGH NJW 1964, 540 oder der Schenkung: OVG Lüneburg NJW 1976, 159). Es ist nach § 512 BGB, der gem § 28 Abs 2 anzuwenden ist, allerdings beim Verkauf eines Grundstückes im Wege der Zwangsvollstreckung oder in der Insolvenz durch den Insolvenzverwalter ausgeschlossen. Der **Begriff des Kaufvertrages** ist vorsichtig auf kaufähnliche Verträge auszudehnen, die einem Kaufvertrag nahezu gleichkommen und in die der Vorkaufsberechtigte zur Wahrung seiner Erwerbs- und Abwehrinteressen eintreten kann, ohne die vom Verpflichteten ausgehandelten Konditionen der Veräußerung zu beeinträchti-

2

gen (OLG Frankfurt BRS 57 Nr 126). Ein das gemeindliche Vorkaufsrecht auslösender Grundstückskaufvertrag iSv § 24 Abs 1 Nr 1 liegt auch dann vor, wenn als Gegenleistung nicht Geld, sondern „5 Daimler-Benz-Aktien" vereinbart ist (OLG Frankfurt BRS 57 Nr 126). Dabei müssen rein formale Kriterien uU zurücktreten gegenüber einer materiellen Betrachtungsweise und einem interessengerechten Verständnis (BGH NJW 1992, 236). Ein Vorkaufsfall liegt auch dann nicht vor, wenn ein Miteigentümer seinen Bruchteil an einen anderen Miteigentümer veräußert; bei dem Erwerber handelt es sich nicht um einen Dritten iSd § 504 BGB (BGH NJW 1967, 1607 = MDR 1967, 662). Die Veräußerung von Bruchteilseigentum an einen Nichtmiteigentümer unterliegt jedoch dem Vorkaufsrecht (BGH NJW 1984, 565 = BauR 1985, 431 = BRS 42 Nr 111), falls kein Fall des § 24 Abs 2 vorliegt.

3 Das Vorkaufsrecht kann nur von der Gemeinde ausgeübt werden, wenn ein **wirksamer** Kaufvertrag vorliegt (§ 504 BGB). Rechtswirksam idS sind auch anfechtbare (§§ 119, 123 BGB) Kaufverträge. Erst die erfolgreiche Anfechtung, die die Nichtigkeit des Kaufvertrages zur Folge hat (§ 142 BGB), entzieht dem Vorkaufsrecht die Grundlage. Um von einem wirksamen Kaufvertrag sprechen zu können, müssen alle erforderlichen zivilrechtlichen und öffentlich-rechtlichen Genehmigungen erteilt sein (BGH DVBl 1979, 379 = BRS 33 Nr 89), zB nach § 1821 BGB, § 2 GrdstVG für landwirtschaftlich genutzte Grundstücke, § 51 im Umlegungsverfahren, § 109 im Enteignungsverfahren, § 144 im Sanierungsgebiet oder § 169 im städtebaulichen Entwicklungsbereich. Die Gemeinde kann ihr Vorkaufsrecht bereits nach Abschluss eines Kaufvertrages und auch schon vor Erteilung der zur Wirksamkeit dieses Vertrages notwendigen Genehmigung mit Wirkung auf den Genehmigungszeitpunkt ausüben und damit frühzeitig Interesse am Erwerb des Kaufgegenstands zum Ausdruck bringen (BGH NJW 1998, 2352; OVG Sachsen-Anhalt LKV 2002, 187). Eine nach Ausübung des Vorkaufsrechts vorgenommene Vertragsaufhebung beseitigt den Vorkaufsfall nicht (BGH NJW 1977, 762; RGZ 118, 8).

4 Das Vorkaufsrecht erfasst auch **Grundstücksteilflächen**. Dies verlangen die Grundsätze der Verhältnismäßigkeit des geringstmöglichen Eingriffs sowie der Zweck der gesetzlichen Regelung, wonach das Vorkaufsrecht den Grunderwerb für die im Gesetz bezeichneten Nutzungszwecke erleichtern soll, um spätere Enteignungen entbehrlich zu machen (BGH BRS 50 Nr 106). Eine Erstreckung des Vorkaufsrechts auf das Restgrundstück kommt nur in Betracht, wenn die Teilfläche, um deren Erwerb es der Gemeinde geht, und das Restgrundstück nicht ohne Nachteil für den Vorkaufsverpflichteten/Verkäufer getrennt werden können und dieser deshalb die Erstreckung nicht verlangt (BGH BRS 50 Nr 106). Eine Beschränkung des Vorkaufsrechts auf eine Verkehrsfläche ist nicht deshalb unzulässig, weil die damit verbundene Teilung des Grundstücks eine Zerschneidung der Gebäude zur Folge hätte (BGH DVBl 1971, 318; BGH BRS 50 Nr 106).

2. Grundstücke im Geltungsbereich eines Bebauungsplanes mit öffentlicher Zweckbestimmung (Abs 1 Nr 1)

5 Im Geltungsbereich eines rechtsverbindlichen Bebauungsplanes bezieht sich das Vorkaufsrecht, das der Sicherung der Bauleitplanung dient, auf bebaute und unbebaute Grundstücke. Dabei spielt es keine Rolle, ob es ein einfacher oder ein qualifi-

zierter Bebauungsplan ist. Auch die nach § 173 Abs 3 BBauG übergeleiteten Pläne gelten als Bebauungspläne und sind daher beachtlich (BVerwG Buchholz 406.11 § 173 BBauG Nr 17 = BRS 40 Nr 3). Voraussetzung für die Ausübung des Vorkaufsrecht ist, dass im Bebauungsplan für diese Fläche eine **Nutzung für öffentliche Zwecke** festgesetzt ist. Dazu zählen insbesondere Verkehrs-, Gemeinbedarfs-, Versorgungs- und Grünflächen. Allein entscheidend ist dabei die Festsetzung als solche, die der Verfolgung des öffentlichen Zwecks dient. Dass von Privaten ein solcher Zweck auch verwirklicht werden kann (zB bei Sportplätzen oder Krankenhäusern), ist unerheblich. Sind im Bebauungsplan nur Teile eines Grundstücks für öffentliche Zwecke festgesetzt (zB bei Verbreiterung einer Straße), erstreckt sich das Vorkaufsrecht auch nur auf diese Teilfläche (BGH NJW 1971, 560 = BRS 24 Nr 95). Der Zeitpunkt für die frühestmögliche Ausübung des Vorkaufsrechts ist durch das BauROG 1998 auf den Zeitpunkt des Aufstellungsbeschlusses vorverlegt worden, so dass Grundstücksspekulationen nunmehr besser begegnet werden kann.

3. Grundstücke in einem Umlegungsgebiet (Abs 1 Nr 2)

Diese Regelung stellt klar, dass ein Vorkaufsrecht im Grenzregelungsgebiet (§ 80) nicht besteht. Das Vorkaufsrecht setzt einen wirksamen **Umlegungsbeschluss**, der einen VA darstellt, nach § 47 Abs 1 Satz 1 voraus, in dem das Umlegungsgebiet (§ 52) bezeichnet ist und die darin liegenden Grundstücke einzeln aufgeführt sind (§ 47 Abs 1 Satz 2). Nach § 50 Abs 1 ist auch die ortsübliche Bekanntmachung erforderlich (BGH NJW 1975, 2195). Bei einer Anfechtung des Umlegungsbeschlusses kann wegen dem Wegfall der aufschiebenden Wirkung dieses Rechtsbehelfs nach § 224 Nr 1 das Vorkaufsrecht gegenüber dem Anfechtenden ausgeübt werden.

6

4. Grundstücke in einem förmlich festgelegten Sanierungsgebiet oder städtebaulichen Entwicklungsbereich (Abs 1 Nr 3)

Diese Regelung soll die Durchführung von städtebaulichen Sanierungsmaßnahmen im förmlich festgelegten Sanierungsgebiet (§ 142) und im förmlich festgelegten städtebaulichen Entwicklungsbereich (§ 165 Abs 3) sichern. Zu beachten ist bei Letzterem § 169.

7

5. Grundstücke im Geltungsbereich einer Satzung zur Sicherung des Stadtumbaus und einer Erhaltungssatzung (Abs 1 Nr 4)

Die Vorschrift ergänzt §§ 171a–171d. Das Vorkaufsrecht setzt den Erlass einer Satzung nach § 171d und einer Erhaltungssatzung nach § 172 voraus und besteht nicht nur an bebauten, sondern auch an unbebauten Grundstücken, wenn städtebauliche und soziale Belange den Ablauf der Stadtumbaumaßnahme auf der Grundlage des von der Gemeinde aufgestellten städtebaulichen Entwicklungskonzepts (§ 171b Abs 2) oder eines Sozialplans (§ 180) beeinträchtigt werden würde. Auf Grundlage einer Erhaltungssatzung soll die städtebauliche Gestaltung des festgesetzten Gebiets gesichert werden.

8

6. Grundstücke im Geltungsbereich eines Flächennutzungsplanes für unbebaute Außenbereichsflächen, die zur Nutzung als Wohnbaufläche oder Wohngebiete dargestellt sind (Abs 1 Nr 5)

9 Die Vorschrift dient dem Zweck, die Versorgung der Bevölkerung mit angemessenem Wohnraum sicherzustellen. Das Vorkaufsrecht kann bereits bei Planreife ausgeübt werden (Abs 1 Satz 3), um Spekulationen zu erschweren.

7. Unbebaute Grundstücke in Gebieten, die nach §§ 30, 33 oder 34 Abs 2 vorwiegend mit Wohngebäuden bebaut werden können

10 Voraussetzung für das Vorkaufsrecht ist, dass die Gebiete nach §§ 30, 33 oder 34 Abs 2 zu beurteilen sind. Das Vorkaufsrecht kann nur bei **unbebauten** Grundstücken ausgeübt werden (vgl BVerwG NVwZ-RR 1997, 462). Nach § 34 Abs 2 iVm der BauNVO kommen als Gebiete, die vorwiegend mit Wohngebäuden bebaut werden können, in Betracht: Kleinsiedlungsgebiete (§ 2 BauNVO), reine Wohngebiete (§ 3 BauNVO), allgemeine Wohngebiete (§ 4 BauNVO) sowie besondere Wohngebiete (§ 4a BauNVO). In Dorf-, Misch- oder Kerngebieten (§§ 5–7 BauNVO) findet das Vorkaufsrecht nach Abs 1 Nr 6 keine Anwendung, gleiches gilt für die Fälle des § 30 Abs 2 (vorhabenbezogener Bebbauungsplan) (BKL, § 24 Rn 15).

III. Rechte nach WEG und Erbbaurechte (Abs 2)

11 Nachdem nach der Rechtsprechung (BGH NJW 1984, 1617 = ZfBR 1984, 150) sich das Vorkaufsrecht prinzipiell auch auf Rechte nach dem Wohnungseigentumsgesetz bezieht, hat der Gesetzgeber durch die Regelung in Abs 2 in den früher besonders verwaltungsaufwendigen Fällen, in denen aber das Vorkaufsrecht regelmäßig nicht ausgeübt wurde, das gemeindliche Vorkaufsrecht ausgeschlossen. Das zur Folge, dass es dann bei der Veräußerung auch nicht der Vorlage des **Negativattestes** (§ 28) bedarf.

IV. Ausübung des Vorkaufsrechts

12 Die Ausübung des Vorkaufsrechts setzt nach Abs 3 Satz 1 voraus, dass das **Wohl der Allgemeinheit** dies rechtfertigt. Anders als in den Fällen der Enteignung ist hier nicht vorauszusetzen, dass das Wohl der Allgemeinheit die Ausübung des Vorkaufsrechts „erfordert", denn dem Verkäufer wird nicht die Möglichkeit zur Veräußerung genommen, sondern diese findet nur an einen anderen Käufer statt (OVG Lüneburg BauR 1981, 262; vgl BVerwG NJW 1990, 2703 = ZfBR 1990, 207). Die Erforderlichkeit ist dann nicht gegeben, wenn lediglich eine beabsichtigte, den künftigen Festsetzungen widersprechende Nutzung verhindert werden soll, weil dies auch mit weniger entscheidenden Mitteln, bspw einer **Veränderungssperre** erreichbar wäre (BVerwG BRS 55 Nr 100).

13 Im Gegensatz zur Enteignung nach § 87 Abs 1 wird auch nicht verlangt, dass das Wohl der Allgemeinheit den Erwerb gerade dieses Grundstücks im jetzigen Zeitpunkt erfordert. Erforderlich ist nur, dass im Hinblick auf eine bestimmte Aufgabe überwiegende Vorteile für die Öffentlichkeit angestrebt werden (BVerwGE 4, 185 = Buchholz 406.39 Bremen § 1 Nr 3). Dies ergibt sich bei Flächen für den Gemeinbedarf, Verkehrs- und Versorgungsflächen uä regelmäßig bereits aus den Festset-

zungen des Bebauungsplanes (OVG Lüneburg ZMR 1984, 389). In allen anderen Fällen ist eine zusätzliche konkrete Begründung erforderlich. Daher wird in Abs 3 Satz 2 bestimmt, dass die Gemeinde bei der Ausübung des Vorkaufsrechts den **Verwendungszweck** angeben muss. Dies ermöglicht nicht nur eine Kontrolle, sondern erhöht auch die Akzeptanz.

In Umlegungsgebieten rechtfertigt das Wohl der Allgemeinheit die Ausübung des Vorkaufsrechts, wenn dieses Grundstück benötigt wird, um zB den planerischen Festsetzungen entsprechend größere Baugrundstücke zu schaffen oder es als Ersatzland in die Verteilungsmasse einzubringen (BGH MDR 1975, 565 = DVBl 1975, 487 = BRS 29 Nr 76). Gleiches gilt für Flächen, die zum Ausgleich für andernorts gelegene Eingriffe herangezogen werden sollen. In förmlich festgelegten Sanierungsgebieten ist die Ausübung des Vorkaufsrechts zum Wohle der Allgemeinheit gerechtfertigt, wenn damit besondere Maßnahmen unterstützt werden, die zur Beseitigung der vorhandenen Missstände erforderlich sind. Im Geltungsbereich einer Erhaltungssatzung und einer Satzung zur Sicherung des Städtebaus ist es gerechtfertigt, um der Beeinträchtigung von Belangen iSv §§ 171b, 172, 180 zu begegnen. Allerdings rechtfertigt das Wohl der Allgemeinheit die Ausübung des Vorkaufsrechts dann nicht, wenn dies von der Gemeinde lediglich aus Gewinnstreben (BGH DVBl 1966, 264) oder zur „**Vorratshaltung**" (BGH MDR 1975, 565 = DVBl 1975, 487 = BRS 29 Nr 76) ausgeübt wird. Dies gilt auch für die Fälle des § 135a (Ökokonto), wenn noch kein auszugleichender Eingriff in Natur und Landschaft konkret in Aussicht genommen ist. 14

V. Rechtsschutz

Das Vorkaufsrecht wird nach § 28 Abs 2 Satz 1 durch Verwaltungsakt ausgeübt. Im Fall der Ausübung eines Vorkaufsrechts durch die Gemeinde besteht Einigkeit, dass sowohl der Verkäufer als auch der Käufer zur Einlegung eines Widerspruchs befugt sind (BVerwG BRS 39 Nr 36; VGH Kassel NJW 1989, 1626). Auch die öffentliche Hand kann als Käufer eines Grundstücks einen Bescheid über die Ausübung des gemeindlichen Vorkaufsrecht anfechten (BVerwG BRS 63 Nr 130). Wird das Vorkaufsrecht zum **Verkehrswert** oder zum **Entschädigungswert** (§ 28 Abs 3 und 4) ausgeübt, kann der Verwaltungsakt (nur) vor den Baulandgerichten angefochten werden, § 217 Abs 1. 15

Anhang

▶ **Muster**
Widerspruch gegen die Ausübung eines Vorkaufsrechts (§ 24 BauGB)

An die Stadt W Baurechtsamt

Betr.: Ausübung des Vorkaufsrechts für das Grundstück, eingetragen im Grundbuch von ..., Flur ..., Flurstück ...

Sehr geehrte Damen und Herren,

namens und in Vollmacht der Fa. A legen wir hiermit gegen Ihren Bescheid vom ..., mit dem Sie das Vorkaufsrecht für das im Betreff genannte Grundstück ausüben,

Widerspruch

ein und stellen den

Antrag:

1. Der Bescheid vom ... wird aufgehoben.
2. Die Hinzuziehung des Bevollmächtigten im Widerspruchsverfahren wird für notwendig erklärt.

Gründe:

I. Unsere Mandantin hat das Grundstück durch notariellen Kaufvertrag vom ... von Herrn B erworben. Mit Bescheid vom ... übte die Stadt das Vorkaufsrecht an diesem Grundstück nach § 24 Abs 1 Nr 6 aus.

II. Der Widerspruch ist zulässig und begründet.

1. Die Voraussetzungen des § 24 Abs 1 Nr 6 BauGB liegen für das im Betreff genannte Grundstück nicht vor. [...]

2. Darüber hinaus steht der Ausübung des Vorkaufsrechts § 24 Abs 3 BauGB entgegen. Das Wohl der Allgemeinheit rechtfertigt die Ausübung des Vorkaufsrechts nicht. [...]

Anmerkung:

Es ist zu beachten, dass § 217 BauGB für Verwaltungsakte nach § 28 Abs 3 und 4 BauGB das Verfahren vor der Baulandkammer vorschreibt. ◄

§ 25 Besonderes Vorkaufsrecht

(1) **Die Gemeinde kann**
1. **im Geltungsbereich eines Bebauungsplans durch Satzung ihr Vorkaufsrecht an unbebauten Grundstücken begründen;**
2. **in Gebieten, in denen sie städtebauliche Maßnahmen in Betracht zieht, zur Sicherung einer geordneten städtebaulichen Entwicklung durch Satzung Flächen bezeichnen, an denen ihr ein Vorkaufsrecht an den Grundstücken zusteht.**

Auf die Satzung ist § 16 Abs. 2 entsprechend anzuwenden.

(2) **§ 24 Abs. 2 und 3 Satz 1 ist anzuwenden. Der Verwendungszweck des Grundstücks ist anzugeben, soweit das bereits zum Zeitpunkt der Ausübung des Vorkaufsrechts möglich ist.**

Gesamtübersicht

	Rn		Rn
I. Satzungsvorkaufsrecht in Bebauungsplangebieten (Abs 1 Satz 1 Nr 1)	2	III. Vorkaufssatzung, Abs 1 Satz 2	6
		IV. Ausübung des Vorkaufsrechts	7
II. Satzungsvorkaufsrecht in städtebaulichen Maßnahmegebieten (Abs 1 Satz 1 Nr 2)	3	V. Rechtsschutz/Streitwert	9

Besonderes Vorkaufsrecht § 25

Ebenso wie das allgemeine Vorkaufsrecht dient das besondere Vorkaufsrecht des 1
§ 25 der Sicherung der Bauleitplanung und anderer städtebaulicher Maßnahmen.
Das besondere Vorkaufsrecht ergänzt die kraft Gesetzes bestehenden Tatbestände
des § 24 um zwei eigenständige Vorkaufstatbestände, die verschiedenen Zwecken
dienen und selbstständig nebeneinander stehen. Diese werden durch gemeindliche
Satzung begründet (sog Satzungsvorkaufsrecht).

I. Satzungsvorkaufsrecht in Bebauungsplangebieten (Abs 1 Satz 1 Nr 1)

Das Vorkaufsrecht nach Abs 1 Satz 1 Nr 1 ergänzt das gesetzliche Vorkaufsrecht 2
nach § 24 Abs 1 Nr 1. Es ist auf unbebaute Grundstücke im Geltungsbereich eines
Bebauungsplanes beschränkt, für die – anders als bei § 24 Abs 1 Nr 1 – keine Nutzung
für öffentliche Zwecke festgesetzt ist. Ob es sich um einen qualifizierten (§ 30
Abs 1) oder einfachen (§ 30 Abs 2) Bebauungsplan handelt, ist dabei unerheblich;
der Bebauungsplan muss rechtsverbindlich sein. Die Beschränkung des Vorkaufsrechts
auf unbebaute Grundstücke hat nicht zur Folge, dass die maßgebende Satzung
nicht auch bebaute Grundstücke umfassen kann. Bebaute Grundstücke sind
aber dem Zugriff der Gemeinde entzogen. Maßgeblich ist der tatsächliche Zustand
auf dem Grundstück.

II. Satzungsvorkaufsrecht in städtebaulichen Maßnahmegebieten (Abs 1 Satz 1 Nr 2)

Das Vorkaufsrecht nach § 25 Abs 1 Satz 1 Nr 2 besteht sowohl bei bebauten als 3
auch unbebauten Grundstücken im Geltungsbereich der beschlossenen Satzung.
Der Begriff der städtebaulichen Maßnahmen nach Abs 1 Satz 1 Nr 2 BauGB ist
weit zu verstehen. Unter ihn fallen alle Maßnahmen, die der Gemeinde dazu dienen,
ihre **Planungsvorstellungen** zu verwirklichen, vorausgesetzt, sie weisen einen
städtebaulichen Bezug auf (BVerwG NVwZ 1994, 284). Umfasst ist nicht nur die
Aufstellung eines Bebauungsplanes, sondern auch künftige **Infrastrukturmaßnahmen**.
Eine Entwicklungsabsicht kann sich aus dem Flächennutzungsplan, Rahmenplänen
oder den Zielen der Raumordnung ergeben.

Die Gemeinde zieht städtebauliche Maßnahmen dann in Betracht, wenn ernsthafte 4
Anhaltspunkte dafür gegeben sind, dass sie die Durchführung bestimmter städtebaulicher
Maßnahmen erwägt. Daran fehlt es, wenn die Gemeinde die Vorkaufssatzung
nur erlässt, um die Grundstückseigentümer von einem Verkauf ihrer Grundstücke
an einen Dritten abzuhalten (VGH Mannheim BRS 62 Nr 128).

Bei Satzungserlass müssen zwar noch nicht die Einzelheiten der städtebaulichen 5
Maßnahme feststehen. Allerdings ist ein Minimum an **Konkretisierung der Maßnahme**
für ein bestimmtes Gebiet zu verlangen (OVG Münster BRS 59 Nr 106).

III. Vorkaufssatzung, Abs 1 Satz 2

Das besondere Vorkaufsrecht besteht nur an den in der Satzung nach Abs 1 Satz 2 6
bezeichneten Flächen. Die maßgebende Bezeichnung kann durch textliche Festsetzungen
oder zeichnerische Darstellung erfolgen. Erforderlich ist, dass die betroffenen
Flächen eindeutig gekennzeichnet sind. Die Satzung über das Vorkaufsrecht ist
nach Maßgabe des jeweiligen Kommunalrechts zu beschließen und ortsüblich unter
Beachtung evtl bestehender gemeindlicher Hauptsatzungen bekannt zu machen.

Die Satzung muss nicht eine zusammenhängende Fläche umfassen; möglich ist auch, dass sich der Geltungsbereich einer Satzung auf mehrere getrennte Flächen bezieht. Der Geltungsbereich einer Satzung, mit der ein besonderes Vorkaufsrecht nach § 25 Abs 1 Satz 1 Nr 2 begründet wird, darf nicht über das Gebiet hinausgehen, in dem die Gemeinde städtebauliche Maßnahmen in Betracht zieht (BVerwG BRS 56 Nr 94; BVerwG BRS 63 Nr 130; VGH Mannheim BRS 63 Nr 128; OVG Koblenz, B v 04.03.2003 – 8 A 10154/03).

IV. Ausübung des Vorkaufsrechts

7 Die Ausübung des Vorkaufsrechts setzt voraus, dass das **Wohl der Allgemeinheit** dies rechtfertigt, wobei durch das Vorkaufsrecht zur Sicherung einer geordneten städtebaulichen Entwicklung beigetragen werden soll. Dabei müssen die Interessen der am Kauf Beteiligten mit denen der Gemeinde abgewogen werden. Rein fiskalische Interessen reichen nicht aus. Wird ein unbebautes Grundstück in einem Gebiet, für das die Gemeinde die Aufstellung eines Bebauungsplans beschlossen hat bzw in dem sie städtebauliche Maßnahmen in Betracht zieht, entsprechend den gemeindlichen Planvorstellungen genutzt, so wird die Ausübung des Vorkaufsrechts nach § 25 Abs 1 Satz 1 Nr 2 auch dann nicht durch das Wohl der Allgemeinheit gerechtfertigt, wenn der Erwerber Nutzungsänderungsabsichten geäußert hat. Die Gemeinde hat es im Anwendungsbereich des § 25 Abs 1 Satz 1 Nr 2, in dem es um die Sicherung zukünftiger Planungen geht, in der Hand, die Gefahr, die der städtebaulichen Ordnung durch eine nachträgliche Änderung der Grundstücksnutzung droht, ggf dadurch abzuwenden, dass sie sich der Sicherungsmittel bedient, die ihr der Gesetzgeber in Gestalt der Vspr und der Zurückstellung von Baugesuchen zur Verfügung stellt (BVerwG BRS 55 Nr 100). Es bedarf des Einsatzes der in §§ 24, 25 geschaffenen **Sicherungsinstrumente** nicht, wenn ein Grundstück in Einklang mit den städtebaulichen Zielvorstellungen der Gemeinde bebaut ist und genutzt wird.

8 Anders als nach § 24 ist bei der Ausübung des Vorkaufsrechts nach § 25 der Verwendungszweck nur dann zu deklarieren, wenn er bereits in diesem Zeitpunkt angegeben werden kann, Abs 2 Satz 2. Das wird in den Fällen des Abs 1 Satz 1 Nr 1 regelmäßig der Fall sein, da er sich aus dem Bebauungsplan ergeben muss.

V. Rechtsschutz/Streitwert

9 Nach einhelliger Auffassung in der Rechtsprechung und Literatur kann außer dem Verkäufer auch der Käufer des Grundstücks die Ausübung des Vorkaufsrechts, die gem § 28 Abs 2 Satz 1 durch Verwaltungsakt erfolgt, **anfechten** (BVerwG BRS 39 Nr 96; VGH Kassel NJW 1989, 1626; Battis/Krautzberger/Löhr, § 28 Rn 21; Schrödter, § 28 Rn 53). Auch dem Käufer wird durch die Ausübung des Vorkaufsrechts das vertragliche Recht auf Eigentumsverschaffung entzogen. Dies gilt auch dann, wenn es sich um einen Hoheitsträger handelt (zurückhaltend: VGH Mannheim BRS 62 Nr 128). Eine Vorkaufsrechtssatzung nach § 25 Abs 1 Satz 1 Nr 2 kann (parallel) von dem Eigentümer eines in ihrem Geltungsbereich gelegenen Grundstücks regelmäßig mit einem **Normenkontrollantrag** einer gerichtlichen Nachprüfung zugeführt werden (OVG Saar BRS 58 Nr 96). Zur Bemessung der sich für die ergebende Bedeutung der Sache iSv § 13 Abs 1 GKG ist grds an den

zwischen Verkäufer und Verkäufer vereinbarten Kaufpreis anzuknüpfen. Als Streitwert sind 5 vH des Kaufpreises regelmäßig angemessen (VGH München BayVBl 1999, 669).

§ 26 Ausschluss des Vorkaufsrechts

Die Ausübung des Vorkaufsrechts ist ausgeschlossen, wenn
1. **der Eigentümer das Grundstück an seinen Ehegatten oder an eine Person verkauft, die mit ihm in gerader Linie verwandt oder verschwägert oder in der Seitenlinie bis zum dritten Grad verwandt ist,**
2. **das Grundstück**
 a) von einem öffentlichen Bedarfsträger für Zwecke der Landesverteidigung, des Bundesgrenzschutzes, der Zollverwaltung, der Polizei oder des Zivilschutzes oder
 b) von Kirchen und Religionsgesellschaften des öffentlichen Rechts für Zwecke des Gottesdienstes oder der Seelsorge
 gekauft wird,
3. **auf dem Grundstück Vorhaben errichtet werden sollen, für die ein in § 38 genanntes Verfahren eingeleitet oder durchgeführt worden ist, oder**
4. **das Grundstück entsprechend den Festsetzungen des Bebauungsplans oder den Zielen und Zwecken der städtebaulichen Maßnahme bebaut ist und genutzt wird und eine auf ihm errichtete bauliche Anlage keine Missstände oder Mängel im Sinne des § 177 Abs. 2 und 3 Satz 1 aufweist.**

Gesamtübersicht

	Rn		Rn
I. Allgemeines	1	2. Privilegierte Bedarfsträger	
II. Ausschlussgründe	2	(Nr 2)	3
1. Verkauf an den Ehegatten und		3. Verfahren nach § 38 (Nr 3)	4
Verwandtengeschäfte (Nr 1)	2	4. Sonstige Ausschlussgründe	5

I. Allgemeines

Das BauGB unterscheidet zwischen dem **Ausschluss** (§ 26) und der **Abwendung** (§ 27) des Vorkaufsrechts. Während das Abwendungsrecht als ein subjektives öffentliches Recht des Käufers ausgestattet ist und voraussetzt, dass die Gemeinde von ihrem Vorkaufsrecht Gebrauch machen will, enthalten die Ausschlusstatbestände des § 26 negative Ausübungsvoraussetzungen (BKL, § 26 Rn 1). Die Ausschlusstatbestände des § 26 gelten einheitlich für alle Vorkaufsrechte des Baugesetzbuchs und konkretisieren die typischen Beispielsfälle, in denen das Wohl der Allgemeinheit eine Ausübung des Vorkaufsrechts nicht rechtfertigt. Daraus folgt aber gleichzeitig, dass diese Vorschrift keine abschließende Regelung darstellt (BVerwG NVwZ 1994, 284 (285) = BRS 55 Nr 100; KK § 26 Rn 1).

II. Ausschlussgründe

1. Verkauf an den Ehegatten und Verwandtengeschäfte (Nr 1)

2 Nr 1 enthält das sog **Verwandtenprivileg** und soll verhindern, dass innerhalb der genannten Verwandtschaftsverhältnisse ggf faktisch schon vollzogene Grundstücksübertragungen rechtlich nicht umgesetzt werden, um die Möglichkeit oder Ausübung eines gemeindlichen Vorkaufsrechts zu vermeiden. Zum Begriff der Verwandtschaft ist auf §§ 1589 ff BGB zu verweisen. Bei einer Veräußerung unter Ehegatten ist Voraussetzung für den Ausschluss des Vorkaufsrechts, dass die Ehe rechtsgültig besteht; entsprechendes gilt bei Verschwägerung. Ein Verkauf unter Verlobten wird ebenso wenig erfasst, wie ein Verkauf vor Wirksamkeit einer Adoption (VGH München NVwZ 1995, 304).

2. Privilegierte Bedarfsträger (Nr 2)

3 Der Kreis der privilegierten öffentlichen Bedarfsträger ist durch das BauROG 1998 aufgrund der Privatisierung der Deutschen Bundespost um das Post- und Fernmeldewesen verkleinert worden. Die Aufzählung in Nr 2a ist abschließend, so dass für alle sonstigen Grundstücke der öffentlichen Hand § 26 keine Anwendung findet. Der Bedarfsträger hat nur nachzuweisen, dass der Erwerb einem der genannten Zwecke dient bzw dass er die Absicht hat, das betreffende Grundstück einem solchen Zweck zuzuführen. Da diese Vorschrift aber nicht dazu dient, dass der Bedarfsträger sich auf Vorrat Grundstücke beschafft, muss der Zweck hinreichend konkretisiert sein. Dies gilt nach Nr 2b auch für Kirchen und Religionsgemeinschaften (zur Begriffsbestimmung: OLG Stuttgart RdL 1993, 102; BVerwG BRS 55 Nr 100)

3. Verfahren nach § 38 (Nr 3)

4 Die Ausübung des Vorkaufsrechts ist nach Nr 3 ausgeschlossen, wenn auf dem Grundstück Vorhaben errichtet werden sollen, die den in § 38 genannten Vorschriften unterliegen (vgl Schmidt-Eichstaedt, NVwZ 2003, 129 ff). Das Vorkaufsrecht ist ausgeschlossen, sobald das einzelne Verfahren förmlich eingeleitet worden ist (KK, § 26 Rn 14).

4. Sonstige Ausschlussgründe

5 Wenn ein Grundstück, das im Geltungsbereich eines Bebauungsplanes liegt, entsprechend der Festsetzung bebaut und genutzt wird, ist das Vorkaufsrecht ausgeschlossen (Nr 4, 1. Alt). Unerheblich ist, ob die festgesetzten Höchstwerte auch ausgenutzt werden, es sei denn, dass sie zwingend festgesetzt worden sind. Das Vorkaufsrecht ist auch bei einer Bebauung entsprechend den Zielen und Zwecken der städtebaulichen Maßnahme (Nr 4, 2. Alt) ausgeschlossen. Eine entsprechende Anwendung auf unbebaute Grundstücke scheidet aus (BVerwG BRS 55 Nr 100). Besondere Bedeutung kommt dieser Alternative ua in Sanierungsgebieten und städtebaulichen Entwicklungsgebieten zu (§ 24 Abs 1 Nr 3).

6 Trotz plankonformer oder maßnahmegerechter Bebauung kann das Vorkaufsrecht aber dann ausgeübt werden, wenn die bauliche Anlage auf dem Grundstück Missstände oder Mängel iSd § 177 Abs 2 und 3 Satz 1 aufweist. Der Käufer kann dann aber die Ausübung des Vorkaufsrechts unter den Voraussetzungen des § 27 Abs 1 Satz 2 abwenden.

§ 27 Abwendung des Vorkaufsrechts

(1) Der Käufer kann die Ausübung des Vorkaufsrechts abwenden, wenn die Verwendung des Grundstücks nach den baurechtlichen Vorschriften oder den Zielen und Zwecken der städtebaulichen Maßnahme bestimmt oder mit ausreichender Sicherheit bestimmbar ist, der Käufer in der Lage ist, das Grundstück binnen angemessener Frist dementsprechend zu nutzen, und er sich vor Ablauf der Frist nach § 28 Abs. 2 Satz 1 hierzu verpflichtet. Weist eine auf dem Grundstück befindliche bauliche Anlage Missstände oder Mängel im Sinne des § 177 Abs. 2 und 3 Satz 1 auf, kann der Käufer die Ausübung des Vorkaufsrechts abwenden, wenn er diese Missstände oder Mängel binnen angemessener Frist beseitigen kann und er sich vor Ablauf der Frist nach § 28 Abs. 2 Satz 1 zur Beseitigung verpflichtet. Die Gemeinde hat die Frist nach § 28 Abs. 2 Satz 1 auf Antrag des Käufers um zwei Monate zu verlängern, wenn der Käufer vor Ablauf dieser Frist glaubhaft macht, dass er in der Lage ist, die in Satz 1 oder 2 genannten Voraussetzungen zu erfüllen.
(2) Ein Abwendungsrecht besteht nicht
1. in den Fällen des § 24 Abs. 1 Satz 1 Nr. 1 und
2. in einem Umlegungsgebiet, wenn das Grundstück für Zwecke der Umlegung (§ 45) benötigt wird.

I. Bedeutung und Inhalt der Vorschrift

Das Abwendungsrecht ist die Konsequenz des Grundsatzes, dass das Vorkaufsrecht nur ausgeübt werden darf, wenn das Wohl der Allgemeinheit dies rechtfertigt. Es ist als subjektives öffentliches **Abwehrrecht** ausgestaltet (BK, 3. Aufl, § 27 Rn 2). Mit der Ausübung des Abwendungsrechts entfällt das Wohl der Allgemeinheit für das von der Gemeinde evtl bereits ausgeübte Vorkaufsrecht mit der Folge, dass die Gemeinde einen bereits erlassenen Bescheid über die Ausübung des Vorkaufsrechts (ex tunc) aufheben muss. Eine vor Erlass des Bescheids erklärte Abwendung hindert die Gemeinde an der Ausübung des Vorkaufsrechts (KK, § 27 Rn 1).

Voraussetzung für die Abwendung ist zunächst, dass der planerisch vorgesehene **Verwendungszweck** des Grundstücks bereits bestimmt oder mit ausreichender Sicherheit bestimmbar ist (Abs 1 Satz 1). Mit ausreichender Sicherheit bestimmbar ist die Verwendung, wenn sich die Planungs- oder Entwicklungsvorstellung der Gemeinde soweit konkretisiert haben, dass eine dem Zweck des jeweiligen Vorkaufsrechts entsprechende künftige Verwendung durch den Käufer bereits bei Ausübung des Vorkaufsrechts möglich erscheint.

Der Käufer muss in der Lage sein, das Grundstück entsprechend den baurechtlichen Vorschriften oder den Zielen und Zwecken der städtebaulichen Maßnahme binnen angemessener Frist zu nutzen, und dies glaubhaft machen. Dazu gehört insbesondere die Finanzierbarkeit sowie die objektive Eignung des Grundstücks für eine bestimmungsgemäße Nutzung (EZB, § 27 Rn 10 f). Inhalt und Form der Verpflichtung des Käufers, das Grundstück bestimmungsgemäß zu nutzen, richten sich nach dem **Sicherungsbedürfnis** der Gemeinde. Eine entsprechende öffentlich-rechtliche Vereinbarung zwischen dem Käufer und der Gemeinde kann geboten sein, um Zweifel an der Fähigkeit des Käufers, das Grundstück plangerecht zu nut-

zen, auszuräumen (BK, 3. Aufl, § 27 Rn 3). Zum Inhalt der Verpflichtung gehört auch die Nutzung binnen angemessener Frist. Die Länge der Frist hängt von den Umständen des Einzelfalls ab.

4 Die **Verpflichtungserklärung** muss innerhalb von 2 Monaten, nachdem der Kaufvertrag der Gemeinde mitgeteilt worden ist, abgegeben werden (§ 27 Abs 1 Satz 1 iVm § 28 Abs 2 Satz 1). Auch für den Fall, dass der Ausübungsbescheid vor Ablauf der 2 Monatsfrist unanfechtbar geworden ist, kann der Käufer die Abwendungsverpflichtung noch bis zum Ablauf der 2 Monatsfrist erklären, selbst wenn die Gemeinde bereits im Grundbuch eingetragen ist (strittig: BK, 3. Aufl, § 27 Rn 5; KK, § 27 Rn 16; aA EZB, § 27 Rn 4; Schrödter, § 27 Rn 11).

5 Die Frist nach § 28 Abs 2 Satz 1 ist gem § 27 Abs 1 Satz 2 um zwei Monate zu verlängern, wenn der Käufer glaubhaft macht, für planentsprechende Nutzung in der Lage zu sein. Die Gemeinde hat nach allgemeiner Ansicht kein Ermessensspielraum (zum Rechtsschutz gegen die Versagung einer Fristverlängerung; BKL, § 27 Rn 7; KK, § 27 Rn 36).

II. Ausschluss des Abwendungsrechts (Abs 2)

6 Gemäß § 27 Abs 2 Nr 1 steht dem Käufer in den Fällen des § 24 Abs 1 Satz 1 Nr 1 kein Abwendungsrecht zu. Der Gesetzgeber will ermöglichen, dass die Gemeinden ihr Vorkaufsrecht ausüben können, auch wenn die Festsetzungen einer Nutzung für öffentliche Zwecke im Bebauungsplan wie „Spielplatz", „Sportplatz", „Krankenhaus" oder „Schwimmbad" (BT-Drs 10/5027, 7), von Privaten verwirklicht werden könnten. Der Ausschluss des Abwendungsrechts nach § 27 Abs 2 Nr 2 bezieht sich auf das Vorkaufsrecht im Umlegungsgebiet. Der Gesetzgeber will hiermit insbesondere dem Gedanken der Umlegung Rechnung tragen (BT-Drs 10/5111, 5).

Anhang

▶ **Muster
Antrag auf Abwendung des Vorkaufsrechts gemäß § 27 BauGB**

An die Stadt

Baurechtsamt

Betr.: Vorkaufsrecht für die Flurstücke Nr. ...

Sehr geehrte Damen und Herren,

wir beehren uns anzuzeigen, dass uns die Eheleute A mit der Wahrnehmung ihrer Interessen beauftragt haben. In der Anlage übersenden wir Vollmacht. Zu Ihrem Schreiben vom ... mit dem Sie die Ausübung des Vorkaufsrechts gem § 24 Abs 1 Nr 4 BauGB ankündigen, nehmen wir innerhalb der von Ihnen gesetzten Frist wie folgt Stellung:

1. Richtig ist, dass unsere Mandanten mit notariellem Kaufvertrag vom ... die im Betreff bezeichneten Grundstücke erworben haben. Richtig ist auch, dass diese im Geltungsbereich einer Satzung zur Sicherung von Durchführungsmaßnahmen des Stadtumbaus liegen.

2. Unsere Mandanten sind gem § 27 Abs 1 BauGB zur Abwendung des Vorkaufsrechts befugt und beabsichtigen, hiervon Gebrauch zu machen. Unsere Mandanten sind bereit, sich vor Ablauf der Frist nach § 28 Abs 2 Satz 1 BauGB zu verpflichten, das Grundstück

binnen angemessener Frist entsprechend den Zielen und Zwecken der Satzung zur Sicherung der Durchführungsmaßnahme des Stadtumbaus zu nutzen. Unsere Mandanten sind nach ihren Vermögensverhältnissen in der Lage, die entsprechende Nutzung in angemessener Zeit realisieren zu können. Sie sind bereit, diese Verpflichtung in einem öffentlich-rechtlichen Vertrag einzugehen und ein unwiderrufliches notarielles Kaufangebot für die im Betreff bezeichneten Flurstücke zu übermitteln, sofern sie ihre Verpflichtungen nicht innerhalb der vertraglich bestimmten Frist erfüllen. Um hinreichend Zeit zu haben, den öffentlich-rechtlichen Vertrag in seiner Ausgestaltung abzustimmen, wird hiermit gem § 27 Abs 1 Satz 3 BauGB b e a n t r a g t , die Frist nach § 28 Abs 2 Satz 1 BauGB um zwei Monate zu verlängern (Paetow, in: BK zum BauGB, 3. Aufl, § 27 Rn 6). ◄

§ 27a Ausübung des Vorkaufsrechts zugunsten Dritter

(1) Die Gemeinde kann
1. das ihr zustehende Vorkaufsrecht zugunsten eines Dritten ausüben, wenn das im Wege der Ausübung des Vorkaufsrechts zu erwerbende Grundstück für Zwecke der sozialen Wohnraumförderung oder die Wohnbebauung für Personengruppen mit besonderem Wohnbedarf genutzt werden soll und der Dritte in der Lage ist, das Grundstück binnen angemessener Frist dementsprechend zu bebauen, und sich hierzu verpflichtet, oder
2. das ihr nach § 24 Abs. 1 Satz 1 Nr. 1 zustehende Vorkaufsrecht zugunsten eines öffentlichen Bedarfsoder Erschließungsträgers sowie das ihr nach § 24 Abs. 1 Satz 1 Nr. 3 zustehende Vorkaufsrecht zugunsten eines Sanierungs- oder Entwicklungsträgers ausüben, wenn der Träger einverstanden ist.

In den Fällen der Nummer 1 hat die Gemeinde bei der Ausübung des Vorkaufsrechts zugunsten eines Dritten die Frist, in der das Grundstück für den vorgesehenen Zweck zu verwenden ist, zu bezeichnen.

(2) Mit der Ausübung des Vorkaufsrechts kommt der Kaufvertrag zwischen dem Begünstigten und dem Verkäufer zustande. Die Gemeinde haftet für die Verpflichtung aus dem Kaufvertrag neben dem Begünstigten als Gesamtschuldnerin.

(3) Für den von dem Begünstigten zu zahlenden Betrag und das Verfahren gilt § 28 Abs. 2 bis 4 entsprechend. Kommt der Begünstigte seiner Verpflichtung nach Absatz 1 Satz 1 Nr. 1 und Satz 2 nicht nach, soll die Gemeinde in entsprechender Anwendung des § 102 die Übertragung des Grundstücks zu ihren Gunsten oder zugunsten eines Bauwilligen verlangen, der dazu in der Lage ist und sich verpflichtet, die Baumaßnahmen innerhalb angemessener Frist durchzuführen. Für die Entschädigung und das Verfahren gelten die Vorschriften des Fünften Teils über die Rückenteignung entsprechend. Die Haftung der Gemeinde nach § 28 Abs. 3 Satz 7 bleibt unberührt.

Gesamtübersicht

	Rn		Rn
I. Allgemeines	1	2. Die Anwendungsfälle	3
II. Ausübung des Vorkaufsrechts		III. Rechtsfolgen	5
zugunsten eines Dritten (Abs 1)	2	IV. Rechtsschutz	6
1. Allgemeine Voraussetzungen	2		

I. Allgemeines

1 § 27a begründet die Möglichkeit der Ausübung des Vorkaufsrechts zugunsten eines Dritten. Das BauROG 1998 führte mit § 27a die Regelungen des § 28 Abs 4 BauGB aF über die Ausübung des Vorkaufsrechts zugunsten eines öffentlichen Bedarfs- oder Erschließungsträgers bzw eines Sanierungs- oder Entwicklungsträgers sowie die Ausübung des Vorkaufsrechts zugunsten des sozialen Wohnungsbaus nach § 3 Abs 4 BauGB-MaßnahmenG zu einer einheitlichen Vorschrift zusammen und beschränkte die Möglichkeit, das Vorkaufsrecht zugunsten bestimmter Dritter auszuüben. Der Sinn dieser Norm ist darin zu sehen, eine zweimalige Eigentumsübertragung zu vermeiden.

II. Ausübung des Vorkaufsrechts zugunsten eines Dritten (Abs 1)

1. Allgemeine Voraussetzungen

2 Der Antrag zugunsten eines Dritten setzt voraus, dass die Gemeinde selbst das Vorkaufsrecht hätte ausüben können, insoweit müssen alle rechtlichen Voraussetzungen für das Entstehen und die Ausübung vorliegen (§§ 24–27). Die Ausübung ist insbesondere nur innerhalb der (ggf nach § 27 Abs 1 Satz 3 verlängerten) Zwei-Monatsfrist zulässig. Voraussetzung für die Ausübung ist, dass der Dritte dazu sein Einverständnis erklärt, was auch formlos erfolgen kann (OVG Lüneburg BRS 36 Nr 120 = BauR 1981, 262). Die Ausübung des Vorkaufsrechts zugunsten eines Dritten steht im Ermessen der Gemeinde. Eine Pflicht zur Ausübung besteht aus dem Städtebaurecht nicht.

2. Die Anwendungsfälle

3 Nach Abs 1 Satz 1 Nr 1 kommt die Ausübung zugunsten eines Dritten in Betracht, wenn das Grundstück im Rahmen des sozialen Wohnungsbaus (§ 9 Abs 1 Nr 7) oder für Personen mit besonderem Wohnbedarf (§ 9 Abs 1 Nr 8) bebaut werden soll. Der durch das Vorkaufsrecht begünstigte Dritte muss in der Lage sein und sich hierzu verpflichten, das Grundstück dementsprechend zu bebauen; **zur vertraglichen Baupflicht** vgl § 11 Abs 1 Nr 2 (Städtebaulicher Vertrag; zu einzelnen Vertragsgestaltungen: BVerwG NJW 1993, 2695; VGH München BayVBl 1997, 596; BVerwGE 50, 171; VGH München NVwZ-RR 2003, 154). Nach Abs 1 Satz 2 hat die Gemeinde bei der Ausübung des Vorkaufsrechts die Frist, in der das Grundstück für den vorgesehenen Zweck zu verwenden ist, zu bezeichnen (BKL, § 27a Rn 3). Wird das Vorkaufsrecht gem Abs 1 Nr 1 zugunsten eines privaten Dritten ausgeübt, so ist zur Sicherung des Verwendungszieles eine Frist festzulegen, binnen derer das Grundstück für den vorgesehenen Zweck zu verwenden ist.

Abs 1 Satz 1 Nr 2 regelt zwei weitere Fälle der Ausübung des Vorkaufsrechts zugunsten eines Dritten. Danach kann zugunsten eines **öffentlichen Bedarfs- und Erschließungsträgers** bzw **Sanierungs- oder Entwicklungsträgers** das Vorkaufsrecht ausgeübt werden, wenn der Gemeinde entsprechend ein Vorkaufsrecht nach § 24 Abs 1 Nr 1 oder Nr 3 zusteht. Der Begriff des öffentlichen Bedarfs- und Erschließungsträgers grenzt die privaten Träger aus, schließt jedoch ein Vorkaufsrecht zugunsten eines Trägers, der im Eigentum der öffentlichen Hand steht, allerdings privatrechtlich organisiert ist, nicht aus. Voraussetzung ist die öffentliche Zweckbestimmung (Schrödter, § 28 Rn 37; BKL, § 27a Rn 5). Zu dem Begriff Sanierungsträger vgl §§ 157 und 158, zu dem Begriff Entwicklungsträger § 167.

4

III. Rechtsfolgen

Übt die Gemeinde das Vorkaufsrecht aus, so kommt der Kaufvertrag zwischen dem Begünstigten und dem Verkäufer zustande. Der Begünstigte erwirbt unmittelbar das Eigentum, denn ein **Zwischenerwerb** durch die Gemeinde findet nicht statt. Er ist gegenüber dem Verkäufer auch Schuldner des Kaufpreises, wobei daneben die Gemeinde als Gesamtschuldnerin haftet. Abs 3 regelt den vom Begünstigenden zu zahlenden Betrag und die Zahlungsmodalitäten unter Verweis auf § 28 Abs 2–4. Kommt dieser seinen Verpflichtungen nicht nach, soll die Gemeinde das Grundstück an sich ziehen oder vom zuvor Begünstigten die Übertragung an einen Bauwilligen verlangen, der bereit und in der Lage ist, den Verpflichtungen nachzukommen.

5

IV. Rechtsschutz

Die Ausübung des Vorkaufsrechts zugunsten eines Dritten wird ebenfalls durch Verwaltungsakt ausgeübt. Statthaftes Rechtsmittel gegen die Ausübung ist daher der **Widerspruch** gem § 68 VwGO. Wird das Vorkaufsrecht zugunsten eines Dritten zum Verkehrswert ausgeübt (§ 28 Abs 3) oder zum Entschädigungswert (§ 28 Abs 4), so kann der Verwaltungsakt nur durch **Antrag auf gerichtliche Entscheidung** bei den Baulandgerichten (§ 217 Abs 1) angefochten werden.

6

§ 28 Verfahren und Entschädigung

(1) Der Verkäufer hat der Gemeinde den Inhalt des Kaufvertrags unverzüglich mitzuteilen; die Mitteilung des Verkäufers wird durch die Mitteilung des Käufers ersetzt. Das Grundbuchamt darf bei Kaufverträgen den Käufer als Eigentümer in das Grundbuch nur eintragen, wenn ihm die Nichtausübung oder das Nichtbestehen des Vorkaufsrechts nachgewiesen ist. Besteht ein Vorkaufsrecht nicht oder wird es nicht ausgeübt, hat die Gemeinde auf Antrag eines Beteiligten darüber unverzüglich ein Zeugnis auszustellen. Das Zeugnis gilt als Verzicht auf die Ausübung des Vorkaufsrechts.
(2) Das Vorkaufsrecht kann nur binnen zwei Monaten nach Mitteilung des Kaufvertrags durch Verwaltungsakt gegenüber dem Verkäufer ausgeübt werden. Die §§ 463, 464 Abs. 2, §§ 465 bis 468 und 471 des Bürgerlichen Gesetzbuchs sind anzuwenden. Nach Mitteilung des Kaufvertrags ist auf Ersuchen der Gemeinde zur Sicherung ihres Anspruchs auf Übereignung des Grundstücks eine Vormerkung in das Grundbuch einzutragen; die Gemeinde trägt

die Kosten der Eintragung der Vormerkung und ihrer Löschung. Das Vorkaufsrecht ist nicht übertragbar. Bei einem Eigentumserwerb auf Grund der Ausübung des Vorkaufsrechts erlöschen rechtsgeschäftliche Vorkaufsrechte. Wird die Gemeinde nach Ausübung des Vorkaufsrechts im Grundbuch als Eigentümerin eingetragen, kann sie das Grundbuchamt ersuchen, eine zur Sicherung des Übereignungsanspruchs des Käufers im Grundbuch eingetragene Vormerkung zu löschen; sie darf das Ersuchen nur stellen, wenn die Ausübung des Vorkaufsrechts für den Käufer unanfechtbar ist.

(3) Abweichend von Absatz 2 Satz 2 kann die Gemeinde den zu zahlenden Betrag nach dem Verkehrswert des Grundstücks (§ 194) im Zeitpunkt des Kaufes bestimmen, wenn der vereinbarte Kaufpreis den Verkehrswert in einer dem Rechtsverkehr erkennbaren Weise deutlich überschreitet. In diesem Falle ist der Verkäufer berechtigt, bis zum Ablauf eines Monats nach Unanfechtbarkeit des Verwaltungsakts über die Ausübung des Vorkaufsrechts vom Vertrag zurückzutreten. Auf das Rücktrittsrecht sind die §§ 346 bis 349 und 351 des Bürgerlichen Gesetzbuchs entsprechend anzuwenden. Tritt der Verkäufer vom Vertrag zurück, trägt die Gemeinde die Kosten des Vertrags auf der Grundlage des Verkehrswerts. Tritt der Verkäufer vom Vertrag nicht zurück, erlischt nach Ablauf der Rücktrittsfrist nach Satz 2 die Pflicht des Verkäufers aus dem Kaufvertrag, der Gemeinde das Eigentum an dem Grundstück zu übertragen. In diesem Falle geht das Eigentum an dem Grundstück auf die Gemeinde über, wenn auf Ersuchen der Gemeinde der Übergang des Eigentums in das Grundbuch eingetragen ist. Führt die Gemeinde das Grundstück nicht innerhalb einer angemessenen Frist dem mit der Ausübung des Vorkaufsrechts verfolgten Zweck zu, hat sie dem Verkäufer einen Betrag in Höhe des Unterschieds zwischen dem vereinbarten Kaufpreis und dem Verkehrswert zu zahlen. § 44 Abs. 3 Satz 2 und 3, § 43 Abs. 2 Satz 1 sowie die §§ 121 und 122 sind entsprechend anzuwenden.

(4) In den Fällen des § 24 Abs. 1 Satz 1 Nr. 1 bestimmt die Gemeinde den zu zahlenden Betrag nach den Vorschriften des Zweiten Abschnitts des Fünften Teils, wenn der Erwerb des Grundstücks für die Durchführung des Bebauungsplans erforderlich ist und es nach dem festgesetzten Verwendungszweck enteignet werden könnte. Mit der Unanfechtbarkeit des Bescheids über die Ausübung des Vorkaufsrechts erlischt die Pflicht des Verkäufers aus dem Kaufvertrag, der Gemeinde das Eigentum an dem Grundstück zu übertragen. In diesem Falle geht das Eigentum an dem Grundstück auf die Gemeinde über, wenn auf Ersuchen der Gemeinde der Übergang des Eigentums in das Grundbuch eingetragen ist.

(5) Die Gemeinde kann für das Gemeindegebiet oder für sämtliche Grundstücke einer Gemarkung auf die Ausübung der ihr nach diesem Abschnitt zustehenden Rechte verzichten. Sie kann den Verzicht jederzeit für zukünftig abzuschließende Kaufverträge widerrufen. Der Verzicht und sein Widerruf sind ortsüblich bekannt zu machen. Die Gemeinde teilt dem Grundbuchamt den Wortlaut ihrer Erklärung mit. Hat die Gemeinde auf die Ausübung ihrer Rechte verzichtet, bedarf es eines Zeugnisses nach Absatz 1 Satz 3 nicht, soweit nicht ein Widerruf erklärt ist.

(6) Hat die Gemeinde das Vorkaufsrecht ausgeübt und sind einem Dritten dadurch Vermögensnachteile entstanden, hat sie dafür Entschädigung zu leisten, soweit dem Dritten ein vertragliches Recht zum Erwerb des Grundstücks zustand, bevor ein gesetzliches Vorkaufsrecht der Gemeinde auf Grund dieses Gesetzbuchs oder solcher landesrechtlicher Vorschriften, die durch § 186 des Bun- desbaugesetzes aufgehoben worden sind, begründet worden ist. Die Vorschriften über die Entschädigung im Zweiten Abschnitt des Fünften Teils sind entsprechend anzuwenden. Kommt eine Einigung über die Entschädigung nicht zustande, entscheidet die höhere Verwaltungsbehörde.

Gesamtübersicht

	Rn		Rn
I. Allgemeines	1	IV. Wirkungen der Ausübung des Vorkaufsrechts (Abs 2 Satz 2-6)	9
II. Sicherung des Vorkaufsrechts (Abs 1 Satz 1–4, Abs 2 Satz 3)	2	V. Ausübung zum Verkehrswert und Änderung des Kaufpreises (Abs 3 und 4)	11
1. Mitteilungspflicht des Verkäufers (Abs 1 Satz 1)	2	VI. Verzicht auf die Ausübung des Vorkaufsrechts (Abs 5)	14
2. Negativattest (Abs 1 Satz 3 und 4) und Grundbuchsperre (Abs 1 Satz 2)	4	VII. Entschädigung für Erwerbsrechte (Abs 6)	15
III. Ausübung des Vorkaufsrechts (Abs 2)	6	VIII. Rechtsschutz	16

I. Allgemeines

§ 28 enthält Regelungen über die Ausübung des Vorkaufsrechts und deren rechtliche Folgen, die gleichermaßen für alle gesetzlichen Vorkaufsrechte des BauGB gelten. Für das Vorkaufsrecht nach § 24 Abs 1 Satz 1 Nr 1 sieht Abs 4 allerdings abweichende Regelungen vor. Das preislimitierte Vorkaufsrecht des Abs 3 wurde durch das BauROG 1998 in das BauGB übernommen.

II. Sicherung des Vorkaufsrechts (Abs 1 Satz 1–4, Abs 2 Satz 3)

1. Mitteilungspflicht des Verkäufers (Abs 1 Satz 1)

§ 28 Abs 1 Satz 1 vermittelt einen Anspruch gegen den Verkäufer auf unverzügliche **Mitteilung** des Inhalts des Kaufvertrages, damit der Vorkaufsberechtigte von seinem Recht Gebrauch machen kann. Vorbild für diese Regelung ist § 510 Abs 1 BGB. Mitzuteilen sind alle Wirksamkeitsvoraussetzungen, insbesondere erforderliche zivil- oder öffentlich-rechtliche Genehmigungen (BGH BRS 25 Nr 100). Die Pflicht zur Mitteilung des Vertragsinhalts ist für den Verkäufer eine Rechtspflicht, und nicht lediglich eine Obliegenheit (RGZ 170, 208 (213)). Sie kann aber auch durch den Käufer erfolgen; nicht ausreichend ist die Äußerung eines sonstigen (nicht bevollmächtigten) Dritten (vgl BGHZ 23, 342; BGH NVwZ 1995, 101). Das Gesetz schreibt für die Mitteilung keine bestimmte Form vor, so dass sogar eine mündliche Erklärung ausreichend sein kann (BGH MDR 1959, 649; OVG Lüneburg ZMR 1984, 389), allerdings besteht in diesem Fall die Gefahr von Beweisproblemen. Die

Mitteilung ist Anknüpfungspunkt für die Frist des Abs 2 Satz 1, wonach das Vorkaufsrecht nur binnen zwei Monaten nach Mitteilung durch Verwaltungsakt gegenüber dem Verkäufer ausgeübt werden kann.

3 Die Mitteilung muss immer so konkret sein, dass daraus für die Gemeinde problemlos zu erkennen ist, was veräußert worden ist (BGH NVwZ 1995, 101; BGH WM 1966, 891). Fehlt es daran, beginnt die Frist des Abs 2 Satz 1 erst nach der vollständigen Unterrichtung zu laufen (OVG Lüneburg ZMR 1984, 389). Eine formblattmäßige **Vorkaufsrechtsanfrage** des einen Kaufvertrag über ein Grundstück in einem Sanierungsgebiet beurkundenden Notars ist nicht geeignet, die 2-Monats-Frist für die Ausübung des Vorkaufsrechts nach § 28 Abs 2 Satz 1 in Lauf zu setzen (BGH NVwZ 1995, 101). Die Mitteilung muss unverzüglich erfolgen, dh ohne schuldhaftes Zögern, § 121 Abs 1 Satz 1 BGB.

2. Negativattest (Abs 1 Satz 3 und 4) und Grundbuchsperre (Abs 1 Satz 2)

4 Das Negativattest des Abs 1 Satz 3 hat zwar nur deklaratorischen Charakter, gilt aber als ein Verzicht auf die Ausübung eines etwa bestehenden Vorkaufsrechts (Abs 1 Satz 4). Übt die Gemeinde ein Vorkaufsrecht nicht aus, ist sie zur Ausstellung des Negativattestes verpflichtet, welches auch Voraussetzung ist, um den Erwerber als neuen Eigentümer in das Grundbuch eintragen zu dürfen, Abs 1 Satz 2 (OVG Koblenz BRS 48 Nr 86; VGH München NJW-RR 1996, 702).

5 Das **Grundbuchamt** darf bei Kaufverträgen oder kaufähnlichen Verträgen den Käufer als Eigentümer in das Grundbuch erst eintragen, wenn das Nichtausüben oder das Nichtbestehen des Vorkaufsrechts nachgewiesen ist (OLG Frankfurt NJW 1988, 271; BGHZ 73, 12). Kann nach dem Inhalt der Vertragsurkunde und den mit ihr eingereichten Unterlagen nicht zweifelsfrei ausgeschlossen werden, dass die Eigentumsübertragung aufgrund eines Kaufvertrages erfolgen soll, bei dem das Vorkaufsrecht der Gemeinde in Betracht kommt, bleibt es dabei, dass das Grundbuchamt die Vorlage eines Negativattestes der Gemeinde fordern kann (LG Köln RPfleger 2003, 415).

III. Ausübung des Vorkaufsrechts (Abs 2)

6 Das Vorkaufsrecht kann nur binnen zwei Monaten nach Mitteilung durch Verwaltungsakt ausgeübt werden. Die Frist des Abs 2 Satz 1 ist eine Ausschlussfrist (vgl BGHZ 32, 375), die mit Ausnahme des § 27 Abs 1 Satz 3 nicht verlängert werden kann. Für die **Fristberechnung** gelten die §§ 186 ff BGB. Abs 2 Satz 1 bestimmt lediglich die Frist zur Ausübung eines bereits eröffneten Vorkaufsrechts, vermittelt aber nicht die Befugnis, ein Grundstücksgeschäft im Nachhinein dem gemeindlichen Vorkaufsrecht zu unterwerfen (OVG Münster BRS 55 Nr 103).

7 Weder der Wortlaut des § 28 Abs 2 Satz 2 noch schutzwürdige Interessen der Kaufvertragsparteien verlangen für eine wirksame Ausübung des Vorkaufsrechts einen **rechtswirksamen** Kaufvertrag. Die Gemeinde kann vielmehr ihr Vorkaufsrecht bereits nach Abschluss eines Kaufvertrages und auch schon vor Erteilung der zur Wirksamkeit dieses Vertrages notwendigen Genehmigung mit Wirkung auf den Genehmigungszeitpunkt ausüben und damit frühzeitig Interesse am Erwerb des Kaufgegenstands zum Ausdruck bringen (BGH NJW 1998, 2352; OVG Sachsen-Anhalt LKV 2002, 187).

Adressat der **Ausübungserklärung** für das Vorkaufsrecht durch die Gemeinde ist 8
der Verkäufer. Bei mehreren Verkäufern ist dieser VA, der im Übrigen nach § 211
auch mit einer Rechtsbehelfsbelehrung zu versehen ist, allen Verkäufern innerhalb
der Zweimonatsfrist mitzuteilen, wobei die Versäumung der Frist einem Eigentümer gegenüber zur Folge hat, dass der VA nicht wirksam geworden und damit ein
Vorkaufsrecht nicht ausgeübt worden ist. Da sich auch der Käufer gegen die Ausübung des Vorkaufsrechts durch die Gemeinde wenden kann, empfiehlt sich die
gleichzeitige Zustellung des VA an diesen. Die dem Notar erteilte Vollmacht zum
Vollzug des Kaufvertrags stelle keine **Empfangsvollmacht** für die Entgegennahme
der Vorkaufsrechtsausübung der Gemeinde dar (OVG Lüneburg BRS 57 Nr 127).
Außer in Großstädten, in denen wohl die Ausübung des Vorkaufsrechts zu den Geschäften der laufenden Verwaltung gehören dürfte (BGH DVBl 1962, 62), wird in
kleineren und mittleren Gemeinden hierfür die Zuständigkeit der Gemeindevertretung gegeben sein (BGHZ 32, 375, 378 = NJW 1960, 1805; VGH Kassel NVwZ
1983, 556; OLG Frankfurt NVwZ 1982, 580; vgl BGH NVwZ-RR 1997, 725).

IV. Wirkungen der Ausübung des Vorkaufsrechts (Abs 2 Satz 2–6)

Die Folgen der Ausübung des Vorkaufsrechts bestimmen sich nach den in Abs 2 9
Satz 2 genannten Vorschriften des BGB. Mit der Ausübung des Vorkaufsrechts
kommt zwischen der Gemeinde und dem Käufer ein neuer selbstständiger Kaufvertrag zustande (BGH MDR 1963, 303; BGHZ 98, 188), jedoch zu den von Käufer
und Verkäufer vereinbarten Bedingungen, so dass die Gemeinde als Erwerber den
zwischen diesen vereinbarten Kaufpreis zu zahlen hat, soweit nicht Abs 3 oder Abs
4 eingreift. Dieses gesetzliche Vorkaufsrecht der Gemeinde geht evtl bestehenden
privatrechtlichen Vorkaufsrechten vor. Die vom Käufer gegenüber einem Makler
eingegangene Verpflichtung zur Zahlung einer **Provision** entfällt regelmäßig (BGH
NJW 1999, 2271; anders wenn Maklerklausel im Vertrag, BGHZ 131, 318). Unter
den Voraussetzungen des Abs 2 Satz 3 kann die Gemeinde zur Sicherung ihres Anspruchs eine Vormerkung in das Grundbuch eintragen lassen, sofern nicht bereits
der Käufer als Eigentümer eingetragen ist (OLG München NJW 1983, 1567).
Mit dem Eigentumserwerb der Gemeinde durch die Ausübung des Vorkaufsrechts 10
erlöschen rechtsgeschäftliche Vorkaufsrechte (Abs 2 Satz 5); mit der Eintragung ist
eine zur Sicherung des Übereignungsanspruchs des Käufers eingetragene Vormerkung zu löschen, Abs 2 Satz 6 (zur Entschädigung Abs 6).

V. Ausübung zum Verkehrswert und Änderung des Kaufpreises (Abs 3 und 4)

Abs 3 gibt der Gemeinde die Möglichkeit abweichend zu dem vereinbarten Kauf- 11
preis, selbst den zu zahlenden Betrag nach dem **Verkehrswert** zu bestimmen,
wenn der im Kaufvertrag vereinbarte Kaufpreis offensichtlich und deutlich überhöht ist. Hierdurch hat sie die Möglichkeit, einem kollusiven Zusammenwirken der
Kaufvertragsparteien entgegenzuwirken (vgl BVerwGE 57, 87; BGH NVwZ 1994,
409). Mit der Ausübung des **preislimitierten Vorkaufsrechts** trägt die Gemeinde
aber das Risiko, die Kosten des Vertrages übernehmen zu müssen, falls der Verkäufer von dem ihm eingeräumten Rücktrittsrecht (Abs 3 Satz 2–4) Gebrauch
macht (BGH NJW 1982, 2068). Außerdem muss sie dem Verkäufer den Differenzbetrag zwischen Verkehrswert und ursprünglich vereinbartem Kaufpreis erstatten,

wenn sie das Grundstück nicht in angemessener Zeit dem mit der Ausübung des Vorkaufsrechts angestrebten Zweck zuführt (hierzu: KK, § 28 Rn 71 ff).

12 Die Ausübung zum Verkehrswert setzt voraus, dass der Kaufpreis den Verkehrswert deutlich überschreitet. In der Rechtsprechung und Literatur wird eine 20%-ige Überschreitung des Kaufpreises zu dem Verkehrswert als maßgebende Schwelle angesehen (LG Karlsruhe NJW 1995, 1164; KK, § 28 Rn 42 mwN). Vorzugswürdig ist im Einzelfall auf den absoluten Differenzbetrag abzustellen, nicht auf prozentuale Schwellenwerte (OLG Frankfurt GuG 1998, 119; EZB, § 28 Rn 56).

13 Die Regelung des Abs 4 der Vorschrift bezieht sich ausschließlich auf das Vorkaufsrecht nach § 24 Abs 1 Nr 1. Dadurch sollen zum einen – rechtlich schwierige und politisch unpopuläre – Enteignungen vermieden und zum anderen die Gemeinde vor überhöhten Grundstückspreisen geschützt werden, soweit es sich um Grundstücke mit öffentlicher Zweckbestimmung handelt (BGHZ 98, 188). Bei Vorliegen der Voraussetzungen des Abs 4 Satz 1 ergibt sich, dass die Gemeinde verpflichtet ist, den von ihr zu zahlenden Betrag entsprechend den §§ 93 ff festzusetzen. Maßgebend für den Entschädigungswert ist dabei der Verkehrswert, § 95 Abs 1 Satz 1 iVm § 194 (vgl BGH NVwZ 1992, 812; BGH NVwZ-RR 1989, 393). Ein Wahlrecht, etwa einen davon abweichenden Betrag zu zahlen, besteht für die Gemeinde nicht. Darüber hinaus ist der Entschädigungsbetrag entsprechend § 99 Abs 3 zu verzinsen; die Verzinsung beginnt mit der Unanfechtbarkeit des Bescheides (BGHZ 98, 188) bzw im Falle einer Anfechtung der Ausübung eines Vorkaufsrechts im Zeitpunkt der ersten gerichtlichen Entscheidung.

VI. Verzicht auf die Ausübung des Vorkaufsrechts (Abs 5)

14 Abs 5 dient der Verwaltungsvereinfachung und der Beschleunigung des Grundstücksverkehrs. Der Gemeinde ist damit die Möglichkeit gegeben worden, generell auf die Ausübung des Vorkaufsrechts zu verzichten. Es bleibt ihr allerdings unbenommen, diesen Verzicht für künftige Fälle zu widerrufen. Der Verzicht und der Widerruf sind ortsüblich bekannt zu machen (zum Verzicht im Einzelfall: BGHZ 60, 275 (291); BGH WM 1966, 893).

VII. Entschädigung für Erwerbsrechte (Abs 6)

15 Abs 6 trägt der **Junktimklausel** des Art 14 Abs 3 Satz 2 GG Rechnung, denn wenn in Folge der Ausübung des Vorkaufsrechts ältere vertragliche Rechte Dritter entfallen, hat dies für den Betroffenen enteignenden Charakter. Ein gesetzliches Vorkaufsrecht ist dann begründet iSd Abs 6 Satz 1, wenn die öffentlich-rechtlichen Voraussetzungen dafür gegeben sind, dass ein Grundstück dem Vorkaufsrecht der Gemeinde unterliegt (BGH NJW 1984, 1617 = ZfBR 1984, 150). Dies ist zB für das im Falle des § 24 Abs 1 Nr 1 auszuübende Vorkaufsrecht der Zeitpunkt des Aufstellungsbeschlusses für einen Bebauungsplan. Die Entschädigung richtet sich nach §§ 93 ff (zur entsprechenden Amtspflicht: OLG Hamm NVwZ-RR 1998, 354).

VIII. Rechtsschutz

16 Im Rahmen des Rechtsschutzes ist zwischen der Ausübung des Vorkaufsrechts nach § 28 Abs 2 Satz 1 und den Fällen den Fällen des Abs 3 und 4 zu unterscheiden. Das Vorkaufsrecht nach Abs 2 wird durch **VA** ausgeübt, der vor den Verwal-

tungsgerichten angefochten werden kann (BVerwG Buchholz 406.11 § 25a BBauG Nr 1 = BRS 39 Nr 96; OVG Lüneburg BauR 1981, 262; OVG Münster NJW 1981, 1467; zur Anordnung der sofortigen Vollziehung: BGH NJW 1995, 1827). Der Bescheid kann vom Käufer und Verkäufer angefochten werden (BGH NJW 1989, 37; BGH DVBl 1990, 1104). Auch die öffentliche Hand kann als Käufer eines Grundstücks einen Bescheid über die Ausübung des gemeindlichen Vorkaufsrechts anfechten (BVerwG BRS 63 Nr 130).

Übt die Gemeinde das ihr gesetzlich eingeräumte Vorkaufsrecht auf der Grundlage von § 28 Abs 3 oder 4 aus, so ist der Bescheid gem § 217 Abs 1 Satz 1 mit dem Antrag auf gerichtliche Entscheidung anzufechten, über den gem §§ 217 Abs 1 Satz 4, 229 die **Baulandgerichte** zu entscheiden haben und für den demgemäß der Zivilrechtsweg gegeben ist (OLGR Hamburg 2001, 479). Den Bescheid nach § 28 Abs 4 in eine – nach § 28 Abs 2 vor den Verwaltungsgerichten anfechtbaren – Entscheidung über die Ausübung des Vorkaufsrechts und in eine – in die Zuständigkeit der Baulandgerichte fallende – Entscheidung über die Festsetzung der Entschädigung aufzuteilen, ist sachlich nicht gerechtfertigt (OLGR Hamburg 2001, 479).

17

Anhang

▶ **Muster**
Antrag auf gerichtliche Entscheidung gegen die Ausübung eines preislimitierten Vorkaufsrechts(§ 28 Abs 3 Satz 1 BauGB)

An den Bürgermeister der Stadt A

Antrag auf gerichtliche Entscheidung

des Herrn A

Antragssteller

Verfahrensbevollmächtigte:

g e g e n

die Stadt A

Beteiligte

wegen Ausübung des Vorkaufsrechts und Verkehrswert

bestellen wir uns zu Verfahrensbevollmächtigten des Antragstellers und **beantragen** namens und in dessen Auftrag:

1. Der Bescheid der Stadt A vom ... über die Ausübung des Vorkaufsrechts für das Grundstück Gemarkung ..., Flur ..., Flurstück ..., wird aufgehoben.

2. Die Kosten des Verfahrens trägt die Stadt.

G r ü n d e :

I.

Herr A ist Eigentümer des Grundstücks Gemarkung ..., Flur ..., Flurstück Das Grundstück wird bisher landwirtschaftlich genutzt. Das Grundstück liegt im Bereich der Satzung der Stadt vom ..., die ein Vorkaufsrecht begründet hat. Das vorgenannte Grundstück wurde am ... von dem Antragsteller durch notariellen Kaufvertrag an die Fa. X zu einem Preis von 180,00 EUR pro Quadratmeter veräußert. Mit Bescheid vom ... übte

die Stadt ihr Vorkaufsrecht an diesem Grundstück gem § 25 Abs 1 Nr 2 iVm § 28 Abs 3 Satz 1 BauGB aus. Der Kaufpreis wurde dabei auf 160,00 EUR pro Quadratmeter herabgesetzt.

II.

1. Der angefochtene Vorkaufsbescheid ist rechtswidrig, soweit darin die Herabsetzung des Kaufpreises auf 160,00 EUR bestimmt wurde. Die Stadt hat im vorliegenden Fall zu Unrecht angenommen, die Voraussetzungen des § 28 Abs 3 Satz 1 BauGB seien gegeben. Der vereinbarte Kaufpreis überschreitet nicht deutlich den Verkehrswert in einer dem Rechtsverkehr erkennbaren Weise. [...]

2. Vorsorglich werden gegen die Verkehrswertermittlung durch den Gutachterausschuss Einwände erhoben: [...]

Dritter Teil
Regelung der baulichen und sonstigen Nutzung; Entschädigung

Erster Abschnitt
Zulässigkeit von Vorhaben

§ 29 Begriff des Vorhabens; Geltung von Rechtsvorschriften

(1) Für Vorhaben, die die Errichtung, Änderung oder Nutzungsänderung von baulichen Anlagen zum Inhalt haben, und für Aufschüttungen und Abgrabungen größeren Umfangs sowie für Ausschachtungen, Ablagerungen einschließlich Lagerstätten gelten die §§ 30 bis 37.

(2) Die Vorschriften des Bauordnungsrechts und andere öffentlich-rechtliche Vorschriften bleiben unberührt.

Gesamtübersicht

	Rn		Rn
I. Bauliche Anlagen	1	III. Andere Normen	10
II. Bauliche Maßnahmen	5	IV. Nutzungsausschluss	11

1 Die Vorschrift soll, einheitlich für die §§ 30 ff festlegen, für welche **Vorhaben** materiell-rechtliche Anforderungen in planungsrechtlicher Hinsicht zu stellen sind. Der baurechtliche Begriff des Vorhabens umfasst zum einen geplante Bauwerke, aber auch bereits bestehende Bauwerke, so dass damit nicht auf die Absicht allein, sondern auf das Ergebnis dieser Absicht abgestellt wird (BVerwGE 61, 122 = BRS 36 Nr 99).

I. Bauliche Anlagen

Von Satz 1 erfasst sind die Vorhaben, die auf die Errichtung, Änderung oder Nutzungsänderung von baulichen Anlagen gerichtet sind. Eine Begriffsbestimmung der baulichen Anlage fehlt im BauGB. Eine Übernahme des bauordnungsrechtlichen Begriffs der baulichen Anlage aus den Landesbauordnungen in das Bauplanungsrecht der §§ 29 ff verbietet sich jedoch auf Grund der unterschiedlichen Zielsetzungen dieser beiden Bereiche. Während für das Bauordnungsrecht Belange der Gefahrenabwehr maßgebend sind, geht es im Bauplanungsrecht um die Frage, ob ein Vorhaben für die städtebauliche Entwicklung erheblich ist (BVerwGE 39, 154 = Buchholz 406.11 § 15 BBauG Nr 2). Damit ist aber nicht ausgeschlossen, dass der Begriff der baulichen Anlage in beiden Bereichen doch im Wesentlichen übereinstimmt.

Der Begriff der baulichen Anlage iSd § 29 setzt sich aus dem verhältnismäßig weiten Merkmal des Bauens und dem engen Merkmal bodenrechtlicher Relevanz der Anlage zusammen (BVerwG DVBl 1975, 497 = BauR 1975, 108 im Anschluss an BVerwGE 44, 59). Unter Bauen idS ist das Schaffen einer künstlichen Anlage, die auf Dauer mit dem Erdboden verbunden ist, zu verstehen (BVerwGE 44, 59 = BVerwG Buchholz 406.11 § 29 BBauG Nr 15 = BRS 27 Nr 122). Für das Merkmal der Dauer ist entscheidend auf den zeitlichen Bestand und die Nutzungsdauer der Anlage abzustellen. Es ist auch zB bei Wohnwagen erfüllt ist, wenn diese an die Stelle eines Wochenendhauses treten (BVerwG DÖV 1971, 638 = BRS 23 Nr 129). Das Merkmal der Dauer lässt sich nicht auf einen berechenbaren Zeitraum festlegen (BVerwG Buchholz 406.11 § 29 BBauG Nr 19 = BRS 30 Nr 117); es ist aber dann nicht gegeben, wenn ein Zustand nur vorübergehend geschaffen wird, der schon aus zeitlichen Gründen die planungsrechtlichen Belange des § 1 Abs 5 nicht entscheidend berührt (zB Baugerüst, Zirkuszelt). Eine Anlage ist dann künstlich iSd § 29 geschaffen, wenn eine menschliche Tätigkeit dazu führt, einen natürlichen Zustand zu verändern. Dazu kann es bereits ausreichend sein, dass die Anlage auf Grund ihrer Schwerkraft eine Verbindung zu dem Boden schafft (BVerwG Buchholz 406.11 § 29 BBauG Nr 18 = DVBl 1975, 497).

Der danach weite Begriff des Bauens wird aber durch die zusätzliche Voraussetzung der **planungsrechtlichen Relevanz** eingeschränkt. Diese ist dann gegeben, wenn das Vorhaben die in § 1 Abs 5 und 1a aufgeführten Belange in einer Weise berühren kann, die geeignet sind, das Bedürfnis nach einer ihre Zulässigkeit regelnden verbindlichen Bauleitplanung hervorzurufen (BVerwGE 44, 59 = BRS 27 Nr 122). Dies ist zB nicht bei einem am Ufer einer Bundeswasserstraße ankernden Schiff (BVerwG Buchholz 406.11 § 35 BBauG Nr 112 = DÖV 1974, 814) oder einem Zigarettenautomat (OVG Münster NVwZ 1987, 67 = BRS 46 Nr 45) der Fall, wohl aber bei einem großen, beleuchteten Aluminiumschaukasten für Wechselwerbung und auch bei großflächigen Werbetafeln (BVerwG UPR 1993, 216 = NVwZ 1993, 983).

II. Bauliche Maßnahmen

Unter **Errichtung** einer baulichen Anlage ist deren erstmalige Herstellung oder die Wiederherstellung einer zerstörten Anlage mit Hilfe von Baustoffen und Baumaterialien (OVG Münster BRS 38 Nr 145), nicht jedoch der vollständige Abbruch einer baulichen Anlage (OVG Münster NJW 1983, 2598 = BRS 39 Nr 172) zu verstehen.

Erforderlich ist stets, dass es zu einer sichtbaren Veränderung der Geländeoberfläche kommt (BVerwG Buchholz 406.16 Eigentumsschutz Nr 14 = BauR 1980, 53), so dass zB ein Tennisplatz regelmäßig diese Voraussetzungen erfüllt.

6 Eine **Änderung** ist bei einer Erweiterung, Verkleinerung, Umgestaltung oder Beseitigung der baulichen Anlage gegeben (Hess VGH BRS 16 Nr 61), wobei Umbaumaßnahmen erst bei einer bauplanungsrechtlichen Relevanz eine Änderung darstellen. Reparaturarbeiten stellen keine Änderung dar, wenn sie die seitherige Nutzung sicherstellen und vom Bestandsschutz gedeckt sind (BVerwGE 47, 126 = BVerwG Buchholz 406.11 § 35 BBauG Nr 113). Demgegenüber stellt der teilweise Abbruch einer baulichen Anlage eine Änderung iSd § 29 dar, weil damit regelmäßig eine Umgestaltung der baulichen Anlage verbunden ist.

7 Dagegen ist eine **Nutzungsänderung** nur dann gegeben, wenn die neue Nutzung sich von der bisherigen Nutzung in bodenrechtlich relevanter Weise unterscheidet, dh die jeder Nutzung innewohnende tatsächliche Variationsbreite überschritten wird und der neuen Nutzung unter städtebaulichen Gesichtspunkten eine andere Qualität zukommt (BVerwG NVwZ-RR 2000, 758). Dies ist dann der Fall, wenn die in §§ 1 Abs 6 und 1a genannten Belange berührt werden können (BVerwG Buchholz 406.11 § 29 BBauG Nr 21 = BauR 1977, 253). Beachtlich sind daher in diesem Zusammenhang nur solche Vorgänge, durch die die Genehmigungsfrage erneut aufgeworfen werden kann (BVerwG Buchholz 406.11 § 35 BBauG Nr 252 = NVwZ-RR 1989, 340 = BRS 48 Nr 58). Dies ist zB bei einem Übergang von einem Großhandel zu einem Einzelhandel (BVerwGE 68, 360 = DVBl 1984, 674), dem Wechsel einer Gaststätte zu einer Diskothek (Hess VGH NVwZ 1983, 667 = BRS 40 Nr 166), der Umwandlung eines Kinos in eine Spielhalle (BVerwG NVwZ 1989, 666 = BauR 1989, 308) oder der Nutzung eines bisherigen Wochenendhauses als Dauerwohnung (BVerwG Buchholz 406.11 § 35 BBauG Nr 206 = NVwZ 1984, 510) gegeben.

8 Durch die Neuregelung des BauROG 1998 wurde das materielle Bauplanungsrecht vom bauaufsichtlichen Genehmigungsverfahren abgekoppelt, weil durch zunehmende landesrechtliche Freistellungen von Genehmigungs- bzw Anzeigeverfahren die Gefahr entstanden war, dass die §§ 30–37 leer laufen. Nunmehr gelten diese Vorschriften auch dann, wenn ein Vorhaben keiner Genehmigung, Anzeige oder sonstigen Zustimmung nach der jeweiligen Landesbauordnung bedarf. In diesen Fällen tritt eine repressive Baukontrolle an die Stelle des präventiven Genehmigungsverfahrens und es bleibt abzuwarten, ob auf diesem Weg zB sichergestellt werden kann, dass nicht im Außenbereich Vorhaben entstehen, die im Widerspruch zu § 35 stehen.

9 **Aufschüttungen** iSv § 29 Abs 1 sind künstliche Erhöhungen und Abgrabungen künstliche Vertiefungen eines bestehenden natürlichen Zustandes der Erdoberfläche. Bei **Ausschachtungen** handelt es sich um Abgrabungen, die der Vorbereitung eines Bauvorhabens dienen. Zu den Lagerstätten zählen auch nicht befestigte einfache Lagerplätze (BVerwG Buchholz 406.16 Eigentumsschutz Nr 14 = BRS 35 Nr 157). Eine eindeutige begriffliche Trennung zwischen Ablagerungen und Lagerstätten ist nicht immer möglich; eine Ablagerung ist idR gegeben, wenn sich jemand einer Sache entledigen will, während bei einer Lagerstätte eine noch verwertbare Sache aufbewahrt wird. Die Zulässigkeit von Mülldeponien richtet sich gem § 38 ausschließlich nach den Regelungen des Abfallbeseitigungsgesetzes (BVerwGE 70, 242 = BVerwG Buchholz 451.22 Abfallbeseitigung Nr 18 = NVwZ 1985, 414). Das BauGB regelt die bodenrechtlichen Anforderungen an Abgrabungen ab-

schließend; in dieser Hinsicht kann das Landesrecht keine weitergehenden Anforderungen stellen. Dadurch ist aber nicht ausgeschlossen, dass landschaftspflegerische Ziele der Raumordnung und Landesplanung bei einer Entscheidung über die Zulässigkeit einer Abgrabung (Kiesgrube) nach dem Landesnaturschutzrecht berücksichtigt werden (BVerwG Buchholz 406.11 § 29 BBauG Nr 39 = NVwZ 1989, 49 = NVwZ-RR 1989, 49).

III. Andere Normen

Abs 2 bestimmt, dass neben den §§ 30–37 die Vorschriften des jeweils einschlägigen Bauordnungsrechts und andere öffentlich-rechtliche Vorschriften Anwendung finden. Dazu zählen insbesondere das FStrG, LuftVG, BNatSchG, WHG, BImSchG und GastG. Die unberührt bleibenden Vorschriften sind im Baugenehmigungsverfahren nicht zu prüfen, soweit für entsprechende Vorhaben ein spezielles Genehmigungsverfahren vorgesehen ist (BVerwGE 74, 315 = BVerwG Buchholz 406.27 § 48 BBergG Nr 1). Der Landesgesetzgeber darf aber keine die §§ 30 ff modifizierenden bodenrechtlichen Vorschriften erlassen (BVerwGE 55, 272 = BRS 33 Nr 57).

10

IV. Nutzungsausschluss

Zu beachten ist noch, dass Nutzungen, die nicht unter den Vorhabensbegriff fallen, zwar grds zulässig sind, jedoch durch Festsetzungen in Bebauungsplänen ausgeschlossen werden können (BVerwGE 42, 30 = BVerwG Buchholz 406.11 § 9 BBauG Nr 11).

11

§ 30 Zulässigkeit von Vorhaben im Geltungsbereich eines Bebauungsplans

(1) Im Geltungsbereich eines Bebauungsplans, der allein oder gemeinsam mit sonstigen baurechtlichen Vorschriften mindestens Festsetzungen über die Art und das Maß der baulichen Nutzung, die überbaubaren Grundstücksflächen und die örtlichen Verkehrsflächen enthält, ist ein Vorhaben zulässig, wenn es diesen Festsetzungen nicht widerspricht und die Erschließung gesichert ist.
(2) Im Geltungsbereich eines vorhabenbezogenen Bebauungsplans nach § 12 ist ein Vorhaben zulässig, wenn es dem Bebauungsplan nicht widerspricht und die Erschließung gesichert ist.
(3) Im Geltungsbereich eines Bebauungsplans, der die Voraussetzungen des Absatzes 1 nicht erfüllt (einfacher Bebauungsplan), richtet sich die Zulässigkeit von Vorhaben im Übrigen nach § 34 oder § 35.

Die Regelung des Abs 1 findet im Geltungsbereich eines **Bebauungsplan**es Anwendung. Die Abgrenzung zu den beiden anderen bauplanungsrechtlichen Bereichen (§§ 34 und 35) ist unproblematisch, da nach § 9 Abs 7 der Bebauungsplan die Grenzen seines räumlichen Geltungsbereiches festsetzt. Der Bebauungsplan muss aber die in Abs 1 genannten Mindestvoraussetzungen erfüllen. Ein Bebauungsplan, der hinter diesen **Mindestfestsetzungen** zurückbleibt, ist deshalb nicht ungültig;

1

vielmehr handelt es sich dann um einen einfachen Bebauungsplan iSd Abs 3. Bei einem Bebauungsplan, der diese Mindestvoraussetzungen dagegen erfüllt, spricht man von einem **qualifizierten Bebauungsplan**. Dies gilt auch, wenn die Mindestfestsetzungen nicht durch den Bebauungsplan selbst, sondern durch andere baurechtliche Vorschriften, wie zB übergeleitete Bauvorschriften, städtebauliche Pläne oder einen ergänzenden zweiten Bebauungsplan getroffen werden (vgl BVerwG NVwZ 1992, 879). Art und Maß der baulichen Nutzung werden nach § 9 Abs 1 Nr 1 iVm der BauNVO festgesetzt. Eine Bestimmung der überbaubaren Grundstücksflächen erfolgt durch die Festsetzung von Baulinien und Baugrenzen bzw Bebauungstiefen (§ 23 Abs 1 Satz 1 BauNVO). Die Festsetzung der örtlichen Verkehrsflächen basiert auf der Grundlage des § 9 Abs 1 Nr 11.

2 Vorhaben, die den Festsetzungen – und zwar nicht nur den Mindestfestsetzungen, sondern auch den sonstigen nach § 9 getroffenen und nach § 8 Abs 1 verbindlichen Festsetzungen – eines Bebauungsplanes nicht widersprechen, sind zulässig, und solche, die ihnen widersprechen, sind unzulässig (BVerwGE 42, 30 = BRS 27 Nr 4). Unerheblich sind die Darstellungen eines Flächennutzungsplanes, da der Bebauungsplan diesem als Rechtsnorm vorgeht (BVerwG Buchholz 406. 11 § 35 BBauG Nr 79 = BRS 22 Nr 81). Der Bebauungsplan äußert nur Wirkungen für die Zukunft, so dass ursprünglich legal errichtete Bauwerke, die nunmehr den neuen Festsetzungen eines geänderten oder neu aufgestellten Bebauungsplanes widersprechen, von diesem unberührt bleiben, sie genießen dann aber **Bestandsschutz**. Dieser baurechtliche Bestandsschutz, dessen Voraussetzungen von demjenigen darzulegen sind, der sich darauf beruft (BVerwG = BauR 1979, 228), beruht auf Art 14 Abs 1 GG und ist im Wesentlichen an Fällen im Außenbereich nach § 35 entwickelt worden. Er setzt voraus, dass das bestehende Bauwerk über einen nennenswerten Zeitraum formell oder materiell legal war (BVerwGE 75, 262 = BVerwG Buchholz 406.11 § 155a BBauG Nr 5) und auch noch funktionsfähig ist. Ein Bestandsschutz erlischt, wenn das Bauwerk abgebrochen oder durch Brand oder Naturkatastrophe zerstört wird (BVerwGE 47, 126 = BRS 28 Nr 114). Ein Anspruch auf Genehmigung für das Bestandsschutz genießende, aber nach den jetzigen Vorschriften nicht mehr genehmigungsfähige Bauwerk besteht nicht (BVerwGE 72, 362 = DVBl 1986, 677).

3 Nicht unter den Bestandsschutz fällt die **Erweiterung** oder die Funktionsänderung (BVerwGE 68, 360 = BVerwG Buchholz 406.12 § 11 BauNVO Nr 5); es sei denn, eine Erweiterung ist durch die zu stellenden Anforderungen an modernes Wohnen bedingt (BVerwGE 72, 362 = BRS 46 Nr 148). Dabei muss aber auf jeden Fall die Identität zwischen dem früheren und dem jetzigen Bauwerk erhalten bleiben (BVerwGE 61, 112 = BVerwG Buchholz 406.11 § 35 BBauG Nr 172). Eine weitere Ausnahme für eine Erweiterung wird für gewerbliche Anlagen unter dem Aspekt des überwirkenden Bestandsschutzes gemacht. Danach darf ein Vorhaben ausgeführt werden, wenn ansonsten die anderen Baulichkeiten des Gewerbebetriebes funktionslos werden würden (BVerwGE 50, 49 = BauR 1976, 100). Wirtschaftliche Gründe allein rechtfertigen unter dem Aspekt des Bestandsschutzes keine Betriebserweiterung (BVerwG Buchholz 406.16 Eigentumsschutz Nr 23 = NJW 1981, 1224).

4 Die Zulässigkeit eines Vorhabens nach § 30 setzt weiterhin voraus, dass die **Erschließung** gesichert ist. Der Begriff der gesicherten Erschließung in den §§ 30 ff ist ein bundesrechtlicher Begriff, der nicht durch das Landesrecht konkretisiert wird (BVerwG Buchholz 406.11§ 35 BBauG Nr 246 = NVwZ 1989, 353). Nach

allgemeiner Auffassung zählen als Mindestanforderungen an Erschließungsanlagen, dass eine verkehrsmäßige Anbindung des Baugrundstücks durch Straßen, Wege oder Plätze gegeben ist, und dass ein Anschluss mit Ver- und Entsorgungsleitungen für Elektrizität, Wasser und Abwasser besteht. Nähere Einzelheiten für den Umfang der Erschließung können im Bebauungsplan festgesetzt werden (BVerwG ZfBR1993, 304 im Anschluss an BVerwG DVBl 1986, 685). Die Erschließung ist gesichert, wenn mit der Benutzbarkeit der Erschließungsanlage im Zeitpunkt der Gebrauchsabnahme des Bauwerks gerechnet werden kann (BVerwG Buchholz 406.11 § 30 BBauG Nr 25 = NVwZ 1986, 646), wobei nicht auf den gesamten Geltungsbereich des Bebauungsplanes abgestellt wird, sondern auf das konkrete Vorhaben. Ist die Erschließung nicht gesichert, besteht ein **Bauverbot**. Von dem Erfordernis der Sicherung der Erschließung kann eine Befreiung nicht erteilt werden (BVerwG Buchholz 406.11 § 30 BBauG Nr 25 = NVwZ 1986, 646). Eine Ausnahme kommt allenfalls dann in Frage, wenn wegen der fehlenden Erschließung ein Anspruch auf ein Notwegerecht nach § 917 BGB besteht (BVerwGE 50, 282 = Buchholz 406.19 Nachbarschutz Nr 26). Der Erlass eines qualifizierten Bebauungsplanes hat nicht zur Folge, dass sich daraus eine Pflicht zur Erschließung vorhandener baulicher Anlagen ergibt (BVerwG Buchholz 406.11 § 123 BBauG Nr 29 = NVwZ 1985, 564 = BRS 43 Nr 9).

Bebauungspläne können durch die Bildung entgegenstehenden Gewohnheitsrechts (BVerwGE 26, 282 = BRS 18 Nr 10) oder wegen **Funktionslosigkeit** (BVerwGE 67, 334 = ZfBR 1983, 243), und zwar auch hinsichtlich nur einzelner Festsetzungen, außer Kraft treten. Eine solche Ausnahme kommt aber nur dann in Betracht, wenn auf Grund der tatsächlichen Gegebenheiten eine (überwiegende) Umsetzung und Verwirklichung des Bebauungsplans objektiv nicht mehr möglich ist. Die bloße Annahme, dass die Gemeinde eine tatsächlich bestehende Situation so nicht geplant hätte, reicht nicht aus. 5

Abs 2 ist die Konsequenz aus der erweiterten Möglichkeit zur Zusammenarbeit der Gemeinden und Privaten und dient der beschleunigten Verwirklichung von Vorhaben iR eines **Vorhaben- und Erschließungsplans**. 6

Abs 3 enthält eine Definition des sog einfachen Bebauungsplanes. Der Gesetzgeber wollte durch die ausdrückliche Erwähnung des einfachen Bebauungsplanes verdeutlichen, dass die Gemeinden von diesem Instrument Gebrauch machen können, wenn es um die Ordnung der städtebaulichen Entwicklung in einfach gelagerten Fällen geht. Die Zulässigkeit eines Vorhabens richtet sich in erster Linie nach diesen Festsetzungen. Liegt ein Verstoß hiergegen vor, ist das Vorhaben bereits aus diesem Grund unzulässig, solange Ausnahmen und Befreiungen nicht in Betracht kommen. Dies gilt auch dann, wenn es bei einer alleinigen Beurteilung nach § 34 zulässig wäre. 7

Ein **Nachbarschutz** ergibt sich aus § 30 selbst nicht (BVerwG Buchholz 406.11 § 30 BBauG Nr 21 = NVwZ 1985, 652 = BRS 42 Nr 183). Nachbarschützenden Charakter haben aber grds im Bebauungsplan die Festsetzungen von Baugebieten nach den §§ 2–11 BauNVO (BVerwGE 44, 244 = BVerwG Buchholz 406.11 § 12 BBauG Nr 3 = BRS 27 Nr 157; BVerwG v 16.09.1993). Die sonstigen Festsetzungen eines Bebauungsplanes entfalten nur dann Nachbarschutz, wenn sich aus dem Bebauungsplan oder seiner Begründung ergibt, dass diese Festsetzungen aufgenommen wurden, um private Belange Dritter zu schützen (BVerwG NVwZ 1985, 8

748 = BRS 42 Nr 123 = ZfBR 1984, 301). Es ist auch Sache des Ortsgesetzgebers, darüber zu befinden, ob und in welchem Umfang einer von ihm festgesetzten Abweichung von den bundesrechtlich vorgegebenen Baugebietsarten Nachbarschutz zukommt (OVG Koblenz v 14.01.2000 – 1A 11751/99 –). Das in § 15 BauNVO verankerte Gebot der Rücksichtnahme kann aber unter Umständen auch dann Nachbarschutz vermitteln, wenn die konkrete Festsetzung selbst nicht nachbarschützend ist (BVerwGE 67, 334 = BRS 40 Nr 4).

§ 31 Ausnahmen und Befreiungen

(1) Von den Festsetzungen des Bebauungsplans können solche Ausnahmen zugelassen werden, die in dem Bebauungsplan nach Art und Umfang ausdrücklich vorgesehen sind.

(2) Von den Festsetzungen des Bebauungsplans kann befreit werden, wenn die Grundzüge der Planung nicht berührt werden und

1. Gründe des Wohls der Allgemeinheit die Befreiung erfordern oder

2. die Abweichung städtebaulich vertretbar ist oder

3. die Durchführung des Bebauungsplans zu einer offenbar nicht beabsichtigten Härte führen würde

und wenn die Abweichung auch unter Würdigung nachbarlicher Interessen mit den öffentlichen Belangen vereinbar ist.

Gesamtübersicht

	Rn		Rn
I. Ausnahme	3	IV. Nachbarliche Interessen	10
II. Befreiung	4	V. Einvernehmen	11
III. Öffentliche Belange	9	VI. Nachbarschutz	12

1 Der Bebauungsplan als Rechtsnorm enthält notwendigerweise typisierende und pauschalisierende Elemente. Es wird deshalb häufig konkrete Fälle geben, bei denen die Anwendung der Norm zu Ergebnissen führt, die vom Normzweck her unbillig sind. Dem versucht § 31 entgegenzuwirken.

2 § 31 bezieht sich sowohl auf einfache als auch auf qualifizierte Bebauungspläne (BVerwGE 19, 164 = BRS 15 Nr 19). Davon erfasst werden außerdem die als übergeleitete Bebauungspläne nach § 173 Abs 3 BBauG geltenden Bebauungspläne. Bei einer Genehmigung nach § 33 kann auch ein nur als Ausnahme zulässiges Vorhaben genehmigt werden. Eine Befreiung nach § 31 Abs 2 scheidet jedoch in einer solchen Fallkonstellation aus (BVerwGE 20, 127 = BVerwG Buchholz 406.11 § 33 BBauG Nr 2). § 31 findet keine Anwendung auf Befreiungen und Ausnahmen nach dem **Bauordnungsrecht**; insoweit haben aber die Bauordnungen der Länder eigene Tatbestände geschaffen. Auch von dem Erfordernis der gesicherten **Erschließung** iSd § 30 kann keine Befreiung erteilt werden (BVerwG Buchholz 406.11 § 30 BBauG Nr 25 = NVwZ 1986, 646).

I. Ausnahme

Ausnahmen nach Abs 1 sind solche Abweichungen im Einzelfall, die nach Art und Umfang im Bebauungsplan durch Zeichnung, Farbe, Schrift oder Text ausdrücklich als solche vorgesehen sind. Angaben in der Begründung zum Bebauungsplan reichen dafür nicht aus. Es genügt aber, wenn sich die Ausnahme durch die Bezugnahme auf die BauNVO bestimmen lässt. Nach § 1 Abs 3 Satz 2 BauNVO werden die Vorschriften der §§ 3–14 BauNVO durch eine entsprechende Festsetzung im Bebauungsplan zu dessen Bestandteil. Dies bedeutet, dass die in den §§ 2–9 BauNVO im Einzelnen vorgesehenen Ausnahmen damit unmittelbar Gegenstand der planerischen Festsetzungen sind. Etwas Anderes gilt nur dann, wenn die Gemeinde die Geltung ausschließt; dies bedarf dann aber einer entsprechenden Festsetzung (§ 1 Abs 6 BauNVO). Andere Ausnahmemöglichkeiten der BauNVO müssen dagegen ausdrücklich im Bebauungsplan angeführt werden, um die Möglichkeit des § 31 Abs 1 zu eröffnen. Zu den Ausnahmen nach § 31 Abs 1 zählen jedoch nicht die Regelungen des § 23 BauNVO (BVerwG Buchholz 406.11 § 30 BBauG Nr 11 = DVBl 1975, 795). Bei der Bewilligung der Ausnahme handelt es sich um eine **Ermessens**entscheidung (BVerwG Buchholz 454.51 MRVerbG Nr 14 = NVwZ 1987, 410). Jedoch kann der Ermessensspielraum je nach Lage des konkreten Einzelfalles derart reduziert sein, dass nur eine bestimmte Entscheidung ermessensfehlerfrei ist. Es darf nicht die Situation eintreten, dass durch eine zu häufige Erteilung von Ausnahmen der Gebietscharakter derart verändert wird, dass dann eine andere Gebietsstruktur entsteht. Die Ausnahme nach § 31 darf auch nicht dazu führen, dass durch ihre mehr oder weniger regelmäßige Erteilung de facto eine Bebauungsplanänderung ohne das gesetzlich hierfür vorgesehene Verfahren vorgenommen wird.

II. Befreiung

Mit der Neufassung des Abs 2 durch das BauROG 1998 sollten die Regelungen des § 31 Abs 2 aF und des § 4 Abs 1 und 1a BauGB-Maßnahmengesetz zusammengeführt werden und durch eine deutlichere Strukturierung zur Vereinfachung der Befreiungsvorschriften beigetragen werden. Wenngleich sich das Tatbestandsmerkmal des dringenden Wohnbedarfs (§ 4 Abs 1a) im Wortlaut des § 31 Abs 2 nicht wiederfindet, ist der Belang nunmehr unter Nr 1 (Gründe des Wohls der Allgemeinheit) zu subsumieren. Mit der Neufassung ist Voraussetzung für jede Befreiung geworden, dass die **Grundzüge der Planung** (dh das dieser zu Grunde liegende Zeitbild, BGH NJW 1980, 1751 = BRS 35 Nr 16) nicht berührt werden. Dies stärkt erneut die **Planungshoheit** der Gemeinden, wenngleich durch die nach § 36 vorgeschriebene Beteiligung der Gemeinde deren Rechte bisher schon grds gewahrt waren. Die Möglichkeiten, das gemeindliche Einvernehmen zu ersetzen, sind nunmehr aber insoweit geringer geworden.

In der Praxis dürfte sich eine andere Neuformulierung der Vorschrift deutlicher auswirken, nämlich der Verzicht darauf, Befreiungen nur in Einzelfällen gewähren zu können. Nach der Neufassung ist es nunmehr möglich, auch für mehrere Vorhaben ähnlicher Art eine Befreiung zu erteilen, solange die Grundzüge der Planung nicht berührt werden. Unklar ist auch im Gesetzgebungsverfahren geblieben, ob mit dem Verzicht auf die **Einzelfallbeschränkung** auch das (bisherige) ungeschriebene Tatbestandsmerkmal der Atypik aufgegeben wurde. Hiergegen spricht,

dass die „typischen" Fälle ja gerade durch den Bebauungsplan geregelt werden sollen und damit die Grundzüge der Planung ausmachen, so dass, wenn auch typische Fälle abweichend vom bestehenden Bebauungsplan möglich sein sollen, regelmäßig ein Planänderungsverfahren nach den gesetzlichen Vorschriften durchzuführen ist. Außerdem gilt es, einer Ausuferung der Befreiungsmöglichkeiten entgegenzuwirken, um nicht die bestehende Planung zu entwerten. Dies bedeutet, dass eine Befreiung weiterhin nur dann in Betracht kommt, wenn es sich um einen atypischen Sonderfall handelt (vgl BVerwGE 56, 71 = BRS 33 Nr 150). Bei dieser **Atypik** sind aber nicht die persönlichen Verhältnisse des Bauherrn maßgebend, sondern nur grundstücksbezogene Umstände (BVerwGE 40, 268 = BVerwG Buchholz 406.11 § 20 Nr 8 = BRS 25 Nr 163). Eine Befreiung darf dann nicht erteilt werden, wenn sich dieser Grund für alle von einer bestimmten Festsetzung betroffenen Grundstücke anführen ließe (BVerwG NVwZ 1989, 1060 = BauR 1989, 440). Konkrete Planungsabsichten einer Gemeinde können die Versagung einer Befreiung rechtfertigen (BVerwGE 117, 50).

6 Nach Abs 2 Nr 1 kommt eine Befreiung in Betracht, wenn **Gründe des Wohles der Allgemeinheit** dies erfordern. Unter dem Allgemeinwohl sind alle öffentlichen Interessen, wie sie etwa in § 1 Abs 5 aufgeführt sind, zu verstehen (BVerwGE 56, 71 = BRS 33 Nr 150). Eine Befreiung wird dann erforderlich sein, wenn es vernünftigerweise geboten ist, das geplante Vorhaben an der vorgesehenen Stelle zu verwirklichen (BVerwGE 56, 71 = BauR 1978, 387). Eine Nützlichkeit oder Dienlichkeit für das Gemeinwohl ist aber nicht ausreichend (BVerwG Buchholz 406.11 § 31 BBauG Nr 20 = BRS 39 Nr 168).

7 Nach Abs 2 Nr 2 sollen Einengungen bei den Befreiungsmöglichkeiten vermieden werden, die durch die Rechtsprechung entstanden sind. Dabei darf aber nicht außer Acht gelassen werden, dass die Befreiung eine atypische Sondersituation des betroffenen Grundstücks voraussetzt. Eine Abweichung ist dann **städtebaulich vertretbar**, wenn das Bauvorhaben mit der geordneten städtebaulichen Entwicklung und Ordnung gem den Anforderungen des § 1 Abs 6 und 7 vereinbar ist und sie von der Art und vom Umfang nicht die Bedeutung hat, dass unter Beachtung der §§ 1 Abs 3, 13 eine Änderung des Bebauungsplanes erforderlich wäre (VGH Bad-Württ BRS 47 Nr 146 = BWVPr. 1988, 82). Dies ist zB der Fall, wenn sich einzelne Festsetzungen des Bebauungsplanes für ein betroffenes Grundstück als städtebauliche Fehlentscheidung herausstellen.

8 Eine offenbar nicht beabsichtigte **Härte** iSd Abs 2 Nr 3 – der in der Praxis wohl häufigste Fall einer Befreiung – kann dann angenommen werden, wenn das für die Bebauung vorgesehene Grundstück wegen seiner besonderen Verhältnisse bei Einhaltung des Bebauungsplanes nicht bzw nur schwer bebaut werden kann und diese Beschränkung nicht durch die Zielsetzung des Bebauungsplanes gefordert wird (BVerwGE 56, 71 = Buchholz 406.11 § 31 BBauG Nr 16 = BauR 1978, 387). Eine Härte bedeutet ein nachhaltig in Rechte eingreifendes Opfer (BVerwGE 48, 123 = BRS 29 Nr 164); sie muss aber grundstücksbezogen sein, so dass persönliche Besonderheiten (zB in familiärer oder finanzieller Hinsicht), die bei einem anderen Grundstückseigentümer nicht in derselben Weise auftreten würden, keine Befreiung rechtfertigen können (BVerwG Buchholz 406.11 § 30 BBauG Nr 11 = DVBl 1975, 896). Ebenfalls liegt keine Härte vor, wenn ein Vorhaben ohne oder unter Abweichung von der Baugenehmigung errichtet worden ist und nunmehr von der

Baugenehmigungsbehörde die Beseitigung oder die Anpassung an den Bebauungsplan verlangt wird (BVerwG Buchholz 406.11 § 31 BBauG Nr 17 = BRS 33 Nr 151 = ZfBR 1979, 37).

III. Öffentliche Belange

Für alle drei Befreiungstatbestände muss noch hinzukommen, dass die Abweichung auch unter Würdigung nachbarlicher Interessen mit den öffentlichen Belangen vereinbar ist. Unter öffentlichen Belangen sind nur städtebaulich relevante Belange zu verstehen, wobei es aber eine allgemein gültige Formel, wann eine Befreiung mit öffentlichen Belangen vereinbar ist, nicht gibt (BVerwGE 56, 71 = BRS 33 Nr 150 = BauR 1978, 387). Als Faustregel gilt, dass öffentliche Belange tangiert sind, wenn sich das geplante Bauvorhaben bei unterstellter Anwendung des § 34 nicht in die Umgebung einfügen würde (BVerwG Buchholz 406.11 § 31 BBauG Nr 20 = BRS 39 Nr 168), wobei aber letztlich das entscheidende Kriterium ist, ob durch dieses Bauvorhaben städtebauliche Spannungen hervorgerufen werden. Dies bestimmt sich danach, ob die vorhandene bauliche Situation verschlechtert wird und das Bauvorhaben Unruhe stiftet (BVerwGE 55, 369 = BauR 1978, 276).

9

IV. Nachbarliche Interessen

Ferner sind die nachbarlichen Interessen zu würdigen. Aus dem Wortlaut folgt zunächst, dass die nachbarlichen Interessen einer Befreiung nicht von vornherein entgegenstehen dürfen (OVG Lüneburg BRS 46 NR. 153 = BauR 1987, 74). Für die Würdigung der nachbarlichen Interessen spielt es keine Rolle, ob diese Interessen sich auf nachbarschützende Vorschriften stützen können oder nicht (BVerwG Buchholz 406.19 Nachbarschutz Nr 71 = NVwZ 1987, 409). Der Interessenausgleich zwischen dem Nachbarn und dem Bauherrn erfolgt unter Berücksichtigung der Grundsätze des Gebots der **Rücksichtnahme** (BVerwG Buchholz 406.19 **Nachbarschutz** Nr 71 = NVwZ 1987, 409). Nachbarn iSd Vorschrift sind nicht nur die Eigentümer der unmittelbar benachbarten Grundstücke und die Inhaber grundstücksgleicher Rechte und dinglicher Nutzungsrechte an diesen Grundstücken, sondern auch diejenigen, die von dem geplanten Vorhaben in ihren rechtlichen Interessen betroffen werden können (BVerwGE 28, 131 = BRS 18 Nr 137). Nicht zu den Nachbarn zählen dagegen die Mieter und Pächter (BVerwG Buchholz 406.19 Nachbarschutz Nr 50 = BauR 1983, 154). Die Erteilung der Befreiung steht im Ermessen der Baugenehmigungsbehörde (BVerwGE 56, 71 = Buchholz 406.11 § 31 BBauG Nr 16). Die Ermessenserwägungen müssen allerdings städtebaulicher Art sein. Fiskalische oder politische Motive sind dabei nicht zulässig (BVerwGE 77, 308 = BauR 1987, 520). Regelmäßig wird aber, wenn die Tatbestandsvoraussetzungen des § 31 gegeben sind, eine Ermessensreduzierung auf Null anzunehmen sein, da sich kaum sachgerechte Ermessenserwägungen für eine Versagung anführen lassen werden. Dies gilt auf jeden Fall dann, wenn das Gesetz einem bestimmten Vorhaben eine Vorrangstellung einräumt (BVerwGE 74, 315 = BVerwG Buchholz 406.27 § 48 BBergG Nr 1 = NJW 1987, 1713).

10

V. Einvernehmen

11 Zur positiven Entscheidung bedarf es außerdem des Einvernehmens der Gemeinde (§ 36 Abs 1 Satz 1); die Zustimmung der höheren Verwaltungsbehörde ist grds nicht mehr erforderlich. Versagt die Gemeinde ihr Einvernehmen, so muss die Baugenehmigungsbehörde die Befreiung bzw die Ausnahme und damit auch den Bauantrag ablehnen. Dies gilt auch dann, wenn die Gemeinde ihr Einvernehmen zu Unrecht versagt hat (BVerwG Buchholz 406.11 § 36 BBauG Nr 35 = NVwZ 1986, 556 = BRS 46 Nr 142), sofern nicht ein Fall des § 36 Abs 2 Satz 3 vorliegt.

VI. Nachbarschutz

12 Während dem § 31 früher ein Nachbarschutz nur dann zuerkannt worden ist, wenn von einer nachbarschützenden Festsetzung des Bebauungsplanes eine Befreiung erteilt worden ist (BVerwG BRS 39 Nr 175 = ZfBR 1983, 97), ist diese Ansicht nunmehr aufgegeben worden. Nachbarschutz besteht jetzt auch bei einer Befreiung von den nicht nachbarschützenden Festsetzungen des Bebauungsplanes (BVerwG Buchholz 406.19 Nachbarschutz Nr 71 = NVwZ 1987, 409 = BauR 1987, 70), wenn das Bauvorhaben das Gebot der Rücksichtnahme verletzt (vgl hierzu: BVerwGE 52, 122 = BRS 32 Nr 155). Maßgebend sind dabei die Umstände des Einzelfalls. Der Nachbar kann umso mehr an Rücksichtnahme verlangen, je empfindlicher seine Stellung durch eine an die Stelle der im Bebauungsplan festgesetzten Nutzung tretende andersartige Nutzung berührt werden kann.

§ 32 Nutzungsbeschränkungen auf künftigen Gemeinbedarfs-, Verkehrs-, Versorgungs- und Grünflächen

Sind überbaute Flächen in dem Bebauungsplan als Baugrundstücke für den Gemeinbedarf oder als Verkehrs-, Versorgungs- oder Grünflächen festgesetzt, dürfen auf ihnen Vorhaben, die eine wertsteigernde Änderung baulicher Anlagen zur Folge haben, nur zugelassen und für sie Befreiungen von den Festsetzungen des Bebauungsplans nur erteilt werden, wenn der Bedarfs- oder Erschließungsträger zustimmt oder der Eigentümer für sich und seine Rechtsnachfolger auf Ersatz der Werterhöhung für den Fall schriftlich verzichtet, dass der Bebauungsplan durchgeführt wird. Dies gilt auch für die dem Bebauungsplan nicht widersprechenden Teile einer baulichen Anlage, wenn sie für sich allein nicht wirtschaftlich verwertbar sind oder wenn bei der Enteignung die Übernahme der restlichen überbauten Flächen verlangt werden kann.

1 Mit dieser Vorschrift sollen unwirtschaftliche Investitionen unterbunden werden, um insbesondere eine Erhöhung der Übernahmekosten beim Erwerb durch die Gemeinde oder den sonstigen Erschließungsträger zu vermeiden. § 32 gilt sowohl für qualifizierte als auch einfache Bebauungspläne, wobei die Aufzählung der Flächen abschließend ist.

2 Eine überbaute Fläche iSd § 32 liegt vor, wenn darauf ein Vorhaben iSd § 29 errichtet worden ist. Eine analoge Anwendung des § 32 auf Wertsteigerungen nicht überbauter Flächen ist unzulässig. Die Änderung einer baulichen Anlage ist wertsteigernd, wenn es dadurch zu einer Erhöhung des materiellen Grundstücks-

wertes kommt. Die erforderliche Zustimmung des Bedarfs- oder Erschließungsträgers ist kein Verwaltungsakt und kann daher auch nicht angefochten werden. Wird die Zustimmung versagt, tritt eine Bindung der Baugenehmigungsbehörde ein, so dass diese die begehrte **Baugenehmigung** ablehnen muss. Stimmt der Bedarfs- oder Erschließungsträger nicht zu, kann eine Genehmigung für ein Vorhaben in den Fällen des § 32 nur dann erteilt werden, wenn der Grundstückseigentümer eine sog Mehrverzichtserklärung abgibt. Dabei handelt es sich um eine einseitige empfangsbedürftige Willenserklärung. In entschädigungsrechtlicher Hinsicht wird die Vorschrift durch § 40 Abs 3 ergänzt.

§ 33 Zulässigkeit von Vorhaben während der Planaufstellung

(1) In Gebieten, für die ein Beschluss über die Aufstellung eines Bebauungsplans gefasst ist, ist ein Vorhaben zulässig, wenn
1. die Öffentlichkeits- und Behördenbeteiligung nach § 3 Abs. 2, § 4 Abs. 2 und § 4a Abs. 2 bis 5 durchgeführt worden ist,
2. anzunehmen ist, dass das Vorhaben den künftigen Festsetzungen des Bebauungsplans nicht entgegensteht,
3. der Antragsteller diese Festsetzungen für sich und seine Rechtsnachfolger schriftlich anerkennt und
4. die Erschließung gesichert ist.

(2) In Fällen des § 4a Abs. 3 Satz 1 kann vor der erneuten Öffentlichkeits- und Behördenbeteiligung ein Vorhaben zugelassen werden, wenn sich die vorgenommene Änderung oder Ergänzung des Bebauungsplanentwurfs nicht auf das Vorhaben auswirkt und die in Absatz 1 Nr. 2 bis 4 bezeichneten Voraussetzungen erfüllt sind.

(3) Wird ein Verfahren nach § 13 durchgeführt, kann ein Vorhaben vor Durchführung der Öffentlichkeits- und Behördenbeteiligung zugelassen werden, wenn die in Absatz 1 Nr. 2 bis 4 bezeichneten Voraussetzungen erfüllt sind. Der betroffenen Öffentlichkeit und den berührten Behörden und sonstigen Trägern öffentlicher Belange ist vor Erteilung der Genehmigung Gelegenheit zur Stellungnahme innerhalb angemessener Frist zu geben, soweit sie dazu nicht bereits zuvor Gelegenheit hatten.

Abs 1 Nr 1 dieser Vorschrift entspricht den von der Rechtsprechung entwickelten Anforderungen an die **Planreife** in formeller Hinsicht (vgl dazu: BVerwG Buchholz 406.11 § 33 BBauG Nr 5 = BRS 33 Nr 34).

§ 33 gilt sowohl für einen in Aufstellung befindlichen qualifizierten als auch einfachen **Bebauungsplan**, bezieht sich aber nicht auf die frühere Bauleitplanung einer ehemaligen, weil eingegliederten Gemeinde, auch wenn diese schon Planreife erlangt hatte (BGH NVwZ 1995, 413 = UPR 1995, 106). Weiterhin ist diese Vorschrift auch in gleicher Weise für Planänderungen anwendbar. § 33 greift nur bei solchen Vorhaben ein, die unter Berücksichtigung der für sie jeweils maßgebenden Vorschriften der §§ 30, 34 oder 35 unzulässig wären. Widerspricht ein Vorhaben den Festsetzungen des künftigen Bebauungsplanes, muss es aber nach dem derzeit noch für das Grundstück geltenden Bauplanungsrecht der §§ 30, 34 oder 35 zuge-

§ 34 Erstes Kapitel. Dritter Teil. Erster Abschnitt

lassen werden, kann es nicht auf Grund des § 33 untersagt werden (BVerwGE 20, 127 = BRS 15 Nr 14), sondern muss vielmehr genehmigt werden. Die Vorschrift ist kein Instrument zur Sicherung einer künftigen Planung. Der Gemeinde, die im Hinblick auf den kommenden Bebauungsplan ein jetzt noch zulässiges Vorhaben verhindern will, bleibt nur die Möglichkeit, von einer Veränderungssperre oder der Zurückstellung von Baugesuchen Gebrauch zu machen.

3 Sind die Voraussetzungen des Abs 1 gegeben, hat der Antragsteller einen Rechtsanspruch darauf, dass bei der Prüfung seines Bauantrages die zu erwartenden Festsetzungen des Bebauungsplanes zugrunde gelegt werden (BVerwGE 20, 127 = BRS 15 Nr 14). Erforderlich ist zunächst, dass die Gemeinde einen **Beschluss** zur Aufstellung eines Bebauungsplanes gefasst hat (§ 2 Abs 1). Abs 1 Nr 1 normiert die sog Planreife (BVerwG Buchholz 406.11 § 33 BBauG Nr 50 = BRS 33 Nr 34) in formeller Hinsicht. In materieller Hinsicht muss der Stand der Planungsarbeiten die Annahme rechtfertigen, dass das Vorhaben den künftigen Festsetzungen des Bebauungsplanes nicht entgegenstehen wird. Dies ist dann nicht der Fall, wenn die höhere Verwaltungsbehörde bereits Bedenken gegen diese Planung geäußert hat, die auch gegenüber dem zur Genehmigung anstehenden Bauvorhaben durchgreifen (BVerwG Buchholz 406.11 § 33 BBauG Nr = BRS 15 Nr 27). Es muss vielmehr die sichere Erwartung bestehen, dass – sofern erforderlich – die Genehmigung nach § 10 Abs 2 erteilt wird.

4 Weitere Voraussetzung ist das schriftliche (vgl § 126 BGB) **Anerkenntnis** der künftigen Festsetzungen durch den Antragsteller für sich und seine Rechtsnachfolger. Das Anerkenntnis ist eine einseitige, empfangsbedürftige Willenserklärung mit grundstücksbezogener Wirkung. Zur Voraussetzung der gesicherten **Erschließung** gilt die Anm zu § 30.

5 Abs 2 soll in einfach gelagerten, unproblematischen Fällen zur Erleichterung und Beschleunigung von Baumaßnahmen während der Planaufstellung beitragen. Damit wird eine Genehmigungsmöglichkeit bereits vor der förmlichen Planreife geschaffen, die im Ermessen der Genehmigungsbehörde steht. Insoweit ist nur eine abgeschwächte Beteiligungsform der Öffentlichkeit und Behörden vorgeschrieben.

6 Abs 3 der Vorschrift wurde durch das EAG Bau 2004 neu eingeführt und erlaubt in Übereinstimmung mit den europarechtlichen Vorschriften eine Genehmigung unter Verzicht auf die Umweltprüfung, wenn die Voraussetzungen hierfür gegeben sind. Insoweit gilt in den Fällen des vereinfachten Verfahrens die bisherige Regelung.

7 Ändert sich die Planung zwischen der Vorabgenehmigung und dem Inkrafttreten des Bebauungsplanes, so genießt das aufgrund der Baugenehmigung verwirklichte Vorhaben **Bestandsschutz**. Eine Beseitigung oder Anpassung kann dann nur noch im Wege der Enteignung durchgesetzt werden.

8 Für die Erteilung der Baugenehmigung nach § 33 ist das Einvernehmen der Gemeinde nach § 36 Abs 1 Satz 1 erforderlich.

§ 34 Zulässigkeit von Vorhaben innerhalb der im Zusammenhang bebauten Ortsteile

(1) Innerhalb der im Zusammenhang bebauten Ortsteile ist ein Vorhaben zulässig, wenn es sich nach Art und Maß der baulichen Nutzung, der Bauweise und der Grundstücksfläche, die überbaut werden soll, in die Eigenart der

näheren Umgebung einfügt und die Erschließung gesichert ist. Die Anforderungen an gesunde Wohn- und Arbeitsverhältnisse müssen gewahrt bleiben; das Ortsbild darf nicht beeinträchtigt werden.

(2) Entspricht die Eigenart der näheren Umgebung einem der Baugebiete, die in der auf Grund des § 9a erlassenen Verordnung bezeichnet sind, beurteilt sich die Zulässigkeit des Vorhabens nach seiner Art allein danach, ob es nach der Verordnung in dem Baugebiet allgemein zulässig wäre; auf die nach der Verordnung ausnahmsweise zulässigen Vorhaben ist § 31 Abs. 1, im Übrigen ist § 31 Abs. 2 entsprechend anzuwenden.

(3) Von Vorhaben nach Absatz 1 oder 2 dürfen keine schädlichen Auswirkungen auf zentrale Versorgungsbereiche in der Gemeinde oder in anderen Gemeinden zu erwarten sein.

(3a) Vom Erfordernis des Einfügens in die Eigenart der näheren Umgebung nach Absatz 1 Satz 1 kann im Einzelfall abgewichen werden, wenn die Abweichung
1. der Erweiterung, Änderung, Nutzungsänderung oder Erneuerung eines zulässigerweise errichteten Gewerbe- oder Handwerksbetriebs dient,
2. städtebaulich vertretbar ist und
3. auch unter Würdigung nachbarlicher Interessen mit den öffentlichen Belangen vereinbar ist.

Satz 1 findet keine Anwendung auf Einzelhandelsbetriebe, die die verbrauchernahe Versorgung der Bevölkerung beeinträchtigen oder schädliche Auswirkungen auf zentrale Versorgungsbereiche in der Gemeinde oder in anderen Gemeinden haben können.

(4) Die Gemeinde kann durch Satzung
1. die Grenzen für im Zusammenhang bebaute Ortsteile festlegen,
2. bebaute Bereiche im Außenbereich als im Zusammenhang bebaute Ortsteile festlegen, wenn die Flächen im Flächennutzungsplan als Baufläche dargestellt sind,
3. einzelne Außenbereichsflächen in die im Zusammenhang bebauten Ortsteile einbeziehen, wenn die einbezogenen Flächen durch die bauliche Nutzung des angrenzenden Bereichs entsprechend geprägt sind.

Die Satzungen können miteinander verbunden werden.

(5) Voraussetzung für die Aufstellung von Satzungen nach Absatz 4 Satz 1 Nr. 2 und 3 ist, dass
1. sie mit einer geordneten städtebaulichen Entwicklung vereinbar sind,
2. die Zulässigkeit von Vorhaben, die einer Pflicht zur Durchführung einer Umweltverträglichkeitsprüfung nach Anlage 1 zum Gesetz über die Umweltverträglichkeitsprüfung oder nach Landesrecht unterliegen, nicht begründet wird und
3. keine Anhaltspunkte für eine Beeinträchtigung der in § 1 Abs. 6 Nr. 7 Buchstabe b genannten Schutzgüter bestehen.

In den Satzungen nach Absatz 4 Satz 1 Nr. 2 und 3 können einzelne Festsetzungen nach § 9 Abs. 1 und 3 Satz 1 sowie Abs. 4 getroffen werden. § 9 Abs. 6 ist entsprechend anzuwenden. Auf die Satzung nach Absatz 4 Satz 1 Nr. 3 sind ergänzend § 1a Abs. 2 und 3 und § 9 Abs. 1a entsprechend anzuwenden; ihr ist eine Begründung mit den Angaben entsprechend § 2a Satz 2 Nr. 1 beizufügen.

(6) Bei der Aufstellung der Satzungen nach Absatz 4 Satz 1 Nr. 2 und 3 sind die Vorschriften über die Öffent- lichkeits- und Behördenbeteiligung nach § 13 Abs. 2 Nr. 2 und 3 entsprechend anzuwenden. Auf die Satzungen nach Absatz 4 Satz 1 Nr. 1 bis 3 ist § 10 Abs. 3 entsprechend anzuwenden.

Gesamtübersicht

	Rn		Rn
I. Allgemeines	1	VI. Verweisung auf die BauNVO	19
II. Bebauungszusammenhang	2	VII. Auswirkungen der Bebauung	22
III. Ortsteil	7	VIII. Satzungen	24
IV. Einfügen	10	IX. Nachbarschutz	27
V. Erschließung	18		

I. Allgemeines

1 § 34 regelt die Zulässigkeit von Vorhaben auf Grundstücken in den im Zusammenhang bebauten Ortsteilen, für die ein qualifizierter Bebauungsplan nicht besteht und die auch nicht dem Außenbereich nach § 35 zuzurechnen sind. Das Gericht hat die Anwendung dieser Vorschrift von sich aus auch dann in Betracht zu ziehen, wenn es dem von der Bauaufsichtsbehörde einer Entscheidung zu Grunde gelegten Bebauungsplan für nichtig (VGH Baden-Württemberg NVwZ 1994, 700 = BRS 55 Nr 4) oder funktionslos hält. Im Geltungsbereich eines einfachen Bebauungsplanes nach § 30 Abs 2 kommt § 34 erst dann zum Zuge, wenn das Vorhaben den Festsetzungen dieses Bebauungsplanes entspricht. Ist das nicht der Fall, scheidet eine Genehmigung auch dann aus, wenn das Vorhaben nach § 34 zulässig wäre. Da die in § 33 genannten Gebiete keinen besonderen räumlichen Bereich bilden, stellt diese Vorschrift nur eine Ergänzung der sonstigen Zulassungstatbestände dar (BVerwGE 20, 127 = BRS 15 Nr 14), so dass § 33 erst dann eingreifen kann, wenn die Unzulässigkeit des Vorhabens nach § 34 feststeht.

II. Bebauungszusammenhang

2 Voraussetzung für eine Anwendung des § 34 ist, dass ein im Zusammenhang bebauter Ortsteil gegeben ist. Der erforderliche Bebauungszusammenhang kann dann angenommen werden, wenn die aufeinander folgende Bebauung trotz vorhandener **Baulücke**n den Eindruck der Geschlossenheit und Zusammengehörigkeit vermittelt (BVerwGE 75, 34 = NVwZ 1987, 406 = BauR 1987, 52). Eine Unterbrechung des Bebauungszusammenhanges ist anzunehmen, wenn die unbebaute Fläche so groß ist, dass sie in den Möglichkeiten ihrer Bebauung nicht mehr von der bereits vorhandenen Bebauung geprägt wird (BVerwGE 41, 227 = BRS 25 Nr 36). Letztlich entscheidend ist die Verkehrsauffassung (BVerwG Buchholz 406.11 § 35 BBauG Nr 39 = BRS 18 Nr 23; BVerwG UPR 1994, 148 = ZfBR 1994, 142), wobei es allerdings jeweils auf die Lage des konkreten Einzelfalls ankommt (BVerwGE 28, 268 = BRS 18 Nr 57; BVerwG ZfBR 1992, 94 = RdL 1992, 79).

3 Die Abgrenzung zwischen **Innenbereich** und Außenbereich lässt sich nicht unter Anwendung geographisch – mathematischer Maßstäbe allgemein bestimmen, sondern nur auf Grund einer die gesamten örtlichen Verhältnisse würdigenden Be-

trachtung (BVerwG Buchholz 406.11 § 35 BauGB Nr 328 = NVwZ 1997, 899 = BauR 1997, 616). Je größer die unbebauten Fläche ist, umso unwahrscheinlicher wird die Annahme einer Baulücke sein (BVerwGE 35, 256 = BVerwG Buchholz 406.11 § 34 BBauG Nr 27). Größere Freiflächen, die einer Bebauung wegen der natürlichen Beschaffenheit (zB Flüsse) entzogen sind, können im Einzelfall für die Beurteilung ohne Bedeutung sein (BVerwGE 44, 250 = BVerwG Buchholz 406.11 § 19 BBauG Nr 30), aber auch den Bebauungszusammenhang unterbrechen (BVerwG BRS 17 Nr 35 = BBauBl 1967, 117; BVerwG DVBl 1991, 810 = ZfBR 1991, 126). Straßen unterbrechen den Bebauungszusammenhang nur dann, wenn sich auf der anderen Straßenseite die Bebauung nicht fortsetzt.

Bei der Beurteilung des Bebauungszusammenhangs ist auf die tatsächlich vorhandene Bebauung abzustellen. Dabei spielt es grds keine Rolle, ob die **baulichen Anlagen** genehmigt worden sind oder ob sie baurechtswidrig sind, aber in einer Weise geduldet werden, die keine Zweifel daran lässt, dass sich die zuständige Behörde endgültig mit diesem Zustand abgefunden hat (BVerwGE 31, 22; BVerwG ZfBR 1993, 86). Etwas Anderes gilt aber dann, wenn sich aus dem Verhalten der zuständigen Behörde hinreichend klar ergibt – etwa durch den Erlass von Beseitigungsverfügungen –, dass die Beseitigung der baurechtswidrigen baulichen Anlagen absehbar ist (BVerwGE 31, 22 = BRS 20 Nr 36). Ohne Einfluss auf die Beurteilung des Bebauungszusammenhangs ist ein genehmigtes, aber noch nicht errichtetes Gebäude (BVerwG Buchholz 406.11 § 34 BBauG Nr 58 = BauR 1977, 104). 4

Unter den Begriff der **Bebauung** iSv § 34 Abs 1 fallen nur Bauwerke, die genügendes Gewicht besitzen, um der näheren Umgebung ein bestimmtes Gepräge zu verleihen. Hierfür ist nicht ausreichend, dass es sich um bauliche Anlagen iSv § 29 BauGB handelt (BVerwG v 8.11.1999 – 4 B 85/99 –). 5

Das Ende des Bebauungszusammenhangs liegt unabhängig von Grundstücksgrenzen im Regelfall unmittelbar hinter dem letzten Gebäude, welches noch dem Bebauungszusammenhang zuzurechnen ist (BVerwG Buchholz 406.11 § 35 BBauG Nr 123 = BauR 1976, 188), auch wenn sich hierdurch keine gerade Linie, sondern Zacken oder Rundungen ergeben (BVerwG BRS 50 Nr 83). Ein sich daran anschließendes Grundstück oder Grundstücksteil zählt bereits zum **Außenbereich** (OVG Bremen BRS 44 Nr 50 = BauR 1985, 538). Dies gilt nur dann nicht, wenn dieses Grundstück bebaut war und das neue Bauvorhaben als Ersatz für das frühere Gebäude angesehen werden kann, wobei zwischen Abbruch und Neubau ein gewisser zeitlicher Zusammenhang bestehen muss (BVerwGE 75, 34 = BVerwG Buchholz 406.11 § 34 BBauG Nr 116 = NVwZ 1987, 406). Dieser zeitliche Zusammenhang kann idR bei einem dazwischen liegenden Zeitraum von mehr als zwei Jahren nicht mehr angenommen werden (BVerwGE 64, 41 = Buchholz 406.11 § 35 BBauG Nr 183). Eine Verlängerung dieses Zeitraumes ist aber dann möglich, wenn sich die Verhandlungen mit der Gemeinde über die zukünftige Bebauung verzögern (BVerwGE 75, 34 = NVwZ 1987, 406). Der Bebauungszusammenhang endet auch dann nicht unmittelbar hinter der letzten baulichen Anlage, wenn sich daran eine unbebaute Fläche in der Größe einer Baulücke anschließt, die durch natürliche Hindernisse (zB Eisenbahn) von der freien Landschaft abgegrenzt ist (BVerwGE 55, 369 = BRS 33 Nr 36; BVerwG NuR 1992, 76 = DVBl 1991, 810) und durch dieses Hindernis praktisch in den Bebauungszusammenhang „hineingedrückt" wird. Im Gegenzug kann die Berücksichtigung topographischer Gegebenheiten auch dazu 6

führen, dass unmittelbar aneinander grenzende (bebaute) Grundstücke zwei unterschiedlichen Baugebieten angehören, etwa wenn einem Steilhang im Grenzbereich eine trennende Funktion zukommt (BVerwG NVwZ-RR 1999, 105). Ein an einen im Zusammenhang bebauten Ortsteil angrenzendes unbebautes Grundstück gehört dagegen nicht schon deshalb zu diesem Bebauungszusammenhang, weil es mit seiner anderen Seite an eine Gemeindegrenze reicht (BVerwG NVwZ-RR 1998, 156 = ZfBR 1997, 326 = BauR 1997, 805). Bebaute Grundstücke in der Nachbargemeinde bleiben für die Frage, wie weit der Bebauungszusammenhang reicht, unberücksichtigt, da an der Gemeindegrenze der Bebauungszusammenhang immer endet (BVerwGE 27, 137 = Buchholz 406.11 § 35 BBauG Nr 41).

III. Ortsteil

7 Unter einem **Ortsteil** iSd § 34 ist jeder Bebauungskomplex im Gebiet einer Gemeinde zu verstehen, der nach der Zahl der vorhandenen Bauten ein gewisses Gewicht (BVerwG DVBl 1993, 111 = ZfBR 1993, 86; BVerwG NVwZ 1994, 294 = ZfBR 1994, 37) besitzt und Ausdruck einer organischen Siedlungsstruktur ist (BVerwG Buchholz 406.11 § 35 BBauG Nr 211 = NVwZ 1984, 434). Dies ist das Gegenstück zur unerwünschten Splittersiedlung im Außenbereich. Ob ein Bebauungskomplex ein gewisses Gesicht besitzt, hängt insbesondere von seinem Verhältnis zur bereits vorhandenen Bebauung ab (BVerwG Buchholz 406.11 § 34 BBauG Nr 31 = BRS 25 Nr 41) Es kommt also entscheidend auf die jeweiligen Verhältnisse in der betreffenden Landschaft an (BVerwG Buchholz 406.11 § 35 BBauG Nr 211 = NVwZ 1984, 434). Auch eine bestimmte Anzahl von Gebäuden, die zur Annahme eines Ortsteils ausreichend sind, lässt sich nicht generell festlegen. Bei einer Anzahl von vier Gebäuden ist ein Ortsteil verneint worden (BVerwGE 54, 73 = BRS 32 Nr 75; BVerwG UPR 1994, 305), während in einem dünn besiedelten Gebiet sechs Gebäude als ausreichend angesehen worden sind (BVerwG BRS 22 Nr 76). Dagegen reicht auch eine größere Anzahl von Wochenendhäusern nicht aus (OVG Bremen BRS 42 Nr 62 = BauR 1984, 495).

8 Weiterhin ist erforderlich, dass der Ortsteil eine organische **Siedlungsstruktur** aufweist. Eine völlig regellose und funktionslose Bebauung stellt deshalb keinen Ortsteil dar (BVerwGE 31, 22 = BVerwG Buchholz 406.11 § 19 BBauG Nr 21). Erklärt sich aber die Anordnung der Gebäude aus ihrer Funktion, kann von einer regellosen Bebauung nicht gesprochen werden (BVerwG Buchholz 406.11 § 34 BBauG Nr 52 = BauR 1976, 185).

9 Die vom Gericht anzustellende „Wertung und Bewertung" der jeweiligen örtlichen Gegebenheiten, dh, die Beurteilung, ob nach der maßgeblichen Betrachtungsweise der „Verkehrsauffassung" die vorhandene Bebauung den Eindruck der Geschlossenheit bzw der Zusammengehörigkeit vermittelt, wird vielfach erst nach Einnahme des **Augenschein**s getroffen werden können. Dies bedeutet freilich nicht, dass über die Frage der Zugehörigkeit eines Grundstücks zum Innen- oder Außenbereich verfahrensfehlerfrei stets nur auf der Grundlage eines Augenscheins entschieden werden darf. Vielmehr gilt auch hier der allgemeine Grundsatz, dass Umfang und Art der Tatsachenermittlung nach pflichtgemäßem Ermessen zu bestimmen sind. So kann die Entscheidungsbildung insbesondere auch auf Kartenmaterial, Fotos, Luftbilder oder auf der Schilderung ortskundiger Verfahrensbeteiligter beruhen (BVerwG BRS 52 Nr 146 = ZfBR 1992, 94 = RdL 1992, 79).

IV. Einfügen

Die Zulässigkeit eines Vorhabens erfordert, dass es sich in die Eigenart der näheren Umgebung einfügt. Unter näherer Umgebung sind nicht nur die unmittelbaren Nachbargrundstücke zu verstehen, sondern alle die, auf die sich die Ausführung des Vorhabens auswirken kann und die Umgebung, soweit sie ihrerseits den bodenrechtlichen Charakter des Baugrundstücks prägt (BVerwGE 55, 369 = BVerwG Buchholz 406.11 § 34 BBauG Nr 63). Dabei sind im Idealfall konzentrische Kreise um das Baugrundstück zu ziehen, wobei die Grenzziehung aber stets das Ergebnis einer wertenden, nicht schematischen Betrachtungsweise sein sollte (Hess VGH VGRspr 1988, 12; Hess VGH ESVGH 35, 126). Oft werden sich die Grenzen durch Straßen oder ähnliche Gegebenheiten in der Örtlichkeit ergeben. Zu den Auswirkungen zählen aber nur die direkten Beeinträchtigungen, wie zB Emissionen oder eine Erhöhung des Verkehrslärms durch den Zufahrtsverkehr (BVerwGE 68, 352 = NVwZ 1984, 583). Mittelbare Folgewirkungen, die etwa in der Verschlechterung der Verkehrssituation durch einen Großmarkt bestehen können, reichen nicht aus (BVerwGE 68, 360 = BVerwG Buchholz 406.12 § 11 BauNVO Nr 5 = NVwZ 1984, 582).

10

Die nähere Umgebung wird durch die tatsächlich vorhandene Bebauung geprägt, wobei davon die baulichen Anlagen ausgenommen sind, die als Fremdkörper wirken (BVerwGE 62, 151 = BRS 38 Nr 69). Grundstückseigenschaften, die in den optisch wahrnehmbaren Gegebenheiten keinen Niederschlag gefunden haben, bleiben grds außer Betracht (BVerwG DVBl 1993, 658 = ZfBR 1993, 191). Die Zahl der Wohneinheiten in Wohngebäuden ist kein bodenrechtlich relevanter Gesichtspunkt idS (VGH Baden-Württemberg VBlBW 1992, 344 im Anschluss an BVerwG, BRS 36 Nr 58).

11

Ob die tatsächlich vorhandene Bebauung genehmigt worden ist oder nicht, spielt grds keine Rolle. Erst wenn die zuständige Bauaufsichtsbehörde zu erkennen gibt, dass die ungenehmigt errichteten Bauwerke abgebrochen werden sollen, wirken sich diese auf die Eigenart der näheren Umgebung nicht mehr aus. Genehmigte, aber noch nicht errichtete bauliche Anlagen bleiben für die Eigenart der näheren Umgebung ohne Bedeutung (BVerwG Buchholz 406.11 § 34 BBauG Nr 58 = BauR 1977, 104). Bereits beseitigter Altbestand kann noch zu berücksichtigen sein, wenn nach der Verkehrsauffassung mit der Wiederaufnahme einer gleichartigen Nutzung innerhalb einer im konkreten Einzelfall angemessenen Zeitspanne gerechnet werden kann (BVerwGE 75, 34; BVerwG ZfBR 1993, 86). Ebenfalls zu berücksichtigen ist eine bisher auf dem Baugrundstück betriebene Nutzung, sofern sie sich nicht als Fremdkörper darstellt (BVerwG NVwZ 1994, 294 = ZfBR 1994, 37). Bei untergeordneten Nebenanlagen kommt es idR nicht auf den bestehenden Rahmen an (BVerwG ZfBR 1985, 285 = DÖV 1986, 77).

12

Nach § 34 ist ein Bauvorhaben nur dann zulässig, wenn es sich in die vorhandene Bebauung einfügt. Dies ist idR dann der Fall, wenn das Vorhaben sich innerhalb des aus seiner Umgebung hervorgehenden Rahmens hält (BVerwGE 55, 369 = BVerwG Buchholz 406.11 § 34 BBauG Nr 84). Maßgeblich für die Beurteilung sind dabei im Wesentlichen die Kriterien
– Art der baulichen Nutzung
– Maß der baulichen Nutzung

13

– Bauweise und
– überbaubare Grundstücksfläche

wobei die Prüfung des Einfügens für jedes Kriterium gesondert zu erfolgen hat (BVerwG NVwZ 1994, 294 = ZfBR 1994, 37; BVerwG DVBl 1993, 658 = ZfBR 1993, 191).

14 Zulässig sind hiernach auch solche Vorhaben, die im Wege der **Ausnahme** oder **Befreiung** zugelassen werden können (BVerwG Buchholz 454.51 MRVerbG Nr 20). Trotz der Einhaltung des Rahmens fehlt es an der Zulässigkeit, wenn das Vorhaben es an der gebotenen **Rücksichtnahme** auf die sonstige Bebauung fehlen lässt (BVerwG Buchholz 406.11 § 34 BBauG Nr 72 = BRS 36 Nr 59). Dieses Gebot der Rücksichtnahme ist als Korrektiv Bestandteil des Einfügens (BVerwG Buchholz 406.19 Nachbarschutz Nr 44 = BRS 38 Nr 86 = BauR 1981, 354; BVerwG NJW 1992, 2170 = Baurecht 1992, 491).

15 Das Maß der Anforderungen an das Gebot der Rücksichtnahme hängt von den jeweiligen Umständen des Einzelfalles ab (BVerwG Buchholz 406.11 § 35 BBauG Nr 196 = NVwZ 1983, 609). In die anzustellende Abwägung ist das, was auf der einen Seite dem Begünstigten und auf der anderen Seite dem Rücksichtnahmeverpflichteten zuzumuten ist, einzustellen (BVerwGE 52, 122 = BVerwG Buchholz 406.19 Nachbarschutz Nr 28). Dabei ist eine realistische Prognose anzustellen, in die auch auf der Lebenserfahrung basierende Annahmen eingestellt werden können, etwa – bei der Frage des zu erwartenden Verkehrs – dass nicht alle Besucher einer baulichen Anlage ein eigenes Kraftfahrzeug benutzen (BVerwG NJW 1992, 2170 = BauR 1992, 491). Unzumutbar sind solche Einwirkungen, die dem Betroffenen billigerweise nicht mehr zugemutet werden können (BVerwG Buchholz 406.19 Nachbarschutz Nr 44 = BauR 1981, 354), wie zB schädliche Umwelteinwirkungen iSd BImSchG (BVerwGE 68, 58 = NVwZ 1984, 509). Problematisch ist dabei aber die praktische Handhabung, insbesondere die Festsetzung der **Zumutbarkeits**schwelle. Eine Verletzung des Gebots der Rücksichtnahme scheidet jedenfalls dann aus, wenn die die Vorgaben spezieller Normen, insbes. die immissionsschutzrechtlichen Grenzwerte der TA-Lärm bzw TA-Luft (BVerwG Buchholz 406.25 § 5 BImSchG Nr 88 = NJW 1984, 250 = BRS 40 Nr 205) oder die bauordnungsrechtlichen Abstandsvorschriften in Bezug auf Belichtung und Belüftung (BVerwG Buchholz 406.19 Nachbarschutz Nr 68 = NVwZ 1986, 468 = BRS 44 Nr 127; BVerwG DVBl 1993, 111 = ZfBR 1993, 132) eingehalten werden.

16 Keine Bedeutung kommt iR einer **Wertminderung** des Grundstücks als solcher zu, wenn sie nicht Folge einer unzumutbaren Nutzungseinschränkung ist (BVerwG Buchholz 406.19 Nachbarschutz Nr 109). Wertminderungen als Folge der Ausnutzung der einem Dritten erteilten Baugenehmigung bilden nicht für sich genommen einen Maßstab dafür, ob Beeinträchtigungen iSd Rücksichtnahmegebots zumutbar sind oder nicht. Einen allgemeinen Rechtssatz des Inhalts, dass der Einzelne einen Anspruch darauf hat, vor jeglicher Wertminderung bewahrt zu werden, gibt es nicht (BVerwG, B v 13.11.1997).

17 Ein Vorhaben kann sich auch dann einfügen, wenn es den aus seiner Umgebung abgeleiteten Rahmen überschreitet, aber weder **bewältigungsbedürftige Spannungen** auslöst noch vorhandene Spannungen verstärkt (BVerwGE 75, 34 = Buchholz 406.11 § 34 BBauG Nr 116 = NVwZ 1987, 406). Solche Spannungen können bereits darin bestehen, dass das Vorhaben wegen seiner Vorbildwirkung in naher Zu-

kunft eine solche Verschlechterung nach sich ziehen kann (BVerwGE 68, 360 = BauR 1984, 373). Eine Befreiung von dem Erfordernis, dass sich ein geplantes Bauvorhaben in die Eigenart der näheren Umgebung einzufügen hat, ist nicht möglich (BVerwG Buchholz 406.11 § 34 BBauG Nr 67 = BRS 35 Nr 40).

V. Erschließung

Weitere Voraussetzung der Zulässigkeit eines Vorhabens nach § 34 ist, dass die Erschließung gesichert ist (vgl Erl zu § 30). Dieses Erschließungsgebot dient ausschließlich dem öffentlichen Interesse und vermittelt keinen Nachbarschutz (VG Neustadt v 04.10.1999 – 4 L 2210/99 - NVV). 18

VI. Verweisung auf die BauNVO

Mit der Regelung des Abs 2 hat der Gesetzgeber die Rechtsprechung des BVerwG (E 62, 250 = BVerwG Buchholz 406.11 § 34 BBauG Nr 86) zur Bedeutung der BauNVO im unbeplanten Innenbereich nicht gesetzlich verankert. Nunmehr kommt es bzgl der Art der baulichen Nutzung nur darauf an, ob das Vorhaben mit den Vorschriften der BauNVO übereinstimmt. Dabei handelt es sich um eine sog dynamische Verweisung, da die BauNVO in ihrer jeweils gültigen Fassung zur Anwendung kommt (BVerwG DVBl 1993, 109 = ZfBR 1993, 35). Ist dies der Fall, scheidet eine Prüfung, ob das Vorhaben sich seiner Art nach iSd Abs 1 einfügt, aus; das Maß der baulichen Nutzung ist allerdings aus dem Gesichtspunkt des Einfügens in die Eigenart der näheren Umgebung nach Abs 1 zu beurteilen. Da dann aber eine Beurteilung nach Abs 1 erfolgt, kommt es nur darauf an, ob sich das Vorhaben einfügt; die Höchstmaße der §§ 17 ff BauNVO können daher unter diesem Aspekt sogar überschritten werden. Voraussetzung für eine Anwendung des Abs 2 ist aber, dass die nähere Umgebung des Vorhabens eindeutig einem der Baugebiete der §§ 2 ff BauNVO zugeordnet werden kann, was abgesehen von den Fällen, in denen ein nichtiger Bebauungsplan faktisch umgesetzt worden ist, eher selten der Fall sein dürfte (BVerwG DVBl 1993, 109 = ZfBR 1993, 35). Ist es nicht der Fall, scheidet eine Beurteilung nach Abs 2 aus und die Prüfung des Vorhabens richtet sich ausschließlich nach Abs 1. 19

Nicht zulässig ist es, die nähere Umgebung trotz unorganischer und diffuser Bebauung in das Schema der BauNVO hineinzupressen und eine solche Bebauung als Mischgebiet zu qualifizieren (BVerwGE 32, 31 = BRS 22 Nr 42), nur um Abs 2 anwenden zu können. Unzulässig ist in einem solchen Fall auch eine alternative Prüfung mit abschlägigem Ergebnis, da hierdurch die flexiblere Regelung des Abs 1 nicht angewendet werden kann. 20

Die Regelung in Abs 2, 2. HS beinhaltet, dass die in den einzelnen Vorschriften der BauNVO angeführten Ausnahmen im unbeplanten Gebiet unter denselben Voraussetzungen zugelassen werden können, wie im beplanten Gebiet über § 31 Abs 1. Dadurch lässt der Gesetzgeber iR einer Prüfung des § 34 die Möglichkeit einer Befreiung zu. 21

VII. Auswirkungen der Bebauung

22 Abs 3 wurde durch das EAG Bau 2004 neu geschaffen und soll städtebaulich nachhaltige Auswirkungen auf zentrale **Versorgungsbereiche** vermeiden. Solche zentralen Versorgungsbereiche ergeben sich insbesondere aus den Festlegungen in den Bauleitplänen und den Raumordnungsplänen, aber auch nicht verbindlichen Konzeptionen und nachvollziehbar eindeutigen tatsächlichen Verhältnissen. Die Erwähnung anderer Gemeinden wird insbesondere dann relevant, wenn zB von großflächigen Einzelhandelsbetrieben Fernwirkungen ausgehen, die von Abs 1 nicht erfasst werden.

23 Der ebenfalls durch das EAG Bau 2004 eingeführte Abs 3a dient insbesondere der wirtschaftlichen Entwicklung der Gemeinden, indem er für bestimmte Vorhaben eine erleichterte Zulassung ermöglicht. Dabei wird aber besonders darauf zu achten sein, dass nicht im Wege einer „Salamitaktik" nach und nach die planungsrechtlichen Gegebenheiten in einer Weise verändert werden, die den Absichten der Gemeinde zuwiderläuft. Insoweit kann zum Beispiel von einem Betrieb durchaus ein langfristiges Gesamtkonzept verlangt werden, an dem er sich später festhalten lassen muss. Weitere Beschränkungen ergeben sich aus dem Erfordernis der städtebaulichen Vertretbarkeit und der Würdigung nachbarlicher Interessen sowie aus Satz 2.

VIII. Satzungen

24 Abs 4 ermächtigt die Gemeinde zum Erlass von Abgrenzungssatzungen (Nr 1), Entwicklungssatzungen (Nr 2) und Ergänzungssatzungen (Nr 3). Nach wohl überwiegender Ansicht hat eine Abgrenzungssatzung nur deklaratorische Bedeutung. Ob dem im Hinblick auf die Rechtsnatur einer Satzung – es handelt sich dabei nämlich um eine Rechtsnorm – zugestimmt werden kann, ist allerdings fraglich. Es spricht mehr dafür, dass durch eine Abgrenzungssatzung von der Gemeinde die Grenze zwischen dem Innenbereich und dem Außenbereich normativ festgelegt wird. Die Entwicklungssatzung nach Nr 2 ist teilweise durch das BauROG 1998 neu geregelt worden. Nach dem Wortlaut spielt es keine Rolle mehr, zu welchem Zweck die Satzung erlassen worden ist. Zur Bebauung iSd Abs 4 Nr 2 zählen bauliche Anlagen aller Art iSd § 29. Aus dem Tatbestandsmerkmal des „Bereichs" folgt, dass die vorhandenen Gebäude in einem gewissen Zusammenhang stehen müssen. Die von der Entwicklungssatzung erfasste Fläche muss im Flächennutzungsplan als **Baufläche** ausgewiesen sein. Unter Baufläche ist eine für die Bebauung vorgesehene Fläche zu verstehen, § 5 Abs 2 Nr 1. Durch das BauROG 1998 ist die Abrundungssatzung (Nr 3 aF) unter Berücksichtigung der Zielsetzung von § 4 Abs 2a BauGB-Maßnahmengesetz umfassend zur Ergänzungssatzung fortentwickelt worden, ohne jedoch dessen Beschränkung auf Wohnnutzungen zu übernehmen. Durch eine Ergänzungssatzung können einzelne Außenbereichsflächen in die im Zusammenhang bebauten Ortsteile einbezogen werden, wenn und soweit diese Flächen durch die bauliche Nutzung des angrenzenden Bereichs geprägt sind. Dabei bietet die direkte Umgebung mit ihren bestehenden baulichen Nutzungen den Maßstab des Zulässigen, allerdings nicht für Baulücken, sondern lediglich für Flächen, die aufgrund ihrer Größe einer Beplanung bedürfen.

Für die Aufstellung von Satzungen nach Abs 4 Satz 1 Nr 2 und Nr 3 enthält nunmehr Abs 5 Einschränkungen zur Sicherung einer geordneten städtebaulichen Entwicklung und zum Schutz der Umwelt. Das Gesetz trägt hiermit sowohl den europarechtlichen wie auch den verfassungsrechtlichen Vorgaben Rechnung. Insoweit werden die Anforderungen an die Abwägung und die Begründung für die Satzung deutlich verschärft. 25

Abs 6 der Vorschrift übernimmt im Wesentlichen unverändert, aber redaktionell angepasst die früher in Abs 5 enthaltenen Regelungen. 26

IX. Nachbarschutz

In der Rechtsprechung ist anerkannt, dass § 34 insoweit nachbarschützend ist, als dem Gebot der **Rücksichtnahme** Nachbarschutz zukommt (BVerwG Buchholz 406.11 § 34 BBauG Nr 114 = NVwZ 1987, 128 = BRS 46 Nr 176). Dieses Gebot entfaltet aber keine Wirkung, wenn alle hierdurch geschützten, möglicherweise beeinträchtigten Belange auch durch spezielle bauordnungsrechtliche Regelungen geschützt sind und das Vorhaben deren Anforderungen entspricht (BVerwGE 94, 151 = Buchholz 406.19 Nachbarschutz Nr 118). Das Gebot der Rücksichtnahme entfaltet nur dann Nachbarschutz, soweit in qualifizierter und zugleich individualisierter Weise auf schutzwürdige Interessen eines erkennbar abgegrenzten Kreises Dritter Rücksicht zu nehmen ist; dies gilt für diejenigen Fälle, in denen die tatsächlichen Umstände ergeben, auf wen Rücksicht zu nehmen ist und eine besondere Schutzwürdigkeit des Betroffenen anzuerkennen ist, wobei insoweit die Intensität der Beeinträchtigung, die Interessen des Bauherrn und das, was beiden Seiten billigerweise zumutbar oder unzumutbar ist, gegeneinander abzuwägen ist (BVerwGE 67, 334 = BVerwG Buchholz 406.19 Nachbarschutz Nr 55 = BauR 1983, 543). Das Gebot der Rücksichtnahme ist zB dann der baurechtlichen Prüfung zu Grunde zu legen, wenn in der Nachbarschaft von Wohnhäusern ein Tennisplatz angelegt werden soll (BVerwG Buchholz 406.11 BBauG Nr 106 = NVwZ 1986, 200) oder wenn neben einem zweigeschossigen Wohnhaus in einer Entfernung von 15 m ein zwölfgeschossiges Hochhaus errichtet werden soll (BVerwG Buchholz 406.19 Nachbarschutz Nr 44 = BRS 38 Nr 869). Die Frage, ob eine geltend gemachte Geräuschbeeinträchtigung im Zusammenhang mit dem Rücksichtnahmegebot die maßgebliche Zumutbarkeitsschwelle überschreitet, wird bei Anlagen iSd BImSchG durch die Richtwerte nach der TA-Lärm nicht abschließend bestimmt (BVerwG NVwZ 1989, 666 = NJW 1989, 2412). Das Gebot der Rücksichtnahme ist aber dann tangiert, wenn eine **Störung** sämtliche oder eine größere Anzahl von Grundstückseigentümern betrifft, wie zB durch höheren Verkehrslärm (BVerwG Buchholz 406.19 Nachbarschutz Nr 63 = NVwZ 1985, 38 = BRS 42 Nr 99). Das Rücksichtnahmegebot bietet keine Grundlage dafür, dass sich ein Landwirt gegen eine herannahende Wohnbebauung, die sich in die Eigenart der näheren Umgebung einfügt, mit dem Argument zur Wehr setzen kann, durch eine Wohnnutzung in der Nachbarschaft werde ihm für die Zukunft die Möglichkeit abgeschnitten, seinen Betrieb zu erweitern oder umzustellen (BVerwG NVwZ 1993, 1184; BRS 55 Nr 175). 27

Allgemein kann sich ein Nachbarschutz aus den Vorschriften des Baugesetzbuches nur für den **Grundstückseigentümer**, nicht aber für den **Mieter** ergeben (BBauG NJW 1989, 2766 = NVwZ 1989, 1060). Ebenso wie die Festsetzung von Baugebie- 28

ten durch Bebauungspläne grds nachbarschützende Funktion hat, gilt dies auch im unbeplanten Innenbereich, wenn die Eigenart der näheren Umgebung einem der Baugebietstypen der BauNVO entspricht (BVerwGE 94, 151; Buchholz 406.19 Nachbarschutz Nr 118).

Anhang

▶ **Muster**
(Nachbar-) Widerspruch gegen eine Baugenehmigung

An die Baugenehmigungsbehörde

Betr.: Neubau eines Einfamilienhauses

Baugrundstück ...

Gemarkung ...

Bauherr

Sehr geehrte Damen und Herren,

wir beehren uns anzuzeigen, dass uns Herr A mit der Wahrnehmung seiner Interessen beauftragt hat. In der Anlage übersenden wir Vollmacht.

Namens und im Auftrag unseres Herrn Mandanten erheben wir hiermit gegen den Bauschein vom ..., das vorbezeichnete Vorhaben betreffend, **W i d e r s p r u c h** und stellen den

Antrag,

1. die Baugenehmigung vom ... für das im Betreff genannte Vorhaben aufzuheben,
2. die Hinzuziehung des Bevollmächtigten im Widerspruchsverfahren für notwendig zu erklären.

Wir stellen den weiteren

Antrag,

die Vollziehung der Baugenehmigung vom ... aufzuheben.

Gründe:

Bleiben einem besonderen Schriftsatz vorbehalten.

Vor Abfassung der Widerspruchsbegründung bitten wir um Gewährung der Einsicht in die Genehmigungsakte, §§ 79, 29 VwVfG. Wir werden uns mit Ihnen in den nächsten Tagen zur Vereinbarung eines Termins für die Akteneinsicht in Verbindung setzen.

Anmerkung: Die Fertigung eines Nachbarwiderspruchs setzt die Einsichtnahme in die Genehmigungsakte voraus, da aus dem Bauschein lediglich die Bezeichnung des Vorhabens hervorgeht. ◀

▶ **Muster**
Antrag auf Aussetzung der Vollziehung gem §§ 80a Abs 1 Nr 2, 80 Abs 4 VwGO nach Nachbarwiderspruch

An den Oberbürgermeister der Stadt D

– Bauaufsichtsbehörde –

Betr.:

Sehr geehrte Damen und Herren,

in Ergänzung unseres Widerspruchs

beantragen

wir gem §§ 80 a Abs 1 Nr 2, 80 Abs 4 VwGO für den Antragsteller

die Vollziehung der Baugenehmigung vom ... bis zu deren Unanfechtbarkeit auszusetzen.

Gründe:

Der Antrag ist zur vorläufigen Sicherung der Rechte unseres Herrn Mandanten, die wir mit dem og Widerspruch gegen die dem B erteilte Baugenehmigung verteidigen, notwendig geworden. Der B hat begonnen, das genehmigte Vorhaben auszuführen. Die Baugenehmigung ist rechtswidrig und verletzt unseren Herrn Mandanten in subjektiven Nachbarrechten.

1. Das Vorhaben verstößt bereits bauordnungsrechtlich gegen öffentlich-rechtlich geschützte Nachbarrechte. Die unmittelbar nachbarschützenden Bestimmungen über die Abstandsfläche werden vom Vorhaben des Bauherrn nicht eingehalten. [...]

2. Auch bauplanungsrechtlich verstößt das Vorhaben gegen das Rücksichtnahmegebot (BVerwG NVwZ 1999, 879). Das Rücksichtnahmegebot ist verletzt, da sich das Vorhaben objektiv rechtlich nach seiner Art und seinem Maß der baulichen Nutzung, nach seiner Bauweise und nach der überbauten Grundstücksfläche nicht in die Eigenart der näheren Umgebung einfügt. [...].

▶ **Muster**
Antrag an das Verwaltungsgericht auf Anordnung der aufschiebenden Wirkung und Stilllegung nach Nachbarwiderspruch

An das

Verwaltungsgericht

In dem Verfahren

des Nachbarn A

- Antragsteller -

gegen

Baugenehmigungsbehörde

- Antragsgegner -

beizuladen: Bauherr

beantragen

wir namens und im Auftrag des Antragstellers,

1. die aufschiebende Wirkung des Widerspruchs vom ... des Antragstellers gegen die Baugenehmigung vom ... wird angeordnet,

2. der Antragsgegner wird verpflichtet, die Bauarbeiten der Beigeladenen unter Anordnung des Sofortvollzugs einzustellen.

Gründe:

Im Rahmen der nach §§ 80a Abs 1 Nr 2 und Abs 3, 80 Abs 5 VwGO vorzunehmenden Beurteilung des Erfolges des Rechtsschutzersuchens wegen der in § 212a BauGB enthaltenen Wertentscheidung für den generellen Ausschluss der aufschiebenden Wirkung des Nachbarrechtsbehelfs, ist eine Verletzung von den dem Schutz des Antragstellers dienenden Rechten bereits mit den Erkenntnismöglichkeiten des Eilrechtsschutzverfahrens mit überwiegender Wahrscheinlichkeit festzustellen.

Im Baunachbarrecht ist von Bedeutung, dass die Art der baulichen Nutzung dem Nachbar sowohl im Plangebiet als auch im unbeplanten Innenbereich ein subjektives Abwehrrecht gegenüber nichtgebietsverträglichen Nutzungen gewährt, das über das Rücksichtnahmegebot hinausgeht. Der Nachbar hat auf die Bewahrung der Gebietsart einen Anspruch (BVerwGE 94, 151; OVG Saar BRS 56 Nr 121). Ein Verstoß gegen diesen Gebietsgewährleistungsanspruch ist festzustellen. [...]

Anmerkung: Die Gerichtspraxis ist unterschiedlich. Ein Teil der Gerichte setzt die Vollziehung des Verwaltungsaktes aus (VGH München, NVwZ-RR 1995, 430; VGH Mannheim, NVwZ 1995, 716), ein Teil ordnet die aufschiebende Wirkung an (BVerwG, NVwZ 1995, 903; OVG Lüneburg NVwZ 1994, 82; OVG Koblenz DBVl 1996, 930; OVG Saar SKZ 2002, 160).

▶ **Muster
Verpflichtungsklage auf Erteilung eines Vorbescheids
(Bebauungsgenehmigung)**

An das Verwaltungsgericht

Klage

des Herrn A

– Kläger –

Prozessbevollmächtigte:

gegen

die Stadt B

– Beklagte –

Wegen Anfechtung eines Vorbescheides

Namens und im Auftrag des Klägers erheben wir hiermit gegen den Bescheid vom ... in Form des Widerspruchsbescheids vom ...

Klage

mit dem

Antrag:

1. Die Beklagte wird unter Aufhebung der entgegenstehenden Bescheide vom ... und des auf die mündliche Verhandlung vom ... ergangenen Widerspruchsbescheids verpflichtet, dem Kläger die Bebauungsgenehmigung zur Errichtung einer Doppelgarage auf dem Grundstück ... zu erteilen.

2. Die Hinzuziehung der Bevollmächtigten ist für notwendig zu erklären.

3. Die Kosten des Verfahrens trägt die Beklagte.

Gründe:

I. Der Kläger beantragte beim Beklagten die Erteilung einer Baugenehmigung zum Neubau einer Doppelgarage auf dem in ... gelegenen Grundstück, Gemarkung ..., Flur ..., Flurstück Das Grundstück liegt nicht im Geltungsbereich eines BPls. Mit Bescheid vom ... lehnte die Beklagte den Bauantrag ab, das Vorhaben sei mit § 34 BauGB nicht vereinbar. Der hiergegen erhobene Widerspruch wurde mit Widerspruchsbescheid vom ... zurückgewiesen.

II. Die Klage ist zulässig und begründet. Der Kläger hat Anspruch auf Erteilung der begehrten Bebauungsgenehmigung, da der zur Überprüfung gestellte Garagenneubau planungsrechtlich zulässig ist. Die zur Erteilung des Vorbescheides im Vordergrund stehende planungsrechtliche Beurteilung bestimmt sich nach § 34 BauGB; das zur Bebauung vorgesehene Grundstück liegt im nicht beplanten Innenbereich. Das Vorhaben fügt sich in die nähere Umgebung iSd § 34 Abs 1 BauGB ein.

Nach gesicherter Rechtsprechung (vgl Gelzer/Bracher/Reidt, Bauplanungsrecht, 6. Aufl, Rn 2269 ff mwN) reicht die nähere Umgebung so weit, wie sich die Ausführung des zur Genehmigung gestellten Vorhabens auswirken kann und dessen Umgebung ihrerseits den bodenrechtlichen Charakter des Grundstücks prägt. In diesem Zusammenhang ist von Belang, dass es in erster Linie um einen aus der Umgebung abzuleitenden Maßstab für die Verteilung der baulichen Nutzung auf dem Grundstück geht, bei deren Analogie zu § 23 Abs 1 BauNVO im Ergebnis zwischen überbaubaren und nicht überbaubaren Grundstücksflächen auf dem Baugrundstück zu unterscheiden ist. Vorliegend lässt sich eine den planungsrechtlichen Vorschriften des § 23 Abs 3 und 4 BauNVO nachgebildete städtebaulich verbindliche Grundstruktur nicht ermitteln. [...] ◄

§ 35 Bauen im Außenbereich

(1) Im Außenbereich ist ein Vorhaben nur zulässig, wenn öffentliche Belange nicht entgegenstehen, die ausreichende Erschließung gesichert ist und wenn es
1. einem land- oder forstwirtschaftlichen Betrieb dient und nur einen untergeordneten Teil der Betriebsfläche einnimmt,
2. einem Betrieb der gartenbaulichen Erzeugung dient,
3. der öffentlichen Versorgung mit Elektrizität, Gas, Telekommunikationsdienstleistungen, Wärme und Wasser, der Abwasserwirtschaft oder einem ortsgebundenen gewerblichen Betrieb dient,
4. wegen seiner besonderen Anforderungen an die Umgebung, wegen seiner nachteiligen Wirkung auf die Umgebung oder wegen seiner besonderen Zweckbestimmung nur im Außenbereich ausgeführt werden soll,
5. der Erforschung, Entwicklung oder Nutzung der Wind- oder Wasserenergie dient,
6. der energetischen Nutzung von Biomasse im Rahmen eines Betriebs nach Nummer 1 oder 2 oder eines Betriebs nach Nummer 4, der Tierhaltung betreibt, sowie dem Anschluss solcher Anlagen an das öffentliche Versorgungsnetz dient, unter folgenden Voraussetzungen:
 a) das Vorhaben steht in einem räumlich-funktionalen Zusammenhang mit dem Betrieb,

b) die Biomasse stammt überwiegend aus dem Betrieb oder überwiegend aus diesem und aus nahe gelegenen Betrieben nach den Nummern 1, 2 oder 4, soweit letzterer Tierhaltung betreibt,
c) es wird je Hofstelle oder Betriebsstandort nur eine Anlage betrieben und
d) die installierte elektrische Leistung der Anlage überschreitet nicht 0,5 MW

oder

7. der Erforschung, Entwicklung oder Nutzung der Kernenergie zu friedlichen Zwecken oder der Entsorgung radioaktiver Abfälle dient.

(2) Sonstige Vorhaben können im Einzelfall zugelassen werden, wenn ihre Ausführung oder Benutzung öffentliche Belange nicht beeinträchtigt und die Erschließung gesichert ist.

(3) Eine Beeinträchtigung öffentlicher Belange liegt insbesondere vor, wenn das Vorhaben
1. den Darstellungen des Flächennutzungsplans widerspricht,
2. den Darstellungen eines Landschaftsplans oder sonstigen Plans, insbesondere des Wasser-, Abfall- oder Immissionsschutzrechts, widerspricht,
3. schädliche Umwelteinwirkungen hervorrufen kann oder ihnen ausgesetzt wird,
4. unwirtschaftliche Aufwendungen für Straßen oder andere Verkehrseinrichtungen, für Anlagen der Versorgung oder Entsorgung, für die Sicherheit oder Gesundheit oder für sonstige Aufgaben erfordert,
5. Belange des Naturschutzes und der Landschaftspflege, des Bodenschutzes, des Denkmalschutzes oder die natürliche Eigenart der Landschaft und ihren Erholungswert beeinträchtigt oder das Orts- und Landschaftsbild verunstaltet,
6. Maßnahmen zur Verbesserung der Agrarstruktur beeinträchtigt oder die Wasserwirtschaft gefährdet,
7. die Entstehung, Verfestigung oder Erweiterung einer Splittersiedlung befürchten lässt oder
8. die Funktionsfähigkeit von Funkstellen und Radaranlagen stört.

Raumbedeutsame Vorhaben dürfen den Zielen der Raumordnung nicht widersprechen; öffentliche Belange stehen raumbedeutsamen Vorhaben nach Absatz 1 nicht entgegen, soweit die Belange bei der Darstellung dieser Vorhaben als Ziele der Raumordnung abgewogen worden sind. Öffentliche Belange stehen einem Vorhaben nach Absatz 1 Nr. 2 bis 6 in der Regel auch dann entgegen, soweit hierfür durch Darstellungen im Flächennutzungsplan oder als Ziele der Raumordnung eine Ausweisung an anderer Stelle erfolgt ist.

(4) Den nachfolgend bezeichneten sonstigen Vorhaben im Sinne des Absatzes 2 kann nicht entgegengehalten werden, dass sie Darstellungen des Flächennutzungsplans oder eines Landschaftsplans widersprechen, die natürliche Eigenart der Landschaft beeinträchtigen oder die Entstehung, Verfestigung oder Erweiterung einer Splittersiedlung befürchten lassen, soweit sie im Übrigen außen bereichsverträglich im Sinne des Absatzes 3 sind:

1. die Änderung der bisherigen Nutzung eines Gebäudes im Sinne des Absatzes 1 Nr. 1 unter folgenden Voraussetzungen:
 a) das Vorhaben dient einer zweckmäßigen Verwendung erhaltenswerter Bausubstanz,
 b) die äußere Gestalt des Gebäudes bleibt im Wesentlichen gewahrt,
 c) die Aufgabe der bisherigen Nutzung liegt nicht länger als sieben Jahre zurück,
 d) das Gebäude ist vor mehr als sieben Jahren zulässigerweise errichtet worden,
 e) das Gebäude steht im räumlich-funktionalen Zusammenhang mit der Hofstelle des land- oder forstwirtschaftlichen Betriebs,
 f) im Falle der Änderung zu Wohnzwecken entstehen neben den bisher nach Absatz 1 Nr. 1 zulässigen Wohnungen höchstens drei Wohnungen je Hofstelle und
 g) es wird eine Verpflichtung übernommen, keine Neubebauung als Ersatz für die aufgegebene Nutzung vorzunehmen, es sei denn, die Neubebauung wird im Interesse der Entwicklung des Betriebs im Sinne des Absatzes 1 Nr. 1 erforderlich,
2. die Neuerrichtung eines gleichartigen Wohngebäudes an gleicher Stelle unter folgenden Voraussetzungen:
 a) das vorhandene Gebäude ist zulässigerweise errichtet worden,
 b) das vorhandene Gebäude weist Missstände oder Mängel auf,
 c) das vorhandene Gebäude wird seit längerer Zeit vom Eigentümer selbst genutzt und
 d) Tatsachen rechtfertigen die Annahme, dass das neu errichtete Gebäude für den Eigenbedarf des bisherigen Eigentümers oder seiner Familie genutzt wird; hat der Eigentümer das vorhandene Gebäude im Wege der Erbfolge von einem Voreigentümer erworben, der es seit längerer Zeit selbst genutzt hat, reicht es aus, wenn Tatsachen die Annahme rechtfertigen, dass das neu errichtete Gebäude für den Eigenbedarf des Eigentümers oder seiner Familie genutzt wird,
3. die alsbaldige Neuerrichtung eines zulässigerweise errichteten, durch Brand, Naturereignisse oder andere außergewöhnliche Ereignisse zerstörten, gleichartigen Gebäudes an gleicher Stelle,
4. die Änderung oder Nutzungsänderung von erhaltens- werten, das Bild der Kulturlandschaft prägenden Gebäuden, auch wenn sie aufgegeben sind, wenn das Vorhaben einer zweckmäßigen Verwendung der Gebäude und der Erhaltung des Gestaltwerts dient,
5. die Erweiterung eines Wohngebäudes auf bis zu höchstens zwei Wohnungen unter folgenden Voraussetzungen:
 a) das Gebäude ist zulässigerweise errichtet worden,
 b) die Erweiterung ist im Verhältnis zum vorhandenen Gebäude und unter Berücksichtigung der Wohnbedürfnisse angemessen und
 c) bei der Errichtung einer weiteren Wohnung rechtfertigen Tatsachen die Annahme, dass das Gebäude vom bisherigen Eigentümer oder seiner Familie selbst genutzt wird,

6. die bauliche Erweiterung eines zulässigerweise errichteten gewerblichen Betriebs, wenn die Erweiterung im Verhältnis zum vorhandenen Gebäude und Betrieb angemessen ist.

In den Fällen des Satzes 1 Nr. 2 und 3 sind geringfügige Erweiterungen des neuen Gebäudes gegenüber dem beseitigten oder zerstörten Gebäude sowie geringfügige Abweichungen vom bisherigen Standort des Gebäudes zulässig.

(5) Die nach den Absätzen 1 bis 4 zulässigen Vorhaben sind in einer flächensparenden, die Bodenversiegelung auf das notwendige Maß begrenzenden und den Außenbereich schonenden Weise auszuführen. Für Vorhaben nach Absatz 1 Nr. 2 bis 6 ist als weitere Zulässigkeits- voraussetzung eine Verpflichtungserklärung abzugeben, das Vorhaben nach dauerhafter Aufgabe der zulässigen Nutzung zurückzubauen und Bodenversiegelungen zu beseitigen; bei einer nach Absatz 1 Nr. 2 bis 6 zulässigen Nutzungsänderung ist die Rückbauverpflichtung zu übernehmen, bei einer nach Absatz 1 Nr. 1 oder Absatz 2 zulässigen Nutzungsänderung entfällt sie. Die Baugenehmigungsbehörde soll durch nach Landesrecht vorgesehene Baulast oder in anderer Weise die Einhaltung der Verpflichtung nach Satz 2 sowie nach Absatz 4 Satz 1 Nr. 1 Buchstabe g sicherstellen. Im Übrigen soll sie in den Fällen des Absatzes 4 Satz 1 sicherstellen, dass die bauliche oder sonstige Anlage nach Durchführung des Vorhabens nur in der vorgesehenen Art genutzt wird.

(6) Die Gemeinde kann für bebaute Bereiche im Außenbereich, die nicht überwiegend landwirtschaftlich geprägt sind und in denen eine Wohnbebauung von einigem Gewicht vorhanden ist, durch Satzung bestimmen, dass Wohnzwecken dienenden Vorhaben im Sinne des Absatzes 2 nicht entgegengehalten werden kann, dass sie einer Darstellung im Flächennutzungsplan über Flächen für die Landwirtschaft oder Wald widersprechen oder die Entstehung oder Verfestigung einer Splittersiedlung befürchten lassen. Die Satzung kann auch auf Vorhaben erstreckt werden, die kleineren Handwerksund Gewerbebetrieben dienen. In der Satzung können nähere Bestimmungen über die Zulässigkeit getroffen werden. Voraussetzung für die Aufstellung der Satzung ist, dass
1. sie mit einer geordneten städtebaulichen Entwicklung vereinbar ist,
2. die Zulässigkeit von Vorhaben, die einer Pflicht zur Durchführung einer Umweltverträglichkeitsprüfung nach Anlage 1 zum Gesetz über die Umweltverträglichkeitsprüfung oder nach Landesrecht unterliegen, nicht begründet wird und
3. keine Anhaltspunkte für eine Beeinträchtigung der in § 1 Abs. 6 Nr. 7 Buchstabe b genannten Schutzgüter bestehen.

Bei Aufstellung der Satzung sind die Vorschriften über die Öffentlichkeits- und Behördenbeteiligung nach § 13 Abs. 2 Nr. 2 und 3 entsprechend anzuwenden. § 10 Abs. 3 ist entsprechend anzuwenden. Von der Satzung bleibt die Anwendung des Absatzes 4 unberührt.

Bauen im Außenbereich § 35

Gesamtübersicht

	Rn		Rn
I. Allgemeines	1	V. Öffentliche Belange	26
II. Land- und forstwirtschaftlicher Betrieb	5	VI. Erschließung	37
III. Andere Privilegierungstatbestände	16	VII. Bestandsschutz, Strukturwandel	38
IV. Sonstige Vorhaben	25	VIII. Schonung des Außenbereichs	50
		IX. Außenbereichssatzung	51

I. Allgemeines

Der **Außenbereich** umfasst die Gebiete, die außerhalb des räumlichen Geltungsbereiches eines qualifizierten Bebauungsplanes nach § 30 Abs 1 und außerhalb der im Zusammenhang bebauten Ortsteile nach § 34 liegen. Auch Flächen, die in einem Flächennutzungsplan als Baugebiet dargestellt sind, gehören sogar dann noch zum Außenbereich, wenn die Gemeinde die Aufstellung eines Bebauungsplanes lediglich beschlossen hat. Erst im Stadium der **Planreife** erfolgt dann keine Beurteilung mehr nach § 35, sondern nach § 33. Erwähnenswert ist ebenfalls noch der sog Außenbereich im Innenbereich (BVerwGE 41, 272 = BVerwG Buchholz 406.11 § 34 BBauG Nr 33 = BRS 25 Nr 36), von dem man spricht, wenn innerhalb eines beplanten oder im Zusammenhang bebauten Gebiets ein Bereich liegt, der nicht beplant und unbebaut ist, und der auf Grund seiner Größe oder sonstigen Bedeutung nicht als Baulücke angesehen werden kann, sondern zur Bebauung einer gemeindlichen Planung bedarf. 1

Bei der Zulässigkeit von Bauvorhaben im Außenbereich unterscheidet das Gesetz zwischen den **privilegierten Vorhaben** des Abs 1 und den **sonstige**n – nicht privilegierten – **Vorhaben** nach Abs 2. Ein privilegiertes Vorhaben ist zulässig, wenn öffentliche Belange nach Abs 3 nicht entgegenstehen, während ein sonstiges Vorhaben im Einzelfall nur dann zulässig ist, wenn **öffentliche Belange** nicht beeinträchtigt werden. 2

Ein privilegiertes Vorhaben kann deshalb nur dann nicht verwirklicht werden, wenn ihm höherwertige Belange der Allgemeinheit entgegenstehen (BVerwGE 68, 311 = NVwZ 1984, 367 = BauR 1984, 269). Insoweit verlangt Abs 1 jeweils eine Abwägung im Einzelfall zwischen dem Vorhaben und den von ihm berührten öffentlichen Belangen. In diesem Zusammenhang ist in Rechnung zu stellen, dass der Gesetzgeber dem privilegierten Vorhaben gerade für den Außenbereich eine Vorzugsstellung eingeräumt hat (BVerwGE 28, 148 = BVerwG Buchholz 406.11 § 35 BBauG Nr 52 = BRS 18 Nr 50). Insgesamt gibt es weder ein privilegiertes Vorhaben, das überall zulässig ist, noch öffentliche Belange, die immer einem privilegierten Vorhaben erfolgreich entgegengehalten werden können. Eine entscheidende Bedeutung spielt stets der konkret vorgesehene Standort für das Vorhaben. So ist es zB denkbar, dass eine Jagdhütte an einem bestimmten Standort nicht verwirklicht werden kann, weil es sich dabei um einen ökologisch besonders schützenswerten Bereich handelt (zB eine Übergangszone von Feld zu Wald), während in einiger Entfernung davon diesem öffentlichen Belang keine das Vorhaben verhindernde Bedeutung mehr zukommt. 3

4 Stehen einem Vorhaben keine öffentlichen Belange entgegen und ist die für das konkrete Vorhaben ausreichende (BVerwG NVwZ 1986, 38 = DVBl 1986, 186) Erschließung gesichert, besteht in bauplanungsrechtlicher Hinsicht ein Rechtsanspruch auf Erteilung der begehrten Baugenehmigung (BVerwGE 18, 247 = Buchholz 406.11 § 35 BBauG Nr 9). Auch für privilegierte Bauvorhaben gilt aber stets das Gebot größtmöglicher Schonung des Außenbereichs.

II. Land- und forstwirtschaftlicher Betrieb

5 Ein Vorhaben ist nach Abs 1 Nr 1 dann privilegiert, wenn es einem land- oder forstwirtschaftlichen Betrieb dient und nur einen untergeordneten Teil der Betriebsfläche einnimmt. Sind diese Voraussetzungen nicht erfüllt, kann noch eine Privilegierung nach Abs 1 Nr 4 in Betracht kommen (BVerwGE 41, 138 = BauR 1973, 101). Die Definition des Begriffs der **Landwirtschaft** findet sich in § 201. Danach ist unter Landwirtschaft iSd BauGB insbesondere der Ackerbau, die Wiesen- und Weidewirtschaft einschließlich Pensionstierhaltung auf überwiegend eigener Futtergrundlage, die gartenbauliche Erzeugung, der Erwerbsobstbau, der Weinbau, die berufsmäßige Imkerei und die berufsmäßige Binnenfischerei zu verstehen.

6 Maßgebend dafür, ob eine Nutzung dem Begriff der Landwirtschaft unterfällt, ist grds, ob es sich um eine unmittelbare **Bodenertragsnutzung** handelt und ob der Boden planmäßig und eigenverantwortlich bewirtschaftet wird (BVerwG Buchholz 406.11 § 35 BBauG Nr 234 = NVwZ 1986, 916). Das Erfordernis der überwiegend eigenen Futtergrundlage, das in § 201 für das Vorliegen einer Landwirtschaft aufgestellt wird, kann nicht mit dem Hinweis auf einen Strukturwandel in der Landwirtschaft in Frage gestellt und auch nicht von den Gerichten als überholt oder als nicht mehr zeitgemäß unbeachtet gelassen werden (BVerwG Buchholz 406.11. § 35 BauGB Nr 327 = NVwZ-RR 1997, 590).

7 Unter Ackerbau ist eine planmäßige Bewirtschaftung von größeren Flächen mit landwirtschaftlichen Nutzpflanzen zu verstehen. Zur Wiesen- und Weidewirtschaft gehört auch die Viehzucht, wenn die Ernährung der Tiere überwiegend durch Futter erfolgt, das auf den zum Betrieb gehörenden landwirtschaftlich genutzten Flächen erzeugt wird; nicht dazu gehört aber die Massentierhaltung wie zB die **Schweinemastanlage** (BVerwG Buchholz 406.11 § 34 BBauG Nr 72 = BRS 36 Nr 39). Eine solche Anlage kann aber nach Abs 1 Nr 4 privilegiert sein (BVerwG Buchholz 406.11 § 35 BBauG Nr 204 = NVwZ 1984, 169).

8 Von **Pensionstierhaltung** spricht man, wenn fremde Tiere untergebracht und versorgt werden, wobei eine Privilegierung nach Abs 1 Nr 1 nur dann in Betracht kommt, wenn die Pensionstierhaltung als Ergänzung eines landwirtschaftlichen Betriebes betrieben wird (BVerwG Buchholz 406.11 § 35 BBauG Nr 226 = NVwZ 1986, 200 = BRS 44 Nr 82).

9 Die gartenbauliche Erzeugung ist bei einer kleinflächigen und intensiven Bodennutzung zur Gewinnung von Pflanzen oder Pflanzenteilen gegeben. Im Hinblick auf die Neufassung von Abs 1 Nr 2 durch das BauROG 1998 spielt die Definition des § 201 insoweit keine Rolle mehr. Der Erwerbsobstbau setzt eine große Anzahl von Bäumen voraus. Die Aufzählung der unter Landwirtschaft fallenden Betriebsformen ist, wie sich aus dem Wort „insbesondere" in § 201 ergibt, nicht abschließend (BVerwG Buchholz 406.11 § 35 BBauG Nr 225 = NVwZ 1986, 201).

Voraussetzung für die Annahme eines landwirtschaftlichen Betriebes ist, dass es 10
sich dabei um einen ernsten, auf Dauer angelegten Betrieb handelt, der mit der Absicht der **Gewinnerzielung** betrieben wird (BVerwG Buchholz 406.11 § 35 BBauG Nr 234 = NVwZ 1986, 916 = BRS 46 Nr 75). Dabei ist die Absicht der Gewinnerzielung nach der Rechtsprechung (BVerwG, B v 11.03.1997) keine zwingende Voraussetzung für die Annahme der Betriebseigenschaft, stellt aber ein gewichtiges Indiz hierfür dar. Ihm kommt umso geringere Bedeutung zu, je größer die landwirtschaftliche Nutzfläche und je höher der Kapitaleinsatz und damit die Zahl der Tiere und landwirtschaftlichen Maschinen ist. Keinen landwirtschaftlichen Betrieb stellt es dar, wenn der Betreiber nur aus Liebhaberei oder zur Freizeitgestaltung tätig ist. Auch die Bewirtschaftung zum reinen Eigenverbrauch begründet keinen landwirtschaftlichen Betrieb (VGH Bad-Württ BRS 32 Nr 106).

Mit dem Element der Dauer soll verhindert werden, dass bei einer nur vorüberge- 11
henden landwirtschaftlichen Betätigung letztlich ein Wohnhaus im Außenbereich errichtet werden kann. Auch nach der Neuordnung des landwirtschaftlichen Pachtrechts durch die §§ 585 ff Baugesetzbuch ändert sich wegen der spezifischen Schwäche des Pachtlandes – der Pachtvertrag kann jederzeit einvernehmlich aufgehoben werden – nichts daran, dass eine Privilegierung in aller Regel zu verneinen ist, wenn die landwirtschaftliche Betätigung ausschließlich oder weit überwiegend auf fremdem Grund und Boden verwirklicht wird (BVerwG BauR 1989, 182 = UPR 1989, 425 = NuR 1989, 306).

Nicht verlangt wird, dass die Landwirtschaft hauptberuflich betrieben wird; auch 12
der Betrieb des Nebenerwerbslandwirts nimmt an der Privilegierung des Abs 1 Nr 1 teil (BVerwG Buchholz 406.113 35 BBauG Nr 225 = NVwZ 1986, 201). Erforderlich ist allerdings, dass die Landwirtschaft in einem nennenswerten Umfang betrieben wird. Ein wichtiges Indiz für die Annahme einer **Nebenerwerbslandwirtschaft** ist die Absicht, aus dem Nebenerwerbsbetrieb Gewinn zu erzielen (BVerwG Buchholz 406.11 § 35 BBauG Nr 234 = NVwZ 1986, 916 = BauR 1986, 419). In der Praxis kann es sich als sinnvoll erweisen, entsprechende steuerliche Unterlagen anzufordern und in die Prüfung mit einzubeziehen.

Erforderlich für eine Privilegierung nach Abs 1 Nr 1 ist, dass das Vorhaben dem 13
Landwirtschaftsbetrieb **dient**; es muss ein Funktionszusammenhang zwischen dem beabsichtigten Vorhaben und dem landwirtschaftlichen Betrieb bestehen. Maßgebend in diesem Zusammenhang ist, ob ein vernünftiger Landwirt das beabsichtigte Vorhaben auch und gerade unter Berücksichtigung des Gebots größtmöglicher Schonung des Außenbereichs mit etwa gleichem Verwendungszweck und mit etwa gleicher Gestaltung und Ausstattung für einen entsprechenden landwirtschaftlichen Betrieb errichten würde (BVerwG Buchholz 406.11 § 35 BBauG Nr 209 = NVwZ 1985, 183 = BRS 42 Nr 83). Dies ist jedenfalls dann nicht der Fall, wenn dem Eigentümer unter dem Mantel der Landwirtschaft ein Wohnen im Außenbereich ermöglicht werden soll (BVerwG Buchholz 406.11 § 35 BBauG Nr 229 = NVwZ 1986, 644 = BauR 1986, 188).

Eine Privilegierung kommt auch für solche Vorhaben in Betracht, die zwar selbst 14
keine landwirtschaftliche Nutzung darstellen, aber mit dieser in einem unmittelbaren Zusammenhang stehen, zB Pensionspferdehaltung (BVerwG Buchholz 406.11

§ 35 BBauG Nr 226 = NVwZ 1986, 200 = BRS 44 Nr 82). Eine Werbeanlage hat regelmäßig keine dienende Funktion iSv § 35 Abs 1 Nr 1 (VGH Mannheim VGHBW-Ls 1998, Beilage 12, B 6).

15 Zur Betriebsfläche zählt die insgesamt vom Betrieb bewirtschaftete Kulturfläche, insoweit also auch die gepachtete Fläche. Ein beabsichtigtes Vorhaben nimmt dann nur einen untergeordneten Teil der Betriebsfläche ein, wenn die Grundfläche für dieses Vorhaben so gering ist, dass die Betriebsfläche eindeutig den Schwerpunkt bildet (VGH Bad-Württ VerwRspr 22, 172).

III. Andere Privilegierungstatbestände

16 Die frühere Privilegierung für Altenteilerhäuser in Abs 1 Nr 2 wurde vom Gesetzgeber wegen der geringen praktischen Relevanz gestrichen. Stattdessen wurde der neue Privilegierungstatbestand der „gartenbaulichen Erzeugung" eingefügt. Im Unterschied zur schon bisher bestehenden Privilegierung eines solchen Betriebes über die Landwirtschaftsklausel in Abs 1 Nr 1 iVm § 201 sind nun auch solche Betriebe privilegiert, bei denen das Vorhaben nicht nur einen untergeordneten Teil der Betriebsfläche einnimmt. Hiervon werden in erster Linie Gartenbaubetriebe, die anders als landwirtschaftliche Betriebe meist nur über eine kleine, intensiv bewirtschaftete Betriebsfläche verfügen, profitieren.

17 Mangels praktischer Relevanz wurde auch die Privilegierung in Abs 1 Nr 3 für Landarbeiterstellen gestrichen, so dass sich unter dieser Ordnungsziffer nunmehr die Privilegierung für verschiedene Vorhaben der Versorgung findet. **Ortsgebundenheit** iSv Abs 1 Nr 3 bedeutet, dass eine Anlage nur an einem bestimmten Standort im Außenbereich betrieben werden kann, weil sie auf die geographische oder geologische Eigenart dieser Stelle angewiesen ist (BVerwG Buchholz 406.11 § 35 BBauG Nr 112 = BRS 28 Nr 37). Dies kommt in erster Linie für Anlagen zur Gewinnung von Bodenschätzen in Betracht (BVerwG Buchholz 406.11 § 35 BBauG Nr 199 = NVwZ 1984, 303 = BRS 40 Nr 92), bspw aber auch für Windräder oder wassergebundene Anlagen zur Stromerzeugung. Die Ortsgebundenheit erstreckt sich auch auf einen isoliert betrachtet nicht privilegierten Betriebsteil, wenn dies einer technischen Notwendigkeit entspricht und der ortsgebundene Betriebsteil den Gesamtbetrieb prägt (BVerwGE 50, 346 = Buchholz 406.11 § 35 BBauG Nr 126). Für die öffentlichen Versorgungseinrichtungen wird wegen der systematischen Stellung der Regelung von der Rechtsprechung ebenfalls eine Ortsgebundenheit verlangt (BVerwG Buchholz 406,11 § 19 BBauG Nr 38 = BRS 32 Nr 29).

18 Die Privilegierung nach Abs 1 Nr 4 stellt einen Auffangtatbestand dar. Davon erfasst werden die Vorhaben, die auf einen Standort im Außenbereich angewiesen und im Innenbereich nicht genehmigungsfähig sind (BVerwGE 67, 33 = BVerwG Buchholz 406.11 § 35 BBauG Nr 197 = BRS 40 Nr 84). Ob ein Vorhaben auch im Innenbereich verwirklicht werden kann, entscheidet sich aber nach der Beschaffenheit des Innenbereichs der jeweiligen Gemeinde (BVerwGE 48, 109 = BVerwG Buchholz 406.11 § 35 BBauG Nr 117). Der Begriff des Sollens iSd Abs 1 Nr 4 erfordert, dass es geboten sein muss, das geplante Vorhaben gerade im Außenbereich zu verwirklichen (BVerwGE 67, 33 = BRS 40 Nr 84). Dies setzt voraus, dass das Vorhaben in einer Weise billigenswert ist, die es auch unter Berücksichtigung der städtebaulichen Funktion des Außenbereichs rechtfertigt, das Vorhaben bevorzugt

im Außenbereich zuzulassen (BVerwG Buchholz 406.11 § 35 BBauG Nr 204 = NVwZ 1984, 169 = BRS 40 Nr 74). Nicht zu billigen sind danach zunächst solche Vorhaben, auf deren Verwirklichung im Außenbereich verzichtet werden kann (zB ist eine Jagdhütte nicht zulässig, wenn eine Unterbringung in einem Ort in der Nähe der Jagd möglich ist und dort auch das Futter gelagert werden kann (BVerwG NVwZ 1986, 645 = BRS 44 Nr 193 = UPR 1986, 263). Weiterhin können solche Anlagen nicht gebilligt werden, deren Errichtung eine Bevorzugung Einzelner unter gleichzeitiger Verletzung des Gleichheitssatzes darstellen würde, was besonders bei den der individuellen Erholung und **Freizeitnutzung** dienenden Wochenendhäusern der Fall ist (BVerwG Buchholz 406.11 § 34 BBauG Nr 118 = NVwZ 1988, 144 = BRS 47 Nr 76).

Etwas anderes gilt für solche Vorhaben, die von ihrem Zweck her der Funktion des Außenbereichs als **Erholungslandschaft** für die Allgemeinheit entsprechen und dann allerdings auch der Allgemeinheit zur Verfügung stehen müssen (BVerwG Buchholz 406.11 § 35 BBauG Nr 15 = BRS 15 Nr 1). Unter diesen Voraussetzungen ist auch eine Grillhütte als privilegiert angesehen worden (VGH Bad-Württ NVwZ 1986, 63 = ESVGH 35, 258). 19

Zu den nach Abs 1 Nr 4 privilegiert zulässigen Vorhaben gehören auch immissionsschutzrechtlich besonders relevante Anlagen, die weder in einem Gewerbe- noch in einem Industriegebiet zugelassen werden könnten, wie zB ein **Schießstand** (BVerwG Buchholz 406.11 § 35 BBauG Nr 150 = BRS 33 Nr 66), eine **Schweinemästerei** (Hess VGH BRS 36 Nr 13) oder nach § 4 BImSchG zu beurteilende Betriebe. 20

Abs 1 Nr 5 privilegiert Vorhaben, die der Nutzbarmachung erneuerbarer Energien dienen und stärkt damit den Umwelt- und Naturschutz, wenngleich entsprechende Anlagen idR auch von Abs 1 Nr 4 erfasst sein dürften. 21

Mit der durch das EAG Bau 2004 neu eingeführten Nr 6 soll unter Beachtung des Schutzes des Außenbereichs der **Strukturwandel** in der Landwirtschaft unterstützt werden, indem Vorhaben privilegiert werden, die Energie von aus Biomasse erzeugtem Gas nutzen. Eine solche Privilegierung bestand bisher nur für sog „mitgezogene" Nutzungen, was aber den Bedürfnissen der Praxis nicht gerecht wurde. Durch die nunmehr vorgenommene Erweiterung wird auch eine Kooperation mehrerer Betriebe möglich, solange ein räumlich-funktionaler Zusammenhang besteht. Aus ökologischen und volkswirtschaftlichen Gründen soll ein überregionaler Transport des Rohmaterials verhindert werden. 22

Abs 1 Nr 7 soll Zweifel auszuräumen, ob kerntechnische Anlagen privilegiert sind, obwohl diese Anlagen nach § 35 Abs 1 Nr 4 schon früher als privilegiert angesehen wurden (BVerwGE 72, 300 = BVerwG Buchholz 451.171 Atomrecht Nr 15 = NVwZ 1986, 208). Dabei werden nunmehr von Abs 1 Nr 7 sämtliche Arten der friedlichen Nutzung der **Kernenergie** erfasst. 23

Wie bereits oben dargelegt, ist ein privilegiertes Vorhaben nur dann im Außenbereich zulässig, wenn ihm nicht im Einzelfall öffentliche Belange entgegenstehen, wobei dafür grds alle in Abs 3 aufgeführten öffentlichen Belange in Frage kommen (BVerwG Buchholz 406.11 § 35 BBauG Nr 229 = NVwZ 1986, 644 = BauR 1986, 188). Während nach der früheren Rechtsprechung angenommen wurde, dass die Darstellungen eines Flächennutzungsplanes einem privilegierten Vorhaben nicht entgegenstehen können (BVerwGE 28, 148 = BVerwG Buchholz 406.11 § 35 24

BBauG Nr 52), ist diese Rechtsprechung nunmehr dahingehend modifiziert, dass ein Flächennutzungsplan, der eine konkrete und standortbezogene Aussage über die Nutzungsmöglichkeit des Grundstücks enthält, einem privilegierten Vorhaben entgegenstehen kann (BVerwGE 68, 311 = BRS 42 Nr 91). Dies gilt auch dann, wenn die Darstellungen des Flächennutzungsplanes nicht mit der gegenwärtigen tatsächlichen Situation übereinstimmen (BVerwG Buchholz 406.11 § 35 BauGB Nr 328 = NVwZ 1997, 899 = BauR 1997, 616). Eine pauschale Darstellung als land- und forstwirtschaftliche Nutzfläche genügt dem idR aber nicht (BVerwGE 77, 300 = NVwZ 1988, 54). Der öffentliche Belang des Natur- und Landschaftsschutzes steht einem privilegierten Vorhaben insbesondere dann entgegen, wenn es gegen eine gültige Landschaftsschutzverordnung verstößt (BVerwG Buchholz 406.11 § 36 BBauG Nr 33 = NVwZ 1986, 203 = BRS 44 Nr 50); entsprechendes gilt auch für die anderen in §§ 12 ff BNatSchG genannten Teile von Natur und Landschaft. Auch das Gebot der Rücksichtnahme kann einem privilegierten Vorhaben entgegenstehen (BVerwGE 52, 122 = BVerwG Buchholz 406.19 Nachbarschutz Nr 28).

IV. Sonstige Vorhaben

25 Alle nicht nach Abs 1 zulässigen Vorhaben können als sonstige Vorhaben gemäß Abs 2 im Einzelfall zugelassen werden, wenn öffentliche Belange nicht beeinträchtigt werden. Durch das Tatbestandsmerkmal „**Einzelfall**" soll klargestellt werden, dass eine Genehmigung nach Abs 2 nur ausnahmsweise möglich ist (BVerwGE 18, 247 = BVerwG Buchholz 406.11 § 35 BBauG Nr 9 = BRS 15 Nr 49). Abs 2 gibt der Genehmigungsbehörde kein Ermessen bei der Frage der Zulassung des sonstigen Vorhabens; vielmehr besteht, wenn die sonstigen Voraussetzungen erfüllt sind, ein Rechtsanspruch auf Zulassung (BVerwGE 25, 161 = BVerwG Buchholz 406.11 § 35 BBauG Nr 31; BVerwG BRS 38 Nr 104). Ohne dass hiermit eine materielle Rechtsänderung verbunden ist, wird für die sonstigen Vorhaben nach Abs 2 nunmehr ausdrücklich klargestellt, dass auch bei ihnen eine gesicherte Erschließung vorliegen muss.

V. Öffentliche Belange

26 Abs 3 enthält eine nicht erschöpfende (BVerwG Buchholz 406.11 § 35 BBauG Nr 107 = BRS 28 Nr 48) Aufzählung der öffentlichen Belange. Es ist deshalb in jedem Fall zu prüfen, ob auch sonstige bodenrechtlich beachtliche öffentliche Belange, etwa das Gebot der **Rücksichtnahme** oder das Planungsbedürfnis, berührt werden. Bei der Anwendung der Abs 2 und 3 ist keine Kompensation der öffentlichen Belange in der Weise möglich, dass Nachteile gegen Vorteile aufgerechnet werden können (BVerwGE 42, 8 = Buchholz 406.11 § 35 BBauG Nr 104). Die Festsetzungen eines unwirksamen Bebauungsplans, das Vertrauen auf seine Wirksamkeit und die jahrelange Anwendung des Bebauungsplans durch die Behörde haben für die Beurteilung eines Außenbereichsvorhabens, das den Festsetzungen des unwirksamen Plans entspricht, keine Bedeutung, insbesondere nicht als Gründe, die öffentliche Belange iSd § 35 Abs 3 überwinden und ein Vorhaben zulässig machen könnten (BVerwG ZfBR 1998, 104 = UPR 1998, 111 = NuR 1998, 93).

Anders als bei einem privilegierten Vorhaben stellt ein Widerspruch des beabsichtigten (sonstigen) Bauvorhabens zum **Flächennutzungsplan** regelmäßig eine Beeinträchtigung dieses öffentlichen Belanges dar (BVerwGE 18, 247 = BVerwG Buchholz 406.11 § 35 BBauG Nr 9). Voraussetzung dafür ist nicht, dass die Darstellungen des Flächennutzungsplanes der tatsächlichen Situation entsprechen (BVerwG Buchholz 406.11. § 35 BauGB Nr 328 = NVwZ 1997, 899 = BauR 1997, 616; anders noch BVerwG Buchholz 406.11 § 34 BBauG NR. 70 = BRS 36 Nr 64).

Nr 2 nimmt die in § 1a Abs 2 genannten Pläne auf und schafft eine einheitliche planungsrechtliche Situation. Die Vorschrift dient der Rechtsklarheit und -sicherheit.

Unter **schädlichen Umwelteinwirkungen** als öffentlicher Belang iSv Nr 3 sind die des § 3 BImSchG zu verstehen (BVerwGE 52, 122 = BVerwG Buchholz 406.19 Nachbarschutz Nr 28, 1977, 244). Es soll verhindert werden, dass im Außenbereich Missstände in immissionsschutzrechtlicher Hinsicht entstehen, so dass dieser öffentliche Belang eine Ausformung des Gebots der **Rücksichtnahme** darstellt (BVerwG Buchholz 406.19 Nachbarschutz Nr 67 = NVwZ 1986, 469). Nach § 3 Abs 1 BImSchG sind unter schädlichen Umwelteinwirkungen alle Immissionen zu verstehen, die nach Art, Ausmaß oder Dauer geeignet sind, erhebliche Nachteile oder erhebliche Belästigungen für die Allgemeinheit oder die Nachbarschaft herbeizuführen. Was dabei unter Immissionen zu verstehen ist, regelt § 3 Abs 2 BImSchG. Nachteile und Belästigungen sind aber nur dann erheblich, wenn sie der Umgebung nicht zugemutet werden können (BVerwGE 50, 49 = BVerwG Buchholz 406.25 § 5 BImSchG Nr 1). Im Rahmen der **Zumutbarkeit** ist ein gewisses Maß an typisierender Betrachtung geboten, so dass die als antizipierte Sachverständigengutachten (BVerwGE 55, 250 = BVerwG Buchholz 406.25 § 48 BImSchG Nr 1) qualifizierten TA-Lärm, TA-Luft, DIN 18005 und die VdI-Richtlinie Nr 2058 einen geeigneten Maßstab abgeben, um festzustellen, ob die Belästigungen unzumutbar sind. Schutzmindernd wirkt sich aber eine ggf vorhandene Vorbelastung des Grundstücks aus, da in diesem Fall die „Bildung einer Art von Mittelwert" zu erfolgen hat (BVerwGE 50, 49 = BauR 1976, 100). Dies geschieht aber nicht rechnerisch abstrakt, sondern anhand der konkreten Umstände des Einzelfalls, so dass zB vorherrschende Windrichtungen oder topographische Besonderheiten eine Rolle spielen können.

Erschließungsaufwendungen iSd Abs 3 Nr 4 sind dann unwirtschaftlich, wenn sie im Verhältnis zum erstrebten Zweck unangemessen hoch sind (BVerwG Buchholz 406.11 § 35 BBauG Nr 97a = BRS 25 Nr 38). Zwar ist ein Verzicht des Bauwilligen auf die Herstellung der erforderlichen Erschließungs- und Versorgungsanlagen unbeachtlich (BVerwG Buchholz 406.11 § 35 BBauG Nr 97a = BRS 25 Nr 38). Ein Berufen auf diesen öffentlichen Belang kann aber dann ausscheiden, wenn sich der Bauherr zur Herstellung der Erschließungsanlagen oder zur Übernahme der Erschließungskosten verpflichtet (BVerwGE 74, 19 = BVerwG Buchholz 406.11 § 36 BBauG Nr 36 = BauR 1986, 421); zu beachten ist dabei aber auch, ob die Unterhaltung unwirtschaftliche Kosten verursachen würde. Im Übrigen hat die Bereitschaft des Bauherrn zur Abwendung dieses öffentlichen Belanges dort ihre Grenze, wo die Gemeinde nach § 129 Abs 1 einen Teil des beitragsfähigen Erschließungsaufwandes selbst tragen muss (BVerwGE 32, 37 = BVerwG Buchholz 406.11 § 123 BBauG Nr 3).

31 Dem öffentlichen Belang des Naturschutzes und der Landschaftspflege sowie dem durch das BauROG 1998 in Abs 3 Nr 5 neu aufgenommenen Belang des Bodenschutzes kommt neben den naturschutzrechtlichen Bestimmungen kaum eine Bedeutung zu. Anders sieht es dann aus, wenn das Gebiet, in dem ein Vorhaben verwirklicht werden soll, förmlich noch nicht unter Natur- und Landschaftsschutz gestellt worden ist (BVerwG Buchholz 406.11 § 35 BBauG Nr 66 = BRS 20 Nr 59). Ähnliches gilt für den Bereich des Denkmalschutzes, auch wenn die Denkmaleigenschaft nur deklaratorisch und nicht konstitutiv festgestellt wird. Durch den Belang der natürlichen Eigenart der Landschaft und ihres Erholungswertes wird die Funktion des Außenbereichs als **Erholungslandschaft** für die Allgemeinheit geschützt (BVerwGE 48, 109 = BVerwG Buchholz 406.11 § 35 BBauG Nr 117 = BRS 29 Nr 53), so dass bei einer Nutzung zur individuellen Erholung dieser öffentliche Belang beeinträchtigt wird. Von einer **Verunstaltung** des Orts- und Landschaftsbildes kann gesprochen werden, wenn der für ästhetische Eindrücke offene Betrachter den Gegensatz zwischen dem Vorhaben und dem Orts- und Landschaftsbild als belastend und Unlust erregend empfindet (BVerwGE 2, 172 = BVerwG Buchholz 406.41 Baugestaltungsrecht § 1 Nr 19). Vornehmlich bezieht sich dies auf die Frage des Standortes für das konkrete Vorhaben. Nicht unbedingt zur Entscheidungsfindung durch das Gericht ist eine Augenscheinseinnahme erforderlich. Das Landschaftsbild ist verunstaltet, wenn das Vorhaben an seinem Standort grob unangemessen ist (BVerwG ZfBR 1990, 293 = BauR 1990, 689). Kennzeichen der natürlichen Eigenart der Landschaft ist die dort vorkommende Bodennutzung idR also Land- und Forstwirtschaft. Vorhaben, die dieser Bodennutzung nicht entsprechen, beeinträchtigen die natürliche Eigenart der Landschaft und sind der Landschaft wesensfremd (BVerwG Buchholz 406.11 § 35 BBauG Nr 223 = NVwZ 1985, 747). Dazu zählen auch **Einfriedigungen**, weil dadurch die Landschaft parzelliert wird (Bay. VGH BRS 38 Nr 106 = BayVBl 1981, 433). Im Zusammenhang mit den im Außenbereich häufig anzutreffenden Wochenendhäusern ist es ohne Bedeutung, ob das Gebäude sichtbar oder etwa durch Bepflanzung verborgen ist. Der Widerspruch zwischen der objektiven Zweckbestimmung des Gebäudes und der in seiner Umgebung vorhandene Bodennutzung bleibt nämlich bestehen (BVerwG BauR 1976, 344).

32 Abs 3 Nr 6 schützt bereits eingeleitete oder konkret geplante Maßnahmen zur Verbesserung der Agrarstruktur, die durch Außenbereichsvorhaben beeinträchtigt werden könnten. Der Gefährdung der Wasserwirtschaft kommt kaum praktische Bedeutung zu, weil ein effektiver Gewässerschutz bereits durch die landes- und bundesrechtlichen Wasserschutzbestimmungen gewährleistet ist; sie hat aber dennoch einen eigenständigen Regelungswert (BVerwG Buchholz 406.11 § 35 BBauG Nr 100 = BRS 25 Nr 84).

33 Durch Nr 7 des Abs 3 soll eine planlose Zersiedlung des Außenbereichs verhindert werden (BVerwG Buchholz 406.11 § 35 BBauG Nr 223= NVwZ 1985, 747 = BRS 44 Nr 87). Eine **Splittersiedlung** ist eine Ansammlung von Gebäuden, die nicht das für § 34 erforderliche Gewicht für einen Ortsteil besitzt und auch nicht Ausdruck einer organischen Siedlungsstruktur ist (BVerwGE 54, 73 = BVerwG Buchholz 406.11 § 35 BBauG Nr 136). Das Entstehen einer Splittersiedlung ist zu befürchten, wenn mit einer Bebauung ein Vorgang der Zersiedlung eingeleitet oder gar schon vollzogen wird (BVerwG Buchholz 406.11 § 34 BBauG Nr 118 = NVwZ

1988, 144 = BRS 47 Nr 76), wenn ein solches Vorhaben also eine Vorbildwirkung hat (BVerwG Buchholz 406.11 § 35 BBauG Nr 136 = BauR 1977, 399). Nicht erforderlich ist der positive Nachweis, dass die gesetzlich vermutete Befürchtung der Entstehung einer Splittersiedlung auch im Einzelfall tatsächlich besteht (BVerwG Buchholz 406.11 § 35 BauGB Nr 328). Unter den Begriff der Vorbildwirkung kann bereits die erste Errichtung eines Gebäudes fallen. Dies gilt nicht nur in der freien Landschaft, sondern auch für die Anschlussbebauung an die bebaute Ortslage, so dass insoweit dieser öffentliche Belang auch dort entgegensteht, weil es sonst zu einer ungeplanten Ausuferung der Bebauung kommt (BVerwG Buchholz 406.11 § 35 BBauG Nr 223 = NVwZ 1985, 742 = DÖV 1985, 732). Eine Splittersiedlung wird verfestigt, wenn eine bisher bestehende Baulücke bebaut wird (BVerwG Buchholz 406.11 § 35 Nr 230 = BauR 1986, 312); sie wird erweitert, wenn die räumliche Ausdehnung, zB im Zusammenhang mit einer Nutzungsänderung (BVerwG Buchholz 406.11 § 35 BBauG Nr 206 = NVwZ 1984, 510 = BRS 40 Nr 93), zunimmt. Von einer Verfestigung ist jedenfalls dann auszugehen, wenn der bauliche Bestand um die Hälfte erweitert wird (BVerwG DÖV 2001, 959). Bei einem siedlungsstrukturell eindeutig zu missbilligenden Vorgang bedarf es aber nicht einmal der Zuordnung zu einer der vorgenannten Untergruppen (BVerwG ZfBR 1994, 151 = UPR 1994, 231).

Die Aufnahme der Funktionsfähigkeit von Funkstellen und Radaranlagen in Nr 8 durch das EAG Bau 2004 trägt der aktuellen Entwicklung Rechnung und soll sicherstellen, das insbesondere Windenergieanlagen im Außenbereich nicht zu einer Störung des Betriebs von Telekommunikations- und Radaranlagen führen. 34

Daneben spielen noch andere öffentliche Belange, die nicht in Abs 3 aufgeführt sind, eine Rolle. Hierzu zählt insbesondere auch das Gebot der **Rücksichtnahme** (BVerwGE 52, 122 = BVerwG Buchholz 406.19 Nachbarschutz Nr 28 = NJW 1978, 62). 35

Im Gegensatz zu privilegierten Vorhaben, denen der Belang des sog Planungserfordernisses, also die Erforderlichkeit einer vorherigen Bauleitplanung vor der Verwirklichung eines Großvorhabens, nicht entgegensteht, trifft dies auf sonstige Vorhaben nicht zu (BVerwG Buchholz 406.11 § 34 BBauG Nr 118 = NVwZ 1988, 144 = BRS 47 Nr 76). Eine Beeinträchtigung öffentlicher Belange kann auch durch einen Verzicht von privat Betroffenen nicht ausgeräumt werden (BVerwG Buchholz 406.11 § 35 BBauG Nr 150 = BRS 33 Nr 66). 36

VI. Erschließung

Weitere Zulässigkeitsvoraussetzung ist die ausreichende Erschließung. Was hierfür erforderlich ist, richtet sich grds nach den jeweiligen Gegebenheiten des Einzelfalls (BVerwG Buchholz 406.11 § 35 BBauG Nr 229 = NVwZ 1986, 644 = BRS 44 Nr 76). Unverzichtbar ist aber eine ausreichende Zuwegung. Weiterhin gehört zur ausreichenden Erschließung ein Anschluss an die Strom- und Wasserversorgung, sowie die Abwasserbeseitigung, wobei aber immer zu berücksichtigen ist, dass es sich um ein Vorhaben im Außenbereich handelt, so dass insoweit nicht die gleichen Anforderungen wie im Innenbereich gestellt werden können. Es genügt daher, wenn die Mindestforderungen zur Befriedigung des durch das konkrete Einzelvorhaben ausgelösten Erschließungsbedürfnisses erfüllt sind. 37

VII. Bestandsschutz, Strukturwandel

38 Abs 4 stellt einen besonderen Privilegierungstatbestand dar und ist die Reaktion des Gesetzgebers auf die Rechtsprechung zum **Bestandsschutz** (BVerwGE 47, 185 = BVerwG Buchholz 406.11 § 35 BBauG Nr 114). Die Vorschrift ist durch das BauROG 1998 umfassend fortentwickelt worden. Neben den gesetzlich geregelten Möglichkeiten gibt es keinen auf Bestandsschutz gegründeten Anspruch auf Zulassung von Veränderungen oder Erweiterungen baulicher Anlagen im Außenbereich. Art 14 Abs 1 GG ist – für sich betrachtet – nicht zu entnehmen, unter welchen Voraussetzungen eine Änderung der vorhandenen Bausubstanz von einer früheren Baugenehmigung als nicht mehr gedeckt anzusehen ist; dies hat vielmehr der Gesetzgeber des einfachen Rechts zu entscheiden (BVerwG UPR 1998, 32 = DÖV 1998, 78 = BauR 1997, 991).

39 Geblieben ist der Ausschluss verschiedener öffentlicher Belange, die einem Vorhaben der bezeichneten Art nicht entgegengehalten werden können. Der Schutz des Außenbereichs soll nunmehr über das Tatbestandsmerkmal der **Außenbereichsverträglichkeit** iSv Abs 3 der Vorschrift gesteuert werden.

40 Der Gesetzgeber hat darüber hinaus das Problem aufgegriffen, dass in Zeiten des **Strukturwandels** in der Landwirtschaft zunehmend landwirtschaftliche Betriebe aufgegeben werden. Hierdurch entsteht ein Interessenkonflikt zwischen dem notwendigen Außenbereichsschutz und der Unterstützung der betroffenen Landwirtschaft, dem das Gesetz mit einer weiteren Erleichterung der Umnutzung ehemals landwirtschaftlich genutzter Betriebe zu begegnen versucht, die teilweise schon im BauGB-MaßnahmenG angelegt war. Eine solche erleichterte Nutzungsänderung setzt nicht nur voraus, dass eine Baugenehmigung für ein Bauvorhaben erteilt worden ist, das einem landwirtschaftlichen Betrieb dient, sondern auch, dass das Vorhaben tatsächlich auch entsprechend genutzt worden ist (OVG Lüneburg NVwZ-RR 1999, 493). Hiernach dürfen unter den weiteren genannten Voraussetzungen durch eine Umnutzung zu Wohnzwecken neben den ehemals privilegierten Wohnungen maximal drei weitere Wohnungen pro Hofstelle entstehen. Möglich und in der Praxis wohl noch bedeutsamer ist die Umnutzung zu gewerblichen und sonstigen Zwecken, wenn die dafür genannten Voraussetzungen erfüllt sind. Insoweit ist eine erhebliche Erleichterung eingetreten, als nicht mehr verlangt wird, dass die Umnutzung mit keiner wesentlichen Änderung der baulichen Anlage verbunden sein darf; allerdings muss die äußere Gestalt des Gebäudes im Wesentlichen gewahrt bleiben. Die Frist seit der Aufgabe der bisherigen Nutzung ist von fünf auf sieben Jahre verlängert worden.

41 Nach Abs 4 Nr 2 kann ein irgendwann einmal zulässigerweise errichtetes Wohnhaus abgerissen und dafür ein vergleichbares Wohngebäude errichtet werden, wenn das alte Gebäude schon längere Zeit vom **Eigentümer** bewohnt wurde und das neue Gebäude ebenfalls dem Eigentümer und seiner Familie dienen soll (BVerwGE 62, 32 = BVerwG Buchholz 406.11 § 35 BBauG Nr 180). Erforderlich ist zunächst, dass das ursprüngliche Gebäude entweder auf Grund einer Baugenehmigung erstellt worden ist oder mit dem materiellen Baurecht übereinstimmte (BVerwGE 58, 124 = BRS 35 Nr 82). Weiterhin muss es sich bei dem Gebäude um ein **Wohngebäude** handeln, also ein Gebäude, das nicht nur zum vorübergehenden Aufenthalt bestimmt ist (BVerwG Buchholz 406.11 § 5 BBauG Nr 186 = NVwZ 1982, 622), so dass Wochenendhäuser davon nicht erfasst werden. Des Weiteren muss der Ei-

gentümer des neuen Gebäudes längere Zeit als Eigentümer oder Familienmitglied des Eigentümers oder als Mieter bzw dessen Familienmitglied (BVerwG Buchholz 406.11 § 35 BBauG Nr 244 = NVwZ 1989, 355) bewohnt haben. Damit soll verhindert werden, dass wohlhabende Personen ein baufälliges Gebäude im Außenbereich erwerben, um dann dort nach dem Abbruch ein neues Gebäude errichten zu können (BVerwGE 62, 32 = BRS 38 Nr 98).

Nach dem Schutzzweck der Norm ist das Tatbestandsmerkmal „längere Zeit" eng auszulegen. Weniger als zwei Jahre Eigennutzung sind dabei noch nicht ausreichend (BVerwG Buchholz 406.11 § 35 BBauG Nr 186 = BauR 1982, 359); auch drei Jahre wurden als nicht ausreichend angesehen (OVG Lüneburg BRS 33 Nr 77). Als Anhaltspunkt wird in der Literatur ein Zeitraum von vier Jahren angegeben (Gelzer, Bauplanungsrecht, 4. Aufl Rn 1255). Auch der Neubau muss von dem Eigentümer oder seiner Familie als Wohnung genutzt werden. Der Begriff der **Familie** in dieser Vorschrift stimmt mit der Definition in § 8 Abs 2 des II. WoBauG überein (BVerwG Buchholz 406.11 § 35 BBauG Nr 249 = NVwZ 1989, 355). 42

Die erforderliche Gleichartigkeit des Neubaues ist gegeben, wenn es hinsichtlich der Funktion, des Volumens und des Standortes dem alten Gebäude entspricht (BVerwGE 61, 290 = BRS 38 Nr 97). Eine geringfügige Abweichung von dem bisherigen Standort ist unbeachtlich, wenn dadurch die öffentlichen Belange des Abs 3 nicht stärker als vorher berührt werden (BVerwGE 61, 290 = BauR 1981, 249). 43

Abs 4 Nr 3 erlaubt unter den dort genannten Voraussetzungen den alsbaldigen **Wiederaufbau** des – ursprünglich zulässigerweise errichteten – zerstörten Gebäudes. Die Zerstörung muss durch ein außergewöhnliches Ereignis eingetreten sein. Dazu zählt auch die mutwillige Zerstörung durch Dritte, die gegen den Willen des Eigentümers erfolgt ist (BVerwG Buchholz 406.11 § 35 BBauG Nr 189 = NVwZ 1983, 348), nicht jedoch der altersbedingte Verfall oder die Zerstörung auf Grund mangelnder Unterhaltung (BVerwG Buchholz 406.11 § 35 BBauG Nr 180 = BRS 38 Nr 98). Unter Berücksichtigung der ausdrücklich in Abs 4 Nr 3 genannten Fälle des Brandes und der Naturereignisse ist das Tatbestandsmerkmal der anderen außergewöhnlichen Ereignisse eng auszulegen. 44

Ein Wiederaufbau erfolgt stets alsbald iSd Abs 4 Nr 3, wenn zwischen der Zerstörung und der offenbarten Absicht, den Wiederaufbau zu realisieren – etwa durch eine Bauantragsstellung –, ein Zeitraum von einem Jahr liegt (BVerwGE 64, 42 = BVerwG Buchholz 406.11 § 35 BBauG Nr 183); bei einem Zeitraum bis zu zwei Jahren kann idR noch von einem alsbaldigen Wiederaufbau gesprochen werden, während dies bei einem darüber noch hinausgehenden Zeitraum nur bei besonderer Fallgestaltung möglich ist (BVerwGE 64, 42 = BVerwG Buchholz 406.11 § 35 BBauG Nr 183). Keine Rolle spielt es, wenn die Realisierung des Bauvorhabens wegen eines gerichtlichen Verfahrens erst später erfolgt. Die notwendige Gleichartigkeit des neuen Gebäudes bezieht sich auf die Größe, die Nutzung und die Funktion des Vorhabens (BVerwGE 61, 290 = BRS 38 Nr 97). 45

Abs 4 Nr 4 privilegiert eine Änderung bzw Nutzungsänderung eines die Kulturlandschaft prägenden Gebäudes. Darunter fallen Baudenkmäler und andere kulturell bedeutsame Gebäude (BVerwG Buchholz 5406.11 § 35 BBauG Nr 216 = NVwZ 1985, 184) zB auch landschaftstypische Bauernhöfe. Da das Gebäude noch erhaltenswert sein muss, scheiden Ruinen oder völlig verfallene Häuser aus (BVerwG Buchholz 406.11 § 35 BBauG Nr 216 = NVwZ 1985, 184). 46

47 Abs 4 Nr 5, erlaubt unter bestimmten Voraussetzungen die Erweiterung von zulässigerweise errichteten Wohngebäuden, nicht jedoch von Wochenendhäusern (BVerwG NVwZ-RR 89, 173 = BauR 1988, 699). Nicht um eine Erweiterung handelt es sich bei der Errichtung eines weiteren Gebäudes (BVerwGE 61, 285 = BVerwG Buchholz 406.11 § 35 BBauG Nr 176). Eine **angemessene Erweiterung** liegt vor, wenn die Erweiterung unter Berücksichtigung der Wohnraumversorgung der Familienangehörigen (BVerwG BRS 48 Nr 75), die sich aber nicht an den selbst bestimmten Bedürfnissen der Bewohner orientieren, sondern an § 39 Abs 1 und 2 des II. WoBauG (BVerwG Buchholz 406.11 § 35 BBauG Nr 249 = NVwZ 1989, 355), im Verhältnis zum bestehenden Gebäude von untergeordneter Bedeutung ist, wobei maximal zwei neue Wohnungen entstehen dürfen. Nicht von Abs 4 Nr 5 ist die mehrmalige Erweiterung gedeckt, die zwar einzeln angemessen ist, aber von ihrem Gesamtumfang die Angemessenheit überschreitet.

48 Abs 4 Nr 6 lässt eine Angemessenheit der Erweiterung eines bestehenden Gewerbebetriebes ausreichen, während nach § 35 Abs 4 Nr 6 BBauG aF die Betriebserweiterung vom Erfordernis der Sicherung einer Betriebsfortführung abhängig war; insoweit hat die jetzige Regelung zu einer Verstärkung des Bestandsschutzes geführt. Als angemessen ist eine Erweiterung noch bei einem Umfang von 25% angesehen worden (BayVGH BRS 42 Nr 92 = BayVBl 1986, 653), während dies dagegen bei 30% verneint worden ist (OVG Lüneburg BRS 38 Nr 103 = BauR 1982, 361). Die Erweiterung muss aber auch bezogen auf die Betriebsart angemessen sein, dh zwischen dem alten Betrieb und dem erweiterten Teil muss ein funktioneller Zusammenhang bestehen, wobei der neue Betriebsteil untergeordnet sein muss. Eine Berufung auf diese Vorschrift entfällt aber dann, wenn der Betriebsinhaber bei wiederholten Betriebserweiterungen ein Gesamtvorhaben, das den Rahmen des Zulässigen sprengen würde, in Teilakte zerlegt und zeitlich gestaffelt ausführen will (BVerwG Buchholz 406.11 § 35 BauGB Nr 280 = BauR 1993, 200).

49 Abs 4 Satz 2 lässt geringfügige Standortabweichungen zu. Für die Geringfügigkeit kommt es nicht in erster Linie auf die quantitative Veränderung an, sondern entscheidend ist, ob zusätzlich eine Beeinträchtigung öffentlicher Belange gegeben ist (BVerwGE 61, 290 = BVerwG Buchholz 406.11 § 35 BBauG Nr 178).

VIII. Schonung des Außenbereichs

50 Durch Abs 5 ist das durch die Rechtsprechung formulierte Gebot der größtmöglichen **Schonung** des Außenbereichs (BVerwGE 41, 138 = BVerwG Buchholz 406.11 § 35 BBauG Nr 101) ausdrücklich normiert und durch das BauROG entsprechend § 1a Abs 1 um den Aspekt des Bodenschutzes erweitert worden. Außerdem wurde die Pflicht der Baugenehmigungsbehörde aufgenommen, die Einhaltung der vorgesehenen Verpflichtungen und Nutzungsbeschränkungen sicherzustellen. Dies kann ggf durch Baulasteintragung, Widerrufsvorbehalt oder nach den Vorschriften der (Landes-)Verwaltungsverfahrensgesetze geschehen. Der durch das EAG Bau 2004 neu eingeführte Satz 2 will durch die Schaffung einer Verpflichtungserklärung sichern, dass Betriebe nach Beendigung ihrer Nutzung wieder zurückgebaut und entsprechende Bodenversiegelung beseitigt werden. Insoweit wird hier der Gedanke des § 1a Abs 2 aufgegriffen und die Wiedernutzbarmachung von Flächen vorbereitet. Allerdings sollen dieser Verpflichtung nur solche Vorhaben unterliegen, die ei-

ner Umweltverträglichkeitsprüfung unterzogen worden sind. Entfällt auf Dauer der Nutzungszweck der baulichen Anlage, so fällt auch die bodenrechtliche Legitimation für ihre Privilegierung weg.

IX. Außenbereichssatzung

Abs 6 der Vorschrift übernimmt die Regelung des § 4 Abs 4 BauGB-MaßnahmenG über die Außenbereichssatzung. Hiernach kann die Gemeinde durch eine Satzung, die von der höheren Verwaltungsbehörde genehmigt sein muss, bestimmen, dass Vorhaben, die Wohnzwecken oder kleineren Handwerks- oder Gewerbebetrieben dienen sollen, nicht die Darstellungen des Flächennutzungsplanes oder die Gefahr der Entstehung einer Splittersiedlung entgegengehalten werden können, wenn der Bereich nicht überwiegend landwirtschaftlich geprägt und bereits bebaut ist, wobei eine Wohnbebauung von einigem Gewicht vorhanden sein muss. Die Vorschrift hat durch das EAG Bau 2004 eine deutliche Aufwertung der umweltschützenden Belange erfahren. 51

§ 36 Beteiligung der Gemeinde und der höheren Verwaltungsbehörde

(1) Über die Zulässigkeit von Vorhaben nach den §§ 31, 33 bis 35 wird im bauaufsichtlichen Verfahren von der Baugenehmigungsbehörde im Einvernehmen mit der Gemeinde entschieden. Das Einvernehmen der Gemeinde ist auch erforderlich, wenn in einem anderen Verfahren über die Zulässigkeit nach den in Satz 1 bezeichneten Vorschriften entschieden wird; dies gilt nicht für Vorhaben der in § 29 Abs. 1 bezeichneten Art, die der Bergaufsicht unterliegen. Richtet sich die Zulässigkeit von Vorhaben nach § 30 Abs. 1, stellen die Länder sicher, dass die Gemeinde rechtzeitig vor Ausführung des Vorhabens über Maßnahmen zur Sicherung der Bauleitplanung nach den §§ 14 und 15 entscheiden kann. In den Fällen des § 35 Abs. 2 und 4 kann die Landesregierung durch Rechtsverordnung allgemein oder für bestimmte Fälle festlegen, dass die Zustimmung der höheren Verwaltungsbehörde erforderlich ist.
(2) Das Einvernehmen der Gemeinde und die Zustimmung der höheren Verwaltungsbehörde dürfen nur aus den sich aus den §§ 31, 33, 34 und 35 ergebenden Gründen versagt werden. Das Einvernehmen der Gemeinde und die Zustimmung der höheren Verwaltungsbehörde gelten als erteilt, wenn sie nicht binnen zwei Monaten nach Eingang des Ersuchens der Genehmigungsbehörde verweigert werden; dem Ersuchen gegenüber der Gemeinde steht die Einreichung des Antrags bei der Gemeinde gleich, wenn sie nach Landesrecht vorgeschrieben ist. Die nach Landesrecht zuständige Behörde kann ein rechtswidrig versagtes Einvernehmen der Gemeinde ersetzen.

Das Erfordernis des **Einvernehmens** der Gemeinde zu allen Baugenehmigungen nach §§ 31, 33, 34 oder 35 dient dem Schutz der aus Art 28 GG folgenden gemeindlichen **Planungshoheit** (BVerwG Buchholz 406.11 § 36 BBauG Nr 35 = NVwZ 1986, 556). Dies bedeutet aber nicht, dass die Gemeinde auch ihr Einvernehmen verweigern kann, weil das Vorhaben ihren zukünftigen Planungsabsichten 1

§ 36 Erstes Kapitel. Dritter Teil. Erster Abschnitt

entgegensteht. In diesem Fall hat die Gemeinde nur die Möglichkeit, eine Veränderungssperre nach § 14 zu erlassen oder eine Zurückstellung nach § 15 zu beantragen.

2 Damit die Gemeinde von diesem Recht wirksam Gebrauch machen kann, bestimmt Abs 1 Satz 3, dass die Länder für eine rechtzeitige Information der Gemeinde hinsichtlich entsprechender Vorhaben zu sorgen haben. Dies trägt den Veränderungen im Bauordnungsrecht der Länder hinsichtlich der teilweisen Ersetzung des präventiven Genehmigungsverfahrens durch Anzeige- oder Kenntnisgabeverfahren Rechnung. Die Informationspflicht besteht aber nur für Vorhaben von städtebaulicher Relevanz (Vorhaben iSv § 29). Ist die Gemeinde selbst Baugenehmigungsbehörde, bedarf es nicht der formellen Einvernehmenserklärung (BVerwG Buchholz 406.11 § 2 BBauG Nr 4 = BRS 22 Nr 156).

3 Das Einvernehmen der Gemeinde ist neben der Entscheidung über die Erteilung einer Baugenehmigung auch für eine Bebauungsgenehmigung (**Vorbescheid**) und eine **Teilbaugenehmigung** erforderlich. Nach Abs 1 Satz 2 1. HS muss das gemeindliche Einvernehmen auch hergestellt werden, wenn in einem anderen Verwaltungsverfahren, insbesondere bei der immissionsschutzrechtlichen Genehmigung nach §§ 4 ff BImSchG, über die baurechtliche Zulässigkeit nach den §§ 31, 33–35 entschieden wird.

4 Die Erteilung bzw die Versagung des Einvernehmens stellt nur eine verwaltungsinterne Maßnahme und daher keinen Verwaltungsakt dar (BVerwGE 28, 145 = BRS 18 Nr 114). Die Versagung des Einvernehmens kann aber eine Amtspflichtverletzung iSd § 839 BGB, Art 34 GG darstellen, wenn dies unberechtigt geschieht (BGH BRS 42 Nr 173 = BauR 1984, 498), zB wenn die Gemeinde aus bauordnungsrechtlichen Gründen ihr Einvernehmen versagt. Ein rechtswidrig verweigertes Einvernehmen der Gemeinde kann allerdings im Wege der Rechtsaufsicht ersetzt werden (BVerwG Buchholz 406.11 § 36 BBauG Nr 35 = NVwZ 1986, 556). Dies wird nunmehr durch Abs 2 Satz 3 ausdrücklich festgestellt. Hierdurch soll verhindert werden, dass die Gemeinden ohne weitere Angabe von Gründen durch schlichte Verweigerung ihres Einvernehmens ein Vorhaben verhindern, obwohl es an sich planungsrechtlich zulässig wäre. Gleichwohl ist die Gemeinde durch die Erteilung des Einvernehmens hinsichtlich eines bestimmten Vorhabens grds nicht gehindert, eine die Zulässigkeit des Vorhabens ausschließende Bauleitplanung zu betreiben (BVerwG Buchholz 406.11 § 36 BauGB Nr 53).

5 Solange die Baugenehmigungsbehörde die Baugenehmigung noch nicht erteilt hat, kann die Gemeinde ihr bereits erteiltes Einvernehmen noch zurücknehmen. Eine Bindung tritt erst mit der Erteilung der Genehmigung ein. Dies bedeutet, dass eine Gemeinde, die ihr Einvernehmen bei einer Teilbaugenehmigung erteilt hat, daran auch im späteren Baugenehmigungsverfahren gebunden ist (BGH BRS 36 Nr 160). Auf der anderen Seite bewirkt aber die Erklärung des Einvernehmens durch die Gemeinde schon wegen der unterschiedlichen Aufgaben und Kompetenzen bei der Prüfung von Bauanträgen keine Bindung der Baugenehmigungsbehörde (BVerwG Buchholz 406.12 § 3 BauNVO Nr 5 = BRS 39 Nr 45; BVerwG Buchholz 406.11 § 36 BauGB Nr 45); diese muss vielmehr dann selbst prüfen, ob das Bauvorhaben zulässig ist. Für den Antragsteller verbleibt nur die Möglichkeit, bei einer Ablehnung Verpflichtungsklage auf Erteilung der Baugenehmigung zu erheben. In einem solchen Verwaltungsstreitverfahren ist die Gemeinde nach § 65 Abs 2 VwGO not-

wendig beizuladen (BVerwGE 74, 19 = NVwZ 1986, 917), es sei denn, die Gemeinde ist bereits als Beklagte am Prozess beteiligt (BVerwGE 51, 310 = BVerwG Buchholz 406.11 § 36 BBauG Nr 21). Die positive Entscheidung des Verwaltungsgerichts ersetzt das erforderliche Einvernehmen bzw die Zustimmung.

Nach Abs 2 Satz 2 tritt die **Fiktion** der Einvernehmens- bzw Zustimmungserteilung ein, wenn innerhalb von zwei Monaten nach Eingang keine Verweigerung erklärt wird. Diese Fiktion dient der Beschleunigung des Baugenehmigungsverfahrens. Für die Fristberechnung gelten die §§ 188 Abs 2, 187 Abs 1 BGB. Eine Verlängerung dieser Zweimonatsfrist ist nicht möglich; mit dem Ablauf der Frist tritt die Fiktion ohne weiteres ein. Der Umstand, dass die ggf zu beteiligende höhere Verwaltungsbehörde die Frist versäumt hat, schließt die Erhebung der Aufsichtsklage gegen einen dem Begehren des Bauherren entsprechenden Bescheid nicht aus (OVG Saarland v 25.02.1992). Versagt die Gemeinde ihr Einvernehmen nicht fristgerecht, so hat sie kein Klagerecht gegen die Baugenehmigung für das entsprechende Vorhaben (OVG Lüneburg NVwZ 1999, 1003). 6

§ 36 begründet keinen **Nachbarschutz**, sondern ist nur eine Schutznorm für die Gemeinde (BVerwGE 54, 1 = BVerwG Buchholz 406.11 § 36 BBauG Nr 131; BVerwG Buchholz 406.19 Nachbarschutz Nr 146 = NVwZ 1997, 991 = ZfBR 1997, 427). 7

§ 37 Bauliche Maßnahmen des Bundes und der Länder

(1) Macht die besondere öffentliche Zweckbestimmung für bauliche Anlagen des Bundes oder eines Landes erforderlich, von den Vorschriften dieses Gesetzbuchs oder den auf Grund dieses Gesetzbuchs erlassenen Vorschriften abzuweichen oder ist das Einvernehmen mit der Gemeinde nach § 14 oder § 36 nicht erreicht worden, entscheidet die höhere Verwaltungsbehörde.

(2) Handelt es sich dabei um Vorhaben, die der Landesverteidigung, dienstlichen Zwecken des Bundesgrenzschutzes oder dem zivilen Bevölkerungsschutz dienen, ist nur die Zustimmung der höheren Verwaltungsbehörde erforderlich. Vor Erteilung der Zustimmung hat diese die Gemeinde zu hören. Versagt die höhere Verwaltungsbehörde ihre Zustimmung oder widerspricht die Gemeinde dem beabsichtigten Bauvorhaben, entscheidet das zuständige Bundesministerium im Einvernehmen mit den beteiligten Bundesministerien und im Benehmen mit der zuständigen Obersten Landesbehörde.

(3) Entstehen der Gemeinde infolge der Durchführung von Maßnahmen nach den Absätzen 1 und 2 Aufwendungen für Entschädigungen nach diesem Gesetzbuch, sind sie ihr vom Träger der Maßnahmen zu ersetzen. Muss infolge dieser Maßnahmen ein Bebauungsplan aufgestellt, geändert, ergänzt oder aufgehoben werden, sind ihr auch die dadurch entstandenen Kosten zu ersetzen.

(4) Sollen bauliche Anlagen auf Grundstücken errichtet werden, die nach dem Landbeschaffungsgesetz beschafft werden, sind in dem Verfahren nach § 1 Abs. 2 des Landbeschaffungsgesetzes alle von der Gemeinde oder der höheren Verwaltungsbehörde nach den Absätzen 1 und 2 zulässigen Einwendungen abschließend zu erörtern. Eines Verfahrens nach Absatz 2 bedarf es in diesem Falle nicht.

§ 37 Erstes Kapitel. Dritter Teil. Erster Abschnitt

1 Diese Vorschrift stimmt im Wesentlichen mit der früheren Regelung des § 37 BBauG überein. Obwohl bauliche Maßnahmen des Bundes und der Länder im bauordnungsrechtlichen Verfahren eine Sonderstellung einnehmen, indem sie zB von der **Baugenehmigungspflicht** befreit sind, unterliegen sie doch gem §§ 29 ff den auch an sonstige Vorhaben zu stellenden Anforderungen. Durch diese Vorschrift wird bezweckt, notwendige öffentliche Bauten, die wegen ihrer besonderen Auswirkungen nicht nach §§ 30, 34 oder 35 genehmigt werden könnten, gleichwohl errichten zu können.

2 Abs 1 hat in erster Linie einen materiell-rechtlichen Inhalt (BVerwG Buchholz 406.11 § 37 BBauG Nr 1 = BRS 38 Nr 171; BVerwGE 91, 227 = DVBl 1993, 437) und bezieht sich auf solche Vorhaben, die nach den §§ 30 ff unzulässig sind. Diese Vorschrift begünstigt nur den Bund und die Länder; davon nicht erfasst werden rechtsfähige Körperschaften, Anstalten oder Stiftungen auf Bundes- oder Landesebene. Die besondere öffentliche Zweckbestimmung verlangt eine Unmittelbarkeit, die bei Vorhaben, die dem Finanzvermögen dienen, nicht gegeben ist (BVerwG Buchholz 406.11 § 37 BBauG Nr 1 = BRS 38 Nr 171 = ZfBR 1981, 243). Die besondere Zweckbestimmung setzt weiter voraus, dass das Vorhaben sich wegen seiner Aufgabenstellung nach Standort, Art, Ausführung oder Auswirkung von sonstigen Bauten des Verwaltungsvermögens unterscheidet (BVerwGE 91, 227 = DVBl 1993, 437).
Dies ist bei technischen Anlagen der Daseinsvorsorge oder den in Abs 2 genannten Anlagen der Fall (BVerwG Buchholz 406.11 § 37 BBauG Nr 1 = BRS 38 Nr 171 = ZfBR 1981, 243). Von den städtebaulichen Vorschriften wird ein Abweichen erfordert, wenn dies zur Erfüllung oder Wahrnehmung der im Einzelfall in Betracht kommenden öffentlichen Zweckbestimmung vernünftigerweise geboten ist (BVerwG Buchholz 406.11 § 37 BBauG Nr 1 = BRS 38 Nr 171 = ZfBR 1981, 243). In den Fällen, in denen an sich eine Beurteilung nach den §§ 34, 35 vorzunehmen wäre, muss eine Gewichtung der im konkreten Einzelfall widerstreitenden **öffentlichen Belange** erfolgen (BVerwGE 88, 35 = NVwZ 1992, 477). Für diesen Fall wird die Entscheidungskompetenz auf die höhere Verwaltungsbehörde übertragen, die auch das verfahrensrechtlich erforderliche Einvernehmen der Gemeinde mit ihrer Entscheidung ersetzt. Diese Entscheidung unterliegt uneingeschränkt der gerichtlichen Kontrolle (BVerwGE 88, 35 = NVwZ 1992, 477).

3 Abs 2 enthält für die darin aufgeführten Vorhaben eine Sonderregelung. Diese Regelung gilt nicht für Vorhaben der Nato-Staaten; insoweit findet das **Nato-Truppen-Statut** Anwendung (Hess VGH NJW 1980, 2660; aA: OVG Münster DÖV 1989, 826). Zu einer notwendigen Abweichung ist nur die Zustimmung der höheren Verwaltungsbehörde erforderlich. Die Mitwirkung der Gemeinde ist auf ein bloßes Anhörungsrecht beschränkt. Allerdings darf die Zustimmung der höheren Verwaltungsbehörde nicht gegen den erklärten Willen der Gemeinde erteilt werden. Widerspricht die Gemeinde oder versagt die höhere Verwaltungsbehörde ihre Zustimmung, geht die Entscheidungsbefugnis auf den zuständigen Bundesminister über.

4 Nach Abs 3 hat die Gemeinde gegen den Bund oder das Land Anspruch auf Ersatz der Kosten, die ihr infolge der Durchführung des Vorhabens und deshalb entstehen, weil die Gemeinde aufgrund des Vorhabens einen Bebauungsplan neu aufstellen, ändern, ergänzen oder aufheben muss. Es handelt sich hierbei um einen gesetzlich geregelten Fall eines öffentlich-rechtlichen Anspruchs auf **Aufwendungsersatz**.

Durch die Regelung des Abs 4 werden in verfahrensrechtlicher Hinsicht die Vorschriften des Landbeschaffungsgesetzes an die Stelle des Abs 2 gesetzt. § 1 Abs 2 LBG wird durch § 37 Abs 4 ergänzt (BVerwGE 74, 124 = Buchholz 406.33 § 1 LBG Nr 4 = ZfBR 1986, 186). Abs 3 als materielle Regelung bleibt unberührt und gilt daher auch für Fälle des Abs 4.

§ 38 Bauliche Maßnahmen von überörtlicher Bedeutung auf Grund von Planfeststellungsverfahren; öffentlich zugängliche Abfallbeseitigungsanlagen

Auf Planfeststellungsverfahren und sonstige Verfahren mit den Rechtswirkungen der Planfeststellung für Vorhaben von überörtlicher Bedeutung sowie auf die auf Grund des Bundes-Immissionsschutzgesetzes für die Errichtung und den Betrieb öffentlich zugänglicher Abfallbeseitigungsanlagen geltenden Verfahren sind die §§ 29 bis 37 nicht anzuwenden, wenn die Gemeinde beteiligt wird; städtebauliche Belange sind zu berücksichtigen. Eine Bindung nach § 7 bleibt unberührt. § 37 Abs. 3 ist anzuwenden.

Durch das BauROG 1998 ist die zuvor als missglückt angesehene Vorschrift gestrafft und verständlicher formuliert worden, ohne dass sich wesentliche inhaltliche Änderungen ergeben haben. Die Privilegierung in Form der Freistellung von den Vorschriften der §§ 29–37 gilt für die Planfeststellungs- und Plangenehmigungsverfahren, wenn sie sich auf Vorhaben von überörtlicher Bedeutung (vgl BVerwG Buchholz 406.11 § 38 BBauG Nr 1 = BRS 38 Nr 1) beziehen. Hiervon ist auszugehen, wenn das Vorhaben die Leistungskraft einer Gemeinde übersteigt, insbesondere, wenn es das Gebiet von mehr als einer Gemeinde berührt. (BVerwGE 79, 318 = NVwZ 1989, 154). Voraussetzung für die Privilegierung ist entsprechend der durch Art 28 Abs 2 GG garantierten Planungshoheit weiterhin die Beteiligung der Gemeinde. Außerdem wird klargestellt, dass stets die städtebaulichen Belange zu berücksichtigen sind, dh auch dann, wenn – wie im Fall der öffentlich zugänglichen Abfallbeseitigungsanlagen – die Genehmigung nach § 4 Abs 1 BImSchG als eine gebundene Entscheidung ohne planerische Abwägung ausgestaltet ist. Die Bindungswirkung nach § 7 bleibt unberührt, dh die Träger der Fachplanung müssen fristgerecht widersprechen, wenn sie eine Bindung durch den Flächennutzungsplan verhindern wollen. Satz 3 regelt durch die Verweisung auf § 37 Abs 3 den Anspruch der Gemeinde auf Ersatz der ihr entstandenen Kosten.

Zweiter Abschnitt
Entschädigung

§ 39 Vertrauensschaden

Haben Eigentümer oder in Ausübung ihrer Nutzungsrechte sonstige Nutzungsberechtigte im berechtigten Vertrauen auf den Bestand eines rechtsverbindlichen Bebauungsplans Vorbereitungen für die Verwirklichung von

Nutzungsmöglichkeiten getroffen, die sich aus dem Bebauungsplan ergeben, können sie angemessene Entschädigung in Geld verlangen, soweit die Aufwendungen durch die Änderung, Ergänzung oder Aufhebung des Bebauungsplans an Wert verlieren. Dies gilt auch für Abgaben nach bundes- oder landesrechtlichen Vorschriften, die für die Erschließung des Grundstücks erhoben wurden.

Gesamtübersicht

	Rn		Rn
I. Allgemeines	1	IV. Der Entschädigungsanspruch	7
II. Bestand eines rechtsverbindlichen Bebauungsplans	2	1. Zu entschädigende Aufwendungen	7
III. Berechtigtes Vertrauen	5	2. Entschädigungsberechtigter	9
		3. Entschädigungsverpflichteter	10

I. Allgemeines

1 Die Vorschrift gewährt dem Eigentümer oder sonstigen Nutzungsberechtigten Vertrauensschutzentschädigung für wertlos gewordene **Aufwendungen** einschließlich der Erschließungsabgaben, die im Vertrauen auf den Bestand eines verbindlichen Bebauungsplans zur Vorbereitung der plangemäßen Nutzung gemacht und durch eine Planänderung, -ergänzung oder -aufhebung an Wert verloren haben. Zur verfassungsrechtlichen Einordnung des § 39 (Deutsch, DVBl 1995, 546 (551)).

II. Bestand eines rechtsverbindlichen Bebauungsplans

2 Die Aufwendungen müssen im Vertrauen auf den Bestand der bisherigen Festsetzungen des Bebauungsplans gemacht worden sein. Der **Vertrauensschutz** ist nicht auf sog qualifizierte Bebauungspläne (§ 30 Abs 1) beschränkt. Soweit in den Fällen nach §§ 34 und 35 sog einfache Bebauungspläne (vgl § 30 Abs 3) rechtserheblich sind, können deren Festsetzungen gleichfalls den Schutz nach § 39 begründen. Satzungen nach § 34 Abs 2 und auch solche nach § 4 Abs 2a und 4 BauGB-Maßnahmengesetz stehen einem Bebauungsplan nicht gleich, denn sie schaffen keinen entsprechenden Vertrauenstatbestand (BGH NJW 1992, 431 = DVBl 1992, 558). Gleiches gilt für Aufwendungen, die ein Grundstückseigentümer oder -erwerber im Vertrauen auf den Bestand einer Abrundungssatzung nach § 34 Abs 4 BauGB getätigt hat. Auch diese sind grds nicht in entsprechender Anwendung des § 39 BauGB entschädigungsfähig; die Abrundungssatzung bietet für solche Aufwendungen keine dem Bebauungsplan vergleichbare Vertrauensgrundlage (BGH BRS 53 Nr 25).

3 Ein Ersatz des Vertrauensschadens des Grundstückseigentümers oder Nutzungsberechtigten nach § 39 kommt nur bei einem **rechtswirksamen** Bebauungsplan und dessen nachfolgende Änderung in Betracht. Eine entsprechende Anwendung auf Bebauungspläne, welche längere Zeit unerkannt nichtig waren, ist abzulehnen (OLGR Koblenz 2000, 285 ff). Gleiches gilt, wenn ein funktionsloser oder nichtiger Bebauungsplan aufgehoben worden ist (BGHZ 84, 292 = BRS 45 Nr 33 = BauR 1982, 457; BGH BRS 39 Nr 169) und der Mangel auch unter Berücksichti-

gung der §§ 214 ff fortbesteht. Dabei spielt es keine Rolle, aus welchem Grund der Bebauungsplan nichtig ist, zB auch bei einem Mangel im Abwägungsvorgang (BVerwGE 34, 301 = BVerwG Buchholz 406.11 § 1 BBauG Nr 1 = BRS 22 Nr 4). Unerheblich ist es auch, wenn ein Eigentümer im Vertrauen auf die Gültigkeit eines Bebauungsplanes Vorbereitungen für eine Verwirklichung der festgesetzten Nutzung getroffen hat und die deshalb entstandenen Aufwendungen wegen der Nichtigkeit des Bebauungsplanes wertlos sind (BGHZ 84, 292 = NVwZ 1983, 177).

Allerdings kommen dann **Amtshaftungsansprüche** in Betracht (BGHZ 106, 323 = NVwZ 1990, 298 = UPR 1989, 424; BGH NJW 1984, 2516; BGHZ 140, 380; BGHZ 142, 259). Ob § 39 auch in den Fällen der §§ 34, 35 entsprechend angewandt werden kann, ist umstritten; dies erscheint aber aufgrund des eindeutigen Wortlauts nicht geboten und im Übrigen auch nicht erforderlich zu sein. In den Fällen des § 33 kommt eine Anwendung jedenfalls nicht in Betracht (BVerwGE 85, 289; Gaentzsch, § 39 Rn 4; aA Schenke, DÖV 1987, 45; Birk, NVwZ 1984, 1).

III. Berechtigtes Vertrauen

§ 39 BauGB setzt nach der ständigen Rechtsprechung des BGH voraus, dass das mit nutzungsvorbereitenden Aufwendungen getätigte Vertrauen auf den Bestand eines rechtsverbindlichen Bebauungsplan gerichtet war (BGHZ 84, 292 mwN; BGHZ 110, 1). Einen allgemeinen Anspruch auf angemessene Entschädigung für Aufwendungen, die im enttäuschten Vertrauen auf die Wirksamkeit einer Rechtsnorm gemacht worden sind, hat der BGH nicht anerkannt (BGHZ 110, 1 (4)).

Zwar kann ein Bürger grds auf den Fortbestand eines Bebauungsplanes vertrauen. Dies gilt aber dann nicht, wenn der Bürger eine bevorstehende Änderung, Ergänzung oder die Aufhebung des Bebauungsplanes in Bezug auf die Nutzungsmöglichkeit seines Grundstücks kennt oder kennen müsste. Letzteres muss idR angenommen werden, wenn die Gemeinde ein diesbezügliches Verfahren durch ortsübliche Bekanntmachung nach § 2 bereits eingeleitet hat. Ein Entschädigungsanspruch nach § 39 ist ausgeschlossen, wenn das geplante Vorhaben nicht mit dem ursprünglichen Bebauungsplan in Einklang stand (BGH, B v 26.09.1991 – III ZR 19/90 –). Nutzungsmöglichkeiten, die erst durch Befreiung hätten realisiert werden können, werden von § 39 ebenfalls nicht erfasst (BGH, B v 26.09.1991 – III ZR 19/90 –). Der Entschädigungsberechtigte ist nicht verpflichtet, gegen die Planänderung vorzugehen, da § 39 eine angemessene Entschädigung gewährt, so dass der Rechtsgedanke des § 839 Abs 3 BGB mangels Schadensersatzanspruch nicht zur Anwendung kommt.

IV. Der Entschädigungsanspruch

1. Zu entschädigende Aufwendungen

Bei den Aufwendungen iSd Satzes 1 handelt es sich sowohl um bereits erbrachte Leistungen, die als endgültig anzusehen sind als auch um rechtsverbindlich eingegangene Verpflichtungen, deren Fortbestand durch die Änderung der Festsetzung unberührt bleibt. Im Einzelnen gehören dazu ua Architektenhonorare, Kosten für Baugrunduntersuchungen, Wirtschaftlichkeitsberechnungen, Kosten für Planent-

würfe und Bau- und Finanzierungskosten. Nicht zu diesen Aufwendungen zählen dagegen solche, die im Zusammenhang mit dem Erwerb des Grundstücks stehen, insbesondere die **Erwerbskosten** (BGH BRS 34 Nr 137). § 39 gewährt nur einen Aufwendungsersatz, so dass insbesondere Ansprüche auf entgangenen Gewinn ausgeschlossen sind.

8 In Satz 2 wird klargestellt, dass zu den entschädigungspflichtigen Aufwendungen auch Vorauszahlungen und Ablösebeträge auf Abgaben für die Erschließung des Grundstücks nach §§ 127 ff und dem jeweiligen Kommunalabgabenrecht zählen. Allerdings scheidet ein Entschädigungsanspruch nach § 39 aus, wenn der Wert der Aufwendung sich bereits in der Substanz des Grundstücks niedergeschlagen hat; in einem solchen Fall richtet sich die Entschädigung nach §§ 40–42.

2. Entschädigungsberechtigter

9 Die Entschädigung, die in Geld zu leisten ist, ist auf den Wertverlust der Aufwendungen gerichtet, die durch eine Änderung, Ergänzung oder Aufhebung des Bebauungsplanes entstanden sind. Entschädigungsberechtigter ist der **Eigentümer** oder der **Nutzungsberechtigte**. Voraussetzung ist aber, dass von ihnen jeweils die nutzungsvorbereitenden Aufwendungen tatsächlich auch gemacht worden sind. Außerdem muss eine Kausalität zwischen der Planänderung bzw -aufhebung und dem Wertverlust bestehen, die insbesondere dann nicht gegeben ist, wenn das Grundstück auch aus einem anderen Grund nicht in der beabsichtigten Weise hätte genutzt werden können, weil sich darauf zB eine Altlast oder ein geschütztes Bau- oder Bodendenkmal befindet (BGHZ 109, 380 = DVBl 1990, 358).

Ein Entschädigungsanspruch der sonstigen Nutzungsberechtigten nach § 39 Satz 1 besteht nur dann, wenn das dingliche oder schuldrechtliche Nutzungsrecht die Befugnis gewährt, die vorbereitete, sich aus dem Bebauungsplan ergebende Nutzungsmöglichkeit auf dem Grundstück zu verwirklichen; bei baulichen Nutzungen ist hierzu der Besitz unerlässlich (OLG Nürnberg NVwZ 1991, 1116). Der Käufer eines Grundstücks, auch wenn er durch eine Auflassungsvormerkung gesichert ist, wird von der Rechtsprechung nur dann als Entschädigungsberechtigter angesehen, wenn Besitz, Nutzungen und Lasten bereits auf ihn übergegangen sind (OLG Nürnberg NVwZ 1991, 1114; Gaentzsch, § 39 Rn 15; aA: Schenke/Melchior, NVwZ 1991, 1057; Deutsch, DVBl 1995, 546 (551)).

3. Entschädigungsverpflichteter

10 Der Entschädigungsverpflichtete ergibt sich aus § 44. Die Höhe der Entschädigung bemisst sich nach § 43 Abs 2 Satz 3 iVm §§ 93 ff; Fälligkeit und Erlöschen des Entschädigungsanspruchs richten sich nach § 44. Der Entschädigungsanspruch erlischt, wenn nicht innerhalb von **drei Jahren** nach Ablauf des Kalenderjahres, in dem Vermögensnachteile eingetreten sind, schriftlich bei dem Entschädigungspflichtigen die Entschädigungsleistung beantragt wird. Entschädigungsansprüche nach §§ 39 ff sind gegenüber dem Begünstigten, idR gegenüber der Gemeinde geltend zu machen. Kommt eine Einigung über die begehrte Entschädigung nicht zustande, so entscheidet gem § 43 Abs 2 Satz 1 die Höhere Verwaltungsbehörde. Gegen deren Entscheidung kann nach § 217 Antrag auf gerichtliche Entscheidung vor dem Landgericht, Kammer für Baulandsachen, gestellt werden. Die Anrufung der Höheren Verwaltungsbehörde vor der Beschreitung eines Rechtsweges ist eine

Sachurteilsvoraussetzung (BGH NJW 1976, 1264). Sie ist zwingend erforderlich. Sie kann auch nicht durch einen „Widerspruchsbescheid" der Gemeinde ersetzt werden (OLG Frankfurt NVwZ 1989, 398).

§ 40 Entschädigung in Geld oder durch Übernahme

(1) Sind im Bebauungsplan
1. **Flächen für den Gemeinbedarf sowie für Sport- und Spielanlagen,**
2. **Flächen für Personengruppen mit besonderem Wohnbedarf,**
3. **Flächen mit besonderem Nutzungszweck,**
4. **von der Bebauung freizuhaltende Schutzflächen und Flächen für besondere Anlagen und Vorkehrungen zum Schutz vor Einwirkungen,**
5. **Verkehrsflächen,**
6. **Versorgungsflächen,**
7. **Flächen für die Abfall- und Abwasserbeseitigung, einschließlich der Rückhaltung und Versickerung von Niederschlagswasser, sowie für Ablagerungen,**
8. **Grünflächen,**
9. **Flächen für Aufschüttungen, Abgrabungen oder für die Gewinnung von Steinen, Erden und anderen Bodenschätzen,**
10. **Flächen für Gemeinschaftsstellplätze und Gemeinschaftsgaragen,**
11. **Flächen für Gemeinschaftsanlagen,**
12. **von der Bebauung freizuhaltende Flächen,**
13. **Wasserflächen, Flächen für die Wasserwirtschaft, Flächen für Hochwasserschutzanlagen und Flächen für die Regelung des Wasserabflusses,**
14. **Flächen zum Schutz, zur Pflege und zur Entwicklung von Boden, Natur und Landschaft**

festgesetzt, ist der Eigentümer nach Maßgabe der folgenden Absätze zu entschädigen, soweit ihm Vermögensnachteile entstehen. Dies gilt in den Fällen des Satzes 1 Nr. 1 in Bezug auf Flächen für Sport- und Spielanlagen sowie des Satzes 1 Nr. 4 und 10 bis 14 nicht, soweit die Festsetzungen oder ihre Durchführung den Interessen des Eigentümers oder der Erfüllung einer ihm obliegenden Rechtspflicht dienen.

(2) Der Eigentümer kann die Übernahme der Flächen verlangen,
1. wenn und soweit es ihm mit Rücksicht auf die Festsetzung oder Durchführung des Bebauungsplans wirtschaftlich nicht mehr zuzumuten ist, das Grundstück zu behalten oder es in der bisherigen oder einer anderen zulässigen Art zu nutzen, oder
2. wenn Vorhaben nach § 32 nicht ausgeführt werden dürfen und dadurch die bisherige Nutzung einer baulichen Anlage aufgehoben oder wesentlich herabgesetztwird.

Der Eigentümer kann anstelle der Übernahme die Begründung von Miteigentum oder eines geeigneten Rechts verlangen, wenn die Verwirklichung des Bebauungsplans nicht die Entziehung des Eigentums erfordert.

(3) Dem Eigentümer ist eine angemessene Entschädigung in Geld zu leisten, wenn und soweit Vorhaben nach § 32 nicht ausgeführt werden dürfen und dadurch die bisherige Nutzung seines Grundstücks wirtschaftlich erschwert

§ 40 Erstes Kapitel. Dritter Teil. Zweiter Abschnitt

wird. Sind die Voraussetzungen des Übernahmeanspruchs nach Absatz 2 gegeben, kann nur dieser Anspruch geltend gemacht werden. Der zur Entschädigung Verpflichtete kann den Entschädigungsberechtigten auf den Übernahmeanspruch verweisen, wenn das Grundstück für den im Bebauungsplan festgesetzten Zweck alsbald benötigt wird.

Gesamtübersicht

	Rn		Rn
I. Allgemeines	1	2. Übernahme nach § 40 Abs 2 Satz 1 Nr 2	8
II. Entschädigungspflichtige Festsetzungen im Bebauungsplan (Abs 1)	2	3. Begründung von Miteigentum	9
		V. Anspruch nach § 40 Abs 3	10
III. Vermögensnachteile	3	VI. Exkurs: Gegenstand planerische Abwägung	12
IV. Übernahmeanspruch (Abs 2)	6		
1. Wirtschaftliche Unzumutbarkeit nach § 40 Abs 2 Satz 1 Nr 1	7		

I. Allgemeines

1 § 40 regelt die Entschädigung des Grundeigentümers für **Planungsschäden**, die dadurch entstehen, dass der Bebauungsplan gegenüber dem Eigentümer des betroffenen Grundstücks fremdnützige, insbesondere im Interesse der Allgemeinheit ergehenden Festsetzungen enthält. Diese Entschädigungsvorschrift geht im Anwendungsbereich den §§ 41 und 42 vor. Sie regelt die Entschädigung für die Festsetzung von Flächen für öffentliche Zwecke (zB Verkehrsflächen, Gemeinbedarfsflächen) und für spezielle private Zwecke. In der Praxis relevant ist der Übernahmeanspruch des Eigentümers nach Abs 2. Der Übernahmeanspruch findet seine innere Rechtfertigung darin, dass die öffentliche Hand oder der aus einer speziellen privaten Festsetzung Begünstigte in der Regel ohnehin letztlich das Eigentum an der betreffenden Fläche erwerben muss.

II. Entschädigungspflichtige Festsetzungen im Bebauungsplan (Abs 1)

2 Der Eigentümer ist nach § 40 für bestimmte, in Abs 1 Satz 1 Nr 1–14 abschließend angeführte Festsetzungen in einem **gültigen Bebauungsplan** (Darstellungen in einem Flächennutzungsplan begründen keinen Entschädigungsanspruch, EZB, § 40 Rn 11), zu entschädigen. Dabei macht es keinen Unterschied, ob die Festsetzungen bei der erstmaligen Aufstellung eines Bebauungsplanes getroffen werden oder an die Stelle früherer Festsetzungen treten (BGHZ 50, 93 = NJW 1968, 1278 = DÖV 1968, 577). Eine Entschädigung kommt allerdings nicht in Betracht, wenn der Stand einer Planung den hinreichend sicheren Schluss zulässt, dass das Grundstück bei einer Realisierung der Planung nicht für öffentliche Zwecke beansprucht werden wird (BGHZ 97, 1 = NJW 1986, 2253 = BRS 45 Nr 129). § 40 gilt auch nicht für die auf anderen gesetzlichen Vorschriften beruhenden übernommenen Festsetzungen nach § 9 Abs 6. Die Entschädigungspflicht bestimmt sich dann nach den jeweiligen Fachgesetzen (BGHZ 123, 242 = DVBl 1993, 1092; BVerwGE 94, 1 = DVBl 1993, 1141).

III. Vermögensnachteile

Der Eigentümer kann Entschädigung verlangen, soweit ihm durch die Festsetzungen, sei es sofort oder später, Vermögensnachteile entstehen, die fühlbar und nicht unerheblich sind (BGHZ 63, 240 = BRS 34 Nr 136). Dazu gehört nach der eben angeführten Entscheidung bereits zB die **Minderung** des **Verkehrswertes** des Grundstücks. Die Minderung des Verkehrswerts ist eine Folge des Bebauungsplans, so dass die Vermögensnachteile mit dem Inkrafttreten des Bebauungsplans eintreten (vgl BGH BRS 26 Nr 2; BGHZ 63, 240 = BRS 34 Nr 136).

Eine Entschädigungspflicht besteht jedoch nach Abs 1 Satz 2 bei Festsetzungen nach Abs 1 Nr 1 – allerdings nur hinsichtlich der Flächen für Sport- und Spielanlagen –, Nr 4 und Nr 10–14 nicht, wenn diese Festsetzungen oder deren Durchführung den Interessen des Eigentümers oder der Erfüllung einer ihm obliegenden Rechtspflicht dienen (BGH BRS 59 Nr 242). Dabei hat die Beurteilung, ob die planerische Festsetzung eines Grundstücks durch Fremdnützigkeit oder von Eigentümerinteressen geprägt ist, grds mit Blick auf die Nutzung des betroffenen Grundstücks selbst zu erfolgen.

Als Rechtspflichten kommen neben vertraglichen Verpflichtungen vor allem in Betracht: bei Nr 4 bauordnungs- und immissionsschutzrechtliche Vorschriften; bei Nr 10 bzw 11 bauordnungsrechtliche Vorschriften zur Herstellung von Garagen und Stellplätzen bzw Kinderspielplätzen; bei Nr 12 die bauordnungsrechtlich motivierte Erhaltung von Sichtdreiecken aus Gründen der Verkehrssicherheit; bei Nr 14 das WHG und die jeweiligen Landeswassergesetze. Es liegen insoweit sozialbindende Inhaltsbestimmungen des Eigentums nach Art 14 GG vor (vgl BGHZ 50, 93; BVerfGE 58, 300 – Nassauskiesungsbeschluss).

IV. Übernahmeanspruch (Abs 2)

Bei der Regelung der Entschädigung stellt die Vorschrift in erster Linie auf einen Übernahmeanspruch ab, der dem betroffenen Eigentümer die Möglichkeit eröffnet, selbst die Initiative zu einer entschädigungsrechtlichen Lösung der infolge der fremdnützigen planerischen Festsetzung aufgetretenen **Interessenkollision** zu ergreifen, ohne die Einleitung eines Enteignungsverfahrens (§§ 85 ff) abwarten zu müssen (BGH BRS 53 Nr 133; BGHZ 50, 93 (97); BGHZ 93, Nr 165 (168); BGHZ 97, 1 (4)). Der Anspruch wird in Abs 2 an materielle Voraussetzungen geknüpft.

1. Wirtschaftliche Unzumutbarkeit nach § 40 Abs 2 Satz 1 Nr 1

Nach Abs 2 Satz 1 Nr 1 kann die Übernahme dann verlangt werden, wenn und soweit es dem Eigentümer bei wirtschaftlicher Betrachtungsweise als Folge der getroffenen Festsetzung oder der zur Durchführung des Bebauungsplanes ergriffenen Maßnahmen billigerweise nicht mehr zuzumuten ist, das Grundstück – 1. Alt – zu behalten oder – 2. Alt – es in der bisherigen oder einer anderen zulässigen Art zu nutzen. Der **Zumutbarkeitsmaßstab** richtet sich nach der eintretenden Veränderung der wirtschaftlichen Verhältnisse unter Berücksichtigung der gesamten wirtschaftlichen Lage und der wirtschaftlichen Interessen des Eigentümers, so dass es entscheidend auf die Art des Eingriffs und die Verhältnisse des jeweils betroffenen Eigentümers ankommt (BGHZ 97, 1 = NJW 1986, 2253 = BRS 45 Nr 129; BGHZ

93, 165 = BRS 45 Nr 128; einzelne Fallgruppen sind nachzulesen in: KK, § 40 Rn 19). Die 2. Alt ist zB gegeben, wenn die als Gemeinbedarfsfläche ausgewiesene Restfläche eines landwirtschaftlichen Betriebes für eine bestimmungsgemäße Nutzung iR des Betriebes zu klein ist.

2. Übernahme nach § 40 Abs 2 Satz 1 Nr 2

8 Der Übernahmeanspruch nach Abs 2 Satz 1 Nr 2 kommt nur bei bebauten Grundstücken als Folge einer Festsetzung nach Abs 1 Nr 1, 5, 6 und 8 in Betracht, wenn die bisherige Nutzung aufgrund der Nutzungsbeschränkung nach § 32 aus rechtlichen oder tatsächlichen Gründen unmöglich bzw wesentlich herabgesetzt wird. Eine wesentliche Herabsetzung der bisherigen Nutzung liegt zB vor, wenn der Betrieb ohne werterhöhende Aufwendungen nicht mehr **rentabel** arbeiten kann und somit die Existenz auf Dauer gefährdet ist (KK, § 40 Rn 25).

3. Begründung von Miteigentum

9 Anstelle der in Abs 2 grds vorgesehenen Übernahme seines Grundstücks kann der Eigentümer die Begr. von Miteigentum oder eines geeigneten Rechts, etwa einer Dienstbarkeit nach §§ 1018 ff BGB, verlangen, wenn die Verwirklichung der Festsetzungen des Bebauungsplanes nicht die Entziehung des Eigentums gebietet (Abs 2 Satz 2). Ein solches beschränktes **Übernahmeverlangen** kann nach den Vorstellungen des Gesetzgebers insbesondere dann sinnvoll sein, wenn nach § 9 Abs 3 für bestimmte Geschosse eine besondere Nutzung festgesetzt wurde.

V. Anspruch nach § 40 Abs 3

10 Nach Abs 3 steht dem Eigentümer ausnahmsweise ein Anspruch auf Geldentschädigung dann zu, wenn und soweit nach § 32 Vorhaben nicht ausgeführt werden dürfen und dadurch die bisherige Nutzung des Grundstücks lediglich wirtschaftlich wesentlich erschwert wird. Es darf daher noch kein Fall des Abs 2 Satz 1 Nr 2 gegeben sein. Beruht zB die wirtschaftliche Erschwerung darauf, dass die bisherige Nutzung wesentlich herabgesetzt wird, ist nur ein Anspruch auf Übernahme, nicht dagegen auf Geldentschädigung gegeben. Der Vermögensnachteil, der durch die Erschwernis verursacht wird, muss allerdings wirtschaftlich spürbar sein, dh er muss die Opfergrenze überschreiten. Macht der Eigentümer nach Satz 1 eine Entschädigung in Geld geltend, so kann ihn der Entschädigungsverpflichtete auf den Übernahmeanspruch verweisen, wenn das Grundstück für den planmäßigen Zweck alsbald benötigt wird. Dies ist dann der Fall, wenn die Verwirklichung der festgesetzten Nutzung zu einem konkreten Zeitpunkt in nicht allzu ferner Zukunft absehbar ist.

11 Die Voraussetzungen für den Übernahmeantrag ergeben sich aus § 43. Umstritten ist, ob die 3-Jahres-Frist des § 44 Abs 4 auch für die Geltendmachung eines Übernahmeanspruchs gilt (verneinend: BKL, § 44 Rn 8; Krohn, FS Weyreuther, 421 [428]; aA BK, 2. Aufl, § 44 Rn 18).

VI. Exkurs: Gegenstand planerische Abwägung

12 In einem Bebauungsplan, der eine in § 40 aufgeführte Festsetzung enthält, muss die sich aus § 40 Abs 1 Satz 1 Nr 1-14 BauGB ergebende Folge der Entschädigung in die planerische Abwägung einbeziehen (BVerwG NuR 2004, 310; BVerwG BRS

60 Nr 20; vgl BGH ZfBR 1992, 285; vgl OVG Münster BRS 60 Nr 32). Die Festsetzung mit einem solchen Regelungsgegenstand muss Gegenstand der Abwägung gewesen sein. Der Planungsträger muss zumindest die Möglichkeit, einem Übernahmeanspruch nach § 40 Abs 2 Satz 1 ausgesetzt zu sein, in Kauf nehmen wollen (BVerwG NuR 2004, 310).

Anhang

▶ **Muster
Antrag auf Übernahme nach §§ 40, 43 BauGB**

An die Enteignungsbehörde

Betr.: Antrag auf Einleitung eines Enteignungsverfahrens gem §§ 40, 43 BauGB

Sehr geehrte Damen und Herren,

wir beehren uns anzuzeigen, dass uns Herr A mit der Wahrnehmung seiner Interessen beauftragt hat. Anwaltlich Vollmacht fügen wir bei.

Namens und im Auftrag unseres Herrn Mandanten **b e a n t r a g e n** wir:

Das Grundstück, eingetragen im Grundbuch ..., Flur ..., Parzelle ..., hat die Stadt S zu übernehmen.

Gründe:

I. Unser Herr Mandant ist Eigentümer des Grundstücks eingetragen im Grundbuch ..., Flur ..., Parzelle Nr Dieses liegt im Geltungsbereich des BPl, der seit 1990 rechtsverbindlich ist und für das Grundstück unseres Herrn Mandanten ein allgemeines Wohngebiet (WA) festsetzt. Das Grundstück ist mit einem Wohnhaus bebaut, das bis zum 30.06.2004 vermietet war.

Der Bebauungsplan ..., der seit dem 30.06.2002 in Kraft getreten ist, sieht einen Ausbau der Erschließungsstraße vor, das Grundstück unseres Herrn Mandanten ist als öffentliche Grünfläche, teilweise als Fläche für die Anlage eines Lärmschutzwalls vorgesehen.

II. Unser Herr Mandant hat den neuen BPl hingenommen (vgl: BVerwGE 47, 144 (156)). Unser Herr Mandant macht hiermit den Übernahmeanspruch gem § 40 Abs 2 Nr 1 BauGB geltend. In Hinblick auf die Festsetzungen des neuen BPls kann unser Herr Mandant das Behalten des Grundstücks nicht mehr zugemutet werden. Eine Vermietung scheidet im Hinblick auf die zu erwartende Inanspruchnahme für den Lärmschutzwall aus. Unser Herr Mandant kann also keinerlei Einnahmen erzielen, ist aber weiterhin durch Grundpfandrechte, mit denen das bestehende Gebäude finanziert wurde, belastet. Eine Einigung mit der Stadt über die Übernahme des Gebäudes konnte nicht erzielt werden. Die Stadt hat den Antrag zum Kauf des Grundstücks zum Preis von x EUR abgelehnt. Die Einleitung des Enteignungsverfahrens ist daher geboten. ◀

§ 41 Entschädigung bei Begründung von Geh-, Fahr- und Leitungsrechten und bei Bindungen für Bepflanzungen

(1) Sind im Bebauungsplan Flächen festgesetzt, die mit Geh-, Fahr- und Leitungsrechten zu belasten sind, kann der Eigentümer unter den Voraussetzungen des § 40 Abs. 2 verlangen, dass an diesen Flächen einschließlich der für die Leitungsführungen erforderlichen Schutzstreifen das Recht zugunsten des in

§ 44 Abs. 1 und 2 Bezeichneten begründet wird. Dies gilt nicht für die Verpflichtung zur Duldung solcher örtlichen Leitungen, die der Erschließung und Versorgung des Grundstücks dienen. Weitergehende Rechtsvorschriften, nach denen der Eigentümer zur Duldung von Versorgungsleitungen verpflichtet ist, bleiben unberührt.

(2) Sind im Bebauungsplan Bindungen für Bepflanzungen und für die Erhaltung von Bäumen, Sträuchern, sonstigen Bepflanzungen und Gewässern sowie das Anpflanzen von Bäumen, Sträuchern und sonstigen Bepflanzungen festgesetzt, ist dem Eigentümer eine angemessene Entschädigung in Geld zu leisten, wenn und soweit infolge dieser Festsetzungen

1. besondere Aufwendungen notwendig sind, die über das bei ordnungsgemäßer Bewirtschaftung erforderliche Maß hinausgehen, oder
2. eine wesentliche Wertminderung des Grundstücks eintritt.

Gesamtübersicht

	Rn		Rn
I. Allgemeines	1	III. Anderweitige Verpflichtung nach Abs 1 Satz 3	4
II. Entschädigung bei Begründung von Geh-, Fahr- und Leitungsrechten, Abs 1 Satz 2	2	IV. Entschädigung bei Bindungen für Bepflanzungen (Abs 2)	5

I. Allgemeines

1 Trifft ein Bebauungsplan gem § 9 Abs 1 Nr 21 Festsetzungen über Geh-, Fahr- und Leitungsrechte, so kann der Eigentümer einer betroffenen Fläche, dem es aufgrund der Festsetzung oder ihrer Durchführung wirtschaftlich nicht zuzumuten ist, ein Grundstück entschädigungslos zu nutzen, gem Abs 1 Satz 1 vom Entschädigungspflichtigen die entschädigungspflichtige Begründung von Dienstbarkeiten (§§ 1018, 1090 BGB) verlangen. Nach § 9 Abs 1 Nr 25 kann der Bebauungsplan Festsetzungen für die Bepflanzung enthalten. Wenn und insoweit infolge dieser Festsetzung ausnahmsweise besondere Aufwendungen notwendig werden oder eine wesentliche **Wertminderung** des Grundstücks eintritt, ist der Eigentümer zu entschädigen (BKL, § 41 Rn 1).

II. Entschädigung bei Begründung von Geh-, Fahr- und Leitungsrechten, Abs 1 Satz 2

2 Der Eigentümer kann nach § 41 Abs 1 Satz 1 unter den sinngemäßen Voraussetzungen des § 40 Abs 2 (hM BKL, § 41 Rn 3; KK, § 41 Rn 4; aA EZB, § 41 Rn 14) verlangen, dass an den im Bebauungsplan festgesetzten Flächen, die für eine Belastung mit Geh-, Fahr- und Leitungsrechten vorgesehen ist, einschließlich der für die Leitungsführung erforderlichen Schutzstreifen, das Recht zugunsten des in § 44 Abs 1 und 2 Bezeichneten begründet wird.

3 Die Festsetzungen des Abs 1 beruhen auf § 9 Abs 1 Nr 21 in einem gültigen Bebauungsplan. Der Eigentümer kann, wenn die Voraussetzungen des Übernahmeanspruchs nach § 40 Abs 2 gegeben sind, also die Festsetzung als Belastung wirtschaftlich spürbar wird, verlangen, dass der Begünstigte (§ 44) sich von ihm ein

entsprechendes Recht (Grunddienstbarkeit, §§ 1018 ff, oder eine beschränkt persönliche Dienstbarkeit, §§ 1090 ff BGB) gegen ein angemessenes Entgelt einräumen lässt. Allerdings hat der Eigentümer örtliche Leitungen, dh solche, die zum örtlichen Erschließungs- und Versorgungsnetz gehören, an die das betreffende Grundstück angeschlossen ist, entschädigungslos zu dulden, da diese Leitungen dem eigenen Interesse des Eigentümers an der Nutzung seines Grundstücks dienen. Diese **Duldungspflicht** wird aber nicht durch Abs 1 Satz 2 begründet; vielmehr wird dadurch nur die entschädigungsrechtliche Konsequenz einer Festsetzung nach § 9 Abs 1 Nr 21 in einem Bebauungsplan gezogen (BVerwG Buchholz 406.11 § 42 Nr 1 BBauG = BRS 45 Nr 166 = ZfBR 1985, 144; aA OLG Celle NJW 1973, 1505; OVG Münster NVwZ 1982, 446). Eine entschädigungslose Duldungspflicht besteht nicht für überörtliche Leitungen, die dem Grundstück keinen unmittelbaren Erschließungs- und Versorgungsvorteil bringen (BGH DÖV 1970, 824; BGHZ 66, 37).

III. Anderweitige Verpflichtung nach Abs 1 Satz 3

Zu den weitergehenden Rechtsvorschriften, nach denen der Eigentümer zur Duldung von Versorgungsleitungen nach Abs 1 Satz 3 verpflichtet ist, gehören zB die besonderen Regelungen des Energiewirtschaftsgesetzes iVm den Allgemeinen Versorgungsbedingungen (AVB Strom, Gas, Wasser und Fernwärme).

IV. Entschädigung bei Bindungen für Bepflanzungen (Abs 2)

Abs 2 beruht auf Festsetzungen nach § 9 Abs 1 Nr 25. Bindungen idS können ein Unterlassen, nämlich ein Beseitigungsverbot von Bäumen und Sträuchern, oder ein Tun, zB eine bestimmte Art der Bepflanzung des Eigentümers betreffen (vgl BVerwG, B v 15.04.2003 – 4 BN 12/00 –). Zu berücksichtigen ist aber, dass sich so verstandene Bindungen dieser Art grds im Rahmen der **Sozialbindung des Eigentums** halten und deshalb grds entschädigungslos hinzunehmen sind. Erst wenn aufgrund dieser Festsetzung besondere, den üblichen Rahmen einer ordnungsgemäßen Bewirtschaftung überschreitende Aufwendungen notwendig sind oder wenn der Verkehrswert des Grundstücks deshalb wesentlich gemindert wird, wirkt sich eine Bindung nach Abs 2 enteignend aus (BVerwG, B v 15.04.2003 – 4 BN 12/00 –). Dadurch wird deutlich, dass die **Opfergrenze** überschritten sein muss; es muss also eine fühlbare Beeinträchtigung von Vermögenswerten bei wirtschaftlich vernünftiger Betrachtungsweise vorliegen. Dies kann die Pflicht sein, die Bäume und die Gewässer zu erhalten und das hierfür Notwendige zu unternehmen. Diese Verpflichtung kann im Einzelfall über das bei ordnungsgemäßer Bewirtschaftung erforderliche Maß hinausgehen. Dies ist anhand der Auslegung der Festsetzung im konkreten Bebauungsplan festzustellen. Die Entschädigung ist in Geld zu leisten; das Verfahren richtet sich nach § 43. Fälligkeit und Erlöschen des Anspruchs richten sich nach §§ 44 Abs 3–5 (KK, § 41 Rn 32). Der Anspruch ist insbesondere innerhalb der 3-Jahres-Frist nach Eintritt des Vermögensnachteils schriftlich geltend zu machen.

§ 42 Entschädigung bei Änderung oder Aufhebung einer zulässigen Nutzung

(1) Wird die zulässige Nutzung eines Grundstücks aufgehoben oder geändert und tritt dadurch eine nicht nur unwesentliche Wertminderung des Grundstücks ein, kann der Eigentümer nach Maßgabe der folgenden Absätze eine angemessene Entschädigung in Geld verlangen.

(2) Wird die zulässige Nutzung eines Grundstücks innerhalb einer Frist von sieben Jahren ab Zulässigkeit aufgehoben oder geändert, bemisst sich die Entschädigung nach dem Unterschied zwischen dem Wert des Grundstücks auf Grund der zulässigen Nutzung und seinem Wert, der sich infolge der Aufhebung oder Änderung ergibt.

(3) Wird die zulässige Nutzung eines Grundstücks nach Ablauf der in Absatz 2 bezeichneten Frist aufgehoben oder geändert, kann der Eigentümer nur eine Entschädigung für Eingriffe in die ausgeübte Nutzung verlangen, insbesondere wenn infolge der Aufhebung oder Änderung der zulässigen Nutzung die Ausübung der verwirklichten Nutzung oder die sonstigen Möglichkeiten der wirtschaftlichen Verwertung des Grundstücks, die sich aus der verwirklichten Nutzung ergeben, unmöglich gemacht oder wesentlich erschwert werden. Die Höhe der Entschädigung hinsichtlich der Beeinträchtigung des Grundstückswerts bemisst sich nach dem Unterschied zwischen dem Wert des Grundstücks auf Grund der ausgeübten Nutzung und seinem Wert, der sich infolge der in Satz 1 bezeichneten Beschränkungen ergibt.

(4) Entschädigungen für Eingriffe in ausgeübte Nutzungen bleiben unberührt.

(5) Abweichend von Absatz 3 bemisst sich die Entschädigung nach Absatz 2, wenn der Eigentümer an der Verwirklichung eines der zulässigen Nutzung entsprechenden Vorhabens vor Ablauf der in Absatz 2 bezeichneten Frist durch eine Veränderungssperre oder eine befristete Zurückstellung seines Vorhabens gehindert worden ist und er das Vorhaben infolge der Aufhebung oder Änderung der zulässigen Nutzung des Grundstücks nicht mehr verwirklichen kann.

(6) Ist vor Ablauf der in Absatz 2 bezeichneten Frist eine Baugenehmigung oder über die bodenrechtliche Zulässigkeit eines Vorhabens ein Vorbescheid nach Bauaufsichtsrecht erteilt worden und kann der Eigentümer das Vorhaben infolge der Aufhebung oder Änderung der zulässigen Nutzung des Grundstücks nach Ablauf der Frist nicht mehr verwirklichen oder ist die Verwirklichung dadurch für ihn wirtschaftlich unzumutbar geworden, kann der Eigentümer in Höhe des Unterschieds zwischen dem Wert des Grundstücks unter Zugrundelegung der nach der Genehmigung vorgesehenen Nutzung und dem Wert des Grundstücks, der sich infolge der Aufhebung oder Änderung der zulässigen Nutzung ergibt, Entschädigung verlangen.

(7) Ist vor Ablauf der in Absatz 2 bezeichneten Frist ein Antrag auf Erteilung einer Baugenehmigung oder eines Vorbescheids nach Bauaufsichtsrecht, der die bodenrechtliche Zulässigkeit eines Vorhabens zum Gegenstand hat, rechtswidrig abgelehnt worden und kann nach dem Ergebnis eines Rechtsmittelverfahrens die Genehmigung oder der Vorbescheid mit dem beantragten

Inhalt nicht erteilt werden, weil die im Zeitpunkt der Antragstellung zulässige Nutzung aufgehoben oder geändert worden ist, bemisst sich die Entschädigung nach Absatz 6. Entsprechend findet Absatz 6 auch Anwendung, wenn über einen den gesetzlichen Vorschriften entsprechenden und zu genehmigenden Bauantrag oder einen Vorbescheid nach Bauaufsichtsrecht, der die bodenrechtliche Zulässigkeit eines Vorhabens zum Gegenstand hat, innerhalb der in Absatz 2 bezeichneten Frist nicht entschieden wurde, obwohl der Antrag so rechtzeitig gestellt wurde, dass eine Genehmigung innerhalb der Frist hätte erteilt werden können.

(8) In den Fällen der Absätze 5 bis 7 besteht der Anspruch auf Entschädigung nicht, wenn der Eigentümer nicht bereit oder nicht in der Lage war, das beabsichtigte Vorhaben zu verwirklichen. Der Eigentümer hat die Tatsachen darzulegen, die seine Bereitschaft und Möglichkeiten, das Vorhaben zu verwirklichen, aufzeigen.

(9) Wird die zulässige Nutzung eines Grundstücks aufgehoben, besteht auch der Übernahmeanspruch nach § 40 Abs. 2 Satz 1 Nr. 1.

(10) Die Gemeinde hat dem Eigentümer auf Verlangen Auskunft zu erteilen, ob ein sich aus Absatz 2 ergebender vermögensrechtlicher Schutz der zulässigen Nutzung für sein Grundstück besteht und wann dieser durch Ablauf der in Absatz 2 bezeichneten Frist endet.

Gesamtübersicht

	Rn		Rn
I. Allgemeines	1	2. Aufhebung oder Änderung der zulässigen Nutzung nach Ablauf der Jahres-Frist (Abs 3)	11
II. Die bisher zulässige Nutzung	2		
III. Aufhebung oder Änderung der zulässigen Nutzung	4		
IV. Wertminderung	6	3. Verfassungskonforme Auslegung	13
V. Entschädigung zum Ausgleich für Minderung des Grundstückswerts (Abs 2 und Abs 3)	7	VI. Besondere Vertrauenstatbestände (Abs 5–8)	14
1. Aufhebung oder Änderung vor Ablauf der 7-Jahres-Frist (Abs 2)	8	VII. Übernahmeanspruch nach Abs 9	16
		VIII. Auskunftspflicht der Gemeinde nach Abs 10	17
		IX. Antrag und Frist	18

I. Allgemeines

Bei dieser Vorschrift handelt es sich um den eigentlichen Grundtatbestand des Planungsschadensrechts. Abs 1 ist als Auffangtatbestand für solche **Planungseingriffe** ausgestaltet, die nicht unter die Sondertatbestände der §§ 40, 41 fallen. Dagegen gelten generell die Abs 2–8 und 10, die allein den Bodenwert betreffen, auch für die §§ 40, 41, soweit danach für den Grundstückswert oder den Eingriff in den Grundstückswert (Grundstückswertminderung) Entschädigung zu leisten ist.

II. Die bisher zulässige Nutzung

2 Abs 1 bestimmt in einer Art Generalklausel die Grundvoraussetzungen des Entschädigungsanspruchs, der mit Ausnahme der Fälle des Abs 9 auf eine Geldentschädigung gerichtet ist. Zunächst ist erforderlich, dass die zulässige Nutzung eines Grundstücks aufgehoben oder geändert wird. Eine Nutzung ist zulässig, wenn diesbezüglich nach den bauplanungsrechtlichen Bestimmungen der §§ 30, 34 ein Anspruch auf Verwirklichung besteht, wenn die Nutzung aufgrund einer eigentumsmäßig verfestigten Anspruchsposition (BVerwGE 49, 365 = BRS 29 Nr 184 = BauR 1976, 195) oder wegen überwirkenden **Bestandsschutzes** (BVerwGE 50, 49 = BVerwG Buchholz 406.25 § 5 BImSchG Nr 1) zuzulassen ist. Eine zulässige Nutzung iSd § 42 ist auch die, die durch die Erteilung einer Baugenehmigung oder eines Bauvorbescheides unter Berücksichtigung des § 33 bereits zugelassen worden ist. Dies gilt auch für den **Außenbereich nach § 35**. Die Genehmigungsfähigkeit eines Außenbereichsvorhabens allein reicht aber noch nicht aus, da diese Position eigentumsrechtlich nicht geschützt ist, sondern unter dem Vorbehalt steht, dass entgegenstehende bzw beeinträchtigungsfähige öffentliche Belange nach § 35 Abs 3 nicht bestehen (BVerwG Buchholz 406.11 § 35 BBauG Nr 211 = NVwZ 1984, 434 = BRS 42 Nr 80). Zur zulässigen Nutzung gehört auch, dass die erforderliche Erschließung für die aufgehobene oder geänderte Nutzung vorhanden oder doch gesichert ist (BVerwG Buchholz 406.11 § 123 BBauG Nr 11 = BRS 37 Nr 5 = BauR 1974, 389). Keine zulässige Nutzung liegt dagegen vor, wenn dem bauordnungsrechtliche oder andere öffentlich-rechtliche Hindernisse entgegenstehen.

3 **Planreife** iSd § 33 BauGB ist kein iSd § 42 BauGB entschädigungsfähiger Vertrauenstatbestand (BGH NVwZ 1995, 413; aA: BKL, § 42 Rn 4). Solange ein Bebauungsplan nicht rechtsverbindlich ist, bleibt er und die in ihm enthaltenen Festsetzungen mit dem Vorbehalt endgültiger Abwägung und Beschlussfassung der Gemeinde behaftet. Ein entschädigungsfähiger Vertrauenstatbestand allein durch einen bestimmten Stand des Planungsverfahrens wird nicht begründet (OLG München, NVwZ-RR 1998, 282). Geschützt ist nur diejenige Nutzung, die das Bebauungsrecht als dauerhafte Eigentumsposition anerkennt.

III. Aufhebung oder Änderung der zulässigen Nutzung

4 Die Aufhebung oder Änderung einer zulässigen Nutzung wird regelmäßig durch einen ggf „geheilten" (BGHZ 118, 11) Bebauungsplan geschehen. Aber auch aus der Einbeziehung des Grundstücks in eine Erhaltungssatzung (§ 172), eine Satzung nach § 34 Abs 4 oder den Bereich einer Landschaftsschutzverordnung kann sich entsprechendes ergeben. Möglich ist dies aber auch durch die Erteilung von Baugenehmigungen, die den vorhandenen Bestand innerhalb eines im Zusammenhang bebauten Ortsteils nach § 34 planungsrechtlich unzulässig machen (BGHZ 81, 374 = BRS 45 Nr 8 = BauR 1982, 354). Ein **Flächennutzungsplan** entfaltet jedoch eine solche Wirkung nicht. Nicht von Abs 1 erfasst werden bloße Aussichten und Erwartungen (BGHZ 62, 96 = DÖV 1974, 531 = BauR 1974, 122), und damit auch nicht die Erwartung, dass sich ein Grundstück ohne den Eingriff zu Bauerwartungsland oder Bauland entwickelt hätte.

5 Eine Änderung liegt vor, wenn mit einem **Planfeststellungs**beschluss erhebliche Zufahrtserschwernisse verbunden sind (VGH München NuR 2004, 386; geänderte

Straßenverbindung führt zur drastischen Rücknahme des Verkehrs gegenüber Tankstellengrundstück). Dagegen ist ein Entschädigungsanspruch nach § 42 Abs 1 und 2 BauGB auslösende Änderung der zulässigen Nutzung nicht darin zu sehen, dass der Bebauungsplan im Unterschied zum vorherigen Plan eine private Erschließung vorsieht (BGHZ 135, 192). Nach dem Sinn und Regelungszusammenhang der Bestimmung muss es sich um einen planungsrechtlichen Eingriff in die Bodennutzbarkeit mit bodenrechtlichen Wirkungen oder um eine entsprechende planersetzende Maßnahme handeln (BGHZ 99, 262 (267); BGH NJW 1997, 2115 (2118)). Bauordnungsrechtliche Einschränkungen, etwa die Änderung des Vollgeschossbegriffs lösen ebenfalls keine Entschädigungspflicht nach § 42 aus (OLG Karlsruhe VBlBW 1999, 111).

IV. Wertminderung

Weiterhin setzt Abs 1 voraus, dass eine nicht nur unwesentliche Wertminderung des Grundstücks als Folge der Aufhebung oder Änderung der zulässigen Nutzung eintritt. Aufhebung oder Änderung der zulässigen Nutzung muss kausal für die wesentliche Wertminderung des Grundstücks sein. Daran fehlt es zB, wenn der Eigentümer eine angegriffene Nutzung aufgibt, obwohl er sie hätte fortführen können (Gaentzsch, § 42 Rn 7). Eine wesentliche Wertminderung ist gegeben, wenn es sich um eine fühlbare Beeinträchtigung des Werts handelt, was idR bei einer Wertminderung von über 10% angenommen werden kann (BKL, § 42 Rn 6). Es spielen nur objektive – grundstücksbezogene – Kriterien eine Rolle; auf die persönlichen Verhältnisse des Eigentümers kommt es nicht an (vgl BGH MDR 1963, 917; BGH WM 1990, 629).

6

V. Entschädigung zum Ausgleich für Minderung des Grundstückswerts (Abs 2 und Abs 3)

Die Entschädigung ist grds in Geld zu leisten. Ihre Höhe ermittelt sich aus Abs 2, 3, 5-7. Unter den Voraussetzungen des Abs 9 besteht wahlweise ein Anspruch auf Übernahme des Grundstücks. Zu entschädigen ist im Fall der Übernahme der **Verkehrswert des Grundstücks** (§§ 95, 194) unter Zugrundelegung der Qualität, die vor dem entschädigungspflichtigen Eingriff unter Berücksichtigung der Abs 2, 3, 5-7 gegeben war (Gaentzsch, § 42 Rn 8). Im Zusammenhang mit oder als Folge der Aufhebung oder Änderung einer zulässigen Nutzung können auch andere Vermögensnachteile als die allein von § 42 erfasste wesentliche Wertminderung des Grundstücks eintreten, und zwar dadurch, dass die (zulässig gewesene) ausgeübte Nutzung beeinträchtigt wird (Gaentzsch, § 42 Rn 9). Abs 4 umfasst Entschädigungen für Vermögensnachteile durch Eingriffe in die ausgeübte Nutzung, die über die Grundstückswertminderung als Folge eines Eingriffs iSd Abs 3 hinausgehen, wie zB den Eingriff in einen eingerichteten und ausgeübten Gewerbebetrieb oder Entschädigungen für sonstige Vermögensschäden iSd § 96.

7

1. Aufhebung oder Änderung vor Ablauf der 7-Jahres-Frist (Abs 2)

Eine volle Entschädigung oder Wertdifferenz zwischen der bisher zulässigen und aufgrund der neuen Planung zulässigen Nutzung findet nach § 42 Abs 2 innerhalb einer Frist von 7 Jahren ab Zulässigkeit statt. Bei Grundstücken, denen die bishe-

8

rige bauliche Nutzbarkeit vor Inkrafttreten des § 42 bestand, beginnt die Frist mit Inkrafttreten des Gesetzes am 01.01.1977 und endete am 31.12.1993 (BGHZ 118, 11 (21); LG Darmstadt, Urteil v 22.01.2003 – 9 O (B) 9/02 –). Die gesicherte Erschließung kann von Bedeutung sein für den Beginn und Ende der 7-Jahres-Frist, nicht nur für die „zulässige" Nutzung.

9 Die Entschädigung bemisst sich nach der Differenz zwischen dem Verkehrswert (§ 194) aufgrund der bisher zulässigen Nutzung und dem Wert, der sich aufgrund der Aufhebung oder Änderung ergibt. Dabei spielt es grds keine Rolle, ob die zulässige Nutzung auch ausgeübt worden ist.

10 Auch wenn die Voraussetzungen für einen Anspruch nach § 42 Abs 1 Satz 2 vorliegen, sind Bodenwerte nicht zu entschädigen, soweit sie darauf beruhen, dass die zulässige Nutzung auf dem Grundstück den allgemeinen Anforderungen an **gesunde Wohn- und Arbeitsverhältnisse** nicht entspricht (BGH WM 1990, 1889). Bei der Prüfung, ob die bisherige zulässige Nutzung diesen Anforderungen entspricht, sind die tatsächlichen Verhältnisse zugrunde zu legen, wie sie sich nach den planungsrechtlichen Vorschriften zulässigerweise entwickelt haben (BGHZ 64, 366 (378)). Maßgebender Zeitpunkt für die Beurteilung ist die Änderung der bisherigen Nutzung (BGHZ 64, 366 (379); BGH WM 1990, 1889 (1892)).

2. Aufhebung oder Änderung der zulässigen Nutzung nach Ablauf der 7-Jahres-Frist (Abs 3)

11 Erfolgt dagegen die Aufhebung oder Änderung erst nach Ablauf der siebenjährigen entschädigungsrechtlichen **Plangewährleistungsfrist**, ist eine Entschädigung nach Abs 3 für eine nicht unwesentliche Grundstückswertminderung nur dann zu leisten, wenn die bisher zulässige Nutzung zum Zeitpunkt der Änderung oder Aufhebung auch tatsächlich ausgeübt worden ist bzw Bestandsschutz genießt (BVerwGE 75, 34 = BVerwG Buchholz 406.11 § 34 BBauG Nr 116 = NVwZ 1987). Nach Ablauf der 7-Jahres-Frist kann die nicht ausgeübte zulässige Nutzung entschädigungslos aufgehoben oder geändert werden, wenn nicht ein Fall des Abs 5-7 vorliegt (OLG Karlsruhe, VBlBW 1999, 111; Gaentzsch, § 42 Rn 19).

12 Praxisrelevant ist die Frage der Berechnung der Plangewährleistungsfrist. Der Erlass oder die Änderung eines Bebauungsplans setzt allein eine neue 7-Jahres-Frist nicht in Gang (OLG Karlsruhe VBlBW 1999, 111). Hat die Gemeinde von der ihr eingeräumten Möglichkeit, eine Verletzung von Verfahrens- oder Formvorschriften zu heilen, keinen Gebrauch gemacht, so beginnt die Siebenjahresfrist erst mit dem Eintritt der Unbeachtlichkeit des Fehlers zu laufen (BGHZ 118, 11 = ZfBR 1992, 285). Nach Abs 3 Satz 2 ist die Höhe der Entschädigung nach der Minderung des Verkehrswerts des Grundstücks durch den bezeichneten Eingriff zu bemessen, und zwar als Differenz zwischen den Verkehrswerten vor und nach aufhebendem oder änderndem Bebauungsplan.

3. Verfassungskonforme Auslegung

13 Wird nach Ablauf der 7-Jahres-Frist des § 42 Abs 2 unbebautes Bauland als Spielplatz ausgewiesen und enteignet, so kann die Bemessung die Enteignungsentschädigung nach der ausgeübten Nutzung zu einer unzumutbaren Ungleichbehandlung des betroffenen Eigentümers führen (BGH NJW 2003, 63; vgl BGHZ 141, 319). Der BGH legt in diesen Fällen §§ 42 Abs 3, 43 Abs 3 Satz 2, 95 Abs 2 Nr 7 verfas-

sungskonform aus. Die (Wert-)Garantie des Eigentums und der in Art 14 Abs 1 und 3 iVm Art 3 Abs 1 GG verankerte Grundsatz der **Lastengleichheit** verbieten es, einzelne Eigentümer, die in einem Plangebiet von eigentumsverdrängenden Festsetzungen betroffen sind, im Falle der Enteignung mit einem (weiteren) Sonderopfer und im Verhältnis zu den übrigen Planbetroffenen damit ungleich und unzumutbar zu belasten (BGH NJW 2003, 63). Das führt dann, wenn die spätere Enteignung auslösende **eigentumsverdrängende Planung** (§ 40 Abs 1) nicht von einer gleichzeitigen allgemeinen Nutzungsbeschränkung im Plangebiet begleitet wird – also bei „isolierter" eigentumsverdrängender Planung – ungeachtet des Ablaufs der 7-Jahres-Frist des § 42 Abs 2 und 3 zu einer Enteignungsentschädigung nach derjenigen Grundstücksqualität (Nutzbarkeit), die das enteignende Grundstück vor der es herabzonenden Ausweisung im Bebauungsplan besaß und die übrigen Grundstücke im Plangebiet weiter besitzen (BGHZ 141, 319 = DVBl 1999, 1285 mit kritischer Anm Berkemann).

VI. Besondere Vertrauenstatbestände (Abs 5–8)

Die Abs 5–7 regeln Vertrauenstatbestände, die durch die generalisierende Fristenbestimmung der Abs 2 und 3 bedingt sind. Erfasst werden folgende Fälle: 14
– Eine **Veränderungssperre** nach § 14 oder eine befristete Zurückstellung eines Bauvorhabens nach § 15 hindert den Eigentümer, innerhalb der siebenjährigen Schutzfrist des Abs 2 die zulässige Nutzung zu verwirklichen. Abs 5 ist auch in den Fällen der sog faktischen Bausperre anzuwenden. Allerdings begründet Abs 5 keinen selbstständigen Entschädigungsanspruch; vielmehr lässt er den Anspruch nach Abs 2 nicht an der Siebenjahresfrist scheitern.
– Eine **Baugenehmigung** oder eine sog **Bebauungsgenehmigung** bzw ein Bauvorbescheid, der dieselbe Wirkung wie eine Baugenehmigung hat (BVerwGE 69, 1 = BVerwG Buchholz 406.11 § 14 BBauG Nr 10 = BauR 1984, 384), ist erteilt worden und der Eigentümer kann nach Ablauf der siebenjährigen Schutzfrist das von ihm beabsichtigte Vorhaben dann nicht mehr verwirklichen, weil etwa die Baugenehmigungsbehörde der Änderung der Rechtslage durch einen Widerruf Rechnung getragen hat, oder die Verwirklichung für ihn unzumutbar geworden ist. Letzteres kann dann der Fall sein, wenn durch die Planänderung in der Umgebung eine neue städtebauliche Entwicklung eingeleitet worden ist.
– Ein Antrag auf Erteilung einer Baugenehmigung oder einer Bebauungsgenehmigung, die die bodenrechtliche Zulässigkeit eines Vorhabens zum Gegenstand hat, ist rechtswidrig abgelehnt worden. Während des dagegen laufenden Rechtsmittelverfahrens ist die zulässige Nutzung aufgehoben oder geändert worden, was nach allgemeinen verwaltungsrechtlichen Grundsätzen zur Folge hat, dass wegen der Rechtsänderung eine Erteilung der Baugenehmigung bzw Bebauungsgenehmigung ausgeschlossen ist (Abs 7 Satz 1).
– Der Eigentümer hat rechtzeitig einen **Bauantrag** gestellt bzw die Erteilung einer Bebauungsgenehmigung über die bodenrechtliche Zulässigkeit eines Bauvorhabens beantragt. Über diesen Antrag ist innerhalb der Siebenjahresfrist nicht entschieden worden, obwohl der Antrag so rechtzeitig gestellt wurde, dass eine Baugenehmigung bzw ein Bauvorbescheid innerhalb der Frist hätte erteilt werden können (Abs 7 Satz 2).

15 In den Fällen der Abs 5–7 besteht der Entschädigungsanspruch nach Abs 8 Satz 1 nur dann, wenn ein schützenswertes Vertrauen gegeben ist, dh in der Person des Eigentümers des Grundstücks tatsächlich die Bereitschaft und die Möglichkeit der Verwirklichung des beabsichtigten Vorhabens besteht. Dass ein Dritter die beabsichtigte Nutzung verwirklichen will, führt nicht zur Anwendung der Ausschlussklausel des Abs 8. Nach Abs 8 Satz 2 hat der Eigentümer die Tatsachen darzulegen, aus denen sich seine Bauwilligkeit und Baufähigkeit ergibt. Darüber hinaus bestehende Amtshaftungsansprüche gem § 839 BGB, Art 34 GG bleiben unberührt (vgl BGH BRS 53 Nr 132; OLGR Bremen 2002, 114, zu „**Faktische Bausperre**").

VII. Übernahmeanspruch nach Abs 9

16 Anders als nach § 40 besteht der Übernahmeanspruch neben dem reinen Geldersatzanspruch wahlweise, wenn die zulässige Nutzung eines Grundstücks aufgehoben wird. Die Abgrenzung zwischen (nur) Änderungen und Aufhebungen der bisherigen zulässigen Nutzung ist häufig schwierig. Die Voraussetzung ist gegeben, wenn der Fortfall jeglicher baulichen Nutzung, die bisher zulässig war, eingetreten ist (vgl BGHZ 64, 366). Die Aufhebung nach Abs 9 liegt damit grds vor, wenn die Hauptnutzungsart, wie sie sich aus dem Planungsrecht ergibt, vollständig entfällt (vgl BGHZ 135, 192).

VIII. Auskunftspflicht der Gemeinde nach Abs 10

17 Aufgrund der Tatsache, dass der Beginn und das Ende der Siebenjahresfrist für den Eigentümer häufig nicht eindeutig erkennbar ist, hat Abs 10 der Gemeinde eine besondere Auskunftspflicht auferlegt. Eine fehlerhafte Auskunft durch die Gemeinde kann eine Schadensersatzpflicht aus § 839 BGB iVm Art 34 GG begründen.

IX. Antrag und Frist

18 Gemäß § 44 Abs 4 erlischt ein Entschädigungsanspruch, wenn dessen Fälligkeit nicht innerhalb von **drei Jahren** nach Ablauf des Kalenderjahres, in dem die Vermögensnachteile eingetreten sind, herbeigeführt wird. Dies geschieht gem § 44 Abs 3 Satz 2 dadurch, dass die Entschädigungsleistung schriftlich bei dem Entschädigungspflichtigen beantragt wird (Schrödter, § 44 Rn 17). Die Entschädigungsansprüche erlöschen nur, wenn die Gemeinde gem § 44 Abs 5 in der Bekanntmachung des Bebauungsplanes auf diese Rechtsfolge hingewiesen hat.

Anhang

▶ **Muster**
Antrag auf Entschädigung gem § 42 BauGB

An das

Bauverwaltungsamt der

Stadt

Betr.: Planungsschaden wegen Änderung des BPls ... gem § 42 BauGB

Sehr geehrte Damen und Herren,

wir beehren uns anzuzeigen, dass uns Frau A mit der Wahrnehmung ihrer Interessen beauftragt hat. Anwaltliche Vollmacht fügen wir bei.

Namens und im Auftrag unserer Frau Mandantin werden hiermit Ansprüche auf Ersatz von Planungsschäden gem § 42 Abs 2 BauGB geltend gemacht.

Gründe:

I. Unsere Frau Mandantin ist Eigentümerin des Grundstücks, eingetragen im Grundbuch von ..., Flur ..., Parzelle Das Grundstück lag im Geltungsbereich des am ... als Satzung beschlossenen und am ... in Kraft getretenen BPls, der für das Grundstück eine Wohnbebauung bei drei zulässigen Vollgeschossen vorschrieb. Nach der Änderung des BPls, die mit der amtlichen Bekanntmachung vom ... rechtsverbindlich ist, ist eine bauliche Nutzung des Grundstücks nicht mehr zulässig. Die Änderung setzt eine private Grünfläche für das Grundstück unserer Frau Mandantin fest.

II. Durch die Aufhebung der zulässigen Nutzung ist eine nicht nur unwesentliche Wertminderung des Grundstücks unserer Frau Mandantin eingetreten (BGH NJW 2003, 63).

Die zulässige Nutzung auf dem Grundstück wurde auch innerhalb der Siebenjahresfrist des § 42 Abs 2 BauGB aufgehoben [...]. Da nach Inkrafttreten der Änderung, die die Entschädigungsansprüche zugunsten unserer Frau Mandantin ausgelöst haben, noch kein Jahr verstrichen ist, ist die Antragsfrist des § 44 Abs 4 BauGB in jedem Fall eingehalten. ◂

▶ **Muster**
Antrag auf gerichtliche Entscheidung gegen die Ablehnung von Ansprüchen nach §§ 39 ff, 217 BauGB

An die

Enteignungsbehörde

In dem Enteignungsverfahren

des ...

Antragsteller

Verfahrensbevollmächtigte:

gegen

die Stadt K, vertreten durch den Oberbürgermeister

Beteiligte

beantragen wir namens und im Auftrag des Antragstellers:

1. Der Enteignungsbeschluss der Enteignungsbehörde vom ... wird abgeändert.

2. Die Beteiligte K wird verurteilt, an den Antragsteller eine Entschädigung in Höhe von 200.000,00 EUR zu bezahlen.

3. Die Beteiligte K trägt die Kosten des Verfahrens.

4. Das Urteil wird für vorläufig vollstreckbar erklärt.

Gründe:

s Antrag auf Entschädigung gem § 42 BauGB unter Einbeziehung des angegriffenen Enteignungsbeschlusses. ◂

§ 43 Entschädigung und Verfahren

(1) Ist die Entschädigung durch Übernahme des Grundstücks oder durch Begründung eines Rechts zu leisten und kommt eine Einigung nicht zustande, kann der Eigentümer die Entziehung des Eigentums oder die Begründung des Rechts verlangen. Der Eigentümer kann den Antrag auf Entziehung des Eigentums oder auf Begründung des Rechts bei der Enteignungsbehörde stellen. Auf die Entziehung des Eigentums oder die Begründung des Rechts finden die Vorschriften des Fünften Teils entsprechend Anwendung.

(2) Ist die Entschädigung in Geld zu leisten und kommt eine Einigung über die Geldentschädigung nicht zustande, entscheidet die höhere Verwaltungsbehörde. Die Vorschriften über die Entschädigung im Zweiten Abschnitt des Fünften Teils sowie § 121 gelten entsprechend. Für Bescheide über die Festsetzung der zu zahlenden Geldentschädigung gilt § 122 entsprechend.

(3) Liegen die Voraussetzungen der §§ 40 und 41 Abs. 1 vor, ist eine Entschädigung nur nach diesen Vorschriften zu gewähren. In den Fällen der §§ 40 und 41 sind solche Wertminderungen nicht zu berücksichtigen, die bei Anwendung des § 42 nicht zu entschädigen wären.

(4) Bodenwerte sind nicht zu entschädigen, soweit sie darauf beruhen, dass
1. die zulässige Nutzung auf dem Grundstück den allgemeinen Anforderungen an gesunde Wohn- und Arbeitsverhältnisse oder an die Sicherheit der auf dem Grundstück oder im umliegenden Gebiet wohnenden oder arbeitenden Menschen nicht entspricht oder
2. in einem Gebiet städtebauliche Missstände im Sinne des § 136 Abs. 2 und 3 bestehen und die Nutzung des Grundstücks zu diesen Missständen wesentlich beiträgt.

(5) Nach Vorliegen der Entschädigungsvoraussetzungen bleiben Werterhöhungen unberücksichtigt, die eingetreten sind, nachdem der Entschädigungsberechtigte in der Lage war, den Antrag auf Festsetzung der Entschädigung in Geld zu stellen, oder ein Angebot des Entschädigungspflichtigen, die Entschädigung in Geld in angemessener Höhe zu leisten, abgelehnt hat. Hat der Entschädigungsberechtigte den Antrag auf Übernahme des Grundstücks oder Begründung eines geeigneten Rechts gestellt und hat der Entschädigungspflichtige daraufhin ein Angebot auf Übernahme des Grundstücks oder Begründung des Rechts zu angemessenen Bedingungen gemacht, gilt § 95 Abs. 2 Nr. 3 entsprechend.

Gesamtübersicht

	Rn		Rn
I. Allgemeines	1	IV. Konkurrenzklauseln (Abs 3)	5
II. Entschädigungsverfahren und Entschädigung bei Übernahmeansprüchen (Abs 1)	2	V. Nichtberücksichtigung von Bodenwerten (Abs 4)	6
III. Verfahren bei Entschädigung in Geld (Abs 2)	4	VI. Entschädigungshöhe bei verspäteter Geltendmachung (Abs 5)	8

I. Allgemeines

Die Vorschrift besteht aus drei verschiedenartigen übergreifenden Regelungskomplexen: Entschädigungsverfahren, Konkurrenz- und Ausschlussklauseln. Die Abs 1 und 2 fassen die Regelungen über das bei der Entschädigung durch Übernahme und das bei der Entschädigung in Geld anzuwendende Verfahren zusammen. Abs 3 stellt das Verhältnis der entschädigungsrechtlichen Tatbestände der §§ 40 und 41 zu denen des § 42 klar. Die Abs 4 und 5 schließen bestimmte Bodenwerte und Wertanteile bei der Bemessung der Entschädigung aus.

II. Entschädigungsverfahren und Entschädigung bei Übernahmeansprüchen (Abs 1)

Ist eine Entschädigung durch die Übernahme des Grundstücks (vgl §§ 40 Abs 2 und 3 Satz 3, 22 Abs 8, 173 Abs 2, 176 Abs 4 und 179 Abs 3 Satz 2) oder durch die Begründung eines Rechts (vgl §§ 40 Abs 2 Satz 2, 41 Abs 1) zu leisten, so kann der Eigentümer, wenn er seinen Anspruch frist- und formgemäß geltend gemacht hat (§ 44 Abs 4) und eine Einigung nicht zustande kommt, die Entziehung des Eigentums oder die Begründung des Rechts verlangen. Dasselbe gilt, wenn eine der Vertragsparteien wirksam vom Erwerbsgeschäft zurücktritt, weil der andere Teil die Vertragserfüllung ernsthaft und endgültig abgelehnt hat (BGH BRS 53, Nr 114 = NVwZ-RR 1991, 533). Dieser Antrag ist bei der Enteignungsbehörde zu stellen (§ 104) und darauf gerichtet, ein Enteignungsverfahren gegen sich selbst einzuleiten (BGHZ 63, 240 = BRS 34 Nr 136). Nach Abs 1 Satz 3 finden dann die Vorschriften der §§ 85 ff und damit insbesondere die Entschädigungsregelungen in §§ 93 ff und die Verfahrensvorschriften der §§ 104 ff Anwendung.

Im Fall der Übernahme bleiben bei der Festsetzung der Entschädigung **Bodenwerte** unberücksichtigt, die nicht zu berücksichtigen wären, wenn der Eigentümer eine Entschädigung in den Fällen der §§ 40–42 geltend machen würde. Diese Vorschrift knüpft – wie heute überwiegend anerkannt ist (BKL, § 95 Rn 10; EZB, § 95 Rn 101; KK, § 95 Rn 174) – nicht nur an den Tatbestand des § 43 Abs 4 an, sog **Reduktions- und Harmonisierungsklausel** des Planungsschadensrechts.

III. Verfahren bei Entschädigung in Geld (Abs 2)

Ist die Entschädigung nach §§ 39, 40 Abs 3 Satz 1, 41 Abs 2 und 42 in Geld zu leisten, hat der Berechtigte die Fälligkeit herbeigeführt und ist ein Einigungsversuch gescheitert, so entscheidet über die Geldentschädigung – und zwar dem Grunde und der Höhe nach – die nach Landesrecht zuständige höhere Verwaltungsbehörde nach Maßgabe der für die Enteignungsentschädigung geltenden Vorschriften der §§ 93 ff Abs 2 Satz 2 erklärt die Vorschriften über die Entschädigung, §§ 93–103 und §§ 121, 122 für entsprechend anwendbar.

IV. Konkurrenzklauseln (Abs 3)

Abs 3 Satz 1 stellt klar, dass sich in den Fällen der §§ 40, 41 Abs 1 die Entschädigung ausschließlich nach diesen Vorschriften richtet. Durch Satz 2 werden auch wertmäßig die Grundlagen für die Bemessung der Entschädigung in allen Fällen des Planungsschadensrechts harmonisiert.

V. Nichtberücksichtigung von Bodenwerten (Abs 4)

6 Abs 4 bestimmt in Nr 1 generell, dass Bodenwerte nicht zu entschädigen sind, soweit sie darauf beruhen, dass die zulässige Nutzung auf dem Grundstück den allgemeinen Anforderungen an gesunde Wohn- und Arbeitsverhältnisse oder an die Sicherheit der auf dem Grundstück oder im umliegenden Gebiet wohnenden oder arbeitenden Menschen nicht entspricht (BGHZ 48, 193 – Kölner Hinterhaus). Die **Schwelle** dafür, wann diese Grenze überschritten wird, ist *nicht allzu weit* von der Grenze zur Polizeigefahr entfernt (BGHZ 81, 374 (381); BGHZ 64, 366 = BRS 34 Nr 14).

7 Nr 2 erfasst die sog **Substanzschwäche** und die sog **Funktionsschwäche** (BVerwG Buchholz 406.15 § 15 StBauFG Nr 6 = NVwZ 1985, 184). Voraussetzung für den Entschädigungsausschluss ist, dass die zulässige Nutzung des Grundstücks zu dem städtebaulichen Missstand des Gebietes wesentlich beiträgt (Gaentzsch, § 43 Rn 11).

VI. Entschädigungshöhe bei verspäteter Geltendmachung (Abs 5)

8 Durch Abs 5 wird klargestellt, dass für die Entschädigung und deren Bemessung der Zeitpunkt maßgebend ist, in dem der Entschädigungsberechtigte in der Lage war, den Antrag auf Festsetzung der Entschädigung in Geld zu stellen bzw der Zeitpunkt, in dem er ein Angebot des Entschädigungsverpflichteten, die Entschädigung in Geld in angemessener Höhe zu leisten, abgelehnt hat. In der Lage, den Antrag zu stellen, ist der Eigentümer regelmäßig nach einer angemessenen Überlegungsfrist, sobald die den Anspruch begründenden Vermögensnachteile eingetreten sind. **Wertsteigerungen** nach diesem Zeitpunkt und damit insbesondere steigende Grundstückspreise sind nicht mehr zu berücksichtigen.

§ 44 Entschädigungspflichtige, Fälligkeit und Erlöschen der Entschädigungsansprüche

(1) Zur Entschädigung ist der Begünstigte verpflichtet, wenn er mit der Festsetzung zu seinen Gunsten einverstanden ist. Ist ein Begünstigter nicht bestimmt oder liegt sein Einverständnis nicht vor, ist die Gemeinde zur Entschädigung verpflichtet. Erfüllt der Begünstigte seine Verpflichtung nicht, ist dem Eigentümer gegenüber auch die Gemeinde verpflichtet; der Begünstigte hat der Gemeinde Ersatz zu leisten.

(2) Dient die Festsetzung der Beseitigung oder Minderung von Auswirkungen, die von der Nutzung eines Grundstücks ausgehen, ist der Eigentümer zur Entschädigung verpflichtet, wenn er mit der Festsetzung einverstanden war. Ist der Eigentümer auf Grund anderer gesetzlicher Vorschriften verpflichtet, Auswirkungen, die von der Nutzung seines Grundstücks ausgehen, zu beseitigen oder zu mindern, ist er auch ohne Einverständnis zur Entschädigung verpflichtet, soweit er durch die Festsetzung Aufwendungen erspart. Erfüllt der Eigentümer seine Verpflichtungen nicht, gilt Absatz 1 Satz 3 entsprechend. Die Gemeinde soll den Eigentümer anhören, bevor sie Festsetzungen trifft, die zu einer Entschädigung nach Satz 1 oder 2 führen können.

(3) Der Entschädigungsberechtigte kann Entschädigung verlangen, wenn die in den §§ 39 bis 42 bezeichneten Vermögensnachteile eingetreten sind. Er kann die Fälligkeit des Anspruchs dadurch herbeiführen, dass er die Leistung der Entschädigung schriftlich bei dem Entschädigungspflichtigen beantragt. Entschädigungsleistungen in Geld sind ab Fälligkeit mit 2 vom Hundert über dem Basiszinssatz nach § 247 des Bürgerlichen Gesetzbuchs jährlich zu verzinsen. Ist Entschädigung durch Übernahme des Grundstücks zu leisten, findet auf die Verzinsung § 99 Abs. 3 Anwendung.

(4) Ein Entschädigungsanspruch erlischt, wenn nicht innerhalb von drei Jahren nach Ablauf des Kalenderjahres, in dem die in Absatz 3 Satz 1 bezeichneten Vermögensnachteile eingetreten sind, die Fälligkeit des Anspruchs herbeigeführt wird.

(5) In der Bekanntmachung nach § 10 Abs. 3 ist auf die Vorschriften des Absatzes 3 Satz 1 und 2 sowie des Absatzes 4 hinzuweisen.

Gesamtübersicht

	Rn		Rn
I. Allgemeines	1	3. Entschädigungspflicht der Gemeinde (Abs 1 Satz 2, 3, Abs 2 Satz 3)	4
II. Entschädigungspflichtige	2		
1. Der Begünstigte (Abs 1 Satz 1)	2		
2. Der Veranlasser von Emissionen (Abs 2 Satz 1, 2, 4)	3	III. Entstehen, Abwicklung, Erlöschen des Entschädigungsanspruch (Abs 3-5)	5

I. Allgemeines

Abs 1 und 2 bestimmen für alle Tatbestände des **Planungsschadensrechts** den Entschädigungspflichtigen. Dabei unterscheidet § 44 zwischen primär und sekundär Entschädigungspflichtigen. Es wird der Grundsatz statuiert, dass in erster Linie der aufgrund der Festsetzung Begünstigte zum Planungsschadensersatz verpflichtet ist.

II. Entschädigungspflichtige

1. Der Begünstigte (Abs 1 Satz 1)

Begünstigter iS dieser Vorschrift ist derjenige, zu dessen Gunsten die Festsetzung im Bebauungsplan erfolgt ist. Er muss allerdings mit den Festsetzungen zu seinen Gunsten einverstanden sein. Dieses Einverständnis ist nachzuweisen, wobei es umstritten ist, ob auch ein konkludentes Einverständnis ausreichend ist (Gaentzsch, § 44 Rn 3; aA BKL, § 44 Rn 2). Liegen die Voraussetzungen des Abs 1 Satz 1 nicht vor, trifft die Gemeinde die Entschädigungspflicht. Dies gilt auch für den Fall, dass der Begünstigte seiner Entschädigungsverpflichtung nicht nachkommt. Die Gemeinde hat dann einen Erstattungsanspruch gegen den primär Verpflichteten.

2. Der Veranlasser von Emissionen (Abs 2 Satz 1, 2, 4)

Abs 2 regelt einen Sonderfall der Begünstigung durch Festsetzungen zur Beseitigung oder Minderung von Emissionen (zB § 9 Abs 1 Nr 24). Begünstigter ist dabei

regelmäßig der Eigentümer des Grundstücks, von dessen Nutzung die Emissionen ausgehen. Dies gilt auch dann, wenn ein anderer die **emittierende Nutzung** ausübt. Auch hier muss das Einverständnis mit der Festsetzung vorliegen, wobei es bereits vor der Aufnahme dieser Festsetzung in den Bebauungsplan abgegeben worden sein muss. Das Einverständnis ist unter den Voraussetzungen des Abs 2 Satz 2 nicht erforderlich; zu den anderen gesetzlichen Vorschriften zählen insbesondere die des BImSchG.

3. Entschädigungspflicht der Gemeinde (Abs 1 Satz 2, 3, Abs 2 Satz 3)

4 Nach dem primär Entschädigungspflichtigen ist die Gemeinde immer sekundär Entschädigungspflichtige (Abs 1 Satz 3, Abs 2 Satz 3). Bei Festsetzungen der in Abs 2 Satz 1 vorausgesetzten Art kann es auch eine primäre Entschädigungspflicht der Gemeinde geben, wenn der Eigentümer mit der Festsetzung nicht einverstanden ist und die Festsetzung einer (allgemeinen) Aufgabe der Gemeinde dient. Auch wenn ein Begünstigter nicht bestimmt ist, ist davon auszugehen, dass die Festsetzung zu Gunsten der Allgemeinheit getroffen ist, so dass die Gemeinde entschädigungspflichtig ist. Hierdurch entsteht eine Sicherung der Entschädigungsleistungen zu Gunsten der Betroffenen (EZB, § 44 Rn 6).

III. Entstehen, Abwicklung, Erlöschen des Entschädigungsanspruchs (Abs 3–5)

5 Abs 3 Satz 1 stellt klar, dass der Entschädigungsberechtigte die Entschädigung erst dann verlangen kann, wenn die in den §§ 39–42 angesprochenen Vermögensnachteile eingetreten sind. Der Entschädigungsberechtigte führt dabei die Fälligkeit dadurch herbei, dass er die Leistung schriftlich, § 126 BGB, bei dem Entschädigungsverpflichteten beantragt. Mit der Fälligkeit tritt die **Verzinsungspflicht** ein.

6 Nach Abs 4 erlöschen Entschädigungsansprüche, deren Fälligkeit nicht herbeigeführt worden ist, innerhalb von drei Jahren nach Ablauf des Jahres, in dem ein als Planungsschaden zu bewertender Vermögensnachteil eingetreten ist. Dabei ist das Erlöschen von der Enteignungsbehörde und dem Baulandgericht von Amts wegen zu beachten, nicht erst nach erhobener Einrede. Zur Wahrung des Rechtes ist ein Antrag vor Ablauf der Frist zu stellen. Für welche Entschädigungsansprüche die Frist gilt, wird zu den einzelnen Vorschriften kommentiert. Ist in der Bekanntmachung des Bebauungsplanes nach § 10 nicht auf die Rechtsfolgen hingewiesen worden, so berührt dies zwar nicht die Wirksamkeit des Bebauungsplanes, führt aber dazu, dass der Entschädigungsanspruch nicht erlischt, weil die Frist des Abs 4 dann nicht zu laufen beginnt.

Vierter Teil
Bodenordnung

Erster Abschnitt
Umlegung

§ 45 Zweck und Anwendungsbereich

Zur Erschließung oder Neugestaltung von Gebieten können bebaute und unbebaute Grundstücke durch Umlegung in der Weise neu geordnet werden, dass nach Lage, Form und Größe für die bauliche oder sonstige Nutzung zweckmäßig gestaltete Grundstücke entstehen. Die Umlegung kann
1. im Geltungsbereich eines Bebauungsplans im Sinne des § 30 oder
2. innerhalb eines im Zusammenhang bebauten Ortsteils im Sinne des § 34, wenn sich aus der Eigenart der näheren Umgebung oder einem einfachen Bebauungsplan im Sinne des § 30 Abs. 3 hinreichende Kriterien für die Neuordnung der Grundstücke ergeben,

durchgeführt werden.

Gesamtübersicht

	Rn		Rn.
I. Änderungen der Bodenordnung – §§ 45–85 durch die Novelle 2004	1	4. Ziel der Umlegung im Einzelfall	7
II. Zu § 45	2	a) Ziel der Umlegung im Einzelfall	7
1. Novelle 2004	2	b) Vorrangig freiwillige Umlegung	8
2. Zweck der Umlegung	3	5. Vertragsfreundliches BauGB	9
a) Durchgehendes Eigentum/Eigentumsinhaltsbestimmung	3	a) Vertragsfreundliches BauGB	9
b) Funktional bestimmtes Gestaltergebnis	4	b) Modelle freiwilliger Umlegung	10
3. Anwendungsbereich	5	c) Angemessenheit der Leistungsversprechen	11
b) Umlegungsgebiet	6		

I. Änderungen der Bodenordnung – §§ 45–85 – durch die Novelle 2004

Der Gesetzgeber hat das Recht der Bodenordnung bei Gelegenheit der Umsetzung der Plan-UP-Richtlinie in Deutsches Recht genutzt, auch das Bodenrecht zu novellieren. Der Gesetzesentwurf der Bundesregierung stützt sich auf den Bericht eines sachverständigen Gremiums zur „Fortentwicklung des Rechts der Bodenordnung nach dem Baugesetzbuch" (August 2002, erhältlich beim Fraunhofer Informationszentrum für Raum und Bau (IRB), Nobelstraße 12, 70569 Stuttgart), BT-Drs 15/2250, 28. Den Wunsch der kommunalen Spitzenverbände, für diejenigen Fälle, in denen nicht in vorhandene Strukturen und Bestände durch Umlegung erheblich ein-

gegriffen werden soll, das Verfahren zu vereinfachen, hat er erfüllt, indem er das bisherige Grenzregelungsverfahren in ein vereinfachtes Umlegungsverfahren umgestaltet hat, das die bisherige Grenzregelung einschließt, §§ 80–84. Darüber hinaus hat er das wirtschaftliche Ergebnis der Flächenumlegung den der Wertumlegung angeglichen, indem er einen Ausgleichsbeitrag eingeführt hat (§ 50). Insgesamt sind 19 der insgesamt 40 Paragrafen teilweise geändert. Die – jahrhundertealte – Struktur der Umlegung als Veränderung des zum Grundstück gehörenden Ausschnitts aus der Erdoberfläche bei durchgehendem Eigentum ist unverändert. Umlegung ist auch nach der Novelle eigentumsinhaltsbestimmend iSv Art 14 Abs 1 Satz 2 GG (BVerfGE 104, 1; BVerwG, BRS 64 Nr 230).

II. Zu § 45

1. Novelle 2004

2 Der Geltungsbereich umfasst nunmehr auch den Innenbereich. Der bisherige Abs 2 über den zulässigen Zeitpunkt der Einleitung der Umlegung ist nunmehr § 47 Abs 2.

2. Zweck der Umlegung

3 **a) Durchgehendes Eigentum/Eigentumsinhaltsbestimmung:** Die Vorschrift bestimmt ausdrücklich den Zweck der in den §§ 45–84 geregelten Umlegung. Diese ausdrückliche gesetzliche Zweckbestimmung bewirkt, dass eine im Einzelfall eine dem Zweck nicht dienende, nur die Gestaltungsform ausnutzende Umlegung rechtswidrig ist (BGH, BB 68, 854; BGH, NJW 67, 1662). Der Zweck ist auf das Gebiet bezogen und nicht nur auf das betroffene Grundstück oder die betroffene Parzelle. Umlegung ist **Eigentumsinhaltsbestimmung iSv Art 14 I Satz 2 GG** (BVerfG, BVerfGE 104, 1). Eigentum ist das Herrschafts- oder Bestimmerrecht. Gegenstand ist das Grundstück. Im Grundbuch wird der Gegenstand im Bestandsverzeichnis bezeichnet, das das amtliche Kataster übernimmt, § 2 II GBO. Die Katasterparzelle beschreibt mittels eines Zahlenwerks einen **Ausschnitt aus der Erdoberfläche**. Dieser Ausschnitt ist nicht so ‚*unbeweglich*' wie der gebräuchliche Ausdruck vorgibt. Er ist nach Maßgabe der Eigentumsinhaltsbestimmung durch Umlegung **beweglich**. Dass dabei das Eigentum und dessen wirtschaftlicher Wert erhalten bleiben, wird üblicherweise als „durchgehendes Eigentum" beschrieben. Die freiwillige Umlegung (Rn 9 und 10) erreicht den in § 45 bestimmten Zweck vertraglich. Sie ist nicht Umlegung.

4 **b) Funktional bestimmtes Gestaltergebnis:** Der Zweck ist das in der Vorschrift funktional bestimmte Gestaltergebnis. Das ist der funktional gerechtfertigte neue Ausschnitt aus der Erdoberfläche. Das gilt auch, wenn die neue Bestimmung im Einzelfall der bisherigen entspricht. Um das funktional bestimmte Gestaltergebnis zu erreichen, müssen die Flächen für Verkehrs- und Grünflächen abfallen. Ohne diese lässt sich die Funktion nicht erreichen.

3. Anwendungsbereich

5 **a) Gebietsarten** Anwendungsbereiche sind wie bisher der Geltungsbereich eines verbindlichen und eines einfachen BPls und nach der Novelle auch der nicht beplante Innenbereich nach § 34, wenn sich aus diesem hinreichende Kriterien für die

Neuordnung ergeben. Diese Anforderung kann das Gebiet eines stecken gebliebenen oder eines vom Normenkontrollgericht für unwirksam erklärten, aber überwiegend verwirklichten BPls sein, ein Gebiet iSv Gebietsreinheit nach § 34 II, aber auch ein gewachsenes diffuses Gebiet, für das eine Bauleitplanung nicht gem § 1 III erforderlich ist. Darauf zu achten ist, dass sich die Umlegung auf deren gesetzlich bestimmten Zweck beschränkt (Rn 4) und nicht Ersatzfunktion für Bauleitplanung übernimmt.

b) Umlegungsgebiet: Wie das Gebiet zu bestimmen ist, ist § 52 zu entnehmen. 6

4. Ziel der Umlegung im Einzelfall

a) Ziel der Umlegung im Einzelfall: Eine nicht erforderliche Maßnahme verletzte das **Rechtsstaatsgebot**. Die Umlegung muss deshalb im Einzelfall erforderlich sein, um den bisher nicht erfüllten gesetzlich bestimmten Zweck zu erreichen. **Haben die Grundstücke in dem Gebiet nicht die zweckmäßige Gestalt, ihre Funktion zu erfüllen, ist die Umlegung erforderlich, vorbehaltlich freiwilliger Umlegung.** Hat die Umlegung nur das Ziel, der Gemeinde Verkehrs- und Grünflächen unentgeltlich zu verschaffen (BGH, BB 1968, 654, BGH BRS 45 Nr 188; BGHZ 100, 148) oder Rechte an einem Grundstück zu ändern (BGH, NJW 1967, 1662 = DVBl 1967, 816), ist sie nicht erforderlich und also rechtswidrig. 7

b) Vorrangig freiwillige Umlegung: Beteiligen sich alle Beteiligten aktiv an einer freiwilligen Umlegung, ist gesetzliche Umlegung nicht erforderlich. Die Gemeinde darf sich auch als Beteiligte der freiwilligen Umlegung nicht verweigern. Da freiwillige Umlegung auf Vertragsverhandlung beruht und sich diese schwierig gestalten kann, ist die **Grenze zu Erforderlichkeit** der gesetzlichen Umlegung **fließend**. 8

5. Vertragsfreundliches BauGB

a) Vertragsfreundliches BauGB: Das BauGB ist auch in der Bodenordnung vertragsfreundlich und offen für eine Vertragslösung (BVerwG, UPR 84, 337; Gaentzsch, BauGB, § 45 Rn 2). Das Gesetz regelt nicht die freiwillige Umlegung und erwähnt sie auch nicht. Sie beruht auf einem öffentlich-rechtlichen Vertrag (BVerwG, aaO). Zweck und Ziel sind durch die Zweckbestimmung von § 45 vorgegeben (Rn 4). Die Beteiligten erreichen den Zweck durch auf diesen abgestimmte Parzellenteilungen und -vereinigungen sowie Tausch und sonstige Übertragungen, die der notariellen Beurkundung bedürfen. 9

b) Modelle freiwilliger Umlegung: Für die freiwillige Umlegung gibt es zwei Grundmodelle nach dem *einen* Modell erwirbt die Gemeinde oder ein anderer hierzu bestimmter Träger alle Grundstücke gegen ein entsprechendes Zuteilungsversprechen, gestaltet sie neu und überträgt die neuen Grundstücke nach Maßgabe der vorangegangenen Vereinbarung. Nach dem *anderen* Modell organisieren die Beteiligten die Neugestaltung selbst. 10

c) Angemessenheit der Leistungsversprechen: Die vertraglich wechselseitig vereinbarten Leistungen müssen angemessen sein, wie das Gesetz das auch für den städtebaulichen, den Durchführungs- und den Erschließungsvertrag verlangt. Die Gemeinde kann sich eine den Maßstäben der §§ 56–58 entsprechende Abschöpfung umlegungsbedingter Bodenwertsteigerungen ausbedingen (BVerwG, aaO, Rn 9). 11

§ 46 Zuständigkeit und Voraussetzungen

(1) Die Umlegung ist von der Gemeinde (Umlegungs-stelle) in eigener Verantwortung anzuordnen und durchzuführen, wenn und sobald sie zur Verwirklichung eines Bebauungsplans oder aus Gründen einer geordneten städtebaulichen Entwicklung zur Verwirklichung der innerhalb eines im Zusammenhang bebauten Ortsteils zulässigen Nutzung erforderlich ist.

(2) Die Landesregierungen können durch Rechtsverordnung bestimmen,
1. dass von der Gemeinde Umlegungsausschüsse mit selbständigen Entscheidungsbefugnissen für die Durchführung der Umlegung gebildet werden,
2. in welcher Weise die Umlegungsausschüsse zusammenzusetzen und mit welchen Befugnissen sie auszustatten sind,
3. dass der Umlegungsausschuss die Entscheidung über Vorgänge nach § 51 von geringer Bedeutung einer Stelle übertragen kann, die seine Entscheidungen vorbereitet,
4. dass zur Entscheidung über einen Rechtsbehelf im Umlegungsverfahren Obere Umlegungsausschüsse gebildet werden und wie diese Ausschüsse zusammenzusetzen sind,
5. dass die Flurbereinigungsbehörde oder eine andere geeignete Behörde verpflichtet ist, auf Antrag der Gemeinde (Umlegungsstelle) die im Umlegungsverfahren zu treffenden Entscheidungen vorzubereiten.

(3) Auf die Anordnung und Durchführung einer Umlegung besteht kein Anspruch.

(4) Die Gemeinde kann ihre Befugnis zur Durchführung der Umlegung auf die Flurbereinigungsbehörde oder eine andere geeignete Behörde für das Gemeindegebiet oder Teile des Gemeindegebiets übertragen. Die Einzelheiten der Übertragung einschließlich der Mitwirkungsrechte der Gemeinde können in einer Vereinbarung zwischen ihr und der die Umlegung durchführenden Behörde geregelt werden. Die Gemeinde kann die Vorbereitung der im Umlegungsverfahren zu treffenden Entscheidungen sowie die zur Durchführung der Umlegung erforderlichen vermessungs- und katastertechnischen Aufgaben öffentlich bestellten Vermessungsingenieuren übertragen.

(5) Die Gemeinde kann dem Umlegungsausschuss für einzelne Fälle oder bestimmte Gebiete die Befugnis zur Ausübung eines ihr nach § 24 Abs. 1 Satz 1 Nr. 2 zustehenden Vorkaufsrechts übertragen; die Gemeinde kann die Übertragung jederzeit widerrufen. Das Recht der Gemeinde, nach der Übertragung ein Vorkaufsrecht zu anderen als Umlegungszwecken auszuüben, bleibt unberührt. Ansprüche Dritter werden durch die Sätze 1 und 2 nicht begründet.

Gesamtübersicht

	Rn		Rn
I. Novelle 2004	1	2. Zuständigkeiten	5
II. Materiell-rechtliche Regelungen	2	a) Umlegungsausschuss:	5
1. Erforderlichkeit	2	b) Übertragungsbefugnisse der Gemeinde:	6
2. Anspruch auf Umlegung	3	c) Vertragsfreundliches BauGB:	7
III. Verfahrensvorschriften	4	d) Vorkaufsrecht nach § 24:	8
1. Umlegungsanordnung/ Umlegungsbeschluss	4		

I. Novelle 2004

Abs 1 ist an die Erweiterung des Anwendungsbereichs der Umlegung auch auf den nicht beplanten Innenbereich angepasst. Im Übrigen ist § 46 unverändert. 1

II. Materiell-rechtliche Regelungen

1. Erforderlichkeit

Die Vorschrift bestimmt die Erforderlichkeit der Umlegung als einfach-rechtliches Kriterium. Die Wörter „wenn" und „sobald" deuten zwei unterschiedliche Komponenten an, nämlich das Wort „wenn" die – verfassungsrechtlich relevante – Rechtfertigung und damit zugleich die Schranke von Umlegung, und „sobald" die Handlungspflicht. Dass Umlegung erforderlich sein muss, folgt schon aus dem Rechtsstaatsgebot und gehört systematisch eigentlich zu § 45 und ist dort kommentierend behandelt, s § 45 Rn 7 und 8. Die andere Komponente erhebt die Umlegung zur Pflichtaufgabe, wobei sich die Aufgabe nach Lage der Dinge zur konkreten Pflicht verdichten kann, s Rn 3. 2

2. Anspruch auf Umlegung

Abs 2 schließt einen Anspruch eines Beteiligten auf Umlegung aus, wie das Gesetz auch einen Anspruch auf Erschließung durch § 123 IV ausschließt und im Übrigen einen solchen auf Bauleitplanung in § 1 III Satz 2. Die Vorschrift verdeckt, dass sich die Aufgabe im Einzelfall zu einer konkreten Pflicht verdichten kann, mit der ein Anspruch eines Betroffenen verbunden sein kann. Für die Erfüllung der Erschließungsaufgabe hat das BVerwG das in mehreren Judikaten mit dieser Formulierung geklärt. Für die Umlegung ist das allgemein ebenso anerkannt (BGHZ 67, 320). Solche Verdichtung folgt **im Einzelfall aus dem Eigentumsgrundrecht**. Das ist die Konstellation, in der der Eigentümer mangels Erschließung oder Bodenordnung noch nicht darf, was sein Eigentumsinhalt an sich erlaubt und nicht mehr darf, was er nach seinem früheren Eigentumsinhalt durfte, also sein Dürfen für einen verfassungsrechtlich nicht mehr zumutbaren Zeitraum auf Nichts reduziert ist. 3

III. Verfahrensvorschriften

1. Umlegungsanordnung/Umlegungsbeschluss

4 Abs 1 und 2 verlangen zwingend vorab eine Umlegungsanordnung. Diese geht zeitlich und sachlich dem Umlegungsbeschluss der Umlegungsstelle vor. Sie ist ein Internum und nicht VA, also nicht selbstständig anfechtbar. Fehlerfolge ist die Rechtswidrigkeit der von der Umlegungsstelle zu erlassende VAe.

2. Zuständigkeiten

5 **a) Umlegungsausschuss:** Die Zuständigkeit der Gemeinde kann nach den §§ 203 und 205 einer anderen juristischen Person übertragen sein.

6 **b) Übertragungsbefugnisse der Gemeinde:** Die Umlegungsausschüsse sind aufgrund Landesrechts gebildet. Die bundesrechtliche Vorschrift des Abs 2 ermächtigt die Landesregierung, die Materie die Umlegungsausschüsse betreffend nach einzelner Maßgabe zu regeln. Die Bundesgesetzgebungskompetenz folgt als Annex aus Art 74 Nr 18 GG. Was aufgrund der Ermächtigung zustande kommt, ist Landesrecht (s hierzu Rn 4 zu § 203). Als andere geeignete Behörde iSd Nr 5 kommt in erster Linie das Katasteramt in Betracht. Die gesetzliche Umlegung ist Selbstverwaltungsangelegenheit iSv Art 28 II Satz 1 GG. Abs 1 bestimmt sie zur Pflichtaufgabe. Die Umlegungsstelle ist ein selbstständiges Organ der Gemeinde. Es ist nicht an Weisungen des Rates oder der Verwaltung gebunden, seine Mitglieder können nach Maßgabe des Verwaltungsverfahrensrechts befangen sein. Ihre Tätigkeit kann nicht nach Maßgabe des Kommunalverfassungsrechts unvereinbar sein, sie können also nicht wie ein Gemeinderatsmitglied ‚*befangen*' sein. Sie haften als Beamter iSv § 839 Abs 1 BGB. Im Übrigen kann die Umlegungsstelle aus richterrechtlichem enteignungsgleichen Eingriff haften.

7 **c) Vertragsfreundliches BauGB:** Das BauGB ist in Abs 4 vertragsfreundlich, wie zu vielen anderen Materien auch. Abs 4 befugt die Gemeinde, ihre Befugnis zur Durchführung der Umlegung einer geeigneten Behörde zu übertragen und die Einzelheiten vertraglich zu regeln. Die bundesrechtliche Vorschrift setzt sich gegen eine aufgrund der Ermächtigung des Abs 2 ergangene landesrechtliche Regelung durch. Ob ein öffentlich bestellter Vermessungsingenieur den bundesrechtlichen Begriff einer Behörde iSd Abs 4 erfüllt, ist nicht abschließend geklärt; jedenfalls kommen öffentlich bestellte Vermessungsingenieure nach ihrem Berufsbild als Vorsitzende der Umlegungsstelle in Betracht.

8 **d) Vorkaufsrecht nach § 24:** Die Befugnis, die Ausübung des gemeindlichen Vorkaufsrechts dem Umlegungsausschuss zu übertragen, gehört an sich zu § 24 und ergänzt die Ermächtigung des Abs 2 diese eingrenzend.

§ 47 Umlegungsbeschluss

(1) Die Umlegung wird nach Anhörung der Eigentümer durch einen Beschluss der Umlegungsstelle eingeleitet. Im Umlegungsbeschluss ist das Umlegungsgebiet (§ 52) zu bezeichnen. Die im Umlegungsgebiet gelegenen Grundstücke sind einzeln aufzuführen.
(2) Soll die Umlegung für den Geltungsbereich eines Bebauungsplans eingeleitet werden, kann das Umlegungsverfahren auch eingeleitet werden, wenn

der Bebauungsplan noch nicht aufgestellt ist. In diesem Falle muss der Bebauungsplan vor dem Beschluss über die Aufstellung des Umlegungsplans (§ 66 Abs. 1) in Kraft getreten sein.

Die Novelle 2004 hat die Anhörung der Eigentümer eingefügt (Rn 5) und den bisherigen Abs 2 von § 45 aF über den zulässigen Zeitpunkt der Einleitung der Umlegung im Planbereich als Abs 2 angefügt. 1

Zu unterscheiden ist der die Umlegung einleitende Beschluss nach § 47 von der zeitlich und sachlich vorangegangenen Anordnung der Umlegung durch die Gemeinde, die § 46 I verlangt (s Rn 4 zu § 46). Die Anordnung der Gemeinde ist Rechtmäßigkeitsvoraussetzung für den Beschluss der Umlegungsstelle. 2

Die Bestimmung hat **weitreichende praktische Bedeutung**. Der Umlegungsbeschluss verfügt die Durchführung der Umlegung und legt das Umlegungsgebiet nach § 52 bindend fest. § 51 knüpft an ihn eine Verfügungs- und Veränderungssperre. § 24 I Nr 2 knüpft an ihn ein kommunales Vorkaufsrecht. Der Umlegungsbeschluss regelt iSv § 35 VwVfG und ist also VA. Ist er rechtsbeständig, kann ein Beteiligter nicht mehr geltend machen, die Durchführung der Umlegung sei dem Grunde nach rechtswidrig oder sein Grundstück hätte nicht in das Gebiet einbezogen werden dürfen. 3

Für das Verwaltungsverfahren schreibt Abs 1 die vorherige Anhörung der Eigentümer und die Bezeichnung des Gebietes vor. Fachrechtlich für das Umlegungsverfahren regelt § 48, wer Beteiligter ist, § 49 Rechtsnachfolge und § 50 die Bekanntmachung. Im Übrigen gelten die verfahrensfachrechtlichen Vorschriften für Verwaltungsverfahren nach dem BauGB, die §§ 207–212. Hervorzuheben ist die nach § 211 vorgeschriebene Rechtsbehelfsbelehrung und der Ausschluss der aufschiebenden Wirkung eines etwa landesrechtlich vorgesehenen Widerspruchs. Subsidiär gilt das VwVfG des Bundes, und zwar nach dessen § 2 II Satz 1. 4

Die Anhörung ist schon nach § 28 VwVfG vorgeschrieben. Die ausdrückliche Bezeichnung der Eigentümer soll nach der Begründung des Regierungsentwurfs (BT-Drs 15/2250, 56 zu Nr 28) die Anhörung auf die Eigentümer beschränken. Ob dem Gesetzgeber eine solche Beschränkung gelungen ist, hängt davon ab, ob – der nach Verfassungsrecht und europäischem Standard einfach-rechtlich ausgestaltete – § 28 VwVfG im Wege der dann gesetzesausdehnenden Analogie (Larenz, Methodenlehre, 6. Aufl, S 381 ff) für andere Betroffene nicht doch anzuwenden ist. Mehr als der Eigentümer interessierter Beteiligter wäre beispielsweise der Erbbauberechtigte eines bebauten Grundstücks. Für die Anhörung ist ggf gem § 207 ein Vertreter zu bestellen. Zu heilen ist ein Anhörfehler nach § 45 I Nr 3 VwVfG, und zwar analog § 45 Abs 2 bis zum Abschluss eines Verfahrens auf gerichtliche Entscheidung. 5

Als Rechtsmittel ist der Widerspruch gegeben, sofern das Landesrecht aufgrund der Ermächtigung des § 212 Abs 1 ein Vorverfahren vorschreibt, im Übrigen der Antrag auf gerichtliche Entscheidung nach 217. Der Widerspruch hat keine aufschiebende Wirkung (§ 212 II Nr 1). 6

Abs 2 verlegt den zulässigen Zeitpunkt der Einleitung der Umlegung vor die Aufstellung eines BPls. Der Zweck der Umlegung ist den vorgesehenen Festsetzungen zu entnehmen. Solange die Gemeinde die Aufstellung beabsichtigt, verbietet Abs 2 Satz 2, den Umlegungsplan nach § 66 Abs 1 zu beschließen, bevor der BPl in Kraft 7

getreten ist. Das gilt auch für einen vom Normenkontrollgericht für unwirksam erklärten BPl in einem nicht beplanten Innenbereich iSv. § 45 Satz 2 Nr 2. Die Umlegungsstelle darf nicht den Umlegungsplan beschließen, solange die Gemeinde die Aufstellung des BPls betreibt, beispielsweise in einem ergänzenden Verfahren nach § 214 IV.

Anhang

▶ **Muster**
Widerspruch gegen einen Umlegungsbeschluss

nach §§ 47 Abs 1, 212 Abs 1 BauGB iVm der entsprechenden landesrechtlichen Regelung

An den Vorsitzenden

des Umlegungsausschusses

Betr.: Umlegung „..."

Bezug: Umlegungsbeschluss vom ...

Sehr geehrte Damen und Herren,

wir beehren uns anzuzeigen, dass uns Frau A mit der Wahrnehmung ihrer Interessen beauftragt hat. In der Anlage übersenden wir Vollmacht.

Namens und im Auftrag unserer Frau Mandantin legen wir hiermit gegen den Beschluss zur Einleitung der Umlegung im Gebiet ... vom ... ortsüblich bekannt gemacht am ...

<center>W i d e r s p r u c h</center>

ein und stellen den

<center>A n t r a g :</center>

1. Der Umlegungsbeschluss vom ... ist aufzuheben.

2. Die Hinzuziehung des Bevollmächtigten im Widerspruchsverfahren ist für notwendig zu erklären.

<center>G r ü n d e :</center>

Der Widerspruch ist zulässig und begründet.

1. Der Umlegungsbeschluss ist bereits formell rechtswidrig. Es fehlt eine wirksame Umlegungsanordnung (Dieterich, Baulandumlegung, 4. Aufl, Rn 85) [...].

2. Die Einbeziehung von Flurstück Nr ... in das Umlegungsgebiet ist rechtswidrig, zumindest unzweckmäßig [...].

3. Der Umlegungsbeschluss ist auch materiell rechtswidrig, da die planerischen Vorstellungen der Gemeinde nicht ausreichend verfestigt sind (BGH NJW, 1987, 3260) [...].

Hierin ist ein Verstoß gegen § 52, Abs 1, Abs 2 BauGB zu sehen.

Anmerkung:

Der Umlegungsbeschluss ist ein Verwaltungsakt, gegen den gem § 217 Abs 1 BauGB Rechtsschutz durch Antrag auf gerichtliche Entscheidung durch die Baulandkammer zu erlangen ist. Die Mehrzahl der Bundesländer haben von der Ermächtigung des § 212 Abs 1 BauGB Gebrauch gemacht und angeordnet, dass vor Stellung eines Antrags auf

gerichtliche Entscheidung die Überprüfung der Rechts- bzw. Zweckmäßigkeit in einem Vorverfahren entsprechend den Bestimmungen der VwGO zu erfolgen hat (Kein Vorverfahren: Baden-Württemberg, Bremen und Saarland). ◄

§ 48 Beteiligte

(1) Im Umlegungsverfahren sind Beteiligte
1. die Eigentümer der im Umlegungsgebiet gelegenen Grundstücke,
2. die Inhaber eines im Grundbuch eingetragenen oder durch Eintragung gesicherten Rechts an einem im Umlegungsgebiet gelegenen Grundstück oder an einem das Grundstück belastenden Recht,
3. die Inhaber eines nicht im Grundbuch eingetragenen Rechts an dem Grundstück oder an einem das Grundstück belastenden Recht, eines Anspruchs mit dem Recht auf Befriedigung aus dem Grundstück oder eines persönlichen Rechts, das zum Erwerb, zum Besitz oder zur Nutzung des Grundstücks berechtigt oder den Verpflichteten in der Benutzung des Grundstücks beschränkt,
4. die Gemeinde,
5. unter den Voraussetzungen des § 55 Abs. 5 die Bedarfsträger und
6. die Erschließungsträger.

(2) Die in Absatz 1 Nr. 3 bezeichneten Personen werden zu dem Zeitpunkt Beteiligte, in dem die Anmeldung ihres Rechts der Umlegungsstelle zugeht. Die Anmeldung kann bis zur Beschlussfassung über den Umle- gungsplan (§ 66 Abs. 1) erfolgen.

(3) Bestehen Zweifel an einem angemeldeten Recht, so hat die Umlegungsstelle dem Anmeldenden unverzüglich eine Frist zur Glaubhaftmachung seines Rechts zu setzen. Nach fruchtlosem Ablauf der Frist ist er bis zur Glaubhaftmachung seines Rechts nicht mehr zu beteiligen.

(4) Der im Grundbuch eingetragene Gläubiger einer Hypothek, Grundschuld oder Rentenschuld, für die ein Brief erteilt ist, sowie jeder seiner Rechtsnachfolger hat auf Verlangen der Umlegungsstelle eine Erklärung darüber abzugeben, ob ein anderer die Hypothek, Grundschuld oder Rentenschuld oder ein Recht daran erworben hat; die Person des Erwerbers hat er dabei zu bezeichnen. § 208 Satz 2 bis 4 gilt entsprechend.

§ 48 bestimmt, wer Beteiligter des Umlegungsverfahrens ist. Die Novelle 2004 hat an der Bestimmung nichts geändert. Das ist jede Person, die einen der Tatbestände erfüllt. Ob und inwieweit seine Position konkret betroffen ist, ist unerheblich. Der Kreis der beteiligten Personen ist nach der Natur und dem in § 45 bestimmten Zweck der Umlegung (s Rn 4 zu § 45) groß. Beteiligter kann auch der Eigentümer eines Gebäudes sein, das nur zu einem vorübergehenden Zweck mit dem Grundstück verbunden ist (BGHZ 54, 208). Für den Fall der Rechtsnachfolge gilt § 49. Die Bestimmung, wer Beteiligter ist, ist abschließend (BGH, DVBl 1991, 207).

3 Die in den Nrn 1, 2 und 4–6 Genannten werden mit der Bekanntmachung nach § 50 Beteiligte, die in Nr 3 Genannten nicht im Grundbuch eingetragenen Rechtsinhaber gem Abs 2 mit dem Eingang ihrer Anmeldung bei der Umlegungsstelle. Für die Letztgenannten sind die Vorschriften des § 50 Abs 2–4 beachtlich.

4 Im **Einverständnis mit den Beteiligten** kann die Umlegungsstelle die Verteilungsmasse nach einem anderen als dem gesetzlich bestimmten Maßstab verteilen, § 56 Abs 2, den Umlegungsplan auch nach Eintritt der Unanfechtbarkeit ändern, § 73 Nr 3, und Eigentums- und Besitzverhältnisse regeln, bevor der Umlegungsplan aufgestellt ist, § 76.

§ 49 Rechtsnachfolge

Wechselt die Person eines Beteiligten während eines Umlegungsverfahrens, so tritt sein Rechtsnachfolger in dieses Verfahren in dem Zustand ein, in dem es sich im Zeitpunkt des Übergangs des Rechts befindet.

1 § 49 bestimmt die umlegungsrechtlich relevante Folge des Falles der Rechtsnachfolge eines Beteiligten. Sie bestimmt das gleichermaßen für den Rechtsnachfolger und die übrigen Beteiligten sowie für den lebenden Rechtsvorgänger. Als Folge bestimmt die Vorschrift, dass ausschließlich der Personenwechsel stattfindet und der Zustand des Verfahrens im Zeitpunkt des Übergangs des Rechts unverändert bleibt.

2 Als Fälle von Rechtsnachfolge knüpft § 49 ohne eigenen Begriff an das übrige Recht an. Bezüglich des Zeitpunkts der Folge bestimmt die Vorschrift, dass sie in den Fällen der Nrn 1 und 2 des § 48 I im Fall der Einzelrechtsnachfolge mit der Eintragung im Grundbuch eintritt, im Fall der Gesamtrechtsnachfolge im Erbfall, in der Zwangsversteigerung mit dem Zuschlag, in den Fällen der Nr 4 mit dem Wirksamwerden einer Gemeindeneugliederung und in den Fällen der Nrn 5 und 6 mit dem Wirksamwerden des Wechsels des Aufgabenträgers und in den Fällen der Nr 3 mit der Anmeldung des Übergangs des Rechts auf den neuen Inhaber.

3 Teilt sich ein Beteiligter während des Umlegungsverfahrens seine Position mit einer weiteren Person, ist § 49 entsprechend anzuwenden (Gaentzsch, BauGB, § 49). Das kann beispielsweise die Begründung von Miteigentum sein oder die Aufnahme eines Gesellschafters.

§ 50 Bekanntmachung des Umlegungsbeschlusses

(1) Der Umlegungsbeschluss ist in der Gemeinde ortsüblich bekannt zu machen.
(2) Die Bekanntmachung des Umlegungsbeschlusses hat die Aufforderung zu enthalten, innerhalb eines Monats Rechte, die aus dem Grundbuch nicht ersichtlich sind, aber zur Beteiligung am Umlegungsverfahren berechtigen, bei der Umlegungsstelle anzumelden.
(3) Werden Rechte erst nach Ablauf der in Absatz 2 bezeichneten Frist angemeldet oder nach Ablauf der in § 48 Abs. 3 gesetzten Frist glaubhaft gemacht, so muss ein Berechtigter die bisherigen Verhandlungen und Festsetzungen gegen sich gelten lassen, wenn die Umlegungsstelle dies bestimmt.

(4) Der Inhaber eines in Absatz 2 bezeichneten Rechts muss die Wirkung eines vor der Anmeldung eingetretenen Fristablaufs ebenso gegen sich gelten lassen wie der Beteiligte, dem gegenüber die Frist durch Bekanntmachung des Verwaltungsakts zuerst in Lauf gesetzt worden ist.
(5) Auf die rechtlichen Wirkungen nach den Absätzen 3 und 4 sowie nach § 51 ist in der Bekanntmachung hinzuweisen.

Die Novelle 2004 hat lediglich die in Abs 1 Satz 2 aF enthaltene für die Umlegungsstelle – auch haftungsrechtlich – riskante Befugnis aufgehoben, von der ortsüblichen Bekanntmachung des Umlegungsbeschlusses im Einverständnis der Beteiligten abzusehen. 1

Wie ortsüblich bekannt zu machen ist, ist landesrechtlich iVm der Bekanntmachungssatzung der Gemeinde geregelt. 2

Die bundesrechtlich vorgeschriebene ortsübliche Bekanntmachung bewirkt den Beginn des – einen Monat betragenden – Fristlaufs, aus dem Grundbuch nicht ersichtliche Rechte anzumelden. Die Bekanntmachung muss deshalb Anstoßfunktion für die Betroffenen haben. Diese Anforderung erfüllt sie nur, wenn sie das Umlegungsgebiet für die Betroffenen erkennbar bezeichnet, beispielsweise durch einen Namen. Eine behördeninterne Nummer genügt dieser Anforderung nicht. 3

Die in Abs 2 bestimmte Frist von einem Monat beginnt zwei Wochen nach der Bekanntmachung (§ 41 Abs 4 Satz 3 VwVfG des Bundes, § 1 II Satz 1 VwVfG). Bis sechs Wochen nach der Bekanntmachung meldet der Betroffene sein Recht fristgerecht an. 4

Fehlerfolge einer unrichtigen Aufforderung nach Abs 2 oder Belehrung nach Abs 5 ist, dass die Bekanntmachung die Frist nicht in Gang setzt. Eine § 58 Abs 2 VwGO entsprechende Vorschrift enthält weder das Verfahrensfachrecht des BauGB, noch das VwVfG. Um eine Frist in Lauf zu setzen, ist die Aufforderung mit richtiger Belehrung zu wiederholen; § 58 Abs 2 VwGO ist nicht analog anzuwenden. 5

Nach § 211 ist der Bekanntmachung eine Rechtsbehelfsbelehrung beizufügen. Die Wiedereinsetzung und deren Folgen regelt § 210 fachrechtlich. 6

§ 51 Verfügungs- und Veränderungssperre

(1) Von der Bekanntmachung des Umlegungsbeschlusses bis zur Bekanntmachung nach § 71 dürfen im Umlegungsgebiet nur mit schriftlicher Genehmigung der Umlegungsstelle
1. ein Grundstück geteilt oder Verfügungen über ein Grundstück und über Rechte an einem Grundstück getroffen oder Vereinbarungen abgeschlossen werden, durch die einem anderen ein Recht zum Erwerb, zur Nutzung oder Bebauung eines Grundstücks oder Grundstücksteils eingeräumt wird, oder Baulasten neu begründet, geändert oder aufgehoben werden;
2. erhebliche Veränderungen der Erdoberfläche oder wesentlich wertsteigernde sonstige Veränderungen der Grundstücke vorgenommen werden;
3. nicht genehmigungs-, zustimmungs- oder anzeigepflichtige, aber wertsteigernde bauliche Anlagen errichtet oder wertsteigernde Änderungen solcher Anlagen vorgenommen werden;

4. genehmigungs-, zustimmungs- oder anzeigepflichtige bauliche Anlagen errichtet oder geändert werden.

Einer Genehmigung nach Satz 1 bedarf es im förmlich festgelegten Sanierungsgebiet nur, wenn und soweit eine Genehmigungspflicht nach § 144 nicht besteht.

(2) Vorhaben, die vor dem Inkrafttreten der Veränderungssperre baurechtlich genehmigt worden sind, Vorhaben, von denen die Gemeinde nach Maßgabe des Bauordnungsrechts Kenntnis erlangt hat und mit deren Ausführung vor dem Inkrafttreten der Veränderungssperre hätte begonnen werden dürfen, sowie Unterhaltungsarbeiten und die Fortführung einer bisher ausgeübten Nutzung werden von der Veränderungssperre nicht berührt.

(3) Die Genehmigung darf nur versagt werden, wenn Grund zu der Annahme besteht, dass das Vorhaben die Durchführung der Umlegung unmöglich machen oder wesentlich erschweren würde. § 22 Abs. 5 Satz 2 bis 5 ist entsprechend anzuwenden.

(4) Die Genehmigung kann unter Auflagen und außer bei Verfügungen über Grundstücke und über Rechte an Grundstücken auch unter Bedingungen oder Befristungen erteilt werden. Wird die Genehmigung unter Auflagen, Bedingungen oder Befristungen erteilt, ist die hierdurch betroffene Vertragspartei berechtigt, bis zum Ablauf eines Monats nach Unanfechtbarkeit der Entscheidung vom Vertrag zurückzutreten. Auf das Rücktrittsrecht sind die §§ 346 bis 349 und 351 des Bürgerlichen Gesetzbuchs entsprechend anzuwenden.

(5) Überträgt der Umlegungsausschuss auf Grund einer Verordnung nach § 46 Abs. 2 Nr. 3 der dort bezeichneten Stelle Entscheidungen über Vorgänge nach Absatz 1, unterliegt diese Stelle seinen Weisungen; bei Einlegung von Rechtsbehelfen tritt der Umlegungsausschuss an ihre Stelle. Der Umlegungsausschuss kann die Übertragung jederzeit widerrufen.

1 Mit der Erweiterung des Abs 2 hat die Novelle 2004 auf die in mehreren Landesbauordnungen vorgesehene **Baufreistellung** reagiert, und zwar bauherrenfreundlich. Dem Abs 3 hat sie eine Gilt-Genehmigung in Anlehnung an in LBOen bestimmte Regelungen angefügt.

2 Für die in Abs 1 einzeln aufgeführten Vorgänge hat die Vorschrift einen Genehmigungsvorbehalt bestimmt. Er folgt damit dem Muster für Sicherungsmaßnahmen in der Bauleitplanung (§ 14) bei der Sanierung (§§ 144 und 145) und beim Stadtumbau (§ 171d). Sie hält die in Nr 1 bezeichneten Rechtsvorgänge schwebend unwirksam. Für die in den Nrn 2–4 bezeichneten Veränderungen handelt es sich um eine **repressive Schranke**. Seine frühere Auffassung, die Genehmigung sei zuteilend – ein Privileg (BGH, ZfBR 82, 277) – hat der BGH nicht aufrechterhalten (BGHZ 100, 148). Die Sperre sichert, dass das ansonsten den öffentlich-rechtlichen Vorschriften entsprechende Vorhaben nicht das Ergebnis des zeitgleichen, aber Zeit beanspruchenden rechtsstaatlichen Verfahrens zur Änderung der materiell-rechtlichen Rechtslage erschwert oder unmöglich macht. Der sich aus Abs 3 ergebende Anspruch auf die Genehmigung folgt aus dem Eigentumsgrundrecht in Bezug auf das ansonsten rechtmäßige Vorhaben.

Die durch die Novelle in Abs 3 angefügte Gilt-Genehmigung vermittelt verfahrensrechtlich eine formale Position. Sie soll der Verfahrensvereinfachung dienen. Für den Beteiligten ist aber nicht ohne weiteres erkennbar, ob die verfahrensrechtlichen Anforderungen für die Gilt-Genehmigung erfüllt sind. Um Rechtssicherheit zu erlangen, sollte er unbedingt das Zeugnis nach § 22 Abs 5 Satz 5 beantragen. Das Zeugnis ist nicht VA. Verweigert die Behörde das Zeugnis, ist die Feststellungsklage darauf gegeben, dass die Genehmigung als erteilt gilt. Daneben kommt die Leistungsklage auf Erteilung des Zeugnisses in Betracht.

Das in der Überschrift verwendete Wort *„Verfügungssperre"* greift zu kurz. In Abs 1 Nr 1 sind auch Verpflichtungen bezeichnet.

Abs 2 schließt *erstens* genehmigte Vorhaben und *zweitens* nach Landesrecht freigestellte Vorhaben aus, von denen die Gemeinde nach Maßgabe des Landesrechts Kenntnis erlangt hat und mit deren Ausführung vor dem Inkrafttreten der Veränderungssperre hätte begonnen werden dürfen. Die Bestimmung gewährt der sich aus Landesrecht ergebenden Verfahrenslage damit Rabatt. Bezüglich Unterhaltungsarbeiten und der Fortführung einer bisher ausgeübten Nutzung stellt Abs 2 klar, dass diese vom Genehmigungsvorbehalt nicht erfasst sind.

Der Antragsteller hat nach Abs 3 den **Anspruch** auf Erteilung der umlegungsrechtlichen Genehmigung, wenn nicht Grund zur Annahme besteht, dass sein Vorhaben die Durchführung der Umlegung unmöglich machen oder wesentlich erschweren würde. Die Darlegungs- und Beweislast dafür, dass solcher Grund besteht, hat die Behörde.

Umlegungsverfahren sind ihrer Natur nach zeitaufwendig und dauern dementsprechend erfahrungsgemäß lange, oft genug mehrere Jahre. Einzelne Beteiligte können zusätzlich durch Rechtsbehelfe Verzögerung bewirken. Die Eigentumsgrundrechtsbestimmung des Art 14 Abs 1 Satz 1 verpflichtet die Behörde, das Umlegungsverfahren zügig durchzuführen. Als Verletzungsfolge beseitigt die rechtswidrige Verzögerung gleichwohl nicht den im Einzelfall tatsächlich bestehenden Grund zu der in Abs 3 bezeichneten Annahme. Notfalls muss der Beteiligte die Behörde durch Leistungsklage zur Erfüllung ihrer Pflicht und seines Anspruchs anhalten, das Umlegungsverfahren zügig zu Ende zu führen.

Für eine rechtswidrig abgelehnte Genehmigung haftet die Behörde nach § 839 BGB und aus enteignungsgleichem Eingriff (Gaentzsch, BauGB Rn 3).

Eine objektiv überlange Dauer des Umlegungsverfahrens, die nicht in den Verantwortungsbereich des Eigentümers fällt, ist nicht nach § 57 Satz 5 wertmindernd (BGH, NVwZ 89, 501).

§ 52 Umlegungsgebiet

(1) Das Umlegungsgebiet ist so zu begrenzen, dass die Umlegung sich zweckmäßig durchführen lässt. Es kann aus räumlich getrennten Flächen bestehen.
(2) Einzelne Grundstücke, die die Durchführung der Umlegung erschweren, können von der Umlegung ganz oder teilweise ausgenommen werden.
(3) Unwesentliche Änderungen des Umlegungs- gebiets können bis zum Beschluss über die Aufstellung des Umlegungsplans (§ 66 Abs. 1) von der Umlegungs- stelle nach vorheriger Anhörung der Eigentümer der betroffenen

Grundstücke auch ohne ortsübliche Bekanntmachung vorgenommen werden. Die Änderung wird mit ihrer Bekanntgabe an die Eigentümer der betroffenen Grundstücke wirksam.

Gesamtübersicht

	Rn		Rn
I. Festlegung des Umlegungs-		c) Flächenzusammenhang	3
gebietes	1	d) Erschwerung, Abs 2 Rn 4	4
a) Bestimmung im Umlegungs-		II. Änderung der Festlegung	5
beschluss, § 47	1	a) Unwesentlich	5
b) Planerische Freiheit und de-		b) Hinzufügung/Herausnahme	6
ren Grenzen	2	c) Zeitpunkt	7

I. Festlegung des Umlegungsgebietes

1 **a) Bestimmung im Umlegungsbeschluss, § 47:** Das Umlegungsgebiet – und dessen Umgrenzung – bestimmt die Umlegungsstelle im Umlegungsbeschluss nach § 47. § 52 ergänzt insoweit um die materiellen Anforderungen einschließlich der materiellen und verfahrensrechtlichen Anforderungen an spätere Änderungen. Die Novelle 2004 hat die Vorschrift unverändert gelassen.

2 **b) Planerische Freiheit und deren Grenzen:** Zur Festlegung des Umlegungsgebietes hat die Umlegungsstelle eine gewisse **planerische Freiheit**. Diese ist begrenzt durch den in § 45 bestimmten **Zweck der Umlegung** (s Rn 4 zu § 45) und das **Gleichbehandlungsgebot** nach Art 3 I GG der Beteiligten (BVerfGE 18, 274; BVerwGE 10, 3; BGHZ 31, 49/58).

3 **c) Flächenzusammenhang:** Der Wunsch eines Einzelnen, sein Grundstück herauszunehmen, weil es einen entsprechend § 45 zweckmäßigen Zuschnitt schon habe und mit Grenzen exakt gleicher Lage zugeteilt werden würde, ist idR damit motiviert, nicht an der Verteilung des Umlegungsvorteils teilzunehmen, sondern diesen für sich zu behalten. Diesem Wunsch zu entsprechen belastete die übrigen Teilnehmer um den Anteil dieses Einzelnen. Das verletzte nach dem zitierten Judikat des BVerfGs (Rn 2) das Gleichbehandlungsgrundrecht der nachteilig betroffenen übrigen Teilnehmer.

Das Umlegungsgebiet braucht nicht arrondiert zu sein, Abs 1 Satz 2. Das kommt insbesondere für einen BPl in Betracht, der nicht räumlich zusammenhängt.

4 **d) Erschwerung, Abs 2 Rn 4:** Eine Erschwerung nach Abs 2 muss sich objektiv aus dem Grundstück ergeben. Für die Umlegungsstelle und die übrigen Beteiligten lästige Aktivitäten des betreffenden Beteiligten erschweren auch dann nicht objektiv grundstücksbedingt die Umlegung, wenn sie eine Verzögerung bewirken.

II. Änderung der Festlegung

5 **a) Unwesentlich:** Unwesentlich ist eine Änderung, wenn sie nach der Lage des Einzelfalls das Gefüge nicht negativ beeinflusst und quantitativ sowohl verhältnismäßig als auch absolut gering ist. Die planerische Freiheit der Umlegungsstelle ist wie die ursprüngliche Festlegung begrenzt (s Rn 2) und durch den spätesten Zeitpunkt (s Rn 7).

b) Hinzufügung/Herausnahme: Durch Änderung kann die Umlegungsstelle bisher außerhalb des Umlegungsgebietes liegende Grundstücke in dieses hereinnehmen oder umgekehrt bisher innerhalb liegende Grundstücke aus diesem herausgeben.

c) Zeitpunkt: Als spätesten Zeitpunkt bestimmt Abs 3 den Beschluss über die Aufstellung des Umlegungsplans nach § 66 Abs 1. Das hängt damit zusammen, dass dessen Bekanntmachung die Wirksamkeit des Inkrafttretens des Umlegungsplans bewirkt und die Bekanntmachung des Inkrafttretens nach § 72 Abs 1 den bisherigen Rechtszustand durch den Neuen ersetzt.

§ 53 Bestandskarte und Bestandsverzeichnis

(1) Die Umlegungsstelle fertigt eine Karte und ein Verzeichnis der Grundstücke des Umlegungsgebiets an (Bestandskarte und Bestandsverzeichnis). Die Bestandskarte weist mindestens die bisherige Lage und Form der Grundstücke des Umlegungsgebiets und die auf ihnen befindlichen Gebäude aus und bezeichnet die Eigentümer. In dem Bestandsverzeichnis sind für jedes Grundstück mindestens aufzuführen
1. die im Grundbuch eingetragenen Eigentümer,
2. die grundbuch- und katastermäßige Bezeichnung, die Größe und die im Liegenschaftskataster angegebene Nutzungsart der Grundstücke unter Angabe von Straße und Hausnummer sowie
3. die im Grundbuch in Abteilung II eingetragenen Lasten und Beschränkungen.

(2) Die Bestandskarte und die in Absatz 1 Satz 3 Nr. 1 und 2 bezeichneten Teile des Bestandsverzeichnisses sind auf die Dauer eines Monats in der Gemeinde öffentlich auszulegen. Ort und Dauer der Auslegung sind mindestens eine Woche vor der Auslegung ortsüblich bekannt zu machen.

(3) Betrifft die Umlegung nur wenige Grundstücke, so genügt anstelle der ortsüblichen Bekanntmachung die Mitteilung an die Eigentümer und die Inhaber sonstiger Rechte, soweit sie aus dem Grundbuch ersichtlich sind oder ihr Recht bei der Umlegungsstelle angemeldet haben.

(4) In den in Absatz 1 Satz 3 Nr. 3 bezeichneten Teil des Bestandsverzeichnisses ist die Einsicht jedem gestattet, der ein berechtigtes Interesse darlegt.

Gesamtübersicht

	Rn		Rn
I. Gegenstand	1	2. Erarbeitung	5
1. Ergebnis von Vorarbeit	1	a) Vermessungsingenieurstätigkeit	5
a) Novelle 2004	1	b) Vorarbeiten, § 209	6
b) Förmliche, nicht bindende Information über den Altzustand	2	**II. Verfahren**	7
		a) Öffentliche Auslegung, Abs 2	7
c) Bestandskarte	3	b) Geheimhaltung, Abs 4	8
d) Bestandsverzeichnis	4	c) Vereinfachtes Verfahren, Abs 3	9

§ 53 Erstes Kapitel. Vierter Teil. Erster Abschnitt

I. Gegenstand

1. Ergebnis von Vorarbeit

1 **a) Novelle 2004:** Die Novelle 2004 hat Abs 2 Satz 2 der bisherigen Fassung aufgehoben, nach der von der Auslegung abgesehen werden konnte, wenn alle Beteiligten einverstanden waren. Karte und Verzeichnis über den Altzustand müssen also generell ausgelegt werden (s Rn 7).

2 **b) Förmliche, nicht bindende Information über den Altzustand:** Bestandskarte und Bestandsverzeichnis sind die förmliche, nicht bindende Information über den vorgefundenen Altzustand. Die Vorschrift verpflichtet objektiv-rechtlich, zu informieren, lässt aber Informationsfehler folgenlos. Die Pflicht umfasst einen einzeln bezeichneten Mindestinhalt (s Rn 3 und 4). Das Tatbestandsmerkmal *„mindestens"* erlaubt nicht nur, über mehr Umstände zu informieren, sondern verpflichtet hierzu nach einer Art Soll-Vorschrift in Bezug auf die vorzunehmende Rechtsänderung erheblicher Umstände.

3 **c) Bestandskarte:** Die Bestandskarte ist die Information in Form einer Zeichnung. Als Mindestinhalt verlangt Abs 1 Lage und Form der Grundstücke, die auf ihnen befindlichen Gebäude und als textliche Beigabe die Eigentümer. Gebäude ist ein bundesrechtlicher Begriff. Gebäude sind bodenrechtlich relevante Vorhaben iSd § 29 I. Der Begriff unterscheidet sich von den landesrechtlichen, soweit sie jede selbst bodenrechtlich irrelevanten schützenden Überdachungen einschließen. Weitere für die Umlegung relevante Anlagen sollten eingezeichnet sein, wie Masten von Leitungen zur Fortleitung elektrischer Energie, unterirdische und oberirdische Ver- und Entsorgungsleitungen einschließlich ihrer oberirdischen Teile und Wege, insbesondere sog Anwandwege und Zufahrten.

4 **d) Bestandsverzeichnis:** Das Bestandsverzeichnis ist ein textliches Verzeichnis. Als Mindestinhalt verlangt die Vorschrift die in Abs 1 Satz 3 unter 1.–3. aufgeführten Angaben. Darüber hinaus solle das Verzeichnis über etwaige Differenzen zwischen dem Bestandsverzeichnis des Grundbuchs und dem amtlichen Kataster informieren, und über Baulasten.

2. Erarbeitung

5 **a) Vermessungsingenieurstätigkeit:** Bestandskarte und Bestandsverzeichnis sind die zeichnerische und textliche Information des Arbeitsergebnisses aus der Ermittlung aus dem Liegenschaftskataster und dem Grundbuch sowie vor Ort. Es handelt sich um die typische dem Berufsbild des Vermessungsingenieurs entsprechende Tätigkeit.

6 **b) Vorarbeiten, § 209:** Die Erarbeitung kann Vorarbeiten nach § 209 erfordern. Die darin bestimmten Befugnisse stehen dem von der Vermessungsstelle Beauftragten zu.

II. Verfahren

7 **a) Öffentliche Auslegung, Abs 2:** Abs 2 schreibt die öffentliche Auslegung der Bestandskarte und des Bestandsverzeichnisses mit Ausnahme der in der zweiten Abteilung des Grundbuchs eingetragenen Lasten und Beschränkungen vor. Das Gebot ermöglicht, **die Umlegungsstelle** möglichst frühzeitig und umfassend über etwaige Fehler, Unvollständigkeit oder Streitpunkte durch Einsichtnehmende **zu informieren**.

b) **Geheimhaltung, Abs 4:** Abs 4 honoriert das Geheimhaltungsbedürfnis und entspricht § 12 GBO.

c) **Vereinfachtes Verfahren, Abs 3:** Abs 3 lässt als vereinfachtes Verfahren die Mitteilung an die Rechtsinhaber zu, wenn es um wenige – iS einer absoluten Zahl – Grundstücke geht.

§ 54 Benachrichtigungen und Umlegungsvermerk

(1) Die Umlegungsstelle teilt dem Grundbuchamt und der für die Führung des Liegenschaftskatasters zuständigen Stelle die Einleitung (§ 47) des Umlegungsverfahrens und die nachträglichen Änderungen des Umlegungsgebiets (§ 52) mit. Das Grundbuchamt hat in die Grundbücher der umzulegenden Grundstücke einzutragen, dass das Umlegungsverfahren eingeleitet ist (Umlegungsvermerk).

(2) Das Grundbuchamt und die für die Führung des Liegenschaftskatasters zuständige Stelle haben die Umlegungsstelle von allen Eintragungen zu benachrichtigen, die nach dem Zeitpunkt der Einleitung des Umlegungsverfahrens im Grundbuch der betroffenen Grundstücke und im Liegenschaftskataster vorgenommen sind oder vorgenommen werden. § 22 Abs. 6 ist entsprechend anzuwenden.

(3) Ist im Grundbuch die Anordnung der Zwangsversteigerung oder Zwangsverwaltung eingetragen, so gibt die Umlegungsstelle dem Vollstreckungsgericht von dem Umlegungsbeschluss Kenntnis, soweit dieser das Grundstück betrifft, das Gegenstand des Vollstreckungsverfahrens ist.

Die verfahrensfachrechtliche Vorschrift regelt Unterschiedliches. *Erstens* erweitert sie die **Amtshilfe** unter den bezeichneten Stellen zu eigeninitiativer Informationspflicht. *Zweitens* regelt sie den im **Grundbuch** einzutragenden **Umlegungsvermerk**. Die pflichtigen Behörden sind die Umlegungsstelle, das Grundbuchamt, das Katasteramt und das Vollstreckungsgericht.

Den **Umlegungsvermerk** trägt das Grundbuchamt ohne Rangstelle in die zweite Abteilung ein. Er hat ausschließlich nachrichtliche (Warn-)Funktion. Er beeinflusst weder die Wirksamkeit des Umlegungsbeschlusses (s § 47) noch die Verfügungs- und Veränderungssperre nach § 51, noch das Vorkaufsrecht nach § 24 I Nr 2, noch bewirkt die unterbliebene Eintragung des Vermerks Gut-Glaubens-Schutz, dass ein Umlegungsbeschluss mit seinen öffentlich-rechtlichen Rechtswirkungen nicht bestünde.

Die Benachrichtigung des Grundbuchamts über die Eintragung des Umlegungsvermerks ruft öfters den Irrtum des Benachrichtigten hervor, sein Grundstück sei dadurch „*belastet*" und erschreckt ihn. Das ließe sich **vertrauensbildend** – auch für die weitere Kooperation im Umlegungsverfahren – vermeiden, indem die Umlegungsstelle **den Beteiligten vorab aufklärte**.

§ 55 Umlegungsmasse und Verteilungsmasse

(1) Die im Umlegungsgebiet gelegenen Grundstücke werden nach ihrer Fläche rechnerisch zu einer Masse vereinigt (Umlegungsmasse).

(2) Aus der Umlegungsmasse sind vorweg die Flächen auszuscheiden und der Gemeinde oder dem sonstigen Erschließungsträger zuzuteilen, die nach dem Bebauungsplan festgesetzt sind oder aus Gründen der geordneten städtebaulichen Entwicklung zur Verwirklichung der nach § 34 zulässigen Nutzung erforderlich sind als

1. örtliche Verkehrsflächen für Straßen, Wege einschließlich Fuß- und Wohnwege und für Plätze sowie für Sammelstraßen,
2. Flächen für Parkplätze, Grünanlagen einschließlich Kinderspielplätze und Anlagen zum Schutz gegen schädliche Umwelteinwirkungen im Sinne des Bundes Immissionsschutzgesetzes, soweit sie nicht schon Bestandteil der in Nummer 1 genannten Verkehrsanlagen sind, sowie für Regenklär- und Regenüberlaufbecken, wenn die Flächen überwiegend den Bedürfnissen der Bewohner des Umlegungsgebiets dienen sollen.

Zu den vorweg auszuscheidenden Flächen gehören auch die Flächen zum Ausgleich im Sinne des § 1 a Abs. 3 für die in Satz 1 genannten Anlagen. Grünflächen nach Satz 1 Nr. 2 können auch bauflächen bedingte Flächen zum Ausgleich im Sinne des § 1 a Abs. 3 umfassen.

(3) Mit der Zuteilung ist die Gemeinde oder der sonstige Erschließungsträger für von ihnen in die Umlegungsmasse eingeworfene Flächen nach Absatz 2 abgefunden.

(4) Die verbleibende Masse ist die Verteilungsmasse.

(5) Sonstige Flächen, für die nach dem Bebauungsplan eine Nutzung für öffentliche Zwecke festgesetzt ist, können einschließlich der Flächen zum Ausgleich im Sinne des § 1 a Abs. 3 ausgeschieden und dem Bedarfsoder Erschließungsträger zugeteilt werden, wenn dieser geeignetes Ersatzland, das auch außerhalb des Umlegungsgebiets liegen kann, in die Verteilungsmasse einbringt. Die Umlegungsstelle soll von dieser Befugnis Gebrauch machen, wenn dies zur alsbaldigen Durchführung des Bebauungsplans zweckmäßig ist.

Gesamtübersicht

	Rn		Rn
I. Materielles Umlegungsrecht – §§ 55–64	1	aa) Umlegungsmasse	6
1. Novelle 2004	1	bb) Verteilungsmasse	7
2. Materielles Umlegungsrecht	2	cc) Einwurfsmasse	8
a) Materiell-rechtliche Grundlagen für den Verteilungsvorgang:	2	dd) Umlegungsvorteil	9
		ee) Verteilungsmaßstab	10
		ff) Rechnerische Verteilung	11
aa) Materielles Recht – §§ 54–64	2	gg) Tatsächliche Zuteilung einschl. anderer Abfindungen	12
bb) Eigentumsgrundrecht	3	hh) Geldausgleich	13
cc) Verteilungsvorgang	4	ii) Geldbeitrag	14
b) Begriffe	5	jj) Geldabfindung	15

	Rn		Rn
II. § 55 Umlegungsmasse und Verteilungsmasse	16	4. Gemeinbedarfsflächen	20
1. Novelle	16	a) Ersatzland	20
2. Umlegungsmasse und Verteilungsmasse	17	b) Vergrößerte Umlegungsmasse innerhalb und außerhalb	
3. Flächenabzug	18	des Umlegungsgebietes	21
a) Drei Kategorien	18		
b) Zuteilung und Abfindung der Gemeinde	19		

I. Materielles Umlegungsrecht – §§ 55–64

1. Novelle 2004

Das bisher wirtschaftlich ungleiche Ergebnis bei der Anwendung des Flächenmaßstabs gegenüber dem Wertmaßstab infolge der Begrenzung des Flächenbeitrags auf 30% hat die Novelle durch den Geldausgleich des Umlegungsvorteils über den Flächenbeitrag hinaus beseitigt (§ 58). Die übrigen Änderungen passen die materiellrechtlichen Regelungen für den Verteilungsvorgang der Einführung der Umlegung auch im nicht beplanten Innenbereich nach § 34 an (§§ 55 Abs 2 Satz 1, 58 Abs 1, 59 Abs 2, Abs 3, Abs 5 Satz 1 und Abs 8 Satz 1, 61 Abs 1 Satz 2).

2. Materielles Umlegungsrecht

a) Materiell-rechtliche Grundlagen für den Verteilungsvorgang:

aa) Materielles Recht – §§ 54–64: Die §§ 55–64 enthalten die materiell-rechtlichen Grundlagen für den Verteilungsvorgang, ohne dass das Gesetz diesen Regelungskomplex gesondert gegliedert hätte. Für den hier geregelten abgestuften Vorgang bestimmen sie Begriffe. Das Ergebnis des Vorgangs bildet die Grundlage für die spätere Rechtsänderung.

bb) Eigentumsgrundrecht: Bestandsgarantie, Wertgarantie und Gestaltungsgebot: Das Eigentumsgrundrecht beherrscht die einzelnen Schritte des abgestuften Verteilungsvorgangs. Das sind die Bestandsgarantie, die Wertgarantie und das Gestaltungsgebot. Die Bestandsgarantie gewährleistet, dass der Eigentümer des Einwurfsgrundstücks Eigentümer des Zuteilungsgrundstücks wird (§ 59 I), dass dem Eigentümer Anteile an der Verteilungsmasse im Verhältnis seiner Beteiligung an der Masse vor der Umlegung erhält (Soll-Anspruch, § 56 I) (BVerfGE 3, 135; BGHZ 13, 265/312) und letztlich, dass die Zuteilung im selben städtebaulichen Umfeld erfolgt (BGHZ 66, 322). Die Wertgarantie gewährleistet wertgleiche Landabfindung (§ 57 Satz 2). Das Gestaltungsgebot ist in § 45 bestimmt (s Rn 4 zu § 45) und gewährleistet im Wege der Eigentumsinhaltsbestimmung nach Art 14 I Satz 2 GG die sinnvolle Privatnützigkeit.

cc) Verteilungsvorgang: Der gestufte Verteilungsvorgang folgt der in der vorstehenden Rn 3 bezeichneten verfassungsrechtlich vorgegebenen Trias:
1. Stufe: Festlegung der Verfügungsmassen
2. Stufe: Wahl des Verteilungsmaßstabs
3. Stufe: Rechnerische Verteilung (Soll-Anspruch)
4. Stufe: Tatsächliche Zuteilung (noch ohne Rechtsbindung)
5. Stufe: Berechnung der Geldleistungen

§ 55 Erstes Kapitel. Vierter Teil. Erster Abschnitt

5 **b) Begriffe:** Das Umlegungsrecht verwendet eine Anzahl mehrfach wiederkehrender Begriffe, nämlich über unterschiedliche Massen, den Umlegungsvorteil, Maßstäbe und Geldleistungen. Die Begriffe sind durchgehend inhaltsgleich.

6 **aa) Umlegungsmasse:** Umlegungsmasse ist die Gesamtfläche aller im Umlegungsgebiet gelegenen Grundstücke (§ 55 I), eventuell vermehrt um Außengrundstücke (§ 59 IV und V).

7 **bb) Verteilungsmasse:** Die Verteilungsmasse ist negativer definiert als das, was nach Abzug der in § 55 II bestimmten Flächen von der Umlegungsmasse übrig bleibt (§ 55 IV). Bringt die Gemeinde nach § 55 V Ersatzland außerhalb des Umlegungsgebiets ein, so ist die Verteilungsmasse das, was nach dem Abzug der in § 55 II aus der um Ersatzflächen von außerhalb vergrößerten Umlegungsmasse innerhalb und außerhalb des Umlegungsgebietes verbleibt.

8 **cc) Einwurfsmasse:** Die im Gesetz nicht definierte Einwurfsmasse ist die Summe aller in die Umlegung eingebrachten privatnützigen Flächen einschließlich des Fiskallandes.

9 **dd) Umlegungsvorteil:** Der Umlegungsvorteil besteht aus der durch die Umlegung bewirkten Wertdifferenz des Zuteilungsgrundstücks zum Einwurfsgrundstück (BVerfGE 18, 274; BVerwGE 12, 1). Der Umlegungsvorteil ist die Differenz der Verkehrswerte des Zuteilungs- und des Einwurfsgrundstücks. Sie wird beim Wertmaßstab individuell für jedes Grundstück ermittelt, beim Flächenmaßstab einheitlich für das Umlegungsgebiet und also pauschal; nur wenn die Grundstücke nicht homogen von gleicher Qualität und Wertigkeit sind, ist der Vorteil auch beim Flächenmaßstab individuell zu ermitteln.

10 **ee) Verteilungsmaßstab:** Gesetzliche Verteilungsmaßstäbe sind der Wertmaßstab und der Flächenmaßstab, § 56 sowie frei gewählte Maßstäbe (s Rn 9 zu § 56).

11 **ff) Rechnerische Verteilung:** Rechnerische Verteilung ist die Ermittlung des Soll-Anspruchs als Verhältniszahl auf der dritten Stufe des Verteilungsvorgangs (Rn 4).

12 **gg) Tatsächliche Zuteilung einschl. anderer Abfindungen:** Tatsächliche Zuteilung ist das Ergebnis der Ermittlung des Zuteilungsgrundstücks nach dem Gestaltungsgebot, § 59.

13 **hh) Geldausgleich:** Geldausgleich ist der vom Eigentümer zu bezahlende Geldbetrag für die Differenz der Verkehrswerte des Zuteilungsgrundstücks zum Einwurfsgrundstück (§§ 57, 58 I, II und III, 59 II, 60 und 61 II).

14 **ii) Geldbeitrag:** Der Geldbeitrag ersetzt den Flächenbeitrag (§ 58 I).

15 **jj) Geldabfindung:** Geldabfindung ist die Entschädigung nach Enteignungsentschädigungsrecht (§§ 59 IV–VI, 60 und 61 II). Verfassungsrechtlich dürfte es sich um Bindungsentschädigung handeln und nicht um Enteignungsentschädigung.

II. § 55 Umlegungsmasse und Verteilungsmasse

1. Novelle

16 Die Novelle hat die Regelung des Abs 1 Satz 1 an die Erweiterung der Umlegung auch auf den nicht beplanten Innenbereich in ihrer Formulierung angepasst.

2. Umlegungsmasse und Verteilungsmasse

Die Umlegungsmasse besteht aus allen im Umlegungsgebiet gelegenen Grundstücken. Durch Umlegung verteilt wird Land. Zu ermitteln sind die privatnützigen Flächen. Deren Eigentumsinhalt ist durch die Festsetzungen des BPls bzw. die Prägung nach § 34 BauGB normativ bestimmt (BVerfG, NVwZ 99, 979; BVerwGE 104, 68; BVerwG, BRS 60 Nr 44). Erst Erschließung vermittelt den Grundstücken deren Bebaubarkeit (§§ 30 I und II, 33 I Nr 4, 34 I und 35 I und II). Die bewohnerdienlichen Infrastrukturflächen stehen für die Zuteilung privatnützlicher Flächen nicht zur Verfügung. Um sie ist die Umlegungsmasse zu korrigieren. Auf der ersten Stufe des Verteilungsvorgangs ist nach § 55 die Verfügungsmasse zu ermitteln (Rn 4). Hierfür ist die Umlegungsmasse zunächst um die bewohnerdienlichen Infrastrukturflächen zu korrigieren. Dementsprechend definiert Abs 4 die Verteilungsmasse als das, was nach deren Abzug – einschließlich der ihnen zuzuordnenden Ausgleichsflächen – verbleibt (Rn 7). Um hieraus die für die Zuteilung zur Verfügung stehende Verfügungsmasse zu ermitteln, ist sie noch in Bezug auf andere Gemeinbedarfsflächen nach Abs 5 zu korrigieren. Erst nach dem Ausscheiden solcher Flächen für öffentliche Zwecke (Kindergarten, Rathaus, Schule und überörtliche Verkehrsflächen) und der Erweiterung der um Ersatzflächen nach Abs 5 vergrößerten Umlegungsmasse verbleibt die **Verfügungsmasse** innerhalb und außerhalb des Umlegungsgebietes.

17

3. Flächenabzug

a) Drei Kategorien: Es gibt drei Kategorien Flächen, *erstens* privatnützige Flächen einschließlich Fiskusland, *zweitens* bewohnerdienliche Infrastrukturflächen, die in Abs 2 abschließend bestimmt sind, und *drittens* sonstige nicht in Abs 2 bestimmte Flächen für öffentliche Zwecke, Abs 5. Zu den Flächen der zweiten Kategorie gehören auch die Ausgleichsflächen. Abs 2 Satz 3 ermöglicht für sparsame Inanspruchnahme von Land die Doppelnutzung. Nur die zweite Kategorie ist zur Ermittlung der Verteilungsmasse auszuscheiden.

18

b) Zuteilung und Abfindung der Gemeinde: Die nach Abs 2 auszuscheidenden Flächen sind der Gemeinde oder dem Erschließungsträger zuzuteilen, der damit für alle von ihm eingebrachten Flächen derselben Kategorie abgefunden ist. Fiskusland bleibt in der Umlegungsmasse.

19

4. Gemeinbedarfsflächen

a) Ersatzland: Bietet der Träger des Gemeinbedarfs Ersatzland innerhalb oder außerhalb des Umlegungsgebietes an, kann (Ermessen) oder soll die Umlegungsstelle (zu begründende Ermessensausübung, wenn sie ablehnt) die Gemeinbedarfsfläche ausscheiden und dem Träger zuteilen.

20

b) Vergrößerte Umlegungsmasse innerhalb und außerhalb des Umlegungsgebietes: Mit dem Ausscheiden der bewohnerdienlichen Infrastrukturflächen nach Abs 2 und der Gemeinbedarfsflächen nach Abs 5, beide einschließlich Ausgleichsflächen, und der Hinzufügung von Ersatzland nach Abs 5 ist die Verfügungsmasse festgelegt und damit die erste Stufe des Verteilungsvorgangs (Rn 4) abgeschlossen.

21

§ 56 Verteilungsmaßstab

(1) Für die Errechnung der den beteiligten Grundeigentümern an der Verteilungsmasse zustehenden Anteile (Sollanspruch) ist entweder von dem Verhältnis der Flächen oder dem Verhältnis der Werte auszugehen, in dem die früheren Grundstücke vor der Umlegung zueinander gestanden haben. Der Maßstab ist von der Umlegungsstelle nach pflichtmäßigem Ermessen unter gerechter Abwägung der Interessen der Beteiligten je nach Zweckmäßigkeit einheitlich zu bestimmen.

(2) Sind alle Beteiligten einverstanden, so kann die Verteilungsmasse auch nach einem anderen Maßstab aufgeteilt werden.

Gesamtübersicht

	Rn		Rn
I. Novelle, Verbliebener Unterschied von Flächen- und Wertmaßstab	1	V. Gesetzliche und freiwillige Maßstäbe	5
II. Bestimmungspflicht, Abs 1 Satz 2	2	VI. Zwingend in die Ermessenserwägung einzustellende Umstände – Gestaltungsgebot	6
III. Zweck	3	VII. Flächenmaßstab	7
IV. Soll-Anspruch – Zuteilungsanspruch	4	VIII. Wertmaßstab	8
		IX. Sonstige Maßstäbe	9

I. Novelle, Verbliebener Unterschied von Flächen- und Wertmaßstab

1 Durch die Änderung von § 58 I hat die Novelle den bisher bestehenden Unterschied von Flächen- und Wertmaßstab in Bezug auf den Vorteilsausgleich beseitigt. § 56 ist unverändert.

II. Bestimmungspflicht, Abs 1 Satz 2

2 Abs 1 Satz 2 verpflichtet die Umlegungsstelle, als zweite Stufe des Verteilungsvorgangs (Rn 4 zu § 55) den Verteilungsmaßstab zu bestimmen. Das sollte durch den in der Akte beurkundeten Beschluss geschehen. Die Ermessenserwägung sollte schriftlich festgehalten sein. Das Einverständnis der Beteiligten nach Abs 2 sollte ebenfalls schriftlich vorliegen.

III. Zweck

3 **Ermittlung des Soll-Anspruchs:** Zweck der Bestimmung ist, den verhältnismäßigen Anteil der Beteiligten an der Verfügungsmasse (Rn 17 und 21 zu § 55) zu ermitteln. Der Soll-Anspruch ist einer in einer Verhältniszahl auszudrückender Anteilsanspruch.

IV. Soll-Anspruch – Zuteilungsanspruch

4 Der Soll-Anspruch ist vom Zuteilungsanspruch zu unterscheiden. Dieser ist ein Mindestanspruch, nämlich mindestens ein Grundstück im Wert des eingeworfenen

Grundstücks zu erhalten, § 57 Satz 2. Beide honorieren einen Aspekt des Eigentumsgrundrechts, der Soll-Anspruch die Bestandsgarantie, der Zuteilungsanspruch die Wertgarantie (Rn 3 zu § 55). Die Werte in Euro ausgedrückt des verhältnismäßigen Anteils und des Mindest-Zuteilungsanspruchs sind typischerweise unterschiedlich. Nach der – grundrechtlich gewährten – Bestandsgarantie muss die Verfügungsmasse vollständig verteilt werden. Das Zuteilungsgrundstück kann deshalb einen höheren Wert haben als das eingebrachte Grundstück. Der Vorteil ist durch den Flächen- oder Ausgleichsbeitrag auszugleichen. Mit der Mindestwertregelung in § 57 Satz 2 gibt das Gesetz der Bestandsgarantie den Vorrang vor der Wertgarantie.

V. Gesetzliche und freiwillige Maßstäbe

Als gesetzliche Maßstäbe stellt Abs 1 Satz 1 den Flächenmaßstab und den Wertmaßstab zur Verfügung und erlaubt in Abs 2 einen anderen Maßstab, wenn alle Beteiligten einverstanden sind. Den Flächenmaßstab gestaltet § 58 näher aus und den Wertmaßstab § 57. Für einen anderen Maßstab gibt das Gesetz nichts ausdrücklich vor. Nach den gesetzlichen Maßstäben ist der Soll-Anspruch ein Anteilsanspruch im rechnerischen Verhältnis des Einwurfsgrundstücks zur Umlegungsmasse, § 55 I. Das dürfte Abs 1 Satz 1 für andere Maßstäbe nach Abs 2 – in Erfüllung der Bestandsgarantie – ebenso vorgeben.

VI. Zwingend in die Ermessenserwägung einzustellende Umstände – Gestaltungsgebot

Die Bestimmung des Maßstabs ist in Abs 1 Satz 2 als Ermessensentscheidung formuliert. Die Ermessenserwägungen müssen – zwingend – die Trias von Bestandsgarantie, Wertgarantie und Gestaltungsgebot (Rn 3 zu § 55) und das Gleichbehandlungsgebot des Art 3 I GG erfüllen. Zur Erfüllung des in § 45 bestimmten Zwecks der Umlegung hat das Gestaltungsgebot, das sich aus Art 14 GG rechtfertigt, vorrangiges Gewicht.

VII. Flächenmaßstab

Der Flächenmaßstab wird bei homogener Struktur von Umlegungs- und Verfügungsmasse bevorzugt, § 55 I (s Rn 17 und 22 zu § 55). Die Werte werden einheitlich ermittelt.

VIII. Wertmaßstab

Der Wertmaßstab führt regelmäßig zu gerechter Verteilung. Die Werte sind individuell einzeln zu ermitteln. Für die Sanierungsumlegung verlangt § 153 V die Wertumlegung.

IX. Sonstige Maßstäbe

Einen anderen Maßstab nach Abs 2 hat das Gesetz weder konkretisiert, noch auch nur bezeichnet. In Betracht kommen die Frontlänge, GRZ, GFZ und andere. Die Einverständniserklärung sollte einen Hinweis auf die Erörterung der Umlegungsstelle mit den Beteiligten enthalten. Für einen solchen Maßstab ist rechtlich nichts geklärt. Die Umlegungsstelle sollte ihn nur nach **gründlicher Erörterung** mit den Beteiligten bestimmen.

§ 57 Verteilung nach Werten

Geht die Umlegungsstelle von dem Verhältnis der Werte aus, so wird die Verteilungsmasse in dem Verhältnis verteilt, in dem die zu berücksichtigenden Eigentümer an der Umlegung beteiligt sind. Jedem Eigentümer soll ein Grundstück mindestens mit dem Verkehrswert zugeteilt werden, den sein früheres Grundstück auch unter Berücksichtigung der Pflicht zur Bereitstellung von Flächen zum Ausgleich im Sinne des § 1a Abs. 3 im Zeitpunkt des Umlegungsbeschlusses hatte. Für die zuzuteilenden Grundstücke ist der Verkehrswert, bezogen auf den Zeitpunkt des Umlegungsbeschlusses, zu ermitteln. Dabei sind Wertänderungen, die durch die Umlegung bewirkt werden, zu berücksichtigen; sollen Grundstücke in Bezug auf Flächen nach § 55 Abs. 2 erschließungsbeitragspflichtig zugeteilt werden, bleiben Wertänderungen insoweit unberücksichtigt. Unterschiede zwischen den so ermittelten Verkehrswerten sind in Geld auszugleichen.

Gesamtübersicht

	Rn		Rn
I. Novelle 2004	1	VI. Erschließungsbeitragspflicht – Kosten des Grunderwerbs für Erschließungsanlage, Satz 4 HS 2	6
II. Gegenstand der Bewertung, Satz 1	2		
III. Mindestanspruch nach Wertgarantie, Satz 2	3	VII. Bindungsentschädigung, Satz 2	7
IV. Qualität	4		
V. Preisverhältnisse – Wertvergleich, Satz 2 und 3	5	VIII. Satz 5: Geldausgleich des Umlegungsvorteils	8

I. Novelle 2004

1 Die Novelle 2004 hat nichts geändert.

II. Gegenstand der Bewertung, Satz 1

2 § 57 gestaltet den Wertmaßstab nach § 56 I aus. Gegenstand der Bewertung ist Land. Aus der nach § 55 ermittelten Verteilungsmasse **zu verteilen ist Land**. Etwa nachteilig betroffene **bauliche Anlagen**, Anpflanzungen oder sonstige Einrichtungen sind nach § 60 zu behandeln, Lasten nach § 61. Der Verkehrswert des Bodens – des Landes – ist nach § 194 zu ermitteln.

III. Mindestanspruch nach Wertgarantie, Satz 2

3 Satz 1 begründet als Soll-Anspruch einen Anteilsanspruch. Satz 2 begründet einen Mindestanspruch, nach dem ein Grundstück zugeteilt werden soll, das mindestens dem Wert des Einwurfsgrundstücks entspricht (s Rn 3 und 4 zu § 56). Damit erfüllt Satz 1 die Bestands-, und Satz 2 die Wertgarantie. Satz 2 reagiert mit der Soll-Vorschrift auf den Umstand, dass nach Lage der Dinge der Mindestanspruch nicht erfüllbar ist. Der Ausgleich erfolgt über die **Bindungsentschädigung**, § 59 Abs 2 (Rn 7). In der Regel aber führt die Umlegung zu einer Werterhöhung und damit zu ei-

nem entsprechenden **Umlegungsvorteil**, der durch **Geldausgleich** nach Satz 5 abgeschöpft wird (Rn 8).

IV. Qualität

Als Qualität für die Wertermittlung ist diejenige vor Aufstellung des BPls maßgebend (BGHZ 76, 274 = BRS 45 Nr 193). 4

V. Preisverhältnisse – Wertvergleich, Satz 2 und 3

Zu vergleichen sind nach den Sätzen 2 und 3 die Werte des Einwurfsgrundstücks (Rn 8 zu § 55) und des Zuteilungsgrundstücks bezogen auf die Preisverhältnisse im Zeitpunkt der Bekanntmachung des Umlegungsbeschlusses (§ 52) unabhängig von etwa schwankender Preisentwicklung (BGH, NJW 1980, 1634). Umlegungsbedingte Wertänderungen sind nach Satz 4 zu berücksichtigen (BGHZ 66, 173 = BRS 34 Nr 135), auch wenn sie eine Minderung bewirken (BGHZ 67, 190 = BRS 34 Nr 129). Bebauungsplanbedingte Werterhöhungen sind nicht abschöpfungsfähig und sind nicht zu berücksichtigen (BGHZ 89, 353 = BRS 45 Nr 195). 5

VI. Erschließungsbeitragspflicht – Kosten des Grunderwerbs für Erschließungsanlage, Satz 4 HS 2

Satz 4 HS 2 ermöglicht, dass die Umlegungsstelle erschließungsbeitragspflichtig verteilt. Der Erschließungsbeitrag enthält nach § 128 I Satz 1 die Kosten des Grunderwerbs für die Verkehrsflächen. Das wirkt sich wertmindernd auf die Verteilungsmasse aus. Die Vorschrift reagiert auf die Rechtsprechung des BVewGs (E 61, 316). Praktisch ist die erschließungsbeitragspflichtige Zuteilung, wenn sich das Umlegungsgebiet und das Gebiet der durch die Erschließungsanlage erschlossenen Grundstücke nach § 131 I nicht decken, was die Regel ist. 6

VII. Bindungsentschädigung, Satz 2

Erfolgt die Zuteilung nach Satz 2 ausnahmsweise unter dem Einwurfswert, ist nach § 56 II in Geld nach Entschädigungsgrundsätzen auszugleichen (BGH, DVBl 1978, 372), und zwar bezogen auf den Zeitpunkt des Umlegungsplans, § 66 (BGH, BRS 45 Nr 194). Es handelt sich hierbei um Bindungsentschädigung und nicht um Enteignungsentschädigung. 7

VIII. Satz 5: Geldausgleich des Umlegungsvorteils

Satz 5 bestimmt den Ausgleich des Umlegungsvorteils. IdR führt die Umlegung zu einer Werterhöhung, die sich im Wert des Zuteilungsgrundstücks auswirkt. Da die gesamte Verfügungsmasse nach der Bestandsgarantie anteilsmäßig verteilt werden muss, führt der die Wertgarantie erfüllende Mindestanspruch nach Satz 2 zu einem Umlegungsvorteil. Dieser ist nach Satz 5 in Geld auszugleichen. 8

§ 58 Verteilung nach Flächen

(1) Geht die Umlegungsstelle von dem Verhältnis der Flächen aus, hat sie von den eingeworfenen Grundstücken unter Anrechnung des Flächenabzugs nach § 55 Abs. 2 einen Flächenbeitrag in einem solchen Umfang abzuziehen, dass die Vorteile ausgeglichen werden, die durch die Umlegung erwachsen; dabei bleiben in den Fällen des § 57 Satz 4 Halbsatz 2 die Vorteile insoweit unberücksichtigt. Der Flächenbeitrag darf in Gebieten, die erstmalig erschlossen werden, nur bis zu 30 vom Hundert, in anderen Gebieten nur bis zu 10 vom Hundert der eingeworfenen Fläche betragen. Die Umlegungsstelle kann statt eines Flächenbeitrags ganz oder teilweise einen entsprechenden Geldbeitrag erheben. Soweit der Umlegungsvorteil den Flächenbeitrag nach Satz 1 übersteigt, ist der Vorteil in Geld auszugleichen.

(2) Kann das neue Grundstück nicht in gleicher oder gleichwertiger Lage zugeteilt werden, so sind dadurch begründete Wertunterschiede in Fläche oder Geld auszugleichen.

(3) Für die Bemessung von Geldbeiträgen und Ausgleichsleistungen sind die Wertverhältnisse im Zeitpunkt des Umlegungsbeschlusses maßgebend.

Gesamtübersicht

	Rn
I. Novelle 2004 – Abschöpfung des Umlegungsvorteils	1
1. Abs 1 Satz 4 neu	1
2. Beseitigung des vorletzten Unterschieds zur Wertumlegung	2
II. Verteilung	3
1. Gegenstand	3
a) Gegenstand	3
Boden (Land)	3
b) Bauliche Anlagen, Anpflanzungen, sonstige Einrichtungen und Rechte	4
2. Verteilungsmaßstab	5
a) Verhältniszahl – Bestandsgarantie	5
b) Erschließungsbeitragspflichtige Zuteilung, Abs 1 HS 2	6
3. Abschöpfung des Umlegungsvorteils	7
a) Flächenabzug, Pauschale Wertermittlung – homogene Struktur des Gebietes	7
b) 30%/10%, § 55 II und Höchstzahl übersteigender Flächenbeitrag	8
c) Notwendige Bewertung	9
d) Erschließungsbeitragspflichtige Zuteilung, Abs 1 Satz 1 HS 2	8
4. Geld statt Flächenbeitrags, Abschöpfung in Geld	11
a) Restabschöpfung des vollen Umlegungsvorteils Abs 1 Satz 4	11
b) Inhomogenes Lagewertverhältnis, Abs 2	12

I. Novelle 2004 – Abschöpfung des Umlegungsvorteils

1. Abs 1 Satz 4 neu: Ausgleich in Geld

1 Die Novelle hat mit dem neuen Satz 4 von Abs 1 mit der vollen Abschöpfung des Umlegungsvorteils auch bei der Flächenumlegung die zweite wesentliche Ände-

rung des Umlegungsrechts vorgenommen, neben der Einführung der Umlegung auch im 34er Bereich. Die Vorschrift ist als subsidiär nach dem Flächenbeitrag formuliert: „Soweit der Umlegungsvorteil den Flächenbeitrag nach Satz 1 übersteigt, ist der Vorteil in Geld auszugleichen."

2. Beseitigung des vorletzten Unterschieds zur Wertumlegung

Mit der Neuerung hat der Gesetzgeber den letzten das wirtschaftliche Ergebnis der Umlegung betreffenden Unterschied zwischen Wert- und Flächenmaßstab beseitigt. Der Eigentümer behält auch beim Flächenmaßstab nicht mehr die Spitze des Umlegungsvorteils. Der Umlegungsvorteil ist abzuschöpfen. 2

II. Verteilung

1. Gegenstand

a) Gegenstand: Boden (Land): Gegenstand der Verteilung ist Boden. 3
b) Bauliche Anlagen, Anpflanzungen, sonstige Einrichtungen und Rechte: Bauliche Anlagen, Anpflanzungen und sonstige Einrichtungen werden nach § 60, Rechte nach § 61 behandelt. 4

2. Verteilungsmaßstab

a) Verhältniszahl – Bestandsgarantie: Die Verteilung erfolgt nach Flächenanteilen. Das Ergebnis ist eine Verhältniszahl an Quadratmetern. Die Beteiligung des Eigentümers an den bewohnerdienlichen Infrastrukturflächen, § 55 II ist im Flächenbeitrag mit enthalten (Rn 8). 5
b) Erschließungsbeitragspflichtige Zuteilung, Abs 1 HS 2: Die Verweisung auf § 54 Satz 4 HS 2 im Abs 1 Satz 1 HS 2 erlaubt die erschließungsbeitragspflichtige Zuteilung. Diese ist praktisch und gerecht, wennimmer das Umlegungsgebiet nicht mit dem Gebiet der von der Anlage erschlossenen Grundstücke (Verteilungsgebiet nach § 131 I) übereinstimmt, was die Regel ist, selbst wenn ausnahmsweise die Anforderungen an die zusammengefasste Kostenermittlung nach § 130 II Satz 3 vorliegen und die Gemeinde davon Gebrauch macht. Zur Auswirkung auf die Wertermittlung s Rn 10. 6

3. Abschöpfung des Umlegungsvorteils

a) Flächenabzug, Pauschale Wertermittlung – homogene Struktur des Gebietes: Den Umlegungsvorteil ermittelt die Umlegungsstelle beim Flächenmaßstab für das Umlegungsgebiet einheitlich pauschal. Er ist für alle Beteiligten gleich. Diese Gleichheit ist das Motiv vieler Gemeinden, den Flächenmaßstab zu bestimmen. Rechtmäßig ist diese einheitliche Ermittlung nur, wenn die Zuteilungsgrundstücke und die Einwurfsgrundstücke von gleicher Qualität und Wertigkeit sind, also homogen. Ist das nicht der Fall, ist der Umlegungsvorteil auch beim Flächenmaßstab individuell zu ermitteln. 7
b) 30%/10%, § 55 II und Höchstzahl übersteigender Flächenbeitrag: Die Abschöpfung des Umlegungsvorteils erfolgt vorrangig vor der Abschöpfung in Geld nach der neuen Vorschrift des Abs 1 Satz 4 durch den pauschalen Flächenabzug nach Satz 1. Satz 2 kappt den Flächenbeitrag auf 30% für Gebiete, die erstmalig erschlossen werden und 10% für Gebiete mit Neugestaltungsumlegung. Der diese 30% bzw 8

10% übersteigende Umlegungsvorteil ist – nach dem neuen Satz 4 – in Geld auszugleichen. In den Flächenabzug einzurechnen ist der Anteil an bewohnerdienlichen Infrastrukturflächen nach § 55 II, also einschließlich der zugehörigen Ausgleichsflächen. Übersteigt der Bedarf für diese bewohnerdienlichen Infrastrukturflächen die Kappungsgrenze, hat es damit sein Bewenden und der Umlegungsvorteil ist in Geld auszugleichen, Satz 4.

9 **c) Notwendige Bewertung:** Ohne Bewertung kommt also auch der Flächenmaßstab nicht aus, nämlich zur Ermittlung des Umlegungsvorteils. Erreichen der Anteil an bewohnerdienlichen Infrastrukturflächen nach § 55 II und der Umlegungsvorteil nicht die Kappungsgrenze, bleibt der Flächenbeitrag unterhalb der Kappungsgrenze und besteht aus der Summe der beiden vorbezeichneten Komponenten. Der Umlegungsvorteil ist für das Umlegungsgebiet als einheitliche Prozentzahl zu ermitteln, es sei denn, das Gebiet wäre nicht homogen (s Rn 8).

10 **d) Erschließungsbeitragspflichtige Zuteilung, Abs 1 Satz 1 HS 2:** Teilt die Umlegungsstelle erschließungsbeitragspflichtig zu (Rn 6), so ist das in der Bewertung des Umlegungsvorteils (Rn 9) wertmindernd zu berücksichtigen, Abs 1 Satz 1 HS 2 iVm § 57 Satz 4 HS 2.

4. Geld statt Flächenbeitrags, Abschöpfung in Geld

11 **a) Restabschöpfung des vollen Umlegungsvorteils Abs 1 Satz 4:** Abs 1 Satz 3 ermöglicht der Umlegungsstelle, abweichend vom Vorrang der Abschöpfung des Umlegungsvorteils durch Flächenbeitrag (Rn 1 und 8) den Umlegungsvorteil – einschließlich dem Anteil für bewohnerdienliche Infrastrukturflächen statt durch einen Flächenbeitrag ganz oder teilweise durch Geldbeitrag abzuschöpfen.

12 **b) Inhomogenes Lagewertverhältnis, Abs 2:** In einem inhomogenen Gebiet ist eher die Wertumlegung angemessen. Kommt beim Flächenmaßstab ein inhomogenes Lagewertverhältnis gleichwohl vor, so ist *erstens* der **Umlegungsvorteil individuell** zu ermitteln (Rn 9) und *zweitens* der **Wertunterschied zur pauschalen Ermittlung in Fläche oder Geld auszugleichen**.

§ 59 Zuteilung und Abfindung

(1) Aus der Verteilungsmasse sind den Eigentümern dem Umlegungszweck entsprechend nach Möglichkeit Grundstücke einschließlich Flächen zum Ausgleich im Sinne des § 1a Abs. 3 in gleicher oder gleichwertiger Lage wie die eingeworfenen Grundstücke und entsprechend den nach den §§ 57 und 58 errechneten Anteilen zuzuteilen.

(2) Soweit es unter Berücksichtigung der öffentlichrechtlichen Vorschriften nicht möglich ist, die nach den §§ 57 und 58 errechneten Anteile tatsächlich zuzuteilen, findet ein Ausgleich in Geld statt. Auf den Geldausgleich sind die Vorschriften über die Entschädigung im Zweiten Abschnitt des Fünften Teils entsprechend anzuwenden, soweit die Zuteilung den Einwurfswert oder mehr als nur unwesentlich den Sollanspruch unterschreitet. Der Geldausgleich bemisst sich nach dem Verkehrswert, bezogen auf den Zeitpunkt der Aufstellung des Umlegungsplans, soweit die Zuteilung den Sollanspruch mehr als nur unwesentlich überschreitet und dadurch die baupla- nungsrechtlich zulässige Nutzung ermöglicht.

(3) Beantragt ein Eigentümer, der im Umlegungsgebiet eigengenutzten Wohn- oder Geschäftsraum aufgeben muss und im Umlegungsverfahren kein Grundstück erhält, dass für ihn als Abfindung im Umlegungsverfahren eines der in Absatz 4 Nr. 2 und 3 bezeichneten Rechte vorgesehen wird, so soll dem entsprochen werden, sofern dies in der Umlegung möglich ist.

(4) Mit Einverständnis der betroffenen Eigentümer können als Abfindung
1. Geld oder
2. Grundeigentum außerhalb des Umlegungsgebiets oder
3. die Begründung von Miteigentum an einem Grundstück, die Gewährung von grundstücksgleichen Rechten, Rechten nach dem Wohnungseigentumsgesetz oder sonstigen dinglichen Rechten innerhalb und außerhalb des Umlegungsgebiets

vorgesehen werden.

(5) Sofern die Umlegung im Geltungsbereich eines Bebauungsplans durchgeführt wird, können Eigentümer in Geld oder mit außerhalb des Umlegungsgebiets gelegenen Grundstücken abgefunden werden, wenn sie im Gebiet keine bebauungsfähigen Grundstücke erhalten können oder wenn dies sonst zur Erreichung der Ziele und Zwecke des Bebauungsplans erforderlich ist; wer die Abfindung mit Grundstücken außerhalb des Gebiets ablehnt, kann mit Geld abgefunden werden. Die Vorschriften über die Entschädigung im Zweiten Abschnitt des Fünften Teils sind entsprechend anzuwenden.

(6) Lehnt der Eigentümer eine Abfindung mit den in Absatz 4 Nr. 2 und 3 bezeichneten Rechten ab, obgleich durch eine solche Abfindung für eine größere Anzahl von Beteiligten eine Abfindung in Geld vermieden werden kann und die Abfindung in diesen Rechtsformen mit dem Bebauungsplan vereinbar ist, ist der Eigentümer in Geld abzufinden. Die Vorschriften über die Entschädigung im Zweiten Abschnitt des Fünften Teils sind entsprechend anzuwenden.

(7) Die Umlegungsstelle – der Umlegungsausschuss auf Antrag der Gemeinde – kann bei der Zuteilung von Grundstücken unter den Voraussetzungen des § 176 ein Baugebot, unter den Voraussetzungen des § 177 ein Modernisierungs- oder Instandsetzungsgebot und unter den Voraussetzungen des § 178 ein Pflanzgebot anordnen.

(8) Sofern die Umlegung im Geltungsbereich eines Bebauungsplans durchgeführt wird, sind im Umlegungs- plan die Gebäude oder sonstigen baulichen Anlagen zu bezeichnen, die dem Bebauungsplan widersprechen und der Verwirklichung der im Umlegungsplan in Aussicht genommenen Neugestaltung (§ 66 Abs. 2) entgegenstehen. Die Eigentümer und die sonstigen Nutzungsberechtigten haben die Beseitigung der im Umlegungsplan bezeichneten Gebäude und sonstigen baulichen Anlagen zu dulden, wenn die Gemeinde die Beseitigung zum Vollzug des Umlegungsplans durchführt.

(9) Die Befugnis der Gemeinde, ein Baugebot, ein Modernisierungs- oder Instandsetzungsgebot, ein Pflanzgebot oder ein Rückbau- oder Entsiegelungsgebot nach den §§ 176 bis 179 anzuordnen, bleibt unberührt.

Gesamtübersicht

	Rn		Rn
I. Novelle 2004	1	e) Sollzuteilung unterschreitende Zuteilung	8
II. Lagegebot	2	f) Mehrzuteilung und Ausgleich	9
a) Lagegebot	2	2. Andere Art der Zuteilung	10
b) Räumliche Anordnung des Zuteilungsgrundstücks	3	a) Andere Art der Zuteilung Außengrundstücke oder Geld, Abs 4 und 5	10
III. Tatsächliche Ist-Zuteilung	4	b) Bevorzugter Nutzerkreis und Ermessensentscheidung, Abs 3	11
1. Von der rechnerischen Verteilung abweichende Ist-Zuteilung	4	**IV. Nicht bodenordnende Umsetzung von Festsetzungen des BPls und die Umlegung behindernde Anlagen, Abs 7–9**	12
a) Von der rechnerischen Zuteilung abweichende Ist-Zuteilung, Thema des § 59 Abs 2–9	4	a) Umsetzung von Geboten nach den §§ 176–179, Abs 7und 9	12
b) Vorrang der Bestandsgarantie, Minder- und Mehrzuteilung, Abs 2	5	b) Die Umsetzung behindernde bauliche Anlagen, Abs 8	13
c) Geringfügigkeitsgrenzen 10%/20%	6		
d) Zeitnahme Bewertung von Minder- oder Mehrwert	7		

I. Novelle 2004

1 Alle fünf Änderungen betreffen die Erweiterung der Umlegung auch auf den nicht beplanten Innenbereich nach § 34. Die Änderungen von Abs 2 und Abs 3 passen an die bezeichnete Erweiterung an. Den Geltungsbereich der ausschließlich den Planbereich betreffenden Regelungen der Abs 5 und 8 hat die Novelle in Hinblick auf die Erweiterung in ihrer Formulierung klargestellt.

II. Lagegebot

2 **a) Lagegebot:** Dem Soll-Anspruch fügt Abs 1 ein Lagegebot bei. Die Vorschrift enthält ein zweifaches Gebot. *Erstens* bestimmt sie den **Vorrang der Zuteilung** vor Wertausgleich (BGH, DVBl 92, 597). *Zweitens* gebietet sie die **räumlich qualitative** Anordnung des Zuteilungsgrundstücks im Vergleich zum Einwurfsgrundstück. Sowohl der Vorrang als auch das Gebot bezüglich der räumlichen Anordnung gilt subsidiär nach dem **Zweckerfüllungs-(Gestaltungs-)Gebot**. Lässt sich nach den Festsetzungen des BPls oder den Gegebenheiten der Umgebung im 34er Gebiet das Lagegebot in beiderlei Sinn nicht erfüllen, ist die Umlegung nicht möglich und deshalb unzulässig.

3 **b) Räumliche Anordnung des Zuteilungsgrundstücks:** Zuteilungs- und Einwurfsgrundstück erfüllen das Lagegebot, wenn sie räumlich nahe beieinander liegen (BGH, BRS 45 Nr 191). In der Regel genügt, dass sie **städtebaulich qualitativ übereinstimmen** (BGH, BRS 34 Nr 184). Subjektive Momente können gelegentlich eine Rolle spielen (BGH, BRS 45 Nr 191). Zur Bewertung der Lage hat die Umlegungsstelle einen weiten Spielraum (BVerwGE 45, 309).

III. Tatsächliche Ist-Zuteilung

1. Von der rechnerischen Verteilung abweichende Ist-Zuteilung

a) Von der rechnerischen Zuteilung abweichende Ist-Zuteilung, Thema des § 59 Abs 2–9: Im fünfstufigen Verteilungsvorgang (Rn 4 zu § 55) ist die dritte Stufe der rechnerischen Verteilung mit der Ermittlung nach den §§ 57 und 58 – bzw. einem anderen Maßstab nach § 56 II abgeschlossen. § 59 befasst sich in seinen Absätzen 1–6 mit den beiden letzten Stufen des Verteilungsvorgangs, nämlich der *vierten* der tatsächlichen Zuteilung des Bodens und der *fünften* zur Berechnung der Geldleistungen. Die Absätze 7–9 fügen Vorschriften über nicht bodenrechtliche Umsetzungen von Festsetzungen eines BPls bei Gelegenheit der Umlegung an sowie über die Umlegung behindernde Anlagen. Die Idealzuteilung wäre die Umsetzung des Ergebnisses der rechnerischen Stufe 1:1 einschließlich der Abschöpfung des Umlegungsvorteils. Soll-Zuteilung und Ist-Zuteilung fallen in der Praxis jedoch mehr oder minder auseinander. § 59 regelt in seinen Absätzen 1–6 die Konfliktlösung in Bezug auf das Eigentumsgrundrecht und Eigentumsinhaltsbestimmung, Art 14 I GG.

b) Vorrang der Bestandsgarantie, Minder- und Mehrzuteilung, Abs 2: Kern des § 59 ist die Regelung des Abs 2. Weicht die Zuteilung von Boden von den nach den §§ 57 und 58 rechnerisch ermittelten Anteilen nach unten unter den Einwurfswert und damit wesentlich unter den Sollanspruch (Minderzuteilung) oder oben (Mehrzuteilung) ab, ist die Spitze nach Satz 1 in Geld auszugleichen. Diese Spitze behandelt Abs 2, soweit sie eine Geringfügigkeitsgrenze überschreitet, wie einen Eigentumsentzug bzw. eine Eigentumsverschaffung. Kritisch ist die gerechte Ermittlung dieser über den rechnerisch ermittelten Anteil einschließlich Umlegungsvorteil hinausgehenden Spitze, dazu Rn 7.

c) Geringfügigkeitsgrenzen 10%/20%: Das rechnerische Ergebnis auf der *dritten* Stufe des Verteilungsvorgangs beruht auf einem Anteilsanspruch (BGHZ 89, 353) korrigiert auf mindestens den Werterhalt. Unterschreitet die Ist-Zuteilung den aus der Bestands- und der Wertgarantie günstigst berechneten Anspruch, so ist das nicht dann schon Entzug von Eigentum, wenn die Unterschreitung auch noch so gering ist, sondern erst, wenn dabei eine Beachtlichkeitsschwelle überschritten ist, Satz 2. Diese Schwelle nimmt der BGH bei 10% an (BGHZ 93, 103). Das Gleiche gilt, wenn die Zuteilung den Anspruch überschreitet (Mehrzuteilung), nur dass die Schwelle in diesem Fall bei einer Überschreitung um mindestens 20% liegen soll (Gaentzsch, BauGB, Rn 4 unter Berufung auf den Regierungsentwurf S 101 zum BauROG). Bewertungszeitpunkt auf der dritten Stufe des Verteilungsvorgangs zur rechnerischen Verteilung ist gem § 57 Satz 3 und § 58 III der des Umlegungsbeschlusses nach § 47. Die Ist-Zuteilung wirkt sich – auch bezüglich des wirtschaftlichen Wertes – erst zum Zeitpunkt des Umlegungsplans, § 66, aus. Für die Ermittlung des Spitzenausgleichs bestimmt Satz 2 und Satz 3 für die Mehrzuteilung als gerecht den Zeitpunkt des Umlegungsplans, § 66. Dasselbe gilt für die Bemessung des Ausgleichs nach Abs 6 Satz 2 für die Null-Zuteilung; das ist der Fall, dass der Beteiligte eine Ersatzzuteilung statt Bodens mit Rechten nach Abs 4 ablehnt. Der Zeitpunkt des Umlegungsbeschlusses kann lange zurückliegen. „Gerecht" ist deshalb die Bewertung nach dem zeitnahen Zeitpunkt des Umlegungsplans.

7 **d) Zeitnahme Bewertung von Minder- oder Mehrwert: § 66:** Als Rechtsfolge der Zuteilung von Boden zum Verkehrswert im Zeitpunkt des Umlegungsplans (§ 66) unter dem Einwurfswert und wesentlich unter dem Anteilsanspruch (Soll-Anspruch) bestimmt Abs 2 Satz 2 Geldausgleich nach den Regeln über die Enteignungsentschädigung. Die Minderzuteilung ist nur nach dem **Vorrang des Gestaltungsgebots**, also des Zwecks nach § 47 zulässig und hat ihre **verfassungsrechtliche Rechtfertigung** hierin. Sie ist nicht Enteignung. Soweit sie die in Abs 2 Satz 2 bestimmte **Zumutbarkeitsschwelle** überschreitet, ist die hierfür bestimmte Rechtsfolge Bindungsentschädigung. Dasselbe gilt für Abs 6 Satz 2.

8 **e) Sollzuteilung unterschreitende Zuteilung:** Die Zuteilung von Boden sowohl wesentlich über dem Anteilsanspruch (Soll-Anspruch) als auch über dem Einwurfswert rechtfertigt sich nur zur Erfüllung des Zwecks der Umlegung nach § 45, also dem vorrangigen Gestaltungsgebot. Wirtschaftlich ist die den Anspruch überschreitende Spitze eigentumsrechtlich eine Zuwendung. Als Rechtsfolge bestimmt Abs 2 Satz 3 den Ausgleich der den Anspruch – um 20% übersteigenden Spitze (Rn 6) in Geld. *„Spiegelbildlich"* zu Satz 2 ist zur Bemessung der Verkehrswert im zeitnahen Zeitpunkt des Umlegungsbeschlusses maßgebend, sofern „dadurch die bauplanungsrechtlich zulässige Nutzung ermöglicht" wird. Wäre diese Nutzung auch ohne Mehrzuteilung möglich, hat der Beteiligte von dem Mehr, der Spitze, keinen **bodenrechtlich relevanten Mehrnutzen**. In diesem Fall ist für die Bemessung des Geldausgleichs der für den Beteiligten günstigere entferntere Zeitpunkt des Umlegungsbeschlusses, § 47, maßgebend (Löhr, in: B/K/L, 8. Aufl, Rn 17; Geantzsch, BauGB, Rn 4).

9 **f) Mehrzuteilung und Ausgleich:** Die Regelungen der Abs 3–6 ermöglichen, statt in Boden im Umlegungsgebiet mit einem Grundstück außerhalb des Umlegungsgebietes – „Außengrundstück" – oder mit einem Recht iSv Abs 4 Satz 3 oder mit Geld abzufinden. Der Vorrang des Zwecks der Umlegung nach § 45 setzt sich in diesen Regelungen durch. Für die Abfindung in Geld bestimmen die Abs 5 und 6 jeweils Satz 2 als Rechtsfolge wie in Abs 2 die Bindungsentschädigung. Zu Abs 6 Satz 2 s Rn 7.

2. Andere Art der Zuteilung

10 **a) Andere Art der Zuteilung Außengrundstücke oder Geld, Abs 4 und 5:** Abs 3 bevorzugt einen durch die Beseitigung der bisherigen Nutzungsmöglichkeit besonders nachteilig betroffenen Personenkreis bei der Zuteilung, indem er einen Anspruch auf ermessensfehlerfreie Entscheidung mit enger Bindung gewährt, den Betroffenen nach seiner Wahl aus seinem Katalog des Abs 4 abzufinden. Die Vorschrift honoriert das dem **Eigentumsgrundrecht innewohnende Freiheitsrecht** zur Gestaltung der persönlichen Lebensverhältnisse. Das **Ermessen** dürfte regelmäßig auf **Null reduziert** sein, wenn die Erfüllung des Antrags in der Umlegung möglich und dem Planungsrecht vereinbar ist. Häufig werden dem Betroffenen in Betracht kommende Außengrundstücke (s Rn 10) und insbesondere in Betracht kommende Rechte iSv Abs 4 Satz 3 nicht bekannt sein.

11 **b) Bevorzugter Nutzerkreis und Ermessensentscheidung, Abs 3:** Damit er sein Wahlrecht sinnvoll ausüben kann, ist ein **enger Kontakt** zwischen ihm und der Umlegungsstelle und ggf der Gemeinde und eine gründliche **Erörterung** erforderlich. Die Pflicht zu ermessensfehlerfreier Entscheidung ist mit einer erhöhten Be-

lehrungs-/Hinweis- und Warnungspflicht verbunden (Ossenbühl, Staatshaftungsrecht, 5. Aufl, S 47 ff). Der Antrag sollte schriftlich zum Vorgang genommen werden. Lehnt die Umlegungsstelle den Antrag ab, sind die Gesichtspunkte hierfür besonders zu begründen (§ 39 I Satz 3 VwVfG).

IV. Nicht bodenordnende Umsetzung von Festsetzungen des BPls und die Umlegung behindernde Anlagen, Abs 7–9

a) Umsetzung von Geboten nach den §§ 176–179, Abs 7 und 9: Für das Zuteilungsgrundstück kann ein Baugebot, § 176, ein Modernisierungs- und Instandsetzungsgebot (§ 177) oder ein Pflanzgebot (§ 178) festgesetzt sein. Es ist deshalb zweckmäßig, die Umsetzung eines derartigen Gebots mit der Zuteilung zu verbinden. Die mangelnde praktische Zweckmäßigkeit jedenfalls eines Baugebots steht auf einem anderen Blatt. 12

b) Die Umsetzung behindernde bauliche Anlagen, Abs 8: Auf dem Zuteilungsgrundstück können sich Gebäude oder andere bauliche Anlagen befinden, die die Durchführung der Umlegung behindern. Abs 8 sichert den Vollzug, das Hindernis auszuräumen. 13

§ 60 Abfindung und Ausgleich für bauliche Anlagen, Anpflanzungen und sonstige Einrichtungen

Für bauliche Anlagen, Anpflanzungen und für sonstige Einrichtungen ist nur eine Geldabfindung zu gewähren und im Falle der Zuteilung ein Ausgleich in Geld festzusetzen, soweit das Grundstück wegen dieser Einrichtungen einen über den Bodenwert hinausgehenden Verkehrswert hat. Die Vorschriften über die Entschädigung im Zweiten Abschnitt des Fünften Teils sind entsprechend anzuwenden.

Gesamtübersicht

	Rn		Rn
I. Novelle 2004	1	V. Ermittlung des Abfindungs- bzw. Ausgleichsbetrages	5
II. Gegenstand	2	VI. Differenzmethode – Methode Koch	6
III. Geldabfindung/Geldausgleich	3	VII. Schuldner	7
IV. Wertmindernde bauliche Anlagen, Anpflanzungen und Einrichtungen	4	VIII. Gläubiger	8

I. Novelle 2004

Die Novelle 2004 hat die bisherige Fassung unverändert übernommen. 1

II. Gegenstand

Die Wertermittlung für die rechnerische und die tatsächliche Zuteilung nach den §§ 57–59 bezieht sich ausschließlich auf den Boden, genauer: Auf die Verkehrswertanteile für den Boden. Gegenstand von § 60 sind die den Gesamtverkehrswert 2

des Einwurfs- und des Zuteilungsgrundstücks beeinflussenden baulichen Anlagen, Anpflanzungen und sonstigen Einrichtungen. Abfindung und Ausgleich finden statt, wenn, aber auch nur wenn die baulichen Anlagen, Anpflanzungen oder Einrichtungen den Verkehrswert den Bodenwert eines unbebauten Grundstücks in gleicher oder gleichwertiger Lage und gleichen wertbestimmenden Merkmalen erhöhen.

III. Geldabfindung/Geldausgleich

3 Zu den den Verkehrswert mindernden baulichen Anlagen s Rn 4. Als Verkehrswert erhöhende Anpflanzungen kommen Ziergärten, parkartige Anlagen und wertvolle Solitärpflanzen in Betracht, insbesondere, wenn eine zusammenhängende Gartenanlage durch Grundstücksneugestaltung geteilt wird. Normale Außenanlagen beeinflussen den Kaufpreis, den ein entsprechender Käufer zu bezahlen bereit ist (Verkehrswert), in der Regel nicht. Einrichtungen sind solche, die in der Regel der Art der baulichen Nutzung dienen, zB die Küche einer Gaststätte, ein Lastenaufzug, die Tresoranlage eines Büros, die Tankanlage eines Gewerbebetriebs ua.

IV. Wertmindernde bauliche Anlagen, Anpflanzungen und Einrichtungen

4 Materiell illegale, nicht verfassungsrechtlich bestandsgeschützte Anlagen können den Verkehrswert sowohl des Einwurfs – als auch des Zuteilungsgrundstücks mindernd beeinflussen. Anlagen, deren Beseitigung die Behörde rechtsbeständig angeordnet hat, sind ohne weiteres wertmindernd. Anlagen, deren Beseitigung sie jederzeit rechtmäßigerweise verlangen darf ebenso. Verfassungsrechtlich bestandsgeschützt sind Anlagen, die über einen gewissen Zeitraum materiell-rechtlich rechtmäßig waren (Art 14 I Satz 1 GG). Dass eine materiell-rechtlich rechtswidrige bauliche Anlage baurechtlich bestandskräftig genehmigt ist und in der Folgezeit niemals materiell-rechtlich rechtmäßig war, kommt nicht so selten vor; der Ausübung des Ermessens der Baupolizeibehörde sind wegen ihres durch die Genehmigung vorangegangenen Tuns jedoch enge Grenzen gesetzt. Auch andere Umstände – insbesondere vorangegangenes Verhalten der Baupolizeibehörde – begrenzen die Ermessensausübung zur Beseitigungsbegehrlichkeit. Für diese Fälle gibt es keine allgemeinen Erfahrungswerte über vernünftiges Käuferverhalten. Ggf ist eine Zusicherung nach Landesrecht entsprechend § 38 VwVfG einzuholen. Im Fall der Reduzierung des Ermessens, den Abriss nicht fordern zu dürfen, kommt eine Billigkeitsentschädigung entsprechend Satz 2 iVm § 95 III Satz 1 in Betracht. Entsprechendes gilt für rechtliche beseitigungsbedrohte Anpflanzungen oder Einrichtungen. Der Mangel kann den Verkehrswert auf einen Wert unter Null mindern. In der Regel dürfte eine solche Anlage die Erreichung des Zwecks der Umlegung (§ 45) erheblich stören. Deshalb ist vorzuziehen, den Mangel vor der Zuteilung zu beseitigen.

V. Ermittlung des Abfindungs- bzw. Ausgleichsbetrages

5 Zur Geldabfindung s Rn 15 zu § 55. Zum Geldausgleich s Rn 13 zu § 55. Zur Errechnung des Betrages gelten die Vorschriften über die Enteignungsentschädigung der §§ 93 ff Maßgebend ist der Zeitpunkt des Umlegungsplans (§ 66). Soweit bauliche Anlagen, Anpflanzungen oder Einrichtungen den Zweck der Umlegung (§ 45 I) nicht entsprechen, können sie den Wert sowohl des Einwurfsgrundstücks als

auch des Zuteilungsgrundstücks mindern. Zu vergleichen ist jeweils der Bodenverkehrswert, wenn das Grundstück ohne bauliche Anlagen bzw. ohne Anpflanzung wäre, aber mit ansonsten gleichen wertbestimmenden Merkmalen, mit dem Verkehrswert des Grundstücks mit diesen Anlagen, orientiert am Zweck der Umlegung (§ 45 I). Zu wertmindernden Faktoren s Rn 4. Werterhöhende Faktoren seit der Bekanntmachung des Umlegungsbeschlusses, § 50, bleiben nach Maßgabe von § 95 unberücksichtigt.

VI. Differenzmethode – Methode Koch

Für Anpflanzungen hat der BGH die Differenzmethode gebilligt (BGH, NJW 92, 2880). Für die Schätzung nützlich sind die Richtlinien für die Ermittlung des Verkehrswertes landwirtschaftlicher Grundstücke und Betriebe, anderer Substanzverluste (Wertminderung) und sonstiger Vermögensnachteile (Entschädigungsrichtlinien Landwirtschaft) vom 28.07.1978, Richtlinien für die Ermittlung und Prüfung des Verkehrswertes von Waldflächen und für Nebenentschädigungen (Waldwertermittlungsrichtlinien 2000) idF vom 12.07.2000 und die Hinweise zur Wertermittlung von Ziergehölzen als Bestandteile von Grundstücken (Schutz- und Gestaltungsgrün) – Ziergehölzehinweise 2000 vom 20.03.2000, abgedruckt im KK, Anhänge 1–3 zu § 95. Für wertvolle Solitärgewächse ist die Methode Koch nützlich (Koch, NJW 79, 2601; BGH, NJW 75, 2061 „Kastanienbaum-Urteil" zu § 251 BGB).

6

VII. Schuldner

Schuldner der Geldabfindung ist die Gemeinde (§ 64 I). Schuldner des Geldausgleichs ist der Zuteilungsempfänger (Satz 1 HS 2).

7

VIII. Gläubiger

Gläubiger der Geldabfindung ist der Eigentümer. Gläubiger des Geldausgleichs ist die Gemeinde, die die Umlegungskasse hält.

8

§ 61 Aufhebung, Änderung und Begründung von Rechten

(1) Grundstücksgleiche Rechte sowie andere Rechte an einem im Umlegungsgebiet gelegenen Grundstück oder an einem das Grundstück belastenden Recht, ferner Ansprüche mit dem Recht auf Befriedigung aus dem Grundstück oder persönliche Rechte, die zum Erwerb, zum Besitz oder zur Nutzung eines im Umlegungsgebiet gelegenen Grundstücks berechtigen oder den Verpflichteten in der Benutzung des Grundstücks beschränken, können durch den Umlegungsplan aufgehoben, geändert oder neu begründet werden. In Übereinstimmung mit den Zielen des Bebauungsplans oder zur Verwirklichung einer nach § 34 zulässigen Nutzung können zur zweckmäßigen und wirtschaftlichen Ausnutzung der Grundstücke Flächen für Zuwege, gemeinschaftliche Hofräume, Kinderspielplätze, Freizeiteinrichtungen, Stellplätze, Garagen, Flächen zum Ausgleich im Sinne des § 1a Abs. 3 oder andere Gemeinschaftsanlagen festgelegt und ihre Rechtsverhältnisse geregelt werden. Im Landesrecht

vorgesehene öffentlich-rechtliche Verpflichtungen zu einem das Grundstück betreffenden Tun, Dulden oder Unterlassen (Baulast) können im Einvernehmen mit der Baugenehmigungsbehörde aufgehoben, geändert oder neu begründet werden.
(2) Soweit durch die Aufhebung, Änderung oder Begründung von Rechten oder Baulasten Vermögensnachteile oder Vermögensvorteile entstehen, findet ein Ausgleich in Geld statt. Für den Fall, dass Vermögensnachteile entstehen, sind die Vorschriften über die Entschädigung im Zweiten Abschnitt des Fünften Teils und über den Härteausgleich nach § 181 entsprechend anzuwenden.
(3) Die Absätze 1 und 2 gelten auch für die nach § 55 Abs. 5 in die Verteilungsmasse eingebrachten Grundstücke.

1 Die **Novelle 2004** hat *erstens* die Vorschrift an die Erweiterung der Umlegung auf den 34-er Bereich angepasst, indem sie klarstellt, dass sie ausschließlich für den Planbereich gilt und *zweitens* das Gestaltungsrecht auf **Zuwege** schlechthin erweitert.

2 Die §§ 61–63 regeln, wie **Rechte** zu behandeln sind. Die Vorschrift befasst sich mit Rechten, die die Erfüllung des Zwecks der Umlegung (§ 45) hindern oder erschweren oder vernünftigerweise begründet sein sollten, öffentliche Lasten und öffentlich-rechtliche Verpflichtungen eingeschlossen. Der Zweck der Umlegung rechtfertigt einerseits die Befugnis der Umlegungsstelle, solche Rechte aufzuheben, zu ändern oder neu zu begründen und begrenzt sie zugleich. Abs 3 stellt klar, dass die Regelung für alle Grundstücke der Verfügungsmasse gilt, die nach § 55 V eingebrachten Außengrundstücke eingeschlossen. Vermögensvor- und -nachteile infolge der Aufhebung, Änderung oder Begründung von Rechten sind nach Abs 2 auszugleichen. Zum Geldausgleich s Rn 13 zu § 55. Für Vermögensnachteile erklärt Abs 2 Satz 2 die Regelungen über die Enteignungsentschädigung für entsprechend anwendbar, wie in § 60 Satz 2 und § 59 V Satz 2, VI Satz 2, auch. Der Verweis auf § 181 betrifft schuldrechtliche Verhältnisse, insbesondere Miete und Pacht, soweit eine rechtliche gesicherte Erwartung auch den Fortbestand des Schuldverhältnisses besteht (BGH, BRS 53 Nr 10). Der Zweck der Umlegung nach § 45 rechtfertigt die Gestaltung **schuldrechtlicher Verhältnisse** und begrenzt deren Zulässigkeit (BGHZ 54, 10).

§ 62 Gemeinschaftliches Eigentum; besondere rechtliche Verhältnisse

(1) Wenn es dem Zweck der Umlegung dient und die Eigentümer zustimmen, kann gemeinschaftliches Eigentum an Grundstücken geteilt werden.
(2) Wenn einem Eigentümer für mehrere verschiedenen Rechtsverhältnissen unterliegende alte Grundstücke oder Berechtigungen ein neues Grundstück zugeteilt wird, so werden entsprechend den verschiedenen Rechtsverhältnissen Bruchteile der Gesamtabfindung bestimmt, die an die Stelle der einzelnen Grundstücke oder Berechtigungen treten. In diesen Fällen kann für jedes eingeworfene Grundstück oder jede Berechtigung anstelle des Bruchteils ein besonderes Grundstück zugeteilt werden.

(3) Wenn gemeinschaftliches Eigentum geteilt wird (Absatz 1) oder einem Eigentümer für sein Grundstück mehrere neue Grundstücke zugeteilt werden, so kann die Umlegungsstelle Grundpfandrechte und Reallasten, mit denen eingeworfene Grundstücke belastet sind, entsprechend den im Umlegungsverfahren ermittelten Werten auf die zuzuteilenden Grundstücke verteilen.

Die Novelle 2004 hat § 62 unverändert belassen. 1

Gegenstand der Regelung sind die Fälle *erstens*, dass **mehrere Personen** an einem Einwurfsgrundstück oder einem Recht beteiligt sind, *zweitens*, dass **eine Person an mehreren Grundstückstücken oder Rechten** beteiligt ist oder *drittens* wegen eines **übergroßen Einwurfsgrundstücks** einen Anspruch auf ein übergroßes Zuteilungsgrundstück hat, das so nicht ohne weiteres zweckmäßig ist. Jede Gemeinschaft oder Gesellschaft tendiert auf deren Auflösung. Hat eine Person eine Mehrheit von Grundstücken und Rechten oder eine Mischung hiervon, sollten diese tendenziell zu einem einzigen Ganzen zusammengeführt werden. Der Zweck einer Umlegung ist typischerweise beiden Tendenzen gleichgerichtet. Die Auflösung einer Gemeinschaft – zumal einer weit verschachtelten Erbengemeinschaft – unterbleibt häufig nur, weil sie aufwendig ist. § 62 ermöglicht, solche Verhältnisse jedenfalls in Bezug auf das Einwurfsgrundstück zu klären. Ggf ist ein Vertreter nach § 207 zu bestellen. Begrenzt ist die Befugnis der Umlegungsstelle durch den Zweck der Umlegung, § 45, wie alle anderen Befugnisse auch. 2

§ 63 Übergang von Rechtsverhältnissen auf die Abfindung

(1) Die zugeteilten Grundstücke treten hinsichtlich der Rechte an den alten Grundstücken und der diese Grundstücke betreffenden Rechtsverhältnisse, die nicht aufgehoben werden, an die Stelle der alten Grundstücke. Die örtlich gebundenen öffentlichen Lasten, die auf den alten Grundstücken ruhen, gehen auf die in deren örtlicher Lage ausgewiesenen neuen Grundstücke über.

(2) Erhält der Eigentümer, dem ein neues Grundstück zugeteilt wird, für das alte Grundstück zum Ausgleich von Wertunterschieden einen Geldausgleich oder nach § 59, § 60 oder § 61 eine Geldabfindung, so sind dinglich Berechtigte, deren Rechte durch die Umlegung beeinträchtigt werden, insoweit auf den Geldanspruch des Eigentümers angewiesen.

Die Novelle 2004 hat die Vorschrift unverändert belassen. 1

Die §§ 61–63 regeln, wie Rechte zu behandeln sind. § 63 schließt die Regelung über Rechtsverhältnisse in der Umlegung ab. Die §§ 61–63 enthalten diese Regelung über Rechtsverhältnisse. § 61 befugt die Behörde, Rechte aufzuheben, zu ändern oder neu zu begründen, § 62 gemeinschaftliches Eigentum aufzulösen und verstreute Rechte zusammenzufassen und § 63 bestimmt die **Surrogation** der nach § 61 unverändert gebliebenen Rechte. Gegenstand der Regelung sind die in § 61 I bezeichneten Rechte, gleichgültig ob sie im Verzeichnis nach § 68 aufgeführt sind oder nicht. Abs 1 Satz 1 bestimmt, dass sich die Rechte am Einwurfsgrundstück, die unverändert geblieben sind, am Zuteilungsgrundstück des Beteiligten kraft Gesetzes fortsetzen – Surrogation (BGH, BRS 45 Nr 194). 2

3 Örtlich gebundene öffentliche Lasten sind Erschließungsbeiträge, Anliegerbeiträge und andere Abgaben nach Kommunalabgabenrecht für räumlich gebundene und nicht grundstücks- oder gar personenbezogene Leistungen, Baulasten nach Landesbaurecht ua. Für sie bestimmt § 61 I Satz 2, dass sie in der örtlichen Lage verbleiben, sich also an einem oder ggf mehreren Zuteilungsgrundstücken in dieser Lage fortsetzen.

4 Ist das Zuteilungsgrundstück weniger wert als das Einwurfsgrundstück, kann das den Wert des infolge der Surrogation (s Rn 2 und 3) mit übergegangenen Rechts mindern. Abs 2 **verweist den dadurch beeinträchtigten Berechtigten** darauf, sich aus dem dem Eigentümer gewährten **Geldausgleich** (Rn 13 zu § 55) oder der **Geldabfindung** (Rn 15 zu § 55) wegen seiner Wertminderung zu befriedigen.

5 Die Umlegungsstelle ist nicht befugt, über einen möglichen **Streit** zwischen dem Eigentümer und dem Berechtigten nach Abs 2 über die **anteilmäßige Aufteilung** der Geldabfindung oder des Geldausgleichs zu entscheiden. Einigen sich diese nicht, kommt die Hinterlegung nach § 65 in Betracht.

§ 64 Geldleistungen

(1) Die Gemeinde ist Gläubigerin und Schuldnerin der im Umlegungsplan festgesetzten Geldleistungen.

(2) Geldleistungen werden mit der Bekanntmachung nach § 71 fällig. Die Fälligkeit der Ausgleichsleistungen für Mehrwerte (§§ 57 bis 61) kann bis zu längstens zehn Jahren hinausgeschoben werden; dabei kann vorgesehen werden, dass die Bezahlung dieser Ausgleichsleistungen ganz oder teilweise in wiederkehrenden Leistungen erfolgt. In den Fällen des Satzes 2 soll die Ausgleichsleistung ab Fälligkeit und bei Anfechtung des Umlegungsplans lediglich wegen der Höhe einer Geldleistung soll diese in Höhe des angefochtenen Betrags ab Inkrafttreten des Umlegungsplans dem Grund nach mit 2 vom Hundert über dem Basiszinssatz nach § 247 des Bürgerlichen Gesetzbuchs jährlich verzinst werden.

(3) Die Verpflichtungen des Eigentümers oder des Erb- bauberechtigten zu Geldleistungen nach den §§ 57 bis 61 gelten als Beitrag und ruhen als öffentliche Last auf dem Grundstück oder dem Erbbaurecht.

(4) Wird zur Sicherung eines Kredits, der
1. der Errichtung von Neubauten, dem Wiederaufbau zerstörter Gebäude oder dem Ausbau oder der Erweiterung bestehender Gebäude oder
2. der Durchführung notwendiger außerordentlicher Instandsetzungen an Gebäuden

auf dem belasteten Grundstück dient, ein Grundpfandrecht bestellt, so kann für dieses auf Antrag ein Befriedigungsvorrecht vor der öffentlichen Last nach Absatz 3 oder einem Teil derselben für den Fall der Zwangsvollstreckung in das Grundstück bewilligt werden, wenn dadurch die Sicherheit der öffentlichen Last nicht gefährdet wird und die Zins- und Tilgungssätze für das Grundpfandrecht den üblichen Jahresleistungen für erstrangige Tilgungshypotheken entsprechen. Die Bewilligung kann von der Erfüllung von Bedingungen abhängig gemacht werden.

(5) Soweit die Kosten und Geldleistungen der Umlegung von einem Bedarfs- oder Erschließungsträger verursacht sind, sind sie von ihm der Gemeinde zu erstatten.
(6) Die öffentlichen Lasten (Absatz 3) sind im Grundbuch zu vermerken.

Gesamtübersicht

	Rn		Rn
I. Allgemeines	1	2. Fälligkeit und Verzinsung	6
a) Novelle 2004	1	a) Fälligkeit	6
b) Behandlung von Geld-		b) harmonisierte Verzinsung	7
leistungen, §§ 64 und 65	2	c) Mögliche Härteregelung	8
II. Schuldverhältnisse	3	d) Verzugszinsen	9
1. Die Gemeinde als Umlegungs-		3. Öffentliche Last,	
kasse	3	Abs 3, 4 und 6	10
a) Umlegungskasse	3	a) Gilt-Beitrag	10
b) Kassenüberschuss –		b) Rangrücktritt	11
Kosten nach § 78	4		

I. Allgemeines

a) Novelle 2004: Die Novelle 2004 hat § 64 unverändert belassen. 1

b) Behandlung von Geldleistungen, §§ 64 und 65: Die §§ 64 und 65 regeln, wie 2
Geldleistungen zu behandeln sind, § 64 regelt die Schuldverhältnisse, § 65 die Hinterlegung. Abs 1 und 5 bestimmen die Gemeinde zur Umlegungskasse und die Folgen hieraus, Abs 2 regelt die Fälligkeit und die Verzinsung und die Abs 3, 4 und 6 behandeln Geldleistungen als öffentliche Last.

II. Schuldverhältnisse

1. Die Gemeinde als Umlegungskasse

a) Umlegungskasse: Abs 1 bestimmt die Gemeinde zur Umlegungskasse, selbst 3
wenn nicht sie die Umlegung durchführt (§ 46 IV). Ist die Bauleitplanung nach § 203 oder § 205 übertragen, ist der Übertragungsempfänger die Umlegungskasse. Die Umlegungskasse ist Gläubigerin und Schuldnerin der Geldleistungen.

b) Kassenüberschuss – Kosten nach § 78: Der Überschuss der Kasse dient insbe- 4
sondere, die Kosten der Umlegung nach § 78 ganz oder teilweise abzudecken.

c) Kein Beitrag zur Deckung eines Fehlbetrages Ein Fehlbetrag in der Kasse 5
geht endgültig zu Lasten der Gemeinde. Ist die Umlegung von vornherein so angelegt, dass die Gemeinde die Kosten der Umlegung allein tragen muss oder gar Fehlbeträge für Geldabfindungen darüber hinaus, lässt sich das mit einer Entscheidung zur städtebaulichen Entwicklung rechtfertigen. Die rechtlichen Schranken zur städtebaulichen Entwicklung schränken zugleich die Befugnis der Gemeinde ein, die Umlegung von vornherein mit einem einkalkulierten Fehlbetrag anzuordnen. Einen **Beitrag zur Deckung des Fehlbetrags** darf die Gemeinde **nicht** erheben. Nach der Gilt-Regelung des Abs 3 gelten die Verbindlichkeiten der Eigentümer und Erbbauberechtigten als Geldbeitrag (s Rn 14 zu § 55), und nach § 78 trägt die Gemeinde

die nicht durch diese Beiträge gedeckten Sachkosten. Von einem Bedarfs- oder Erschließungsträger verursachte Kosten und Geldleistungen jedoch sind nach Abs 5 der Gemeinde zu erstatten.

2. Fälligkeit und Verzinsung

6 **a) Fälligkeit:** Abs 2 knüpft die Fälligkeit aller Geldleistungen an die Bekanntmachung des Umlegungsplans nach § 71.

7 **b) harmonisierte Verzinsung:** Die Verzinsungspflicht im Fall, dass die Fälligkeit hinausgeschoben ist, ist mit der Verzinsungspflicht für Erschließungsbeiträge nach § 135 III und die Enteignungsentschädigung nach § 99 III harmonisiert.

8 **c) Mögliche Härteregelung:** Die Verzinsungsvorschrift des Abs 2 Satz 3 ist als Soll-Vorschrift ausgestaltet, um der Behörde eine Härtefallregelung im Einzelfall zu ermöglichen.

9 **d) Verzugszinsen:** Verzugszinsen sieht weder das Fachrecht des BauGB vor, noch allgemeines Verfahrensrecht. Verzugszinsen kann weder die Umlegungskasse verlangen (BVerwGE 37, 239) noch ein Beteiligter.

3. Öffentliche Last, Abs 3, 4 und 6

10 **a) Gilt-Beitrag:** Abs 3 definiert alle vom Eigentümer oder dem Erbbauberechtigten für die Abschöpfung des Umlegungsvorteils und sonstiger Wertzuwächse nach den §§ 57–56 geschuldeten Geldleistungen – das sind Geldausgleich (s Rn 13 zu § 55) und Geldabfindungen (s Rn 15 zu § 55) – als Geldbeitrag (s Rn 14 zu § 55). Die Gemeinde als Umlegungskasse (Rn 3) hat danach ein Recht auf Befriedigung aus dem Grundstück im dritten Rang nach § 10 Abs 1 Nr 3 ZVG.

11 **b) Rangrücktritt:** Der Rang der öffentlichen Last nach Abs 3 kann die Gewährung eines Baukredits, der letztlich der Verwirklichung des Zwecks der Umlegung dient, hindern oder erschweren. Die Gemeinde als Gläubigerin (Rn 3) ist nach Maßgabe von Abs 4 ermächtigt, mit ihrem Rang zurückzutreten.

§ 65 Hinterlegung und Verteilungsverfahren

Für die Hinterlegung von Geldleistungen und für das Verteilungsverfahren gelten die Vorschriften der §§118 und 119 entsprechend.

1 Die Novelle 2004 hat den bisherigen § 65 unverändert belassen.
2 Die §§ 64 und 65 regeln, wie Geldleistungen im Umlegungsverfahren zu behandeln sind. Für die Hinterlegung verweist § 65 auf die Vorschriften des Enteignungsrechts für die Hinterlegung und über die Verteilung des hinterlegten Betrages. Die Hinterlegung kommt hauptsächlich in Betracht, wenn sich der Eigentümer und der Berechtigte eines Rechts nicht über den Anteil einer Wertminderung des Rechts einigen (s Rn 5 zu § 63).

§ 66 Aufstellung und Inhalt des Umlegungsplans

(1) Der Umlegungsplan ist von der Umlegungsstelle nach Erörterung mit den Eigentümern durch Beschluss aufzustellen. Er kann auch für Teile des Umlegungs-gebiets aufgestellt werden (Teilumlegungsplan).

(2) Aus dem Umlegungsplan muss der in Aussicht genommene Neuzustand mit allen tatsächlichen und rechtlichen Änderungen hervorgehen, die die im Umlegungsgebiet gelegenen Grundstücke erfahren. Der Umlegungsplan muss nach Form und Inhalt zur Übernahme in das Liegenschaftskataster geeignet sein.

(3) Der Umlegungsplan besteht aus der Umlegungs- karte und dem Umlegungsverzeichnis.

Gesamtübersicht

	Rn			Rn
I. Allgemeines	1		2. Verfahren	6
a) Novelle 2004	1		a) Erörterung	6
b) §§ 64–79, abschließende Entscheidung und deren Umsetzung	2		b) Anhörung	7
			c) Vertragsfreundlichkeit	8
II. Abschließende Entscheidung des Umlegungsverfahrens	3		d) Bestimmtheitsgebot	9
			e) Form	10
1. Bedeutung und Rechtscharakter	3		f) Begründung	11
		III.	**Teilumlegungsplan**	12
a) Bedeutung der Vorschrift	3		a) Teilbarkeit	12
b) VA-Charakter und dessen verfügender Inhalt, Abs 2 iVm § 72	4		b) Unterschied zur Teilinkraftsetzung nach § 71 II	13
c) Bestandteile des Umlegungsplans, Abs 2	5		c) Allgemeine Anforderungen	14

I. Allgemeines

a) Novelle 2004: Die Novelle 2004 hat § 66 unverändert belassen. 1

b) §§ 64–79, abschließende Entscheidung und deren Umsetzung: Die §§ 64–79 2
regeln die abschließende Entscheidung im Umlegungsverfahren und deren Umsetzung. § 64 regelt den VA, der das Umlegungsverfahren abschließt.

II. Abschließende Entscheidung des Umlegungsverfahrens

1. Bedeutung und Rechtscharakter

a) Bedeutung der Vorschrift: Der Umlegungsplan beinhaltet das materielle rechtliche Ergebnis der Umlegung. Er erfüllt den Zweck der konkreten Umlegung nach § 45 I. 3

b) VA-Charakter und dessen verfügender Inhalt, Abs 2 iVm § 72: Der Umlegungsplan ersetzt konstitutiv den alten Rechtszustand durch den neuen Rechtszustand, (§ 72 I). Als Regelung iSv § 35 VwVfG ist er VA. Er verfügt – konstitutiv – über den Rechtszustand abschließend. Das **Grundbuch wird unrichtig** und ist zu berichtigen (§ 74). Das **Kataster wird unrichtig** und ist nach Maßgabe des Landeskatasterrechts fortzuschreiben. § 66 bestimmt abschließend, welchen Inhalt der Umlegungsplan haben muss. 4

5 **c) Bestandteile des Umlegungsplans, Abs 2:** Der Umlegungsplan besteht nach Abs 3 aus der Umlegungskarte, die nach der näheren Bestimmung des § 67 den tatsächlichen Neuzustand zeichnerisch beschreibt und dem Umlegungsverzeichnis, das nach Maßgabe des § 68 I den rechtlichen Neuzustand beschreibt.

2. Verfahren

6 **a) Erörterung:** § 66 stellt mehrere verfahrensfachrechtliche besondere Anforderungen an das Zustandekommen des Umlegungsplans. Er fordert *erstens* die vorgängige **Erörterung**, I Satz 1, *zweitens* den **Beschluss** als Form, I Satz 1 (Rn 10), spezielle gesteigerte Anforderungen an die Bestimmtheit (Rn 9) und spezifische Anforderungen an die Darstellung seines Inhalts durch Umlegungskarte und Umlegungsverzeichnis, III (Rn 5). Die Erörterung ist eine **gesteigert förmliche Anhörung** und geht damit über die Anforderungen des § 28 VwVfG hinaus. Erörterung ist das – mündliche – Gespräch über den Sachverhalt, die Wünsche des beteiligten Eigentümers und die für die Behandlung dessen Angelegenheit zu beachtenden Erwägungen, das zu allen drei Punkten von der Umlegungsstelle initiativ zu führen ist. Die Erörterung dient dem Zweck, auf die Meinungs- und insbesondere Willensbildung sowohl der Umlegungsstelle als auch des Eigentümers Einfluss zu nehmen (zur Einflussnahme durch Anhörung s Weyreuther, FS Sendler, S 183 ff). Die Vorschrift verlangt die Gelegenheit zur Erörterung, und wenn sie der Eigentümer wahrnimmt, das vorbezeichnete Gespräch zu führen. Sie verlangt nicht, dass die Erörterung tatsächlich stattgefunden hat, wenn der Eigentümer die Gelegenheit dazu nicht wahrnimmt. Sie verlangt die Erörterung mit den Eigentümern, nicht aber mit den übrigen in § 48 I bezeichneten Beteiligten. Zweckmäßigerweise ist über den Inhalt und das Ergebnis der Erörterung eine Niederschrift zu fertigen.

7 **b) Anhörung:** Die Pflicht zur Anhörung der übrigen Beteiligten bestimmt § 28 VwVfG des Bundes (§ 1 II Satz 1 VwVfG). Eine Erörterung iSv Abs 1 Satz 1 mit diesen weiteren Beteiligten schreibt das Gesetz nicht vor, kann aber zur optimalen Erfüllung des Zwecks der konkreten Umlegung nach § 45 I förderlich und also zweckmäßig sein.

8 **c) Vertragsfreundlichkeit:** Das Umlegungsrecht steht einem öffentlich-rechtlichen Vertrag nach § 54 VwVfG des Bundes (§ 1 II Satz 1 VwVfG) nicht generell entgegen (BGH, NJW 92, 2637, in BRS 53 Nr 186 insoweit nicht abgedruckt, zu einer bindenden Vereinbarung über die Bewertung sowohl des Einwurfs- als auch des Zuteilungsgrundstücks im Erörterungsprotokoll). Das Umlegungsrecht ist vertragsfreundlich.

9 **d) Bestimmtheitsgebot:** Über das allgemeine Bestimmtheitsgebot des § 37 I VwVfG hinaus verlangt Abs 2 speziell, dass der rechtliche Neuzustand den Anforderungen an die Eintragungsfähigkeit im Grundbuch nach den Vorschriften der GBO und der Übernahme in das Liegenschaftskataster nach den landesrechtlichen Anforderungen des Katasterrechts iVm den Verwaltungsvorschriften über die Führung des Liegenschaftskatasters entspricht.

10 **e) Form: Beschluss:** Als Form verlangt Abs 1 Satz 1 einen Beschluss der Umlegungsstelle, also eine Kollegialentscheidung.

11 **f) Begründung:** Eine Begründung verlangt das Verfahrensfachrecht abweichend von § 39 VwVfG nicht (BGH, BRS 53 Nr 161).

III. Teilumlegungsplan

a) Teilbarkeit: Abs 1 Satz 2 ermöglicht einen Teilumlegungsplan. Er **setzt Teilbarkeit des Umlegungsgebietes nach dem vorgezogenen und dem Restteil voraus**. Ziel der gesetzlichen Regelung ist, mit der Verwirklichung der zulässigen Nutzung in Teilgebieten schneller beginnen zu können. 12

b) Unterschied zur Teilinkraftsetzung nach § 71 II Der Teilumlegungsplan unterscheidet sich von der Inkraftsetzung räumlicher und sachlicher Teile des Gesamtumlegungsplans nach § 71 II in Folgendem: Die Teilinkraftsetzung betrifft einen Ausschnitt aus dem Gesamtumlegungsplan. Sie kommt in der Zeit zwischen der Bekanntmachung des Gesamtumlegungsplans nach den §§ 69 und 70 und der Bestandskraft nach Abschluss eines Rechtsmittelverfahrens in Betracht. Teilbar ist die Inkraftsetzung eines Ausschnitts aus dem Gesamtumlegungsplan nur, soweit sich die abschließende Entscheidung über das eingelegte Rechtsmittel auf den vorab in Kraft gesetzten Teil nicht auswirken kann, also soweit nicht ein untrennbarer sich aus dem Umlegungsplan ergebender Regelungszusammenhang besteht. Ein Teilumlegungsplan kommt in der Zeit bis zum Beschluss über einen Gesamtumlegungsplan in Betracht. Das rechtliche Hindernis eines untrennbaren Regelungszusammenhangs besteht in dieser Zeit noch nicht und lässt sich möglicherweise vermeiden. Der Teilumlegungsplan ersetzt im Teilgebiet den alten Rechtszustand durch den neuen (s. Rn 4). Der Umlegungsplan für das Restgebiet wird durch den zeitlich vorangegangenen Teilumlegungsplan entsprechend ein Teilumlegungsplan für das im Umlegungsbeschluss nach § 47 bestimmte Umlegungsgebiet. 13

c) Allgemeine Anforderungen: Der Teilumlegungsplan muss allen Anforderungen an einen Umlegungsplan genügen. 14

Anhang

▶ **Muster**
Antrag auf gerichtliche Entscheidung gegen einen Umlegungsplan
nach §§ 66, 217 BauGB

An den

Umlegungsausschuss der

Stadt A

In dem Umlegungsverfahren

1. des Herrn A

– Antragsteller –

Verfahrensbevollmächtigte:

gegen

den Umlegungsausschuss der Stadt A, vertreten durch

– Beteiligte –

weiter beteiligt: die Stadt A

wegen Antrags auf gerichtliche Entscheidung gegen den Umlegungsplan

Namens und im Auftrag der Antragsteller stellen wir Antrag auf gerichtliche Entscheidung und

beantragen:

1. Der Umlegungsplan der Stadt A vom ... in Form des Widerspruchsbescheides vom ... wird aufgehoben.

2. Die Beteiligten tragen die Kosten des Verfahrens.

Gründe:

I. Der Antragsteller ist Eigentümer des Grundstücks ..., [...].

II. Der Antrag ist zulässig und begründet. Der angefochtene Umlegungsplan ist rechtsfehlerhaft.

1. Der Umlegungsplan ist deshalb aufzuheben, weil kein wirksamer BPl zugrunde liegt (BGHZ 66, 322 (331)). [...]

2. Der Umlegungsplan ist auch deshalb rechtswidrig, weil die konkrete Zuteilung der neu zu schaffenden Grundstücke den Antragsteller gegen die Vorgaben des § 59 Abs 1 BauGB benachteiligt (BGH NJW 1981, 2060 f; Dieterich, Baulandumlegung, 4. Aufl, Rn 247). ◂

§ 67 Umlegungskarte

Die Umlegungskarte stellt den künftigen Zustand des Umlegungsgebiets dar. In die Karte sind insbesondere die neuen Grundstücksgrenzen und -bezeichnungen sowie die Flächen im Sinne des § 55 Abs. 2 einzutragen.

1 § 67 ist seit dem BBauG 1960 unverändert.

2 Die Umlegungskarte bildet den gem § 66 III **kartografischen** Bestandteil des Umlegungsplans. Sie stellt den neuen Rechtszustand (§ 72 I Satz 1) **zeichnerisch** – kartenmäßig – dar. Wie dieser Zustand zeichnerisch darzustellen ist, ist dem jeweiligen Landeskatasterrecht zu entnehmen einschließlich der Verwaltungsvorschriften. Diese Verwaltungsvorschriften enthalten üblicherweise das Regelwerk, das die speziellen Anforderungen an die Bestimmtheit nach § 66 II ermöglicht. Der mangelnde Normcharakter der Verwaltungsvorschriften ist in Bezug auf die Bestimmtheitspflicht unergiebig. Der Karte ist zwar die Flur- und Parzellenbezeichnung sowie die Lage der Grenzen zu entnehmen, nicht jedoch das exakte Zahlenwerk zur Feststellung der Grenzen.

3 Die Formulierung „zukünftig" ebenso wie „in Aussicht genommen" in § 66 II Satz 1 bezeichnet, dass die Zeichnung den im Umlegungsplan ersetzten neuen Rechtszustand nach § 66 II iVm § 72 I Satz 1 darstellt und nicht etwa einen in Zukunft erst zu erwartenden. Die Gesetzesformulierung ist insoweit irreführend.

4 § 67 verlangt einen **zwingenden** Inhalt und einen **Soll-Inhalt**. Die Zuteilungsgrundstücke einschließlich der verkehrs- und bewohnerdienlichen Infrastrukturflächen nach § 55 II und der Zuteilungs-Außengrundstücke nach § 55 IV und § 59 IV und V müssen dargestellt sein. „Insbesondere" bedeutet an sich, dass der Beginn der Aufzählung der zwingend darzustellenden Umstände zu ergänzen ist. Dieser ist aber durch das Klarheitsgebot begrenzt mit der Folge, dass nicht alle umlegungsrelevanten Umstände zeichnerisch eingetragen sein müssen, selbst wenn sie die Lesbarkeit der Karte beeinträchtigen. Unter den nicht ausdrücklich in § 67 aufgeführ-

ten Umständen ist nach deren **Gewichtigkeit und der Lesbarkeit der Karte** auszuwählen. Bauliche Anlagen und nach § 59 VII bestimmte Gebote nach § 176 (Baugebot), § 177 (Modernisierungs- oder Instandsetzungsgebot) und § 178 (Pflanzgebot) dürften zum Pflichtinhalt gehören.

§ 68 Umlegungsverzeichnis

(1) Das Umlegungsverzeichnis führt auf
1. **die Grundstücke, einschließlich der außerhalb des Umlegungsgebiets zugeteilten, nach Lage, Größe und Nutzungsart unter Gegenüberstellung des alten und neuen Bestands mit Angabe ihrer Eigentümer;**
2. **die Rechte an einem Grundstück oder einem das Grundstück belastenden Recht, ferner Ansprüche mit dem Recht auf Befriedigung aus dem Grundstück oder persönliche Rechte, die zum Erwerb, zum Besitz oder zur Nutzung eines Grundstücks berechtigen oder den Verpflichteten in der Benutzung des Grundstücks beschränken, soweit sie aufgehoben, geändert oder neu begründet werden;**
3. **die Grundstückslasten nach Rang und Betrag;**
4. **die Geldleistungen, deren Fälligkeit und Zahlungsart sowie der Wert der Flächen nach § 55 Abs. 2 bei einer insoweit erschließungsbeitragspflichtigen Zuteilung;**
5. **diejenigen, zu deren Gunsten oder Lasten Geldleistungen festgesetzt sind;**
6. **die einzuziehenden und die zu verlegenden Flächen im Sinne des § 55 Abs. 2 und die Wasserläufe;**
7. **die Gebote nach § 59 Abs. 7 sowie**
8. **die Baulasten nach § 61 Abs. 1 Satz 3.**

(2) Das Umlegungsverzeichnis kann für jedes Grundstück gesondert aufgestellt werden.

Die Novelle 2004 hat die Vorschrift unverändert belassen. 1

Das Verzeichnis bezeichnet die **neuen Rechtsverhältnisse textlich**. Rechtsverhältnisse sind traditionell mittels Sprache – genauer: Schreibe – also textlich, beschrieben (Weyreuther, Probleme juristischer Kommunikation, DÖV 1997, 177). Die Zeichnung hat daneben eher die Verständigung unterstützende Funktion. Das Umlegungsverzeichnis ist deshalb der neben der Umlegungskarte, § 67, **bedeutsamere Bestandteil des Umlegungsplans** nach § 66 II. 2

Abs 1 bestimmt den zwingenden Inhalt des Verzeichnisses. Das Verzeichnis **ersetzt** als textlicher Bestandteil des Umlegungsplans nach § 72 I Satz 1 den **bisherigen Rechtszustand positiv durch den neuen Rechtszustand**. Er bewirkt **nicht – negativ – den Ausschluss** nach § 61 I unverändert gebliebener nicht in ihm aufgeführter Rechte. 3

Die speziellen Anforderungen an die Bestimmtheit nach § 66 II iVm denen des Grundbuch- und des Katasterrechts beziehen sich insbesondere auf die Bezeichnung im Umlegungsverzeichnis. Zweckmäßig ist, die Bezeichnungen für das Umlegungsverzeichnis vorher mit dem Grundbuchamt und dem Katasteramt abzustimmen. 4

§ 69 Bekanntmachung des Umlegungsplans, Einsichtnahme

(1) Die Umlegungsstelle hat den Beschluss über die Aufstellung des Umlegungsplans (§ 66 Abs. 1) in der Gemeinde ortsüblich bekannt zu machen. In der Bekanntmachung ist darauf hinzuweisen, dass der Umlegungsplan an einer zu benennenden Stelle nach Absatz 2 eingesehen werden kann und auszugsweise nach § 70 Abs. 1 Satz 1 zugestellt wird.

(2) Den Umlegungsplan kann jeder einsehen, der ein berechtigtes Interesse darlegt.

1 Die Novelle 2004 hat § 69 unverändert belassen.

2 Gegenstand der Bekanntmachung ist der **Beschluss** nach § 66 I Satz 1 (s Rn 10 zu § 66) und **nicht der Umlegungsplan** bestehend nach § 66 II aus der Umlegungskarte (§ 67), und dem Umlegungsverzeichnis (§ 68). Der Umlegungsbeschluss muss das Umlegungsgebiet (§ 47 Satz 2 und § 52) bezeichnen. Die einzelnen Grundstücke brauchen nicht aufgeführt zu werden. Die Bezeichnung sollte seit dem Umlegungsbeschluss nach § 47 Satz 1 einheitlich und so prägnant bezeichnet sein, dass es **Anstoßfunktion** für alle Interessierten hat.

3 Die Bekanntmachung ist **Wirksamkeitsvoraussetzung** des Umlegungsplans und informiert die Öffentlichkeit über den Abschluss des Umlegungsverfahrens. Sie ist **nicht VA**.

4 Da die Bekanntmachung nicht VA ist, löst sie auch nicht eine Rechtsmittelfrist aus. Eine Rechtsmittelbelehrung ist nicht beizugeben.

5 Wie ortsüblich bekannt zu machen ist, richtet sich nach Landeskommunalrecht iVm kommunalem Satzungsrecht über die ortsübliche Bekanntmachung.

6 Abs 1 Satz 2 bestimmt die **Bereithaltungspflicht** für den Umlegungsplan bestehend nach § 66 III aus der Umlegungskarte (§ 67) und dem Umlegungsverzeichnis (§ 68). Die Bereithaltungspflicht besteht dauernd, sie ist nicht zeitlich begrenzt. Mit der Bereithaltungspflicht korrespondiert das in Abs 2 bestimmte Recht eines jeden, der ein berechtigtes Interesse darlegt. Ist das Umlegungsverzeichnis nach § 68 II für jedes Grundstück gesondert aufgestellt, ist das berechtigte Interesse für jedes Verzeichnis darzulegen, das der Betreffende einsehen möchte. Das berechtigte Interesse für die nach § 69 II begehrte Einsichtnahme ist ein anderes als das für die nach § 75 begehrte Einsichtnahme. Der Umlegungsplan enthält im Fall des § 69 einen nicht rechtsbeständigen Inhalt, während er im Fall des § 75 einen bindenden vom unrichtig gewordenen Inhalt des Grundbuchs abweichenden Inhalt hat. Danach richtet sich die Berechtigung des Interesses. Das kann im Fall des § 69 Auch das **presserechtlich** relevante Interesse eines Journalisten sein (BGH, NJW 1981, 1563; OLG Hamm, NJW 1988, 2482).

§ 70 Zustellung des Umlegungsplans

(1) Den Beteiligten ist ein ihre Rechte betreffender Auszug aus dem Umlegungsplan zuzustellen. Dabei ist darauf hinzuweisen, dass der Umlegungsplan an einer zu benennenden Stelle nach § 69 Abs. 2 eingesehen werden kann.

(2) Hält die Umlegungsstelle Änderungen des Umlegungsplans für erforderlich, so können die Bekanntmachung und die Zustellung des geänderten Umlegungsplans auf die von der Änderung Betroffenen beschränkt werden.
(3) Ist im Grundbuch die Anordnung der Zwangsversteigerung oder Zwangsverwaltung eingetragen, so gibt die Umlegungsstelle dem Vollstreckungsgericht von dem Umlegungsverzeichnis Kenntnis, soweit dieses das Grundstück, das Gegenstand des Vollstreckungsverfahrens ist, und die daran bestehenden Rechte betrifft.

Die Novelle 2004 hat die Vorschrift unverändert belassen. 1
Als Form der Bekanntgabe des Umlegungsplans (§ 61 VwVfG des Bundes, § 1 II 2
Satz 1 VwVfG) schreibt § 70 zwingend die Zustellung vor. Wie zuzustellen ist, ist dem Landesrecht zu entnehmen.
Die Bekanntgabe nach § 69 I betrifft den Umlegungs**beschluss** und nicht den Um- 3
legungsplan als VA (s Rn 2 zu § 69). Erst die **Zustellung bewirkt die Wirksamkeit** des VA, § 43 I VwVfG des Bundes (§ 1 II Satz 1 VwVfG) und setzt die Rechtsmittelfrist in Lauf, sei es nach § 212 I iVm eventuellem Landesrecht, sei es nach § 217 II. Eine Rechtsbehelfsbelehrung ist beizufügen (§ 211).
Die nach § 43 VwVfG des Bundes (§ 1 II Satz 1 VwVfG) bewirkte Wirksamkeit ist 4
nicht gleichbedeutend mit dem Eintritt der Rechtswirkungen des Umlegungsplans. **Wirksamkeit** bedeutet, dass es sich um einen existierenden VA handelt und dass dieser sich nur noch nach dem Regime über seine Änderung ändern lässt und nicht mehr nur nach den Verfahrensvorschriften zum Erlass des Umlegungsplans. Eintritt der Rechtswirkung nach § 72 bedeutet, dass der verfügte Rechtszustand gilt und der ersetzte Rechtszustand nicht mehr gilt. Anders ausgedrückt: Mit der Zustellung wird die Verfügung des neuen Zustands wirksam, während deren rechtlicher Erfolg mit der Bekanntmachung der Unanfechtbarkeit des Umlegungsplans eintritt.
Zuzustellen ist, was der Umlegungsplan **verfügend rechtlich neu** gestaltet hat. 5
Rechte, die die Umlegungsstelle nicht nach § 61 verändert hat, bleiben außerhalb des Umlegungsplans bestehen (s Rn 2 zu § 61 und Rn 3 zu § 68). Bestehen bleibende Rechte nachrichtlich mit aufzunehmen kann zweckmäßig sein.

§ 71 Inkrafttreten des Umlegungsplans

(1) Die Umlegungsstelle hat ortsüblich bekannt zu machen, in welchem Zeitpunkt der Umlegungsplan unanfechtbar geworden ist. Dem Eintritt der Unanfechtbarkeit des Umlegungsplans steht es gleich, wenn der Umlegungsplan lediglich wegen der Höhe einer Geldabfindung anfechtbar ist.
(2) Vor Unanfechtbarkeit des Umlegungsplans kann die Umlegungsstelle räumliche und sachliche Teile des Umlegungsplans durch Bekanntmachung in Kraft setzen, wenn sich die Entscheidung über eingelegte Rechtsbehelfe auf diese Teile des Umlegungsplans nicht auswirken kann. Personen, die Rechtsbehelfe eingelegt haben, sind von der Inkraftsetzung zu unterrichten.

§ 72 Erstes Kapitel. Vierter Teil. Erster Abschnitt

1 Die Novelle 2004 hat § 71 unverändert belassen.
2 Wegen der Vielzahl der Betroffenen wird der diese mehr oder weniger gemeinschaftlich betreffende Umlegungsplan **typischerweise zu unterschiedlichen Zeitpunkten unanfechtbar und damit rechtsbeständig**. Schon der Zeitpunkt der Zustellungen an alle und damit der Ablauf der Rechtsbehelfsfristen ist typischerweise versetzt. Werden Rechtsbehelfe eingelegt, werden letztinstanzliche Entscheidungen erfahrensgemäß zu unterschiedlichen Zeitpunkten rechtskräftig und der Umlegungsplan damit rechtsbeständig. Gälte für einen Ausschnitt aus der Erdoberfläche oder für ein Recht bezüglich des einen Beteiligten der neue Rechtszustand und für andere der alte Rechtszustand, wäre das eine **Konfliktlage**. Die Umlegung ist auf klare neue Rechtsverhältnisse gerichtet. Das Gesetz löst den bezeichneten Widerspruch durch das Schema der § 70–72, indem es den Umlegungsplan nach § 71 I erst mit dem **letzten Eintritt der Rechtsbeständigkeit in Kraft** treten lässt und den Eintritt des **neuen Rechtszustands erst mit der Bekanntmachung**, dass diese Rechtsbeständigkeit eingetreten ist (§ 72 I). Die nach Abs 1 Satz 1 vorgeschriebene Bekanntmachung bewirkt erst – **konstitutiv** – den Eintritt des verfügten neuen Rechtszustandes und den Untergang des alten.
3 Abs 1 Satz 2 reagiert auf den Fall, dass sich nur noch ein oder mehrere die **Geldabfindung (Rn 15 zu § 55) Anfechtende(r) und die Gemeinde gegenüber stehen**, ohne dass dies das zusammenhängende Regelungsgefüge des Umlegungsplans berührte. Die Bodenordnung zielt darauf, dass die Eigentümer ihre (Zuteilungs-) Grundstücke möglichst frühzeitig nach dem neuen Rechtszustand nutzen können und honoriert damit das Eigentumsgrundrecht aus Art 14 I Satz 1 GG.
4 Abs 2 befugt die Umlegungsstelle, **Teile des Gesamt-Umlegungsplans** in Kraft zu setzen. Zur Unterscheidung vom Teilumlegungsplan s Rn 13 zu § 66. Wegen der **negativen Anforderung** an die Teil-Inkraftsetzung, dass sie sich nicht auf diese Teile auswirken und also den Regelungszusammenhang des Gesamt-Umlegungsplans nicht beeinflussen darf, ist der Anwendungsbereich der Befugnis eingeschränkt und riskant, weil sich die Beeinflussungsmöglichkeit nicht immer ohne weiteres erkennen lässt.
5 Die Bekanntmachung ist nach § 211 mit einer Rechtsbehelfsbelehrung zu versehen. Sie ist selbstständig anfechtbar (BGH, BRS 45 Nr 201). Der ggf landesrechtlich vorgeschriebene Widerspruch (s Rn 2 zu § 212 Rn 2) hat keine aufschiebende Wirkung, § 212 II Satz 1 Nr 2.

§ 72 Wirkungen der Bekanntmachung

(1) Mit der Bekanntmachung nach § 71 wird der bisherige Rechtszustand durch den in dem Umlegungsplan vorgesehenen neuen Rechtszustand ersetzt. Die Bekanntmachung schließt die Einweisung der neuen Eigentümer in den Besitz der zugeteilten Grundstücke ein.
(2) Die Gemeinde hat den Umlegungsplan zu vollziehen, sobald seine Unanfechtbarkeit nach § 71 bekannt gemacht worden ist. Sie hat den Beteiligten die neuen Besitz- und Nutzungsrechte, erforderlichenfalls mit den Mitteln des Verwaltungszwangs, zu verschaffen.

Gesamtübersicht

	Rn			Rn
I.	Novelle 2004	1	IV. Besitzeinweisung	4
II.	Rechtsetzende Wirkung des Umlegungsplans und dessen Zeitpunkt, Abs 1 Satz 1	2	V. Landesverwaltungsvollstreckungsrecht	6
III.	Unrichtigkeit der öffentlichen Bücher, insbesondere des Grundbuchs	3	VI. Rechtsbehelf gegen Vollziehungsmaßnahmen	7

I. Novelle 2004

Die Novelle 2004 hat die Vorschrift unverändert belassen. 1

II. Rechtsetzende Wirkung des Umlegungsplans und dessen Zeitpunkt, Abs 1 Satz 1

Der Umlegungsplan als VA verfügt, dass der bisherige Rechtszustand durch den neuen ersetzt wird (s Rn 4 zu § 66). Abs 1 Satz 1 legt dem Umlegungsplan als VA die Wirkung des **Erfolgs der Verfügung** bei, dass der neue Rechtszustand eintritt und der alte untergeht und bestimmt den Zeitpunkt. Da das Gesetz dem Umlegungsplan die Wirkung beilegt, tritt sie kraft Gesetzes ein. Zeitpunkt ist der der ortsüblichen Bekanntmachung der Unanfechtbarkeit des Umlegungsplans nach § 71. 2

III. Unrichtigkeit der öffentlichen Bücher, insbesondere des Grundbuchs

Die Rechtsänderung vollzieht sich außerhalb der öffentlichen Bücher, insbesondere des Grundbuchs. Das Grundbuch ist nach Maßgabe von § 74 iVm insbesondere den §§ 38 1 und 29 Satz 3 GBO, das Liegenschaftskataster nach Maßgabe des § 74 iVm dem Landeskatasterrecht und den Verwaltungsvorschriften zu berichtigen. 3

IV. Besitzeinweisung

Abs 1 Satz 2 legt dem Umlegungsplan darüber hinaus die Wirkung der Einweisung des neuen Eigentümers in den Besitz der ihm zugeteilten Grundstücke bei und verschafft ihm damit das Recht zum unmittelbaren Besitz, sofern nicht ein Besitzrecht des Mieters oder Pächters oder sonstigen dinglichen Berechtigten nach § 61 eingeräumt worden oder unverändert geblieben ist. 4

Widersetzt sich ein bisheriger Besitzer dem Recht des neuen Eigentümers zum unmittelbaren Besitz, muss die Gemeinde dem rechtmäßigen Besitzer den Besitz im Wege der **Verwaltungsvollstreckung** verschaffen, Abs 2. Die Vorschrift bestimmt die Vollziehung als Selbstverwaltungsaufgabe der Gemeinde mit der Pflicht, diese Aufgabe zu erfüllen, angereichert mit dem Anspruch des rechtmäßigen Eigentümers, die Pflicht mit den erforderlichen Mitteln bis zum Erfolg zu erfüllen. Die Meinung, die Gemeinde könne den Eigentümer nach ihrem Ermessen auf den Zivilrechtsweg verweisen, ist abzulehnen (aA W. Schrödter, in: Schrödter, 5. Aufl, Rn 6, von Stang, in: Schrödter, 6. Aufl nicht aufgegriffen). 5

V. Landesverwaltungsvollstreckungsrecht

6 Einschlägig ist das Landesverwaltungsvollstreckungsrecht.

VI. Rechtsbehelf gegen Vollziehungsmaßnahmen

7 Der Rechtsbehelf gegen eine Vollziehungsmaßnahme der Gemeinde ist in den Ländern, die nach § 212 ein Vorverfahren vorgeschrieben haben, der Widerspruch (s Rn 2 zu § 212) und gerichtlich der Antrag auf gerichtliche Entscheidung (BGH, BRS 45 Nr 225).

§ 73 Änderung des Umlegungsplans

Die Umlegungsstelle kann den Umlegungsplan auch nach Eintritt der Unanfechtbarkeit ändern, wenn
1. **der Bebauungsplan geändert wird,**
2. **eine rechtskräftige Entscheidung eines Gerichts die Änderung notwendig macht oder**
3. **die Beteiligten mit der Änderung einverstanden sind.**

1 § 73 gilt unverändert seit der Urfassung des BBauG 1960.

2 Die Vorschrift ist die verfahrensfachrechtliche Regelung über die **Änderbarkeit des Umlegungsplans** als VA. Sie verdrängt die subsidiär geltenden Vorschriften des VwVfG des Bundes (§ 1 II Satz 1 VwVfG), insbesondere der §§ 48 und 49 VwVfG (BVerwGE 61, 316; BGH, BRS 53 Nr 188). Sie gilt ab dem Zeitpunkt, in dem der Umlegungsplan für alle Beteiligten unanfechtbar geworden ist, unabhängig davon, ob die Unanfechtbarkeit nach § 71 ortsüblich bekannt gemacht ist oder nicht.

3 Die Vorschrift verdrängt nicht die **Möglichkeit, ein erneutes Umlegungsverfahren** nach den §§ 45 ff einzuleiten, also die durch den bisherigen Umlegungsplan entstandenen Rechtszustände neu zu ordnen. Die durch § 73 gegebene Möglichkeit ist stattdessen darauf gerichtet, den Umlegungsplan nach § 66 I zu ändern.

4 Die Umlegungsstelle darf den Umlegungsplan nach ihrem **Ermessen** ändern (BGH, BRS 53 Nr 166), sofern die von § 73 gestellten Voraussetzungen erfüllt sind. Das Ermessen kann nach der Gewährleistung des Eigentumsgrundrechts nach Art 14 I 1 GG **auf Null reduziert** und in diesem Fall mit einem Anspruch verbunden sein (BVerwGE 85, 96; BGH, BRS 53 Nr 166; s auch BVerfGE 38, 175 = BRS 34 Nr 87). In Betracht kommt insbesondere der Fall, dass das Normenkontrollgericht den BPl wegen eines Inhaltsfehlers nach **§ 47 VwGO für unwirksam erklärt** hat, und ein ergänzendes Verfahren nach § 214 IV entweder Heilung nicht herbeiführen kann, die Gemeinde ein ergänzendes Verfahren nicht durchführt oder den BPl aufgrund eines ergänzenden Verfahrens mit einem anderen Inhalt in Kraft setzt.

§ 74 Berichtigung der öffentlichen Bücher

(1) Die Umlegungsstelle übersendet dem Grundbuchamt und der für die Führung des Liegenschaftskatasters zuständigen Stelle eine beglaubigte Abschrift der Bekanntmachung nach § 71 sowie eine beglaubigte Ausfertigung des Umlegungsplans und ersucht diese, die Rechtsänderungen in das Grundbuch und in das Liegenschaftskataster einzutragen sowie den Umlegungsvermerk im Grundbuch zu löschen. Dies gilt auch für außerhalb des Umlegungsgebiets zugeteilte Grundstücke.

(2) Bis zur Berichtigung des Liegenschaftskatasters dienen die Umlegungskarte und das Umlegungsverzeichnis als amtliches Verzeichnis der Grundstücke im Sinne des § 2 Abs. 2 der Grundbuchordnung, wenn die für die Führung des Liegenschaftskatasters zuständige Stelle auf diesen Urkunden bescheinigt hat, dass sie nach Form und Inhalt zur Übernahme in das Liegenschaftskataster geeignet sind. Diese Bescheinigung ist nicht erforderlich, wenn die Flurbereinigungsbehörde die Umlegungskarte und das Umlegungsverzeichnis gefertigt hat (§ 46 Abs. 2 Nr. 5 und Abs. 4).

Die Novelle 2004 hat § 74 unverändert belassen. 1

Die Rechtsänderung tritt außerhalb der Bücher – auch des Grundbuchs – kraft Gesetzes ein, § 72 I Satz 1. Die öffentlichen Bücher werden dadurch unrichtig. Abs 1 Satz 1 verpflichtet die Umlegungsstelle, das Grundbuchamt und die für die Führung des Liegenschaftskatasters zuständige Stelle und ggf die Bauaufsichtsbehörde als die das Baulastenverzeichnis führende Stelle zu ersuchen, die Bücher zu berichtigen. Die ersuchten Stellen sind nach Maßgabe des für sie einschlägigen Rechts verpflichtet, die Bücher zu berichtigen. Die durch das Umlegungsrecht begründete Pflicht beseitigt etwaiges Ermessen der ersuchten Stelle, den neuen Rechtszustand in das öffentliche Buch zu übernehmen. 2

Für das Grundbuchamt maßgebend sind insbesondere die §§ 38 I und 29 III GBO. Für das Liegenschaftskataster einschlägig ist das jeweilige Landeskatasterrecht. **Baulasten** werden nach den Landesbauordnungen ins Baulastenbuch eingetragen. Baulasten sind in der Regel öffentlich-rechtliche Verträge. § 61 I verdrängt bundesrechtlich die landesrechtlich begründete Befugnis des Bauaufsichtsamts, eine Baulast zu ändern, aufzuheben oder neu zu begründen und damit, dass das Bauaufsichtsamt sie nicht ins Baulastenbuch übernimmt. In der Regel dürfte eine Baulast im Umlegungsverfahren als Ergebnis der Erörterung nach § 66 I unter Beteiligung des Bauaufsichtsamts vertraglich vereinbart und **im Erörterungsprotokoll beurkundet** sein. 3

§ 75 Einsichtnahme in den Umlegungsplan

Bis zur Berichtigung des Grundbuchs ist die Einsicht in den Umlegungsplan jedem gestattet, der ein berechtigtes Interesse darlegt.

§ 75 gilt unverändert seit der Urfassung des BBauG 1960. 1

2 Mit dem Wirksamwerden des neuen Rechtszustands außerhalb des Grundbuchs nach § 72 I Satz 1 wird dieses unrichtig. Wer es einsieht, findet nicht den richtigen Rechtszustand. Nur der Umlegungsvermerk macht ihn darauf aufmerksam, dass dies möglich sein könnte, nämlich wenn im Umlegungsverfahren der in § 72 I Satz 1 bezeichnete Stand erreicht ist. Für diesen Fall schließt § 75 die vorübergehende „*Publizitätslücke*".
3 Das berechtigte Interesse ist das des § 12 I Satz 1 GBO. Es deckt sich nicht mit dem des § 69 II (s Rn 6 zu § 69).

§ 76 Vorwegnahme der Entscheidung

Mit Einverständnis der betroffenen Rechtsinhaber können die Eigentums- und Besitzverhältnisse für einzelne Grundstücke sowie andere Rechte nach den §§ 55 bis 62 geregelt werden, bevor der Umlegungsplan aufgestellt ist. Die §§ 70 bis 75 gelten entsprechend.

1 Die Novelle 2004 hat § 76 unverändert belassen.
2 Gegenstand sind einzelne Grundstücke und einzelne Rechte, genauer: für die betroffenen Grundstücke oder Rechte den bisherigen Rechtszustand erlöschen und den neuen Rechtszustand eintreten zu lassen (§ 72 I Satz 1). In Betracht kommt die Vorwegnahme der Entscheidung insbesondere für **Verkehrsflächen** und ggf **sonstige bewohnerdienliche Infrastrukturflächen**, damit die Gemeinde die Dauer des Umlegungsverfahrens nutzen kann, die Erschließung so weit durchzuführen, dass ihre die Anforderung an die Erschließungssicherung nach den §§ 33 I Nr 4, 34 I Satz 1 und 35 I hinaus in die Anlagen im Zeitpunkt des Wirksamwerdens des Umlegungsplans im Übrigen benutzbar sind.
3 Der **Teilumlegungsplan** nach § 66 I Satz 2 bezieht sich auf ein räumliches Teilgebiet, während die **Vorwegnahme der Entscheidung** sich auf einzelne Grundstücke oder Rechte bezieht. Von der durch § 72 II Satz 1 eröffneten Möglichkeit, räumliche und sachliche **Teile des Umlegungsplans vor dessen Unanfechtbarkeit in Kraft** zu setzen, unterscheidet sich die Vorwegnahme der Entscheidung durch den Zeitpunkt, in dem sie ergeht. Ihre Entscheidung vorweg nehmen darf die Umlegungsstelle **zeitlich** während der Dauer des Aufstellungsverfahrens bis zur abschließenden Entscheidung nach § 66 I Satz 1, danach nicht mehr. Vorzeitig in Kraft setzen darf sie Teile der abschließenden Entscheidung nach § 66 I Satz 1, sobald diese ergangen ist.
4 Die vorweggenommene Entscheidung **geht in den Umlegungsplan** nach § 66 I Satz 1 ein und nimmt an diesem teil (BGHZ 105, 386). Sie wird nicht etwa ein selbstständiger Teil vergleichbar dem Umlegungsteilplan nach § 66 I Satz 2.
5 Der durch die vorweggenommene Entscheidung bestimmte neue Rechtszustand tritt nach § 76 Satz 2 iVm § 72 I Satz 1 ein, und damit erlischt auch der bisherige Rechtszustand.
6 Gegen die nach Satz 2 iVm § 70 I Satz 1 zugestellte vorweggenommene Entscheidung ist der **Widerspruch** gegeben, soweit nach Landesrecht gem § 212 I ein Vorverfahren vorgeschrieben ist (s Rn 2 zu § 212) und gerichtlich der **Antrag auf gerichtliche Entscheidung** nach § 217 I. Ein Dritter, der geltend macht, iSv Satz 1

betroffen zu sein aber sein Einverständnis nicht erklärt zu haben, erlangt von der Entscheidung durch die Bekanntmachung nach Satz 2 iVm § 71 I Satz 1 Kenntnis. Begehrt er, die vorweggenommene Entscheidung inhaltlich zu ändern oder aufzuheben, muss er sowohl diese als auch die Bekanntmachung der Unanfechtbarkeit anfechten.

§ 77 Vorzeitige Besitzeinweisung

(1) Sofern die Umlegung im Geltungsbereich eines Bebauungsplans durchgeführt wird, kann die Umlegungsstelle nach dem Inkrafttreten des Bebauungsplans, wenn das Wohl der Allgemeinheit es erfordert,
1. **vor Aufstellung des Umlegungsplans die Gemeinde oder den sonstigen Bedarfs- oder Erschließungsträger in den Besitz der Grundstücke, die in dem Bebauungsplan als Flächen im Sinne des § 9 Abs. 1 Nr. 21 oder des § 55 Abs. 2 und 5 festgesetzt sind, einweisen;**
2. **nach Aufstellung des Umlegungsplans und Übertragung der Grenzen der neuen Grundstücke in die Örtlichkeit auch sonstige am Umlegungsverfahren Beteiligte in den Besitz der nach dem Umlegungsplan für sie vorgesehenen Grundstücke oder Nutzungsrechte einweisen.**

(2) Das Wohl der Allgemeinheit kann die vorzeitige Einweisung in den Besitz insbesondere erfordern
1. **in den Fällen des Absatzes 1 Nr. 1 zugunsten der Gemeinde oder eines sonstigen Bedarfs- oder Erschließungsträgers, wenn Maßnahmen zur Verwirklichung des Bebauungsplans bevorstehen und die Flächen für die vorgesehenen Anlagen und Einrichtungen der Erschließung oder Versorgung des Gebiets benötigt werden,**
2. **in den Fällen des Absatzes 1 Nr. 2 zugunsten sonstiger Umlegungsbeteiligter, wenn dringende städtebauliche Gründe für die Verschaffung des Besitzes bestehen und wenn diese Gründe die Interessen der Betroffenen an der weiteren Ausübung des Besitzes wesentlich überwiegen.**

(3) Die §§ 116 und 122 gelten entsprechend.

Die **Novelle 2004** hat in Abs 1 Satz 1 in Hinblick auf die Erstreckung der Umlegung auch auf den 34er Bereich klargestellt, dass die Regelung ausschließlich im Bereich eines in Kraft getretenen BPls gilt. 1

Es handelt sich um das Parallelinstitut des § 116 für die Enteignung. Abs 3 erklärt § 116 für entsprechend anwendbar. 2

Abs 1 zieht die in § 72 I Satz 2 bestimmte **Besitzeinweisung** zeitlich vor (s Rn 4–7 zu § 72). Die vorzeitige Besitzeinweisung ist selbstständiger VA. 3

Die Vorschrift unterscheidet zwei unterschiedliche Fälle. Nr 1 sieht die vorzeitige Besitzeinweisung der **Gemeinde oder des Bedarfs- oder Erschließungsträgers** in die nach § 9 I Nr 21 mit einem Geh-, Fahr- und Leitungsrecht belasteten Flächen, in die bewohnerdienlichen Infrastrukturflächen nach § 55 II und in sonstige im BPl für öffentliche Zwecke festgesetzte Fläche nach § 55 V vor, und zwar **vor** Aufstellung des Umlegungsplans nach § 66 I. Nr 2 sieht die vorzeitige Besitzeinweisung **anderer Umlegungsbeteiligter** nach der Aufstellung des Umlegungsplans nach § 66 I vor. 4

5 Abs 2 spezifiziert einfach-rechtlich das **Wohl der Allgemeinheit**. Eine Eigentumsänderung ist mit der vorzeitigen Besitzeinweisung nicht verbunden. Der neue Rechtszustand tritt nach § 72 I Satz 1 mit der ortsüblichen Bekanntmachung der Unanfechtbarkeit des Umlegungsplans nach § 71 I Satz 1 ein. Das mit dem Eigentumsgrundrecht aus Art 14 I Satz 1 GG verbundene Gemeinwohl lässt sich für die Zuteilungsflächen oder Nutzungsrechte nicht nutzbar machen.

6 Als **Rechtsbehelf** gegen die vorzeitige Besitzeinweisung als VA (Rn 2) ist in den Ländern, in denen nach § 212 I ein Vorverfahren vorgeschrieben ist (s Rn 2 zu § 212) der Widerspruch gegeben, der nach § 212 II Satz 1 Nr 3 keine aufschiebende Wirkung hat und im Übrigen der Antrag auf gerichtliche Entscheidung nach § 217, der nach § 224 Satz 1 Nr 3 keine aufschiebende Wirkung hat.

7 Der Verweis in Abs 3 auf § 116 gilt dem Parallelinstitut für die Enteignung. Nach § 122 I Nr 3 ist der Beschluss über die vorzeitige Besitzeinweisung ein vollstreckbarer Titel iSd Vollstreckungsvorschriften der §§ 704 ff ZPO. Für die Besitzverschaffung auch aufgrund der vorzeitigen Besitzeinweisung gilt § 72 II. Die Besitzeinweisung macht den Betreffenden rechtlich zum rechtmäßigen unmittelbaren Besitzer. Vorenthält ihm der bisherige Besitzer die tatsächliche Sachherrschaft, muss die Gemeinde sein Tun mit den Mitteln des Verwaltungsvollstreckungsrechts überwinden. Wegen der Einzelheiten s Rn 5–7 zu § 72.

Anhang

▶ **Muster**
Antrag auf Anordnung der aufschiebenden Wirkung gegen eine vorzeitige Besitzeinweisung (§§ 77 oder 116, 224 BauGB)

An das

Landgericht – Kammer für Baulandsachen –

Antrag gem § 77, 224 BauGB

In Sachen

der Fa. A

– Antragstellerin –

gegen

die Stadt B

– Beteiligte –

b e a n t r a g e n wir namens und in Vollmacht des Antragstellers:

1. Die aufschiebende Wirkung des Widerspruchs des Antragstellers gegen die vorzeitige Besitzeinweisung durch den Umlegungsausschuss der Stadt B vom ... wird angeordnet.

2. Die Beteiligte Stadt B trägt die Kosten des Verfahrens.

G r ü n d e :

I. Die Antragstellerin ist Eigentümerin von Grundstücken, eingetragen im Grundbuch von ..., Gemarkung ..., Flur ..., Parzellen Nr Für das Gebiet hat die Stadt B ein Bebauungsplanverfahren durchgeführt, der seit dem ... rechtsverbindlich ist. Hierzu hat die

Stadt B auch ein Umlegungsverfahren durchgeführt, welches mit der Bekanntmachung des Umlegungsplans am ... ebenfalls abgeschlossen ist. Die Antragstellerin hat gegen den Umlegungsplan fristgerecht Widerspruch eingelegt.

Auf Antrag der Wohnbau GmbH hat der Umlegungsausschuss der Stadt B nach Durchführung einer mündlichen Verhandlung die vorzeitige Besitzeinweisung zugunsten der Wohnbau GmbH ausgesprochen. Gegen die Anordnung der vorzeitigen Besitzeinweisung hat der Antragsteller ebenfalls Widerspruch eingelegt.

II. Der Antrag auf Anordnung der aufschiebenden Wirkung des Widerspruchs gegen die vorzeitige Besitzeinweisung zugunsten der Wohnbau GmbH ist zulässig und begründet.

1. Gem § 224 BauGB hat ein Antrag auf gerichtliche Entscheidung gegen eine vorzeitige Besitzeinweisung keine aufschiebende Wirkung. Gleiches gilt gem § 212 Abs 2 BauGB für die Einlegung eines Widerspruchs, wenn die landesrechtliche Regelung vorsieht, dass vor einem Antrag auf gerichtliche Entscheidung die Durchführung eines Vorverfahrens notwendig ist.

2. Der Antrag ist auch begründet. § 224 BauGB ordnet die entsprechende Anwendung des § 80 Abs 5 VwGO an. Im Hinblick auf die bei § 80 Abs 5 VwGO notwendige Berücksichtigung der Erfolgsaussichten der Hauptsache (BVerfGE 53, 54; BVerwG DÖV 1993, 433) ist der Antrag auf Anordnung der aufschiebenden Wirkung begründet. Der Widerspruch gegen den Umlegungsplan ist zulässig und begründet. [...]

Anmerkung:

Vorläufiger Rechtsschutz kann ohne vorherigen Antrag bei der Behörde (§ 80 Abs 4 VWGO) durch Antrag auf gerichtliche Entscheidung vor der Baulandkammer begehrt werden (Kirchberg, VBlBW 1990, 161 (173)). ◄

§ 78 Verfahrens- und Sachkosten

Die Gemeinde trägt die Verfahrenskosten und die nicht durch Beiträge nach § 64 Abs. 3 gedeckten Sachkosten.

§ 78 gilt seit der Urfassung des BBauG 1960 unverändert. 1

Verfahrenskosten sind die Verwaltungskosten, die der Gemeinde als Umlegungsstelle oder dem Umlegungsausschuss entstanden sind oder die sie einer Stelle zu erstatten hat, die für sie vorbereitend tätig ist, § 46 II Nr 5 oder die für die die Umlegung durchführt, § 46 IV. 2

Sachkosten sind die der Gemeinde entstehenden Kosten für Geldausgleich und Geldabfindungen (s Rn 13 und 15 zu § 55). 3

Die von einem **Bedarfs- oder Erschließungsträger** nach § 64 V an die Umlegungskasse zu erstattenden Kosten verbleiben bei dieser. 4

Alle **Geldleistungen** sind über die Gemeinde als **Umlegungskasse** abzuwickeln, § 64 I. § 78 bestimmt die Gemeinde als Trägerin der Kosten des Umlegungsverfahrens und schließt sowohl das Prinzip einer ausgeglichenen Umlegungskasse aus als auch ein Kostendeckungsprinzip, sei es iS eines Kostendeckungsgebots oder eines Kostenüberdeckungsverbots. Die Kostentragungspflicht schließt zugleich die Befugnis aus, nicht gedeckte Kosten durch einen Beitrag – nach Landesrecht – auszugleichen. 5

6 Der Ausschluss, nach Landesrecht Beiträge zum Ausgleich einer Unterdeckung der Umlegungskasse zu erheben, ist nicht ein gesetzliches Verbot iSd § 134 BGB. In einem **öffentlich-rechtlichen Vertrag** über die freiwillige Umlegung kann die Gemeinde deshalb einen **Beitrag vereinbaren** (BVerwG, Buchholz 406.11, § 78 Nr 1). Der vertraglich bestimmte Beitrag muss als vereinbarte Leistung den gesamten Umständen nach angemessen sein, wie das § 11 II Satz 1 für den städtebaulichen Vertrag und § 124 III Satz 1 für den Erschließungsvertrag nach einem allgemeinen Rechtssatz auch verlangt.

§ 79 Abgaben- und Auslagenbefreiung

(1) Geschäfte und Verhandlungen, die der Durchführung oder Vermeidung der Umlegung dienen, einschließlich der Berichtigung der öffentlichen Bücher, sind frei von Gebühren und ähnlichen nichtsteuerlichen Abgaben sowie von Auslagen; dies gilt nicht für die Kosten eines Rechtsstreits. Unberührt bleiben Regelungen nach landesrechtlichen Vorschriften.

(2) Die Abgabenfreiheit ist von der zuständigen Behörde ohne Nachprüfung anzuerkennen, wenn die Um- legungsstelle versichert, dass ein Geschäft oder eine Verhandlung der Durchführung oder Vermeidung der Umlegung dient.

1 Die Novelle 2004 hat § 79 unverändert belassen.
2 Die Vorschrift bestimmt eine **sachliche Befreiung von Abgaben**.
3 Die Vorschrift befreit nicht abschließend von allen Abgaben und Kosten iSv Bundes- und Landesrecht. Von der Grunderwerbssteuer ist die gesetzliche Ersetzung des alten durch den neuen Rechtszustand nach § 72 I Satz 1, gem § 1 I Nr 3b GrEStG befreit, nicht aber der Tausch durch die Umlegung abwendende **freiwillige Umlegung**. Der Tausch in der freiwilligen Umlegung ist nicht umsatzsteuerpflichtig (§ 4 Nr 9a UStG). Für Beurkundungs- und Beglaubigungsgebühren gelten die §§ 11 III, 144 I KostO. Daneben gibt es im **Landesrecht** Befreiungsvorschriften für Abgaben.
4 Abs 2 bestimmt ein **gestuftes Verfahren**. Die Versicherung der Umlegungsstelle, dass ein Geschäft oder eine Verhandlung der Durchführung oder Vermeidung der Umlegung dient, bindet die zur Erhebung der nach Bundesrecht bestimmten Abgaben und Auslagen zuständige Behörde unwiderleglich. Abs 2 bindet nicht für eine **landesrechtliche** Befreiungsvorschrift.

Zweiter Abschnitt
Vereinfachte Umlegung

§ 80 Zweck, Anwendungsbereich, Zuständigkeiten

(1) Die Gemeinde kann eine Umlegung im Sinne des § 45 als vereinfachte Umlegung durchführen, wenn die in § 46 Abs. 1 bezeichneten Voraussetzungen vorliegen und wenn mit der Umlegung lediglich

1. unmittelbar aneinander grenzende oder in enger Nachbarschaft liegende Grundstücke oder Teile von Grundstücken untereinander getauscht oder
2. Grundstücke, insbesondere Splittergrundstücke oder Teile von Grundstücken, einseitig zugeteilt

werden. Die auszutauschenden oder einseitig zuzuteilenden Grundstücke oder Grundstücksteile dürfen nicht selbständig bebaubar sein. Eine einseitige Zuteilung muss im öffentlichen Interesse geboten sein.

(2) Auf die vereinfachte Umlegung sind die Vorschriften des Ersten Abschnitts nur anzuwenden, soweit die Vorschriften dieses Abschnitts dies bestimmen. Einer Anordnung der vereinfachten Umlegung durch die Gemeinde bedarf es nicht.

(3) Die vereinfachte Umlegung ist so durchzuführen, dass jedem Eigentümer nach dem Verhältnis des Werts seines früheren Grundstücks zum Wert der übrigen Grundstücke möglichst ein Grundstück in gleicher oder gleichwertiger Lage zugeteilt wird. Eine durch die vereinfachte Umlegung für den Grundstückseigentümer bewirkte Wertminderung darf nur unerheblich sein. Mit Zustimmung der Eigentümer können von den Sätzen 1 und 2 abweichende Regelungen getroffen werden.

(4) Im Rahmen des Verfahrens der vereinfachten Umlegung betroffene Dienstbarkeiten und Baulasten nach Maßgabe des § 61 Abs. 1 Satz 3 können neu geordnet und zu diesem Zweck auch neu begründet und aufgehoben werden. Betroffene Grundpfandrechte können neu geordnet werden, wenn die Beteiligten dem vorgesehenen neuen Rechtszustand zustimmen.

(5) Die Landesregierungen können durch Rechtsverordnungen bestimmen, dass die nach Maßgabe des § 46 Abs. 2 Nr. 1 und 2 gebildeten Umlegungsausschüs- se auch vereinfachte Umlegungsverfahren selbständig durchführen. Die Vorschriften des § 46 Abs. 4 zur Übertragung der Umlegung auf die Flurbereinigungsbehörde oder eine andere geeignete Behörde sind für vereinfachte Umlegungsverfahren entsprechend anzuwenden.

Gesamtübersicht

	Rn		Rn
I. Novelle 2004	1	e) Erweiterung auf enge Nachbarschaft	5
1. Zweck und Ziel, Abs 1	1	f) „Untereinander" statt gegeneinander	6
a) Anpassung an den Umlegungszweck	1	g) Wechselflächen	7
b) „Für die bauliche oder sonstige Nutzung zweckmäßig gestaltete Grundstücke im BPl- oder 34er Bereich	2	2. Vereinfachtes Umlegungsverfahren, Abs 2	8
c) Keine Beseitigung nur bauordnungsrechtlicher Mängel – Abstandsflächen	3	a) Gegenüber Umlegungsverfahren eigenständiges Verfahren	8
		3. Zuteilungsmaßstab, Abs 3	9
d) Wegfall des öffentlichen Interesses für Wechselflächen	4	4. Redaktionelle Änderungen, Abs 4 und 5	10

§ 80 Erstes Kapitel. Vierter Teil. Zweiter Abschnitt

	Rn.		Rn.
II. Anwendungsbereich	11	b) Unerhebliche Wertminderung	17
1. Bagatellfälle	11	c) Alternativ	18
a) Punktuell ansetzende Umlegung	11	d) Alternativ	19
b) Grundsatz der Verhältnismäßigkeit	12	e) Öffentliches Interesse	20
c) Vorrang der vereinfachten Umlegung vor der umfassenden Umlegung	13	3. Verfahren	21
		a) Eigenständiges Verfahren	21
		b) Analogie im Übrigen	22
d) Vorrang der privaten Umlegung vor der vereinfachten	14	c) Einleitung der vereinfachten Umlegung	23
e) Anspruch auf vereinfachte Umlegung	15	d) Zuteilungsverfahren – Vertrag	24
2. Anforderungen	16	e) Rechtsbehelfe	25
a) Nicht selbstständige Bebaubarkeit	16	**IV. Konkurrierendes Landesrecht (Hamburg und Hessen)**	26

I. Novelle 2004

1. Zweck und Ziel, Abs 1

1 **a) Anpassung an den Umlegungszweck:** Auf wiederholte Anregung des Deutschen Städtetages und die Vorschläge des Sachverständigengremiums zur „Fortentwicklung des Rechts der Bodenordnung nach dem Baugesetzbuch" (Fraunhofer-Informationszentrum für Raum und Bau (IRB), Nobelstraße 12, 70569 Stuttgart; Reg-E, Drs 15/2250, S 34) aufgreifend hat die Novelle das bisherige vereinfachte Verfahren der Grenzregelung weiter dem allgemeinen in den §§ 45–79 geregelten Umlegungsrecht angepasst. Die beiden wesentlichen Änderungen sind *erstens* die **Anpassung an Zweck und Ziel der Umlegung**, Abs 1 Satz 1 und *zweitens* die Erweiterung des Anwendungsbereichs auf Grundstücke in **enger Nachbarschaft** statt bisher nur aneinander grenzende Grundstücke (Abs 1 Satz 1). Gesetzgeberisches Motiv war, eine wirtschaftliche und zweckmäßige Bebauung zu ermöglichen (Reg-E s Rn 1 S 34).

2 **b) „Für die bauliche oder sonstige Nutzung zweckmäßig gestaltete Grundstücke im BPl- oder 34er Bereich:** Den bisherigen Zweck, baurechtswidrige Zustände zu beseitigen, § 80 I aF enthält die Neufassung nicht mehr. Es handelte sich um einen in der Praxis häufigen Anwendungsfall, insbesondere um nach Landesrecht abstandsflächenrechtlich rechtswidrige Zustände zu beheben. Der Regierungsentwurf meint, das bisherige Grenzregelungsverfahren sei von der Neufassung mit umfasst (Reg-E s Rn 1 S 34), zu Unrecht.

3 **c) Keine Beseitigung nur bauordnungsrechtlicher Mängel – Abstandsflächen:** Das Ziel der Neufassung – „Zur Erschließung oder Neugestaltung … können bebaute und unbebaute Grundstücke … neu geordnet werden, dass nach Lage, Form und Größe für die bauliche oder sonstige Nutzung zweckmäßig gestaltete Grundstücke entstehen" – schließt nicht mehr ein, einen ausschließlich ordnungsrechtlich rechtswidrigen Zustand zu beheben. Der Rechtssatz ist ein dem Gesetzestext selbst zu entnehmender objektivierter Wille, der sich durch die schriftlich niedergelegten

Gedanken der am Gesetzgebungsverfahren beteiligten Menschen zwar bestätigen lässt, nicht aber korrigieren oder auch auf einen politisch gewünschten anderen Tatbestand erweitern (BVerfG, E 1, 299/312; BVerfGE 11, 126/130). Auch diesen in der Praxis bedeutsamen Fall einzubeziehen ist dem Gesetzgeber nicht gelungen.

d) Wegfall des öffentlichen Interesses für Wechselflächen: Für den Austausch von Wechselflächen verzichtet die Novelle auf das bisher erforderliche überwiegende öffentliche Interesse, Abs 1 Nr 1. Für einseitig zuzuteilende Flächen ist es bei der Anforderung geblieben. 4

e) Erweiterung auf enge Nachbarschaft: Erweitert ist der Anwendungsbereich des vereinfachten Verfahrens auf Grundstücke in enger Nachbarschaft. Das sind Grundstücke, deren unzweckmäßige Grenzführung sich räumlich aufeinander auswirkt. 5

f) „Untereinander" statt Gegeneinander: Bisher war ein Austausch „gegeneinander" vorgesehen. Die Novelle erlaubt den Austausch „untereinander", also auch nicht nebeneinander liegender Flächen, Abs 1 Nr 1. 6

g) Wechselflächen: Nur Wechselflächen und nicht auch einseitig zuzuteilende Flächen dürfen nicht selbstständig bebaubar sein, Abs 1 Satz 2. 7

2. Vereinfachtes Umlegungsverfahren, Abs 2

a) Gegenüber Umlegungsverfahren eigenständiges Verfahren: Abs 2 der Novelle 2004 stellt klar, dass das vereinfachte Umlegungsverfahren ein gegenüber dem in den §§ 45–79 geregelten umfassenden Umlegungsverfahren selbstständiges Verfahren ist. 8

3. Zuteilungsmaßstab, Abs 3

Für die Zuteilung verlangt die Novelle 2004 in Abs 3 Wertgleichheit. Ein Minderwert darf nach Satz 2 „nur unerheblich" sein. Ist er mehr als unerheblich, ist das vereinfachte Verfahren unzulässig. Systematisch handelt es sich um eine Zulässigkeitsanforderung, wie es in der bisherigen Fassung geregelt war und nicht erst um eine Anforderung des Erfolgs der vereinfachten Umlegung. Prüft die Gemeinde zur Einleitung des Verfahrens sorgfältig, müsste sich ohne weiteres prognostizieren lassen, ob eine mehr als unerhebliche Wertminderung zu erwarten ist. 9

4. Redaktionelle Änderungen, Abs 4 und 5

Die Abs 4 und 5 betreffen redaktionelle Anpassungen 10

II. Anwendungsbereich

1. Bagatellfälle

a) Punktuell ansetzende Umlegung: Das einfachere Umlegungsverfahren – bisher als „Grenzregelung" bezeichnet – stand seit der Urfassung des BBauG 1960 für räumlich begrenzte Bagatellfälle zur Verfügung, um eine räumlich punktuell ansetzende Umlegung zu ermöglichen. Zum Merkmal der engen Nachbarschaft s Rn 5. 11

b) Grundsatz der Verhältnismäßigkeit: Zielerreichung: Das vereinfachte Verfahren ist gegeben, wenn das Ziel, nach Lage, Form und Größe für die bauliche oder sonstige Nutzung zweckmäßig gestaltete Grundstücke entstehen zu lassen, die sich **eher und einfacher** mit dem vereinfachten Verfahren erreichen lässt. Hierin 12

unterscheidet sich das vereinfachte Verfahren vom **Teilumlegungsplan**, § 66 I Satz 2 und vom **vorzeitigen Inkraftsetzen** nach § 71 II Satz 1. Aus dem Grundsatz der Verhältnismäßigkeit ergibt sich für die Bodenneuordnung eine **Rangfolge**.

13 **c) Vorrang der vereinfachten Umlegung vor der umfassenden Umlegung:** Das vereinfachte Umlegungsverfahren hat, wenn die Anforderungen erfüllt sind und sich das Ziel hiermit eher und leichter erreichen lässt (Rn 12) **Vorrang vor der umfassenden Umlegung.**

14 **d) Vorrang der privaten Umlegung vor der vereinfachten:** Die private Umlegung hat nach dem Grundsatz der **Verhältnismäßigkeit Vorrang** vor sowohl dem vereinfachten als auch dem umfassenden Umlegungsverfahren, sofern alle Beteiligten sich über die Ergebnisse der Umlegung einig sind. Die Bereitschaft zur privaten Umlegung dem Grunde nach genügt dieser Anforderung nicht. Auch über die Bewertung und die Höhe der Geldleistungen müssen sich die Beteiligten einig sein.

15 **e) Anspruch auf vereinfachte Umlegung:** Die Aufgabe der Gemeinde zur vereinfachten Umlegung kann sich unter den entsprechenden Voraussetzungen zu einer aktuellen Pflicht verdichten, mit der dann ein Anspruch der Beteiligten darauf verbunden sein kann, dieses Verfahren durchzuführen, s. Rnn 8 u 9 zu § 45. Zum Rechtsbehelf s Rn 25.

2. Anforderungen

16 **a) Nicht selbstständige Bebaubarkeit:** Abs 1 stellt das vereinfachte Verfahren für zwei alternative Fallgestaltungen zur Verfügung. **Wechselflächen** dürfen nicht selbstständig bebaubar sein, auch nicht mit einer selbstständigen Pkw-Garage. Die Zulässigkeit und tatsächliche Möglichkeit einer der Hauptnutzung dienenden Nebenanlage sollte kein rechtliches Hindernis für die vereinfachte Umlegung sein.

17 **b) Unerhebliche Wertminderung:** Eine durch die vereinfachte Umlegung für den Eigentümer bewirkte Wertminderung darf nach Abs 3 Satz 2 nur unerheblich sein (Rn 9). Unerheblich ist je nach Lage des Falles eine Minderung zwischen 5 und 10%. Zu vergleichen sind die Verkehrswerte des Grundstücks vor der vereinfachten Umlegung und danach.

18 **c) Alternativ:** Räumliche Anordnung: Zu Wechselflächen s Rn 5.

19 **d) Alternativ: Einseitige Zuteilung:** Die einseitige Zuteilung nach Abs 1 Nr 2 kommt insbesondere für Verkehrsflächen und zur Bildung von Baugrundstücken im Hinterland in Betracht, § 83 III Satz 2 (Rn 5 zu § 83).

20 **e) Öffentliches Interesse:** Die einseitige Zuteilung muss – wie bisher – im öffentlichen Interesse geboten sein. Der sparsame und schonende Verbrauch an Boden kann dieses Interesse begründen, um durch Neugestaltung Baugrundstücke im Hinterland zu schaffen (Rn 5 zu § 83 und vorstehend 19).

3. Verfahren

21 **a) Eigenständiges Verfahren:** Das vereinfachte Umlegungsverfahren ist gesetzestechnisch als gegenüber dem umfassenden, in den §§ 45–79 geregelten Umlegungsverfahren eigenständiges Verfahren ausgestaltet (Abs 3). Nach den §§ 81–84 sind praktisch alle Vorschriften, die nicht auf die Komplexität eines Gebietes zugeschnitten sind, einzeln für anwendbar erklärt. Der Wortlaut von Abs 2 Satz 1, die Vorschriften für das umfassende Umlegungsverfahren seien „nur anzuwenden", so-

weit die Vorschriften über das vereinfachte Verfahren dies bestimmen, schließt lediglich die generelle entsprechende Anwendung aus.

b) Analogie im Übrigen: Die Vorschrift ist nicht gesetzlich bestimmte Auslegungsregel und schließt also nicht die gesetzesausdehnende Auslegung (Analogie) aus (Larenz, Methodenlehre, 6. Aufl, S 381 ff). Eine Lücke im Recht der vereinfachten Umlegung statt mit der Regel für den ähnlichen Tatbestand des Umlegungsverfahrens mit der eines weniger ähnlichen Tatbestandes zu füllen, widerspräche der Auslegungsregel der Analogie und wäre unausgewogen und widerspräche damit dem Rechtsstaatsgebot. Die zitierte Vorschrift bestimmt iSd Auslegungsregel, dass die Tatbestände der vereinfachten Umlegung und der der umfassenden Umlegung nicht gleich sind. 22

c) Einleitung der vereinfachten Umlegung: Eine gesteigert förmliche Einleitung des vereinfachten Umlegungsverfahrens verlangt das Gesetz nicht. **Je nach Landeskommunal- bzw. Satzungsrecht** handelt es sich um eine Angelegenheit der laufenden Verwaltung. Stellt die Umlegungsstelle fest, dass sich das Ziel der Umlegung eher und einfacher mit dem Mittel des vereinfachten Verfahrens erreichen lässt und dessen Anforderungen erfüllt sind, muss sie wegen des Vorrangs (Rn 13) die Gemeinde veranlassen, das Verfahren zu übernehmen. Die Gemeinde ihrerseits kann den Umlegungsausschuss beauftragen, das vereinfachte Verfahren durchzuführen. Auch der **Antrag eines Beteiligten** kann das Verfahren anstoßen. Nur wenn der Betreffende einen Anspruch hat (Rn 14), muss die Gemeinde in diesem Fall das Verfahren durchführen. 23

d) Zuteilungsverfahren – Vertrag: Für das Zuteilungsverfahren hebt Abs 3 Satz 3 die Zulässigkeit und den Vorrang einer vertraglichen Lösung hervor. 24

e) Rechtsbehelfe: Der Rechtsbehelf gegen einen abgelehnten Antrag auf Durchführung des vereinfachten Verfahrens ist der Widerspruch, wenn das Land ein Vorverfahren vorgeschrieben hat und im Übrigen der Antrag auf gerichtliche Entscheidung nach § 217. Bleibt die Gemeinde auf den Antrag hin untätig, ist der Antrag auf gerichtliche Entscheidung nach § 217 gegeben. 25

IV. Konkurrierendes Landesrecht (Hamburg und Hessen)

Das Bodenrecht einschließlich Bodenordnungsrecht ist Gegenstand der konkurrierenden Gesetzgebung, Art 74 I Nr 18. Auch das bundesgesetzliche vereinfachte Verfahren ist abschließend und verdrängt nach Art 31 GG entsprechende landesrechtliche Regelungen. Außerhalb der städtebaulichen Entwicklung hat der Bundesgesetzgeber von seiner Gesetzgebungskompetenz keinen Gebrauch gemacht, insbesondere, um einen ausschließlich ordnungsrechtlichen Mangel zu beheben (Rn 3). Die hamburgischen und die hessischen Vorschriften über die Bereinigung von Wege- bzw. auch Wasserflächen dienen nicht der städtebaulichen Entwicklung. 26

§ 81 Geldleistungen

(1) Vorteile, die durch die vereinfachte Umlegung bewirkt werden, sind von den Eigentümern in Geld auszugleichen. Die Vorschriften über die Entschädigung im Zweiten Abschnitt des Fünften Teils sind entsprechend anzuwenden.

§ 82 Erstes Kapitel. Vierter Teil. Zweiter Abschnitt

(2) Gläubigerin und Schuldnerin der Geldleistungen ist die Gemeinde. Die Beteiligten können mit Zustimmung der Gemeinde andere Vereinbarungen treffen. Die Geldleistungen werden mit der Bekanntmachung nach § 83 Abs. 1 fällig. § 64 Abs. 3, 4 und 6 über Beitrag und öffentliche Last ist entsprechend anzuwenden, wenn die Gemeinde Gläubigerin der Geldleistungen ist.
(3) Dinglich Berechtigte, deren Rechte durch die vereinfachte Umlegung beeinträchtigt werden, sind insoweit auf den Geldanspruch des Eigentümers angewiesen. Für die Hinterlegung von Geldleistungen und für das Verteilungsverfahren gelten die Vorschriften der §§ 118 und 119 entsprechend.

1 Die **Novelle 2004** hat in Abs 1 Satz 1 den Unterschied zwischen Wertänderungen und Wertunterschieden beseitigt und Abs 3 Satz 1 redaktionell an die Überschrift angepasst.
2 Ziel der Vorschrift ist, den **Umlegungsvorteil** durch Geld auszugleichen. Zum Umlegungsvorteil s Rn 9 zu § 55.
3 **Umlegungskasse** ist die Gemeinde. Abs 2 Satz 1 (s Kommentierung zu § 64 I). Die Vorschrift ist nach Satz 2 **vertragsfreundlich**. Als Beteiligte muss auch die Gemeinde zustimmen.
4 Für die **Wertermittlung** verweist auch das vereinfachte Umlegungsverfahren auf das Recht der Enteignungsentschädigung, Abs 1 Satz 2.
5 Bezüglich der Beeinträchtigung von **dinglichen Rechten** lehnt sich das vereinfachte Verfahren an die in § 63 II bestimmte Rechtsfolge an und bezüglich der Hinterlegung an die des § 65.
6 Die Verweisung auf § 64 III, IV und VI bewirkt, dass die **Geldleistungen** als Beiträge gelten und dementsprechend in der Zwangsversteigerung vorrangig sind (s Kommentierung zu § 64).

§ 82 Beschluss über die vereinfachte Umlegung

(1) Die Gemeinde setzt nach Erörterung mit den Eigentümern durch Beschluss die neuen Grenzen sowie die Geldleistung fest und regelt in ihm, soweit es erforderlich ist, die Neuordnung und zu diesem Zweck auch die Neubegründung und Aufhebung von Dienstbarkeiten, Grundpfandrechten und Baulasten. Beteiligten, deren Rechte ohne Zustimmung durch den Beschluss betroffen werden, ist vorher Gelegenheit zur Stellungnahme zu geben. Der Beschluss muss nach Form und Inhalt zur Übernahme in das Liegenschaftskataster geeignet sein.
(2) Allen Beteiligten ist ein ihre Rechte betreffender Auszug aus dem Beschluss zuzustellen. Dabei ist darauf hinzuweisen, dass der Beschluss bei einer zu benennenden Stelle eingesehen werden kann.

1 Die **Novelle 2004** hat die Überschrift redaktionell angepasst, in Abs 1 Satz 1 die Erörterung mit den Eigentümern entsprechend § 66 I Satz 1 eingeführt und in Abs 1 Satz 2 das Einsichtsrecht in den Beschluss entsprechend § 69 I Satz 2.
2 Nach Abs 1 Satz 1 iVm § 83 II ist das abschließende Ergebnis des vereinfachten Verfahrens, dass ein **neuer Rechtszustand** sowohl der Flächen als auch von Rech-

ten und ggf Geldleistungspflichten **entsteht** und damit der bisherige Rechtszustand erlischt, und zwar Kraft Gesetzes außerhalb der öffentlichen Bücher.

Abs 1 Satz 1 verlangt, den neuen Rechtszustand durch **Beschluss** zu bestimmen. Das ist die Bestimmung durch ein Kollegialorgan. Welches Kollegialorgan innerhalb der Gemeinde Autor des Beschlusses sein muss, ist dem Landeskommunalrecht iVm dem Satzungsrecht der Gemeinde zu entnehmen.

Für die Neuordnung bestimmt das Verfahrensfachrecht des vereinfachten Verfahrens **kein gesteigert förmliches** Bestimmtheitsgebot; es verlangt weder ein Verzeichnis, noch eine Karte. Das Bestimmtheitsgebot des § 37 I VwVfG des Bundes (§ 1 II Satz 1 VwVfG) verlangt iVm den Anforderungen des Grundbuchrechts und des Landeskatasterrechts iVm den Verwaltungsvorschriften hierzu eine präzise textliche Beschreibung. Die Gemeinde begeht keinen Rechtsfehler, wenn sie die Anforderungen für das Umlegungsverzeichnis nach § 68 und ggf für die Umlegungskarte nach § 67 nutzbar macht.

Die nach Abs 1 Satz 2 vorgeschriebene **Anhörung** von anderen als den Eigentümern sollte sich nicht darauf beschränken, schriftlich Gelegenheit zur schriftlichen Stellungnahme zu geben, sondern darüber hinaus zur **mündlichen** Erörterung, s Rn 7 zu § 66.

Das vereinfachte Umlegungsverfahren bestimmt nicht, wer **Beteiligter** ist. Inhaber einer nicht im Grundbuch eingetragenen Rechtsposition iSv § 48 I Nr 3 sind kraft ihrer Rechtsposition Beteiligte und werden es nicht erst dadurch, dass der Gemeinde die Anmeldung ihrer Position zugeht, wie das § 49 II für das Umlegungsverfahren bestimmt. Die Gemeinde muss deshalb besonders sorgfältig prüfen, wer alles Beteiligter sein kann. Dazu gehört regelmäßig die das Baulastenbuch führende Stelle, das ist idR die Bauaufsichtsbehörde.

Rechtsbehelf gegen den Beschluss ist in den Ländern, die nach § 212 ein Vorverfahren vorgeschrieben haben, der Widerspruch und im Übrigen der Antrag auf gerichtliche Entscheidung nach § 217.

§ 83 Bekanntmachung und Rechtswirkungen der vereinfachten Umlegung

(1) Die Gemeinde hat ortsüblich bekannt zu machen, in welchem Zeitpunkt der Beschluss über die vereinfachte Umlegung unanfechtbar geworden ist. § 71 Abs. 2 über die vorzeitige Inkraftsetzung ist entsprechend anzuwenden.

(2) Mit der Bekanntmachung wird der bisherige Rechtszustand durch den in dem Beschluss über die vereinfachte Umlegung vorgesehenen neuen Rechtszustand ersetzt. Die Bekanntmachung schließt die Einweisung der neuen Eigentümer in den Besitz der zugeteilten Grundstücke oder Grundstücksteile ein. § 72 Abs. 2 über die Vollziehung ist entsprechend anzuwenden.

(3) Das Eigentum an ausgetauschten oder einseitig zugeteilten Grundstücksteilen und Grundstücken geht lastenfrei auf die neuen Eigentümer über; Unschädlichkeitszeugnisse sind nicht erforderlich. Sofern Grundstücksteile oder Grundstücke einem Grundstück zugeteilt werden, werden sie Bestandteil dieses Grundstücks. Die dinglichen Rechte an diesem Grundstück erstrecken sich auf die zugeteilten Grundstücksteile und Grundstücke. Satz 1 Halbsatz 1 und Satz 3 gelten nur, soweit sich nicht aus einer Regelung nach § 80 Abs. 4 etwas anderes ergibt.

1 Die **Novelle 2004** hat die Überschrift, Abs 1 Satz 1 und Abs 3 Satz 4 redaktionell angepasst und Abs 3 Satz 2 in einen Soweit-Satz geändert.
2 Die Neuordnung durch vereinfachte Umlegung besteht wie bei der Umlegung darin, dass nach Abs 2 Satz 1 kraft Gesetzes der beschlossene **neue Rechtszustand entsteht** und der bisherige Rechtszustand erlischt, und zwar außerhalb der öffentlichen Bücher, insbesondere außerhalb des Grundbuchs.
3 Die Form der **ortsüblichen Bekanntmachung** ist dem Landeskommunalrecht iVm der entsprechenden Satzung der Gemeinde zu entnehmen.
4 Die Neufassung von Abs 3 Satz 2 in einen **Soweit-Satz** honoriert, dass Flächen im Hinterland durch vereinfachte Umlegung selbstständige Baugrundstücke werden können (s Rn 1 und 2 zu § 80; Reg-E Drs 15/2250, S 34). Parzellengrenzen sind für die Beurteilung der bodenrechtlichen Zulässigkeit eines Vorhabens unerheblich (OVG Saar, BRS 48 Nr 51, dazu BVerwG, BRS 48 Nr 50). § 80 I Satz 1 ermöglicht, **selbstständige Baugrundstücke im Hinterland** zu bilden, ggf iVm einer Wegedienstbarkeit und einer Wegebaulast nach § 82 I Satz 1 (Schriever, in: KK, § 80 Rn 14).
5 **Widersetzt sich ein bisheriger Besitzer** dem Recht des neuen Eigentümers zum unmittelbaren Besitz, muss die Gemeinde dem rechtmäßigen Besitzer den Besitz im Wege der Verwaltungsvollstreckung verschaffen, Abs 2 Satz 3 iVm § 72 II. Die Vorschrift bestimmt die Vollziehung als Selbstverwaltungsaufgabe der Gemeinde mit der Pflicht, diese Aufgabe zu erfüllen, angereichert mit dem Anspruch des rechtmäßigen Eigentümers, die Pflicht mit den erforderlichen Mitteln bis zum Erfolg zu erfüllen.
6 Das **Unschädlichkeitszeugnis** nach Abs 3 Satz 1 HS 2 nimmt Bezug auf Art 120 I EGBGB.

§ 84 Berichtigung der öffentlichen Bücher

(1) Die Gemeinde übersendet dem Grundbuchamt und der für die Führung des Liegenschaftskatasters zuständigen Stelle eine beglaubigte Abschrift des Beschlusses über die vereinfachte Umlegung, teilt den Zeitpunkt der Bekanntmachung nach § 83 Abs. 1 mit und ersucht diese, die Rechtsänderungen in das Grundbuch und in das Liegenschaftskataster einzutragen. § 74 Abs. 2 gilt entsprechend.

(2) Für die Kosten der vereinfachten Umlegung gelten die §§ 78 und 79 entsprechend.

1 Die **Novelle 2004** passt die Vorschrift redaktionell an.
2 Das **Grundbuch und das Liegenschaftskataster** werden mit der Bekanntmachung des Beschlusses nach § 83 II Satz 1 **unrichtig**. Sie sind deshalb nach Maßgabe von Abs 1 zu berichtigen. Wer bis zum Zeitpunkt der Berichtigung das Buch einsieht, findet dort einen inzwischen außer Kraft getretenen Rechtszustand dokumentiert. Der Verweis auf § 74 II behebt den Informationsmangel durch das Recht auf Einsicht in den Beschluss nach § 82 I Satz 1.
3 § 78 bestimmt die Gemeinde zum **Kostenträger** hier des vereinfachten Umlegungsverfahrens.
4 § 79 bestimmt begrenzt die **Abgaben- und Auslagenbefreiung** (s die Kommentierung zu § 79).

Fünfter Teil
Enteignung

Erster Abschnitt
Zulässigkeit der Enteignung

§ 85 Enteignungszweck

(1) Nach diesem Gesetzbuch kann nur enteignet werden, um
1. entsprechend den Festsetzungen des Bebauungsplans ein Grundstück zu nutzen oder eine solche Nutzung vorzubereiten,
2. unbebaute oder geringfügig bebaute Grundstücke, die nicht im Bereich eines Bebauungsplans, aber innerhalb im Zusammenhang bebauter Ortsteile liegen, insbesondere zur Schließung von Baulücken, entsprechend den baurechtlichen Vorschriften zu nutzen oder einer baulichen Nutzung zuzuführen,
3. Grundstücke für die Entschädigung in Land zu beschaffen,
4. durch Enteignung entzogene Rechte durch neue Rechte zu ersetzen,
5. Grundstücke einer baulichen Nutzung zuzuführen, wenn ein Eigentümer die Verpflichtung nach § 176 Abs. 1 oder 2 nicht erfüllt,
6. im Geltungsbereich einer Erhaltungssatzung eine bauliche Anlage aus den in § 172 Abs. 3 bis 5 bezeichneten Gründen zu erhalten oder
7. im Geltungsbereich einer Satzung zur Sicherung von Durchführungsmaßnahmen des Stadtumbaus eine bauliche Anlage aus den in § 171 d Abs. 3 bezeichneten Gründen zu erhalten oder zu beseitigen.

(2) Unberührt bleiben
1. die Vorschriften über die Enteignung zu anderen als den in Absatz 1 genannten Zwecken,
2. landesrechtliche Vorschriften über die Enteignung zu den in Absatz 1 Nr. 6 genannten Zwecken.

Gesamtübersicht

	Rn		Rn
I. Allgemeines	1	4. Enteignung zur Ersetzung entzogener Rechte durch neue Rechte (Abs 1 Nr 4)	8
1. Novelle 2004	1		
2. Enteignungsbegriff und Enteignungszweck	2	5. Enteignung bei Nichterfüllung eines Baugebotes (Abs 1 Nr 5)	9
II. Einzelne Enteignungszwecke	3	6. Enteignung in einem Erhaltungsgebiet (Abs 1 Nr 6)	10
1. Planakzessorische Enteignung (Abs 1 Nr 1)	3	7. Geltungsbereich einer Satzung zur Sicherung des Stadtumbaus (Abs 1 Nr 7)	11
2. Enteignung im unbeplanten Innenbereich	6		
3. Enteignung zur Ersatzlandbeschaffung (Abs 1 Nr 3)	7	**III. Andere Enteignungszwecke (Abs 2)**	12

I. Allgemeines

1. Novelle 2004

1 Nach Art 14 Abs 3 Satz 2 GG darf eine Enteignung nur durch Gesetz oder aufgrund eines Gesetzes erfolgen. Nach Art 14 Abs 3 Satz 1 GG ist eine Enteignung nur zum Wohle der Allgemeinheit zulässig. Zur Konkretisierung dieser Zulässigkeitsvoraussetzungen legt § 85 Abs 1 fünf **Enteignungszwecke** fest. Durch EAG Bau wurden die Enteignungszwecke dahingehend erweitert, dass nach dem Gesetz auch enteignet werden kann, um im Geltungsbereich eine Satzung zur Sicherung von Durchführungsmaßnahmen des Stadtumbaus eine bauliche Anlage aus den in § 171d Abs 3 bezeichneten Gründen zu erhalten oder zu beseitigen (Abs 1 Nr 7).

2. Enteignungsbegriff und Enteignungszweck

2 Eine Enteignung iSd §§ 85 ff ist die fremdnützige vollständige oder teilweise Entziehung von Grundeigentum, das als konkrete Rechtsposition durch Art 14 Abs 1 Satz 1 GG gewährleistet wird (BGHZ 126, 379 = DVBl 1995, 104; BVerwGE 94, 1 = NJW 1993, 2949). Die §§ 85 ff enthalten kein allgemeines Enteignungsrecht, sondern dienen ausschließlich der Durchführung fest umrissener städtebaulicher Sachverhalte (vgl BVerfGE 56, 249 (265); BVerfGE 74, 264 (291); BVerwGE 74, 264). Aus diesem Grund kommen sie nicht als Grundlage für die Verwirklichung beliebiger Maßnahmen mit städtebaulicher Relevanz in Betracht (VGH München, NVwZ-RR 2003, 255; BVerfG DVBl 1999, 701 (702); BVerfGE 74, 261 (291)). Die städtebaulichen Zwecke, zu deren Verwirklichung eine Enteignung zulässig ist, sind in Abs 1 abschließend aufgeführt (BVerfGE 56, 249 (265)). Eine Enteignung zu anderen Zwecken, etwa zur Schaffung von Arbeitsplätzen oder zur Verbesserung der regionalen Wirtschaftsstruktur ist danach nicht zulässig (BVerwGE 74, 264). Die Rückenteignung (§ 102) ist in Abs 1 nicht erwähnt, da sie nicht städtebaulichen Zwecken dient.

II. Einzelne Enteignungszwecke

1. Planakzessorische Enteignung (Abs 1 Nr 1)

3 Die sog planakzessorische Enteignung nach Abs 1 Nr 1, dh die Enteignung, um entsprechend den **Festsetzungen** des Bebauungsplans ein Grundstück zu nutzen oder eine solche Nutzung vorzubereiten, setzt einen wirksamen Bebauungsplan voraus (BGHZ 67, 320 = BRS 30 Nr 6), wobei die Wirksamkeit erst im Zeitpunkt des Erlasses des Enteignungsbeschlusses gegeben sein muss; es braucht sich dabei nicht um einen qualifizierten Bebauungsplan iSd § 30 Abs 1 zu handeln. Auch ein nach § 173 Abs 2 BBauG übergeleiteter Plan kann ausreichend sein (BVerwGE 41, 67). Mit der Festsetzung im Bebauungsplan ist für die einzelnen vom Plan erfassten Grundstücke (nur) die zulässige Benutzungsart bestimmt; damit steht noch nicht fest, dass das Wohl der Allgemeinheit es gebietet, ein bestimmtes Grundstück zu diesem Zweck zwangsweise durch Enteignung gerade im jetzigen Zeitpunkt zuzuführen. Die Enteignung ist nur zulässig, wenn es zur Erfüllung öffentlicher Aufgaben unumgänglich ist, das Eigentum in die Hand des Staates zu bringen. Es muss über das öffentliche Interesse an der Planung hinaus ein Zurücktreten des Eigentums hinter das Gemeinwohl erforderlich sein (BGH BauR 2002, 290 f; BGHZ

105, 94 (97)). Die Enteignungsbehörde und die Baulandgerichte haben im Wege der Inszidentkontrolle die Rechtsverbindlichkeit der planerischen Festsetzung von Amts wegen zu prüfen (BGHZ 66, 322). Eine Verwerfungskompetenz steht allerdings nur den Gerichten zu. Die Enteignungsbehörde hat die Möglichkeit, bei der Gemeinde um eine nachträgliche Behebung eines Fehlers bzw die Aufhebung eines Bebauungsplans in einem förmlichen Verfahren nachzusuchen. Die Enteignungsbehörde kann ggf selbst ein Normenkontrollverfahren nach § 47 VwGO anstrengen (BVerwGE 75, 142). Ist ein neu aufgestellter Bebauungsplan endgültig rechtsfehlerhaft, so gilt ggf der alte Bebauungsplan unverändert fort (BVerwGE 85, 289). Erklärt ein **Normenkontrollgericht** den Bebauungsplan für unwirksam, so ist diese Entscheidung bindend (BGH BRS 45 Nr 10; vgl OLG Celle NVwZ 1999, 804; BGH BauR 2002, 290; BGH WM NJW 1997, 2115).

Mit den Festsetzungen iSd Abs 1 Nr 1 sind die des § 9 Abs 1-3 gemeint. Für die Festsetzung nach § 9 Abs 4 gilt dies nur dann, wenn das Landesrecht die Anwendbarkeit der §§ 85 ff ausdrücklich bestimmt. Die Festsetzung muss so konkret bestimmt sein, dass damit die durchzusetzende Nutzung oder deren Vorbereitung erkennbar ist (BGH BRS 19 Nr 45). Lässt die planerische Festsetzung den verfolgten Zweck nicht zu, ist eine Enteignung zu anderen städtebaulichen Zwecken nicht zulässig (BGH NVwZ 1984, 60).

Nutzung und Nutzungsvorbereitung nach Abs 1 Nr 1 unterscheiden sich dadurch, dass in der ersten Alternative (Nutzung) das Grundstück dauernd beim Enteignungsbegünstigten verbleibt, während bei der zweiten Alternative (Nutzungsvorbereitung) regelmäßig nur eine Durchgangsenteignung (§ 89) zu Gunsten der Gemeinde oder eines öffentlichen Bedarfs- oder Erschließungsträgers (§ 87 Abs 3) mit darauf folgender Privatisierung möglich ist (BGH NVwZ 1986, 506). Durch die zweite Alternative soll die Möglichkeit einer Enteignung baureifer Grundstücke geschaffen werden. Dies ist auch durch rein rechtliche Maßnahmen, wie zB eine Grundstücksteilung möglich (BVerwGE 71, 108).

2. Enteignung im unbeplanten Innenbereich

Die Enteignung nach Abs 1 Nr 2 ermöglicht die Ordnung der Bebauung im unbeplanten Innenbereich nach § 34, zB zur Schließung von **Baulücken** (vgl BVerwGE 4, 185 (187); BVerwG DVBl 1990, 576) und darf nur zu Gunsten der Gemeinde oder eines öffentlichen Bedarfs- oder Erschließungsträgers vorgenommen werden (§ 87 Abs 3 Satz 1). Besteht ein einfacher Bebauungsplan iSd § 30 Abs 2, richtet sich die Enteignung nach Abs 1 Nr 1. Gegenstand der Enteignung sind nur unbebaute oder geringfügig bebaute Grundstücke. Ein Grundstück ist nur dann geringfügig bebaut, wenn die Bebauung erheblich unter dem Maß der zulässigen üblichen Bebauung liegt.

3. Enteignung zur Ersatzlandbeschaffung (Abs 1 Nr 3)

Abs 1 Nr 3 berücksichtigt, dass nach § 100 der von der Enteignung Betroffene unter den dort genannten Voraussetzungen einen Anspruch auf Ersatzland haben kann. Wenn der Enteignungsbegünstigte weder Ersatzland hat noch es freihändig beschaffen kann, kommt eine Enteignung unter den Voraussetzungen des § 90 in Betracht.

4. Enteignung zur Ersetzung entzogener Rechte durch neue Rechte (Abs 1 Nr 4)

8 Abs 1 Nr 4 eröffnet die Möglichkeit, den enteigneten Inhaber eines Rechts durch die Begründung eines neuen – entsprechenden – Rechts zu entschädigen. Die Voraussetzungen dazu sind in § 91 geregelt.

5. Enteignung bei Nichterfüllung eines Baugebotes (Abs 1 Nr 5)

9 Der Enteignungszweck nach Abs 1 Nr 5 dient der Verwirklichung der städtebaulichen Planungen. Allerdings rechtfertigt die Nichtbeachtung eines Baugebots nach § 176 noch nicht die Enteignung; vielmehr müssen zusätzlich noch die materiellen Voraussetzungen der Enteignung gegeben sein. Auf der anderen Seite schließt diese Enteignungsmöglichkeit die Vollziehung eines Baugebots mit den Mitteln des Verwaltungszwangs nicht von vornherein aus (BVerwGE 34, 354 = NVwZ 1990, 663). Im Rahmen dieser Regelung kann auch ein dringender Wohnbedarf der Bevölkerung berücksichtigt werden (BVerwG, NVwZ 1994, 291).

6. Enteignung in einem Erhaltungsgebiet (Abs 1 Nr 6)

10 Eine Enteignung nach Abs 1 Nr 6 setzt das Vorhandensein einer wirksamen Erhaltungssatzung (§ 172 Abs 1) voraus (zu den inhaltlichen Anforderungen an eine Erhaltungssatzung: BVerwG DVBl 1987, 1013). Diese Vorschrift dient dazu, eine erhaltungswürdige bauliche Anlage vor dem Abbruch zu bewahren, wenn dem Eigentümer die Erhaltung wirtschaftlich nicht zumutbar ist, das öffentliche Interesse an der Erhaltung jedoch überwiegt. Enteignungsbegünstigter kann die Gemeinde oder ein Anderer sein, der für die Erhaltung der baulichen Anlage die erforderliche Gewähr bietet.

7. Geltungsbereich einer Satzung zur Sicherung des Stadtumbaus (Abs 1 Nr 7)

11 Durch das EAG Bau wurde mit den §§ 171a–d ein Instrumentarium für den Stadtumbau geschaffen. Nach der Begründung des Gesetzes soll damit der besonderen und noch zunehmenden Bedeutung von Stadtumbaumaßnahmen in Reaktion auf die Strukturveränderungen vor allem in Demographie und Wirtschaft und deren Auswirkungen auf die städtebauliche Entwicklung Rechnung getragen werden (Stemmler, ZfBR 2004, 128 ff). § 171d sieht in Anlehnung an § 14 Abs 1 den Erlass einer Veränderungssperre zur Sicherung von Durchführungsmaßnahmen des Stadtumbaus vor. Das Genehmigungserfordernis für Vorhaben in Stadtumbaugebieten besteht nicht kraft Gesetzes, sondern muss durch Satzung der Gemeinde erst begründet werden (Bunzel, ZfBR 2004, 328 (337)). Die Vorschrift dient dazu, eine bauliche Anlage entweder vor dem Abbruch zu bewahren, wenn dem Eigentümer die Erhaltung wirtschaftlich nicht zumutbar ist, das öffentliche Interesse an der Erhaltung jedoch überwiegt oder die bauliche Anlage zu beseitigen.

III. Andere Enteignungszwecke (Abs 2)

12 Abs 2 Nr 1 betrifft das Verhältnis zu anderen Enteignungsgesetzen. Bei der konkreten Verfolgung eines Vorhabens treffen sowohl städtebauliche wie gleich gerichtete „andere Zwecke" iSd Abs 2 Nr 1 zusammen. Nach der Rechtsprechung des BVerwGs sind auch unter solchen Umständen die §§ 85 ff nach dem Wortlaut wie nach dem Sinn der gesetzlichen Regelung weder vorrangig noch ist über ihre Vorrangigkeit nach Maßgabe des jeweiligen Schwerpunkts des Vorhabens zu befinden

(BGHZ 105, 94; BVerwGE 77, 86). Nur wenn feststeht, dass ausschließlich zu einem städtebaulichen Zweck enteignet werden soll, oder wenn nach den Umständen des Einzelfalls von „anderen Zwecken" ernsthaft nicht die Rede sein kann, sind allein die §§ 85 ff anzuwenden (VGH München NVwZ-RR 2003, 255; BVerwGE 77, 86 (89); BGH NJW 1978, 2093). Daraus folgt, dass nach den Vorschriften des BauGB nur zur Verwirklichung der in Abs 1 Nr 1–6 genannten Zwecke enteignet werden darf.

Nach Abs 2 Nr 2 ist neben der Enteignung nach dem BauGB auch die Enteignung aufgrund landesrechtlicher Vorschriften zulässig, wobei durch diese Norm vor allem die Enteignungstatbestände des landesgesetzlichen Denkmalschutzrechts aufrechterhalten werden (vgl VGH München NVwZ-RR 2003, 255). 13

§ 86 Gegenstand der Enteignung

(1) Durch Enteignung können
1. **das Eigentum an Grundstücken entzogen oder belastet werden;**
2. **andere Rechte an Grundstücken entzogen oder belastet werden;**
3. **Rechte entzogen werden, die zum Erwerb, zum Besitz oder zur Nutzung von Grundstücken berechtigen oder die den Verpflichteten in der Benutzung von Grundstücken beschränken; hierzu zählen auch Rückübertragungsansprüche nach dem Vermögensgesetz;**
4. **soweit es in den Vorschriften dieses Teils vorgesehen ist, Rechtsverhältnisse begründet werden, die Rechte der in Nummer 3 bezeichneten Art gewähren.**

(2) Auf das Zubehör eines Grundstücks sowie auf Sachen, die nur zu einem vorübergehenden Zweck mit dem Grundstück verbunden oder in ein Gebäude eingefügt sind, darf die Enteignung nur nach Maßgabe des § 92 Abs. 4 ausgedehnt werden.

(3) Die für die Entziehung oder Belastung des Eigentums an Grundstücken geltenden Vorschriften sind auf die Entziehung, Belastung oder Begründung der in Absatz 1 Nr. 2 bis 4 bezeichneten Rechte entsprechend anzuwenden.

Gesamtübersicht

	Rn		Rn
I. Sinn und Zweck	1	4. Begründung obligatorischer Rechte (Abs 1 Nr 4)	6
II. Katalog der Enteignungsgegenstände	2	III. Zubehör und Scheinbestandteile (Abs 2)	7
1. Eigentum an Grundstücke (Abs 1 Nr 1)	2	IV. Anwendung von Enteignungsvorschriften (Abs 3)	8
2. Enteignung anderer Rechte an Grundstücken (Abs 1 Nr 2)	4		
3. Enteignung obligatorischer Rechte (Abs 1 Nr 3)	5		

§ 86 Erstes Kapitel. Fünfter Teil. Erster Abschnitt

I. Sinn und Zweck

1 Sinn und Zweck der Vorschrift ist es, Gegenstand und Art der Enteignung im Rahmen des Enteignungszwecks des § 85 Abs 1 abschließend iS einer materiellen Zulässigkeitsbeschränkung festzulegen. Die Vorschrift zählt abschließend auf, durch welche Enteignungsmaßnahmen der Enteignungstatbestand erfüllt wird. Sie vermeidet aber eine Definition des Enteignungsbegriffs.

II. Katalog der Enteignungsgegenstände

1. Eigentum an Grundstücke (Abs 1 Nr 1)

2 Unter Grundstück iSd Abs 1 Nr 1 ist das sog **Buchgrundstück** zu verstehen. Dabei kann das Eigentum in allen seinen privatrechtlichen Erscheinungsformen (zB Mit-, Teil- oder Gesamthandseigentum) Gegenstand der Enteignung sein. Dies gilt auch für das Eigentum an Grundstücksteilen (§ 200 Abs 1) und grundstücksgleichen Rechten (§ 200 Abs 2).

3 Unerheblich ist, ob das Eigentum an dem Grundstück in der Hand einer natürlichen oder juristischen Person des Privatrechts liegt (vgl BGH BRS 45 Nr 99). Auch Grundstücke des Finanzvermögens juristischer Personen des öffentlichen Rechts können enteignet werden (BVerwG NVwZ 1984, 649; OLG München NJW 1975, 1128). Nicht enteignungsfähig ist das nicht unter Art 14 Abs 3 GG fallende öffentliche Eigentum (EZB, § 86 Rn 32; BKL, § 86 Rn 3; zur Zulässigkeit des öffentlichen Eigentums: BVerfGE 24, 367 (388); BVerfGE 42, 20 (28); BVerwGE 27, 131).

2. Enteignung anderer Rechte an Grundstücken (Abs 1 Nr 2)

4 Andere Rechte an Grundstücken nach Nr 2 sind dingliche Rechte, mit Ausnahme des Grundeigentums. Dazu zählen ua Dienstbarkeiten (§§ 1018 ff, 1090 ff BGB), Nießbrauch (§§ 1030 ff BGB), Vorkaufsrechte nach §§ 1094 ff BGB oder Hypotheken, Grund- und Rentenschulden (§§ 1113 ff, 1191 ff BGB) und das Jagdausübungsrecht (BGHZ 84, 261 (264)). Nicht zu den anderen Rechten idS zählen die dinglich wirkenden Sicherungsmittel (Widerspruch, Veräußerungsverbote) und die öffentlichen Lasten, wie die Erschließungsbeitragspflicht nach § 134 Abs 2 (BVerwGE 47, 49 = Buchholz 406.11 § 134 BauGB Nr 1; zum Begriff: BGH NJW 1981, 2127).

3. Enteignung obligatorischer Rechte (Abs 1 Nr 3)

5 Die in Nr 3 genannten Rechte sind obligatorischer Natur. Davon werden Ansprüche auf Erwerb (zB Kauf), auf Besitz, wie zB **Miete** (BGHZ 83, 1 = NVwZ 1982, 702 = BRS 45 Nr 171; BGH BRS 19 Nr 145; BGH BRS 26 Nr 134) oder auf Nutzung (zB Pacht) erfasst. Eine besondere praktische Bedeutung haben Rechte zum Besitz aus Mietverträgen nach §§ 535 ff BGB (BGH BRS 26 Nr 134; BGH BRS 19 Nr 145). Besondere Kündigungsfristen hindern die Enteignung nicht (BGH BRS 45 Nr 172). Die vorzeitige Beendigung wird bei der Entschädigung berücksichtigt (BGHZ 83, 1 = BRS 45 Nr 171).

4. Begründung obligatorischer Rechte (Abs 1 Nr 4)

6 Nr 4 bezieht sich auf die Neubegründung obligatorischer Rechte der in Nr 3 genannten Art, wobei die Neubegründung allerdings ausdrücklich zugelassen sein

muss, zB in §§ 97 Abs 2 Satz 2 und Satz 3, 100 Abs 6 Satz 1 und 102 Abs 5. Enteignungsgegenstand werden dabei regelmäßig andere Grundstücke als das zur Enteignung anstehende Grundstück sein (EZB, § 86 Rn 62).

III. Zubehör und Scheinbestandteile (Abs 2)

Die Enteignung umfasst die wesentlichen Bestandteile der Sache (§§ 93, 94 BGB). Sie erstreckt sich aber grds nicht auf Scheinbestandteile nach § 95 BGB und Zubehör nach §§ 97, 98 BGB. Davon ausgehend lässt Abs 2 eine dahingehende Ausdehnung der Enteignung nur dann zu, wenn der Eigentümer dies gem § 92 Abs 4 verlangt.

IV. Anwendung von Enteignungsvorschriften (Abs 3)

Abs 3 enthält eine allgemeine Verweisung und besagt, dass in allen Fällen die für Grundstücke geltenden Enteignungsbestimmungen auch für die dinglichen und die in Abs 1 genannten obligatorischen Rechte sinngemäß gelten, auch wenn dies in den einzelnen Vorschriften nicht ausdrücklich hervorgehoben ist. Wird das Recht, zB eine Dienstbarkeit, nicht vertraglich zwischen dem Grundstückseigentümer und der Gemeinde begründet, kommt eine förmliche Enteignung gem § 85 Abs 1 Nr 1, § 86 Abs 1 Nr 1, § 87 in Betracht (BVerwG BRS 60 Nr 23).

§ 87 Voraussetzungen für die Zulässigkeit der Enteignung

(1) Die Enteignung ist im einzelnen Fall nur zulässig, wenn das Wohl der Allgemeinheit sie erfordert und der Enteignungszweck auf andere zumutbare Weise nicht erreicht werden kann.

(2) Die Enteignung setzt voraus, dass der Antragsteller sich ernsthaft um den freihändigen Erwerb des zu enteignenden Grundstücks zu angemessenen Bedingungen, unter den Voraussetzungen des § 100 Abs. 1 und 3 unter Angebot geeigneten anderen Landes, vergeblich bemüht hat. Der Antragsteller hat glaubhaft zu machen, dass das Grundstück innerhalb angemessener Frist zu dem vorgesehenen Zweck verwendet wird.

(3) Die Enteignung eines Grundstücks zu dem Zweck, es für die bauliche Nutzung vorzubereiten (§ 85 Abs. 1 Nr. 1) oder es der baulichen Nutzung zuzuführen (§ 85 Abs. 1 Nr. 2), darf nur zugunsten der Gemeinde oder eines öffentlichen Bedarfs- oder Erschließungsträgers erfolgen. In den Fällen des § 85 Abs. 1 Nr. 5 kann die Enteignung eines Grundstücks zugunsten eines Bauwilligen verlangt werden, der in der Lage ist, die Baumaßnahmen innerhalb angemessener Frist durchzuführen, und sich hierzu verpflichtet. Soweit im förmlich festgelegten Sanierungsgebiet die Enteignung zugunsten der Gemeinde zulässig ist, kann sie auch zugunsten eines Sanierungsträgers erfolgen.

(4) Die Zulässigkeit der Enteignung wird durch die Vorschriften des Dritten Teils des Zweiten Kapitels nicht berührt.

§ 87 Erstes Kapitel. Fünfter Teil. Erster Abschnitt

Gesamtübersicht

	Rn		Rn
I. Bedeutung der Vorschrift	1	2. Glaubhaftmachung der alsbaldigen Zweckverwirklichung (Satz 2)	7
II. Wohl der Allgemeinheit	2		
III. Das Übermaßverbot	4		
IV. Die besonderen Enteignungsvoraussetzungen (Abs 2)	5	V. Enteignungsprivileg (Abs 3)	8
1. Bemühen um freihändigen Erwerb (Satz 1)	5	VI. Verhältnis zum Planverwirklichungsgebot (Abs 4)	9
		VII. Kontrolldichte	10

I. Bedeutung der Vorschrift

1 Während § 85 die städtebaulichen Zwecke festlegt, zu denen nach BauGB enteignet werden kann und § 86 die Gegenstände und die Art einer städtebaulichen Enteignung bestimmen, schlüsselt § 87 die Voraussetzungen für die Zulässigkeit der städtebaulichen Enteignung im Einzelfall auf. Abs 1 knüpft durch eine Generalklausel an das durch dem Eigentumsschutz dienende **Gemeinwohlgebot** des Art 14 Abs 3 Satz 1 GG an und verbindet dieses Abwägungsgebot mit dem Übermaßverbot.

II. Wohl der Allgemeinheit

2 Abs 1 stellt in Übereinstimmung mit Art 14 Abs 3 Satz 1 GG fest, dass eine Enteignung im Einzelfall nur zulässig ist, wenn das Wohl der Allgemeinheit sie erfordert. Das Wohl der Allgemeinheit stellt einen unbestimmten Rechtsbegriff dar (BVerwGE 24, 367 = DVBl 1969, 190 = DÖV 1969, 102). Es rechtfertigt die Enteignung, wenn ein besonders schwerwiegendes, dringendes öffentliches Interesse gegeben ist (BVerfGE 74, 264 = UPR 1987, 216 = NuR 1987, 220), das den privaten Interessen vorgeht. Der Umstand, dass eine beabsichtigte bauliche Nutzung den Festsetzungen des Bebauungsplanes entspricht, rechtfertigt aber allein noch nicht die Enteignung (BGHZ 105, 94 = NVwZ 1989, 187 = DVBl 1988, 1217); dem Bebauungsplan kommt daher noch keine **enteignungsrechtliche Vorwirkung** zu. Hieraus folgt, dass beim Aufstellen eines Bebauungsplanes noch keine pauschale Vorabprüfung der Enteignungsvoraussetzungen stattfindet (BVerwG NVwZ 1991, 873 = ZfBR 1991, 125). Das Wohl der Allgemeinheit erfordert im Einzelfall keine Enteignung von Grundstücken nach § 87 Abs 1 zur Durchführung von naturschutzrechtlichen Ausgleichsmaßnahmen für einen Golfplatz (BVerwG NuR 2004, 167).

3 Das BauGB lässt eine Enteignung zugunsten jeder natürlichen oder auch juristischen Person des Privatrechts zu (BVerwGE 71, 108, 131 = BVerwG Buchholz 424.01 § 87 FlurbG Nr 8 = NVwZ 1985, 739); das Gemeinwohlgebot begrenzt zwar die Zulässigkeit der Enteignung zu Gunsten Privater (BVerwGE 74, 264 = UPR 1987, 216 = NuR 1987, 220), schließt sie jedoch nicht aus, da ggf auch ein Privater zB die Nutzung eines Grundstücks entsprechend der umzusetzenden planerischen Festsetzung (§ 85 Abs 1 Nr 1) verwirklichen kann. In diesem Zusammenhang genügt es bereits für die Zulässigkeit einer Enteignung, wenn der Geschäftsgegenstand eines privaten Unternehmens (zB Energieversorgung) dem allgemein anerkannten Bereich der Daseinsvorsorge zuzuordnen ist, wenn hinreichende Vorkehrungen dahingehend getroffen sind, dass die selbst gestellte öffentliche Aufgabe ordnungsgemäß erfüllt wird (BVerfGE 66, 248 = NJW 1984, 1872 = DÖV 1984,

714). Unter Berücksichtigung dieser Rechtsprechung auch für den Bereich des Städtebaurechts ist eine Enteignung zur Errichtung einer bebauungsplanmäßig ausgewiesenen freien Walldorfschule für zulässig erklärt worden (BGHZ 105, 94 = NVwZ 1989, 187 = UPR 1989, 72).

III. Das Übermaßverbot

Dass nach Abs 1 2. HS der Zweck der Enteignung auf andere zumutbare Weise nicht erreicht werden kann, ist ein enteignungsrechtlicher Grundsatz, der darauf beruht, dass die Enteignung im konkreten Fall das letzte Mittel („**ultima ratio**") darstellen muss (BGH NJW 1986, 933), um den dem allgemeinen Wohl dienenden Zweck zu erreichen. Eine Enteignung ist deshalb grds nicht zulässig, wenn der damit verfolgte Zweck durch eine Umlegung (OLG Stuttgart NVwZ 1986, 335 = VBlBW 1986, 358), ein städtebauliches Gebot (BVerwGE 88, 97 = DVBl 1991, 817) oder eine Grenzregelung zu erzielen ist. Dies gilt auch dann, wenn der Eigentümer selbst bereit und in der Lage ist, eine dem Enteignungszweck entsprechende Nutzung seines Grundstücks herbeizuführen (BGH NVwZ 1986, 506 = BRS 45 Nr 3 = ZfBR 1985, 153). In diesem Zusammenhang sind auch die wirtschaftlichen Auswirkungen der Enteignung für den Enteigneten im Vergleich zur Enteignung eines anderen Grundstücks zu berücksichtigen. Ebenfalls grds geeignet, die Enteignung als schweren Eingriff und letztes Mittel abzuwenden, ist die Durchsetzung eines Baugebots im Wege des Verwaltungszwangs; allerdings ist vor einer wiederholten Zwangsgeldandrohung zu prüfen, ob die gesteigerten Voraussetzungen für den Antrag auf Enteignung des Grundstücks erfüllt sind (BVerwGE 84, 354 = BVerwG Buchholz 406.11 § 39b BBauG Nr 2 = NVwZ 1990, 663).

IV. Die besonderen Enteignungsvoraussetzungen (Abs 2)

1. Bemühen um freihändigen Erwerb (Satz 1)

Abs 2 verlangt, dass sich der Antragsteller um den freihändigen Erwerb des zu enteignenden Grundstücks ernsthaft zu angemessenen Bedingungen vergeblich bemüht haben muss. Ein ernsthaftes Bemühen setzt voraus, dass **wirtschaftlich sachgerecht** verhandelt wird. Ein Angebot, das gerade zur Vermeidung der Enteignung abgegeben werden muss (BGH NJW 1977, 1535 = DVBl 1978, 59 = BRS 34 Nr 88), enthält dann angemessene Bedingungen, wenn die Höhe ungefähr der Enteignungsentschädigung entspricht (BGH NJW 1987, 1256 = NVwZ 1987, 530 = UPR 1987, 102). Wenn der von der Enteignung Betroffene unter den Voraussetzungen des § 100 Abs 1 und 3 Anspruch auf Ersatzland hat, muss bei dem Versuch des freihändigen Erwerbs auch geeignetes anderes Land angeboten werden. Von Bedeutung ist noch, dass das Angebot zeitlich und sachlich im Zusammenhang mit dem nachfolgenden Enteignungsverfahren stehen muss. Dies bedingt ua, dass der Enteignungsbetroffene die Möglichkeit der Annahme dieses Angebots bis zur Einleitung des Enteignungsverfahrens überhaupt haben muss (BGHZ 90, 243 = NJW 1984, 1879 = BRS 45 Nr 106). Das Angebot kann allerdings sowohl noch in der mündlichen Verhandlung vor der Enteignungsbehörde als auch in der letzten mündlichen Verhandlung vor dem Tatsachengericht nachgeholt werden (BGH NVwZ 1986, 1053). Die Verpflichtung zum ernsthaften Bemühen ist allerdings dann erloschen, wenn der Eigentümer zu erkennen gibt, dass er jedes angemessene

Angebot ablehnen wird (BGH NJW 1966, 2012 = BRS 19 Nr 87). Ein Angebot, in dem nur eine Abschlagszahlung in Höhe von etwa 80% auf die vorläufig errechnete Entschädigungssumme angeboten wird, stellt noch kein angemessenes Angebot dar (BGH NJW 1975, 157 = DVBl 1976, 161 = BauR 1975, 117). Da Abs 2 eine Zulässigkeitsvoraussetzung für die Enteignung aufstellt, hat im Zweifel der Antragsteller auch die entsprechende Nachweispflicht.

6 Stellt ein Kaufvertrag zum freihändigen Erwerb iSv § 87 Abs 2 ausdrücklich fest, bestimmte Grundstücke werden von der öffentlichen Hand für städtebauliche Maßnahmen zur Abwendung einer sonstigen in Frage kommenden Enteignung erworben und der Verkäufer habe sich allein aus dem vorgenannten Grund zum Verkauf entschlossen, so enthält der Vertrag nach Wegfall des Verwendungszwecks (Wegfall des Bebauungsplans) eine Lücke, die nach den Grundsätzen der ergänzenden Vertragsauslegung dahin zu schließen ist. Die Vertragserfüllung ist daran zu orientieren, welche Stellung der enteignete Grundstückseigentümer nach öffentlichem Recht gehabt hätte (BGHZ 135, 92 ff).

2. Glaubhaftmachung der alsbaldigen Zweckverwirklichung (Satz 2)

7 Die in Abs 2 Satz 2 geforderte Glaubhaftmachung wird der Antragsteller zB durch die Darlegung seiner **Bauabsichten** und der **Finanzierungsmöglichkeiten** (Schriftverkehr mit den Banken) vornehmen können. Über die Dauer der angemessenen Frist enthält das Gesetz keine Bestimmung; dies beurteilt sich nach den Umständen des Einzelfalls. Es überlässt der Enteignungsbehörde diese Festsetzung (vgl § 113 Abs 2 Nr 3). Nach § 114 besteht die Möglichkeit der Fristverlängerung. Kommt es nicht zu einer fristgerechten, dem Enteignungszweck entsprechenden Verwendung, kann eine Rückenteignung begehrt werden (§ 102).

V. Enteignungsprivileg (Abs 3)

8 Das Enteignungsprivileg des Abs 3 ist durch die Neufassung auf öffentliche Bedarfs- und Erschließungsträger erweitert worden. Mit diesem Privileg korreliert für die Gemeinde eine Veräußerungspflicht nach § 89 (BGHZ 61, 128; BVerfGE 74, 264). Die Bestimmung des Abs 3 Satz 2 ist an die frühere Regelung in § 39 Abs 4 BBauG angelehnt. Abs 3 Satz 3 enthält eine Vereinfachungsregelung.

VI. Verhältnis zum Planverwirklichungsgebot (Abs 4)

9 Abs 4 stellt sicher, dass die Zulässigkeit einer Enteignung nicht dadurch in Frage gestellt werden kann, dass zur Erfüllung desselben Ziels ein Gebot nach §§ 172 ff möglich ist. Diese Gebotserteilung stellt damit keine andere zumutbare Weise dar, durch die eine Enteignung verhindert werden kann (vgl BVerwG DVBl 1990, 583).

VII. Kontrolldichte

10 Die enteignungsrechtliche Abwägungsentscheidung ist gerichtlich voll nachprüfbar. Der Enteignungsbehörde steht **kein Beurteilungsspielraum** zu (BKL, § 87 Rn 9; EZB, § 87 Rn 24). Eine die Enteignung rechtfertigende Entscheidung ist nur zulässig, wenn alle enteignungsrechtlich anzustellenden Prüfungen das Gemeinwohlerfordernis bestätigt haben. Die enteignungsrechtliche Abwägung unterscheidet sich daher in einem wichtigen Punkt von der planungsrechtlichen Abwägung nach

§ 1 Abs 6 und 7. Im Falle der **planakzessorischen** Enteignung ist damit die zweite Legitimationsstufe der planakzessorischen Enteignung uneingeschränkt gerichtlich überprüfbar, da das Planungsvorhaben nicht Bestandteil des Enteignungsverfahrens ist und die Gemeinde keine Enteignungskompetenz besitzt (BVerfG NVwZ 1999, 979; BVerwG DÖV 1991, 510).

§ 88 Enteignung aus zwingenden städtebaulichen Gründen

Wird die Enteignung eines Grundstücks von der Gemeinde zu den in § 85 Abs. 1 Nr. 1 und 2 bezeichneten Zwecken aus zwingenden städtebaulichen Gründen beantragt, so genügt anstelle des § 87 Abs. 2 der Nachweis, dass die Gemeinde sich ernsthaft um den freihändigen Erwerb dieses Grundstücks zu angemessenen Bedingungen vergeblich bemüht hat. Satz 1 ist entsprechend anzuwenden, wenn die Enteignung eines im förmlich festgelegten Sanierungsgebiet gelegenen Grundstücks zugunsten der Gemeinde oder eines Sanierungsträgers beantragt wird.

I. Befreiung für Gemeinden und Sanierungsträger

§ 88 befreit Gemeinden und Sanierungsträger von den besonderen Enteignungsvoraussetzungen des § 87 Abs 2. Diese Vorschrift ermöglicht eine Enteignung unter erleichterten Voraussetzungen, wenn sie von der Gemeinde aus zwingenden städtebaulichen Gründen beantragt wird. Sie betrifft den Fall, dass nur ein bestimmtes Grundstück für einen der in § 85 Abs 1 Nr 1 und 2 genannten Enteignungszwecke in Betracht kommt und stellt eine Ausnahmevorschrift zu § 87 Abs 2 dar.

1

II. Zwingende städtebauliche Gründe

Zwingende städtebauliche Gründe, gerade das zu enteignende Grundstück in Anspruch zu nehmen, liegen nur vor, wenn nach den Festsetzungen des Bebauungsplanes bzw entsprechend den baurechtlichen Vorschriften das Vorhaben auf einem anderen Grundstück nicht ausgeführt werden kann und die Inanspruchnahme des Grundstücks im jetzigen Zeitpunkt unumgänglich notwendig ist. Beide Aspekte können insbesondere bei der Schließung von **Baulücken** und der **Stadtsanierung** eine Rolle spielen (BGH BRS 19, Nr 55; einschränkend: Gaentzsch, § 88 Rn 3). Ob zwingende städtebauliche Gründe gegeben sind, unterliegt, da es sich um einen unbestimmten Rechtsbegriff handelt, der richterlichen Nachprüfung. Voraussetzung für eine Anwendung des Satzes 2 ist, dass die förmliche Festlegung des Sanierungsgebiets wirksam ist (BGH NJW 1980, 2814 = BRS 45 Nr 115).

2

§ 89 Veräußerungspflicht

(1) Die Gemeinde hat Grundstücke zu veräußern,
1. die sie durch Ausübung des Vorkaufsrechts erlangt hat oder
2. die zu ihren Gunsten enteignet worden sind, um sie für eine bauliche Nutzung vorzubereiten oder der baulichen Nutzung zuzuführen.

§ 89 Erstes Kapitel. Fünfter Teil. Erster Abschnitt

Dies gilt nicht für Grundstücke, die als Austauschland für beabsichtigte städtebauliche Maßnahmen, zur Entschädigung in Land oder für sonstige öffentliche Zwecke benötigt werden. Die Veräußerungspflicht entfällt, wenn für das Grundstück entsprechendes Ersatzland hergegeben oder Miteigentum an einem Grundstück übertragen wurde oder wenn grundstücksgleiche Rechte, Rechte nach dem Wohnungseigentumsgesetz oder sonstige dingliche Rechte an einem Grundstück begründet oder gewährt wurden.

(2) Die Gemeinde soll ein Grundstück veräußern, sobald der mit dem Erwerb verfolgte Zweck verwirklicht werden kann oder entfallen ist.

(3) Die Gemeinde hat die Grundstücke unter Berücksichtigung weiter Kreise der Bevölkerung an Personen zu veräußern, die sich verpflichten, das Grundstück innerhalb angemessener Frist entsprechend den baurechtlichen Vorschriften oder den Zielen und Zwecken der städtebaulichen Maßnahme zu nutzen. Dabei sind in den Fällen des Absatzes 1 Satz 1 Nr. 1 die früheren Käufer, in den Fällen des Absatzes 1 Satz 1 Nr. 2 die früheren Eigentümer vorrangig zu berücksichtigen.

(4) Die Gemeinde kann ihrer Veräußerungspflicht nachkommen, indem sie
1. das Eigentum an dem Grundstück überträgt,
2. grundstücksgleiche Rechte oder Rechte nach dem Wohnungseigentumsgesetz oder
3. sonstige dingliche

Rechte begründet oder gewährt. Die Verschaffung eines Anspruchs auf den Erwerb solcher Rechte steht ihrer Begründung oder Gewährung oder der Eigentumsübertragung gleich.

Gesamtübersicht

	Rn		Rn
I. Bedeutung der Vorschrift	1	III. Erwebsberechtigte (Abs 3)	4
II. Umfang und Zeitpunkt der Veräußerungspflicht (Abs 1 und Abs 2)	2	IV. Rechtsformen des Erwerbs und Veräußerungspreis (Abs 4)	5
		V. Rechtsschutz	6

I. Bedeutung der Vorschrift

1 Die Vorschrift über die Veräußerungspflicht ist von beschränkter praktischer Relevanz. Verfassungsrechtliche Besonderheiten ergeben sich aus der Rechtsfigur der **transitorischen Enteignung** (vgl BVerfGE 74, 264, 291 f– Boxberg). Zentrales Anliegen der Enteignung ist, einen bestimmten städtebaulichen Zweck, der vom Wohl der Allgemeinheit gefordert sein muss, so zu verwirklichen, dass das enteignende Grundstück dauerhaft diesem Zweck dient. Zur Sicherung dieses Zwecks sieht die Vorschrift vor, dass innerhalb angemessener Frist der Enteignungszweck zu verwirklichen ist.

II. Umfang und Zeitpunkt der Veräußerungspflicht (Abs 1 und Abs 2)

2 Durch Abs 1 wird der Umfang der gemeindlichen Veräußerungspflicht abschließend bestimmt. Die Veräußerungspflicht soll verhindern, dass von der Gemeinde

hoheitliche Eingriffsbefugnisse ausgeübt werden, um dadurch zusätzliches Grundvermögen zu erhalten. Entsprechende Bestrebungen können allenfalls unter den Voraussetzungen für die Ausübung eines gesetzlichen Vorkaufsrechts umgesetzt werden (BVerwGE 92, 56 = DVBl 1993, 654; vgl auch BVerwG NVwZ 1994, 284 = ZfBR 1993, 303). Nicht mehr der Veräußerungspflicht unterliegen dabei die freihändig erworbenen, in der Umlegung zugeteilten oder die Grundstücke, die die Gemeinde aufgrund eines Übernahmeverlangens, zB nach den §§ 175 ff, erwerben musste. In Satz 2 sind die Ausnahmen der Veräußerungspflicht geregelt.

Eine Frist für die Erfüllung der Veräußerungspflicht setzt das Gesetz nicht fest; es lässt diese Verpflichtung aber dann entstehen, sobald der mit dem Erwerb des Grundstücks verfolgte Zweck verwirklicht werden kann bzw entfallen ist, Abs 2. Beim Erwerb durch Enteignung ist der Gemeinde nach § 113 Abs 2 Nr 3 allerdings eine Frist zur Erfüllung des Enteignungszwecks im Enteignungsbeschluss zu setzen. Die Nichteinhaltung dieser Frist löst einen Rückenteignungsanspruch aus, § 102 Abs 1 Nr 1. 3

III. Erwebsberechtigte (Abs 3)

Abs 3 bestimmt den Kreis derjenigen, an die die Gemeinde die Grundstücke zu veräußern hat. Dabei ist festgelegt, dass sich der Erwerber ausdrücklich verpflichten muss, das Grundstück entsprechend den baurechtlichen Vorschriften oder den Zielen und Zwecken der städtebaulichen Maßnahme zu nutzen. Das Gesetz lässt aber offen, wie dies geschehen muss. Durch Abs 3 wird zwar die Veräußerungspflicht der Gemeinde festgelegt; sie hat aber nach **pflichtgemäßem Ermessen** zu entscheiden, an wen sie konkret veräußert (vgl BVerwG DVBl 1993, 654; BVerwG NVwZ 1994, 1012). Allerdings ist in Abs 3 Satz 2 bestimmt, wann die Gemeinde zunächst den verdrängten Käufer (in den Fällen des Abs 1 Nr 1) oder den früheren Eigentümer (Abs 1 Nr 2) zu berücksichtigen hat. 4

IV. Rechtsformen des Erwerbs und Veräußerungspreis (Abs 4)

Der in Abs 4 normierte Katalog der Veräußerungsarten enthält eine abschließende Regelung und steht nach dem eindeutigen Wortlaut im Ermessen der Gemeinde. § 89 sagt nichts darüber aus, zu welchem Preis die Grundstücke zu veräußern sind. Maßgebend ist der Verkehrswert (§ 194) zum Zeitpunkt der Veräußerung (BKL, § 89 Rn 5; BK, 2. Aufl, § 89 Rn 108; Schrödter, § 89 Rn 19; aA Leisner, NVwZ 1993, 935 (940)). Etwaige Wertsteigerung zwischen Erwerb des Grundstück und seiner Veräußerung kommen daher der Gemeinde zugute (KK, § 89 Rn 31). 5

V. Rechtsschutz

Die zu berücksichtigenden Erwerbswilligen können ihren Rechtsanspruch auf Beteiligung am Veräußerungsverfahren, ihren Anspruch auf fehlerfreie Ermessensausübung bei der Zuteilung von Grundstücken und ggf auch den Anspruch auf ein bestimmtes Grundstück vor den **Baulandgerichten** gem § 217 entsprechend einklagen (BKL, § 89 Rn 10; KK, § 89 Rn 25; Schrödter, § 89 Rn 32; aA VGH Mannheim ESVGH 39, 311; BK, 2. Aufl, § 89 Rn 115, Rechtsweg zum VG). 6

§ 90 Enteignung von Grundstücken zur Entschädigung in Land

(1) Die Enteignung von Grundstücken zur Entschädigung in Land (Ersatzland) ist zulässig, wenn
1. die Entschädigung eines Eigentümers nach § 100 in Land festzusetzen ist,
2. die Bereitstellung von Grundstücken, die im Rahmen der beabsichtigten städtebaulichen Entwicklung als Ersatzland geeignet sind, weder aus dem Grundbesitz des Enteignungsbegünstigten noch aus dem Grundbesitz des Bundes, des Landes, einer Gemeinde (Gemeindeverband) oder einer juristischen Person des Privatrechts, an der der Bund, das Land oder eine Gemeinde (Gemeindeverband) allein oder gemeinsam überwiegend beteiligt sind, möglich und zumutbar ist sowie
3. von dem Enteignungsbegünstigten geeignete Grundstücke freihändig zu angemessenen Bedingungen, insbesondere, soweit ihm dies möglich und zumutbar ist, unter Angebot geeigneten anderen Landes aus dem eigenen Vermögen oder aus dem Besitzstand von juristischen Personen des Privatrechts, an deren Kapital er überwiegend beteiligt ist, nicht erworben werden können.

(2) Grundstücke unterliegen nicht der Enteignung zur Entschädigung in Land, wenn und soweit
1. der Eigentümer oder bei land- oder forstwirtschaftlich genutzten Grundstücken auch der sonstige Nutzungsberechtigte auf das zu enteignende Grundstück mit seiner Berufs- oder Erwerbstätigkeit angewiesen und ihm im Interesse der Erhaltung der Wirtschaftlichkeit seines Betriebs die Abgabe nicht zuzumuten ist oder
2. die Grundstücke oder ihre Erträge unmittelbar öffentlichen Zwecken oder der Wohlfahrtspflege, dem Unterricht, der Forschung, der Kranken- und Gesundheitspflege, der Erziehung, der Körperertüchtigung oder den Aufgaben der Kirchen und anderer Religionsgesellschaften des öffentlichen Rechts sowie deren Einrichtungen dienen oder zu dienen bestimmt sind.

(3) Außerhalb des räumlichen Geltungsbereichs eines Bebauungsplans und außerhalb der im Zusammenhang bebauten Ortsteile können Grundstücke zur Entschädigung in Land nur enteignet werden, wenn sie land- oder forstwirtschaftlich genutzt werden sollen.

(4) Die Enteignung zum Zweck der Entschädigung eines Eigentümers, dessen Grundstück zur Beschaffung von Ersatzland enteignet wird, ist unzulässig.

Enteignung von Grundstücken zur Entschädigung in Land § 90

Gesamtübersicht

		Rn			Rn
I.	Bedeutung der Vorschrift	1	III.	Von der Ersatzlandenteignung ausgeschlossene Grundstücke (Abs 2)	6
II.	Zulässigkeit der Ersatzlandenteignung (Abs 1)	2	IV.	Ersatzlandentschädigung im Außenbereich (Abs 3)	7
	1. Entschädigung eines Eigentümers in Land (Nr 1)	3	V.	Unzulässigkeit der Ersatzlandenteignung (Abs 4)	8
	2. Möglichkeit der Ersatzlandbereitstellung (Nr 2)	4	VI.	Rechtsschutz	9
	3. Freihändiger Erwerb (Nr 3)	5			

I. Bedeutung der Vorschrift

Diese Vorschrift präzisiert den in § 85 Abs 1 Nr 3 normierten Enteignungszweck. Zugleich wird für den Bereich der Ersatzlandenteignung das Übermaßverbot des § 87 Abs 1 konkretisiert, ohne jedoch dessen Prüfung überflüssig zu machen. § 92 enthält neben § 87 Abs 1 besondere, kumulativ anzuwendende Voraussetzungen. Die Beschaffung des Ersatzlandes selbst wiederum ist ebenfalls durch Enteignung möglich (BVerwG BRS 26 Nr 66). Hieraus resultiert die verfassungsrechtliche Problematik der Ersatzlandenteignung, sofern mehrere Grundstücke als Ersatzland geeignet (§ 100 Abs 1 und 3) sind. 1

II. Zulässigkeit der Ersatzlandenteignung (Abs 1)

Abs 1 stellt in den Nr 1–3 kumulativ geltende Voraussetzungen für die Ersatzlandenteignung auf. Beim Fehlen einer dieser Voraussetzungen ist die Enteignung unzulässig. Eine gesonderte Enteignung von Ersatzland und damit eine Enteignung zur Ersatzlandbevorratung ist nicht zulässig. 2

1. Entschädigung eines Eigentümers in Land (Nr 1)

Abs 1 Nr 1 greift in den Fällen ein, in denen nach § 100 ein Anspruch auf Entschädigung in Land besteht. Dies ist bei § 100 Abs 1 oder 3 zwingend vorgeschrieben; für § 100 Abs 4 gilt § 90 nicht (vgl aber: BGH BRS 34 Nr 88; BGH BRS 45 Nr 106, die den Schluss zulassen können, eine Ersatzlandenteignung unabhängig von den Tatbeständen des § 100 Abs 1 und 3 zuzulassen). 3

2. Möglichkeit der Ersatzlandbereitstellung (Nr 2)

Durch Abs 1 Nr 2 wird der Grundsatz der Subsidiarität betont. Verfügt der Enteignungsbegünstigte ausschließlich über Grundstücke, auf die er mit seiner Berufstätigkeit, Erwerbstätigkeit oder zur Erfüllung der ihm wesensgemäß obliegenden Aufgaben angewiesen ist (vgl § 100 Abs 1 Nr 1), ist ihm die Bereitstellung von Ersatzland aus seinem Grundbesitz nicht möglich und zumutbar. Die Regelung ist eine Ausprägung des **Verhältnismäßigkeitsprinzips**. Die Ersatzlandenteignung ist daher nur zulässig, wenn geeignetes Ersatzland in zumutbarer Weise nicht anderweitig vom Enteignungsbegünstigten oder der öffentlichen Hand bereitgestellt werden kann (BVerwG DÖV 2002, 1044). 4

Wenn die Ersatzlandbereitstellung aus dem Grundbesitz der öffentlichen Hand möglich ist, darf ein anderes Grundstück nicht als Ersatzland enteignet werden.

Allgemein sind strenge Anforderungen an die öffentliche Hand zu stellen, damit diese ihrer grds Bereitstellungspflicht nicht entgehen kann. Eine überwiegende Beteiligung der genannten Körperschaften an einer juristischen Person ist dann anzunehmen, wenn die Körperschaft allein oder gemeinsam mit einer anderen mehr als die Hälfte des Grund- oder Stammkapitals und zugleich die Mehrheit der Stimmen besitzt, um die Bereitstellung von Grundstücken herbeizuführen. Das Ersatzland muss geeignet sein. § 90 Abs 1 Nr 2 umschreibt dies dahin, dass die Eignung sich im Rahmen der beabsichtigten städtebaulichen Entwicklung zu halten habe. Die städtebauliche Qualifizierung gibt sich vor allem aus dem Bebauungsplan. Die tatsächliche Nutzbarkeit bestimmt sich nach der Lage des Einzelfalls.

3. Freihändiger Erwerb (Nr 3)

5 Nach Nr 3 muss festgestellt werden, dass ein freihändiger Erwerb anderer geeigneter Grundstücke objektiv nicht möglich ist. Die Entscheidung darüber, ob diese Möglichkeit im Einzelfall besteht oder nicht, trifft die **Enteignungsbehörde** nach pflichtgemäßem Ermessen (§ 100 Abs 1 Nr 2).

III. Von der Ersatzlandenteignung ausgeschlossene Grundstücke (Abs 2)

6 In Abs 2 sind die beiden Fälle aufgezählt, in denen eine Enteignung von Land als Ersatzland ausgeschlossen ist. In Nr 1 ist dabei das **Enteignungsverbot** aus betrieblichen Gründen geregelt. Was dabei unter Landwirtschaft zu verstehen ist, ergibt sich aus § 201. Der Begriff „angewiesen" setzt voraus, dass das Grundstück dringend benötigt wird und tatsächlich benutzt wird. Eine Abgabe des Landes ist dann nicht zumutbar, wenn dadurch der Betrieb bei wirtschaftlicher Betrachtung seine Wirtschaftlichkeit verlieren würde (BVerwG Buchholz 406.33 § 22 LBG Nr 1 = BRS 26 Nr 66).
Nach Nr 2 besteht ein Enteignungsverbot im Allgemeininteresse. Dabei ist für die Unzulässigkeit der Ersatzlandenteignung nicht erforderlich, dass die in Betracht kommenden Träger auf das Land angewiesen sind; allein die Verwendung zu dem genannten Zweck („dienen") oder die Bestimmung dazu („zu dienen bestimmt") genügt.

IV. Ersatzlandentschädigung im Außenbereich (Abs 3)

7 Abs 3 bezweckt, den Außenbereich in seinem land- oder forstwirtschaftlichen Charakter zu erhalten. Vor der Anwendung dieser Vorschrift hat die Enteignungsbehörde nach § 107 Abs 2 die **Landwirtschaftsbehörde** zu hören.

V. Unzulässigkeit der Ersatzlandenteignung (Abs 4)

8 Abs 4 verbietet eine mehrfache Ersatzlandenteignung, um eine Häufung von Eigentumseingriffen iS einer Kettenreaktion zu vermeiden. Das Verbot stellt klar, was bereits aus § 90 Abs 2 Nr 2 iVm § 100 Abs 1 folgt.

VI. Rechtsschutz

9 Die (sekundäre) Ersatzlandenteignung ist Teil der Hauptenteignung. Das Anfechtungsrecht ergibt sich aus § 217 Abs 1.

§ 91 Ersatz für entzogene Rechte

Die Enteignung zu dem Zweck, durch Enteignung entzogene Rechte durch neue Rechte zu ersetzen, ist nur zulässig, soweit der Ersatz in den Vorschriften des Zweiten Abschnitts vorgesehen ist. Für den Ersatz entzogener Rechte durch neue Rechte im Wege der Enteignung nach § 97 Abs. 2 Satz 3 gelten die in § 90 Abs. 1 und 2 für die Enteignung zur Entschädigung in Land getroffenen Vorschriften entsprechend.

Gesamtübersicht

	Rn		Rn
I. Inhalt und Bedeutung	1	III. Ersatzrechtsenteignung zugunsten von Verkehrs- und Versorgungsunternehmen (Satz 2)	3
II. Fälle der Ersatzrechtsenteignung (Satz 1)	2	IV. Rechtsschutz	4

I. Inhalt und Bedeutung

§ 91 regelt abschließend die Voraussetzungen, unter denen nach § 85 Abs 1 Nr 4 im Wege der Enteignung neue Rechte begründet werden dürfen, um durch Enteignung entzogene Rechte zu ersetzen. Zusammen mit der Ersatzlandenteignung des § 90 gehört die Ersatzrechtsenteignung zu den sekundären Enteignungen. Daneben gelten dem Grundsatz nach die allgemeinen Zulässigkeitsvoraussetzungen, § 87 Abs 1 (allgemeine Meinung: KK, § 91 Rn 1). Die Ersatzrechtsenteignung hat wie die Ersatzlandenteignung in der Praxis kaum Bedeutung erlangt. 1

II. Fälle der Ersatzrechtsenteignung (Satz 1)

Nach Satz 1 ist eine Enteignung nur nach §§ 97 Abs 2, 100 Abs 6 (Ersatzrechtsenteignung der Nebenberechtigten), § 101 Abs 1 Nr 1 (Ersatzrechtsenteignung des Eigentümers) und § 102 Abs 5 (Rückenteignung) (vgl BVerfGE 38, 175 (183); BGHZ 76, 365 (368)) möglich. 2

III. Ersatzrechtsenteignung zugunsten von Verkehrs- und Versorgungsunternehmen (Satz 2)

Satz 2 betrifft die Ersatzrechtsenteignung im Bereich der Daseinsvorsorge und ordnet dafür neben den Voraussetzungen des § 87 Abs 1 besondere Voraussetzungen an. Eine Neubegründung nach § 97 Abs 2 Satz 3 ist nach dem Entzug dinglicher oder persönlicher Rechte dann erforderlich, wenn die Unternehmen der Daseinsvorsorge zur Erfüllung ihrer wesensgemäßen Aufgaben auf entsprechenden Ersatz angewiesen sind. 3

IV. Rechtsschutz

Rechtsschutz gewährt § 217 Abs 1 (BKL, § 91 Rn 1); dies gilt auch bei Ablehnung der Ersatzrechtsenteignung. 4

§ 92 Umfang, Beschränkung und Ausdehnung der Enteignung

(1) Ein Grundstück darf nur in dem Umfang enteignet werden, in dem dies zur Verwirklichung des Enteignungszwecks erforderlich ist. Reicht eine Belastung des Grundstücks mit einem Recht zur Verwirklichung des Enteignungszwecks aus, so ist die Enteignung hierauf zu beschränken.

(2) Soll ein Grundstück mit einem Erbbaurecht belastet werden, kann der Eigentümer anstelle der Belastung die Entziehung des Eigentums verlangen. Soll ein Grundstück mit einem anderen Recht belastet werden, kann der Eigentümer die Entziehung des Eigentums verlangen, wenn die Belastung mit dem dinglichen Recht für ihn unbillig ist.

(3) Soll ein Grundstück oder ein räumlich oder wirtschaftlich zusammenhängender Grundbesitz nur zu einem Teil enteignet werden, kann der Eigentümer die Ausdehnung der Enteignung auf das Restgrundstück oder den Restbesitz insoweit verlangen, als das Restgrundstück oder der Restbesitz nicht mehr in angemessenem Umfang baulich oder wirtschaftlich genutzt werden kann.

(4) Der Eigentümer kann verlangen, dass die Enteignung auf die in § 86 Abs. 2 bezeichneten Gegenstände ausgedehnt wird, wenn und soweit er sie infolge der Enteignung nicht mehr wirtschaftlich nutzen oder in anderer Weise angemessen verwerten kann.

(5) Ein Verlangen nach den Absätzen 2 bis 4 ist schriftlich oder zur Niederschrift bei der Enteignungsbehörde bis zum Schluss der mündlichen Verhandlung geltend zu machen.

Gesamtübersicht

	Rn		Rn
I. Inhalt und Bedeutung der Vorschrift	1	III. Ausdehnung der Enteignung auf Verlangen (Abs 2–4)	4
II. Räumliche und rechtliche Schranken der Enteignung (Abs 1)	3	IV. Antrag auf Übernahme des Resteigentums	7

I. Inhalt und Bedeutung der Vorschrift

1 Diese Vorschrift konkretisiert das Verfassungsgebot des geringstmöglichen Eingriffs in das Grundeigentum (vgl BVerwG Buchholz 407.4, § 19 RStrG Nr 7). Dies gilt sowohl hinsichtlich des räumlichen (Abs 1 Satz 1) als auch des rechtlichen Umfanges (Abs 1 Satz 2) der Enteignung. Es ist entsprechend den unterschiedlichen Regelungen eine differenzierte Betrachtungsweise geboten. Abs 1 nimmt eine Konkretisierung von Teilaspekten des § 87 Abs 1 vor und ist damit eine Vorschrift iSd Art 14 Abs 3 Satz 1 GG, die das Allgemeinwohlerfordernis einer städtebaulichen Enteignung näher bestimmt.

2 Abs 2–5 sind primär entschädigungsrechtliche Vorschriften, die entsprechend Art 14 Abs 3 Satz 3 GG die Entschädigung unter gerechter Abwägung der Interessen der Allgemeinheit und der Beteiligung bestimmen. Verfassungsrechtlich ist zwi-

schen dem eigentümerfreundlichem Ausdehnungsrecht (§ 92 Abs 2–4) und dem entschädigungsbegrenzendem Übernahmeanspruch (zB § 40 Abs 2) zu unterscheiden. Verfassungsrechtlich wurde der Übernahmeanspruch mehrfach in der Rechtsprechung problematisiert (BGHZ 50, 93 = DÖV 1968, 577; BGHZ 63, 240 (247) = NJW 1975, 384; BGHZ 93, 165 = NJW 1985, 1781).

II. Räumliche und rechtliche Schranken der Enteignung (Abs 1)

Genügt zur Verwirklichung des Enteignungszweckes, dass nur ein **Grundstücksteil** enteignet wird, darf nach Abs 1 Satz 1 nicht das ganze Grundstück in Anspruch genommen werden. Abs 1 Satz 2 behandelt den rechtlichen Umfang der Enteignung. Danach scheidet eine Entziehung des Eigentums aus, wenn die Belastung des Grundstücks mit einem – dinglichen – Recht genügt, wobei insoweit der numerus clausus des Sachenrechts gilt (BVerfGE 45, 297, 339 = NJW 1977, 2349 = DVBl 1978, 44). Ob eine solche Belastung als ausreichend angesehen werden kann, entscheidet sich nach dem Zweck, der mit dem Vorhaben verfolgt wird, für das die Enteignung beantragt worden ist. Soll ein Gemeinbedarfs- oder Verkehrsvorhaben verwirklicht werden, so kommt regelmäßig nur eine Vollenteignung des Eigentums in Frage (BGH BRS 45 Nr 105 = BauR 1983, 249 = UPR 1983, 156). Etwas anderes gilt allerdings für unterirdische U-Bahn-Vorhaben (BGH NVwZ 1982, 702 = BRS 45 Nr 170 = UPR 1982, 335) oder vergleichbare Vorhaben; in diesen Fällen ist eine **Grunddienstbarkeit** ausreichend. Dies gilt auch für Energieversorgungsleitungen (BVerwGE 72, 365 = BVerwG Buchholz 451.17 EnergG Nr 9 = NVwZ 1986, 471).

3

III. Ausdehnung der Enteignung auf Verlangen (Abs 2–4)

Während Abs 1 dazu dient, die Enteignung auf das unbedingt erforderliche Maß zu beschränken, geben die Abs 2–4 dem Eigentümer das Recht, die Ausdehnung der Enteignung in rechtlicher (Abs 2), räumlicher (Abs 3) oder gegenständlicher (Abs 4) Hinsicht zu verlangen. Das dem Eigentümer durch Abs 2 Satz 1 zuerkannte Recht, statt der Belastung mit einem Erbbaurecht die Vollenteignung zu verlangen, bedarf keiner besonderen Begründung. Das Gesetz geht davon aus, dass diese Belastung für den Eigentümer im Regelfall eine solche Rechtseinbuße darstellt, dass ihm stattdessen der Anspruch auf Entziehung des Eigentums eröffnet werden muss. Ist dagegen die Enteignung auf die Belastung des Grundstücks mit einem anderen Recht, zB Grunddienstbarkeit oder Nießbrauch, gerichtet, Abs 2 Satz 2, so muss der Eigentümer, wenn er die **Vollenteignung** begehrt, darlegen, dass für ihn die Belastung mit dem dinglichen Recht unbillig ist. Dies ist insbesondere dann der Fall, wenn das Grundstück aufgrund der Belastung städtebaulich nicht mehr sinnvoll nutzbar ist oder nicht mehr sinnvoll wirtschaftlich verwertbar ist.

4

Abs 3 gewährt dem Eigentümer einen objektbezogenen Ausdehnungsanspruch. Dabei kann diese Ausdehnung nur verlangt werden, wenn der Rest nicht mehr in angemessenem Umfang baulich oder wirtschaftlich genutzt werden kann (BGHZ 76, 1 = DVBl 1980, 285 = BRS 45 Nr 119). Dies ist bezüglich der baulichen Nutzung dann gegeben, wenn auf dem Restgrundstück ein den Festsetzungen des Bebauungsplanes entsprechendes Bauwerk nicht mehr verwirklicht werden kann (BGHZ 97, 1 = BRS 45 Nr 129). Um bestehende **Wirtschaftseinheiten** zu schützen, gilt

5

Abs 3 auch für wirtschaftlich zusammenhängenden Grundbesitz. Hiervon kann dann gesprochen werden, wenn die Teile, auch bei einer räumlichen Trennung, einheitlich bewirtschaftet werden oder sonst einem einheitlichen Zweck dienen. Abzuheben ist auf die nachteiligen Auswirkungen des ganzen Enteignungsunternehmens (BGH NVwZ 2001, 351).

6 Bei der Beurteilung der Frage, ob eine Ausdehnung der Enteignung auf den Rechtsbesitz geboten ist, ist nicht nur auf die bisherige Bestimmung, etwa in Gestalt der ausgeübten Nutzung, sondern auch auf die nach der **„Situation" des Grundstücks** objektiv sich anbietende zulässige Nutzbarkeit abzustellen (BGH NVwZ 2001, 351). Der Ausdehnungsanspruch nach Abs 4 bei Zubehör (§ 97 BGB) und Scheinbestandteilen kommt zB bei der Enteignung eines Bauernhofes bezüglich der Maschinen und sonstigen Geräte, für die der Eigentümer keine Verwendung mehr hat und die bei einer Veräußerung auch keinen angemessenen Preis erzielen würden, in Frage.

IV. Antrag auf Übernahme des Resteigentums

7 Der Antrag auf Übernahme des Resteigentums gem Abs 2–4 ist schriftlich bis zum Schluss der mündlichen Verhandlung vor der Enteignungsbehörde (§ 108) unter Beachtung der Form des Abs 5 zu stellen. Bei einer Fristversäumung kommt eine Wiedereinsetzung in den vorigen Stand unter den Voraussetzungen des § 210 in Betracht.

8 Antragsberechtigt ist der Eigentümer, wenn dessen Rechte entzogen werden, sowie Inhaber anderer dinglicher oder obligatorischer Rechte, wie zB der Mieter oder Pächter. Die Enteignungsbehörde entscheidet unter freier Würdigung des maßgeblichen Sachverhalts, wie er sich aufgrund der mündlichen Verhandlung darstellt. Ihr steht dabei kein Beurteilungsspielraum zu, vielmehr sind die unbestimmten Rechtsbegriffe der Abs 2–4 voll gerichtlich überprüfbar (EZB, § 92 Rn 100; KK, § 92 Rn 2). Rechtsschutz gewährt § 217 Abs 1 BauGB.

Zweiter Abschnitt
Entschädigung

§ 93 Entschädigungsgrundsätze

(1) Für die Enteignung ist Entschädigung zu leisten.
(2) Die Entschädigung wird gewährt
1. für den durch die Enteignung eintretenden Rechtsverlust,
2. für andere durch die Enteignung eintretende Vermögensnachteile.
(3) Vermögensvorteile, die dem Entschädigungsberechtigten (§ 94) infolge der Enteignung entstehen, sind bei der Festsetzung der Entschädigung zu berücksichtigen. Hat bei der Entstehung eines Vermögensnachteils ein Verschulden des Entschädigungsberechtigten mitgewirkt, so gilt § 254 des Bürgerlichen Gesetzbuchs entsprechend.

(4) Für die Bemessung der Entschädigung ist der Zustand des Grundstücks in dem Zeitpunkt maßgebend, in dem die Enteignungsbehörde über den Enteignungsantrag entscheidet. In den Fällen der vorzeitigen Besitzeinweisung ist der Zustand in dem Zeitpunkt maßgebend, in dem diese wirksam wird.

Gesamtübersicht

	Rn		Rn
I. Inhalt und Bedeutung	1	III. Vorteilsausgleichung (Abs 3 Satz 1) und	
II. Umfang des Entschädigungsanspruchs (Abs 2)	2	Mitverschulden (Abs 3 Satz 2)	3
		IV. Maßgeblicher Zeitpunkt für die Qualitätsbestimmung (Abs 4)	5

I. Inhalt und Bedeutung

Nach § 93 Abs 1 ist für die Enteignung eine Entschädigung zu leisten. Diese Vorschrift enthält gewissermaßen eine Einleitungsvorschrift für die Art und das Ausmaß der Entschädigung in Erfüllung von Art 14 Abs 3 Satz 2 GG. Im Hinblick auf dieses Junktim ist eine Entschädigungspflicht ein Bestandteil des verfassungsrechtlichen Enteignungsbegriffs (BVerwGE 24, 367; BVerfGE 45, 63 ff; zu den salvatorischen Entschädigungsklauseln vgl Nüßgens/Boujong, Eigentum, Sozialbindung, Enteignung, 1987, Rn 379; Kleinlein, DVBl 1991, 365 (372); Krohn, Enteignung, Entschädigung, Staatshaftung, 1993, Rn 5 ff; Kröninger, NVwZ 1996, 433; zu Ausgleichsregelungen vgl BVerfG NJW 1999, 2877; BVerwGE 94, 1 ff; BGH NVwZ 1996, 930; zu sog enteignenden und enteignungsgleichen Eingriffen: BGHZ 90, 17 = BRS 45 Nr 96; BGHZ 91, 20 = BRS 45 Nr 180; BVerfG DVBl 1991, 1253; BVerfG NJW 2000, 1402). 1

II. Umfang des Entschädigungsanspruchs (Abs 2)

Nach § 93 Abs 2 wird Entschädigung gewährt für den durch die Enteignung eingetretenen Rechtsverlust (Nr 1) sowie für andere durch die Enteignung eintretende Vermögensnachteile (Nr 2). Nach Abs 2 Nr 1 wird der objektive Verlust nach Maßgabe von § 95 entschädigt. Demgegenüber gleicht Abs 2 Nr 2 den subjektiven Verlust (BGHZ 55, 82 = NJW 1971, 806 = BRS 26 Nr 39), der in § 96 näher konkretisiert ist, aus. Zum Umfang der Entschädigung trifft § 93 Abs 2 keine konkreten Feststellungen. Die Entschädigungsarten (§§ 95, 96) werden als Teile einer einheitlichen Enteignungsentschädigung behandelt (BGHZ 55, 294 (297)). 2

III. Vorteilsausgleichung (Abs 3 Satz 1) und Mitverschulden (Abs 3 Satz 2)

Bei der in Abs 3 Satz 1 enthaltenen Regelung handelt es sich um einen Vorteilsausgleich, der auf dem Grundsatz von Treu und Glauben nach § 242 BGB beruht. Ein solcher Ausgleich setzt voraus, dass durch ein und dasselbe Ereignis sowohl ein Schaden als auch ein Vorteil entstanden ist. Nicht erforderlich ist, dass der Eingriff unmittelbar und gleichzeitig auch den Vorteil hat entstehen lassen. Es genügt, dass das schädigende Ereignis allgemein geeignet war, derartige Vorteile mit sich zu 3

bringen und der Zusammenhang der Ereignisse nicht so lose ist, dass er nach vernünftiger Lebensauffassung keine Berücksichtigung mehr verdient (BGHZ 62, 305 = BRS 34 Nr 99; BGH NJW 1989, 2117; BGH NJW 1998, 2215). Aber auch adäquat verursachte Vorteile dürfen nicht stets entschädigungsmindernd berücksichtigt werden. Hinzukommen muss, dass ihre Anrechnung dem Sinn und Zweck der Enteignungsentschädigung unter Berücksichtigung der gesamten Interessenlage der Beteiligten entspricht und dem Enteignungsbetroffenen zumutbar ist (BGH BRS 34 Nr 129; BGH BRS 34 Nr 145). Maßgebend ist somit eine **wertende Betrachtungsweise**, nicht eine rein kausale Bewertung (BGH NJW 1989, 2117). Mit der Frage, ob und inwieweit Planungsvorteile bei einer Landenteignung für Erschließungsmaßnahmen entschädigungsmindernd ins Gewicht fallen, war Gegenstand mehrerer Entscheidungen (BGHZ 62, 305 = BRS 34 Nr 99; BGH BRS 34 Nr 100; BGH WM 2000, 142). Der Bundesgerichtshof betont den Grundsatz der **Lastengleichheit**, dem auch bei der Frage der Vorteilsausgleichung Rechnung zu tragen ist. Die Vorteilsausgleichung erstreckt sich sowohl auf die Entschädigung für den Rechtsverlust (§ 95) als auch auf die Entschädigung für andere Vermögensnachteile (§ 96); es ist anerkannt, dass die durch die Enteignung entstandenen Einbußen durch die erlangten Vorteile völlig ausgeglichen werden können, so dass keine Entschädigung zu leisten ist (BGH BRS 34 Nr 64; OLG Hamm BRS 19 Nr 92).

4 Abs 3 Satz 2 übernimmt aus dem bürgerlichen Recht den Grundsatz des mitwirkenden Verschuldens (§ 254 BGB). Dieser ist als besondere Ausprägung der in Art 14 Abs 3 Satz 3 GG vorgeschriebenen **Interessenabwägung** von Amts wegen zu beachten. Insoweit kann die schadensanfällige Lage oder Beschaffenheit eines Grundstücks in besonderen Einzelfällen zur Minderung und sogar zum Ausschluss der Entschädigung führen (BGH NJW 1992, 2884).

IV. Maßgeblicher Zeitpunkt für die Qualitätsbestimmung (Abs 4)

5 Abs 4 trifft eine Bestimmung über den Zeitpunkt, in dem der Zustand des Grundstücks für die Bemessung der Entschädigung maßgebend ist. Insoweit ist der Zeitpunkt maßgebend, indem die Enteignungsbehörde über den Enteignungsantrag entscheidet. Davon zu unterscheiden ist der Zeitpunkt, der für die Bewertung zu bestimmen ist, § 95 Abs 1. Mit Zustand iSd Abs 4 ist die Qualität des Enteignungsobjekts gemeint. Dabei ist auf tatsächliche Umstände, zB Bewachung des Grundstücks, Zustand der Gebäude oder anderer baulichen Anlagen, und rechtliche Umstände, zB die mögliche Nutzung oder die Qualität des Grundstücks (Bauland oder Bauerwartungsland), abzustellen. Es ist allerdings auch möglich, dass in den Fällen der sog **Vorwirkung der Enteignung**, in denen ein Grundstück durch Bauverbote, Veränderungssperren oder verbindliche Planungen von jeglicher konjunktureller Weiterentwicklung ausgeschlossen wird, der Zeitpunkt der Qualitätsbestimmung vorzuverlegen ist (BGHZ 64, 382 = BRS 34 Nr 133; OLG Celle RdL 2004, 146; OLG München BayVBl 1999, 506). Der Zeitpunkt der Qualitätsbestimmung wegen einer vorbereiteten Planung ist vorzuverlegen, wenn diese Planung ursächlich für die spätere Enteignung war, diese Planung eine hinreichende Bestimmtheit hatte und die später verbindliche Planung, die dann zur Enteignung führte, mit Sicherheit zu erwarten war (OLG Celle RdL 2004 146; BGHZ 63, 240 (242)).

Nach Abs 4 Satz 2 ist bei der vorzeitigen Besitzeinweisung der Zeitpunkt der Wirksamkeit dieser Besitzeinweisung maßgebend, § 116 Abs 1 Satz 4. Die Enteignungsbehörde hat auf einen entsprechenden Antrag den Zustand des Grundstücks vor der Besitzeinweisung nach § 116 Abs 5 zu Grunde zu legen.

§ 94 Entschädigungsberechtigter und Entschädigungsverpflichteter

(1) Entschädigung kann verlangen, wer in seinem Recht durch die Enteignung beeinträchtigt wird und dadurch einen Vermögensnachteil erleidet.
(2) Zur Leistung der Entschädigung ist der Enteig- nungsbegünstigte verpflichtet. Wird Ersatzland enteignet, so ist zur Entschädigung derjenige verpflichtet, der dieses Ersatzland für das zu enteignende Grundstück beschaffen muss.

Gesamtübersicht

	Rn		Rn
I. Allgemeines	1	III. Entschädigungsverpflichteter	
II. Entschädigungsberechtigter		(Abs 2)	3
(Abs 1)	2		

I. Allgemeines

Ergänzend zu den anspruchsbegründenden Vorschriften der §§ 93, 95–97 wird in § 94 Abs 1 bestimmt, wer Anspruch auf Enteignungsentschädigung hat und in Abs 2, wer verpflichtet ist, diesen Anspruch zu erfüllen. Die Regelung gilt für die Enteignungen nach den §§ 85 ff.

II. Entschädigungsberechtigter (Abs 1)

Durch Abs 1 wird klargestellt, dass Entschädigung nur derjenige verlangen kann, der sowohl eine Rechtsbeeinträchtigung als auch dadurch einen Vermögensnachteil erlitten hat. Nicht ausreichend sind dabei Maßnahmen, die nur nachteilige Auswirkungen haben. Wird bspw ein Grundstück für eine Durchgangsstraße enteignet und verliert dadurch der Hotelbetrieb eines Dritten seine bisherige ruhige Lage, so kann der Inhaber des Hotels keinen Entschädigungsanspruch im Enteignungsverfahren für das enteignungsbetroffene Grundstück geltend machen (BGHZ 62, 96 = BRS 26 Nr 114). Erforderlich ist vielmehr, dass der Eigentümer in seiner aus seinem Eigentum sich ergebenden Rechtsposition getroffen und beeinträchtigt wird (BGHZ 62, 96 = BRS 34 Nr 114). Bloße Hoffnungen, Erwartungen, Chancen uä begründen keine subjektive Rechtsposition. Ausnahmsweise billigt der BGH für beeinträchtigte Erwartungen einen Wertausgleich dann zu, wenn Grundstücke dem enteignenden Zugriff unmittelbar ausgesetzt und dadurch der privaten Nutzung entzogen werden (BGH BRS 34 Nr 135; BGH NVwZ 1988, 867). Keine Rolle spielt es, ob es sich um einen gezielten Eingriff handelt (BGHZ 37, 44 = DVBl 1962, 719). Weiterhin muss der Entschädigungsberechtigte einen Vermögensnachteil erleiden, wobei dieser nicht unmittelbar durch den Rechtsverlust eintreten muss.

III. Entschädigungsverpflichteter (Abs 2)

3 Entschädigungspflichtig nach Abs 2 ist derjenige, zu dessen Gunsten auf seinen Antrag nach § 105 die Enteignung ausgesprochen worden ist. Dieser ist nach § 113 Abs 2 Nr 8 im Enteignungsbeschluss zu bezeichnen und ist regelmäßig der Antragsteller. Keine Personenidentität besteht jedoch ua bei Enteignung nach § 85 Abs 1 Nr 5 zugunsten eines Bauwilligen.

4 Wird Ersatzland enteignet, so ist nicht der Empfänger des Ersatzlandes, sondern der Antragsteller des primären Enteignungsverfahrens entschädigungspflichtig. Die Formulierung des Abs 2 Satz 2, wonach zur Entschädigung derjenige verpflichtet ist, der das Ersatzland für das zu enteignende Grundstücks „beschaffen" muss, ist insoweit ungenau (KK, § 94 Rn 14; EZB, § 94 Rn 22). Der durch eine Enteignung mittelbar Begünstigte, der nicht Antragsteller ist, zB der Grundstücksnachbar, ist nicht entschädigungspflichtig. Dies gilt auch dann, wenn er ohne die Enteignung sein Grundstück nicht in gleicher Weise wie nach der Enteignung ausnutzen kann.

§ 95 Entschädigung für den Rechtsverlust

(1) Die Entschädigung für den durch die Enteignung eintretenden Rechtsverlust bemisst sich nach dem Verkehrswert (§ 194) des zu enteignenden Grundstücks oder sonstigen Gegenstands der Enteignung. Maßgebend ist der Verkehrswert in dem Zeitpunkt, in dem die Enteignungsbehörde über den Enteignungsantrag entscheidet.

(2) Bei der Festsetzung der Entschädigung bleiben unberücksichtigt

1. **Wertsteigerungen eines Grundstücks, die in der Aussicht auf eine Änderung der zulässigen Nutzung eingetreten sind, wenn die Änderung nicht in absehbarer Zeit zu erwarten ist;**
2. **Wertänderungen, die infolge der bevorstehenden Enteignung eingetreten sind;**
3. **Werterhöhungen, die nach dem Zeitpunkt eingetreten sind, in dem der Eigentümer zur Vermeidung der Enteignung ein Kauf- oder Tauschangebot des Antragstellers mit angemessenen Bedingungen (§ 87 Abs. 2 Satz 1 und § 88) hätte annehmen können, es sei denn, dass der Eigentümer Kapital oder Arbeit für sie aufgewendet hat;**
4. **wertsteigernde Veränderungen, die während einer Veränderungssperre ohne Genehmigung der Baugenehmigungsbehörde vorgenommen worden sind;**
5. **wertsteigernde Veränderungen, die nach Einleitung des Enteignungsverfahrens ohne behördliche Anordnung oder Zustimmung der Enteignungsbehörde vorgenommen worden sind;**
6. **Vereinbarungen, soweit sie von üblichen Vereinbarungen auffällig abweichen und Tatsachen die Annahme rechtfertigen, dass sie getroffen worden sind, um eine höhere Entschädigungsleistung zu erlangen;**
7. **Bodenwerte, die nicht zu berücksichtigen wären, wenn der Eigentümer eine Entschädigung in den Fällen der §§ 40 bis 42 geltend machen würde.**

(3) Für bauliche Anlagen, deren Rückbau jederzeit auf Grund öffentlich-rechtlicher Vorschriften entschädigungslos gefordert werden kann, ist eine Entschädigung nur zu gewähren, wenn es aus Gründen der Billigkeit geboten ist. Kann der Rückbau entschädigungslos erst nach Ablauf einer Frist gefordert werden, so ist die Entschädigung nach dem Verhältnis der restlichen zu der gesamten Frist zu bemessen.

(4) Wird der Wert des Eigentums an dem Grundstück durch Rechte Dritter gemindert, die an dem Grundstück aufrechterhalten, an einem anderen Grundstück neu begründet oder gesondert entschädigt werden, so ist dies bei der Festsetzung der Entschädigung für den Rechtsverlust zu berücksichtigen.

Gesamtübersicht

	Rn		Rn
I. Inhalt und Bedeutung	1	IV. Besondere bei der Wertermittlung nicht zu berücksichtigende Umstände (Abs 2)	10
II. Die Verkehrswertentschädigung des § 95 Abs 1 Satz 1	2	V. Entschädigung für rechtswidrige und für befristet legale bauliche Anlagen (Abs 3)	17
1. Begriff des Verkehrswertes	2	VI. Minderung der Entschädigung durch Rechte Dritter (Abs 4)	19
III. Maßgeblicher Zeitpunkt für die Preisbemessung	5		
1. Entscheidung über den Enteignungsantrag (Abs 1 Satz 2)	5		
2. Verschiebung des Wertermittlungsstichtages	6		

I. Inhalt und Bedeutung

Während § 93 Abs 2 Nr 1 allgemein bestimmt, dass für den durch die Enteignung eintretenden Rechtsverlust eine Entschädigung zu leisten ist, konkretisiert § 95 diese Aussage. Abs 1 Satz 1 trifft die zentrale Entscheidung, dass die Entschädigung nach dem in § 194 definierten **Verkehrswert** zu bemessen ist. Abs 1 Satz 2 legt den Zeitpunkt der Bewertung (**Bewertungsstichtag, Preisermittlungsstichtag**) fest. Abs 2 enthält eine Reduktionsklausel zur Korrektur des auf dem Marktgeschehen basierenden Verkehrswert. Abs 3 Satz 1 trifft eine Billigkeitsentscheidung für illegale Bauten, Abs 3 Satz 2 eine Enteignungsentschädigung für befristet legale Bauten. Schließlich regelt Abs 4 die Entschädigungsbemessung eines durch Rechte Dritter in seinem wertgeminderten Grundstück.

II. Die Verkehrswertentschädigung des § 95 Abs 1 Satz 1

1. Begriff des Verkehrswertes

Die für den Rechtsverlust nach § 93 Abs 2 Nr 1 zu gewährende Entschädigung bemisst sich nach dem Verkehrswert (§ 194). Der Verkehrswert wird konkretisiert insbesondere durch die Verordnung über Grundsätze für die Ermittlung der Verkehrswerte von Grundstücken (Wertermittlungsverordnung – **WertV**) vom 06.12.1988 (BGBl. I 1988 S 2208) und die **Wertermittlungsrichtlinien 2002**, die die WertV ergänzen. Die WertV ist direkt nur für die nach § 192 ff gebildeten Gutachteraus-

schüsse bei der Erstattung von Gutachten nach § 193 verbindlich, nicht aber für Gerichte und private Sachverständige (BGHZ 120, 38; BGHZ 59, 250 (259); BGHZ 67, 190). Der BGH hat jedoch anerkannt, dass die WertV allgemein anerkannte Regeln der Wertermittlungslehre enthält (BGH NVwZ-RR 1995, 911 (912)). Die Wertermittlungsrichtlinien 2002 sind nur verbindlich, soweit ihre Anwendung angeordnet wird. Sie stellen nur interne Verwaltungsanweisungen dar. In administrativen Entschädigungsfestsetzungsverfahren sind sie nur für diejenigen Behörden verbindlich, an die sie direkt gerichtet sind.

3 Der Verkehrswert wird durch den Preis bestimmt, der in dem Zeitpunkt, auf den sich die Ermittlung bezieht, im gewöhnlichen Geschäftsverkehr nach den rechtlichen Gegebenheiten und tatsächlichen Eigenschaften, der sonstigen Beschaffenheit in der Lage unter Rücksicht auf ungewöhnliche oder persönliche Verhältnisse zu erzielen wäre (§ 194). Das wichtigste der wertenden Kriterien innerhalb des § 194 ist das Tatbestandsmerkmal des **gewöhnlichen Geschäftsverkehrs** (vgl dazu unten § 194; BGHZ 30, 281 (286); BGH BRS 53 Nr 130; BGH NJW 1995, 2083).

4 Durch eine Entschädigung soll die durch die Enteignung herbeigeführte Vermögensverschiebung ausgeglichen werden; dabei bleiben aber solche Umstände außer Betracht, die keine Beziehung zum Sachwert haben, so dass etwa ein Liebhaberwert nicht entschädigt wird (BGHZ 76, 274 = DÖV 1980, 874 = BRS 45 Nr 193). Aus der Bemessung der Entschädigung sind auch die Nachteile auszuscheiden, die der Eigentümer iR der Sozialbindung ohnehin hätte entschädigungslos hinnehmen müssen, zB wenn die Straße an der Grenze des ungeteilten Grundstücks entlang geführt wäre (BGHZ 119, 62). Grundsätzlich stellt keine entschädigungsfähige Rechtsposition dar, was Gegenstand einer zulässigen Inhaltsbestimmung des Eigentums ist oder sein kann (BGHZ 97, 361). Die Wertermittlung unterliegt einer vollen gerichtlichen Überprüfung (BGHZ 26, 373 = NJW 1958, 749). In der Auswahl der Methoden der Wertermittlung ist das Gericht frei, solange gewährleistet ist, dass die jeweils angewandte Methode zu dem richtigen Ergebnis führt und unter anderem das Wertbild nicht verzerrt (BGH WM 1983, 997; BGH NuR 1993, 296; BGH NJW 2000, 3638). Zum Verkehrswert eines Vorkaufsrechts (OLG Oldenburg NVwZ 1994, 309). § 287 ZPO ist anwendbar (BGHZ 29, 217). Verfassungsrechtlich ist eine nach dem Marktwert zu bemessende Enteignungsentschädigung nicht geboten (vgl BVerfG NJW 1969, 309 (316); BGHZ 91, 243 (257)).

III. Maßgeblicher Zeitpunkt für die Preisbemessung

1. Entscheidung über den Enteignungsantrag (Abs 1 Satz 2)

5 Als maßgebend für die Preis- und Währungsverhältnisse nach denen der Verkehrswert zu beurteilen ist, bestimmt Abs 1 Satz 2 den Zeitpunkt (sog **Wertermittlungsstichtag**) indem die Enteignungsbehörde über den Enteignungsantrag durch Enteignungsbeschluss (§ 113 Abs 2) entscheidet. Abzustellen ist auf den Tag der Entscheidung, nicht auf den Tag der Zustellung (EZB, § 95 Rn 56; aA: KK, § 95 Rn 125). Der BGH stellt in den Entscheidungen zum Teil auf die Zustellungen und zum Teil auf das Datum des Enteignungsbeschlusses ab (BGH NVwZ 1990, 797; BGH BRS 19 Nr 76; BGH WM 1979, 168 (170)). Da regelmäßig nur wenige Tage zwischen dem Erlass und der Zustellung liegen, führt der unterschiedliche Zeitpunkt zu keinem abweichenden Verkehrswert.

2. Verschiebung des Wertermittlungsstichtages

Nach der sog **Steigerungsrechtsprechung des BGH** zwingt im Einzelfall vor allem die Ausgleichsfunktion der Enteignungsentschädigung zu einer Abweichung vom Regelstichtag. Es müssen drei Voraussetzungen zusammen erfüllt sein, damit sich der Wertermittlungsstichtag verschiebt (BGH BRS 34 Nr 120; BGHZ 118, 25 ff; BGH NJW 1997, 2119). Erstens muss der Termin, in dem die Entschädigungsberechtigte die Verfügungsmöglichkeit über die objektiv richtige Entschädigungssumme erhält, sich gegenüber dem in § 95 Abs 1 Satz 2 festgelegten Stichtag nicht unwesentlich verzögert haben (BGHZ 61, 240 (246): wenige Wochen unwesentlich). Dies kann der Fall sein, wenn der Enteignungsbegünstigte die Festsetzung der Enteignungsentschädigung erfolglos angegriffen hat (BGHZ 40, 87), oder der Betroffene die festgesetzte Entschädigung erfolgreich angefochten hat (BGHZ 43, 300 (306)). Der Bewertungsstichtag verschiebt sich nicht bei erfolgloser Anfechtung durch den Eigentümer (BGH NVwZ 1990, 740; BGH DVBl 1983, 1147).

Zweitens muss die Verzögerung ihre Ursache in der Sphäre dessen haben, zu dessen Lasten die Verschiebung des Bewertungsstichtages erfolgen soll (BGH BRS 19 Nr 79; BGH BRS 19 Nr 82; BGH BRS 53 Nr 122).

Drittens müssen sich während der Verzögerung die **Preis- und Währungsverhältnisse** nicht unwesentlich geändert haben (BGH BRS 19 Nr 76; BGH BRS 19 Nr 83; BGH BRS 19 Nr 75; BGHZ 64, 361; BGH BRS 53 Nr 122; BGH BRS 53 Nr 120). In einigen Urteilen sind Prozentzahlen zum Begriff „nicht nur unerheblich zu niedrig" angegeben, die jedoch nicht einheitlich verwandt werden. Es wird auch auf die absoluten Entschädigungssummen abgestellt. Ab 6% wird man bei entsprechendem wirtschaftlichem Wert von einer nicht nur unwesentlichen Differenz ausgehen können.

Heute sind insbesondere Preisrückgänge in Erwägung zu ziehen. Nicht nur Preissteigerung, sondern auch rückläufige Preisentwicklungen sind zu berücksichtigen, wenn die sonstigen Voraussetzungen einer Stichtagsverschiebung vorliegen (BGH BRS 19 Nr 76; BGH; BRS 34 Nr 88).

IV. Besondere bei der Wertermittlung nicht zu berücksichtigende Umstände (Abs 2)

Abs 2 enthält verschiedene Ausnahmen zu der Grundregel des Abs 1. Nr 1: Es soll bei der Entschädigung die Steigerung des Verkehrswertes keine Berücksichtigung finden, die auf der Spekulation beruht, dass irgendwann einmal die Gemeinde für das entsprechende Gebiet einen Bebauungsplan aufstellt. Dieser Vorschrift kommt vor allem Bedeutung für Grundstücke am Rande des im Zusammenhang bebauten Ortsteils zu, die vielfach als Bauerwartungsland eingestuft werden, obwohl eine Änderung in absehbarer Zeit nicht zu erwarten ist. Die Formulierung „in absehbarer Zeit" weist auf konkret zu erwartende Nutzungsänderungen hin und lässt keinen Raum für Hoffnungen, Spekulationen oder Beurteilungen, denen verlässliche Tatsachen fehlen (BGHZ 98, 341; BGH BRS 45 Nr 192; OLG München, NJW-RR 1991, 1231 (1233)).

Nr 2: Darin kommt der Grundsatz der **Vorwirkung der Enteignung** zum Ausdruck, nach dem Wertänderungen, die infolge der bevorstehenden Enteignung eingetreten sind, bei der Festsetzung der Entschädigung unberücksichtigt bleiben. Dies

kommt einer Vorverlegung des Stichtages auf den Zeitpunkt gleich, in dem das Grundstück endgültig von jeder konjunkturellen Weiterentwicklung ausgeschlossen wird (BGH NVwZ-RR 1989, 393). In diesem Zusammenhang kann es sich sowohl um Werterhöhungen als auch Wertverringerungen handeln. Weist ein Bebauungsplan ein Grundstück erstmals als Bauland aus und folgt danach die Enteignung, beruht die Wertsteigerung nicht auf der Enteignung, sondern auf der Festsetzung als Bauland (BGH NJW 1968, 892 = DVBl 1968, 505). Demgegenüber stehen Wertänderungen eines Grundstücks, die auf Festsetzungen eines Bebauungsplanes für Zwecke der Allgemeinheit beruhen, zB Grünfläche für ein Schulzentrum, bei einer nachfolgenden Enteignung damit in unmittelbarem Zusammenhang, so dass daher etwaige Wertveränderungen unberücksichtigt bleiben müssen (BGH NJW 1967, 2306 = BRS 19 Nr 100; BGH BRS 45 Nr 192). Von den zukünftigen Wertsteigerungen eines Grundstückes sind nur diejenigen zu berücksichtigen, deren Verwirklichung im Enteignungszeitpunkt oder deren Vorwirkung so sicher unmittelbar bevorstand, dass dem der gesunde Grundstücksverkehr schon Rechnung trug (BGH NJW 1966, 497 = DVBl 1966, 310).

12 Nr 3 drückt einen allgemeinen Grundsatz des Enteignungsrechts aus (BGH NVwZ 1987, 530 = UPR 1987, 102). Es soll verhindert werden, dass ein Eigentümer in Zeiten schwankender Preise ernsthafte und **angemessene Angebote** des Enteignungsbegünstigten aus spekulativen Gründen ablehnt (BGH NJW 1980, 629). In diesem Zusammenhang erweist sich die praktische Bedeutung eines angemessenen Angebots. Hinsichtlich der Höhe muss das Angebot an der geschuldeten Entschädigungssumme orientiert sein. Zur Frage, bis zu welchem Ausmaß die insgesamt angebotene Entschädigungssumme, die später zum Angebotszeitpunkt als zutreffend ermittelte Entschädigung unterschreiten darf, damit noch die Sperrwirkung zu Abs 2 Nr 3 zum Zuge kommt, stellt der BGH darauf ab, ob der Entschädigungsbetrag „verhältnismäßig gering" von dem angebotenen Betrag abweicht (BGH BRS 45 Nr 103; vgl BGH BRS 34 Nr 94). Nach Meinung des BVerwG ist ein dem Gutachten des Gutachterausschusses entsprechendes Angebot wirtschaftlich sachgerecht, wenn das Gutachten nicht ausnahmsweise offensichtlich auf einem schweren Fehler beruht (BVerwG BRS 26 Nr 80). Allerdings führt ein wirtschaftlich sachgerechtes Gutachten nicht ohne weiteres zur **Sperrwirkung** eines Angebots (KK, § 95 Rn 58).

13 Nr 4: Es handelt sich dabei um wertsteigernde Veränderungen, die nach § 14 Abs 1 nicht vorgenommen werden dürfen. Die **Ausschlusswirkung** des Abs 2 Nr 4 tritt nicht für alle während einer Veränderungssperre vorgenommenen wertsteigernde Veränderungen ein, sondern nur für solche, die ohne Genehmigung der Baugenehmigungsbehörde vorgenommen worden sind. Ohne Einfluss sind landesplanerische Veränderungssperren, da sie unmittelbare Wirkungen für Grund und Boden nicht enthalten dürfen (BGHZ 88, 51 (54)). Notwendig um die Ausschlusswirkungen des § 95 Abs 2 Nr 4 auszulösen, ist eine rechtmäßige Veränderungssperre (EZB, § 95 Rn 89).

14 Nach Nr 5 haben bei der Festsetzung der Enteignungsentschädigung solche wertsteigernde Veränderungen unberücksichtigt zu bleiben, die nach Einleitung des Enteignungsverfahrens ohne behördliche Anordnung oder Zustimmung vorgenommen worden sind. Die Zustimmung ist in Zusammenhang mit § 109 zu sehen. Der

Zeitpunkt der Einhaltung des Verfahrens ist gesetzlich bestimmt. Nach § 108 Abs 1 Satz 1 wird das Enteignungsverfahren durch die Anberaumung eines Termins zur mündlichen Verhandlung mit den Beteiligten eingeleitet.

Nr 6 hat aus § 23 Abs 4 StBauFG einen dort geregelten Rechtsgrundsatz als allgemeines Entschädigungsprinzip in das Städtebaurecht übernommen. Dadurch soll verhindert werden, dass der Enteignungsbegünstigte hohe Entschädigungen aufgrund von Vereinbarungen, vor allem über Nutzungsrechte, zahlen muss, die allein deshalb eingegangen worden sind, um die Enteignungsentschädigung zu erhöhen (subjektive Voraussetzung). Als Beispiel kommt die Vereinbarung einer längeren Laufzeit für ein Miet- oder Pachtverhältnis in Betracht, die von den üblichen Vereinbarungen in derselben Gegend oder einer vergleichbaren Gegend auffällig abweichen muss. Bei dem Enteignungsbegünstigten liegen die Darlegungs- und Beweislast für den Zweck und die auffällige Abweichung. Außerdem ist diese Vorschrift auch im Zusammenhang mit dem preislimitierten Vorkaufsrecht, § 28 Abs 3 und 4, zu sehen (BGHZ 98, 188 = NVwZ 1987, 260 = DÖV 1987, 301). 15

Die Vorschrift der Nr 7 nimmt Bezug auf planungsrechtliche Bestimmungen und bezweckt damit eine Koordinierung (Harmonisierung). Ihr Geltungsbereich und ihre Verfassungsmäßigkeit sind nach wie vor umstritten (BGH DVBl 1999, 1282; Berkemann, DVBl 1989, 1285). Danach bleiben bei der Festsetzung der Entschädigung unberücksichtigt Bodenwerte, die nicht zu berücksichtigen wären, wenn der Eigentümer eine Entschädigung in den Fällen der §§ 40–42 geltend machen würde. Nach der Reduktionsklausel bleiben unberücksichtigt Bodenwerte, die gem § 43 Abs 4 wegen ungesunder Wohn- und Arbeitsverhältnisse und sonstiger städtebaulicher Missstände nicht zu entschädigen wären. Ob sich die **Reduktionsklauseln** darüber hinaus auch für die Klauseln der §§ 42 Abs 2, 3, § 43 Abs 3 Satz 2 – Entschädigungsreduktion nach Ablauf der siebenjährigen Plangewährleistungspflicht – bezieht, war lange umstritten (EZB, § 95 Rn 101g; KK, § 95 Rn 174; Ziegler, ZfBR 1983, 169 ff; Uechtritz, BauR 1983, 523 ff; Gaentzsch, § 43 Rn 6 ff) Der BGH hat nun entschieden, dass bei administrativer Enteignung infolge eigentumsverdrängender planerischer Festsetzung eine verfassungskonforme Auslegung der §§ 42 Abs 3, 43 Abs 3 Satz 2, 95 Abs 2 Nr 7 angezeigt ist (BGH DVBl 1999, 1282). Aus der Wertgarantie des Eigentums und dem in Art 14 Abs 1 Satz 3 iVm Art 3 Abs 1 GG verankerten Grundsatz der Lastengleichzeit resultiert bei einer durch BPl bewirkenden Herabzonung des gesamten Plangebiets eine Enteignungsentschädigung auch nach Ablauf der Siebenjahresfrist (BGH DVBl 1999, 1282). An dieser Rechtsprechung hält der BGH (BGH NJW 2003, 63) dem Grunde nach fest, betont aber mehrfach den Ausnahmecharakter. 16

V. Entschädigung für rechtswidrige und für befristet legale bauliche Anlagen (Abs 3)

Die Regel, dass für solche Bauwerke, die auf dem von der Enteignung betroffenen Grundstück vorhanden sind, grds Entschädigung zu leisten ist, wird durch Abs 3 eingeschränkt. Satz 1 enthält eine **Billigkeitsentschädigung** in den Fällen, in denen ein entschädigungsloser Abbruch für illegale bauliche Anlagen jederzeit verlangt werden kann. Bauliche Anlagen sind illegal, wenn sie formell und materiell baurechtswidrig sind. Die formelle Baurechtswidrigkeit ist gegeben, wenn die bauliche 17

Anlage ohne die erforderliche Baugenehmigung errichtet worden ist oder wenn eine erteilte Baugenehmigung bestandskräftig widerrufen worden oder durch Zeitablauf erloschen ist. Eine bauliche Anlage ist materiell baurechtswidrig, wenn sie entweder bauplanungsrechtlich (§§ 29 ff) oder bauordnungsrechtlich nach den Landesbauordnungen unzulässig ist. Satz 1 ist auch in den Fällen der baufälligen und damit polizeiwidrigen Anlagen anwendbar.

18 Abs 3 Satz 2 behandelt die Berechnung der Entschädigung bei vorzeitigem **Abbruch** einer nur zeitlich befristet genehmigten baulichen Anlage. Die Höhe dieser echten Enteignungsentschädigung bemisst sich nach dem Verhältnis der restlichen zur gesamten Frist.

VI. Minderung der Entschädigung durch Rechte Dritter (Abs 4)

19 Die für den Rechtsverlust ermittelte Entschädigung ist nach Abs 4 zu mindern, wenn der Wert des Eigentums oder des Rechts durch Rechte Dritter gemindert wird, die in dem Enteignungsverfahren eine besondere Berücksichtigung finden. Im Einzelnen handelt es sich dabei um Rechte Dritter, die an dem Grundstück nach § 97 Abs 1 aufrechterhalten, an einem anderen Grundstück nach § 97 Abs 2 neu begründet oder nach § 97 Abs 3 gesondert entschädigt werden. Zu beachten ist, dass die Wertminderung des Grundstücks durch die genannten Rechte nicht immer mit dem Betrag der Geldentschädigung übereinstimmen muss, die dem Nebenberechtigten gewährt wird.

§ 96 Entschädigung für andere Vermögensnachteile

(1) Wegen anderer durch die Enteignung eintretender Vermögensnachteile ist eine Entschädigung nur zu gewähren, wenn und soweit diese Vermögensnachteile nicht bei der Bemessung der Entschädigung für den Rechtsverlust berücksichtigt sind. Die Entschädigung ist unter gerechter Abwägung der Interessen der Allgemeinheit und der Beteiligten festzusetzen, insbesondere für

1. **den vorübergehenden oder dauernden Verlust, den der bisherige Eigentümer in seiner Berufstätigkeit, seiner Erwerbstätigkeit oder in Erfüllung der ihm wesensgemäß obliegenden Aufgaben erleidet, jedoch nur bis zu dem Betrag des Aufwands, der erforderlich ist, um ein anderes Grundstück in der gleichen Weise wie das zu enteignende Grundstück zu nutzen;**
2. **die Wertminderung, die durch die Enteignung eines Grundstücksteils oder eines Teils eines räumlich oder wirtschaftlich zusammenhängenden Grundbesitzes bei dem anderen Teil oder durch Enteignung des Rechts an einem Grundstück bei einem anderen Grundstück entsteht, soweit die Wertminderung nicht schon bei der Festsetzung der Entschädigung nach Nummer 1 berücksichtigt ist;**
3. **die notwendigen Aufwendungen für einen durch die Enteignung erforderlich werdenden Umzug.**

(2) Im Falle des Absatzes 1 Nr. 2 ist § 95 Abs. 2 Nr. 3 anzuwenden.

Gesamtübersicht

		Rn			Rn
I.	Bedeutung und Verfassungsrecht	1	IV.	Umzugskosten (Abs 1 Satz 2 Nr 3)	5
II.	Entschädigung für Erwerbsverluste (Abs 1 Satz 2 Nr 1)	2	V.	Rechtsprechung zu Bewertungsfragen	6
III.	Entschädigung für Wertminderung des Restbesitzes (Abs 1 Satz 2 Nr 2)	4			

I. Bedeutung und Verfassungsrecht

Diese Vorschrift konkretisiert die Regelung des § 93 Abs 2 Nr 2. Damit wird eine Entschädigung für andere durch die Enteignung eingetretenen Vermögensnachteile gewährt. Diese Nachteile werden oft als „**Folgeschäden**" bezeichnet. Darunter sind nach der Rechtsprechung solche zu verstehen, die in der Person des Enteigneten ohne dingliche Wertbeziehung durch die Enteignung unmittelbar und zwangsnotwendig begründet werden (BGH NJW 1966, 493 = BRS 19 Nr 130). Abs 1 Satz 1 enthält das **Verbot der Doppelentschädigung** (BGHZ 55, 294 (297); BVerwGE 67, 190 (193)). Nicht alle Folgeschäden, die im Zusammenhang mit der Enteignung eintreten, sind dem Betroffenen als „andere Vermögensnachteile" iSd § 96 zu ersetzen. Aus Art 14 Abs 3 GG ist keine verfassungsrechtliche Verpflichtung zur Abgeltung aller Folgeschäden abzuleiten (Maunz/Dührig, GG-Kommentar, Art 14 Rn 631 ff). 1

II. Entschädigung für Erwerbsverluste (Abs 1 Satz 2 Nr 1)

Nach Abs 1 Satz 2 Nr 1 sind die Verluste, die den Eigentümer in seiner Berufstätigkeit, in seiner Erwerbstätigkeit oder in Erfüllung der ihm wesensmäßig obliegenden Aufgaben treffen, auszugleichen. Die wichtigste Fallgruppe im Rahmen des § 96 Abs 1 Satz 2 Nr 1 sind die Schäden infolge der Beeinträchtigung von Gewerbebetrieben. 2

Dabei wird darauf abgestellt, ob der Gegenstand, dessen Entzug diese spezifischen Nachteile auslöst, zu dem durch Art 14 Abs 1 Satz 1 GG geschützten eingerichteten und ausgeübten Gewerbebetrieb gehört (BGH NJW 1979, 1043 = BauR 1979, 236). Die dadurch geschützte Rechtsposition bezieht sich aber nicht auf künftige Chancen und Erwerbsmöglichkeiten (BGH NJW 1987, 1256 = NVwZ 1987, 530 = UPR 1987, 102). Zu den zu entschädigenden Folgeschäden aus Anlass einer Betriebsverlagerung für den Eigentümer des Grundstücks gehören ua die Kosten für vorbereitende Standortuntersuchungen (BK 2. Aufl., § 96 Rn 5; BGH BRS 19 Nr 81; vgl aber: BGH NJW 1977, 1725), Reisekosten des Inhabers anlässlich dieser Verlegung, Verdienstausfall, Betriebsverlagerungskosten, Produktionsausfall (BGH NJW 1966, 493 = BRS 19 Nr 130), Minderung des Firmenwertes (BGH NJW 1977, 1725 ff), Verlust etwaiger Kundenkreise (BGH BRS 34 Nr 145; BGHZ 55, 294 = BRS 26 Nr 113) oder Anlaufkosten für den neuen Betrieb. Die entschädigungsfähigen Folgekosten bei der Enteignung von Gewerbebetrieben, die auf gepachteten oder gemieteten Grundstücken betrieben werden, beschränken sich auf 3

den Ausgleich der Nachteile, die dadurch entstanden sind, dass der Betrieb das Grundstück früher räumen musste als dies nach der rechtlich gesicherten Vertragsposition der Fall war (BGHZ 83, 1).

III. Entschädigung für Wertminderung des Restbesitzes (Abs 1 Satz 2 Nr 2)

4 Eine Wertminderung des Restgrundstücks kann dadurch eintreten, dass ein Grundstück durch die Abtretung der Teilfläche eine **Schutzzone** verliert. Es genügt, wenn die Ursache der Nachteile in dem ganzen Unternehmen liegt, für das enteignet worden ist (BGH BRS 19 Nr 148; BGH BRS 45 Nr 124; BGH BRS 45 Nr 131; BGH NVwZ 2001, 531). Wird ein landwirtschaftliches Gelände zum Teil enteignet, kann dadurch eine Wertminderung für die Hofstelle eintreten, wenn sie für den restlichen Grundbesitz zu groß ist und deshalb Stallungen und Scheunen nicht mehr voll ausgenutzt werden können. Ist ein Sanatorium oder ein Landhaus mit einem größeren Parkgelände umgeben, um dadurch vor Lärm geschützt zu sein und wird dann ein Teil des Parkgeländes für ein mit Lärm verbundenes Unternehmen enteignet, kann darin eine entschädigungspflichtige Wertminderung des Restbesitzes liegen (BGH DVBl 1969, 204 = MDR 1968, 479). Für die Bestimmung dieser Wertminderung ist in den meisten Fällen die Differenzmethode anwendbar, dh der Unterschiedsbetrag, um den der Wert des Restgrundstücks nach der Teilenteignung hinter dem Wert des früheren Gesamtgrundstücks zurückbleibt (BGH NJW 1973, 287 = BRS 26 Nr 106). Die Entschädigung wird aber nur dann gewährt, wenn dem Eigentümer eine geschützte Rechtsposition durch die Enteignung entzogen wird.

IV. Umzugskosten (Abs 1 Satz 2 Nr 3)

5 Die nach Abs 1 Satz 2 Nr 3 erstattungsfähigen notwendigen Umzugskosten (vgl BGH BRS 19 Nr 141) müssen erforderlich sein, wobei die Erforderlichkeit objektiv zu bestimmen ist. Dazu können die Transportkosten, Kosten der Anpassung von Einrichtungsgegenständen und von Zwischenlagerungen, sowie Reise-, Besichtigungs- und Hotelkosten gehören (KK, § 96 Rn 56; EZB, § 96 Rn 594). Bei diesen Kosten ist im Einzelfall ein angemessener Abzug „Neu für Alt" zu machen, weil andernfalls der Betroffene mehr erhielte, als er vor der Enteignung besaß (BGHZ 55, 294 (302)).

V. Rechtsprechung zu Bewertungsfragen

6 Vorgärten (BGH WM 1970, 590; BGH BRS 26 Nr 106)
Immissionsschäden (BGH BRS 45 Nr 122; BGH BRS 45 Nr 131; BGHZ 64, 220 – Bonner-Reuter-Straße -; BGH DVBl 1999, 603; BGHZ 97, 361)
Beeinträchtigung des Jagdrechts (BGHZ 84, 261; BGHZ 117, 309; BGHZ 132, 63; BGH NJW 2000, 1720)

§ 97 Behandlung der Rechte der Nebenberechtigten

(1) Rechte an dem zu enteignenden Grundstück sowie persönliche Rechte, die zum Besitz oder zur Nutzung des Grundstücks berechtigen oder den Verpflichteten in der Benutzung des Grundstücks beschränken, können aufrechterhalten werden, soweit dies mit dem Enteignungszweck vereinbar ist.

(2) Als Ersatz für ein Recht an einem Grundstück, das nicht aufrechterhalten wird, kann mit Zustimmung des Rechtsinhabers das Ersatzland oder ein anderes Grundstück des Enteignungsbegünstigten mit einem gleichen Recht belastet werden. Als Ersatz für ein persönliches Recht, das nicht aufrechterhalten wird, kann mit Zustimmung des Rechtsinhabers ein Rechtsverhältnis begründet werden, das ein Recht gleicher Art in Bezug auf das Ersatzland oder auf ein anderes Grundstück des Enteignungsbegünstigten gewährt. Als Ersatz für dingliche oder persönliche Rechte eines öffentlichen Verkehrsunternehmens oder eines Trägers der öffentlichen Versorgung mit Elektrizität, Gas, Wärme oder Wasser, der auf diese zur Erfüllung seiner wesensgemäßen Aufgaben angewiesen ist, sind auf seinen Antrag Rechte gleicher Art zu begründen; soweit dazu Grundstücke des Enteignungsbegünstigten nicht geeignet sind, können zu diesem Zweck auch andere Grundstücke in Anspruch genommen werden. Anträge nach Satz 3 müssen vor Beginn der mündlichen Verhandlung schriftlich oder zur Niederschrift der Enteignungsbehörde gestellt werden.

(3) Soweit Rechte nicht aufrechterhalten oder nicht durch neue Rechte ersetzt werden, sind bei der Enteignung eines Grundstücks gesondert zu entschädigen

1. Erbbauberechtigte, Altenteilsberechtigte sowie Inhaber von Dienstbarkeiten und Erwerbsrechten an dem Grundstück,
2. Inhaber von persönlichen Rechten, die zum Besitz oder zur Nutzung des Grundstücks berechtigen, wenn der Berechtigte im Besitz des Grundstücks ist,
3. Inhaber von persönlichen Rechten, die zum Erwerb des Grundstücks berechtigen oder den Verpflichteten in der Nutzung des Grundstücks beschränken.

(4) Berechtigte, deren Rechte nicht aufrechterhalten, nicht durch neue Rechte ersetzt und nicht gesondert entschädigt werden, haben bei der Enteignung eines Grundstücks Anspruch auf Ersatz des Werts ihres Rechts aus der Geldentschädigung für das Eigentum an dem Grundstück, soweit sich ihr Recht auf dieses erstreckt. Das gilt entsprechend für die Geldentschädigungen, die für den durch die Enteignung eintretenden Rechtsverlust in anderen Fällen oder nach § 96 Abs. 1 Satz 2 Nr. 2 festgesetzt werden.

Gesamtübersicht

	Rn		Rn
I. Inhalt und Bedeutung	1	IV. Sonderentschädigung für erlöschende und nicht ersetzte Rechte (Abs 3)	5
II. Aufrechterhaltung von Rechten (Abs 1)	2		
III. Ersatzrechtsbestellung (Abs 2)	3	V. Wertersatz aus der Geldentschädigung (Abs 4)	6

§ 97 Erstes Kapitel. Fünfter Teil. Zweiter Abschnitt

I. Inhalt und Bedeutung

1 Mit dieser Vorschrift wird die materiell-rechtliche Stellung derjenigen geregelt, die von der gegen den Hauptberechtigten gerichteten Enteignung mit betroffen werden. Zu den Nebenberechtigten zählen solche natürlichen und juristischen Personen, denen an dem Grundstück ein sonstiges dingliches oder persönliches Recht zusteht. Deren Rechte bleiben an dem enteigneten Grundstück nur dann weiter bestehen, wenn dies ausdrücklich im Enteignungsbeschluss (§ 112 Abs 3 Nr 1) angeordnet wird. Einzige Voraussetzung ist, dass dies mit dem Enteignungszweck, wobei es sich dabei um einen unbestimmten Rechtsbegriff handelt, vereinbar ist. Ist das nicht der Fall, so erlaubt Abs 2 eine Ersatzrechtsbestellung. Können Rechte weder nach Abs 1 aufrechterhalten, noch nach Abs 2 ersetzt werden, so gewährt Abs 3 bestimmten Sonderentschädigungsberechtigten einen Ersatzanspruch. Übrige Berechtigten räumt Abs 4 einen privatrechtlichen Anspruch an der Hauptentschädigung ein (Surrogationsprinzip).

II. Aufrechterhaltung von Rechten (Abs 1)

2 Der Grundsatz, dass durch Enteignung eines Grundstücks die darauf lastenden privatrechtlichen Verpflichtungen erlöschen, wird in Abs 1 durchbrochen; die Enteignungsbehörde kann beschließen, dass ein solches Recht am Grundstück wie bisher fortbesteht. Zwar eröffnet Abs 1 der Enteignungsbehörde nach dem Wortlaut einen **Ermessensspielraum**; dieser kann aber ausgehend von dem Gebot des geringstmöglichen Eingriffs im Regelfall auf Null reduziert sein, so dass ein entsprechender Anspruch des Nebenberechtigten besteht (BKL, § 97 Rn 2; Schrödter, BauGB, § 97 Rn 4; KK, § 97 Rn 11).

III. Ersatzrechtsbestellung (Abs 2)

3 Kann das Recht des Nebenberechtigten nach Abs 1 nicht aufrechterhalten werden, eröffnet Abs 2 der Enteignungsbehörde die Möglichkeit, Ersatz für das betreffende Recht zu bestellen. § 97 Abs 2 unterscheidet drei Fälle der Ersatzrechtsbestellung: Ersatz für dingliche Rechte (Abs 2 Satz 1), Ersatz für persönliche Rechte (Abs 2 Satz 2) und Ersatz für Rechte eines Verkehrs- oder Versorgungsunternehmens (Abs 2 Satz 3).

4 In den Fällen des Abs 2 Satz 1 und Satz 2 bedarf es zur Neubegründung eines entsprechenden Ersatzrechts der Zustimmung des Rechtsinhabers, nicht aber der des Eigentümers, dessen Grundstück durch die Ersatzrechtsbestellung berührt wird. Die Enteignungsbehörde hat in diesen Fällen von Amts wegen die Ersatzrechtsbestellung zu prüfen. Erteilt der Nebenberechtigte nicht die erforderliche Zustimmung, regelt sich das weitere Verfahren nach Abs 3 und 4. Das Gesetz räumt durch Abs 2 Satz 3 und Satz 4 den öffentlichen Verkehrsunternehmen und den Unternehmen der öffentlichen Versorgung eine besondere Stellung ein. Dingliche oder persönliche Rechte eines solchen Trägers sind auf Antrag neu zu begründen; der Enteignungsbehörde steht insoweit dann kein Ermessensspielraum mehr zu.

IV. Sonderentschädigung für erlöschende und nicht ersetzte Rechte (Abs 3)

Die in Abs 3 enthaltene Aufzählung der gesondert zu entschädigenden Nebenberechtigten ist abschließend; soweit dort Nebenberechtigte nicht genannt werden, richtet sich deren Entschädigung nach Abs 4. Die Höhe der gesonderten Entschädigung richtet sich nach §§ 93, 95, 96. Erforderlich dafür ist jedoch, dass der Grundstückseigentümer und der Nebenberechtigte nicht nur rechtlich, sondern auch nach wirtschaftlicher Betrachtungsweise Träger verschiedener Vermögensinteressen sind (BGHZ 43, 300 = NJW 1965, 1480), um ein **kollusives Zusammenwirken** zu verhindern. Der eigentumsrechtlich relevante Nachteil besteht hier im vorzeitigen Eintritt eines Geschehens, idR des Besitzverlustes, der aufgrund der Rechtsnatur des obligatorischen Schuldverhältnisses zu einem späteren Zeitpunkt ohnehin eingetreten wäre (BGHZ 123, 166; BGHZ 117, 236).

V. Wertersatz aus der Geldentschädigung (Abs 4)

Nebenberechtigten, die nicht nach Abs 3 zu entschädigen und deren Rechte weder nach Abs 1 aufrechterhalten noch nach Abs 2 gesondert entschädigt werden, steht nach Abs 4 dann ein privatrechtlicher Anspruch auf Befriedigung aus der dem enteigneten Eigentümer zugebilligten Hauptentschädigung zu. Dieser Anspruch besteht nur in der Höhe des eingetretenen Rechtsverlusts durch die Beeinträchtigung seines Rechts. Als Berechtigte kommen dabei in erster Linie die Inhaber solcher Rechte in Frage, die der Natur nach auf die Befriedigung aus dem Erlös gerichtet sind, wie zB die Grundpfandrechte nach §§ 1113 ff BGB. Dazu zählen aber auch die Inhaber der als öffentliche Lasten auf dem Grundstück ruhenden Abgabepflichten. Einigen sich die Beteiligten nicht über die Verteilung der von der Enteignungsbehörde nur ausgewiesenen (§ 113 Abs 2 Nr 8) nicht aber zwischen ihnen aufgeteilten Entschädigung, so wird diese hinterlegt (§ 118) und gerichtlich verteilt (§ 119) (BKL, § 97 Rn 6).

§ 98 Schuldübergang

(1) **Haftet bei einer Hypothek, die aufrechterhalten oder durch ein neues Recht an einem anderen Grundstück ersetzt wird, der von der Enteignung Betroffene zugleich persönlich, so übernimmt der Enteignungsbegünstigte die Schuld in Höhe der Hypothek. Die §§ 415 und 416 des Bürgerlichen Gesetzbuchs gelten entsprechend; als Veräußerer im Sinne des § 416 ist der von der Enteignung Betroffene anzusehen.**

(2) **Das Gleiche gilt, wenn bei einer Grundschuld oder Rentenschuld, die aufrechterhalten oder durch ein neues Recht an einem anderen Grundstück ersetzt wird, der von der Enteignung Betroffene zugleich persönlich haftet, sofern er spätestens in dem nach § 108 anzuberaumenden Termin die gegen ihn bestehende Forderung unter Angabe ihres Betrags und Grunds angemeldet und auf Verlangen der Enteignungsbehörde oder eines Beteiligten glaubhaft gemacht hat.**

I. Schuldübernahme der hypothekarisch gesicherten Forderung (Abs 1)

1 Abs 1 regelt den Fall, dass eine Hypothek nach § 97 Abs 1 aufrechterhalten oder nach § 97 Abs 2 durch ein neues Recht an einem anderen Grundstück ersetzt wird und der bisherige Eigentümer zugleich auch persönlich haftet. Dann geht diese persönliche Schuld kraft gesetzlichen Schuldübergangs in Anlehnung an § 53 ZVG auf den Enteignungsbegünstigten über. Damit wird ein Auseinanderfallen von dinglicher und persönlicher Schuld vermieden. Erforderlich dafür ist nach § 416 BGB aber, dass der von der Enteignung Betroffene dem Gläubiger neben der Enteignung auch den Schuldübergang mitteilt und der Gläubiger diese Schuldübernahme ausdrücklich oder stillschweigend innerhalb von sechs Monaten seit Empfang der entsprechenden Mitteilung genehmigt. Wird die Genehmigung aber abgelehnt, so gilt die Schuldübernahme als nicht erfolgt.

II. Schuldübernahme bei Grund- und Pfandrechten

2 Zwar setzen die in Abs 2 genannten Grundpfandrechte (§§ 1191–1203 BGB) nicht das Bestehen einer persönlichen Forderung voraus. Ist dies jedoch ausnahmsweise der Fall, greift Abs 2 ein, wobei zusätzlich noch hinzukommen muss, dass der von der Enteignung Betroffene spätestens in der mündlichen Verhandlung (§ 108) die gegen ihn bestehende persönliche Forderung unter Angabe von Grund und Höhe anmeldet und auf Verlangen glaubhaft macht (§ 294 ZPO). Unterlässt er diese Anmeldung, tritt weder eine Schuld- noch Erfüllungsübernahme ein.

§ 99 Entschädigung in Geld

(1) Die Entschädigung ist in einem einmaligen Betrag zu leisten, soweit dieses Gesetzbuch nichts anderes bestimmt. Auf Antrag des Eigentümers kann die Entschädigung in wiederkehrenden Leistungen festgesetzt werden, wenn dies den übrigen Beteiligten zuzumuten ist.
(2) Für die Belastung eines Grundstücks mit einem Erbbaurecht ist die Entschädigung in einem Erbbauzins zu leisten.
(3) Einmalige Entschädigungsbeträge sind mit 2 vom Hundert über dem Basiszinssatz nach § 247 des Bürgerlichen Gesetzbuchs jährlich von dem Zeitpunkt an zu verzinsen, in dem die Enteignungsbehörde über den Enteignungsantrag entscheidet. Im Falle der vorzeitigen Besitzeinweisung ist der Zeitpunkt maßgebend, in dem diese wirksam wird.

Gesamtübersicht

	Rn		Rn
I. Allgemeines	1	2. Entschädigung in wiederkehrenden Leistungen (Abs 1 Satz 2)	4
II. Geldentschädigung	2		
1. Entschädigung als einmaliger Betrag (Abs 1 Satz 1)	3	3. Entschädigung in einem Erbbauzins	5
		III. Verzinsung	6

I. Allgemeines

Art 14 GG fordert keine bestimmte Art der Enteignungsentschädigung (BVerfG NJW 1955, 1268; BVerfG NVwZ 1999, 62). Das Enteignungsgesetz muss jedoch nach Art 14 Abs 3 Satz 2 GG Art und Ausmaß der Entschädigung regeln. § 99 trägt dieser Vorschrift Rechnung und regelt die Art der Entschädigung. § 99 normiert den geltenden Grundsatz, dass die Enteignungsentschädigung in Geld gewährt werden muss (BGH NJW 1967, 2011; BGH BRS 34 Nr 88). Verfassungsrechtliche Bedenken gegen das Prinzip der Geldentschädigung bestehen nicht (BGH WM 83, 503; BGH NJW 77, 1535).

II. Geldentschädigung

§ 99 bestimmt drei verschiedene Fälle der Geldentschädigung: Entschädigung in einem einmaligen Betrag, Abs 1 Satz 1, Entschädigung in wiederkehrenden Leistungen, Abs 1 Satz 2 und Entschädigung in einem Erbbauzins, Abs 2.

1. Entschädigung als einmaliger Betrag (Abs 1 Satz 1)

Das Gesetz geht in Abs 1 Satz 1 von dem Grundsatz aus, dass eine Entschädigung nur in Form einer einmaligen Geldzahlung erfolgt (BGH BRS 45 Nr 105 = BauR 1983, 249). Eine andere Art der Entschädigung bedarf eines Antrages des Eigentümers. In Betracht dafür kommen zB Entschädigung in Land nach § 100 oder in wiederkehrenden Leistungen nach § 99 Abs 1 Satz 2. Darüber hinaus ist es möglich, die Entschädigung in anderer Weise festzusetzen, wenn sich die Parteien darauf geeinigt haben, zB Teilleistungen, Sachleistungen, Wertpapiere oder dergleichen. An eine solche Einigung ist die Enteignungsbehörde gebunden, § 112.

2. Entschädigung in wiederkehrenden Leistungen (Abs 1 Satz 2)

Die Entschädigung in wiederkehrenden Leistungen nach Abs 1 Satz 2 betrifft Rentenzahlungen in Geld. Naturalleistungen kommen dafür nicht in Betracht, es sei denn, die Beteiligten einigen sich darauf. Diese Art der Entschädigung muss den anderen Beteiligten zuzumuten sein. Dies ist dann der Fall, wenn eine Abwägung der Interessen aller Beteiligten zu dem Ergebnis kommt, dass die Beteiligten durch eine Entschädigung in wiederkehrenden Leistungen nicht unbillig belastet werden. Bei dem Tatbestandsmerkmal der Zumutbarkeit handelt es sich um einen unbestimmten Rechtsbegriff, der von den Baulandgerichten voll überprüfbar ist. Selbst wenn die Zumutbarkeit bejaht werden sollte, verbleibt der Enteignungsbehörde noch ein Ermessensspielraum.

3. Entschädigung in einem Erbbauzins

Abs 2 regelt einen Sonderfall der Entschädigung in wiederkehrenden Leistungen. Der zu leistende Erbbauzins ist nach Zeit und Höhe für die ganze Erbbauzeit im Voraus zu bestimmen, §§ 9, 9a ErbbauVO und nach § 112 Abs 3 Nr 2 festzulegen. Auch hier ermöglicht § 110 eine abweichende Vereinbarung der Beteiligten.

III. Verzinsung

Der Verzinsungsanspruch nach Abs 3 besteht kraft Gesetzes und ist nicht davon abhängig, dass er im Enteignungsbeschluss erwähnt ist. Die Zinsen stellen einen Ausgleich dafür dar, dass dem Betroffenen das Enteignungsobjekt nicht mehr und die

dafür zu zahlende Entschädigung noch nicht zur Verfügung steht (BGHZ 88, 337 = BRS 45 Nr 107). Der Gesetzgeber hat auf einen wechselnden Zinssatz verwiesen; maßgebend ist der jeweilige Basiszinssatz der Deutschen Bundesbank (§ 247 BGB). Die Zinspflicht beginnt mit dem Tage, an dem die Enteignungsbehörde den Enteignungsbeschluss fasst, § 112. Mit dem Zeitpunkt der Zahlung der Entschädigungssumme endet die Verzinsung (EZB, § 99 Rn 26). Grundsätzlich gilt das gesetzliche Zinseszinsverbot, § 289 Satz 1 BGB (BGH NJW 1973, 2284).

7 Der BGH hat sich in einer Vielzahl von Urteilen mit der Dogmatik des Zinsanspruchs beschäftigt (grundlegend: BGHZ 37, 269 ff – Sportpalast –; BGH BRS 19 Nr 94; BGH BRS 26 Nr 124). Materiell handelt es sich nicht um Zinsen im Rechtssinne, sondern um eine besondere Form der Entschädigung für entgangene Nutzungsmöglichkeiten (BGH BRS 26 Nr 68; BGHZ 33, 337 = BRS 45 Nr 107; BGHZ 98, 188; BGH NVwZ 2000, 230). Vom **Zinseszinsverbot** nicht erfasst wird dagegen nach der Rechtsprechung des BGH die über die Regelentschädigung nach Abs 3 hinausgehende und konkret berechnete besondere Besitzeinweisungsentschädigung nach § 116 Abs 4 (BGH BRS 34 Nr 109). Der BGH hat die Geltung des Zinseszinsverbots auch für die Entschädigung im Falle eines dauernden Bauverbots verneint (BGH BRS 19 Nr 94).

§ 100 Entschädigung in Land

(1) Die Entschädigung ist auf Antrag des Eigentümers in geeignetem Ersatzland festzusetzen, wenn er zur Sicherung seiner Berufstätigkeit, seiner Erwerbstätigkeit oder zur Erfüllung der ihm wesensgemäß obliegenden Aufgaben auf Ersatzland angewiesen ist und
1. der Enteignungsbegünstigte über als Ersatzland geeignete Grundstücke verfügt, auf die er nicht mit seiner Berufstätigkeit, seiner Erwerbstätigkeit oder zur Erfüllung der ihm wesensgemäß obliegenden Aufgaben angewiesen ist, oder
2. der Enteignungsbegünstigte geeignetes Ersatzland nach pflichtmäßigem Ermessen der Enteignungsbehörde freihändig zu angemessenen Bedingungen beschaffen kann oder
3. geeignetes Ersatzland durch Enteignung nach § 90 beschafft werden kann.
(2) Wird die Entschädigung in Ersatzland festgesetzt, sind auch der Verwendungszweck des Ersatzlands und die Frist, in der das Grundstück zu dem vorgesehenen Zweck zu verwenden ist, zu bezeichnen. Die §§ 102 und 103 gelten entsprechend.
(3) Unter den Voraussetzungen der Nummern 1 bis 3 des Absatzes 1 ist die Entschädigung auf Antrag des Eigentümers auch dann in geeignetem Ersatzland festzusetzen, wenn ein Grundstück enteignet werden soll, das mit einem Eigenheim oder einer Kleinsiedlung bebaut ist. Dies gilt nicht, wenn nach öffentlich-rechtlichen Vorschriften der Rückbau des Gebäudes jederzeit entschädigungslos gefordert werden kann.
(4) Die Entschädigung kann auf Antrag des Enteigneten oder Enteignungsbegünstigten ganz oder teilweise in Ersatzland festgesetzt werden, wenn diese Art der Entschädigung nach pflichtmäßigem Ermessen der Enteignungsbehörde unter gerechter Abwägung der Interessen der Allgemeinheit und der

Beteiligten billig ist und bei dem Enteignungsbegünstigten die in Absatz 1 Nr. 1 oder 2 genannten Voraussetzungen vorliegen.

(5) Auf die Ermittlung des Werts des Ersatzlands ist §95 entsprechend anzuwenden. Hierbei kann eine Werterhöhung berücksichtigt werden, die das übrige Grundvermögen des von der Enteignung Betroffenen durch den Erwerb des Ersatzlands über dessen Wert nach Satz 1 hinaus erfährt. Hat das Ersatzland einen geringeren Wert als das zu enteignende Grundstück, so ist eine dem Wertunterschied entsprechende zusätzliche Geldentschädigung festzusetzen. Hat das Ersatzland einen höheren Wert als das zu enteignende Grundstück, so ist festzusetzen, dass der Entschädigungsberechtigte an den durch die Enteignung Begünstigten eine dem Wertunterschied entsprechende Ausgleichszahlung zu leisten hat. Die Ausgleichszahlung wird mit dem nach § 117 Abs. 5 Satz 1 in der Ausführungsanordnung festgesetzten Tag fällig.

(6) Wird die Entschädigung in Land festgesetzt, sollen dingliche oder persönliche Rechte, soweit sie nicht an dem zu enteignenden Grundstück aufrechterhalten werden, auf Antrag des Rechtsinhabers ganz oder teilweise nach Maßgabe des § 97 Abs. 2 ersetzt werden. Soweit dies nicht möglich ist oder nicht ausreicht, sind die Inhaber der Rechte gesondert in Geld zu entschädigen; dies gilt für die in § 97 Abs. 4 bezeichneten Berechtigungen nur, soweit ihre Rechte nicht durch eine dem Eigentümer nach Absatz 5 zu gewährende zusätzliche Geldentschädigung gedeckt werden.

(7) Anträge nach den Absätzen 1, 3, 4 und 6 sind schriftlich oder zur Niederschrift der Enteignungsbehörde zu stellen, und zwar in den Fällen der Absätze 1, 3 und 4 vor Beginn und im Falle des Absatzes 6 bis zum Schluss der mündlichen Verhandlung (§ 108).

(8) Sind Miteigentum, grundstücksgleiche Rechte oder Rechte nach dem Wohnungseigentumsgesetz ebenso zur Sicherung der Berufs- oder Erwerbstätigkeit des Berechtigten oder zur Erfüllung der ihm wesensgemäß obliegenden Aufgaben geeignet, können dem Eigentümer diese Rechte anstelle des Ersatzlands angeboten werden. Der Eigentümer ist in Geld abzufinden, wenn er die ihm nach Satz 1 angebotene Entschädigung ablehnt. § 101 bleibt unberührt.

(9) Hat der Eigentümer nach Absatz 1 oder 3 einen Anspruch auf Ersatzland und beschafft er sich mit Zustimmung des Enteignungsbegünstigten außerhalb des Enteignungsverfahrens Ersatzland oder die in Absatz 8 bezeichneten Rechte selbst, so hat er gegen den Enteignungsbegünstigten einen Anspruch auf Erstattung der erforderlichen Aufwendungen. Der Enteignungsbegünstigte ist nur insoweit zur Erstattung verpflichtet, als er selbst Aufwendungen erspart. Kommt eine Einigung über die Erstattung nicht zustande, entscheidet die Enteignungsbehörde; für den Bescheid gilt § 122 entsprechend.

Gesamtübersicht

	Rn		Rn
I. Allgemeines	1	III. Ersatzlandentschädigung aus Billigkeitsgründen (Abs 4)	6
II. Anspruch des Enteigneten auf Ersatzlandentschädigung (Abs 1–3)	2	IV. Ersatzlandbewertung und Ausgleich von Wertunterschieden (Abs 5)	8
1. Sicherung der Berufs- und Erwerbstätigkeit oder Aufgabenerfüllung	2	V. Die Behandlung der Nebenberechtigten (Abs 6)	9
2. Bezeichnung des Verwendungszwecks und der Verwendungsfrist (Abs 2)	4	VI. Modifizierung der Entschädigungsart (Abs 8)	10
3. Eigenheim- oder Kleinsiedlungsgrundstücke (Abs 3)	5	VII. Aufwendungsersatzanspruch des Entschädigungsbetroffenen (Abs 9)	11

I. Allgemeines

1 Die Vorschrift ermöglicht die Entschädigung in Ersatzland als eine Ausnahme von dem in § 99 niedergelegten Grundsatz der Geldentschädigung und ist insoweit eine besondere Art der Enteignungsentschädigung (BGHZ 118, 25). Das Gesetz trägt mit der Entscheidungsart der **Landabfindung** den Fällen Rechnung, in denen eine Geldentschädigung kein ausreichendes Äquivalent zu dem Genommenen bedeutet. Nach der Systematik des BauGB steht § 100 in engem Zusammenhang mit § 85 Abs 1 Nr 3, der die Beschaffung von Ersatzlandgrundstücken als Enteignungszweck anerkennt sowie mit § 90, in dem die Voraussetzungen für die Enteignung von Ersatzland näher geregelt werden.

II. Anspruch des Enteigneten auf Ersatzlandentschädigung (Abs 1–3)

1. Sicherung der Berufs- und Erwerbstätigkeit oder Aufgabenerfüllung

2 Abs 1 verschafft dem Eigentümer, der einen entsprechenden Antrag nach Abs 7 gestellt hat, einen Rechtsanspruch auf Entschädigung in Land. Die erste Variante setzt voraus, dass ohne das Ersatzland nach wirtschaftlicher Betrachtungsweise die Fortsetzung einer Berufs- oder Erwerbstätigkeit vereitelt oder zumindest ernsthaft gefährdet wäre (BGHZ 90, 243 = BRS 45 Nr 106). Diese Tätigkeit muss auf Dauer angelegt sein und zur Sicherung des Lebensunterhalts bestimmt sein, wobei ein **Nebenerwerb** ausreicht, nicht jedoch eine Hobbybeschäftigung. Von der zweiten Variante des Abs 1 sind die Eigentümer betroffen, die zur Erfüllung der ihnen wesensgemäß obliegenden Aufgaben auf Land angewiesen sind. Darunter fallen in erster Linie karitative, kirchliche, gemeinnützige oder sonstige ideelle Aufgaben.

3 Geeignetes Ersatzland ist iSd Nr 1 dann anzunehmen, wenn diese Fläche von ihrer tatsächlichen und rechtlichen Beschaffenheit dem von dem Enteignungsbetroffenen vorgesehenen Zweck genügt und damit die Gefährdung der Existenz oder der Aufgabenerfüllung abgewendet werden kann. Nr 2 kann erst eingreifen, wenn eindeutig feststeht, dass und wie die Beschaffung des konkret zu bestimmenden Ersatzlandes möglich ist (BVerwG Buchholz 406.33 § 22 LBG Nr 1 = BRS 26 Nr 66).

Durch Nr 3 soll verhindert werden, dass eine im dringenden öffentlichen Interesse liegende Enteignung scheitert. Fehlt geeignetes Ersatzland, entfällt der Anspruch aus § 100 und es verbleibt bei dem Grundsatz des § 99.

2. Bezeichnung des Verwendungszwecks und der Verwendungsfrist (Abs 2)

Setzt die Enteignungsbehörde die Entschädigung in Ersatzland fest, so hat sie nach Abs 2 im Enteignungsbeschluss zugleich den Verwendungszweck des Ersatzlandes und die Frist, in der das Grundstück zu dem vorgesehenen Zweck zu verwenden ist, anzugeben. Abs 2 soll unerwünschte Bodenspekulationen mit dem Ersatzland verhindern. Verwirklicht der Entschädigungsberechtigte nicht innerhalb der festgesetzten Frist den mit der Ersatzlandentschädigung vorgesehenen Verwendungszweck oder gibt er diesen innerhalb der festgesetzten Frist auf, so kann der zur Ersatzlandgewährung Verpflichtete das Land zurückverlangen. Der **Rückenteignungsanspruch** der §§ 102, 103 gilt entsprechend. Auch im Rahmen des § 100 muss dem Entschädigungsberechtigten eine angemessene Frist zur Verwirklichung des Verwendungszwecks eingeräumt werden. § 114 (Lauf der Verwendungsfrist) ist analog anzuwenden (KK, § 100 Rn 26; EZB, § 100 Rn 19a).

3. Eigenheim- oder Kleinsiedlungsgrundstücke (Abs 3)

Im Sonderfall des Abs 3 besitzt ein Eigentümer auch dann einen Rechtsanspruch auf Ersatzlandentschädigung, wenn sein zu enteignendes Grundstück mit einem Eigenheim oder einer Kleinsiedlung bebaut ist und im Übrigen Land nach Abs 1 Nr 1–3 zur Verfügung gestellt werden kann. Für die Begriffsbestimmung Eigenheim und Kleinsiedlung iR des Abs 3 kann auf die §§ 9, 10 II. WoBauG verwiesen werden. Die Vorschrift des Satzes 2 schließt eine Ersatzlandentschädigung dann aus, wenn der Rückbau des Gebäudes jederzeit entschädigungslos gefordert werden könnte. Unter dem Begriff Rückbau ist der vollständige Abbruch aber auch die teilweise Beseitigung zu verstehen (KK, § 100 Rn 36). Möglich ist jedoch, dass dem betroffenen Eigenheim- oder Siedlungseigentümer in einem solchen Fall eine Billigkeitsentschädigung nach § 100 Abs 4 zuerkannt wird (BKL, § 100 Rn 4; KK, § 100 Rn 36; aA: BK 2. Aufl., § 100 Rn 12).

III. Ersatzlandentschädigung aus Billigkeitsgründen (Abs 4)

Abs 4 eröffnet die Möglichkeit, die Entschädigung in Ersatzland festzusetzen, ohne dass ein Rechtsanspruch darauf bestünde. Die Entscheidung wird von der Enteignungsbehörde nach pflichtgemäßem Ermessen getroffen (sog Kopplungs- oder Mischtatbestand). Das Ermessen der Enteignungsbehörde kann jedoch aufgrund der im konkreten Fall zu beachtenden Abwägungsgesichtspunkte und der danach festgestellten Billigkeit auf Null reduziert sein, sodass eine Landentschädigung festgesetzt werden muss (vgl BGH BRS 34 Nr 88; einschränkend: BGH NJW 1984, 1879 (1880) = BRS 45 Nr 106; KK, § 100 Rn 40).

Dabei kann aber die Enteignungsbehörde dem Enteigneten Ersatzland nicht gegen seinen Willen aufdrängen; es besteht keine grds Verpflichtung zur Annahme einer Entschädigung in Ersatzland (BGH NJW 1979, 923 = BRS 34 Nr 80). Ob die Ablehnung eines Ersatzlandangebotes dem Enteigneten sonst nach dem Grundgedanken der § 254 BGB, § 93 Abs 3 Satz 2 angelastet werden kann, hat der BGH offen gelassen (BGH NJW 1979, 923 = BRS 34 Nr 8; hierzu: BKL, § 100 Rn 6).

IV. Ersatzlandbewertung und Ausgleich von Wertunterschieden (Abs 5)

8 Abs 5 regelt die Bewertung des Ersatzlandes und den Ausgleich von Wertunterschieden. Die Verweisung auf § 95 in Abs 5 Satz 1 führt auch zu einer grds Anwendung des § 95 Abs 2. Es finden jedoch auch hier die Grundsätze der **Steigerungsrechtsprechung** Anwendung (BGH BRS 53 Nr 122). Die Ersatzlandleistung wird mit der Ausführungsanordnung erbracht (§ 112 Abs 3 Nr 4, § 113 Abs 2 Nr 9, § 117 Abs 5). Die zusätzliche Geldentschädigung nach Satz 3 muss vor Erlass der Ausführungsanordnung entrichtet oder hinterlegt sein, § 117 Abs 1. Demgegenüber wird die nach Satz 4 zu leistende Ausgleichszahlung erst mit dem in der Ausführungsanordnung bezeichneten Zeitpunkt fällig. Eine ausdrückliche Regelung über eine Verzinsung dieser Ausgleichsleistung fehlt (vgl BGHZ 54, 364 = BRS 26 Nr 155).

V. Die Behandlung der Nebenberechtigten (Abs 6)

9 Dingliche oder persönliche Rechte von Nebenberechtigten können nach § 97 Abs 1 nur aufrechterhalten werden, soweit dies mit dem Enteignungszweck vereinbar ist. Soweit diese Rechte im Fall der Ersatzlandentschädigung des Hauptberechtigten nicht an dem zu enteignenden Grundstück aufrechterhalten werden, modifiziert Abs 6 Satz 1 die Regelung des § 97 Abs 2 Satz 1 und 2 dahin, dass die Ersetzung der Rechte an dem Ersatzland auf Antrag des Nebenberechtigten ganz oder teilweise erfolgen muss. Der Antrag ist schriftlich oder zur Niederschrift der Enteignungsbehörde bis zum Schluss der mündlichen Verhandlung (§ 108) zu stellen (Abs 7). Die Soll-Vorschrift des Abs 6 Satz 1 bindet die Enteignungsbehörde im Regelfall, indem dem Antrag stattzugeben ist; etwas anderes wird nur dann gelten, wenn die Ersatzrechtsbestellung wirtschaftlich nicht sinnvoll ist. Satz 2 erweitert den Kreis der nach § 97 Abs 3 Sonderentschädigungsberechtigten und stellt insoweit eine Ausnahme zu dieser Vorschrift dar.

VI. Modifizierung der Entschädigungsart (Abs 8)

10 Abs 8 gestattet an Stelle von Ersatzland die in ihr bezeichneten Rechte als Entschädigung anzubieten. Ob davon Gebrauch gemacht wird, steht im Ermessen der Enteignungsbehörde. Liegen die Voraussetzungen des Abs 8 vor und lehnt der Eigentümer ein entsprechendes Angebot ab, hat dies das Erlöschen seines Anspruchs auf Ersatzlandentschädigung zur Folge; er ist dann in Geld zu entschädigen. In einem solchen Fall bleibt aber noch eine Bestellung von Rechten nach § 101 auf seinen Antrag zulässig. Abs 8 gilt nur für die Ersatzlandentschädigung nach Abs 1 und nicht für die nach Abs 3.

VII. Aufwendungsersatzanspruch des Entschädigungsbetroffenen (Abs 9)

11 Abs 9 will einem Bedürfnis der Praxis Rechnung tragen und einen Enteignungsbetroffenen, der sich selbst mit Zustimmung des Enteignungsbegünstigten das Ersatzland beschafft hat, nicht schlechter stellen als denjenigen, der das Ersatzland im Enteignungsbeschluss zugeteilt erhält. Durch diese Vorschrift, in der auch ausdrücklich die Entschädigungsberechtigten nach Abs 3 genannt sind, wird dem von der Enteignung Betroffenen ein Rechtsanspruch auf Erstattung der erforderlichen Aufwendungen gegeben. Dabei dürfen aber diese Aufwendungen nicht höher sein,

als wenn der Enteignungsbegünstigte sich selbst um die Beschaffung des Ersatzlandes bemüht hätte. Kommt es zwischen dem Enteigneten und dem Enteignungsbegünstigten aber nicht zu einer Einigung über die Höhe der zu erstattenden Aufwendungen, so entscheidet die Enteignungsbehörde. Diese Entscheidung stellt nach § 122 einen vollstreckbaren Titel dar. Der Bescheid kann nach § 217 durch Antrag auf gerichtliche Entscheidung vor der Baulandkammer angefochten werden (EZB, § 100 Rn 42).

§ 101 Entschädigung durch Gewährung anderer Rechte

(1) Der Eigentümer eines zu enteignenden Grundstücks kann auf seinen Antrag, wenn dies unter Abwägung der Belange der Beteiligten billig ist, ganz oder teilweise entschädigt werden
1. **durch Bestellung oder Übertragung von Miteigentum an einem Grundstück, grundstücksgleichen Rechten, Rechten nach dem Wohnungseigentumsgesetz, sonstigen dinglichen Rechten an dem zu enteignenden Grundstück oder an einem anderen Grundstück des Enteignungsbegünstigten oder**
2. **durch Übertragung von Eigentum an einem bebauten Grundstück des Enteignungsbegünstigten oder**
3. **durch Übertragung von Eigentum an einem Grundstück des Enteignungsbegünstigten, das mit einem Eigenheim oder einer Kleinsiedlung bebaut werden soll.**

Bei Wertunterschieden zwischen den Rechten nach Satz 1 und dem zu enteignenden Grundstück gilt § 100 Abs. 5 entsprechend.
(2) Der Antrag nach Absatz 1 muss bis zum Schluss der mündlichen Verhandlung schriftlich oder zur Niederschrift der Enteignungsbehörde gestellt werden.

I. Inhalt und Bedeutung

§ 101 ist wie § 97 Abs 2 und § 100 als gesonderte Vorschrift über die Art der zu gewährenden Entschädigung einzuordnen und bildet damit eine Ausnahme von dem Grundsatz des § 99 Abs 1, wonach Entschädigung regelmäßig in Geld zu leisten ist. Von § 97 Abs 2 unterscheidet sich § 101 dadurch, dass dort die Ersatzrechtsentschädigung der Nebenberechtigten, in § 101 dagegen die Ersatzentschädigung des enteigneten Eigentümers geregelt wird. Der Enteignete hat zwischen den Möglichkeiten des § 101 ein **Wahlrecht**. Er kann es allerdings nicht dergestalt ausüben, dass er die Bestimmung der Entschädigungsart der Enteignungsbehörde überlässt; die Staffelung in den Haupt- und Hilfsantrag ist dagegen zulässig (BK, 2. Aufl., BauGB, § 101 Rn 5; Schrödter, § 101 Rn 1; BKL, § 101 Rn 2).

II. Die Entscheidung der Behörde

Die Entschädigung durch Gewährung anderer Rechte, die dem Katalog des Abs 1 Nr 1, und der Tatbestände des Abs 1 Nr 2 und Nr 3 zu entnehmen sind, setzt einen bestimmten Antrag des Eigentümers voraus. Hat die Enteignungsbehörde aufgrund des Antrags die Belange der Beteiligten und die der Allgemeinheit, deren Berück-

sichtigung aus Art 14 Abs 3 Satz 2 GG folgt, abgewogen und kommt sie zu dem Ergebnis, dass die Entschädigung gem § 101 der **Billigkeit** entspricht, so kann sie ganz oder teilweise eine Ersatzrechtsentschädigung festsetzen. § 101 sowie § 100 Abs 4 enthalten eine sog Kopplungsvorschrift, die auf der Rechtsfolgenseite die Möglichkeit für die Verwaltung eröffnet, nach pflichtgemäßem Ermessen zu entscheiden, das nur in den Grenzen des § 223 kontrollierbar ist (BKL, § 101 Rn 3; EZB, § 101 Rn 15; weitergehender: BK, 2. Aufl., § 101 Rn 7).

3 Wenn die Bestellung, Übertragung oder Bewertung eines der in Betracht kommenden Rechte im Zeitpunkt des Enteignungsbeschlusses noch nicht möglich ist, eröffnet § 115 ein besonderes Verfahren, durch das die spätere Erfüllung gewährleistet wird. Abs 2 lässt einen Antrag noch bis zum Schluss der mündlichen Verhandlung zu.

§ 102 Rückenteignung

(1) **Der enteignete frühere Eigentümer kann verlangen, dass das enteignete Grundstück zu seinen Gunsten wieder enteignet wird (Rückenteignung), wenn und soweit**
1. **der durch die Enteignung Begünstigte oder sein Rechtsnachfolger das Grundstück nicht innerhalb der festgesetzten Fristen (§113 Abs. 2 Nr. 3 und § 114) zu dem Enteignungszweck verwendet oder den Enteignungszweck vor Ablauf der Frist aufgegeben hat oder**
2. **die Gemeinde ihre Verpflichtung zur Übereignung nach §89 nicht erfüllt hat.**

(2) **Die Rückenteignung kann nicht verlangt werden, wenn**
1. **der Enteignete selbst das Grundstück im Wege der Enteignung nach den Vorschriften dieses Gesetzbuchs oder des Baulandbeschaffungsgesetzes erworben hatte oder**
2. **ein Verfahren zur Enteignung des Grundstücks nach diesem Gesetzbuch zugunsten eines anderen Bauwilligen eingeleitet worden ist und der enteignete frühere Eigentümer nicht glaubhaft macht, dass er das Grundstück binnen angemessener Frist zu dem vorgesehenen Zweck verwenden wird.**

(3) **Der Antrag auf Rückenteignung ist binnen zwei Jahren seit Entstehung des Anspruchs bei der zuständigen Enteignungsbehörde einzureichen. § 206 des Bürgerlichen Gesetzbuchs gilt entsprechend. Der Antrag ist nicht mehr zulässig, wenn in den Fällen des Absatzes 1 mit der zweckgerechten Verwendung begonnen oder die Veräußerung oder Ausgabe des Grundstücks in Erbbaurecht vor Eingang des Antrags bei der Enteignungsbehörde eingeleitet worden ist.**

(4) **Die Enteignungsbehörde kann die Rückenteignung ablehnen, wenn das Grundstück erheblich verändert oder ganz oder überwiegend Entschädigung in Land gewährt worden ist.**

(5) **Der frühere Inhaber eines Rechts, das durch Enteignung nach den Vorschriften dieses Gesetzbuchs aufgehoben ist, kann unter den in Absatz 1 bezeichneten Voraussetzungen verlangen, dass ein gleiches Recht an dem früher belasteten Grundstück zu seinen Gunsten durch Enteignung wieder begründet wird. Die Vorschriften über die Rückenteignung gelten entsprechend.**

(6) **Für das Verfahren gelten die §§ 104 bis 122 entsprechend.**

Gesamtübersicht

	Rn		Rn
I. Verfassungsrechtliche Einordnung	1	III. Ausschluss- und Ablehnungsgründe (Abs 2- 4)	4
II. Die Voraussetzungen der Rückenteignung nach § 102	2	IV. Rückenteignungsverfahren und Rechtsschutz	5
1. Anspruchsberechtigte	2		
2. Anspruchsgegner	3		

I. Verfassungsrechtliche Einordnung

Mit den verfassungsrechtlichen Bezügen der Rückenteignung hat sich das BVerfG in seiner Entscheidung vom 12.11.1974 = BVerfGE 138, 175 = BRS 34 Nr 88 befasst. Das BVerfG leitet einen Rückenteignungsanspruch dort, wo er gesetzlich nicht vorgesehen ist, im Wege richterlicher Rechtsvorbildung direkt aus der Verfassung ab. § 102 konkretisiert insoweit den verfassungsrechtlich vorgegebenen Anspruch des enteigneten früheren Eigentümers auf Rückübereignung seines enteigneten Grundstücks, sofern es nicht oder nicht innerhalb angemessener Frist für den Enteignungszweck verwendet wird (zustimmend: BGH 76, 365 (369); anders noch BVerwGE 28, 184). Die **Rückenteignung** ist ein Mittel, um die Erfüllung des Enteignungszwecks gesetzlich sicherzustellen und dem von der Enteignung Begünstigten das Grundstück wieder zu nehmen, wenn er es nicht entsprechend des Enteignungszwecks auch tatsächlich nutzt. Wird die öffentliche Aufgabe, die der Enteignung dienen soll, nicht ausgeführt oder das enteignete Grundstück dafür nicht benötigt, entfällt die Legitimation für den Zugriff auf das Privateigentum. Eine **Rücknahmepflicht** besteht aber nicht (BGHZ 71, 293 = NJW 1978, 1481 = DÖV 1978, 694). Die Rückenteignung stellt allerdings keine echte Enteignung iSd Art 14 Abs 3 GG dar (BVerfGE 38, 175 = BRS 34 Nr 87), sondern nur die Kehrseite der Enteignung.

II. Die Voraussetzungen der Rückenteignung nach § 102

1. Anspruchsberechtigte

Anspruchsberechtigte sind nach Abs 1 der frühere Eigentümer des Grundstücks, sein Rechtsnachfolger, der Inhaber eines enteigneten grundstücksgleichen Rechts iSv § 200 Abs 2 und dessen Rechtsnachfolger sowie nach Abs 5 die früheren Inhaber anderer Rechte, die durch die Enteignung aufgehoben worden sind (§ 86 Abs 1 Nr 2, 3), und zwar unabhängig davon, ob auch der frühere Eigentümer seinen Anspruch nach Abs 1 durchsetzt. Nicht anwendbar ist § 102 auf Altfälle/DDR (BVerwGE 96, 172; BGH NJW 1995, 1280) sowie auf freihändige Erwerbsvorgänge, auch wenn dieser angesichts einer drohenden Enteignung geschlossen wurde (BGHZ 84, 1 ff = NJW 1982, 2184). Denkbar ist in einem solchen Fall, den Interessen des Voreigentümers im Wege ergänzender Vertragsauslegung oder nach den Grundsätzen vom Wegfall der Geschäftsgrundlage Rechnung zu tragen und dabei die eigentumsrechtlichen Wirkungen, die in § 102 zum Ausdruck gelangen, mit heranzuziehen (BGHZ 84, 1 ff = NJW 1982, 2184). § 102 findet weiterhin keine Anwendung auf den Grunderwerb durch Ausübung des Vorkaufsrechts nach § 24.

2. Anspruchsgegner

3 Der Rückenteignungsanspruch richtet sich gegen die Körperschaft, deren Behörde die Enteignungsbehörde war (vgl § 102 Abs 3 Satz 1).

III. Ausschluss- und Ablehnungsgründe (Abs 2- 4)

4 Abs 2-4 nennen eine Reihe von Gründen, die das Rückenteignungsbegehren ausschließen oder die Behörde ermächtigen, es im Einzelfall abzulehnen (Abs 2 Nr 1 und Nr 2, Abs 3 Satz 3, Abs 4). Liegt eine der in Abs 2 bezeichneten Voraussetzungen vor, ist die Rückenteignung ausgeschlossen. Daneben besteht für die Enteignungsbehörde nach Abs 4 die Möglichkeit, iR ihres Ermessens die Rückübereignung abzulehnen, wenn u.a das Grundstück erheblich verändert worden ist. In diesem Zusammenhang kann von einer wesentlichen Veränderung des Grundstücks ausgegangen werden, wenn es in seinem tatsächlichen Zustand wesentlich umgestaltet worden ist, zB durch die Errichtung baulicher Anlagen (VGH München BayVBl 1984, 147; BVerwG NVwZ 2001, 198; BVerwG NVwZ 1987, 49).

IV. Rückenteignungsverfahren und Rechtsschutz

5 Die Rückenteignung wird nur auf Antrag des Berechtigten ausgesprochen. Der Antrag ist binnen einer Frist von zwei Jahren seit Entstehung des Anspruchs bei der zuständigen Enteignungsbehörde einzureichen. Die **Zweijahresfrist** beginnt zu laufen mit dem Ablauf der nach § 113 Abs 2 Nr 3 festgesetzten und dem Berechtigten mit dem Enteignungsbeschluss mitgeteilten, uU nach § 114 verlängerten Fristen (eine Wiedereinsetzung in den vorigen Stand nach § 153 scheidet insoweit aus, weil die Erfüllung des Enteignungszwecks keine Verfahrenshandlung darstellt; insofern kommt es auf ein Verschulden nicht an). Strittig ist der Beginn der Frist in den Fällen des Abs 1 Nr 2 oder wenn der Enteignungszweck durch den Begünstigten aufgegeben worden ist. Vorzugswürdig ist die Auffassung, dass die Antragsfrist hier erst mit Kenntniserlangung seitens des Berechtigten zu laufen beginnt (EZB, § 102 Rn 34; Aust/Jacobs/Pasternak, Die Enteignungsentschädigung, 5. Aufl, S 309; aA: BKL, § 102 Rn 6; KK, § 102 Rn 151, mit dem Argument, der Berechtigte könne bei Unkenntnis durch Wiedereinsetzung in den vorigen Stand nach § 214 iVm § 32 VwVfG geschützt werden; vgl auch BGH NJW 1995, 1278 (1280)). Der Rechtsschutz besteht nach §§ 217 ff vor den Baulandgerichten.

6 Wird dagegen der verfassungsmittelbare Rückgewähranspruch geltend gemacht, so unterliegt die Entscheidung der Enteignungsbehörde zum Grund des Anspruchs der Kontrolle der Verwaltungsgerichte, während die Zivilgerichte die Feststellung der Entschädigung zu prüfen haben (BKL, § 102 Rn 7; VGH München, BayVBl 1972, 493; vgl auch: BGHZ 76, 365).

§ 103 Entschädigung für die Rückenteignung

Wird dem Antrag auf Rückenteignung stattgegeben, so hat der Antragsteller dem von der Rückenteignung Betroffenen Entschädigung für den Rechtsverlust zu leisten. § 93 Abs. 2 Nr. 2 ist nicht anzuwenden. Ist dem Antragsteller bei der ersten Enteignung eine Entschädigung für andere Vermögensnachteile

gewährt worden, so hat er diese Entschädigung insoweit zurückzugewähren, als die Nachteile auf Grund der Rückenteignung entfallen. Die dem Eigentümer zu gewährende Entschädigung darf den bei der ersten Enteignung zugrunde gelegten Verkehrswert des Grundstücks nicht übersteigen, jedoch sind Aufwendungen zu berücksichtigen, die zu einer Werterhöhung des Grundstücks geführt haben. Im Übrigen gelten die Vorschriften über die Entschädigung im Zweiten Abschnitt entsprechend.

I. Inhalt und Bedeutung

Bei der Rückenteignung werden nicht etwa die Rechtsverschiebungen und Entschädigungen des ursprünglichen Enteignungsverfahrens rückgängig gemacht und erstattet, sondern es findet eine besondere Entschädigungsfestsetzung für die Rückgewähr des ursprünglich enteigneten Grundstücks statt. Der von der Rückenteignung Betroffene erhält nur eine Entschädigung für den Rechtsverlust nach § 93 Abs 2 Nr 1, nicht jedoch für andere durch die Rückenteignung eintretende Vermögensnachteile. Diese Entschädigung richtet sich nach § 95; es ist auf den Verkehrswert (§ 194) im Zeitpunkt der Entscheidung der Enteignungsbehörde über den Rückenteignungsantrag abzustellen. Ist der Verkehrswert zu diesem Zeitpunkt höher als der Verkehrswert bei der Enteignung, darf nur der erste Verkehrswert zugrunde gelegt werden. Nach Satz 4 sind Aufwendungen zur Förderung des Enteignungszwecks, die den Wert des Grundstücks im Zeitpunkt der Rückgabe noch erhöhen, dem Enteignungsbegünstigten zu erstatten. Für andere Aufwendungen kommt eine Anwendung der Grundsätze der aufgedrängten Bereicherung in Frage.

II. Rückenteignungsbeschluss und Rechtsschutz

Über die Höhe der Rückenteignungsentschädigung und eines etwaigen Erstattungsanspruchs entscheidet die Enteignungsbehörde durch Rückenteignungsbeschluss. Im Streitfalle entscheiden insofern die Baulandgerichte nach §§ 217 ff.

Dritter Abschnitt
Enteignungsverfahren

§ 104 Enteignungsbehörde

(1) **Die Enteignung wird von der höheren Verwaltungsbehörde durchgeführt (Enteignungsbehörde).**
(2) **Die Landesregierungen können durch Rechtsverordnung bestimmen, dass an den Entscheidungen der Enteignungsbehörde ehrenamtliche Beisitzer mitzuwirken haben.**

I. Inhalt und Bedeutung

Die höhere Verwaltungsbehörde im Regelfall als Enteignungsbehörde zu bestimmen, verfolgt den Zweck, eine Behörde zu beauftragen, die unabhängiger ist als zB die Gemeinde. Die Enteignungsbehörde muss, wegen der Bedeutung eines Ein-

griffs von ihrer Seite für den Betroffenen und zur Verbesserung der Akzeptanz, neutral, selbstständig und eigenverantwortlich sein (BGH DVBl 1978, 376 = BRS 34 Nr 179 = BauR 1978, 215). Durch **Landesorganisationsrecht** regelt sich, welche Behörde höhere Verwaltungsbehörde ist. Höhere Verwaltungsbehörde ist in den Ländern mit einem dreistufigen Verwaltungsaufbau die Mittelbehörde (Bezirksregierung, Regierungspräsidium). Fehlt in einem Land eine höhere Verwaltungsbehörde, so ist die oberste Landesbehörde zuständig, § 206 Abs 2. Für die Stadtstaaten ist § 246 Abs 4 zu beachten. § 203 Abs 3 lässt eine Übertragung der Aufgaben der höheren Verwaltungsbehörde als Enteignungsbehörde auf eine ihr nachgeordnete staatliche Behörde, Landkreise oder kreisfreie Gemeinden zu.

II. Besetzung der Enteignungsbehörden

2 Wird von der Ermächtigung nach Abs 2 Gebrauch gemacht, hat dies zur Folge, dass insoweit die Rechtmäßigkeit der VA ua voraussetzt, dass sie unter Mitwirkung der ehrenamtlichen Beisitzer zustande gekommen sind (BGHZ 48, 286 = NJW 1968, 152 = DÖV 1968, 64).

§ 105 Enteignungsantrag

Der Enteignungsantrag ist bei der Gemeinde, in deren Gemarkung das zu enteignende Grundstück liegt, einzureichen. Die Gemeinde legt ihn mit ihrer Stellungnahme binnen eines Monats der Enteignungsbehörde vor.

I. Antragsbefugnis, Form und Inhalt des Antrages

1 Das Enteignungsverfahren für ein bestimmtes Grundstück wird nur auf Antrag eingeleitet, den jede natürliche oder juristische Person stellen kann, die die Absicht hat, einen der Enteignungszwecke nach § 85 Abs 1 zu verwirklichen. In den Fällen des § 87 Abs 3 kann dies jedoch nur die Gemeinde. Antragsteller und Enteignungsbegünstigter müssen personengleich sein, soweit nicht eine besondere gesetzliche Regelung eingreift (BGH BRS 26 Nr 156).

2 Der Antrag ist nach dem Gesetz weder an eine Form noch an eine Frist gebunden. Aus Gründen der Rechtssicherheit ist aber ein schriftlicher Antrag zu fordern. Im Hinblick auf die Zulässigkeitserfordernisse der §§ 85–88 ist eine Begründung des Antrages unentbehrlich. Der Antrag ist bei der Gemeinde einzureichen, in deren Gemarkung das zu enteignende Grundstück liegt. Werden dabei Gemarkungsgrenzen überschritten, ist der Antrag für jedes Flurstück bei der jeweiligen Gemeinde zu stellen. Mit Einreichung des Antrags bei der Gemeinde beginnt das „vorbereitende Enteignungsverfahren" (BGHZ 48, 286 = NJW 1968, 152).

II. Stellungnahme der Gemeinde

3 Die Gemeinde ist nach Satz 2 verpflichtet, den Antrag binnen eines Monats nebst einer Stellungnahme, in der sie sich zu allen Voraussetzungen der Enteignung zu äußern hat, der Enteignungsbehörde vorzulegen. Für den Fall der mangelhaften oder verzögerten Stellungnahme haftet die Gemeinde wegen Amtspflichtverletzung (OLG München BayVBl 1964, 559).

III. Rechtsschutz

Die Durchführung des administrativen Entschädigungsfeststellungsverfahren ist Sachurteilsvoraussetzung, wenn die Vertragsparteien im Streitfall die gerichtliche Entschädigungsfeststellung durch die Baulandkammer (§§ 217 ff) vereinbarten (BGH NJW 1986, 933; BGH DVBl 1993, 107; BGH NJW 2000, 1720; vgl auch: OLG Bamberg NVwZ 1998, 211). Leitet die Gemeinde den Antrag nicht fristgerecht weiter, steht dem Antragsteller dagegen kein Rechtsbehelf zu; es ist ihm aber gestattet, seinen Antrag dann direkt bei der Enteignungsbehörde zu stellen (KK, § 105 Rn 12; BKL, § 105 Rn 4).

4

§ 106 Beteiligte

(1) In dem Enteignungsverfahren sind Beteiligte
1. der Antragsteller,
2. der Eigentümer und diejenigen, für die ein Recht an dem Grundstück oder an einem das Grundstück belastenden Recht im Grundbuch eingetragen oder durch Eintragung gesichert ist,
3. Inhaber eines nicht im Grundbuch eingetragenen Rechts an dem Grundstück oder an einem das Grundstück belastenden Recht, eines Anspruchs mit dem Recht auf Befriedigung aus dem Grundstück oder eines persönlichen Rechts, das zum Erwerb, zum Besitz oder zur Nutzung des Grundstücks berechtigt oder die Benutzung des Grundstücks beschränkt,
4. wenn Ersatzland bereitgestellt wird, der Eigentümer und die Inhaber der in den Nummern 2 und 3 genannten Rechte hinsichtlich des Ersatzlands,
5. die Eigentümer der Grundstücke, die durch eine Enteignung nach § 91 betroffen werden, und
6. die Gemeinde.

(2) Die in Absatz 1 Nr. 3 bezeichneten Personen werden in dem Zeitpunkt Beteiligte, in dem die Anmeldung ihres Rechts der Enteignungsbehörde zugeht. Die Anmeldung kann spätestens bis zum Schluss der mündlichen Verhandlung mit den Beteiligten erfolgen.

(3) Bestehen Zweifel an einem angemeldeten Recht, so hat die Enteignungsbehörde dem Anmeldenden unverzüglich eine Frist zur Glaubhaftmachung seines Rechts zu setzen. Nach fruchtlosem Ablauf der Frist ist er bis zur Glaubhaftmachung seines Rechts nicht mehr zu beteiligen.

(4) Der im Grundbuch eingetragene Gläubiger einer Hypothek, Grundschuld oder Rentenschuld, für die ein Brief erteilt ist, sowie jeder seiner Rechtsnachfolger hat auf Verlangen der Enteignungsbehörde eine Erklärung darüber abzugeben, ob ein anderer die Hypothek, Grundschuld oder Rentenschuld oder ein Recht daran erworben hat; die Person eines Erwerbers hat er dabei zu bezeichnen. § 208 Satz 2 bis 4 gilt entsprechend.

Gesamtübersicht

		Rn			Rn
I.	Die einzelnen Beteiligten	1	III.	Auskunftpflicht von Grundpfandrechtsgläubigern (Abs 4)	3
II.	Beteiligte und Glaubhaftmachung (Abs 2 und 3)	2			

I. Die einzelnen Beteiligten

1 Der Kreis der Beteiligten ist in dieser Vorschrift grds abschließend geregelt. Neben dem Antragsteller (Abs 1 Nr 1) ist nach Abs 1 Nr 2 nicht nur der Eigentümer, dem nach § 200 Abs 2 der Inhaber eines Erbbaurechts gleichgestellt ist, sondern auch der zu Unrecht als Eigentümer Eingetragene Beteiligter des Enteignungsverfahrens (OLG München BayVBl 1973, 468). Die Beteiligten nach Abs 1 Nr 1 sind gem § 24 Abs 1 VwVfG **von Amts wegen** zu ermitteln. Die Inhaber sonstiger Rechte, die dem Grundbuch nicht zu entnehmen sind, werden gem § 108 Abs 5 in der öffentlichen Bekanntmachung der Einleitung des Enteignungsverfahrens aufgefordert, ihre Rechte wahrzunehmen. Sie werden kraft Anmeldung Beteiligter des Verfahrens (Abs 1 Nr 3). Die Gemeinde ist nach Abs 1 Nr 6 immer Beteiligte des Enteignungsverfahrens.

II. Beteiligte und Glaubhaftmachung (Abs 2 und 3)

2 Die in Abs 1 Nr 3 bezeichneten Personen werden in dem Zeitpunkt Beteiligte, indem die Anmeldung ihres Rechts der Enteignungsbehörden zugeht, Abs 2. Die Anmeldung kann spätestens bis zum Schluss der mündlichen Verhandlung erfolgen. Bei bestehenden oder sich während des Verfahrens ergebenden Zweifel an dem angemeldeten Recht hat die Enteignungsbehörde unverzüglich, dh ohne schuldhaftes Zögern (§ 121 BGB) eine Frist zur Glaubhaftmachung des Rechts zu setzen. Nach fruchtlosem Ablauf der Frist ist der Anmeldende so lange nicht zu beteiligen, bis er sein Recht glaubhaft gemacht hat. Dies hat die Enteignungsbehörde aus Rechtssicherheit durch einen nach § 217 anfechtbaren Verwaltungsakt festzustellen (hM: BKL, § 107 Rn 5 mwN; aA: KK, § 106 Rn 24).

III. Auskunftpflicht von Grundpfandrechtsgläubigern (Abs 4)

3 Der Sinn der Regelung liegt darin, dass der jeweilige Inhaber von Briefpfandrechten nicht mehr unbedingt aus dem Grundbuch ersichtlich ist, denn nach § 1154 BGB ist zur Abtretung der der Hypothek zugrunde liegenden Forderung die Übergabe des Hypothekenbriefes erforderlich. Eine Eintragung der Rechtsänderung ins Grundbuch ist nicht zwingend vorgeschrieben. Der wahre Inhaber des Rechts ist daher nur schwer zu ermitteln (EZB, § 106 Rn 25). Die Behörde kann die Verpflichtung nach Abs 4 mit den **Zwangsmitteln** des § 208 durchsetzen.

§ 107 Vorbereitung der mündlichen Verhandlung

(1) Das Enteignungsverfahren soll beschleunigt durchgeführt werden. Die Enteignungsbehörde soll schon vor der mündlichen Verhandlung alle Anordnungen treffen, die erforderlich sind, um das Verfahren tunlichst in einem Verhandlungstermin zu erledigen. Sie hat dem Eigentümer, dem Antragsteller sowie den Behörden, für deren Geschäftsbereich die Enteignung von Bedeutung ist, Gelegenheit zur Äußerung zu geben. Bei der Ermittlung des Sachverhalts hat die Enteignungsbehörde ein Gutachten des Gutachterausschusses (§ 192) einzuholen, wenn Eigentum entzogen oder ein Erbbaurecht bestellt werden soll.
(2) Die Enteignungsbehörde hat die Landwirtschaftsbehörde zu hören, wenn landwirtschaftlich genutzte Grundstücke, die außerhalb des räumlichen Geltungsbereichs eines Bebauungsplans liegen, zur Entschädigung in Land enteignet werden sollen.
(3) Enteignungsverfahren können miteinander verbunden werden. Sie sind zu verbinden, wenn die Gemeinde es beantragt. Verbundene Enteignungsverfahren können wieder getrennt werden.

Gesamtübersicht

	Rn		Rn
I. Beschleunigungsgrundsatz (Abs 1 Satz 1)	1	III. Entscheidung der Enteignungsbehörde	3
II. Verfahren vor der mündlichen Verhandlung	2		

I. Beschleunigungsgrundsatz (Abs 1 Satz 1)

Das Verfahren gliedert sich in ein vorbereitendes Verfahren und das eigentliche Verfahren der Enteignung (BGHZ 48, 286 = DÖV 1968, 64). Bei der Enteignungsbehörde findet zunächst das Vorverfahren statt, das der Aufklärung des gesamten für das Enteignungsverfahren bedeutsamen Sachverhalts dient und in dem die Enteignungsbehörde alle Anordnungen treffen kann, die erforderlich sind, um das Enteignungsverfahren möglichst in einem Verhandlungstermin erledigen zu können. Abs 1 dient dem Grundsatz der Beschleunigung des Enteignungsverfahrens. 1

II. Verfahren vor der mündlichen Verhandlung

Nach Abs 1 Satz 2 soll die Enteignungsbehörde schon vor der mündlichen Verhandlung alle erforderlichen Anordnungen treffen, damit möglichst nur ein Verhandlungstermin durchgeführt werden muss. Welche Behörden, für deren Geschäftsbereich die Enteignung von Bedeutung ist, zu hören sind, hängt von den konkreten Umständen des Einzelfalles ab. Zur Vorbereitung der mündlichen Verhandlung ist nach Abs 1 Satz 4 zwingend die **Einholung eines Gutachtens** des Gutachterausschusses über den Wert des zu enteignenden Grund und Bodens sowie ggf des zu bestellenden Erbbaurechts vorgeschrieben. Die Enteignungsbehörde ist an ein vom Gutachterausschuss erstelltes Gutachten nicht gebunden (§ 193 Abs 4). 2

Zur Beschleunigung des Verfahrens schreibt Abs 3 vor, dass bei einer Enteignung mehrerer Grundstücke die diesbezüglichen Enteignungsverfahren miteinander verbunden werden können.

III. Entscheidung der Enteignungsbehörde

3 Die Enteignungsbehörde darf einen aussichtslosen Antrag bereits vor der eigentlichen Einleitung des Enteignungsverfahrens gem § 108 ohne Anberaumung und Durchführung einer mündlichen Verhandlung ablehnen (BGHZ 48, 286 = DÖV 1968, 64).
Gegen den ablehnenden Bescheid kann der Antragsteller gem § 217 mit dem Antrag auf gerichtliche Entscheidung vorgehen.

4 Ob der Antragsteller auch einen materiell-rechtlichen Anspruch auf Einleitung der Enteignung haben kann, ist umstritten (BK 2. Aufl., § 105 Rn 10; KK, § 108 Rn 16; aA: EZB, § 107 Rn 10). Aus der Verpflichtung der Behörde, einen Enteignungsantrag ordnungsgemäß zu prüfen und darüber zu entscheiden, ergibt sich auch, dass die Behörde nicht untätig bleiben darf. Der Antragsteller hat in einem solchen Fall die Möglichkeit, eine **Untätigkeitsklage** zu erheben (EZB, § 107 Rn 10). Eine erzwingbare Anordnung zur Aufklärung durch die Enteignungsbehörde stellt einen selbstständig anfechtbaren Verwaltungsakt dar (BGH BRS 34 Nr 179).

§ 108 Einleitung des Enteignungsverfahrens und Anberaumung des Termins zur mündlichen Verhandlung; Enteignungsvermerk

(1) Das Enteignungsverfahren wird durch Anberaumung eines Termins zu einer mündlichen Verhandlung mit den Beteiligten eingeleitet. Zu der mündlichen Verhandlung sind der Antragsteller, der Eigentümer des betroffenen Grundstücks, die sonstigen aus dem Grundbuch ersichtlichen Beteiligten und die Gemeinde zu laden. Die Ladung ist zuzustellen. Die Ladungsfrist beträgt einen Monat.

(2) Das Enteignungsverfahren zugunsten der Gemeinde kann bereits eingeleitet werden, wenn
1. **der Entwurf des Bebauungsplans nach § 3 Abs. 2 ausgelegen hat und**
2. **mit den Beteiligten die Verhandlungen nach § 87 Abs. 2 geführt und die von ihnen gegen den Entwurf des Bebauungsplans fristgemäß vorgebrachten Anregungen erörtert worden sind. Die Gemeinde kann in demselben Termin die Verhandlungen nach § 87 Abs. 2 führen und die Anregungen erörtern.**

Das Verfahren ist so zu fördern, dass der Enteignungs-beschluss ergehen kann, sobald der Bebauungsplan rechtsverbindlich geworden ist. Eine Einigung nach § 110 oder § 111 kann auch vor Rechtsverbindlichkeit des Bebauungsplans erfolgen.

(3) Die Ladung muss enthalten
1. **die Bezeichnung des Antragstellers und des betroffenen Grundstücks,**
2. **den wesentlichen Inhalt des Enteignungsantrags mit dem Hinweis, dass der Antrag mit den ihm beigefügten Unterlagen bei der Enteignungsbehörde eingesehen werden kann,**

3. die Aufforderung, etwaige Einwendungen gegen den Enteignungsantrag möglichst vor der mündlichen Verhandlung bei der Enteignungsbehörde schriftlich einzureichen oder zur Niederschrift zu erklären, und
4. den Hinweis, dass auch bei Nichterscheinen über den Enteignungsantrag und andere im Verfahren zu erledigende Anträge entschieden werden kann.

(4) Die Ladung von Personen, deren Beteiligung auf einem Antrag auf Entschädigung in Land beruht, muss außer dem in Absatz 3 vorgeschriebenen Inhalt auch die Bezeichnung des Eigentümers, dessen Entschädigung in Land beantragt ist, und des Grundstücks, für das die Entschädigung in Land gewährt werden soll, enthalten.

(5) Die Einleitung des Enteignungsverfahrens ist unter Bezeichnung des betroffenen Grundstücks und des im Grundbuch als Eigentümer Eingetragenen sowie des ersten Termins der mündlichen Verhandlung mit den Beteiligten ortsüblich bekannt zu machen. In der Bekanntmachung sind alle Beteiligten aufzufordern, ihre Rechte spätestens in der mündlichen Verhandlung wahrzunehmen mit dem Hinweis, dass auch bei Nichterscheinen über den Enteignungsantrag und andere im Verfahren zu erledigende Anträge entschieden werden kann.

(6) Die Enteignungsbehörde teilt dem Grundbuchamt die Einleitung des Enteignungsverfahrens mit. Sie ersucht das Grundbuchamt, in das Grundbuch des betroffenen Grundstücks einzutragen, dass das Enteignungsverfahren eingeleitet ist (Enteignungsvermerk); ist das Enteignungsverfahren beendigt, ersucht die Enteignungsbehörde das Grundbuchamt, den Enteignungsvermerk zu löschen. Das Grundbuchamt hat die Enteignungsbehörde von allen Eintragungen zu benachrichtigen, die nach dem Zeitpunkt der Einleitung des Enteignungsverfahrens im Grundbuch des betroffenen Grundstücks vorgenommen sind und vorgenommen werden.

(7) Ist im Grundbuch die Anordnung der Zwangsversteigerung oder Zwangsverwaltung eingetragen, gibt die Enteignungsbehörde dem Vollstreckungsgericht von der Einleitung des Enteignungsverfahrens Kenntnis, soweit dieses das Grundstück betrifft, das Gegenstand des Vollstreckungsverfahrens ist.

Gesamtübersicht

	Rn		Rn
I. Inhalt der Vorschrift	1	IV. Öffentliche Bekanntmachung	
II. Ladungsformalien	2	(Abs 5) und Mitteilung (Abs 6)	4
III. Vorzeitige Einleitung des		V. Rechtsfolgen einer Verletzung	
Enteignungsverfahrens (Abs 2)	3	des § 108	6

I. Inhalt der Vorschrift

Mit der Anberaumung des Termins zur mündlichen Verhandlung durch die Enteignungsbehörde beginnt das „eigentliche" Enteignungsverfahren (BGHZ 48, 286 = DÖV 1968, 64). Abs 1 Satz 2–4 enthält Bestimmungen zur Ladung. Erst Abs 3 und 4 bringen Vorschriften über deren Inhalt. Die öffentliche Bekanntmachung der Ein-

leitung des Enteignungsverfahrens gem Abs 5 dienen dem Schutz der Beteiligten kraft Anmeldung und löst die Genehmigungspflicht des § 109 aus. Abs 6 bzw 7 verpflichten die Enteignungsbehörde, das Grundbuchamt bzw das Vollstreckungsgericht von der Einleitung des Enteignungsverfahrens zu benachrichtigen. Abs 6 Satz 2 regelt den Enteignungsvermerk. § 108 gilt nur für die erstmalige, als Enteignungsverfahren eröffnete Anberaumung eines Termins für die mündliche Verhandlung und die diesbezügliche Ladung; den Ablauf der mündlichen Verhandlung regelt das Gesetz im Einzelnen nicht.

II. Ladungsformalien

2 Die Ladungsformalien ergeben sich aus dem Gesetz. Der wesentliche Inhalt der Ladung der kraft Gesetzes Beteiligten (§ 106 Abs 1 Nr 1 und 2 sowie Nr 4–6) ergibt sich aus Abs 3 und 4. Die Ladung muss zugestellt werden. Die Zustellung richtet sich nach den maßgebenden **Zustellungsgesetzen** der Länder. Die Beteiligten nach § 106 Abs 1 Nr 3 sollten, wenn sie bereits ihre Rechte angemeldet haben, ebenfalls individuell von dem Termin informiert werden. Die Ladung muss den Hinweis enthalten, dass auch bei Nichterscheinen über den Enteignungsantrag und andere Anträge entschieden werden kann (Abs 3 Nr 3). Werden Beteiligte neu bekannt, so muss insbesondere die Ladungsfrist des Abs 1 Satz 4 eingehalten und Abs 3 beachtet werden (KK, § 108 Rn 26; EZB, § 108 Rn 4).

III. Vorzeitige Einleitung des Enteignungsverfahrens (Abs 2)

3 Voraussetzung für die Anwendung des Abs 2 ist, dass der BPl nach § 3 Abs 2 ausgelegen hat. Dies bedeutet, dass die Auslegung abgeschlossen sein muss, dh die Frist des § 3 Abs 2 muss abgelaufen sein. Weitere Voraussetzung ist, dass mit den Beteiligten die Verhandlungen nach § 87 geführt sind. Abs 2 ist nur bei **planakzessorischen** Enteignungen zugunsten der Gemeinde anwendbar. Die vorzeitige Einleitung des Enteignungsverfahrens ist weiter nur dann zulässig, wenn die Gemeinde mit den Beteiligten die von ihnen gegen den BPl fristgemäß vorgebrachten Anregungen erörtert hat. Zu erörtern hat die Gemeinde, nicht etwa die Enteignungsbehörde.

IV. Öffentliche Bekanntmachung (Abs 5) und Mitteilung (Abs 6)

4 Die ortsübliche Bekanntmachung nach Abs 5 hat den Sinn, diejenigen Beteiligten, die nicht ausdrücklich zu laden sind, auf das Enteignungsverfahren hinzuweisen. Die Bekanntmachung hat in ortsüblicher Weise zu erfolgen. Der Begriff erfährt seine Konkretisierung aus dem Landesrecht. Der Inhalt der Bekanntmachung wird in Abs 5 gesondert normiert. Zwischen ortsüblicher Bekanntmachung und Termin zur ersten mündlichen Verhandlung soll eine Frist von einem Monat liegen.

5 Nach Abs 6 muss die Enteignungsbehörde dem **Grundbuchamt** die Einleitung des Enteignungsverfahrens mitteilen. Das Grundbuchamt trägt auf Ersuchen der Enteignungsbehörde einen Enteignungsvermerk ins Grundbuch ein und löscht diesen nach Abschluss des Enteignungsverfahrens. Dadurch soll zum einen der Erwerber des Grundstücks geschützt werden als auch zum anderen sichergestellt werden, dass die Genehmigungspflicht nach § 109 beachtet wird.

V. Rechtsfolgen einer Verletzung des § 108

Eine Verletzung der Verfahrensvorschrift des § 108 führt grds nicht zur Nichtigkeit sondern nur zur **Anfechtbarkeit** des Enteignungsbeschlusses durch den in seinen Rechten wegen des Verfahrensmangels verletzten Beteiligten. Als Verwaltungsakte, die vor den Baulandgerichten im Verfahren nach den §§ 217 ff angefochten werden können, kommen hier die Einleitungen des Enteignungsverfahrens und der Enteignungsbeschluss in Betracht (Schrödter, § 108 Rn 13).

§ 109 Genehmigungspflicht

(1) Von der Bekanntmachung über die Einleitung des Enteignungsverfahrens an bedürfen die in § 51 bezeichneten Rechtsvorgänge, Vorhaben und Teilungen der schriftlichen Genehmigung der Enteignungsbehörde.
(2) Die Enteignungsbehörde darf die Genehmigung nur versagen, wenn Grund zu der Annahme besteht, dass der Rechtsvorgang, das Vorhaben oder die Teilung die Verwirklichung des Enteignungszwecks unmöglich machen oder wesentlich erschweren würde.
(3) Sind Rechtsvorgänge oder Vorhaben nach Absatz 1 vor der Bekanntmachung zu erwarten, kann die Enteignungsbehörde anordnen, dass die Genehmigungspflicht nach Absatz 1 bereits zu einem früheren Zeitpunkt eintritt. Die Anordnung ist ortsüblich bekannt zu machen und dem Grundbuchamt mitzuteilen.
(4) § 51 Abs. 2 und § 116 Abs. 6 gelten entsprechend.

Gesamtübersicht

	Rn		Rn
I. Beginn und Ende der Genehmigungspflicht	1	II. Versagungsgründe	2
		III. Verweisung auf § 116 Abs 6	3

I. Beginn und Ende der Genehmigungspflicht

Von der Bekanntmachung über die Einleitung des Enteignungsverfahrens an bedürfen bestimmte Rechtsvorgänge, Vorhaben und Teilungen, die in § 51 Abs 1 abschließend aufgeführt sind, der schriftlichen Genehmigung der Enteignungsbehörde. Allerdings kann die Enteignungsbehörde in den Fällen des Abs 3 anordnen, dass die Genehmigungspflicht bereits zu einem früheren Zeitpunkt eintritt; als frühester Zeitpunkt kommt der des Eingangs des Enteignungsantrages bei der Enteignungsbehörde in Betracht. Diese Anordnung ist öffentlich bekannt zu machen. Die Genehmigungspflicht nach Abs 1 endet mit dem Abschluss des Enteignungsverfahrens; so erfüllt mit der Zurücknahme des Enteignungsantrags und der daraufhin von der Enteignungsbehörde verfügten Einstellung des Verfahrens (vgl BGH BRS 26 Nr 143), ferner mit unanfechtbarer Ablehnung des Enteignungsantrags oder unanfechtbarer Aufhebung des Enteignungsbeschlusses gem § 120. Die Genehmigungspflicht aufgrund besonderer Anordnung nach Abs 3 endet mit der Bekanntmachung über die Einleitung des Enteignungsverfahrens, sie wird durch die damit normaler-

weise verbundene Genehmigungspflicht ersetzt. Sie endet weiter mit Unanfechtbarkeit der Ablehnung eines aussichtslosen Enteignungsantrages im vorbereitenden Verfahren, mit der Zurücknahme des Enteignungsantrags vor der Bekanntmachung schließlich durch Aufhebung der Anordnung durch die Enteignungsbehörde (Schrödter, § 109 Rn 6).

II. Versagungsgründe

2 Der dem § 51 Abs 3 nachgebildete Abs 2 enthält die Gründe, die eine Versagung der Genehmigung rechtfertigen. Eine wesentliche Erschwerung dürfte zB dann gegeben sein, wenn durch die genehmigungspflichtige Maßnahme der Wert des Grundstücks sich erheblich erhöht (BGH NVwZ 1982, 148). Anders als § 51 Abs 4 sieht § 109 eine Genehmigung unter einer Auflage, Bedingung oder Befristung nicht vor. Gegen die Versagung der Genehmigung kann Antrag auf gerichtliche Entscheidung gestellt werden, § 217.

III. Verweisung auf § 116 Abs 6

3 Die Verweisung in Abs 4 auf § 116 Abs 6 stellt sicher, dass der Antragsteller bei einer Abweisung des Enteignungsantrages für alle durch die Geltung der Genehmigungspflicht nach § 109 entstandenen besonderen Nachteile Entschädigung zu leisten hat. Die Entscheidung über Art und Höhe trifft die Enteignungsbehörde.

§ 110 Einigung

(1) Die Enteignungsbehörde hat auf eine Einigung zwischen den Beteiligten hinzuwirken.
(2) Einigen sich die Beteiligten, so hat die Enteignungsbehörde eine Niederschrift über die Einigung aufzunehmen. Die Niederschrift muss den Erfordernissen des § 113 Abs. 2 entsprechen. Sie ist von den Beteiligten zu unterschreiben. Ein Bevollmächtigter des Eigentümers bedarf einer öffentlich beglaubigten Vollmacht.
(3) Die beurkundete Einigung steht einem nicht mehr anfechtbaren Enteignungsbeschluss gleich. § 113 Abs. 5 ist entsprechend anzuwenden.

Gesamtübersicht

	Rn		Rn
I. Sinn und Zweck	1	III. Rechtsfolgen der Einigung	
II. Inhalt und Form der Einigung	2	(Abs 3)	4

I. Sinn und Zweck

1 Diese Vorschrift trägt dem Grundsatz Rechnung, dass die Enteignung das letzte Mittel sein soll. Mit der Einigung wird zwischen den Beteiligten ein öffentlich-rechtlicher Vertrag (§§ 54 ff VwVfG), auch wenn er zwischen zwei Privaten geschlossen wird. Abgesehen davon, dass die Enteignung dem verfassungsrechtlichen

Gebot der „ultima ratio" entsprechen muss, liegen die Vorzüge kooperativen Handelns auf der Hand. Die Einigung der Beteiligten dient sowohl dem Ziel der Beschleunigung des Verfahrens, dem das BauGB besondere Bedeutung beimisst (vgl § 107 Abs 1 Satz 1) als auch einer Befriedigung der gegenseitigen Interessen (BGH NJW 1986, 933).

II. Inhalt und Form der Einigung

Eine Einigung nach § 110 setzt voraus, dass das Enteignungsverfahren eingeleitet ist. Vor Einleitung eines förmlichen Enteignungsverfahrens abgeschlossene Verträge richten sich ausschließlich nach der Bestimmung des Zivilrechts (BGH NJW 1981, 976; BGHZ 84, 1 = BRS 45 Nr 137; BGH NVwZ 1997, 932). Kommt eine Einigung nach § 110 dem Inhalt, der gem § 110 Abs 2 Satz 1 iVm § 113 Abs 2 für den Enteignungsbeschluss vorgeschrieben ist, zustande, so ist umstritten, um welche Art von **öffentlich-rechtlichen Vertrag** es sich handelt (BKL, § 110 Rn 2 mwN). Einigkeit besteht, dass der Vertrag nichtig ist, wenn er evident gegen zwingende Rechtsvorschriften verstößt (§ 59 Abs 1 VwVfG iVm § 134 BGB). Einigkeit besteht auch hier nur insoweit, als Nichtigkeit bei offenkundiger Unzulässigkeit des Enteignungsverfahrens anzunehmen ist (BGH NJW 1967, 1324). Die Enteignungsbehörde ist nicht vertragschließende Partei. Sie ist vielmehr im Verfahren **sachneutrale** Stelle (BGH NJW 1976, 1264 (1265) = BRS 34 Nr 181; BGH BRS 34 Nr 174). Sie hat allerdings zu prüfen, ob die Einigung nicht etwa gem § 59 VwVfG nichtig ist. Bei offenkundiger Unzulässigkeit des Enteignungsverfahrens hat die Enteignungsbehörde davon abzusehen, auf eine Einigung zwischen den Beteiligten hinzuwirken. Wollen die Beteiligten sich dennoch einigen, so muss dies in Form eines privatrechtlichen Vertrages erfolgen (vgl BGH BRS 19 Nr 152). Die Enteignungsbehörde ist dagegen verpflichtet, eine materiell gültige Einigung der Beteiligten in eine Niederschrift aufzunehmen (vgl § 110 Abs 2 Satz 1).

Die Niederschrift – und damit auch die Einigung – muss den Erfordernissen entsprechen, die § 113 Abs 2 für einen stattgegebenen Enteignungsbeschluss vorschreibt. Alle materiell Beteiligten müssen die Niederschrift unterschreiben, ohne aber bei der Unterschriftsleistung alle gleichzeitig anwesend sein zu müssen. Eine Einigung nach § 110 Abs 2 kann auch im baulandgerichtlichen Verfahren getroffen werden (BGH NJW 2003, 757).

III. Rechtsfolgen der Einigung (Abs 3)

Eine Einigung, die den Formvorschriften des Abs 2 genügt, steht einem unanfechtbaren Enteignungsbeschluss gleich (Abs 3 Satz 1) und beendet das Verfahren. Damit wird nach Abs 3 Satz 1 ein **Rechtstitel** geschaffen, der einem nicht mehr anfechtbaren Enteignungsbeschluss entspricht. Die Einigung ist auch kostenmäßig so zu behandeln, als wäre ein Enteignungsbeschluss ergangen. Danach hat der Entschädigungsverpflichtete die Kosten zu tragen (vgl § 121 Abs 1 Satz 2), sofern die Beteiligten in der Einigung nichts anderes vereinbart haben.

§ 111 Teileinigung

Einigen sich die Beteiligten nur über den Übergang oder die Belastung des Eigentums an dem zu enteignenden Grundstück, jedoch nicht über die Höhe der Entschädigung, so ist § 110 Abs. 2 und 3 entsprechend anzuwenden. Die Enteignungsbehörde hat anzuordnen, dass dem Berechtigten eine Vorauszahlung in Höhe der zu erwartenden Entschädigung zu leisten ist, soweit sich aus der Einigung nichts anderes ergibt. Im Übrigen nimmt das Enteignungsverfahren seinen Fortgang.

I. Inhalt der Teileinigung

1 Die Vorschrift verwirklicht ebenso wie § 110 und § 87 Abs 2 Satz 1 das Anliegen des Gesetzgebers, die unerwünschte Zwangsmaßnahme der Enteignung möglichst einvernehmlich abzuwickeln (BGH 61, 240 (244)). Von der Teileinigung erfasst werden muss nicht stets das ganze von dem Enteignungsantrag betroffene Grundstück; ausreichend und zulässig ist eine Einigung über einen Grundstücksteil (vgl § 200 Abs 1). § 111 schließt Enteignungen außerhalb des Enteignungsverfahrens nicht aus (BGHZ 120, 38). In einem Enteignungsverfahren nach § 85 Abs 1 Nr 1 setzt eine Teileinigung nach § 111 im Interesse einer Beschleunigung nicht voraus, dass bereits ein wirksamer BPl vorliegt (BKL, § 111 Rn 1; vgl aber: BGH BRS 19 Nr 152).

II. Behandlung der Teileinigung im Verfahren

2 Gemäß Satz 1 iVm § 110 Abs 3 steht die beurkundete Teileinigung einem nicht mehr anfechtbaren Enteignungsbeschluss gleich. Die Ausführungsanordnung darf also ergehen, bevor im Enteignungsbeschluss die Entschädigung festgesetzt worden ist. Die Enteignungsbehörde hat darüber hinaus eine Niederschrift aufzunehmen, die den Erfordernissen des § 113 Abs 2 entsprechen muss. Sie ist von den an der Teileinigung Beteiligten zu unterschreiben. Ein Bevollmächtigter des Eigentümers bedarf einer öffentlich beglaubigten Vollmacht (§ 110 Abs 2 Satz 4).

3 Die Niederschrift muss von den in § 113 Abs 2 angegebenen Erfordernissen, aber nur die für diese Teileinigung wichtigen, enthalten (KK, § 111 Rn 6). Soweit sich die Beteiligten nicht geeinigt haben, nimmt das Enteignungsverfahren seinen Fortgang (Satz 3). Die Enteignungsbehörde wird also im Regelfall einen inhaltlich beschränkten Teilenteignungsbeschluss über die Höhe der Entschädigung erlassen. Haben sich außerhalb des Enteignungsverfahrens der Eigentümer und die Gemeinde in einem notariellen Vertrag nur über die Übertragung des zur Durchführung eines BPl-beanspruchten Grundeigentums geeinigt, so ist hinsichtlich der Höhe der Entschädigung ein gesondertes Entschädigungsfeststellungsverfahren vor der Enteignungsbehörde statthaft (BGHZ 95, 1). Vor Abschluss des Verfahrens nach Satz 3 kann keine gerichtliche Entscheidung über die Höhe der Entschädigung herbeigeführt werden (BGH NJW 1993, 457). Ein Enteignungsbeschluss, der eine getroffene Teileinigung nicht berücksichtigt, kann durch Antrag auf gerichtliche Entscheidung angefochten werden (OLG Karlsruhe NVwZ 1995, 334).

§ 112 Entscheidung der Enteignungsbehörde

(1) Soweit eine Einigung nicht zustande kommt, entscheidet die Enteignungsbehörde auf Grund der mündlichen Verhandlung durch Beschluss über den Enteignungsantrag, die übrigen gestellten Anträge sowie über die erhobenen Einwendungen.

(2) Auf Antrag eines Beteiligten hat die Enteignungsbehörde vorab über den Übergang oder die Belastung des Eigentums an dem zu enteignenden Grundstück oder über sonstige durch die Enteignung zu bewirkende Rechtsänderungen zu entscheiden. In diesem Falle hat die Enteignungsbehörde anzuordnen, dass dem Berechtigten eine Vorauszahlung in Höhe der zu erwartenden Entschädigung zu leisten ist.

(3) Gibt die Enteignungsbehörde dem Enteignungsantrag statt, so entscheidet sie zugleich

1. darüber, welche Rechte der in § 97 bezeichneten Berechtigten an dem Gegenstand der Enteignung aufrechterhalten bleiben,
2. darüber, mit welchen Rechten der Gegenstand der Enteignung, das Ersatzland oder ein anderes Grundstück belastet werden,
3. darüber, welche Rechtsverhältnisse begründet werden, die Rechte der in § 86 Abs. 1 Nr. 3 und 4 bezeichneten Art gewähren,
4. im Falle der Entschädigung in Ersatzland über den Eigentumsübergang oder die Enteignung des Ersatzlands.

Gesamtübersicht

	Rn		Rn
I. Allgemeines	1	III. Vorabentscheidung (Abs 2)	4
II. Einheitliche Entscheidung (Abs 1)	2	IV. Rechtsschutz	5

I. Allgemeines

§ 112 wurde seinerzeit mit dem Ziel der Beschleunigung des Enteignungsverfahrens eingeführt (Gaentzsch, § 112 Rn 1). Soweit sich die Beteiligten nicht ganz oder teilweise einigen (§§ 110, 111) oder die Enteignungsbehörde den Enteignungsantrag nicht als offensichtlich unzulässig oder unbegründet ohne mündliche Verhandlung abweist (vgl § 107), ist die Enteignungsbehörde verpflichtet, durch Beschluss aufgrund der mündlichen Verhandlung über den Enteignungsantrag, die übrigen gestellten Anträge und die erhobenen Einwendungen zu entscheiden (Abs 1).

1

II. Einheitliche Entscheidung (Abs 1)

Abs 1 verpflichtet die Enteignungsbehörde, in einem einzigen Beschluss einheitlich und umfassend über alle noch nicht erledigten Anträge zu entscheiden. Teilentscheidungen unter Vorbehalt einer ergänzenden Entscheidung sind dem Grundsatz nach nicht zulässig. Es gilt das Prinzip der **Unteilbarkeit** des Verfahrens (BGH BRS 34 Nr 84). Ausnahmen von dem Grundsatz einheitlicher und umfassender

2

Entscheidungen enthalten die §§ 112 Abs 2, 113 Abs 4 Satz 2, ferner § 115 (Nachverfahren). Ein Nachtrags- oder Ergänzungsbeschluss ist ferner möglich bei im Enteignungsbeschluss vorbehaltener zusätzlicher Entschädigungsregelung (BGH BRS 34 Nr 84). Über die Kosten des Enteignungsverfahrens kann ebenfalls durch gesonderten Beschluss entschieden werden (§ 121 Abs 4 Satz 2).

3 Außer der Entscheidung über den Enteignungsantrag muss der Beschluss die Entscheidung über die übrigen gestellten Anträge enthalten, zB § 92 Abs 2–4 (Ausdehnung der Enteignung auf Verlangen des Eigentümers), § 97 Abs 2 (Begr von Rechten für Versorgungsunternehmen), § 99 Abs 1 (Entschädigung in wiederkehrenden Leistungen), § 100 Abs 3 (Ersatzlandentschädigung), § 101 (Entschädigung durch Gewährung anderer Rechte), über Einwendungen gegen die Enteignung gem § 108 Abs 3 Nr 3, ferner über die Behandlung der durch die Enteignung betroffenen Nebenrechte (§ 97). Über den Enteignungsantrag, über die anderen Anträge und über Einwendungen kann entschieden werden, auch wenn die Antragsteller und Einwender nicht zur mündlichen Verhandlung erscheinen (§ 108 Abs 3 Nr 4).

III. Vorabentscheidung (Abs 2)

4 Die Vorabentscheidung nach Abs 2 ermöglicht es, das Enteignungsverfahren über den Grund der Enteignung und über die Höhe der Entschädigung zu trennen. Sie kommt in Betracht, wenn eine Teileinigung nicht zustande kommt, aber die Frage der Zulässigkeit der Enteignung nach Grund und Umfang entscheidungsreif ist, die Frage der Entschädigung aber nach Art und Höhe noch nicht. Verfassungsrechtliche Bedenken gegen die Vorschrift sind nicht einzuwenden (vgl BGHZ 77, 338; Lässig, DVBl 1981, 483). Voraussetzung für die Entscheidung ist ein Antrag eines Beteiligten. Das Gesetz schränkt aber die möglichen Beteiligten nicht ein, sodass alle in § 106 genannten Personen den Antrag stellen können (EZB, § 112 Rn 5b). Die Vorabentscheidung muss den in § 113 Abs 2 Nr 1–7 bezeichneten Inhalt haben.

IV. Rechtsschutz

5 Sowohl der Enteignungsbeschluss als auch der Beschluss der Enteignungsbehörde nach Zurücknahme des Enteignungsantrages über die Verfahrenskosten sowie die gem § 113 Abs 2, 3 beschränkte Vorabentscheidung kann gem § 217 angefochten werden (BGH DVBl 1974, 130; BKL, § 112 Rn 4 und 7). Im Verfahren gegen die Vorabentscheidung soll hinsichtlich der Höhe der Vorauszahlungen mit Rücksicht auf den vorläufigen pauschalierenden Charakter nur offensichtliche Fehlentscheidungen, nicht aber Einzelheiten der Entschädigung mit Erfolg geltend gemacht werden (BGHZ 77, 338 (346); Schrödter, § 112 Rn 5; zurückhaltend: BGH DVBl 1983, 1147 (1149)). Eine offensichtlich fehlerhafte Festsetzung liegt zB vor, wenn unter Verstoß gegen die zu beachtenden Entschädigungsgrundsätze nicht die rechtlich zulässige Nutzbarkeit, sondern die ausgeübte Nutzung der Bewertung zugrunde gelegt wird (BGH 77, 338 (347)).

§ 113 Enteignungsbeschluss

(1) Der Beschluss der Enteignungsbehörde ist den Beteiligten zuzustellen. Der Beschluss ist mit einer Belehrung über Zulässigkeit, Form und Frist des Antrags auf gerichtliche Entscheidung (§ 217) zu versehen.

(2) Gibt die Enteignungsbehörde dem Enteignungsantrag statt, so muss der Beschluss (Enteignungsbeschluss) bezeichnen

1. die von der Enteignung Betroffenen und den Enteig- nungsbegünstigten;
2. die sonstigen Beteiligten;
3. den Enteignungszweck und die Frist, innerhalb der das Grundstück zu dem vorgesehenen Zweck zu verwenden ist;
4. den Gegenstand der Enteignung, und zwar
 a) wenn das Eigentum an einem Grundstück Gegenstand der Enteignung ist, das Grundstück nach Größe, grundbuchmäßiger, katastermäßiger und sonst üblicher Bezeichnung; im Falle der Enteignung eines Grundstücksteils ist zu seiner Bezeichnung auf Vermessungsschriften (Vermessungsrisse und -karten) Bezug zu nehmen, die von einer zu Fortführungsvermessungen befugten Stelle oder von einem öffentlich bestellten Vermessungsingenieur gefertigt sind,
 b) wenn ein anderes Recht an einem Grundstück Gegenstand einer selbständigen Enteignung ist, dieses Recht nach Inhalt und grundbuchmäßiger Bezeichnung,
 c) wenn ein persönliches Recht, das zum Erwerb, zum Besitz oder zur Nutzung von Grundstücken berechtigt oder den Verpflichteten in der Nutzung von Grundstücken beschränkt, Gegenstand einer selbständigen Enteignung ist, dieses Recht nach seinem Inhalt und dem Grund seines Bestehens,
 d) die in § 86 Abs. 2 bezeichneten Gegenstände, wenn die Enteignung auf diese ausgedehnt wird;
5. bei der Belastung eines Grundstücks mit einem Recht die Art, den Inhalt, soweit er durch Vertrag bestimmt werden kann, sowie den Rang des Rechts, den Berechtigten und das Grundstück;
6. bei der Begründung eines Rechts der in Nummer 4 Buchstabe c bezeichneten Art den Inhalt des Rechtsverhältnisses und die daran Beteiligten;
7. die Eigentums- und sonstigen Rechtsverhältnisse vor und nach der Enteignung;
8. die Art und Höhe der Entschädigungen und die Höhe der Ausgleichszahlungen nach § 100 Abs. 5 Satz 4 und § 101 Abs. 1 Satz 2 mit der Angabe, von wem und an wen sie zu leisten sind; Geldentschädigungen, aus denen andere von der Enteignung Betroffene nach § 97 Abs. 4 zu entschädigen sind, müssen von den sonstigen Geldentschädigungen getrennt ausgewiesen werden;
9. bei der Entschädigung in Land das Grundstück in der in Nummer 4 Buchstabe a bezeichneten Weise.

(3) In den Fällen der §§ 111 und 112 Abs. 2 ist der Enteignungsbeschluss entsprechend zu beschränken.

(4) Kann ein Grundstücksteil noch nicht entsprechend Absatz 2 Nr. 4 Buchstabe a bezeichnet werden, so kann der Enteignungsbeschluss ihn auf Grund fester Merkmale in der Natur oder durch Bezugnahme auf die Eintragung in einen Lageplan bezeichnen. Wenn das Ergebnis der Vermessung vorliegt, ist der Enteignungsbeschluss durch einen Nachtragsbeschluss anzupassen.

(5) Ist im Grundbuch die Anordnung der Zwangsversteigerung oder der Zwangsverwaltung eingetragen, gibt die Enteignungsbehörde dem Vollstreckungsgericht von dem Enteignungsbeschluss Kenntnis, wenn dem Enteignungsantrag stattgegeben worden ist.

Gesamtübersicht

	Rn		Rn
I. Anforderungen an einen Enteignungsbeschluss (Abs 1 und Abs 2)	1	III. Noch nicht vermessene Grundstücksteile (Abs 4)	4
II. Enteignungsbeschluss bei Teileinigung und Vorabentscheidung (Abs 3)	3	IV. Mitteilung an das Vollstreckungsgericht (Abs 5)	5

I. Anforderungen an einen Enteignungsbeschluss (Abs 1 und Abs 2)

1 Die Vorschrift beinhaltet die verfahrensrechtlichen Anforderungen an einen Enteignungsbeschluss. Dabei gilt Abs 1 im Gegensatz zu den weiteren Absätzen nicht nur für die positiven Beschlüsse, sondern auch für die ablehnenden Entscheidungen. In beiden Fällen muss der Beschluss begründet, allen Beteiligten (§ 106) zugestellt und mit einer Rechtsmittelbelehrung versehen werden. Fehlt die erforderliche Begründung, kommt eine **Heilung** unter Beachtung des § 45 Abs 1 Nr 2 und Abs 2 VwVfG in Betracht.

2 Der stattgebende Enteignungsbeschluss muss inhaltlich bestimmte Angaben enthalten, die in Abs 2 normiert sind. Ergänzt werden diese Anforderungen durch §§ 115, 116 Abs 4 Satz 2. Der Fristbeginn nach Abs 2 Nr 3 muss nicht durch die Angabe eines bestimmten Datums bezeichnet werden (BGH NVwZ 1986, 506 = BRS 45 Nr = ZfBR 1985, 153).

II. Enteignungsbeschluss bei Teileinigung und Vorabentscheidung (Abs 3)

3 Durch Abs 3 wird klargestellt, dass in diesen Fällen der Enteignungsbeschluss nur noch die Punkte zu enthalten hat, über die entweder keine Einigung erzielt oder noch nicht entschieden worden ist.

III. Noch nicht vermessene Grundstücksteile (Abs 4)

4 Durch die nach Abs 4 Satz 1 mögliche vorläufige Kennzeichnung eines Grundstücksteils im Enteignungsbeschluss wird eine Verzögerung des gesamten Enteignungsverfahrens wegen des Fehlens vermessungsamtlicher **Veränderungsnachweise** vermieden. Für den nach Abs 4 Satz 2 erforderlichen Nachtragsbeschluss gelten die formellen und inhaltlichen Erfordernisse eines Enteignungsbeschlusses.

IV. Mitteilung an das Vollstreckungsgericht (Abs 5)

Nach § 113 Abs 5 hat die Enteignungsbehörde dem Vollstreckungsgericht Kenntnis zu geben. Die Mitteilungspflicht ist erfüllt, wenn eine Abschrift des Enteignungsbeschlusses zugesandt wird. Wird der Enteignungsantrag abgelehnt, so ist nach dem ausdrücklichen Wortlaut des Abs 5 eine Kenntnisgabe nicht erforderlich. Das Grundbuchamt erhält eine beglaubigte Abschrift des Enteignungsbeschlusses nach § 117 Abs 7 erst zusammen mit der Ausführungsanordnung. Dem Gutachterausschuss ist eine Abschrift des Enteignungsbeschlusses gem § 195 Abs 1 Satz 2 zu übersenden. Dies gilt auch für den eingeschränkten Enteignungsbeschluss nach Abs 3.

Anhang

▶ **Muster**
Enteignungsbeschluss nach § 113 BauGB

Enteignungsbehörde

Enteignung nach dem BauGB

Teilfläche aus dem Grundstück eingetragen im Grundbuch ...,

Gemarkung ..., Flurstück ...,

Straße,

Eigentümer

Enteignungsbeschluss

A. Verfahrensbeteiligte

1. Gemeinde A Antragstellerin, Enteignungsbegünstigte

2. Herr B., Eigentümer

3. Kreissparkasse K Hypothekengläubigerin

B. Gegenstand der Enteignung

1. Die Enteignung betrifft eine Teilfläche von ... m² aus dem Grundstück Als Eigentümer ist im Grundbuch Herr B eingetragen. Der Grenzverlauf des betroffenen Grundstücks ist dem als Bestandteil des Beschlusses beigefügten Lageplan vom ... rot eingetragen. Die Abtretungsfläche ist gelb angelegt. Die Grenze der in Anspruch genommenen Teilfläche verläuft dort, wo die rote Linie und die gelbe Fläche zusammentreffen.

Für das Grundstück sind folgende Rechte eingetragen:

In Abteilung 3 unter der lfd Nr 1: Buchhypothek zu 25.000,00 EUR für die Kreissparkasse K.

2. Zu dem Zeitpunkt, der später in der Ausführungsanordnung zu diesem Beschluss bestimmt wird, treten folgende Rechtsänderungen ein:

Das Eigentum an der Teilfläche von ...m² aus dem unter vorstehender Ziff 1 genannten Grundstück geht vom bisherigen Eigentümer Herrn B auf die Gemeinde A über; die im Grundbuch für das Grundstück eingetragenen und genannten Rechte erlöschen, soweit sie die vorstehend bezeichnete Teilfläche betreffen.

C. Enteignungszweck, Verwendungsfrist

Die von der Enteignung betroffene Teilfläche von ... m² ist im BPl der Gemeinde A als Verkehrsfläche festgesetzt. Für die Verwendung dieser Grundstücksfläche zum Zwecke der Nutzung als Verkehrsfläche entsprechend der Festsetzung in diesem BPl wird der Gemeinde eine Frist von zwei Jahren ab Eintritt der Rechtsänderung eingeräumt.

D. Entschädigung

Von der Gemeinde ist folgende Entschädigung zu zahlen:

1. An den Eigentümer B eine Geldentschädigung in Höhe von 2.500,00 EUR.

2. Der Entschädigungsbetrag ist ab Zustellung des Enteignungsbeschlusses gem § 99 Abs 3 BauGB jährlich mit 2 vH über dem für den Zeitpunkt der Zustellung maßgebenden von der Deutschen Bundesbank bekannt gegebenen Basiszinssatz nach § 247 BGB zu verzinsen.

3. Für die Entschädigung des bezeichneten Rechts der Kreissparkasse K nach § 97 Abs 4 BauGB kommt der vorstehend genannte Betrag von 2.000,00 EUR in Betracht. Wird eine Einigung über die Auszahlung dieser von der Gemeinde an den Eigentümer zu zahlenden Geldentschädigung nicht nachgewiesen, so ist die Entschädigung gem § 118 Abs 1 unter Verzicht auf das Recht der Rücknahme zu hinterlegen.

4. Der Antrag des Eigentümers auf Entschädigung wegen sonstiger Vermögensnachteile wird abgewiesen.

E. Kosten

Die Kosten des Verfahrens hat die Gemeinde zu tragen.

F. Rechtsbehelfsbelehrung [...]

▶ **Muster**
Antrag auf gerichtliche Entscheidung gegen einen Enteignungsbeschluss
(nach § 113, 217 BauGB)

Enteignungsbehörde

In dem Enteignungsverfahren

des Herrn B

– Antragsteller –

gegen

1. Gemeinde A

– Beteiligte zu 1) –

2. Enteignungsbehörde

– Beteiligte zu 2) –

3. Kreissparkasse

– Beteiligte zu 3) –

wegen Antrags auf gerichtliche Entscheidung gegen den Enteignungsbeschluss

Namens und im Auftrag des Antragstellers stellen wir Antrag auf gerichtliche Entscheidung und

beantragen:

1. Der Enteignungsbeschluss der Enteignungsbehörde vom ..., zugestellt am ..., Aktenzeichen ..., wird aufgehoben.

Hilfsweise:

Die Beteiligte zu 1) wird verpflichtet, an den Antragsteller über den ihm im Enteignungsbeschluss festgesetzten Entschädigungsbetrag hinaus weitere 15.000,00 EUR sowie weitere Verfahrenskosten in Höhe von ... zu zahlen nebst 2% Zinsen über den von der Deutschen Bundesbank bekannt gegebenen Basiszinssatz nach § 247 BGB seit dem ...

Gründe:

Der Antrag ist zulässig und begründet.

1. Die Enteignung ist nicht zulässig. Der angefochtene Enteignungsbeschluss ist aufzuheben, weil der der planakzessorischen Enteignung nach § 85 Abs 1 Satz 1 BauGB zugrunde liegende Bebauungsplan unwirksam ist (vgl LG Darmstadt, Urteil v 26.09.2002 – 9 U B 3/02 –).

[...]

2. Vorsorglich für den Fall, dass die Kammer den Bebauungsplan für wirksam hält, ist der Enteignungsbeschluss zumindest abzuändern. Die Entschädigung ist zu niedrig festgesetzt. Nach § 95 Abs 1 Satz 1 BauGB bemisst sich die Entschädigung für den durch die Enteignung eingetretenen Rechtsverlust nach dem Verkehrswert (§ 194 BauBG). Diesen Vorgaben wird der festgesetzte Entschädigungsbetrag nicht gerecht [...].

Da zur Enteignungsentschädigung gem § 121 Abs 2 BauGB auch die Kosten des Verfahrens, insbesondere die Gebühren und Auslagen eines Rechtsanwalts gehören, ist der Ermittlung der zu erstattenden Rechtsanwaltskosten der Gegenstandswert 40.000,00 EUR zugrunde zu legen. Hieraus resultiert der entsprechende Kostenerstattungsanspruch. Der geltend gemachte Zinsanspruch ergibt sich aus § 99 Abs 3 Satz 1 BauGB. ◄

§ 114 Lauf der Verwendungsfrist

(1) Die Frist, innerhalb der der Enteignungszweck nach § 113 Abs. 2 Nr. 3 zu verwirklichen ist, beginnt mit dem Eintritt der Rechtsänderung.

(2) Die Enteignungsbehörde kann diese Frist vor ihrem Ablauf auf Antrag verlängern, wenn

1. der Enteignungsbegünstigte nachweist, dass er den Enteignungszweck ohne Verschulden innerhalb der festgesetzten Frist nicht erfüllen kann, oder

2. vor Ablauf der Frist eine Gesamtrechtsnachfolge eintritt und der Rechtsnachfolger nachweist, dass er den Enteignungszweck innerhalb der festgesetzten Frist nicht erfüllen kann.

Der enteignete frühere Eigentümer ist vor der Entscheidung über die Verlängerung zu hören.

Gesamtübersicht

	Rn			Rn
I. Inhalt und Sinn der Regelung	1	III.	Rechtsschutz	3
II. Lauf der Verwendungsfrist und Verlängerung	2			

§ 115 Erstes Kapitel. Fünfter Teil. Dritter Abschnitt

I. Inhalt und Sinn der Regelung

1 Eine Enteignung nach dem BauGB kann immer nur zur Erfüllung eines nach § 85 bestimmten Zwecks erfolgen. Aus verfassungsrechtlichen Gründen ist eine fristgemäße Verwirklichung des Enteignungszwecks geboten (BVerfGE 38, 175 = BRS 34 Nr 87). Rechtlich abgesichert wird die Zweckverwendung innerhalb angemessener Frist im Enteignungsbeschluss (§ 113 Abs 2 Nr 3). Kommt der Enteignungsbegünstigte der Zweckverwirklichung innerhalb der gesetzten Frist nicht nach, so gewährt § 102 dem früheren Eigentümer oder Rechtsinhaber den Anspruch auf Rückenteignung. Die Verwendungsfrist bezweckt somit den Schutz des Enteignungsbetroffenen (KK, § 114 Rn 1).

II. Lauf der Verwendungsfrist und Verlängerung

2 Die Bestimmung der Frist beginnt mit dem in der zugestellten Ausführungsanordnung festgesetzten Tag, § 117 Abs 5 (vgl BGH NVwZ 1986, 506). Unter bestimmten Voraussetzungen, die in Abs 2 Nr 1 und 2 näher dargelegt sind, kann die Enteignungsbehörde die Frist vor ihrem Ablauf auf Antrag verlängern. Der Antrag muss vor Fristablauf gestellt und entschieden sein. Eine rückwirkende Verlängerung nach Fristablauf ist nicht zulässig (EZB, § 114 Rn 5). Gegen die Fristversäumnis ist eine Wiedereinsetzung in den vorigen Stand nach § 210 nicht möglich, denn die Verwendungsfrist ist keine Verfahrenshandlung.

III. Rechtsschutz

3 Die Entscheidung über die Verlängerung der Frist stellt einen VA dar und ist nach Maßgabe des § 217 anfechtbar. Im Rahmen eines solchen Verfahrens ist die Überprüfbarkeit aber darauf beschränkt, ob die Voraussetzungen für eine Verlängerung gegeben waren. Ein Rechtsschutzbegehr des Enteignungsbegünstigten oder des Rechtsnachfolgers liegt dann vor, wenn entweder die Fristverlängerung abgelehnt wurde oder die verlängerte Frist zu kurz bemessen ist. Auch der enteignete frühere Eigentümer kann durch eine Fristverlängerung in seinen Rechten betroffen sein, da insofern sein Anspruch aus § 102 Abs 5 hinausgeschoben wird (BK, 2. Aufl, § 114 Rn 3; EZB, § 114 Rn 8). Wird die Fristverlängerung abgelehnt, so kann sich hiergegen der Antragsteller wenden. Dieser ist regelmäßig auf den einstweiligen Rechtsschutz angewiesen, um eine Entscheidung über den Rechtsbehelf vor Fristablauf zu erreichen.

§ 115 Verfahren bei der Entschädigung durch Gewährung anderer Rechte

(1) Soll die Entschädigung des Eigentümers eines zu enteignenden Grundstücks nach § 101 festgesetzt werden und ist die Bestellung, Übertragung oder die Ermittlung des Werts eines der dort bezeichneten Rechte im Zeitpunkt des Erlasses des Enteignungsbeschlusses noch nicht möglich, kann die Enteignungsbehörde, wenn es der Eigentümer unter Bezeichnung eines Rechts beantragt, im Enteignungsbeschluss neben der Festsetzung der Entschädigung in Geld dem Enteignungsbegünstigten aufgeben, binnen einer bestimmten Frist dem von der Enteignung Betroffenen ein Recht der bezeichneten Art zu angemessenen Bedingungen anzubieten.

(2) Bietet der Enteignungsbegünstigte binnen der bestimmten Frist ein Recht der bezeichneten Art nicht an oder einigt er sich mit dem von der Enteignung Betroffenen nicht, so wird ihm ein solches Recht auf Antrag zugunsten des von der Enteignung Betroffenen durch Enteignung entzogen. Die Enteignungsbehörde setzt den Inhalt des Rechts fest, soweit dessen Inhalt durch Vereinbarung bestimmt werden kann. Die Vorschriften dieses Teils über das Verfahren und die Entschädigung sind entsprechend anzuwenden.

(3) Der Antrag nach Absatz 2 kann nur innerhalb von sechs Monaten nach Ablauf der bestimmten Frist gestellt werden.

I. Allgemeines

Grundsätzlich ist dem Enteigneten für den Verlust seines Eigentums eine Entschädigung in Geld zu leisten (§ 99). § 115 regelt das Verfahren der Entschädigung anstelle durch Geld in anderen Rechten nach § 101. Hat der zu Enteignende Entschädigungen in Art der in § 101 bezeichneten Rechte beantragt und kann der Enteignungsbegünstigte ein solches Recht zur Verfügung stellen, so ist dieses Recht bereits im Enteignungsbeschluss (§ 113 Abs 2 Nr 5) festzusetzen.

II. Das Verfahren des § 115

Gibt die Enteignungsbehörde im Enteignungsbeschluss dem Enteignungsbegünstigten nach Abs 1 auf, dem von der Enteignung Betroffenen ein entsprechendes Recht anzubieten, erfolgt dieses Angebot und kommt es zu einer Einigung zwischen den Beteiligten, richtet sich der weitere Gang des Verfahrens nach Zivilrecht, §§ 311b, 873, 925 BGB. Wird ein solches Recht nicht angeboten oder kommt es nicht zu einer Einigung, geht das Verfahren wieder in die Zuständigkeit der Enteignungsbehörde über, die dann nach Maßgabe der Abs 2 und 3 tätig wird.

Das **Nachverfahren** wird unter entsprechender Anwendung der Vorschriften über das Enteignungsverfahren und die Entschädigung durchgeführt. Die Enteignungsbehörde muss über den Antrag nach mündlicher Verhandlung durch Enteignungsbeschluss entscheiden und dem Enteignungsberechtigten ein Recht der bezeichneten Art entziehen und den Inhalt des Rechts festsetzen. Der Enteignungsbeschluss des Nachverfahrens wird nach §§ 117 ff ausgeführt. Problematisch ist die Fallgestaltung, wenn der Begünstigte vor Einleitung des Nachverfahrens etwa das in Betracht kommende Recht bereits an einen Dritten veräußert hat und der Vollzug der Auflage unmöglich wird. Die Durchführung des Nachverfahrens gegen einen Dritten ist ausgeschlossen. Es bleibt bei der Geldentschädigung nach Abs 1, zum Teil wird ein Schadensersatzanspruch für möglich angesehen (KK, § 115 Rn 24; EZB, § 115 Rn 13; Schrödter, § 115 Rn 12).

§ 116 Vorzeitige Besitzeinweisung

(1) Ist die sofortige Ausführung der beabsichtigten Maßnahme aus Gründen des Wohls der Allgemeinheit dringend geboten, so kann die Enteignungsbehörde den Antragsteller auf Antrag durch Beschluss in den Besitz des von dem Enteignungsverfahren betroffenen Grundstücks einweisen. Die Besitzeinweisung ist nur zulässig, wenn über sie in einer mündlichen Verhandlung verhandelt worden ist. Der Beschluss über die Besitzeinweisung ist dem Antragsteller, dem Eigentümer und dem unmittelbaren Besitzer zuzustellen. Die Besitzeinweisung wird in dem von der Enteignungsbehörde bezeichneten Zeitpunkt wirksam. Auf Antrag des unmittelbaren Besitzers ist dieser Zeitpunkt auf mindestens zwei Wochen nach Zustellung der Anordnung über die vorzeitige Besitzeinweisung an ihn festzusetzen.

(2) Die Enteignungsbehörde kann die vorzeitige Besitzeinweisung von der Leistung einer Sicherheit in Höhe der voraussichtlichen Entschädigung und von der vorherigen Erfüllung anderer Bedingungen abhängig machen. Auf Antrag des Inhabers eines Rechts, das zum Besitz oder zur Nutzung des Grundstücks berechtigt, ist die Einweisung von der Leistung einer Sicherheit in Höhe der ihm voraussichtlich zu gewährenden Entschädigung abhängig zu machen. Die Anordnung ist dem Antragsteller, dem Besitzer und dem Eigentümer zuzustellen.

(3) Durch die Besitzeinweisung wird dem Besitzer der Besitz entzogen und der Eingewiesene Besitzer. Der Eingewiesene darf auf dem Grundstück das von ihm im Enteignungsantrag bezeichnete Bauvorhaben ausführen und die dafür erforderlichen Maßnahmen treffen.

(4) Der Eingewiesene hat für die durch die vorzeitige Besitzeinweisung entstehenden Vermögensnachteile Entschädigung zu leisten, soweit die Nachteile nicht durch die Verzinsung der Geldentschädigung (§ 99 Abs. 3) ausgeglichen werden. Art und Höhe der Entschädigung werden durch die Enteignungsbehörde spätestens in dem in § 113 bezeichneten Beschluss festgesetzt. Wird der Beschluss über Art und Höhe der Entschädigung vorher erlassen, so ist er den in Absatz 2 Satz 3 bezeichneten Personen zuzustellen. Die Entschädigung für die Besitzeinweisung ist ohne Rücksicht darauf, ob ein Antrag auf gerichtliche Entscheidung gestellt wird, zu dem in Absatz 1 Satz 4 bezeichneten Zeitpunkt fällig.

(5) Auf Antrag einer der in Absatz 2 Satz 3 bezeichneten Personen hat die Enteignungsbehörde den Zustand des Grundstücks vor der Besitzeinweisung in einer Niederschrift feststellen zu lassen, soweit er für die Besitz- einweisungs- oder die Enteignungsentschädigung von Bedeutung ist. Den Beteiligten ist eine Abschrift der Niederschrift zu übersenden.

(6) Wird der Enteignungsantrag abgewiesen, so ist die vorzeitige Besitzeinweisung aufzuheben und der vorherige unmittelbare Besitzer wieder in den Besitz einzuweisen. Der Eingewiesene hat für alle durch die vorzeitige Besitzeinweisung entstandenen besonderen Nachteile Entschädigung zu leisten. Absatz 4 Satz 2 gilt entsprechend.

Gesamtübersicht

	Rn		Rn
I. **Allgemeines**	1	III. **Rechtsfolgen der Besitzeinweisung (Abs 3)**	6
II. **Das Verfahren des § 115**	2	IV. **Entschädigung und Kosten des Verfahrens (Abs 4)**	7
I. **Allgemeines**	1	V. **Beweissicherung (Abs 5)**	8
II. **Voraussetzungen der vorzeitigen Besitzeinweisung (Abs 1 Satz 1 und Satz 2)**	2	VI. **Aufhebung der Besitzeinweisung (Abs 6)**	9
1. Verfahren der vorzeitigen Besitzeinweisung	2	VII. **Rechtsschutz**	10
2. Die materiellen Voraussetzungen der vorzeitigen Besitzeinweisung	4		

I. Allgemeines

Die vorzeitige Besitzeinweisung dient dazu, Verzögerungen für die Ausführung der mit der Enteignung verfolgten Maßnahme zu vermeiden, wenn die Ausführung aus Gründen des Wohls der Allgemeinheit geboten ist. Dies geht über die Allgemeinwohlerforderlichkeit, durch die die Maßnahme ohnehin gekennzeichnet sein muss (§ 87 Abs 1) hinaus (Gaentzsch, § 116 Rn 1). Die vorzeitige Besitzeinweisung ist eine Enteignung iSd Art 14 Abs 3 GG, wegen ihres vorläufigen Charakters ist sie mit der einstweiligen Verfügung im Zivilprozess vergleichbar (BGH BRS 19 Nr 158; OLG Oldenburg BRS 45 Nr 212). Die materiellen Voraussetzungen der vorzeitigen Besitzeinweisung sind im Vergleich zur Hauptenteignung weitgehend gleich, in einzelnen Beziehungen sind die Anforderungen jedoch teils erhöht, teils aber auch weniger streng (vgl BGH BRS 34 Nr 145). Verfassungsrechtliche Bedenken bestehen nicht (BayVerfGH NVwZ 1995, 106; vgl SächsVerfGH LKV 2000, 301).

II. Voraussetzungen der vorzeitigen Besitzeinweisung (Abs 1 Satz 1 und Satz 2)

1. Verfahren der vorzeitigen Besitzeinweisung

Zuständig für die Durchführung des Verfahrens und die vorzeitige Besitzeinweisung ist die Enteignungsbehörde (§ 104 Abs 1, 203 Abs 3). Nach Landesrecht bestimmt sich, ob ehrenamtliche Beisitzer mitzuwirken haben (§ 104 Abs 2). Verfahrensvoraussetzung ist nach Abs 1 Satz 1 ein Antrag an die Enteignungsbehörde, der aus Gründen der Rechtssicherheit schriftlich oder zur Niederschrift bei der Enteignungsbehörde zu stellen ist. Die vorzeitige Besitzeinweisung ist erst zulässig, wenn das **Enteignungsverfahren** nach § 108 Abs 1 Satz 1 (Anberaumung eines Termins) eingeleitet worden ist. Strittig ist, ob schon die Antragstellung nach § 105 ausreicht (EZB, § 116 Rn 3; Schrödter, § 116 Rn 3; LG Darmstadt NVwZ 2000, 116). Antragsbefugt ist nur der Enteignungsbegünstigte, der auch den Enteignungsantrag zu stellen hat. Beide Anträge können gleichzeitig gestellt werden.

Über die vorzeitige Besitzeinweisung muss mündlich verhandelt werden (Abs 1 Satz 2). Eine Besitzeinweisung ohne mündliche Verhandlung oder ohne Beteiligung der zur Verhandlung zu ladenden Personen ist fehlerhaft und anfechtbar (VGH Kassel BRS 45 Nr 212; OLG Oldenburg BRS 45 Nr 212; aA: KK, § 116

Rn 15). In der mündlichen Verhandlung wird den von einer Besitzeinweisung Betroffenen das rechtliche Gehör gewährt (BGH NJW 1986, 1107 = DVBl 1986, 1268). Zur Wahrung des rechtlichen Gehörs ist eine ausreichende Ladungsfrist einzuhalten. In der Regel wird eine Frist von zwei Wochen angemessen und ausreichend sein (OVG Lüneburg NJW 1971, 2038). Ein Verstoß gegen diese Grundsätze stellt ein Verfahrensmangel dar, der in einem gerichtlichen Verfahren gem § 217 gegen den Besitzeinweisungsbeschluss zu dessen Aufhebung führt.

2. Die materiellen Voraussetzungen der vorzeitigen Besitzeinweisung

4 Die vorzeitige Besitzeinweisung setzt voraus, dass die sofortige Ausführung der beabsichtigten Maßnahme aus Gründen des Wohls der Allgemeinheit *dringend* geboten ist; nicht ausreichend ist allein das Wohl der Allgemeinheit der Maßnahme iSd § 87 Abs 1. Die **Dringlichkeit** ist dann zu bejahen, wenn andernfalls das Wohl der Allgemeinheit ohne die vorzeitige Besitzeinweisung erheblich beeinträchtigt werden würde (BayVerfGH NJW 1985, 106 = BayVBl 1984, 556). Von daher ist von der Enteignungsbehörde eine Interessenabwägung zwischen den Interessen der Allgemeinheit auf der einen Seite und den Interessen des von der Enteignung Betroffenen vorzunehmen, Ein qualifiziertes öffentliches Interesse ist gegeben, wenn nur durch die vorzeitige Besitzeinweisung von der Allgemeinheit wesentliche Nachteile abgewendet oder wenn ihr wesentliche Vorteile erhalten bleiben, die bei Ausführung zu einem späteren Zeitpunkt verloren gingen (LG Darmstadt, B v 14.02.2003 - 9 O (B) 2/03). Wesentliche Nachteile können auch empfindliche Zeitverluste und erhebliche Mehrkosten (OVG Lüneburg, NJW 1965, 554 f; Kirchberg, VBl BW 1990, 161 (168)) oder technisch-konstruktive Gründe (EZB, § 116 Rn 5) sein.

5 Weitere Voraussetzung ist, dass dem Enteignungsantrag mit hoher Wahrscheinlichkeit – nicht aber mit an Sicherheit grenzenden Wahrscheinlichkeit (BGHZ 23, 377; BGHZ 43, 138) – stattzugeben sein wird (VGH München BayVBl 1983, 308). Die Enteignungsbehörde kann die vorzeitige Besitzeinweisung nach Abs 2 Satz 1 von den Leistungen einer Sicherheit abhängig machen. Dies steht in freiem Ermessen der Enteignungsbehörde. Die Enteignungsbehörde muss jedoch eine Sicherheitsleistung festsetzen, wenn der Inhaber eines Rechts, das zum Besitz oder zur Nutzung des Grundstücks berechtigt, einen entsprechenden Antrag stellt (Abs 2 Satz 2).

III. Rechtsfolgen der Besitzeinweisung (Abs 3)

6 Abs 3 erläutert die Rechtswirkungen der vorzeitigen Besitzeinweisung. § 116 räumt dem Enteignungsbegünstigten die tatsächliche Verfügungsgewalt ohne Rechtsänderung ein. Kommt der von der Enteignung Betroffene seiner Verpflichtung aus der Besitzeinweisung nicht nach, besteht zum einen die Pflicht der Enteignungsbehörde, dem Eingewiesenen die Besitzrechte aus der Besitzeinweisung mit den Mitteln des **Verwaltungszwangs** zu verschaffen. Daneben kann der Eingewiesene auch entsprechend § 861 BGB gegen den bisherigen Besitzer vorgehen (offen gelassen: BGH NJW 1986, 1107 = BRS 45 Nr 108).

IV. Entschädigung und Kosten des Verfahrens (Abs 4)

Abs 4 regelt die Leistung einer Entschädigung für den Entzug des Besitzes aufgrund der vorzeitigen Besitzeinweisung. Danach löst die Entziehung eine Entschädigungspflicht aus wegen des Minderwertes des Grundstücks, der dadurch eingetreten ist, dass das Grundstück für den Eigentümer überhaupt nicht oder nur noch beschränkt nutzbar ist. Eine derartige Enteignungsentschädigung stellt sich als Ausgleich für den Entzug eines Teils der Substanz dar (BGH NJW 1962, 2051 – Sportpalast). Hinsichtlich der Auslagen des Enteigneten für die Beratung und Vertretung durch einen Rechtsanwalt gelten grds die Regelungen des § 121 Abs 2, dh, die Aufwendungen für die Beratung und Vertretung durch den Rechtsanwalt sind erstattungsfähig soweit sie vom Standpunkt eines vernünftigen Eigentümers aus zur Wahrung seiner Rechte erforderlich waren (BGH NJW 1973, 2202 = BauR 1974, 74).

V. Beweissicherung (Abs 5)

Eine Beweissicherung nach Abs 5 wird insbesondere dann in Betracht kommen, wenn durch die Verwirklichung des Enteignungszwecks bereits irreparable Folgen eintreten, zB Abbrucharbeiten. Die Form, in welcher die Beweissicherung vorgenommen wird, ist im Gesetz nicht vorgeschrieben. Die Enteignungsbehörde kann entweder einen Sachverständigen beauftragen oder selbst die entsprechenden Feststellungen treffen und hierüber eine Niederschrift aufnehmen. Die Niederschrift ist kein Verwaltungsakt. Die Abweisung eines Antrages nach Abs 5 kann aber durch Antrag auf gerichtliche Entscheidung angefochten werden (EZB, § 116 Rn 20).

VI. Aufhebung der Besitzeinweisung (Abs 6)

Abs 6 gewährt im Falle der Aufhebung der vorzeitigen Besitzeinweisung einen Entschädigungsanspruch. Art und Höhe der Entschädigung setzt die Enteignungsbehörde fest. Zu entschädigen ist der zeitweise Verlust des Besitzes sowie die von dem Eingewiesenen herbeigeführten Änderungen auf dem Grundstück (BGH NJW 1965, 915). Es handelt sich bei letzterem um den Geldanspruch der dazu dienen soll, dass der Eigentümer das Grundstück wieder so herrichten kann, dass er die alte Nutzung fortführen kann.

VII. Rechtsschutz

Die Anfechtung der vorzeitigen Besitzeinweisung erfolgt durch Antrag auf gerichtliche Entscheidung im Verfahren nach den §§ 217 ff. Der Antrag hat nach § 224 Satz 1 keine aufschiebende Wirkung. Das Baulandgericht kann aber die aufschiebende Wirkung ganz oder teilweise anordnen (BGH NJW 1986, 1107 (1108); OLG Jena NVwZ 1998, 771).

Nicht eindeutig geklärt ist, welches Rechtsmittel gegen die dem Antrag nach § 80 Abs 5 VwGO folgende Entscheidung möglich ist (überwiegend sofortige Beschwerde: OLG Karlsruhe NVwZ 2001, 839; OLG Koblenz NVwZ 1986, 336; KK, § 116 Rn 37 mwN). Der Streitwert in Besitzeinweisungsstreitigkeiten beträgt idR 20% des Wertes des Gegenstands, um dessen Besitz es geht (BGHZ 61, 240; OLGR München 2004, 202).

Anhang

▶ **Muster**
Besitzeinweisungsbeschluss (§ 116 BauGB)

Enteignungsbehörde
Besitzeinweisung nach BauGB

Besitzeinweisungsbeschluss

A

Verfahrensbeteiligte

1. Fa. X GmbH,

– Antragstellerin –

2. Herr P,

– Grundstückseigentümer –

Verfahrensbevollmächtigte: RAe ...

3. Frau S

– Nießbrauchsberechtigte –

B

Vorzeitige Besitzeinweisung

Der Antragstellerin wird zum Zwecke der Bebauung in der Gemarkung ... vorzeitig in den Besitz einer Teilfläche von ca. x m2 folgender Grundstücke des Beteiligten zu 2.) eingewiesen:

Flur ..., Flurstück Nr ...

Die vorzeitige Besitzeinweisung erfolgt nach Maßgabe des § 116 BauGB.

C.

Entschädigung

Die Entscheidung über die vom betroffenen Eigentümer für die Inanspruchnahme seiner Grundstücke und die Entziehung des Grundeigentums zu zahlende Entschädigung bleibt einem besonderen Beschluss vorbehalten, falls hierüber nicht noch eine Einigung zustande kommt.

D.

Kosten

Die Kosten des Verfahrens einschließlich der auf Seiten des Enteignungsbetroffenen entstandenen notwendigen Kosten für die Zuziehung eines Rechtsanwalt (Gebühren und Auslagen) trägt die Antragstellerin.

Gründe:

[...] ◀

§ 117 Ausführung des Enteignungsbeschlusses

(1) Ist der Enteignungsbeschluss oder sind die Entscheidungen nach § 112 Abs. 2 nicht mehr anfechtbar, so ordnet auf Antrag eines Beteiligten die Enteignungsbehörde die Ausführung des Enteignungsbeschlusses oder der Vorabentscheidung an (Ausführungsanordnung), wenn der durch die Enteignung Begünstigte die Geldentschädigung, im Falle der Vorabentscheidung die nach § 112 Abs. 2 Satz 2 festgesetzte Vorauszahlung gezahlt oder in zulässiger

Weise unter Verzicht auf das Recht der Rücknahme hinterlegt hat. Auf Antrag des Entschädigungsberechtigten kann im Falle des § 112 Abs. 2 die Enteignungsbehörde die Ausführungsanordnung davon abhängig machen, dass der durch die Enteignung Begünstigte im Übrigen für einen angemessenen Betrag Sicherheit leistet.

(2) In den Fällen des § 111 ist auf Antrag eines Beteiligten die Ausführungsanordnung zu erlassen, wenn der durch die Enteignung Begünstigte den zwischen den Beteiligten unstreitigen Entschädigungsbetrag gezahlt oder in zulässiger Weise unter Verzicht auf das Recht der Rücknahme hinterlegt hat. Absatz 1 Satz 2 gilt entsprechend, soweit sich nicht aus der Einigung etwas anderes ergibt.

(3) Im Falle des § 113 Abs. 4 ist auf Antrag eines Beteiligten die Ausführungsanordnung zu erlassen, wenn der durch die Enteignung Begünstigte die im Enteignungsbeschluss in Verbindung mit dem Nachtragsbeschluss festgesetzte Geldentschädigung gezahlt oder zulässigerweise unter Verzicht auf das Recht der Rücknahme hinterlegt hat. Der Nachtragsbeschluss braucht nicht unanfechtbar zu sein.

(4) Die Ausführungsanordnung ist allen Beteiligten zuzustellen, deren Rechtsstellung durch den Enteignungsbeschluss betroffen wird. Die Ausführungsanordnung ist der Gemeinde abschriftlich mitzuteilen, in deren Bezirk das von der Enteignung betroffene Grundstück liegt. § 113 Abs. 5 gilt entsprechend.

(5) Mit dem in der Ausführungsanordnung festzusetzenden Tag wird der bisherige Rechtszustand durch den im Enteignungsbeschluss geregelten neuen Rechtszustand ersetzt. Gleichzeitig entstehen die nach § 113 Abs. 2 Nr. 6 begründeten Rechtsverhältnisse; sie gelten von diesem Zeitpunkt an als zwischen den an dem Rechtsverhältnis Beteiligten vereinbart.

(6) Die Ausführungsanordnung schließt die Einweisung in den Besitz des enteigneten Grundstücks und des Ersatzlands zu dem festgesetzten Tag ein.

(7) Die Enteignungsbehörde übersendet dem Grundbuchamt eine beglaubigte Abschrift des Enteignungsbeschlusses und der Ausführungsanordnung und ersucht es, die Rechtsänderungen in das Grundbuch einzutragen.

Gesamtübersicht

	Rn		Rn
I. Allgemeines	1	III. Bekanntgabe der Ausführungsanordnung (Abs 4)	4
II. Voraussetzungen für die Ausführungen des Enteignungsbeschlusses (Abs 1-3)	2	IV. Eintritt der Rechtsänderungen	5
		V. Rechtsschutz	6

I. Allgemeines

Die in einem Enteignungsbeschluss geregelten Rechtsänderungen treten nicht bereits mit der Unanfechtbarkeit des Enteignungsbeschlusses ein. Es bedarf vielmehr noch eines besonderen rechtsgestaltenden VA, nämlich der Ausführungsanordnung.

II. Voraussetzungen für die Ausführungen des Enteignungsbeschlusses (Abs 1–3)

2 Die Enteignungsbehörde kann nicht von Amts wegen die **Ausführungsanordnung** erlassen. Erforderlich ist der Antrag eines Beteiligten. Die Ausführungsanordnung kann nur ergehen, wenn der Enteignungsbeschluss oder die Vorabentscheidung über die Rechtsänderung nach § 112 Abs 2 nicht mehr anfechtbar ist. Wird einem Beteiligten der Enteignungsbeschluss nicht zugestellt, so kann er nicht unanfechtbar werden, auch nicht innerhalb der Jahresfrist des § 58 Abs 2 VwGO (BVerwG BayVBl 1969, 527; BVerwG DÖV 1974, 385). Der Enteignungsbeschluss bzw die Vorabentscheidung ist nicht angefochten, wenn der Antrag auf gerichtliche Entscheidung unmittelbar beim zuständigen Landgericht eingelegt wird (aA: OLG München NJW 1963, 911). Gegen die **Versäumung der Anfechtungsfrist** ist die Wiedereinsetzung in den vorigen Stand zulässig. Wird einem Wiedereinsetzungsantrag stattgegeben, ist der Enteignungsbeschluss nicht unanfechtbar und die Ausführungsanordnung darf nicht ergehen. Ist die Ausführungsanordnung bereits erlassen, bevor über den Wiedereinsetzungsantrag entschieden ist, so gilt § 218 Abs 2.

3 Die Ausführungsanordnung, darf darüber hinaus erst ergehen, wenn die im Enteignungsbeschluss genannte Geldentschädigung bezahlt oder in zulässiger Weise unter Verzicht auf das Recht der Rücknahme hinterlegt (§ 118) worden ist. Im Falle der Vorabentscheidung (§ 112 Abs 2) kann die Enteignungsbehörde auf Antrag des Entschädigungsberechtigten die Ausführungsanordnung davon abhängig machen, dass der durch die Enteignung Begünstigte noch für einen angemessenen Betrag Sicherheit leistet. Haben sich die Beteiligten in einer Teileinigung über den Übergang oder die Belastung des Eigentums geeinigt, ist die Ausführungsanordnung zu erlassen, wenn der unstreitige Entschädigungsbetrag gezahlt oder mit befreiender Wirkung hinterlegt worden ist (Abs 2). Auch in diesem Fall kann noch vor dem Erlass der Anordnung eine Sicherheit verlangt werden, wenn sich aus der Einigung nichts anderes ergibt.

III. Bekanntgabe der Ausführungsanordnung (Abs 4)

4 Die Ausführungsanordnung ist nach Abs 4 nur den in ihrer Rechtsstellung durch Enteignungsbeschluss betroffenen Beteiligten zuzustellen. Nach Abs 4 Satz 3 gibt die Enteignungsbehörde dem **Vollstreckungsgericht** von der Ausführungsanordnung Kenntnis, wenn im Grundbuch die Anordnung der Zwangsversteigerung oder Zwangsverwaltung eingetragen ist.

IV. Eintritt der Rechtsänderungen

5 In der Ausführungsanordnung ist der Tag genau festzusetzen, an dem der in dem Enteignungsbeschluss vorgesehene Rechtszustand in Kraft gesetzt wird, Abs 5. Es werden dann bislang bestehende private Rechte zum Erlöschen gebracht und neue private Rechte und Pflichten begründet. Aus der Ausführungsanordnung – einem VA mit privatrechtlichen Folgen – gehen nur diejenigen Rechte hervor, die in dem Enteignungsbeschluss als neu begründet oder als aufrechterhalten bezeichnet sind. Die rechtsbegründende Kraft der Ausführungsanordnung schafft originäre Rechte,

die von dem bisherigen Rechtszustand unabhängig sind. Die nach § 113 Abs 2 Nr 6 begründeten persönlichen Rechtsverhältnisse entstehen mit dem in der Ausführungsanordnung festgesetzten Tag. Der Eintritt der Rechtswirkungen hat zur Folge, dass das Grundbuch unrichtig wird. Dem trägt Abs 7 Rechnung.

V. Rechtsschutz

Da die Ausführungsanordnung ein VA ist, kann sie mit dem Antrag auf gerichtliche Entscheidung nach § 217 angefochten werden. In einem solchen Verfahren können allerdings mit Erfolg nicht mehr solche Gründe vorgebracht werden, die die Wirksamkeit des Enteignungsbeschlusses betreffen (OLG Bremen BRS 45 Nr 226). Umstritten ist, ob dieser Antrag nach § 217 aufschiebende Wirkung hat; dafür spricht der Umkehrschluss aus § 224 (vgl auch: OLG Koblenz NVwZ 1984, 678 = BRS 45 Nr 218).

Anhang

▶
Muster
Ausführungsanordnung (§ 117 BauGB)

Enteignungsbehörde

Az.:

Enteignung nach dem BauGB

Teilfläche aus dem Grundstück

Flurstück ..., Gemarkung ...,

Straße ...,

Eigentümer: ...

A. Ausführungsanordnung

Mit Wirkung vom ..., wird der bisherige Rechtszustand durch den im Enteignungsbeschluss vom ... geregelten neuen Rechtszustand ersetzt.

B. Begründung:

Mit Schreiben vom ... beantragte ... (Bezeichnung des Antragstellers) in dieser Enteignungsangelegenheit, die Ausführungsanordnung zu erlassen. Dem Schreiben lag ein Nachweis über die Auszahlung der im Enteignungsbeschluss festgesetzten Entschädigung bei. Der Enteignungsbeschluss ist inzwischen unanfechtbar geworden. Die Voraussetzungen für den Erlass der Ausführungsanordnung sind damit gegeben (§ 117 Abs 1 BauGB).

C. Rechtsbehelfsbelehrung: [...] ◀

§ 118 Hinterlegung

(1) Geldentschädigungen, aus denen andere Berechtigte nach § 97 Abs. 4 zu befriedigen sind, sind unter Verzicht auf das Recht der Rücknahme zu hinterlegen, soweit mehrere Personen auf sie Anspruch haben und eine Einigung über die Auszahlung nicht nachgewiesen ist. Die Hinterlegung erfolgt bei dem Amtsgericht, in dessen Bezirk das von der Enteignung betroffene Grundstück liegt; § 2 des Zwangsversteigerungsgesetzes gilt entsprechend.
(2) Andere Vorschriften, nach denen die Hinterlegung geboten oder statthaft ist, werden hierdurch nicht berührt.

1 Der Begünstigte der Enteignung ist berechtigt, die Geldentschädigung zu hinterlegen, wenn ein entsprechender Anspruch von mehreren geltend gemacht wird, ohne dass ihm gegenüber eine Einigung nachgewiesen ist. Für den Fall, dass das enteignete Grundstück in mehreren Amtsgerichtsbezirken liegt, ergibt sich das zuständige AG aus einer entsprechenden Anwendung des § 2 ZVG. Im Übrigen gelten für das Hinterlegungsverfahren die Vorschriften der Hinterlegungsordnung. Von der Regelung in Abs 2 sind insbesondere die §§ 372 ff BGB erfasst.

§ 119 Verteilungsverfahren

(1) Nach Eintritt des neuen Rechtszustands kann jeder Beteiligte sein Recht an der hinterlegten Summe gegen einen Mitbeteiligten, der dieses Recht bestreitet, vor den ordentlichen Gerichten geltend machen oder die Einleitung eines gerichtlichen Verteilungsverfahrens beantragen.
(2) Für das Verteilungsverfahren ist das Amtsgericht zuständig, in dessen Bezirk das von der Enteignung betroffene Grundstück liegt; in Zweifelsfällen gilt § 2 des Zwangsversteigerungsgesetzes entsprechend.
(3) Auf das Verteilungsverfahren sind die Vorschriften über die Verteilung des Erlöses im Falle der Zwangsversteigerung mit folgenden Abweichungen entsprechend anzuwenden:
1. Das Verteilungsverfahren ist durch Beschluss zu eröffnen;
2. die Zustellung des Eröffnungsbeschlusses an den Antragsteller gilt als Beschlagnahme im Sinne des § 13 des Zwangsversteigerungsgesetzes; ist das Grundstück schon in einem Zwangsversteigerungs- oder Zwangsverwaltungsverfahren beschlagnahmt, so hat es hierbei sein Bewenden;
3. das Verteilungsgericht hat bei Eröffnung des Verfahrens von Amts wegen das Grundbuchamt um die in § 19 Abs. 2 des Zwangsversteigerungsgesetzes bezeichneten Mitteilungen zu ersuchen; in die beglaubigte Abschrift des Grundbuchblatts sind die zur Zeit der Zustellung des Enteignungsbeschlusses an den Enteigneten vorhandenen Eintragungen sowie die später eingetragenen Veränderungen und Löschungen aufzunehmen;
4. bei dem Verfahren sind die in § 97 Abs. 4 bezeichneten Entschädigungsberechtigten nach Maßgabe des § 10 des Zwangsversteigerungsgesetzes zu berücksichtigen, wegen der Ansprüche auf wiederkehrende Nebenleistungen jedoch nur für die Zeit bis zur Hinterlegung.

(4) Soweit auf Grund landesrechtlicher Vorschriften die Verteilung des Erlöses im Falle einer Zwangsversteigerung nicht von dem Vollstreckungsgericht, sondern von einer anderen Stelle wahrzunehmen ist, kann durch Landesrecht bestimmt werden, dass diese andere Stelle auch für das Verteilungsverfahren nach den Absätzen 1 bis 3 zuständig ist. Wird die Änderung einer Entscheidung dieser anderen Stelle verlangt, so ist die Entscheidung des Vollstreckungsgerichts nachzusuchen. Die Beschwerde findet gegen die Entscheidung des Vollstreckungsgerichts statt.

Nach dem Wirksamwerden der Ausführungsanordnung kann jeder Beteiligte, der ein Recht auf Befriedigung aus einer hinterlegten Geldentschädigung hat, sein Recht an dem hinterlegten Betrag geltend machen. Er kann dies dadurch erreichen, dass er entweder gegen einen Mitbeteiligten, der das Recht bestreitet, Klage vor dem ordentlichen Gericht erhebt oder die Einleitung eines gerichtlichen Verteilungsverfahrens beantragt. Das Verteilungsverfahren wird vom AG unter Anlehnung an das Verfahren über die Verteilung des Erlöses im Falle der Zwangsversteigerung nach Maßgabe der Abs 2–4 durchgeführt. 1

§ 120 Aufhebung des Enteignungsbeschlusses

(1) Ist die Ausführungsanordnung noch nicht ergangen, so hat die Enteignungsbehörde den Enteignungs- beschluss auf Antrag aufzuheben, wenn der durch die Enteignung Begünstigte die ihm durch den Enteignungsbeschluss auferlegten Zahlungen nicht innerhalb eines Monats nach dem Zeitpunkt geleistet hat, in dem der Beschluss unanfechtbar geworden ist. Antragsberechtigt ist jeder Beteiligte, dem eine nicht gezahlte Entschädigung zusteht oder der nach § 97 Abs. 4 aus ihr zu befriedigen ist.
(2) Vor der Aufhebung ist der durch die Enteignung Begünstigte zu hören. Der Aufhebungsbeschluss ist allen Beteiligten zuzustellen und der Gemeinde und dem Grundbuchamt abschriftlich mitzuteilen.

I. Allgemeines

Nach § 117 kann die Ausführungsanordnung erst ergehen, wenn die Entschädigungssumme gezahlt oder hinterlegt worden ist. Erfolgt die Erfüllung dieser Verpflichtung nicht innerhalb eines Monats nach der Unanfechtbarkeit des Enteignungsbeschlusses durch den von der Enteignung Begünstigten, steht jedem Beteiligten, dem eine nicht gezahlte Entschädigung zusteht oder der aus ihr zu befriedigen ist, das Recht zu, die Aufhebung des Enteignungsbeschlusses bei der Enteignungsbehörde zu beantragen. 1

II. Aufhebung des Enteignungsbeschlusses

Erste Voraussetzung für die Aufhebung des Enteignungsbeschlusses ist dessen Unanfechtbarkeit (Abs 1 Satz 1). Die Enteignungsbehörde kann den unanfechtbaren Enteignungsbeschluss vor Erlass der Ausführungsanordnung gem §§ 48, 49 2

§ 121 Erstes Kapitel. Fünfter Teil. Dritter Abschnitt 348

VwVfG durch Rücknahme oder Widerruf aufheben (OLG Koblenz, NJW 1983, 2036). Die Antragsberechtigten haben einen Auskunftsanspruch gegen die Enteignungsbehörde, ob der Enteignungsbeschluss unanfechtbar ist (KK, § 120 Rn 7). Dem unanfechtbaren Enteignungsbeschluss steht gleich eine Einigung nach § 110 oder eine Teileinigung nach § 111.

3 Zweite Voraussetzung ist, dass die Ausführungsanordnung noch nicht ergangen ist. Bei einem verspäteten Aufhebungsantrag ist Wiedereinsetzung in den vorigen Stand nicht möglich (BGH 61, 136 = BRS 26, 148). Mit Eintritt der Rechtsänderung darf die Enteignungsbehörde die Ausführungsanordnung auch nicht mehr nach § 48 VwVfG zurücknehmen (BKL, § 120 Rn 3; KK, § 120 Rn 8; aA: BK, 2. Aufl, § 120 Rn 3, analog § 120).

4 Dritte Voraussetzung nach Abs 1 Satz 1 ist, dass der Enteignungsbegünstigte die ihm durch den Enteignungsbeschluss auferlegten Zahlungen nicht innerhalb eines Monats nach dem Zeitpunkt geleistet hat, in dem der Beschluss unanfechtbar geworden ist. Trotz Versäumung der Monatsfrist darf die Aufhebung dann nicht erfolgen, wenn der Begünstigte unverzüglich nach Anhörung zu dem Aufhebungsantrag (Abs 2) die Entschädigung leistet oder hinterlegt (BGHZ 61, 136 = DVBl 1974, 129 = BRS 26 Nr 148).

III. Rechtsschutz

5 Gegen die Ablehnung des Antrages auf Aufhebung des Enteignungsbeschlusses kann der Antragsteller **Antrag auf gerichtliche Entscheidung** stellen (§ 217). Der Antragsteller hat einen Rechtsanspruch auf Aufhebung, wenn die Voraussetzungen des § 120 vorliegen. Hält das Baulandgericht den Antrag auf gerichtliche Entscheidung für begründet, so hebt es den ablehnenden Beschluss auf und verpflichtet die Enteignungsbehörde, den Enteignungsbeschluss aufzuheben (§ 226 Abs 2 Satz 2). Den Beschluss, den Enteignungsbeschluss aufzuheben, kann der Enteignungsbegünstigte wiederum nach § 217 anfechten. Der Antrag hat insoweit aufschiebende Wirkung.

§ 121 Kosten

(1) Der Antragsteller hat die Kosten zu tragen, wenn der Antrag auf Enteignung abgelehnt oder zurückgenommen wird. Wird dem Antrag auf Enteignung stattgegeben, so hat der Entschädigungsverpflichtete die Kosten zu tragen. Wird einem Antrag auf Rückenteignung stattgegeben, so hat der von der Rückenteignung Betroffene die Kosten zu tragen. Wird ein Antrag eines sonstigen Beteiligten abgelehnt oder zurückgenommen, sind diesem die durch die Behandlung seines Antrags verursachten Kosten aufzuerlegen, wenn sein Antrag offensichtlich unbegründet war.
(2) Kosten sind die Kosten des Verfahrens und die zur zweckentsprechenden Rechtsverfolgung oder Rechtsverteidigung notwendigen Aufwendungen der Beteiligten. Die Gebühren und Auslagen eines Rechtsanwalts oder eines sonstigen Bevollmächtigten sind erstattungsfähig, wenn die Zuziehung eines Bevollmächtigten notwendig war. Aufwendungen für einen Bevollmächtigten,

für den Gebühren und Auslagen gesetzlich nicht vorgesehen sind, können nur bis zur Höhe der gesetzlichen Gebühren und Auslagen von Rechtsbeiständen erstattet werden.

(3) Aufwendungen, die durch das Verschulden eines Erstattungsberechtigten entstanden sind, hat dieser selbst zu tragen; das Verschulden eines Vertreters ist dem Vertretenen zuzurechnen.

(4) Die Kosten des Verfahrens richten sich nach den landesrechtlichen Vorschriften. Die Enteignungsbehörde setzt die Kosten im Enteignungsbeschluss oder durch besonderen Beschluss fest. Der Beschluss bestimmt auch, ob die Zuziehung eines Rechtsanwalts oder eines sonstigen Bevollmächtigten notwendig war.

Gesamtübersicht

	Rn		Rn
I. Kostenverteilungsregeln	1	III. Kostenfestsetzung (Abs 4	
II. Zu erstattende Kosten (Abs 2)	3	Satz 2 und 3)	6

I. Kostenverteilungsregeln

Der Antragsteller hat die Kosten des Verfahrens zu tragen. Antragsteller ist derjenige, der die Enteignung des Grundstücks zu seinen Gunsten begehrt. Hat er mit seinem Antrag Erfolg, so hat er dennoch die Kosten des Verfahrens zu tragen (Abs 1 Satz 2). Wird der Antrag auf Enteignung abgelehnt oder zurückgenommen, hat der Antragsteller ebenfalls die Kosten des Enteignungsverfahrens zu tragen. Im Falle einer Rückenteignung nach § 102 trifft die Kostentragungslast den von der Rückenteignung Betroffenen. Die Kostenregelung des § 121 findet auch im Verfahren der vorzeitigen Besitzeinweisung Anwendung (vgl BGHZ 65, 280 (283)). 1

Abs 1 Satz 4 regelt die Kostentragungspflicht sonstiger Beteiligter. Ein sonstiger Beteiligter ist zur Tragung der Kosten nur verpflichtet, soweit der Antrag abgelehnt oder zurückgenommen wurde, und der Antrag offensichtlich unbegründet war. Da die Enteignungsbehörde aber offensichtlich unbegründete Anträge nicht zu behandeln braucht, entstehen regelmäßig keine Kosten, sodass die Regelung geringe praktische Bedeutung hat. 2

II. Zu erstattende Kosten (Abs 2)

Zu erstattende Kosten sind gem Abs 2 Satz 1 1. Alt die Kosten des Verfahrens der Enteignungsbehörde, also Verwaltungsgebühren und Auslagen. Die Höhe dieser Kosten richtet sich nach landesrechtlichen Vorschriften. Zu erstattende Kosten sind gem Abs 2 Satz 1 2. Alt die Aufwendungen der Beteiligten, die zur zweckentsprechenden Rechtsverfolgung und Rechtsverteidigung notwendig waren. Erstattungsfähig sind zB Kosten für die Teilnahme an Terminen, Schriftverkehrskosten, Verdienstausfall, nicht jedoch der Arbeitsaufwand des Beteiligten (strittig VG Düsseldorf NJW 1965, 1036; VGH München, BayVBl 1972, 645). Problematisch ist, inwieweit **Rechtsgutachten** als notwendige Auslagen anzusehen sind. Sie sind dann erstattungsfähig, wenn durch das Gutachten das Verfahren gefördert wurde 3

und wenn sie zur Wahrnehmung berechtigter Interessen erforderlich waren, zB bei schwierigen speziellen Bewertungsvorgängen anlässlich einer Betriebsverlagerung (BGHZ 61, 240 (250)).

4 Die Gebühren und Auslagen eines **Rechtsanwalts** oder eines sonstigen Bevollmächtigten sind nach Abs 2 Satz 2 erstattungsfähig, wenn die Zuziehung eines Bevollmächtigten notwendig war (vgl BGH NJW 1966, 493). Dies ist idR wegen der Kompliziertheit des Enteignungsverfahrens zu bejahen (BGHZ 61, 240 = BRS 26 Nr 79 = BauR 1974, 47). Ein Rechtsanwalt, der sich selbst vertritt, hat einen Anspruch auf Kostenerstattung (BVerwG BayVBl 1981, 93; VGH München BayVBl 1972, 645; aA VGH Mannheim NVwZ 1982, 633). Nicht zu erstatten sind die Aufwendungen, die durch das Verschulden eines Beteiligten entstanden sind (Abs 3).

5 Kommt es vor Einleitung des Enteignungsverfahrens zur Vermeidung der Enteignung zu einer Einigung, so ist umstritten, ob die vor Einleitung eines Enteignungsverfahrens entstandenen Kosten zumindest analog § 121 Abs 2 Satz 2 zu erstatten sind (EZB, § 96 Rn 89; BKL, § 121 Rn 10; aA: KK, § 121 Rn 21; Schrödter, § 121 Rn 6; vgl OLG München NuR 2002, 768 = NVwZ-RR 2003, 78). Es ist daher geboten, im Rahmen einer Einigung vor Einleitung des Enteignungsverfahrens die Kostenerstattung mit zu regeln und ggf insoweit auf § 121 zu verweisen.

III. Kostenfestsetzung (Abs 4 Satz 2 und 3)

6 Die Enteignungsbehörde setzt die Kosten im Enteignungsbeschluss oder durch einen besonderen Beschluss fest. Dabei muss sie auch entscheiden, ob die Hinzuziehung eines Rechtsanwalts oder eines sonstigen Bevollmächtigten notwendig war. Auch noch nach der Beendigung des eigentlichen Enteignungsverfahrens ist dieser Beschluss möglich (BGHZ 56, 221 = NJW 1971, 1752 = BRS 26 Nr 143). Es besteht die Möglichkeit, nach §§ 217 ff gegen die Entscheidung vorzugehen.

§ 122 Vollstreckbarer Titel

(1) Die Zwangsvollstreckung nach den Vorschriften der Zivilprozessordnung über die Vollstreckung von Urteilen in bürgerlichen Rechtsstreitigkeiten findet statt
1. **aus der Niederschrift über eine Einigung wegen der in ihr bezeichneten Leistungen;**
2. **aus nicht mehr anfechtbarem Enteignungsbeschluss wegen der zu zahlenden Geldentschädigung oder einer Ausgleichszahlung;**
3. **aus einem Beschluss über die vorzeitige Besitzeinweisung oder deren Aufhebung wegen der darin festgesetzten Leistungen.**

Die Zwangsvollstreckung wegen einer Ausgleichszahlung ist erst zulässig, wenn die Ausführungsanordnung wirksam und unanfechtbar geworden ist.
(2) Die vollstreckbare Ausfertigung wird von dem Urkundsbeamten der Geschäftsstelle des Amtsgerichts erteilt, in dessen Bezirk die Enteignungsbehörde ihren Sitz hat und, wenn das Verfahren bei einem Gericht anhängig ist, von dem Urkundsbeamten der Geschäftsstelle dieses Gerichts. In den Fällen der §§ 731, 767 bis 770, 785, 786 und 791 der Zivilprozessordnung tritt das Amtsgericht, in dessen Bezirk die Enteignungsbehörde ihren Sitz hat, an die Stelle des Prozessgerichts.

Von dieser Vorschrift werden nicht alle Zwangsmaßnahmen in Enteignungssachen 1
erfasst. Die landesrechtlichen Vorschriften der Verwaltungsvollstreckung sind in
den Fällen anwendbar, in denen die Entscheidung lediglich auf eine reine Duldung
gerichtet ist, zB §§ 116, 117. Unter den Begriff „Leistungen" iSd Abs 1 fällt nicht
nur die Entschädigung nach den §§ 93 ff, sondern auch die Ausgleichsleistungen,
§§ 100 Abs 5 Satz 4, 101 Abs 1 Satz 2. Bei einer Vollstreckung wegen einer Ausgleichsleistung ist zu beachten, dass die Ausführungsanordnung (§ 117) wirksam
und unanfechtbar sein muss, Abs 1 Satz 2.

Abs 2 begründet eine Sonderregelung im Hinblick auf die Zuständigkeit für die Er- 2
teilung der vollstreckbaren Ausfertigung. Maßgebend für die Bestimmung ist dabei, ob ein Baulandprozess anhängig ist.

Sechster Teil
Erschließung

Vorbemerkung
Nach den Vorschriften über die Zulässigkeit von Vorhaben (§§ 30, 33, 34, 35) ist 3
die Sicherung der Erschließung oder ihr Vorhandensein eine Voraussetzung für die
Bebauung eines Grundstücks (§ 30 Abs 1 letzter HS: „... und die Erschließung gesichert ist"). Die Erschließung dient also dem Zweck, die Grundstücke „baureif" zu
machen, dh die bauliche, oft auch die sonstige – vergleichbare – Nutzung (zB gewerbliche Nutzung als Lagerplatz; zu beachten ist, dass der Begriff „Gewerbe" im
Erschließungsbeitragsrecht über den gewerberechtlichen – engeren – Begriff hinausgeht) zu ermöglichen. Eine Definition des Begriffs „Erschließung" enthält
auch das BauGB nicht. Aus den gesetzlichen Regelungen geht aber hervor, dass
unter Erschließung einmal die Herstellung der in § 127 Abs 2 genannten beitragsfähigen Erschließungsanlagen, zum anderen auch die Herstellung nicht (erschließungs-)beitragsfähiger Anlagen, wie sie in § 127 Abs 4 aufgeführt sind, zu verstehen ist. Sie fallen insgesamt unter den Begriff der Erschließungsanlagen iSd § 123
Abs 2. Nicht dazu rechnen die auf dem Grundstück selbst notwendigen Maßnahmen wie Hausanschlüsse (die Kosten für die Herstellung der Hausanschlüsse für
Kanal und Wasser sind in den Landeskommunalabgabengesetzen iVm dem gemeindlichen Satzungsrecht geregelt), Zuwegungen, Stellplätze. Zur Erschließung
in dem vorgenannten Sinne gehört auch nicht die Herstellung der überörtlichen Anlagen, insbesondere der Bundesstraßen, Landstraßen – mit Ausnahme allerdings zB
der innerörtlichen Gehwege -, Überlandleitungen für Elektrizität. Der mitunter im
Schrifttum benutzte Begriff der „inneren und äußeren Erschließung" stellt auf die
Lage der Erschließungsanlagen innerhalb oder außerhalb des Baugebiets ab. Er ist
für das Erschließungsrecht des BauGB ohne Bedeutung. Der Begriff „Aufschließung", den das BauGB ebenfalls nicht verwendet, umfasst außer den oben bezeichneten Erschließungsanlagen auch die überörtlichen Verkehrs- und Grünanlagen sowie die sog kommunalen Folgeeinrichtungen (Anlagen und Einrichtungen der
Infrastruktur, § 5 Abs 2 Nr 2).

Von einer vollständigen Regelung des Erschließungsrechts hat der Bundesgesetz- 4
geber auch im BauGB abgesehen, um zu weitgehende Eingriffe in das der Landes-

gesetzgebung vorbehaltene allgemeine Straßen- und Wegerecht zu vermeiden. Er begnügt sich im ersten Abschnitt mit wenigen allgemeinen Vorschriften grds Art und regelt im zweiten Abschnitt den Erschließungsbeitrag. In den Vorschriften dieses Abschnitts werden unter dem Begriff „Erschließungsanlagen" allerdings nur die in § 127 Abs 2 besonders bezeichneten Anlagen verstanden. Dem Beitragsrecht liegt also ein engerer Erschließungsbegriff zugrunde, der sich zudem auf die erstmalige Herstellung der Anlagen beschränkt; Erneuerungs- und Erweiterungsmaßnahmen hinsichtlich schon vorhandener Erschließungsanlagen richten sich nach den Landeskommunalabgabengesetzen. Hinzuweisen ist in diesem Zusammenhang auf die Möglichkeit, nach diesen Gesetzen (iVm kommunalem Satzungsrecht) für bestimmte Baumaßnahmen an Straßen, Wegen und Plätzen Ausbau- oder Straßenbeiträge (die Bezeichnung ist landesrechtlich verschieden) zu erheben. Diese Maßnahmen bzw Beiträge beziehen sich jedoch nicht auf die erstmalige Herstellung von Erschließungsanlagen iSd § 127 Abs 2 und sind daher streng von den Erschließungsbeiträgen zu trennen. Im Einzelfall kann die Abgrenzung jedoch Schwierigkeiten bereiten.

5 Die Regelung des Erschließungs- und Erschließungsbeitragsrechts durch den Gesetzgeber ist eher rudimentär erfolgt, weshalb in diesem Rechtsbereich Richterrecht eine besonders große Rolle spielt. Ohne Kenntnis der zahlreichen Gerichtsentscheidungen, insbesondere der des BVerwG, sind die immer wieder auftretenden besonderen Fallkonstellationen kaum zu lösen. Das Inkrafttreten des BauGB zum 01.07.1987 hat für das Erschließungs- und Erschließungsbeitragsrecht nur wenige Änderungen gebracht. Zu beachten sind für den Übergang die Überleitungsvorschriften für die Erschließung in § 242. Das Gesetz zur Anpassung des Baugesetzbuchs an EU-Richtlinien vom 24.06.2004 enthält außer einer notwendig gewordenen Anpassung in § 125 Abs 2 keine Änderungen.

6 Der Gesetzgeber hat durch das Gesetz zur Änderung des Grundgesetzes vom 27.10.1994 (in Kraft getreten am 15.11.1994; BGBl I S 3146) in Art 1 Nr 6a) bb) die Gesetzgebungskompetenz des Bundes für das Bodenrecht, die auch das Erschließungs(beitrags-)recht erfasst, durch den Klammerzusatz „ohne das Recht der Erschließungsbeiträge" eingeschränkt. Zur Begr wird angeführt, dass die Herausnahme des Erschließungsbeitragsrechts aus der Bundeskompetenz wegen der engen Verbindung mit dem Kommunalabgabenrecht der Länder gerechtfertigt sei. Durch das Gesetz zur Änderung des Grundgesetzes vom 27.10.1994 ist nunmehr Art 125a Abs 1 Satz 1 in das GG aufgenommen worden, aus dem folgt, dass das Erschließungsbeitragsrecht (§§ 127–135 BauGB) als Bundesrecht fortgilt, aber durch Landesrecht ersetzt werden kann (Art 125a Abs 1 Satz 2 GG).

7 Der Ausschluss einer Erschließungs- und Ausbaubeitragserhebung durch Regelungen des besonderen Städtebaurechts hat seit Erlass des BauGB in §§ 136 ff des Gesetzes seinen Niederschlag gefunden (vgl im Einzelnen dort und Driehaus, Erschließungs- und Ausbaubeiträge, 6. Aufl 2001, § 3 Rn 1 ff).

Erster Abschnitt
Allgemeine Vorschriften

§ 123 Erschließungslast

(1) Die Erschließung ist Aufgabe der Gemeinde, soweit sie nicht nach anderen gesetzlichen Vorschriften oder öffentlich-rechtlichen Verpflichtungen einem anderen obliegt.
(2) Die Erschließungsanlagen sollen entsprechend den Erfordernissen der Bebauung und des Verkehrs kostengünstig hergestellt werden und spätestens bis zur Fertigstellung der anzuschließenden baulichen Anlagen benutzbar sein.
(3) Ein Rechtsanspruch auf Erschließung besteht nicht.
(4) Die Unterhaltung der Erschließungsanlagen richtet sich nach landesrechtlichen Vorschriften.

Nach *Abs 1* ist die **Erschließung** grds eine im Selbstverwaltungsbereich liegende Aufgabe der Gemeinde. Sie trägt die **Erschließungslast** nicht, wenn nach anderen gesetzlichen Vorschriften (zB Bundesfernstraßengesetz, Landesstraßengesetzen, Energiewirtschaftsgesetz, Observanzen) oder öffentlich-rechtlichen Vereinbarungen (so zB nach dem Zweckverbandsrecht) ein anderer Träger bestimmt ist. Die Erschließung ist zugleich eine gemeindliche Pflicht, der sie iR einer ordnungsgemäßen Haushaltsführung nachzukommen hat. Somit kann sich die Erschließungslast der Gemeinde nur iR ihrer finanziellen Leistungsfähigkeit bewegen. Insoweit steht der Gemeinde eine gewisse Freiheit in der Entscheidung über das „**Ob**", „**Wie**" und „**Wann**" der Erschließung zu. Die Vorschriften über die Erschließung verfolgen das Allgemeininteresse, nicht die Interessen des Einzelnen. Zur Erfüllung der Erschließungslast können die Gemeinden im Wege der Kommunalaufsicht angehalten werden. Auch Anordnungen der Straßenbehörden kommen in Betracht.

Gesetzliche Vorschriften, nach denen die Erschließung anderen obliegt, enthält das Straßenrecht zB für Bundesstraßen. Öffentlich-rechtliche Verpflichtungen anderer zur Erschließung enthalten vor allem Planfeststellungsbeschlüsse nach den Straßengesetzen (vgl BVerwG, Buchholz 406.11 § 123 Nr 22 = NVwZ 1982, 435 = DÖV 1982, 328 = KStZ 1982, 92 = BRS 43, 5). Nicht hierher gehören die in § 124 Abs 1 zugelassenen Erschließungsverträge, da die Gemeinde durch sie nicht von ihrer Erschließungslast befreit wird.

Die **Sollvorschrift** des *Abs 2* enthält nur wenige, gleichwohl bindende Grundsätze über den Umfang und den Zeitpunkt der Erschließung. Maßstab für Art und Umfang der Erschließungsanlagen sind die nach den Erfahrungen zu beurteilenden Bedürfnisse, die durch die Bebauung im jeweiligen örtlichen Bereich sowie durch den zu erwartenden Verkehr bedingt sind. Über den zeitlichen Ablauf der Herstellung bestimmt die Vorschrift, dass die Anlagen spätestens in dem Zeitpunkt benutzbar sein sollen, in dem das erschlossene Grundstück bebaut ist. Benutzbarkeit ist nicht gleichbedeutend mit endgültiger Herstellung. Es genügt, dass die Anlagen verkehrssicher sind (zur Entscheidungsfreiheit der Gemeinde iR ihrer Erschließungsaufgabe vgl bereits BVerfGE 33, 265 [291] = NJW 1972, 1851 = DÖV 1972, 855 [858]).

4 Obwohl das BauGB die (erstmalige, vgl BVerwGE 78, 266 = Buchholz 406.11 § 123 Nr 32 = NVwZ 1988, 355 = DVBl 1988, 245= DÖV 1988, 379 = KStZ 1988, 92 = BauR 1988, 180) Erschließung der Gemeinde als **Pflichtaufgabe** zuweist, hebt Abs 3 ausdrücklich hervor, dass die Anlieger und sonstigen Bürger aus dieser Erschließungslast grds keine Rechtsansprüche gegen die Gemeinde auf Durchführung der Erschließung herleiten können (zum Anspruch auf Erschließung vgl Gloria, NVwZ 1991, 720). Die allgemeine gemeindliche Erschließungspflicht kann sich jedoch für bestimmte Erschließungsanlagen zu einer aktuellen **Erschließungspflicht** verdichten und ggf mit Ansprüchen Dritter verbunden sein (BVerwG, Buchholz 406.11 § 123 Nr 11 = NJW 1975, 402 = DVBl 1975, 37 = KStZ 1975, 51 = BauR 1974, 389 = ZMR 1975, 59). So kann die Gemeinde bei unzulänglichem Erschließungszustand nicht einen qualifizierten Bebauungsplan erlassen, dann aber unter Berufung auf den fehlenden **Rechtsanspruch** des Anliegers es bei dem gegebenen ordnungswidrigen Zustand der Erschließungsanlagen auf Dauer belassen, so dass die Bebauung nicht möglich ist. Bei bereits bebauten Grundstücken kann die Mitwirkung der Gemeinde an der Genehmigung eines Bauvorhabens dazu führen, dass sie für einen ausreichenden Erschließungszustand sorgen muss, der idR nicht einer vollen Erschließung gleichkommen muss (vgl BVerwGE 64, 186 = Buchholz 406.11 § 123 Nr 21 = DVBl 1982, 156 = KStZ 1982, 149 = BauR 1982, 73; BVerwGE 78, 266 = Buchholz 406.11 § 123 Nr 32 = NVwZ 1988, 355 = DVBl 1988, 245 = DÖV 1988, 379 = KStZ 1988, 92 = BauR 1988, 180; BverwG, BauR 2000, 247 = BRS 62 Nr 173). Der VGH München (NVwZ 1991, 1107 = BayVBl 1991, 367 = BauR 1991, 313 und NJW 2004, 1889 = BayVBl 2004, 178) sieht eine Verdichtung der allgemeinen gemeindlichen Erschließungslast zu einem **einklagbaren Anspruch** dann als gegeben an, wenn die Gemeinde einen qualifizierten Bebauungsplan iSd § 30 Abs 1 erlassen, ggf sogar Vorausleistungen erhoben und ein ihr zumutbares Erschließungsangebot des Bauwilligen ohne sachlichen Grund abgelehnt hat. Der VGH Mannheim hat es jedoch für ausreichend gehalten, dass private Verkehrsflächen die Erschließung gewährleisten, zu deren Festsetzung § 9 Abs 1 Nr 11 BauGB ermächtige, so dass die Gemeinde zur zusätzlichen Herstellung öffentlicher Straßen nicht verpflichtet ist (NVwZ-RR 1995, 485 = BRS 56 Nr 23; zum Anspruch auf den Bau einer Erschließungsanlage vgl auch VGH Mannheim, NVwZ 1991, 1109 = BRS 52 Nr 95). Das Bundesverwaltungsgericht (BVerwGE 88, 166 = NVwZ 1991, 1086 = DVBl 1991, 1304) hat angenommen, dass der Eigentümer, der die Erschließung des sein Grundstück erfassenden Baugebiets übernommen hat, sich nicht auf eine Verdichtung der gemeindlichen Erschließungsaufgabe berufen kann, solange der Erschließungsvertrag besteht. Zugleich wird festgestellt, dass der Erlass eines qualifizierten Bebauungsplans eine Verdichtung der Erschließungsaufgabe nur auslösen kann, wenn sein Inkrafttreten die Durchsetzung eines bis dahin bestehenden Bauanspruchs sperrt. In dieser Entscheidung wird weiter ausgeführt, dass der Erlass eines **qualifizierten Bebauungsplans** aufgabenverdichtend nur dann wirkt, wenn durch sein Inkrafttreten einmal ein bis zu diesem Zeitpunkt beabsichtigtes, nach Maßgabe des § 35 zulässiges Vorhaben unzulässig wird, und andererseits die nach dem Plan vorgesehene Nutzung mangels hinreichender Erschließung nicht verwirklicht werden darf. Macht der Bauherr kein Erschließungsangebot, das auf seine Zumutbarkeit für die Gemeinde überprüft werden kann, so ist sein Bauvorhaben wegen fehlender Erschließung nicht

genehmigungsfähig (BVerwG, NVwZ 1993, 1101 = Buchholz 406.11 § 30 Nr 33 = DÖV 1993, 918 = BRS 55 Nr 105). Ist der Gemeinde etwa ein Erschließungsangebot über die Schaffung einer privaten Erschließungsanlage wegen eigener Planungsabsichten unzumutbar, muss sie es nicht annehmen. Ebensowenig besteht ein Anspruch auf eine zusätzliche Erschließung (OVG Münster, NVwZ-RR 1992, 118). Andererseits kann die Gemeinde, die einen qualifizierten Bebauungsplan erlassen hat, zur Erschließung aber nicht im Stande ist, ein Angebot zur Erschließung durch den Betroffenen, dessen Annahme für sie nicht unzumutbar ist, nicht ablehnen, ohne dadurch selbst erschließungspflichtig zu werden (BVerwGE 92, 8 = NVwZ 1993, 1102 = DVBl 1993, 131 = DÖV 1993, 713 = KStZ 1993, 131 = ZMR 1993, 291). Nach dieser Entscheidung verdichtet sich die gemeindliche Erschließungsaufgabe nach Treu und Glauben zu einer **Erschließungspflicht**, wenn sich die Gemeinde nach Erlass eines qualifizierten Bebauungsplans entschließt, den Plan zwar nicht aufzugeben, aber von der Durchführung der Erschließung abzusehen, oder wenn sie unter diesen Voraussetzungen die Durchführung der Erschließung ungebührlich verzögert (zur „ungebührlichen" Verzögerung der Erschließung vgl auch BVerwG, B v 03.01.2000 – 11 B 20/99). In diesen Fällen kann sich die gemeindliche Erschließungsaufgabe zu einer mit einem korrespondierenden Ausspruch verbundenen Erschließungspflicht verdichten. Andererseits handelt ein Erschließungsunternehmer auf eigenes Risiko, wenn er bei Zweifeln an einer konkreten und fälligen gemeindlichen Erschließungspflicht ohne Zustandekommen eines Erschließungsvertrages mit der Erschließung beginnt (BVerwG, NVwZ 1992, 672 = Buchholz 406.11 § 123 Nr 36 = KStZ 1992, 170). Eine aktuelle Erschließungspflicht ergab sich bisher auch, wenn die Gemeinde gem § 133 Abs 3 Satz 1 bei der Genehmigung eines Bauvorhabens Vorausleistungen auf den Erschließungsbeitrag verlangte (BVerwGE 48, 247 = Buchholz 406.11 § 123 Nr 11 = NJW 1975, 402 = DVBl 1975, 37 = KStZ 1975, 51 = BauR 1974, 389). Dies kann unter der Geltung des Baugesetzbuchs – von einem bereits entstandenen Erschließungsanspruch abgesehen – keine Gültigkeit mehr beanspruchen, da gem § 133 Abs 3 Sätze 3, 4 die Vorausleistung zurückverlangt werden kann, wenn die Erschließungsanlage sechs Jahre nach Erlass des Vorausleistungsbescheides noch nicht benutzbar ist.

Private Zufahrten und Wege auf dem Anliegergrundstück sind keine Erschließungsanlagen iSd § 123 Abs 2. Erschließungsanlagen selbst iSv § 123 Abs 2 BauGB sind nicht erschließungsbeitragspflichtig (BVerwGE 102, 159 = NVwZ 1998, 72 = Buchholz 406.11 § 131 Nr 103 = DVBl. 1979, 298 = DÖV 1997, 298).

Unberührt bleiben zivilrechtliche Schadensersatzansprüche, zB wegen Verletzung der Verkehrssicherungspflicht (§ 823 BGB), wegen Nichteinhaltung von Zusicherungen gegenüber einem Grundstückserwerber über die alsbaldige Durchführung der Erschließung oder aus dem Gesichtspunkt der Amtspflichtverletzung wegen unsachgemäß hergestellter Erschließungsanlagen (BGHZ 54, 299 = NJW 1970, 2208); zum Schadensersatzanspruch eines Bauunternehmers wegen verzögerter Abrechnung einer Erschließungsanlage vgl BGH, NJW 1999, 3630 = LMBGB § 286 Nr 45 = WM 1999, 2113 = ZfBR 1999, 330.

Der Erlass eines **qualifizierten Bebauungsplans** allein kann nicht derart auf die Erschließungsaufgabe der Gemeinde einwirken, dass daraus eine **Pflicht zur Erschließung** vorhandener baulicher Anlagen hervorgeht (BVerwG, Buchholz

406.11 § 123 Nr 29 = NVwZ 1985, 563 = DVBl 1985, 623 = KStZ 1985, 152 = BauR 1985, 310 = ZMR 1985, 240 und BVerwGE 78, 266 = Buchholz 406.11 § 123 Nr 32 = NVwZ 1988, 355 = DVBl 1988, 245 = DÖV 1988, 379 = KStZ 1988, 92 = BauR 1988, 180). Nur ausnahmsweise kann es, wie oben dargestellt, zu einer Erschließungspflicht der Gemeinde kommen (vgl insbesondere BVerwGE 92, 8 = NVwZ 1993, 1102 = Buchholz 406.11 § 123 Nr 38 = DVBl 1993, 669 = DÖV 1993, 713). Da nach § 123 Abs 3 ein Anspruch auf Erschließung des Grundstücks nicht besteht und die Erschließungsvorschriften dem Allgemeininteresse, nicht dagegen den Interessen der Anlieger zu dienen bestimmt sind, haben diese grds auch keinen Anspruch auf eine ermessensfehlerfreie Entscheidung der Gemeinde hinsichtlich der Erschließung ihrer Grundstücke (BVerwG, Buchholz 406.11 § 123 Nr 16 = BRS 37, 18).

8 Abs 4 überlässt es dem **Landesrecht**, die Unterhaltung der Erschließungsanlagen zu regeln. Dies gilt indes nur soweit, als nicht sonstiges Bundesrecht entgegensteht (zB betreffend Ortsdurchfahrten an Bundesstraßen, § 5 FStrG).

§ 124 Erschließungsvertrag

(1) Die Gemeinde kann die Erschließung durch Vertrag auf einen Dritten übertragen.
(2) Gegenstand des Erschließungsvertrags können nach Bundes- oder nach Landesrecht beitragsfähige sowie nicht beitragsfähige Erschließungsanlagen in einem bestimmten Erschließungsgebiet in der Gemeinde sein. Der Dritte kann sich gegenüber der Gemeinde verpflichten, die Erschließungskosten ganz oder teilweise zu tragen; dies gilt unabhängig davon, ob die Erschließungsanlagen nach Bundes- oder Landesrecht beitragsfähig sind. § 129 Abs. 1 Satz 3 ist nicht anzuwenden.
(3) Die vertraglich vereinbarten Leistungen müssen den gesamten Umständen nach angemessen sein und in sachlichem Zusammenhang mit der Erschließung stehen. Hat die Gemeinde einen Bebauungsplan im Sinne des § 30 Abs. 1 erlassen und lehnt sie das zumutbare Angebot eines Dritten ab, die im Bebauungsplan vorgesehene Erschließung vorzunehmen, ist sie verpflichtet, die Erschließung selbst durchzuführen.
(4) Der Erschließungsvertrag bedarf der Schriftform, soweit nicht durch Rechtsvorschriften eine andere Form vorgeschrieben ist.

1 Die frühere Regelung des § 124 BBauG ist mit Inkrafttreten des Baugesetzbuches ersatzlos entfallen.
2 § 124 Abs 1 ermächtigt die Gemeinden, die Erschließung **durch Vertrag** auf einen **Dritten** („Erschließungsunternehmer") zu übertragen (zur Frage, ob Erschließungseigengesellschaften Dritter iSd § 124 BauGB sein können vgl Driehaus, BauR 1999, 862). Es handelt sich hierbei nicht um Verträge (Werkverträge nach § 631 BGB), mit denen die Gemeinde die Erschließungsarbeiten gegen Entgelt einer Baufirma überträgt, wie es die Regel darstellt, wenn die Gemeinde die Erschließung in eigener Regie durchführt. Durch einen Erschließungsvertrag iSd Abs 1 verpflichtet sich vielmehr ein Dritter (zB ein einzelner Grundeigentümer, ein Wohnungsbauun-

Erschließungsvertrag **§ 124**

ternehmen, das ein größeres Bauvorhaben errichtet), die Erschließung eines bestimmten begrenzten Gebietes in eigener Verantwortung und auf eigene Rechnung durchzuführen. Dabei handelt es sich um **öffentlich-rechtliche Verträge** (BVerwGE 32, 37 = NJW 1969, 2162 = DVBl 1969, 699 = DÖV 1969, 863 = BauR 1970, 234 = ZMR 1969, 367 sowie BGH, NJW 1970, 2107 = DVBl 1971, 395 = DÖV 1970, 870; zum städtebaulichen Vertrag und Erschließungsvertrag vgl Birk, BauR 1999, 205). Die fertig gestellten Erschließungsanlagen werden anschließend von der Gemeinde übernommen und der öffentlichen Nutzung gewidmet. Mit dem Vertrag kann die Gemeinde nicht die Erschließungslast als öffentlich-rechtliche Aufgabe übertragen; sie bleibt bis zur ordnungsgemäßen Durchführung der Erschließungsmaßnahmen erschließungspflichtig, was insbesondere dann Auswirkungen hat, wenn der Erschließungsunternehmer seinen Verpflichtungen nicht nachkommt (zum Billigkeitserlass – § 135 Abs 5 –, wenn es zu einer Zahlungspflicht sowohl an den Unternehmer wie auch an die Gemeinde kommt vgl BVerwG, Buchholz 406.11 § 135 Nr 7 = DVBl 1976, 306 = DÖV 1975, 717 = BRS 37, 388 = ZMR 1977, 116). Auch die Befugnis zur Erhebung von Erschließungsbeiträgen kann nicht auf den Dritten übertragen werden. Hat der Dritte die von ihm vertraglich übernommenen Erschließungsarbeiten auf eigene Rechnung durchgeführt, so kann die Gemeinde, da ihr kein Aufwand entsteht, auch keinen Erschließungsbeitrag erheben. Eine andere Sachlage ist gegeben, wenn der Dritte die von ihm hergestellten Anlagen gegen Entgelt auf die Gemeinde überträgt. Soweit der Gemeinde ggf für Anlagen iSd § 127 Abs 2 Übernahmekosten entstehen, sind diese beitragsfähiger Aufwand gem § 128 Abs 1 Nr 3. In der Regel deckt ein Unternehmer, zB ein Wohnungsbauunternehmen, das auf eigenem Grundbesitz Wohnbauten errichtet, die ihm entstehenden Erschließungskosten durch anteilige Aufschläge auf den späteren Veräußerungspreis. Der Unternehmer kann aber von den übrigen Eigentümern, deren Grundstücke miterschlossen werden (Fremdanlieger), keine Beteiligung an den Erschließungskosten verlangen (BGHZ 61, 359 = NJW 1974, 96). Auch die Gemeinde ist dazu nicht befugt (zur Fremdanliegerproblematik beim Erschließungsvertrag vgl Dombert, BauR 1999, 588). Zulässig ist jedoch eine privatrechtliche Vereinbarung zwischen Unternehmer und Gemeinde, derzufolge die Gemeinde bei **Übernahme der Anlagen** dem Unternehmer die anteilig auf die übrigen Eigentümer entfallenden Kosten erstattet. In Höhe dieses Aufwandes kann die Gemeinde von den übrigen Eigentümern Erschließungsbeiträge erheben. Schließt die Gemeinde einen Erschließungsvertrag ab, so hat sie die in § 129 Abs 1 Satz 3 vorgeschriebene Selbstbeteiligung in Höhe von mindestens 10 vom Hundert des Erschließungsaufwandes seit dem 01.05.1993 nicht mehr zu übernehmen (vgl § 124 Abs 2 Satz 3). Vielmehr kann sich der Dritte gegenüber der Gemeinde verpflichten, die Erschließungskosten ganz oder teilweise zu tragen (§ 124 Abs 2 Satz 2). Das gilt auch für nach Landesrecht beitragsfähige Erschließungsanlagen. Der Erschließungsvertrag kann sich auch auf nicht beitragsfähige Erschließungsanlagen beziehen. Zur Frage, inwieweit die Gemeinde einen eigenen Anteil an den Erschließungskosten über Erschließungsbeiträge abwälzen kann vgl Driehaus, Erschließungs- und Ausbaubeiträge, 6. Aufl 2001, § 6 Rn 35.).

Kommt der Unternehmer seinen vertraglichen Verpflichtungen nicht nach (für den Fall der Zahlungsunfähigkeit vgl VGH Mannheim, BWGZ 1999, 600), können der Gemeinde **Schadensersatzansprüche** zustehen. Auch ein Rücktritt vom Vertrag

3

§ 124 Erstes Kapitel. Sechster Teil. Erster Abschnitt

kommt in Betracht. Für Streitigkeiten aus den Erschließungsverträgen sind die Verwaltungsgerichte zuständig (§ 40 VwGO; vgl OVG Münster, NVwZ 1998, 974 und OVG Weimar, NJW 2002, 386 = ThürVBl 2002, 113 = BauR 2002, 757).

4 Ein Erschließungsvertrag, der ohne Vorliegen eines Bebauungsplans und ohne die Zustimmung der höheren Verwaltungsbehörde zur Herstellung der Anbaustraße geschlossen wird, kann dennoch gültig sein (BVerwG 101, 12 = NVwZ 1996, 794 = Buchholz 406.11 § 124 Nr 5 = DVBl 1996, 1097 auch zur Gestaltung des Erschließungsvertrages bei Vorhandensein von sog Fremdanliegern; im Einzelnen vgl auch OVG Saarlouis, NVwZ-RR 1995, 222 = KStZ 1995, 216 und Dombert, BauR 1999, 588).

5 Keine Erschließungsverträge sind die sog **Folgekostenverträge**, auch **Folgelastenverträge** genannt (zum sog Vorfinanzierungsvertrag als Erschließungsvertrag mit modifizierter Kostenabrede vgl Driehaus, Erschließungs- und Ausbaubeiträge, 6. Aufl 2001, § 6 Rn 7), in denen sich Unternehmer oder Bauwillige verpflichten, bestimmte Folgekosten zu übernehmen, die nicht durch die Erschließung im weiteren Sinne entstehen, zB durch einen Kindergarten, ein öffentliches Schwimmbad, ein Krankenhaus. Die Gemeinde ihrerseits verpflichtet sich, die planungsrechtlichen Voraussetzungen für die Genehmigung des Bauvorhabens zu schaffen. Solche (öffentlich-rechtlichen) Verträge sind zulässig, soweit die Folgekosten erfahrungsgemäß mit der Verwirklichung der Bauabsicht des Bauwilligen in adäquatem Zusammenhang stehen. Aus dem Vertrag muss hervorgehen, um welche Folgekosten es sich handelt. Schließlich ist das Verbot des Übermaßes von Bedeutung. Die Folgekosten müssen bei wirtschaftlicher Betrachtung in angemessenem Verhältnis zum Wert des Vorhabens stehen und dürfen zu keiner unzumutbaren Belastung des zur Zahlung Verpflichteten oder dessen führen, an den die Kosten später (zB bei Verkauf des Grundstücks) weitergegeben werden (zur Zulässigkeit von Folgekostenverträgen vgl BVerwGE 42, 331 = NJW 1973, 1895 = VerwRspr 26, 43 = DVBl 1973, 800 = DÖV 1973, 709 = KStZ 1973, 214 = BauR 1973, 285 und Birk, BauR 1999, 205; vgl auch § 11 Abs 1 Nr 3 BauGB und Driehaus, Erschließungs- und Ausbaubeiträge, 6. Aufl 2001, § 6 Rn 8; zum Vertrag nach § 7 Abs 1 Satz 1 Nr 2 BauGBMaßnahmenG, dessen Inhalt die Erschließung eines konkret beabsichtigten Vorhabens ist vgl Birk, NVwZ 1995, 625, 227; zu den verschiedenen Vertragstypen iR der Erschließung von Bauland Döring, NVwZ 1994, 852 und Leisner, NVwZ 1993, 935). Gemäß dem seit 01.05.1993 geltenden § 124 Abs 3 müssen die vertraglichen Leistungen den gesamten Umständen nach angemessen sein und in sachlichem Zusammenhang mit der Erschließung stehen.

6 Zu beachten ist, dass die **planungsrechtliche Gestaltungsfreiheit** der Gemeinde nicht unter dem Einfluss solcher Verträge fehlerhaft wird. Es darf kein Missbrauch rechtlicher oder fachlicher Überlegenheit eines Vertragspartners vorliegen (BVerwGE 42, 331 = VerwRspr 26, 43 = NJW 1973, 1895 = DVBl 1973, 800 = DÖV 1973, 709 = KStZ 1973, 214 = BauR 1973, 285; BGH, NJW 1975, 1019). Aus den Verhandlungen der Gemeinde mit einem Bauwilligen über den Abschluss eines Folgelastenvertrages können sich Pflichten der Gemeinde ergeben, deren Verletzung zur Haftung nach den Grundsätzen des Verschuldens bei Vertragsschluss führt. Das ist zB der Fall, wenn die Gemeinde gegenüber dem Verhandlungspartner unrichtige, seine Vermögensdispositionen nachhaltig beeinflussende Angaben über den Stand der Bauleitplanung macht, oder ihm Tatsachen verschweigt, deren

Kenntnis ihn veranlasst hätte, sich vom Folgelastenvertrag früher als dann geschehen zu lösen (BGHZ 71, 386 = NJW 1978, 1802 = BauR 1978, 368). Auch Schadensersatzansprüche der Gemeinde gegen den Unternehmer wegen Vertragsverletzungen sind denkbar, ebenso eine Schadensersatzpflicht der Gemeinde wegen der Verweigerung des Abschlusses eines Erschließungsvertrages (vgl BGH, NVwZ-RR 1989, 600 = VersR 1990, 422).

Ein nach Inkrafttreten des Bundesbaugesetzes abgeschlossener Erschließungsvertrag, der ua eine Verpflichtung zur Veräußerung oder zum Erwerb eines Grundstücks enthält, bedarf der **notariellen Beurkundung** (BVerwGE 70, 247 = Buchholz 406.11 § 129 Nr 19 = NVwZ 1985, 346 = DVBl 1985, 297 = BauR 1985, 675 = ZMR 1985, 139). Im Übrigen bedarf der Erschließungsvertrag gem § 124 Abs 4 grds der Schriftform (zum Rechtsweg für Streitigkeiten aus einem Erschließungsvertrag vgl OLG Naumburg, Urteil v 28.10.1999 – 11 137/99).

Häufig verpflichtet sich der Unternehmer im Erschließungsvertrag auch zur **Herstellung der Wasserversorgungs- und der Abwasserbeseitigungsanlagen**. Vom Begriff Erschließungsvertrag ist dann nicht nur (ieS) die Herstellung von Erschließungsanlagen iSd § 127 Abs 2 erfasst. In diesen Fällen sind die entsprechenden landesrechtlichen Vorschriften und Gemeindesatzungen zu beachten (zum Erschließungsvertrag vgl auch Quaas, BauR 1999, 1113).

Nach § 242 Abs 8 BauGB ist § 124 Abs 2 auch auf Kostenvereinbarungen in Erschließungsverträgen anzuwenden, die vor dem 31.05.1993 geschlossen worden sind. Auf diese Verträge ist § 129 Abs 1 Satz 3 weiterhin anzuwenden. Gegen diese Rückwirkungsregelung bestehen keine verfassungsrechtlichen Bedenken (BVerwG, NJW 1997, 3257 = Buchholz 310 § 43 VwGO Nr 128 = DVBl 1998, 49; im Einzelnen vgl zur Übergangsregelung Driehaus, 6. Aufl2001 § 6 Rn 32 ff).

Anhang

▶ **Muster**
Erschließungsvertrag (§ 124 BauGB)

Vorbemerkung: Die Darstellung beschränkt sich zum Teil auf die Nennung der zu regelnden Verhältnisse; Muster zur Ausformulierung finden sich in: Handbuch Städtebauliche Verträge, Nomos Verlag 1999; Kohlhammer Kommentar, Anhang zu § 124 BauGB; Johlen im Münchner Vertragshandbuch (Band 2 Teil 7); Vorschläge der kommunalen Spitzenverbände, BWGZ 1994, S. 200.

Zwischen der

Stadt A

– im Folgenden Stadt genannt –

und

der Fa. B

– im Folgenden Erschließungsträger genannt –

wird folgender Erschließungsvertrag geschlossen:

§ 1
Übertragung der Erschließung

Die Gemeinde überträgt die Erschließung in dem Vertragsgebiet, das in dem Lageplan (Anlage 1) gekennzeichnet ist, dem Erschließungsträger. Der Erschließungsträger verpflichtet sich zur Durchführung der Erschließungsmaßnahmen nach diesem Vertrag und der ihm in diesem Vertrag auferlegten sonstigen Leistungen im eigenen Namen und auf eigene Rechnung. Die Kosten des Erschließungsträgers umfassen die Planung, Vermessung und Herstellung der Erschließungsanlagen sowie den erforderlichen Grunderwerb.

§ 2
Bindung an Bebauungsplan

Bei der Durchführung der Erschließung ist der rechtsverbindliche BPl der Stadt A für das Gebiet ... vom ... einzuhalten. Eine Änderung des BPls führt nicht zur Änderung dieses Vertrages.

§ 3
Umfang der herzustellenden Erschließungs-, Abwasser-, Versorgungs- und sonstigen Anlagen [...]

§ 4
Wasserversorgung

(1) Der Erschließungsträger verpflichtet sich, die zur Versorgung des Baugebiets mit Wasser erforderlichen Anlagen, wie sie in dem Leitungsplan (Anlage 11) dargestellt sind, herzustellen. Die Herstellung richtet sich im Einzelnen nach den Ausbauplänen (Anlage 13–15).

(2) Der Erschließungsträger verpflichtet sich, die zur Beseitigung des im Baugebiet anfallenden Abwassers erforderlichen Anlagen, wie sie im Entwässerungsplan (Anlage 16) dargestellt sind, herzustellen. Die Herstellung richtet sich im Einzelnen nach den Ausbauplänen (Anlagen 17–19).

§ 5
Ingenieurleistungen

(1) Mit der Ausführungsplanung, Ausschreibung und Vergabe, Bauleitung, örtlichen Bauüberwachung und Objektbetreuung beauftragt der Erschließungsträger einen leistungsfähigen und geeigneten Ingenieur. Die Auswahl des Ingenieurs und der Abschluss des Ingenieurvertrages bedarf der Zustimmung der Gemeinde.

(2) Die vom Ingenieurbüro zu erarbeitenden Ausführungspläne für die Erschließungsmaßnahmen bedürfen, soweit sie nicht bereits Bestandteil dieses Vertrages sind, vor Ausführung derselben der schriftlichen Zustimmung der Stadt.

§ 6
Ausschreibung und Vergabe
[...]

§ 7
Baubeginn

(1) Der Erschließungsträger hat die erforderlichen behördlichen Genehmigungen und Zustimmungen vor Baubeginn einzuholen und der Gemeinde vorzulegen.

(2) Der Baubeginn bedarf schriftlicher Zustimmung der Gemeinde und ist dieser mindestens einen Monat vorher schriftlich anzuzeigen.

§ 8
Baudurchführung

Der Erschließungsträger hat durch Abstimmung mit dem Versorgungsträger und den sonstigen Leistungsträgern sicherzustellen, dass die Versorgungseinrichtungen für das Erschließungsgebiet so rechtzeitig in die Verkehrsflächen verlegt werden, dass die zügige Fertigstellung nicht behindert und ein Aufbruch fertig gestellter Anlagen möglichst nicht erforderlich wird. Das Gleiche gilt für die Haus- bzw. Grundstücksanschlüsse für Wasserversorgung und Abwasserbeseitigung.

§ 9
Haftung und Verkehrssicherung [...]

§ 10
Fertigstellung der Anlagen

(1) Die Erschließungsanlagen (§ 3) müssen zeitlich entsprechend den Erfordernissen der Bebauung hergestellt, bis zur Fertigstellung der Gebäude auf den zu erschließenden Grundstücken benutzbar und 6 Monate nach Fertigstellung des letzten Gebäudes innerhalb des Vertragsgebietes, spätestens jedoch ... endgültig hergestellt sein.

(2) Erfüllt der Erschließungsträger seine Verpflichtung nicht oder nur fehlerhaft, so ist die Gemeinde berechtigt, ihm schriftlich eine angemessene Frist für die Ausführung der Arbeiten zu setzen. Erfüllt der Erschließungsträger bis zum Ablauf der Frist die vertraglichen Verpflichtungen nicht, so kann die Gemeinde die Arbeiten auf Kosten der Erschließungsträgers ausführen lassen.

§ 11
Sicherheitsleistung [...]

§ 12
Abnahme

(1) Nach Fertigstellung der Erschließungsanlagen sind diese von der Gemeinde und dem Erschließungsträger gemeinsam abzunehmen. Der Erschließungsträger zeigt der Gemeinde die vertragsgemäße Fertigstellung schriftlich an.

(2) Mit der Anzeige hat der Erschließungsträger:

a) die ausgebauten Erschließungsanlagen durch eine Nachvermessung daraufhin zu überprüfen, ob die tatsächlichen Ausbaugrenzen mit dem Katasterbestand übereinstimmen. Abweichungen wird der Erschließungsträger unverzüglich im Kataster und Grundbuch regulieren lassen. Die von einem öffentlich bestellten Vermessungsingenieur im Maßstab 1:250 aufgenommenen Bestandspläne wird der Erschließungsträger der Gemeinde übergeben;

b) Bestandspläne für die Wasserversorgungs- und Abwasserbeseitigungsanlagen einschließlich der Nachweise über die Schadensfreiheit der Gemeinde zu übergeben.

§ 13
Gewährleistung

(1) Der Erschließungsträger übernimmt die Gewähr, dass seine Leistung im Zeitpunkt der Abnahme durch die Gemeinde die vertraglich vereinbarten Eigenschaften hat, den anerkannten Regeln der Technik und Baukunst entspricht und nicht mit Fehlern behaftet ist, die den Wert oder die Tauglichkeit zu dem nach dem Vertrag vorausgesetzten Zweck aufheben oder mindern.

(2) Die Frist für die Gewährleistung beträgt 5 Jahre. Sei beginnt mit der Abnahme der einzelnen mängelfreien Erschließungsanlagen durch die Gemeinde.

(3) Der Erschließungsträger ist verpflichtet, alle während der Gewährleistungsfrist auftretenden Mängel auf seine Kosten zu beseitigen, wenn es die Gemeinde vor Ablauf der Frist verlangt. Der Anspruch auf Beseitigung der gerügten Mängel verjährt nach 5 Jahren gerechnet vom Zugang des schriftlichen Verlangens an. Nach Abnahme der Mängelbeseitigung beginnt für diese Leistungen eine neue Gewährleistung von 5 Jahren.

(4) Kommt der Erschließungsträger der Aufforderung zur Mängelbeseitigung in einer von der Gemeinde gesetzten angemessenen Frist nicht nach kann diese die Mängel auf Kosten des Erschließungsträgers beseitigen lassen.

(5) Nach Abnahme einer Erschließungsanlage hat der Erschließungsträger der Gemeinde für die Dauer der Gewährleistungsfrist eine unwiderrufliche selbstschuldnerische Gewährleistungsbürgschaft in Höhe von ... EUR (5% der Baukosten) der ... Bank (öffentliche Sparkasse) vorzulegen. Nach deren Eingang wird die verbliebene Vertragserfüllungsbürgschaft (§ 10) freigegeben.

§ 14
Übereignung der Erschließungsflächen

(1) Der Erschließungsträger wird die Erschließungsflächen nach deren mängelfreier Abnahme unentgeltlich, kosten- und lastenfrei an die Gemeinde übereignen. Der Erschließungsträger hat die Flächen vorher vermessen zu lassen.

(2) Wasserversorgungsanlage und Anlagen zur Abwasserbeseitigung, die Bestandteile der entsprechenden öffentlichen Einrichtungen sind und nicht innerhalb der Flächen von Verkehrsanlagen verlegt werden, sind vom Erschließungsträger kostenfrei durch Grunddienstbarkeiten zugunsten der Gemeinde zu sichern.

(3) Auf Verlangen der Gemeinde ist zur Sicherung dieser Ansprüche eine Vormerkung einzutragen.

[Zur Wirksamkeit bedarf der Vertrag der notariellen Beurkundung, § 311 b, BGB (BVerwGE 70, 247; BGHZ 58, 386)]

§ 15
Übernahme der Erschließungsanlagen und Widmung [...]

§ 16
Erschließungs- und Beiträge für die Wasserversorgung bzw. Abwasserbeseitigung

(1) Die Gemeinde wird, wenn der Erschließungsträger den Erschließungsvertrag ordnungsgemäß erfüllt, die Eigentümer der Grundstücke im Vertragsgebiet nicht zur Zahlung von Erschließungsbeiträgen für die vom Erschließungsträger hergestellten Erschließungsanlagen heranziehen.

(2) Die Herstellung der Wasserversorgungs- und Abwasserbeseitigungsanlagen nach diesem Vertrag durch den Erschließungsträger auf dessen Kosten lässt die Beitragspflicht für die Wasserversorgungs- und Abwasserbeseitigungsanlagen unberührt. Zur Vermeidung einer unangemessenen Kostenbelastung wird die Gemeinde für die Grundstücke im Vertragsgebiet nur ... (50%) des Beitrages für diese Einrichtungen erheben.

Alternative zu Abs 2 Satz 2

Um eine unangemessene Kostenbelastung des Erschließungsträgers zu vermeiden, beteiligt sich die Gemeinde an den Kosten der vom Erschließungsträger hergestellten Wasserversorgungsanlagen (Abwasserbeseitigungsanlagen) in Höhe, in der nach der Übernahme dieser Anlagen durch die Gemeinde für die Grundstücke im Vertragsgebiet ein Wasserversorgungsbeitrag (Kanalbaubeitrag, Kanalschlussbeitrag) entsteht. Die Kostenbeteiligung wird mit dem Wasserversorgungsbeitrag (Kanalbaubeitrag, Kanalanschlussbeitrag) verrechnet, sobald der Beitrag fällig ist.

[Wegen der Beitragserhebungspflicht im Einzelfall zu prüfen]

§ 17
Schlussbestimmungen [...]

Anmerkung:

Es fehlt an einer Kostenregelung für so genannte Fremdanlegergrundstücke (BVerwGE 101, 12 (22)). ◄

§ 125 Bindung an den Bebauungsplan

(1) Die Herstellung der Erschließungsanlagen im Sinne des § 127 Abs. 2 setzt einen Bebauungsplan voraus.

(2) Liegt ein Bebauungsplan nicht vor, so dürfen diese Anlagen nur hergestellt werden, wenn sie den in § 1 Abs. 4 bis 7 bezeichneten Anforderungen entsprechen.

(3) Die Rechtmäßigkeit der Herstellung von Erschließungsanlagen wird durch Abweichungen von den Festsetzungen des Bebauungsplans nicht berührt, wenn die Abweichungen mit den Grundzügen der Planung vereinbar sind und
1. die Erschließungsanlagen hinter den Festsetzungen zurückbleiben oder
2. die Erschließungsbeitragspflichtigen nicht mehr als bei einer plangemäßen Herstellung belastet werden und die Abweichungen die Nutzung der betroffenen Grundstücke nicht wesentlich beeinträchtigen.

Die Vorschrift trägt der vorrangigen **materiellen Ordnungsfunktion des Bebauungsplans** Rechnung, dem die verbindliche Festsetzung der Verkehrs- (§ 9 Abs 1 Nr 11) und Grünflächen (§ 9 Abs 1 Nr 15) vorbehalten ist. Sie soll verhindern, dass die Herstellung der Erschließungsanlagen ohne Bebauungsplan zu einer Umgehung der Bauleitplanung führt und sich negativ auf die Ordnung der baulichen Entwicklung auswirkt. Zugleich wird eine **Kongruenz von Bauleitplanung und Erschließung** hergestellt. Die in Abs 1 angeordnete Bindung erstreckt sich nunmehr (im Gegensatz zur früheren Regelung im Bundesbaugesetz) zunächst auf sämtliche in § 127 Abs 2 aufgeführten (beitragsfähigen) Erschließungsanlagen, deren Herstellung das Vorliegen eines Bebauungsplans erfordert. Erforderlich ist, dass ein wirksamer Bebauungsplan bereits vorliegt („setzt einen Bebauungsplan voraus"). Daher reicht der bloße Beschluss, einen Bebauungsplan aufzustellen, oder ein Planentwurf – wie bereits unter der früheren Rechtslage (vgl BVerwGE 35, 222 = BRS 37, 336 = ZMR 1970, 381) – nicht aus (zur **Inzidentprüfung des Bebauungsplans** im Beitragsverfahren vgl einerseits VGH München, NVwZ 1990, 793, andererseits

1

OVG Münster, NVwZ 1990, 794 sowie Uechtritz, NVwZ 1990, 734; sachgerecht erscheint es, die Inzidentprüfung auf sich aufdrängende Fehler zu beschränken). Privilegierte Fachplanungen gem § 38 schließen abweichende Festsetzungen in nachfolgenden Bebauungsplänen aus, letztere vermögen auch durch ihre Genehmigung keine Zustimmung iSv § 125 Abs 2 Satz 1 BauGB zu begründen, die die Straßenherstellung rechtmäßig macht (BVerwGE 81, 111 = NVwZ 1989, 655 und BVerwG, NVwZ 1998, 290 = DVBl 1998, 46 = KStZ 1998, 34).

Die Vorschrift des § 125 erfasst darüber hinaus sämtliche - und somit auch die nicht beitragsfähigen − Erschließungsanlagen, was sich ohne weiteres aus dem Rechtssatzcharakter des Bebauungsplans ergibt (vgl BVerwGE 72, 143 = Buchholz 406.11 § 127 Nr 47 = NVwZ 1986, 130 = DVBl 1986, 347 = KStZ 1986, 11 = BauR 1986, 80 = ZMR 1986, 25). Auf das (Landes-)Straßenbeitragsrecht findet § 125 Abs 1 keine Anwendung, die Vorschrift bezieht sich lediglich auf die erstmalige Herstellung der in § 127 Abs 2 aufgeführten Erschließungsanlagen. § 125 Abs 1 Satz 2 BBauG, der ohnehin keine selbstständige Regelung beinhaltete (BVerwGE 72, 143 = Buchholz 406.11 § 127 Nr 47 = NVwZ 1986, 130 = DVBl 1986, 347 = KStZ 1986, 11 = BauR 1986, 80 = ZMR 1986, 25), hat im Baugesetzbuch keine Aufnahme gefunden (zum erschließungs-rechtlichen Planerfordernis nach § 125 für **Böschungen und Stützmauern**, die Bestandteil einer Straße sind vgl OVG Münster, NVwZ-RR 1991, 395).

Der durch die Novelle 1979 eingefügte Abs 1a des § 125 ist mit etwas geändertem Regelungsinhalt zu Abs 3 geworden, während § 125 Abs 2 – wie zuvor – die Herstellung von Erschließungsanlagen ohne das Vorliegen eines Bebauungsplans regelt. Die beiden dort vorgesehenen **Ausnahmen von der Bindung an den Bebauungsplan** tragen praktischen Bedürfnissen Rechnung.

2 Die **erste Ausnahme** sah in § 125 Abs 1 Satz 1 die Herstellung der Erschließungsanlage mit Zustimmung der höheren Verwaltungsbehörde (zB Regierungspräsident) vor. Diese Regelung ist seit 01.01.1998 durch Änderung des § 125 Abs 2 entfallen, gilt aber dann noch, wenn die Zustimmung der höheren Verwaltungsbehörde bis zum 31.12.1997 erteilt worden ist. Für diese Fälle gilt folgendes: Hiervon erfasst werden vor allem Bauvorhaben während der Dauer eines nicht abgeschlossenen Bebauungsplanverfahrens, aber auch Fälle, in denen der Bebauungsplan keine Festsetzungen über die Herstellung der Erschließungsanlagen (§ 125 Abs 1) enthält. Von ebenso großer Bedeutung für die Gemeinden ist auch, dass von der Regelung die Fälle erfasst werden, in denen der Bebauungsplan von den VG, insbesondere im Verfahren nach § 47 VwGO, für unwirksam erklärt worden ist. Geschieht dies erst iR eines laufenden Heranziehungsverfahrens bzw schwebenden Abgabenprozesses, also nach Herstellung der Erschließungsanlage, so kann die Zustimmung der höheren Verwaltungsbehörde auch noch nachträglich erteilt werden (BVerwGE 41, 72 = Buchholz 406.11 § 132 Nr 12 = VerwRspr 25, 201 = DVBl 1973, 500 = DÖV 1973, 351 = KStZ 1973, 119 = BauR 1973, 185 = ZMR 1973, 180). Sie bewirkt, dass ein bereits erlassener, mangels Vorliegens der Voraussetzungen des § 125 rechtswidriger Erschließungsbeitrag rechtmäßig wird (BVerwG, Buchholz 406.11 § 125 Nr 15 = DÖV 1982, 327 = BRS 43, 22 und BVerwG, Buchholz 406.11 § 130 Nr 26 = DVBl 1983, 135 = DÖV 1983, 469 = KStZ 1983, 95 = BauR 1983, 359). Dabei ist entscheidend, dass die Zustimmung im Zeitpunkt der letzten mündlichen Verhandlung der letzten Tatsacheninstanz vorliegt (BVerwGE 64, 218

= Buchholz 406.11, § 132 Nr 35 = NVwZ 1982, 375 = DVBl 1982, 544 = BauR 1982, 461). „Vorliegen" kann sie frühestens mit Wirksamwerden der Zustimmungserklärung, dh mit der Bekanntgabe an die Gemeinde (vgl BVerwG, Buchholz 406.11 § 130 Nr 26 = DVBl 1983, 135 = DÖV 1983, 469 = KStZ 1983, 95). Dabei ersetzt die Zustimmung der höheren Verwaltungsbehörde lediglich das erschließungsbeitragsrechtliche Planerfordernis (§ 125 Abs 1). Sie kann daher keine unter Verstoß gegen planungsrechtliche Bindungen erfolgte Herstellung einer Erschließungsanlage sanktionieren (BVerwG, Buchholz 406.11 § 125 Nr 20, 23 = NVwZ 1986, 647 = DVBl 1986, 771 = DÖV 1986, 878 = KStZ 1986, 132 = ZMR 1986, 213). Auch entsteht grds keine Erschließungsbeitragspflicht, wenn die hergestellte Erschließungsanlage von der für ihre Herstellung erforderlichen Zustimmung der höheren Verwaltungsbehörde abweicht. Weicht allerdings der tatsächliche Ausbau einer Anbaustraße bei Nichtvorliegen eines Bebauungsplans von dem der Zustimmung der höheren Verwaltungsbehörde zugrunde liegenden Ausbauplan ab, so richtet sich die Rechtmäßigkeit der Herstellung nach § 125 Abs 3 (BVerwG, NVwZ-RR 1998, 64 = DVBl 1998, 47 = ZMR 1997, 615). Die in § 125 Abs 2 Satz 3 enthaltene Bezugnahme auf § 1 Abs 4-6 bedeutet, dass bei der Entscheidung über die Erteilung einer erforderlichen Zustimmung die Prüfung vorzunehmen ist, die vorzunehmen wäre, wenn die den Gegenstand des Zustimmungsbegehrens bildende Anlage so in einem Bebauungsplan festgesetzt wurde (BVerwG, Buchholz 406.11 § 125 Nr 28 = NVwZ 1991, 76 = DVBl 1990, 140 = KStZ 1990, 179 L = HSGZ 1990, 388 = ZMR 1990, 352 = ZKF 1990, 232; BVerwG, NVwZ 1993, 1198 = Buchholz 406.11 § 125 BBauG/BauGB Nr 30 = ZMR 1993, 83 = KStZ 1993, 72). Nach der Rechtsprechung des Bundesverwaltungsgerichts kann bei einem nichtigen Bebauungsplan die aufsichtsbehördliche Genehmigung der höheren Verwaltungsbehörde in eine Zustimmung zur Herstellung der Erschließungsanlage iSd § 125 Abs 2 umgedeutet werden (BVerwGE 62, 300 = Buchholz 406.11 § 131 Nr 39 = NVwZ 1982, 244 = DVBl 1982, 72 = BauR 1982, 157; vgl zu einem Fall, in dem die Herstellung einer Sackgasse verweigert wurde, weil die Gemeinde auf die Herstellung einer Wendeanlage verzichtet hatte, BVerwG, Buchholz 406.11 § 125 Nr 28 = NVwZ 1991, 76 = DVBl 1990, 1403 = HSGZ 1990, 388 = KStZ 1990, 179 L = ZMR 1990, 352 = ZKF 1990, 232; s auch OVG Münster, NVwZ-RR 1991, 395). Nicht ausreichend ist es indes, wenn die für die Zustimmung zuständige höhere Verwaltungsbehörde als Baugenehmigungsbehörde die Genehmigung für den Bau der Erschließungsanlage erteilt hat (vgl zur Umdeutung auch OVG Münster, NVwZ-RR 1991, 395; zur Wirksamkeit eines Erschließungsvertrags, wenn im Zeitpunkt des Vertragsschlusses sowohl Bebauungsplan wie die Zustimmung fehlen s BVerwGE 101, 12 = NVwZ 1996, 794 = DVBl 1996, 1057 = KStZ 1997, 214). Die Rechtmäßigkeit einer Vorausleistungserhebung hängt sowohl nach der Genehmigungs- wie nach der Herstellungsalternative nicht von der Erfüllung der Anforderungen des § 125 ab (BVerwGE 97, 62 = NVwZ 1995, 1209 = DVBl 1995, 63 = DÖV 1995, 410 und BVerwG, NVwZ 1996, 798 = DVBl 1996, 381 = ZMR 1996, 342 = KStZ 1997, 11). Ein Bebauungsplan kann wegen Verletzung des Abwägungsgebots unwirksam sein, wenn er eine funktional sinnlose Ausbuchtung einer Straße vorsieht mit dem Ziel, einen (schon erschlossenen) Anlieger doppelt zu Erschließungsbeiträgen heranzuziehen (OVG Münster, NVwZ 1990, 894).

Die Zustimmung selbst ist ein VA mit dem Inhalt, dass die Erschließungsanlage den in § 1 Abs 1-6 aufgestellten Anforderungen entspricht. Umgekehrt darf die Zustimmung nur verweigert werden, wenn ihre Herstellung diesen Anforderungen widerspricht. In diesem Rahmen besteht daher ein Rechtsanspruch auf Erteilung der Zustimmung. Gegen eine zu Unrecht erteilte Zustimmung kann demgegenüber der Anlieger Anfechtungsklage (vgl § 42 VwGO) erheben. Der Widerspruch gegen eine Zustimmung iSd § 125 Abs 2 Satz 1 hat gem § 80 Abs 1 VwGO aufschiebende Wirkung. Wird der Widerspruch nach der technischen Herstellung der Erschließungsanlage eingelegt, lässt er die eingetretene erschließungsrechtliche Rechtmäßigkeit der Herstellung unberührt (BVerwG, Buchholz 406.11 § 125 Nr 19 = NJW 1986, 1122 = DVBl 1986, 345 = DÖV 1986, 380 = KStZ 1986, 72 = BauR 1985, 682 = ZMR 1986, 65 und BVerwG, Buchholz 406.11 § 125 Nr 23 = NVwZ-RR 1989, 497 = DVBl 1989, 420; zum Rechtsschutz gegen einen Zustimmungsbescheid vgl OVG Schleswig, NVwZ 1994, 916 = SchlHA 1994, 152).

3 Die **zweite Ausnahme** des Abs 2 bezog sich auf Anlagen innerhalb der im Zusammenhang bebauten Ortsteile, wenn für sie ein Bebauungsplan nicht aufgestellt zu werden braucht. Hier galt:
In diesem Falle ist auch nicht ersatzweise die Zustimmung der höheren Verwaltungsbehörde erforderlich, wenn die Anlage, zB die Straße, in ihrem Verlauf so festgelegt ist, dass ein Bebauungsplan daran nichts ändern könnte (BVerwG, Buchholz 406.11 § 127 Nr 18 = VerwRspr 25, 566 = DÖV 1975, 573 = BauR 1974, 337 = ZMR 1974, 307). Das wird regelmäßig bei einer Straße, an die bereits beidseitig angebaut ist, der Fall sein, nicht dagegen bei nur einseitiger Bebauung in Fällen, in denen die Straße auf der anderen Seite an Außenbereichsgrundstücken entlang führt (BVerwG, Buchholz 406.11 § 125 Nr 4 = VerwRspr 25, 577 = DVBl 1974, 238 = KStZ 1974, 233 = BauR 1974, 90).
Seit 1. 1. 1998 ist nunmehr nach § 125 Abs 2 von der Gemeinde selbst zu prüfen, ob die – beitragsfähige – Erschließungsanlage den Anforderungen des § 1 Abs 4–7 entspricht. Die Prüfung kann auch noch nachgeholt werden. Ihr Ergebnis kann von Beitragspflichtigen im behördlichen und im evtl nachfolgenden Gerichtsverfahren in Frage gestellt werden und ist voll überprüfbar. Dabei kommt es nicht auf die Einhaltung eines Bebauungsplanes an (vgl zu § 125 Abs 2 Driehaus, Erschließungs- und Ausbaubeiträge, 6. Aufl 2001, § 7 Rn 24 ff).

4 Das **Entstehen sachlicher Erschließungsbeitragspflichten** setzt eine nach Maßgabe des § 125 rechtmäßige Herstellung einer beitragsfähigen Erschließungsanlage voraus (BVerwGE 97, 62 = NVwZ 1995, 1209 = Buchholz 406.11 § 133 Nr 123 = DVBl 1995, 63 = DÖV 1995, 470; zum Entstehen der sachlichen Erschließungsbeitragspflichten vgl auch Driehaus, ZMR 1999, 517). § 125 Abs 3 stellt klar, dass die Herstellung von Erschließungsanlagen auch dann rechtmäßig ist, also Erschließungsbeiträge erhoben werden können, wenn in Einzelfällen von den **planungsrechtlichen Festsetzungen** abgewichen wird. Gemäß § 242 Abs 3 ist § 125 Abs 3 auch auf Bebauungspläne anzuwenden, die vor dem 01.07.1987 in Kraft getreten sind. Zu klären ist jedoch stets, inwieweit aus der Sicht des Planers jeder Einzelheit des Festsetzungsinhalts des Bebauungsplans wesentliche Bedeutung zukommt (vgl BVerwGE 85, 66 = NVwZ 1990, 873 = DVBl 1990, 786 = DÖV 1990, 784 = ZMR 1990, 392 = Buchholz 406.11 § 125 Nr 27 und BVerwG, NVwZ 1991, 1092 = ZMR 1991, 235 – zum Festsetzungsinhalt eines übergeleiteten Bebauungsplans, der sich

auf die Festsetzung von Straßenfluchtlinien beschränkte). Der **Abweichung sind enge Grenzen** gezogen. Eine Abweichung von der Festsetzung eines Bebauungsplanes ist dann noch mit den Grundzügen der Planung iSd § 125 Abs 3 vereinbar, wenn die vom Plan angestrebte und zum Ausdruck gebrachte städtebauliche Ordnung nicht in beachtlicher Weise beeinträchtigt wird, dh, wenn angenommen werden kann, die Abweichung liege (noch) im Bereich dessen, was der Planer gewollt hat oder gewollt hätte, wenn er die weitere Entwicklung einschließlich des Grundes der Abweichung gekannt hätte (so BVerwGE 85, 66 [78] = NVwZ 1990, 873 = DVBl 1990, 786 = DÖV 1990, 784 = KStZ 1990, 159 = ZfBR 1990, 250). Die Erschließungsanlage muss räumlich hinter den Festsetzungen zurückbleiben (Nr 1, zB geringere Straßenbreite) oder die Erschließungsanlage wird in einer größeren Dimension gebaut (Nr 2). In diesem Falle dürfen die Beitragspflichtigen nicht mehr als bei einer plangemäßen Herstellung der Anlage belastet werden. Das trifft zu bei einer nur geringfügigen Erweiterung, die keine Mehrkosten verursacht, sowie bei Übernahme der Mehrbelastung durch die Gemeinde (vgl BVerwG, Buchholz 406.11 § 125 Nr 20 = NVwZ 1986, 647 = DVBl 1986, 771 = DÖV 1986, 878 = KStZ 1986, 132 = ZMR 1986, 213). Weiterhin wird vorausgesetzt, dass die Nutzung der betroffenen Grundstücke durch die Abweichung nicht wesentlich beeinträchtigt wird, zB durch Störung der Wohnruhe eines Gebietes, wenn eine als Fußgängerzone festgesetzte Verkehrsfläche (§ 9 Abs 1 Nr 11) für den Durchgangsverkehr ausgebaut wird. Andererseits kann eine wesentliche Beeinträchtigung in einer ungünstigeren Zugänglichkeit des Grundstücks durch veränderte Verkehrsführung zu sehen sein. Bei dem betroffenen Grundstück muss es sich nicht um ein von der konkret in Frage stehenden Erschließungsanlage erschlossenes oder an sie grenzendes Grundstück handeln. Auch wenn die Voraussetzungen der Nrn. 1, 2 vorliegen, darf die Abweichung die Grundzüge der Planung nicht in Frage stellen. **Unbedenklich** ist es, wenn die **Planunterschreitung** ein **geringes Ausmaß** aufweist und in keinem wesentlichen Punkt dem im Bebauungsplan zum Ausdruck kommenden Konzept einer städtebaulichen Ordnung widerspricht (vgl BVerwG, Buchholz 406.11 § 125 Nr 14 = DVBl 1982, 79 = BRS 43, 94 und BVerwGE 56, 71 = NJW 1979, 939 = DÖV 1978, 92). Der Tatbestand einer Planunterschreitung iSd 125 Abs 3 Nr 1 wird bei einer Anbaustraße nicht nur durch ein im Vergleich zur Planfestsetzung Zurückbleiben in der Breite, sondern auch durch ein Zurückbleiben in der Länge erfüllt (BVerwG 95, 176 = NVwZ 1994, 913 = DVBl 1994, 812 = ZMR 1994, 433 = KStZ 1995, 33; zum Mehrausbau, wenn die Gemeinde dessen Kosten außer Ansatz lässt s OVG Münster, NVwZ 1993, 1224 = NWVBl 1993, 421 = KStZ 1994, 194; zum Ausbau einer Erschließungsanlage sowohl planüberschreitend wie planunterschreitend OVG Münster, DVBl 1991, 1311 = DÖV 1991, 1072 = ZMR 1991, 275).

Wird die **planabweichende Herstellung** einer Anbaustraße durch § 125 Abs 3 gedeckt, ist beitragsfähige Erschließungsanlage iSd §§ 127 Abs 2 Nr 1, 133 Abs 2 Satz 1 nicht die Straße in dem im Plan festgesetzten, sondern in dem tatsächlich ausgebauten Umfang (BVerwGE 88, 53 = NVwZ 1991, 348 = DVBl 1991, 591 = ZMR 1991, 315 und BVerwG, NVwZ 1991, 1092 = ZMR 1991, 235). Daher ist eine satzungsmäßige Merkmalsregelung insoweit unwirksam, als sie bei planunterschreitendem durch § 125 Abs 3 gedecktem Ausbau einer Anbaustraße deren endgültige Herstellung vom Erwerb des Eigentums selbst an einer Fläche abhängig

macht, die zwar im Bebauungsplan als Straßenfläche ausgewiesen ist, aber nicht zur Erschließungsanlage gehört (BVerwG, DVBl 1991, 591 = StädteT 1991, 43 = ZfBR 1991, 173 = ZMR 1991, 315).

Nicht anwendbar ist § 125 Abs 3 auf Fälle, in denen die Herstellung der Erschließungsanlage abweichend von der von der Zustimmung der höheren Verwaltungsbehörde gedeckten Ausführungsart erfolgt (OVG Münster, KStZ 1982, 59).

Macht die Gemeinde von der in Abs 3 eingeräumten **Möglichkeit des Abweichens von den Festsetzungen des Bebauungsplans** Gebrauch, so ist schon aus Gründen der Rechtsklarheit eine Erklärung notwendig, dass die Erschließungsanlage abweichend vom Bebauungsplan fertig gestellt ist. Häufig liegt beim geringeren Ausbau der Erschließungsanlage zugleich eine Abweichung von den in der Erschließungsbeitragssatzung aufgeführten Fertigstellungsmerkmalen vor. In diesem Falle ist jedenfalls ein Beschluss des Gemeinderats erforderlich (sog Abweichungssatzung). Umstritten ist, ob dies auch allein für die Fälle des § 125 Abs 3 erforderlich ist. Driehaus (Erschließungs- und Ausbaubeiträge, 6. Aufl 2001, § 7 Rn 55 ff) hält bei Planunterschreitung eine „Fertigstellungserklärung" der Gemeinde nicht für erforderlich. Bei Planüberschreitung entsteht nach seiner Ansicht die Beitragspflicht erst dann, wenn die Gemeinde eine konstitutive Entscheidung getroffen hat, sie werde die Mehrkosten nicht geltend machen, was ausdrücklich oder konkludent erfolgen könne. Dafür, dass die Abgabe einer solchen Erklärung dem Rat vorbehalten sei oder in Satzungsform erfolgen müsse, gebe das Gesetz nichts her (so auch OVG Münster, KStZ 1983, 151; zur Wirksamkeit der Widmung einer planüberschreitend ausgebauten Straße vgl OVG Münster, Urteil v 21.04.1999 – 3 A 2964/95 –, EStT 2000, 123).

6 Rechtlicher Gegenstand des erschließungsrechtlichen Planerfordernisses des § 125 Abs 1 Satz 1 ist die diesem Erfordernis unterliegende Anlage als solche, bei Straßen neben ihrem Verlauf nur die Fläche, die für ihre Herstellung in Anspruch genommen werden soll. Unter dem Gesichtspunkt des erschließungsrechtlichen Planerfordernisses ist es unerheblich, wenn der tatsächliche Ausbau der in § 125 Abs 1 Satz 1 genannten Erschließungsanlagen im Umfang oder im Ausbauzustand hinter dem zurückbleibt, was ein Bebauungsplan oder der einer Zustimmung zugrunde liegende Ausbauplan für die betreffende Anlage vorsieht. Dabei ist zu beachten, dass eine relevante Planabweichung nur vorliegt, wenn von einer Aussage des Bebauungsplans abgewichen wird, die dessen Rechtssatzqualität teilt. Planinhalte, die nicht in § 9 Abs 1 als festsetzbar vorgesehen sind, sind nur von nachrichtlicher Qualität, weshalb Abweichungen von ihnen nicht zur Rechtswidrigkeit führen (BVerwGE 84, 80 = NVwZ 1990, 569 = DVBl 1990, 436 = DÖV 1990, 284 = KStZ 1990, 40 L).

7 Soll durch den **Bebauungsplan** auch die **Unterteilung der Straße** nach den **besonderen Zwecken** (Fahrbahn, Gehwege) in einer für den Träger der Straßenbaulast bindenden Weise festgesetzt werden, so muss dies aus dem Plan eindeutig hervorgehen (BVerwGE 82, 102 = NVwZ 1990, 165 = DVBl 1989, 1205 = DÖV 1990, 297 L). In seiner Entscheidung vom 18.01.1991 (BVerwGE 87, 288 = NVwZ 1992, 492 = DVBl 1991, 449 = DÖV 1992, 32 = KStZ 1992, 72) hat das Bundesverwaltungsgericht entschieden, dass Unterteilungen der Verkehrsfläche in Bebauungsplänen häufig von lediglich nachrichtlicher Qualität seien. Die Festlegungen dieser Unterteilungen in der Erschließungsbeitragssatzung seien ebenfalls (als ge-

neralisierende Regelungen) nicht tunlich. Vielmehr trete bei Anbaustraßen mit Blick auf die flächenmäßigen Teilanlagen an die Stelle der Satzung das auf die konkrete Einzelanlage bezogene Bauprogramm, das bestimme, welche flächenmäßigen Teilanlagen in welchem Umfang die Gesamtfläche der jeweiligen Straße in Anspruch nehmen sollen, wobei es Bundesrecht genügt, wenn ein solches Bauprogramm formlos aufgestellt wird. Es kann sich auch mittelbar aus Beschlüssen des Rates, seiner Ausschüsse sowie den ihnen zugrunde liegenden Unterlagen und auch aus der Auftragsvergabe ergeben. Das Bauprogramm kann bis zur Fertigstellung der Straße geändert werden. Demgegenüber ist das OVG Münster (NVwZ-RR 1992, 428) der Ansicht, dass das Bauprogramm das satzungsmäßige Teileinrichtungsprogramm in tatsächlicher Hinsicht ergänze, im Erschließungsbeitragsrecht – anders als im Ausbaubeitragsrecht – aber keine rechtliche Bedeutung für die Entstehung der Beitragspflicht habe (zur Entscheidung des BVerwG vom 18.01.1991 kritisch auch Kallerhoff, DVBl 1991, 975 ff).

§ 126 Pflichten des Eigentümers

(1) Der Eigentümer hat das Anbringen von
1. Haltevorrichtungen und Leitungen für Beleuchtungskörper der Straßenbeleuchtung einschließlich der Beleuchtungskörper und des Zubehörs sowie
2. Kennzeichen und Hinweisschildern für Erschließungsanlagen auf seinem Grundstück zu dulden. Er ist vorher zu benachrichtigen.

(2) Der Erschließungsträger hat Schäden, die dem Eigentümer durch das Anbringen oder das Entfernen der in Absatz 1 bezeichneten Gegenstände entstehen, zu beseitigen; er kann stattdessen eine angemessene Entschädigung in Geld leisten. Kommt eine Einigung über die Entschädigung nicht zustande, so entscheidet die höhere Verwaltungsbehörde; vor der Entscheidung sind die Beteiligten zu hören.

(3) Der Eigentümer hat sein Grundstück mit der von der Gemeinde festgesetzten Nummer zu versehen. Im Übrigen gelten die landesrechtlichen Vorschriften.

Die Vorschrift regelt nur solche **Duldungs- und Leistungspflichten**, die mit einer ordnungsgemäßen Erschließung in engem Zusammenhang stehen. Die sonstigen rechtlichen Beziehungen der Anlieger zu den Erschließungsanlagen ergeben sich aus dem allgemeinen Straßenrecht und dem Energieversorgungsrecht. Das Baugesetzbuch hat die Regelung des Bundesbaugesetzes ohne Änderung übernommen. Unabhängig von den im Zusammenhang mit der Erschließung stehenden in § 126 geregelten Pflichten des Eigentümers werden regelmäßig **weitere Pflichten nach Landesrecht** (insbesondere den Gemeindeordnungen) und durch Ortssatzungen begründet. In diesem Zusammenhang ist vor allem der Anschluss- und Benutzungszwang zu nennen. Nicht erfasst von § 126 ist das Recht der Gemeinden auf (eine bestimmte) Straßenbenennung, deren rechtliche Einordnung umstritten ist (vgl zum Rechtsschutz gegen die Umbenennung einer Straße vgl OVG Münster,

NJW 1987, 2695 = NVwZ 1987, 1101 L mwN; zur Klagebefugnis des Mieters iR der Straßen(um)benennung OVG Münster v 21.07.1995 – 23 A 3493/94 und OVG Schleswig, SchlHA 1992, 94).

2 Der Eigentümer oder die ihm nach § 200 gleichgestellten Inhaber grundstücksgleicher Rechte sind gegenüber dem Träger der Erschließungslast (idR der Gemeinde) nur verpflichtet, das Anbringen der in Abs 1 bezeichneten Gegenstände zu dulden, nicht sie selbst anzubringen und dafür Kosten zu übernehmen. Die Vorschrift bezieht sich auf alle – bebauten und unbebauten – Grundstücke im Gemeindegebiet und erfasst auch spätere Änderungen und die laufende Unterhaltung der Gegenstände, so dass insoweit auf Landesrecht nicht zurückgegriffen werden muss. Nicht erforderlich ist, dass das Grundstück an die Erschließungsanlage angrenzt oder bebaut ist. Bei den Straßen iSd § 126 Abs 1 Nr 1 handelt es sich nicht nur um solche, für die eine Beitragspflicht entsteht. Die Duldungspflicht liegt **iR der Sozialbindung des Eigentums** und begründet als solche **keine Entschädigungspflicht**. Lediglich Schäden, die durch das Anbringen oder Entfernen entstehen, sind gem Abs 2 von dem Erschließungsträger durch Naturalrestitution oder in Geld zu entschädigen (zum Anspruch auf Abschirmung bei unzumutbarer Lichtimmission durch Straßenbeleuchtung vgl OVG Lüneburg NVwZ 1994, 713 = UPR 1994, 115 = NuR 1994, 402).

Der Eigentümer ist nach § 126 Abs 1 Satz 2 vorher zu benachrichtigen (vgl dazu OVG Münster v 19.05.1994 – 23 A 3541/92).

3 Im Gegensatz zu Abs 1 begründet Abs 3 für die **Nummerierung** eine Leistungspflicht des Eigentümers. Er hat die von der Gemeinde festgesetzte Grundstücksnummer auf eigene Kosten zu beschaffen, anzubringen und zu unterhalten. Das gilt auch für die behördlich angeordnete Änderung der Nummer. Die Nummerierung selbst richtet sich nach den Landesstraßengesetzen und dem Ortsrecht (zur Pflicht der Gemeinde zur Festsetzung von Grundstücksnummern vgl OVG Berlin, OVGE 19, 147 = LKV 1991, 374 = NVwZ 1992, 69 L; zum Ermessen der Gemeinde bei der Vergabe von Hausnummern (hier: Umnummerierung) vgl VG Weimar, ThürVBl 2000, 71).

Zweiter Abschnitt
Erschließungsbeitrag

§ 127 Erhebung des Erschließungsbeitrags

(1) Die Gemeinden erheben zur Deckung ihres anderweitig nicht gedeckten Aufwands für Erschließungsanlagen einen Erschließungsbeitrag nach Maßgabe der folgenden Vorschriften.
(2) Erschließungsanlagen im Sinne dieses Abschnitts sind
1. die öffentlichen zum Anbau bestimmten Straßen, Wege und Plätze;
2. die öffentlichen aus rechtlichen oder tatsächlichen Gründen mit Kraftfahrzeugen nicht befahrbaren Verkehrsanlagen innerhalb der Baugebiete (z. B. Fußwege, Wohnwege);

3. **Sammelstraßen innerhalb der Baugebiete;** Sammelstraßen sind öffentliche Straßen, Wege und Plätze, die selbst nicht zum Anbau bestimmt, aber zur Erschließung der Baugebiete notwendig sind;
4. **Parkflächen und Grünanlagen** mit Ausnahme von Kinderspielplätzen, soweit sie Bestandteil der in den Nummern 1 bis 3 genannten Verkehrsanlagen oder nach städtebaulichen Grundsätzen innerhalb der Baugebiete zu deren Erschließung notwendig sind;
5. **Anlagen zum Schutz von Baugebieten** gegen schädliche Umwelteinwirkungen im Sinne des Bundes- Immissionsschutzgesetzes, auch wenn sie nicht Bestandteil der Erschließungsanlagen sind.

(3) Der Erschließungsbeitrag kann für den Grunderwerb, die Freilegung und für Teile der Erschließungsanlagen selbständig erhoben werden (Kostenspaltung).

(4) Das Recht, Abgaben für Anlagen zu erheben, die nicht Erschließungsanlagen im Sinne dieses Abschnitts sind, bleibt unberührt. Dies gilt insbesondere für Anlagen zur Ableitung von Abwasser sowie zur Versorgung mit Elektrizität, Gas, Wärme und Wasser.

Gesamtübersicht

	Rn		Rn
I. Einleitung	1	4. Umfang der Abrechenbarkeit einer Erschließungsanlage	11
II. § 127 Abs 1	2	5. Abschließender Charakter des Katalogs von § 127 Abs 2	12
1. Pflicht zu Erhebung von Erschließungsbeiträgen	2	6. Der Katalog des § 127 Abs 2 im Einzelnen	13
2. Berechtigung zur Nacherhebung von Erschließungsbeiträgen	3	a) § 127 Abs 2 Nr 1	13
		b) § 127 Abs 2 Nr 2	16
3. Zulässigkeit von Vergleichsverträgen	4	c) § 127 Abs 2 Nr 3	19
4. Verjährung	5	d) § 127 Abs 2 Nr 4	20
5. Anderweitig nicht gedeckter Aufwand	6	e) § 127 Abs 2 Nr 5	23
		IV. § 127 Abs 3	24
6. § 42 AO 1977	7	1. Kostenspaltung	24
III. § 127 Abs 2	8	2. Entstehen der Beitragspflicht im Falle der Kostenspaltung	25
1. Änderungen gegenüber dem BauGB	8	3. Kostenspaltung und Erschließungseinheit	26
2. Gemeindliche Erschließungslast	9	**V. § 127 Abs 4**	27
3. Zuordnung der Erschließungsanlage zu einem Abrechnungsgebiet	10		

I. Einleitung

Nach dem Baugesetzbuch obliegt die **Erschließung** als **Pflichtaufgabe** grds der Gemeinde, die Trägerin der „Erschließungslast" ist. Durch die Erschließung als einer Maßnahme, die eine funktionsgerechte Verwendung der Grundstücke für die bauliche und sonstige Nutzung sicherstellen soll, erfahren die erschlossenen Grund-

stücke eine erhebliche Wertsteigerung (Erschließungsvorteil). Unter dem Gesichtspunkt einer sachgerechten Lastenverteilung ist es daher gerechtfertigt und geboten, die Kosten für die Erschließung nicht ausschließlich aus allgemeinen Haushaltsmitteln zu bestreiten, sondern bevorzugt die Grundeigentümer heranzuziehen, denen durch die Herstellung der Erschließungsanlagen wirtschaftliche Vorteile zufließen (zum Beitrag für eine Gegenleistung vgl BVerfGE 7, 244 = NJW 1958, 625, BVerfGE 9, 291 und BVerfGE 42, 223 = NJW 1976, 1837 = ZMR 1977, 78). Das muss auch dann gelten, wenn die **Erschließung gegen den Willen des Eigentümers** erfolgt (BVerfGE 34, 139 = NJW 1973, 505). Dieser Rechtsgedanke des Vorteilsausgleichs liegt der Regelung des Erschließungsbeitrags zugrunde, der als Beitrag iSd allgemeinen Kommunalabgabenrechts ausgestaltet ist. Die Beitragspflicht ist indes im konkreten Fall nicht an die Voraussetzung gebunden, dass der Anlieger einen besonderen Vorteil in bestimmter Höhe erlangt hat. Ebensowenig kommt es darauf an, ob der Erschließungsvorteil konkret in Anspruch genommen wird. Vielmehr reicht es aus, dass die **Möglichkeit der Inanspruchnahme** der hergestellten Erschließungsanlagen besteht, so dass es auf den Willen des Eigentümers (Erbbauberechtigten, vgl § 134 Abs 1), eine Erschließungsanlage „anzunehmen", nicht ankommt. Dieser Gesichtspunkt wird insbesondere bedeutsam in Fällen einer **Mehrfacherschließung** (zB bei Eckgrundstücken und sog Zwischenliegergrundstücken), an der aus der Sicht des Beitragspflichtigen (subjektiv) häufig kein aktuelles Interesse besteht (vgl zur Möglichkeit der Inanspruchnahme als entscheidendes Kriterium für das Erheben eines Erschließungsbeitrages BVerwGE 62, 300 = Buchholz 406.11 § 131 Nr 39 = NVwZ 1982, 244 = DVBl 1982, 72 = BauR 1982, 157; BVerwG, Buchholz 406.11 § 131 Nr 47 = DÖV 1982, 992 = KStZ 1982, 190 = BRS 43, 237; zur Erschließungsbeitragspflicht als Nachteil iSd § 47 Abs 2 VwGO vgl VGH Mannheim, NVwZ 1990, 896). Demgegenüber muss die Anlage jedoch von den beitragspflichtigen Grundstücken aktuell benutzt werden können (vgl BVerwGE 68, 41 = Buchholz 406.11 § 131 Nr 53 = NVwZ 1984, 172 = DVBl 1984, 184 = DÖV 1984, 115 = KStZ 1983, 226 = BRS 43, 157).

Die **bundesrechtlichen Bestimmungen** regeln (lediglich) den Inhalt der Beitragsforderung, ihren Schuldner, Entstehen und Fälligkeit des Beitrags sowie Billigkeitsmaßnahmen. Insbesondere die Frage der Verjährung und Verwirkung des Beitrags sowie die Änderung von Beitragsbescheiden finden im irrevisiblen **Landesrecht** ihre Grundlage.

II. § 127 Abs 1

1. Pflicht zu Erhebung von Erschließungsbeiträgen

2 Nach Abs 1 sind (nur) die Gemeinden berechtigt und zugleich verpflichtet, Erschließungsbeiträge für die ihnen in der Eigenschaft als Baulastträger obliegende Erschließung zu erheben (BVerwGE 31, 90 = Buchholz 406.11 § 128 Nr 2 = VerwRspr 20, 440 = DVBl 1969, 358 = KStZ 1969, 199). **Entgegenstehende Erklärungen** der Verwaltung oder des Gemeinderats können die Gemeinde nicht von dieser Verpflichtung befreien (BVerwG, Buchholz 406.11 Nr 46 = NJW 1984, 2113 = BauR 1984, 54 mit Anm Sellner). **Abweichende Vereinbarungen** sind **unwirksam**, da sie gegen das in Art 20 Abs 3 GG enthaltene Verbot, Abgaben anders als nach Maßgabe der gesetzlichen Regelungen zu erheben, verstoßen (BVerwGE 49,

125 = NJW 1976, 341, 819 L = BauR 1976, 118). Die Gemeinde ist daher auch zum Erlass einer **Erschließungsbeitragssatzung** verpflichtet, wenn und sobald eine Erschließungstätigkeit in Aussicht genommen ist; dazu kann sie durch die Kommunalaufsichtsbehörde angehalten werden (vgl BVerwG, Buchholz 406.11 § 132 Nr 4 = DÖV 1970, 203 = ZMR 1969, 369). Mit der Frage eines Beitragsverzichts (im Einzelfall) eng verbunden ist die Frage der Wirksamkeit eines **gerichtlichen oder außergerichtlichen Vergleichs**, dem ein (teilweiser) Beitragsverzicht zugrunde liegt (zum Anspruch auf Prozesszinsen bei Herabsetzung eines Beitrags durch gerichtlichen Vergleich s OVG Münster, HSGZ 1987, 121). Die Rechtsprechung hat hier im Interesse der öffentlichen Haushalte und der Beitragsgerechtigkeit **enge Grenzen** gesetzt (vgl schon BVerwG, Buchholz 406.11 § 135 Nr 10 = VerwRspr 29, 963 = DÖV 1978, 611 = BRS 37, 383 = ZMR 1979, 88; Petersen, KStZ 1977, 153 und Allesch, DÖV 1988, 103 mzN aus Literatur und Rspr). Das gilt auch im Hinblick auf Beiträge für erschlossene aber noch unbebaute Grundstücke, deren Eigentümer durch die Beitragserhebung zum Verkauf oder zur Bebauung angeregt werden sollen, was wiederum, wie die Baulanderschließung selbst, zur Erfüllung der bodenpolitischen Ziele des Baugesetzbuchs beiträgt. Da **§ 127 Abs 1 zwingendes Recht** ist, verstoßen abweichende Regelungen darüber hinaus gegen den Grundsatz der Gesetzmäßigkeit der Verwaltung (Art 20 Abs 3 GG; BVerwGE 49, 125 = NJW 1976, 341 mit Anm Bieler = DVBl 1976, 309 = DÖV 1976, 349 = BauR 1976, 118 = ZMR 1976, 60; BVerwG, NJW 1984, 2113 = NVwZ 1984, 652 L = DVBl 1984, 192 = KStZ 1984, 112; VGH Mannheim, VBlBW 1987, 141; VGH Kassel, GemT 1976, 47 und OVG Lüneburg, KStZ 1986, 93 auch zur Frage der Nichtigkeit eines gesetzwidrigen Beitragsverzichts).

2. Berechtigung zur Nacherhebung von Erschließungsbeiträgen

Die Verpflichtung der Gemeinden, entstandene Erschließungsbeitragsansprüche bis zu deren Erlöschen in vollem Umfang auszuschöpfen, schließt die Befugnis der Länder aus, die Zulässigkeit der Nacherhebung von Teilen eines Erschließungsbeitragsanspruchs von bestimmten Voraussetzungen abhängig zu machen (BVerwGE 82, 216 = NVwZ 1990, 78 = NVwZ-RR 1990, 218 L = DVBl 1989, 1208 = DÖV 1990, 298 = HSGZ 1989, 441 = KStZ 1990, 39 L = und BVerwGE 79, 163 = NVwZ 1989, 159 = DVBl 1988, 899 = HSGZ 1988, 291 = VBlBW 1988, 335 = VBlBW 1988, 429 L mit Anm Rodewoldt). Die **Verpflichtung** der Gemeinden zur **erschöpfenden Geltendmachung** von Erschließungsbeitragsansprüchen schließt ein, einen bisher nicht geltend gemachten, noch nicht erloschenen Teil des Erschließungsbeitragsanspruchs durch einen **Nacherhebungsbescheid** anzufordern (BVerwG, NVwZ-RR 1996, 465 = Buchholz 406.11 § 133 Nr 125 = DVBl 1996, 1046 = KStZ 1997, 77). Demgegenüber ist ein Vertrag nichtig, in dem die Gemeinde die Änderung eines Bebauungsplans davon abhängig macht, dass der bauwillige Eigentümer an Stelle eines nicht mehr festsetzbaren Erschließungsbeitrages einen Geldbetrag für einen gemeinnützigen Zweck leistet (BVerwG, NVwZ 2000, 1285). Unberührt von diesen Grundsätzen bleibt indes der Fall des sog Billigkeitserlasses (§ 135 Abs 5, 6).

3. Zulässigkeit von Vergleichsverträgen

Trotz dieser Einschränkungen sind **Vergleichsverträge** nicht von vornherein unzulässig. Sie werden vor allem zugelassen, um eine bei verständiger Würdigung des

Sachverhalts oder der Rechtslage bestehende Ungewissheit durch gegenseitiges Nachgeben zu beseitigen, wenn die Behörde den Abschluss des Vergleichs zur Beseitigung der Ungewissheit und nach plichtgemäßem Ermessen für zweckmäßig hält (vgl BVerwG, Buchholz 406.11 § 135 Nr 10 = DÖV 1978, 611 = ZMR 1979, 88 und BVerwGE 49, 359 = Buchholz 315.4 Nr 2 = NJW 1976, 686 = DVBl 1976, 217 = DÖV 1976, 311 = BauR 1976, 113 = BayVBl 1976, 246). Andererseits wird ein „Verzicht" auf Beiträge unter **engen Voraussetzungen** dann für zulässig gehalten, wenn ihm eine entsprechende Gegenleistung des Abgabenpflichtigen gegenübersteht (vgl im Einzelnen OVG Münster, KStZ 1972, 72; VGH München, DVBl 1977, 394; VGH Mannheim, VBlBW 1977, 141; Knobloch, KStZ 1975, 205; Petersen, KStZ 1977, 133; Grziwotz, ZflR 2000, 161; zur Frage der Nichtigkeit oder Rechtswidrigkeit eines Bescheides über den Teilerlass von Aussetzungszinsen, dem keine Erwägungen über sachliche oder persönliche Billigkeitsgründe zugrunde liegen vgl BVerwG, NVwZ 1998, 1061).

4. Verjährung

5 Das bundesrechtliche Gebot zur Erhebung von Erschließungsbeiträgen spielt auch eine Rolle im Zusammenhang mit dem Erlass der Erschließungsbeitragssatzungen durch die Gemeinden, wozu sie verpflichtet sind, und hier insbesondere bei der Regelung einer Rückwirkung, die dazu führen kann, dass die **Verjährung** schon zu einem vergangenen Zeitpunkt in Lauf gesetzt wird, wodurch Beitragsansprüche vernichtet (weil verjährt) werden können. Das ist von der Gemeinde zu beachten, weil sie die Pflicht zur Beitragserhebung und der Erlassregelung (§ 135 Abs 5) nicht durch eine solche Rückwirkung willkürlich umgehen darf (BVerwG, Buchholz 406.11 § 131 Nr 20 = NJW 1977, 1740 = VerwRspr 29, 456 = BauR 1977, 266 = ZMR 1978, 146).

5. Anderweitig nicht gedeckter Aufwand

6 Der Erschließungsbeitrag wird für den **anderweitig nicht gedeckten Aufwand** erhoben. Eine anderweitige Deckung liegt grds nur vor, wenn die Gemeinde von dritter Seite zweckbestimmte der Entlastung der Beitragspflichtigen dienende Zuschüsse erhält, wobei nicht der finanztechnische Begriff der Haushaltsdeckung gilt (BVerwG, Buchholz 406.11 § 133 Nr 34 = NJW 1970, 876 = DVBl 1970, 417 = DÖV 1970, 425 = BauR 1970, 43 = ZMR 1970, 141). Eine anderweitige Deckung ist nicht der Einsatz allgemeiner Haushaltsmittel, der Einsatz von Darlehensmitteln oder von Zuwendungen, die der Gemeinde im Wege des Finanzausgleichs zufließen. Beiträge können von der Gemeinde nur für die ihr entstandenen Kosten erhoben werden. Das Beitragsrecht besteht zB nicht, wenn aufgrund eines Erschließungsvertrages ein Dritter die Erschließungsanlage herstellt und sie der Gemeinde unentgeltlich überträgt (vgl § 124 Abs 1).

Ob die **Zuwendung eines Dritten** zu einer anderweitigen Deckung des beitragsfähigen Erschließungsaufwands (§ 129 Abs 1 Satz 1) führt, hängt ausschlaggebend vom Zweck ab, für den der Dritte seine Leistung bestimmt, wobei die Zweckbestimmung mit Auswirkungen auf das Erschließungsbeitragsrecht nur bis zum Zeitpunkt des Entstehens der sachlichen Erschließungsbeitragspflicht geändert werden kann. Zuwendungen aus Bundesmitteln nach dem Gemeindeverkehrsfinanzgesetz sind zur Deckung solcher Kosten bestimmt, die die Gemeinden nicht, wie zB durch die Erhebung

von Erschließungsbeiträgen, abwälzen können (so BVerwGE 75, 356= Buchholz 406.11 § 129 Nr 21 = NVwZ 1987, 982 = DVBl 1987, 632 = DÖV 1987, 643 = KStZ 1987, 110 = ZMR 1987, 233; vgl auch VGH Kassel, GemT 1976, 114). Da der Zeitpunkt des Entstehens der Beitragspflicht für die Höhe des Beitrags entscheidend ist, können danach erfolgte Änderungen der Zweckbestimmung keine Berücksichtigung mehr finden (BVerwGE 75, 356 = Buchholz 406.11 § 129 Nr 21 = NVwZ 1987, 982 = DVBl 1987, 632 = DÖV 1987 643 = KStZ 1987, 110 = ZMR 1987, 233; zur Behandlung von Zuwendungen Dritter vgl Driehaus, Erschließungs- und Ausbaubeiträge, 6. Aufl 2001, § 13 Rn 8 ff). Eine anderweitige Deckung des Erschließungsaufwands kann auch in einem Anspruch der Gemeinde gegen einen Dritten bestehen, soweit seiner Durchsetzbarkeit keine rechtlichen oder tatsächlichen Hindernisse entgegenstehen, wobei die Gemeinde grds verpflichtet ist, solche Ansprüche gegen Dritte zu realisieren und an etwaige rechtliche Hindernisse hohe Ansprüche zu stellen sind (BVerwG, Buchholz 406.11 § 125 Nr 14 = NVwZ 1982, 680 L = DVBl 1982, 79 = BRS 43, 94). Entlässt die Gemeinde einen Dritten aus der ihr gegenüber vertraglich begründeten Verpflichtung zur Übernahme von Erschließungskosten, so scheidet der dem Anspruch entsprechende Teil der Kosten als anderweitig gedeckt aus dem beitragsfähigen Erschließungsaufwand aus (BVerwG, Buchholz 406.11 § 125 Nr 14 = DVBl 1982, 79 = BRS 43, 94; BVerwGE 70, 247 = Buchholz 406.11 § 129 Nr 19 = NVwZ 1985, 346 = DVBl 1985, 297 = BauR 1985, 675 = ZMR 1985, 139). Demgegenüber kann sich eine zu hohe Veranlagung einzelner Erschließungsbeitragspflichtiger nicht zugunsten eines später herangezogenen anderen Beitragspflichtigen aus dem Gesichtspunkt der anderweitigen Deckung des Erschließungsaufwandes auswirken, vielmehr ergibt sich dann eine Verpflichtung der Gemeinde, auf Antrag des zu hoch veranlagten Beitragspflichtigen auch ein bereits abgeschlossenes Heranziehungsverfahren wieder aufzugreifen und nach teilweiser Aufhebung des Heranziehungsbescheides den zu viel erhobenen Beitrag zurückzuerstatten (BVerwG, Buchholz 406.11 § 129 Nr 17 = NVwZ 1983, 152 = DVBl 1982, 1058 = KStZ 1982, 233 = BRS 43, 98). Andererseits schließt das Erschließungsbeitragsrecht eine Verböserung im Verfahren nicht aus, die Zulässigkeit einer reformatio in peius richtet sich verfahrensrechtlich nach Landesrecht (vgl BVerwG, Buchholz 406.11 § 127 Nr 86).

6. § 42 AO 1977

Auch im Erschließungsbeitragsrecht kann der **Missbrauch von Gestaltungsmöglichkeiten** (§ 42 AO 1977) eine Rolle spielen, so wenn Grundstücke bei Ankündigung der Erhebung des Erschließungsbeitrags geteilt und zB unentgeltlich auf Familienangehörige übertragen werden (vgl BVerwG, NVwZ 1998, 76 = ZMR 1997, 203). Die Beurteilung richtet sich ebenfalls nach Landesrecht.

III. § 127 Abs 2

1. Änderungen gegenüber dem BauGB

Beiträge können nicht für alle Anlagen erhoben werden, die im Zusammenhang mit der Erschließung iSd § 123 stehen. Die **beitragsfähigen Erschließungsanlagen** sind vielmehr in § 127 Abs 2 **abschließend** aufgeführt, wobei diese Vorschrift gegenüber der früheren Regelung des Bundesbaugesetzes Änderungen erfahren hat. Einmal werden in § 127 Abs 2 Nr 2 nunmehr die öffentlichen aus rechtlichen oder

tatsächlichen Gründen mit Kraftfahrzeugen nicht befahrbaren Verkehrsanlagen innerhalb der Baugebiete (zB Fußwege, Wohnwege) in den Rang von beitragspflichtigen Erschließungsanlagen erhoben. Andererseits ist die frühere Regelung des § 127 Abs 2 Nr 4 BBauG, wonach **Kinderspielplätze** innerhalb der Baugebiete zu den Erschließungsanlagen iSd Abs 2 gehörten, entfallen. Nach der Übergangsregelung des § 242 Abs 5 verbleibt es bei der Beitragspflicht für einen Kinderspielplatz, wenn die Beitragspflicht bereits aufgrund der vor dem 01.07.1987 geltenden Vorschriften (§ 127 Abs 2 Nr 3, 4) entstanden ist. Die Gemeinde soll aber von der Erhebung des Erschließungsbeitrags ganz oder teilweise absehen, wenn dies aufgrund der örtlichen Verhältnisse, insbesondere unter Berücksichtigung des Nutzens des Kinderspielplatzes für die Allgemeinheit, geboten ist. Satz 2 ist auch auf vor dem 01.07.1987 entstandene Beiträge anzuwenden, wenn

1. der Beitrag noch nicht entrichtet ist oder
2. er entrichtet worden ist, aber der Beitragsbescheid noch nicht unanfechtbar geworden ist.

Der Grund für die Herausnahme der Kinderspielplätze aus dem Katalog des § 127 Abs 2 ist nach dem Bericht des Ausschusses des Bundestages für Raumordnung, Bauwesen und Städtebau vom 15.10.1986 (BT-Drs 10/6166, 144 [165]) darin zu sehen, dass die von der Rechtsprechung des Bundesverwaltungsgerichts festgelegte Begrenzung der Einzugsbereiche von Kinderspielplätzen „häufig zu nicht einsehbaren Grenzziehungen" geführt habe und dass durch die in § 242 Abs 5 vorgesehene „Regel-Ermäßigung" insbesondere die Tatsache, dass „der tatsächliche Einzugsbereich des Kinderspielplatzes, der idR größer ist als das Abrechnungsgebiet", Berücksichtigung finden sollte. Nach dem Urteil des OVG Lüneburg vom 22.07.1987 (NVwZ 1987, 1108) legt es die Entstehungsgeschichte der Vorschrift nahe, die Frage, ob ein teilweises oder völliges Absehen von der Erhebung eines Erschließungsbeitrages aufgrund der örtlichen Verhältnisse geboten ist, in erster Linie danach zu beurteilen, ob der Einzugsbereich des Kinderspielplatzes mit 200 m Luftlinie den tatsächlichen Verhältnissen gerecht wird oder an den städtebaulichen Gegebenheiten vorbeigeht, zumal sich die Städteplanung an größeren Einzugsbereichen orientiere. Nach der genannten Entscheidung des OVG Lüneburg (aaO) setzt die nach § 242 Abs 5 Satz 2 gebotene Berücksichtigung des Nutzens des Spielplatzes für die Allgemeinheit regelmäßig auch den Rahmen für die Ermessensentscheidung der Gemeinde, ob und inwieweit sie von der Erhebung der Erschließungsbeiträge absieht. Im Hinblick auf den städtebaulichen Orientierungsrahmen für die Festlegung des Einzugsbereichs von Kinderspielplätzen erscheint es dem Gericht – vorbehaltlich besonderer örtlicher Gegebenheiten (wie etwa einer besonders attraktiven Ausstattung oder dem Fehlen weiterer Spielplätze in einem größeren Einzugsbereich insbesondere mit Geschosswohnungsbau) – angemessen, den Rahmen der nach § 242 Abs 5 Satz 3 möglichen Ermäßigung durch eine rechnerische Erweiterung des Einzugsbereichs des Kinderspielplatzes zu ermitteln. Das Gericht hat daher im entschiedenen Falle einer Erweiterung des Einzugsbereichs des Kinderspielplatzes auf 400 m – Wege-Entfernung angenommen und festgestellt, dass die örtlichen Verhältnisse Anlass geben können, den Einzugsbereich im Einzelfall über 400 m hinaus auszudehnen oder auch mit einer geringeren Entfernung anzunehmen (vgl zu der von der Gemeinde iR des § 242 Abs 5 Satz 2 zu treffenden Entscheidung auch Horst, KStZ 1987, 146).

2. Gemeindliche Erschließungslast

Eine weitere Einschränkung erfährt die Möglichkeit der Erhebung von Erschließungsbeiträgen dadurch, dass die Herstellung von Erschließungsanlagen iSd § 127 Abs 2 nur dann eine Beitragspflicht auslöst, wenn sie iR der **gemeindlichen Erschließungslast**, wie sie § 123 Abs 1 konstituiert, erfolgt (BVerwG, Buchholz 406.11 § 123 Nr 22 = NVwZ 1982, 435 = DÖV 1982, 328 = KStZ 1982, 92 = BRS 43, 5 im Anschluss an BVerwG, Buchholz 406.1 § 123 Nr 13 = DÖV 1975, 855, = BRS 37, 1 = ZMR 1976, 250). So handelt es sich bei einer Straße dann nicht um eine **beitragsfähige Erschließungsanlage**, wenn sie rechtlich Bestandteil einer öffentlichen Sache ist, die ihrerseits nicht in Erfüllung der gemeindlichen Erschließungslast hergestellt worden ist (so BVerwG, Buchholz 406.11 § 127 Nr 44 = KStZ 1985, 150 = BRS 43, 43 = ZMR 1985, 242 für eine Deichverteidigungsstraße als Bestandteil einer Hochwasserschutzanlage, die aufgrund eines Planfeststellungsbescheides nach Wasserrecht und nicht aufgrund eines Bebauungsplans errichtet worden war).

3. Zuordnung der Erschließungsanlage zu einem Abrechnungsgebiet

Voraussetzung für die Beitragsfähigkeit einer Erschließungsanlage ist zudem, dass sie in ihrer **Erschließungsfunktion** einem (**Abrechnungs-)Gebiet** zuzuordnen ist, das hinsichtlich des Kreises der erschlossenen und somit beitragspflichtigen Grundstücke hinreichend genau und überzeugend abgegrenzt werden kann. Eine solche Abgrenzung der durch eine selbstständige öffentliche Parkfläche iSd § 127 Abs 2 Nr 4 erschlossenen Grundstücke von den durch sie nicht erschlossenen Grundstücken ist idR nicht möglich (BVerwGE 78, 125 = Buchholz 406.11 § 127 Nr 50 = NVwZ 1988, 359 = DVBl 1988, 239 = DÖV 1988, 173 = BauR 1988, 198 = ZMR 1988, 25 unter Hinweis auf BVerwG, Buchholz 406.11 § 127 Nr 36 = NVwZ 1982, 555 = KStZ 1982, 49 = BRS 43, 54; demgegenüber hat das VG Münster, NVwZ-RR 1998, 516, die Erschließungsbeitragspflicht für ein Grundstück bejaht, das als – nicht öffentlicher – „Park-and-Drive-Parkplatz" genutzt wird). Dies gilt regelmäßig auch für große Grünanlagen, die nicht nur der Erholung der Bewohner eines bestimmten Baugebietes dienen (Driehaus, Erschließungs- und Ausbaubeiträge, 6. Aufl 2001, § 12 Rn 84 ff).

4. Umfang der Abrechenbarkeit einer Erschließungsanlage

Auch eine an sich abrechenbare Erschließungsanlage ist nicht in jedem Falle in vollem Umfange und hinsichtlich sämtlicher Bestandteile als (in vollem Umfang) **beitragsfähige Erschließungsanlage** einzustufen. Ein anschauliches Beispiel dafür bildet der der Entscheidung des BVerwG vom 11.12.1970 (Buchholz 406.11 § 130 Nr 7 = DVBl 1971, 508 = KStZ 1971, 180 = ZMR 1971, 290) zugrunde liegende Sachverhalt, dem das Gericht Anlass zu der Feststellung gab, dass zB Parkstreifen, die mit Rücksicht auf Besucher eines in der Nähe gelegenen Messegeländes, das von der Erschließungsanlage aus zu Fuß zu erreichen ist, nicht in den beitragsfähigen Erschließungsaufwand einbezogen werden können. Im Hinblick auf diese Erschließungsanlage hat es außerdem festgestellt, dass insbesondere durch Vergleich mit anderen Straßen zu prüfen sei, ob die Ausführung der Straße wesentlich durch den Verkehr zum Messegelände bedingt ist, wodurch sie den Charakter einer Durchgangsstraße erlangt haben könnte, die nur zu einem Teil als Erschließungsan-

lage abzurechnen wäre. Anderseits ist die Aufnahme von Durchgangsverkehr Teil der normalen Funktion einer Anbaustraße und deshalb grds ohne Auswirkung auf die Höhe der Erschließungsbeiträge (BVerwGE 82, 102 = NVwZ 1990, 165 = DVBl 1989, 1205 = DÖV 1990, 297 L). In diesem Zusammenhang ist auch die Entscheidung des BVerwG vom 21.10.1970 (Buchholz 406.11 § 127 Nr 10 = DVBl 1971, 213 = DÖV 1971, 391 = BauR 1971, 121) zu erwähnen, in der festgestellt wird, dass zum Erschließungsaufwand einer selbstständigen Grünanlage die Kosten für Wege, Sitzbänke und Kinderspielplätze innerhalb der Anlage gehören.

5. Abschließender Charakter des Katalogs von § 127 Abs 2

12 Eine **Erweiterung oder Einengung** des in § 127 Abs 2 aufgeführten Katalogs von Erschließungsanlagen ist **weder durch Landesgesetz noch durch Satzung** (vgl § 132) möglich (vgl BVerfGE 33, 265 = NJW 1972, 1851 = DVBl 1972, 887 = DÖV 1972, 885 = ZMR 1972, 340 und BVerwG, NJW 1974, 1345 = DÖV 1974, 573 = BauR 1974, 335 = ZMR 1974, 309 sowie BVerwG, Buchholz 406.11 § 128 Nr 24 = VerwRspr 31, 600 = DVBl 1979, 785 = DÖV 1979, 646 = KStZ 1979, 192 = BauR 1979, 417). Somit sind beitragsfähig nach § 127 Abs 2 Nr 1 zunächst die öffentlichen zum Anbau bestimmten Straßen, Wege und Plätze. Eine Definition dieser Begriffe hat der Gesetzgeber des Baugesetzbuches nicht gegeben, weshalb auf die Landesstraßengesetze zurückgegriffen werden muss. Die in § 127 Abs 2 Nr 1-3 genannten Erschließunganlagen werden in Nr 4 der Vorschrift als „Verkehrsanlagen" bezeichnet, was die Notwendigkeit indiziert, dass die genannten Anlagen auch Zwecken des Verkehrs dienen.

6. Der Katalog des § 127 Abs 2 im Einzelnen

13 a) **§ 127 Abs 2 Nr 1: zum Anbau bestimmte Wege und Plätze:** Die in § 127 Abs Nr 1 genannten Anlagen sind trotz fehlender Zuständigkeit des Bundesgesetzgebers zur Regelung des Ortsstraßenrechts eigenständige bundesrechtliche Begriffe des Erschließungsbeitragsrechts, die dem erschließungsbeitragsrechtlichen Begriff der beitragsfähigen Erschließungsanlage untergeordnet sind (BVerwG, Buchholz 406.11 § 128 Nr 35 = NVwZ 1986, 925 = DVBl 1986, 349 = KStZ 1986, 91 = BRS 43, 130). Von Bedeutung ist diese Feststellung zB für die Beantwortung der Frage, ob es sich bei einem Straßenzug um eine **einzelne Straße** (vgl § 130 Abs 3 Satz 1) oder um zwei bzw mehrere Straßen iSd § 127 Abs 2 Nr 1 handelt (vgl BVerwG, NVwZ 1998, 290 = DVBl 1998, 46 = KStZ 1998, 34 und BVerwGE 101, 12 = NVwZ 1996, 794 = DVBl 1996, 1057 = Buchholz 406.11 § 124 Nr 5; BVerwG, NVwZ-RR 1995, 695 = Buchholz 406.11 § 127 Nr 81 = ZNR 1996, 49 sowie BVerwGE 99, 23 = NVwZ-RR 1996, 223 = Buchholz 406.11 § 127 Nr 80 = DVBl 1995, 1137 = DÖV 1996, 31 und BVerwG, Buchholz 406.11 § 131 Nr 91 = KStZ 1995, 209; OVG Münster, NWVBl 1999, 465), wobei es nicht auf die Namensführung ankommt. Eine öffentliche, für das Befahren mit Kraftfahrzeugen aller Art vorgesehene Sackgasse ist idR als erschließungsrechtlich selbstständig anzusehen, wenn sie entweder länger als 100 m ist, oder vor Erreichen dieser Länge rechtwinklig abknickt oder sich verzweigt (BVerwGE 99, 23 = NVwZ-RR 1996, 223 = Buchholz 406.11 § 127 Nr 80 = DVBl 1995, 1137 = DÖV 1996, 31 = KStZ 1996, 112; BVerwG, B v 25.04.2000 – 11 B 46/99; zur Selbstständigkeit einer ca. 90 m langen **Stichstraße**, die nach 35 m rechtwinklig abknickt und ein Feriendorf erschließt BVerwG, NVwZ 1999, 997 = DVBl 1999, 395 = Buchholz 406.11 § 131 Nr 109 = ZMR 1999, 68 =

KStZ 1999, 154 und andererseits OVG Lüneburg, Urteil v 20.07.1999 – 9 L 3496/ 98). Es kann auch keinen Bedenken begegnen, dass die Straßenbeleuchtung kraft Bundesrechts eine Teileinrichtung einer Erschließungsanlage ist (vgl § 128 Abs 1 Nr 2 und im Einzelnen Driehaus, Erschließungs- und Ausbaubeiträge, 6. Aufl 2001, § 13 Rn 61 ff). Da lediglich öffentliche Straßen, Wege und Plätze beitragsfähige Erschließungsanlagen sein können, scheiden private Anlagen aus. Erforderlich ist eine dem Landesrecht unterliegende **Widmung** für den **öffentlichen Verkehr**, womit die Anlage dem allgemeinen Gebrauch dient (BVerwG, Buchholz 406.11 § 128 Nr 35 = NVwZ 1986, 925 = DVBl 1986, 349 = KStZ 1986, 91 = BRS 43, 130). Die Widmung kann noch nach Erlass des Erschließungsbeitragsbescheides nachgeholt werden mit der Folge, dass erst dann die Beitragspflicht entsteht (BVerwGE 49, 131 = Buchholz 406.11 § 133 Nr 54 = DÖV 1976, 95 = BauR 1976, 120 = ZMR 1976, 349, zur Widmungsfiktion bei Indienststellung der Straße nach Bebauungsplan vgl VGH Kassel, NVwZ-RR 1990, 457). Öffentlich iSd § 127 Abs 2 Nr 1 ist nicht im verkehrsrechtlichen sondern im straßenrechtlichen Sinne zu verstehen (BVerwG, Buchholz 406.11 § 127 Nr 3 = VerwRspr 20, 76 = DVBl 1968, 808 = KStZ 1969, 78 = ZMR 1969, 22). Da nur „zum Anbau bestimmte" Straßen, Wege und Plätze **beitragsfähige Erschließungsanlagen** sein können, scheiden anbaufreie Straßen, die nicht Sammelstraßen iSd § 127 Abs 2 Nr 2 sind, sowie Anlagen, die die Funktion einer Anschluss- und Verbindungsstraße zu Baugebieten haben, aus, ebenso sämtliche nicht zum Anbau bestimmte Anlagen, die innerhalb von Baugebieten liegen (zum Verhältnis der Merkmale „**zum Anbau bestimmt**" und „**erschlossen**" vgl BVerwG, Buchholz 406.11 § 131 Nr 33 = NJW 1980, 1973 = DVBl 1980, 955 und BVerwGE 67, 216 = Buchholz 406.11 § 127 Nr 39 = NVwZ 1984, 170 = DVBl 1983, 908 = DÖV 1984, 113 = KStZ 1983, 187 = BRS 43, 39 = ZMR 1983, 425). Das Merkmal „zum Anbau bestimmt" stellt nicht auf eine subjektive Ansicht der Gemeinde oder der Benutzer einer Anlage ab, sondern objektiv darauf, ob an dieser Anlage tatsächlich gebaut werden darf (BVerwG, Buchholz 406.11 § 131 Nr 51 = NVwZ 1983, 153 = DVBl 1982, 1056 = BRS 43, 1 unter Hinweis auf BVerwG, Buchholz 406.11 § 127 Nr 5 = VerwRspr 20, 444 = DVBl 1969, 272 = KStZ 1969, 167 = ZMR 1969, 270 sowie BVerwG, Buchholz 406.11 § 127 Nr 29 = BRS 37, 65 = ZMR 1979, 159; vgl auch BVerwGE 52, 364 = DVBl 1978, 298 = DÖV 1977, 680 = BauR 1977, 261 = ZMR 1978, 343 und BVerwG, Buchholz 406.11 § 127 Nr 29 = BRS 37, 65 = ZMR 1979, 159). Dementsprechend bedarf es zur Erfüllung des Merkmals „zum Anbau bestimmt" keines besonderen Beschlusses oder sonstigen Verfahrens seitens der Gemeinde. Im Übrigen sind insbesondere die Festsetzungen des Bebauungsplans und die baurechtlichen Vorschriften (vgl insbesondere § 30-34) zugrunde zu legen. **Gewerblich nutzbare Grundstücke** scheiden aber nicht deshalb aus dem Kreis der beitragspflichtigen Grundstücke aus, weil auf ihnen keine Bebauung möglich bzw zulässig ist. Bei „nur" gewerblicher Nutzung liegt eine ausreichende der Bebauung erschließungsbeitragsrechtlich vergleichbare Nutzung vor. Unerheblich ist für die Bejahung des Merkmals „zum Anbau bestimmt" auch, dass einzelne angrenzende Grundstücke nicht bebaut werden können bzw dürfen (vgl BVerwGE 52, 364 = Buchholz 406.11 § 131 Nr 22 = DVBl 1978, 298 = DÖV 1977, 680 = BauR 1977, 261 = ZMR 1978, 343). Beim Vorhandensein mehrerer Verkehrsanlagen ist darauf zu achten, dass die jeweils abzurechnende Anlage für sich allein, dh ohne Einbeziehung anderer Anlagen die **Bebaubar**keit bzw **sonstige erschließungsbei-**

tragsrechtlich relevante Nutzung ermöglicht (vgl BVerwG, Buchholz 406.11 § 127 Nr 29 = BRS 37, 65 = ZMR 1979, 159 und BVerwG, DVBl 1973, 887 = DÖV 1974, 211 L = KStZ 1974, 13 = ZMR 1974, 25), maW ermöglicht, dass an ihr tatsächlich gebaut werden kann und rechtlich gebaut werden darf. Ohne Bedeutung ist für die Bejahung dieser Möglichkeiten, dass eine Straße zugleich die Funktion einer innerörtlichen Verbindung hat (BVerwG, Buchholz 406.11 § 127 Nr 22 = VerwRspr 27, 706 = DÖV 1976, 347 = BRS 37, 86 = ZMR 1976, 319). Das gilt auch für Straßen, die dem überörtlichen Durchgangsverkehr dienen, jedoch mit der Einschränkung, dass der Aufwand für solche Anlagen nicht beitragsfähig ist, die speziell im Hinblick auf den Durchgangsverkehr angelegt worden sind (vgl BVerwG, Buchholz 406.11 § 127 Nr 22 = VerwRspr 27, 706 = DÖV 1976, 347 = BRS 37, 86 = ZMR 1976, 319: „erreicht dieser überörtliche Durchgangsverkehr eine gewisse Stärke, so kann das in Frage stellen, ob die Straße in ihrer gegebenen Ausgestaltung zur Erschließung der Bauflächen erforderlich ist.").

14 Zum Anbau bestimmt sind nicht **Straßen im Außenbereich** und zwar unabhängig davon, ob im Einzelfall Vorhaben nach § 35 zulässig sind (BVerwGE 52, 364 = DVBl 1978, 298 = DÖV 1977, 680: BVerwG, Buchholz 406.11 § 131 Nr 52 = NVwZ 1983, 291 und BVerwG, Buchholz 406.11 § 133 Nr 95 = NVwZ 1986, 568 = DÖV 1986, 878 = KStZ 1986, 90 = BauR 1986, 434 = ZMR 1986, 215). Daraus folgt, dass eine innerörtliche Straße von ihrem Eintritt in den Außenbereich an – abgesehen vom Falle der einseitigen Anbaubarkeit – die Anbaufähigkeit verliert (BVerwG, Buchholz 406.11 § 133 Nr 48 = NJW 1975, 323 = DVBl 1975, 378 und BVerwGE 102, 294 = NVwZ 1998, 69 = DVBl 1997, 499 = Buchholz 406.11 § 127 Nr 85 = ZMR 1997, 200). Das wiederum schließt nicht aus, dass eine Außenbereichsstraße bei Änderung der Planung später zu einer zum Anbau bestimmten Straßen wird (BVerwG, Buchholz 406.11 § 127 Nr 6 = VerwRspr 20, 835 = ZMR 1969, 248). Bei **Straßen**, an die nur von **einer Seite her angebaut** werden darf, weil etwa das an die andere Seite der Straße grenzende Gebiet zum Außenbereich gehört, gilt zunächst, dass **mangels Erschlossenseins die Außenbereichsgrundstücke der Beitragspflicht nicht unterliegen** (BVerwG, Buchholz 406.11 § 133 Nr 95 = NVwZ 1986, 568 = DÖV 1986, 878 = KStZ 1986, 90 = BauR 1986, 434 = ZMR 1986, 215). Für die **erschlossenen Grundstücke** auf der gegenüberliegenden Seite besteht grds eine **Beitragspflicht**, wobei je nach Ausbaustärke der Erschließungsanlage eine nur teilweise Berücksichtigung der umlegungsfähigen Herstellungskosten in Betracht kommt (vgl BVerwGE 32, 226 = Buchholz 406.11 § 131 Nr 2 = VerwRspr 21, 212 = DVBl 1970, 79 = DÖV 1969, 864 = ZMR 1969, 371; BVerwGE 52, 364 = Buchholz 406.11 § 131 Nr 22 = DVBl 1978, 298 = DÖV 1977, 680 = BauR 1977, 261 = ZMR 1978, 343 und BVerwGE 82, 102 = Buchholz 406.11 § 127 Nr 58 = NVwZ 1990, 165 = DVBl 1989, 1205; im Einzelnen s Driehaus, Erschließungs- und Ausbaubeiträge, 6. Aufl 2001, § 12 Rn 40 ff).

15 Wird nach endgültiger Herstellung einer Anbaustraße und dem Entstehen der sachlichen Beitragspflicht eine von der Straße abzweigende befahrbare **Stichstraße** als **Sackgasse** angelegt, so ist diese unabhängig von ihrer flächenmäßigen Ausdehnung eine beitragsfähige Erschließungsanlage iSd § 127 Abs 2 Nr 1, wenn die sonstigen Voraussetzungen dieser Vorschrift erfüllt sind (BVerwG, NVwZ 1991, 77 = KStZ 1990, 160 L = HSGZ 1990, 440 = ZMR 1990, 354).

Fahrbahnen der Ortsdurchfahrten von **Bundesstraßen** und **Landstraßen** I. und II. Ordnung sind, wie sich aus § 128 Abs 3 Nr 2 ergibt, nur soweit vom Erschließungsaufwand umfasst, als die Fahrbahnen dieser Straßen eine größere Breite als ihre anschließenden freien Strecken erfordern. Regelmäßig ist aber der Aufwand für die (erstmalige) Herstellung der Gehwege beitragsfähig. Voraussetzung dafür ist, dass diese Ortsdurchfahrten zur Erschließung der anliegenden Grundstücke bestimmt sind, was dann der Fall ist, wenn das Vorhandensein der Straße den anliegenden Grundstücken die Qualität der „verkehrlichen" Erschließung vermittelt, dh ihretwegen eine von der Erschließung abhängige Nutzung der anliegenden Grundstücke sowohl tatsächlich möglich als auch rechtlich zulässig ist (BVerwG, Buchholz 407.4 § 9 FStrG Nr 16 = BauR 1975, 408).

b) § 127 Abs 2 Nr 2: mit Kraftfahrzeugen nicht befahrbare Verkehrsanlagen: 16
Neu in den Katalog der erschließungsbeitragsfähigen Anlagen hat der Gesetzgeber in § 127 Abs 2 Nr 2 die öffentlichen aus rechtlichen oder tatsächlichen Gründen **mit Kraftfahrzeugen nicht befahrbaren Verkehrsanlagen** innerhalb der Baugebiete (zB Fußwege, Wohnwege) aufgenommen. Hintergrund dieser Neuregelung ist, dass die höchstrichterliche Rechtsprechung die erstmalige Herstellung unbefahrbarer Wohnwege nicht (mehr) ausreichen ließ, um eine Erschließungsbeitragspflicht auszulösen (BVerwGE 67, 216 = Buchholz 406.11 § 127 Nr 39 = NVwZ 1984, 170 = DVBl 1983, 908 = DÖV 1984, 113 = KStZ 1983, 187 = BRS 43, 39 = ZMR 1983, 425). Danach ist eine selbstständige öffentliche Verkehrsanlage nur dann „zum Anbau bestimmt" iSd § 127 Abs 2 Nr 1, wenn sie bei verallgemeinernder Betrachtung den anliegenden Grundstücken eine tatsächliche und vom Widmungsumfang gedeckte Anfahrmöglichkeit bietet, dh gewährleistet, dass mit Personen- und Versorgungsfahrzeugen an die Grenze dieser Grundstücke herangefahren werden kann" (vgl auch BVerwGE 66, 69 = Buchholz 406.11 § 131 Nr 51 = NVwZ 1983, 153 = DVBl 1982, 1056 = BRS 43, 1 und demgegenüber die früheren Entscheidungen des BVerwG, BVerwGE 40, 182 = Buchholz 406.11 § 130 Nr 12 = VerwRspr 24, 598 = DVBl 1972, 893 = DÖV 1972, 861 = KStZ 1973, 75 = BauR 1972, 373 = ZMR 1973, 119 und BVerwG, Buchholz 406.11 § 127 Nr 15 = VerwRspr 25, 729 = DVBl 1973, 887 = KStZ 1974, 13 = BRS 37, 61 = ZMR 1974, 25; zur neueren Rspr vgl Sellner, NJW 1986, 1073 und Sebastian/Rödel, NVwZ 1985, 231). Die Neuregelung der Nr 2 zielt nicht zuletzt darauf ab, den Gemeinden das zur Herstellung der in dieser Regelung genannten Anlagen erforderliche Beitragsaufkommen zu sichern. Der somit neu eingeführte Wohnwegbegriff erfasst nur **öffentliche und nicht befahrbare Verkehrsanlagen innerhalb der Baugebiete**. Er bleibt dabei hinter den landesrechtlichen Wohnwegbegriffen zurück. Dabei gelten auch solche Anlagen als nicht befahrbar, die tatsächlich mit Versorgungsfahrzeugen pp. befahren werden können, mangels Widmung aber mit solchen Fahrzeugen nicht befahren werden dürfen (vgl VGH Mannheim, Urteil v 06.04.2000 – 2 S 1571, 98). Voraussetzung für die Annahme eines **Wohnweges** iSd Nr 2 ist in jedem Falle, dass sie bebauten und bebaubaren Grundstücken einen Zugang zu einer öffentlichen Straße vermitteln. Die Bauordnungen der Länder lassen regelmäßig den Anbau an nicht befahrbare Wohnwege grds zu (zur Erschließungswirkung von Wohnwegen vgl BVerwG, NVwZ-RR 1996, 463 = Buchholz 406.11 § 131 Nr 101 = DVBl 1996, 1051 = KStZ 1997, 198 sowie BVerwG, Buchholz 406.11 § 131 Nr 102).

17 Das Erfordernis der Öffentlichkeit und der Nichtbefahrbarkeit mit Kraftwagen als Voraussetzung für die Erhebung von Erschließungsbeiträgen gilt auch für die in Nr 2 beispielhaft noch genannten **Fußwege**, die sich im Unterschied zu den Wohnwegen dadurch auszeichnen, dass sie eine Bebaubarkeit der Anliegergrundstücke baurechtlich nicht ermöglichen (nach OVG Münster, NVwZ-RR 1991, 212 ist eine nicht befahrbare Verkehrsanlage innerhalb der Baugebiete jedenfalls dann ein Wohnweg und kein Fußweg iSd § 127 Abs 2 Nr 2, wenn die Vermittlung der Bebaubarkeit als Hauptzweck des Weges erscheint). Um einen Erschließungsbeitrag auszulösen, müssen jedoch auch die **Fußwege** den in Betracht kommenden Grundstücken **einen Vorteil zukommen lassen**. Allein an einen Fußweg grenzende Grundstücke sind nicht erschlossen, weshalb eine Beitragspflicht völlig ausscheidet (zum innerstädtischen Treppenweg als erschließungsbeitragsfähige Anlage vgl OVG Saarlouis, NVwZ 1991, 423 = DÖV 1991, 748 = KStZ 1991, 154).

Weitere Verkehrsanlagen iSd § 127 Abs 2 Nr 2 dürften nicht häufig anzutreffen sein (vgl im Einzelnen Driehaus, Erschließungs- und Ausbaubeiträge, 6. Aufl 2001, § 12 Rn 59 ff; 67 f, vgl auch Uechtritz, DVBl 1986, 1125 und Schmaltz, DVBl 1987, 207).

18 Nach der Übergangsregelung des § 242 Abs 4 ist § 127 Abs 2 Nr 2 auch auf Verkehrsanlagen anzuwenden, die vor dem 01.07.1987 endgültig hergestellt worden sind (zur Problematik der Rückwirkung vgl OVG Münster, NVwZ-RR 1991, 212). Ist vor dem 01.07.1987 eine Beitragspflicht nach Landesrecht entstanden, so verbleibt es dabei (§ 242 Abs 4 Satz 2; vgl zur Problematik der Übergangsregelungen Driehaus, Erschließungs- und Ausbaubeiträge, 6. Aufl 2001, § 2 Rn 37 ff und § 12 Rn 67, 68).

19 c) **§ 127 Abs 2 Nr 3: Sammelstraßen:** Nach der gesetzlichen Definition sind **Sammelstraßen** öffentliche Straßen, Wege und Plätze, die **selbst nicht zum Anbau bestimmt** sind, aber zur **Erschließung** der Baugebiete **notwendig** sind. Obwohl sie (nur) der mittelbaren Erschließung der Grundstücke dienen, können sie diese der Erschließungsbeitragspflicht unterwerfen, ungeachtet der Tatsache, dass sie unmittelbar durch zum Anbau bestimmte Erschließungsanlagen verkehrsmäßig erschlossen sind (BVerwG, Buchholz 406.11 § 127 Nr 15 = VerwRspr 25, 729 = DVBl 1973, 887 = KStZ 1974, 13 = BRS 37, 61 = ZMR 1974, 24). Unerheblich ist es, dass von der Sammelstraße her bebaute oder bebaubare Grundstücke mehr zufällig zugänglich sind. Der Charakter der Sammelstraße wird dann nicht aufgehoben, wenn die Straße im Wesentlichen nicht dem Anbau dient, sondern wesentlich zur Erschließung eines Baugebietes notwendig ist.

Gleichwohl ist die Erhebung von Erschließungsbeiträgen für **Sammelstraßen** nur eingeschränkt möglich und in der Praxis häufig mit erheblichen Schwierigkeiten verbunden. So muss der Kreis der Grundstücke, denen von der Sammelstraße ein **beitragsrechtlich relevanter Vorteil** vermittelt wird, **hinreichend deutlich abgegrenzt** werden können. Besitzen die in Betracht kommenden Grundstücke auch über andere Erschließungsanlagen eine Verbindung zum Straßennetz der Gemeinde, so handelt es sich bei der Sammelstraße um keine beitragsfähige Erschließungsanlage iSd § 127 Abs 2 Nr 3 (BVerwG, Buchholz 406.11 § 127 Nr 36 = NVwZ 1982, 555 = KStZ 1982, 49 = BRS 43, 54), andererseits muss die Sammelstraße für die Erschließung des Baugebietes nicht schlechthin unerlässlich sein, vielmehr ist darauf abzustellen, dass sie nach **städtebaulichen Grundsätzen** gebo-

ten und unter diesem Gesichtspunkt **notwendig** ist, wobei der Begriff „notwendig" voll der **verwaltungsgerichtlichen Überprüfung** unterliegt (BVerwG, Buchholz 406.11 § 127 Nr 22 = VerwRspr 27, 706 = DÖV 1976, 347 = BRS 37, 86 = ZMR 1976, 319; zum Begriff Notwendigkeit BVerwG, Buchholz 406.11 § 127 Nr 15 = VerwRspr 25, 729 = DVBl 1973, 887 = KStZ 1974, 13 = BRS 37, 61 = ZMR 1974, 25). Eine Sammelstraße, deren Erschließungsfunktion sich auf die beiderseits dieser Anlage gelegenen Baugebiete erstreckt, ist keine beitragsfähige Erschließungsanlage, wenn eine deutliche Abgrenzung der Grundstücke, denen durch die Straße ein beitragsrechtlich relevanter Sondervorteil vermittelt wird, nur hinsichtlich des an einer Straße gelegenen Baugebiets möglich ist (BVerwG, NVwZ-RR 1994, 413 = Buchholz 406.11. § 127 Nr 73 = KStZ 1995, 35 = ZMR 1994, 382; zum Erschlossensein durch Anbaustraße andererseits BVerwG, NVwZ 1994, 910 = Buchholz 406.11 § 127 Nr 72 = KStZ 1994, 191 = ZMR 1994, 237; zum Erschlossensein durch Anbaustraße bei gleichzeitigem Angrenzen an unbefahrbaren Fußweg BVerwG, NVwZ 1994, 912 = Buchholz 406.11 § 127 Nr 71 = DVBl 1994, 705 = DÖV 1994, 521). Die **Sammelstraßen** müssen somit – vereinfachend ausgedrückt – den **notwendigen Zuweg** zu den von ihnen abzweigenden, zum Anbau bestimmten Straßen bilden und in umgekehrter Richtung den Verkehr aus den zum Anbau bestimmten Anlagen aufnehmen. Eine weitere Einschränkung ergibt sich daraus, dass Sammelstraßen nur insoweit als beitragsfähige Erschließungsanlagen in Betracht kommen, als sie **innerhalb der Baugebiete** verlaufen. Darüber hinausgehende Strecken bleiben beitragsrechtlich außer Betracht. Hieraus folgt, dass für den Aufwand für Anschluss- und Verbindungsstraßen zu den Baugebieten ebenfalls keine Erschließungsbeiträge erhoben werden können.

Dagegen steht der Beitragspflicht nicht entgegen, dass die Sammelstraße zusätzlich oder überwiegend öffentlichen Durchgangsverkehr aufnimmt, allerdings sind zusätzliche Fahrspuren, die nur wegen des überörtlichen Durchgangsverkehrs angelegt sind, nicht zur Erschließung der Bauflächen iSd § 129 Abs 1 Satz 1 erforderlich. Eine Kostenspaltung für eine Richtungsfahrbahn ist jedoch zulässig, wenn diese von der Gegenfahrbahn durch einen Grünstreifen abgegrenzt ist (BVerwG, Buchholz 406.11 Nr 22 = VerwRspr 27, 706 = DÖV 1976, 347 = ZMR 1976, 319).

d) § 127 Abs 2 Nr 4: Parkflächen und Grünanlagen: Eine gesetzliche Bestimmung, was unter den Begriffen **Parkflächen** und **Grünanlagen** zu verstehen ist, fehlt. § 127 Abs 3 Nr 4 unterscheidet zwischen unselbstständigen Anlagen, die Bestandteil der in den Nr 1-3 genannten Verkehrsanlagen sind, und selbstständigen Anlagen, die nach städtebaulichen Grundsätzen innerhalb der Baugebiete zu deren Erschließung notwendig sind. In Betracht kommen auch hier nur öffentliche Flächen, die dem Gemeingebrauch gewidmet sind (BVerwG, Buchholz 406.11 § 127 Nr 46 = NVwZ 1985, 833 = DVBl 1985, 1175 = DÖV 1985, 1060 = KStZ 1985, 212 = BauR 1985, 557 = ZMR 1985, 349). Dies erfolgt bei den unselbstständigen Parkflächen und Gehwegen iR der Widmung der in Nr 1-3 aufgeführten Verkehrsanlagen, sonst durch besondere Widmung. In diesem Zusammenhang ist von Bedeutung, dass **Parkstreifen**, die nicht als Standspur am Fahrbahnrand verlaufen, regelmäßig keine Bestandteile der Fahrbahn, sondern **Teileinrichtung der Straße** sind. Dabei ist es unerheblich, ob es sich um eine Parkspur neben der Straße handelt, auch wenn sie erst durch besondere Zufahrten erreicht wird, ob auf den Parkstreifen längs oder quer geparkt wird und ob die Parkfläche sich auf der gleichen

20

Höhe wie die Fahrbahn befindet oder erst über Randsteine erreicht wird (BVerwG, Buchholz 406.11 § 127 Nr 14 = DVBl 1972, 894 = DÖV 1972, 860 = BauR 1972, 371 = ZMR 1973, 118; zu einem auch zum Anbau bestimmten Parkplatz vgl OVG Münster, KStZ 1973, 240 = ZMR 1973, 182; zur Abgrenzung Grünanlage – Kinderspielplatz und Fußweg als Bestandteil einer Grünanlage vgl BVerwGE 100, 104 = NVwZ 1996, 803 = Buchholz 406.11 § 127 Nr 82 = DÖV 1996, 744; zum unselbstständigen Kinderspielplatz als Bestandteil einer selbstständigen Grünanlage BVerwGE 97, 185 = NVwZ 1995, 1216 = Buchholz 406.11 § 127 Nr 76 = DVBl 1995, 527 = KStZ 1996, 150; zum Zusammentreffen von zwei in ihrer Funktion vergleichbaren benachbarten städtischen Grünanlagen BVerwG, NVwZ 1994, 908 = Buchholz 406.11 § 127 Nr 68 = KStZ 1994, 139 = ZMR 1994, 281).

Auch die **unselbstständigen Grünanlagen** sind eigene **Teileinrichtungen der Straßen**. Hierher gehören regelmäßig die Mittelstreifen von Straßen, die als Grünanlage hergerichtet sind. Eine große Grünanlage muss demgegenüber auch bei enger Verbindung zur Verkehrsanlage keine unselbstständige Grünanlage sein (vgl BVerwG, Buchholz 406.11 § 127 Nr 10 = DVBl 1971, 213 = DÖV 1971, 391 = BauR 1971, 121).

21 **Selbstständige Parkflächen** und **Grünanlagen** sind nur dann **Erschließungsanlagen** iSd Beitragsrechts, wenn sie nach städtebaulichen Grundsätzen **innerhalb der Baugebiete zu deren Erschließung notwendige Anlagen** (vgl BVerwGE 48, 205 = Buchholz 406.11 § 127 Nr 21 = VerwRspr 27, 692 = KStZ 1975, 231 = BauR 1975, 338) darstellen oder als unselbstständige Anlagen Bestandteile von Verkehrsanlagen sind. Lage und Größe der Grünanlage entscheiden darüber, ob es sich um Bestandteile einer Verkehrsanlage oder um eine selbstständige Anlage handelt (vgl BVerwGE 36, 155 = DVBl 1971, 214 = DÖV 1971, 389 = BauR 1971, 119 und BVerwGE 48, 205 = Buchholz 406.11 § 127 Nr 21 = VerwRspr 27, 692 = KStZ 1975, 231 = BauR 1975, 338). Die Lage am Rande eines Baugebietes schließt die Annahme einer selbstständigen (beitragsfähigen) Parkfläche bzw Grünanlage nicht aus. Eine selbstständige Grünanlage muss, um beitragsfähig zu sein, der **Benutzung** durch die **Allgemeinheit** zur Verfügung stehen und idS öffentlich sein (BVerwG, Buchholz 406.11 § 127 Nr 46 = NVwZ 1985, 833 = DVBl 1985, 1175 = DÖV 1985, 1060 = KStZ 1985, 212 = BauR 1985, 557 = ZMR 1985, 349). Sowohl besonders große wie auch sehr kleine Grünanlagen können als beitragsfähige Erschließungsanlagen ausscheiden (BVerwGE 48, 205 = Buchholz 406.11 § 127 Nr 21 = VerwRspr 27, 692 = KStZ 1975, 221 = BauR 1975, 338; BVerwGE 36, 155 = DVBl 1971, 214 = DÖV 1971, 389 = BauR 1971, 119). Schwierig ist die Notwendigkeit der Grünanlagen mitunter zu beurteilen, wenn sich in ihrem Einzugsgebiet viele Gärten befinden. Das Bundesverwaltungsgericht bejaht die Notwendigkeit dann, wenn zB in einem Gebiet mit offener Bauweise und Gärten auch Mieter wohnen, für die die Benutzung der Gärten nicht sichergestellt ist (BVerwGE 48, 205 = Buchholz 406.11 § 127 Nr 21 = VerwRs.pr 27, 692 = KStZ 1975, 221 = BauR 1975, 338 = ZMR 1976, 118).

22 Nachdem der Umfang des **Einzugsbereichs einer Grünanlage** früher umstritten war, hatte ihn das Bundesverwaltungsgericht nunmehr dahin konkretisiert, dass regelmäßig Grundstücke, die **nicht weiter als 200 m Luftlinie entfernt** sind, das Erschließungsgebiet bilden, wobei es im Einzelfall zu Abweichungen kommen kann (BVerwG, Buchholz 406.11 § 127 Nr 46 = NVwZ 1985, 833 = DVBl 1985, 1175 = DÖV 1985, 1060 = BauR 1985, 557 = ZMR 1985, 349). So können 200 m entfernte

Grundstücke nicht zum Erschließungsbezirk gehören, wenn von ihnen aus zur Erreichung der Grünanlage verkehrsreiche Straßen überquert werden müssen (BVerwGE 36, 155 = DVBl 1971, 214 = DÖV 1971, 389 = BauR 1971, 119). Schwieriger ist die Abgrenzung des Erschließungsgebiets bei selbstständigen öffentlichen Parkflächen. Das Bundesverwaltungsgericht hält eine hinreichend genaue und überzeugende Abgrenzung der erschlossenen Grundstücke von den nicht erschlossenen Grundstücken für idR nicht möglich (BVerwGE 78, 125 = Buchholz 406.11 § 127 Nr 50 = NVwZ 1988, 359 = DVBl 1988, 239 = DÖV 1988, 173 = KStZ 1987, 230 = BauR 1988, 198 = ZMR 1988, 25; zum Parkplatz, der auch zum Anbau bestimmt ist vgl OVG Münster, KStZ 1973, 240 = ZMR 1973, 182). Fraglich kann nach Wegfall der Kinderspielplätze als erschließungsbeitragspflichtige Anlagen sein, wie **unselbstständige Kinderspielplätze** als Bestandteil einer Grünanlage zu behandeln sind (bzgl Herausrechnung der Kosten des – unselbstständigen – Kinderspielplatzes vgl Driehaus, Erschließungs- und Ausbaubeiträge, 6. Aufl 2001, § 12 Rn 89 ff). Jedenfalls zum Erschließungsaufwand einer selbstständigen Grünanlage gehören Kosten für Wege und Sitzbänke innerhalb der Anlage (BVerwG, Buchholz 406.11 § 127 Nr 10 = DVBl 1971, 213 = DÖV 1971, 391 = BauR 1971, 121).

e) **§ 127 Abs2 Nr 5: Immissionsschutzanlagen:** Nach § 127 Abs 2 Nr 5 können **selbstständige Immissionsschutzanlagen**, die nicht schon Bestandteile von Erschließungsanlagen sind, einer Beitragspflicht unterworfen werden. Hier kommen vor allem **Lärmschutzmaßnahmen** in Betracht. Die Anlagen müssen zumindest dem Schutz einer größeren Anzahl von Grundstücken im Baugebiet zugute kommen. Der Schutz eines einzelnen Grundstücks genügt ebensowenig wie private Maßnahmen oder Maßnahmen, die nicht von der Gemeinde zu treffen sind, beitragspflichtig sein können. Nach der Entscheidung des BVerwG vom 23.06.1995 (BVerwGE 99, 18 = NVwZ 1996, 402 = Buchholz 406.11 § 131 Nr 98 = DVBl 1995, 1136 = DÖV 1996, 32) werden durch einen Wall zum Schutz vor Straßenlärm Grundstücke erschlossen, die durch die Anlage eine Schallpegelminderung von mindestens 3 dB(A) erfahren. Der Begriff „schädliche Umwelteinwirkungen" erschließt sich aus § 3 BImschG (vgl zu Nr 5 im Einzelnen noch Driehaus, Erschließungs- und Ausbaubeiträge, 6. Aufl 2001, § 12 Rn 93-101; Ziegler, KStZ 1981, 147 ff und Förster, ZfBR 1979, 226 fjeweils mwN).

IV. § 127 Abs 3

1. Kostenspaltung

Nach Abs 3 ist die Erhebung von Beiträgen für bestimmte **Teileinrichtungen** vor Fertigstellung der gesamten Erschließungsanlage zulässig (Kostenspaltung). Die **Kostenspaltung** soll der Gemeinde – wie die Erhebung von Vorausleistungen, vgl § 133 Abs 3 (zum Verhältnis von Vorausleistung und Kostenspaltung s BVerwG, Buchholz 406.11 § 131 Nr 48 = DÖV 1982, 992 = BRS 43, 233) – die Finanzierung der Erschließungsanlagen ermöglichen bzw erleichtern. So sind abspaltbar Teilmaßnahmen (Grunderwerb und Freilegung zB von den Ausbau verhindernden Aufbauten, Einfriedungen, Beseitigung von Bäumen, auch Kosten für den Grunderwerb einer flächenmäßigen Teilanlage, BVerwG, Buchholz 406.11 § 131 Nr 79 = NVwZ 1989, 1072 = DVBl 1989, 675 = KStZ 1990, 31 = ZMR 1989, 46) sowie endgültig hergestellte Teilanlagen wie Fahrbahnen, Geh- und Radwege, Straßen-

entwässerung, Straßenbeleuchtung, Parkstreifen, Grünanlagen. Im Unterschied zur Abrechnung im Wege der Abschnittsbildung sind die umlagefähigen Kosten der Teilmaßnahmen auf die durch die gesamte (später fertigzustellende) Erschließungsanlage erschlossenen Grundstücke umzulegen. Daher kann auch nicht bis zur endgültigen Fertigstellung und dem Vorliegen der Schlussrechnung offen bleiben, welche Grundstücke von der (fertigen) Erschließungsanlage erschlossen werden (BVerwG, Buchholz 406.11 § 127 Nr 18 = VerwRspr 25, 566 = DÖV 1975, 573 = BauR 1974, 337 = ZMR 1974, 307). Die vorweg abzurechnenden Teilanlagen müssen indes endgültig hergestellt sein. So ist zB eine Längsspaltung der Fahrbahn (BVerwGE 32, 226 = Buchholz 406.11 § 131 Nr 2 = NJW 1969, 1870 = VerwRspr 21, 212 = DVBl 1970, 79 = DÖV 1969, 864 = ZMR 1969, 371 und BVerwG, VerwRspr 20, 244 = DVBl 1969, 272 = KStZ 1969, 167 = ZMR 1969, 189; vgl auch BVerwGE 62, 308 = Buchholz 406.11 § 131 Nr 40 = NVwZ 1982, 246 = BauR 1982, 472 = ZMR 1982, 246) oder eine horizontale Spaltung etwa nach Unterbau, Verschleißdecke, Bordsteinen unzulässig (BVerwG, Buchholz 406.11 § 127 Nr 27 = VerwRspr 29, 222 = DÖV 1977, 678 = KStZ 1977, 130 = ZMR 1978, 319). Ebenso unzulässig ist es, Stützmauern im Wege der Kostenspaltung abzurechnen, sie sind keine Teilanlagen iSd § 127 Abs 3 (BVerwG, Buchholz 406.11 § 128 Nr 41 = NVwZ 1990, 78 = DVBl 1989, 1208 = ZMR 1990, 116).

2. Entstehen der Beitragspflicht im Falle der Kostenspaltung

25 Die Beitragspflicht entsteht gem § 133 Abs 2 Satz 1 im Falle der **Kostenspaltung** für die Teilbeträge sobald die **Maßnahmen**, deren Aufwand durch die Teilbeträge gedeckt werden soll, **abgeschlossen sind**. Nicht mehr möglich ist eine Abrechnung im Wege der Kostenspaltung von dem Zeitpunkt an, in dem die Erschließungsanlage insgesamt fertig gestellt ist (BVerwG, Buchholz 406.11 § 127 Nr 3 = VerwRspr 20, 76 = DVBl 1968, 808 = DÖV 1968, 883 = KStZ 1969, 78 = ZMR 1969, 22). Bis zu diesem Zeitpunkt können mehrere Heranziehungsbescheide für einzelne abrechenbare Teileinrichtungen ergehen (BVerwG, Buchholz 406.11 § 127 Nr 38 = NVwZ 1983, 473 = BauR 1983, 357). Da im Regelfall für den Beitragspflichtigen nicht ersichtlich ist, ob die Gemeinde vom Recht der Kostenspaltung Gebrauch machen will, bedarf es noch eines dahingehenden Ausspruchs der Gemeinde (BVerwG, Buchholz 406.11 § 133 Nr 46 = VerwRspr 25, 573 = DVBl 1974, 294 = KStZ 1974, 112 = BauR 1974, 54 = ZMR 1974, 91; vgl zur Abrechnung im Wege der Kostenspaltung nach – fehlerhaftem – Erlass eines endgültigen Beitragsbescheides BVerwGE 68, 48 = Buchholz 406.11 § 130 Nr 28 = NVwZ 1984, 369 = DVBl 1984, 186 = BRS 43, 130). Der **Ausspruch der Kostenspaltung bedarf keiner Veröffentlichung**; wer ihn erlässt, ist nach Landesrecht zu beurteilen (vgl BVerwG, Buchholz 406.11 § 130 Nr 6 = DVBl 1970, 904 = BRS 37, 79 = ZMR 1970, 382). Gemäß § 132 Nr 3 ist die Kostenspaltung davon abhängig, dass sie in der Erschließungsbeitragssatzung vorgesehen ist. Nicht dagegen ist eine Widmung Voraussetzung für das Entstehen der Teilbeitragspflicht im Wege der Kostenspaltung (BVerwG, Buchholz 406.11. § 127 Nr 3 = VerwRspr 20, 76 = DVBl 1968, 808 = DÖV 1968, 883 = KStZ 1969, 78 = ZMR 1969, 22).

3. Kostenspaltung und Erschließungseinheit

26 Auch bei der Ermittlung des Erschließungsaufwands für mehrere Anlagen insgesamt (§ 130 Abs 2 Satz 2, sog **Erschließungseinheit**) können Teileinrichtungen im Wege

der Kostenspaltung abgerechnet werden. Die **abzurechnende Teileinrichtung** muss dann ein und **dieselbe Teileinrichtung sämtlicher Anlagen der Einheit darstellen** (BVerwG, Buchholz 406.11 § 130 Nr 23 = VerwRspr 30, 475 = KStZ 1979, 90 = BauR 1979, 51 = ZMR 1979, 255). Nicht zulässig ist es, eine mit allen Einrichtungen fertiggestellte Teilanlage einer Straße im Wege der Kostenspaltung und unter Einbeziehung aller von der gesamten Straße erschlossenen Grundstücke im Wege der sog Querspaltung abzurechnen (BVerwGE 56, 238 = Buchholz 406.11 § 127 Nr 30 = VerwRspr 30, 364 = DVBl 1979, 119 = BauR 1978, 477 = ZMR 1979, 252 unter Aufgabe von BVerwG, Buchholz 406.11 § 127 Nr 13 = DVBl 1972, 227 = DÖV 1972, 501 = KStZ 1972, 107 = ZMR 1972, 153; zur Frage der Kostenspaltung bei Teileinrichtung eines Abschnitts vgl Driehaus, Erschließungs- und Ausbaubeiträge, 6. Aufl 2001, 20 Rn 2 ff; zur sog Längsspaltung s BVerwG, Buchholz 406.11 § 127 Nr 22 = VerwRspr 27, 706 = DÖV 1976, 347 = BRS 37, 86 = ZMR 1976, 319). Die Kostenspaltung dürfte bis zur Beschlussfassung über die Bildung einer Erschließungseinheit hinsichtlich der einzelnen Erschließungsanlagen möglich sein. Ob dafür ein Bedürfnis besteht, ist wegen der Möglichkeit der Erhebung von Vorausleistungen auf den Erschließungsbeitrag fraglich.

Die Erhebung eines Erschließungsteilbeitrags im Wege der Kostenspaltung setzt eine rechtmäßige Herstellung der Teilanlagen voraus, deren Kosten Gegenstand der Veranlagung sind (BVerwG, DVBl 1991, 449 = BayVBl 1991, 282 = HSGZ 1991, 162 = ZMR 1991, 153).

Von der Kostenspaltung streng zu unterscheiden ist die in § 130 Abs 2 Satz 1 geregelte Abschnittsbildung (vgl dazu im Einzelnen die Anm zu dieser Vorschrift).

4. § 127 Abs 4

§ 127 Abs 4 stellt klar, dass das Recht aufgrund anderer, insbesondere landesrechtlicher Regelungen Abgaben für Anlagen zu erheben, die nicht Erschließungsanlagen iSd § 127 Abs 2 sind, unberührt bleibt. Zu nennen sind hier vor allem die – in den (Landes-) Kommunalabgabengesetzen geregelten – Ausbau- oder Straßenbeiträge und die Abgaben iR der Wasserversorgung und der Abwasserbeseitigung (vgl auch § 128 Abs 2). Ein Bescheid, der zu Unrecht auf Straßenbeitragsrecht gestützt ist, muss gem § 113 Abs 1 Satz 1 VwGO daraufhin überprüft werden, ob und ggf in welchem Umfang er mit Blick auf das Erschließungsbeitragsrecht aufrechterhalten werden kann (BVerwG, NVwZ 1994, 903 = Buchholz 406.11 § 133 Nr 122 = KStZ 1994, 72 und BVerwG, NVwZ 1991, 999 = Buchholz 406.11 § 135 Nr 32 sowie BVerwG, NVwZ 1994, 297 = Buchholz 406.11 § 127 Nr 66).

27

Anhang

▶ **Muster**
Widerspruch gegen einen Erschließungsbeitragsbescheid

Vorab per Telefax:

An die

Stadt

Betr.: Erschließungsbeitragsbescheid vom ... für das Grundstück Parzelle Nr ... über ... EUR

Sehr geehrter Herr Bürgermeister,

sehr geehrte Damen und Herren,

wir beehren uns anzuzeigen, dass uns die Eheleute A mit der Wahrnehmung ihrer Interessen beauftragt haben. Anwaltliche Vollmacht fügen wir bei.

Namens und im Auftrag unserer Mandanten erheben wir hiermit gegen den Erschließungsbeitragsbescheid vom ..., zugestellt am ...,

Widerspruch

ein und stellen den

Antrag:

1. Der Erschließungsbeitragsbescheid vom ..., zugestellt am ... ist aufzuheben.
2. Die Hinzuziehung des Bevollmächtigten im Widerspruchsverfahren ist für notwendig zu erklären.

Gründe:

Der Beitragsbescheid ist rechtswidrig und verletzt unsere Mandanten in ihren Rechten.

Prüfungsschema nach Döhring, in: Johlen, Münchener Prozessformularhandbuch Verwaltungsrecht E I 1:

1. Formale Rechtmäßigkeit des Bescheides (insbesondere hinreichende Bestimmtheit)
2. Inhaltliche Richtigkeit des Bescheides (insbesondere richtiger Adressat und zutreffende Beitragsermittlung)
3. Gültigkeit der Erschließungsbeitragssatzung
4. Erstmalige Herstellung
5. Beitragsfähigkeit der abgerechneten Anlage
6. Rechtlich einwandfreie Aufwandsermittlung
7. Erschlossensein des Grundstücks insbesondere beitragsrechtlich relevante Nutzbarkeit und Erreichbarkeit der Erschließungsanlage
8. Entstandene Beitragspflicht
9. Ordnungsgemäße Aufwandsverteilung
10. Verjährung

Muster
Antrag an die Behörde auf Aussetzung der Vollziehung des Erschließungsbeitragsbescheides nach § 80 Abs 4 VwGO

An die

Stadt

Betr.: Erschließungsbeitragsbescheid vom ... für das Grundstück ...

Sehr geehrte Damen und Herren,

unter Bezugnahme auf den für unseren Mandanten mit Schreiben vom ... eingelegten Widerspruch **beantragen** wir gem § 80 Abs 4 VwGO die Aussetzung der Vollziehung.

1. Dem Antrag ist stattzugeben, da ernstliche Zweifel an der Rechtmäßigkeit des angefochtenen Beitragsbescheides bestehen. [...]

2. Im Übrigen hätte die Vollziehung des Bescheides für unseren Herrn Mandanten eine unbillige, nicht durch überwiegend öffentliche Interessen gebotene Härte zur Folge (§ 80 Abs 4 Satz 3 2. Alt VwGO). Es ist ihm finanziell nicht möglich, den erheblichen Erschließungsbeitrag zu finanzieren. [...]

Zur Glaubhaftmachung verweisen wir auf die Auskünfte des Wirtschaftsprüfers und des Kreditinstituts sowie die eidesstattliche Versicherung.

3. Wegen der bereits am ... eintretenden Fälligkeit des Beitrages bitten wir, über den Antrag bis spätestens ... zu entscheiden. Nach Ablauf der Frist werden wir beim Verwaltungsgericht die Aussetzung der Vollziehung nach § 80 Abs 5 VwGO beantragen.

Anmerkung:

Nach § 80 Abs 6 Satz 1 VwGO ist der Antrag nach § 80 Abs 5 VwGO in den Fällen des § 80 Abs 2 Nr 1 VwGO nur zulässig, wenn die Behörde einen Antrag auf Aussetzung der Vollziehung ganz oder zum Teil abgelehnt hat. Dies gilt nicht, wenn die Behörde über den Antrag ohne Mitteilung eines zureichenden Grundes in angemessener Frist sachlich nicht entschieden hat oder eine Vollstreckung droht. Das besondere Verfahren nach § 80 Abs 6 VwGO kann nicht durch Einlassung nachgeholt werden, sondern ist Zulässigkeitsvoraussetzung bei Rechtshängigwerden des gerichtlichen Aussetzungsverfahrens (OVG Bautzen SächsVBl 1999, 166; VGH Kassel DVBl 1994, 805; OVG Koblenz NVwZ-RR 1992, 590; VGH München, BayVBl 2000, 725; OVG Saar AS 24, 235 ff).

▶ **Muster**
Antrag an das Verwaltungsgericht auf Anordnung der aufschiebenden Wirkung des Widerspruchs gegen Erschließungsbeitragsbescheid gem § 80 Abs 5 VwGO

An das

Verwaltungsgericht

In dem Verfahren

der Fa. X GmbH, vertreten durch den Geschäftsführer

– Antragstellerin –

Verfahrensbevollmächtigte:

g e g e n

den Oberbürgermeister der Stadt S

– Antragsgegner –

wegen Anordnung der aufschiebenden Wirkung (Erschließungsbeitrag)

b e a n t r a g e n wir namens und in Vollmacht des Antragstellers

1. Die aufschiebende Wirkung des Widerspruchs vom ... gegen den Erschließungsbeitragsbescheid vom ... für das Grundstück ... wird angeordnet.

2. Der Antragsgegner hat die Kosten des Verfahrens zu tragen.

G r ü n d e :

I. Mit Bescheid vom ... hat der Antragsgegner die Antragstellerin zu einem Erschließungsbeitragsbescheid über ... herangezogen. Gegen diesen am ... bekannt gegebenen Bescheid hat die Antragstellerin mit Schreiben vom ... Widerspruch eingelegt. Der

gleichzeitig gem § 80 Abs 4 VwGO gestellte Antrag auf Aussetzung der Vollziehung hat der Antragsgegner mit Schreiben vom ... abgelehnt.

Glaubhaftmachung:
1. Vorlage des Erschließungsbeitragsbescheides vom ...,
2. Vorlage der Widerspruchseinlegungsschrift vom ...,
3. Vorlage des Ablehnungsschreibens über den Antrag auf Aussetzung der Vollziehung

II. Die aufschiebende Wirkung eines Rechtsbehelfs gegen einen Heranziehungsbescheid zu öffentlichen Abgaben ist dann anzuordnen, wenn iSd entsprechend anzuwendenden § 80 Abs 4 Satz 3 VwGO ernstliche Zweifel an der Rechtmäßigkeit des angegriffenen Verwaltungsakts bestehen oder die Vollziehung für den Abgabenpflichtigen eine unbillige, nicht durch überwiegend öffentliches Interesse gebotene Härte zur Folge hätte. Vorliegend bestehen ernstliche Zweifel an der Rechtmäßigkeit des Erschließungsbeitragsbescheides. [...]

III. Im Hinblick auf die bevorstehende Fälligkeit des Beitrags wird darum gebeten, die Antragsgegnerin aufzufordern, die Vollziehung des Bescheides bis zur Entscheidung des Verwaltungsgerichts über den gegenständlichen Antrag auszusetzen. ◄

§ 128 Umfang des Erschließungsaufwands

(1) Der Erschließungsaufwand nach § 127 umfasst die Kosten für
1. den Erwerb und die Freilegung der Flächen für die Erschließungsanlagen;
2. ihre erstmalige Herstellung einschließlich der Einrichtungen für ihre Entwässerung und ihre Beleuchtung;
3. die Übernahme von Anlagen als gemeindliche Erschließungsanlagen.

Der Erschließungsaufwand umfasst auch den Wert der von der Gemeinde aus ihrem Vermögen bereitgestellten Flächen im Zeitpunkt der Bereitstellung. Zu den Kosten für den Erwerb der Flächen für Erschließungsanlagen gehört im Falle einer erschließungsbeitragspflichtigen Zuteilung im Sinne des § 57 Satz 4 und des § 58 Abs. 1 Satz 1 auch der Wert nach § 68 Abs. 1 Nr. 4.

(2) Soweit die Gemeinden nach Landesrecht berechtigt sind, Beiträge zu den Kosten für Erweiterungen oder Verbesserungen von Erschließungsanlagen zu erheben, bleibt dieses Recht unberührt. Die Länder können bestimmen, dass die Kosten für die Beleuchtung der Erschließungsanlagen in den Erschließungsaufwand nicht einzubeziehen sind.

(3) Der Erschließungsaufwand umfasst nicht die Kosten für
1. Brücken, Tunnels und Unterführungen mit den dazugehörigen Rampen;
2. die Fahrbahnen der Ortsdurchfahrten von Bundesstraßen sowie von Landstraßen I. und II. Ordnung, soweit die Fahrbahnen dieser Straßen keine größere Breite als ihre anschließenden freien Strecken erfordern.

Gesamtübersicht

	Rn		Rn
I. Einleitung § 128 Abs 1	1	6. Aus dem Vermögen der Gemeinde bereit gestellte Flächen (Abs 1 Satz 2)	22
1. Notwendig entstandener Aufwand	2	7. Weitere Kosten für den Erwerb iSv § 128 Abs 1 Satz 3	23
2. Kein Abschlag bei spätem Herstellungszeitpunkt	3	**II. Straßen- bzw Ausbaubeiträge**	24
3. Eigene Verwaltungskosten der Gemeinde	4	**III. Aus dem Erschließungsaufwand herausgenommene Kosten**	25
4. Fremdkapitalkosten als Kosten iSv § 128 Abs 1 Satz 1	5	1. § 128 Abs 3 Nr 1: Brücken, Tunnels und Unterführungen	25
5. Katalog des § 128 Abs 1 Satz 1	6	2. § 128 Abs 3 Nr 2: klassifizierte Straßen	26
a) § 128 Abs 1 Satz 1 Nr 1	6		
b) § 128 Abs 1 Satz 1 Nr 2	10		
c) § 128 Abs 1 Satz 1 Nr 3	21		

I. Einleitung § 128 Abs 1

§ 128 Abs 1 zeigt den Rahmen auf, in dem der Erschließungsaufwand nach § 127 in die Beitragserhebung einfließen kann. Nicht alle Maßnahmen – und damit nicht der gesamte Aufwand, den der Erschließungsträger zur Erfüllung seiner Erschließungslast hat – dürfen umgelegt werden. Die Vorschrift grenzt somit abschließend die **Kosten** ein, die von der Gemeinde **für die beitragsfähigen Anlagen** (§ 127) bei der **Beitragserhebung angesetzt werden können** (BVerwG, Buchholz 406.11 § 128 Nr 24 = VerwRspr 31, 600 = DVBl 1979, 785 = DÖV 1979, 646 = KStZ 1979, 192 = BauR 1979, 417). Eine weitere Begrenzung erfährt die Beitragserhebung durch die Vorschrift des § 129. Zum Erschließungsaufwand iSd § 128 Abs 1 gehört nur der Aufwand der Gemeinde, den sie im Zusammenhang mit ihrer Aufgabe als Erschließungsträger aufgrund gesetzlicher oder vertraglicher Verpflichtungen machen musste (zuletzt BVerwG, NVwZ-RR 1998, 514 = DVBl 1998, 54 = ZMR 1997, 668).

1. Notwendig entstandener Aufwand

Erschließungsaufwand kann nur der dem Erschließungsträger **notwendig entstandene Aufwand** sein, der im Einzelfall als entstanden nachzuweisen ist. Dazu zählen nicht Kosten für vom Anlieger erstellte Teilmaßnahmen, die beim Ausbau der Erschließungsanlage mitverwendet werden. Dem Anlieger steht hierfür grds kein Ersatzanspruch zu. Eine Vergünstigung kommt ihm lediglich – wie allen anderen Anliegern auch – insoweit zu, als der Wert der übernommenen Maßnahmen nicht in die Erschließungskosten einfließt, womit der Beitrag letztendlich (anteilmäßig) geringer ausfällt (vgl BVerwG, Buchholz 406.11 § 128 Nr 24 = VerwRspr 32, 600 = DVBl 1979, 785 = DÖV 1979, 646 = KStZ 1979, 192 = BauR 1979, 417; zu unentgeltlichen Zuwendungen an die Gemeinde, zB seitens der Anlieger, s Driehaus, Erschließungs- und Ausbaubeiträge, 6. Aufl 2001, § 13 Rn 8 ff). Die **Kostenermittlung** seitens der Gemeinde hat grds **auf den Cent genau** zu erfolgen. Nur dort, wo dies aufgrund **besonderer Umstände** nicht möglich ist, **kann davon abgesehen werden**, wenn feststeht, dass ein Aufwand in der den Beiträgen zugrunde liegenden Höhe entstanden ist. Nur in diesem Umfange besteht dann eine gerichtliche

Nachprüfungsmöglichkeit. Dabei sind **gesicherte Erfahrungssätze** heranzuziehen. Keineswegs führt die fehlende Möglichkeit der exakten Kostenermittlung dazu, dass ein entstandener Aufwand überhaupt nicht geltend gemacht werden kann (vgl BVerwGE 68, 249 = Buchholz 406.11 § 130 Nr 29 = NVwZ 1984, 437 = DVBl 1984, 494 = DÖV 1984, 934 = KStZ 1984, 231 = BRS 43, 118 = ZMR 1984, 103 sowie BVerwG, Buchholz 406.11 § 125 Nr 19 = NJW 1986, 1122 = DVBl 1986, 345 = DÖV 1986, 380 = KStZ 1986, 72 = BauR 1985, 682 = ZMR 1986, 65 und BVerwG, Buchholz 406.11 § 130 Nr 35 = NVwZ 1986, 299 = BRS 43, 239). Diese Schätzungsbefugnis der Gemeinden in Ausnahmefällen wird vom Bundesverwaltungsgericht dem Gericht – über § 287 Abs 2 ZPO – nicht zugestanden (vgl BVerwG, Buchholz 406.11 § 125 Nr 19 = NJW 1986, 1122 = DVBl 1986, 345 = DÖV 1986, 380 = KStZ 1986, 72 = BauR 1985, 682 = ZMR 1986, 65).

2. Kein Abschlag bei spätem Herstellungszeitpunkt

3 Vor allem dann, wenn Eigentümer bereits bebauter Grundstücke längere Zeit auf die Herstellung der Erschließungsanlage haben warten müssen, wird dem Beitragsbescheid entgegengehalten, eine frühere Herstellung sei insbesondere wegen zwischenzeitlicher Preissteigerungen kostengünstiger gewesen, so dass ein Abschlag zu machen sei. Seltener wird eine spätere Herstellung kostengünstiger sein. Abgesehen davon, dass häufig finanzielle Gegebenheiten einen bestimmten meist späteren Herstellungszeitpunkt erfordern können, haben die Gemeinden **hinsichtlich des Herstellungszeitpunkts eine weite Ermessensfreiheit** (BVerwG, Buchholz 406.11 § 128 Nr 35 = NVwZ 1986, 925 = DVBl 1986, 349 = KStZ 1986, 91). Was die lange **Dauer des Ausbaus** einer Erschließungsanlage betrifft, so hat sie allein auf die **Rechtmäßigkeit des Erschließungsbeitrags keinen Einfluss**. Das Bundesverwaltungsgericht (BVerwGE 85, 66 = NVwZ 1990, 873 = DVBl 1990, 786 = DÖV 1990, 784 = KStZ 1990, 159 L = HSGZ 1990, 292 = ZKF 1990, 185 = ZfBR 1990, 250) hat darauf hingewiesen, dass jede Verzögerung des Zeitpunkts des Entstehens der sachlichen Beitragspflichten zur Folge hat, dass die Beitragspflichtigen erst später zur Zahlung des Beitrags in Anspruch genommen werden und deshalb länger im Genuss des Ertrags des andernfalls durch die Zahlung des Beitrags verbrauchten Kapitals bleiben.

3. Eigene Verwaltungskosten der Gemeinde

4 **Eigene Verwaltungskosten** der Gemeinde **gehören** nicht zum **beitragsfähigen Erschließungsaufwand**, soweit sie durch den Einsatz eigener Dienstkräfte entstehen, demgegenüber aber der Aufwand für eigens zur Herstellung von Erschließungsanlagen eingestelltes Personal (vgl BVerwGE 31, 90 = Buchholz 406.11 § 128 Nr 2 = VerwRspr 20 440 = DVBl 1969, 271 = DÖV 1969, 358 = KStZ 1969, 199 = ZMR 1969, 188 sowie BVerwG, Buchholz 406.11 § 133 Nr 31 = DVBl 1969, 82 = ZMR 1970, 148 und BVerwGE 34, 19 = Buchholz 406.11 § 128 Nr 5 = VerwRspr 21, 214 = DVBl 1970, 81).

4. Fremdkapitalkosten als Kosten iSv § 128 Abs 1 Satz 1

5 Zu den Kosten iSd § 128 Abs 1 Satz 1 gehören auch **Fremdkapitalkosten**, vornehmlich also Zinsen und sonstige Darlehensnebenkosten sowie ein eventuelles Disagio (zu den Anforderungen an Fremdkapitalkosten im Einzelnen vgl BVerwGE 45,

215 = Buchholz 406.11 § 128 Nr 16 = NJW 1974, 2147 = VerwRspr 26, 957 = DVBl 1974, 783 = DÖV 1974, 712 = KStZ 1974, 231 = BauR 1974, 339 = ZMR 1975, 90; Driehaus, Erschließungs- und Ausbaubeiträge, 6. Aufl 2001, 13 Rn 12 ff; Richarz, KStZ 1991, 105 ff und Klinkhardt, NVwZ 1999, 47 ff), jedoch nicht Zinsen auf für den beitragsfähigen Erschließungsaufwand verwandtes Eigenkapital der Gemeinde (BVerwGE 85, 306 = NVwZ 1991, 485 = DÖV 1991, 460 = KStZ 1991, 70 auch zur Höhe der Fremdkapitalkosten nach Übergang vom Einzeldeckungsprinzip zum Gesamtdeckungsprinzip). Der Zeitraum, für den **Zinsen** auf eingesetztes **Fremdkapital** in den beitragsfähigen Erschließungsaufwand aufgenommen werden können, endet in dem Zeitpunkt, in dem die sachlichen Erschließungsbeitragspflichten für die abgerechnete Erschließungsanlage entstanden sind (BVerwG, NVwZ 1993, 1200 = Buchholz 406.11 § 128 Nr 47 = KStZ 1993, 118 = ZMR 1993, 296 – auch zu Zinsen auf Fremdkapitalkosten bei Ermittlung von Vorausleistungen auf den Erschließungsbeitrag – sowie BVerwG, NVwZ 1993, 1205 = Buchholz 406.11 § 133 Nr 117 = KStZ 1995, 36; zur Berechnung von Fremdfinanzierungskosten neuerdings BVerwG, Urteil v 23.02.2000 – 11 C 3/99: keine Fremdfinanzierungskosten bei jahrelanger Verzögerung der Abrechenbarkeit durch Gemeinde sowie zu Zinseszinsen; vgl auch OVG Münster, ZMR 2000, 259).

5. Katalog des § 128 Abs 1 Satz 1

a) § 128 Abs 1 Satz 1 Nr 1: Kosten für Erwerb und Freilegung von Flächen: 6
Gemäß § 128 Abs 1 Nr 1 umfasst der Erschließungsaufwand zunächst die Kosten für den **Erwerb und die Freilegung der Flächen** für die Erschließungsanlagen. Auch hier gilt, dass **nur tatsächlich entstandene** und nicht fiktive Kosten Berücksichtigung finden können (BVerwG, Buchholz 406.11 § 128 Nr 8 = VerwRspr 29, 463 = KStZ 1978, 110 = BauR 1977, 411 = ZMR 1978, 346). Der Erwerb ist nicht nur durch Kauf, sondern auch im Wege des Tausches und anderer Erwerbsarten möglich. Zu den Erwerbskosten gehören auch Nebenkosten wie Grunderwerbssteuer, Notar-, Makler- Vermessungs- und Grundbuchkosten, sofern sie tatsächlich zu Lasten der Gemeinde zu Buche schlagen (BVerwG, Buchholz 406.11 § 128 Nr 17 = DÖV 1976, 351 = KStZ 1976, 210; BVerwGE 59, 249 = Buchholz 406.11 § 129 Nr 14 = VerwRspr 31, 836 = DVBl 1980, 754 = DÖV 1980, 343 = KStZ 1980, 68 = ZMR 1980, 284; für die Bereitstellung von Flächen aus Gemeindeeigentum vgl BVerwG, Buchholz 406.11 § 133 Nr 66 = VerwRspr 30, 954 = DÖV 1979, 644 = KStZ 1980, 52 = BauR 1979, 415 = ZMR 1980, 282; zur Frage, ob bei Bereitstellung gemeindeeigener Flächen die Vermessung zur Erfüllung des Merkmals Grunderwerb gehört vgl OVG Münster v 28.07.1997 – 3 B 116/96, EstT NW 1997, 629). Zu den Erwerbskosten zählen auch die für die aufstehenden Baulichkeiten, Bäume, Sträucher uä notwendigerweise in Ansatz zu bringenden Aufwendungen. Der für die Bewertung einer von der Gemeinde aus ihrem Vermögen iSd § 128 Abs 1 Satz 2 bereitgestellten Grundfläche maßgebende Bereitstellungszeitpunkt ist der Zeitpunkt, in dem diese Fläche erkennbar aus dem allgemeinen Liegenschaftsvermögen ausscheidet, fehlt es an einem Bereitstellungsakt, der Zeitpunkt der tatsächlichen Inanspruchnahme und Eintritt der Planreife bzw Fertigstellung des Ausbauplans (BVerwG, NVwZ 1995, 1205 = Buchholz 406.11 § 128 Nr 49 = KStZ 1996, 151 = ZMR 1995, 331).

§ 128 Erstes Kapitel. Sechster Teil. Zweiter Abschnitt

7 Eine Anrechnung des Wertes des von der Gemeinde – insbesondere nach der Rechtslage vor Inkrafttreten des Bundesbaugesetzes – unentgeltlich abgetretenen Geländes ist grds ausgeschlossen (zur Möglichkeit der Einbeziehung in den Erschließungsaufwand wegen Wegfalls bzw Änderung der Geschäftsgrundlage vgl BVerwG, Buchholz 406.11 § 128 Nr 27 = DÖV 1980, 835 = KStZ 1980, 231 = BauR 1980, 566 und BVerwG, Buchholz 406.11 § 128 Nr 29 = DÖV 1983, 939 = KStZ 1983, 138). Das gilt regelmäßig auch für Grundstücksflächen, die ihr für die Erschließungsanlage geschenkt wurden oder die sie durch erbrechtliche Vorgänge für die bestimmte abzurechnende Erschließungsanlage, ohne eine Gegenleistung erbringen zu müssen, erhalten hat.

Nicht „unentgeltlich" im obigen Sinne sind Geländeabtretungen mit der Maßgabe, dass eine Anrechnung auf den Erschließungsbeitrag erfolgen soll, was in Zweifelsfällen im Wege der Auslegung der (öffentlich-rechtlichen) Vereinbarungen zu ermitteln ist. Denkbar ist in diesen Fällen auch eine partiell „unentgeltliche" Abtretung, bzw eine Abtretung unter Wert. Nicht verlangt werden kann aber bei vom Anlieger unentgeltlich oder unter dem Verkehrswert abgetretenen Grundflächen, dass er nachträglich eine höhere Entschädigung erhält, die sich beitragserhöhend auswirkt (BVerwG, Buchholz 406.11 § 128 Nr 14 = NJW 1974, 1375 = DÖV 1974, 573 L = BauR 1974, 325 = ZMR 1974, 309). Die vorstehenden Grundsätze können auch durch anderslautende satzungsrechtliche Regelungen nicht zum Nachteil der Beitragspflichtigen modifiziert werden. Entgegenstehende Regelungen sind unwirksam.

Ist der Wert des Grundstücks nicht ausdrücklich vereinbart oder sonst festgelegt, so ist der Verkehrswert maßgebend, der im Einzelfall zu ermitteln ist.

8 Außerdem sind nach Nr 1 des § 128 Abs 1 die **Kosten der Freilegung** in den Erschließungsaufwand einzubeziehen. Darunter ist **insbesondere die Beseitigung** der der Herstellung der Erschließungsanlage entgegenstehenden Aufbauten (Abbruch), Bäume und Sträucher zu verstehen, die auf den Straßenflächen stehen. Nach Pfalzgraf (HSGZ 1991, 41f) gehört zu den Kosten für die Freilegung von Flächen auch die naturschutzrechtliche Abgabe (Ausgleichsabgabe) nach § 6 Abs 3 HessNatSchG. Kosten, die der Gemeinde durch den Abbruch von Gebäudeteilen außerhalb der Straßentrasse entstehen, sind keine Freilegungskosten (vgl zuletzt OVG Münster, HSGZ 1991, 266 zum Landesausbaubeitragsrecht). Zur „Freilegung von Flächen" in § 128 Abs 1 Satz 1 Nr 1 gehört auch die Beseitigung von Hindernissen unterhalb der Erdoberfläche wie das Entfernen von Ruinen im Boden (BVerwG, NVwZ, 1993, 1203 = Buchholz 406.11 § 123 Nr 37 = KStZ 1993, 31 = ZMR 1993, 82).

9 Nach der Überleitungsvorschrift des § 242 Abs 6 ist § 128 Abs 1 auch anzuwenden, wenn der Umlegungsplan (§ 66) oder die Vorwegregelung (§ 76) vor dem 01.07.1987 ortsüblich bekannt gemacht worden ist (§ 71).

10 **b) § 128 Abs 1 Satz 1 Nr 2: Kosten für die erstmalige Herstellung:** Nach § 128 Abs 1 Nr 2 umfasst der Erschließungsaufwand (auch) die Kosten für die **erstmalige Herstellung der Erschließungsanlagen** einschließlich der Einrichtungen für ihre Entwässerung und ihre Beleuchtung. Dazu gehören alle Maßnahmen bis zur endgültigen Fertigstellung der Erschließungsanlagen. Gemäß § 132 Nr 4 sind die Merkmale der endgültigen Herstellung einer Erschließungsanlage durch Satzung zu regeln. Ob es sich tatsächlich um eine erstmalige Herstellung – als anspruchsbegründende Voraussetzung – handelt, ist oft umstritten. **War die Erschließungsan-**

lage schon einmal – nach damaligen Maßstäben – **fertig gestellt, kommen Beiträge** für eine Erneuerung oder Erweiterung (Verbesserung) der Anlage **nach den Kommunalabgabengesetzen in Betracht**. Diese sind wegen des idR höheren Gemeindeanteils meist niedriger und damit für den Anlieger günstiger. Nach der neuesten Rechtsprechung des Bundesverwaltungsgerichts bedarf es bei einer zu Unrecht auf das Straßenbaubeitragsrecht gestützten Heranziehung im gerichtlichen Verfahren keiner Umdeutung durch das Gericht, so dass es auf die Voraussetzungen für eine Umdeutung nicht ankommt. Vielmehr ist das Gericht gem **§ 113 Abs 1 Satz 1** VwGO zur Prüfung verpflichtet, ob und in welchem Umfange der Bescheid mit Blick auf das Erschließungsbeitragsrecht aufrechterhalten werden kann. Landesrechtliche Bestimmungen über den Inhalt eines Abgabenbescheides lassen diese Pflicht unberührt (vgl BVerwGE 80, 96 = Buchholz 406.11 § 135 Nr 30 = NVwZ 1989, 471 = DVBl 1988, 1161 = DÖV 1988, 1061 = KStZ 1988, 230; BVerwG, NVwZ 1991, 999 = Buchholz 406.11 § 135 Nr 32 = ZKF 1992, 85). Es handelt sich um einen Fall der Anwendung anderer Rechtsvorschriften bei der richterlichen Rechtsanwendung. Nichts anderes kann bei einem zu Unrecht auf Erschließungsbeitragsrecht gestützten Bescheid gelten. Diese Rechtsprechung ist indes nicht ganz unbedenklich, wenn man davon ausgeht, dass es sich im Hinblick auf die unterschiedlichen Rechtsgrundlagen um wesensverschiedene Bescheide handelt, so dass doch das Institut der Umdeutung in Frage kommt. Dann aber ist zu beachten, dass die Umdeutung nicht zu einer Schlechterstellung des Beitragspflichtigen führen darf (vgl OVG Lüneburg, NVwZ 1989, 582 sowie zur Kritik an der Rspr des Bundesverwaltungsgerichts Erbguth, NVwZ 1989, 531; vgl auch OVG Münster, NVwZ-RR 1991, 265, das nach nordrhein-westfälischem Landesrecht nur eine Umdeutung für möglich hält).

Die **Beweis- bzw Feststellungslast** für das Vorliegen des **Merkmals der Erstmaligkeit** trägt die Gemeinde. Ob eine Erschließungsanlage bereits einmal endgültig hergestellt war, richtet sich nach dem seinerzeit gültigen Recht und dem Willen der Gemeinde, der mitunter in der Anlegung von Verzeichnissen fertiggestellter Straßen zum Audruck kommt. Bleibt dabei unaufklärbar, ob eine funktionstüchtige, zur Erschließung geeignete Straße vorhanden war, so trägt dafür der Anlieger die Feststellungslast (BVerwG, Buchholz 406.11 § 133 Nr 67 = DÖV 1979, 602 = KStZ 1979, 190 = BauR 1979, 313 = ZMR 1980, 94 und BVerwG, Buchholz 406.11 § 125 Nr 23 = NVwZ-RR 1989, 497 = DVBl 1989, 420, das in einem Falle, in dem feststand, dass unter der Geltung des alten Rechts eine funktionstüchtige Straße vorhanden war, aber offen war, ob diese dem Inhalt eines nicht mehr auffindbaren Bebauungsplans entsprach, der Gemeinde für den Fall der Unerweislichkeit des Planinhalts die Feststellungslast aufbürdete).

Die (erstmalige) Herstellung von Erschließungsanlagen kann sich über Jahrzehnte hin erstrecken. Daher können noch nicht abgerechnete Kosten, die zu Beginn der Herstellung entstanden sind, nach der endgültigen Fertigstellung noch geltend gemacht werden (vgl BVerwG, VerwRspr 20, 244 = DVBl 1969, 272 = KStZ 1969, 167 = ZMR 1969, 250; BVerwGE 31, 90 = Buchholz 406.11 § 128 Nr 2 = VerwRspr 20, 440 = DVBl 1969, 271 = DÖV 1969, 358 = KStZ 1969, 199 = ZMR 1969, 188; BVerwG, Buchholz 406.11 § 128 Nr 12 = BRS 37, 93 = ZMR 1973, 280). Das gilt auch für Fälle, in denen Teile einer Erschließungsanlage bereits fertig gestellt waren, ohne dass die Gemeinde von der Möglichkeit der Abschnittsbildung oder

§ 128 Erstes Kapitel. Sechster Teil. Zweiter Abschnitt

Kostenspaltung Gebrauch gemacht hat (für den Fall, dass eine Teilanlage insgesamt schon endgültig hergestellt wurde vgl BVerwGE 31, 90 = Buchholz 406.11 § 133 Nr 27 = ZMR 1969, 152; vgl auch BVerwGE 85, 66 = NVwZ 1990, 873 = Buchholz 406.11 § 125 Nr 27 = DVBl 1990, 786 = DÖV 1990, 784 = ZMR 1990, 392).

13 **Endgültig hergestellt** ist die Erschließungsanlage erst, wenn sie den **im Gesetz, der Satzung und den Plänen der Gemeinde aufgestellten Anforderungen entspricht**, wobei insbesondere bestehende Ausbauprogramme zu beachten sind. Dabei sind Programmänderungen bis zur endgültigen Herstellung der Anlage noch möglich (vgl BVerwGE 31, 90 = Buchholz 406.11 § 128 Nr 2 = VerwRspr 20, 440 = DVBl 1969, 271 = DÖV 1969, 358 = KStZ 1969, 199 = ZMR 1969, 188 und BVerwG, Buchholz 406.11 § 128 Nr 35 = NVwZ 1986, 925 = DVBl 1986, 349 = KStZ 1986, 91 = BRS 43, 130 und BVerwG, NVwZ-RR 1989, 382 = Buchholz 406.11 § 128 Nr 38 = DVBl 1989, 417 = ZMR 1989, 72). Die Gemeinde kann auch im Einzelfall eine von den Anforderungen der Satzung abweichende Herstellung beschließen, so zB, dass nur auf einer Straßenseite Gehwege gebaut werden.

14 Was im Einzelnen zu den **Herstellungskosten einer Erschließungsanlage** gehört, richtet sich nach der Art der herzustellenden Anlage sowie ihrem aufgrund der og Vorgaben festliegenden Umfang. Grundsätzlich sind sämtliche Sachaufwendungen zu berücksichtigen, somit insbesondere Baumaterial und Arbeitslöhne (zur Beitragsfähigkeit des Aufwands für das Straßenbegleitgrün vgl VGH München, BayVBl 1990, 374).

15 **Kosten für provisorische Erschließungsanlagen** bzw -maßnahmen sind dann umlegungsfähig, wenn sie bei der endgültigen Herstellung übernommen werden. Dies ist zB bei der sog **Baustraße** der Fall, die später als Unterbau der Straße Verwendung findet (vgl BVerwG, Buchholz 406.11 § 128 Nr 9 = VerwRspr 21, 688 = DVBl 1970, 835 = KStZ 1971, 179 = ZMR 1970, 250). Kosten für provisorische Erschließungsanlagen und deren Beseitigung, die zur Herstellung von Erschließungsanlagen erforderlich sind, sind Kosten der erstmaligen Herstellung (vgl BVerwGE 34, 19 = Buchholz 406.11 § 128 Nr 5 = VerwRspr 21, 214 = DVBl 1970, 81 und BVerwG, Buchholz 406.11 § 133 Nr 35 = VerwRspr 21, 978 = DVBl 1970, 838 = ZMR 1970, 255). In zeitlicher Hinsicht ist zu beachten, dass grds nur solche Herstellungskosten zum beitragsfähigen Erschließungsaufwand gehören, die vor dem Zeitpunkt der Bestimmung einer Straße zum Anbau entstanden sind. Dabei scheiden Kosten der Herstellung einer Straße, die vor dieser Bestimmung eine andere Funktion hatte (zB Gemeindeverbindungsstraße) aus (OVG Koblenz, DVBl 1989, 425 L = ZKF 1990, 111). Ist die durch eine abgerechnete Maßnahme gebaute Anbaustraße nicht identisch mit einer früher iSd Erschließungsbeitragsrechts „endgültig" hergestellten aber inzwischen eingezogenen Anbaustraße, zählen die für den neuen Ausbau entstandenen Aufwendungen auch insoweit zu den Kosten der erstmaligen Herstellung iSd § 128 Abs 1 Satz 1 Nr 2 als sie angefallen sind für eine Teilfläche, auf der zuvor eine Teilstrecke der eingezogenen Anlage verlaufen ist (BVerwG, Buchholz 406.11 § 138 Nr 38 = NVwZ-RR 1989, 382 = DVBl 1989, 424 = ZMR 1989, 72).

16 Zu den Herstellungskosten gehören auch **Stützmauern** zum Schutze der Erschließungsanlage und bei Änderung des **Straßenniveaus** (zB Tieferlegung) auch zum Schutze des Grundstücks (vgl BVerwG, Buchholz 406.11 § 128 Nr 8 = VerwRspr

29, 463 = KStZ 1978, 110 = ZMR 1978, 346 und BVerwG, GemT 1971, 315). Dabei kommt es nicht darauf an, ob die Stützmauer der Sicherheit und Funktionsfähigkeit der Straße dient, oder ob sie anliegende Grundstücke gegen eine tieferliegende Straße abstützt. Die Kosten der erforderlichen Stützmauer sind auch dann beitragsfähig, wenn sie auf dem Anliegergrundstück errichtet worden ist. Hat der Anlieger selbst die Stützmauer auf seine Kosten errichtet, können diese beitragsfähig sein, wenn die Gemeinde ihm den Aufwand erstattet. Nicht erforderlich ist in allen Fällen, dass die Stützmauer im Bebauungsplan ausgewiesen ist (BVerwGE 82, 216 = NVwZ 1990, 78, = DVBl 1989, 1208 = DÖV 1990, 298 = HSGZ 1989, 441; zum Anspruch des Anliegers auf Kostenerstattung einer von ihm errichteten privaten Stützmauer vgl OVG Koblenz, NVwZ-RR 1989, 40).

Nicht dagegen sind **beitragsfähig Kosten**, die durch Änderung baulicher Anlagen außerhalb der Erschließungsanlage und somit idR **auf den Anliegergrundstücken** entstehen (BVerwG, Buchholz 406.11 § 128 Nr 8 = VerwRspr 29, 463 = KStZ 1978, 110 = BauR 1977, 411 = ZMR 1978, 346). Das hat seinen Grund darin, dass die Beiträge für den Anlieger nicht unüberschaubar hoch werden sollen. 17

Zum beitragsfähigen Erschließungsaufwand für die erstmalige Herstellung einer Anbaustraße gehören allerdings dann, wenn sie in eine Bundesstraße einmündet, die nach Maßgabe des § 12 Abs 1 Sätze 1, 2, Abs 6 Satz 1 FStrG von der Gemeinde zu tragenden **einmündungsbedingten Kosten** einschließlich der Kosten für die Anlegung von **Abbiegespuren auf der Bundesstraße** (BVerwG, NVwZ 1990, 869 = DVBl 1990, 784 = DÖV 1990, 786 = BayVBl 1990, 438 = HSGZ 1990, 197). 18

Sachaufwendungen der Gemeinde, die sie iR der Herstellung der Anlage macht, sind beitragsfähig. Auch die Herstellungskosten für die erforderliche **Entwässerung** der Erschließungsanlagen sowie für ihre **Beleuchtung** gehören zum Erschließungsaufwand. Im Unterschied zu den sog flächenmäßigen Bestandteilen einer Straße bedarf es dafür allerdings einer Regelung in der Erschließungsbeitragssatzung dergestalt, dass diese Teileinrichtungen als Merkmal der endgültigen Herstellung genannt sind. Dies wird damit begründet, dass von der Entwässerungsanlage und der Beleuchtung in Einzelfällen – da nicht erforderlich – abgesehen werden kann und insbesondere für die Entwässerung erhebliche Kosten entstehen können (BVerwG, Buchholz 406.11 § 127 Nr 4 = DVBl 1969, 275 = ZMR 1969, 187; BVerwGE 40, 177 = Buchholz 406.11 § 132 Nr 10 = DÖV 1973, 205 = BauR 1972, 339 sowie BVerwG, Buchholz 406.11 § 132 Nr 13 = KStZ 1974, 90 = BauR 1973, 311 = ZMR 1974, 29). Dabei ist zu beachten, dass zu den **Entwässerungskosten** nur die **Abführung des auf die Erschließungsanlage fallenden Oberflächenwassers** gehört, nicht dagegen das von den Grundflächen abzuleitende Oberflächen- und Schmutzwasser, für deren Ableitung – landesrechtlich geregelte – Kanalbeiträge bzw Kanalhausanschlusskosten erhoben werden (BVerwGE 38, 275 = Buchholz 406.11 § 130 Nr 9 = VerwRspr 23, 465 = DÖV 1972, 502 = KStZ 1972, 114 = BRS 37, 156 = ZMR 1972, 64). Dies gilt unabhängig davon, ob es sich um ein Trennsystem (getrennte Leitungen für Niederschlagswasser bzw Schmutzwasser) oder um eine Mischkanalisation (gemeinsame Leitung für beide Abwasserarten) handelt. Da sich aber selbst beim **Trennsystem** Probleme insoweit ergeben, als nicht nur die gerade in der Erschließungsanlage liegenden Entwässerungsrohre (einschließlich zB der Einläufe) das Entwässerungssystem bilden, sondern das eingelaufene Abwasser weiterbefördert werden muss, wozu ua ein weiteres Rohrnetz nebst evtl Pumpstationen erfor-

derlich ist. **Nicht zur Straßenentwässerung** gehören allerdings **Klärwerke** sowie Anlagen, die der Behandlung des von der Straße abfließenden Oberflächenwassers, also insbesondere der Reinigung, dienen, da sie nicht zur Funktionsfähigkeit der Straße durch Verhinderung von Überflutungen bestimmt sind (BVerwG, Buchholz 406.11 § 128 Nr 36 = NVwZ 1987, 143 = DVBl 1986, 773 = DÖV 1986, 880 = KStZ 1986, 150 = ZMR 1986, 329 und BVerwGE 54, 225 = Buchholz 406.11 § 130 Nr 20 = DÖV 1978, 56 = BauR 1978, 50). Ob die Gemeinde lediglich die Kosten für die Entwässerungsanlage in der konkret abzurechnenden Straße erhebt oder, was zulässig ist, anteilmäßig die Kosten für das gesamte Straßenentwässerungsnetz oder nur für ein abgegrenztes Entwässerungssystem, bleibt ihr überlassen (zu den Einzelheiten und den zu treffenden erforderlichen Entscheidungen s Driehaus, Erschließungs- und Ausbaubeiträge, 6. Aufl 2001, § 13 Rn 64 ff).

19 Besonderheiten hinsichtlich der Kostenzuordnung gelten in den ganz überwiegend anzutreffenden Fällen, in denen **keine gesonderte Straßenentwässerungsanlage** verlegt wird, diese vielmehr mit der Grundstücksoberflächenentwässerung oder neben dieser noch zusammen mit der Ableitung der Schmutzwässer in Gestalt einer einheitlichen Leitung erstellt wird. Dass hier eine **Kostenaufteilung** vorzunehmen ist, liegt auf der Hand. Während die Straßenrinnen und Sinkkästen noch eindeutig voll der Straße zuzurechnen sind, ist dies bei der Hauptkanalleitung nicht der Fall. Hinsichtlich der Gemeinschaftseinrichtung ist dann eine Kostenermittlung mit anschließender Kostenzuordnung und Kostenverteilung vorzunehmen. Besteht eine gemeinschaftliche Regenwasserkanalisation, so sind die jeweils auf die Straßenentwässerung und die Grundstücksentwässerung entfallenden Kosten zu ermitteln. Die Kosten für die sowohl der Straßen- als auch der Grundstücksoberflächenentwässerung dienenden Bestandteile der Anlage können unter Zugrundelegung gesicherter Erfahrungssätze geschätzt werden (BVerwGE 68, 249 = Buchholz 406.11 § 130 Nr 29 = NVwZ 1984, 437 = DVBl 1984, 194 = DÖV 1984, 934 = KStZ 1984, 231 = ZMR 1984, 103, wonach je die Hälfte als auf die Straßenentwässerung und die Hälfte auf die Grundstücksentwässerung entfallend angenommen werden kann). Dies gilt grds auch für die Gemeinschaftseinrichtung in der Form einer Straßenentwässerung mit einer Schmutzwasserkanalisation, wobei hier zu berücksichtigen ist, dass Kosten für die Schmutzwasserbehandlung außer Ansatz zu bleiben haben (vgl BVerwG, Buchholz 406.11 § 128 Nr 31 = NVwZ 1986, 221 = DVBl 1985, 1178 = KStZ 1986, 31 = BRS 43, 87). Dementsprechend sind bei der reinen **Mischkanalisation**, die drei verschiedenen Zwecken dient (Straßen- und Grundstücksoberflächenentwässerung sowie Aufnahme des Schmutzwassers vom Grundstück), vier Kostenmassen zu bilden, wobei die gesamte Grundstücksentwässerung allerdings zusammengefasst werden kann (vgl im Einzelnen Driehaus, Erschließungs- und Ausbaubeiträge, 6. Aufl 2001, § 13 Rn 72 ff). Nicht mehr zu den Herstellungskosten gehören die Aufwendungen für die Unterhaltung der Straßenentwässerung.

20 Zum **Erschließungsaufwand** gehören hinsichtlich der **Beleuchtung** die der Gemeinde entstandenen Kosten der Zuleitung, also für Kabel und Rohre zur Aufnahme von Zuleitungen sowie die Kosten für Masten und Lampen. Auch hier muss es sich um eine erstmalige Einrichtung handeln. Unterhaltungsmaßnahmen, Reparaturen und laufende Betriebskosten sind iR der Erschließungsbeiträge nicht umlegungsfähig. Ob die Straßen iR der erstmaligen Herstellung mit Beleuchtungsanlagen zu versehen sind, ist ausdrücklich in der **Erschließungsbeitragssatzung**

festzulegen (§ 132 Nr 4, vgl BVerwG, Buchholz 406.11 § 132 Nr 5 = BauR 1970, 116 = ZMR 1969, 375). Gemäß § 128 Abs 3 Satz 2 können die Länder bestimmen, dass die Kosten für die (genau: erstmalige Einrichtung der) Beleuchtung nicht in den Erschließungsaufwand einzubeziehen sind.

c) § 128 Abs 1 Satz 1 Nr 3: Kosten wegen Übernahme von Anlagen: Gemäß 21 § 128 Abs 1 Satz 1 Nr 3 umfasst der Erschließungsaufwand die Kosten der Übernahme von Anlagen als gemeindliche Erschließungsanlagen iSd § 127 Abs 2. Hier kommt insbesondere die **Übernahme von Privatstraßen** oder von Straßen, die **aufgrund** eines **Erschließungsvertrages** hergestellt wurden, in Betracht. Nicht erforderlich ist, dass die zu übernehmende Anlage bereits fertig gestellt ist. In diesem Falle gehören die Übernahmekosten und die Fertigstellungskosten zum Erschließungsaufwand. Nur der Gemeinde tatsächlich entstandene Kosten können Berücksichtigung finden. Bei kostenlos übernommenen „abgestuften" Straßen ist regelmäßig kein Aufwand entstanden. In Betracht kommen allenfalls Vermessungskosten und sonstige Gebühren.

6. Aus dem Vermögen der Gemeinde bereit gestellte Flächen (Abs 1 Satz 2)

Schließlich gehört nach § 128 Abs 1 Satz 2 zum Erschließungsaufwand auch der 22 Wert der von der Gemeinde selbst aus **ihrem Vermögen** bereitgestellten Flächen im Zeitpunkt der Bereitstellung. Im Gegensatz dazu ist beim Erwerb der Flächen gem § 128 Abs 1 Satz 1 Nr 1 der Preis maßgeblich, der tatsächlich für den Erwerb gezahlt worden ist. Unter Vermögen iSd § 128 Abs 1 Satz 2 ist das **allgemeine Grundvermögen** zu verstehen, das nicht speziell für Erschließungsanlagen zweckgebunden ist (BVerwGE 61, 316 = Buchholz 406.11 § 128 Nr 28 = NJW 1981, 2370 = DVBl 1981, 827 = BauR 1982, 161 = KStZ 1981, 129). Zu welchem Zweck von der Gemeinde Grundstücke erworben wurden, hängt in erster Linie von ihrem Willen ab, sofern nicht entgegenstehende Kriterien die Annahme eines bestimmten Zweckes gebieten. Das ist insbesondere der Fall, wenn die Planung bereits bestimmte Flächen als Erschließungsanlagen ausweist oder eine die noch zu erwerbende Fläche erfassende Straßentrasse bereits angelegt ist (BVerwG, Buchholz 406.11 § 130 Nr 35 = NVwZ 1986, 299 = BRS 43, 239 auch zur Frage der Unaufklärbarkeit, ob es sich um einen Fall des § 128 Abs 1 Satz 1 Nr 2 oder des § 128 Abs 1 Satz 2 handelt, sowie zur Unaufklärbarkeit der Frage, ob die Gemeinde die in Rede stehenden Straßenflächen iSd § 128 Abs 1 Satz 1 Nr 1 entgeltlich erworben hat). Zur Bereitstellung der Flächen aus dem gemeindlichen Grundvermögen gehört, dass die Verwendung der Flächen für die Erschließungsanlage erkennbar wird (BVerwG, Buchholz 406.11 § 128 Nr 26 = VerwRspr 32, 716 = DÖV 1980, 834 = KStZ 1980, 230 = BauR 1981, 65). Stellt die Gemeinde Flächen zur Verfügung, auf denen sich bereits dem öffentlichen Verkehr gewidmete Straßen befinden, so handelt es sich nicht um einen Fall des § 128 Abs 1 Satz 2, da diese Flächen iR dieser Vorschrift wegen der eingeschränkten Verfügungsmöglichkeiten keinen beachtlichen Vermögenswert besitzen (BVerwG, Buchholz 406.11 § 128 Nr 6 = DÖV 1970, 426 = BauR 1970, 177 = ZMR 1970, 143).

Weder durch die Erschließungsbeitragssatzung noch von den Beteiligten darf ein von dem in § 128 Abs 1 Satz 2 festgelegten Zeitpunkt der Bereitstellung abweichender Zeitpunkt für die Bemessung des Wertes der Grundstücksflächen bestimmt werden (BVerwG, Buchholz 406.11 § 128 Nr 8 = VerwRspr 29, 463 = KStZ 1978, 110 = BauR 1977, 411 = ZMR 1978, 346).

7. Weitere Kosten für den Erwerb iSv § 128 Abs 1 Satz 3

23 Zu den Kosten für den Erwerb der Flächen für Erschließungsanlagen gehört gem § 128 Abs 1 Satz 3 im Falle einer erschließungsbeitragsrechtlichen Zuteilung iSd § 57 Satz 4 und des § 58 Abs 1 Satz 1 auch der Wert nach § 68 Abs 1 Nr 4. Mit dieser früheren Änderung des BauGB sowie durch eine Änderung der §§ 67, 58 und 68 ist die Rechtsprechung des Bundesverwaltungsgerichts überholt, das es als nicht zulässig erachtet hatte, dass die Behörde bei der Ermittlung der Verkehrswerte der Zuteilungsgrundstücke die durch Flächen iSd § 55 Abs 2 BBauG bewirkten Erschließungsvorteile unberücksichtigt ließ und die Grundstücke erschließungsbeitragspflichtig zuteilte (vgl BVerwGE 61, 316 = Buchholz 406.11 § 128 Nr 28 = NJW 1981, 2370 = DVBl 1981, 827 = KStZ 1981, 129 = BauR 1982, 161).

II. Straßen- bzw Ausbaubeiträge

24 Abs 2 Satz 1 des § 128 lässt das Recht der Gemeinde unberührt, soweit **Landesrecht** dazu berechtigt, Beiträge zu den Kosten für Erweiterungen oder Verbesserungen von Erschließungsanlagen zu erheben. Rechtsgrundlage für die Erhebung solcher (Straßen- bzw Ausbau-)Beiträge sind (nur) die Landeskommunalabgabengesetze iVm den Gemeindesatzungen (wegen der Besonderheiten in förmlich festgesetzten Sanierungsgebieten s § 154 Abs 1; zur Abgrenzung der erstmaligen Herstellung von der Erweiterung oder Verbesserung vgl die Anm zu § 128 Abs 1 Nr 2).

III. Aus dem Erschließungsaufwand herausgenommene Kosten

1. § 128 Abs 3 Nr 1: Brücken, Tunnels und Unterführungen

25 Abs 3 des § 128 nimmt die Kosten bestimmter Anlagen **aus dem Erschließungsaufwand heraus**. Dazu gehören zunächst nach Nr 1 **Brücken, Tunnels und Unterführungen** mit den **dazugehörigen Rampen**. Ausgeschlossen von der Umlegung sind – ebenso wie im Falle der Nr 2 – **nicht nur die Herstellungskosten** der Anlagen, sondern **auch sämtliche andere Kosten** wie die für den Grunderwerb, Freilegung usw.– Die Regelung des Abs 3 beruht auf der Erwägung, dass die dort genannten Anlagen zumeist von überörtlicher Bedeutung sind und ihre Herstellungskosten die Eigentümer mit ungewöhnlich hohen Beiträgen belasten würden. Dabei sind die Kosten der in Nr 1 bezeichneten Anlagen unabhängig von ihrer Verkehrsbedeutung außer Betracht zu lassen. Soweit diese Anlagen jedoch innerhalb von Erschließungsanlagen liegen, sollen die Kosten der Fahrbahndecke und des Fußwegbelages zum Erschließungsaufwand gehören, da die Anlieger insoweit nicht besser gestellt werden sollen als sie stünden, wenn die Straße ohne diese Bauwerke errichtet würde (Driehaus, Erschließungs- und Ausbaubeiträge, 6. Aufl 2001, § 13 Rn 83). Diese Ansicht dürfte mit Sinn und Zweck der Vorschrift vereinbar sein. Der Gesetzgeber hat schwerlich eine Besserstellung der Anlieger hinsicht-

lich der Maßnahmen beabsichtigt, die ohne die Erforderlichkeit der in Abs 3 Nr 1 genannten Bauwerke ohnehin auszuführen und in den Erschließungsaufwand einzubeziehen gewesen wären.

2. § 128 Abs 3 Nr 2: klassifizierte Straßen

Abs 3 Nr 2 lässt die **Fahrbahnen der Ortsdurchfahrten von Bundesstraßen sowie von Landstraßen I. und II. Ordnung** erschließungsbeitragsrechtlich **außer Betracht**, soweit die Fahrbahnen dieser Straßen keine größere Breite als ihre anschließenden freien Strecken erfordern. Der Begriff der Ortsdurchfahrt richtet sich nach den Bundes- und Landesstraßengesetzen (vgl § 5 Abs 4 FStrG, § 7 HessStrG). Durch die Vorschrift werden bestimmte Kosten der Erschließungsanlage vom Erschließungsaufwand ausgenommen (BVerwG, Buchholz 406.11 § 132 Nr 7 = DVBl 1970, 835 = DÖV 1970, 861 = ZMR 1971, 66; zur Vergünstigung bei **Eckgrundstücken**, wenn es sich bei einer die Ecklage (mit-)begründenden Anlage um eine klassifizierte Straße handelt s BVerwG, Buchholz 406.11 § 131 Nr 80 = NVwZ 1990, 374 = DVBl 1990, 442 L = KStZ 1990, 39 L = HSGZ 1990, 63 = ZfBR 1990, 158 = ZKF 1990, 232). Kosten, die für die erstmalige technische Fertigstellung einer Fahrbahn entstanden sind, sind wegen § 128 Abs 3 Nr 2 außer Ansatz zu lassen, wenn diese Anlage im Zeitpunkt der technischen Fertigstellung der Fahrbahn Ortsdurchfahrt einer klassifizierten Straße war oder ist (BVerwGE 85, 66 = NVwZ 1990, 873 = DVBl 1990, 786 = DÖV 1990, 784 = KStZ 1990, 159 = ZfBR 1990, 250 = ZKF 1990, 185). Die Einstufung der Straße richtet sich allein nach der straßenrechtlichen Klassifizierung, unerheblich sind die Beschilderung oder die tatsächliche Funktion der Straße und die Möglichkeit oder Notwendigkeit der Aufstufung einer Straße (vgl BVerwG, Buchholz 406.11 § 135 Nr 11 = VerwRspr 30, 697 = NJW 1979, 2220 = DVBl 1979, 780 = DÖV 1979, 178 = BauR 1979, 239 = ZMR 1980, 286). Die durch größere Breiten verursachten Kosten gehören zum Erschließungsaufwand nach Abs 1 (zum Zeitpunkt der Beurteilung der Breite der anschließenden freien Strecken vgl BVerwG, NVwZ-RR 2000, 530). Da Abs 3 Nr 2 nur die Fahrbahnen ausschließt, sind auch Bürgersteige, Radwege, Parkflächen und Grünanlagen, wenn sie Bestandteile der klassifizierten Straßen sind, dem Erschließungsaufwand nach Abs 1 zuzurechnen. Die Vorschrift der Nr 2 ist dort nicht bedeutsam, wo die Gemeinde nicht Träger der Straßenbaulast ist. In diesem Falle entsteht ihr kein beitragsfähiger Aufwand. Wann die Gemeinde Trägerin der Baulast ist, richtet sich nach dem Straßenrecht des Bundes oder nach Landesrecht.

§ 129 Beitragsfähiger Erschließungsaufwand

(1) Zur Deckung des anderweitig nicht gedeckten Erschließungsaufwands können Beiträge nur insoweit erhoben werden, als die Erschließungsanlagen erforderlich sind, um die Bauflächen und die gewerblich zu nutzenden Flächen entsprechend den baurechtlichen Vorschriften zu nutzen (beitragsfähiger Erschließungsaufwand). Soweit Anlagen nach § 127 Abs. 2 von dem Eigentümer hergestellt sind oder von ihm auf Grund baurechtlicher Vorschriften verlangt werden, dürfen Beiträge nicht erhoben werden. Die Gemeinden tragen mindestens 10 vom Hundert des beitragsfähigen Erschließungsaufwands.

§ 129 Erstes Kapitel. Sechster Teil. Zweiter Abschnitt

(2) Kosten, die ein Eigentümer oder sein Rechtsvorgänger bereits für Erschließungsmaßnahmen aufgewandt hat, dürfen bei der Übernahme als gemeindliche Erschließungsanlagen nicht erneut erhoben werden.

1 Der dem Erschließungsbeitragsrecht zugrunde liegende Gedanke des **Vorteilsausgleichs** gebietet es, dass der sich aus §§ 127, 128 ergebende Erschließungsaufwand nur in begrenztem Umfang auf die erschlossenen Grundstücke umgelegt werden darf. Nach § 129 Abs 1 ist daher maßgeblich die Erforderlichkeit der Anlage für eine den baurechtlichen Vorschriften entsprechende Nutzung der Grundstücke. Den Aufwand, der diese Voraussetzungen erfüllt, und der anderweitig nicht gedeckt ist (§ 127 Abs 1) bezeichnet § 129 Abs 1 Satz 1 als beitragsfähigen Erschließungsaufwand. Die Erforderlichkeit ist nicht an dem Vorteil für das einzelne Grundstück zu messen, sondern beurteilt sich aus der Beziehung der Erschließungsanlage zum gesamten von ihr zu erschließenden Gebiet, somit zu sämtlichen angrenzenden Grundstücken (BVerwG, Buchholz 406.11 § 133 Nr 8 = NJW 1966, 1832 = DVBl 1966, 693 = DÖV 1967, 209 = ZMR 1967, 152; BVerwGE 59, 249 = Buchholz 406.11 § 129 Nr 14 = VerwRspr 31, 836 = DVBl 1980, 754 = DÖV 1980, 343 = KStZ 1980, 93 = BauR 1980, 163 = ZMR 1980, 284). **Abzustellen** ist stets auf die **rechtlich zulässige Nutzung**, somit nicht auf die tatsächliche Nutzung („entsprechend den baurechtlichen Vorschriften"). Die Prüfung der Erforderlichkeit der Anlage durch die Gemeinde hat zunächst dahin zu gehen, ob überhaupt eine Erschließungsanlage erforderlich ist und sodann, in welchem Umfang sie erforderlich ist (BVerwG, Buchholz 406.11 § 127 Nr 29 = ZMR 1979, 159). Bei der (ersten) Frage der **Erforderlichkeit der Erschließungsanlage** geht es häufig um das Problem der Herstellung einer zweiten Erschließungsanlage, die den anliegenden Grundstücken eine zusätzliche Erschließung vermittelt (vgl dazu BVerwG, NVwZ 1995, 1208 = Buchholz 406.11 § 129 Nr 28 = ZMR 1995, 270). § 132 Nr 1 legt der Gemeinde auf, den in § 132 Abs 1 gezogenen Rahmen durch Satzung zu konkretisieren, somit den Begriff der Erforderlichkeit durch Regelung von Art und Umfang der Erschließungsanlagen auszufüllen. Diese Regelungen sind ihrerseits wiederum im Hinblick auf die Einhaltung des Merkmals „erforderlich" überprüfbar (BVerwG, Buchholz 406.11 § 127 Nr 22 = VerwRspr 27, 706 = DÖV 1976, 347 = ZMR 1976, 319: unwirksame Satzungsbestimmung hindert nicht das Entstehen der Beitragspflicht; vgl auch BVerwG, Buchholz 406.11 § 132 Nr 21 = BRS 37, 142). Der Einwand, bei der Herstellung einer Anbaustraße seien aus Gründen, die nicht mit der Erschließung des betreffenden Gebiets zusammenhängen, erhebliche **Mehrkosten** entstanden, ist in entsprechender Anwendung des § 129 Abs 1 Satz 1 beachtlich, wenn die Mehrkosten in für die Gemeinde erkennbarer Weise eine **grob unangemessene Höhe** erreichen (BVerwG, Buchholz 406.11 § 131 Nr 81 = NVwZ, 1990, 870 = DVBl 1990, 442 L = KStZ 1990, 40 L = ZfBR 1990, 210 = ZKF 1990, 210; zur grob unangemessenen Höhe der Kosten für die Erschließungsanlage, die sachlich schlechthin unvertretbar sind und zur Überprüfung dieses Einwands durch das VG vgl BVerwG, NVwZ-RR 1998, 514 = DVBl 1998, 54 = ZMR 1997, 668).

2 **Hauptregelungsgegenstand der Satzungen** sind die Breiten der Erschließungsanlagen, soweit hier Festlegungen im Voraus in Betracht kommen. Dabei kann die Gemeinde auch berücksichtigen, dass auf der Straße nicht nur Anliegerverkehr, sondern

auch Durchgangsverkehr stattfindet, wie sie überhaupt die Sicherheit und Leichtigkeit des Verkehrs im Auge behalten sollte (vgl BVerwG, Buchholz 406.11 § 130 Nr 6 = DVBl 1970, 904 = BRS 37, 79 = ZMR 1970, 382 und BVerwG, Buchholz 406.11 § 127 Nr 22 = VerwRspr 27, 706 = DÖV 1976, 347 = BRS 37, 86 = ZMR 1976, 319).

Bei den **Kosten einer Grünanlage** ist im Einzelfall zu prüfen, inwieweit sie für die baurechtliche Nutzung der erschlossenen Grundstücke notwendig ist. Nach der Rechtsprechung des Bundesverwaltungsgerichts ist eine selbstständige öffentliche Grünanlage infolge ihrer besonderen Ausdehnung dann nicht notwendig iSd § 127 Abs 2 Nr 3 BBauG (§ 127 Abs 2 Nr 4 BauGB), wenn sie vergleichbar zB dem Tiergarten in Berlin oder dem Englischen Garten in München die typische Größenordnung von Grünanlagen innerhalb der Baugebiete erheblich übersteigt (BVerwG, Buchholz 406.11 § 127 Nr 56 = NVwZ-RR 1989, 212 = DVBl 1989, 818 = DÖV 1989, 857 = KStZ 1989, 71 = ZMR 1989, 272). Ist daher aufgrund konkreter Umstände zu erwarten, eine beitragsfähige (selbstständige) Grünanlage werde in ganz überwiegendem Maße von Grundstücken aus genutzt, die nicht zum Kreis der iSd § 131 Abs 1 erschlossenen Grundstücke gehören, zwingt das zu einer angemessenen Erhöhung der gemeindlichen Eigenbeteiligung. Einer satzungsrechtlichen Regelung bedarf es dazu nicht (vgl BVerwG, Buchholz 406.11 § 127 Nr 56 = NVwZ-RR 1989, 212 = DVBl 1989, 418 = DÖV 1989, 857 = KStZ 1989, 71 = ZMR 1989, 272; zu den Kosten einer Grünanlage vgl noch BVerwGE 48, 205 = Buchholz 406.11 § 127 Nr 21 = VerwRspr 27, 692 = KStZ 1975, 231 = BauR 1975, 338 = ZMR 1976, 118 und BVerwG, Buchholz 406.11 § 127 Nr 10 = DVBl 1971, 213 = DÖV 1972, 391 = BauR 1971, 121 = ZMR 1971, 285; zur Erforderlichkeit einer Lärmschutzanlage vgl BVerwG, NVwZ 1994, 905 = Buchholz 406.11 § 127 Nr 67 = KStZ 1994, 136 = ZMR 1994, 73).

Der Begriff der **Erforderlichkeit** ist als **unbestimmter Rechtsbegriff** gerichtlich überprüfbar, wobei den Gemeinden jedoch ein weiter Spielraum zusteht (vgl BVerwG, Buchholz 406.11 § 127 Nr 10 = DVBl 1971, 213 = DÖV 1971, 391 = BauR 1971, 121 = ZMR 1971, 285; vgl auch OVG Münster, NWVBl 1997, 424 = DVBl 1997, 1073 L und VGH München, BayVBl 1992, 536).

Das Merkmal „erforderlich" bezieht sich primär auf Art und Umfang der Erschließungsanlagen. Daraus, dass die Regelung zeigt, dass der Gesetzgeber den Anlieger nicht mehr als notwendig belasten will, ergibt sich auch der allgemeine Grundsatz, dass die bei der Herstellung der Erschließungsanlagen tatsächlich entstandenen Kosten sich iR des Notwendigen halten müssen (zur Beschränkung auf die Erforderlichkeit der angefallenen Kosten vgl BVerwG, Urteil v 23.02.2000 – 11 C 2/99). In dieser Hinsicht haben die Gemeinden dementsprechend die Unternehmerrechnungen zu überprüfen und bei Auftragsvergabe den kostengünstigsten (was nicht immer den billigsten heißt) Anbieter zu berücksichtigen, wobei das Gebot der Wirtschaftlichkeit zu beachten ist (vgl BVerwGE 59, 249 = Buchholz 406.11 § 129 Nr 14 = VerwRspr 31, 836 = DVBl 1980, 754 = DÖV 1980, 343 = KStZ 1980, 68 = ZMR 1980, 284 und BVerwG, Buchholz 406.11 § 127 Nr 10 = DVBl 1971, 213 = DÖV 1971, 391 = BauR 1971, 121 = ZMR 1971, 285; zum Begriff des „anderweitig nicht gedeckten" Erschließungsaufwands s oben § 127 Abs 1).

§ 129 Abs 1 Satz 2 sagt an sich nur etwas, was sich bereits aus § 127 Abs 1 ergibt. Eine **Doppelbelastung** des Eigentümers, der selbst Anlagen hergestellt hat, **soll vermieden** werden.

6 § 129 Abs 1 Satz 3 schreibt vor, dass die Gemeinden **mindestens 10 vH** des beitragsfähigen Erschließungsaufwands zu tragen haben. Die Vorschrift verfolgt einmal das Ziel, ein Korrektiv darzustellen, das die Gemeinde von einer allzu regen und aufwendigen Herstellung von Erschließungsanlagen abhalten und damit zur Sparsamkeit anhalten soll. Außerdem wird durch den Gemeindeanteil zum Ausdruck gebracht, dass Erschließungsanlagen auch dem allgemeinen Interesse dienen (BVerwGE 32, 37 = Buchholz 406.11 § 123 Nr 3 = NJW 1969, 2162 = VerwRspr 20, 837 = DVBl 1969, 699 = DÖV 1969, 863 = BauR 1970, 234 = ZMR 1969, 367). Schließlich ist die **Kostenbeteiligung** der Gemeinde auch Ausdruck ihrer Verantwortung für die sachgerechte Erschließung und damit der unveräußerlichen gemeindlichen Planungshoheit, weshalb die Gemeinde die gesetzlich vorgeschriebene Eigenbeteiligung auch nicht vertraglich abdingen kann (BVerwG, Buchholz 406.11 § 129 Nr 6 = NJW 1972, 1588 = BauR 1972, 236 = ZMR 1972, 245 und BVerwG, Buchholz 406.11 § 135 Nr 7 = DVBl 1976, 306 = DÖV 1975, 717 = BRS 37, 388). Die Selbstbeteiligung darf auch nicht durch den Abschluss eines Erschließungsvertrages umgangen werden (BVerwG, Buchholz 406.11 § 123 Nr 7 = NJW 1973, 1713 = KStZ 1973, 154 = BauR 1973, 242 = ZMR 1973, 278). Daher ist die Gemeinde auch bei der Übertragung der Erschließung auf einen Dritten zur Übernahme des Eigenanteils in Höhe von mindestens 10 % verpflichtet (BVerwGE 70, 204 = Buchholz 406.11 § 129 Nr 18 = NJW 1985, 642 = DVBl 1975, 295 = DÖV 1985, 537 = KStZ 1985, 91 = ZMR 1985, 68). Die Höhe der gemeindlichen Beteiligung ist in der **Satzung** festzulegen (§ 132 Nr 2). Unterbleibt dies, gilt die gesetzlich vorgeschriebene Mindestbeteiligung. Die Bestimmung der Höhe des (über 10% hinausgehenden) Gemeindeanteils steht in ihrem **Ermessen**, wobei der Grundsatz der Wirtschaftlichkeit und Sparsamkeit der Verwaltung zu beachten ist. Es verstößt daher nicht gegen § 129 Abs 1 Satz 3 noch gegen die verfassungsrechtliche Gewährleistung des gemeindlichen Selbstverwaltungsrechts, wenn eine rechtssatzmäßig ermächtigte VwV die Bewilligung einer zweckgebundenen Finanzzuweisung idR davon abhängig macht, dass die antragstellende Gebietskörperschaft die rechtlichen Möglichkeiten zur Deckung ihres anderweitig nicht gedeckten Aufwands für Erschließungsanlagen zu ihren Gunsten voll in Anspruch nimmt (BVerwG, Buchholz 415.1 Nr 82 = NVwZ 1989, 469 = DVBl 1989, 929 = DÖV 1989, 600 = HSGZ 1989, 209). Damit kann **mittelbar Zwang** auf die Gemeinde ausgeübt werden, ihren **Eigenanteil auf 10%** zu begrenzen.

7 Der Gemeindeanteil ist vom beitragsfähigen Aufwand in Abzug zu bringen. Sofern sachliche Gründe gegeben sind, kann die Gemeinde einen **höheren Eigenanteil** auf Erschließungsanlagen **in bestimmten Gemeindegebieten** beschränken (vgl BVerwGE 29, 90 = NJW 1968, 1250 = DVBl 1968, 520 = ZMR 1968, 279; BVerwG, Buchholz 406.11 § 133 Nr 34 = NJW 1970, 876 = DVBl 1970, 417 = DÖV 1970, 425 = BauR 1970, 43 = ZMR 1970, 141).

8 Die Vorschrift des § 129 Abs 2 will den Eigentümer von Beiträgen für solche Kosten freihalten, die er oder sein **Rechtsvorgänger** für eine Erschließungsanlage aufgewendet haben, bevor diese von der Gemeinde übernommen worden ist. Hat der Anlieger oder sein Rechtsvorgänger Leistungen für den Ausbau einer Erschließungsanlage erbracht, die von der Gemeinde unentgeltlich übernommen wird, so kann deren wertmäßige Anrechnung nicht stattfinden (vgl OVG Münster, KStZ 1971, 19). Allerdings kann im **Übernahmevertrag** zwischen Gemeinde und Anlie-

ger bzw Unternehmer vereinbart werden, dass für letztere bzw ihre Rechtsnachfolger jede Erschließungslast ausgeschlossen sein soll. Ein nachträglicher Ausgleich ist in diesen Fällen nicht möglich (BVerwG, Buchholz 406.11 § 129 Nr 7 = BRS 37, 129 = ZMR 1972, 250).

§ 130 Art der Ermittlung des beitragsfähigen Erschließungsaufwands

(1) Der beitragsfähige Erschließungsaufwand kann nach den tatsächlich entstandenen Kosten oder nach Einheitssätzen ermittelt werden. Die Einheitssätze sind nach den in der Gemeinde üblicherweise durchschnittlich aufzuwendenden Kosten vergleichbarer Erschließungsanlagen festzusetzen.
(2) Der beitragsfähige Erschließungsaufwand kann für die einzelne Erschließungsanlage oder für bestimmte Abschnitte einer Erschließungsanlage ermittelt werden. Abschnitte einer Erschließungsanlage können nach örtlich erkennbaren Merkmalen oder nach rechtlichen Gesichtspunkten (z. B. Grenzen von Bebauungsplangebieten, Umlegungsgebieten, förmlich festgelegten Sanierungsgebieten) gebildet werden. Für mehrere Anlagen, die für die Erschließung der Grundstücke eine Einheit bilden, kann der Erschließungsaufwand insgesamt ermittelt werden.

Gesamtübersicht

	Rn		Rn
I. Ermittlung des Erschließungs-aufwands (Abs 1)	1	II. Ermittlung des beitragsfähigen Erschließungsaufwands (Abs 2)	5
1. Ermittlung des Erschließungs-aufwands nach Einheitssätzen	3	1. Abrechnung der einzelnen Erschließungsanlage	8
2. Ermittlung des Erschließungs-aufwands nach tatsächlichen Kosten	4	2. Abschnittsbildung	9
		3. Erschließungseinheit	12
		4. Kreuzungen und Ein-mündungen	16

I. Ermittlung des Erschließungsaufwands (Abs 1)

§ 130 Abs 1 lässt die Ermittlung des beitragsfähigen Erschließungsaufwands entweder nach den der Gemeinde **entstehenden tatsächlichen Kosten** oder nach **Einheitssätzen** zu. Die Gemeinde kann zwischen beiden Ermittlungsmethoden frei wählen. Für welche sie sich entschieden hat, muss sich gem § 132 Nr 2 aus der Satzung ergeben (BVerwGE 30, 293 = KStZ 1969, 166 = ZMR 1969, 190). Zugelassen ist auch eine Abrechnung nach den tatsächlichen Kosten nur für Teile der Anlagen, während für andere Teile der Aufwand nach Einheitssätzen ermittelt wird (BVerwGE 29, 90 = NJW 1968, 1250 = DVBl 1968, 520 = ZMR 1968, 279). Wegen der schwierigen Ermittlung der genauen Kosten kann sich gerade für die Straßenentwässerung die Ermittlung nach Einheitssätzen empfehlen. Die Ermittlung nach den tatsächlichen Kosten ist am häufigsten anzutreffen. Sie basiert insbesondere auf den Unternehmerrechnungen und hat für die Gemeinde den Vorteil, dass sie – bis auf ihren Eigenanteil – ihre verauslagten Kosten durch die Beitragserhebung wieder hereinholen kann. Bei der Ermittlung nach **Einheitssätzen** besteht die

1

Gefahr, dass sie bei einer unvorhergesehenen Erhöhung der Herstellungskosten im Einzelfall die Mehrkosten nicht abwälzen kann. Andererseits kann die Gemeinde bei der Ermittlung nach den tatsächlichen Kosten Beiträge frühestens nach Eingang der letzten Unternehmerrechnung erheben, wenn der gesamte Erschließungsaufwand feststeht. Dieser Nachteil entfällt bei der Ermittlung nach Einheitssätzen.

Sobald die tatsächlich entstandenen Kosten für die Gemeinde feststellbar sind, weil sie im Besitz der letzten Unternehmerrechnung ist, entsteht die **Beitragspflicht** mit der Maßgabe, dass die Beiträge der Höhe nach ebenso wenig zu verändern sind wie eine andere Abrechnungsart gewählt werden kann (vgl BVerwGE 68, 249 = Buchholz 406.11 § 130 Nr 29 = NVwZ 1984, 437 = DVBl 1984, 194 = DÖV 1984, 934 = KStZ 1984, 231 = ZMR 1984, 103).

1. Ermittlung des Erschließungsaufwands nach Einheitssätzen

Einheitssätze müssen den wahrscheinlich entstehenden tatsächlichen Kosten möglichst nahe kommen. Sie sind nach den in der Gemeinde üblicherweise durchschnittlich aufzuwendenden Kosten vergleichbarer Erschließungsanlagen festzusetzen (§ 130 Abs 1 Satz 2). Dass schon einmal Kosten für vergleichbare Anlagen angefallen sind, ist nicht erforderlich (BVerwGE 54, 225 = Buchholz 406.11 § 130 Nr 20 = DÖV 1978, 56 = BauR 1978, 50; für die Ermittlung von Einheitssätzen für die Straßenentwässerung s BVerwG, Buchholz 406.11 § 130 Nr 35 = NVwZ 1986, 299 = BRS 43, 239). Abzustellen ist grds auf die Kosten im Zeitpunkt des Abschlusses der Herstellungsarbeiten, bei zeitlich unterschiedlicher Herstellung von Teilanlagen ist jeweils auch der Einheitssatz zu ermitteln, der sich im jeweiligen Zeitpunkt für die Teilanlage errechnet (BVerwGE 71, 25 = Buchholz 406.11 § 130 Nr 32 = NVwZ 1985, 657 = DVBl 1985, 620 = DÖV 1985, 539 = BauR 1985, 812 = ZMR 1985, 245). Ein nach den gegenwärtigen Kosten festgesetzter Einheitssatz darf nicht ohne weiteres auf Bauarbeiten angewandt werden, die bereits lange Zeit zurückliegen und für die ein anderes Preisniveau maßgebend war (BVerwGE 30, 240 = DÖV 1969, 357 = KStZ 1969, 142 = ZMR 1969, 23). Der Einheitssatz bezieht sich bei Straßen meist auf den laufenden Meter Straßenlänge. In diesem Falle muss den unterschiedlichen Breiten und Ausbauarten Rechnung getragen werden. Unzulässig ist ein gemeinsamer Einheitssatz für Straßen, die in ihrer Breite um mehr als 2 Meter voneinander abweichen (BVerwGE 30, 207 = Buchholz 406.11 § 130 Nr 1 = VerwRspr 20, 319 = DVBl 1969, 274 = DÖV 1969, 287 = KStZ 1969, 140 = ZMR 1969, 148). Daher wird die Gemeinde kaum mit einem einzigen Einheitssatz für das gesamte Gemeindegebiet auskommen (für getrennte Einheitssätze für unterschiedliche Entwässerungsarten vgl BVerwGE 38, 275 = Buchholz 406.11 § 130 Nr 9 = VerwRspr 23, 465 = DÖV 1972, 502 = KStZ 1972, 114 = BRS 37, 156 = ZMR 1972, 64 und BVerwGE 54, 225 = Buchholz 406.11 § 130 Nr 20 = DÖV 1978, 56 = BauR 1978, 50).

2. Ermittlung des Erschließungsaufwands nach tatsächlichen Kosten

Fehlt eine Satzungsregelung hinsichtlich der Aufwandsermittlung oder ist der festgelegte Einheitssatz unwirksam, so ist nach den **tatsächlichen Kosten** abzurechnen (BVerwG, Buchholz 406.11 § 130 Nr 11 = VerwRspr 24, 450 = DÖV 1972, 861 = BRS 37, 153 = ZMR 1972, 251 und BVerwGE 38, 275 = Buchholz 406.11 § 130 Nr 9 = VerwRspr 23, 465 = DÖV 1972, 502 = KStZ 1972, 114 = BRS 37, 156 =

ZMR 1972, 64). Stellt sich die Ungültigkeit des Einheitssatzes erst im Nachhinein heraus und besitzt die Gemeinde keine Unterlagen zur Ermittlung der Herstellungskosten mehr, so dürfen Aufwendungen unter Zuhilfenahme gesicherter Erfahrungssätze geschätzt werden (BVerwG, Buchholz 406.11 § 130 Nr 35 = NVwZ 1986, 299 = BRS 43, 239).

II. Ermittlung des beitragsfähigen Erschließungsaufwands (Abs 2)

Gemäß Abs 2 kann der beitragsfähige **Erschließungsaufwand** (in räumlicher Hinsicht) wie folgt ermittelt werden:

(1) Für die **einzelne Erschließungsanlage**. Das ist – als klassischer Fall – eine Straße in ihrer vollen Ausdehnung einschließlich ihrer gesamten Bestandteile (vgl BVerwGE 47, 64 = Buchholz 406.11 § 133 Nr 49 = NJW 1975, 323 = VerwRspr 27, 49 = DVBl 1975, 375 = DÖV 1975, 105 = KStZ 1975, 68 = BauR 1975, 124 = ZMR 1975, 105).

(2) Für bestimmte **Abschnitte einer Erschließungsanlage**. Diese können nach örtlich erkennbaren Merkmalen oder rechtlichen Gesichtspunkten (zB Grenzen von Bebauungsplangebieten, Umlegungsgebieten, förmlich festgelegten Sanierungsgebieten) gebildet werden.

(3) Für mehrere Anlagen, die für die Erschließung der Grundstücke eine Einheit bilden, kann der Erschließungsaufwand insgesamt ermittelt werden (sog **Erschließungseinheit**).

Grundsätzlich steht es **den Gemeinden** frei, von **welcher Abrechnungsart** sie Gebrauch machen. Für die Bildung einer Erschließungseinheit sollen Fälle denkbar sein, in denen eine sog Ermessensreduzierung auf Null vorliegt, die dann zwingend die Zusammenfassung mehrerer Anlagen gebietet (BVerwG, Buchholz 406.11 § 130 Nr 17 = VerwRspr 28, 609 = KStZ 1977, 71 = BRS 37, 172 = ZMR 1977, 223). Solche Fälle dürften indes äußerst selten sein, sie sind jedenfalls in der höchstrichterlichen Rechtsprechung bisher nicht bekannt geworden; der Trend in der neueren Rechtsprechung geht vielmehr dahin, enge Voraussetzungen für die Zulässigkeit einer Erschließungseinheit aufzustellen.

Die Art der Kostenermittlung iSd § 130 Abs 2 muss **nicht in der Satzung** festgelegt sein, die gesetzliche Regelung stellt eine ausreichende Grundlage dar (BVerwG, Buchholz 406.11 § 130 Nr 6 = DVBl 1970, 904 = ZMR 1970, 382). Wenn auch die Gemeinde weitgehend freie Hand bei der Bestimmung der räumlichen Abrechnung hat, so ist sie bei der Abschnittsbildung und der Bildung einer Erschließungseinheit dennoch an bestimmte Vorgaben gebunden, die sich nicht alle aus dem Gesetz selbst entnehmen lassen (vgl BVerwGE 30, 293 = KStZ 1969, 166 = ZMR 1969, 190).

1. Abrechnung der einzelnen Erschließungsanlage

Bei der Abrechnung der einzelnen Erschließungsanlage kommt es nicht auf den Straßennamen sondern auf das **Erscheinungsbild der Straße** an. Im Vordergrund steht dabei die gleichmäßige Erschließungsfunktion (vgl BVerwG, Buchholz 406.11 § 130 Nr 6 = DVBl 1970, 904 = ZMR 1970, 382; BVerwG, Buchholz 406.11 § 130 Nr 24 = DÖV 1980, 833 = KStZ 1980, 110 = BauR 1980, 165 = ZMR 1980, 220; BVerwGE 40, 182 = Buchholz 406.11 § 130 Nr 12 = VerwRspr 24, 598 = DVBl 1972, 893 = DÖV 1972, 861 = KStZ 1973, 75 = ZMR 1973, 119 und

BVerwG, NVwZ 1998, 290 = DVBl 1998, 46 = KStZ 1998, 34). Ausnahmsweise kann – ohne dass die Voraussetzungen zur Bildung einer **Erschließungseinheit** vorliegen – für mehrere einzelne Erschließungsanlagen der Aufwand gemeinsam ermittelt werden. Dies setzt jedoch vollkommen gleiche tatsächliche Verhältnisse, insbesondere gleiche Ausbaukosten, voraus (vgl BVerwG, Buchholz 406.11 § 133 Nr 35 = VerwRspr 21, 978 = DVBl 1970, 838 = ZMR 1970, 255 und BVerwG, Buchholz 406.11 § 127 Nr 27 = VerwRspr 29, 222 = DÖV 1977, 678 = KStZ 1977, 130 = ZMR 1978, 319).

2. Abschnittsbildung

9 Das Baugesetzbuch hat durch Einfügung des Satzes 2 in Abs 2 die Möglichkeit der **Abschnittsbildung** dahin erweitert, dass Abschnitte sowohl bei Vorliegen örtlich erkennbarer Merkmale als auch nach rechtlichen Gesichtspunkten (Grenzen von Bebauungsplangebieten, Umlegungsgebieten, förmlich festgelegten Sanierungsgebieten) gebildet werden können. Der gebildete Abschnitt kommt in seiner rechtlichen Behandlung einer selbstständigen Erschließungsanlage gleich. Beitragspflichtig sind die durch den Abschnitt erschlossenen Grundstücke (BVerwGE 56, 238 = Buchholz 406.11 § 127 Nr 30 = VerwRspr 30, 468 = DVBl 1979, 119 = BauR 1978, 477 = ZMR 1979, 252 und BVerwG, DVBl 1979, 122). Zulässig ist es auch, zugleich mit der Abschnittsbildung eine Abrechnung im Wege der Kostenspaltung vorzunehmen (BVerwGE 47, 64 = Buchholz 406.11 § 133 Nr 49 = VerwRspr 27, 49 = NJW 1975, 323 = DVBl 1975, 375 = DÖV 1975, 105 = KStZ 1975, 68 = BauR 1975, 124).

10 Die **Abschnittsbildung** darf **nicht willkürlich** vorgenommen werden, so dass für die Anlieger bestimmter Abschnitte aufgrund besonderer tatsächlicher Umstände unverhältnismäßig höhere Kosten entstehen als für die Anlieger eines anderen Abschnitts derselben Erschließungsanlage (vgl BVerwG, Buchholz 406.11 § 133 Nr 35 = VerwRspr 21, 978 = DVBl 1970, 838 = BRS 37, 309 = ZMR 1970, 255; BVerwG, Buchholz 406.11 § 130 Nr 14 = BauR 1974, 406 = BRS 37, 165 = ZMR 1974, 310; BVerwG, Buchholz 406.11 § 131 Nr 41 = NVwZ 1982, 37 = BauR 1982, 476 = BRS 43, 221 und BVerwG, NVwZ 1998, 293 = Buchholz 406.11 § 130 Nr 43 = DVBl 1998, 48 = KStZ 1998, 70 sowie BVerwG, NVwZ-RR 2000, 530).

11 Nicht zulässig ist die Abrechnung eines fertig gestellten Abschnitts einer Straße, der Bestandteil einer Erschließungsanlage ist, im Wege der Kostenspaltung, nachdem der Zusammenfassungsbeschluss gem § 130 Abs 2 Satz 3 gefasst worden ist (BVerwG, DVBl 1979, 122). Solange die Beitragspflicht nicht entstanden ist, kann die Gemeinde die Entscheidung zur Abrechnung nach Abschnitten ohne weiteres nachholen oder revidieren (BVerwG, Buchholz 406.11 § 130 Nr 42).

3. Erschließungseinheit

12 Die Bildung einer **Erschließungseinheit** kommt vor allem in Siedlungseinheiten in Betracht, in denen die Verkehrsführung so gestaltet ist, dass insbesondere schmale und breitere Straßen voneinander abhängen, so dass es unbillig wäre, die Anlieger der breiten (teuren) Straßen stärker zu belasten als die Anlieger der schmäleren (und damit idR billigeren) Straßen (vgl BVerwG, Buchholz 406.11 § 132 Nr 17 = VerwRspr 27, 589 = NJW 1975, 1426 = DÖV 1975, 713 = KStZ 1975, 152 = BauR 1975, 272 =

ZMR 1975, 277). Dieser allgemeine Grundsatz rechtfertigt jedoch allein die Bildung einer Erschließungseinheit nicht. Voraussetzung für die rechtmäßige Bildung einer Erschließungseinheit ist, dass mehrere einzelne Erschließungsanlagen ein System darstellen, das gekennzeichnet ist durch einen Funktionszusammenhang zwischen diesen Anlagen. Sie müssen **zueinander in Beziehung stehen** und insofern **voneinander abhängig sein** (BVerwG, Buchholz 406.11 § 130 Nr 13 = VerwRspr 23, 203 = DVBl 1973, 501 = KStZ 1973, 135 = BauR 1973, 43 = ZMR 1973, 121). Daneben ist eine deutliche Abgrenzung der Erschließungseinheit notwendig. Dies kann in einer besonders breiten Straße, in natürlichen Gegebenheiten und anderem gesehen werden (vgl BVerwG, Buchholz 406.11 § 130 Nr 13 = VerwRspr 23, 203 = DVBl 1973, 501 = KStZ 1973, 135 = BauR 1973, 43 = ZMR 1973, 121 und BVerwG, Buchholz 406.11 § 130 Nr 5 = VerwRspr 21, 685 = DVBl 1970, 837 = ZMR 1970, 253). Die **neuere Rechtsprechung** des Bundesverwaltungsgerichts lässt indes kaum die Bildung einer Erschließungseinheit, die aus mehr als zwei Straßen besteht, zu, und setzt auch bei zwei Straßen **enge Maßstäbe** (vgl BVerwGE 95, 176 = NVwZ 1994, 913 = Buchholz 406.11 § 130 Nr 40 = DVBl 1994, 812 = KStZ 1995, 33). Die zur Annahme einer Erschließungseinheit vorausgesetzte funktionelle Abhängigkeit besteht nur, wenn eine Anlage ihre Funktion lediglich im Zusammenwirken mit einer bestimmten anderen Anlage in vollem Umfang zu erfüllen geeignet ist (BVerwG, NVwZ 1993, 1203 = Buchhholz 406.11 § 123 Nr 37 = KStZ 1993, 31 = ZMR 1993, 82), zudem setzt die Rechtmäßigkeit einer gemeindlichen Entscheidung, eine Hauptstraße und eine von ihr funktionell abhängige Nebenstraße zur Erschließungseinheit zusammenzufassen voraus, dass die im Zeitpunkt dieser Entscheidung ermittelbaren Daten die Prognose erlauben, die gemeinsame Abrechnung werde im Vergleich zu einer Einzelabrechnung der Hauptstraße jedenfalls nicht zu einer Mehrbelastung der durch sie erschlossenen Grundstücke führen (BVerwGE 90, 208 = NVwZ 1993, 1201 = Buchholz 406.11 § 130 Nr 36 = DVBl 1992, 1107 = DÖV 1992, 1059 und BVerwG, NVwZ 1993, 1202 = Buchholz 406.11 § 130 Nr 37 = KStZ 1992, 78 = ZMR 1992, 405).

Der für das Vorliegen einer Erschließungseinheit **notwendige Funktionszusammenhang** kann auch durch nicht beitragsfähige Erschließungsanlagen gewährt werden, so auch durch bereits hergestellte und abgerechnete Erschließungsanlagen. Ebenso können, sofern dafür eine Notwendigkeit besteht, innerhalb der Erschließungseinheiten nachträglich noch einzelne Erschließungsanlagen hergestellt werden. Ist dagegen für die einzelne Erschließungsanlage die **Beitragspflicht** gem § 133 Abs 2 Satz 1 **bereits** (kraft Gesetzes) **entstanden**, ehe die Zusammenfassung erfolgt ist, so **kann** sie **nicht mehr** in die **gemeinsame Aufwandsermittlung** einbezogen werden, sie **muss einzeln abgerechnet** werden (BVerwGE 34, 15 = Buchholz 406.11 § 130 Nr 5 = VerwRspr 21, 216 = DVBl 1970, 79 = ZMR 1970, 92 und BVerwGE 68, 48 = Buchholz 406.11 § 130 Nr 28 = NVwZ 1984, 369 = DVBl 1984, 186 = KStZ 1984, 89). Ist der Beschluss über die Bildung einer Erschließungseinheit gefasst, so hindert er die Entstehung der Beitragspflicht für die einzelne Anlage (BVerwGE 68, 48 = Buchholz 406.11 § 130 Nr 28 = NVwZ 1984, 369 = DVBl 1984, 186 = KStZ 1984, 89).

13

Die Zusammenfassung mehrerer Erschließungsanlagen lässt die Qualität der **Selbstständigkeit** der einzelnen Anlage **unberührt**, es handelt sich letztlich lediglich um eine Abrechnungsmodalität. In der Erschließungseinheit gelegene Eckgrundstücke sind daher von mehreren Erschließungsanlagen erschlossen und waren

14

unter der Geltung des Bundesbaugesetzes für jede Erschließungsanlage heranzuziehen (BVerwGE 68, 249 = Buchholz 406.11 § 130 Nr 29 = NVwZ 1984, 437 = DVBl 1984, 194 = DÖV 1984, 934 = KStZ 1984, 231 = ZMR 1984, 103). Der Gesetzgeber hat diese Möglichkeit nunmehr durch die Regelung des § 131 Abs 1 Satz 2 ausgeschlossen, wonach mehrfach erschlossene Grundstücke in der Erschließungseinheit bei der Verteilung des Erschließungsaufwands nur einmal zu berücksichtigen sind (vgl zu den gegen diese Regelung bestehenden Bedenken Driehaus, Erschließungs- und Ausbaubeiträge, 6. Aufl 2001, § 17 Rn 90 ff).

15 Der Erschließungsbeitrag entsteht für die betroffenen Grundstücke erst dann, wenn alle Erschließungsanlagen **endgültig hergestellt** sind (BVerwG, Buchholz 406.11 § 130 Nr 23 = VerwRspr 30, 475 = KStZ 1979, 90 = BauR 1979, 51 = ZMR 1979, 255). Der Beschluss des Gemeinderats über die Bildung der Erschließungseinheit (wie auch der Abschnittsbildung) bedarf keiner Veröffentlichung (BVerwG, Buchholz 406.11 § 130 Nr 6 = DVBl 1970, 904 = ZMR 1970, 382).

4. Kreuzungen und Einmündungen

16 Zur Abrechnung von **Kreuzungsbereichen** und **Einmündungen** vgl BVerwGE 85, 15 = Buchholz 406.11 § 128 Nr 42 = NVwZ 1990, 869 = DVBl 1990, 784 = DÖV 1990, 786 = KStZ 1990, 227 = BayVBl 1990, 438 = ZfBR 1990, 209 = ZKF 1990, 232; Driehaus, Erschließungs- und Ausbaubeiträge, 6. Aufl 2001, § 14 Rn 50, 51. Entsteht eine neue Erschließungsanlage, die eine vorhandene Straße kreuzt oder in sie einmündet, so sind in der Regel durch sie bedingte Einmündungs- bzw Kreuzungskosten der neuen Straße zuzurechnen. Andernfalls ist eine anteilige Zuordnung im Verhältnis etwa der Breite der Straßen vorzunehmen.

§ 131 Maßstäbe für die Verteilung des Erschließungsaufwands

(1) Der ermittelte beitragsfähige Erschließungsaufwand für eine Erschließungsanlage ist auf die durch die Anlage erschlossenen Grundstücke zu verteilen. Mehrfach erschlossene Grundstücke sind bei gemeinsamer Aufwandsermittlung in einer Erschließungseinheit (§ 130 Abs. 2 Satz 3) bei der Verteilung des Erschließungsaufwands nur einmal zu berücksichtigen.
(2) Verteilungsmaßstäbe sind
1. die Art und das Maß der baulichen oder sonstigen Nutzung;
2. die Grundstücksflächen;
3. die Grundstücksbreite an der Erschließungsanlage.
Die Verteilungsmaßstäbe können miteinander verbunden werden.
(3) In Gebieten, die nach dem Inkrafttreten des Bundesbaugesetzes erschlossen werden, sind, wenn eine unterschiedliche bauliche oder sonstige Nutzung zulässig ist, die Maßstäbe nach Absatz 2 in der Weise anzuwenden, dass der Verschiedenheit dieser Nutzung nach Art und Maß entsprochen wird.

Gesamtübersicht

	Rn		Rn
I. Einleitung	1	7. Erschlossensein durch Sammelstraßen	15
II. Der Grundstücksbegriff	2	8. Parkflächen und Grünanlagen als Erschließungsanlagen	16
1. Bürgerlich-rechtlicher Grundstücksbegriff	2	9. Erschlossensein durch Immissionsschutzanlagen	18
2. Wirtschaftlicher Grundstücksbegriff	3	10. Erschließungseinheit	19
3. Abweichen vom bürgerlich-rechtlichen Grundstücksbegriff	5	**IV. Zur Verteilung des Aufwands**	20
III. Erschlossensein	6	1. Die drei Maßstäbe des Abs 2	20
1. Allgemeine Kriterien	6	2. Maßstäbe der Grundstücksfläche und der Grundstücksbreite	22
2. Behandlung von Baubeschränkungen	9	3. Kombinierter Grundflächen-/Vollgeschossmaßstab	25
3. Nicht zu den erschlossenen Flächen gehörende Flächen	10	4. Geschossflächenmaßstab	26
4. Kriterium des Heran- bzw Herauffahrenkönnens	11	5. Sogenannter Artzuschlag	27
5. Hinterliegergrundstücke	12	6. Verteilung des Aufwands für Immissionsschutzanlagen	30
6. Erschlossensein durch nicht befahrbare Verkehrsanlagen	14	7. Eckgrundstücksvergünstigungen	31

I. Einleitung

Der nach den §§ 127 ff ermittelte, um die Selbstbeteiligung der Gemeinde (§ 129 Abs 1 Satz 3) gekürzte beitragsfähige Erschließungsaufwand ist auf die einzelnen durch die Erschließungsanlage erschlossenen Grundstücke zu verteilen. Voraussetzung für die Erhebung des Erschließungsbeitrags ist die Beziehung zwischen Grundstück und Erschließungsanlage, wobei es jedoch nicht darauf ankommt, ob diese Beziehung im Einzelfall tatsächlich ausgenutzt wird (BVerwGE 62, 300 = Buchholz 406.11 § 131 Nr 39 = NVwZ 1982, 244 = DVBl 1982, 72 = BauR 1982, 157 und BVerwG, Buchholz 406.11 § 131 Nr 47 = KStZ 1982, 190 = BRS 43, 237).

Im Mittelpunkt der Vorschrift des § 131 Abs 1 Satz 1 stehen der Grundstücksbegriff und der Begriff des Erschlossenseins.

II. Der Grundstücksbegriff

1. Bürgerlich-rechtlicher Grundstücksbegriff

Das Erschließungsbeitragsrecht geht grds vom **bürgerlich-rechtlichen Grundstücksbegriff** aus, wie er sich aus dem bürgerlichen Recht und dem Grundbuchrecht ergibt (sog formeller Grundstücksbegriff, vgl BVerwG, Buchholz 406.11 § 133 Nr 60 = NJW 1977, 1549 = DVBl 1978, 297 = DÖV 1977, 679 = KStZ 1977, 129 = BauR 1977, 265; BVerwG, Buchholz 406.11 § 134 Nr 4 = NJW 1982, 459 = DÖV 1982, 113 = BRS 43, 161 = ZMR 1982, 348 und BVerwGE 42, 269 = Buchholz 406.11 § 113 Nr 45 = VerwRspr 25, 854 = KStZ 1974, 11 = BRS 37, 342 = ZMR 1974, 93). Satzungsbestimmungen, die einen anderen Grundstücksbegriff anordnen, sind unwirksam BVerwGE 66, 69 = Buchholz 406.11 § 131 Nr 51 = NVwZ 1983,

153 = DVBl 1982, 1056 = BRS 43, 1). In der Praxis sind jedoch Ausnahmen von diesem Grundstücksbegriff notwendig und zulässig, um in besonders gelagerten Fällen zu angemessenen Ergebnissen zu gelangen.

2. Wirtschaftlicher Grundstücksbegriff

3 Zugelassen ist dabei die **Zusammenfassung mehrerer Buchgrundstücke** desselben Eigentümers zu einer sog **wirtschaftlichen Grundstückseinheit**, wenn die Zugrundelegung des bürgerlich-rechtlichen Grundstücksbegriffs gröblich unangemessen wäre. Als typischer Fall einer solchen Grundstückseinheit wird zB die Konstellation betrachtet, dass ein schmales allein nicht bebaubares (Handtuch-)Grundstück bei der Verteilung des umlagefähigen Erschließungsaufwands völlig außer Betracht bleiben müsste, obwohl es zusammen mit einem oder mehreren angrenzenden Grundstücken desselben Eigentümers bebaut werden kann (vgl BVerwGE 42, 269 = Buchholz 406.11 § 113 Nr 45 = VerwRspr 25, 854 = ZMR 1974, 93; BVerwG, Buchholz 406.11 § 131 Nr 69 = NVwZ 1987, 420 = DVBl 1987, 630 = BauR 1987, 432 und BVerwGE 79, 1 = Buchholz 406.11 § 131 Nr 73 = NVwZ 1988, 630 = DVBl 1988, 896 = DÖV 1988, 789 = KStZ 1988, 110 = ZMR 1988, 195).

4 Von einer wirtschaftlichen Einheit kann auch bei mehreren Grundstücken desselben Eigentümers ausgegangen werden, auf denen übergreifend ein zusammenhängendes Bauvorhaben genehmigt worden ist, was insbesondere bei industrieller und gewerblicher Nutzung der Fall sein kann (vgl BVerwG, Buchholz 406.11 § 133 Nr 39 = NJW 1972, 701 = VerwRspr 23, 454 = DVBl 1971, 781 = DÖV 1971, 818 = ZMR 1972, 66; zur Frage, ob nur ein Teil des Grundstücks bei der Verteilung zu berücksichtigen ist vgl BVerwG, Buchholz 406.11 § 134 Nr 4 = NJW 1982, 459 = DÖV 1982, 113 = ZMR 1982, 348 = BRS 43, 161).

3. Abweichen vom bürgerlich-rechtlichen Grundstücksbegriff

5 Das **Abweichen** vom (sog **Buch-)Grundstücksbegriff** ist nur dann gerechtfertigt, wenn das Festhalten an diesem Begriff dazu führt, dass ein Grundstück, das allein wegen seiner geringen Größe nicht bebaubar ist, zusammen mit einem oder mehreren Grundstücken desselben Eigentümers aber baulich angemessen genutzt werden darf, bei der Verteilung des umlagefähigen Erschließungsaufwands unberücksichtigt bleiben müsste (BVerwGE 79, 1 = Buchholz 406.11 § 131 Nr 73 = NVwZ 1988, 630 = DVBl 1988, 896 = DÖV 1988, 789 = 1988, 789 = KStZ 1988, 110 = ZMR 1988, 151 und BVerwG, Buchholz 406.11 § 131 Nr 79 = NVwZ 1989, 1072 = DVBl 1989, 675 = KStZ 1990, 31 = ZMR 1989, 46 und BVerwG, Buchholz 406.11 § 131 Nr 83 = NVwZ 1991, 484 = KStZ 1991, 31 = BauR 1991, 77 = ZMR 1991, 35). Jedenfalls rechtfertigt weder der Umstand, dass die Festsetzung der Baugrenzen und des sich daraus ergebenden Baufensters im Bebauungsplan auf eine zwar festgesetzte, aber tatsächlich nicht vorhandene Zweiterschließung zugeschnitten sind, noch die Tatsache, dass die Frontlänge des Grundstücks an der abzurechnenden Erschließungsanlage im Vergleich zur Grundstücksgröße gering ist, eine Ausnahme von dem Grundsatz, dass in beplanten Gebieten die Erschließungswirkung einer Anbaustraße die gesamte Fläche des Grundstücks erfasst (BVerwG, NVwZ-RR 1998, 579 = Buchholz 406.11 § 131 BauGB Nr 106 = DVBl 1998, 713 = ZMR 1998, 467). Andererseits kann sich bei übergroßen Buchgrundstücken die Erschließungswirkung nur auf Teilflächen beziehen. In beplanten Gebieten sind

ausschließlich planerische Bestimmungen geeignet, bei einem solchen an zwei Anbaustraßen grenzenden Grundstück den Eindruck aufzudrängen, es handele sich um zwei voneinander unabhängige Grundstücke, die jeweils nur von der Straße erschlossen werden, an die sie angrenzen (vgl BVerwG, Buchholz 406.11 § 131 BBauG Nr 71, S 27 [32 f] = NVwZ 1989, 1072 = DVBl 1989, 675 = KStZ 1990, 31 = ZMR 1989, 46 und BVerwG, Buchholz 406.11 § 131 Nr 83 = NVwZ 1991, 484 = KStZ 1991, 31 = BauR 1991, 77 = ZMR 1991, 35). Ansonsten ist bei Grundstücken in qualifiziert beplanten Gebieten grds die gesamte im Plangebiet gelegene Fläche als erschlossen iSd § 131 Abs 1 Satz 1 anzusehen. Das gilt auch dann, wenn die überbaubare Fläche zB durch die Festsetzung von Baulinien, Baugrenzen oder Bebauungstiefen gem § 23 BauNVO oder durch Abstands- und Anbauverbotsvorschriften – etwa gem § 9 Abs 1 und 2 FStrG – beschränkt ist (BVerwG, NVwZ 1995, 1215 = Buchholz 406.11 § 131 Nr 95 = DÖV 1995, 468 = ZMR 1995, 223 und BVerwG v 20.01.1997 - 8 B 244.96).

III. Erschlossensein

1. Allgemeine Kriterien

Die durch die (Erschließungs-)Anlage **erschlossenen Grundstücke** iSd § 131 Abs 1 Satz 1 sind die Grundstücke, die von der Anlage einen **beitragsrechtlich relevanten Vorteil** haben (vgl BVerwG, Buchholz 406.11 § 131 Nr 65 = NVwZ 1986, 566 = DVBl 1986, 349 = DÖV 1986, 472 = BauR 1986, 330 = ZMR 1986, 176), so dass auf sie der (umlagefähige) Erschließungsaufwand verteilt werden kann. Das Erschlossensein eines Grundstücks iSd § 131 Abs 1 Satz 1 setzt ua voraus, dass es im insoweit maßgeblichem Zeitpunkt des Entstehens der sachlichen Beitragspflicht grds – von ausräumbaren Hindernissen abgesehen – **bebaubar oder erschließungsbeitragsrechtlich vergleichbar nutzbar** ist (BVerwGE 102, 159 = NVwZ 1998, 72 = Buchholz 406.11 § 131 Nr 103 = DVBl 1979, 298 = DÖV 1997, 298). Nicht erforderlich ist für die Erfüllung des Merkmals „Erschlossensein", dass das Grundstück an die Erschließungsanlage unmittelbar angrenzt (Anliegergrundstück ieS), sondern dass es durch die Erschließungsanlage erschlossen ist. Entscheidend ist, dass eine konkrete Beziehung zwischen Erschließungsanlage und Grundstück besteht, die unterschiedlich ausgestattet sein kann. Die Frage, ob nur eine **Teilfläche** des Grundstücks bei der Ermittlung des Erschließungsbeitrags zu berücksichtigen ist, ist nach der (neueren) Rechtsprechung des Bundesverwaltungsgerichts ebenfalls eine Frage des Erschlossenseins und damit iR des § 131 Abs 1 zu beantworten (BVerwGE 62, 308 = Buchholz 406.11 § 131 Nr 40 = NVwZ 1982, 246 = BauR 1982, 472 = ZMR 1982, 246 und BVerwG, Buchholz 406.11 § 131 Nr 45 = NVwZ 1982, 677 = DVBl 1982, 552 = DÖV 1982, 644 = BauR 1982, 465). Der typische Fall des Erschlossenseins des Grundstücks mit einer Teilfläche ist bei der sog **Tiefenbegrenzung** gegeben, dh bei einer Berücksichtigung der Fläche bis zu einer bestimmten Tiefe (von zB 50 m). Daneben gibt es den Fall der Mehrfacherschließung. Darunter ist die Erschließung eines Grundstücks durch mehrere gleichartige beitragsfähige Erschließungsanlagen zu verstehen. Der Begriff des Erschlossenseins ist ein (bundesrechtlicher) Rechtsbegriff (BVerwG, Buchholz 406.11 § 127 Nr 36 = NVwZ 1982, 555 = KStZ 1982, 49 = BRS 43, 54; zu der Fallgestaltung, dass eine die Erschließung bewirkende Anbaustraße entzogen und durch eine andere neue Anbaustraße ersetzt

wird, die eine Beitragspflicht auslöst, vgl BVerwG, Buchholz 406.11 § 131 Nr 82 = NVwZ 1990, 872 = DVBl 1990, 442 L = KStZ 1990, 150 = ZMR 1990, 233 = ZfBR 1990, 158).

7 Damit das Grundstück tatsächlich auch der Beitragspflicht unterliegt, ist außerdem erforderlich, dass es auch iSd § 133 Abs 1 genutzt, also **baulich oder gewerblich genutzt** werden kann (vgl BVerwG, Buchholz 406.11 § 131 Nr 32 = VerwRspr 31, 701 = BauR 1980, 349 und BVerwG, Buchholz 406.11 § 133 Nr 69 = VerwRspr 31, 686 = DVBl 1979, 784 = KStZ 1979, 167 = BauR 1980, 60 = ZMR 1980, 156; s dazu unter § 133).

8 Ist das **Erschlossensein** eines Grundstücks iSd § 131 Abs 1 Satz 1 **zweifelhaft**, so soll darauf abgestellt werden, ob die **Eigentümer der anderen erschlossenen Grundstücke** nach den bestehenden tatsächlichen Verhältnissen **schutzwürdig erwarten können**, dass auch **dieses Grundstück in den Kreis der erschlossenen Grundstücke einbezogen wird** und sich so die Beitragsbelastung der anderen Grundstücke vermindert. Dies wiederum soll dann der Fall sein, wenn es die Beziehung, in der das Grundstück zur Erschließungsanlage steht, rechtfertigt, dem Eigentümer Kosten der Erschließung aufzuerlegen (BVerwG, Buchholz 406.11 § 127 Nr 42 = DVBl 1984, 684 = KStZ 1984, 149 = BauR 1984, 508 = ZMR 1984, 393 und BVerwG, Buchholz 406.11 § 133 Nr 40 = VerwRspr 23, 460 = DÖV 1971, 817 = KStZ 1971, 222 = ZMR 1972, 66). So wird durch ein **Hindernis tatsächlicher Art** das Erschlossensein eines Grundstücks iSd § 133 Abs 1 nicht berührt, wenn sich die Gemeinde zur Ausräumung des Hindernisses auf ihre Kosten bereit erklärt hat, die Beseitigung jedoch scheitert, weil der Grundeigentümer die erforderliche Mitwirkung – Öffnen einer Stützmauer – verweigert (BVerwGE 88, 248 = NVwZ 1991, 1089 = Buchholz 406.11 § 131 Nr 85 = DVBl 1991, 1306 = KStZ 1991, 191). Eine **natürliche Gegebenheit** auf dem Grundstück, wie zB eine Böschung, schließt ein Erschlossensein nur aus, wenn das Hindernis nicht mit dem Eigentümer **zumutbaren finanziellen Mitteln ausgeräumt** werden kann. Zumutbarkeit wird angenommen, wenn der Aufwand hinter der Wertsteigerung des Grundstücks zurückbleibt, die es durch die infolge der Beseitigung des Hindernisses eintretende Bebaubarkeit erfährt (vgl BVerwG, NVwZ 1995, 1213 = Buchholz 406.11 § 131 Nr 92 = KStZ 1995, 190 = ZMR 1994, 531 und BVerwG, NVwZ 1998, 73 = Buchholz 406.11 § 131 Nr 104 = DVBl 1997, 497 = DÖV 1997, 299). Allgemein ist bei der Beantwortung der Frage, wann ein Grundstück als erschlossen anzusehen ist, zu berücksichtigen, um welche Art der Anlage (vgl § 127 Abs 2) es sich handelt; gleichzeitig sind die jeweiligen örtlichen Verhältnisse zu beachten.

2. Behandlung von Baubeschränkungen

9 Neben der bereits genannten **Tiefenbegrenzung** (s Rn 6), die jedoch grds nicht für Grundstücke im Bereich eines Bebauungsplans Anwendung findet und auch nicht durch Satzungsrecht für anwendbar erklärt werden kann (vgl BVerwG, Buchholz 406.11 § 131 Nr 45 = NVwZ 1982, 677 = DVBl 1982, 552 = DÖV 1982, 644 = BauR 1982, 465; in unbeplanten Gebieten ist die Tiefenbegrenzung durch Satzungsregelung zulässig, wenn auch nicht geboten, vgl dazu BVerwG, Buchholz 406.11 § 131 Nr 15 = VerwRspr 28, 451 = DÖV 1977, 247 = KStZ 1977, 72 = ZMR 1977, 311), gibt es Fälle, in denen die im Bebauungsplan vorgesehene zulässige bauliche Nutzung deshalb nicht ausgeschöpft werden kann, weil **Baubeschränkungen** gege-

ben sind. Zu denken ist vor allem an Anbauverbote aus verkehrsrechtlicher Sicht, an bauordnungsrechtliche Abstandsgebote, umweltschutzrechtliche und denkmalschutzrechtliche Nutzungsverbote. Unter Aufgabe seiner früheren Rechtsprechung (BVerwGE 68, 249 = Buchholz 406.11 § 130 Nr 29 = NVwZ 1984, 437 = DVBl 1984, 194 = DÖV 1984, 437 = KStZ 1984, 231 = ZMR 1984, 103) ist das Bundesverwaltungsgericht nunmehr der Ansicht, dass dann, wenn eine öffentlich-rechtliche Baubeschränkung die Ausschöpfung des für ein Grundstück durch Bebauungsplan vorgesehenen Maßes der zulässigen baulichen Nutzung hindert, dem nicht nach § 131 Abs 1 iR des Merkmals „erschlossen" durch eine Verminderung der Grundstücksfläche, sondern (nur) bei der Anwendung der satzungsmäßigen Verteilungsregelung Rechnung zu tragen ist und dies allein dann, wenn das **behinderte Nutzungsmaß eine Komponente des einschlägigen Verteilungsmaßstabes darstellt** (BVerwGE, 81, 251 = Buchholz 406.11 § 131 Nr 78 = NVwZ 1989, 2076 = DVBl 1989, 421 = DÖV 1989, 855 = KStZ 1989, 172 = BauR 1989, 593 = ZMR 1989, 275 und BVerwG, Buchholz 406.11 § 131 Nr 79 = NVwZ 1989, 1072 = DVBl 1989, 675 = KStZ 1990, 31 = ZMR 1989, 46).

In nicht beplanten Gebieten, in deren Geltungsbereich eine Tiefenbegrenzung vorgesehen ist, kann gleichwohl eine Verpflichtung zur Berücksichtigung einer über die Grenze hinausgehenden Grundstücksfläche (als erschlossen) bestehen. Dies ist dann der Fall, wenn eine über diese Grenze hinausgehende relevante Nutzung gegeben ist (BVerwG, Buchholz 406.11 § 131 Nr 45 = NVwZ 1982, 677 = DVBl 1982, 552 = DÖV 1982, 644 = BauR 1982, 465).

3. Nicht zu den erschlossenen Flächen gehörende Flächen

Nicht zu den erschlossenen Flächen gehören die Flächen der Erschließungsanlagen selbst und von Verkehrsanlagen (vgl Driehaus, Erschließungs- und Ausbaubeiträge, 6. Aufl 2001, § 12 Rn 2). **Bahnhofsgebäude mit Ausnahme der Schienenwege** und der Verladegleise sind allerdings nach der Rechtsprechung des Bundesverwaltungsgerichts als erschlossene Flächen beitragspflichtig (BVerwGE 78, 321 = Buchholz 406.11 § 127 Nr 51 = NVwZ 1988, 632 = DVBl 1988, 893 = DÖV 1988, 786 = KStZ 1988, 51 = ZMR 1988, 151 sowie die Kritik an dieser Rspr von Gern, NVwZ 1989, 534). Nicht erschlossen sind **oberirdische Gewässer** (BVerwG, Buchholz 406.11 § 131 Nr 43 = DÖV 1982, 114 = KStZ 1982, 11 = BRS 43, 180), **Landschaftsschutzgebiete und Außenbereichsgrundstücke** (BVerwGE 32, 226 = Buchholz 406.11 § 131 Nr 2 = NJW 1969, 1870 = VerwRspr 21, 212 = DVBl 1970, 79 = DÖV 1969, 864 = ZMR 1969, 371 und BVerwG, Buchholz 406.11 § 133 Nr 95 = NVwZ 1986, 568 = KStZ 1986, 90). Kommt einer Teilfläche des auch selbst der Erschließung dienenden Grundstücks Baulandqualität zu, so ist diese Teilfläche erschlossen iSd § 131 Abs 1 Satz 1, 133 Abs 1 und bei der Verteilung zu berücksichtigen (VGH Mannheim, VGHBW-RsprDienst 1998, Beil. 3, B 3-4). Ein straßenrechtlich gewidmetes gemeindliches **Parkhaus** fällt als Erschließungsanlage nicht in den Kreis der durch eine Anbaustraße iSd § 131 Abs 1 BauGB erschlossenen Grundstücke (VGH München, NVwZ-RR 2002, 880 = DÖV 2003, 211 = KStZ 2002, 139).

4. Kriterium des Heran- bzw Herauffahrenkönnens

11 Die durch die Anlage erschlossenen Grundstücke unterliegen der Beitragspflicht. Von den zum Anbau bestimmten Straßen, Wegen und Plätzen (§ 127 Abs 2 Nr 1) ist ein Grundstück dann erschlossen, wenn **tatsächlich und rechtlich gewährleistet ist**, dass – ggf bei sog Hinterliegergrundstücken unter Inanspruchnahme eines vermittelnden privaten Zuweges – mit Personen- und Versorgungsfahrzeugen – an die Grundstücksgrenze **herangefahren werden kann** und so dem Grundstück die Zufahrtsmöglichkeit geboten wird. Es reicht aus, dass das Grundstück selbst von seiner Grenze ab sodann betreten werden kann (BVerwG, Buchholz 406.11 § 35 Nr 228 = NVwZ 1986, 38 = DVBl 1986, 186 und BVerwG, Buchholz 406.11 § 127 Nr 49 = NVwZ 1987, 56 = DVBl 1987, 628 = KStZ 1986, 211 = BauR 1987, 202 = ZMR 1987, 68). Seine frühere Rechtsprechung hat das Bundesverwaltungsgericht (DVBl 1991, 593 = KStZ 1991, 132 = BauR 1991, 454) dahin modifiziert, dass für das Heranfahrenkönnen an das Anliegergrundstück ausreicht, wenn auf der Fahrbahn einer öffentlichen Straße bis zur Höhe dieses Grundstücks mit Personen- und Versorgungsfahrzeugen gefahren und von da ab ggf über einen Gehweg und/oder Radweg das Grundstück betreten werden kann (zum Erschlossensein eines 90.000 m^2 großen Grundstücks, das lediglich mit der Breite der Zufahrt an die Straße angrenzt vgl BVerwG, NVwZ 1999, 997 = DVBl 1999, 395 = Buchholz 406.11 § 131 Nr 109 = KStZ 1999, 154 = ZMR 1999, 68). Völlig außer Betracht zu bleiben hat bei diesen Anforderungen, ob es sich um ein einmal oder mehrfach erschlossenes Grundstück handelt. Das Heranfahrenkönnen an die Grundstücksgrenze ist nicht so zu verstehen, dass sich zwischen Fahrbahn und Grundstück keine weiteren „Hindernisse" befinden dürften. **Gehwege und schmale Grünstreifen**, die nach Landesrecht Bestandteil der Straße sind und deren Überfahren zulässig ist, **hindern** das Erschlossensein iS eines Heranfahrenkönnens **nicht** (vgl BVerwG, Buchholz 406.11 § 127 Nr 49 = NVwZ 1987, 56 = DVBl 1987, 628 = KStZ 1986, 211 = BauR 1987, 202; zur Frage des Erschlossenseins eines Grundstücks, das wegen eines Hindernisses nicht im obigen Sinne zugänglich ist, vgl Driehaus, Erschließungs- und Ausbaubeiträge, 6. Aufl 2001, § 12 Rn 28 ff und § 17 Rn 56 ff und BVerwG, NVwZ 1989, 570 = ZMR 1989, 74 = HSGZ 1989, 64 = ZKF 1990, 136). Verlangt das Bebauungsrecht für die bauliche oder sonstwie erschließungsbeitragsrechtlich relevante Nutzbarkeit eines Grundstücks nur die unmittelbare Erreichbarkeit seiner Grenze lediglich für Fußgänger, so vermindern sich die Anforderungen des § 131 Abs 1 entsprechend. So kann es ausreichen, dass ein Grundstück durch einen nicht befahrbaren Wohnweg mit einer Anbaustraße verbunden ist, wenn das Bebauungsrecht eine Erreichbarkeit in Form einer nur fußläufigen Zugänglichkeit für die Bebaubarkeit des Grundstücks ausreichen lässt (BVerwG, NVwZ-RR 1996, 463 = Buchholz 406.11 § 131 Nr 101 = DVBl 1996, 1051 = KStZ 1997, 198 und BVerwG, NVwZ 1994, 910 = Buchholz 406.11 § 127 Nr 72 = KStZ 1994, 171 = ZMR 1994, 237 sowie BVerwG, NVwZ 1994, 912 = Buchholz 406.11 § 127 Nr 71 = DVBl 1994, 705 = DÖV 1994, 521 = KStZ 1994, 192; zur Erschließung durch Anbaustraße, wenn der an die Straße angrenzende Teil des Grundstücks besonders schmal ist vgl BVerwG, NVwZ 2001, 52 und OVG Münster, B v 09.03.1999 – 3 B 126/99). Macht umgekehrt das Bebauungsrecht die Nutzung des Grundstücks davon abhängig, dass mit Kraftfahrzeugen auf das Grundstück heraufgefahren werden kann, was zB bei **Gewerbegrundstücken** regelmäßig der Fall ist, so erhöht sich

die von § 131 Abs 1 ausgehende Anforderung entsprechend (BVerwG, NVwZ 1989, 570 = ZMR 1989, 73 und BVerwGE 74, 149 = Buchholz 406.11 § 131 Nr 67 = NVwZ 1986, 1023 = DVBl 1986, 774 = DÖV 1987, 27 = KStZ 1986, 169 = BauR 1986, 565 = ZMR 1986, 326; BVerwG v 03.02.1992 – B 10.92; zum Erschlossensein einer Teilfläche eines Gewerbegrundstücks, die einem errichteten Wohnhaus zuzuordnen ist, wenn ein Zu- und Abfahrverbot besteht vgl BVerwGE 96, 116 = NVwZ 1995, 1211 = Buchholz 406.11 § 131 Nr 93 = DVBl 1995, 55 = KStZ 1996, 74). Bei den sog **Hinterliegergrundstücken**, die nicht an die Erschließungsanlage angrenzen, ist von einem durch die Anbaustraße erfolgten Erschlossensein auszugehen, wenn eine tatsächliche Zufahrt über das Anliegergrundstück vorhanden ist, und diese Zufahrt in einer Weise rechtlich gesichert ist, die den bauordnungsrechtlichen Anforderungen genügt (BVerwG, Buchholz 406.11 § 133 Nr 85 = NVwZ 1983, 669 = DVBl 1983, 904 = DÖV 1983, 935 = KStZ 1984, 132 = ZMR 1983, 429 = BauR 1983, 566 vgl auch BVerwG, Buchholz 406.11 § 35 Nr 260 = NVwZ-RR 1990, 528 = DÖV 1991, 33 = BauR 1990, 337 = ZfBR 1990, 205; ein Notwegerecht soll nicht genügen, so OVG Münster, B v 10.03.1999 – 3 B 68/99 und NWVBl 1999, 364 = ZKV 2000, 12).

5. Hinterliegergrundstücke

Dabei ist zu unterscheiden, ob **Hinterlieger- und Anliegergrundstück** verschiedenen Eigentümern gehören oder im Eigentum ein und derselben Person stehen (vgl BVerwG, Buchholz 406.11 § 131 Nr 25 = NJW 1978, 438 = VerwRspr 29, 840 = DVBl 1978, 302 = DÖV 1978, 609 = KStZ 1978, 135 = BauR 1978, 131 = ZMR 1978, 351 und BVerwG, Buchholz 406.11 § 131 Nr 55 = NVwZ 1984, 583 = DVBl 1984, 679 = KStZ 1984, 173 = BauR 1984, 288 und BVerwGE 92, 157 = NVwZ 1993, 1206 = Buchholz 406.11 § 133 Nr 118 = DVBl 1993, 667 = DÖV 1993, 716 = KStZ 1995, 76; zur zuletzt genannten Entscheidung vgl Ackermann, KStZ 1999, 185). Bei Eigentümeridentität ist das Hinterliegergrundstück (auch) erschlossen, wenn eine einheitliche Nutzung beider Grundstücke gegeben ist (BVerwG, Buchholz 406.11 § 131 Nr 37 = VerwRspr 32, 1018 = KStZ 1981, 247 = BRS 43, 151 = ZMR 1981, 380). 12

Auch eine **private Straße** oder ein **(unselbstständiger) Teil einer Anbaustraße**, die eine Zufahrt darstellt, kann die Verbindung zwischen Erschließungsanlage und („Hinterlieger"-)Grundstück herstellen mit der Maßgabe, dass es als erschlossen anzusehen ist. Das gilt auch für zufahrtslose Hinterliegergrundstücke, die mit der Anbaustraße (nur) durch einen unbefahrbaren privaten oder öffentlichen (§ 127 Abs 2 Nr 2) Wohnweg verbunden sind (BVerwGE 74, 149 = Buchholz 406.11 § 131 Nr 67 = NVwZ 1986, 1023 = DVBl 1986, 747 = DÖV 1987, 27 = KStZ 1986, 169 = BauR 1986, 565 = ZMR 1986, 326 und BVerwGE 79, 1 = Buchholz 406.11 § 131 Nr 73 = NVwZ 1988, 630 = DVBl 1988, 896, DÖV 1988, 789 = KStZ 1988, 110 = ZMR 1988, 195 und VGH Kassel, NVwZ-RR 1989, 44). Als Kriterien für das Erschlossensein eines Hinterliegergrundstücks werden zusätzlich die einheitliche Nutzung der Grundstücke und die schutzwürdige Erwartung der übrigen Beitragspflichtigen genannt, dass mit einer Inanspruchnahme der Anbaustraße auch durch das Hinterliegergrundstück zu rechnen ist (BVerwG, NVwZ-RR 1998, 67 = Buchholz 406.11 § 131 Nr 105 = ZMR 1998, 57). Bei der Beurteilung der Frage, ob mehrere Grundstücke, die durch einen privaten Weg mit einer öffentlichen Anbaustraße verbunden sind, als von dieser beitragsfähigen An- 13

lage erschlossen zu qualifizieren sind, ist ausschlaggebend darauf abzustellen, ob die Eigentümer der übrigen von der beitragsfähigen Anbaustraße erschlossenen Grundstücke vernünftigerweise erwarten können, dass Grundstücke, die an dem an dieser Anbaustraße einmündenden Weg liegen, zu ihren Gunsten – beitragsmindernd – an der Verteilung des Aufwandes für die öffentliche Erschließungsanlage zu beteiligen sind. Das trifft nicht zu, wenn der private Weg seinerseits nach den tatsächlichen Verhältnissen einem unbefangenen Beobachter nicht den Eindruck (nur) eines „Anhängsels" der Anbaustraße, sondern den einer eigenständigen Anlage vermittelt, die von der öffentlichen Anbaustraße lediglich in einem Maß abhängig ist, wie dies für mehr oder weniger kleine Straßen üblich zu sein pflegt (BverwG, Buchholz 406.11 § 123 BauGB Nr 42 = DÖV 2001, 37 = NVwZ-RR 2001).

6. Erschlossensein durch nicht befahrbare Verkehrsanlagen

14 Neu in das Baugesetzbuch (§ 127 Abs 2 Nr 2) in den Kreis der erschließungsbeitragsfähigen Anlagen aufgenommen sind die **öffentlichen aus rechtlichen oder tatsächlichen Gründen mit Kraftfahrzeugen nicht befahrbaren Verkehrsanlagen** innerhalb der Baugebiete (zB Fußwege, Wohnwege). Nach Driehaus (Erschließungs- und Ausbaubeiträge, 6. Aufl 2001, § 12 Rn 59 ff) ist ein durch einen beitragsfähigen Wohnweg iSd § 127 Abs 2 Nr 2 erschlossenes Grundstück auch immer durch die nächste Anbaustraße erschlossen, in die der Weg einmündet (vgl im Übrigen die Erl zu § 127 Abs 2 Nr 2)

7. Erschlossensein durch Sammelstraßen

15 Zum Begriff der **Sammelstraße** s Rn 19 zu § 127 Abs 2 Nr 3. Nur die Grundstücke sind im Hinblick auf eine Sammelstraße beitragspflichtig, die in einem Baugebiet liegen, zu deren Erschließung die Sammelstraße notwendig ist.

8. Parkflächen und Grünanlagen als Erschließungsanlagen

16 Zum Begriff der **Parkflächen und Grünanlagen** s die Erl Rn 20 ff zu § 127 Abs 2 Nr 4. Sind (unselbstständige) Parkflächen und Grünanlagen als Teile von Anbau- oder Sammelstraßen anzusehen, so beurteilt sich ihre Erschließungsfunktion nach der Gesamtanlage. Für selbstständige Grünanlagen gilt, dass von ihr nur Grundstücke erschlossen werden, die so nahe an der Anlage liegen, dass sie ohne nennenswerten Zeitaufwand aufgesucht werden können (BVerwGE 48, 205 = Buchholz 406.11 § 127 Nr 21 = VerwRspr 27, 692 = KStZ 1975, 231 = BauR 1975, 338 = ZMR 1976, 118). Im Hinblick auf Grünanlagen ist zur Ermittlung der Entfernung auf die Inanspruchnahme durch Kinder und ältere Personen abzustellen (BVerwGE 36, 155 = DVBl 1971, 214 = DÖV 1971, 389 = BauR 1971, 119). Als für diesen Personenkreis zumutbare Entfernung hat das Bundesverwaltungsgericht 200 m Luftlinie von der äußeren Grenze der der Anlage zugewandten Grundstücksseite bis zur äußersten Grenze der dem Grundstück zugewandten Seite der Anlage angesehen (BVerwG, Buchholz 406.11 § 127 Nr 46 = NVwZ 1985, 833 = DVBl 1985,1175 = DÖV 1985, 1060 = BauR 1985, 557 = ZMR 1985, 349; BVerwGE 97, 185 = NVwZ 1995, 1216 = Buchholz 406.11 § 127 Nr 76 = DVBl 1995, 527 = KStZ 1996, 150 und BVerwGE 97, 195 = NVwZ 1995, 1218 = Buchholz 406.11 § 131 Nr 96 = DVBl 1995, 530 = DÖV 1995, 472). Auch gewerblich nutzbare Grundstücke können von der Grünanlage erschlossen sein, da auch die auf Gewer-

begrundstücken arbeitenden Personen sie zur Erholung aufsuchen können, nicht jedoch Sportplätze, Friedhöfe, Schwimmbäder und Dauerkleingärten. Unabhängig von der Entfernung im einzelnen Fall können sämtliche von der Grünanlage erschlossenen Grundstücke – aus Gründen der Verwaltungspraktikabilität – zu einem gleichmäßigen Beitrag herangezogen werden (BVerwGE 36, 155 = DVBl 1971, 214 = DÖV 1971, 389 = BauR 1971, 119).

Parkflächen müssen, um als beitragsfähige Erschließungsanlage eingestuft zu werden, nach ihrer Erschließungsfunktion einem Abrechnungsgebiet zugeordnet werden, das wiederum im Hinblick auf den Kreis der erschlossenen Grundstücke hinreichend genau bestimmt und abgegrenzt werden kann (vgl im Einzelnen Driehaus, Erschließungs- und Ausbaubeiträge, 6. Aufl 2001, § 12 Rn 80 ff). 17

9. Erschlossensein durch Immissionsschutzanlagen

Von **Immissionsschutzanlagen** (§ 127 Abs 2 Nr 5) erschlossen werden grds die Grundstücke, die ohne sie von schädlichen Umwelteinwirkungen **nicht unerheblich betroffen** wären. Nach der Entscheidung des Bundesverwaltungsgerichts vom 19.08.1988 (BVerwGE 80, 99 = Buchholz 406.11 § 127 Nr 55 = NVwZ 1989, 566 = DVBl 1988, 1162 = DÖV 1989, 220 = KStZ 1988, 225 = BauR 1988, 718 = ZMR 1988, 472) werden durch einen Wall zum Schutz vor Straßenlärm die Grundstücke erschlossen, die durch die Anlage eine **Schallpegelminderung von mindestens 3 dB(A)** erfahren (BVerwG, NVwZ 1996, 403 = Buchholz 406.11 § 131 Nr 99 = DVBl 1995, 1139). Geschossflächen (Geschosse), für die durch den Lärmschutzwall keine Schallpegelminderung bewirkt wird, sind unberücksichtigt zu lassen, unterschiedlichen Schallpegelminderungen ist bei der Aufwandsermittlung Rechnung zu tragen (vgl die Kritik an der Entscheidung des Bundesverwaltungsgerichts von Kuschnerus, NVwZ 1989, 528). Bei der Verteilung des für die erstmalige Herstellung einer beitragsfähigen Lärmschutzanlage entstandenen Aufwands ist grds kein Raum für die Anordnung eines Artzuschlags (vgl die zuletzt genannte Entscheidung des BVerwG). 18

10. Erschließungseinheit

Neu aufgenommen in das Baugesetzbuch ist die Regelung des § 131 Abs 1 Satz 2, wonach mehrfach erschlossene Grundstücke bei gemeinsamer Aufwandsermittlung in einer **Erschließungseinheit** (§ 130 Abs 2 Satz 3) bei der Verteilung des Aufwands nur einmal zu berücksichtigen sind. Damit ist die bisherige Rechtsprechung, die in diesen Fällen eine zweifache beitragsrechtliche Berücksichtigung von Eckgrundstücken verlangte, überholt (zuletzt BVerwGE 68, 249 = Buchholz 406.11 § 130 Nr 29 = NVwZ 1984, 437 = DVBl 1984, 194 = DÖV 1984, 934 = KStZ 1984, 231 = BRS 43, 118 = ZMR 1984, 103; zu den Bedenken gegen diese Neuregelung vgl Driehaus, Erschließungs- und Ausbaubeiträge, 6. Aufl 2001, § 17 Rn 90 ff, insbesondere 91, 92). Möglicherweise hat diese Regelung (auch) mit zu der vom Bundesverwaltungsgericht nur noch in sehr engen Grenzen zugelassenen Bildung von Erschließungseinheiten geführt, da der Gesetzgeber mit der Neuregelung zu erkennen gegeben hat, dass er die zur Erschließungseinheit gehörenden Anbaustraßen begrifflich als eine Anlage betrachtet, was dann – ebenso begrifflich – nur die einmalige Heranziehung erlaubt. 19

IV. Zur Verteilung des Aufwands

1. Die drei Maßstäbe des Abs 2

20 Für die Verteilung des Aufwands werden der Gemeinde in Abs 2 drei Maßstäbe zur Verfügung gestellt. Es sind dies die Art und das **Maß der baulichen oder sonstigen Nutzung** (Nr 1), die **Grundstücksflächen** (Nr 2) und die **Grundstücksbreite an der Erschließungsanlage** (Nr 3). Abs 2 Satz 2 sieht vor, dass diese Verteilungsmaßstäbe miteinander verbunden werden können. Die in Abs 2 genannten Maßstäbe sind abschließend, allerdings gelten sie (in dieser begrenzten Form) nur für vor Inkrafttreten des Bundesbaugesetzes erschlossene Gebiete (vgl BVerwGE 50, 2 = Buchholz 406.11 § 132 Nr 20 = NJW 1976, 1115 = VerwRspr 27, 831 = DVBl 1976, 942 = KStZ 1976, 191 = BauR 1976, 198 sowie BVerwGE 70, 96 = Buchholz 406.11 § 135 Nr 25 = NVwZ 1985, 277 = DVBl 1985, 126 = DÖV 1985, 535 = KStZ 1985, 51 = BauR 1984, 626 = ZMR 1984, 429).

21 In neu erschlossenen Gebieten (= Abrechnungsgebieten, vgl BVerwG, Buchholz 406.11 § 131 Nr 20 = NJW 1977, 1740 = VerwRspr 29, 456 = BauR 1977, 266 = ZMR 1978, 146) ist die Zugrundelegung dieser (einfachen) Verteilungsmaßstäbe **nur** dann **zulässig**, wenn **keine unterschiedliche bauliche oder sonstige Nutzung** in Frage kommt (BVerwG, Buchholz 406.11 § 131 Nr 6 = NJW 1972, 200 = VerwRspr 23, 462 = DÖV 1971, 817 = KStZ 1971, 220 = BRS 37, 233 = ZMR 1971, 389), sonst ist ein qualifizierter Verteilungsmaßstab zur Anwendung zu bringen. Keine Bedenken bestehen grds gegen die Mehrbelastung, die sich für neu erschlossene Gebiete gegenüber alt erschlossenen Gebieten (durch Anwendung der einfachen Verteilungsmaßstäbe) ergeben, so dass auch kein Billigkeitserlass in Frage kommt (BVerwGE 70, 96 = Buchholz 406.11 § 135 Nr 25 = NVwZ 1985, 277 = DVBl 1985, 126 = DÖV 1985, 535 = KStZ 1985, 51 = BauR 1984, 626 = ZMR 1984, 429 und BVerwG, Buchholz 401.0 § 163 AO Nr 1 = NJW 1982, 2682).

2. Maßstäbe der Grundstücksfläche und der Grundstücksbreite

22 Als sehr **grobe Maßstäbe** sind die **Grundstücksfläche** und die **Grundstücksbreite** an der Erschließungsanlage zu bezeichnen (Abs 2 Satz 1 Nr 1 und 2). Sie spielen heute kaum noch eine Rolle. Höhere Anforderungen stellt bereits der Maßstab „Art und Maß der baulichen oder sonstigen Nutzung" (Abs 2 Satz 1 Nr 1), der allerdings noch einer Konkretisierung in der Satzung bedarf.

23 Eine **Kombination der Maßstäbe ist zulässig**, sofern dem Rechtsgedanken des Vorteilsausgleichs genügt wird. Die Verbindung kann etwa in der Weise erfolgen, dass mehrere Maßstäbe gleichzeitig angewandt werden, zB 50% des Aufwands nach Art und Maß der Nutzung, 50 % nach der Grundstücksfläche. Sie können auch miteinander verbunden werden, zB Verteilung des Aufwands nach der **Summe der Grundstücksflächen und der Geschossflächen** oder der Zahl der **Vollgeschosse iVm dem Grundstücksflächenmaßstab** (BVerwGE 57, 240 = Buchholz 406.11 § 131 Nr 27 = NJW 1980, 72 = VerwRspr 30, 946 = DVBl 1979, 781 = BauR 1979, 315 = ZMR 1980, 348).

24 Für die **nach Inkrafttreten des Bundesbaugesetzes erschlossenen Grundstücke** schreibt § 131 Abs 3 die **Berücksichtigung unterschiedlicher Nutzung nach Art und Maß** ausdrücklich vor, sofern eine **unterschiedliche bauliche oder sonstige Nutzung zulässig ist**, und zwar unter Anwendung der in Abs 2 genannten Maß-

stäbe. Die Gemeinden sind daher gehalten, den in die Satzung aufzunehmenden Maßstab an diesem Gebot, das selbst noch keinen praktikablen Maßstab darstellt, auszurichten. Kommen sie dem nicht nach, hindert die fehlerhafte Verteilungsregelung das Entstehen der Beitragspflicht. Dabei kommt es nicht darauf an, ob es sich um beplante oder unbeplante Gebiete handelt (BVerwGE 42, 17 = Buchholz 406.11 § 131 Nr 7 = VerwRspr 25, 237 = DVBl 1973, 502 = DÖV 1973, 352 = BauR 1974, 194 = ZMR 1973, 338). Bei der Beantwortung der Frage, ob es sich um Gebiete, die bei Inkrafttreten des Bundesbaugesetzes bereits erschlossen waren, handelt, ist darauf abzustellen, ob die Erschließungsanlage bis dahin eine beitragsrechtlich relevante Nutzbarkeit vermittelt hat, und die überwiegende Anzahl der von ihr betroffenen Grundstücke tatsächlich schon bebaut oder in erschließungsbeitragsrechtlich relevanter Weise genutzt worden ist (BVerwGE 70, 96 = Buchholz 406.11 § 135 Nr 25 = NVwZ 1985, 277 = DVBl 1985, 126 = DÖV 1985, 535 = KStZ 1985, 51 = BauR 1984, 626 = ZMR 1984, 429).

Allgemein zur **Verteilungsregelung** ist zu sagen, dass sie (erhebliche und abgrenzbare) Unterschiede in typischen Fallgruppen nach Art und Maß dieser Nutzung angemessen, vorteilsgerecht und zugleich in der Weise erfassen muss, dass das Heranziehungsverfahren praktikabel und überschaubar bleibt (BVerwGE 57, 240 = Buchholz 406.11 § 131 Nr 27 = NJW 1980, 72 = VerwRspr 30, 946 = DVBl 1979, 781 = BauR 1979, 315 = ZMR 1980, 348). Dabei hat der Ortsgesetzgeber einen weiten Ermessensspielraum. Das Abstellen auf die tatsächliche Nutzung in nicht beplanten erst nach Inkrafttreten des Bundesbaugesetzes erschlossenen Gebieten ist mit § 131 Abs 3 vereinbar (BVerwG, Buchholz 406.11 § 131 Nr 30 = NJW 1980, 2208 = VerwRspr 31, 696 = KStZ 1980, 131 = BauR 1980, 259).

3. Kombinierter Grundflächen-/Vollgeschossmaßstab

Dem Maß der Nutzung wird regelmäßig durch einen mit dem **Grundflächenmaßstab kombinierten Vollgeschossmaßstab** dergestalt Rechnung getragen, dass der umzulegende Aufwand in dem Verhältnis auf die erschlossenen Grundstücke verteilt wird, in dem die mit einem nach der Zahl der Vollgeschosse in der Höhe gestaffelten Vomhundertsatz vervielfältigten Grundstücksflächen zueinander stehen. Dieser Maßstab ist in der Rechtsprechung anerkannt (BVerwGE 57, 240 = Buchholz 406.11 § 131 Nr 27 = NJW 1980, 72 = VerwRspr 30, 946 = DVBl 1979, 781 = BauR 1979, 315 = ZMR 1980, 348). Die **Ermittlung der Anzahl der Vollgeschosse** erfolgt regelmäßig in Anwendung der **einschlägigen Vorschriften der Landesbauordnungen**. In unbeplanten Gebieten muss die Satzung dabei bestimmen, wie das Nutzungsmaß bei unbebauten Grundstücken ermittelt wird. Dabei darf die Bebauung, die sich auf den in der näheren Umgebung gelegenen Grundstücken vorfindet, zugrunde gelegt werden (BVerwG, Buchholz 406.11 § 131 Nr 41 = NVwZ 1982, 37 = BauR 1982, 476).

4. Geschossflächenmaßstab

Ein weiterer zulässiger Anknüpfungspunkt ist der **Geschossflächenmaßstab**, bei dessen Anwendung der Aufwand in dem Verhältnis auf die erschlossenen Grundstücke verteilt wird, in dem die zulässigen Geschossflächen oder die Summen aus Grundstücksflächen und zulässigen Geschossflächen zueinander stehen. Dabei muss die Satzung ergänzend bestimmen, wie die zulässige Geschossfläche zu er-

mitteln ist (zu den Einzelheiten, insbesondere auch zur Anwendung des Geschossflächenmaßstabes in unbeplanten Gebieten vgl Driehaus, Erschließungs- und Ausbaubeiträge, § 17 Rn 52 fmwN).

5. Sogenannter Artzuschlag

27 § 131 Abs 3 verlangt neben der Berücksichtigung des Nutzungsmaßes die Berücksichtigung der **Nutzungsart**. Bedeutsam in diesem Zusammenhang ist, dass **gewerblich und industriell genutzte Grundstücke** hinsichtlich ihrer größeren Inanspruchnahmemöglichkeit vor allem der Straßen gegenüber Grundstücken mit Wohnnutzung **stärker mit Beiträgen** belastet werden (BVerwGE 62, 300 = Buchholz 406.11 § 131 Nr 39 = NVwZ 1982, 244 = DVBl 1982, 72, = BauR 1982, 157). Dabei darf sich der Zuschlag bei Grundstücken in anderen als beplanten Gewerbe- und Industriegebieten nach der tatsächlichen Nutzung richten (BVerwGE 57, 240 = Buchholz 406.11 § 13 Nr 27 = NJW 1980, 72 = VerwRspr 30, 946 = DVBl 1979, 781 = BauR 1979, 315 = ZMR 1980, 348; BVerwG, NVwZ-RR 2000, 456). Über den Artzuschlag hinaus muss jedoch nicht auch ein maßbezogener Artzuschlag gemacht werden (BVerwG, Buchholz 406.11 § 131 Nr 34 = VerwRspr 32, 84 = KStZ 1981, 9 = BauR 1980, 563). Die Erhebung des Artzuschlags kann wegen gewerblicher Nutzung eines im qualifiziert beplanten Wohngebiet liegenden doppelt erschlossenen gewerblich genutzten Grundstücks ausnahmsweise dann unzulässig sein, wenn der durch die gewerbliche Nutzung verursachte Verkehr ausschließlich über die andere Anbaustraße abgewickelt wird und aufgrund der erkennbaren tatsächlichen Grundstücksverhältnisse auch nur abgewickelt werden kann (BVerwG, NVwZ 1998, 1188 = KStZ 1999, 18). Auch ist die Anordnung eines Artzuschlags für durch eine selbstständige Grünanlage erschlossene überwiegend gewerblich genutzte Grundstücke zB in allgemeinen Wohngebieten nicht mit Art 138 Abs 3 vereinbar (BVerwGE 100, 104 = NVwZ 1996, 803 = Buchholz 406.11 § 127 Nr 82 = DÖV 1996, 744 = KStZ 1997, 75).

28 Bei der **Regelung des Zuschlags** steht dem Ortsgesetzgeber ein **weites Bewertungsermessen** zu. So werden Zuschläge von 50% und 25% auf den für die Berücksichtigung des Maßes der Nutzung maßgeblichen Faktor von der Rechtsprechung nicht beanstandet. Eine Mehrbelastung von mindestens 10 % wird indes für unerlässlich erachtet (BVerwG, Buchholz 406.11 § 131 Nr 49 = DVBl 1982, 1052 = DÖV 1982, 992 = BauR 1982, 464; zum grundstücksbezogenen Artzuschlag für unbebaute und ungenutzte Grundstücke im unbeplanten Innenbereich vgl BVerwG, Buchholz 406.11 § 131 Nr 81 = NVwZ 1990, 870 = DVBl 1990, 442 L = KStZ 1990, 40 L = ZfBR 1990, 210 = ZKF 1990, 159; zu den Anforderungen an die satzungsrechtliche Regelung bei Artzuschlag in unbeplanten Kern-, Gewerbe- und Industriegebieten vgl BVerwG, B v 03.01.2000 – 11 B 24/99; zum Artzuschlag, wenn nur ein kleiner Teil eines im Übrigen ungenutzten Grundstücks gewerblich genutzt wird vgl BVerwG, NVwZ-RR 2000, 456).

29 Das Bundesverwaltungsgericht hält es wegen des Differenzierungsgebots des § 131 Abs 3 für erforderlich, eine den sog grundstücksbezogenen Artzuschlag regelnde Satzungsbestimmung im Tatbestandsmerkmal „Gewerbe" dahin auszulegen, dass von ihm auch Nutzungen erfasst werden, die der gewerblichen Nutzung ieS darin ähnlich sind, dass sie wie diese eine im Vergleich zur Wohnnutzung deutlich intensivere Inanspruchnahme der Anbaustraßen auslösen, BVerwGE 78, 321 = Buchholz

406.11 § 127 Nr 51 = NVwZ 1988, 632 = DVBl 1988, 893 = DÖV 1988, 786 = ZMR 1988, 151). Diese Rechtsprechung ist auf Kritik gestoßen (vgl Gern, NVwZ 1989, 534; zum Artzuschlag, wenn nur ein kleiner Teil eines im Übrigen ungenutzten Grundstücks gewerblich genutzt wird vgl BVerwG, NVwZ-RR 2000, 456).

6. Verteilung des Aufwands für Immissionsschutzanlagen

Besondere Schwierigkeiten bereitet die Verteilung des Aufwands für **Lärmschutzanlagen** (vgl § 127 Abs 2 Nr 5). Der Satzungsgeber hat bei der Aufwandsverteilung für eine Lärmschutzanlage erheblich unterschiedlichen Schallpegelminderungen Rechnung zu tragen (vgl im Einzelnen BVerwGE 80, 99 = Buchholz 406.11 § 127 Nr 55 = NVwZ 1989, 566 = DVBl 1988, 1162 = DÖV 1989, 220 = KStZ 1988, 225 = BauR 1988, 718 = ZMR 1988, 472 und die Kritik von Kuschnerus, NVwZ 1989, 528).

30

7. Eckgrundstücksvergünstigungen

Eine Besonderheit bei der Festlegung des Verteilungsmaßstabes stellt die **Eckgrundstücksvergünstigung** (auch die **Zwischenliegervergünstigung** für Grundstücke zwischen zwei Erschließungsanlagen) dar. Es handelt sich bei den begünstigten Grundstücken um solche, die von mehreren gleichartigen Erschließungsanlagen erschlossen werden. Der Satzungsgeber kann für diese Grundstücke – muss es aber nicht – eine Vergünstigung **zu Lasten der übrigen Beitragspflichtigen** oder im Wege des Beitragserlasses **zu Lasten der Gemeinde vorsehen**. Häufig sehen die Satzungen vor, dass diese Grundstücke nur zu zwei Dritteln des sonst sich nach dem Maßstab ergebenden Wertes an der Verteilung teilnehmen (vgl BVerwG, Buchholz 406.11 § 131 Nr 65 = NVwZ 1986, 566 = DVBl 1986, 349 = DÖV 1986, 472 = BauR 1986, 472 = ZMR 1986, 176). Die Vergünstigung wird regelmäßig **auf Wohngrundstücke beschränkt**, weil gerade hier der zusätzliche Vorteil, der von der weiteren Erschließungsanlage ausgeht, geschmälert ist (zur Wirksamkeit einer satzungsmäßigen Artzuschlagsregelung und einer satzungsmäßigen Vergünstigungsregelung für mehrfach erschlossene Grundstücke vgl BVerwG, NVwZ-RR 1998, 64 = DVBl 1998, 47 = ZMR 1997, 546).

31

Wird die **Ecklage** durch eine **klassifizierte Straße** begründet, die nicht voll in der Baulast der Gemeinde steht, so darf sich die Vergünstigung nur auf solche (Teil-)Anlagen beziehen, deren Herstellung einen beitragsfähigen Erschließungsaufwand auszulösen geeignet ist (BVerwG, Buchholz 406.11 § 131 Nr 80 = NVwZ 1990, 374 = KStZ 1990, 39 = HSGZ 1990, 63 = ZfBR 1990, 158 = ZKF 1990, 232). Was die Höhe der Vergünstigung betrifft, so darf die Belastung des Grundstücks für beide Straßen nicht wesentlich niedriger sein als die Belastung eines nur einfach erschlossenen Grundstücks, was bei einem um mehr als 10% geringeren Beitrags allerdings zu bejahen ist (vgl BVerwG, Buchholz 406.11 § 131 Nr 65 = NVwZ 1986, 566 = DVBl 1986, 349 = DÖV 1986, 472 = BauR 1986, 330 = ZMR 1986, 176).

32

Bei **übergroßen Eckgrundstücken** darf die Ermäßigungsregelung nicht auf das gesamte Grundstück erstreckt werden. Bei ungewöhnlich großen Eckgrundstücken kann es aber bereits an der Mehrfacherschließung fehlen, so dass eine Eckermäßigung schon deshalb nicht in Betracht kommt (vgl BVerwG, Buchholz 406.11 § 131 Nr 79 = NVwZ 1989, 1072 = DVBl 1989, 675 = KStZ 1990, 31 = ZMR 1989, 46).

§ 132 Regelung durch Satzung

Die Gemeinden regeln durch Satzung
1. die Art und den Umfang der Erschließungsanlagen im Sinne des §129,
2. die Art der Ermittlung und der Verteilung des Aufwands sowie die Höhe des Einheitssatzes,
3. die Kostenspaltung (§127 Abs. 3) und
4. die Merkmale der endgültigen Herstellung einer Erschließungsanlage.

1 Die Gemeinden haben die in § 132 Nr 1-4 genannten Materien in der **Erschließungsbeitragssatzung** zu regeln. Da eine wirksame Satzung Voraussetzung für das Erheben von Erschließungsbeiträgen ist, sind die Gemeinden grds zu ihrem Erlass verpflichtet, da sie nur so ihrer Beitragserhebungspflicht nachkommen können. Die Satzung kann sich rückwirkende Kraft beilegen, was aber deshalb von geringer Bedeutung ist, weil Erschließungsbeiträge nur aufgrund einer gültigen Satzung entstehen können (zum rückwirkenden Ersetzen einer nichtigen durch eine wirksame Verteilungsregelung vgl BVerwG, Buchholz 406.11 § 132 Nr 43 = NVwZ 1990, 168 = DVBl 1989, 678 = HSGZ 1989, 267 = BayVBl 1989, 697 = ZKF 1990, 137). Daher kann die **Verjährungsfrist** für den Beitrag nicht zu laufen beginnen, ehe eine rechtsgültige Satzung vorliegt (vgl BVerwG, Buchholz 406.11 § 130 Nr 26 = DVBl 1983, 135 = DÖV 1983, 469 = KStZ 1983, 95 = BauR 1983, 359). Das Zustandekommen der Satzung richtet sich nach dem Kommunalrecht der Länder und dem Ortsrecht.

2 *Nr 1:* Eine **Beitragspflicht** kann nur für die **Arten von Erschließungsanlagen** entstehen, die **in der Satzung aufgeführt** sind. Zum Umfang der Erschließungsanlagen (zB die Breite einer Anbaustraße) ist zu sagen, dass diese nicht aufwendiger hergestellt werden dürfen, als es zur zulässigen Nutzung der Flächen erforderlich ist; wird dieser Rahmen überschritten, verliert die Gemeinde insoweit ihren Beitragsanspruch. Die Höchstbreiten der zum Anbau bestimmten Straßen sind unterschiedlich entsprechend der Art der zulässigen Nutzung (zB einseitig, beiderseitig zum Anbau bestimmt, Geschossflächenzahl) festzusetzen. Eine einheitliche Festsetzung von Art und Umfang der Erschließungsanlagen für das gesamte Gemeindegebiet verbietet sich regelmäßig im Hinblick auf wohl stets bestehende strukturelle Verschiedenheiten der einzelnen Baugebiete.

3 *Nr 2:* Durch die Regelung des § 132 Nr 2 wird die Gemeinde verpflichtet, in der Satzung die in § 131 Abs 2 zur Verfügung gestellten **Maßstäbe** zu präzisieren bzw eine Auswahl zu treffen. Ohne eine solche satzungsrechtliche Regelung kann der Erschließungsbeitrag nicht ermittelt werden und damit nicht entstehen.

Neben dem Verteilungsmaßstab ist auch die Höhe des **Gemeindeanteils** jedenfalls dann in der Satzung festzulegen, wenn er über dem in § 129 Abs 1 Satz 3 vorgesehenen Anteil von 10 % liegt.

4 *Nr 3:* Will die Gemeinde von der Möglichkeit der **Kostenspaltung** (vgl dazu Erl zu § 127 Abs 3) Gebrauch machen, muss sie eine dahin gehende satzungsrechtliche Entscheidung treffen, die dann allgemein oder auch im Einzelfall die Kostenspaltung zulässt (jedoch nicht vorschreibt). Eine satzungsrechtliche Regelung für den Einzelfall ist nicht erforderlich und auch nicht üblich. Welches Gemeindeorgan für den Beschluss über die Kostenspaltung zuständig ist, ergibt sich aus dem Landes-

kommunalrecht. Jedenfalls bedarf es eines Ausspruchs im Einzelfall, der in den Akten niedergelegt und nachweisbar sein muss. Der Ausspruch der Kostenspaltung muss eindeutig erkennen lassen, welche Teileinrichtung abgerechnet werden soll (BVerwG v 08.07.1998 – 8 B 129.97). Wird im Wege der Kostenspaltung (teilweise) abgerechnet, so hat sich das aus dem Beitragsbescheid zu ergeben, damit nicht der Eindruck erweckt wird, es handele sich um den endgültigen Gesamterschließungsbeitrag (vgl BVerwG, Buchholz 406.11 § 128 Nr 7 = BRS 37, 124 = ZMR 1970, 252).

Nr 4: Auch die **Merkmale der endgültigen (erstmaligen) Herstellung** der Erschließungsanlagen gehören zu den unabdingbar notwendigen Regelungsmaterien des Satzungsgebers. Ihre Regelung ist rechtserheblich für das Entstehen der Beitragspflicht. Sie werden nicht für den Einzelfall sondern allgemein getroffen. Sind die Herstellungsmerkmale noch nicht alle erfüllt, kann der Erschließungsbeitrag nicht entstehen (vgl BVerwG, Buchholz 406.11 § 132 Nr 25 = VerwRspr 29, 968 = KStZ 1979, 129 = BauR 1978, 133 = ZMR 1979, 972).

Neben der Regelung, welche Teileinrichtung endgültig hergestellt sein muss, um die Erschließungsanlage als fertig gestellt anzusehen, sind die Merkmale der endgültigen Herstellung nur dann ausreichend durch Satzung geregelt, wenn für die Verkehrsanlagen die Art und Weise der bautechnischen Ausgestaltung festgelegt wird. Für die sonstigen Erschließungsanlagen muss die Merkmalsregelung auf die Erfüllung tatsächlicher Herstellungsmerkmale abstellen (BVerwGE 72, 143 = Buchholz 406.11 § 127 Nr 47 = NVwZ 1986, 130 = DVBl 1986, 347 = KStZ 1986, 11 = BauR 1986, 80 = ZMR 1986, 25).

Der Grunderwerb kann – muss aber nicht – Merkmal der endgültigen Herstellung sein (BVerwGE 85, 66 = NVwZ 1990, 873 = DVBl 1990, 786 = DÖV 1990, 784 = KStZ 1990, 159 = ZfBR 1990, 250 = ZKF 1990, 185). Für Anbaustraßen verlangt das Bundesverwaltungsgericht nicht, dass in der Satzung eine Flächeneinteilung vorgenommen wird. Geregelt sein muss aber die Teileinrichtung und Entwässerung (BVerwG, Buchholz 406.11 § 132 Nr 5 = BauR 1970, 116 = ZMR 1969, 375).

Bleibt der Ausbau einer Erschließungsanlage im Einzelfall hinter den satzungsrechtlichen Herstellungsmerkmalen zurück (wird zB nur ein Gehweg gebaut, obwohl beiderseitige Gehwege vorgesehen sind), so entsteht der Beitrag erst, wenn die Gemeinde eine sog **Änderungssatzung (Abweichungsbeschluss)** gefasst hat, die zum Ausdruck bringt, inwieweit der tatsächliche Ausbau im Einzelfall hinter den allgemeinen satzungsrechtlichen Anforderungen zurückbleibt (vgl BVerwGE 30, 207 = Buchholz 406.11 § 130 Nr 1 = VerwRspr 20, 319 = DVBl 1969, 274 = DÖV 1969, 287 = KStZ 1969, 140 = ZMR 1969, 148). So kann die Abweichungssatzung zB besagen, dass abweichend von der Satzung in der A-Straße nur ein Gehweg oder kein Radweg gebaut wird.

Nach Ansicht des OVG Münster (NWVBl 1997, 424 = DVBl 1997, 1073 L) gehört der **Unterbau einer Anbaustraße** weder als Herstellungsmerkmal iSv § 132 Nr 4 noch als Bestandteil eines konkreten Bauprogramms zu den Einrichtungen, von deren Verwirklichung die endgültige Herstellung der Straße abhängt (§ 133 Abs 2 Satz 1), so dass zur Erfüllung der Herstellungsmerkmale bei flächenmäßigen Teileinrichtungen auch eine mängelbehaftete Ausführung der technischen Baumaßnahme genüge. Zusätzliche Kosten durch Nachbesserungen müssen dann indes zu Lasten der Gemeinde gehen.

8 Die Merkmalsregelung einer Satzung, die **Immissionsschutzanlagen** für endgültig hergestellt erklärt, wenn alle Bestandteile entsprechend dem Ausbauprogramm ausgeführt sind, genügt den Anforderungen des § 132 Nr 4 (BVerwGE 80, 99 = Buchholz 406.11 § 127 Nr 55 = NVwZ 1989, 566 = DVBl 1988, 1162 = DÖV 1989, 220 = KStZ 1988, 225 = BauR 1988, 718 = ZMR 1988, 472).

9 Die (teilweise) **Unwirksamkeit der Merkmalsregelung** hat nicht zur Folge, dass auch die anderen satzungsrechtlichen Bestimmungen unwirksam sind. Der Satzungsgeber kann daher die unwirksamen Regelungen durch wirksame ersetzen. Ein zunächst rechtswidriger Bescheid kann dadurch geheilt werden und die Beitragspflicht entstehen (vgl BVerwGE 50, 2 = Buchholz 406.11 § 132 Nr 20 = NJW 1976, 1115 = VerwRspr 27, 831 = DVBl 1976, 942 = KStZ 1976, 191 = BauR 1976, 198 = ZMR 1976, 253).

§ 133 Gegenstand und Entstehung der Beitragspflicht

(1) **Der Beitragspflicht unterliegen Grundstücke, für die eine bauliche oder gewerbliche Nutzung festgesetzt ist, sobald sie bebaut oder gewerblich genutzt werden dürfen. Erschlossene Grundstücke, für die eine bauliche oder gewerbliche Nutzung nicht festgesetzt ist, unterliegen der Beitragspflicht, wenn sie nach der Verkehrsauffassung Bauland sind und nach der geordneten baulichen Entwicklung der Gemeinde zur Bebauung anstehen. Die Gemeinde gibt bekannt, welche Grundstücke nach Satz 2 der Beitragspflicht unterliegen; die Bekanntmachung hat keine rechtsbegründende Wirkung.**

(2) **Die Beitragspflicht entsteht mit der endgültigen Herstellung der Erschließungsanlagen, für Teilbeträge, sobald die Maßnahmen, deren Aufwand durch die Teilbeträge gedeckt werden soll, abgeschlossen sind. Im Falle des § 128 Abs. 1 Satz 1 Nr. 3 entsteht die Beitragspflicht mit der Übernahme durch die Gemeinde.**

(3) **Für ein Grundstück, für das eine Beitragspflicht noch nicht oder nicht in vollem Umfang entstanden ist, können Vorausleistungen auf den Erschließungsbeitrag bis zur Höhe des voraussichtlichen endgültigen Erschließungsbeitrags verlangt werden, wenn ein Bauvorhaben auf dem Grundstück genehmigt wird oder wenn mit der Herstellung der Erschließungsanlagen begonnen worden ist und die endgültige Herstellung der Erschließungsanlagen innerhalb von vier Jahren zu erwarten ist. Die Vorausleistung ist mit der endgültigen Beitragsschuld zu verrechnen, auch wenn der Vorausleistende nicht beitragspflichtig ist. Ist die Beitragspflicht sechs Jahre nach Erlass des Vorausleistungsbescheids noch nicht entstanden, kann die Vorausleistung zurückverlangt werden, wenn die Erschließungsanlage bis zu diesem Zeitpunkt noch nicht benutzbar ist. Der Rückzahlungsanspruch ist ab Erhebung der Vorausleistung mit 2 vom Hundert über dem Diskontsatz der Deutschen Bundesbank jährlich zu verzinsen. Die Gemeinde kann Bestimmungen über die Ablösung des Erschließungsbeitrags im Ganzen vor Entstehung der Beitragspflicht treffen.**

Gesamtübersicht

	Rn		Rn
I. **Der Beitragspflicht unterliegende Grundstücke (Abs 1)**	1	2. Vorausleistung und endgültige Beitragsschuld	16
1. Begriff des Baulands	1	3. Anspruch auf Rückzahlung	17
2. Erschlossene Grundstücke iSv § 133 Abs 1 Satz 2	8	4. Öffentlich-rechtliche Vereinbarungen und Vorausleistung	19
II. **Entstehen der Beitragspflicht (Abs 2)**	9	IV. **Ablösung von Erschließungsbeiträgen (Abs 3 Satz 5)**	20
1. Endgültige Herstellung	9	1. Wesen der Ablösung	20
2. Verjährung	13	2. Wirkungen der Ablösung	21
III. **Vorausleistung (Abs 3)**	14	3. Ablösungsbestimmungen	22
1. Wesen der Vorausleistung	14	4. Rückzahlung	23

I. Der Beitragspflicht unterliegende Grundstücke (Abs 1)

1. Begriff des Baulands

Abs 1 regelt, unter welchen Voraussetzungen (unbebaute und bebaute) Grundstücke, deren baurechtlich geforderte Erschließung gesichert ist, der **Beitragspflicht** unterliegen. Es werden zwei Gruppen von Grundstücken unterschieden: 1

Grundstücke, für die eine bauliche oder gewerbliche Nutzung festgesetzt ist, werden beitragspflichtig, sobald sie rechtlich und tatsächlich baulich oder gewerblich genutzt werden können (Satz 1). Die Nutzungsfestsetzung ergibt sich in aller Regel aus den Festsetzungen eines (nicht notwendig qualifizierten) Bebauungsplans. Es kommt nicht darauf an, ob die von dem Eigentümer konkret geplante Nutzung möglich ist, sondern **entscheidend** ist allein, **ob die planungsrechtlich festgesetzte Nutzung realisiert werden kann**. An dieser Voraussetzung fehlt es noch zB, wenn die Grundstücke wegen ihres Zuschnitts oder ihrer Größe nicht gem dem Bebauungsplan bebaut werden können, wenn den bauordnungsrechtlichen Anforderungen an die Bebauung nicht genügt ist, wenn eine Veränderungssperre oder Anbaubeschränkungen (-verbote) nach den Straßengesetzen, dem Naturschutzrecht, Wasserrecht, Luftverkehrsrecht bestehen. Die Grundstücke unterliegen in derartigen Fällen erst dann der Beitragspflicht, wenn die genannten Hindernisse fortgefallen sind. 2

Sind **keine verbindlichen Festsetzungen** über die bauliche oder gewerbliche Nutzung getroffen, so müssen folgende Merkmale insgesamt erfüllt sein (Satz 2): 3

– die **Grundstücke müssen erschlossen sein**, dh die üblicherweise in Betracht kommenden Erschließungsanlagen (auch Versorgungseinrichtungen) müssen vorhanden und benutzbar sein; der Bebauung dürfen keine rechtlichen Hindernisse entgegenstehen.

– Die Grundstücke müssen **nach der Verkehrsauffassung Baulandeigenschaft** besitzen.

– Die Grundstücke müssen nach der geordneten Entwicklung der Gemeinde **zur Bebauung anstehen**. Anhaltspunkte hierfür sind in Aufstellung begriffene Bebauungspläne, Flächennutzungspläne, innerhalb der im Zusammenhang bebauten Ortsteile die Kriterien des § 34. Ein Grundstück steht zur Bebauung an, sobald es in zulässiger (und nicht nur gänzlich unterwertiger) Weise einer Bebauung zugeführt werden darf.

§ 133 Erstes Kapitel. Sechster Teil. Zweiter Abschnitt

- Bebaubarkeit muss sich nicht darüber hinaus „anbieten" oder „aufdrängen" (BVerwG, Buchholz 406.11 § 130 Nr 63 = DVBl 1978, 301 = DÖV 1978, 58 = KStZ 1978, 15 = BRS 37, 194).
- Bei den Anforderungen des Abs 1 handelt es sich um objektive, gerichtlich nachprüfbare Voraussetzungen. Ein **Ermessensspielraum der Gemeinde besteht nicht.** Um die betroffenen Eigentümer möglichst frühzeitig zu unterrichten, sind die unter Abs 1 Satz 2 fallenden Grundstücke (in angebrachten Abständen) von der Gemeinde bekannt zu machen. Mitteilung an die Eigentümer im Einzelfall reicht aus. Eine besondere Form ist nicht vorgeschrieben. Die Bekanntmachung hat keine rechtsbegründende Wirkung, insbesondere keine Bedeutung für die Beitragspflicht (§ 133 Abs 1 Satz 3).

4 Von vornherein scheiden solche Grundstücke aus dem Kreis der beitragspflichtigen Grundstücke aus, die bereits nicht iSd § 131 Abs 1 Satz 1 erschlossen sind (vgl dazu im Einzelnen dort). Auch gemeindeeigene Grundstücke, die nicht mit einem Erbbaurecht belastet sind, unterliegen (noch) nicht der Beitragspflicht. Sie kann erst nach der Übertragung des Eigentums bzw Bestellung eines Erbbaurechts entstehen (BVerwG, Buchholz 406.11 § 133 Nr 89 = DVBl 1984, 188 = DÖV 1984, 590 = KStZ 1984, 34 = BRS 43, 265 und BVerwG, Buchholz 406.11 § 133 Nr 91 = NVwZ 1985, 912 = KStZ 1986, 34 = BRS 43, 271 = ZMR 1985, 352). Bei einer als „Kinderspielplatz" planerisch betroffenen Fläche ist mangels erschließungsbeitragsrechtlich relevanter Nutzbarkeit der Baulandbegriff des BauGB § 133 Abs 1 nicht erfüllt (VGH München, BayVBl 2003, 569).

5 Mit dem Begriff **Bauland** in Satz 2 wird dasselbe zum Ausdruck gebracht wie in Satz 1 mit dem Begriff Grundstücke, für die eine bauliche Nutzung festgesetzt ist. Beide sind erschließungsbeitragsrechtliche Begriffe (BVerwG, Buchholz 406.11 § 131 Nr 33 = NJW 1980, 1973 = VerwRspr 31, 840 = DVBl 1980, 755 = KStZ 1980, 170 = BauR 1980, 351 = ZMR 1981, 377).

6 Ein mit einem bestandsgeschützten Bauwerk bebautes Grundstück, das nicht mehr bebaut werden darf, ist nicht beitragspflichtig (BVerwG, Buchholz 406.11 § 133 Nr 48 = NJW 1975, 323 = VerwRspr 27, 46 = DVBl 1975, 378 = DÖV 1975, 104 = KStZ 1975, 111 = ZMR 1975, 152). Da es iR des § 133 Abs 1 auf die abstrakte Bebaubarkeit eines Grundstücks ankommt, entfällt die Beitragspflicht nicht, wenn bereits feststeht, dass es künftig nicht mehr bebaut werden darf, dies jedoch im Zeitpunkt der Entstehung des Beitrags noch der Fall ist (BVerwGE 47, 64 = Buchholz 406.11 § 133 Nr 49 = NJW 1975, 323 = VerwRspr 27, 49 = DVBl 1975, 375 = DÖV 1975, 105 = KStZ 1975, 68 = BauR 1975, 124 = ZMR 1975, 69; zur Beeinträchtigung der Bebaubarkeit durch Veränderungssperre vgl BVerwG, Buchholz 406.11 § 133 Nr 34 = NJW 1970, 876 = DVBl 1970, 417 = DÖV 1970, 425 = BauR 1970, 43 = ZMR 1970, 141).

7 Abstrakt **bebaubar ist ein Grundstück** dann **nicht**, wenn es wegen geringer Größe oder seines Zuschnitts nur zusammen mit anderen Grundstücken, die nicht demselben Eigentümer gehören, baurechtlich relevant genutzt werden kann, wohl aber sind mehrere demselben Eigentümer gehörende Grundstücke bebaubar, wenn sich die Bebaubarkeit erst durch ihre „grenzüberschreitende" Inanspruchnahme ergibt (BVerwG, Buchholz 406.11 § 133 Nr 44 = VerwRspr 25, 727 = KStZ 1973, 196 = BauR 1973, 243). ISd § 133 Abs 1 bebaubar ist ein durch eine Anbaustraße erschlossenes Hinterliegergrundstück, wenn es in der Hand des Eigentümers liegt, mit Blick

auf diese Anlage die Erreichbarkeitsanforderungen zu erfüllen, von denen das (bundesrechtliche) Bebauungsrecht und das (landesrechtliche) Bauordnungsrecht die bauliche oder gewerbliche Nutzung des Grundstücks abhängig machen. Dies liegt bei der Identität von Hinterliegergrundstück und Anliegergrundstück regelmäßig vor (BVerwGE 92, 157 = NVwZ 1993, 1203 = Buchholz 406.11 § 133 Nr 118 = DVBl 1993, 667 = DÖV 1993, 716). Als nicht bebaubar gelten Grundstücke, auf denen nur eine ganz unterwertige Nutzung in Frage kommt. Das ist jedoch bei der Bebaubarkeit mit einer Garage grds nicht der Fall (BVerwG, Buchholz 406.11 § 130 Nr 63 = DVBl 1978, 301 = DÖV 1978, 58 = KStZ 1978, 15 = BauR 1978, 131 und BVerwG, NVwZ 1998, 73 = Buchholz 406.11 § 131 Nr 104 = DVBl 1997, 497 = DÖV 1997, 299 = KStZ 1998, 17; vgl auch BVerwGE 102, 159 = NVwZ 1998, 72 = Buchholz 406.11 § 131 Nr 103 = DVBl 1997, 496 sowie BVerwGE 89, 177 = NVwZ 1992, 575 = Buchholz 406.11 § 133 Nr 114 = KStZ 1992, 51 = ZMR 1992, 123).

2. Erschlossene Grundstücke iSv § 133 Abs 1 Satz 2

Der Begriff **erschlossene Grundstücke** in § 133 Abs 1 Satz 2 (auch Satz 1 geht, ohne dies ausdrücklich zu sagen, nur von erschlossenen Grundstücken aus), geht über den Begriff der erschlossenen Grundstücke in § 131 Abs 1 Satz 1 hinaus und bedeutet einmal, dass sie **baulich oder erschließungsbeitragsrechtlich vergleichbar genutzt werden dürfen**, zum anderen im Hinblick zB auf eine Anbaustraße, dass von dem Grundstück aus **rechtlich wie tatsächlich ungehindert eine Zufahrt zur Straße genommen werden kann**, was solange nicht der Fall ist, wie der Benutzung noch rechtliche oder tatsächliche Hindernisse entgegenstehen (BVerwGE 68, 41 = Buchholz 406.11 § 131 Nr 53 = NVwZ 1984, 172, DVBl 1984, 184 = DÖV 1984, 115 = KStZ 1983, 226 und BVerwG, Buchholz 406.11 § 127 Nr 49 = NVwZ 1987, 56 = DVBl 1987, 628 = KStZ 1986, 211 = BauR 1987, 202 = ZMR 1987, 68). Verlangt das Bebauungsrecht für die erschließungsbeitragsrechtlich relevante Nutzung des Grundstücks seine Erreichbarkeit durch eine Zufahrt an die Grundstücksgrenze, so ist das Grundstück erst erschlossen, wenn einer solchen Zufahrtsmöglichkeit entgegenstehende Hindernisse ausgeräumt sind (BVerwG, NVwZ 1989, 570 = ZMR 1989, 73).

II. Entstehen der Beitragspflicht (Abs 2)

1. Endgültige Herstellung

Nach Abs 2 **entsteht die (sachliche) Beitragspflicht** – dh die Beitragsforderung kann von der Gemeinde geltend gemacht werden – **im Zeitpunkt der endgültigen Herstellung** der Erschließungsanlage. Eine Anlage ist endgültig hergestellt, sobald sie den Herstellungsmerkmalen einer gültigen Satzung (§ 132 Nr 4) entspricht und der entstandene Aufwand feststellbar ist, also regelmäßig mit dem **Eingang der letzten Unternehmerrechnung** (BVerwGE 49, 131 = Buchholz 406.11 § 133 Nr 54 = DÖV 1976, 95 = BauR 1976, 120 = ZMR 1976, 114). Nach OVG Münster (NWVBl 1997, 424 = DVBl 1997, 1073 L) kann zur Erfüllung der Herstellungsmerkmale bei flächenmäßigen Teileinrichtungen auch eine mängelbehaftete Ausführung der technischen Baumaßnahmen genügen. Der maßgebende Zeitpunkt kann sich verschieben. Wird eine Straße erst nach ihrer tatsächlichen Herstellung dem öffentlichen Verkehr gewidmet, so entsteht die **Beitragspflicht erst im Zeit-**

§ 133 Erstes Kapitel. Sechster Teil. Zweiter Abschnitt

punkt der Widmung (BVerwG, Buchholz 406.11 § 133 Nr 50 = KStZ 1975, 71 = BauR 1975, 127; zur nachträglichen „Umwandlung" einer endgültig hergestellten Außenbereichsstraße in eine Anbaustraße infolge Inkrafttretens eines Bebauungsplans vgl BVerwGE 99, 308 = NVwZ 1996, 799 = Buchholz 406.11 § 133 Nr 124 = DVBl 1996, 379 = KStZ 1996, 213). Die Beitragspflicht **entsteht** solange **nicht, wie es an einer gültigen Satzung fehlt**. Tritt eine Satzung ohne Rückwirkung erst nach endgültiger Herstellung der Erschließungsanlage in Kraft, so entsteht die Beitragspflicht erst mit dem Inkrafttreten der Satzung (BVerwG, Buchholz 406.11 § 133 Nr 46 = VerwRspr 25, 573 = DVBl 1974, 294 = KStZ 1974, 112 = BauR 1974, 91). Macht die Gemeinde von dem Recht der Kostenspaltung Gebrauch, so entsteht für die bereits fertig gestellten Teilmaßnahmen die Beitragspflicht erst mit dem Ausspruch der Kostenspaltung (BVerwG, Buchholz 406.11 § 133 Nr 33 = DVBl 1970, 834 = BauR 1970, 42 = ZMR 1970, 148 und BVerwG, NVwZ 1993, 1205 = Buchholz 406.11 § 133 Nr 117 = KStZ 1995, 36). Bei gemeinsamer Aufwandsermittlung für mehrere Erschließungsanlagen ist auf die endgültige Herstellung sämtlicher Anlagen abzustellen (BVerwG, DVBl 1979, 122).

10 Neben der endgültigen Herstellung müssen sämtliche weiteren gesetzlichen Voraussetzungen für das Entstehen der Beitragspflicht gegeben sein (BVerwG, Buchholz 406.11 § 128 Nr 18 = VerwRspr 29, 463 = KStZ 1978, 110 = BauR 1977, 411 = ZMR 1978, 346; zum maßgeblichen Zeitpunkt für die Beurteilung der Rechtmäßigkeit eines Erschließungsbeitragsbescheids durch das VG vgl BVerwG, Buchholz 310 § 113 Nr 218 = NVwZ 1991, 360 = BayVBl 1990, 21 = ZKF 1991, 11 sowie zum maßgeblichen Zeitpunkt für die gerichtliche Prüfung einer auf Erlass einer Abgabenforderung gerichteten Verpflichtungsklage VGH München, KStZ 1991, 39).

11 Bezieht sich ein Erschließungsbeitragsbescheid auf die Kosten mehrerer Teilanlagen und ist eine Teilanlage noch nicht iSd § 133 Abs 2 Satz 1 hergestellt, so unterliegt der Bescheid nur der Teilaufhebung. Soweit der Kläger die Änderung des Bescheides begehrt, darf das Gericht die Festsetzung des richtigen Betrages nur dann nach § 113 Abs 2 Satz 2 VwGO in seiner Fassung des 4. Neuregelungsgesetzes vom 17.12.1990 der Behörde überlassen, wenn die gerichtliche Festsetzung auf ernsthafte Schwierigkeiten stößt und eine solche Entscheidung bei Abwägung der Belange diesen zumutbar ist. Diese Voraussetzungen sind nach Ansicht des Bundesverwaltungsgerichts im Zusammenhang mit Erschließungsbeiträgen regelmäßig nicht erfüllt (BVerwG, DVBl 1991, 449 = HSGZ 1991, 162 = ZMR 1991, 153 vgl. aber VGH Kassel, 16.06.2004 – SUE 1701/02 –).

12 Tritt nach endgültiger Herstellung aber vor Entstehen der Beitragspflicht eine Satzung in Kraft, die gegenüber dem bisherigen Satzungsrecht weitergehende Merkmale der endgültigen Herstellung der Erschließungsanlage regelt, so bleibt es bei der endgültigen Herstellung aufgrund der Merkmale der bisherigen Satzung, da eine bereits endgültig hergestellte Erschließungsanlage nicht mehr in den Zustand der Unfertigkeit zurückversetzt werden kann (BVerwGE 49, 131 = Buchholz 406.11 § 133 Nr 54 = DÖV 1976, 95 = BauR 1976, 120 = ZMR 1976, 349; zum Entstehen der sachlichen Erschließungsbeitragspflichten vgl auch Driehaus, ZMR 1999, 517).

Gegenstand und Entstehung der Beitragspflicht § 133

2. Verjährung

Der Zeitpunkt der Entstehung der Beitragspflicht ist auch bedeutsam für die **Ver-** 13
jährungsfrist, die mit der Entstehung zu laufen beginnt (BVerwG, Buchholz
406.11 § 133 Nr 50 = KStZ 1975, 71 = BauR 1975, 127 und BVerwG, Buchholz
406.11 § 133 Nr 98 = NVwZ 1987, 329 = BauR 1987, 78 = ZMR 1987, 193). Die
Verjährungsfrist beginnt **frühestens mit der Widmung** der Anbaustraße zum öffentlichen
Verkehr, ohne dass es auf den Zeitraum zwischen endgültiger Herstellung
und der Widmung ankommt (BVerwG, NVwZ-RR 1998, 513 = ZMR 1998,
120). Das Baugesetzbuch selbst regelt die Verjährung des Erschließungsbeitrags
nicht, sie ergibt sich aus dem Landesabgabenrecht, das wiederum regelmäßig auf
die **Abgabenordnung** (vgl §§ 169 und 228 AO 1977) verweist. Auch die Frage der
Verwirkung (dazu s auch unten § 135 Rn 9) des gemeindlichen Anspruchs richtet
sich nach nichtrevisiblem Landesrecht, ebenso die nachträgliche Änderung von Erschließungsbeitragsbescheiden,
die im Baugesetzbuch nicht geregelt ist. Bundesrechtlich
ist iR der Verjährung nur das Entstehen der sachlichen Erschließungsbeitragspflicht
gem § 133 Abs 2 Satz 1 zu überprüfen (BVerwG, Buchholz 406.11
§ 131 Nr 91 = KStZ 1995, 209; zu Amtshaftungsansprüchen wegen Vollstreckung
verjährter Steuerrückstände BGH, NVwZ, 1998, 878).

III. Vorausleistung (Abs 3)

1. Wesen der Vorausleistung

Ist ein Grundstück beitragspflichtig iSd Abs 1 und ist die Beitragspflicht nach Abs 2 14
noch nicht oder nicht in vollem Umfange (bei Kostenspaltung) entstanden, so kann
die Gemeinde unter bestimmten Voraussetzungen eine **Vorausleistung** (in Geld)
auf den Erschließungsbeitrag fordern (Abs 3 Satz 1). Mit dieser Vorschrift soll der
Gemeinde die **Vorfinanzierung für Erschließungsmaßnahmen** erleichtert werden.
Zinsen auf eingesetztes Fremdkapital können den Vorausleistungen bis zum
Entstehen der sachlichen Beitragspflicht zugrunde gelegt werden (BVerwG, NVwZ
1993, 1200 = Buchholz 406.11 § 128 Nr 47 = KStZ 1993, 118 = ZMR 1993, 296).
Der Gesetzgeber des Baugesetzbuches hat die Möglichkeit, eine Vorausleistung zu
erheben, erweitert (vgl die Kritik an dieser Regelung von Driehaus, Erschließungs-
und Ausbaubeiträge, 6. Aufl 2001, § 21 Rn 14 ff). Die Vorausleistung ist eine vorweggenommene
Leistung auf die künftige Beitragsschuld und mit dieser zum Nennwert
zu verrechnen. Ist der endgültige Betrag niedriger als die Vorausleistung, so
muss der **überschießende Betrag** von der Gemeinde **zurückgezahlt** werden (keine
Verzinsungspflicht). Die Höhe der Vorausleistung richtet sich nach der voraussichtlichen,
überschlägig berechneten Höhe des endgültigen Erschließungsbeitrages. Sie
kann von der Gemeinde verlangt werden, wenn auf dem Grundstück ein Bauvorhaben
genehmigt wird, oder wenn mit der Herstellung der Erschließungsanlagen begonnen
worden ist. Die **Vorausleistung** kann auch hinsichtlich derselben Erschließungsanlage
mehrmals (ratenweise) erhoben werden (BVerwG, Buchholz 406.11
§ 128 Nr 31 = NVwZ 1986, 221 = DVBl 1985, 1178 = KStZ 1986, 31).

Die Erhebung einer **Vorausleistung** ist nicht davon abhängig, dass eine entspre- 15
chende satzungsrechtliche Regelung besteht, sie ergibt sich **unmittelbar aus dem
Gesetz**. Allerdings setzt sie voraus, dass überhaupt eine gültige Beitragssatzung
vorliegt (BVerwG, Buchholz 406.11 § 35 Nr 90 = NVwZ 1985, 751 = DVBl 1985,

626 = DÖV 1985, 540). Die Rechtmäßigkeit der Vorausleistungserhebung hängt auch nicht von der Erfüllung der Anforderungen des § 125 ab (BVerwG, NVwZ 1996, 798 = Buchholz 406.11 § 125 Nr 133 = DVBl 1996, 381 = KStZ 1997, 11 und BVerwGE 97, 62 = NVwZ 1995, 1209 = Buchholz 406.11 § 133 Nr 123 = DVBl 1995, 63 = DÖV 1995, 470). Über die im Gesetz selbst genannten Voraussetzungen muss als allgemeine Voraussetzung für die Erhebung einer Vorausleistung ein Sondervorteil für das Grundstück gegeben sein (BVerwGE 64, 186 = Buchholz 406.11 § 123 Nr 21 = DVBl 1982, 540 = DÖV 1982, 156 = KStZ 1982, 149 = BauR 1982, 33 und BVerfGE 33, 265 = NJW 1972, 1851 = DVBl 1972, 887). Verlangt wird bei genehmigten Vorhaben eine qualifizierte Beziehung zwischen dem Vorhaben und der Erschließungsanlage. Dem Tatbestandsmerkmal „genehmigt" in § 133 Abs 3 Satz 1 genügt jede bauaufsichtliche Maßnahme, durch die eine Bebauung bauaufsichtlich zur Ausführung freigegeben wird (BVerwGE 89, 177 = NVwZ 1992, 575 = Buchholz 406.11 § 133 Nr 114 = KStZ 1992, 51). Die Erschließungsanlage muss für das genehmigte Bauvorhaben von Nutzen sein (BVerwGE 29, 90 = NJW 1968, 1250 = DVBl 1968, 520 = ZMR 1968, 279). Ob ein solcher Sondervorteil auch dann gegeben ist, wenn mit der Herstellung der Erschließungsanlage begonnen worden ist (§ 133 Abs 3 Satz 1 2. Alt), ohne dass bereits ein Bauvorhaben genehmigt ist, kann im Einzelfall fraglich sein (vgl dazu Driehaus, Erschließungs- und Ausbaubeiträge, 6. Aufl 2001, § 21 Rn 14). Die Vier-Jahres-Prognose bezieht sich auf den Abschluss der Kosten verursachenden Erschließungsmaßnahme (BVerwG, NVwZ 1996, 798 = Buchholz 406.11 § 125 Nr 33 = DVBl 1996, 381 = KStZ 1997, 11 und BVerwGE 89, 177 = NVwZ 1992, 575 = Buchholz 406.11 § 133 Nr 114 = KStZ 1992, 51 auch zur Heilung eines rechtswidrigen Vorausleistungsbescheids bei nachträglicher Bestimmung des voraussichtlichen Termins des Abschlusses der Maßnahmen).

2. Vorausleistung und endgültige Beitragsschuld

16 Gesetzlich geregelt ist nunmehr, dass die **Vorausleistung mit der endgültigen Beitragsschuld zu verrechnen** ist, auch wenn der Vorausleistende nicht beitragspflichtig ist (§ 133 Abs 3 Satz 2; zur Problematik der Vorausleistung bei Wechsel des Grundeigentums vor Entstehen der endgültigen Beitragspflicht im Landesbeitragsrecht vgl einerseits VGH Mannheim, VBlBW 1991, 303 und andererseits OVG Münster, Urteil v 21.02.1991 – A 2454/89). Die Vorausleistung tilgt durch (anteilige) Anrechnung (teilweise) die endgültige Beitragspflicht in Höhe der erbrachten Zahlung, sobald diese endgültig sachlich entsteht (BVerwG, Buchholz 406.11 § 133 Nr 55 = NJW 1976, 818 = VerwRspr 27, 710 = DÖV 1976, 96 = BauR 1976, 123 = ZMR 1977, 118 und BVerwG, NVwZ-RR 1996, 465 = Buchholz 406.11 § 133 Nr 125 = DVBl 1996, 1046 = KStZ 1997, 77 – auch zur irrtümlich erfolgten Rückzahlung des über die Vorausleistung hinausgehenden endgültigen Erschließungsbeitrags; zum Verhältnis Vorausleistungsbescheid – endgültiger Bescheid vgl Driehaus, Erschließungs- und Ausbaubeiträge, 6. Aufl 2001, § 21 Rn 37 ff; **regelmäßig** wird der **Vorausleistungsbescheid**, auf den noch **nicht gezahlt** wurde, **abgelöst**, wenn sich der **endgültige Bescheid** auf die **gesamte Beitragsforderung** bezieht, nicht jedoch, soweit der endgültige Bescheid die geforderte Vorausleistung anrechnet; **ist** dagegen bereits **gezahlt**, **löst** der wirksame, **endgültige Bescheid** den vorangegangenen **Vorausleistungsbescheid ab**).

3. Anspruch auf Rückzahlung

Ist die (endgültige) Beitragspflicht sechs Jahre nach Erlass des Vorausleistungsbescheides noch nicht entstanden, so regelt nunmehr § 133 Abs 3 Satz 3, dass die **Vorausleistung** dann **zurückverlangt** werden kann, wenn die Erschließungsanlage bis zu diesem Zeitpunkt noch nicht benutzbar ist (vgl BVerwG, NVwZ-RR 1998, 129 = Buchholz 406.11 § 133 Nr 127 = DVBl 1997, 1061 = KStZ 1998, 30 = ZMR 1997, 437). Der Anspruch auf Rückzahlung der Vorausleistung auf den Erschließungsbeitrag besteht dann nicht, wenn die Gemeinde innerhalb des in § 133 Abs 3 Satz 3 bestimmten sechsjährigen Zeitraumes untätig bleibt, die Benutzbarkeit der Anlage aber bereits vor Erhebung der Vorausleistung gewährleistet war (BVerwG, NVwZ-RR 1998, 581 = Buchholz 406.11 § 133 Nr 128 = DVBl 1998, 1224 = DÖV 1998, 692). Nach Satz 4 ist der Rückzahlungsanspruch ab Erhebung der Vorausleistung mit 2 vom Hundert über dem Diskontsatz der Deutschen Bundesbank jährlich zu verzinsen.

Erstattungsberechtigt bleibt bei zu hoher Vorausleistung auch bei **Eigentumswechsel** der Vorausleistende (BVerwG, NVwZ 1998, 294 = Buchholz 406.11 § 133 Nr 126 = DVBl 1997, 1060 = KStZ 1998, 31 = ZMR 1997, 261). Ist auszuschließen, dass noch eine endgültige Beitragspflicht entsteht, ist eine erbrachte Vorausleistung zurückzuzahlen (BVerwG, NVwZ 1994, 905 = Buchholz 406.11 § 127 Nr 67 = KStZ 1994, 136 = ZMR 1994, 73). Ist die Vorausleistung zu erstatten, weil das Grundstück durch Bebauungsplan seine Bebaubarkeit verloren hat, so tritt eine Verzinsung analog § 133 Abs 3 Satz 4 nicht ein (BVerwG, NVwZ 1992, 495 = Buchholz 406.11 § 133 Nr 115 = KStZ 1992, 131 = ZMR 1992, 209). Die Regelung des § 135 Abs 5 (Erlass) ist auch auf Vorausleistungen anwendbar (BVerwG, Urteil v 18.11.1998 – 8 C 20/97).

4. Öffentlich-rechtliche Vereinbarungen und Vorausleistung

Zulässig ist auch ohne gesetzliche Regelung eine (öffentlich-rechtliche) **vertragliche Vereinbarung über eine Vorausleistung**. Sie setzt nicht das Vorliegen einer Erschließungsbeitragssatzung voraus und kann auch Sachleistungen (im Gegensatz zur gesetzlichen Vorausleistung: nur Geldleistung) zum Inhalt haben (vgl BVerwG, Buchholz 406.11 § 127 Nr 23 = NJW 1976, 341, 819 = DÖV 1976, 349 = KStZ 1975, 229 = BauR 1976, 118 = ZMR 1976, 60; BVerwG, Buchholz 406.11 § 133 Nr 78 = NVwZ 1982, 377 = DVBl 1982, 543 = KStZ 1982, 109). Auf einen Vertrag über Vorauszahlungen ist das Verwaltungsverfahrensgesetz nicht anwendbar (OVG Münster, ZMR 2000, 130). Im Rahmen eines Vertrages erbrachte Zahlungen sind zu erstatten, wenn sich die ordnungsgemäße Erschließung des Grundstücks übermäßig verzögert (BVerwG, Buchholz 406.11 § 133 Nr 12 = DÖV 1968, 145 = ZMR 1976, 250; zur Verzinsung bei Erstattung einer vertraglichen Vorauszahlung auf den Erschließungsbeitrag vgl Nierwetberg, NVwZ 1989, 535; zur Vorausleistung vgl auch Thedieck, KStZ 1991, 61).

IV. Ablösung von Erschließungsbeiträgen (Abs 3 Satz 5)

1. Wesen der Ablösung

Nach § 133 Abs 3 Satz 5 kann die Gemeinde Bestimmungen über die **Ablösung** des Erschließungsbeitrags im Ganzen vor Entstehung der Beitragspflicht treffen.

Die Ausnahmeregelung stellt eine Durchbrechung des sich aus den §§ 127 Abs 1, 132 ergebenden Verbots dar, Kosten für die Erschließung im Wege von Vereinbarungen auf die Anlieger abzuwälzen (BVerwGE 84, 183 = Buchholz 406.11 § 133 Nr 105 = NJW 1990, 1679 = NVwZ 1990, 774 L = NJW-RR 1990, 852 L = DVBl 1990, 441 mit Anm Götz = ZfBR 1990, 103 und die Besprechung der Entscheidung von Wittern, NVwZ 1991, 751, und BVerwGE 64, 361= Buchholz 406.11 § 133 Nr 79 = DVBl 1982, 550 = DÖV 1982, 266 = KStZ 1982, 350= BauR 1982, 266 = ZMR 1982, 350). Die Ablösung ist im Gegensatz zur Vorausleistung eine vorweggenommene Tilgung der künftigen Beitragsforderung. Sie lässt also die Beitragspflicht nicht mehr entstehen. Es besteht weder ein Anspruch der Gemeinde noch des Eigentümers auf Ablösung. Notwendig ist der Abschluss eines öffentlich-rechtlichen Vertrages. Die von der Gemeinde zu treffenden „Bestimmungen" können als Satzung, aber auch als bindende Verwaltungsanordnung ergehen. Nicht erforderlich ist, anders als bei der Vorausleistung, das Vorliegen einer Erschließungsbeitragssatzung.

2. Wirkungen der Ablösung

21 Ein wirksamer Ablösungsvertrag **schließt** sowohl **Nachforderungen wie Rückzahlungen aus** und lässt für das Grundstück im Hinblick auf die konkrete Erschließungsanlage, die Gegenstand der Regelung ist (auch nach einem Eigentumswechsel), keine Erschließungsbeitragspflicht mehr entstehen. Der Ablösungsvertrag muss sich auf die Erschließungspflicht im Ganzen beziehen, weshalb Teilablösungen nicht zulässig sind. Ablösungsverträge sind noch bis zur endgültigen Entstehung des Beitrags, somit noch nach der technischen Fertigstellung einer Erschließungsanlage möglich.

3. Ablösungsbestimmungen

22 Von besonderer Bedeutung sind die von der Gemeinde zu treffenden **Ablösungsbestimmungen**. Sie müssen zumindest die Grundlagen enthalten, die für die Höhe des Ablösungsvertrages von Bedeutung sind. So muss ihnen zu entnehmen sein, wie der voraussichtliche Erschließungsaufwand ermittelt und verteilt werden soll. Die Ablösungsverträge müssen in inhaltlicher Übereinstimmung mit den Ablösungsbestimmungen stehen und die auf ihrer Grundlage ermittelten Ablösebeträge offenlegen. Bei einem Grundstückskauf- und Ablösungsvertrag ist dem Erfordernis der Offenlegung nicht nur dann genügt, wenn der Ablösebetrag im Vertrag ausgewiesen ist, sondern auch, wenn die Gemeinde ihn dem Grundstückskäufer vor Abschluss des Vertrages mitgeteilt hat (BVerwGE 84, 183 = Buchholz 406.11 § 133 Nr 105 = NJW 1990, 1679 = NVwZ 1990, 774 L = NJW-RR 1990, 852 L = DVBl 1990, 441 mit Anm Götz = HSGZ 1990, 151 = ZfBR 1990, 103 und die Besprechung der Entscheidung von Wittern, NVwZ 1991, 751). Ist eine Beitragssatzung vorhanden, kann dies durch Bezugnahme auf Bestimmungen der Satzung erfolgen, so dass zB die Höhe des Ablösungsbetrages dem voraussichtlich entstehenden Beitrag entspricht (BVerwGE 64, 361 = Buchholz 406.11 § 133 Nr 79 = DVBl 1972, 550 = DÖV 1982, 641 = KStZ 1982, 129 = BauR 1982, 266 = ZMR 1982, 350).

4. Rückzahlung

Eine **Rückzahlung** des Ablösungsbetrages kommt bei **Wegfall der Geschäfts-** 23
grundlage in Betracht (zB bei Wegfall der Bebaubarkeit des Grundstücks). Das
Bundesverwaltungsgericht (BVerwGE 87, 77 = DVBl 1991, 447 = DÖV 1991, 462
= KStZ 1991, 92) hält dabei eine Änderung des Ablösungsvertrages wegen der nach
Vertragsschluss eingetretenen Entwicklung nur dann für möglich, wenn diese Entwicklung die Grundlagen des Vertrages erschüttert hat. Unabhängig davon nimmt es
ein Überschreiten der Grenzen, die das Erschließungsbeitragsrecht Ablösungsverträgen setzt, dann an, wenn sich iR einer von der Gemeinde durchgeführten Beitragsabrechnung herausstellt, dass der Beitrag das Doppelte oder mehr als das Doppelte
bzw die Hälfte oder weniger als die Hälfte des vereinbarten Ablösungsbetrages ausmacht (zur Verjährung von Erstattungsansprüchen aus der Rückabwicklung einer
Ablösungsvereinbarung vgl OVG Lüneburg, NVwZ-RR 1991, 425 = KStZ 1991,
153; zur Vertragsanpassung bei Ablösungsverträgen vgl auch OVG Münster, KStZ
1991, 158).

§ 134 Beitragspflichtiger

(1) **Beitragspflichtig ist derjenige, der im Zeitpunkt der Bekanntgabe des
Beitragsbescheids Eigentümer des Grundstücks ist. Ist das Grundstück mit
einem Erbbaurecht belastet, so ist der Erbbauberechtigte anstelle des Eigentümers beitragspflichtig. Ist das Grundstück mit einem dinglichen Nutzungsrecht nach Artikel 233 § 4 des Einführungsgesetzes zum Bürgerlichen
Gesetzbuche belastet, so ist der Inhaber dieses Rechts anstelle des Eigentümers
beitragspflichtig. Mehrere Beitragspflichtige haften als Gesamtschuldner; bei
Wohnungs- und Teileigentum sind die einzelnen Wohnungs- und Teileigentümer nur entsprechend ihrem Miteigentumsanteil beitragspflichtig.**
(2) **Der Beitrag ruht als öffentliche Last auf dem Grundstück, im Falle des
Absatzes 1 Satz 2 auf dem Erbbaurecht, im Falle des Absatzes 1 Satz 3 auf dem
dinglichen Nutzungsrecht, im Falle des Absatzes 1 Satz 4 auf dem Wohnungsoder dem Teileigentum.**

Nach § 134 Abs 1 Satz 1 ist **Beitragsschuldner** derjenige, der **im Zeitpunkt der** 1
Bekanntgabe des Beitragsbescheides Eigentümer des erschlossenen Grundstücks ist. Bei der Heranziehung von Erbbauberechtigten ist die Eintragung im
Erbbau-Grundbuch maßgeblich (OVG Münster, NWVBl 1997, 311). Der Gesetzgeber des Baugesetzbuches hat auf die unter der Geltung des Bundesbaugesetzes
erforderliche Zustellung verzichtet. Die **Bekanntgabe richtet sich nach Landesrecht**, das auf § 122 AO 1977 verweist (zur Problematik der Bekanntgabe eines zusammengefassten Bescheides iR des § 155 Abs 5 AO 1977 vgl FG München,
NVwZ-RR 1990, 525, zur Bekanntgabe von schriftlichen VA auch Schreiben des
Bundesministers für Finanzen zur Bekanntgabe von schriftlichen VA in der Finanzverwaltung, NVwZ 1987, 874 ff und 1058 ff). Der BFH (NJW 1995, 3207 = BStBl
II 1995, 681 = NVwZ 1996, 207 L) hat die **Zustellung eines Bescheides an Eheleute** (als besondere Form der Bekanntgabe) für unwirksam erklärt. Es sind also

nicht maßgebend die Eigentumsverhältnisse im Zeitpunkt der Entstehung der Beitragspflicht (dazu § 133). Besteht ein Erbbaurecht, so tritt an die Stelle des Eigentümers der Erbbauberechtigte. Veräußert der so festgestellte Beitragspflichtige das Grundstück (Erbbaurecht), ohne den Beitrag an die Gemeinde entrichtet zu haben, so bleibt er Beitragsschuldner. Die Gemeinde kann den neuen Eigentümer nicht zusätzlich als persönlichen Schuldner zur Zahlung desselben Betrages heranziehen (BVerwGE 47, 49 = Buchholz 406.11 § 134 Nr 1 = NJW 1975, 403 = VerwRspr 26, 574 = KStZ 1975, 10 = BauR 1974, 409 = ZMR 1975, 94). Der Beitragspflichtige haftet mit seinem gesamten Vermögen, mehrere Pflichtige haften als Gesamtschuldner. Dabei bedarf die Auswahl unter mehreren Gesamtschuldnern bei der Heranziehung zu Erschließungsbeiträgen grds keiner schriftlichen Begr (VGH Mannheim, Urteil v 07.02.1991 – S 1988/89 – VGHBW-RsprDienst 1991, Beilage 4 B 3). Wen die Gemeinde heranzieht, bzw zu welchem Bruchteil, steht in ihrem Ermessen. Aus verfassungsrechtlichen Gesichtspunkten ist es unbedenklich unter mehreren Eigentümern den auf den vollen Erschließungsbeitrag in Anspruch zu nehmen, der für die Heranziehung am geeignetsten erscheint (BVerfG, NJW 1996, 713 = NVwZ 1995, 1198 = ZMR 1995, 425 und BVerwG, NVwZ 1995, 1207 = Buchholz 406.11 § 134 Nr 7 = ZMR 1995, 272 = NJW 1996, 1075 L wo ua festgestellt wird, dass sich der von einem Beitragspflichtigen im Innenverhältnis in Anspruch genommene Miteigentümer den Ausgleichsanspruch nicht mit der Begr ablehnen kann, mangels eines an ihn ergangenen Bescheides sei zu seinen Gunsten Festsetzungsverjährung eingetreten). Das gilt nicht für Wohnungs- und Miteigentümer iSd Wohnungseigentumsgesetzes. Diese haften seit 01.01.1977 (Inkrafttreten der Novelle 1976) nur in Höhe ihres Miteigentumsanteils.

2 Der Beitrag ist durch **schriftlichen VA** geltend zu machen, der mit einer **Rechtsmittelbelehrung** zu versehen ist (§ 211). Er enthält die Beitragsfestsetzung und das Leistungsgebot in der Form der Zahlungsaufforderung. Die mit dem Zugang des Erschließungsbeitragsbescheides verbundene Wirkung des § 134 Abs 1 Satz 1 erfordert es, den Beitragsbescheid stets an den Grundstückseigentümer selbst zu richten. Bei **Eigentümerwechsel** ist ein späterer Nacherhebungsbescheid an den zu richten, der im Zeitpunkt der Zustellung des ersten Heranziehungsbescheids Grundstückseigentümer war (OVG Saarlouis, NJW-RR 1993, 208 = DÖV 1993, 208). Die Möglichkeit, gem § 2213 BGB iVm § 45 Abs 2 AO 1977 den Steuerbescheid an den Testamentsvollstrecker zu richten, scheidet aus (VGH Kassel, NVwZ-RR 1992, 322).

3 Nach Abs 2 ruht der Beitrag ab Entstehung der sachlichen Beitragspflicht kraft Gesetzes als **öffentliche Last** auf dem Grundstück (vgl BVerwG, Buchholz 406.11 § 134 Nr 6 = NJW 1985, 2658 = DVBl 1985, 624 = BRS 43, 312; zum Begriff der öffentlichen Last vgl Steenbock, KStZ 1977, 209 sowie Stahl, KStZ 1971, 41). Als solche hat die Beitragsforderung in der Zwangsvollstreckung nach § 10 Abs 1 Nr 3 ZVG das Vorrecht der dritten Rangklasse (zur Behandlung der öffentlichen Last im Konkurs vgl Driehaus, Erschließungs- und Ausbaubeiträge, 6. Aufl 2001, § 27 Rn 16 mwN). Die öffentliche Last begründet die Haftung mit dem Grundstück, sie begründet dagegen keine persönliche Schuld. Die Möglichkeit nachträglicher Änderungen von Erschließungsbeitragsbescheiden regelt nicht das Baugesetzbuch, sondern das jeweilige Verwaltungsverfahrensrecht der Länder (BVerwG, KStZ 1993, 216).

§ 135 Fälligkeit und Zahlung des Beitrags

(1) Der Beitrag wird einen Monat nach der Bekanntgabe des Beitragsbescheids fällig.

(2) Die Gemeinde kann zur Vermeidung unbilliger Härten im Einzelfall, insbesondere soweit dies zur Durchführung eines genehmigten Bauvorhabens erforderlich ist, zulassen, dass der Erschließungsbeitrag in Raten oder in Form einer Rente gezahlt wird. Ist die Finanzierung eines Bauvorhabens gesichert, so soll die Zahlungsweise der Auszahlung der Finanzierungsmittel angepasst, jedoch nicht über zwei Jahre hinaus erstreckt werden.

(3) Lässt die Gemeinde nach Absatz 2 eine Verrentung zu, so ist der Erschließungsbeitrag durch Bescheid in eine Schuld umzuwandeln, die in höchstens zehn Jahresleistungen zu entrichten ist. In dem Bescheid sind Höhe und Zeitpunkt der Fälligkeit der Jahresleistungen zu bestimmen. Der jeweilige Restbetrag ist mit höchstens 2 vom Hundert über dem Diskontsatz der Deutschen Bundesbank jährlich zu verzinsen. Die Jahresleistungen stehen wiederkehrenden Leistungen im Sinne des § 10 Abs. 1 Nr. 3 des Zwangsversteigerungsgesetzes gleich.

(4) Werden Grundstücke landwirtschaftlich oder als Wald genutzt, ist der Beitrag so lange zinslos zu stunden, wie das Grundstück zur Erhaltung der Wirtschaftlichkeit des landwirtschaftlichen Betriebs genutzt werden muss. Satz 1 gilt auch für die Fälle der Nutzungsüberlassung und Betriebsübergabe an Familienangehörige im Sinne des § 15 der Abgabenordnung. Der Beitrag ist auch zinslos zu stunden, solange Grundstücke als Kleingärten im Sinne des Bundeskleingartengesetzes genutzt werden.

(5) Im Einzelfall kann die Gemeinde auch von der Erhebung des Erschließungsbeitrags ganz oder teilweise absehen, wenn dies im öffentlichen Interesse oder zur Vermeidung unbilliger Härten geboten ist. Die Freistellung kann auch für den Fall vorgesehen werden, dass die Beitragspflicht noch nicht entstanden ist.

(6) Weitergehende landesrechtliche Billigkeitsregelungen bleiben unberührt.

Gesamtübersicht

	Rn		Rn
I. Fälligkeit der Beitragsforderung	1	3. Schutz von Betrieben der Landwirtschaft (Abs 4)	6
II. Billigkeitsregelungen	2	III. Erlass und Freistellung (Abs 5)	7
1. Einleitung	2	IV. Verwirkung	9
2. Unbestimmter Rechtsbegriff und Ermessen	3		

I. Fälligkeit der Beitragsforderung

Von der Entstehung der Beitragspflicht ist zu unterscheiden die **Fälligkeit** der Beitragsforderung. Sie wird einen Monat nach Bekanntgabe des Bescheides in voller Höhe fällig (Abs 1; zu den Besonderheiten der Zustellung an Personenmehrheiten, insbesondere Eheleute, als besondere Form der Bekanntgabe vgl oben § 134 Rn 1). Dies gilt auch für die Vorausleistung. **Widerspruch und Klage** gegen einen Er-

§ 135 Erstes Kapitel. Sechster Teil. Zweiter Abschnitt

schließungsbeitragsbescheid kommt wegen § 80 Abs 2 Nr 1 VwGO **keine aufschiebende Wirkung** zu, so dass er sofort vollziehbar ist. Die Aussetzung der Vollziehung des Heranziehungsbescheides hemmt nicht die eingetretene Fälligkeit der Zahlungspflicht (BGH, NJW 1993, 2232 = MDR 1993, 976 = NVwZ 1993, 1020 L). Dabei kommt eine Rückzahlung des Beitrags erst in Betracht, wenn er endgültig (bestandskräftig bzw rechtskräftig) aufgehoben worden ist (BVerwG, Buchholz 406.11 § 135 Nr 21 = NVwZ 1983, 472 = BauR 1983, 251 = ZMR 1984, 71). Für die Beitreibung gilt das landesrechtliche Verwaltungsvollstreckungsrecht. Die Verjährung richtet sich nach dem kommunalen Abgabenrecht der Länder, wobei die Kommunalabgabengesetze der Länder regelmäßig die entsprechende Anwendung der Verjährungsvorschriften der Abgabenordnung 1977 vorschreiben. Der Beginn der Zahlungsverjährung knüpft unabhängig von der materiellen Rechtslage an die Bekanntgabe des Bescheides an (VGH Mannheim, Urteil v 10.04.2000 – 2 S 2019/99; zu Fällen, in denen die sachlichen Beitragspflichten erst nach Bekanntgabe des Beitragsbescheides entstehen vgl Driehaus, Erschließungs- und Ausbaubeiträge, 6. Aufl 2001, § 19 Rn 26-29 und § 24 Rn 44-48).

II. Billigkeitsregelungen

1. Einleitung

2 Die in § 135 Abs 2–5 getroffenen **Billigkeitsregelungen** sind **Ausnahmeregelungen** für atypische Einzelfälle. Sie stellen zugleich eine Ausnahme von der Pflicht der Gemeinde dar, Erschließungsbeiträge nach Maßgabe der § 127 ff in vollem Umfange zu erheben (vgl dazu ua BVerwGE 79, 163 = Buchholz 406.11 § 127 Nr 53 = NVwZ 1989, 159 = DVBl 1988, 899 =KStZ 1988, 141 = ZMR 1988, 274 und BVerwGE 80, 96 = Buchholz 406.11 § 135 Nr 30 = NVwZ 1989, 471 = DVBl 1988, 1161 = DÖV 1988, 1061 = KStZ 1988, 230 und die an dieser Rspr geübte Kritik von Erbguth, NVwZ 1989, 531). Der Verzicht auf die Geltendmachung von Erschließungsbeiträgen ist grds unzulässig. Ein Vertrag zwischen Gemeinde und Grundstückseigentümer über dessen (teilweise) Verschonung von der Belastung mit künftigen Erschließungskosten ist daher grds nichtig (BVerwG, NVwZ-RR 1990, 433, anders aber bei Vereinbarungen, unter den Voraussetzungen des § 135 Abs 5 von einer Beitragserhebung abzusehen; zur Vereinbarung eines Ausschlusses des Entstehens eines Erschließungsbeitrags und zwar aus der Zeit vor Inkrafttreten des Bundesbaugesetzes (BBauG) vgl VGH München, BayVBl 1991, 437; allgemein zum unzulässigen Beitragsverzicht vgl die Erl zu § 127 Abs 1). Die Gemeinde hat vor der Entscheidung über eine Billigkeitsmaßnahme den Beitrag zu errechnen, sie darf Schwierigkeiten bei der Aufwandsermittlung, der Verteilung oder der Berechnung nicht durch Billigkeitsmaßnahmen aus dem Wege gehen, zumal das (teilweise) Absehen von der Erhebung von Erschließungsbeiträgen nicht zu Lasten der anderen Beitragspflichtigen sondern zu Lasten der Gemeinde geht (BVerwGE 62, 308 = Buchholz 406.11 § 131 Nr 40 = NVwZ 1982, 246 = BauR 1982, 472 = ZMR 1982, 246). Zur Beseitigung von Ungewissheiten ist jedoch andererseits ein öffentlich-rechtlicher (gerichtlicher oder außergerichtlicher) Vergleichsvertrag nach pflichtgemäßem Ermessen der Gemeinde zulässig und nicht selten zweckmäßig (vgl BVerwG, Buchholz 406.11 § 135 Nr 10 = VerwRspr 29, 963 = DÖV 1978, 611 = ZMR 1979, 88 = BRS 37, 383). Zu unterscheiden sind

sachliche und persönliche Billigkeitsgründe, wobei sich letztere aus den persönlichen wirtschaftlichen Verhältnissen der Beitragspflichtigen ergeben können. Darüber hinaus unterscheidet das Gesetz zwischen Billigkeitsmaßnahmen, die nur die Zahlungsmodalitäten ändern (Stundung, Ratenzahlung, Verrentung) und solchen, die die Höhe des Beitrags selbst verändern (Erlass).

2. Unbestimmter Rechtsbegriff und Ermessen

Die **Billigkeitsentscheidungen** hat die Gemeinde nach **pflichtgemäßem Ermessen** zu treffen, wenn das Vorliegen der unbestimmten Rechtsbegriffe unbillige Härte und öffentliches Interesse bejaht worden ist. Dabei ist sie **von Amts wegen verpflichtet**, schon bei der Heranziehung zu einem Erschließungsbeitrag **offensichtlich erkennbare sachliche Härtegründe zu berücksichtigen**, wenn es sich um eine sog Ermessensreduzierung auf Null handelt und ein Billigkeitserlass nach § 135 Abs 5 zwingend ist. Allerdings macht die fehlerhafte Nichtberücksichtigung der Härtegründe einen Beitragsbescheid nicht fehlerhaft iSd § 113 Abs 1 Satz 1 VwGO. Die sachlichen und persönlichen Billigkeitsgründe kann der Beitragspflichtige auch noch nach Bestandskraft des Beitragsbescheides geltend machen und damit ein Erlaßverfahren in Gang setzen, nach dessen Erfolglosigkeit die **Verpflichtungsklage** in Frage kommt, in deren Rahmen die Verwaltungsgerichte die Ermessensentscheidung im Hinblick auf § 114 VwGO überprüfen. Der Anspruch kann **nicht im Anfechtungsprozess gegen den Beitragsbescheid** geltend gemacht werden. Im Wege vorläufigen Rechtsschutzes können Billigkeitsmaßnahmen dementsprechend nur mit einem Antrag auf Erlass einer einstweiligen Anordnung nach § 123 VwGO verfolgt werden (VGH Mannheim, NVwZ-RR 1992, 268 = VBlBW 1991, 303; zum maßgeblichen Zeitpunkt für die gerichtliche Prüfung der Begründetheit einer auf Erlass einer Abgabenforderung gerichteten Klage vgl VGH München, KStZ 1991, 39). Sofern der Beitragspflichtige neben Billigkeitsgründen auch andere Gesichtspunkte vorträgt, die aus seiner Sicht gegen die Rechtmäßigkeit des Beitragsbescheides sprechen, muss er zugleich gegen den Beitragsbescheid Anfechtungsklage erheben (BVerwGE 70, 96 = Buchholz 406.11 § 135 Nr 25 = NVwZ 1985, 277 = DVBl 1985, 126 = DÖV 1985, 535 = KStZ 1985, 51 = BauR 1984, 626 = ZMR 1984, 429). Denkbar ist auch, dass dem zu Unrecht veranlagten Grundstückseigentümer trotz Bestandskraft des Bescheides ein Schadensersatzanspruch aus dem Gesichtspunkt der Amtshaftung (§ 139 BGB) zusteht (vgl dazu BGHZ 113, 17 = NJW 1991, 1168 = DVBl 1991, 379 = DÖV 1991, 330). Einen Anspruch auf (rechtswidrige) Stundung aus dem Gesichtspunkt des Gleichheitssatzes gibt es nicht. Die Heranziehung für eine Zweiterschließung stellt keine unbillige Härte dar (VGH Kassel v 19.01.2000 – 5 UE 1206/96).

Liegt eine unbillige Härte aus *sachlichen Gründen* vor, so ist die Gemeinde grds gehalten, einen (Teil-)Billigkeitserlass zu gewähren. Insoweit handelt es sich um ein sog **intendiertes Ermessen**. Nur wenn dem ausnahmsweise ganz gewichtige Gründe entgegenstehen, kommt eine Ablehnung in Betracht (BVerwG, Buchholz 406.11 § 135 Nr 27 = NVwZ 1987, 601 = KStZ 1987, 31 = ZMR 1987, 33). Bei der Prüfung *persönlicher Billigkeitsgründe* ist zu untersuchen, ob die wirtschaftlichen Verhältnisse des Beitragspflichtigen es ihm erlauben, sofort, später, zum Teil oder überhaupt nicht in zumutbarer Weise seiner Beitragspflicht nachzukommen (BVer-

wGE 48, 166 = KStZ 1974, 211). Auch ist an eine Belastung mit Grundpfandrechten und an die Möglichkeit des Verkaufs eines Grundstücksteils zur Beschaffung von Mitteln zu denken.

Im Einzelfall kann die Gemeinde nach pflichtgemäßem Ermessen Ratenzahlungen oder eine Verrentung (nach Maßgabe des Abs 3 durch Umwandlungsbescheid) gewähren (Abs 2). Voraussetzung für die Ausübung des Ermessens ist das Vorliegen einer unbilligen Härte. Dabei ist abzustellen auf persönliche Umstände und sachliche Gegebenheiten verschiedenster Art, unter denen sich die Zahlungsverpflichtung in besonderem Maße belastend auswirkt. Insbesondere liegt eine unbillige Härte vor, wenn die sofortige Zahlung des ganzen Betrages die Durchführung eines bereits genehmigten Bauvorhabens gefährden würde. Bei Gewährung von Ratenzahlungen kann die Gemeinde iR ihres Ermessens auch eine Verzinsung der gestundeten Beträge verlangen (BVerwGE 38, 297 = VerwRspr 23, 584 = DÖV 1972, 524 = KStZ 1972, 70 = BauR 1972, 52 = ZMR 1972, 94). Die Verzinsung der Verrentung ist in Abs 3 Satz 3 ausdrücklich geregelt (zur Übergangsregelung nach dem Diskontsatz-Überleitungsgesetz v 9.06.1998 vgl BGBl I S 1242), jedoch kann auf sie wiederum gem § 135 Abs 5 verzichtet werden.

3. Schutz von Betrieben der Landwirtschaft (Abs 4)

Abs 4 bezweckt den **Schutz von Betrieben der Landwirtschaft** (zum Begriff vgl § 201) und von Grundstücken, die als Wald genutzt werden. Dabei bezieht sich die Stundungspflicht auch auf bebaute landwirtschaftlich genutzte Grundstücke. Der Beitrag für ein solches Grundstück ist bei Vorliegen der weiteren Voraussetzungen sogar dann in vollem Umfange zinslos zu stunden, wenn es außer mit landwirtschaftlichen Betriebsgebäuden teilweise auch mit Wohngebäuden bebaut ist, so dass ein Teil der Fläche nicht landwirtschaftlich genutzt wird (BVerwGE 101, 382 = NVwZ 1998, 295 = DVBl 1996, 1327 = DÖV 1997, 296). Die Gemeinde **muss** nach der Neuregelung den Erschließungsbeitrag **zinslos stunden**, wenn das der Beitragspflicht unterliegende Grundstück iR eines landwirtschaftlichen Betriebes tatsächlich **landwirtschaftlich genutzt** wird und die Veräußerung oder anderweitige (bauliche) Nutzung **die wirtschaftliche Rentabilität des Betriebes in seiner Gesamtheit in Frage stellen** würde. Es muss ein ursächlicher Zusammenhang zwischen der Zweckentfremdung des landwirtschaftlich genutzten Grundstücks und der Beeinträchtigung der Wirtschaftlichkeit gegeben sein. Erhaltung der Wirtschaftlichkeit ist nicht gleichbedeutend mit Erhaltung der gewonnenen Erträge (Einkünfte) in der bisherigen Höhe. Geschützt werden auch **nicht Betriebe**, die trotz Führung nach dem Prinzip des rationellsten und sparsamsten Mitteleinsatzes **bereits unwirtschaftlich sind**, andererseits unterliegen aber auch Grundstücke rentabler wirtschaftlicher Nebenerwerbsbetriebe dem Schutz des Abs 4. Die bei der Veranlagung herangezogenen Flächen müssen aber in jedem Falle iR der vom Beitragspflichtigen selbst betriebenen Landwirtschaft benötigt werden (BVerwGE 62, 125 = Buchholz 406.11 § 135 Nr 15 = VerwRspr 32, 1022 = DVBl 1981, 830 = KStZ 1981, 191 = BauR 1982, 482 = ZMR 1982, 31). Davon macht Abs 4 Satz 2 jetzt insoweit eine Ausnahme, als Satz 1 auch für die Fälle der Nutzungsüberlassung und Betriebsübergabe an Familienangehörige iSd § 15 AO 1977 Anwendung findet. Die Stundung gem § 135 Abs 4 ist unabhängig davon zu gewähren, ob das der Beitragspflicht unterliegende Grundstück im Zeitpunkt der Aufnahme der land-

wirtschaftlichen Nutzung planungsrechtlich dem Innen- oder dem Außenbereich zuzuordnen war (BVerwG v 25.03.1993 – 8 B 25.93). § 242 Abs 7 sieht vor, dass auf vor dem 01.07.1987 entschiedene Stundungsanträge, wenn die Entscheidung noch nicht unanfechtbar geworden ist, § 135 Abs 4 anzuwenden ist.

III. Erlass und Freistellung (Abs 5)

Nach Abs 5 kann die Gemeinde im Einzelfall von der Erhebung des Erschließungsbeitrages absehen, dh die **Forderung erlassen** (zur Auslegung und Anwendung des § 242 Abs 5 in der Praxis vgl Horst, KStZ 1987, 146 und OVG Lüneburg, NVwZ 1987, 1108); die Beitragsforderung ist entstanden, braucht aber noch nicht fällig zu sein. Die Freistellung vor Entstehen der Beitragspflicht, also vor Fertigstellung der Erschließungsanlage, bewirkt, dass insoweit die Forderung der Gemeinde nicht mehr entstehen kann. Erlass und Freistellung müssen im öffentlichen Interesse oder zur Vermeidung unbilliger Härten geboten sein (zum sachlichen Billigkeitsgrund bei Einziehung eines Straßenabschnitts vgl VGH Mannheim, VBlBW 1993, 339). Das öffentliche Interesse muss auf den Verzicht selbst gerichtet sein. Der Gemeinde muss daran gelegen sein, eine im öffentlichen Interesse liegende Maßnahme zu fördern, zB Ansiedlung von Industrie in strukturschwachen Gebieten, Förderung von Wohnungsbauvorhaben, Errichtung eines Kindergartens, einer Bildungsstätte (BVerwG, Buchholz 406.11 § 135 Nr 7 = DVBl 1976, 306 = DÖV 1975, 717 = BRS 37, 116 = ZMR 1976, 116). Die Regelung des § 135 Abs 5 ist auch auf Vorausleistungen anwendbar (BVerwG, Urteil v 18.11.1998 – 8 C 20/97). An einen Billigkeitserlass, der bereits vor Inkrafttreten des Bundesbaugesetzes auf der Grundlage des damaligen Rechts ausgesprochen oder vereinbart worden ist, ist die Gemeinde gebunden, wenn er auch nach geltendem Recht zulässig wäre (BVerwG, Buchholz 406.11 § 131 Nr 10 = KStZ 1975, 92 = BauR 1974, 408 = ZMR 1975, 92; zur Wirksamkeit einer vorzeitigen Beitragsfreistellung iSd § 135 Abs 5 Satz 2 vgl auch OVG Münster, NVwZ-RR 1991, 212).

Das **Absehen** von der (teilweisen) Erhebung eines entstandenen Beitrags **wirkt sich nicht zu Lasten der Beitragspflichtigen aus**, sondern geschieht zu Lasten der Gemeinde (BVerwGE 62, 308 = Buchholz 406.11 § 131 Nr 40 = NVwZ 1982, 246 = BauR 1982, 472 = BRS 43, 94 = ZMR 1982, 246; zum Erlass von Steuern und Säumniszuschlägen aus Billigkeitsgründen gem §§ 222, 227 Abs 1 AO 1977 vgl BVerwG, NJW 1991, 1073 = NVwZ 1991, 481 L = KStZ 1991, 12).

IV. Verwirkung

Unabhängig von den Billigkeitsregelungen des § 135 Abs 2–5 kann ein Absehen von der Beitragserhebung bei der Anwendung des Grundsatzes von **Treu und Glauben** (§ 242 BGB) in Frage kommen (vgl dazu BVerwGE 48, 247 = Buchholz 406.11 § 133 Nr 52 = NJW 1975, 2221 = DÖV 1975, 715 = KStZ 1976, 31 = BauR 1976, 54 = BRS 37, 332 = ZMR 1976, 120 und OVG Münster, NVwZ-RR 1990, 435 in einem Fall der zögerlichen Geltendmachung des Beitrags; vgl auch BVerwGE 85, 66 = NVwZ 1990, 874 = Buchholz 406.11 § 125 Nr 27 = DVBl 1990, 786 = DÖV 1990, 784 = ZMR 1990, 392 zu der Konstellation, dass zwischen abgeschlossener technischer Herstellung bis zum Entstehen der sachlichen Erschließungsbeitragspflicht eine Reihe von Jahren vergangen war, unter Hinweis darauf,

dass jede Verzögerung des Zeitpunkts des Entstehens der sachlichen Beitragspflichten zur Folge hat, dass die Beitragspflichtigen erst später zur Zahlung des Beitrags in Anspruch genommen werden und deshalb länger im Genuss des Ertrags des andernfalls durch Zahlung des Beitrags verbrauchten Kapitals bleiben). Allerdings schließt § 135 Abs 5 die Anwendbarkeit des Grundsatzes von Treu und Glauben im Erschließungsbeitragsrecht im Falle eines widersprüchlichen Verhaltens der Gemeinde im Vorfeld der Beitragserhebung aus (BVerwG, Buchholz 406.11 § 135 Nr 34 = NVwZ 1995, 1213 = KStZ 1995, 1214 = ZMR 1994, 531). Die Frage, ob die Gemeinde ihr Recht zur Erhebung von Erschließungsbeiträgen verwirkt hat, richtet sich nach irrevisiblem Landesrecht (BVerwG, Buchholz 406.11 § 132 Nr 42, S 1 [4] = NVwZ 1988, 361 = KStZ 1988, 180 = BayVBl 1988, 377 = ZKF 1988, 211). Sie wird allenfalls dann angenommen werden können, wenn die Gemeinde neben einem unverhältnismäßig langem Zeitablauf durch positives Verhalten zum Ausdruck gebracht hat, sie werde den Pflichtigen nicht mehr heranziehen, und sich dieser nach den Umständen des Einzelfalles auch tatsächlich darauf verlassen durfte (vgl im Einzelnen Driehaus, Erschließungs- und Ausbaubeiträge, 6. Aufl 2001, § 19 Rn 46 ff).

Anhang

▶ **Muster**
Vertragsformular für einen Ablösevertrag eines Erschließungsbeitrages

Aufgrund § X der Satzung der Stadt S über die Erhebung von Erschließungsbeiträgen vereinbaren

die Stadt S, vertreten durch den Bürgermeister,

– Beitragsgläubigerin –

und

Herrn X

– Beitragspflichtiger –

für das in der Stadt S im Abrechnungsgebiet gelegene und im Eigentum des Beitragspflichtigen stehenden Grundstück Gemarkung ... Flur ... Parzelle ... folgenden

Ablösungsvertrag:

§ 1
Ablösung des Erschließungsbeitrages

Der Beitragspflichtige verpflichtet sich zur Ablösung des für die og Maßnahme künftig auf das Grundstück entfallenden Erschließungsbeitrages an die Beitragsgläubigerin einen Betrag in Höhe von 25.000,00 EUR zu bezahlen

§ 2
Berechnung des Ablösebetrages

Der Ablösebetrag richtet sich nach der voraussichtlichen Höhe des nach Maßgabe der Erschließungsbeitragssatzung zu ermittelnden Erschließungsbeitrages. Für die Berechnung des Ablösebetrages gelten die für die Berechnung maßgeblichen Vorschriften der §§ 127 ff BauGB. Danach errechnet sich der Ablösebetrag wie folgt: [...]

§ 3
Wirkung der Ablösung

(1) Mit dem rechtswirksamen Abschluss des Ablösungsvertrages unterliegt das darin bezeichnete Grundstück nicht der künftigen Beitragspflicht für die im Vertrag bezeichnete Maßnahme. Dies gilt nicht, soweit das Grundstück nachträglich durch Flächen vergrößert wird, die weder Gegenstand der Ablösung noch einer Beitragspflicht für dieselbe öffentliche Einrichtung waren. Nachträgliche Verminderung der Grundstücksfläche begründen die Höhe des Ablösungsbetrages nicht.

(2) Weicht der künftige Beitrag in der Höhe vom dem Ablösungsbetrag ab, so sind gegenseitige Ansprüche auf eine Änderung des Ablösungsbetrages ausgeschlossen.

§ 4
Fälligkeit des Ablösebetrages

(1) Der Ablösebetrag wird in Teilbeträge aufgeteilt. Die erste Rate wird frühestens einen Monat nach Bekanntgabe dieses Bescheides zur Zahlung fällig. Die Beiträge werden fällig

am ...	zu 5.000,00 EUR
am ... zu	5.000,00 EUR

[...].

Wir bitten Sie, die Beiträge bis zum Ablauf der Fälligkeiten auf das folgende Konto zu überweisen: [...]

(2) Der Beitragspflichtige unterwirft sich hinsichtlich der Zahlungspflicht der sofortigen Vollstreckung nach § 61 VwVfG.

S, den

.. ..
Die Beitragsgläubigerin Der Beitragspflichtige ◀

Siebter Teil
Maßnahmen für den Naturschutz

§ 135a Pflichten des Vorhabenträgers; Durchführung durch die Gemeinde; Kostenerstattung

(1) Festgesetzte Maßnahmen zum Ausgleich im Sinne des § 1 a Abs. 3 sind vom Vorhabenträger durchzuführen.

(2) Soweit Maßnahmen zum Ausgleich an anderer Stelle den Grundstücken nach § 9 Abs. 1a zugeordnet sind, soll die Gemeinde diese anstelle und auf Kosten der Vorhabenträger oder der Eigentümer der Grundstücke durchführen und auch die hierfür erforderlichen Flächen bereitstellen, sofern dies nicht auf andere Weise gesichert ist. Die Maßnahmen zum Ausgleich können bereits vor den Baumaßnahmen und der Zuordnung durchgeführt werden.

(3) Die Kosten können geltend gemacht werden, sobald die Grundstücke, auf denen Eingriffe zu erwarten sind, baulich oder gewerblich genutzt werden dürfen. Die Gemeinde erhebt zur Deckung ihres Aufwands für Maßnahmen

§ 135a Erstes Kapitel. Siebter Teil.

zum Ausgleich einschließlich der Bereitstellung hierfür erforderlicher Flächen einen Kostenerstattungsbetrag. **Die Erstattungspflicht entsteht mit der Herstellung der Maßnahmen zum Ausgleich durch die Gemeinde. Der Betrag ruht als öffentliche Last auf dem Grundstück.**

(4) **Die landesrechtlichen Vorschriften über kommunale Beiträge einschließlich der Billigkeitsregelungen sind entsprechend anzuwenden.**

1 Der siebte Teil des ersten Kapitels mit den §§ 135a bis 135c ist durch das BauROG 1998 neu eingeführt worden und soll gemeinsam mit einer ganzen Reihe anderer Vorschriften der Stärkung der ökologischen Belange dienen, indem die Vollzugsverantwortung und die Kostentragung geregelt wird. Änderungen durch das Gesetz zur Anpassung des Baugesetzbuchs an EU-Richtlinien vom 24.06.2004 ergeben sich nicht.

2 *Abs 1* geht davon aus, dass Maßnahmen, die iSd § 1a Abs 3 festgesetzt worden sind, grds vom **Vorhabenträger** selbst, dh idR auf Grundstücken, die ihm selbst gehören oder auf die er entsprechende Zugriffsmöglichkeiten hat, durchgeführt werden. Da dies aber nicht in allen Fällen möglich sein wird und § 9 Abs 1a den Kompensationsraum für Eingriffe geöffnet hat, dh der Ausgleich hierfür an anderer Stelle des Plangebiets oder im Geltungsbereich eines anderen Bebauungsplans erfolgen kann, sieht *Abs 2* vor, dass in diesen Fällen die Gemeinde tätig wird, deren Zugriffsmöglichkeiten auf ausgleichsfähige Grundstücke regelmäßig größer sein werden.

3 Nach *Abs 2* Satz 1 BauGB soll die Gemeinde, soweit Maßnahmen zum Ausgleich an anderer Stelle den Grundstücken nach § 9 Abs 1a BauGB zugeordnet sind, anstelle und auf Kosten der Vorhabenträger oder der Eigentümer der Grundstücke auch die hierfür erforderlichen Flächen bereit stellen, soweit dies nicht auf andere Weise gesichert ist. Die Erhebung von Kostenerstattungsbeträgen setzt demnach eine **wirksame Zuordnung von Ausgleichsmaßnahmen** durch eine entsprechende Festsetzung im Bebauungsplan gemäß § 9 Abs 1a BauGB voraus (vgl VG Koblenz, 12.01.2004, – 8 K 473/03.KO –). Satz. 2 geht mit der Regelung über die bisher schon bestehenden Möglichkeiten des § 8a Abs 3 Satz 2 BNatSchG aF hinaus. Neben der bereits erwähnten räumlichen Entkoppelung bietet sich hier an recht versteckter Stelle die Möglichkeit einer **zeitlichen Flexibilisierung**. Nach dieser Regelung können die Maßnahmen zum Ausgleich bereits **vor den Baumaßnahmen** und ihrer Zuordnung durchgeführt werden. Hierdurch wird für die Gemeinden die Möglichkeit geschaffen, Ausgleichsmaßnahmen gleichsam „**auf Vorrat**" durchzuführen und auf einem „**Öko-Konto**" gutzuschreiben, bis sie zum einem späteren Zeitpunkt einem neuen Baugebiet zugeordnet werden können. Diese Ermächtigung, ein sog Öko-Konto einzurichten, beruht auf der Vorstellung, dass die Gemeinden auf von ihnen bereitgestellten Grundflächen ökologische Maßnahmen im Vorgriff auf zukünftige Eingriffs-Bebauungspläne durchführen können, diese Maßnahmen also gewissermaßen **ansparen**, um sie später nach einer entsprechenden Zuordnung abrechnen zu können (vgl OVG Koblenz, NuR 2003, 38).

Hilfreich kann es hierbei sein, schon bei der Flächennutzungsplanung künftige Eingriffsflächen und künftige Ausgleichsflächen auszuweisen und so die Möglichkeiten zu nutzen, die § 5 Abs 2a bietet. Nach dem Willen des Gesetzgebers ist es durch

das Öko-Konto jedoch **nicht möglich, in der Vergangenheit** – dh vor Inkrafttreten der Gesetzesänderung – **durchgeführte Maßnahmen** zu Gunsten des Naturschutzes **nachträglich** noch **als Ausgleichsmaßnahmen umzudeklarieren**, wenngleich sie iR der Abwägung bei der Aufstellung von Bauleitplänen hinsichtlich der Notwendigkeit und des Umfangs von Ausgleichsmaßnahmen berücksichtigt werden können. Die Möglichkeiten des Öko-Kontos können sich positiv auf die Belange des Natur- und Landschaftsschutzes auswirken, weil für die Gemeinden keine Notwendigkeit mehr besteht, sinnvolle Maßnahmen so lange zurückzustellen, bis sie im zeitlichen Zusammenhang mit Eingriffen zu deren Ausgleich erforderlich sind. Andererseits kann nicht ausgeschlossen werden, dass eine Gemeinde, die ein „gutgefülltes" Öko-Konto aufweisen kann, ohne dass konkrete Eingriffe absehbar sind, gerade in finanzschwachen Zeiten wenig Neigung zeigen wird, weiter – gleichsam auf Vorrat – Ausgleichsmaßnahmen auf dem Gemeindegebiet durchzuführen.

Nach *Abs 3* kann eine Gemeinde ihre **Kosten geltend machen**, sobald die Grundstücke, auf denen Eingriffe zu erwarten sind, **baulich oder gewerblich genutzt werden dürfen** (zum Satzungserfordernis vgl unten § 135c). Dabei kommt es auf die grds Nutzbarkeit, dh auch die Erschließung muss gesichert sein, nicht aber auf die Erteilung der konkreten Baugenehmigung an. Wie auch im Erschließungsbeitragsrecht sind indes bei der Heranziehung **öffentlich-rechtliche Baubeschränkungen** zu beachten. Ist beispielsweise die nach dem Bebauungsplan zulässige Grundfläche nicht erreichbar, so ist die tatsächlich verwirklichbare zu berücksichtigen (vgl OVG Koblenz, NuR 2002, 235 = NVwZ-RR 2002, 334 unter Hinweis auf BVerwGE 81, 251; zu öffentlich-rechtlichen Baubeschränkungen vgl auch Anm 9 zu § 131). Die Gemeinde erhebt zur **Deckung ihres Aufwands** für die von ihr durchgeführten Ausgleichsmaßnahmen einschließlich der Bereitstellung hierfür erforderlicher Flächen einen Kostenerstattungsbetrag, der mit der Herstellung der Ausgleichsmaßnahmen fällig wird. Daraus folgt wie im Erschließungsbeitragsrecht aus § 127 Abs 1 BauGB (vgl dazu Anm 2 zu § 127) auch die Pflicht der Gemeinde zur vollständigen Erhebung der Kostenerstattungsbeträge unter Ausschöpfung des ihr hierfür entstandenen erforderlichen Aufwands (vgl VG Koblenz, 12.01.2004, – 8 K 473/03.KO –). **Widerspruch und Anfechtungsklage** haben wegen § 212a Abs 2 **keine aufschiebende Wirkung** (s dort und unten Anm 5). Der Einwand, ein als Ausgleichsfläche ausgewiesenes Grundstück sei in der Baulandumlegung zu Unrecht zu Baulandpreisen zugeteilt worden, kann im Verfahren um die Kostenerstattungspflicht nach § 135a BauGB nicht berücksichtigt werden, sondern muss zum Gegenstand der Überprüfung des Umlegungsplanes gemacht werden (vgl OVG Koblenz; NuR 2002, 235 = NVwZ-RR 2002, 334).

Wenngleich der Betrag nach Abs 3 Satz 4 der Vorschrift als **öffentliche Last** auf dem Grundstück ruht (vgl hierzu auch Anm 3 zu § 134), wird es sich doch für die Gemeinden empfehlen, die Ausgleichsmaßnahmen zügig durchzuführen und auch – eine entsprechende Satzungsregelung vorausgesetzt – von der Möglichkeit der Erhebung von **Vorausleistungen** (vgl § 135c Nr 5) Gebrauch zu machen, da beim Vorhabenträger zu einem frühen Zeitpunkt die Gefahr von Liquiditätsproblemen sicherlich geringer sein wird.

Abs 4 erklärt die jeweiligen **landesrechtlichen Vorschriften** über kommunale Beiträge für entsprechend anwendbar. Damit sind außer den – besonders hervorgehobenen – Billigkeitsregelungen insbesondere die Vorschriften über die Forderungs-

abwicklung, also die Regelungen über Verjährung, Verwirkung, Aufrechnung, Verzinsung, Säumniszuschläge, Erstattung und Vollstreckung gemeint. Nicht erfasst werden von der Verweisung auf das Landesrecht Regelungen, die auf die besondere Konstellation des Beitrags als Vorteilsentgelt zugeschnitten sind und sich nach ihrem Sinn und Zweck einer entsprechenden Anwendung auf den Kostenerstattungsbetrag nach § 135a Abs 3 BauGB entziehen (vgl VGH Kassel, NuR 2002, 557). So sind landesrechtliche Vorschriften, wonach der Vorteil der Allgemeinheit zu berücksichtigen ist, nicht entsprechend anwendbar. Die Gemeinde erhebt nämlich bei den Verursachern und, soweit ein Eingriff möglich, aber noch nicht durchgeführt ist, bei den Eigentümern einen Kostenerstattungsbetrag zur Refinanzierung der Kosten des Ausgleichs. Die Kostenerstattungspflicht ergibt sich anders als die Beitragspflicht nach dem Erschließungsbeitragsrecht und Kommunalabgabenrecht nicht aus dem wirtschaftlichen Vorteil, den die Grundstückseigentümer durch die Möglichkeit der Nutzung der zu finanzierenden öffentlichen Anlage oder Einrichtung haben, sondern aus der Verantwortlichkeit des Vorhabenträgers für die Verursachung eines Eingriffs in Natur und Landschaft. Insoweit ist der **Kostenerstattungsbetrag** auch **kein Beitrag im abgabenrechtlichen Sinn**, weshalb auch eine spezielle Regelung zur Anordnung der sofortigen Vollziehbarkeit von Kostenerstattungsbeitragsbescheiden in § 212a Abs 2 erforderlich ist (vgl VG Gießen, NVwZ 2002, 760 und HSGZ 2002, 222).

§ 135b Verteilungsmaßstäbe für die Abrechnung

Soweit die Gemeinde Maßnahmen zum Ausgleich nach § 135a Abs. 2 durchführt, sind die Kosten auf die zugeordneten Grundstücke zu verteilen. Verteilungsmaßstäbe sind
1. **die überbaubare Grundstücksfläche,**
2. **die zulässige Grundfläche,**
3. **die zu erwartende Versiegelung oder**
4. **die Schwere der zu erwartenden Eingriffe.**

Die Verteilungsmaßstäbe können miteinander verbunden werden.

1 Die Vorschrift ergänzt § 135a und normiert ausdrücklich, dass die **Kosten für Ausgleichsmaßnahmen** idS auf die zugeordneten, dh die **durch den Eingriff baulich nutzbaren** und damit **im Wert gestiegenen Grundstücke** zu verteilen sind. Die unter Nr 1 und 2 genannten Verteilungsmaßstäbe der überbaubaren Grundstücksfläche und der zulässigen Grundfläche orientieren sich an wirtschaftlichen Gesichtspunkten, insbesondere an der baulichen Ausnutzbarkeit. Demgegenüber können nach Nr 3 (die zu erwartende Versiegelung) und Nr 4 (die Schwere der zu erwartenden Eingriffe) die Belange des Naturschutzes und der Landschaftspflege eingebracht werden. Was die **überbaubare Grundstücksfläche** ist, lässt sich § 23 BauNVO entnehmen. Dabei handelt es sich um diejenige Fläche eines Grundstücks, auf der grds Bauwerke errichtet werden können (sog Baufenster). Davon zu unterscheiden ist die **zulässige Grundfläche**. Sie meint den prozentualen Anteil derjenigen Fläche eines Grundstücks, der tatsächlich überbaut werden darf (vgl § 19 BauNVO).

Wenn Satz 3 erklärt, dass die vorgenannten **Verteilungsmaßstäbe miteinander verbunden** werden können, so bietet dies für die Gemeinde die Möglichkeit, auch ungewöhnlichen Fallkonstellationen gerecht zu werden, wie zB einerseits der baulich hohen Ausnutzung einer bisherigen Industriebrache oder andererseits der geringfügigen Bebauung eines ökologisch wertvollen Gebiets mit kleinen Wochenendhäusern.

§ 135c Satzungsrecht

Die Gemeinde kann durch Satzung regeln
1. **Grundsätze für die Ausgestaltung von Maßnahmen zum Ausgleich entsprechend den Festsetzungen eines Bebauungsplans,**
2. **den Umfang der Kostenerstattung nach § 135a; dabei ist § 128 Abs. 1 Satz 1 Nr. 1 und 2 und Satz 2 entsprechend anzuwenden,**
3. **die Art der Kostenermittlung und die Höhe des Einheitssatzes entsprechend § 130,**
4. **die Verteilung der Kosten nach § 135b einschließlich einer Pauschalierung der Schwere der zu erwartenden Eingriffe nach Biotop- und Nutzungstypen,**
5. **die Voraussetzungen für die Anforderung von Vorauszahlungen,**
6. **die Fälligkeit des Kostenerstattungsbetrags.**

§ 135c gibt der Gemeinde die Möglichkeit, die dort aufgeführten Themenbereiche durch **Satzung** zu regeln. Hierdurch wird die demokratische Legitimation entsprechender Bestimmungen erhöht und eine einheitliche Behandlung der Betroffenen sichergestellt, so dass ein entsprechendes Tätigwerden der Gemeinden sinnvoll ist. Während für das Erschließungsbeitragsrecht das Satzungserfordernis durch § 132 zwingend vorgegeben ist, „kann" im Gegensatz dazu die Gemeinde gemäß BauGB § 135c die nähere Ausgestaltung von Kostenerstattungsanforderungen durch Satzung regeln. Dies spricht dafür, dass insbesondere dann, wenn für eine durchgeführte Maßnahme nicht mehrere Kostenerstattungspflichtige in Betracht kommen und somit die Notwendigkeit einer Verteilungsregelung entfällt, ein **Kostenerstattungsbetrag** auch **ohne** vorherigen Erlass einer **gemeindlichen Satzung** unmittelbar aufgrund § 135a geltend gemacht werden kann (vgl VG Kassel, HSGZ 1998, 473).

Allgemein zur Verteilungsregelung in einer Satzung ist zu sagen, dass das Heranziehungsverfahren praktikabel und überschaubar bleiben muss (vgl entsprechend zum Erschließungsbeitragsrecht BVerwGE 57, 240 = NJW 1980, 72 = DVBl 1979, 781 = BauR 1979, 315). Dabei hat der Ortsgesetzgeber einen **weiten Ermessensspielraum**. Sinnvoll ist es, in der Satzung die Voraussetzungen für die Anforderung von **Vorausleistungen** zu regeln, wobei auf die zum Erschließungsbeitragsrecht entwickelten Grundsätze insoweit zurückgegriffen werden kann, als Vorausleistungen bis zur Höhe der voraussichtlich entstehenden Kosten – auch in Teilbeträgen – verlangt werden dürfen, sobald das betroffene Grundstück baulich oder gewerblich (§ 135a Abs 1) genutzt werden darf. In Anlehnung an § 135 sollte bestimmt werden, dass der Betrag einen Monat nach Bekanntgabe **fällig** wird.

Zweites Kapitel
Besonderes Städtebaurecht

Erster Teil
Städtebauliche Sanierungsmaßnahmen

Die §§ 136–164b BauGB enthalten Vorschriften über die städtebaulichen Sanierungsmaßnahmen. Wesentliche Teile hiervon waren zunächst im Städtebauförderungsgesetz enthalten, weil die ohnehin etwa zehnjährige Zeit zur Erarbeitung des BBauG nicht noch weiter verlängert werden sollte. Das „Nebeneinander" dieser beiden Gesetze wurde durch das BauGB 1987 beendet, das deren relevante Regelungsbereiche zusammenfasste, um anzuerkennen, dass die Stadterneuerungsaufgaben Daueraufgaben sind. Das Sanierungsrecht ist ein Sonderrecht für besonders eklatante städtebauliche Problematiken, das in „normalen" Konstellationen keine Anwendung findet. Das zentrale Steuerungselement hierfür ist die sanierungsrechtliche Verfügungs- und Veränderungsgenehmigung (§§ 144 ff). Das bodenpolitische Konzept des Städtebauförderungsgesetzes findet sich in den besonderen sanierungsrechtlichen Vorschriften der §§ 152–156 wieder, die ein in sich abgestimmtes Gesamtsystem enthalten, welches auch den verfassungsrechtlichen Anforderungen Rechnung trägt. Insbesondere gewährleistet dieses System unter Berücksichtigung von Art 3 GG eine aus Sachgründen gerechtfertigte unterschiedliche Behandlung der Eigentümer von Grundstücken im Sanierungsgebiet und ist insoweit von der Rechtsprechung gebilligt worden. Verfassungsrechtlich abgesichert wurde 1969 auch die an sich systemfremde Gewährung von Bundesfinanzhilfen, die iR der Finanzierungs- und Förderungsverfahren eine große Rolle spielte. Nach verschiedenen Kontroversen enthielt das BauGB seit 1987 dann keine Regelungen mehr über die Bundesfinanzhilfen und solche Finanzhilfen des Bundes wurden auf Grund von Verwaltungsvereinbarungen gem Art 104a GG gewährt. Mit dem BauROG 1998 wurden dann die §§ 164a und 164b über die Städtebauförderung geschaffen, die eine Problematik regeln, welche mit der Herstellung der Einheit Deutschlands und dem damit verbundenen Aufbau der Beitrittsländer eine besondere Bedeutung erlangt hat.

Erster Abschnitt
Allgemeine Vorschriften

§ 136 Städtebauliche Sanierungsmaßnahmen

(1) Städtebauliche Sanierungsmaßnahmen in Stadt und Land, deren einheitliche Vorbereitung und zügige Durchführung im öffentlichen Interesse liegen, werden nach den Vorschriften dieses Teils vorbereitet und durchgeführt.

(2) Städtebauliche Sanierungsmaßnahmen sind Maßnahmen, durch die ein Gebiet zur Behebung städtebaulicher Missstände wesentlich verbessert oder umgestaltet wird. Städtebauliche Missstände liegen vor, wenn

1. das Gebiet nach seiner vorhandenen Bebauung oder nach seiner sonstigen Beschaffenheit den allgemeinen Anforderungen an gesunde Wohn- und Arbeitsverhältnisse oder an die Sicherheit der in ihm wohnenden oder arbeitenden Menschen nicht entspricht oder
2. das Gebiet in der Erfüllung der Aufgaben erheblich beeinträchtigt ist, die ihm nach seiner Lage und Funktion obliegen.

(3) Bei der Beurteilung, ob in einem städtischen oder ländlichen Gebiet städtebauliche Missstände vorliegen, sind insbesondere zu berücksichtigen

1. die Wohn- und Arbeitsverhältnisse oder die Sicherheit der in dem Gebiet wohnenden und arbeitenden Menschen in Bezug auf
 a) die Belichtung, Besonnung und Belüftung der Wohnungen und Arbeitsstätten,
 b) die bauliche Beschaffenheit von Gebäuden, Wohnungen und Arbeitsstätten,
 c) die Zugänglichkeit der Grundstücke,
 d) die Auswirkungen einer vorhandenen Mischung von Wohn- und Arbeitsstätten,
 e) die Nutzung von bebauten und unbebauten Flächen nach Art, Maß und Zustand,
 f) die Einwirkungen, die von Grundstücken, Betrieben, Einrichtungen oder Verkehrsanlagen ausgehen, insbesondere durch Lärm, Verunreinigungen und Erschütterungen,
 g) die vorhandene Erschließung;
2. die Funktionsfähigkeit des Gebiets in Bezug auf
 a) den fließenden und ruhenden Verkehr,
 b) die wirtschaftliche Situation und Entwicklungsfähigkeit des Gebiets unter Berücksichtigung seiner Versorgungsfunktion im Verflechtungsbereich,
 c) die infrastrukturelle Erschließung des Gebiets, seine Ausstattung mit Grünflächen, Spiel- und Sportplätzen und mit Anlagen des Gemeinbedarfs, insbesondere unter Berücksichtigung der sozialen und kulturellen Aufgaben dieses Gebiets im Verflechtungsbereich.

(4) Städtebauliche Sanierungsmaßnahmen dienen dem Wohl der Allgemeinheit. Sie sollen dazu beitragen, dass

1. die bauliche Struktur in allen Teilen des Bundesgebiets nach den sozialen, hygienischen, wirtschaftlichen und kulturellen Erfordernissen entwickelt wird,
2. die Verbesserung der Wirtschafts- und Agrarstruktur unterstützt wird,
3. die Siedlungsstruktur den Erfordernissen des Umweltschutzes, den Anforderungen an gesunde Lebens- und Arbeitsbedingungen der Bevölkerung und der Bevölkerungsentwicklung entspricht oder
4. die vorhandenen Ortsteile erhalten, erneuert und fortentwickelt werden, die Gestaltung des Orts- und Landschaftsbilds verbessert und den Erfordernissen des Denkmalschutzes Rechnung getragen wird.

Die öffentlichen und privaten Belange sind gegeneinander und untereinander gerecht abzuwägen.

Abs 1 der Vorschrift normiert den Anwendungsbereich des Sanierungsrechts im System des BauGB, der nach Abs 2 sachlich, § 142 räumlich und nach § 162 ff zeitlich konkretisiert wird. Dabei handelt es sich aber nicht um eine eigene, abschließend geregelte Materie; vielmehr sind die übrigen Vorschriften des BauGB und auch andere Gesetze heranzuziehen, wo deren Geltungsbereich tangiert ist. Städtebauliche Sanierungsmaßnahmen sind stets gebietsbezogen, dh ihre Auswirkungen müssen sich über die Maßnahme hinaus für das Gebiet bemerkbar machen, um im öffentlichen Interesse zu liegen. Das gesetzgeberische Konzept ist vom Gedanken der einheitlichen Vorbereitung und zügigen Durchführung getragen, um die belastenden Wirkungen dieses Sonderrechts auf die betroffenen Eigentümer – insbesondere auch iR der Genehmigungspflicht für Vorhaben und Rechtsvorgänge (§ 144) – in Grenzen zu halten. Aus dem Wortlaut der Vorschrift folgt eine Anwendungspflicht beim Vorliegen der Tatbestandsvoraussetzungen.

Städtebauliche Sanierungsmaßnahmen sind in § 136 Abs 2 Satz 1 als Maßnahmen definiert, durch die ein Gebiet zur Behebung städtebaulicher **Missstände** wesentlich verbessert oder umgestaltet wird und deren einheitliche Vorbereitung und Durchführung im öffentlichen Interesse liegt. Das besondere öffentliche Interesse ist immer anhand des jeweiligen Einzelfalls festzustellen; hierbei wird der Gemeinde ein ziemlich breiter Beurteilungsspielraum eingeräumt (BGHZ 77, 338 = DVBl 1981, 90 = BRS 45 Nr 115). Insgesamt handelt es sich bei der Sanierungsmaßnahme um eine **Gesamtmaßnahme**, die darauf angelegt ist, für ein bestimmtes Gebiet ein Geflecht mehrerer städtebaulicher Einzelmaßnahmen, die koordiniert und aufeinander abgestimmt sind, vorzubereiten und durchzuführen (BVerwG Buchholz 406.15 § 1 StBauFG Nr 1 = NVwZ 1986, 917 = BRS 46 Nr 216).

Das Gesetz unterscheidet zwischen Missständen in der Substanz, wobei insoweit die Aufzählung in § 136 Abs 3 Nr 1 zu beachten ist, und unter Berücksichtigung des § 136 Abs 3 Nr 2 in der Funktionsfähigkeit eines Gebiets (OVG Lüneburg BRS 35 Nr 229 = ZfBR 1980, 97). Danach können Missstände in der Funktionsfähigkeit des Gebiets in Bezug auf den fließenden und ruhenden Verkehr, die wirtschaftliche Situation und Entwicklungsfähigkeit sowie hinsichtlich der infrastrukturellen Erschließung auftreten (BVerwG NVwZ 1994, 1004 = ZfBR 1994, 237). Zu berücksichtigen ist dabei auch die zukünftige Funktion des Gebiets, wozu sowohl das gehört, was nach dem Sanierungskonzept erhalten als auch das, was durch einen Funktionswandel erreicht werden soll (BVerwG Buchholz 406.15 § 15 StBauFG Nr 6 = NVwZ 1985, 184 = BRS 42 Nr 234). Als Beispiel für Missstände in der Substanz zählt das Gesetz auf: ungesunde Wohn- und Arbeitsverhältnisse in Bezug auf Belichtung, Belüftung und Beschaffenheit der Gebäude, aber auch Auswirkungen einer vorhandenen Mischung von Wohn- und Arbeitsstätten und der Nutzung von bebauten und unbebauten Grundstücken sowie der Einwirkungen, die von Grundstücken und Betrieben, insbesondere durch Lärm und dergleichen, ausgehen, § 136 Abs 3 Nr 1 (vgl etwa BVerwG ZfBR 1994, 190 = MDR 1994, 799) . In diesem Zusammenhang kann auf den Baugebietskatalog der §§ 2 ff BauNVO zurückgegriffen werden, woraus sich ergibt, welche Nutzungsarten nebeneinander verträglich sind (vgl BVerwGE 68, 342 = BVerwG Buchholz 406.12 § 11 BauNVO Nr 3 = BRS 42 Nr 50).

Für städtebauliche Maßnahmen enthält § 136 Abs 4 Satz 3 als das zentrale Gebot rechtsstaatlichen Ursprungs (BVerwGE 64, 270 = BVerwG Buchholz 407.56 We-

§ 138 Zweites Kapitel. Erster Teil. Erster Abschnitt

gerecht Nr 1 = NVwZ 1982, 437) ein **Abwägungsgebot**. Die Abwägung setzt sich aus dem Abwägungsvorgang, der sich in der Zusammenstellung des Abwägungsmaterials erschöpft (BVerwGE 48, 56 = BVerwG Buchholz 407.4 § 17 FStrG Nr 19 = BRS 29 Nr 6) und dem Abwägungsergebnis, das sich auf die Gewichtung dieses Materials und die darauf beruhende Entscheidung zu Gunsten bestimmter Belange bezieht, zusammen (zur Verletzung des Gebots gerechter Abwägung: BVerwGE 34, 301 = BVerwG Buchholz 406.11 § 1 BBauG Nr 1 = BRS 22 Nr 4). Voraussetzung ist damit, dass die Gemeinde zumindest eine ungefähre Vorstellung in Bezug auf die zukünftige Konzeption des Gebiets hat (BVerwGE 70, 83 = BVerwG Buchholz 406.15 § 15 StBauFG Nr 7 = BRS 42 Nr 233).

§ 137 Beteiligung und Mitwirkung der Betroffenen

Die Sanierung soll mit den Eigentümern, Mietern, Pächtern und sonstigen Betroffenen möglichst frühzeitig erörtert werden. Die Betroffenen sollen zur Mitwirkung bei der Sanierung und zur Durchführung der erforderlichen baulichen Maßnahmen angeregt und hierbei im Rahmen des Möglichen beraten werden.

1 Die Vorschrift beschreibt zwei Grundsätze des Sanierungsrechts, und zwar zum einen die frühzeitige **Erörterung** der beabsichtigten Planungen und Maßnahmen und zum anderen die angestrebte **Mitwirkung** der Betroffenen. Hierdurch soll erreicht werden, dass die Vorstellungen der Eigentümer, Mieter, Pächter und sonstigen betroffenen Personen in die Planung mit einfließen können und so deren Akzeptanz erhöht wird. Auch die sich ergebende Transparenz kann hierzu beitragen. Aus diesen Gründen reicht eine bloße formale Beteiligung nicht aus, sondern sind die Sanierungsbetroffenen durch Information, Beratung und andere notwendige Unterstützung – auch bzgl der Förderungsmaßnahmen – in die Lage zu versetzen, die Planungen zu verstehen und an ihrer Gestaltung aktiv mitzuwirken. Bei richtigem Verständnis und Handhabung kann auch eine höhere Effizienz der Planung erreicht, zB Gerichtsverfahren vermieden werden. Die Beteiligung nach anderen Vorschriften bleibt von § 137 unberührt.

§ 138 Auskunftspflicht

(1) Eigentümer, Mieter, Pächter und sonstige zum Besitz oder zur Nutzung eines Grundstücks, Gebäudes oder Gebäudeteils Berechtigte sowie ihre Beauftragten sind verpflichtet, der Gemeinde oder ihren Beauftragten Auskunft über die Tatsachen zu erteilen, deren Kenntnis zur Beurteilung der Sanierungsbedürftigkeit eines Gebiets oder zur Vorbereitung oder Durchführung der Sanierung erforderlich ist. An personenbezogenen Daten können insbesondere Angaben der Betroffenen über ihre persönlichen Lebensumstände im wirtschaftlichen und sozialen Bereich, namentlich über die Berufs-, Erwerbs- und Familienverhältnisse, das Lebensalter, die Wohnbedürfnisse, die sozialen Verflechtungen sowie über die örtlichen Bindungen, erhoben werden.

(2) Die nach Absatz 1 erhobenen personenbezogenen Daten dürfen nur zu Zwecken der Sanierung verwendet werden. Wurden die Daten von einem Beauftragten der Gemeinde erhoben, dürfen sie nur an die Gemeinde weitergegeben werden; die Gemeinde darf die Daten an andere Beauftragte im Sinne des § 157 sowie an die höhere Verwaltungsbehörde weitergeben, soweit dies zu Zwecken der Sanierung erforderlich ist. Nach Aufhebung der förmlichen Festlegung des Sanierungsgebiets sind die Daten zu löschen. Soweit die erhobenen Daten für die Besteuerung erforderlich sind, dürfen sie an die Finanzbehörden weitergegeben werden.

(3) Die mit der Erhebung der Daten Beauftragten sind bei Aufnahme ihrer Tätigkeit nach Maßgabe des Absatzes 2 zu verpflichten. Ihre Pflichten bestehen nach Beendigung ihrer Tätigkeit fort.

(4) Verweigert ein nach Absatz 1 Auskunftspflichtiger die Auskunft, ist § 208 Satz 2 bis 4 über die Androhung und Festsetzung eines Zwangsgelds entsprechend anzuwenden. Der Auskunftspflichtige kann die Auskunft auf solche Fragen verweigern, deren Beantwortung ihn selbst oder einen der in § 383 Abs. 1 Nr. 1 bis 3 der Zivilprozessordnung bezeichneten Angehörigen der Gefahr strafrechtlicher Verfolgung oder eines Verfahrens nach dem Gesetz über Ordnungswidrigkeiten aussetzen würde.

Die Vorschrift korrespondiert mit § 138, denn sie stellt dem Recht der Sanierungsbetroffenen auf Beteiligung eine Pflicht gegenüber, in dem näher beschriebenen Umfang an der Sanierung mitzuwirken. Sie müssen der Gemeinde oder dem Sanierungsbeauftragten Auskunft über die sanierungserheblichen Daten geben, dh die Daten, die für die Vorbereitung der Sanierung, die vorbereitenden Untersuchungen und die Durchführung der Sanierung von Relevanz sind. Die Auskunftspflicht beginnt, sobald die Gemeinde die Sanierung durch **Beschluss** eingeleitet hat. Sie bezieht sich sowohl auf objektbezogene (Abs 1 Satz 1) als auch auf personenbezogene Daten (Abs 1 Satz 2). Insoweit wurde den datenschutzrechtlichen Anforderungen des Volkszählungsurteils des BVerfG (BVerfGE 65, 1 = NJW 1984, 419) durch das BauGB 1987 Rechnung getragen.

Abs 2 der Vorschrift regelt die Verwendung, dh auch die Verarbeitung und die Weitergabe der erhobenen Daten an die im Einzelnen benannten Stellen. Besonders zu beachten ist dabei die Notwendigkeit eines sanierungsrechtlichen Bezuges und die Pflicht zur Datenlöschung bei Beendigung der Sanierung, dh wenn die förmliche Festlegung des Sanierungsgebiets aufgehoben ist. Ein sanierungsrechtlicher Bezug besteht nach Satz 4 auch, wenn Daten von den Finanzbehörden benötigt werden, um steuerliche Tatbestände, zB die steuerliche Absetzbarkeit von Maßnahmen, zu prüfen.

Abs 3 der Vorschrift regelt ebenfalls den **Datenschutz** und erweitert die Pflichten der mit der Erhebung der Daten Beauftragten über die Sanierung hinaus. Sie wird ergänzt durch die besondere kommunalverfassungsrechtliche Verschwiegenheitspflicht für die Ratsmitglieder und die Strafandrohung des § 203 Abs 2 StGB für private Beauftragte.

4 Die Ermächtigungsgrundlage für Zwangsmittel schafft Abs 4, der § 208 Satz 2–4 für entsprechend anwendbar erklärt. Gleichzeitig enthält er ein Auskunftsverweigerungsrecht.

§ 139 Beteiligung und Mitwirkung öffentlicher Aufgabenträger

(1) Der Bund, einschließlich seiner Sondervermögen, die Länder, die Gemeindeverbände und die sonstigen Körperschaften, Anstalten und Stiftungen des öffentlichen Rechts sollen im Rahmen der ihnen obliegenden Aufgaben die Vorbereitung und Durchführung von städtebaulichen Sanierungsmaßnahmen unterstützen.
(2) § 4 Abs. 2 und § 4a Abs. 1 bis 4 und 6 sind bei der Vorbereitung und Durchführung der Sanierung auf Behörden und sonstige Träger öffentlicher Belange sinngemäß anzuwenden. Die Träger öffentlicher Belange haben die Gemeinde auch über Änderungen ihrer Absichten zu unterrichten.
(3) Ist eine Änderung von Zielen und Zwecken der Sanierung oder von Maßnahmen und Planungen der Träger öffentlicher Belange, die aufeinander abgestimmt wurden, beabsichtigt, haben sich die Beteiligten unverzüglich miteinander ins Benehmen zu setzen.

1 Die durch das EAG 2004 vorgenommene Änderung ist lediglich redaktioneller Natur und bringt keine sachliche Neuregelung der Vorschrift über die Beteiligung der genannten Stellen. Sie entspricht den §§ 4 und 4a, lässt diese aber unberührt; die Beteiligungsverfahren können verbunden werden.

2 Abs 1 normiert eine **Unterstützungspflicht** für die dort genannten Stellen, die über die allgemeine Amtshilfeverpflichtung hinausreicht. Diese „Soll"-Verpflichtung, von der eine Ausnahme kaum denkbar erscheint, besteht aber nur iR der Aufgaben, die der Stelle zugewiesen sind.

3 Dem Recht auf Unterstützung stellt Abs 2 die Pflicht der Gemeinde gegenüber, den Behörden und Trägern öffentlicher Belange Gelegenheit zur Stellungnahme zu geben. Diese sind wiederum verpflichtet, eine solche Stellungnahme abzugeben und dabei insbesondere die Gemeinde über ihre eigenen Absichten zu unterrichten, soweit sie für die Sanierung erheblich sein können. Die Vorschriften der §§ 4 und 4a über Fristen, Inhalt, Präklusion und Übermittlungsarten sind entsprechend anwendbar.

4 Abs 3 öffnet den zeitlichen Rahmen für eine koordinierte Planung, indem er auch nach der Abstimmung über die erstmalige Planung die Pflicht der Beteiligten normiert, sich ins Benehmen zu setzen, wenn eine Änderung von Zielen und Zwecken der Sanierung oder von Maßnahmen und Planungen der Behörden oder Träger öffentlicher Belange beabsichtigt ist.

Zweiter Abschnitt
Vorbereitung und Durchführung

§ 140 Vorbereitung

Die Vorbereitung der Sanierung ist Aufgabe der Gemeinde; sie umfasst
1. die vorbereitenden Untersuchungen,
2. die förmliche Festlegung des Sanierungsgebiets,
3. die Bestimmung der Ziele und Zwecke der Sanierung,
4. die städtebauliche Planung; hierzu gehört auch die Bauleitplanung oder eine Rahmenplanung, soweit sie für die Sanierung erforderlich ist,
5. die Erörterung der beabsichtigten Sanierung,
6. die Erarbeitung und Fortschreibung des Sozialplans,
7. einzelne Ordnungs- und Baumaßnahmen, die vor einer förmlichen Festlegung des Sanierungsgebiets durchgeführt werden.

Eine Sanierung gliedert sich in zwei Verfahrensabschnitte. Dabei handelt es sich um die Vorbereitung (§§ 140 ff) und die Durchführung (§§ 146 ff) der Sanierung. Auch während der Durchführung der Sanierung ist aber ihre weitere Vorbereitung möglich (OVG Berlin NVwZ-RR 1992, 7), so zB wenn sich neue Sachverhalte herausstellen, auf die angemessen und flexibel reagiert werden muss. Insoweit kann eine neue Bestimmung der Ziele und Zwecke und eine entsprechende Anpassung der Planung notwendig werden, um (weiterhin) dem Abwägungsprinzip Genüge zu tun. Zur Vorbereitung der Sanierung ist nach § 140 – als Ausfluss der kommunalen **Planungshoheit** – grds die Gemeinde verpflichtet. Diese Norm enthält dabei einen abschließenden Katalog der Vorbereitungsaufgaben, welche in den folgenden Vorschriften im Einzelnen geregelt sind. Eine wesentliche Bedeutung der Norm liegt darin, dass sie die konkreten Verfahrensschritte benennt, auf die sich die Pflichten der §§ 137–139 beziehen.

Mit den Zielen und Zwecken der Sanierung meint Nr 3 der Vorschrift das konkrete **Sanierungskonzept** der Gemeinde. Dieses umfasst iSd einheitlichen Vorbereitung nach § 136 Abs 1 eine städtebauliche Planung, einen Zeitplan und einen Kosten- und Finanzierungsplan; außerdem fließt die Gesamtplanung der Gemeinde mit in das Konzept ein. Während der Sanierung kann das Konzept weiter konkretisiert und fortgeschrieben werden, wobei wesentliche Änderungen durch Beschluss der nach Kommunalverfassungsrecht zuständigen Gremien erfolgen müssen. In der Praxis spielt neben der gesetzlichen Bauleitplanung aber auch die informelle städtebauliche Planung eine wichtige Rolle. Dies ist notwendig, weil mit der Sanierung regelmäßig auf den baulichen Bestand eingewirkt wird, so dass auf existierende Strukturen Rücksicht genommen werden muss.

Besondere Bedeutung kann Nr 7 der Vorschrift erlangen, weil hiernach schon vor der förmlichen Festlegung des Sanierungsgebiets einzelne Ordnungs- und Baumaßnahmen durchgeführt werden können. Zweck dieser Erweiterung des zeitlichen Rahmens ist es, negative Entwicklungen in dem untersuchten Gebiet zu vermeiden,

die schon dann zu befürchten sind, wenn die Sanierungsabsichten der Gemeinde in ihrem Anfangsstadium bekannt werden. Zusammen mit § 164a spielt die Regelung eine wichtige Rolle bei der Finanzierung.

§ 141 Vorbereitende Untersuchungen

(1) Die Gemeinde hat vor der förmlichen Festlegung des Sanierungsgebiets die vorbereitenden Untersuchungen durchzuführen oder zu veranlassen, die erforderlich sind, um Beurteilungsunterlagen zu gewinnen über die Notwendigkeit der Sanierung, die sozialen, strukturellen und städtebaulichen Verhältnisse und Zusammenhänge sowie die anzustrebenden allgemeinen Ziele und die Durchführbarkeit der Sanierung im Allgemeinen. Die vorbereitenden Untersuchungen sollen sich auch auf nachteilige Auswirkungen erstrecken, die sich für die von der beabsichtigten Sanierung unmittelbar Betroffenen in ihren persönlichen Lebensumständen im wirtschaftlichen oder sozialen Bereich voraussichtlich ergeben werden.

(2) Von vorbereitenden Untersuchungen kann abgesehen werden, wenn hinreichende Beurteilungsunterlagen bereits vorliegen.

(3) Die Gemeinde leitet die Vorbereitung der Sanierung durch den Beschluss über den Beginn der vorbereitenden Untersuchungen ein. Der Beschluss ist ortsüblich bekannt zu machen. Dabei ist auf die Auskunftspflicht nach § 138 hinzuweisen.

(4) Mit der ortsüblichen Bekanntmachung des Beschlusses über den Beginn der vorbereitenden Untersuchungen finden die §§ 137, 138 und 139 über die Beteiligung und Mitwirkung der Betroffenen, die Auskunftspflicht und die Beteiligung und Mitwirkung öffentlicher Aufgabenträger Anwendung; ab diesem Zeitpunkt ist § 15 auf die Durchführung eines Vorhabens im Sinne des § 29 Abs. 1 und auf die Beseitigung einer baulichen Anlage entsprechend anzuwenden. Mit der förmlichen Festlegung des Sanierungsgebiets wird ein Bescheid über die Zurückstellung des Baugesuchs sowie ein Bescheid über die Zurückstellung der Beseitigung einer baulichen Anlage nach Satz 1 zweiter Halbsatz unwirksam.

1 Die Gemeinde hat zunächst die vorbereitenden **Untersuchungen** durchzuführen (§ 141), um hinreichende Beurteilungsgrundlagen über die Notwendigkeit der Sanierung und die damit zusammenhängenden Fragen zu erhalten. Voraussetzung dafür ist, dass die Gemeinde einen entsprechenden **Beschluss** fasst, der ortsüblich bekannt zu machen ist. Die Untersuchungen sollen dabei über die rein bodenrechtlichen Aspekte hinaus reichen und auch die sozialen und wirtschaftlichen Auswirkungen umfassen; insoweit ergeben sich Verbindungen zu §§ 137 und 180. Die allgemeinen Ziele und Zwecke der Sanierung müssen aus den vorbereitenden Untersuchungen so konkret abgeleitet werden, dass Notwendigkeit der Sanierung, die sozialen, strukturellen und städtebaulichen Verhältnisse und Zusammenhänge sowie die allgemeinen Ziele und die Durchführbarkeit der Sanierung beurteilt werden kann; eine weitergehende Konkretisierung ist jedoch nicht erforderlich. Der Umfang der hierzu notwen-

digen Untersuchungen kann nicht allgemein bestimmt werden, sondern orientiert sich am Einzelfall. Möglich muss aber die Beurteilung sein, ob ein vereinfachtes Verfahren für die Sanierung in Betracht kommt.

Abs 2 bringt den Gemeinden eine Verfahrenserleichterung, indem sie von unnötigen Doppelerhebungen befreit werden. Da regelmäßig aber nicht alle notwendigen Beurteilungsunterlagen bereits vorliegen werden, sind auch ergänzende oder aktualisierende Untersuchungen sowie Untersuchungen von Teilbereichen in Betracht zu ziehen. 2

Den förmlichen Beginn des Sanierungsverfahrens nach dem BauGB knüpft Abs 3 Satz 1 an einen Beschluss des nach Kommunalverfassungsrecht zuständigen Organs. Dieser muss das Sanierungsgebiet eindeutig abgrenzen, um damit den Kreis der Betroffenen festzulegen. Der Beschluss bedarf keiner besonderen Form und ist ortsüblich bekannt zu machen. Hierdurch werden die Betroffenen über den Beginn des Sanierungsverfahrens informiert und nach Satz 3 gleichzeitig auf ihre Pflichten im Sanierungsverfahren hingewiesen. Da der Beschluss keine unmittelbare Rechtswirkung nach außen hat, kann er nicht gesondert angegriffen werden. 3

§ 141 Abs 4 wurde durch das BauROG 1998 ohne wesentliche Inhaltsänderung neu gefasst, so dass seitdem der Beginn des Sanierungsverfahrens klarer definiert ist. Die Bedeutung dieser Änderung liegt in der Harmonisierung mit dem Recht zur Sicherung der Bauleitplanung, da dessen Instrumentarien ab dem Zeitpunkt der ortsüblichen Bekanntmachung wirksam werden. Erforderlich ist (zB wegen der Auskunftspflicht nach § 138), dass das Untersuchungsgebiet im Beschluss eindeutig abgegrenzt wird (BVerwG NVwZ-RR 1993, 457), wozu im Regelfall allein die Verwendung eines bestimmten Namens nicht ausreichend sein dürfte (vgl hierzu: BVerwGE 69, 344 = BVerwG Buchholz 406.11 § 2a BBauG Nr 7 = ZfBR 1984, 291). Wird zur genauen Gebietsbezeichnung der Lageplan zum Bestandteil der Satzung gemacht, so ist dieser gemeinsam mit der Satzung bekannt zu machen (BVerwG NVwZ-RR 1993, 457). Ob von der Gemeinde ausreichend vorbereitende Untersuchungen durchgeführt worden sind, ist nur beschränkt gerichtlich überprüfbar (BayVGH BRS 35 Nr 226 = BayVBl 1980, 339). 4

§ 142 Sanierungssatzung

(1) Die Gemeinde kann ein Gebiet, in dem eine städtebauliche Sanierungsmaßnahme durchgeführt werden soll, durch Beschluss förmlich als Sanierungsgebiet festlegen (förmlich festgelegtes Sanierungsgebiet). Das Sanierungsgebiet ist so zu begrenzen, dass sich die Sanierung zweckmäßig durchführen lässt. Einzelne Grundstücke, die von der Sanierung nicht betroffen werden, können aus dem Gebiet ganz oder teilweise ausgenommen werden.

(2) Ergibt sich aus den Zielen und Zwecken der Sanierung, dass Flächen außerhalb des förmlich festgelegten Sanierungsgebiets

1. für Ersatzbauten oder Ersatzanlagen zur räumlich zusammenhängenden Unterbringung von Bewohnern oder Betrieben aus dem förmlich festgelegten Sanierungsgebiet oder

2. für die durch die Sanierung bedingten Gemeinbedarfs- oder Folgeeinrichtungen

in Anspruch genommen werden müssen (Ersatz- und Ergänzungsgebiete), kann die Gemeinde geeignete Gebiete für diesen Zweck förmlich festlegen. Für die förmliche Festlegung und die sich aus ihr ergebenden Wirkungen sind die für förmlich festgelegte Sanierungsgebiete geltenden Vorschriften anzuwenden.

(3) Die Gemeinde beschließt die förmliche Festlegung des Sanierungsgebiets als Satzung (Sanierungssatzung). In der Sanierungssatzung ist das Sanierungsgebiet zu bezeichnen.

(4) In der Sanierungssatzung ist die Anwendung der Vorschriften des Dritten Abschnitts auszuschließen, wenn sie für die Durchführung der Sanierung nicht erforderlich ist und die Durchführung hierdurch voraussichtlich nicht erschwert wird (vereinfachtes Sanierungsverfahren); in diesem Falle kann in der Sanierungssatzung auch die Genehmigungspflicht nach § 144 insgesamt, nach § 144 Abs. 1 oder § 144 Abs. 2 ausgeschlossen werden.

1 Haben die vorbereitenden Untersuchungen ergeben, dass städtebauliche Missstände iSd § 136 Abs 2 gegeben sind, so kann die Gemeinde nach Abwägung der öffentlichen und privaten Belange (§ 136 Abs 4 Satz 2) das Gebiet, in dem Maßnahmen durchgeführt werden sollen, förmlich als Sanierungsgebiet festlegen. Die in Abs 1 Satz 1 enthaltene Ermächtigungsgrundlage setzt voraus, dass die Durchführung eines Sanierungsverfahrens erforderlich ist und begrenzt die Handlungsalternativen auf das gesetzlich vorgesehene Instrumentarium. Die ausdrückliche Nennung des Kriteriums der Zweckmäßigkeit eröffnet der Gemeinde einen Beurteilungsspielraum, der allerdings durch § 136 Abs 2 begrenzt wird.

2 Die förmliche Festlegung erfolgt nach § 142 Abs 3 durch eine Satzung (zum Inhalt: BVerwG Buchholz 406.15 § 15 StBauFG Nr 6 = NVwZ 1985, 184 = BRS 42 Nr 234). Dabei können auch Grundstücke einbezogen werden, die außerhalb des eigentlichen Sanierungsgebiets liegen, bei denen aber zu der Sanierung Ergänzungs- oder Ersatzmaßnahmen durchgeführt werden sollen (§ 142 Abs 2). Nicht zum Gegenstand der Satzung ist der Zeitraum zur Durchführung der Sanierung zu machen (BVerwG NVwZ-RR 1994, 9). Eine Sanierungssatzung leidet auch nicht an einem Rechtsfehler, wenn die Sanierungsziele im Zeitpunkt des Satzungserlasses noch nicht konkretisiert sind. Die gerichtliche Kontrolle einer Sanierungssatzung findet im Normenkontrollverfahren nach § 47 Abs 1 Nr 1 VwGO oder im Wege einer **Inzidentkontrolle** bei der Überprüfung von Einzelmaßnahmen statt. Ist eine Sanierungssatzung nichtig, so hat dies zunächst keine Auswirkungen auf einen hiermit korrespondierenden Bebauungsplan.

3 Abs 4 der Vorschrift gibt der Gemeinde die Möglichkeit, sich unter den dort genannten Voraussetzungen für ein vereinfachtes Sanierungsverfahren zu entscheiden. Diese Entscheidung fällt in der Sanierungssatzung, wobei eine Erweiterung der in dieser Vorschrift genannten Handlungsalternativen nicht möglich ist. Entscheidende Kriterien sind dabei die unbestimmten Rechtsbegriffe der Erforderlichkeit und des Ausschlusses einer Erschwernis der Durchführung, allerdings spielt auch die städtebauliche Konzeption der Gemeinde (zB eine beabsichtigte Gebietsaufwertung) hierbei eine Rolle.

§ 143 Bekanntmachung der Sanierungssatzung, Sanierungsvermerk

(1) Die Gemeinde hat die Sanierungssatzung ortsüblich bekannt zu machen. Sie kann auch ortsüblich bekannt machen, dass eine Sanierungssatzung beschlossen worden ist; § 10 Abs. 3 Satz 2 bis 5 ist entsprechend anzuwenden. In der Bekanntmachung nach den Sätzen 1 und 2 ist – außer im vereinfachten Sanierungsverfahren – auf die Vorschriften des Dritten Abschnitts hinzuweisen. Mit der Bekanntmachung wird die Sanierungssatzung rechtsverbindlich.

(2) Die Gemeinde teilt dem Grundbuchamt die rechtsverbindliche Sanierungssatzung mit und hat hierbei die von der Sanierungssatzung betroffenen Grundstücke einzeln aufzuführen. Das Grundbuchamt hat in die Grundbücher dieser Grundstücke einzutragen, dass eine Sanierung durchgeführt wird (Sanierungsvermerk). § 54 Abs. 2 und 3 ist entsprechend anzuwenden. Die Sätze 1 bis 3 sind nicht anzuwenden, wenn in der Sanierungssatzung die Genehmigungspflicht nach § 144 Abs. 2 ausgeschlossen ist.

Die Satzung ist nach neuem Recht nunmehr nur noch ortsüblich bekannt zu machen (§ 143 Abs 1), wobei die Ersatzverkündung ausdrücklich erwähnt und damit zugelassen wird. Die Ortsüblichkeit der Bekanntmachung beurteilt sich nach dem jeweiligen Landes- bzw Ortsrecht. Zu beachten ist besonders die Hinweispflicht des Satzes 3, die aber im vereinfachten Verfahren entfällt.

Die Gemeinde ist nach § 143 Abs 2 Satz 1 verpflichtet, dem **Grundbuchamt** die rechtsverbindliche Sanierungssatzung mitzuteilen; dies ist nur dann nicht erforderlich, wenn in der Sanierungssatzung die Anwendung der Verfügungssperre (§ 144 Abs 2) nicht ausgeschlossen ist (§ 143 Abs 2 Satz 4). Das Grundbuchamt hat in die Grundbücher der betroffenen Grundstücke einzutragen, dass eine Sanierung durchgeführt wird (§ 143 Abs 2 Satz 2). Dieser Sanierungsvermerk hat aber nur deklaratorische Wirkung. Rechtsschutz gegen die Sanierungssatzung wird nach § 47 VwGO durch ein Normenkontrollverfahren gewährt (BayVGH BRS 38 Nr 215 = BauR 1982, 239 = BayVBl 1982, 468). Ähnlich wie bei der Überprüfung eines Bebauungsplans ist auch eine Inzidentkontrolle denkbar, zB bei einer Versagung einer Genehmigung nach § 145. Gerichtlich nicht geltend machen kann ein Nachbar, dass eine für ein Bauvorhaben in einem förmlich festgelegten Sanierungsgebiet erteilte Baugenehmigung nicht im Einklang mit dem Sanierungskonzept der Gemeinde stehe (BVerwG Buchholz 406.19 Nachbarschutz Nr 146 = NVwZ 1997, 991 = ZfBR 1997 269).

§ 144 Genehmigungspflichtige Vorhaben und Rechtsvorgänge

(1) Im förmlich festgelegten Sanierungsgebiet bedürfen der schriftlichen Genehmigung der Gemeinde
1. die in § 14 Abs. 1 bezeichneten Vorhaben und sonstigen Maßnahmen;
2. Vereinbarungen, durch die ein schuldrechtliches Vertragsverhältnis über den Gebrauch oder die Nutzung eines Grundstücks, Gebäudes oder Gebäudeteils auf bestimmte Zeit von mehr als einem Jahr eingegangen oder verlängert wird.

(2) Im förmlich festgelegten Sanierungsgebiet bedürfen der schriftlichen Genehmigung der Gemeinde
1. die rechtsgeschäftliche Veräußerung eines Grundstücks und die Bestellung und Veräußerung eines Erbbaurechts;
2. die Bestellung eines das Grundstück belastenden Rechts; dies gilt nicht für die Bestellung eines Rechts, das mit der Durchführung von Baumaßnahmen im Sinne des § 148 Abs. 2 im Zusammenhang steht;
3. ein schuldrechtlicher Vertrag, durch den eine Verpflichtung zu einem der in Nummer 1 oder 2 genannten Rechtsgeschäfte begründet wird; ist der schuldrechtliche Vertrag genehmigt worden, gilt auch das in Ausführung dieses Vertrags vorgenommene dingliche Rechtsgeschäft als genehmigt;
4. die Begründung, Änderung oder Aufhebung einer Baulast;
5. die Teilung eines Grundstücks.
(3) Die Gemeinde kann für bestimmte Fälle die Genehmigung für das förmlich festgelegte Sanierungsgebiet oder Teile desselben allgemein erteilen; sie hat dies ortsüblich bekannt zu machen.
(4) Keiner Genehmigung bedürfen
1. Vorhaben und Rechtsvorgänge, wenn die Gemeinde oder der Sanierungsträger für das Treuhandvermögen als Vertragsteil oder Eigentümer beteiligt ist;
2. Rechtsvorgänge nach Absatz 2 Nr. 1 bis 3 zum Zwecke der Vorwegnahme der gesetzlichen Erbfolge;
3. Vorhaben nach Absatz 1 Nr. 1, die vor der förmlichen Festlegung des Sanierungsgebiets baurechtlich genehmigt worden sind, Vorhaben nach Absatz 1 Nr. 1, von denen die Gemeinde nach Maßgabe des Bauordnungsrechts Kenntnis erlangt hat und mit deren Ausführung vordem Inkrafttreten der Veränderungssperre hätte begonnen werden dürfen, sowie Unterhaltungsarbeiten und die Fortführung einer bisher ausgeübten Nutzung;
4. Rechtsvorgänge nach Absatz 1 Nr. 2 und Absatz 2, die Zwecken der Landesverteidigung dienen;
5. der rechtsgeschäftliche Erwerb eines in ein Verfahren im Sinne des § 38 einbezogenen Grundstücks durch den Bedarfsträger.

1 Die förmliche Festlegung des Sanierungsgebiets zieht grds, soweit in der Satzung nicht etwas anderes geregelt ist (§ 142 Abs 4), **Genehmigungspflichten** nach sich. Im Übrigen kann die Gemeinde auch von § 144 Abs 3 – es handelt sich insoweit um eine Allgemeinverfügung nach § 35 Abs 1 Satz 2 VwVfG – Gebrauch machen und die Genehmigung für bestimmte Fälle allgemein erteilen. Die genehmigungspflichtigen Rechtsvorgänge sind in § 144 Abs 2 und Abs 3 abschließend aufgezählt, wobei die Begründung, Änderung oder Aufhebung einer Baulast durch das BauROG 1998 neu eingefügt wurde. Der Genehmigungsvorbehalt ist rechtlich als präventives Verbot mit Erlaubnisvorbehalt zu qualifizieren.
2 Die förmliche Festlegung beinhaltet automatisch eine Veränderungs- und Verfügungssperre (§ 144 Abs 1 Nr 1). Der Sinn der Sperrwirkung des § 144 liegt zum Ei-

nen darin, der Gemeinde einen angemessenen Zeitraum für die Verwirklichung ihrer Sanierungsziele einzuräumen und zum anderen darin, Betroffene vor unnötigen Dispositionen zu bewahren (BVerwGE 70, 83 = BVerwG Buchholz 406.15 § 15 StBauFG Nr 7= BRS 42 Nr 233). Diese unbefristete Sperrwirkung hält sich iR der Sozialgebundenheit des **Eigentum**s (BVerwG Buchholz 406.15 § 50 StBauFG Nr 1 = BRS 33 Nr 198 = BauR 1979, 139). Anders als Bebauungspläne, die unter bestimmten Voraussetzungen funktionslos werden können (BVerwGE 67, 334 = BVerwG Buchholz 406.19 Nachbarschutz Nr 55 = BRS 40 Nr 4), besteht diese Möglichkeit des Außerkrafttretens einer Sanierungssatzung auch bei längerer Untätigkeit der Gemeinde nicht (BVerwG Buchholz 406.15 § 50 StBauFG Nr 1 = BRS 33 Nr 198 = BauR 1979, 139).

Genehmigungspflichtig sind außerdem die Teilung eines Grundstücks sowie schuldrechtliche Vereinbarungen über den Gebrauch oder die Nutzung eines Grundstücks/Gebäudes über mehr als ein Jahr. In Anlehnung an die Verfügungs- und Veränderungssperre des § 51 für die Umlegung bedarf die rechtsgeschäftliche Veräußerung des Grundstücks oder die Bestellung und Veräußerung von Erbbaurechten, die sonstige Belastung eines Grundstücks sowie der schuldrechtliche Vertrag, durch den entsprechende Verpflichtungen begründet werden, einer Genehmigung. 3

Während Abs 1 sich mit der Genehmigungspflicht von Vorhaben Gebrauchs- bzw Nutzungsverhältnissen des Schuldrechts befasst, regelt Abs 2 die Genehmigungspflicht von Vereinbarungen und Verfügungen hinsichtlich Grundstücken oder Rechten. Der dort aufgeführte Katalog ist keiner Erweiterung zugänglich. 4

Abs 3 gibt der Gemeinde die Möglichkeit zur Vereinfachung ihrer Verwaltungsaufgaben, indem er die allgemeine Erteilung von Genehmigungen für das förmlich festgelegte Sanierungsgebiet zulässt. In diesem Fall ist aber die ortsübliche Bekanntmachung vorgeschrieben, die sich nach den üblichen Vorschriften richtet. Es handelt sich hierbei um eine Allgemeinverfügung, die ggf nach § 49 VwVfG widerrufen werden kann. 5

Die Ausnahmevorschrift des Abs 4 dient ebenfalls der Verwaltungsvereinfachung. Von der Genehmigungspflicht sind hiernach bestimmte rechtliche oder tatsächliche Vorgänge kraft Gesetzes freigestellt. Der praktisch bedeutsamste Freistellungstatbestand des Abs 4 Nr 3, der sich auf Unterhaltungsarbeiten bezieht, wird eng ausgelegt, damit die zügige Sanierung nach dem Gesamtkonzept nicht erschwert wird. Aus diesem Grund sind zB Arbeiten, die zur Anpassung des Gebäudes an moderne Wohnbedürfnisse erforderlich sind, nicht als freigestellt angesehen worden (OVG Lüneburg BRS 30 Nr 195). 6

§ 145 Genehmigung

(1) Die Genehmigung wird durch die Gemeinde erteilt. Ist eine baurechtliche Genehmigung oder an ihrer Stelle eine baurechtliche Zustimmung erforderlich, wird die Genehmigung durch die Baugenehmigungsbehörde im Einvernehmen mit der Gemeinde erteilt. § 22 Abs. 5 Satz 2 bis 6 ist entsprechend anzuwenden.

(2) Die Genehmigung darf nur versagt werden, wenn Grund zur Annahme besteht, dass das Vorhaben, der Rechtsvorgang einschließlich der Teilung eines Grundstücks oder die damit erkennbar bezweckte Nutzung die Durchführung der Sanierung unmöglich machen oder wesentlich erschweren oder den Zielen und Zwecken der Sanierung zuwiderlaufen würde.

(3) Die Genehmigung ist zu erteilen, wenn die wesentliche Erschwerung dadurch beseitigt wird, dass die Beteiligten für den Fall der Durchführung der Sanierung für sich und ihre Rechtsnachfolger
1. in den Fällen des § 144 Abs. 1 Nr. 1 auf Entschädigung für die durch das Vorhaben herbeigeführten Werterhöhungen sowie für werterhöhende Änderungen, die auf Grund der mit dem Vorhaben bezweckten Nutzung vorgenommen werden, verzichten;
2. in den Fällen des § 144 Abs. 1 Nr. 2 oder Abs. 2 Nr. 2 oder 3 auf Entschädigung für die Aufhebung des Rechts sowie für werterhöhende Änderungen verzichten, die auf Grund dieser Rechte vorgenommen werden.

(4) Die Genehmigung kann unter Auflagen, in den Fällen des § 144 Abs. 1 auch befristet oder bedingt erteilt werden. § 51 Abs. 4 Satz 2 und 3 ist entsprechend anzuwenden. Die Genehmigung kann auch vom Abschluss eines städtebaulichen Vertrags abhängig gemacht werden, wenn dadurch Versagungsgründe im Sinne des Absatzes 2 ausgeräumt werden.

(5) Wird die Genehmigung versagt, kann der Eigentümer von der Gemeinde die Übernahme des Grundstücks verlangen, wenn und soweit es ihm mit Rücksicht auf die Durchführung der Sanierung wirtschaftlich nicht mehr zuzumuten ist, das Grundstück zu behalten oder es in der bisherigen oder einer anderen zulässigen Art zu nutzen. Liegen die Flächen eines land- oder forstwirtschaftlichen Betriebs sowohl innerhalb als auch außerhalb des förmlich festgelegten Sanierungsgebiets, kann der Eigentümer von der Gemeinde die Übernahme sämtlicher Grundstücke des Betriebs verlangen, wenn die Erfüllung des Übernahmeverlangens für die Gemeinde keine unzumutbare Belastung bedeutet; die Gemeinde kann sich auf eine unzumutbare Belastung nicht berufen, soweit die außerhalb des förmlich festgelegten Sanierungsgebiets gelegenen Grundstücke nicht mehr in angemessenem Umfang baulich oder wirtschaftlich genutzt werden können. Kommt eine Einigung über die Übernahme nicht zustande, kann der Eigentümer die Entziehung des Eigentums an dem Grundstück verlangen. Für die Entziehung des Eigentums sind die Vorschriften des Fünften Teils des Ersten Kapitels entsprechend anzuwenden. § 43 Abs. 1, 4 und 5 sowie § 44 Abs. 3 und 4 sind entsprechend anzuwenden.

(6) § 22 Abs. 6 ist entsprechend anzuwenden. Ist eine Genehmigung allgemein erteilt oder nicht erforderlich, hat die Gemeinde darüber auf Antrag eines Beteiligten ein Zeugnis auszustellen.

1 Über einen entsprechenden **Genehmigung**santrag, der nicht bereits in der Stellung eines Antrags auf Erteilung einer Baugenehmigung gesehen werden kann (BVerwG Buchholz 406.15 § 15 StBauFG Nr 4 = BRS 39 Nr 244 = BauR 1982, 251), ist von der Gemeinde innerhalb von eines Monats zu entscheiden (§ 145 Abs 1 Satz 1). Dabei besteht aber nach § 145 Abs 1 Satz 2 eine Verlängerungsmöglich-

keit um längstens drei Monate. Kommt es nicht zu einer fristgemäßen Versagung der Genehmigung, gilt diese entsprechend § 19 Abs 3 Satz 5 nach Ablauf der Frist als erteilt, § 145 Abs 1 Satz 2.

Eine Versagung der Genehmigung kommt nur unter den Voraussetzungen des § 145 Abs 2 in Betracht. Liegen keine Versagungsgründe vor, besteht ein Rechtsanspruch auf die Erteilung der Genehmigung; für **Ermessen**serwägungen besteht dann kein Raum mehr. Es unterliegt der vollen verwaltungsgerichtlichen Überprüfung, ob eine Genehmigungsbedürftigkeit überhaupt besteht (ggf Feststellungsurteil) und ob die gesetzlichen Gründe für die Versagung einer notwendigen Genehmigung vorliegen (OLG Köln NVwZ-RR 1993, 169).

Nach Abs 3 der Vorschrift ist die Genehmigung auch dann zwingend zu erteilen, wenn der Sicherungszweck dadurch entfällt, dass die Beteiligten für den Fall der Durchführung der Sanierung für sich und ihre Rechtsnachfolger auf ihnen ansonsten zustehende Entschädigungen verzichten. Es wäre nämlich treuwidrig, zunächst trotz der anstehenden Sanierung eine Maßnahme durchzuführen, später aber einen durch die Sanierung verursachten Schaden geltend zu machen.

Die Genehmigung kann zur Erreichung des Sanierungszwecks auch mit Nebenbestimmungen versehen werden, was als milderes Mittel im Vergleich zur Versagung anzusehen ist.

Außerdem kann die Genehmigung nunmehr auch vom Abschluss eines städtebaulichen Vertrages abhängig gemacht werden, wenn dadurch Versagungsgründe iSd Abs 2 ausgeräumt werden (Abs 4 Satz 2). Eine Versagung ist allerdings nur dann durch die Ziele und Zwecke der Sanierung gerechtfertigt, wenn sie hinreichend konkretisiert sind (BGH NVwZ 1982, 329 = BRS 38 Nr 109 = BauR 1982, 247). Es ist hierbei zu beachten, dass zunächst das Maß der Konkretisierung gering ist; mit fortschreitendem Sanierungsverfahren sind jedoch insoweit höhere Anforderungen zu stellen (BVerwGE 70, 83 = BVerwG Buchholz 406.15 § 15 StBauFG Nr 7 = BRS 42 Nr 233).

Unter bestimmten Voraussetzungen kann der Eigentümer von der Gemeinde nach § 145 Abs 5 Schadensersatz bzw Übernahme des Grundstücks verlangen, wenn die Genehmigung versagt wird. Bemerkenswert ist insbesondere Satz 2, wonach der Eigentümer eines land- oder forstwirtschaftlichen Betriebs die Übernahme sämtlicher Betriebsgrundstücke verlangen kann, wenn nur ein Teil der Grundstücke im Sanierungsbereich liegt; zu beachten sind insoweit die Zumutbarkeitsregeln. Nach § 24 Abs 1 Nr 3 besitzt die Gemeinde an allen Grundstücken im Sanierungsgebiet ein Vorkaufsrecht, wenn eine rechtsgeschäftliche Veräußerung genehmigt worden ist.

Der Genehmigungsvorbehalt nach § 145 besteht bis zur Aufhebung der förmlichen Festlegung des Sanierungsgebiets nach § 162.

§ 146 Durchführung

(1) Die Durchführung umfasst die Ordnungsmaßnahmen und die Baumaßnahmen innerhalb des förmlich festgelegten Sanierungsgebiets, die nach den Zielen und Zwecken der Sanierung erforderlich sind.

(2) Auf Grundstücken, die den in § 26 Nr. 2 bezeichneten Zwecken dienen, und auf den in § 26 Nr. 3 bezeichneten Grundstücken dürfen im Rahmen städtebaulicher Sanierungsmaßnahmen einzelne Ordnungs- und Baumaßnahmen nur mit Zustimmung des Bedarfsträgers durchgeführt werden. Der Bedarfsträger soll seine Zustimmung erteilen, wenn auch unter Berücksichtigung seiner Aufgaben ein überwiegendes öffentliches Interesse an der Durchführung der Sanierungsmaßnahmen besteht.

(3) Die Gemeinde kann die Durchführung der Ordnungsmaßnahmen und die Errichtung oder Änderung von Gemeinbedarfs- und Folgeeinrichtungen im Sinne des § 148 Abs. 2 Satz 1 Nr. 3 auf Grund eines Vertrags ganz oder teilweise dem Eigentümer überlassen. Ist die zügige und zweckmäßige Durchführung der vertraglich übernommenen Maßnahmen nach Satz 1 durch einzelne Eigentümer nicht gewährleistet, hat die Gemeinde insoweit für die Durchführung der Maßnahmen zu sorgen oder sie selbst zu übernehmen.

1 Nach § 146 umfasst die Durchführung der Sanierung die Ordnungs- und Baumaßnahmen, die nach den Zielen und Zwecken der Sanierung erforderlich sind. Der bereits durch das BauROG 1998 neu eingefügte Abs 2 übernimmt die zuvor in § 139 Abs 4 normierte Regelung, wonach auf Grundstücken mit besonderer Zweckbestimmung städtebauliche Sanierungsmaßnahmen nur mit Zustimmung des Bedarfsträgers durchgeführt werden dürfen, der diese erteilen soll, wenn auch unter Berücksichtigung seiner spezifischen Aufgaben ein überwiegendes öffentliches Interesse an der Durchführung der Sanierungsmaßnahmen besteht. Abs 3 wurde ebenfalls neu angefügt und ersetzt § 147 Abs 2 aF, dessen Möglichkeiten zum Abschluss von Verträgen er erweitert. Übertragen werden kann nunmehr auch die Errichtung oder Änderung von Gemeinbedarfs- oder Folgeeinrichtungen iSv § 148 Abs 2 Satz 1 Nr 3.

§ 147 Ordnungsmaßnahmen

Die Durchführung der Ordnungsmaßnahmen ist Aufgabe der Gemeinde; hierzu gehören
1. die Bodenordnung einschließlich des Erwerbs von Grundstücken,
2. der Umzug von Bewohnern und Betrieben,
3. die Freilegung von Grundstücken,
4. die Herstellung und Änderung von Erschließungsanlagen sowie
5. sonstige Maßnahmen, die notwendig sind, damit die Baumaßnahmen durchgeführt werden können.

Als Ordnungsmaßnahme gilt auch die Bereitstellung von Flächen und die Durchführung von Maßnahmen zum Ausgleich im Sinne des § 1 a Abs. 3, soweit sie gemäß § 9 Abs. 1a an anderer Stelle den Grundstücken, auf denen Eingriffe in Natur und Landschaft zu erwarten sind, ganz oder teilweise zugeordnet sind. Durch die Sanierung bedingte Erschließungsanlagen einschließlich Ersatzanlagen können außerhalb des förmlich festgelegten Sanierungsgebiets liegen.

Für die Durchführung der idR unrentierlichen **Ordnungsmaßnahmen** ist die Gemeinde zuständig, die insoweit auch die Kosten zu tragen hat. Dem Eigentümer steht aber grds ein Kostenerstattungsanspruch zu, wenn er anstelle der Gemeinde Ordnungsmaßnahmen durchführt (BVerwG Buchholz 406.15 § 41 StBauFG Nr 1 = NVwZ 1985, 749 = BRS 44 Nr 234). Zu den Ordnungsmaßnahmen gehören nach der abschließenden Aufzählung des § 147 Abs 1 die Bodenordnung, also die Umlegung einschließlich des Erwerbs von Grundstücken, der Umzug von Bewohnern und Betrieben mit den entsprechenden Folgemaßnahmen (vgl §§ 182 ff), die Freilegung von Grundstücken (vgl hierzu insbesondere § 179), die Herstellung und Änderung von Erschließungsanlagen sowie im Auffangtatbestand der Nr 5 die sonstigen Maßnahmen, die notwendig sind, um die Baumaßnahmen durchführen zu können. Satz 2 trägt dem Schutz von Natur und Landschaft Rechnung, indem er gemeinsam mit dem dort genannten Vorschriften naturschutzrechtliche Ausgleichsmaßnahmen als Ordnungsmaßnahmen des Sanierungsrechts qualifiziert.

§ 148 Baumaßnahmen

(1) Die Durchführung von Baumaßnahmen bleibt den Eigentümern überlassen, soweit die zügige und zweckmäßige Durchführung durch sie gewährleistet ist; der Gemeinde obliegt jedoch
1. **für die Errichtung und Änderung der Gemeinbedarfs und Folgeeinrichtungen zu sorgen und**
2. **die Durchführung sonstiger Baumaßnahmen, soweit sie selbst Eigentümerin ist oder nicht gewährleistet ist, dass diese vom einzelnen Eigentümer zügig und zweckmäßig durchgeführt werden.**

Ersatzbauten, Ersatzanlagen und durch die Sanierung bedingte Gemeinbedarfs- und Folgeeinrichtungen können außerhalb des förmlich festgelegten Sanierungsgebiets liegen.

(2) Zu den Baumaßnahmen gehören
1. **die Modernisierung und Instandsetzung,**
2. **die Neubebauung und die Ersatzbauten,**
3. **die Errichtung und Änderung von Gemeinbedarfs und Folgeeinrichtungen sowie**
4. **die Verlagerung oder Änderung von Betrieben.**

Als Baumaßnahmen gelten auch Maßnahmen zum Ausgleich im Sinne des § 1a Abs. 3, soweit sie auf den Grundstücken durchgeführt werden, auf denen Eingriffe in Natur und Landschaft zu erwarten sind.

Die Durchführung der **Baumaßnahmen** (§ 148), also die in § 148 Abs 2 nicht abschließend aufgeführten Maßnahmen, insbesondere die Errichtung von Neu- und Ersatzbauten, die Modernisierung und Instandsetzung sowie die Errichtung von Gemeinbedarfs- und Folgeeinrichtungen sowie die Verlagerung und Änderung von Betrieben, bleibt – anders als die Ordnungsmaßnahmen des § 147 – idR den Eigentümern vorbehalten, soweit hierdurch eine Verzögerung der Sanierung nicht zu befürchten ist. Im Rahmen der Baumaßnahme obliegt es allerdings der Gemeinde, für die von der öffentlichen Hand zu erstellenden Gemeinbedarfs- und Folgeeinrich-

tungen zu sorgen sowie diejenigen Ersatzbauten und Ersatzanlagen durchzuführen, die infolge der Sanierung veranlasst wurden. So wie § 147 erwähnt auch § 148 nunmehr klarstellend, dass zu den Ordnungsmaßnahmen auch die Bereitstellung von Flächen und die Durchführung von Maßnahmen zum Ausgleich nach § 1a Abs 3 gehören, während die auf den Baugrundstücken selbst durchgeführten Ausgleichsmaßnahmen zu den Baumaßnahmen zählen.

§ 149 Kosten- und Finanzierungsübersicht

(1) Die Gemeinde hat nach dem Stand der Planung eine Kosten- und Finanzierungsübersicht aufzustellen. Die Übersicht ist mit den Kosten- und Finanzierungsvorstellungen anderer Träger öffentlicher Belange, deren Aufgabenbereich durch die Sanierung berührt wird, abzustimmen und der höheren Verwaltungsbehörde vorzulegen.
(2) In der Kostenübersicht hat die Gemeinde die Kosten der Gesamtmaßnahme darzustellen, die ihr voraussichtlich entstehen. Die Kosten anderer Träger öffentlicher Belange für Maßnahmen im Zusammenhang mit der Sanierung sollen nachrichtlich angegeben werden.
(3) In der Finanzierungsübersicht hat die Gemeinde ihre Vorstellungen über die Deckung der Kosten der Gesamtmaßnahme darzulegen. Finanzierungs- und Förderungsmittel auf anderer gesetzlicher Grundlage sowie die Finanzierungsvorstellungen anderer Träger öffentlicher Belange sollen nachrichtlich angegeben werden.
(4) Die Kosten- und Finanzierungsübersicht kann mit Zustimmung der nach Landesrecht zuständigen Behörde auf den Zeitraum der mehrjährigen Finanzplanung der Gemeinde beschränkt werden. Das Erfordernis, die städtebauliche Sanierungsmaßnahme innerhalb eines absehbaren Zeitraums durchzuführen, bleibt unberührt.
(5) Die Gemeinde und die höhere Verwaltungsbehörde können von anderen Trägern öffentlicher Belange Auskunft über deren eigene Absichten im förmlich festgelegten Sanierungsgebiet und ihre Kosten- und Finanzierungsvorstellungen verlangen.
(6) Die höhere Verwaltungsbehörde kann von der Gemeinde Ergänzungen oder Änderungen der Kosten- und Finanzierungsübersicht verlangen. Sie hat für ein wirtschaftlich sinnvolles Zusammenwirken der Gemeinde und der anderen Träger öffentlicher Belange bei der Durchführung ihrer Maßnahmen zu sorgen und die Gemeinde bei der Beschaffung von Förderungsmitteln aus öffentlichen Haushalten zu unterstützen.

1 Die Vorschrift verpflichtet die Gemeinde, nach dem Stand der Planung eine Kosten- und Finanzierungsübersicht aufzustellen, die mit den anderen betroffenen Stellen abgestimmt ist. Diese ist insoweit nicht nur ein Steuerungsinstrument für die Sanierung, sondern gibt auch Aufschluss über die Durchführbarkeit der geplanten Maßnahmen in ihrer Gesamtheit. Hiervon zu unterscheiden ist die Finanzierung einzelner Maßnahmen. Eine erste, grobe Übersicht bzgl der Kosten und der Finanzierung wird regelmäßig bereits iR der vorbereitenden Maßnahmen möglich und

notwendig sein, nicht zuletzt, um festzustellen, ob die Sanierung realistischerweise überhaupt angegangen werden kann. Aus dem planungsbegleitenden Charakter der Kosten- und Finanzierungsübersicht ergibt sich, dass diese nach dem jeweiligen Stand der Sanierung fortzuschreiben ist. Die Abstimmungspflicht des Satzes 2, 1. HS knüpft an die §§ 139 und 141 an, während durch die Vorlage bei der höheren Verwaltungsbehörde neben der Prüfung auch eine Abstimmung der verschiedenen Konzepte stattfinden soll. Letztere hat die Gemeinde zu unterstützen und zu betreuen und kann zur Erfüllung ihrer Aufgaben weitere Angaben der Gemeinde anfordern.

§ 150 Ersatz für Änderungen von Einrichtungen, die der öffentlichen Versorgung dienen

(1) Stehen in einem förmlich festgelegten Sanierungsgebiet Anlagen der öffentlichen Versorgung mit Elektrizität, Gas, Wasser, Wärme, Telekommunikationsdienstleistungen oder Anlagen der Abwasserwirtschaft infolge der Durchführung der Sanierung nicht mehr zur Verfügung und sind besondere Aufwendungen erforderlich, die über das bei ordnungsgemäßer Wirtschaft erforderliche Maß hinausgehen, zum Beispiel der Ersatz oder die Verlegung dieser Anlagen, hat die Gemeinde dem Träger der Aufgabe die ihm dadurch entstehenden Kosten zu erstatten. Vorteile und Nachteile, die dem Träger der Aufgabe im Zusammenhang damit entstehen, sind auszugleichen.
(2) Kommt eine Einigung über den Erstattungsbetrag nicht zustande, entscheidet die höhere Verwaltungsbehörde.

Im Rahmen von Sanierungsmaßnahmen ist es häufig notwendig, öffentliche Versorgungsanlagen, insbesondere Leitungen, anders als bisher zu verlegen oder neu herzustellen. Die hieraus für den Träger der Versorgungsaufgabe entstehenden Kosten hat ihm die Gemeinde nach § 150 zu ersetzen. Zu nennen sind hier vor allem Fernmeldeanlagen, Fernwärmeleitungen und Leitungen für Gas, Wasser und Strom. Nicht zu diesen Einrichtungen zählen dagegen **Erschließungsanlagen**, die nach § 147 Satz 1 Nr 4 unter das Regime der Gemeinde fallen. Voraussetzung für einen Erstattungsanspruch ist, dass die Versorgungseinrichtung bereits vor dem Beginn der Sanierung bestand und durch diese nicht mehr zur Verfügung steht. Bei der Berechnung des Ersatzanspruchs sind die Vor- und Nachteile der Änderung gegeneinander aufzurechnen, wobei auch Aufwendungen zu berücksichtigen sind, die nunmehr durch eine Weiterentwicklung des Standes des Technik und der gesetzlichen Anforderungen notwendig sind.

Im Streitfall entscheidet nach Abs 2 der Vorschrift die höhere Verwaltungsbehörde nach Anhörung der Beteiligten (§ 28 VwVfG). Für den Rechtsweg gilt § 217 Abs 1 Satz 1.

§ 151 Abgaben- und Auslagenbefreiung

(1) Frei von Gebühren und ähnlichen nichtsteuerlichen Abgaben sowie von Auslagen sind Geschäfte und Verhandlungen
1. zur Vorbereitung oder Durchführung von städtebaulichen Sanierungsmaßnahmen,
2. zur Durchführung von Erwerbsvorgängen,
3. zur Gründung oder Auflösung eines Unternehmens, dessen Geschäftszweck ausschließlich daraufgerichtet ist, als Sanierungsträger tätig zu werden.

(2) Die Abgabenbefreiung gilt nicht für die Kosten eines Rechtsstreits. Unberührt bleiben Regelungen nach landesrechtlichen Vorschriften.

(3) Erwerbsvorgänge im Sinne des Absatzes 1 Nr. 2 sind
1. der Erwerb eines Grundstücks durch eine Gemeinde oder durch einen Rechtsträger im Sinne der §§ 157 und 205 zur Vorbereitung oder Durchführung von städtebaulichen Sanierungsmaßnahmen. Hierzu gehört auch der Erwerb eines Grundstücks zur Verwendung als Austausch- oder Ersatzland im Rahmen von städtebaulichen Sanierungsmaßnahmen;
2. der Erwerb eines Grundstücks durch eine Person, die zur Vorbereitung oder Durchführung von städtebaulichen Sanierungsmaßnahmen oder zur Verwendung als Austausch- oder Ersatzland ein Grundstück übereignet oder verloren hat. Die Abgabenbefreiung wird nur gewährt
 a) beim Erwerb eines Grundstücks im Sanierungsgebiet, in dem das übereignete oder verlorene Grundstück liegt, bis zum Abschluss der städtebaulichen Sanierungsmaßnahme,
 b) in anderen Fällen bis zum Ablauf von zehn Jahren, gerechnet von dem Zeitpunkt ab, in dem das Grundstück übereignet oder verloren wurde;
3. der Erwerb eines im förmlich festgelegten Sanierungsgebiet gelegenen Grundstücks, soweit die Gegenleistung in der Hingabe eines in demselben Sanierungsgebiet gelegenen Grundstücks besteht;
4. der Erwerb eines Grundstücks, der durch die Begründung, das Bestehen oder die Auflösung eines Treuhandverhältnisses im Sinne des § 160 oder des § 161 bedingt ist.

1 Die Abgaben- und Auslagenbefreiung nach dieser Vorschrift soll durch eine finanzielle Entlastung die Vorbereitung und Durchführung der Sanierungsmaßnahmen erleichtern. Außerdem kann sie die Akzeptanz bei den Betroffenen steigern und ihre Bereitschaft zu einer freiwilligen Mitwirkung fördern. Deshalb werden von Abs 1 Geschäfte und Verhandlungen kostenfrei gestellt, worunter nicht nur rechtliche Vorgänge, sondern auch tatsächliche Handlungen zählen, für die an sich eine Abgabenpflicht bestünde. Eine Legaldefinition des Begriffs des Erwerbsvorganges iSd Abs 1 Nr 2 enthält Abs 3 der Vorschrift.

2 Nicht von der Gebührenbefreiung erfasst sind nach Abs 2 die Kosten eines Rechtsstreits, für die es bei den Regelungen der §§ 91 ff ZPO, 228 BauGB bleibt und Ge-

bühren in Angelegenheiten der freiwilligen Gerichtsbarkeit und für Notare; insoweit verbleibt es bei den §§ 11 Abs 3, 144 Abs 1 KostO; unberührt bleibt auch § 79 bzgl der dort geregelten Abgaben- und Auslagenbefreiung in der Umlegung sowie Regelungen nach landesrechtlichen Vorschriften.

Dritter Abschnitt
Besondere sanierungsrechtliche Vorschriften

§ 152 Anwendungsbereich

Die Vorschriften dieses Abschnitts sind im förmlich festgelegten Sanierungsgebiet anzuwenden, sofern die Sanierung nicht im vereinfachten Sanierungsverfahren durchgeführt wird.

Die Vorschrift ist im Zusammenhang mit § 142 Abs 4 Satz 1 zu sehen, wonach im vereinfachten Sanierungsverfahren die Vorschriften des Dritten Abschnitts, dh die §§ 152–156a, auszuschließen sind. Hierzu bedarf es aber eines ausdrücklichen Ausspruches. Die genannten Vorschriften bilden ein abgestimmtes Gesamtsystem, das als Ganzes anzuwenden oder auszuschließen ist. Es regelt mit den Ausgleichs- und Entschädigungsleistungen, Kaufpreisen und der Umlegung die Finanzierung der Sanierung und soll hierzu sanierungsbedingte Bodenwertsteigerungen abschöpfen und verhindern, dass die Sanierung durch die Entwicklung der Bodenpreise erschwert wird. 1

§ 153 Bemessung von Ausgleichs- und Entschädigungsleistungen, Kaufpreise, Umlegung

(1) Sind auf Grund von Maßnahmen, die der Vorbereitung oder Durchführung der Sanierung im förmlich festgelegten Sanierungsgebiet dienen, nach den Vorschriften dieses Gesetzbuchs Ausgleichs- oder Entschädigungsleistungen zu gewähren, werden bei deren Bemessung Werterhöhungen, die lediglich durch die Aussicht auf die Sanierung, durch ihre Vorbereitung oder ihre Durchführung eingetreten sind, nur insoweit berücksichtigt, als der Betroffene diese Werterhöhungen durch eigene Aufwendungen zulässigerweise bewirkt hat. Änderungen in den allgemeinen Wertverhältnissen auf dem Grundstücksmarkt sind zu berücksichtigen.

(2) Liegt bei der rechtsgeschäftlichen Veräußerung eines Grundstücks sowie bei der Bestellung oder Veräußerung eines Erbbaurechts der vereinbarte Gegenwert für das Grundstück oder das Recht über dem Wert, der sich in Anwendung des Absatzes 1 ergibt, liegt auch hierin eine wesentliche Erschwerung der Sanierung im Sinne des § 145 Abs. 2. Dies gilt nicht, wenn in den Fällen des § 154 Abs. 3 Satz 2 oder 3 die Verpflichtung zur Entrichtung des Ausgleichsbetrags erloschen ist.

§ 153 Zweites Kapitel. Erster Teil. Dritter Abschnitt

(3) Die Gemeinde oder der Sanierungsträger darf beim Erwerb eines Grundstücks keinen höheren Kaufpreis vereinbaren, als er sich in entsprechender Anwendung des Absatzes 1 ergibt. In den Fällen des § 144 Abs. 4 Nr. 4 und 5 darf der Bedarfsträger keinen höheren Kaufpreis vereinbaren, als er sich in entsprechender Anwendung des Absatzes 1 ergibt.

(4) Bei der Veräußerung nach den §§ 89 und 159 Abs. 3 ist das Grundstück zu dem Verkehrswert zu veräußern, der sich durch die rechtliche und tatsächliche Neuordnung des förmlich festgelegten Sanierungsgebiets ergibt. § 154 Abs. 5 ist dabei auf den Teil des Kaufpreises entsprechend anzuwenden, der der durch die Sanierung bedingten Werterhöhung des Grundstücks entspricht.

(5) Im förmlich festgelegten Sanierungsgebiet sind
1. Absatz 1 auf die Ermittlung von Werten nach § 57 Satz 2 und im Falle der Geldabfindung nach § 59 Abs. 2 und 4 bis 6 sowie den §§ 60 und 61 Abs. 2 entsprechend anzuwenden;
2. Wertänderungen, die durch die rechtliche und tatsächliche Neuordnung des förmlich festgelegten Sanierungsgebiets eintreten, bei der Ermittlung von Werten nach § 57 Satz 3 und 4 und im Falle des Geldausgleichs nach § 59 Abs. 2 sowie den §§ 60 und 61 Abs. 2 zu berücksichtigen;
3. § 58 nicht anzuwenden.

1 Soweit ihre Anwendung nicht ausgeschlossen wurde, gelten in der Sanierung besondere Bestimmungen für die Bemessung von Ausgleichs- und Entschädigungsleistungen. Danach werden bei der Bemessung von Ausgleichs- und Entschädigungsleistungen solche **Werterhöhungen**, die lediglich durch die Aussicht auf Sanierung, durch ihre Vorbereitung oder ihre Durchführung eingetreten sind, grds nicht berücksichtigt; etwas anderes gilt aber dann, wenn der Betroffene diese Werterhöhung durch eigene Aufwendungen zulässigerweise bewirkt hat (vgl auch: BGHZ 77, 338 = DVBl 1981, 90 = BRS 45 Nr 115). Änderungen in den allgemeinen Wertverhältnissen auf dem Grundstücksmarkt sind jedoch zu berücksichtigen (BGHZ 89, 338 = NJW 1984, 1882).

2 Soweit ein Grundstück veräußert wird und im Kaufpreis sanierungsbedingte Wertsteigerungen enthalten sind, kann die Gemeinde die nach § 144 Abs 2 Nr 1 erforderliche Genehmigung unter Beachtung des § 145 Abs 2 versagen, weil nach der in § 153 Abs 2 enthaltenen unwiderlegbaren Vermutung eine wesentliche Erschwerung der Sanierung auch dann anzunehmen ist, wenn der vereinbarte Gegenwert für das Grundstück über dem Wert liegt, der sich bei einer Anwendung des § 153 Abs 1 ergibt. Diese Regelung ist eine zulässige Inhaltsbestimmung des Eigentums iSd Art 14 Abs 1 Satz 2 GG (BVerwG, B v 08.01.1998). In diesem Zusammenhang ist von der Gemeinde die Rechtsprechung zur Verkehrswertspanne zu beachten (BVerwG Buchholz 406.15 § 15 StBauFG Nr 3 = NVwZ 1982, 116 = BRS 38 Nr 217). Satz 2 der Vorschrift wurde durch das EAG Bau 2004 angefügt und soll klarstellen, dass keine Preisprüfung notwendig ist, wenn keine Verpflichtung zur Zahlung des Ausgleichsbetrages mehr besteht, weil eine Ablösung oder vorzeitige Festsetzung erfolgt ist und die hierauf bezogene Verpflichtung insbesondere durch Geldleistung erloschen ist.

Folgerichtig wird auch in § 153 Abs 3 bestimmt, dass ebenso die Gemeinden und 3
Sanierungsträger (§§ 157 ff) beim Erwerb eines Grundstücks keine Preise vereinbaren dürfen, die Werterhöhungen infolge der Sanierung bereits mit einschließen. Diese Regelung greift in der Zwangsversteigerung nicht ein, weil hier kein Preis vereinbart wird. Ein Verstoß gegen das Verbot führt zur Unwirksamkeit des Rechtsvorganges, da der Vertragspartner der Gemeinde nicht besser gestellt werden darf als Grundstückseigentümer, für den die Preisprüfung gilt.

Wird ein Grundstück im Wege der Veräußerungspflicht nach §§ 89 bzw 159 Abs 3 4
veräußert, so bestimmt Abs 4, dass die sanierungsbedingten Werterhöhungen zu berücksichtigen sind, um tatsächlich eine Wertabschöpfung zu Gunsten der Allgemeinheit sicherzustellen. Ist eine zuverlässige Prognose insoweit nicht möglich, kann die Gemeinde auch zum niedrigeren Wert veräußern und später einen Ausgleichsbetrag erheben.

Abs 5 ist eine Folgenorm zu den Umlegungsvorschriften. 5

§ 154 Ausgleichsbetrag des Eigentümers

(1) Der Eigentümer eines im förmlich festgelegten Sanierungsgebiet gelegenen Grundstücks hat zur Finanzierung der Sanierung an die Gemeinde einen Ausgleichsbetrag in Geld zu entrichten, der der durch die Sanierung bedingten Erhöhung des Bodenwerts seines Grundstücks entspricht; Miteigentümer sind im Verhältnis ihrer Anteile an dem gemeinschaftlichen Eigentum heranzuziehen. Werden im förmlich festgelegten Sanierungsgebiet Erschließungsanlagen im Sinne des § 127 Abs. 2 hergestellt, erweitert oder verbessert, sind Vorschriften über die Erhebung von Beiträgen für diese Maßnahmen auf Grundstücke im förmlich festgelegten Sanierungsgebiet nicht anzuwenden. Satz 2 gilt entsprechend für die Anwendung der Vorschrift über die Erhebung von Kostenerstattungsbeträgen im Sinne des § 135a Abs. 3.

(2) Die durch die Sanierung bedingte Erhöhung des Bodenwerts des Grundstücks besteht aus dem Unterschied zwischen dem Bodenwert, der sich für das Grundstück ergeben würde, wenn eine Sanierung weder beabsichtigt noch durchgeführt worden wäre (Anfangswert), und dem Bodenwert, der sich für das Grundstück durch die rechtliche und tatsächliche Neuordnung des förmlich festgelegten Sanierungsgebiets ergibt (Endwert).

(3) Der Ausgleichsbetrag ist nach Abschluss der Sanierung (§§ 162 und 163) zu entrichten. Die Gemeinde kann die Ablösung im Ganzen vor Abschluss der Sanierung zulassen; dabei kann zur Deckung von Kosten der Sanierungsmaßnahme auch ein höherer Betrag als der Ausgleichsbetrag vereinbart werden. Die Gemeinde soll auf Antrag des Ausgleichsbetragspflichtigen den Ausgleichsbetrag vorzeitig festsetzen, wenn der Ausgleichsbetragspflichtige an der Festsetzung vor Abschluss der Sanierung ein berechtigtes Interesse hat und der Ausgleichsbetrag mit hinreichender Sicherheit ermittelt werden kann.

(4) Die Gemeinde fordert den Ausgleichsbetrag durch Bescheid an; der Betrag wird einen Monat nach der Bekanntgabe des Bescheids fällig. Vor der Festsetzung des Ausgleichsbetrags ist dem Ausgleichsbetragspflichtigen Gelegenheit zur Stellungnahme und Erörterung der für die Wertermittlung seines

§ 154 Zweites Kapitel. Erster Teil. Dritter Abschnitt

Grundstücks maßgeblichen Verhältnisse sowie der nach § 155 Abs. 1 anrechenbaren Beträge innerhalb angemessener Frist zu geben. Der Ausgleichsbetrag ruht nicht als öffentliche Last auf dem Grundstück.

(5) Die Gemeinde hat den Ausgleichsbetrag auf Antrag des Eigentümers in ein Tilgungsdarlehen umzuwandeln, sofern diesem nicht zugemutet werden kann, die Verpflichtung bei Fälligkeit mit eigenen oder fremden Mitteln zu erfüllen. Die Darlehensschuld ist mit höchstens 6 vom Hundert jährlich zu verzinsen und mit 5 vom Hundert zuzüglich der ersparten Zinsen jährlich zu tilgen. Der Tilgungssatz kann im Einzelfall bis auf 1 vom Hundert herabgesetzt werden und das Darlehen niedrig verzinslich oder zinsfrei gestellt werden, wenn dies im öffentlichen Interesse oder zur Vermeidung unbilliger Härten oder zur Vermeidung einer von dem Ausgleichsbetragspflichtigen nicht zu vertretenden Unwirtschaftlichkeit der Grundstücksnutzung geboten ist. Die Gemeinde soll den zur Finanzierung der Neubebauung, Modernisierung oder Instandsetzung erforderlichen Grundpfandrechten den Vorrang vor einem zur Sicherung ihres Tilgungsdarlehens bestellten Grundpfandrecht einräumen.

(6) Die Gemeinde kann von den Eigentümern auf den nach den Absätzen 1 bis 4 zu entrichtenden Ausgleichsbetrag Vorauszahlungen verlangen, sobald auf dem Grundstück eine den Zielen und Zwecken der Sanierung entsprechende Bebauung oder sonstige Nutzung zulässig ist; die Absätze 1 bis 5 sind sinngemäß anzuwenden.

1 Nach dieser Vorschrift hat derjenige Eigentümer, der sein Grundstück nicht veräußert, an die Gemeinde einen Ausgleichsbetrag in Geld zu entrichten, der den durch die Sanierung bedingten Erhöhungen des Bodenwertes seines Grundstücks entspricht. Dabei ist die Gemeinde grds zur Erhebung des Ausgleichsbetrages verpflichtet; ihr steht insoweit kein **Ermessen** zu. Hierbei handelt es sich aber nicht um eine genau errechenbare Größe, sondern um eine Schätzung (BGH NVwZ 1982, 395). Bei der Höhe eines Ausgleichsbetrages können Nachbargebäude, die bereits vor der Sanierung bestanden haben, grds nicht als die Wertsteigerung wieder kompensierende Minderung behandelt werden (VGH Mannheim VGHBW Ls 2000, Beilage 3, B 6). Keine Rolle spielt es, ob die Werterhöhung vom Grundstückseigentümer subjektiv als eine solche angesehen wird, da nur auf die objektiven Umstände abzustellen ist. Satz 3 des § 154 Abs 1 enthält eine Harmonisierung mit der naturschutzrechtlichen Eingriffsregelung und stellt die Eigentümer im förmlich festgestellten Sanierungsgebiet von der Kostenerstattung für von der Gemeinde durchgeführte Ausgleichsmaßnahmen (§ 135a Abs 3) frei.

2 Abs 2 der Vorschrift regelt die Ermittlung der Höhe des Ausgleichsbetrages. Sie erfolgt gem § 192 Abs 1 durch selbstständige, unabhängige **Gutachterausschüsse**, die nach § 193 Abs 1 Nr 1 Gutachten über den Verkehrswert von bebauten und unbebauten Grundstücken erstellen, wenn die für den Vollzug des Baugesetzbuchs zuständigen Behörden bei der Erfüllung ihrer gesetzlichen Aufgaben es beantragen. Sie sind insoweit sachverständige Kreise iSd Rechtsprechung zur Frage, welcher Wissens- und Erkenntnisstand einer Beurteilung zu Grunde zu legen ist (vgl zum Denkmalschutz Hess VGH NVwZ-RR 1993, 462 ff). Grundlage für die **Wert-**

ermittlung ist die nach § 199 ergangene Wertermittlungsverordnung iVm den Wertermittlungsrichtlinien. Ziel des Verfahrens ist es, ein Gesamtsystem zu entwickeln, das von den Betroffenen vor allem auch deshalb akzeptiert werden kann, weil die zu Grunde gelegten Werte zueinander stimmig sind und alle im Sanierungsgebiet liegenden Grundstücke gleich behandeln. Bei der Ermittlung des Anfangswertes ist zwingend auf die WertV abzustellen, eine Bemessung nach dem Kaufpreis ist unzulässig (BVerwG DVBl 2002, 1479).

Die Zahlungspflicht entsteht nach § 154 Abs 3 mit dem Abschluss der Sanierung (§§ 162, 163); bzgl der Verjährung kommt über § 155 Abs 5 iVm den landesrechtlichen Vorschriften über kommunale Beiträge die AO 1977 zur Anwendung. Die Festsetzungsverjährung richtet sich nach § 169 Abs 4 Nr 2 AO 1977; die Zahlungsverjährung nach den §§ 228 ff AO 1977.

Nach § 154 Abs 4 fordert die Gemeinde den Ausgleichsbetrag durch Bescheid (= Verwaltungsakt) an, der nach § 39 VwVfG zu begründen ist. Zahlungspflichtig ist der Grundstückseigentümer bzw die Grundstückseigentümergemeinschaft, nicht aber der Erbbauberechtigte.

Der Ausgleichsbetrag kann iR einer Billigkeitsentscheidung der Gemeinde nach § 154 Abs 5 in ein Tilgungsdarlehen umgewandelt werden und unter den Voraussetzungen des § 155 Abs 3 bzw der §§ 155 Abs 4, 135 Abs 5 kann sogar von der Erhebung abgesehen werden, ohne dass es dazu – wie nach früherem Recht – der Zustimmung der höheren Verwaltungsbehörde bedarf.

Nach Maßgabe des § 154 Abs 6 kann die Gemeinde Vorauszahlungen auf den zu entrichtenden Ausgleichsbetrag verlangen. Ob die Ausgleichsbeträge zu den öffentlichen Abgaben und Kosten iSd § 80 Abs 2 Nr 1 VwGO zu zählen sind, war zunächst umstritten (bejahend: OVG Lüneburg DVBl 1983, 948 = BRS 40 Nr 244; OVG Bremen NVwZ 1988, 752 = UPR 1988, 193; verneinend: OVG Münster NVwZ 1988, 751 = BBauBl 1988, 474), ist nunmehr aber vom Bundesverwaltungsgericht bejaht worden (DVBl 1993, 441).

§ 155 Anrechnung auf den Ausgleichsbetrag, Absehen

(1) **Auf den Ausgleichsbetrag sind anzurechnen**
1. **die durch die Sanierung entstandenen Vorteile oder Bodenwerterhöhungen des Grundstücks, die bereits in einem anderen Verfahren, insbesondere in einem Enteignungsverfahren berücksichtigt worden sind; für Umlegungsverfahren bleibt Absatz 2 unberührt,**
2. **die Bodenwerterhöhungen des Grundstücks, die der Eigentümer zulässigerweise durch eigene Aufwendungen bewirkt hat; soweit der Eigentümer gemäß § 146 Abs. 3 Ordnungsmaßnahmen durchgeführt oder Gemeinbedarfs- und Folgeeinrichtungen im Sinne des § 148 Abs. 2 Satz 1 Nr. 3 errichtet oder geändert hat, sind jedoch die ihm entstandenen Kosten anzurechnen,**
3. **die Bodenwerterhöhungen des Grundstücks, die der Eigentümer beim Erwerb des Grundstücks als Teil des Kaufpreises in einem den Vorschriften der Nummern 1 und 2 sowie des § 154 entsprechenden Betrag zulässigerweise bereits entrichtet hat.**

(2) Ein Ausgleichsbetrag entfällt, wenn eine Umlegung nach Maßgabe des § 153 Abs. 5 durchgeführt worden ist.

(3) Die Gemeinde kann für das förmlich festgelegte Sanierungsgebiet oder für zu bezeichnende Teile des Sanierungsgebiets von der Festsetzung des Ausgleichsbetrags absehen, wenn
1. eine geringfügige Bodenwerterhöhung gutachtlich ermittelt worden ist und
2. der Verwaltungsaufwand für die Erhebung des Ausgleichsbetrags in keinem Verhältnis zu den möglichen Einnahmen steht.

Die Entscheidung nach Satz 1 kann auch getroffen werden, bevor die Sanierung abgeschlossen ist.

(4) Die Gemeinde kann im Einzelfall von der Erhebung des Ausgleichsbetrags ganz oder teilweise absehen, wenn dies im öffentlichen Interesse oder zur Vermeidung unbilliger Härten geboten ist. Die Freistellung kann auch vor Abschluss der Sanierung erfolgen.

(5) Im Übrigen sind die landesrechtlichen Vorschriften über kommunale Beiträge einschließlich der Bestimmungen über die Stundung und den Erlass entsprechend anzuwenden.

(6) Sind dem Eigentümer Kosten der Ordnungsmaßnahmen oder Kosten für die Errichtung oder Änderung von Gemeinbedarfs- und Folgeeinrichtungen im Sinne des § 148 Abs. 2 Satz 1 Nr. 3 entstanden, hat die Gemeinde sie ihm zu erstatten, soweit sie über den nach § 154 und Absatz 1 ermittelten Ausgleichsbetrag hinausgehen und die Erstattung nicht vertraglich ausgeschlossen wurde.

1 Die Vorschrift beschäftigt sich mit der Höhe des tatsächlich zu erhebenden Ausgleichsbetrages. Da der Eigentümer die Werterhöhung nur einmal ausgleichen soll, ist eine **Gesamtbetrachtung** notwendig, die auch berücksichtigt, ob bereits in einem anderen Verfahren Ausgleich für Werterhöhungen geleistet wurde. Anzurechnen sind auch die Aufwendungen des Eigentümers, die er selbst erbracht hat und die nunmehr zu einer Bodenwertsteigerung geführt haben. Die diese nicht auf öffentliche Leistungen zurück zu führen sind, besteht auch insoweit keine Notwendigkeit eines Ausgleichs. Schließlich sind auch die Bodenwerterhöhungen nicht (nochmals) zu erstatten, die bereits mit der Kaufpreiszahlung ausgeglichen worden sind.

2 Nach Abs 2 der Vorschrift entfällt eine Ausgleichszahlung gänzlich, wenn eine Umlegung iSv § 153 Abs 5 durchgeführt wurde, denn dies ist kein Fall der Verrechnung, sondern der Ersetzung. Hiervon ist nicht auszugehen, wenn ein vor Beginn der Sanierung begonnenes Umlegungsverfahren übergeleitet worden ist und dabei § 153 Abs 5 keine Berücksichtigung findet.

3 Abs 3 stellt auf die **Finanzierungsfunktion** des Ausgleichsbetrages ab. Ist ein wesentlicher Beitrag zur Finanzierung der Sanierung durch die Erhebung nicht zu erwarten, so kann hiervon abgesehen werden. Zu berücksichtigen ist insoweit auch der Verwaltungsaufwand. Es handelt sich hierbei nicht um eine Billigkeits-, sondern um eine Ermessensentscheidung, bei der insbesondere der Gleichheitsgrund-

satz des Art 3 GG zu berücksichtigen ist. Eine frühe Entscheidung ist möglich, wenn die Voraussetzungen des Satzes 1 bereits hinreichend konkret prognostiziert werden können.
Die Norm bietet weiterhin in Abs 4 die Möglichkeit einer Billigkeitsentscheidung im Einzelfall und regelt in Abs 6 die Kostenerstattung für Ordnungsmaßnahmen und Maßnahmen nach § 148 Abs 2 Satz 1 Nr 3.

4

§ 156 Überleitungsvorschriften zur förmlichen Festlegung

(1) Beitragspflichten für Erschließungsanlagen im Sinne des § 127 Abs. 2, die vor der förmlichen Festlegung entstanden sind, bleiben unberührt. Entsprechendes gilt für Kostenerstattungsbeträge im Sinne des § 135a Abs. 3.
(2) Hat die Umlegungsstelle vor der förmlichen Festlegung des Sanierungsgebiets in einem Umlegungsverfahren, das sich auf Grundstücke im Gebiet bezieht, den Umlegungsplan nach § 66 Abs. 1 aufgestellt oder ist eine Vorwegentscheidung nach § 76 getroffen worden, bleibt es dabei.
(3) Hat die Enteignungsbehörde vor der förmlichen Festlegung des Sanierungsgebiets den Enteignungs- beschluss nach § 113 für ein in dem Gebiet gelegenes Grundstück erlassen oder ist eine Einigung nach § 110 beurkundet worden, sind die Vorschriften des Ersten Kapitels weiter anzuwenden.

Abs 1 regelt das Verhältnis der sanierungsrechtlichen Ausgleichsabgabe zu den Erschließungs- und Ausbaubeiträgen. Letztere können im Sanierungsgebiet nicht erhoben werden, wobei allerdings die bereits vor Sanierungsbeginn bestehenden Pflichten unberührt bleiben. Entfällt durch die Sanierung der Erschließungsvorteil, so entsteht für noch nicht gezahlte Beiträge ein Vollstreckungshindernis. Sind solche Beiträge bereits gezahlt worden, entsteht ein Entschädigungsanspruch nach § 39 Satz 2.

1

Abs 2 eröffnet die Möglichkeit einer Nacherhebung von Ausgleichsbeträgen, wenn auf Grund einer Überleitung der Umlegung in das Sanierungsverfahren die Werterhöhung nicht abgeschöpft wurde. Eine solche Nacherhebung kann auch iR von Abs 3 erfolgen.

2

§ 156a Kosten und Finanzierung der Sanierungsmaßnahme

(1) Ergibt sich nach der Durchführung der städtebaulichen Sanierungsmaßnahme und der Übertragung eines Treuhandvermögens des Sanierungsträgers auf die Gemeinde bei ihr ein Überschuss der bei der Vorbereitung und Durchführung der städtebaulichen Sanierungsmaßnahme erzielten Einnahmen über die hierfür getätigten Ausgaben, so ist dieser Überschuss auf die Eigentümer der im Sanierungsgebiet gelegenen Grundstücke zu verteilen. Maßgebend sind die Eigentumsverhältnisse bei der Bekanntmachung des Beschlusses über die förmliche Festlegung des Sanierungsgebiets. Ist nach diesem Zeitpunkt das Eigentum gegen Entgelt übertragen worden, so steht der auf das Grundstück entfallende Anteil dem früheren Eigentümer und dem

Eigentümer, der zu einem Ausgleichsbetrag nach § 154 herangezogen worden ist, je zur Hälfte zu.
(2) Die auf die einzelnen Grundstücke entfallenden Anteile des Überschusses sind nach dem Verhältnis der Anfangswerte der Grundstücke im Sinne des § 154 Abs. 2 zu bestimmen.
(3) Die Gemeinde hat bei der Errechnung des Überschusses Zuschüsse abzuziehen, die ihr oder Eigentümern aus Mitteln eines anderen öffentlichen Haushalts zur Deckung von Kosten der Vorbereitung oder Durchführung der Sanierungsmaßnahme gewährt worden sind. Im Übrigen bestimmt sich das Verfahren zur Verteilung des Überschusses nach landesrechtlichen Regelungen.

1 Da das Gesetz nur die Finanzierung der Sanierung sicherstellt, nicht aber eine Gewinnerzielungsmöglichkeit für die Gemeinden schaffen will, schreibt Abs 1 der Norm vor, dass ein etwa erzielter Überschuss nach der Durchführung der städtebaulichen Sanierungsmaßnahme an die Eigentümer der im Sanierungsgebiet gelegenen Grundstücke zu verteilen ist. Dabei darf kein Ausgleich zwischen verschiedenen Sanierungsgebieten der Gemeinde vorgenommen werden, sondern ist auf das konkrete Gebiet abzustellen. Maßgebend für die Bestimmung der Eigentümer, an die entsprechende Zahlungen erfolgen müssen, ist die Bekanntmachung des Beschlusses über die förmliche Festlegung des Sanierungsgebiets, wobei Satz 3 den Fall der Eigentumsübertragung während der laufenden Sanierung regelt.

2 Abs 2 verweist zur Verteilung des Überschusses auf das Verhältnis der Anfangswerte der Grundstücke nach § 154 Abs 2, so dass eine dort vorgenommene Wertermittlung doppelte Bedeutung erhält.

3 Demgegenüber stellt Abs 3 klar, dass bei der Überschussberechnung solche Mittel abzuziehen sind, die aus anderen öffentlichen Haushalten in die Sanierung eingeflossen sind. Dabei spielt es keine Rolle, ob diese Mittel der Gemeinde oder dem Eigentümer gewährt worden sind.

Vierter Abschnitt
Sanierungsträger und andere Beauftragte

§ 157 Erfüllung von Aufgaben für die Gemeinde

(1) Die Gemeinde kann sich zur Erfüllung von Aufgaben, die ihr bei der Vorbereitung oder Durchführung der Sanierung obliegen, eines geeigneten Beauftragten bedienen. Sie darf jedoch die Aufgabe,
1. **städtebauliche Sanierungsmaßnahmen durchzuführen, die der Gemeinde nach den §§ 146 bis 148 obliegen,**
2. **Grundstücke oder Rechte an ihnen zur Vorbereitung oder Durchführung der Sanierung im Auftrag der Gemeinde zu erwerben,**
3. **der Sanierung dienende Mittel zu bewirtschaften,**

nur einem Unternehmen (Sanierungsträger) übertragen, das die Voraussetzungen für die Übernahme der Aufgaben als Sanierungsträger nach § 158 erfüllt.

(2) Die Gemeinde soll die Ausarbeitung der Bauleitpläne und die Aufgaben eines für eigene Rechnung tätigen Sanierungsträgers nicht demselben Unternehmen oder einem rechtlich oder wirtschaftlich von ihm abhängigen Unternehmen übertragen.

Die Gemeinde kann sich zur Erfüllung von Aufgaben, die ihr bei der Vorbereitung oder Durchführung der Sanierung obliegen, nach pflichtgemäßem Ermessen eines geeigneten **Beauftragten**, also einer Person, die über einschlägige Fachkenntnisse verfügt oder vergleichbare Aufgaben bereits ordnungsgemäß erfüllt hat, bedienen. Die Beauftragung erfolgt durch den Abschluss eines Vertrages zwischen der Gemeinde und dem Beauftragten. Es handelt sich dabei um eine Art Geschäftsbesorgungsverhältnis (§ 675 BGB); der Vertrag ist aber insgesamt dem öffentlichen Recht zuzuordnen (BGHZ 92, 164 = NJW 1985, 1178 = UPR 1985, 288). Gleichwohl bleibt die Sanierung eine gemeindliche Aufgabe und können keine hoheitlichen Befugnisse übertragen werden; insbesondere sind die notwendigen Beschlüsse weiterhin von den zuständigen Gemeindeorganen zu fassen. 1

Bestimmte Aufgaben, die in § 157 Abs 1 Satz 2 abschließend aufgezählt sind, können jedoch nur einem Beauftragten übertragen werden, der die Bestätigung als Sanierungsträger erhalten hat (§ 158); durch das EAG Bau ist die Vorschrift um eine Legaldefinition des Begriffs des Sanierungsträgers ergänzt worden. Die Regelung trägt der Tatsache Rechnung, dass es sich bei der Vorbereitung und Durchführung einer städtebaulichen Sanierungsmaßnahme um eine ausgesprochen komplexe und schwierige Aufgabe handelt. 2

Abs 2 der Vorschrift soll allzu starke wirtschaftliche Verflechtungen und Abhängigkeiten verhindern helfen, ist aber auf die konkret genannten Tatbestände begrenzt. 3

§ 158 Voraussetzungen für die Beauftragung als Sanierungsträger

Dem Unternehmen können die Aufgaben als Sanierungsträger nur übertragen werden, wenn
1. **das Unternehmen nicht selbst als Bauunternehmen tätig oder von einem Bauunternehmen abhängig ist,**
2. **das Unternehmen nach seiner Geschäftstätigkeit und seinen wirtschaftlichen Verhältnissen geeignet und in der Lage ist, die Aufgaben eines Sanierungsträgers ordnungsgemäß zu erfüllen,**
3. **das Unternehmen, sofern es nicht bereits kraft Gesetzes einer jährlichen Prüfung seiner Geschäftstätigkeit und seiner wirtschaftlichen Verhältnisse unterliegt, sich einer derartigen Prüfung unterworfen hat oder unterwirft,**
4. **die zur Vertretung berufenen Personen sowie die leitenden Angestellten die erforderliche geschäftliche Zuverlässigkeit besitzen.**

Die Vorschrift knüpft an § 157 Abs 1 an, nach der bestimmte Aufgaben nur einem bestätigten **Sanierungsträger** übertragen werden. Eine solche Bestätigung kann nur erteilt werden, wenn das Unternehmen zur Übernahme solcher Tätigkeiten 1

nach seinen wirtschaftlichen Verhältnissen geeignet ist, wenn es sich einer sachgerechten Prüfung unterzieht, die Geschäftsführer bzw leitenden Angestellten des Unternehmens die erforderliche geschäftliche Zuverlässigkeit haben und wenn das Unternehmen nicht selbst als Bauunternehmer tätig ist, bzw von einem Bauunternehmer abhängig ist. Durch Abs 1 Nr 3 wird dauerhaft sichergestellt, dass die notwendigen Eigenschaften des Sanierungsträgers erhalten bleiben.

2 Korrespondierend hierzu eröffnet Abs 2 die Möglichkeit, die Bestätigung zu widerrufen, wenn die Voraussetzungen des Abs 1 nicht mehr vorliegen.

3 Die Bestätigung wird durch die nach Landesrecht hierfür zuständige Behörde ausgesprochen. Sie ersetzt nicht Zulassungen, die nach anderen Vorschriften erforderlich sind.

§ 159 Erfüllung der Aufgaben als Sanierungsträger

(1) Der Sanierungsträger erfüllt die ihm von der Gemeinde übertragenen Aufgaben nach § 157 Abs. 1 Satz 2 Nr. 1 oder 2 im eigenen Namen für Rechnung der Gemeinde als deren Treuhänder oder im eigenen Namen für eigene Rechnung. Die ihm von der Gemeinde übertragene Aufgabe nach § 157 Abs. 1 Satz 2 Nr. 3 erfüllt er im eigenen Namen für Rechnung der Gemeinde als deren Treuhänder. Der Sanierungsträger hat der Gemeinde auf Verlangen Auskunft zu erteilen.

(2) Die Gemeinde und der Sanierungsträger legen mindestens die Aufgaben, die Rechtsstellung, in der sie der Sanierungsträger zu erfüllen hat, eine von der Gemeinde hierfür zu entrichtende angemessene Vergütung und die Befugnis der Gemeinde zur Erteilung von Weisungen durch schriftlichen Vertrag fest. Der Vertrag bedarf nicht der Form des § 311 b Abs. 1 des Bürgerlichen Gesetzbuchs. Er kann von jeder Seite nur aus wichtigem Grund gekündigt werden.

(3) Der Sanierungsträger ist verpflichtet, die Grundstücke, die er nach Übertragung der Aufgabe zur Vorbereitung oder Durchführung der Sanierung erworben hat, nach Maßgabe des § 89 Abs. 3 und 4 und unter Beachtung der Weisungen der Gemeinde zu veräußern. Er hat die Grundstücke, die er nicht veräußert hat, der Gemeinde anzugeben und auf ihr Verlangen an Dritte oder an sie zu veräußern.

(4) Ist in dem von dem Erwerber an den Sanierungsträger entrichteten Kaufpreis ein Betrag enthalten, der nach den §§ 154 und 155 vom Eigentümer zu tragen wäre, hat der Sanierungsträger diesen Betrag an die Gemeinde abzuführen oder mit ihr zu verrechnen. In den Fällen des § 153 Abs. 4 Satz 2 hat der Sanierungsträger Ansprüche aus dem Darlehen auf Verlangen entweder an die Gemeinde abzutreten und empfangene Zinsen und Tilgungen an sie abzuführen oder sie mit ihr zu verrechnen.

(5) Der Sanierungsträger hat für die Grundstücke, deren Eigentümer er bleibt, an die Gemeinde Ausgleichsbeträge nach Maßgabe der §§ 154 und 155 zu entrichten.

(6) Kündigt die Gemeinde im Falle der Eröffnung des Insolvenzverfahrens über das Vermögen des für eigene Rechnung tätigen Sanierungsträgers den

mit diesem geschlossenen Vertrag, kann sie vom Insolvenzverwalter verlangen, ihr die im förmlich festgelegten Sanierungsgebiet gelegenen Grundstücke, die der Sanierungsträger nach Übertragung der Aufgaben zur Vorbereitung oder Durchführung der Sanierung erworben hat, gegen Erstattung der vom Sanierungsträger erbrachten Aufwendungen zu übereignen. Der Insolvenzverwalter ist verpflichtet, der Gemeinde ein Verzeichnis dieser Grundstücke zu übergeben. Die Gemeinde kann ihren Anspruch nur binnen sechs Monaten nach Übergabe des Grundstücksverzeichnisses geltend machen. Im Übrigen haftet die Gemeinde den Gläubigern von Verbindlichkeiten aus der Durchführung der Ordnungsmaßnahmen wie ein Bürge, soweit sie aus dem Vermögen des Sanierungsträgers im Insolvenzverfahren keine vollständige Befriedigung erlangt haben.

Seine Aufgabe erfüllt der Sanierungsträger entweder im eigenen Namen für Rechnung der Gemeinde als deren **Treuhänder** oder im eigenen Namen für eigene Rechnung als Sanierungsunternehmer, andere Gestaltungsmöglichkeiten bestehen nicht. Darüber hinaus sind die Einschränkungen des § 157 zu beachten. 1

Abs 2 normiert ein Schriftformerfordernis, um eine möglich große Transparenz zu gewährleisten und Klarheit für später auftretende Fragen zu schaffen. Es handelt sich um einen öffentlich-rechtlichen Vertrag, der keiner notariellen Beurkundung bedarf. Sein notwendiger (Mindest-)Inhalt ergibt sich direkt aus dem Gesetz. Er endet mit der Erfüllung der vereinbarten Pflichten und erlischt mit der Konkurseröffnung über das Vermögen des Sanierungsträgers. Eine Kündigungsmöglichkeit besteht nur bei einem wichtigen Grund. 2

Um die **Neutralität** des Sanierungsträgers zu gewährleisten, ist dieser verpflichtet, die Grundstücke, die er nach der Übertragung der Aufgabe zur Vorbereitung oder Durchführung der Sanierung erworben hat, später unter Beachtung der Weisungen der Gemeinde zu veräußern (Abs 3). Dabei ist § 89 Abs 3 zu beachten. 3

Verbleibt bei dem Sanierungsträger nach Beendigung der Sanierung ein Überschuss, hat er diesen an die Gemeinde abzuführen. Bleibt er ausnahmsweise Eigentümer eines Grundstücks, trifft ihn auch die Pflicht zur Zahlung eines sanierungsrechtlichen Ausgleichsbetrages. 4

§ 160 Treuhandvermögen

(1) Ist dem Sanierungsträger eine Aufgabe als Treuhänder der Gemeinde übertragen, erfüllt er sie mit einem Treuhandvermögen in eigenem Namen für Rechnung der Gemeinde. Der Sanierungsträger erhält von der Gemeinde für den Rechtsverkehr eine Bescheinigung über die Übertragung der Aufgabe als Treuhänder. Er soll bei Erfüllung der Aufgabe seinem Namen einen das Treuhandverhältnis kennzeichnenden Zusatz hinzufügen.

(2) Der als Treuhänder tätige Sanierungsträger hat das in Erfüllung der Aufgabe gebildete Treuhandvermögen getrennt von anderem Vermögen zu verwalten.

(3) Zum Treuhandvermögen gehören die Mittel, die die Gemeinde dem Sanierungsträger zur Erfüllung der Aufgabe zur Verfügung stellt. Zum Treu-

handvermögen gehört auch, was der Sanierungsträger mit Mitteln des Treuhandvermögens oder durch ein Rechtsgeschäft, das sich auf das Treuhandvermögen bezieht, oder auf Grund eines zum Treuhandvermögen gehörenden Rechts oder als Ersatz für die Zerstörung, Beschädigung oder Entziehung eines zum Treuhandvermögen gehörenden Gegenstands erwirbt.

(4) Die Gemeinde gewährleistet die Erfüllung der Verbindlichkeiten, für die der Sanierungsträger mit dem Treuhandvermögen haftet. Mittel, die der Sanierungsträger darlehensweise von einem Dritten erhält, gehören nur dann zum Treuhandvermögen, wenn die Gemeinde der Darlehensaufnahme schriftlich zugestimmt hat. Das Gleiche gilt für eigene Mittel, die der Sanierungsträger einbringt.

(5) Grundstücke im förmlich festgelegten Sanierungsgebiet, die der Sanierungsträger vor oder nach Übertragung der Aufgabe mit Mitteln, die nicht zum Treuhandvermögen gehören, oder unter Hergabe von eigenem Austauschland erworben hat, hat er auf Verlangen der Gemeinde gegen Ersatz seiner Aufwendungen in das Treuhandvermögen zu überführen. Dabei sind als Grundstückswerte die Werte zu berücksichtigen, die sich in Anwendung des § 153 Abs. 1 ergeben.

(6) Der als Treuhänder tätige Sanierungsträger hat der Gemeinde nach Beendigung seiner Tätigkeit Rechenschaft abzulegen. Er hat nach Beendigung seiner Tätigkeit das Treuhandvermögen einschließlich der Grundstücke, die er nicht veräußert hat, auf die Gemeinde zu übertragen. Von der Übertragung an haftet die Gemeinde anstelle des Sanierungsträgers für die noch bestehenden Verbindlichkeiten, für die dieser mit dem Treuhandvermögen gehaftet hat.

(7) Der Sanierungsträger darf vor der Übertragung nach Absatz 6 die Grundstücke des Treuhandvermögens, die er unter Hergabe von entsprechendem nicht zum Treuhandvermögen gehörendem eigenem Austauschland oder mindestens zwei Jahre, bevor ihm die Gemeinde einen mit der Sanierung zusammenhängenden Auftrag erteilt hat, erworben und in das Treuhandvermögen überführt hat, in sein eigenes Vermögen zurücküberführen. Sind die von ihm in das Treuhandvermögen überführten Grundstücke veräußert oder im Rahmen der Ordnungsmaßnahmen zur Bildung neuer Grundstücke verwendet oder sind ihre Grenzen verändert worden, kann der Sanierungsträger andere Grundstücke, die wertmäßig seinen in das Treuhandvermögen überführten Grundstücken entsprechen, in sein eigenes Vermögen zurücküberführen; er bedarf hierzu der Genehmigung der Gemeinde. Er hat dem Treuhandvermögen den Verkehrswert der Grundstücke zu erstatten, der sich durch die rechtliche und tatsächliche Neuordnung des förmlich festgelegten Sanierungsgebiets ergibt.

1 Ist der Sanierungsträger nicht im eigenen Namen für eigene Rechnung tätig, sondern als **Treuhänder** der Gemeinde, so gelten für das Treuhandvermögen besondere Vorschriften. Die Vorschrift soll sicherstellen, dass das Treuhandverhältnis nach außen erkennbar ist. Dazu dienen die Treuhandbescheinigung und der Namenszusatz bei Erfüllung von Treuhandaufgaben.

Der als Treuhänder tätige Sanierungsträger hat das Treuhandvermögen nach Abs 2 getrennt von anderen Vermögen zu verwalten. Abs 3 klärt, was im Einzelnen zum Treuhandvermögen zu rechnen ist. Die Gemeinde gewährleistet nach Abs 4 die Erfüllung der Verbindlichkeiten, für die der Sanierungsträger mit dem Treuhandvermögen haftet. Diese Haftung setzt sich nach Abs 6 als direkte Haftung der Gemeinde fort, wenn die Sanierung beendet ist.

§ 161 Sicherung des Treuhandvermögens

(1) Der Sanierungsträger haftet Dritten mit dem Treuhandvermögen nicht für Verbindlichkeiten, die sich nicht auf das Treuhandvermögen beziehen.
(2) Wird in das Treuhandvermögen wegen einer Verbindlichkeit, für die der Sanierungsträger nicht mit dem Treuhandvermögen haftet, die Zwangsvollstreckung betrieben, kann die Gemeinde auf Grund des Treuhandverhältnisses gegen die Zwangsvollstreckung nach Maßgabe des § 771 der Zivilprozessordnung Widerspruch, der Sanierungsträger unter entsprechender Anwendung des § 767 Abs. 1 der Zivilprozessordnung Einwendungen geltend machen.
(3) Im Falle der Eröffnung des Insolvenzverfahrens über das Vermögen des Sanierungsträgers gehört das Treuhandvermögen nicht zur Insolvenzmasse. Kündigt die Gemeinde das Treuhandverhältnis, so hat der Insolvenzverwalter das Treuhandvermögen auf die Gemeinde zu übertragen und bis zur Übertragung zu verwalten. Von der Übertragung an haftet die Gemeinde anstelle des Sanierungsträgers für die Verbindlichkeiten, für die dieser mit dem Treuhandvermögen gehaftet hat. Die mit der Eröffnung des Insolvenzverfahrens verbundenen Rechtsfolgen treten hinsichtlich der Verbindlichkeiten nicht ein. § 418 des Bürgerlichen Gesetzbuchs ist nicht anzuwenden.

Die Regelung schützt das Treuhandvermögen, indem sie eine **Haftung** für solche Verbindlichkeiten ausschließt, die sich nicht auf das Treuhandvermögen beziehen. Für solche Verbindlichkeiten haftet ausschließlich das sonstige Vermögen des Treuhänders. Dieser Schutz gilt auch für das Verfahren der Zwangsvollstreckung, hierzu gewährt Abs 2 der Vorschrift der Gemeinde ein Widerspruchsrecht. Mit der Eröffnung des Konkursverfahrens über das Vermögen des Treuhänders erlischt das Treuhandverhältnis, das Treuhandvermögen fällt aber nicht in die Konkursmasse. Dieses ist vielmehr der Gemeinde zu übertragen, die ab dem Zeitpunkt der Übertragung auch für die noch bestehenden Treuhandverbindlichkeiten haftet.

Fünfter Abschnitt
Abschluss der Sanierung

§ 162 Aufhebung der Sanierungssatzung

(1) Die Sanierungssatzung ist aufzuheben, wenn
1. die Sanierung durchgeführt ist oder
2. die Sanierung sich als undurchführbar erweist oder
3. die Sanierungsabsicht aus anderen Gründen aufgegeben wird.

Sind diese Voraussetzungen nur für einen Teil des förmlich festgelegten Sanierungsgebiets gegeben, ist die Satzung für diesen Teil aufzuheben.

(2) Der Beschluss der Gemeinde, durch den die förmliche Festlegung des Sanierungsgebiets ganz oder teilweise aufgehoben wird, ergeht als Satzung. Die Satzung ist ortsüblich bekannt zu machen. Die Gemeinde kann auch ortsüblich bekannt machen, dass eine Satzung zur Aufhebung der förmlichen Festlegung des Sanierungsgebiets beschlossen worden ist; § 10 Abs. 3 Satz 2 bis 5 ist entsprechend anzuwenden. Mit der Bekanntmachung wird die Satzung rechtsverbindlich.

(3) Die Gemeinde ersucht das Grundbuchamt, die Sanierungsvermerke zu löschen.

1 Ist die Sanierung durchgeführt oder erweist sich die Sanierung als nicht mehr durchführbar bzw wird die Sanierungsabsicht aufgegeben, so ist die Satzung, mit der das Gebiet förmlich festgelegt wurde, aufzuheben. Es handelt sich hierbei wegen der eigentumsbeschränkenden Wirkung der Sanierungsvorschriften um eine zwingende Vorschrift. Ob die Sanierung durchgeführt ist, muss anhand der §§ 146 (Durchführung der Sanierung) und § 140 Nr 3 (Sanierungsziele) bestimmt werden. Die **Undurchführbarkeit** ist nach den objektiven Gegebenheiten zu ermitteln, sie kann sich auch auf die Zügigkeit der Abwicklung beziehen (BVerwG NVwZ 2003, 1389). Es besteht die Möglichkeit, nur für einen Teil des Sanierungsgebiets die Aufhebung zu beschließen.

2 Weder der Zeitablauf noch eine unzureichend zügige Förderung der Sanierung haben zur Folge, dass die zu Grunde liegende Sanierungssatzung automatisch außer Kraft tritt (BVerwG Buchholz 406.15 § 50 StBauFG Nr 1 = BRS 33 Nr 198 = BauR 1979, 139). Allerdings kann eine zögerliche Betreibung der Sanierung iR des § 145 von Bedeutung sein und sogar dazu führen, dass die beantragte Genehmigung nicht versagt werden darf (OVG Münster BRS 36 Nr 228). In der nicht zügig durchgeführten Sanierung liegt zwar keine Enteignung, wohl aber ein rechtswidriger Eingriff in das grundrechtlich geschützte Eigentum (BVerwGE 94, 1 = DVBl 1993, 1141 = ZfBR 1994, 34).

3 Der Beschluss der Gemeinde, mit dem die Sanierungssatzung aufgehoben wird, ergeht nach § 162 Abs 2 als Satzung und ist ortsüblich bekannt zu machen, dh entsprechend dem Durchführungsbeschluss nach § 142. Eine Anzeigepflicht besteht nicht mehr, auch eine Begründung und eine Beteiligung der Betroffenen sind nicht erforderlich.

4 Nach Abs 3 löscht das Grundbuchamt auf Ersuchen der Gemeinde die Sanierungsvermerke. Die weitere „Abwicklung" der Sanierung obliegt der Gemeinde selbst.

§ 163 Fortfall von Rechtswirkungen für einzelne Grundstücke

(1) Die Gemeinde kann die Sanierung für ein Grundstück als abgeschlossen erklären, wenn entsprechend den Zielen und Zwecken der Sanierung
1. das Grundstück bebaut ist oder in sonstiger Weise genutzt wird oder
2. das Gebäude modernisiert oder instand gesetzt ist.

Auf Antrag des Eigentümers hat die Gemeinde die Sanierung für das Grundstück als abgeschlossen zu erklären.

(2) Die Gemeinde kann bereits vor dem in Absatz 1 bezeichneten Zeitpunkt die Durchführung der Sanierung für einzelne Grundstücke durch Bescheid an die Eigentümer für abgeschlossen erklären, wenn die den Zielen und Zwecken der Sanierung entsprechende Bebauung oder sonstige Nutzung oder die Modernisierung oder Instandsetzung auch ohne Gefährdung der Ziele und Zwecke der Sanierung zu einem späteren Zeitpunkt möglich ist. Ein Rechtsanspruch auf Abgabe der Erklärung besteht in diesem Falle nicht.

(3) Mit der Erklärung entfällt die Anwendung der §§ 144, 145 und 153 für dieses Grundstück. Die Gemeinde ersucht das Grundbuchamt, den Sanierungsvermerk zu löschen.

Bereits vor Aufhebung der Satzung kann für einzelne Grundstücke von der Gemeinde erklärt werden, dass die Sanierung beendet ist. Dies hat die Folge, dass die im Gesetz enthaltenen Beschränkungen für diese Grundstücke entfallen. Eine solche Herausnahme erfolgt durch Verwaltungsakt, ihre Notwendigkeit kann sich aus der Pflicht zur zügigen Durchführung der Sanierung ergeben.

Die Abschlusserklärung nach Abs 1 setzt voraus, dass bzgl des Grundstücks die Sanierung tatsächlich abgeschlossen ist. In diesem Fall hat der Grundstückseigentümer einen Anspruch auf die Erklärung, die Entscheidung kann auch ohne Antrag von Amts wegen ergehen.

Abs 2 verlegt den Zeitpunkt für die Abschlusserklärung noch weiter nach vorne, wenn die Sanierung bzgl des Grundstücks auch zu einem späteren Zeitpunkt durchgeführt werden kann, ohne dass die Ziele der Sanierung gefährdet werden. Ein Rechtsanspruch wird jedoch nach Satz 2 ausgeschlossen. Hier spielen die Sanierungsziele der Gemeinde die entscheidende Rolle.

Die Rechtswirkungen der Abschlusserklärung ergeben sich aus Abs 3 der Vorschrift. Trotz ihrer Wirkungen verbleibt das Grundstück aber formell im Sanierungsgebiet. Mit der Entlassung aus der Sanierung ist der Ausgleichsbetrag nach § 154 fällig und die Förderungsfähigkeit entfällt, so dass die Abschlusserklärung häufig nicht im Interesse der Grundstückseigentümer liegt.

§ 164 Anspruch auf Rückübertragung

(1) Wird die Sanierungssatzung aus den in § 162 Abs. 1 Satz 1 Nr. 2 oder 3 bezeichneten Gründen aufgehoben, hat der frühere Eigentümer eines Grundstücks einen Anspruch gegenüber dem jeweiligen Eigentümer auf Rückübertragung dieses Grundstücks, wenn es die Gemeinde oder der Sanierungsträger von ihm nach der förmlichen Festlegung des Sanierungsgebiets zur Durchfüh-

rung der Sanierung freihändig oder nach den Vorschriften dieses Gesetzbuchs ohne Hergabe von entsprechendem Austauschland, Ersatzland oder Begründung von Rechten der in § 101 Abs. 1 Satz 1 Nr. 1 bezeichneten Art erworben hatte.

(2) Der Anspruch besteht nicht, wenn
1. das Grundstück als Baugrundstück für den Gemeinbedarf oder als Verkehrs-, Versorgungs- oder Grünfläche in einem Bebauungsplan festgesetzt ist oder für sonstige öffentliche Zwecke benötigt wird oder
2. der frühere Eigentümer selbst das Grundstück im Wege der Enteignung erworben hatte oder
3. der Eigentümer mit der zweckgerechten Verwendung des Grundstücks begonnen hat oder
4. das Grundstück auf Grund des § 89 oder des § 159 Abs. 3 an einen Dritten veräußert wurde oder
5. die Grundstücksgrenzen erheblich verändert worden sind.

(3) Die Rückübertragung kann nur binnen zwei Jahren seit der Aufhebung der Sanierungssatzung verlangt werden.

(4) Der frühere Eigentümer hat als Kaufpreis den Verkehrswert zu zahlen, den das Grundstück im Zeitpunkt der Rückübertragung hat.

(5) Ein Anspruch auf Rückenteignung nach § 102 bleibt unberührt. Die dem Eigentümer zu gewährende Entschädigung nach § 103 bemisst sich nach dem Verkehrswert des Grundstücks, der sich auf Grund des rechtlichen und tatsächlichen Zustands im Zeitpunkt der Aufhebung der förmlichen Festlegung ergibt.

1 Wird die Sanierung aufgehoben, weil sie sich als undurchführbar erweist oder weil die Sanierungsabsicht aufgegeben wurde, so haben die Eigentümer, die Grundstücke zum Zwecke der Sanierung weggegeben haben, einen Anspruch auf Rückübertragung dieser Grundstücke. Hebt die Gemeinde bei undurchführbarer oder aufgegebener Sanierungsabsicht die Sanierungssatzung nicht auf, kann sich ein Aufhebungsanspruch eines Betroffenen aus Art 14 GG ergeben (vgl zum Anspruch eines Bürgers auf Erlass einer ihn begünstigenden Rechtsnorm mit dem Rang unterhalb eines Gesetzes: BVerwGE 80, 356 = DVBl 1989, 562 = DÖV 1989, 449).

2 Nach Abs 1 kann der frühere Eigentümer die Rückübertragung verlangen, wenn die Sanierungssatzung aus den Gründen des § 162 Abs 1 Satz 1 Nr 2 oder 3 aufgehoben wird. Erforderlich ist dafür, dass das Grundstück gegen eine Geldzahlung, nicht aber gegen Austauschland, Ersatzland oder Begründung eines Rechts nach § 101 Abs 1 Satz 1 Nr 1 zum Zwecke der Sanierung von der Gemeinde bzw ihrem Sanierungsträger erworben worden war. Der Anspruch richtet sich direkt gegen den jeweiligen Eigentümer.

3 Abs 2 regelt im Einzelnen die Ausnahmen von diesem Rückübertragungsanspruch. Wegen der eigentumsrechtlichen Bedeutung der Vorschrift dürfte eine Erweiterung der dort genannten Tatbestände nicht zulässig sein.
Die Abs 3–5 regeln Form- und Abwicklungseinzelheiten.

Sechster Abschnitt
Städtebauförderung

§ 164a Einsatz von Städtebauförderungsmitteln

(1) Zur Deckung der Kosten der einheitlichen Vorbereitung und zügigen Durchführung der städtebaulichen Sanierungsmaßnahme als Einheit (Gesamtmaßnahme) werden Finanzierungs- und Förderungsmittel (Städtebauförderungsmittel) eingesetzt. Für Maßnahmen im Zusammenhang mit der Sanierung, deren Finanzierung oder Förderung auf anderer gesetzlicher Grundlage beruht, sollen die in den jeweiligen Haushaltsgesetzen zur Verfügung gestellten Finanzierungs- oder Förderungsmittel so eingesetzt werden, dass die Maßnahmen im Rahmen der Sanierung durchgeführt werden können.

(2) Städtebauförderungsmittel können eingesetzt werden für
1. die Vorbereitung von Sanierungsmaßnahmen (§ 140),
2. die Durchführung von Ordnungsmaßnahmen nach § 147 einschließlich Entschädigungen, soweit durch sie kein bleibender Gegenwert erlangt wird; zu den Kosten der Ordnungsmaßnahmen gehören nicht die persönlichen oder sachlichen Kosten der Gemeindeverwaltung,
3. die Durchführung von Baumaßnahmen nach § 148,
4. die Gewährung einer angemessenen Vergütung von nach Maßgabe dieses Gesetzes beauftragten Dritten,
5. die Verwirklichung des Sozialplans nach § 180 sowie die Gewährung eines Härteausgleichs nach § 181.

(3) Städtebauförderungsmittel können für Modernisierungs- und Instandsetzungsmaßnahmen im Sinne des § 177 eingesetzt werden. Soweit nichts anderes vereinbart ist, gilt dies auch für entsprechende Maßnahmen, zu deren Durchführung sich der Eigentümer gegenüber der Gemeinde vertraglich verpflichtet hat, sowie für darüber hinausgehende Maßnahmen, die der Erhaltung, Erneuerung und funktionsgerechten Verwendung eines Gebäudes dienen, das wegen seiner geschichtlichen, künstlerischen oder städtebaulichen Bedeutung erhalten bleiben soll.

Durch das BauROG 1998 wurde der sechste Abschnitt „Städtebauförderung" mit den §§ 164a (Einsatz von Städtebauförderungsmitteln) und § 164b (Verwaltungsvereinbarung) eingefügt. Zusammen mit § 156a (Kosten und Finanzierung der Sanierungsmaßnahmen) und § 149 Abs 6 (Aufgaben der höheren Verwaltungsbehörde) übernehmen sie den Regelungsgehalt der zuvor geltenden Vorschriften des Städtebauförderungsgesetzes, die seit dem 01.01.1998 entfallen sind. 1

Abs 1 der Vorschrift regelt allgemein den Einsatz von Städtebauförderungsmitteln und definiert diesen Begriff. Sie verpflichtet nicht zur Bereitstellung von solchen Finanzierungsmitteln, sondern setzt diese voraus und beschreibt allgemein ihren Verwendungszweck. Die Norm bezieht sich auf die Sanierung als Gesamtmaßnahme, nicht aber auf einzelne Sanierungsschritte oder Einzelmaßnahmen. 2

3 Abs 2 konkretisiert diesen Einsatzbereich, während Abs 3 ihn erweitert, indem auch Modernisierungs- und Instandsetzungsmaßnahmen iSd § 177 einbezogen werden.

§ 164b Verwaltungsvereinbarung

(1) Der Bund kann zur Förderung städtebaulicher Sanierungsmaßnahmen nach Artikel 104a Abs. 4 des Grundgesetzes den Ländern nach Maßgabe des jeweiligen Haushaltsgesetzes Finanzhilfen für Investitionen der Gemeinden und Gemeindeverbände nach einem in gleicher Weise geltenden, allgemeinen und sachgerechten Maßstab gewähren. Der Maßstab und das Nähere für den Einsatz der Finanzhilfen werden durch Verwaltungsvereinbarung zwischen Bund und Ländern festgelegt.
(2) Schwerpunkt für den Einsatz solcher Finanzhilfen sind
1. die Stärkung von Innenstädten und Ortsteilzentren in ihrer städtebaulichen Funktion unter besonderer Berücksichtigung des Wohnungsbaus sowie der Belange des Denkmalschutzes und der Denkmalpflege,
2. die Wiedernutzung von Flächen, insbesondere der in Innenstädten brachliegenden Industrie-, Konversions- oder Eisenbahnflächen, zur Errichtung von Wohn- und Arbeitsstätten, Gemeinbedarfs- und Folgeeinrichtungen unter Berücksichtigung ihrer funktional sinnvollen Zuordnung (Nutzungsmischung) sowie von umweltschonenden, kosten- und flächensparenden Bauweisen,
3. städtebauliche Maßnahmen zur Behebung sozialer Missstände.

4 Die Vorschrift knüpft an Art 104a Abs 4 GG an, wonach der Bund den Ländern Finanzhilfen für besonders bedeutsame Investitionen der Länder und Kommunen gewähren kann, wenn diese zur Abwehr einer Störung des gesamtwirtschaftlichen Gleichgewichts oder zum Ausgleich unterschiedlicher Wirtschaftskraft oder zur Förderung des wirtschaftlichen Wachstums notwendig sind. § 164b ist als „nähere Bestimmung" iSd Verfassungsvorschrift anzusehen, verweist aber seinerseits auf Verwaltungsvereinbarungen zwischen dem Bund und den Ländern. Konkreter wird Abs 2 der Vorschrift, wo die Schwerpunkte für den Einsatz der Finanzhilfen im Einzelnen genannt sind. Allerdings folgt auch aus dem Begriff des Schwerpunkts eine gewisse Ungenauigkeit.

Zweiter Teil
Städtebauliche Entwicklungsmaßnahmen

§ 165 Städtebauliche Entwicklungsmaßnahmen

(1) Städtebauliche Entwicklungsmaßnahmen in Stadt und Land, deren einheitliche Vorbereitung und zügige Durchführung im öffentlichen Interesse liegen, werden nach den Vorschriften dieses Teils vorbereitet und durchgeführt.

(2) Mit städtebaulichen Entwicklungsmaßnahmen nach Absatz 1 sollen Ortsteile und andere Teile des Gemeindegebiets entsprechend ihrer besonderen Bedeutung für die städtebauliche Entwicklung und Ordnung der Gemeinde oder entsprechend der angestrebten Entwicklung des Landesgebiets oder der Region erstmalig entwickelt oder im Rahmen einer städtebaulichen Neuordnung einer neuen Entwicklung zugeführt werden.

(3) Die Gemeinde kann einen Bereich, in dem eine städtebauliche Entwicklungsmaßnahme durchgeführt werden soll, durch Beschluss förmlich als städtebaulichen Entwicklungsbereich festlegen, wenn

1. die Maßnahme den Zielen und Zwecken nach Absatz 2 entspricht,
2. das Wohl der Allgemeinheit die Durchführung der städtebaulichen Entwicklungsmaßnahme erfordert, insbesondere zur Deckung eines erhöhten Bedarfs an Wohn- und Arbeitsstätten, zur Errichtung von Gemeinbedarfs- und Folgeeinrichtungen oder zur Wiedernutzung brachliegender Flächen,
3. die mit der städtebaulichen Entwicklungsmaßnahme angestrebten Ziele und Zwecke durch städtebauliche Verträge nicht erreicht werden können oder Eigentümer der von der Maßnahme betroffenen Grundstücke unter entsprechender Berücksichtigung des § 166 Abs. 3 nicht bereit sind, ihre Grundstücke an die Gemeinde oder den von ihr beauftragten Entwicklungsträger zu dem Wert zu veräußern, der sich in Anwendung des § 169 Abs. 1 Nr. 6 und Abs. 4 ergibt,
4. die zügige Durchführung der Maßnahme innerhalb eines absehbaren Zeitraums gewährleistet ist.

Die öffentlichen und privaten Belange sind gegeneinander und untereinander gerecht abzuwägen.

(4) Die Gemeinde hat vor der förmlichen Festlegung des städtebaulichen Entwicklungsbereichs die vorbereitenden Untersuchungen durchzuführen oder zu veranlassen, die erforderlich sind, um Beurteilungsunterlagen über die Festlegungsvoraussetzungen nach Absatz 3 zu gewinnen. Die §§ 137 bis 141 sind entsprechend anzuwenden.

(5) Der städtebauliche Entwicklungsbereich ist so zu begrenzen, dass sich die Entwicklung zweckmäßig durchführen lässt. Einzelne Grundstücke, die von der Entwicklung nicht betroffen werden, können aus dem Bereich ganz oder teilweise ausgenommen werden. Grundstücke, die den in § 26 Nr. 2 und § 35 Abs. 1 Nr. 7 bezeichneten Zwecken dienen, die in § 26 Nr. 3 bezeichneten Grundstücke sowie Grundstücke, für die nach § 1 Abs. 2 des Landbeschaffungsgesetzes ein Anhörungsverfahren eingeleitet worden ist, und bundeseigene Grundstücke, bei denen die Absicht, sie für Zwecke der Landesverteidigung zu verwenden, der Gemeinde bekannt ist, dürfen nur mit Zustimmung des Bedarfsträgers in den städtebaulichen Entwicklungsbereich einbezogen werden. Der Bedarfsträger soll seine Zustimmung erteilen, wenn auch bei Berücksichtigung seiner Aufgaben ein überwiegendes öffentliches Interesse an der Durchführung der städtebaulichen Entwicklungsmaßnahme besteht.

(6) Die Gemeinde beschließt die förmliche Festlegung des städtebaulichen Entwicklungsbereichs als Satzung (Entwicklungssatzung). In der Entwicklungssatzung ist der städtebauliche Entwicklungsbereich zu bezeichnen.

§ 165 Zweites Kapitel. Zweiter Teil.

(7) Der Entwicklungssatzung ist eine Begründung beizufügen. In der Begründung sind die Gründe darzulegen, die die förmliche Festlegung des entwicklungsbedürftigen Bereichs rechtfertigen.
(8) Der Beschluss der Entwicklungssatzung ist ortsüblich bekannt zu machen. § 10 Abs. 3 Satz 2 bis 5 ist entsprechend anzuwenden. In der Bekanntmachung nach Satz 1 ist auf die Genehmigungspflicht nach den §§ 144, 145 und 153 Abs. 2 hinzuweisen. Mit der Bekanntmachung wird die Entwicklungssatzung rechtsverbindlich.
(9) Die Gemeinde teilt dem Grundbuchamt die rechtsverbindliche Entwicklungssatzung mit. Sie hat hierbei die von der Entwicklungssatzung betroffenen Grundstücke einzeln aufzuführen. Das Grundbuchamt hat in die Grundbücher dieser Grundstücke einzutragen, dass eine städtebauliche Entwicklungsmaßnahme durchgeführt wird (Entwicklungsvermerk). § 54 Abs. 2 Satz 1 und Abs. 3 ist entsprechend anzuwenden.

1 Entgegen der früheren Regelung enthält das BauGB keine Definition der Entwicklungsmaßnahmen mehr, denn das Gesetz geht davon aus, dass nur für die bei Inkrafttreten des BauGB eingeleiteten Verfahren Regelungen notwendig sind, sich im Übrigen aber später Entwicklungsmaßnahmen allein nach dem Instrumentarium für den normalen Städtebau richten.

2 Entwicklungsmaßnahmen müssen der **Strukturverbesserung** in den Verdichtungsräumen, der Verdichtung von Wohn- und Arbeitsstätten im Zuge von Entwicklungsachsen oder dem Ausbau von Entwicklungsschwerpunkten außerhalb der Verdichtungsräume, insbesondere in den hinter der allgemeinen Entwicklung zurückbleibenden Gebieten, dienen. Auch bei der städtebaulichen Entwicklungsmaßnahme handelt es sich wie bei der Sanierungsmaßnahme um eine **Gesamtmaßnahme**, die durch ein Geflecht städtebaulicher Einzelmaßnahmen darauf angelegt ist, ein bestimmtes Gebiet koordiniert zu entwickeln (BVerwG Buchholz 406.15 § 1 StBauFG Nr 1 = NVwZ 1986, 917 = BRS 46 Nr 216).

3 Abs 1 der Vorschrift bestimmt den sachlichen Anwendungsbereich des Entwicklungsrechts und definiert das Ziel der **einheitlichen Vorbereitung** und **zügigen Durchführung** städtebaulicher Entwicklungsmaßnahmen in Stadt und Land, die im öffentlichen Interesse liegen. Hiervon ist zB auszugehen, wenn der Trend zur Abwanderung in das Umland gestoppt werden soll (BVerwG v 17.12.2003 4 BN 54/03). Es handelt sich hierbei ebenso wie bei der Sanierung um eine städtebauliche Gesamtmaßnahme, so dass auch die insoweit entsprechenden Grundsätze gelten. Bzgl der Enteignung (§ 169 Abs 3) und Grunderwerbspflicht geht es aber weiter.

4 Die Ziele städtebaulicher Entwicklungsmaßnahmen werden in Abs 2 konkretisiert. Hiernach sollen durch entsprechende Maßnahmen Ortsteile und andere Teile des Gemeindegebiets entsprechend ihrer besonderen Bedeutung oder entsprechend der angestrebten Entwicklung erstmalig entwickelt oder iR einer städtebaulichen Neuordnung einer neuen Entwicklung zugeführt werden. Die Vorschrift enthält somit dynamische Elemente und kann zur strukturpolitischen Steuerung eingesetzt werden. Der Begriff der besonderen Bedeutung stellt deshalb den Bezug zu den lokalen Strukturen her.

Abs 3 sieht als Entscheidungsform der Gemeinde einen förmlichen **Beschluss** (Entwicklungssatzung) vor und normiert die materiell-rechtlichen Voraussetzungen für die Durchführung von städtebaulichen Entwicklungsmaßnahmen. Gleichzeitig enthält sie in Satz 2 ein **Abwägungsgebot**, bzgl dessen die üblichen Grundsätze gelten.

Die für die Durchführung einer städtebaulichen Entwicklungsmaßnahme notwendigen Vorbereitungsmaßnahmen finden sich in Abs 4, der auf die sanierungsrechtlichen Vorschriften verweist. Hiermit hat der Gesetzgeber im BauROG 1998 einem Bedürfnis der Praxis entsprochen.

Besondere Bedeutung hat Abs 6 der Vorschrift, der die Legaldefinition der **Entwicklungssatzung** enthält, die den Entwicklungsbereich förmlich festlegt und bezeichnet. Auch insoweit ist auf die Ausführungen zur Sanierungssatzung zu verweisen. Die Entwicklungssatzung bedarf keiner besonderen Begründung, allerdings ist dem Antrag auf Genehmigung durch die höhere Verwaltungsbehörde nach Abs 7 Satz 1 ein Bericht über die Gründe die die förmliche Festlegung des entwicklungsbedürftigen Bereichs rechtfertigen, beizufügen.

§ 166 Zuständigkeit und Aufgaben

(1) Die Entwicklungsmaßnahme wird von der Gemeinde vorbereitet und durchgeführt, sofern nicht nach Absatz 4 eine abweichende Regelung getroffen wird. Die Gemeinde hat für den städtebaulichen Entwicklungsbereich ohne Verzug Bebauungspläne aufzustellen und, soweit eine Aufgabe nicht nach sonstigen gesetzlichen Vorschriften einem anderen obliegt, alle erforderlichen Maßnahmen zu ergreifen, um die vorgesehene Entwicklung im städtebaulichen Entwicklungsbereich zu verwirklichen.

(2) Die Gemeinde hat die Voraussetzungen dafür zu schaffen, dass ein funktionsfähiger Bereich entsprechend der beabsichtigten städtebaulichen Entwicklung und Ordnung entsteht, der nach seinem wirtschaftlichen Gefüge und der Zusammensetzung seiner Bevölkerung den Zielen und Zwecken der städtebaulichen Entwicklungsmaßnahme entspricht und in dem eine ordnungsgemäße und zweckentsprechende Versorgung der Bevölkerung mit Gütern und Dienstleistungen sichergestellt ist.

(3) Die Gemeinde soll die Grundstücke im städtebaulichen Entwicklungsbereich erwerben. Dabei soll sie feststellen, ob und in welcher Rechtsform die bisherigen Eigentümer einen späteren Erwerb von Grundstücken oder Rechten im Rahmen des § 169 Abs. 6 anstreben.
Die Gemeinde soll von dem Erwerb eines Grundstücks absehen, wenn

1. bei einem baulich genutzten Grundstück die Art und das Maß der baulichen Nutzung bei der Durchführung der Entwicklungsmaßnahme nicht geändert werden sollen oder
2. der Eigentümer eines Grundstücks, dessen Verwendung nach den Zielen und Zwecken der städtebaulichen Entwicklungsmaßnahme bestimmt oder mit ausreichender Sicherheit bestimmbar ist, in der Lage ist, das Grundstück binnen angemessener Frist dementsprechend zu nutzen, und er sich hierzu verpflichtet.

§ 167 Zweites Kapitel. Zweiter Teil.

Erwirbt die Gemeinde ein Grundstück nicht, ist der Eigentümer verpflichtet, einen Ausgleichsbetrag an die Gemeinde zu entrichten, der der durch die Entwicklungsmaßnahme bedingten Erhöhung des Bodenwerts seines Grundstücks entspricht.
(4) Die Vorbereitung und Durchführung der Entwicklungsmaßnahme kann einem Planungsverband nach § 205 Abs. 4 übertragen werden.

1 Entwicklungsmaßnahmen werden nach § 166 von der Gemeinde vorbereitet und durchgeführt, sofern durch Rechtsverordnung keine andere Zuständigkeit begründet worden ist (Abs 4). Die Vorschrift macht nochmals deutlich, dass städtebauliche Entwicklungsmaßnahmen als Gesamtheit zu sehen sind und fordert die Gemeinde auf, unverzüglich einen Bebauungsplan aufzustellen, der diese Gesamtmaßnahme bauleitplanerisch begleitet. Von der Gesamtverantwortung der Gemeinde für die Vorbereitung und Durchführung der städtebaulichen Entwicklungsmaßnahme ist die Frage nach der Zuständigkeit zu unterscheiden, die sich aus den jeweils für die Maßnahmen geltenden Bestimmungen ergibt. Es bleibt auch bei der Nachrangigkeit gemeindlichen Handelns iSv § 148 Abs 1.

2 Abs 3 konkretisiert die gemeindlichen Pflichten, insbesondere die Grunderwerbspflicht und die Ausnahmen hiervon. Der Gesetzgeber war der Auffassung, dass nur dann, wenn die Gemeinde insgesamt Eigentümer aller Grundstücke ist, die Möglichkeit gegeben ist, ein lebensfähiges örtliches Gemeinwesen zu schaffen, das nach seinem wirtschaftlichen Gefüge und der Zusammensetzung seiner Bevölkerung eine den Zielen und Zwecken der städtebaulichen Maßnahme entsprechende Versorgung der Bevölkerung mit Gütern und Dienstleistungen sicherstellen kann.

§ 167 Erfüllung von Aufgaben für die Gemeinde; Entwicklungsträger

(1) Die Gemeinde kann sich zur Erfüllung von Aufgaben, die ihr bei der Vorbereitung oder Durchführung der städtebaulichen Entwicklungsmaßnahme obliegen, eines geeigneten Beauftragten, insbesondere eines Entwicklungsträgers, bedienen. § 157 Abs. 1 Satz 2 und § 158 sind entsprechend anzuwenden.
(2) Der Entwicklungsträger erfüllt die ihm von der Gemeinde übertragenen Aufgaben in eigenem Namen für Rechnung der Gemeinde als deren Treuhänder. § 159 Abs. 1 Satz 3 und Abs. 2 sowie die §§ 160 und 161 sind entsprechend anzuwenden.
(3) Der Entwicklungsträger ist verpflichtet, die Grundstücke des Treuhandvermögens nach Maßgabe des § 169 Abs. 5 bis 8 zu veräußern; er ist dabei an Weisungen der Gemeinde gebunden.

1 Genauso wie bei Sanierungsmaßnahmen kann sich die Gemeinde bei der Vorbereitung und Durchführung dieser Aufgabe eines Entwicklungsträgers bedienen; hoheitliche Aufgaben dürfen allerdings nicht übertragen werden. Insoweit kann auf die Ausführungen zu den entsprechenden Vorschriften des Sanierungsrechts verwiesen werden. Die Vorschrift unterscheidet aber zwischen dem Entwicklungsträ-

ger, auf den § 158 Anwendung findet und dem sonstigen geeigneten Beauftragten. Dieser muss zwar nur geringere Anforderungen erfüllen, hat aber auch nicht die gleichen Befugnisse.

Abs 2 enthält die Treuhandvorschriften und verweist ebenfalls insoweit auf das Sanierungsrecht, während Abs 3 die Pflicht des Entwicklungsträgers normiert, die Grundstücke des Treuhandvermögens nach Weisung der Gemeinde zu veräußern und dabei die Abs 5–8 des § 169 zu beachten.

§ 168 Übernahmeverlangen

Der Eigentümer eines im städtebaulichen Entwicklungsbereich gelegenen Grundstücks kann von der Gemeinde die Übernahme des Grundstücks verlangen, wenn es ihm mit Rücksicht auf die Erklärung zum städtebaulichen Entwicklungsbereich oder den Stand der Entwicklungsmaßnahme wirtschaftlich nicht mehr zuzumuten ist, das Grundstück zu behalten oder in der bisherigen oder einer anderen zulässigen Art zu nutzen. Die Vorschrift des § 145 Abs. 5 Satz 2 bis 5 ist entsprechend anzuwenden.

Aus der generellen Verpflichtung, alle Grundstücke im Entwicklungsbereich zu erwerben, folgt auch der in § 168 verankerte Grundsatz, dass der Eigentümer einen **Übernahmeanspruch** hinsichtlich seines Grundstücks hat, wenn es ihm mit Rücksicht auf die Erklärung zum städtebaulichen Entwicklungsbereich wirtschaftlich nicht mehr zuzumuten ist, das Grundstück zu behalten oder es in der bisherigen oder einer anderen zulässigen Art zu nutzen. Für die Entwicklungsmaßnahme gelten im Übrigen automatisch die Beschränkungen, die sich aufgrund einer Veränderungssperre nach § 14 ergeben. Wie bei einer Sanierungsmaßnahme sind mit den Betroffenen die Maßnahmen zu besprechen, ihre Mitwirkung soll nach Möglichkeit erreicht werden. Die für die Sanierung erforderlichen Genehmigungen gelten auch hier und genauso wie bei der Sanierung besteht weitgehende Befreiung von Abgaben und Auslagen. Bemerkenswert ist, dass das die Übernahmepflicht dann über den Entwicklungsbereich hinausgehen kann, wenn Flächen eines land- oder forstwirtschaftlichen Betriebes im Entwicklungsbereich liegen, § 145 Abs 5 Satz 2.

§ 169 Besondere Vorschriften für den städtebaulichen Entwicklungsbereich

(1) Im städtebaulichen Entwicklungsbereich sind entsprechend anzuwenden
1. **die §§ 137, 138 und 139 (Beteiligung und Mitwirkung der Betroffenen; Auskunftspflicht; Beteiligung und Mitwirkung öffentlicher Aufgabenträger),**
2. **§ 142 Abs. 2 (Ersatz- und Ergänzungsgebiete),**
3. **die §§ 144 und 145 (Genehmigungspflichtige Vorhaben und Rechtsvorgänge; Genehmigung),**
4. **die §§ 146 bis 148 (Durchführung; Ordnungsmaßnahmen; Baumaßnahmen),**

§ 169 Zweites Kapitel. Zweiter Teil.

5. die §§ 150 und 151 (Ersatz für Änderungen von Einrichtungen, die der öffentlichen Versorgung dienen; Abgaben- und Auslagenbefreiung),
6. § 153 Abs. 1 bis 3 (Bemessung von Ausgleichs- und Entschädigungsleistungen; Kaufpreise),
7. die §§ 154 bis 156 (Ausgleichsbetrag des Eigentümers; Anrechnung auf den Ausgleichsbetrag, Absehen; Überleitungsvorschriften zur förmlichen Festlegung),
8. §§ 162 bis 164 (Abschluss der Maßnahme),
9. die §§ 164a und 164b (Einsatz von Städtebauförderungsmitteln; Verwaltungsvereinbarung),
10. § 191 (Vorschriften über den Verkehr mit land- und forstwirtschaftlichen Grundstücken).

(2) Die Vorschriften des Vierten Teils des Ersten Kapitels über die Bodenordnung sind im städtebaulichen Entwicklungsbereich nicht anzuwenden.

(3) Die Enteignung ist im städtebaulichen Entwicklungsbereich ohne Bebauungsplan zugunsten der Gemeinde oder des Entwicklungsträgers zur Erfüllung ihrer Aufgaben zulässig. Sie setzt voraus, dass der Antragsteller sich ernsthaft um den freihändigen Erwerb des Grundstücks zu angemessenen Bedingungen bemüht hat. Die §§ 85, 87, 88 und 89 Abs. 1 bis 3 sind im städtebaulichen Entwicklungsbereich nicht anzuwenden.

(4) Auf land- oder forstwirtschaftlich genutzte Grundstücke ist § 153 Abs. 1 mit der Maßgabe entsprechend anzuwenden, dass in den Gebieten, in denen sich kein von dem innerlandwirtschaftlichen Verkehrswert abweichender Verkehrswert gebildet hat, der Wert maßgebend ist, der in vergleichbaren Fällen im gewöhnlichen Geschäftsverkehr auf dem allgemeinen Grundstücksmarkt dort zu erzielen wäre, wo keine Entwicklungsmaßnahmen vorgesehen sind.

(5) Die Gemeinde ist verpflichtet, Grundstücke, die sie zur Durchführung der Entwicklungsmaßnahme freihändig oder nach den Vorschriften dieses Gesetzbuchs erworben hat, nach Maßgabe der Absätze 6 bis 8 zu veräußern mit Ausnahme der Flächen, die als Baugrundstücke für den Gemeinbedarf oder als Verkehrs-, Versorgungs- oder Grünflächen in einem Bebauungsplan festgesetzt sind oder für sonstige öffentliche Zwecke oder als Austauschland oder zur Entschädigung in Land benötigt werden.

(6) Die Grundstücke sind nach ihrer Neuordnung und Erschließung unter Berücksichtigung weiter Kreise der Bevölkerung und unter Beachtung der Ziele und Zwecke der Entwicklungsmaßnahme an Bauwillige zu veräußern, die sich verpflichten, dass sie die Grundstücke innerhalb angemessener Frist entsprechend den Festsetzungen des Bebauungsplans und den Erfordernissen der Entwicklungsmaßnahme bebauen werden. Dabei sind zunächst die früheren Eigentümer zu berücksichtigen. Auf die Veräußerungspflicht ist § 89 Abs. 4 anzuwenden. Zur land- oder forstwirtschaftlichen Nutzung festgesetzte Grundstücke sind Land- oder Forstwirten anzubieten, die zur Durchführung der Entwicklungsmaßnahme Grundstücke übereignet haben oder abgeben mussten.

(7) Die Gemeinde hat bei der Veräußerung dafür zu sorgen, dass die Bauwilligen die Bebauung in wirtschaftlich sinnvoller Aufeinanderfolge derart durchführen, dass die Ziele und Zwecke der städtebaulichen Entwicklung

erreicht werden und die Vorhaben sich in den Rahmen der Gesamtmaßnahme einordnen. Sie hat weiter sicherzustellen, dass die neu geschaffenen baulichen Anlagen entsprechend den Zielen und Zwecken der städtebaulichen Entwicklungsmaßnahme dauerhaft genutzt werden.

(8) Zur Finanzierung der Entwicklung ist das Grundstück oder das Recht zu dem Verkehrswert zu veräußern, der sich durch die rechtliche und tatsächliche Neuordnung des städtebaulichen Entwicklungsbereichs ergibt. § 154 Abs. 5 ist auf den Teil des Kaufpreises entsprechend anzuwenden, der der durch die Entwicklung bedingten Werterhöhung des Grundstücks entspricht.

In Abs 1 sind eine Reihe von – im Wesentlichen sanierungsrechtlichen – Vorschriften genannt, die im städtebaulichen Entwicklungsbereich entsprechend anzuwenden sind. Insoweit hat durch das BauROG 1998 eine Harmonisierung stattgefunden. 1

Demgegenüber sind nach Abs 2 die Vorschriften über die Bodenordnung nicht anzuwenden, weil das städtebauliche Entwicklungsrecht davon ausgeht, dass nur ein gemeindlicher Durchgangserwerb stattfindet. 2

Abs 3 enthält eine Spezialregelung für die Enteignung im städtebaulichen Entwicklungsbereich, die die Aufgabenerfüllung der Gemeinde sichern und erleichtern soll. Verfassungsrechtlich ist dies aufgrund des Allgemeinwohlbezugs zulässig. 3

Die Abs 4–8 beschäftigen sich mit der Wertbestimmung und der Veräußerung von Grundstücken. 4

§ 170 Sonderregelung für Anpassungsgebiete

Ergeben sich aus den Zielen und Zwecken der städtebaulichen Entwicklungsmaßnahme in einem im Zusammenhang bebauten Gebiet Maßnahmen zur Anpassung an die vorgesehene Entwicklung, kann die Gemeinde dieses Gebiet in der Entwicklungssatzung förmlich festlegen (Anpassungsgebiet). Das Anpassungsgebiet ist in der Entwicklungssatzung zu bezeichnen. Die förmliche Festlegung darf erst erfolgen, wenn entsprechend § 141 vorbereitende Untersuchungen durchgeführt worden sind. In dem Anpassungsgebiet sind neben den für städtebauliche Entwicklungsmaßnahmen geltenden Vorschriften mit Ausnahme des § 166 Abs. 3 und des § 169 Abs. 2 bis 8 die Vorschriften über städtebauliche Sanierungsmaßnahmen entsprechend anzuwenden, mit Ausnahme der §§ 136, 142 und 143.

Bei Entwicklungsmaßnahmen geht der Gesetzgeber davon aus, dass es sich hier im Regelfall um unbebaute Bereiche handelt. Von daher ist es auch vertretbar, im Gesetz vorzuschreiben, dass die Gemeinde alle Grundstücke erwerben soll. Soweit aber durch solche Maßnahmen vorhandene Orte zu neuen Siedlungseinheiten entwickelt werden sollen, ist nicht auszuschließen, dass auch im Zusammenhang bebaute Gebiete (vgl zum Begriff des Bebauungszusammenhangs: § 34) mit einbezogen werden. Nach Satz 1 sind dann die städtebaulichen Verhältnisse im Anpassungsgebiet an den sich aus den Zielen und Zwecken der Entwicklungsmaßnahme ergebenden 1

§ 171a Zweites Kapitel. Dritter Teil.

Anforderungen zu orientieren. Satz 4 regelt die Anwendbarkeit der entwicklungsrechtlichen Vorschriften. In solchen Fällen gilt nach § 170 nicht die allgemeine Erwerbspflicht der Gemeinde iSv § 166 Abs 3.

§ 171 Kosten und Finanzierung der Entwicklungsmaßnahme

(1) Einnahmen, die bei der Vorbereitung und Durchführung der Entwicklungsmaßnahme entstehen, sind zur Finanzierung der Entwicklungsmaßnahme zu verwenden. Ergibt sich nach der Durchführung der städtebaulichen Entwicklungsmaßnahme und der Übertragung eines Treuhandvermögens des Entwicklungsträgers auf die Gemeinde bei ihr ein Überschuss der bei der Vorbereitung und Durchführung der städtebaulichen Entwicklungsmaßnahme erzielten Einnahmen über die hierfür getätigten Ausgaben, so ist dieser Überschuss in entsprechender Anwendung des § 156a zu verteilen.

(2) Die Gemeinde hat entsprechend § 149 nach dem Stand der Planung eine Kosten- und Finanzierungsübersicht aufzustellen. Zu berücksichtigen sind die Kosten, die nach den Zielen und Zwecken der Entwicklung erforderlich sind.

1 Nach Abs 1 Satz 1 dürfen Einnahmen, die aus der Entwicklungsmaßnahme erzielt werden, auch nur zu deren Finanzierung verwendet werden. Eine Gewinnerzielungsabsicht ist der städtebaulichen Entwicklungsmaßnahme fremd. Wird dennoch ein Überschuss erzielt, ist er nach Abschluss der Maßnahme entsprechend § 156a zu verteilen.

2 Die Kosten- und Finanzierungsübersicht nach Abs 2 ist nicht Bestandteil der Satzung, mit der der Entwicklungsbereich festgelegt wird (BVerwG NVwZ 2001, 1053). In ihr dürfen keine Fremdkosten finanziert werden, die nichts mit der Entwicklungsmaßnahme zu tun haben, dies verdeutlicht Satz 2. Erweist sich eine Entwicklungsmaßnahme im Nachhinein als nicht finanzierbar, so hat dies keinen Einfluss auf die Gültigkeit der Entwicklungssatzung (BVerwG NVwZ 2001, 1053).

Dritter Teil
Stadtumbau

§ 171a Stadtumbaumaßnahmen

(1) Stadtumbaumaßnahmen in Stadt- und Ortsteilen, deren einheitliche und zügige Durchführung im öffentlichen Interesse liegen, können auch anstelle von oder ergänzend zu sonstigen Maßnahmen nach diesem Gesetzbuch nach den Vorschriften dieses Teils durchgeführt werden.

(2) Stadtumbaumaßnahmen sind Maßnahmen, durch die in von erheblichen städtebaulichen Funktionsverlusten betroffenen Gebieten Anpassungen zur Herstellung nachhaltiger städtebaulicher Strukturen vorgenommen werden.

Erhebliche städtebauliche Funktionsverluste liegen insbesondere vor, wenn ein dauerhaftes Überangebot an baulichen Anlagen für bestimmte Nutzungen, namentlich für Wohnzwecke, besteht oder zu erwarten ist.

(3) Stadtumbaumaßnahmen dienen dem Wohl der Allgemeinheit. Sie sollen insbesondere dazu beitragen, dass
1. die Siedlungsstruktur den Erfordernissen der Entwicklung von Bevölkerung und Wirtschaft angepasst wird,
2. die Wohn- und Arbeitsverhältnisse sowie die Umwelt verbessert werden,
3. innerstädtische Bereiche gestärkt werden,
4. nicht mehr bedarfsgerechte bauliche Anlagen einer neuen Nutzung zugeführt werden,
5. einer anderen Nutzung nicht zuführbare bauliche Anlagen zurückgebaut werden,
6. freigelegte Flächen einer nachhaltigen städtebaulichen Entwicklung oder einer hiermit verträglichen Zwischennutzung zugeführt werden,
7. innerstädtische Altbaubestände erhalten werden.

Die Vorschriften des dritten und vierten Teils (Soziale Stadt) wurden durch das EAG Bau 2004 wegen der hohen Bedeutung des **Stadtumbaus** und der sozialen Funktion des Städtebaus neu eingeführt, wobei nach dem Willen des Bundesrates zukünftig besonderes Augenmerk auf deren Praxistauglichkeit gelegt werden soll. In Abgrenzung zu den klassischen, in ihrer Durchführung nicht immer einfachen Maßnahmen des Besonderen Städtebaurechts, deren es häufig zur Erreichung der angestrebten Ziele nicht bedarf, stellen die neuen Vorschriften das konsensuale Zusammenwirken von Kommunen, Wohnungswirtschaft und Dritten in den Vordergrund. Die Maßnahmen und Instrumente der bisher schon bestehenden Vorschriften bleiben unberührt; auf den Aufbau neuer bürokratischer Strukturen soll verzichtet werden, um für die Länder den Verwaltungsaufwand zu begrenzen.

§ 171a Abs 1 setzt als einführende Vorschrift voraus, dass die Stadtumbaumaßnahmen als Gesamtmaßnahmen im öffentlichen Interesse, einheitlich und zügig durchgeführt werden. Sie können sowohl an Stelle als auch ergänzend zu den vorhandenen städtebaulichen Maßnahmen eingesetzt werden.

Abs 2 nennt die Ziele der Stadtumbaumaßnahmen als Anpassungsmaßnahmen zur Herstellung nachhaltiger städtebaulicher Strukturen in Gebieten, die von erheblichen städtebaulichen **Funktionsverlusten** betroffen sind. Als – nicht abschließendes – Beispiel nennt das Gesetz ein dauerhaftes Überangebot an baulichen Anlagen für bestimmte Nutzungen, namentlich Wohnzwecke. Hiermit bietet sich die Gelegenheit, demographischen Entwicklungen Rechnung zu tragen. Die Vorschrift eröffnet aber auch die Möglichkeit, steuernd auf allgemeine Prozesse des **Strukturwandels** – etwa in der Landwirtschaft – zu reagieren.

Eine Konkretisierung der Ziele erfolgt durch Abs 3 der Vorschrift, der – ebenfalls nicht abschließend – erläutert, wann eine Stadtumbaumaßnahme im öffentlichen Interesse liegt.

§ 171b Stadtumbaugebiet, städtebauliches Entwicklungskonzept

(1) Die Gemeinde legt das Gebiet, in dem Stadtumbaumaßnahmen durchgeführt werden sollen, durch Beschluss als Stadtumbaugebiet fest. Es ist in seinem räumlichen Umfang so festzulegen, dass sich die Maßnahmen zweckmäßig durchführen lassen.

(2) Grundlage für den Beschluss nach Absatz 1 ist ein von der Gemeinde aufzustellendes städtebauliches Entwicklungskonzept, in dem die Ziele und Maßnahmen (§ 171a Abs. 3) im Stadtumbaugebiet schriftlich darzustellen sind. Die öffentlichen und privaten Belange sind gegeneinander und untereinander gerecht abzuwägen.

(3) Die §§ 137 und 139 sind bei der Vorbereitung und Durchführung der Stadtumbaumaßnahmen entsprechend anzuwenden.

(4) Die §§ 164a und 164b sind im Stadtumbaugebiet entsprechend anzuwenden.

1 Die Vorschrift regelt die planerischen und konzeptionellen Grundlagen des Stadtumbaus und betont dabei besonders den **Gebietsbezug**. Hierzu fordert das Gesetz in Abs 1 der Vorschrift einen Beschluss des nach Kommunalrecht zuständigen Gremiums, in dem das **Stadtumbaugebiet** festgelegt wird. Bei der Gebietsfestlegung ist besonders darauf zu achten, dass sich die Maßnahmen zweckmäßig durchführen lassen. Wirken sich die Maßnahmen über den „Kernbereich" des Gebiets hinaus aus, so kann es sinnvoll sein, die betroffenen Gebiete mit einzubeziehen.

2 Nach Abs 2 der Vorschrift bedarf es eines **städtebaulichen Konzeptes**, auf das sich der Beschluss nach Abs 1 gründet. Hierin sind die beabsichtigten Ziele und Maßnahmen im Einzelnen schriftlich darzulegen und zu erläutern, wobei die öffentlichen und privaten Belange gegeneinander und untereinander gerecht abzuwägen sind. Damit eine solche **Abwägung** möglich wird, sind nach Abs 3 der Vorschrift die §§ 137 und 139 entsprechend anzuwenden, dh die Betroffenen und die Träger öffentlicher Belange sind vorab zu beteiligen. Damit die bisherige Praxis der Städtebauförderung nahtlos weitergeführt werden kann, erklärt Abs 4 der Vorschrift auch die §§ 164a und 164b für entsprechend anwendbar.

§ 171c Stadtumbauvertrag

Die Gemeinde soll soweit erforderlich zur Umsetzung ihres städtebaulichen Entwicklungskonzeptes die Möglichkeit nutzen, Stadtumbaumaßnahmen auf der Grundlage von städtebaulichen Verträgen im Sinne des § 11 insbesondere mit den beteiligten Eigentümern durchzuführen. Gegenstände der Verträge können insbesondere auch sein
1. die Durchführung des Rückbaus baulicher Anlagen innerhalb einer bestimmten Frist und die Kosten- tragung für den Rückbau;
2. der Verzicht auf die Ausübung von Ansprüchen nach den §§ 39 bis 44;
3. der Ausgleich von Lasten zwischen den beteiligten Eigentümern.

Der **Stadtumbauvertrag** stellt eine besondere Ausprägung des städtebaulichen 3
Vertrages nach § 11 dar, dessen Regelungen insoweit ergänzend herangezogen
werden können. Nach Abs 1 des § 171c soll die Gemeinde die Möglichkeit des
Stadtumbauvertrages für die Umsetzung ihres städtebaulichen **Entwicklungskonzeptes** nutzen, dh das Gesetz schafft eine deutliche Tendenz zur konsensualen Lösung. Hiermit ist zwar kein Kontrahierungszwang verbunden, gleichwohl kann aber
von einer **Subsidiarität** hoheitlichen Handelns gesprochen werden. Dies verstärkt
deutlich die Notwendigkeit einer umfassenden und ernsthaften Beteiligung der Betroffenen im Vorfeld.

Satz 2 der Vorschrift nennt ergänzend zu § 11 beispielhaft (nicht abschließend) 4
mögliche Gegenstände des Stadtumbauvertrages.

§ 171d Sicherung von Durchführungsmaßnahmen

(1) Die Gemeinde kann durch Satzung ein Gebiet bezeichnen, das ein festgelegtes Stadtumbaugebiet (§ 171 b Abs. 1) oder Teile davon umfasst und in dem zur Sicherung und sozialverträglichen Durchführung von Stadtumbaumaßnahmen die in § 14 Abs. 1 bezeichneten Vorhaben und sonstigen Maßnahmen der Genehmigung bedürfen.

(2) Ist der Beschluss über die Aufstellung einer Satzung nach Absatz 1 gefasst und ortsüblich bekannt gemacht, ist § 15 Abs. 1 auf die Durchführung der Vorhaben und Maßnahmen im Sinne von Absatz 1 entsprechend anzuwenden.

(3) In den Fällen des Absatzes 1 darf die Genehmigung nur versagt werden, um einen den städtebaulichen und sozialen Belangen Rechnung tragenden Ablauf der Stadtumbaumaßnahmen auf der Grundlage des von der Gemeinde aufgestellten städtebaulichen Entwicklungskonzeptes (§ 171 b Abs. 2) oder eines Sozialplans (§ 180) zu sichern. Die Genehmigung ist zu erteilen, wenn auch unter Berücksichtigung des Allgemeinwohls ein Absehen von dem Vorhaben oder der Maßnahme wirtschaftlich nicht zumutbar ist.

(4) Die §§ 138, 173 und 174 sind im Gebiet der Satzung nach Absatz 1 entsprechend anzuwenden.

Die Vorschrift eröffnet der Gemeinde die Möglichkeit einer **Veränderungssperre** 1
iSv § 14 Abs 1. Hat sie durch (einfachen) Beschluss ein Stadtumbaugebiet festgelegt, so kann sie durch Satzung eine Genehmigungspflicht für die Durchführung
von **Vorhaben** und Maßnahmen nach dieser Vorschrift begründen. Der Vorhabensbegriff entspricht dem des § 29 und umfasst auch die Beseitigung baulicher
Anlagen und sonstige erhebliche wertsteigernde Veränderungen. Diese **Satzungsermächtigung** wird insbesondere dann relevant, wenn eine – zuvor anzustrebende
– konsensuale Lösung nicht möglich ist und die Gefahr besteht, dass das Stadtumbaukonzept sonst in Frage gestellt würde. Die Vorschrift wurde § 172 Abs 1 Satz 1
Nr 3 (städtebauliche Umstrukturierungssatzung) nachgebildet, so dass die hierzu
gemachten Ausführungen entsprechend gelten. Nach Abs 4 gilt dies auch für die
§§ 138, 173 und 174.

Vierter Teil
Soziale Stadt

§ 171e Maßnahmen der Sozialen Stadt

(1) Städtebauliche Maßnahmen der Sozialen Stadt in Stadt- und Ortsteilen, deren einheitliche und zügige Durchführung im öffentlichen Interesse liegen, können auch anstelle von oder ergänzend zu sonstigen Maßnahmen nach diesem Gesetzbuch nach den Vorschriften dieses Teils durchgeführt werden.
(2) Städtebauliche Maßnahmen der Sozialen Stadt sind Maßnahmen zur Stabilisierung und Aufwertung von durch soziale Missstände benachteiligten Ortsteilen oder anderen Teilen des Gemeindegebiets, in denen ein besonderer Entwicklungsbedarf besteht. Soziale Missstände liegen insbesondere vor, wenn ein Gebiet auf Grund der Zusammensetzung und wirtschaftlichen Situation der darin lebenden und arbeitenden Menschen erheblich benachteiligt ist. Ein besonderer Entwicklungsbedarf liegt insbesondere vor, wenn es sich um benachteiligte innerstädtische oder innenstadtnah gelegene Gebiete oder verdichtete Wohn- und Mischgebiete handelt, in denen es einer aufeinander abgestimmten Bündelung von investiven und sonstigen Maßnahmen bedarf.
(3) Die Gemeinde legt das Gebiet, in dem die Maßnahmen durchgeführt werden sollen, durch Beschluss fest. Es ist in seinem räumlichen Umfang so festzulegen, dass sich die Maßnahmen zweckmäßig durchführen lassen.
(4) Grundlage für den Beschluss nach Absatz 3 ist ein von der Gemeinde unter Beteiligung der Betroffenen (§ 137) und der öffentlichen Aufgabenträger (§ 139) aufzustellendes Entwicklungskonzept, in dem die Ziele und Maßnahmen schriftlich darzustellen sind. Das Entwicklungskonzept soll insbesondere Maßnahmen enthalten, die der Verbesserung der Wohn- und Arbeitsverhältnisse sowie der Schaffung und Erhaltung sozial stabiler Bewohnerstrukturen dienen.
(5) Bei der Erstellung des Entwicklungskonzeptes und bei seiner Umsetzung sollen die Beteiligten in geeigneter Form einbezogen und zur Mitwirkung angeregt werden. Die Gemeinde soll die Beteiligten im Rahmen des Möglichen fortlaufend beraten und unterstützen. Dazu kann im Zusammenwirken von Gemeinde und Beteiligten eine Koordinierungsstelle eingerichtet werden. Soweit erforderlich, soll die Gemeinde zur Verwirklichung und zur Förderung der mit dem Entwicklungskonzept verfolgten Ziele sowie zur Übernahme von Kosten mit den Eigentümern und sonstigen Maßnahmenträgern städtebauliche Verträge schließen.
(6) Die §§ 164a und 164b sind im Gebiet nach Absatz 3 entsprechend anzuwenden. Dabei ist § 164a Abs. 1 Satz 2 über den Einsatz von Finanzierungs- und Fördermitteln auf Grund anderer gesetzlicher Grundlage insbesondere auch auf sonstige Maßnahmen im Sinne des Absatzes 2 Satz 3 anzuwenden.

1 Bereits 1999 wurde vom Bund und den Ländern das Programm „**Soziale Stadt**" initiiert, das Städten, Orts- und Stadtteilen helfen soll, in denen sich die sozialen, wirtschaftlichen und städtebaulichen Probleme, dh hohe Arbeitslosigkeit, gewerbli-

che Mittelstandsprobleme, Integrationsdefizite bei den ausländischen Mitbürgern und Gebäudeschäden durch Vernachlässigung oder Vandalismus, verstärkt zeigen. Die insoweit durch das EAG Bau 2004 einführten Neuregelungen sollen dieses Programm unterstützen. Dabei soll durch bessere Beteiligungs- und Mitwirkungsmöglichkeiten eine stärkere Bündelung des Mitteleinsatzes erreicht werden.

Abs 1 enthält eine generelle Beschreibung des Anwendungsbereiches und setzt – wie die vergleichbaren Vorschriften des ersten bis dritten Teils – voraus, dass es sich um Maßnahmen handelt, deren einheitliche und zügige Durchführung im öffentlichen Interesse liegt. Sie können sowohl an Stelle als auch ergänzend zu den vorhandenen städtebaulichen Maßnahmen eingesetzt werden; die Vorschriften über andere Instrumente des Städtebaurechts bleiben unberührt.

Abs 2 enthält eine Konkretisierung und beschreibt – nicht abschließend –, wann ein **sozialer Missstand** vorliegt und sich ein **besonderer Entwicklungsbedarf** ergibt. Die dort beispielhaft genannten Gebiete haben sich in der Vergangenheit aus städtebaulicher Sicht als besondere Kristallisationspunkte sozialer und wirtschaftlicher Problemsituationen erwiesen. Besonders betont wird in diesem Zusammenhang nochmals die Bedeutung der Koordinierung und Bündelung von investiven und sonstigen Maßnahmen.

Die Abs 3–6 regeln Einzelheiten der Durchführung. Dabei orientieren sie sich an den Vorschriften über die anderen städtebaulichen Instrumente, so dass die hierzu gemachten Ausführungen entsprechend herangezogen werden können. Besonders zu erwähnen ist in diesem Zusammenhang jedoch die stärkere Form der **Beteiligung** und Unterstützung der Betroffenen gem Abs 5 der Vorschrift, die – auch – zu einer stärkeren Akzeptanz der Maßnahmen führen soll.

Fünfter Teil
Erhaltungssatzung und städtebauliche Gebote

Erster Abschnitt
Erhaltungssatzung

§ 172 Erhaltung baulicher Anlagen und der Eigenart von Gebieten (Erhaltungssatzung)

(1) Die Gemeinde kann in einem Bebauungsplan oder durch eine sonstige Satzung Gebiete bezeichnen, in denen
1. **zur Erhaltung der städtebaulichen Eigenart des Gebiets auf Grund seiner städtebaulichen Gestalt (Absatz 3),**
2. **zur Erhaltung der Zusammensetzung der Wohnbevölkerung (Absatz 4) oder**
3. **bei städtebaulichen Umstrukturierungen (Absatz 5)**
der Rückbau, die Änderung oder die Nutzungsänderung baulicher Anlagen der Genehmigung bedürfen. In den Fällen des Satzes 1 Nr. 1 bedarf auch die Errichtung baulicher Anlagen der Genehmigung. Auf die Satzung ist § 16

Abs. 2 entsprechend anzuwenden. Die Landesregierungen werden ermächtigt, für die Grundstücke in Gebieten einer Satzung nach Satz 1 Nr. 2 durch Rechtsverordnung mit einer Geltungsdauer von höchstens fünf Jahren zu bestimmen, dass die Begründung von Wohnungseigentum oder Teileigentum (§ 1 des Wohnungseigentumsgesetzes) an Gebäuden, die ganz oder teilweise Wohnzwecken zu dienen bestimmt sind, nicht ohne Genehmigung erfolgen darf. Ein solches Verbot gilt als Verbot im Sinne des § 135 des Bürgerlichen Gesetzbuchs. In den Fällen des Satzes 4 ist § 22 Abs. 2 Satz 3 und 4, Abs. 6 und 8 entsprechend anzuwenden.

(2) Ist der Beschluss über die Aufstellung einer Erhaltungssatzung gefasst und ortsüblich bekannt gemacht, ist § 15 Abs. 1 auf die Durchführung eines Vorhabens im Sinne des Absatzes 1 entsprechend anzuwenden.

(3) In den Fällen des Absatzes 1 Satz 1 Nr. 1 darf die Genehmigung nur versagt werden, wenn die bauliche Anlage allein oder im Zusammenhang mit anderen baulichen Anlagen das Ortsbild, die Stadtgestalt oder das Landschaftsbild prägt oder sonst von städtebaulicher, insbesondere geschichtlicher oder künstlerischer Bedeutung ist. Die Genehmigung zur Errichtung der baulichen Anlage darf nur versagt werden, wenn die städtebauliche Gestalt des Gebiets durch die beabsichtigte bauliche Anlage beeinträchtigt wird.

(4) In den Fällen des Absatzes 1 Satz 1 Nr. 2 und Satz 4 darf die Genehmigung nur versagt werden, wenn die Zusammensetzung der Wohnbevölkerung aus besonderen städtebaulichen Gründen erhalten werden soll. Sie ist zu erteilen, wenn auch unter Berücksichtigung des Allgemeinwohls die Erhaltung der baulichen Anlage oder ein Absehen von der Begründung von Wohnungseigentum oder Teileigentum wirtschaftlich nicht mehr zumutbar ist. Die Genehmigung ist ferner zu erteilen, wenn

1. die Änderung einer baulichen Anlage der Herstellung des zeitgemäßen Ausstattungszustands einer durchschnittlichen Wohnung unter Berücksichtigung der bauordnungsrechtlichen Mindestanforderungen dient,
2. das Grundstück zu einem Nachlass gehört und Wohnungseigentum oder Teileigentum zugunsten von Miterben oder Vermächtnisnehmern begründet werden soll,
3. das Wohnungseigentum oder Teileigentum zur eigenen Nutzung an Familienangehörige des Eigentümers veräußert werden soll,
4. ohne die Genehmigung Ansprüche Dritter auf Übertragung von Wohnungseigentum oder Teileigentum nicht erfüllt werden können, zu deren Sicherung vor dem Wirksamwerden des Genehmigungsvorbehalts eine Vormerkung im Grundbuch eingetragen ist,
5. das Gebäude im Zeitpunkt der Antragstellung zur Begründung von Wohnungseigentum oder Teileigentum nicht zu Wohnzwecken genutzt wird oder
6. sich der Eigentümer verpflichtet, innerhalb von sieben Jahren ab der Begründung von Wohnungseigentum Wohnungen nur an die Mieter zu veräußern; eine Frist nach § 577a Abs. 2 Satz 1 des Bürgerlichen Gesetzbuchs verkürzt sich um sieben Jahre. Die Frist nach § 577a Abs. 1 des Bürgerlichen Gesetzbuchs entfällt.

In den Fällen des Satzes 3 Nr. 6 kann in der Genehmigung bestimmt werden, dass auch die Veräußerung von Wohnungseigentum an dem Gebäude während der Dauer der Verpflichtung der Genehmigung der Gemeinde bedarf. Diese Genehmigungspflicht kann auf Ersuchen der Gemeinde in das Wohnungsgrundbuch eingetragen werden; sie erlischt nach Ablauf der Verpflichtung.
(5) In den Fällen des Absatzes 1 Satz 1 Nr. 3 darf die Genehmigung nur versagt werden, um einen den sozialen Belangen Rechnung tragenden Ablauf auf der Grundlage eines Sozialplans (§ 180) zu sichern. Ist ein Sozialplan nicht aufgestellt worden, hat ihn die Gemeinde in entsprechender Anwendung des § 180 aufzustellen. Absatz 4 Satz 2 ist entsprechend anzuwenden.

Die §§ 172–174 dienen, anknüpfend an §§ 39h und 39i BBauG 1976 der Stadterhaltung und Stadterneuerung. Dabei beschränkt § 172 die Möglichkeiten der Stadtplanung nicht nur auf eine gewissermaßen unverbindliche Kenntlichmachung von erhaltenswerten Gebäuden, sondern führt eine mit Genehmigungsvorbehalt gekoppelte Festsetzungsmöglichkeit ein. Da durch § 172 der Denkmalschutz verstärkt Eingang in die Bauleitplanung findet, bestanden zunächst verfassungsrechtliche Bedenken des Bundesrates, denen das BVerfG wegen der Gesetzgebungskompetenz des Bundesgesetzgebers aufgrund Art 74 Nr 18 GG nicht folgte (BVerfG NVwZ 1987, 879 = DVBl 1987, 465 = ZfBR 1987, 203; vgl auch: BVerwGE 78, 28 = BVerwG Buchholz 406.11 § 39h Nr 1 = NVwZ 1988, 357). Allerdings darf mit dem rechtlichen Instrument der Erhaltungssatzung kein Denkmalschutz betrieben werden, soweit nicht § 172 den Denkmalschutz in seinem städtebaulichen Aspekt ergreift (BVerwG HSGZ 1988, 72). Die §§ 172 ff und die darauf beruhenden Erhaltungssatzungen sind mit Art 14 GG vereinbar (BVerfG NVwZ 1987, 879 = DVBl 1987, 465 = ZfBR 1987, 203). Während die Wirkungen des Sanierungsrechts, insbesondere die Verfügungs- und Veränderungssperre nur für den Zeitraum der förmlichen Festlegung des Sanierungsgebiets gelten, kann die Erhaltungssatzung nach § 172 die Sanierungsziele der Stadt- und Ortserhaltung langfristig sichern.

Das Gesetz zählt in § 172 Abs 1 abschließend die Erhaltungsziele auf und konkretisiert sie in den Abs 3–5 als Versagungsgründe. Die Vorschrift beschreibt mithin den notwendigen Regelungsgehalt der Satzung. Welchen Anforderungen eine Satzung im Übrigen zu genügen hat, ist eine Frage des Einzelfalles und der gerechten Abwägung iSd § 1 Abs 7 (vgl zur früheren Regelung des § 1 Abs 6 BVerwG v 23.06.1992). Mit dem Erhaltungsziel in Abs 1 Satz 1 Nr 1 stellt der Gesetzgeber ohne inhaltliche Änderung des früher geltenden Städtebauförderungsrechts auf die flächenbezogene Prägung des Ortsbildes, also die bauliche Ansicht eines Ortsteils, die Stadtgestalt und das Landschaftsbild ab. Dabei sind die einzelnen Aspekte nicht immer exakt zu trennen, da sie durchaus in einem Wirkungszusammenhang stehen können. Aus der Einbeziehung des Landschaftsbildes folgt, dass auch Gebiete im Außenbereich (§ 19 Abs 1 Nr 3) durch eine Erhaltungssatzung geschützt werden können, wenn dort bestimmte ihn prägende Gebäude erhalten bleiben sollen, wie zB Mühlen, Kapellen oder Burgruinen. Ansonsten hat diese Vorschrift den städtebaulichen Ensembleschutz, also den Schutz von Gesamtanlagen im Auge. Dabei

reicht aber die Existenz eines Baudenkmals nicht aus, vielmehr muss die Erhaltungssatzung auf die Wahrung städtebaulicher Belange abzielen, die in engem Zusammenhang mit der baulichen Anlage stehen.

3 Ziel der sog Milieuschutzsatzung nach Abs 1 Satz 1 Nr 2 ist es, den in einem intakten Gebiet wohnenden Menschen diesen Bestand der Umgebung zu sichern und damit die Bevölkerungsstruktur in einem bestimmten Ortsteil vor unerwünschten Veränderungen zu schützen (BVerfG NVwZ 1987, 879 = DVBl 1987, 465 = ZfBR 1987, 203). Dabei wird aber nicht vorausgesetzt, dass das betreffende Wohngebiet im Hinblick auf die Bevölkerungsstruktur Besonderheiten zu anderen Gebieten aufweist. Eine Milieuschutzsatzung kann für ein Gebiet mit jeder Art von Wohnbevölkerung erlassen werden, soweit deren Zusammensetzung aus besonderen städtebaulichen Gründen erhalten werden soll (BVerwG DVBl 1998, 40 = UPR 1998, 26 = ZfBR 1997, 311). Abzustellen ist vielmehr darauf, ob eine Änderung in der Zusammensetzung der Wohnbevölkerung nachteilige Folgen befürchten lässt (OVG Lüneburg BRS 40 Nr 154 = BauR 1983, 436 = ZfBR 1983, 238; HessVGH BRS 46 Nr 123 = ZfBR 1986, 244). Insoweit kommen zB veränderte Anforderungen an die Infrastruktur in Betracht. Unter städtebaulichen Gesichtspunkten kann der Erlass einer Erhaltungssatzung etwa dann gerechtfertigt sein, wenn die Gefahr einer Luxusmodernisierung von Wohnungen einkommensschwacher Bevölkerungskreise in dem Kernbereich einer Stadt droht. Eine Verdrängungsgefahr idS kann ua daran gemessen werden, ob beabsichtigte Modernisierungsmaßnahmen zu einer Miethöhe führen, die wesentlich über der für das Erhaltungsgebiet ermittelten Durchschnittsmiete liegt (BVerwG DVBl 1998, 40 = UPR 1998, 26 = ZfBR 1997, 311). Insoweit kommt es nicht auf eine spezielle Gefahr für den von den baulichen Maßnahmen und ihrer Umlegung auf die Miethöhe betroffenen einzelnen Mieter an. Die Milieuschutzsatzung kann deshalb auch unvermietete Wohnungen umfassen (HessVGH ESVGH 43, 71 = BauR 1993, 192 = NVwZ-RR 1993, 401). Durch die Neufassung wird die Gemeinde nunmehr in die Lage versetzt, die städtebauliche Eigenart eines bestimmten Gebiets sogar über die Wohnfunktion hinaus zu erhalten, zB für den Fremdenverkehr oder den Kurbetrieb. Vergleichbares wird gelten, wenn einem bisher im Wesentlichen landwirtschaftlich genutzten Ort(-steil) tiefgreifende Veränderungen drohen. Aber auch bei Annahme einer Verdrängungsgefahr scheidet in atypischen Fällen eine Genehmigung der beantragten Maßnahme nicht von vornherein aus. Die Gemeinde muss jedoch nach pflichtgemäßem Ermessen Erwägungen nur anstellen, wenn konkret Anhaltspunkte für eine atypische Fallgestaltung vorliegen (BVerwG DVBl 1998, 40 = UPR 1998, 26 = ZfBR 1997, 311). In diesem Rahmen können die Mitwirkungspflichten des Antragstellers nach den Vorschriften des Verwaltungsverfahrensrechtes eine wichtige Rolle spielen.

4 Abs 1 Satz 1 Nr 3 hat nicht den Zweck einer dauernden Erhaltung, vielmehr sollen im Zusammenwirken mit Abs 5 der Vorschrift bauliche Anlagen nur vorübergehend erhalten werden. Dabei kann sich die Frage, ob die Genehmigungsvoraussetzungen vorliegen, im Laufe der Zeit im Einzelfall unterschiedlich beantworten, bspw dann, wenn ein Zustand eingetreten ist, der die Erhaltungsfähigkeit der Anlage aus Gründen der Beschaffenheit der Bausubstanz in Frage stellt oder entfallen lässt (BVerwG v 23.06.1992). Die Umstrukturierungssatzung soll sichern, dass der Umstrukturierungsprozess sozial gerecht ablaufen kann und dient auch der Sicherung des nach § 180 aufzustellenden Sozialplans.

Einen neuen Genehmigungstatbestand hat das BauROG 1998 mit Satz 4 eingeführt. Hiernach werden die Landesregierungen ermächtigt, durch höchstens 5 Jahre geltende Rechtsverordnung zu bestimmen, dass die Begründung von Wohnungseigentum und Teileigentum iSv § 1 WEG an Gebäuden der Genehmigung bedarf. Betroffen sind Gebäude, die ganz oder teilweise Wohnzwecken zu dienen bestimmt sind. Hiermit soll verhindert werden können, dass solche Gebäude zum Einen zu Eigentumswohnungen und zum Anderen zu gewerblichen Zwecken dienenden Räumen werden.

Abs 2 soll ein Unterlaufen der Erhaltungsziele des § 172 bis zum endgültigen In-Kraft-Treten der Satzung verhindern. In einem solchen Fall hat die Gemeinde die Möglichkeit, unverzüglich bei der zuständigen Baugenehmigungsbehörde zu beantragen, die Entscheidung über die Genehmigung eines Antrages für einen Zeitraum von bis zu zwölf Monaten (§ 15 Abs 1 analog) auszusetzen. Voraussetzung hierfür ist, dass die Gemeinde einen Beschluss über die Aufstellung einer Erhaltungssatzung gefasst und diesen ortsüblich bekannt gemacht hat. Sofern ein Baugenehmigungsverfahren nicht (mehr) durchzuführen ist, hat die Bauaufsichtsbehörde in entsprechender Anwendung von § 15 Abs 1 auf Antrag der Gemeinde ein vorläufiges Bauverbot auszusprechen. Angesichts der aktuellen Rechtsentwicklung wird dies zukünftig eine verstärkte Rolle spielen.

Die Versagung der Genehmigung darf nur aus den abschließend aufgezählten Gründen des § 172 Abs 3-5 ausgesprochen werden. Diesbezüglich besteht kein Ermessen der Gemeinde; sind die Voraussetzungen für eine Versagung gegeben, muss die Gemeinde die Genehmigung versagen. Bei den Versagungsgründen handelt es sich um unbestimmte Rechtsbegriffe, die der vollen gerichtlichen Nachprüfung unterliegen. Bei atypischen Fallgestaltungen schließt der Wortlaut des § 172 Abs 3 Satz 1 eine Ermessensentscheidung zu Gunsten eines Antragstellers nicht aus (VGH Mannheim NVwZ-RR 1999, 565 mwN). Liegt dagegen kein Versagungsgrund vor, besteht ein Anspruch auf Erteilung der Genehmigung. Nach Abs 4 Satz 2 ist zwischen dem Wohl der Allgemeinheit und der wirtschaftlichen Zumutbarkeit abzuwägen. Dabei geht es aber um die objektive Belastung des Eigentümers, so dass nicht auf dessen persönliche Verhältnisse, sondern auf den Erhaltungszustand und die Erhaltungsmöglichkeiten der baulichen Anlage abzustellen ist. Die weiteren Genehmigungstatbestände des Satzes 3 sind im Vermittlungsausschuss eingefügt worden.

Abs 3 Satz 1, 1. Fall stellt eine Regelung des städtebaulichen Denkmalschutzes dar (BVerfG NVwZ 1987, 879 = DVBl 1987, 465 = ZfBR 1987, 203). Unter Ortsbild iS dieser Regelung ist die bauliche Ansicht eines Ortes oder eines Ortsteils zu verstehen. Mit dem Begriff „Stadtgestalt" wird die Baustruktur der Stadt gekennzeichnet. Erforderlich ist aber, dass dem Gebäude eine prägende Funktion, dh ein gewisses Gewicht für einen städtebaulichen Zusammenhang zukommt (BVerwGE 78, 28 = BVerwG Buchholz 406.11 § 39h Nr 1 = NVwZ 1988, 357). Verlangt wird dagegen nicht, dass das einzelne Gebäude Denkmalwert hat. Demgegenüber bezieht sich Abs 3 Satz 1, 2. Fall in erster Linie auf Baudenkmäler, beschränkt sich allerdings auch nicht darauf. Einem Gebäude kommt eine geschichtliche Bedeutung zu, wenn die Beschaffenheit des Gebäudes für die historische oder kunsthistorische Forschung von Bedeutung ist (BVerwGE 11, 32). Eine künstlerische Bedeutung ist zB anzunehmen, wenn das Gebäude das ästhetische Empfinden in besonderem

Maße anspricht. Mit dem besonderen Versagungsgrund des Abs 3 Satz 2 bei der Errichtung eines Neubaues ist die Möglichkeit gegeben worden, solche bauliche Anlagen verhindern zu können, die zwar planungsrechtlich zulässig sind, sich aber zu den Zielen der Erhaltungssatzung als Fremdkörper darstellen.

9 Der gerichtlichen Überprüfung iR eines Normenkontrollverfahrens nach § 47 VwGO unterliegt nur das Ergebnis der gemeindlichen Abwägung (OVG Lüneburg BRS 40 Nr 154 = BauR 1983, 436 = ZfBR 1983, 238; vgl aber auch: OVG Münster NJW 1983, 2598 = BRS 39 Nr 172); das allen Planungsentscheidungen immanente Abwägungsgebot gilt auch im Falle der Erhaltungssatzung (OVG Münster NJW 1983, 2598 = BRS 39 Nr 172). Die Gültigkeit der Erhaltungssatzung kann nicht nur der Eigentümer eines Grundstücks im Erhaltungsgebiet gerichtlich überprüfen lassen, sondern auch derjenige, der berechtigt ist, wie ein Bauherr bauliche Änderungen vorzunehmen (vgl BVerwG ZfBR 1994, 224; OVG Lüneburg BRS 40 Nr 154).

10 Die Erhaltungssatzung tritt mit der öffentlichen Bekanntmachung in Kraft, § 172 Abs 1 Satz 3. Wie jede andere Rechtsnorm darf auch die Erhaltungssatzung nicht mit einem anderen als dem vom Normgeber gewollten Inhalt veröffentlicht werden (BVerwG NVwZ-RR 1993, 262).

§ 173 Genehmigung, Übernahmeanspruch

(1) Die Genehmigung wird durch die Gemeinde erteilt. Ist eine baurechtliche Genehmigung oder an ihrer Stelle eine baurechtliche Zustimmung erforderlich, wird die Genehmigung durch die Baugenehmigungsbehörde im Einvernehmen mit der Gemeinde erteilt; im Baugenehmigungs- oder Zustimmungsverfahren wird über die in § 172 Abs. 3 bis 5 bezeichneten Belange entschieden.
(2) Wird in den Fällen des § 172 Abs. 3 die Genehmigung versagt, kann der Eigentümer von der Gemeinde unter den Voraussetzungen des § 40 Abs. 2 die Übernahme des Grundstücks verlangen. § 43 Abs. 1, 4 und 5 sowie § 44 Abs. 3 und 4 sind entsprechend anzuwenden.
(3) Vor der Entscheidung über den Genehmigungsantrag hat die Gemeinde mit dem Eigentümer oder sonstigen zur Unterhaltung Verpflichteten die für die Entscheidung erheblichen Tatsachen zu erörtern. In den Fällen des § 172 Abs. 4 und 5 hat sie auch Mieter, Pächter und sonstige Nutzungsberechtigte zu hören.
(4) Die landesrechtlichen Vorschriften, insbesondere über den Schutz und die Erhaltung von Denkmälern, bleiben unberührt.

Durch § 172 wird ein selbstständiger Genehmigungstatbestand für den Rückbau, die Änderung – innere oder äußere Umgestaltung – und erstmals auch für die Nutzungsänderung baulicher Anlagen sowie in dem Fall des Abs 1 Satz 1 Nr 1 ebenso für die Neuerrichtung geschaffen. Daneben ist auch noch eine Baugenehmigung nach den Landesbauordnungen erforderlich, falls es sich nicht um ein genehmigungsfreies Vorhaben handelt. Zuständig für die Erteilung der Genehmigung ist bei einer baurechtlichen Genehmigungs- oder Zustimmungsbedürftigkeit die Baugenehmigungsbehörde, die im Einvernehmen mit der Gemeinde entscheidet, § 173

Abs 1 Satz 2. In allen anderen Fällen ist die Zuständigkeit der Gemeinde gegeben, § 173 Abs 1 Satz 1. Vor der Entscheidung über den Genehmigungsantrag besteht für die Gemeinde nach § 173 Abs 3 eine Erörterungspflicht. Der Zweck dieser Erörterung liegt darin, übermäßig belastende Folgen für die Eigentümer erhaltenswerter baulicher Anlagen zu vermeiden (BVerfG NVwZ 1987, 879 = DVBl 1987, 465 = ZfBR 1987, 203). Bei einer Versagung der Genehmigung gewährt § 173 Abs 2 dem Eigentümer einen Übernahmeanspruch gegen die Gemeinde. Hinzukommen muss, dass dem Eigentümer die Erhaltung des Gebäudes wirtschaftlich nicht zuzumuten ist. Insoweit spielen aber die persönlichen Verhältnisse des Eigentümers keine Rolle (vgl BVerwG ZfBR 1991, 275 = BRS 52 Nr 237); entscheidend ist auf den Erhaltungszustand und die Erhaltungsmöglichkeiten der baulichen Anlage abzustellen. Von Bedeutung ist auch, ob und in welcher Höhe öffentliche Mittel zur Verfügung gestellt werden können. Von der Unzumutbarkeit ist insbesondere dann auszugehen, wenn die Unterhaltungskosten für das Gebäude nicht durch entsprechende Erträge oder den Nutzungswert ausgeglichen werden. Zu beachten ist aber, dass das Eigentum an einer solchen baulichen Anlage per se mit einer höheren, situationsgebundenen Sozialpflichtigkeit belastet ist.

§ 174 Ausnahmen

(1) § 172 ist nicht auf Grundstücke anzuwenden, die den in § 26 Nr. 2 bezeichneten Zwecken dienen, und auf die in § 26 Nr. 3 bezeichneten Grundstücke.
(2) Befindet sich ein Grundstück der in Absatz 1 bezeichneten Art im Geltungsbereich einer Erhaltungssatzung, hat die Gemeinde den Bedarfsträger hiervon zu unterrichten. Beabsichtigt der Bedarfsträger ein Vorhaben im Sinne des § 172 Abs. 1, hat er dies der Gemeinde anzuzeigen. Der Bedarfsträger soll auf Verlangen der Gemeinde von dem Vorhaben absehen, wenn die Voraussetzungen vorliegen, die die Gemeinde berechtigen würden, die Genehmigung nach § 172 zu versagen, und wenn die Erhaltung oder das Absehen von der Errichtung der baulichen Anlage dem Bedarfsträger auch unter Berücksichtigung seiner Aufgaben zuzumuten ist.

Die Vorschriften über die Erhaltung bestimmter baulicher Anlagen gelten nicht für Grundstücke, die bestimmten – abschließend aufgezählten – öffentlichen Zwecken dienen. Insoweit besteht ein deutlicher Zusammenhang mit § 37. Die Pflicht der Gemeinde, den Bedarfsträger über die besondere Situation seines Grundstücks zu unterrichten, soll diesen in die Lage versetzen, seiner Anzeigepflicht nach Abs 2 Satz 2 nachzukommen. Die Gemeinde ist insoweit verpflichtet, die notwendigen Feststellungen zum Eigentum zu treffen. 1

Der Gesetzgeber überlässt es der Gemeinde, ob sie das Erhaltungsgebiet durch einen Bebauungsplan (auch ggf einen einfachen iSd § 30 Abs 2) oder eine sonstige Satzung festlegt. Auf Grund der geringeren Verfahrensanforderungen wird in der Praxis im Regelfall von der Erhaltungssatzung Gebrauch gemacht, weil das für die Bauleitplanung vorgeschriebene Verfahren (§§ 2 ff) nicht anzuwenden ist. In der Satzung ist der gesetzliche Erhaltungsgrund zu nennen (HessVGH BRS 46 Nr 123 2

= ZfBR 1986, 244), für die Erhaltungsgründe reicht die Bezugnahme auf das Gesetz aus (BVerfG NVwZ 1987, 879 = DVBl 1987, 465 = ZfBR 1987, 203). Auch wenn das Erhaltungsgebiet in einer sonstigen Satzung festgelegt wird, bedarf es keiner Begründung nach § 9 Abs 8 (BVerwGE 78, 28 = BVerwG Buchholz 406.11 § 39h Nr 1 - NVwZ 1988, 357). Wird der Satzung trotzdem eine Begründung beigefügt, braucht diese nicht öffentlich bekannt gemacht zu werden (HessVGH BRS 46 Nr 123 = ZfBR 1986, 244).

3 Das Verlangen der Gemeinde nach Abs 2 Satz 3 der Vorschrift geht über eine interne Bitte oder Meinungsäußerung deutlich hinaus und ist deshalb ein Verwaltungsakt, gegen den mit Widerspruch und verwaltungsgerichtlicher Klage vorgegangen werden kann.

Zweiter Abschnitt
Städtebauliche Gebote

§ 175 Allgemeines

(1) Beabsichtigt die Gemeinde, ein Baugebot (§ 176), ein Modernisierungs- oder Instandsetzungsgebot (§ 177), ein Pflanzgebot (§ 178) oder ein Rückbau- oder Entsiegelungsgebot (§ 179) zu erlassen, soll sie die Maßnahme vorher mit den Betroffenen erörtern. Die Gemeinde soll die Eigentümer, Mieter, Pächter und sonstigen Nutzungsberechtigten im Rahmen ihrer Möglichkeiten beraten, wie die Maßnahme durchgeführt werden kann und welche Finanzierungsmöglichkeiten aus öffentlichen Kassen bestehen.
(2) Die Anordnung von Maßnahmen nach den §§ 176 bis 179 setzt voraus, dass die alsbaldige Durchführung der Maßnahmen aus städtebaulichen Gründen erforderlich ist; bei Anordnung eines Baugebots nach § 176 kann dabei auch ein dringender Wohnbedarf der Bevölkerung berücksichtigt werden.
(3) Mieter, Pächter und sonstige Nutzungsberechtigte haben die Durchführung der Maßnahmen nach den §§ 176 bis 179 zu dulden.
(4) Die §§ 176 bis 179 sind nicht auf Grundstücke anzuwenden, die den in § 26 Nr. 2 bezeichneten Zwecken dienen, und auf die in § 26 Nr. 3 bezeichneten Grundstücke. Liegen für diese Grundstücke die Voraussetzungen für die Anordnung eines Gebots nach den §§ 176 bis 179 vor, soll auf Verlangen der Gemeinde der Bedarfsträger die entsprechenden Maßnahmen durchführen oder ihre Durchführung dulden, soweit dadurch nicht die Erfüllung seiner Aufgaben beeinträchtigt wird.
(5) Die landesrechtlichen Vorschriften, insbesondere über den Schutz und die Erhaltung von Denkmälern, bleiben unberührt.

1 Durch die städtebaulichen Gebote der §§ 176 ff wird der Gemeinde die Möglichkeit eröffnet, gegenüber Grundstückseigentümern Einzelanordnungen zur Durchsetzung der Festsetzungen eines Bebauungsplanes zu erlassen. Deshalb wird auch

von Planverwirklichungsgeboten gesprochen; diese knüpfen an die Sozialpflichtigkeit des Eigentums an. In diesem Rahmen enthält § 175 allgemeine Regelungen für die danach folgenden städtebaulichen Gebote.

Die Anwendung der in Abs 1 bezeichneten Gebote setzt iS konsensualen Handelns verfahrensrechtlich eine Erörterung und Beratung mit den Betroffenen voraus, die inhaltlich über eine bloße Unterrichtung und auch die Anhörung nach § 28 VwVfG hinausgeht und dazu dienen soll, dass die Eigentümer die Maßnahmen selbst durchführen und die Mieter, Pächter und sonstige Nutzungsberechtigte sie dulden. Die Erörterung kann dazu führen, dass die Gemeinde von einer Maßnahme absieht, weil sie dem Betroffenen wirtschaftlich nicht zumutbar ist. Eine Gemeinde wird von ihrer Erörterungs- und Beratungspflicht nach dieser Vorschrift zB nicht dadurch freigestellt, dass bereits vor der Aufstellung des Bebauungsplanes eine Bürgerbeteiligung (§ 3) stattgefunden hat. Unterbleibt allerdings eine Erörterung aus Gründen, die der Betroffene zu vertreten hat, ist die Gemeinde nicht gehindert, das entsprechende städtebauliche Gebot zu erlassen (VG Köln ZfBR 1986, 250). Ergeht ein Gebot ohne vorherige Erörterung oder Beratung, so ist dieser Verfahrensmangel bis zur zeitlichen Schranke des analog anzuwendenden § 45 Abs 2 VwVfG noch heilbar. Die Beratung über die Finanzierungsmöglichkeiten aus öffentlichen Kassen beschränkt sich nicht auf den Bereich der Gemeinde, sondern umfasst alle direkten Subventionen und steuerlichen Vergünstigungen.

Materiellrechtlich setzt der Erlass eines Gebots nach Abs 2 voraus, dass die Durchführung der Maßnahme aus städtebaulichen Gründen alsbald erforderlich ist. Der Erlass ist nur gerechtfertigt, wenn die Unterlassung zu einer Verzögerung der Planverwirklichung führen würde. Das Vorhandensein eines Bebauungsplanes begründet für sich allein noch nicht die Erforderlichkeit der alsbaldigen Durchführung. Vielmehr müssen die städtebaulichen Gründe in ihrem Gewicht und in ihrer Dringlichkeit unter Beachtung von Art 14 GG über diejenigen Gründe hinausgehen, die den Bebauungsplan selbst tragen, um die Erforderlichkeit bejahen zu können (BVerwG Buchholz 406.11 § 175 BauGB Nr 1 = NVwZ 1990, 60 = BRS 49 Nr 219). So wäre beispielsweise ein Baugebot (noch) nicht gerechtfertigt, wenn die Erschließung des Grundstücks (noch) nicht gesichert ist. Ausdrücklich nennt das Gesetz den dringenden Wohnbedarf der Bevölkerung als Grund, der ein städtebauliches Gebot rechtfertigen kann.

Eine auf Grund des Abs 3 ergangene Duldungsverfügung, die – falls notwendig – auch die Räumungspflicht umfasst, wird zwangsweise mit den Mitteln des Verwaltungszwangs nach dem landesrechtlichen Verwaltungsvollstreckungsrecht durchgesetzt. In aller Regel wird nur die Androhung und Festsetzung eines Zwangsgeldes in Betracht kommen (BVerwG Buchholz 406.11 § 39b BBauG Nr 2 = NVwZ 1990, 663 = BRS 50 Nr 205). Hat die Duldungspflicht zur Folge, dass in das zivilrechtliche Vertragsverhältnis eingegriffen werden muss, sind die §§ 182 ff maßgebend. Insoweit kann auch der Eigentümer vom Nutzungsberechtigten im zivilrechtlichen Innenverhältnis die Duldung verlangen.

Abs 4 entspricht für die städtebaulichen Gebote der Regelung des § 174 für die Erhaltungssatzung. Aus Abs 5 folgt, dass ein Baugebot nicht die nach dem jeweiligen Landesrecht erforderliche Baugenehmigung ersetzt.

§ 176 Baugebot

(1) Im Geltungsbereich eines Bebauungsplans kann die Gemeinde den Eigentümer durch Bescheid verpflichten, innerhalb einer zu bestimmenden angemessenen Frist
1. sein Grundstück entsprechend den Festsetzungen des Bebauungsplans zu bebauen oder
2. ein vorhandenes Gebäude oder eine vorhandene sonstige bauliche Anlage den Festsetzungen des Bebauungsplans anzupassen.

(2) Das Baugebot kann außerhalb der in Absatz 1 bezeichneten Gebiete, aber innerhalb im Zusammenhang bebauter Ortsteile angeordnet werden, um unbebaute oder geringfügig bebaute Grundstücke entsprechend den baurechtlichen Vorschriften zu nutzen oder einer baulichen Nutzung zuzuführen, insbesondere zur Schließung von Baulücken.

(3) Ist die Durchführung des Vorhabens aus wirtschaftlichen Gründen einem Eigentümer nicht zuzumuten, hat die Gemeinde von dem Baugebot abzusehen.

(4) Der Eigentümer kann von der Gemeinde die Übernahme des Grundstücks verlangen, wenn er glaubhaft macht, dass ihm die Durchführung des Vorhabens aus wirtschaftlichen Gründen nicht zuzumuten ist. § 43 Abs. 1, 4 und 5 sowie § 44 Abs. 3 und 4 sind entsprechend anzuwenden.

(5) Ist die Durchführung eines Baugebots nur möglich, wenn zuvor eine bauliche Anlage oder Teile davon beseitigt werden, ist der Eigentümer mit dem Baugebot auch zur Beseitigung verpflichtet. § 179 Abs. 2 und 3 Satz 1, § 43 Abs. 2 und 5 sowie § 44 Abs. 3 und 4 sind entsprechend anzuwenden.

(6) Ist für ein Grundstück eine andere als bauliche Nutzung festgesetzt, sind die Absätze 1 und 3 bis 5 entsprechend anzuwenden.

(7) Mit dem Baugebot kann die Verpflichtung verbunden werden, innerhalb einer zu bestimmenden angemessenen Frist den für eine bauliche Nutzung des Grundstücks erforderlichen Antrag auf Erteilung einer bauaufsichtlichen Genehmigung zu stellen.

(8) Kommt der Eigentümer der Verpflichtung nach Absatz 7 auch nach Vollstreckungsmaßnahmen auf Grund landesrechtlicher Vorschriften nicht nach, kann das Enteignungsverfahren nach § 85 Abs. 1 Nr. 5 auch vor Ablauf der Frist nach Absatz 1 eingeleitet werden.

(9) In dem Enteignungsverfahren ist davon auszugehen, dass die Voraussetzungen des Baugebots vorliegen; die Vorschriften über die Zulässigkeit der Enteignung bleiben unberührt. Bei der Bemessung der Entschädigung bleiben Werterhöhungen unberücksichtigt, die nach Unanfechtbarkeit des Baugebots eingetreten sind, es sei denn, dass der Eigentümer die Werterhöhungen durch eigene Aufwendungen zulässigerweise bewirkt hat.

1 § 176 enthält mit dem Bebauungsgebot (Abs 1 Nr 1) und dem Anpassungsgebot (Abs 1 Nr 2) zwei unterschiedliche Baugebote. Nach § 176 kann die Gemeinde im Gebiet eines Bebauungsplanes (Abs 1) – insoweit reicht auch ein einfacher Bebauungsplan aus (§ 30 Abs 2) – und im unbeplanten Innenbereich nach § 34 (Abs 2)

ein Baugebot erlassen, um die Bebauung eines regelmäßig unbebauten Grundstücks oder die Anpassung an ein vorhandenes Gebäude entsprechend den Festsetzungen des Bebauungsplanes bzw der vorhandenen Bebauung zu erzwingen. Ob ein Grundstück geringfügig bebaut ist, richtet sich nicht nur nach der Größe der bestehenden baulichen Anlagen, sondern auch nach der Nutzungsart. So kann zB im Dorfgebiet (§ 5 BauNVO) eine Scheune oder ein Stall nicht als geringfügige Bebauung angesehen werden, die einer Wohnbebauung weichen müsste.

Das an den Eigentümer zu richtende Baugebot muss hinreichend bestimmt iSd § 37 Abs 1 VwVfG sein. Dies ist dann gegeben, wenn es die Verpflichtung des Eigentümers ausspricht, innerhalb einer angemessenen Frist die konkret zu bezeichnenden notwendigen Maßnahmen für die Bebauung seines Grundstücks zu ergreifen (BVerwG Buchholz 406.11 § 39b BBauG Nr 1 = NVwZ 1990, 658 = BRS 50 Nr 204). Zu beachten ist noch, dass ein Baugebot nicht die dem Eigentümer offenstehenden Möglichkeiten zur rechtmäßigen baulichen Nutzung des Grundstücks einschränken darf (BVerwG Buchholz 406.11 § 39b BBauG Nr 1 = NVwZ 1990, 658 = BRS 50 Nr 204). Hierzu zählt insbesondere auch das Recht, ungehindert zwischen den planungsrechtlich möglichen Bebauungsalternativen auswählen zu können, was im Baugebot hinreichend deutlich zu machen ist (BVerwGE 84, 335 = DVBl 1990, 576). Das Baugebot schließt auch eine nach Landesrecht erforderliche Baugenehmigung nicht mit ein; es berechtigt aber die Gemeinde, dem Adressaten des Baugebots zusätzlich aufzugeben, einen Bauantrag zu stellen. Voraussetzung ist aber stets, dass der Adressat des Baugebots (bau-)rechtlich in der Lage ist, den von der Gemeinde erstrebten Zustand zu verwirklichen. Daran fehlt es zB, wenn das betroffene Grundstück nicht allein, sondern nur iR einer zusammenhängenden Bebauung mit einem Nachbargrundstück bebaut werden kann; in einem solchen Fall muss die Gemeinde zunächst bodenordnende Maßnahmen durchführen (BVerwGE 88, 97 = DVBl 1991, 817).

Nach § 176 Abs 3 ist ein Baugebot dann unzulässig, wenn die Bebauung aus wirtschaftlichen Gründen einem Eigentümer nicht zuzumuten ist. In diesem Fall kommt es nicht auf den konkreten Eigentümer an, sondern darauf, ob einem durchschnittlichen Eigentümer eines solchen Grundstücks eine Bebauung unmöglich wäre (sog objektive Unzumutbarkeit). Diese objektive Unzumutbarkeit kann allerdings nur für einen begrenzten Zeitraum anerkannt werden, weil ansonsten dem Bebauungsplan ein Abwägungsfehler zu Grunde liegen würde (BVerwG Buchholz 406.11 § 1 BBauG Nr 16 = DVBl 1979, 151 = BRS 33 Nr 11). Demgegenüber steht die sog subjektive Unzumutbarkeit (nur dem konkreten Eigentümer ist wegen seiner schlechten wirtschaftlichen Verhältnisse eine Bebauung nicht möglich) einem Baugebot nach § 176 nicht entgegen. In einem solchen Fall kann der Eigentümer aber die Übernahme des Grundstücks durch die Gemeinde gegen Entschädigung nach Enteignungsgrundsätzen (vgl § 43) verlangen. Allerdings reicht die Behauptung der Unzumutbarkeit nicht aus; vielmehr müssen die wirtschaftlichen Gründe, die der Durchführung des Vorhabens entgegenstehen, glaubhaft gemacht werden, § 294 ZPO.

Kommt der Eigentümer dem Baugebot nicht nach, besteht neben dem Vorgehen nach Verwaltungsvollstreckungsrecht (BVerwG Buchholz 406.11 § 39b BBauG Nr 2 = NVwZ 1990, 663 = BRS 50 Nr 205) noch die Möglichkeit, den Eigentümer unter den strengen Voraussetzungen des § 85 Abs 1 Nr 5 zu enteignen. Vorausset-

zung hierfür wird regelmäßig sein, dass weitere Vollstreckungsmaßnahmen (Zwangsgeld) sinnlos sind, so dass ihre Wiederholung ermessensfehlerhaft wäre (BVerwGE 84, 335 = DVBl 1990, 583). Baugebote wurden bisher kaum ausgesprochen, was zum einen daran liegt, dass ihr Ausspruch politisch in den meisten Fällen unpopulär ist. Zum anderen bestehen aber auch bei den zuständigen Stellen erhebliche Unsicherheiten bezüglich der Durchführung und Vollstreckung. Diese könnten aber nur abgebaut werden, wenn das Baugebot häufiger angewandt würde. Nur dann könnten die Entscheidungsprozesse und Handlungsformen weiter entwickelt werden und im Zuge der zu erwartenden Rechtsstreitigkeiten könnten Grundsatzentscheidungen der Gerichte Rechtsklarheit und -sicherheit schaffen, was auch die Dauer entsprechender Verfahren verkürzen würde (vgl im Einzelnen: Ferner, Minimierung von Flächenverbrauch, S 128 ff).

§ 177 Modernisierungs- und Instandsetzungsgebot

(1) Weist eine bauliche Anlage nach ihrer inneren oder äußeren Beschaffenheit Missstände oder Mängel auf, deren Beseitigung oder Behebung durch Modernisierung oder Instandsetzung möglich ist, kann die Gemeinde die Beseitigung der Missstände durch ein Modernisierungsgebot und die Behebung der Mängel durch ein Instandsetzungsgebot anordnen. Zur Beseitigung der Missstände und zur Behebung der Mängel ist der Eigentümer der baulichen Anlage verpflichtet. In dem Bescheid, durch den die Modernisierung oder Instandsetzung angeordnet wird, sind die zu beseitigenden Missstände oder zu behebenden Mängel zu bezeichnen und eine angemessene Frist für die Durchführung der erforderlichen Maßnahmen zu bestimmen.
(2) Missstände liegen insbesondere vor, wenn die bauliche Anlage nicht den allgemeinen Anforderungen an gesunde Wohn- und Arbeitsverhältnisse entspricht.
(3) Mängel liegen insbesondere vor, wenn durch Abnutzung, Alterung, Witterungseinflüsse oder Einwirkungen Dritter
1. die bestimmungsgemäße Nutzung der baulichen Anlage nicht nur unerheblich beeinträchtigt wird,
2. die bauliche Anlage nach ihrer äußeren Beschaffenheit das Straßen- oder Ortsbild nicht nur unerheblich beeinträchtigt oder
3. die bauliche Anlage erneuerungsbedürftig ist und wegen ihrer städtebaulichen, insbesondere geschichtlichen oder künstlerischen Bedeutung erhalten bleiben soll.

Kann die Behebung der Mängel einer baulichen Anlage nach landesrechtlichen Vorschriften auch aus Gründen des Schutzes und der Erhaltung von Baudenkmälern verlangt werden, darf das Instandsetzungsgebot nur mit Zustimmung der zuständigen Landesbehörde erlassen werden. In dem Bescheid über den Erlass des Instandsetzungsgebots sind die auch aus Gründen des Denkmalschutzes gebotenen Instandsetzungsmaßnahmen besonders zu bezeichnen.
(4) Der Eigentümer hat die Kosten der von der Gemeinde angeordneten Maßnahmen insoweit zu tragen, als er sie durch eigene oder fremde Mittel decken und die sich daraus ergebenden Kapitalkosten sowie die zusätzlich ent-

stehenden Bewirtschaftungskosten aus Erträgen der baulichen Anlage aufbringen kann. Sind dem Eigentümer Kosten entstanden, die er nicht zu tragen hat, hat die Gemeinde sie ihm zu erstatten, soweit nicht eine andere Stelle einen Zuschuss zu ihrer Deckung gewährt. Dies gilt nicht, wenn der Eigentümer auf Grund anderer Rechtsvorschriften verpflichtet ist, die Kosten selbst zu tragen, oder wenn er Instandsetzungen unterlassen hat und nicht nachweisen kann, dass ihre Vornahme wirtschaftlich unvertretbar oder ihm nicht zuzumuten war. Die Gemeinde kann mit dem Eigentümer den Kostenerstattungsbetrag unter Verzicht auf eine Berechnung im Einzelfall als Pauschale in Höhe eines bestimmten Vomhundertsatzes der Modernisierungs- oder Instandsetzungskosten vereinbaren.

(5) Der vom Eigentümer zu tragende Kostenanteil wird nach der Durchführung der Modernisierungs- oder Instandsetzungsmaßnahmen unter Berücksichtigung der Erträge ermittelt, die für die modernisierte oder instand gesetzte bauliche Anlage bei ordentlicher Bewirtschaftung nachhaltig erzielt werden können; dabei sind die mit einem Bebauungsplan, einem Sozialplan, einer städtebaulichen Sanierungsmaßnahme oder einer sonstigen städtebaulichen Maßnahme verfolgten Ziele und Zwecke zu berücksichtigen.

Ziel des Modernisierungs- und Instandsetzungsgebots in § 177 ist die Beseitigung oder die Behebung von Missständen und Mängeln. Mit Modernisierung bezeichnet Abs 1 Satz 1 die Beseitigung von Missständen, die nach Abs 2 insbesondere darin zu sehen sind, dass eine bauliche Anlage nicht den allgemeinen Anforderungen an gesunde Wohn- und Arbeitsverhältnisse entspricht, zB bei Wohngebäuden die heutigen Mindestanforderungen an Belichtung, Belüftung oder sanitäre Ausstattung nicht erfüllt sind. Die allgemeinen Anforderungen an gesunde Wohn- und Arbeitsverhältnisse unterliegen einem ständigen Wandel (BGHZ 48, 193). Dieses Gebot dient damit der Erhaltung und Sicherung der Bausubstanz. Unter Instandsetzung wird die Behebung von Mängeln verstanden, die insbesondere vorliegen, wenn durch Abnutzung, Alterung, Witterungseinflüsse oder Einwirkungen Dritter die in Abs 3 Nr 1–3 bezeichneten Belange beeinträchtigt werden. Die Instandsetzung stellt sich daher als die nachträgliche Behebung vorhandener baulicher Mängel dar, um den für den bestimmungsgemäßen Gebrauch geeigneten Zustand wiederherzustellen. 1

Voraussetzung für den Erlass eines Gebots ist, dass die Modernisierung oder Instandsetzung wirtschaftlich, technisch und rechtlich möglich ist (BVerwG ZfBR 1991, 275 = BRS 52 Nr 237) und dass städtebauliche Gründe ihre alsbaldige Durchführung erfordern. Dabei hängt die Anordnung eines Modernisierungs- oder Instandsetzungsgebots nicht von den persönlichen Möglichkeiten oder der finanziellen Leistungsfähigkeit des Eigentümers ab (BVerwG Buchholz 406.11 § 177 BauGB Nr 1 = NVwZ 1992, 164 = DÖV 1992, 29). 2

In dem Bescheid sind die zu beseitigenden Missstände oder zu behebenden Mängel substantiiert, eindeutig und klar zu bezeichnen. Dabei können sich Probleme daraus ergeben, dass nicht vorgeschrieben werden kann, mit welchen Mitteln das angestrebte Ziel erreicht werden soll. Dies kann aber zu einer nicht gewollten „Luxusmodernisierung" führen, der mit einer Milieuschutzsatzung nach § 172 Abs 1 3

Satz 1 Nr 2 begegnet werden müsste. Die Kosten für eine Instandsetzung oder Modernisierung hat der Eigentümer nach § 177 Abs 4 insoweit zu tragen, als er sie durch eigene oder fremde Mittel decken und die sich daraus ergebenden Kapitalkosten sowie die zusätzlich entstehenden Bewirtschaftungskosten aus Erträgen des Gebäudes (insbesondere Mieteinnahmen) aufbringen kann. Kosten, die von § 177 Abs 4 Satz 1 nicht erfasst werden, hat die Gemeinde dem Eigentümer zu erstatten, soweit nicht eine andere Stelle einen Zuschuss gewährt.

§ 178 Pflanzgebot

Die Gemeinde kann den Eigentümer durch Bescheid verpflichten, sein Grundstück innerhalb einer zu bestimmenden angemessenen Frist entsprechend den nach § 9 Abs. 1 Nr. 25 getroffenen Festsetzungen des Bebauungsplans zu bepflanzen.

1 Das Pflanzgebot nach § 178 verpflichtet den Eigentümer, sein Grundstück entsprechend den Festsetzungen des Bebauungsplanes (§ 9 Abs 1 Nr 25) zu bepflanzen (vgl hierzu BVerwG ZfBR 1991, 177 = BRS 52 Nr 19). Voraussetzung ist, dass die alsbaldige Bepflanzung aus städtebaulichen Gründen erforderlich ist (§ 175 Abs 2). Hiervon dürfte regelmäßig auszugehen sein, wenn die vorgeschriebene Bepflanzung nicht innerhalb eines Jahres nach Abschluss der Bauarbeiten erfolgt, obwohl dies nach der Verkehrsauffassung zu erwarten ist, da die Begrünung von Baugebieten einen wesentlichen Aspekt städtebaulicher Qualität darstellt. Das Pflanzgebot kann idR im Wege der Festsetzung eines Zwangsgeldes oder der Ersatzvornahme vollstreckt werden (OVG Berlin BRS 52 Nr 24). Es umfasst auch die Erhaltung der geforderten Bepflanzung und ggf den Ersatz nicht anwachsender Pflanzen.

2 Einen Übernahmeanspruch wie beim Baugebot sieht das Gesetz wegen der regelmäßig geringeren Belastung für den Verpflichteten nicht vor. Auch auf die Möglichkeit einer Enteignung verzichtet die Regelung im Hinblick auf den Grundsatz der Verhältnismäßigkeit und die Vollstreckungsmöglichkeiten. Bezüglich der Entschädigung für Anpflanzungen ist auf § 41 Abs 2 hinzuweisen. Die bauordnungsrechtliche Möglichkeit, als Nebenbestimmung zur Baugenehmigung eine Bepflanzungsverpflichtung zu begründen, wird durch § 178 nicht berührt.

§ 179 Rückbau- und Entsiegelungsgebot

(1) Die Gemeinde kann den Eigentümer verpflichten zu dulden, dass eine bauliche Anlage im Geltungsbereich eines Bebauungsplans ganz oder teilweise beseitigt wird, wenn sie
1. den Festsetzungen des Bebauungsplans nicht entspricht und ihnen nicht angepasst werden kann oder
2. Missstände oder Mängel im Sinne des § 177 Abs. 2 und 3 Satz 1 aufweist, die auch durch eine Modernisierung oder Instandsetzung nicht behoben werden können.

Satz 1 Nr. 1 gilt entsprechend für die sonstige Wiedernutzbarmachung von dauerhaft nicht mehr genutzten Flächen, bei denen der durch Bebauung oder Versiegelung beeinträchtigte Boden in seiner Leistungsfähigkeit erhalten oder wiederhergestellt werden soll; die sonstige Wiedernutzbarmachung steht der Beseitigung nach Satz 1 gleich. Diejenigen, für die ein Recht an dem Grundstück oder an einem das Grundstück belastenden Recht im Grundbuch eingetragen oder durch Eintragung gesichert ist, das nicht zur Nutzung berechtigt, sollen von dem Bescheid benachrichtigt werden, wenn sie von der Beseitigung betroffen werden. Unberührt bleibt das Recht des Eigentümers, die Beseitigung selbst vorzunehmen.

(2) Der Bescheid darf bei Wohnraum nur vollzogen werden, wenn im Zeitpunkt der Beseitigung angemessener Ersatzwohnraum für die Bewohner unter zumutbaren Bedingungen zur Verfügung steht. Strebt der Inhaber von Raum, der überwiegend gewerblichen oder beruflichen Zwecken dient (Geschäftsraum), eine anderweitige Unterbringung an, soll der Bescheid nur vollzogen werden, wenn im Zeitpunkt der Beseitigung anderer geeigneter Geschäftsraum unter zumutbaren Bedingungen zur Verfügung steht.

(3) Entstehen dem Eigentümer, Mieter, Pächter oder sonstigen Nutzungsberechtigten durch die Beseitigung Vermögensnachteile, hat die Gemeinde angemessene Entschädigung in Geld zu leisten. Der Eigentümer kann anstelle der Entschädigung nach Satz 1 von der Gemeinde die Übernahme des Grundstücks verlangen, wenn es ihm mit Rücksicht auf das Rückbau- oder Entsiegelungsgebot wirtschaftlich nicht mehr zuzumuten ist, das Grundstück zu behalten. § 43 Abs. 1, 2, 4 und 5 sowie §44 Abs. 3 und 4 sind entsprechend anzuwenden.

Das Rückbaugebot nach § 179 ist von den Abbruchverfügungen nach den Landesbauordnungen streng zu unterscheiden. Während die Abbruchverfügungen nach dem Landesbaurecht nur gerechtfertigt sind, wenn die bauliche Anlage formell und materiell baurechtswidrig ist, betrifft das Rückbaugebot des § 179 legale und damit Bestandsschutz genießende Bauwerke. Trotz der Überschrift ist es kein an den Eigentümer gerichtetes Handlungsgebot, sondern verpflichtet ihn zur Duldung des von der Gemeinde durchzuführenden Abbruchs. Es bleibt dem Eigentümer allerdings unbenommen, diesen auch selbst vorzunehmen, § 179 Abs 1 Satz 3. Zuständig für den Erlass eines Gebots nach § 179 ist die Gemeinde auch dann, wenn sie nicht Baugenehmigungsbehörde ist. Zur Durchführung bedarf der Verpflichtete dann aber einer Genehmigung nach den einschlägigen Landesbauordnungen.

Das Rückbaugebot darf nur im Geltungsbereich eines Bebauungsplanes – auch eines einfachen Bebauungsplanes (§ 30 Abs 2) – angeordnet werden, muss eine ausreichende Bestimmtheit aufweisen und bezieht sich nur auf bauliche Anlagen, bei denen die Voraussetzungen des Abs 1 Nr 1 oder Nr 2 vorliegen. Die Tatbestandsvoraussetzung der Nr 1 ist erfüllt, wenn eine bauliche Anlage den Festsetzungen des Bebauungsplans nicht entspricht und eine Anpassung an diesen (technisch oder wirtschaftlich) nicht oder nur mit unverhältnismäßigem Aufwand möglich ist. Demgegenüber setzt Nr 2 voraus, dass nicht behebbare Mängel oder Missstände bestehen, bezüglich derer auf § 177 verwiesen wird. In beiden Fällen muss aber die

alsbaldige Beseitigung unter städtebaulichen Aspekten im öffentlichen Interesse erforderlich sein. Die Vorschrift hat keinen nachbarschützenden Charakter (BVerwG ZfBR 1993, 92 = BRS 54 Nr 212). Einer Fristsetzung bedarf es nicht (OVG Bremen NVwZ 1986, 764). Im unbeplanten Innenbereich nach § 34 findet das Rückbaugebot keine Anwendung.

3 Es darf erst nach § 179 Abs 2 vollzogen werden, wenn im Zeitpunkt der Beseitigung angemessener Ersatzwohnraum für die Bewohner unter zumutbaren Bedingungen zur Verfügung steht. Erlassen werden darf das Gebot aber schon vorher. Entsprechendes gilt bei Geschäftsräumen, wenn der Inhaber eine andere Unterbringung anstrebt. Erleidet der Eigentümer durch den Rückbau Vermögensnachteile, so hat er gegen die Gemeinde nach § 179 Abs 3 Satz 1 einen Entschädigungsanspruch, der sich nach den §§ 93 ff bemisst. Anstelle einer Geldentschädigung kann er, wenn die Voraussetzungen des § 179 Abs 3 Satz 2 und 3 gegeben sind, die Übernahme des Grundstücks durch die Gemeinde verlangen. Auch den sonstigen Nutzungsberechtigten ist für Vermögensnachteile eine Geldentschädigung zu leisten.

4 Durch das BauROG 1998 ist dem Rückbaugebot ein Entsiegelungsgebot zur Seite gestellt worden, das in erster Linie dem Bodenschutz dienen soll. Hiernach sind dauerhaft nicht mehr baulich genutzte Flächen, bei denen der durch die Bebauung oder Versiegelung beeinträchtigte Boden in seiner Leistungsfähigkeit erhalten oder wieder hergestellt werden soll, durch Entsiegelung bzw Beseitigung wieder nutzbar zu machen, wenn die Festsetzungen des Bebauungsplans nicht eingehalten werden und eine Anpassung nicht möglich ist. Hiermit korrespondiert nunmehr auch § 1a Abs 2 (vgl zur Gesamtproblematik Ferner, Minimierung von Flächenverbrauch bei der Schaffung von Wohnraum – Appell oder Planvoraussetzung?).

5 Widerspruchs- und im Verwaltungsstreitverfahren klagebefugt gegen ein Gebot nach § 179 ist der in Abs 3 genannte Personenkreis, dh neben dem Eigentümer auch Mieter, Pächter und sonstige Nutzungsberechtigte. Demgegenüber ist für Streitigkeiten über Entschädigungs- und Übernahmeverlangen die Baulandkammer (§ 217) zuständig.

Sechster Teil
Sozialplan und Härteausgleich

§ 180 Sozialplan

(1) Wirken sich Bebauungspläne, städtebauliche Sanierungsmaßnahmen, städtebauliche Entwicklungsmaßnahmen oder Stadtumbaumaßnahmen voraussichtlich nachteilig auf die persönlichen Lebensumstände der in dem Gebiet wohnenden oder arbeitenden Menschen aus, soll die Gemeinde Vorstellungen entwickeln und mit den Betroffenen erörtern, wie nachteilige Auswirkungen möglichst vermieden oder gemildert werden können. Die Gemeinde hat den Betroffenen bei ihren eigenen Bemühungen, nachteilige Auswirkungen zu vermeiden oder zu mildern, zu helfen, insbesondere beim Wohnungs- und Arbeitsplatzwechsel sowie beim Umzug von Betrieben; soweit öffentliche Leistungen in Betracht kommen können, soll die Gemeinde hierauf hinweisen. Sind Betroffene

nach ihren persönlichen Lebensumständen nicht in der Lage, Empfehlungen und anderen Hinweisen der Gemeinde zur Vermeidung von Nachteilen zu folgen oder Hilfen zu nutzen oder sind aus anderen Gründen weitere Maßnahmen der Gemeinde erforderlich, hat die Gemeinde geeignete Maßnahmen zu prüfen.

(2) Das Ergebnis der Erörterungen und Prüfungen nach Absatz 1 sowie die voraussichtlich in Betracht zu ziehenden Maßnahmen der Gemeinde und die Möglichkeiten ihrer Verwirklichung sind schriftlich darzustellen (Sozialplan).

(3) Steht die Verwirklichung einer Durchführungsmaßnahme durch einen anderen als die Gemeinde bevor, kann die Gemeinde verlangen, dass der andere im Einvernehmen mit ihr die sich aus Absatz 1 ergebenden Aufgaben übernimmt. Die Gemeinde kann diese Aufgaben ganz oder teilweise auch selbst übernehmen und dem anderen die Kosten auferlegen.

§ 180 hat durch das Gesetz zur Anpassung des Baugesetzbuchs an EU-Richtlinien vom 24.06.2004 lediglich eine notwendige Folgeänderung zur Einfügung der Vorschriften über den Stadtumbau erfahren. [1]

Nach den Vorschriften des vierten Teils über den Sozialplan und den Härteausgleich soll von der Gemeinde schon vor dem Zeitpunkt, zu dem der Bebauungsplan rechtsverbindlich wird, ein **Sozialplan** aufgestellt werden, um dadurch die Grundsätze für die nach § 1 Abs 5 Nr 3 gebotene Abwägung aufzeigen zu können. Voraussetzung dafür ist aber, dass die nachteiligen **Sozialauswirkungen** des § 180 Abs 1 eintreten können. Dazu zählen die Berufs-, Erwerbs- und Familienverhältnisse, das Lebensalter, die Wohnbedürfnisse, die sozialen Verflechtungen sowie die örtlichen Bindungen und Abhängigkeiten der Betroffenen. Sind solche nachteiligen Sozialauswirkungen zu befürchten, soll die Gemeinde Vorstellungen zur Vermeidung entwickeln und diese mit den Betroffenen erörtern. Das Ergebnis der Erörterungen und Prüfungen sowie die voraussichtlich in Betracht zu ziehenden Maßnahmen der Gemeinde sind nach § 180 Abs 2 im Sozialplan schriftlich darzustellen. Welche Maßnahmen die Gemeinde im Einzelfall ergreift, steht ihr völlig frei. Durch Abs 1 Satz 2 wird sie nicht zu Leistungen, insbesondere finanzieller Art, verpflichtet, auf die der Betroffene nicht bereits aus anderen Gründen einen Anspruch hat. Zu beachten ist, dass nach § 180 Abs 1 Satz 2 die Betroffenen auch selbst aufgerufen sind, nachteiligen Auswirkungen zu begegnen. [2]

Das Gesetz enthält keine ausdrücklichen Aussagen zur **Rechtsnatur des Sozialplans**, doch ist ihm zu entnehmen, dass es sich um ein Instrument handelt, das die in § 180 Abs 1 Satz 1 angeführten planerischen Maßnahmen unter näher bezeichneten Voraussetzungen um ein weiteres Element ergänzt. Ein iR einer Entwicklungsplanung erarbeiteter Sozialplan ist, anders als etwa der landschaftspflegerische Begleitplan, der nach § 8 Abs 4 BNatSchG in den Fachplan integriert ist, kein Bestandteil der förmlichen Festlegung des Entwicklungsbereichs. Das Verfahren ist aufzunehmen, sobald sich die in § 180 Abs 1 Satz 1 erwähnten nachteiligen Auswirkungen als Möglichkeit abzeichnen. Die sozialen Belange können iR der nach § 165 Abs 3 Satz 2 gebotenen Abwägungsentscheidung insbesondere dann eine Rolle spielen, wenn die geplante Maßnahme auf eine Umstrukturierung des Gebiets hinausläuft, die mit Umsiedlungen oder ähnlichen Eingriffen verbunden ist. Der Sinn des Sozialplans ist es, die Wirkungen, die sich aus einem solchen Abwägungsergebnis für [3]

die hiervon Betroffenen ergeben, auszugleichen oder zu mildern. Inwieweit in dieser Richtung Handlungsbedarf besteht, lässt sich abschließend regelmäßig erst beurteilen, nachdem die Planungsentscheidung getroffen worden ist. Bis zu diesem Zeitpunkt ist ein zuvor erarbeiteter Entwurf in dem Maße, in dem die Planung sich verfestigt, ggf iSd § 140 Nr 6 zu konkretisieren und fortzuschreiben (BverwG, NVwZ 2001, 1050 = BauR 2001, 1684 = BRS 64 Nr 221 (2001) = UPR 2002, 25).

4 Den **eigentlichen Sozialplan** bilden die **schriftlichen Darstellungen der Ergebnisse der Erörterungen und Prüfungen** einschließlich der voraussichtlich in Betracht zu ziehenden Maßnahmen. Dem Sozialplan kommt nur eine vorbereitende Funktion zu; er hat **keine Rechtsverbindlichkeit**, so dass der Einzelne daraus auch keine Rechtsansprüche ableiten kann. Unterlässt es die Gemeinde pflichtwidrig, einen Sozialplan aufzustellen, ist ein Einschreiten im Wege der Kommunalaufsicht möglich. Ein fehlender Sozialplan rechtfertigt nicht, eine begehrte Baugenehmigung zu versagen.

5 Führt ein **Dritter die Durchführungsmaßnahme** – zweckmäßigerweise erfolgt dies durch den Abschluss eines **öffentlich-rechtlichen Vertrages**, §§ 54 ff VwVfG – durch, kann die Gemeinde nach § 180 Abs 3 verlangen, dass dieser mit den Betroffenen erörtert, wie nachteilige Auswirkungen vermieden werden können. Führt die Gemeinde für diesen die sich aus Abs 1 ergebenden Aufgaben ganz oder teilweise selbst durch, so kann sie, wie die Formulierung *auferlegen* in Abs 3 Satz 2 zeigt, die Kosten dafür gegen ihn durch **Verwaltungsakt** festsetzen.

§ 181 Härteausgleich

(1) Soweit es die Billigkeit erfordert, soll die Gemeinde bei der Durchführung dieses Gesetzbuchs zur Vermeidung oder zum Ausgleich wirtschaftlicher Nachteile – auch im sozialen Bereich – auf Antrag einen Härteausgleich in Geld gewähren
1. einem Mieter oder Pächter, wenn das Miet- oder Pachtverhältnis mit Rücksicht auf die Durchführung städtebaulicher Maßnahmen aufgehoben oder enteignet worden ist;
2. einer gekündigten Vertragspartei, wenn die Kündigung zur Durchführung städtebaulicher Maßnahmen erforderlich ist; dies gilt entsprechend, wenn ein Mietoder Pachtverhältnis vorzeitig durch Vereinbarung der Beteiligten beendigt wird; die Gemeinde hat zu bestätigen, dass die Beendigung des Rechtsverhältnisses im Hinblick auf die alsbaldige Durchführung der städtebaulichen Maßnahmen geboten ist;
3. einer Vertragspartei, wenn ohne Beendigung des Rechtsverhältnisses die vermieteten oder verpachteten Räume ganz oder teilweise vorübergehend unbenutzbar sind und die Gemeinde bestätigt hat, dass dies durch die alsbaldige Durchführung städtebaulicher Maßnahmen bedingt ist;
4. einem Mieter oder Pächter für die Umzugskosten, die dadurch entstehen, dass er nach der Räumung seiner Wohnung vorübergehend anderweitig untergebracht worden ist und später ein neues Miet- oder Pachtverhältnis in dem Gebiet begründet wird, sofern dies im Sozialplan vorgesehen ist.

Voraussetzung ist, dass der Nachteil für den Betroffenen in seinen persönlichen Lebensumständen eine besondere Härte bedeutet, eine Ausgleichs- oder Entschädigungsleistung nicht zu gewähren ist und auch ein Ausgleich durch sonstige Maßnahmen nicht erfolgt.

(2) Absatz 1 ist entsprechend anzuwenden auf andere Vertragsverhältnisse, die zum Gebrauch oder zur Nutzung eines Grundstücks, Gebäudes oder Gebäudeteils oder einer sonstigen baulichen Einrichtung berechtigen.

(3) Ein Härteausgleich wird nicht gewährt, soweit der Antragsteller es unterlassen hat und unterlässt, den wirtschaftlichen Nachteil durch zumutbare Maßnahmen, insbesondere unter Einsatz eigener oder fremder Mittel abzuwenden.

Die einzeln in § 181 Abs 1 Nr 1-4 abschließend aufgezählten **Härteausgleichsfälle** zeigen, dass ein solcher Ausgleich nur dann gewährt wird, wenn ein Miet- oder mietähnliches Verhältnis aufgehoben wird. Ein Härteausgleich soll von der Gemeinde zur Vermeidung oder zum Ausgleich wirtschaftlicher Nachteile gewährt werden, soweit es die **Billigkeit** erfordert. Die Nachteile müssen dabei für den Betroffenen in seinen persönlichen Lebensumständen, die sowohl im wirtschaftlichen als auch im sozialen Bereich begründet sein können, eine besondere und damit außergewöhnliche Härte darstellen. Zwischen den Nachteilen und den in Abs 1 oder 2 bezeichneten Maßnahmen muss ein ursächlicher Zusammenhang bestehen. Ist für die Nachteile eine Ausgleichs- oder Entschädigungsleistung (zB iR des Enteignungs- oder Umlegungsverfahrens) vorgesehen, scheidet ein Härteausgleich aus. Dies gilt auch in den Fällen, in denen die Nachteile durch sonstige Maßnahmen (zB Sozialplan) ausgeglichen werden.

Liegen die tatbestandlichen Voraussetzungen vor, soll die Gemeinde den Härteausgleich nur gewähren, wenn dies unter dem Gesichtspunkt der Billigkeit erforderlich ist. Diese **Sollvorschrift** begründet beim Vorliegen der gesetzlichen Voraussetzungen für die Gemeinde eine grds Rechtspflicht zur Gewährung eines Härteausgleichs. In Übereinstimmung mit dem in **§ 254 BGB enthaltenen Rechtsgedanken** bestimmt Abs 3, dass der Betroffene alles in seinen Kräften stehende tun muss, um Nachteile abzuwenden. Der Härteausgleich wird nur auf Antrag gewährt, über den die Gemeinde, die auch zur Leistung – allerdings nur in der Form der Geldzahlung – verpflichtet ist, entscheidet. Diese Entscheidung stellt einen Verwaltungsakt dar, der nur durch Antrag auf gerichtliche Entscheidung (§§ 217 ff) angefochten werden kann.

Siebter Teil
Miet- und Pachtverhältnisse

§ 182 Aufhebung von Miet- oder Pachtverhältnissen

(1) Erfordert die Verwirklichung der Ziele und Zwecke der Sanierung im förmlich festgelegten Sanierungsgebiet, der Entwicklung im städtebaulichen Entwicklungsbereich oder eine Maßnahme nach den §§ 176 bis 179 die Aufhebung

eines Miet- oder Pachtverhältnisses, kann die Gemeinde das Rechtsverhältnis auf Antrag des Eigentümers oder im Hinblick auf ein städtebauliches Gebot mit einer Frist von mindestens sechs Monaten, bei einem land- oder forstwirtschaftlich genutzten Grundstück nur zum Schluss eines Pachtjahres aufheben.
(2) Die Gemeinde darf ein Mietverhältnis über Wohnraum nur aufheben, wenn im Zeitpunkt der Beendigung des Mietverhältnisses angemessener Ersatzwohnraum für den Mieter und die zu seinem Hausstand gehörenden Personen zu zumutbaren Bedingungen zur Verfügung steht. Strebt der Mieter oder Pächter von Geschäftsraum eine anderweitige Unterbringung an, soll die Gemeinde das Miet- oder Pachtverhältnis nur aufheben, wenn im Zeitpunkt der Beendigung des Rechtsverhältnisses anderer geeigneter Geschäftsraum zu zumutbaren Bedingungen zur Verfügung steht.
(3) Wird die Erwerbsgrundlage eines Mieters oder Pächters von Geschäftsraum im förmlich festgelegten Sanierungsgebiet oder in einem städtebaulichen Entwicklungsbereich infolge der Durchführung städtebaulicher Sanierungsmaßnahmen oder städtebaulicher Entwicklungsmaßnahmen wesentlich beeinträchtigt und ist ihm deshalb die Fortsetzung des Miet- oder Pachtverhältnisses nicht mehr zuzumuten, kann die Gemeinde auf Antrag des Mieters oder Pächters das Rechtsverhältnis mit einer Frist von mindestens sechs Monaten aufheben.

1 Die **Aufhebungsmöglichkeit** von **Miet- und Pachtverhältnissen** (§§ 535–597 BGB) sowie iVm § 184 auch von anderen zum Gebrauch oder zur Nutzung von Immobilien berechtigenden Vertragsverhältnissen (Beispiele vgl Erl zu § 184) besteht in den Fällen des § 182 Abs 1 und 2 in **förmlich festgelegten Sanierungsgebieten** (§ 142 ff) und im Zusammenhang mit einem Baugebot (§ 176), Modernisierungs- und Instandsetzungsgebot (§ 177), Pflanzgebot (§ 178) und Rückbau- und Entsiegelungsgebot (§ 179). Die Vorschriften des Fünften Teils finden aber auch in förmlich festgelegten Ersatz- und Ergänzungsgebieten Anwendung (§ 142 Abs 2); darüber hinaus wird der Anwendungsbereich noch auf städtebauliche Entwicklungsmaßnahmen in förmlich festgelegten Entwicklungsbereichen erweitert (§ 169 Abs 1 Nr 12). Demgegenüber kann von der Möglichkeit des § 182 Abs 3 nur in einem förmlich festgelegten Sanierungsgebiet Gebrauch gemacht werden. Dabei liegt eine Unzumutbarkeit iS dieser Vorschrift für den Mieter oder Pächter dann vor, wenn bei einer vernünftigen wirtschaftlichen Betrachtungsweise unter Berücksichtigung von Sanierungseinbußen eine Vertragsfortsetzung für ihn nicht mehr tragbar erscheint.

2 Nicht nach den §§ 182 ff aufhebbar sind **dingliche Gebrauchs- und Nutzungsverhältnisse**, wie zB die Dienstbarkeiten (§§ 1018–1093 BGB). Solche dinglichen Rechte können gegen den Willen des Inhabers nur iR einer Umlegung (§ 61) oder Enteignung (§ 86 Abs 1 Nr 2) aufgehoben werden (vgl auch Erl zu § 184).

3 Voraussetzung für die Aufhebung in einem Sanierungsgebiet ist, dass sie von dem Eigentümer bzw. im Falle des § 182 Abs 3 vom Mieter oder Pächter beantragt wird; demgegenüber kann die Gemeinde bei städtebaulichen Geboten die Aufhebung auch **von Amts wegen** aussprechen. Bei dem Aufhebungsbescheid der Gemeinde handelt es sich dabei um einen **privatrechtsgestaltenden VA** (BGH, UPR 1989, 423 = MDR 1989, 334). Die Gemeinde entscheidet dabei nach **pflichtgemä-**

ßem Ermessen, so dass bei einer ablehnenden Entscheidung die gerichtliche Nachprüfung durch § 114 VwGO beschränkt ist.

Die Frage, ob eine **Aufhebung erforderlich** ist, beurteilt sich nach den jeweiligen Maßnahmen. Die Gemeinde wird daher zunächst immer zu prüfen haben, ob die Möglichkeit einer **zivilrechtlichen Vertragsbeendigung** besteht. Sofern die Beendigung eines Mietverhältnisses im Wege der **zivilrechtlichen Kündigung** oder **vertraglichen Auflösung** erreicht werden kann, ist die öffentlich-rechtliche Aufhebung des Mietvertrages nicht erforderlich iSd § 182 Abs 1. Insoweit hat die Regelung keine inhaltlich Änderung gegenüber § 27 StBauFG gebracht, wenngleich die Subsidiarität nun nicht mehr ausdrücklich erwähnt wird, da sie der Gesetzgeber als selbstverständlich vorausgesetzt hat (vgl Bielenberg/Krautzberger/Söfker DVBl 1985, 1286; VG Gießen, 25.10.1996 – 1 G 1521/96 -; aA OVG Lüneburg, BauR 2004, 654 = NVwZ-RR 2004 sowie VGH Mannheim, BauR 2004, 1045 unter Hinweis auf VGH Kassel, BRS 60 Nr 230, wonach die §§ 182 ff BauGB die Aufhebung von Mietverhältnissen eigenständig und unabhängig vom Zivilrecht regeln). Es ist auch durchaus denkbar, dass bei einem städtebaulichen Gebot die Duldungspflicht der Mieter und Pächter nach § 175 Abs 3 ausreicht, ohne dass es zur Durchsetzung des Gebotes der Vertragsaufhebung bedarf.

§ 182 Abs 2 enthält die sog **Ersatzwohnraumklausel**. Man wird einen Ersatzwohnraum dann als angemessen idS einstufen können, wenn er den vernünftigerweise zu erwartenden und zu fordernden Größen- und Ausstattungsverhältnissen entspricht und auch seiner Lage nach und insbesondere im **Hinblick auf den Mietpreis zumutbar ist** (vgl zu einzelnen Kriterien VGH Kassel, BRS 60 Nr 230). **Geeigneter Geschäftsraum** iSd § 182 Abs 2 Satz 2 kann dann angenommen werden, wenn darin die bisherige Geschäftstätigkeit ohne größere Probleme fortgesetzt werden kann.

Bei Aufhebung eines Mietverhältnisses nach § 182 BauGB ist nicht Voraussetzung, dass Ersatzwohnraum bereits im Zeitpunkt der Aufhebungsverfügung konkret und rechtlich abgesichert zur Verfügung steht, obwohl die Verfügbarkeit von Ersatzwohnraum im Zeitpunkt der Beendigung des Mietverhältnisses Voraussetzung der Aufhebung ist und die Gemeinde daher bereits vor dem Erlass der Aufhebungsverfügung prüfen muss, ob sie im Zeitpunkt der Beendigung des Mietverhältnisses angemessenen Ersatz anbieten kann. Das folgt aus dem Wortlaut des Gesetzes, wonach „im Zeitpunkt der Beendigung" des Mietverhältnisses angemessener Wohnraum zur Verfügung stehen muss. Wenn im Zeitpunkt der Beendigung des Mietverhältnisses **kein angemessener Ersatzwohnraum** vorhanden ist, kann sich der Mieter **im Vollstreckungsverfahren** auf das etwaige Fehlen einer angemessenen Ersatzwohnung berufen (OVG Lüneburg, BauR 2004, 654 = NVwZ-RR 2004).

Abs 3 regelt das **Antragsrecht** des Mieters oder Pächters von Geschäftsraum im förmlich festgelegten Sanierungsgebiet oder in einem städtebaulichen Entwicklungsbereich für den Fall, dass die Maßnahme seine Erwerbsgrundlage wesentlich beeinträchtigt und ihm deshalb die Fortsetzung des Miet- bzw. Pachtverhältnisses nicht mehr zumutbar ist. Wesentlich ist, dass die Gemeinde nur auf Antrag tätig werden darf (vgl § 22 Satz 2 Nr 2 VwVfG).

§ 183 Aufhebung von Miet- oder Pachtverhältnissen über unbebaute Grundstücke

(1) Ist nach den Festsetzungen des Bebauungsplans für ein unbebautes Grundstück eine andere Nutzung vorgesehen und ist die alsbaldige Änderung der Nutzung beabsichtigt, kann die Gemeinde auf Antrag des Eigentümers Miet- oder Pachtverhältnisse aufheben, die sich auf das Grundstück beziehen und der neuen Nutzung entgegenstehen.
(2) Auf die Aufhebung ist § 182 Abs. 1 entsprechend anzuwenden.

1 § 183 Abs 1 setzt voraus, dass für ein unbebautes Grundstück nach den Festsetzungen des (einfachen oder qualifizierten nach § 30 Abs 1 und 2) Bebauungsplanes die alsbaldige **Nutzungsänderung** beabsichtigt ist; hinzukommen muss aber noch, dass die geplante Nutzungsänderung auch städtebaulich erforderlich ist, § 183 Abs 2 iVm §§ 182 Abs 1, 175. Dabei muss der Eigentümer die beabsichtigte Nutzungsänderung glaubhaft darlegen; hierzu erscheint die Stellung einer Bauvoranfrage ausreichend. Erforderlich ist – wie auch im Falle des § 182 Abs 3 – ein Antrag des Eigentümers. Möchte die Gemeinde von sich aus vorgehen, muss sie unmittelbar nach § 182 Abs 1 verfahren.

2 Nach Abs 2 findet § 182 **entsprechende Anwendung**. Bei dem Aufhebungsbescheid der Gemeinde handelt es sich wie im Falle von § 182 um einen privatrechtsgestaltenden Ermessens-VA (BGH, UPR 1989, 423 = MDR 1989, 334), der gerichtlich nur beschränkt überprüfbar ist (§ 114 VwGO).

§ 184 Aufhebung anderer Vertragsverhältnisse

Die §§ 182 und 183 sind entsprechend auf andere schuldrechtliche Vertragsverhältnisse anzuwenden, die zum Gebrauch oder zur Nutzung eines Grundstücks, Gebäudes oder Gebäudeteils oder einer sonstigen baulichen Anlage berechtigen.

§ 184 **erweitert** den Anwendungsbereich der §§ 182, 183 auf **andere schuldrechtliche Vertragsverhältnisse**, die zum Gebrauch oder zur Nutzung eines Grundstücks, Gebäudes oder Gebäudeteils oder einer sonstigen baulichen Anlage berechtigen. Dies kann beispielsweise Leihverträge, genossenschaftliche Nutzungsverträge, Reiseverträge, die zur Nutzung einer Ferienwohnung berechtigen, Automatenaufstellungsverträge, Verwahrungs- und Lagerverträge oä betreffen. Andererseits ist mit § 184 klargestellt, dass die §§ 182, 183 auf **dingliche Rechte** wie zB Nießbrauch **keine Anwendung** finden (vgl Erl zu § 182 Rn 2).

§ 185 Entschädigung bei Aufhebung von Miet- oder Pachtverhältnissen

(1) Ist ein Rechtsverhältnis auf Grund des § 182, des § 183 oder des § 184 aufgehoben worden, ist den Betroffenen insoweit eine angemessene Entschädigung in Geld zu leisten, als ihnen durch die vorzeitige Beendigung des Rechtsverhältnisses Vermögensnachteile entstehen. Die Vorschriften des Zweiten Abschnitts des Fünften Teils des Ersten Kapitels sind entsprechend anzuwenden.
(2) Zur Entschädigung ist die Gemeinde verpflichtet. Kommt eine Einigung über die Entschädigung nicht zustande, entscheidet die höhere Verwaltungsbehörde.
(3) Wird ein Pachtvertrag über kleingärtnerisch genutztes Land nach § 182, § 183 oder § 184 aufgehoben, ist die Gemeinde außer zur Entschädigung nach Absatz 1 auch zur Bereitstellung oder Beschaffung von Ersatzland verpflichtet. Bei der Entschädigung in Geld ist die Bereitstellung oder Beschaffung des Ersatzlands angemessen zu berücksichtigen. Die höhere Verwaltungsbehörde kann die Gemeinde von der Verpflichtung zur Bereitstellung oder Beschaffung von Ersatzland befreien, wenn die Gemeinde nachweist, dass sie zur Erfüllung außerstande ist.

Da die vorzeitige Aufhebung von Miet- oder Pachtverhältnissen oder anderen schuldrechtlichen Gebrauchs- oder Nutzungsverhältnissen in bestehende Verträge eingreift, können **Vermögensnachteile** entstehen, die durch die Regelung in § 185 ausgeglichen werden sollen. Es handelt sich hierbei der Sache nach um eine **Enteignungsentschädigung** (BGH, UPR 1989, 423 = MDR 1989, 334), bei der der Gesetzgeber die Vorgängervorschrift (§ 30 StBauFG) inhaltlich im Wesentlichen übernommen hat. Im Einzelnen richtet sich die Entschädigung nach den §§ 93 ff. Dabei ist die Gemeinde zur Entschädigung verpflichtet; dies gilt auch dann, wenn die Aufhebung auf Antrag des Eigentümers erfolgte. Zunächst hat sie jedoch zu versuchen, mit dem Geschädigten eine gütliche Einigung herbeizuführen. Scheitert dies, entscheidet über Grund und Höhe der Entschädigung die höhere Verwaltungsbehörde (§ 185 Abs 2). Gegen deren Entscheidung findet **Rechtsschutz** nach den §§ 217 ff statt. Zu beachten ist noch, dass unter den Voraussetzungen des § 181 ein **Härteausgleich** (§ 181 Abs 1) in Betracht kommen kann; allerdings scheidet dieser aus, soweit eine Entschädigung nach § 185 zu gewähren ist (§ 181 Abs 1 Satz 2).

§ 185 Abs 3 begründet eine besondere Ersatzpflicht zur Bereitstellung oder Beschaffung von Ersatzland bei kleingärtnerisch genutztem Land. Die **Geldentschädigung** nach § 185 Abs 1 bleibt allerdings unberührt; bei der Entschädigung in Geld ist jedoch das Ersatzland angemessen zu berücksichtigen (§ 185 Abs 3 Satz 2). Dabei handelt es sich bei dieser Regelung um eine Privilegierung, die die besondere städtebauliche Bedeutung des derart genutzten Landes hervorhebt. Zu beachten ist, dass der Begriff des „kleingärtnerisch genutzten Land" nicht mit dem Begriff des Dauerkleingarten iSd Bundeskleingartengesetzes identisch ist. Maßgebend ist hier nicht die rechtliche Zuordnung des Landes, sondern dessen tatsächliche Nutzung als Kleingarten.

§ 186 Verlängerung von Miet- oder Pachtverhältnissen

Die Gemeinde kann auf Antrag des Mieters oder Pächters ein Miet- oder Pachtverhältnis über Wohn- oder Geschäftsraum im förmlich festgelegten Sanierungsgebiet, im städtebaulichen Entwicklungsbereich oder im Hinblick auf Maßnahmen nach den §§ 176 bis 179 verlängern, soweit dies zur Verwirklichung des Sozialplans erforderlich ist.

1 § 186 verschafft der Gemeinde die Möglichkeit, auf Antrag des Mieters oder Pächters ein bestehendes oder ein **bereits gekündigtes Miet- oder Pachtverhältnis** durch **privatrechtsgestaltenden Verwaltungsakt zu verlängern**, wobei sich das Erfordernis der Verlängerung indes aus dem Sozialplan (§ 180) ergeben muss. Dabei lässt das Gesetz nur eine befristete Verlängerung zu und trifft aus diesem Grund auch keine Entschädigungsregelung zu Gunsten des Eigentümers. Nach dem Zweck des Sozialplanes dient die Verlängerung des Nutzungsverhältnisses der Vermeidung oder Verminderung nachteiliger Auswirkungen der städtebaulichen Maßnahme, so dass sich daran auch die Dauer einer Verlängerung zu orientieren hat.

2 Die von der Gemeinde zu treffende Ermessensentscheidung ist gerichtlich nur iR von § 114 VwGO überprüfbar. Gerichtlich voll überprüfbar ist indes, ob die Verlängerung zur *Verwirklichung des Sozialplans* erforderlich ist.

Achter Teil
Städtebauliche Maßnahmen im Zusammenhang mit Maßnahmen zur Verbesserung der Agrarstruktur

§ 187 Abstimmung von Maßnahmen; Bauleitplanung und Maßnahmen zur Verbesserung der Agrarstruktur

(1) Bei der Vorbereitung und Durchführung städtebaulicher Maßnahmen sind Maßnahmen zur Verbesserung der Agrarstruktur, insbesondere auch die Ergebnisse der Vorplanung nach § 1 Abs. 2 des Gesetzes über die Gemeinschaftsaufgabe „Verbesserung der Agrarstruktur und des Küstenschutzes", zu berücksichtigen. Ist zu erwarten, dass Maßnahmen zur Verbesserung der Agrarstruktur zu Auswirkungen auf die bauliche Entwicklung des Gemeindegebiets führen, hat die Gemeinde darüber zu befinden, ob Bauleitpläne aufzustellen sind und ob sonstige städtebauliche Maßnahmen durchgeführt werden sollen.

(2) Bei der Aufstellung von Bauleitplänen hat die obere Flurbereinigungsbehörde zu prüfen, ob im Zusammenhang damit eine Flurbereinigung oder andere Maßnahmen zur Verbesserung der Agrarstruktur einzuleiten sind.

(3) Die Gemeinde hat die Flurbereinigungsbehörde und, sofern die Maßnahmen zur Verbesserung der Agrarstruktur von anderen Stellen durchgeführt werden, diese bei den Vorarbeiten zur Aufstellung der Bauleitpläne möglichst frühzeitig zu beteiligen.

§ 187 Abstimmung von Maßnahmen

Diese Vorschriften kommen vor allem in vorwiegend ländlich geprägten Gegenden zur Anwendung und dienen dem Anliegen, alle städtebaulichen Maßnahmen mit Maßnahmen zur **Verbesserung der Agrarstruktur** zu koordinieren. Eines der wichtigsten Instrumente ist dabei die **Flurbereinigung**. Ziel der Flurbereinigung ist die Verbesserung der land- und forstwirtschaftlichen Produktions- und Arbeitsbedingungen durch Neuordnung des ländlichen Grundbesitzes unter Berücksichtigung neuzeitlicher betriebswirtschaftlicher Gesichtspunkte (vgl §§ 1, 37 FlurbG). Nach dem Gesetz über die Gemeinschaftsaufgabe „Verbesserung der Agrarstruktur und des Küstenschutzes vom 03.09.1969 (BGBl I S 1573)", werden als weitere Maßnahmen zur Verbesserung der Agrarstruktur ua der freiwillige Landtausch, die rationelle Gestaltung land- und forstwirtschaftlicher Betriebe sowie der land- und forstwirtschaftlichen Erzeugung und sonstige, auch wasserwirtschaftliche und kulturbautechnische Maßnahmen genannt. Nach § 1 Abs 2 des genannten Gesetzes ist dabei Bestandteil der Gemeinschaftsaufgabe eine für die genannten Maßnahmen erforderliche Vorplanung, deren Ergebnisse bei der Vorbereitung und Durchführung städtebaulicher Maßnahmen zu berücksichtigen sind (§ 187 Abs 1 Satz 1). Dies bedeutet, dass die Ergebnisse von der Gemeinde als Belang bei der **Aufstellung von Bauleitplänen in die Abwägung** einzustellen sind. Unterbleibt dies, leidet der Plan an einem Abwägungsfehler, der zur **Nichtigkeit** führen kann (zu den Abwägungsregeln: vgl Erl zu § 1 Abs 7). 1

Durch § 187 Abs 1 Satz 2 soll sichergestellt werden, dass bei zu erwartenden Maßnahmen der **Agrarstrukturverbesserung** die Gemeinde von vornherein auf eine **positive Abstimmung** mit (vor allem) der **Flurbereinigungsbehörde** hinarbeiten soll. Diese Vorschrift verstärkt die Prüfungs- und Entscheidungspflicht der Gemeinde darüber, ob die Voraussetzungen für die Aufstellung von Bauleitplänen sowie die Vorbereitung und Durchführung sonstiger städtebaulicher Maßnahmen (zB Erschließung, Sanierungsmaßnahmen) gegeben sind, wenn agrarstrukturelle Maßnahmen Auswirkungen auf die bauliche Entwicklung haben. Dabei wird durch diese Regelung keine über § 1 Abs 3 hinausgehende, zusätzliche materielle Verpflichtung für die Gemeinde zur Aufstellung von Bauleitplänen begründet. 2

Nach § 187 Abs 2 hat die obere Flurbereinigungsbehörde – im Gegenzug zur Verpflichtung der Gemeinde nach § 187 Abs 1 – zu prüfen, ob die Aufstellung von Bauleitplänen flankierend durch **agrarstrukturelle Maßnahmen** zu ergänzen ist; damit wird ihr ihre Koordinierungsaufgabe im Flurbereinigungsverfahren erleichtert. Sie erfährt hiervon aufgrund ihrer Beteiligung als Träger öffentlicher Belange (§ 4) bei der Aufstellung von Bauleitplänen. 3

§ 187 Abs 3 begründet für die Gemeinde gegenüber der Flurbereinigungsbehörde eine besondere **Beteiligungspflicht**, nämlich schon bei den Vorarbeiten zur Aufstellung von Bauleitplänen, d. h. schon vor dem Aufstellungsbeschluss (§ 2 Abs 2). Auf jeden Fall ist diese Beteiligung zeitlich der Anhörung der übrigen Träger öffentlicher Belange vorgeschaltet. § 187 stellt eine Verfahrensvorschrift dar, deren Verletzung allerdings für die Gültigkeit eines Bauleitplanes ohne Bedeutung ist. 4

§ 188 Bauleitplanung und Flurbereinigung

(1) Ist eine Flurbereinigung auf Grund des Flurbereinigungsgesetzes in einer Gemeinde nach Mitteilung der Flurbereinigungsbehörde beabsichtigt oder ist sie bereits angeordnet, ist die Gemeinde verpflichtet, rechtzeitig Bauleitpläne aufzustellen, es sei denn, dass sich die Flurbereinigung auf die bauliche Entwicklung des Gemeindegebiets voraussichtlich nicht auswirkt.

(2) Die Flurbereinigungsbehörde und die Gemeinde sind verpflichtet, ihre das Gemeindegebiet betreffenden Absichten möglichst frühzeitig aufeinander abzustimmen. Die Planungen sollen bis zum Abschluss der Flurbereinigung nur geändert werden, wenn zwischen der Flurbereinigungsbehörde und der Gemeinde Übereinstimmung besteht oder wenn zwingende Gründe die Änderung erfordern.

1 In konsequenter Fortführung der in § 187 Abs 1 Satz 2 enthaltenen Regelung wird die Gemeinde in § 188 Abs 1 zur Planaufstellung verpflichtet, wenn eine Flurbereinigung beabsichtigt (§ 5 Abs 3 FlurbG) oder bereits angeordnet (§ 4 FlurbG) ist.

2 Die **Abstimmungspflicht** des § 188 Abs 2 hat zum Inhalt, Gegenläufigkeiten zwischen der Gemeinde und der Flurbereinigungsbehörde zu vermeiden und eine möglichst weitgehende Übereinstimmung in den beiderseitigen Vorstellungen zu erzielen, soweit sich diese Vorstellungen bereits zu „Absichten" verdichtet haben. **Planänderungen** sind in beiden Bereichen grds an die **Übereinstimmung zwischen der Flurbereinigungsbehörde und der Gemeinde** gebunden, um den möglichst ungestörten Ablauf der aufeinander abgestimmten Planung zu sichern. **Ohne Übereinstimmung** kommt eine **Planänderung** nur aus **zwingenden Gründen** in Betracht. Zwingende Gründe können sich dabei aus einer Änderung der für die Bauleitplanung maßgeblichen rechtlichen oder tatsächlichen Verhältnisse ergeben, wobei diesen Änderungen nur durch eine Umplanung Rechnung getragen werden kann.

3 § 188 Abs 2 Satz 1 bindet Flurbereinigungsbehörde und Gemeinde bzw. den Träger der Bauleitplanung. Kommen diese der Unterrichtungs- und Abstimmungspflicht nicht oder nur unvollständig nach, ist es Aufgabe der jeweiligen **Aufsichtsbehörde**, sie zu gesetzestreuem Verhalten anzuhalten (VGH Kassel, AgrarR 2002, 166).

§ 189 Ersatzlandbeschaffung

(1) Wird bei einer städtebaulichen Maßnahme ein land- oder forstwirtschaftlicher Betrieb ganz oder teilweise in Anspruch genommen, soll die Gemeinde mit dem Eigentümer des Betriebs auch klären, ob er einen anderen land- oder forstwirtschaftlichen Betrieb oder land- oder forstwirtschaftliches Ersatzland anstrebt. Handelt es sich bei dem in Anspruch genommenen Betrieb um eine Siedlerstelle im Sinne des Reichssiedlungsgesetzes, ist die zuständige Siedlungsbehörde des Landes zu beteiligen.

(2) Die Gemeinde soll sich um die Beschaffung oder Bereitstellung geeigneten Ersatzlands bemühen und ihr gehörende Grundstücke als Ersatzland zur Verfügung stellen, soweit sie diese nicht für die ihr obliegenden Aufgaben benötigt.

§ 189 kommt die Funktion zu, **land- und forstwirtschaftliche Betriebe zu erhalten** und dem Betroffenen das **Verbleiben in seinem Beruf** zu ermöglichen. Je nach der Lage des konkreten Falles werden sich die Bemühungen um die Erlangung eines anderen Betriebes oder mehr auf die Bereitstellung von Ersatzland ausrichten. Der Grund für die Beteiligung der nach **Landesrecht** zuständigen Siedlungsbehörde, wenn eine Siedlerstelle für städtebauliche Maßnahmen in Anspruch genommen werden soll (§ 189 Abs 1 Satz 2), liegt darin, dass diese Stellen häufig mit sehr langfristigen Krediten ausgestattet wurden und die sich daraus ergebenden Probleme in Zusammenarbeit mit der Siedlungsbehörde einer Lösung zugeführt werden sollen. Den Pflichten der Gemeinde nach Abs 1 und 2 steht ein entsprechender Rechtsanspruch der jeweiligen Betriebseigentümer gegenüber, der ggf im Verwaltungsrechtsweg geltend zu machen ist. Die Verpflichtungen der Gemeinde in § 189 lassen die allgemeinen Enteignungsvorschriften und damit auch die Entschädigung in Land (§ 100) unberührt.

§ 190 Flurbereinigung aus Anlass einer städtebaulichen Maßnahme

(1) Werden für städtebauliche Maßnahmen land- oder forstwirtschaftliche Grundstücke in Anspruch genommen, kann auf Antrag der Gemeinde mit Zustimmung der höheren Verwaltungsbehörde nach § 87 Abs. 1 des Flurbereinigungsgesetzes ein Flurbereinigungsverfahren eingeleitet werden, wenn der den Betroffenen entstehende Landverlust auf einen größeren Kreis von Eigentümern verteilt oder Nachteile für die allgemeine Landeskultur, die durch die städtebaulichen Maßnahmen entstehen, vermieden werden sollen. Das Flurbereinigungsverfahren kann bereits angeordnet werden, wenn ein Bebauungsplan noch nicht rechtsverbindlich ist. In diesem Falle muss der Bebauungsplan vor Bekanntgabe des Flurbereinigungsplans (§ 59 Abs. 1 des Flurbereinigungsgesetzes) in Kraft getreten sein. Die Gemeinde ist Träger des Unternehmens im Sinne des § 88 des Flurbereinigungsgesetzes.
(2) Die vorzeitige Ausführung des Flurbereinigungsplans nach § 63 des Flurbereinigungsgesetzes kann bereits angeordnet werden, wenn der Flurbereinigungsplan bekanntgegeben ist.
(3) Die Zulässigkeit einer Enteignung nach den Vorschriften dieses Gesetzbuchs bleibt auch nach Einleitung des Flurbereinigungsverfahrens unberührt.

§ 190 stellt der Gemeinde das Flurbereinigungsverfahren – und zwar auf Einleitung der sog **Unternehmensflurbereinigung** nach § 87 FlurbG – für die Fälle zur Verfügung, in denen für städtebauliche Maßnahmen land- und forstwirtschaftliche Grundstücke in Anspruch genommen werden müssen und der dadurch bedingte Landverlust auf einen größeren Kreis von Eigentümern verteilt werden soll. Dabei stellt die Unternehmensflurbereinigung rechtlich eine Enteignung dar (BVerfGE 74, 264 = DVBl 1987, 466 = BRS 53 Nr 1, „Boxberg-Entscheidung").

§ 191 Vorschriften über den Verkehr mit land- und forstwirtschaftlichen Grundstücken

Im räumlichen Geltungsbereich eines Bebauungsplans oder einer Sanierungssatzung sind die Vorschriften über den Verkehr mit land- und forstwirtschaftlichen Grundstücken nicht anzuwenden, es sei denn, dass es sich um die Veräußerung der Wirtschaftsstelle eines land- oder forstwirtschaftlichen Betriebs oder solcher Grundstücke handelt, die im Bebauungsplan als Flächen für die Landwirtschaft oder als Wald ausgewiesen sind.

1 § 191 wiederholt die Regelung des § 4 Nr 4 GrdstVG; ergänzt sie aber auch für Grundstücke im Geltungsbereich einer Sanierungssatzung (§ 142). Dabei verfolgt die Regelung im BauGB den Zweck, ein **Genehmigungsverfahren** sowohl nach dem BauGB als auch nach dem GrdstVG zu vermeiden. Dies gilt allerdings nicht im Falle der Veräußerung der Wirtschaftsstelle eines land- oder forstwirtschaftlichen Betriebes oder solcher Grundstücke, die im Bebauungsplan als Flächen für die Landwirtschaft (§ 9 Abs 1 Nr 18a) oder als Wald (§ 9 Abs 1 Nr 18b) ausgewiesen sind. Hier verbleibt es bei der Anwendung der Vorschriften über den Verkehr mit land- und forstwirtschaftlichen Grundstücken (Gesetz über Maßnahmen zur Verbesserung der Agrarstruktur und zur Sicherung land- und forstwirtschaftlicher Betriebe = Grundstückverkehrsgesetz v 28.07.1961, BGBl I S 1091, zuletzt geändert durch Art 2 Nr 22 des Gesetzes v 08.12.1986, BGBl I S 2191).

2 Unter **Wirtschaftsstelle eines Betriebes** sind die Wirtschaftsgebäude einschließlich des dazugehörigen Wohnhauses zu verstehen, die den Mittelpunkt des Betriebes bilden und von denen aus die zum Betrieb gehörigen landwirtschaftlichen oder forstwirtschaftlichen Grundstücke bewirtschaftet werden. Die Veräußerung derartiger Wirtschaftsstellen bedarf der **Genehmigung**, um die **Zerschlagung** von landwirtschaftlichen oder forstwirtschaftlichen Betrieben zu verhindern (BGH, MDR 1979, 123 = RPfleger 1978, 407 mwN).

Drittes Kapitel
Sonstige Vorschriften

Erster Teil
Wertermittlung

§ 192 Gutachterausschuss

(1) Zur Ermittlung von Grundstückswerten und für sonstige Wertermittlungen werden selbständige, unabhängige Gutachterausschüsse gebildet.
(2) Die Gutachterausschüsse bestehen aus einem Vorsitzenden und ehrenamtlichen weiteren Gutachtern.
(3) Der Vorsitzende und die weiteren Gutachter sollen in der Ermittlung von Grundstückswerten oder sonstigen Wertermittlungen sachkundig und erfahren sein und dürfen nicht hauptamtlich mit der Verwaltung der Grundstücke der Gebietskörperschaft, für deren Bereich der Gutachterausschuss gebildet ist, befasst sein. Für die Ermittlung der Bodenrichtwerte ist ein Bediensteter der zuständigen Finanzbehörde mit Erfahrung in der steuerlichen Bewertung von Grundstücken als Gutachter vorzusehen.
(4) Die Gutachterausschüsse bedienen sich einer Geschäftsstelle.

Gesamtübersicht

	Rn		Rn
I. Bildung von Gutachterausschüssen (Abs 1)	1	III. Die Geschäftsstelle des Gutachterausschusses	3
II. Zusammensetzung der Gutachterausschüsse (Abs 2 und 3)	2	IV. Haftung des Gutachterausschusses	4

I. Bildung von Gutachterausschüssen (Abs 1)

Zur Ermittlung von Grundstückswerten sind selbständige unabhängige Gutachterausschüsse zu bilden. Sie dürfen nicht in eine andere Staats- oder Kommunalbehörde eingegliedert sein, auch dürfen ihnen für ihre Wertermittlungstätigkeit keine generellen oder konkreten Weisungen gegeben werden.

1

II. Zusammensetzung der Gutachterausschüsse (Abs 2 und 3)

Nach Abs 2 bestehen die Gutachterausschüsse aus einem Vorsitzenden und ehrenamtlichen weiteren Gutachter. Näheres regeln die Länder durch Rechtsverordnung (s. § 199 Abs 2 Nr 1), auch bezüglich der Mitwirkung der Gutachter und deren Ausschluss aus Gründen der Befangenheit im Einzelfall. Die bloße Eigenschaft als Bediensteter einer Stadt/Gemeinde, zu deren Gunsten eine Enteignung vorgenommen werden soll, ist kein Ausschlussgrund (BGH BauR 1971, 46; OLG Frankfurt NJW 1965, 306). Trotzdem sollte auch nur der Anschein einer Interessenkollision

2

vermieden werden. Eine Ablehnung wegen **Befangenheit** nach § 402 ff ZPO ist nicht möglich (OLG Hamm NJW-RR 1990, 1471). Die Gutachter sollen in der Ermittlung von Grundstückswerten oder sonstigen Wertermittlungen sachkundig und erfahren sein, Abs 1 Satz 1.

III. Die Geschäftsstelle des Gutachterausschusses

3 Nach Abs 4 bedienen sich die Gutachterausschüsse einer Geschäftsstelle. Die Einrichtung und Aufgaben der Geschäftsstelle werden durch Rechtsverordnung der Landesregierung bestimmt (§ 199 Abs 2 Nr 3). Die Hauptaufgabe der Geschäftsstelle des Gutachterausschusses ist die Vorbereitung der Arbeit des Gutachterausschusses.

IV. Haftung des Gutachterausschusses

4 Bei der Erfüllung seiner Aufgaben ist der Gutachterausschuss nach §§ 192, 193 hoheitlich tätig (BGH NVwZ 1992, 395; OLG Naumburg BauR 2004, 316; OLG Hamm NVwZ-RR 2001, 493; OLGR Celle 2001, 347). Im Rahmen ihrer hoheitlichen Aufgaben sind die Mitglieder des Gutacherausschusses verpflichtet, ihre Gutachten nach bestem Wissen und Gewissen abzugeben und damit die allgemein anerkannten Regeln der Wertermittlung und insbesondere die Vorschriften des BauGB und der Wertermittlungsverordnung zu beachten. Sie müssen bei ihrer Tätigkeit die ihnen zugängigen Erkenntnisquellen vollständig und sachgerecht auswerten und die Gründe für ihre Wertfestsetzung in nachvollziehbarer Weise darlegen (BGH NVwZ 1982, 395 (396) mwN). Diese **Amtspflicht** besteht nicht nur gegenüber der Allgemeinheit, sondern auch gegenüber denjenigen, denen das Gutachten nach seinem erkennbaren Zweck für Entscheidungen über Vermögensdispositionen vorgelegt werden soll (BGH DVBl 2001, 801; BGH NJW 1998, 1059; OLG Naumburg BauR 2004, 316). Bei Verletzung dieser Pflichten steht dem Geschädigten ein Amtshaftungsanspruch gem § 839 BGB iVm Art 34 GG zu.

§ 193 Aufgaben des Gutachterausschusses

(1) Der Gutachterausschuss erstattet Gutachten über den Verkehrswert von bebauten und unbebauten Grundstücken sowie Rechten an Grundstücken, wenn
1. **die für den Vollzug dieses Gesetzbuchs zuständigen Behörden bei der Erfüllung der Aufgaben nach diesem Gesetzbuch,**
2. **die für die Feststellung des Werts eines Grundstücks oder der Entschädigung für ein Grundstück oder ein Recht an einem Grundstück auf Grund anderer gesetzlicher Vorschriften zuständigen Behörden,**
3. **die Eigentümer, ihnen gleichstehende Berechtigte, Inhaber anderer Rechte am Grundstück und Pflichtteilsberechtigte, für deren Pflichtteil der Wert des Grundstücks von Bedeutung ist, oder**
4. **Gerichte und Justizbehörden**

es beantragen. Unberührt bleiben Antragsberechtigungen nach anderen Rechtsvorschriften.

(2) Der Gutachterausschuss kann außer über die Höhe der Entschädigung für den Rechtsverlust auch Gutachten über die Höhe der Entschädigung für andere Vermögensnachteile erstatten.
(3) Der Gutachterausschuss führt eine Kaufpreissammlung, wertet sie aus und ermittelt Bodenrichtwerte und sonstige zur Wertermittlung erforderliche Daten.
(4) Die Gutachten haben keine bindende Wirkung, soweit nichts anderes bestimmt oder vereinbart ist.
(5) Eine Abschrift des Gutachtens ist dem Eigentümer zu übersenden.

I. Aufgaben des Gutachterausschusses (Abs 1–3)

Die Abs 1–3 enthalten einen Katalog der Aufgaben des Gutachterausschusses. Die Aufzählung ist jedoch nicht abschließend. Die wichtigste Aufgabe des Gutachterausschusses wird in Abs 1 Satz 1 beschrieben: Vom Gutachterausschuss sollen Gutachten über den Verkehrswert von bebauten und unbebauten Grundstücken erstattet werden sowie von Rechten an Grundstücken. Die Aufgabenzuweisung wird durch die Regeln der Abs 2 und 3 ergänzt, wonach der Gutachterausschuss auch Gutachten über die Höhe der Entschädigung für andere Vermögensnachteile erstattet und eine Kaufpreissammlung durchzuführen hat. Er wertet diese aus und ermittelt – außer den Bodenrichtwerten – auch sonstige zur Ermittlung erforderliche Daten. Der bundesrechtliche Aufgabenkatalog ist nicht abschließend. Die Länder können nach § 199 Abs 2 Nr 6 dem Gutachterausschuss weitere Aufgaben übertragen.

1

II. Antragsberechtigung (Abs 1)

Wer berechtigt ist, beim Gutachterausschuss den Antrag auf Erstattung eines Gutachtens zu stellen, ergibt sich aus Abs 1 Satz 1. Der Gutachterausschuss hat lediglich zu prüfen, ob die Antragsberechtigung vorliegt. Das beantragte Gutachten bezieht sich auf den Verkehrswert von Grundstücken und von Rechten an Grundstücken. Für den Antrag gelten keine besonderen Vorschriften. Der Antrag kann schriftlich oder mündlich gestellt werden, soweit sich aus der Rechtsverordnung nach § 199 Abs 2 Nr 1 nichts anderes ergibt.

2

III. Wirkung der Gutachten (Abs 4)

Abs 4 stellt klar, dass die Gutachten keine bindende Wirkung haben. Der Gutachterausschuss übt zwar (auch) mit der Erstattung des Gutachtens eine hoheitliche Tätigkeit aus. Die Gutachten stellen aber keine im Verwaltungsgerichtsverfahren anfechtbare Verwaltungsakte dar (BVerwG DVBl 1973, 371; BVerwG DVBl 1973, 371 = BRS 26 Nr 114; aA: Wendt, DÖV 1963, 89; vgl BVerwG BRS 38 Nr 217; OVG Bremen BRS 26 Nr 139). Insbesondere bindet es nicht die Antragsteller iSd Abs 1; dies gilt auch für Behörden und Gerichte, die nach Abs 1 Satz 1 Nr 1, 2 und 4 und Abs 2 ein Gutachten beantragen. Die Gutachten können jedoch bindende Wirkung haben, wenn dies zwischen den Beteiligten ausdrücklich vereinbart wird (vgl §§ 317–319 BGB). Die bindende Wirkung kann auch in einem öffentlich-rechtlichen Vertrag vereinbart werden, zB in den Fällen einer Einigung im Enteignungsverfahren (§§ 110, 111).

3

§ 194 Verkehrswert

Der Verkehrswert (Marktwert) wird durch den Preis bestimmt, der in dem Zeitpunkt, auf den sich die Ermittlung bezieht, im gewöhnlichen Geschäftsverkehr nach den rechtlichen Gegebenheiten und tatsächlichen Eigenschaften, der sonstigen Beschaffenheit und der Lage des Grundstücks oder des sonstigen Gegenstands der Wertermittlung ohne Rücksicht auf ungewöhnliche oder persönliche Verhältnisse zu erzielen wäre.

Gesamtübersicht

	Rn		Rn
I. Novelle 2004	1	VI. Wertermittlungsverordnung	
II. Bedeutung des Verkehrswerts	2	und Wertermittlungsrichtlinien	4
III. Begriff und Ermittlung des Verkehrswerts	3		

I. Novelle 2004

1 Dem Begriff Verkehrswert wurde mit Klammerzusatz „**Marktwert**" hinzugesetzt. Die Änderung bezweckt eine terminologische Klarstellung für die Wertermittlung von Grundstücken. Der Begriff „Marktwert" (bzw „market-value") wird insbesondere bei Gemeinschaftsrechtsakten (vgl Richtlinie 91/674/EWG des Rates v 19.12.1991, ABl. EG Nr L 374 S 7; Mitteilung der Kommission, ABl. EG Nr C 209 S 3) vorrangig gebraucht, unterscheidet sich indes inhaltlich nicht vom Verkehrswertbegriff des § 194. Durch den erläuternden Zusatz wird der Anschein einer unterschiedlichen Bedeutung der Begriffe im deutschen und im Gemeinschaftsrecht ausgeräumt (BT-Drs 15/2250, 62).

II. Bedeutung des Verkehrswerts

2 Die Definition des Verkehrswerts ist schon immer die zentrale Vorschrift für die städtebauliche Wertermittlung im Bundesbaurecht. Wenn nach dem BauGB der Wert eines Gegenstands, insbesondere eines Grundstücks, zu entschädigen oder für Wertverluste oder -erhöhungen ein Ausgleich zu leisten ist, ist stets vom Verkehrswert, wie er in § 194 definiert ist, auszugehen (Gaentzsch, § 194 Rn 2).

III. Begriff und Ermittlung des Verkehrswerts

3 § 194 definiert den Verkehrswert als den Preis, der in dem Zeitpunkt, auf den sich die Ermittlung bezieht, im gewöhnlichen Geschäftsverkehr zu erzielen wäre. Die Rechtsprechung verwendet dem folgend den Begriff des *„gewöhnlichen Verkehrswerts"* (BGH NJW 1959, 1915; BGH BRS 19 Nr 107; BGH BRS 19 Nr 128; BGH BRS 34 Nr 20; BGH BRS 45 Nr 106). Er wird aber kaum erläutert und verdeutlicht. Neben dem Begriff des gewöhnlichen Geschäftsverkehrs gebraucht die Rechtsprechung den Ausdruck *„allgemeiner Grundstücksverkehr"* (BGH BRS 19 Nr 110; BGH BRS 26 Nr 93; BGH BRS 26 Nr 59). Schließlich wird auch der Begriff des *„gesunden Grundstücksverkehrs"* (BGHZ 39 Nr 198; BGH BRS 45 Nr 148; BGH BRS 45 Nr 133) verwandt (zu einem die Entschädigung bestimmenden speziellen „Teilmarkt":

BGH NJW-RR 2003, 374; Aust/Jacobs/Pasternak, Die Enteignungsentschädigung, 5. Aufl, Rn 497 ff; Kleiber/Simon/Weyers, Verkehrswertermittlung von Grundstücken, 4. Aufl 2002, § 194 Rn 33 ff). Beim Begriff des *gesunden Grundstücksverkehrs* wird noch deutlicher als beim *gewöhnlichen* oder *allgemeinen* Grundstücksverkehr, dass es sich um einen Begriff handelt, mit dem eine Wertung vorgenommen wird. Der *gesunde* Grundstücksverkehr berücksichtigt bei der Preisbildung die künftige Bebauungserwartung; diese bemisst sich nicht nach starren Zeiträumen, auch nicht nach der Sicherheit der künftigen Bebauung; Er schließt zwar reine Spekulationen aus, räumt aber mit Verwirklichungsrisiko behafteten Bebauungserwartungen bereits Einfluss auf die Preisbildung ein, wenn die Bebauung in absehbarer Zeit mit mehr oder weniger großer Wahrscheinlichkeit zu erhoffen ist (OLG München NJW 1970, 864). Im Vordergrund steht mithin nicht die Begrifflichkeit, sondern der normative Charakter des zentralen Begriffs des Verkehrswerts. Der Wert wird sich regelmäßig nicht exakt errechnen lassen, ungewöhnliche und persönliche Verhältnisse sind außer Acht zu lassen sind (vgl OLG Köln BRS 19 Nr 149; OLG Frankfurt BRS 45 Nr 116; BGH NJW 1965, 1589; BGH NJW 1968, 2056). Die Anwendung des § 297 ZPO (Entscheidung unter Würdigung aller Umstände nach freier Überzeugung) ist zulässig und geboten. Die getroffene Entscheidung über die Höhe der Entschädigung (= des Verkehrswerts) muss nachvollziehbar sowie in sich schlüssig sein und erkennen lassen, dass eine sachentsprechende, umfassende, an den allgemeinen Beurteilungsgrundlagen ausgerichtete und vom richtigen Verständnis des durch Art 14 GG geschützten Eigentums sowie der seinem Wert ausmachenden Faktoren getragene Wertermittlung stattgefunden hat (BK, 3. Aufl, § 194 Rn 5).

VI. Wertermittlungsverordnung und Wertermittlungsrichtlinien

Die Methoden der Verkehrswertermittlung für Grundstücke, grundstücksgleiche Rechte (§ 200 Abs 2), Rechte an diesen und Rechte an Grundstücken sowie für Gebäude, Außenanlage, sonstige Anlagen und Zubehör regelt im Einzelnen die Verordnung über die Grundsätze für die Ermittlung der Verkehrswerte von Grundstücken (Wertvermittlungsverordnung – **WertV** –) vom 06.12.1988 (BGBl I S 2209). Für die Praxis der Wertermittlung sind auch die umfangreichen Richtlinien des Bundesministeriums für Verkehr, Bau- und Wohnungswesen für die Ermittlung der Verkehrswerte von Grundstücken idF aus dem Jahr 2002 – **WertR 2002** – grundlegend. Die Richtlinien sind verbindlich, soweit ihre Anwendung angeordnet wird. Bei land- und forstwirtschaftlichen Grundstücken sind ergänzende bzw abweichende Bestimmungen der jeweils geltenden Fassungen iR ihres Geltungsbereichs zu beachten, zB Waldermittlungsrichtlinie – **WaldR 2000** – vom 12.07.2000 (BAnz Nr 186 v 06.09.2000) und die Entschädigungsrichtlinien Landwirtschaft – **LandR 78** – vom 28.07.1978 (BAnz Nr 181a v 26.09.1978).

4

Der Verkehrswert ist mit Hilfe geeigneter Verfahren zu ermitteln. Neben den in § 7 WertV genannten Verfahren (Vergleichs-, Ertrags- und Sachwertverfahren) können auch andere Wertermittlungsverfahren angewandt werden, wenn diese zu sachgerechten Ergebnissen führen und das Wertbild nicht verzerren. Das Vergleichswertverfahren wird angewandt, wenn sich der Grundstücksmarkt an Vergleichspreisen orientiert. Es ist das Regelverfahren für die Ermittlung des Bodenwerts unbebauter als auch des Bodenwerts bebauter Grundstücke (BVerwGE 118, 91 = DÖV 1993, 860).

5

6 Das Ertragswertverfahren ist vor allem für Verkehrswertermittlungen von Grundstücken heranzuziehen, die im gewöhnlichen Geschäftsverkehr im Hinblick auf ihre Rentierlichkeit gehandelt werden (zB Mietwohnhäuser, Gewerbeimmobilien, Sonderimmobilien). Das Sachwertverfahren steht im Vordergrund, wenn im gewöhnlichen Geschäftsverkehr der verkörperte Sachwert und nicht die Erzielung von Erträgen für die Preisbildung ausschlaggebend ist, insbesondere bei eigengenutzten Ein- und Zweifamilienhäusern.

§ 195 Kaufpreissammlung

(1) Zur Führung der Kaufpreissammlung ist jeder Vertrag, durch den sich jemand verpflichtet, Eigentum an einem Grundstück gegen Entgelt, auch im Wege des Tausches, zu übertragen oder ein Erbbaurecht zu begründen, von der beurkundenden Stelle in Abschrift dem Gutachterausschuss zu übersenden. Dies gilt auch für das Angebot und die Annahme eines Vertrags, wenn diese getrennt beurkundet werden, sowie entsprechend für die Einigung vor einer Enteignungsbehörde, den Enteignungsbeschluss, den Beschluss über die Vorwegnahme einer Entscheidung im Umlegungsverfahren, den Beschluss über die Aufstellung eines Umlegungsplans, den Beschluss über eine vereinfachte Umlegung und für den Zuschlag in einem Zwangsversteigerungsverfahren.

(2) Die Kaufpreissammlung darf nur dem zuständigen Finanzamt für Zwecke der Besteuerung übermittelt werden. Vorschriften, nach denen Urkunden oder Akten den Gerichten oder Staatsanwaltschaften vorzulegen sind, bleiben unberührt.

(3) Auskünfte aus der Kaufpreissammlung sind bei berechtigtem Interesse nach Maßgabe landesrechtlicher Vorschriften zu erteilen (§ 199 Abs. 2 Nr. 4).

Gesamtübersicht

	Rn		Rn
I. Bedeutung der Kaufpreissammlung	1	III. Auskünfte aus der Kaufpreissammlung (Abs 3)	3
II. Weitergabe der Kaufpreissammlung (Abs 2)	2		

I. Bedeutung der Kaufpreissammlung

1 Die vom Gutachterausschuss zu führende und auszuwertende Kaufpreissammlung (§ 193 Abs 3) dient in erster Linie dazu, **Bodenrichtwerte** (§ 196) zu ermitteln. Sie liefert zudem Vergleichswerte zur Ermittlung von Verkehrswerten im sog Vergleichswertverfahren (§§ 13, 14 WertV). In die Kaufpreissammlung aufzunehmen sind: jeder Vertrag, durch den sich jemand verpflichtet, Eigentum an einem Grundstück gegen Entgelt, auch im Wege des Tausches, zu übertragen oder ein Erbbaurecht zu begründen (§ 311b Abs 1 BGB, § 11 Abs 2 ErbbauVO), das Angebot oder die Annahme eines solchen Vertrages, wenn diese getrennt beurkundet werden, die Einigung vor einer Enteignungsbehörde (§§ 110, 111), der Enteignungsbeschluss

(§ 113), die Vorwegnahme einer Entscheidung im Umlegungsverfahren; der Beschluss über die Aufstellung des Umlegungsplans; den Beschluss über eine vereinfachte Umlegung und den Zuschlag in einem Zwangsversteigerungsverfahren.

II. Weitergabe der Kaufpreissammlung (Abs 2)

In Abs 2 Satz 1 ist die aus Gründen des Datenschutzes gebotene Beschränkung ausgesprochen, dass die Kaufpreissammlung nur dem Finanzamt und auch nur für Zwecke der Besteuerung übermittelt werden darf. Die Beschränkung gilt auch für öffentlich bestellte und vereidigte Sachverständige, die von Privatpersonen mit der Erstellung von Wertgutachten beauftragt sind (BVerwG ZfBR 1990, 36). Etwas anderes gilt, wenn der vom Gericht mit der Erstattung eines Gutachtens beauftragte öffentlich bestellte Sachverständige in die Kaufpreissammlung Einsicht nehmen will (BGH ZfBR 1991, 39).

2

III. Auskünfte aus der Kaufpreissammlung (Abs 3)

Es besteht ein Recht auf Auskünfte aus der Kaufpreissammlung bei berechtigtem Interesse. Welche Anforderungen dabei zu stellen sind, ist in Abs 3 nicht näher umschrieben. Im Einzelnen ist es landesrechtlich zu regeln (§ 179 Abs 2 Nr 4).

3

§ 196 Bodenrichtwerte

**(1) Auf Grund der Kaufpreissammlung sind für jedes Gemeindegebiet durchschnittliche Lagewerte für den Boden unter Berücksichtigung des unterschiedlichen Entwicklungszustands, mindestens jedoch für erschließungsbeitragspflichtiges oder erschließungsbeitragsfreies Bauland, zu ermitteln (Bodenrichtwerte). In bebauten Gebieten sind Bodenrichtwerte mit dem Wert zu ermitteln, der sich ergeben würde, wenn der Boden unbebaut wäre. Die Bodenrichtwerte sind, soweit nichts anderes bestimmt ist, jeweils zum Ende eines jeden Kalenderjahres zu ermitteln. Für Zwecke der steuerlichen Bewertung des Grundbesitzes sind Bodenrichtwerte nach ergänzenden Vorgaben der Finanzverwaltung zum jeweiligen Hauptfeststellungszeitpunkt und zum jeweiligen für die Wertverhältnisse bei der Bedarfsbewertung maßgebenden Zeitpunkt zu ermitteln. Auf Antrag der für den Vollzug dieses Gesetzbuchs zuständigen Behörden sind Bodenrichtwerte für einzelne Gebiete bezogen auf einen abweichenden Zeitpunkt zu ermitteln.
(2) Hat sich in einem Gebiet die Qualität des Bodens durch einen Bebauungsplan oder andere Maßnahmen geändert, sind bei der nächsten Fortschreibung der Bodenrichtwerte auf der Grundlage der geänderten Qualität auch Bodenrichtwerte bezogen auf die Wertverhältnisse zum Zeitpunkt der letzten Hauptfeststellung und der letzten Bedarfsbewertung des Grundbesitzes für steuerliche Zwecke zu ermitteln. Die Ermittlung kann unterbleiben, wenn das zuständige Finanzamt darauf verzichtet.
(3) Die Bodenrichtwerte sind zu veröffentlichen und dem zuständigen Finanzamt mitzuteilen. Jedermann kann von der Geschäftsstelle Auskunft über die Bodenrichtwerte verlangen.**

1 Die Vorschrift enthält Regelungen über die Ermittlung der Bodenrichtwerte (Abs 1), über die Fortschreibung der Bodenrichtwerte (Abs 2) und über die Öffentlichkeit der Bodenrichtwerte (Abs 3). Bodenrichtwerte sind ein wichtiges Instrument des Bodenmarks, da sie wesentlichen Einfluss auf die Gestaltung der Marktpreise der Grundstücke haben. Sie sind ferner eine zulässige Grundlage für die Verkehrswertermittlung (BGH NVwZ 1982, 395).

2 Die Transparenz des Bodenmarks soll gewährleistet werden. Zu diesem Zweck dient vor allem die Bekanntmachung der Bodenrichtwerte der Gemeinde und die Mitteilung der Bodenrichtwerte an die Finanzämter sowie das Auskunftsrecht nach Abs 3.

§ 197 Befugnisse des Gutachterausschusses

(1) Der Gutachterausschuss kann mündliche oder schriftliche Auskünfte von Sachverständigen und von Personen einholen, die Angaben über das Grundstück und, wenn das zur Ermittlung von Geldleistungen im Umlegungsverfahren, von Ausgleichsbeträgen und von Enteignungsentschädigungen erforderlich ist, über ein Grundstück, das zum Vergleich herangezogen werden soll, machen können. Er kann verlangen, dass Eigentümer und sonstige Inhaber von Rechten an einem Grundstück die zur Führung der Kaufpreissammlung und zur Begutachtung notwendigen Unterlagen vorlegen. Der Eigentümer und der Besitzer des Grundstücks haben zu dulden, dass Grundstücke zur Auswertung von Kaufpreisen und zur Vorbereitung von Gutachten betreten werden. Wohnungen dürfen nur mit Zustimmung der Wohnungsinhaber betreten werden.

(2) Alle Gerichte und Behörden haben dem Gutachterausschuss Rechts- und Amtshilfe zu leisten. Das Finanzamt erteilt dem Gutachterausschuss Auskünfte über Grundstücke, soweit dies zur Ermittlung von Ausgleichsbeträgen und Enteignungsentschädigungen erforderlich ist.

I. Informationsbefugnisse des Gutachterausschusses (Abs 1)

1 Der Gutachterausschuss kann mündlich oder schriftlich Auskünfte nach Abs 1 einholen. Diese Vorschrift wird ergänzt durch Vorschriften über Anordnungen zur Erforschung des Sachverhalts im § 208 und über die Vorarbeiten auf Grundstücken in § 209. In erster Linie werden die Auskünfte von Sachverständigen eingeholt, der Ausschuss kann jedoch auch Auskünfte von Personen einholen, die Angabe über das Grundstück von weiteren Personen machen können. Dies können der Eigentümer, Nutzungsberechtigte oder sonstige Personen sein; insoweit geht das Auskunftsrecht des § 197 über die Verpflichtung des § 208 BGB hinaus (BKL, § 197 Rn 2).

II. Rechts- und Amtshilfepflicht der Gericht und Behörden (Abs 2)

2 Alle Gerichte und Behörden haben dem Gutachterausschuss Rechts- und Amtshilfe zu leisten. Abs 2 Satz 1 hat insofern eine klarstellende Bedeutung. Abs 2 Satz 2 begründet eine über die allgemeinen Grundsätze der Amtshilfe hinausgehende Verpflichtung der Finanzämter, dem Gutachterausschuss Auskünfte über Grundstücke zu erteilen. Wegen der Einzelheiten der Amtshilfe ist auf die §§ 4–8 VwVfG zu verweisen.

§ 198 Oberer Gutachterausschuss

(1) Bei Bedarf können Obere Gutachterausschüsse für den Bereich einer oder mehrerer höherer Verwaltungsbehörden gebildet werden, auf die die Vorschriften über die Gutachterausschüsse entsprechend anzuwenden sind.
(2) Der Obere Gutachterausschuss hat auf Antrag eines Gerichts ein Obergutachten zu erstatten, wenn schon das Gutachten eines Gutachterausschusses vorliegt.

I. Bildung von oberen Gutachterausschüssen (Abs 1)

Bei Bedarf können durch Rechtsverordnung der Landesregierungen obere Gutachterausschüsse gebildet werden. Es bleibt den Ländern überlassen, ob sie obere Gutachterausschüsse einsetzen.

II. Aufgabe der oberen Gutachterausschüsse (Abs 2)

Ihre vorrangige Aufgabe ist die Erstellung von Obergutachten auf Antrag eines Gerichts, wenn schon das Gutachten eines Gutachterausschusses vorliegt. Der obere Gutachterausschuss hat damit nicht die Aufgabe einer Kontrollinstanz bezüglich der Tätigkeit der in seinem Zuständigkeitsbereich vorhandenen Gutachterausschüsse. Den oberen Gutachterausschüssen können gem § 199 Abs 2 Nr 6 weitere Aufgaben übertragen werden.

§ 199 Ermächtigungen

(1) Die Bundesregierung wird ermächtigt, mit Zustimmung des Bundesrates durch Rechtsverordnung Vorschriften über die Anwendung gleicher Grundsätze bei der Ermittlung der Verkehrswerte und bei der Ableitung der für die Wertermittlung erforderlichen Daten zu erlassen.
(2) Die Landesregierungen werden ermächtigt, durch Rechtsverordnung
1. die Bildung und das Tätigwerden der Gutachterausschüsse und der Oberen Gutachterausschüsse, soweit in diesem Gesetzbuch nicht bereits geschehen, die Mitwirkung der Gutachter und deren Ausschluss im Einzelfall,
2. die Aufgaben des Vorsitzenden,
3. die Einrichtung und die Aufgaben der Geschäftsstelle,
4. die Führung und Auswertung der Kaufpreissammlung, die Ermittlung der Bodenrichtwerte sowie die Veröffentlichung der Bodenrichtwerte und sonstiger Daten der Wertermittlung und die Erteilung von Auskünften aus der Kaufpreissammlung,
5. die Übermittlung von Daten der Flurbereinigungsbehörden zur Führung und Auswertung der Kaufpreissammlung,
6. die Übertragung weiterer Aufgaben auf den Gutachterausschuss und den Oberen Gutachterausschuss und
7. die Entschädigung der Mitglieder des Gutachterausschusses und des Oberen Gutachterausschusses

zu regeln.

I. Ermächtigung der Bundesregierung (Abs 1)

1 Abs 1 ermächtigt die Bundesregierung, mit Zustimmung des Bundesrates durch Rechtsverordnung Vorschriften über die Anwendung gleicher Grundsätze bei der Ermittlung der Verkehrswerte und bei der Ableitung der für die Wertermittlung erforderlichen Daten zu regeln. Die Bundesregierung hat von der Ermächtigung durch Erlass der Wertermittlungsverordnung – WertV – vom 06.12.1988 (BGBl I S 2209) Gebrauch gemacht.

II. Ermächtigung der Landesregierungen (Abs 2)

2 Abs 2 enthält zusammengefasst die Ermächtigungen an die Landesregierungen zum Erlass von Aus- und Durchführungsverordnungen zum Wertermittlungsrecht des Bundes.

Zweiter Teil
Allgemeine Vorschriften; Zuständigkeiten; Verwaltungsverfahren; Planerhaltung

Erster Abschnitt
Allgemeine Vorschriften

§ 200 Grundstücke; Rechte an Grundstücken; Baulandkataster

(1) Die für Grundstücke geltenden Vorschriften dieses Gesetzbuchs sind entsprechend auch auf Grundstücksteile anzuwenden.
(2) Die für das Eigentum an Grundstücken bestehenden Vorschriften sind, soweit dieses Gesetzbuch nichts anderes vorschreibt, entsprechend auch auf grundstücksgleiche Rechte anzuwenden.
(3) Die Gemeinde kann sofort oder in absehbarer Zeit bebaubare Flächen in Karten oder Listen auf der Grundlage eines Lageplans erfassen, der Flur- und Flurstücksnummern, Straßennamen und Angaben zur Grundstücksgröße enthält (Baulandkataster). Sie kann die Flächen in Karten oder Listen veröffentlichen, soweit der Grundstückseigentümer nicht widersprochen hat. Die Gemeinde hat ihre Absicht zur Veröffentlichung einen Monat vorher öffentlich bekannt zu geben und dabei auf das Widerspruchsrecht der Grundstückseigentümer hinzuweisen.

1 Die Regelung bestimmt nicht selbst einen Grundstücksbegriff. Sie verweist auf den in der jeweiligen Regelung des BauGB verwendeten Grundstücksbegriff. Dieser ist nicht einheitlich. Es gibt **drei Grundstücksbegriffe**. Das sind *erstens* das Buchgrundstück, *zweitens* das Grundstück als wirtschaftliche Einheit und *drittens* das Baugrundstück. Die Vorschrift greift die Teilbarkeit des Grundstücks nach dem jeweiligen Begriffsinhalt auf und stellt klar, dass die jeweilige Regelung auch für den Teil gilt.

Das **Buchgrundstück** sind die im Bestandsverzeichnis des Grundbuchs unter einer 2
einheitlichen laufenden Nummer verzeichneten Parzellen (BVerwGE 66, 69 = BRS
43 Nr 1). Die im Bestandsverzeichnis unter unterschiedlichen laufenden Nr aufgeführten Parzellen sind unterschiedliche Buchgrundstücke. Eine **wirtschaftliche Grundstückseinheit** besteht aus mehreren Buchgrundstücken, die demselben Eigentümer gehören und die zu einem Grundstück zusammengefasst sind, wenn die getrennte Beurteilung bei Beurteilung ihrer wirtschaftlichen Nutzbarkeit gröblich unangemessen wäre (BVerwGE 42, 269 = BRS 37 Nr 173; BRS 37 Nr 184). Den Begriff des **Baugrundstücks** verwendet das BauGB in § 9 Abs 1 Nr 3. Es handelt sich um die Fläche, deren Eigentumsinhalt Bebaubarkeit ist.

§ 200a Ersatzmaßnahmen

Darstellungen für Flächen zum Ausgleich und Festsetzungen für Flächen oder Maßnahmen zum Ausgleich im Sinne des § 1a Abs. 3 umfassen auch Ersatzmaßnahmen. Ein unmittelbarer räumlicher Zusammenhang zwischen Eingriff und Ausgleich ist nicht erforderlich, soweit dies mit einer geordneten städtebaulichen Entwicklung und den Zielen der Raumordnung sowie des Naturschutzes und der Landschaftspflege vereinbar ist.

Gesamtübersicht

	Rn		Rn
I. Unterschiedliche Themen der Vorschrift	1	VI. Vorhaltung von Flächen zum Ausgleich	6
II. Flächen „zum Ausgleich"	2	VII. Verfahren einschließlich der durch die Novelle 2004 eingeführte Begründungs- und Überprüfungspflicht	7
III. Aktiver Naturschutz der Gemeinden durch Bauleitplanung	3		
IV. Einschränkende Anforderungen	4		
V. Handel mit Flächen zum Ausgleich	5		

I. Unterschiedliche Themen der Vorschrift

Der einzige Absatz befasst sich in seinen beiden Sätzen mit unterschiedlichen Themen. Satz 1 ermächtigt, von den Landesnaturschutzgesetzen vorgeschriebene Maßnahmen zum **Ausgleich im BPl** festzusetzen und im **FPl** darzustellen. Satz 2 befasst sich mit der **räumlichen Verteilung zwischen Eingriff und Ausgleich**. Systematisch öffnet Satz 1 das Nummerndogma von § 9 I und gehört in die Nähe von § 9 IV, der die Länder ermächtigt, auf Landesrecht beruhende Regelungen in den BPl als Festsetzungen aufzunehmen sowie § 5 II, IIa und IV über Darstellungen im FPl. Satz 2 mildert die bundesrahmenrechtlich im BNatSchG und im Übrigen in den Landesnaturschutzgesetzen gestellten materiell-rechtlichen Anforderungen an die räumliche Zuordnung von Eingriff und Ausgleich und gehört systematisch in die Nähe von § 1a, insbesondere dessen Abs 3.

II. Flächen „zum Ausgleich"

2 Die Vorschrift vermeidet in ihren beiden Sätzen den naturschutzrechtlichen Unterschied zwischen Ausgleichs- und Ersatzmaßnahmen. Hierauf hat *Stich* aufmerksam gemacht (in: BK, Rn 2). Da sich die Vorschrift auf beide Maßnahmen bezieht, erlaubte verkürzte Sprache (BVerwGE 90, 255/20 und *Weyreuther*, Probleme juristischer Kommunikation, DÖV 1997, 177/181 Nr 10), sprachlich auf die Unterscheidung zu verzichten. Materiell-rechtlich korrigiert solch verkürzte Sprache den Unterschied nicht. Sollte Satz 2 teilweise verfassungswidrig sein ließe sich der Unterschied nach der „*Soweit*-"Rechtsprechung des BVerfGs sprachlich ohne weiteres aufgreifen.

III. Aktiver Naturschutz der Gemeinden durch Bauleitplanung

3 Mit Satz 1 ermöglicht der Bundesgesetzgeber den Gemeinden, aktiv Naturschutz zu betreiben und ermutigt sie hierzu, indem er sie ermächtigt, Maßnahmen zum Ausgleich durch städtebauliche Entwicklung zu lenken. Bedeutsam kann das für Maßnahmen sein, die durch Innenbereichs- oder Außenbereichsvorhaben bedingt sind. Die Darstellung im FPl erleichtert einen Vorhaben- und Erschließungsplan mit Durchführungsvertrag oder einen sonstigen städtebaulichen Vertrag nach § 11. Ein BPl begründet als Eigentumsinhaltsbestimmung (BVerfG, NVwZ 99, 979; BVerwGE 104, 68; BVerwG, BRS 60 Nr 44) eine eigentumskräftige Anspruchsposition in Form eines Dürfens. Ein Gebot, dieses Dürfen auszunutzen, ist damit nicht verbunden und auch nicht das Verbot, für den Ausgleich auf andere Flächen zurückzugreifen. Bundesrecht ermächtigt die Gemeinde nicht, für den Ausgleich andere als die hierfür festgesetzten Flächen auszuschließen. Das Bundesrecht ist stattdessen **vertragsfreundlich**. Durch Vertrag kann die Gemeinde Bindungen begründen. Der Bundesgesetzgeber hat mit diesem Regelungssystem von seiner Gesetzgebungsbefugnis abschließend, gem Art 31 GG den Landesgesetzgeber verdrängend Gebrauch gemacht. Deshalb haben weder die Länder die Gesetzgebungsbefugnis, die Gemeinden zu ermächtigen, Flächen zum Ausgleich auf hierfür im BPl festgesetzte Flächen zu beschränken, noch haben die Gemeinden die originäre Satzungsbefugnis hierzu. Als Regime zur naturschutzrechtlichen Lenkung stellt das Bundesrecht den Gemeinden Bauleitplanung iVm vertraglichen Regelungen zur Verfügung, sei es nach § 11 oder nach § 12.

IV. Einschränkende Anforderungen

4 Eingeschränkt ist die Lenkungsbefugnis der Gemeinde durch den Soweit-Satz des Satzes 2. Dieser Soweit-Satz enthält drei rechtliche Hindernisse. Was – *erstens* – mit der städtebaulichen Entwicklung nicht vereinbar ist, ist ohnehin nicht festsetzbar. Dieses Merkmal wiederholt, was allgemein gilt. Ebenso ist – *zweitens* – nach § 1 IV nicht festsetzbar, was den Zielen der Raumordnung widerspricht. Relevant ist nur das *dritte* Merkmal. Was nicht mit den **Zielen des Naturschutzes und der Landschaftspflege vereinbar** ist, ist ein rechtliches Hindernis für eine Festsetzung für Flächen zum Ausgleich. Es handelt sich um ein materiell-rechtliches Hindernis. Fehlerfolge ist, dass die Festsetzung unwirksam ist. Schwierigkeiten in diesem Zusammenhang bereitet das Merkmal „unmittelbar". Dabei geht es um die wertende Zuordnung der festzusetzenden Fläche zum Ausgleich zu der des Eingriffs. Setzt

die Gemeinde eine Fläche zum Ausgleich für einen bestimmten konkreten Eingriff fest, lässt sich die Frage nach der wertenden Zuordnung noch nach den Kriterien für eine derartige Wertung beantworten. Das ist beim BPl zum Vorhaben- und Erschließungsplan so und ebenso beim auf ein konkretes Vorhaben zugeschnittenen, mit dem Vorhabenträger abgesprochenen BPl ohne städtebaulichen Vertrag. Die räumliche Zuordnung der festzusetzenden Fläche zum Ausgleich und dem Eingriff lässt sich in diesen Fällen bestimmen und werten. Bei Flächen zum Ausgleich auf Vorrat ist der räumliche Ort des Eingriffs im Zeitpunkt der Beschlussfassung über den BPl unbekannt. Sofern es auf die räumliche wertende Zuordnung naturschutzrechtlich ankommt, bliebe in diesen Fällen die Wertung für den Einzelfall offen. Die Frage nach der Vereinbarkeit mit den Zielen des Naturschutzes und der Landschaftspflege bleibt dem späteren Vollzug vorbehalten. Da das Gesetz selbst den räumlichen Zusammenhang für nicht erforderlich erklärt, ist die **bevorratende Festsetzung** für Flächen oder Maßnahmen zum Ausgleich im verbindlichen BPl zulässig.

V. Handel mit Flächen zum Ausgleich

Das BVerwG (Buchholz 406.11, § 1a Nr 4) hat die Festsetzung der durch den BPl selbst hervorgerufenen Zwang zum Ausgleich in einer anderen Landschaft und ohne Zurechnung zum konkreten Naturhaushalt am Ort des Eingriffs und viele Kilometer von diesem entfernt gebilligt. Auch dass bezüglich der für den Ausgleich festgesetzten Fläche ein Verfahren zur Unterschutzstellung eingeleitet und fortgeschritten war, war unbeachtlich. Lässt sich ein Landschaftsbild, in das eingegriffen wird, in einer anderen Landschaft mit einem strukturell anderen Landschaftsbild ausgleichen und ebenso ein Naturhaushalt, in den eingegriffen wird, mit einer Maßnahme ohne naturhaushalterische Konnexität, drängt sich die Frage auf, ob der Ausgleich seinen gesetzlichen Zweck erfüllt, nämlich den Zweck des Ausgleichs. Die Frage ist umso dringender, wenn die Maßnahme zum Schutz von Natur ohnehin vorgesehen ist und ein Ausgleichsbedarf sich diesen Umstand nutzbar macht. Das Rechtsstaatsgebot verlangt, dass eine gesetzliche Regelung ihren Zweck erfüllt. Verfassungsmäßig ist die Regelung nur, wenn es nicht Zweck des Ausgleichs ist, dasjenige Landschaftsbild auszugleichen, in das oder in den Naturhaushalt auszugleichen, in den eingegriffen wird. Für das Naturschutzrecht – für sich genommen – hat der Bundesgesetzgeber die Rahmengesetzgebungskompetenz. Ist es der Zweck der landesrechtlichen Forderung zum Ausgleich, dass das konkrete Landschaftsbild, in das bzw. der konkrete Naturhaushalt, in den eingegriffen wird, auch einer anderweitigen Heilung zugeführt wird, so hat der Bundesgesetzgeber nicht die Gesetzgebungskompetenz, die Erfüllung der Pflicht zum Ausgleich zu ermöglichen, ohne dass der Zweck des Landesrechts erfüllt wird. Seine Annexgesetzgebungskompetenz auf dem Gebiet des Bauplanungsrechts reicht nur so weit, als das BauGB selbst naturschutzrechtlichen Ausgleich verlangt, sei es in Umsetzung von EU-Recht oder nicht.

VI. Vorhaltung von Flächen zum Ausgleich

Erlaubt das Gesetz für den Angebots-BPl die Vorhaltung von Flächen zum Ausgleich, ohne dass es andererseits einen räumlichen Zusammenhang zwischen Eingriff und Ausgleich verlangte und auch die für die Fläche ohnehin vorgesehene Sa-

nierung unbeachtlich wäre, steht dem Handel mit Flächen zum Ausgleich nichts im Wege. In Betracht hierfür kommen alle sanierungsbedürftigen Flächen wie frühere Deponien, Steinbrüche, aufgelassene Verkehrsflächen, Berghalten, aufgelassene Flugplätze (so war es in dem in Rn 5 zitierten vom BVerwG entschiedenen Fall) und andere.

VII. Verfahren einschließlich der durch die Novelle 2004 eingeführte Begründungs- und Überprüfungspflicht

7 Für die Darstellung und die Festsetzung gelten die allgemeinen Vorschriften einschließlich der in den §§ 203–206 bestimmten. Zu beachten ist die der Begründung beizufügende, EU-rechtlich vorgegebene zusammenfassende Erklärung über die Art und Weise, wie die Umweltbelange und die Ergebnisse der Öffentlichkeits- und Behördenbeteiligung in dem Plan berücksichtigt wurde und aus welchen Gründen der Plan nach Abwägung mit den geprüften, in Betracht kommenden anderweitigen Planungsmöglichkeiten gewählt wurde, § 6 V Satz 3 und § 10 IV. Für die Darstellung im FPl zu beachten ist die durch § 5 I Satz 3 eingeführte Verpflichtung zur **Überprüfung** und erforderlichenfalls Änderung, Ergänzung oder Neuaufstellung **15 Jahre** nach der erstmaligen oder erneuten Darstellung; diese Vorschrift ist auf **vor dem** Inkrafttreten der Novelle am **20.07.2004 aufgestellte FPle erstmals ab 01.01.2010** anzuwenden (§ 244 IV).

§ 201 Begriff der Landwirtschaft

Landwirtschaft im Sinne dieses Gesetzbuchs ist insbesondere der Ackerbau, die Wiesen- und Weidewirtschaft einschließlich Tierhaltung, soweit das Futter überwiegend auf den zum landwirtschaftlichen Betrieb gehörenden, landwirtschaftlich genutzten Flächen erzeugt werden kann, die gartenbauliche Erzeugung, der Erwerbsobstbau, der Weinbau, die berufsmäßige Imkerei und die berufsmäßige Binnenfischerei.

Gesamtübersicht

	Rn		Rn
1. Legaldefinition	1	d) Ackerbau und Wiesen- und Weidewirtschaft	6
2. Betrieb	2	e) Tierhaltung	7
3. Bodenrechtliche Nutzungsart	3	f) Gartenbauliche Erzeugung und Obstbau	8
a) Abgrenzung zu anderen bodenrechtlich relevanten Hauptzwecken	3	g) Weinbau	9
b) Ergänzung der Beispiele	4	h) Berufsmäßige Imkerei und berufsmäßige Binnenfischerei	10
c) Einbeziehung von Tätigkeiten in den einheitlichen Betrieb	5		

1. Legaldefinition

Die Legaldefinition des § 201 beschränkt sich auf die Aneinanderreihung von Beispielen. Der Begriff ist dem zu entnehmen, was den Beispielen gemeinsam ist, jedoch abgesehen von der Imkerei und der Binnenfischerei (BVerwG; Buchholz 406.11, § 35 Nr 83). Danach ist Landwirtschaft „*unmittelbare Bodenertragsnutzung*". *Hinzu kommen muss, dass der Boden zum Zwecke der Nutzung seines Ertrages planmäßig eigenverantwortlich bewirtschaftet wird*" (BVerwG, Buchholz 406.11, § 35 Nr 115). „*Unmittelbar*" beinhaltet, dass die obere Schicht des Bodens Gegenstand der Nutzung ist. Dieses Merkmal grenzt ab gegen eine Bodennutzung als Tragschicht beispielsweise für Töpfe oder Matten, auf denen der Betreiber Töpfe abstellt oder Gestelle innerhalb und außerhalb von Gewächshäusern. Der Begriff ist „*spezifisch bebauungsrechtlich*" (*Weyreuther*, Bauen im Außenbereich, Stichwort Landwirtschaft, Nr 1). Der in anderen Gesetzesmaterien verwendete Begriff von Landwirtschaft ist deshalb nicht für das Bebauungsrecht nutzbar zu machen.

1

2. Betrieb

Das Merkmal „Betrieb" gehört nicht zum Begriff der Landwirtschaft. Die **Novelle 2004** hat erstmals das Merkmal eines Betriebes eingeführt, jedoch beschränkt auf die **Tierhaltung**. Diese kommt nach der Vorstellung des Gesetzes nur in einem Betrieb vor und nicht auch in nichtbetrieblichen Wirtschaftsarten. Tierhaltung zu Forschungs-, Versuchs- oder Landschaftspflegezwecken ist jedoch vorstellbar. Nach dem Wortlaut soll für solche anderen Wirtschaftsarten an Tierhaltung die Erleichterung der Novelle (s Rn 7) nicht gelten. Da für solche Wirtschaftsarten die Erleichterung des § 35 Abs 1 Nr 4 gilt oder sie als Betriebsbestandteil die Privilegierung mit genießen (s Rn 5), ohne für sich genommen privilegiert zu sein, dürfte sich die Einschränkung praktisch kaum auswirken. Regelungen für Landwirtschaft ohne zwingende Verbindung mit einem Betrieb enthält das Gesetz ua in §§ 1 V Satz 3, 5 II Nr 9a, 9 I Nr 18a und 135 Abs IV Satz 1. Einen Betrieb verlangt die Privilegierung des § 35 Abs 1 und § 5 I Nr 1 BauNVO.

2

3. Bodenrechtliche Nutzungsart

a) Abgrenzung zu anderen bodenrechtlich relevanten Hauptzwecken: Der Begriff der Landwirtschaft grenzt in Bezug auf den Zweck der Bodenertragsnutzung zu anderen Nutzungszwecken ab. Das ist insbesondere Nutzung als Hobby, als Hausgarten, als Kleingarten oder als Flugplatz oder Sportgelände und zur Entnahme von Bodenbestandteilen in Sand- und Kiesgruben. Gemeinsam ist jenen ausgegrenzten Nutzungsarten, dass sie einer anderen bodenrechtlich relevanten Hauptnutzung dienen, nämlich bei Haus- und Kleingärten dem Wohnen, beim Hobby der Freizeitgestaltung, beim Flugplatz dem Luftverkehr und beim Sportplatz der Ausübung des Sports. Versuchs-, Forschungs- oder Landschaftspflege können dagegen den Begriff der Landwirtschaft erfüllen. Gewinnerzielungsabsicht gehört weder zum Begriff der Landwirtschaft noch zu dem des Betriebs (BVerwG, Buchholz 406.11, § 35 Nr 143 = BRS 32 Nr 64).

3

b) Ergänzung der Beispiele: Ergänzbar ist die Aneinanderreihung der Beispiele nur iR der oben in Rn 1 bezeichneten, vom BVerwG formulierten Gemeinsamkeit. Berufsmäßige Imkerei und Binnenfischerei sind wie Landwirtschaft zu behandeln, ohne selbst Landwirtschaft zu sein. Sie sind andere Tätigkeiten und also nicht er-

4

§ 201 Drittes Kapitel. Zweiter Teil. Erster Abschnitt 542

gänzbar. Die Ergänzung der Beispiele ist **Anwendung des Gesetzes** und nicht etwa Gesetzes ergänzende Auslegung (Larenz, Methodenlehre, 6. Aufl, S 381).

5 **c) Einbeziehung von Tätigkeiten in den einheitlichen Betrieb:** Tätigkeiten, die nicht Landwirtschaft sind, können als Betriebsbestandteil eines landwirtschaftlichen Betriebs die Privilegierung mit genießen.

6 **d) Ackerbau und Wiesen- und Weidewirtschaft:** Ackerbau und Wiesen- und Weidewirtschaft sind die traditionellen Betätigungen des Bauern überall. Mit der Ausdrucksweise *„Ackerbau und Viehzucht"* sind wir gewöhnt zu beschreiben, womit sich der Bauer typischerweise beschäftigt. Weinbau gehört regional ebenso zu dieser herkömmlichen Betätigung. Der spezifisch bebauungsrechtliche Begriff (s Rn 1) verlangt gleichwohl jedenfalls bezüglich der Weidewirtschaft zu präzisieren, die eine fließende Grenze zu einer Bodennutzung hat, die nicht bodenrechtlich relevante Bodenertragsbewirtschaftung ist. Als Abgrenzungskriterium hat das BVerwG in seinem Judikat vom 13.12.1974 (Buchholz 406.11, § 35 Nr 115 = BRS 28 Nr 45) die planmäßige eigenverantwortliche Bodenbewirtschaftung (s Rn 1) herangezogen. Mittels dieses Kriteriums hat es Imkerei, – diese war im Gesetz seinerzeit noch nicht mit aufgeführt – als Landwirtschaft verworfen, wenn der Imker mit der Bewirtschaftung des in seinem Besitz befindlichen Bodens einen Teil der Futtergrundlage seiner Bienen erzeugt, hat Landwirtschaft aber ausnahmsweise angenommen, wenn der Imker zur Gewinnung bestimmter Honigarten auf seinem Boden als Futtergrundlage für seine Bienen bestimmte Pflanzen anbaut, und wenn er damit auf seinem Boden den Futterbedarf der Bienen zwar nicht vollständig, aber doch zum wesentlichen Teil deckt. Wanderschäferei ist nach diesem Kriterium nicht Landwirtschaft. Wer Schafe als Rasenmäher hält, betreibt nach diesem Kriterium nicht Weidewirtschaft, also nicht der Betreiber eines Flugplatzes oder eines Sportplatzes. Desgleichen nicht, wer einzelne Reitpferde hält und seine Flächen düngt und pflegt, um sie zur Heugewinnung zu mähen oder sie abweiden lässt (OVG NW, BRS 22 Nr 64).

7 **e) Tierhaltung:** In Bezug auf Tierhaltung hat die **Novelle 2004** die bisherige Regelung „einschließlich Pensionstierhaltung auf überwiegend eigener Futtergrundlage" geändert in: *„einschließlich Tierhaltung, soweit das Futter überwiegend auf den zum landwirtschaftlichen Betrieb gehörenden, landwirtschaftlich genutzten Flächen erzeugt werden kann"*. Damit honoriert der Gesetzgeber den Strukturwandel in der Landwirtschaft, nachdem die Züchter ihr Futter nicht mehr oder nicht mehr überwiegend autark produzieren. Das BVerwG (BRS 59 Nr 85) hatte es abgelehnt, in Hinblick auf den bezeichneten Strukturwandel die bisher geltende Anforderung *„als überholt oder als nicht mehr zeitgemäß unbeachtet zu lassen"*. Es stehe in der Befugnis des Gesetzgebers, näher zu bestimmen, unter welchen Voraussetzungen Landwirtschaft anzunehmen ist; die rechtsprechende Gewalt sei nicht befugt, das zu korrigieren. Nach der Novelle reicht es aus, wenn genügend landwirtschaftlich genutzte **Fläche vorhanden** ist, um den überwiegenden Teil des Futters für die Tiere zu erzeugen. Der umfassendere Begriff der Tierhaltung schließt den der bisherigen **Pensionstierhaltung** ein. Mit dem Begriff der Pensionstierhaltung hatte der Gesetzgeber den Begriff der Landwirtschaft erweitert, indem es nicht mehr darauf ankam, ob jene Tätigkeit Bestandteil eines einheitlichen Betriebs ist, s Rn 5.

8 **f) Gartenbauliche Erzeugung und Obstbau:** Gartenbauliche Erzeugung passt den Begriff dem des § 585 Abs 1 Satz 2 BGB für das landwirtschaftliche Pachtrecht an. Unerheblich ist, auf welche Art und Weise die Pflanzen angebaut werden,

zB in Pflanzbehältern (Containern). Da gartenbauliche Erzeugung nicht unmittelbare Bodennutzung verlangt, ist der Begriff untypisch und trägt nicht zur Ergänzbarkeit der Vorschrift bei (s Rn 4). Eine Champignonzucht hat das N OVG (BRS 54 Nr 68 = UPR 1993, 154) als gartenbauliche Erzeugung iSd atypischen Begriffs gewertet. Handelsgärtnereien erzeugen Pflanzen nicht gartenbaulich. Erwerbsobstbau bezieht Erwerbsabsicht als finales Element in den Begriff ein, was ebenfalls atypisch ist und weder zur Ergänzbarkeit von § 201 beiträgt (s Rn 4), noch auch nur zur Auslegung der übrigen Beispiele herangezogen werden darf. Umgekehrt schließt der Begriff des Erwerbsobstbaus nicht Obstbau als Landwirtschaft aus, wenn er dem allgemeinen Begriff (s Rn 1) entspricht, wie Versuchsobstbau oder Obstbau zu wissenschaftlicher Forschung. Beerenanbau ist Obstbau.

g) Weinbau: Weinbau ist traditionell Landwirtschaft. Er schließt Rebzucht, die Gewinnung von Trauben als Obst und die Erzeugung von Wein ein, soweit überwiegend selbst geerntete Trauben verarbeitet werden. 9

h) Berufsmäßige Imkerei und berufsmäßige Binnenfischerei: Berufsmäßige Imkerei und berufsmäßige Binnenfischerei erfüllen nicht den allgemeinen Begriff der Landwirtschaft (Rn 1). Sie sind atypisch und tragen deshalb nicht zur Ergänzbarkeit der Vorschrift bei (s Rn 4). Beide Betätigungen sind zu behandeln, wie wenn sie Landwirtschaft wären. Fischerei zielt an sich auf die Aneignung wild lebender Tiere (OVG NW, BRS 29 Nr 57). Fischzucht für sich genommen ist nicht Fischerei. Fischzucht zum Zwecke der Fischerei ist die typische Form der Binnenfischerei; mit Binnenfischerei beschäftigt sich deshalb auch, wer durch Fischzucht erzeugte Fische berufsmäßig fischt. Berufsmäßig ist auch nebenberuflich. Ausgeschlossen sind Liebhaberei und sonstige nicht berufsmäßige Zwecke wie polizeiliches Abfischen. 10

§ 202 Schutz des Mutterbodens

Mutterboden, der bei der Errichtung und Änderung baulicher Anlagen sowie bei wesentlichen anderen Veränderungen der Erdoberfläche ausgehoben wird, ist in nutzbarem Zustand zu erhalten und vor Vernichtung oder Vergeudung zu schützen.

Gesamtübersicht

	Rn		Rn
1. Begriff	1	3. Bedeutung	7
a) Begriff des Mutterbodens	1	a) Bedeutung der Vorschrift	7
b) Rechtfolgeregelung	2	b) Rechtsfolge	8
2. Inhalt	3	c) Reichweite	9
a) Unmittelbar bindendes Gebot	3	d) Mit Schadstoffen belasteter Mutterboden	10
b) Gegenstand und technische Regeln	4	4. Vollziehung	11
c) Adressaten	5	a) Durchsetzung im Einzelfall	11
d) Wesentlichkeit	6	b) Ordnungswidrigkeit	12

§ 202 Drittes Kapitel. Zweiter Teil. Erster Abschnitt

1. Begriff

1 **a) Begriff des Mutterbodens:** Der Geltungsbereich der – Bodenschutzrecht regelnden – Vorschrift reicht weit über den sonstigen Anwendungsbereich des Bodenrechts regelnden BauGB hinaus (s Rn 5).

2 **b) Rechtsfolgeregelung:** Die Rechtsfolgeregelung zielt darauf, dass der Mutterboden qualitativ in chemischer, physikalischer, biologischer oder hygienischer Hinsicht in nutzbarem Zustand erhalten bleibt und quantitativ vor Vernichtung oder Vergeudung zu schützen ist. Als Rechtsfolge bestimmt § 202, dass der Mutterboden in nutzbarem Zustand zu erhalten und vor Vernichtung und Vergeudung zu schützen ist. In diesem Gebot ist das Verbot enthalten, den Mutterboden einem anderen Zweck zuzuführen als seiner funktionalen Nützlichkeit, insbesondere ihn zur Verfüllung der Baugrube zu verwenden oder der Abfallentsorgung zuzuführen. Der Betreiber einer Bauschuttdeponie darf Mutterboden nicht annehmen. Das Erhaltungs- und Schutzgebot erfüllt, wer den Mutterboden der Sanierung einer Abgrabung oder Aufschüttung zuführt, zB einer Deponie, einer Bergehalde, einer Straßenböschung oder auf dem Vorhabengrundstück, auch wenn er den Boden zu diesem Zweck sachgerecht zwischenlagert oder zu diesem Zweck einer Bodenbörse überlässt.

2. Inhalt

3 **a) Unmittelbar bindendes Gebot:** Die Gesetzgebungskompetenz des Bundes für das Bodenschutzrecht entnimmt die hM Art 74 Nr 18 GG (Oeter, in: v. Mangoldt/Klein/Starck, Art 74 Rn 161 mit Fn 741 und Krautzberger, in: EZB § 202 Rn 2). Sie lässt sich auch dem verfassungsrechtlichen Abfallbegriff des Art 74 Abs 1 Nr 24 GG entnehmen (Oeter, aaO, Rn 161 und 209 f).

4 **b) Gegenstand und technische Regeln:** Die Vorschrift enthält keine eigene Definition des Begriffs des Mutterbodens. Sie greift vielmehr den des allgemeinen Sprachgebrauchs auf. DIN 19731, S 2 definiert Mutterboden: „Oberer Teil des Mineralbodens (Solums), der einen der jeweiligen Bodenbildung entsprechenden Anteil an Humusgehalt und Bodenorganismen enthält und der sich meist durch dunklere Bodenfarbe vom Unterboden abhebt, in der Regel Ah-Horizont, Aa-Horizont, Ap-Horizont sowie O-Horizonte" (DIN 19731: 1998.05: Bodenbeschaffenheit – Verwertung von Bodenmaterial). Mutterboden ist danach der **biologisch aktive Oberboden**. Er ist meistens dunkel gefärbt. Für die Qualität als Mutterboden gilt der Grundsatz der **Nützlichkeit**. Die Schicht ist idR zwischen 20 cm und 40 cm dick. Weitere technische Regeln sind der DIN 18.320 zu entnehmen (auszugsweise abgedruckt in EZB, § 202 Rn 9).

Im Fall von Aufschüttungen kann sich eine Schicht Mutterbodens auch unterhalb der Aufschüttung in einer gewissen Tiefe unterhalb der sichtbaren Oberfläche befinden, vorausgesetzt, dass diese überdeckte Schicht noch den Qualitätsanforderungen an Mutterboden entspricht.

5 **c) Adressaten:** § 202 enthält ein die **Rechtsunterworfenen unmittelbar bindendes Gebot**. Einer Umsetzung im Einzelfall bedarf es nicht. Zur Durchsetzung im Einzelfall s Rn 11.

6 **d) Wesentlichkeit:** Gegenstand der Bestimmung ist der Mutterboden, der bei den in der Vorschrift genannten Vorhaben ausgehoben wird. Mit diesem Merkmal grenzt das Gesetz – *erstens* – gegen Mutterboden ab, der nicht ausgehoben wird,

also beispielsweise solchen, der außerhalb der Aushubgrube von Baufahrzeugen verfahren werden kann oder bei der Herstellung oder dem Betrieb einer Anlage chemischer, physikalischer oder biologischer Beeinflussung ausgesetzt sein kann. *Zweitens* grenzt das Merkmal „bei der Errichtung und Änderung baulicher Anlagen sowie bei wesentlichen anderen Veränderungen der Erdoberfläche" hinsichtlich des Anlasses des Aushubs ein. Was bauliche Anlagen sind, ist dem bundesrechtlichen Begriff des § 29 I zu entnehmen. Landesrechtliche Definitionen einer baulichen Anlage in den Landesbauordnungen grenzen gem Art 31 GG den Geltungsbereich von § 202 weder ein, noch erweitern sie ihn. Wesentliche Veränderungen sind Veränderungen jeder Art und nicht nur die in § 29 Abs 1 bestimmten Vorhaben von Aufschüttungen und Abgrabungen größeren Umfangs sowie Ausschachtungen und Ablagerungen einschließlich Lagerstädten. Weder begrenzt das BauGB seinen Geltungsbereich allgemein, noch gibt es eine spezielle für den Aushub von Mutterboden eingrenzende Regelung. Die Vorschrift gilt deshalb für **alle Veränderungen der Erdoberfläche**. **Fachrechtliche Planfeststellungen, einfache Ausbauprogramme** (BVerwGE 94,100), **Genehmigungen nach Fachgesetzen oder genehmigungsfreie Initiativen** können solche Veränderungen veranlassen. Eingegrenzt sind solche Veränderungen nur durch das Merkmal der **Wesentlichkeit**.
Durch planerische Abwägung ist die Rechtsfolge des § 202 nicht überwindbar. Weder § 1 VI Nr 7 lit a noch § 1a II HS 1 beeinflusst die Regelung des § 202. Die Vorschriften ergänzen sich vielmehr.

3. Bedeutung

a) Bedeutung der Vorschrift: Der Kreis der Adressaten umfasst alle an der Errichtung und Änderung baulicher Anlagen sowie bei wesentlichen anderen Veränderungen der Erdoberfläche beteiligten. Das sind Bauherren, Bauleiter, Bauunternehmer, Bauaufsichtsbehörden, Fachplanungsbehörden, die Unternehmer von Planfestgestellten oder sonstigen Veränderungen der Erdoberfläche und andere Personen, denen das Ausheben von Mutterboden oder dessen Zwischenlagerung zuzurechnen ist. Die Schutzpflicht ist eine aktive Pflicht. Dritte, die geschützt zwischengelagerten Mutterboden nachteilig beeinflussen, kommen als Adressaten nicht in Betracht. 7

b) Rechtsfolge: Das Merkmal der Wesentlichkeit ist dem mindesten Ausmaß baulicher Anlagen iSd bundesrechtlichen Begriffs zu entnehmen. Das ergibt sich aus dem mit dem Wort „sowie" hergestellten Kopula zwischen solchen Anlagen und „anderen Veränderungen ...". Die Grenze zu nicht wesentlichen Veränderungen dürfte danach bei wenigen Kubikmetern Mutterboden liegen. 8

c) Reichweite: Die Vorschrift hat eine sehr erhebliche tatsächliche Bedeutung. Es geht um bundesweit mehrere Kubikkilometer jährlich allein bei der Herstellung von Vorhaben iSv § 29 I. Hinzu kommt der Aushub aus Anlass von planfestgestellten und anderen Maßnahmen. Es handelt sich systematisch um einen Ausschnitt aus dem Bundesbodenschutzrecht den schon der Gesetzgeber der Urfassung des BBauGB in dessen § 39 Satz 1 wortgleich geregelt hatte und das erst im BBod SchG vom 17.03.1998 (BGBl I S 502) im Übrigen geregelt ist. Dass die allgemeine, weit über den Anwendungsbereich des BauGB hinausreichende Vorschrift in diesem Gesetz belassen ist, lässt sich aus der vorbeschriebenen Gesetzgebungs- 9

historie erklären und aus dem häufigen Anwendungsfall bei Vorhaben iSd § 29 rechtfertigen.

10 **d) Mit Schadstoffen belasteteter Mutterboden:** Ist Mutterboden mit Schadstoffen belastet, so kann sich aus § 4 BBodSchG eine Pflicht zu dessen Sanierung ergeben. Die Verwendung solchen Mutterbodens unterliegt den Anforderungen des § 12 BBodSchV. Abfall ist mit Schadstoffen belasteter Mutterboden nicht § 3 KrW-/AbfG.

4. Vollziehung

11 **a) Durchsetzung im Einzelfall:** Auch wenn § 202 ein von den Rechtsunterworfenen unmittelbar zu befolgendes Gebot enthält, steht der zuständigen Behörde frei, eine Regelung zu dessen Durchsetzung zu treffen. Bei einem Vorhaben iSd § 29 kann die Baugenehmigungsbehörde die Durchsetzung durch selbstständige Auflage bestimmen, die sie ggf mit den Mitteln der Verwaltungsvollstreckung durchsetzen kann. Sie kann sich mit einer Belehrung begnügen. Eine formularmäßige Auflage kann am Bestimmtheitsgebot scheitern oder daran, dass Mutterboden bei der Errichtung der Anlage nicht ausgehoben werden soll. Die Behörde kann deshalb im Genehmigungsverfahren ermitteln, ob und in welchem Umfang bei der Herstellung der Anlage Mutterboden ausgehoben werden soll und ihre Auflage danach bestimmen.

Die Behördenzuständigkeit für Ordnungsmaßnahmen ist dem jeweils einschlägigen Verfahrensfachrecht zu entnehmen. Das ist im Zweifel Landesrecht. Nur soweit der Bund bei einer verfahrensfachrechtlichen Regelung auch von einer gegebenen Annex-Kompetenz Gebrauch gemacht hat, kann sich die Behördenzuständigkeit aus dem entsprechenden Bundesgesetz ergeben. Die Kompetenz der Länder im Übrigen ergibt sich aus Art 83 GG. Von seiner Annex-Gesetzgebungskompetenz für eine behördliche Zuständigkeit hat der Bundesgesetzgeber keinen Gebrauch gemacht. Wegen der möglichen jederzeitigen Änderung der Zuständigkeitsregelungen und deren Auslegung wäre eine Übersicht über die aktuellen Zuständigkeitsregelungen der 16 Länder unzweckmäßig. In Betracht kommen Bauaufsichtsämter, Bodenschutz-, Straßenbau-, Bahnbau-, Wasserstraßenbau-, Berg- und andere Behörden.

Für selbstständige Verfügungen im Fall der Herstellung von Vorhaben nach § 29 dürfte, **sobald der Mutterboden zwischengelagert ist**, nach Landesrecht die **Bodenschutzbehörde** zuständig sein und nicht die Bauaufsichtsbehörde.

Im BPl. kann die Gemeinde gem § 9 I Nr 20 Festsetzungen zum Schutz von Boden treffen. Die Planfeststellungsbehörde kann in den Planfeststellungsbeschluss eine Bestimmung zur Durchsetzung von § 202 aufnehmen.

12 **b) Ordnungswidrigkeit:** Allgemein bußgeldbewehrt ist § 202 nicht. Ein Verstoß ist keine Ordnungswidrigkeit nach § 213. Ein Verstoß gegen eine zur Durchsetzung der Vorschrift ergangene Anordnung kann jedoch nach Landesrecht ordnungswidrig sein.

Zweiter Abschnitt
Zuständigkeiten

§ 203 Abweichende Zuständigkeitsregelung

(1) Die Landesregierung oder die von ihr bestimmte Behörde kann im Einvernehmen mit der Gemeinde durch Rechtsverordnung bestimmen, dass die nach diesem Gesetzbuch der Gemeinde obliegenden Aufgaben auf eine andere Gebietskörperschaft übertragen werden oder auf einen Verband, an dessen Willensbildung die Gemeinde mitwirkt.

(2) Durch Landesgesetz können Aufgaben der Gemeinden nach diesem Gesetzbuch auf Verbandsgemeinden, Verwaltungsgemeinschaften oder vergleichbare gesetzliche Zusammenschlüsse von Gemeinden, denen nach Landesrecht örtliche Selbstverwaltungsaufgaben der Gemeinde obliegen, übertragen werden. In dem Landesgesetz ist zu regeln, wie die Gemeinden an der Aufgabenerfüllung mitwirken.

(3) Die Landesregierung kann durch Rechtsverordnung die nach diesem Gesetzbuch der höheren Verwaltungsbehörde zugewiesenen Aufgaben auf andere staatliche Behörden, Landkreise oder kreisfreie Gemeinden übertragen.

(4) Unterliegen die Planungsbereiche gemeinsamer Flächennutzungspläne (§ 204) oder von Flächennutzungsplänen und Satzungen eines Planungsverbands (§ 205) der Zuständigkeit verschiedener höherer Verwaltungsbehörden, ist die Oberste Landesbehörde für die Entscheidung im Genehmigungs- und Zustimmungsverfahren zuständig. Liegen die Geltungsbereiche in verschiedenen Ländern, entscheiden die Obersten Landesbehörden im gegenseitigen Einvernehmen.

Gesamtübersicht

	Rn		Rn.
I. Einleitung zum Zweiten Abschnitt „Zuständigkeiten", den §§ 203–206	1	II. Zu Abs 1	5
		a) Einzelfall	5
		b) Gegenstand	6
1. Kern der gemeindlichen Selbstverwaltung/bundesgesetzlich ins Einzelne gehende Organisationsregelung und Gesetzgebungskompetenz der Länder	1	c) Kernbereich der gemeindlichen Selbstverwaltung	7
		d) Mangel an persönlichen und sächlichen Mitteln oder sonstiger sachlicher Grund	8
2. Übersicht über die Regelungen der §§ 203–206	2	e) Form	9
		f) Einvernehmen	10
3. Wahl der Verhandlungspartner zu Verträgen	3	g) actus contrarius	11
		h) Anspruch auf Normsetzung	12
4. Bundesrecht-Landesrecht	4	i) Empfängerkreis	13
		j) Finanzierung	14

	Rn		Rn.
III. Zu Abs 2	15	2. Inhalt	23
a) Allgemeine landesweite		a) Gegenstand und Novelle	
Regelung	15	2004	23
b) Form	16	b) Form	24
c) Gesetzgeberische Freiheit	17	c) Empfängerkreis	25
d) Aufgaben	18	d) Länder, die Gebrauch	
e) Teilhabe an der Willensbildung	19	gemacht haben	26
		V. Zu Abs 4	27
f) Empfängerkreis	20	a) Satz 1	27
g) Freiwilliger Zusammenschluss	21	b) Satz 2	28
IV. Abs 3	22	c) Anspruch auf Regelung und richterliche Überprüfungsdichte	29
1. Bundes- und Landesrecht	22		

I. Einleitung zum Zweiten Abschnitt „Zuständigkeiten", den §§ 203–206

1. Kern der gemeindlichen Selbstverwaltung/bundesgesetzlich ins Einzelne gehende Organisationsregelung und Gesetzgebungskompetenz der Länder

1 Verbindliche Bauleitplanung ist Kern der gemeindlichen Selbstverwaltung. Sie ist Eigentumsinhaltsbestimmung iSv Art 14 Abs 1 Satz 2 GG (BVerfG, NVwZ 99, 997; BVerwGE 104, 68; BVerwG, BRS 60 Nr 44) der Flächen im Gemeindegebiet zur städtebaulichen Entwicklung. Die Übrigen im BauGB geregelten Aufgaben der Gemeinde sind ebenfalls Selbstverwaltungsangelegenheiten, wenn sie auch nicht durchgehend zum Kern der Selbstverwaltung gehören. Die Organisation zur Erledigung der Aufgaben hat der Bund im BauGB bis ins Einzelne geregelt. Die Gesetzgebungskompetenz auf dem Gebiet des Gemeinderechts haben die Länder und nicht der Bund. Die Kompetenz-Kompetenz nimmt der Bund als Annex-Kompetenz zu seiner Gesetzgebungskompetenz aus Art 74 Nr 18 GG für das Bodenrecht in Anspruch, um die Umsetzung verlässlich zu gewährleisten. Die Zuständigkeitsregelung bestimmt das BauGB bei der jeweiligen Aufgabenregelung mit. Die §§ 203–206 öffnen für andere Organisationsformen, soweit sie bei der vorbezeichneten jeweiligen einzelnen Aufgabenregelung mitbestimmt sind. Dabei kommt das Gesetz insbesondere dem Bedürfnis zu interkommunaler oder überkommunaler Aufgabenerfüllung entgegen. Es regelt die sich aus dem Gebrauchmachen der hierfür zur Verfügung gestellten Organisationsformen ergebenden Organisationsbedürfnisse. Und es gestattet den Ländern, bundesgesetzliche Organisationsregelungen in bestimmten Fällen durch landesrechtliche zu verdrängen. Dabei ist das Gesetz **vertragsfreundlich; es setzt streckenweise vertragliche Regelungen voraus.**

2. Übersicht über die Regelungen der §§ 203–206

2 Die **Novelle 2004** hat die Regelungen der §§ 203–206 unverändert belassen. Lediglich die § 165 VII die Entwicklungssatzung betreffende Ausnahme von der Übertragbarkeit der Genehmigungszuständigkeit der höheren Verwaltungsbehörde in § 203 III HS 2 ist gestrichen, sodass die Ermächtigung jetzt ausnahmslos gilt. Die

Streitfrage zu § 203 II, ob **Zusammenschlüsse auch solche aufgrund Gesetzes** seien (s Rn 21), hat die Novelle nicht beseitigt. Kalb (in: EZB, § 203 Rn 33) und Fislake (in: BK, § 203 Rn 17) meinen, Zusammenschlüsse auf der Grundlage eines Gesetzes seien nicht Zusammenschlüsse, sondern könnten nur durch entsprechende Gesetzgebung dazu werden (aA Schmidt-Eichstaedt, NVwZ 1997, S 846/849 f und Gaentzsch, in: BK, § 203 Rn 13 unter Aufgabe der der Voraufl vertretenen Auffassung. S dazu Rn 21).

3. Wahl der Verhandlungspartner zu Verträgen

Vor der Aufnahme von Vertragsverhandlungen, insbesondere wenn eine Abweichung von einer Regelorganisationsform erwogen ist, ist zweckmäßig, sich über diejenigen Stellen und deren Rechtsmacht zu vergewissern, die an der Verwirklichung des Verhandlungsziels beteiligt sind. 3

4. Bundesrecht-Landesrecht

Das sich aus den §§ 203–206 ergebende Verhältnis von Bundes- zu Landesrecht verdient prozessrechtlich Aufmerksamkeit. Macht ein Land von einer der Ermächtigungen des § 203 I, II oder III enthaltenen Ermächtigungen Gebrauch, so ist, was das Land zustande gebracht hat, Landesrecht. Desgleichen bleibt die Rechtsgrundlage eines Zusammenschlusses nach § 205 VI Landesrecht. Der Inhalt des Landesrechts ist **irreversibel**, § 137 I VwGO. **Revisionsrechtlich überprüfbar** ist, ob eine aufgrund der Ermächtigungen ergangene Vorschrift der bundesrechtlichen Anforderung entspricht (Weyreuther, Bundes- und Landesbaurecht, BauR 72, 1/5), zunächst also der bundesgesetzlichen Ermächtigung. Materiell geht es um organisationsrechtliche Normen. Die Kompetenz-Kompetenz auf dem Gebiet des Gemeinderechts und des Landesorganisationsrechts für die höheren Verwaltungsbehörden – für sich genommen – haben die Länder. Das Bundesrecht hat sie als Annex-Kompetenz in Anspruch genommen (s Rn 1). Die Ermächtigungen in § 203 Abs 1-3 enthalten eine zweifache Regelung. *Erstens* ermächtigen sie die Länder zu Landesgesetzgebung; *zweitens* bestimmen sie, dass das aufgrund der Ermächtigung ergangene Landesrecht das entsprechende **Bundesrecht verdrängt, also insoweit zurücktritt**. Das so ergangene Landesrecht bleibt aufgrund der Ermächtigung ergangenes Recht; das Land setzt in diesem Bereich nicht etwa Recht aufgrund seiner originären Kompetenz-Kompetenz. 4

II. Zu Abs 1:

a) Einzelfall: Das Thema der Vorschrift ist die Übertragung der Aufgaben der Gemeinde im Einzelfall auf eine andere Gebietskörperschaft. Das ist eine Einzelfallregelung, die eine bestimmte Gemeinde und einen bestimmten Kreis an Aufgaben betrifft. 5
b) Gegenstand: Möglicher Gegenstand der Übertragung sind entweder pauschal alle – „die" – Aufgaben, die mit subjektiven Rechten verbundenen eingeschlossen, oder einzeln zu bestimmende Aufgaben (Gaentzsch, in: BK, Rn 5). 6
c) Kernbereich der gemeindlichen Selbstverwaltung: Der Gegenstand der möglichen Übertragung schließt damit den Kernbereich der gemeindlichen Selbstverwaltung ein, den Art 28 II GG von einfachgesetzlicher Disposition und wohl auch der Verfügungsbefugnis der einzelnen Gemeinden ausschließt, jedenfalls von beliebiger Verfügungsbefugnis. Verfassungsrechtlich zulässig ist die Einschränkung der 7

gemeindlichen Planungshoheit mit dem Ziel, unzureichende Leistungsfähigkeit einer Gemeinde zu kompensieren (s Rn 1). Diese verfassungsrechtliche Rechtslage bedingt die in Rn 8 bezeichneten eingrenzenden materiell-rechtlichen Anforderungen.

8 **d) Mangel an persönlichen und sächlichen Mitteln oder sonstiger sachlicher Grund:** Nur der Mangel an personellen und sachlichen Mitteln rechtfertigt verfassungsrechtlich die Übertragung (s Rn 7 und 1). Ob ein Mangel vorliegt, ist an der zu erfüllenden Aufgabe zu beurteilen, also relativ. Eine absolute Missbilligungsgrenze ist erreicht, wenn eine Gemeinde geschultes Personal und geeignete sächliche Einrichtungen hat. Diese Missbilligungsgrenze folgt aus dem Ziel, mangelnde Leistungsfähigkeit zu kompensieren. Betroffen sein können also in erster Linie Kleinst-Gemeinden.

9 **e) Form: RVO:** Als Form für die Übertragung verlangt das Gesetz eine Rechtsverordnung. Diese muss den Anforderungen des Landesverfassungsrechts entsprechen. Art 80 GG ist nicht einschlägig. Gleichwohl handelt es sich bei der Rechtsverordnung um einen bundesrechtlichen Begriff. Dieser lässt sich nicht durch Landesrecht ändern oder modifizieren. Es muss sich um materielles Gesetzesrecht handeln, das statt vom formellen Gesetzgeber – das wäre durch Parlamentsbeschluss – von der Landesregierung oder der von ihr bestimmten Behörde erlassen ist. Das Recht zur Normgebungsinitiative hat nach Bundesrecht die Gemeinde und die Landesregierung oder die von dieser bestimmten Behörde und nach Landesrecht darüber hinaus jede andere hierzu befugte Stelle.

10 **f) Einvernehmen:** Die Übertragung erfordert das Einvernehmen der Gemeinde. Dieses Einvernehmen steht im freien Willen der Gemeinde. Ersetzbar ist es, anders als bei § 36, nicht. Dieses Einvernehmen ist die abschließende Teilhabe der Gemeinde an der angestrebten Aufgabenerfüllung. Eine weitere Teilhabe an der Willensbildung des Übertragungsempfängers, wenn er die Aufgaben erfüllt, findet nicht statt. Die übertragene(n) Aufgabe(n) bleibt (bleiben) Selbstverwaltungsaufgabe(n) der betroffenen Gemeinde. Der **actus contrarius** erfolgt ebenfalls durch Rechtsverordnung der Landesregierung oder der von ihr bestimmten Behörde. Er ist zwar nicht ausdrücklich geregelt, ist jedoch der Vorschrift zu entnehmen, und zwar entsprechend deren Ziel und Zweck. Er hebt die Übertragung ganz oder teilweise auf. Er erfordert ebenso das Einvernehmen der betroffenen Gemeinde. Das Einvernehmen betrifft sowohl das Ob der Übertragung, als auch den Kreis der Aufgaben als auch den Übertragungsempfänger.

11 **g) actus contrarius:** Die Gemeinde hat einen Anspruch auf Normsetzung. Das gilt jedenfalls für den actus contrarius, wenn die Voraussetzung oder die Grundlage für die Übertragung nicht oder nicht mehr vorliegt. Soweit man die Gemeinde als an ihr einmal erklärtes Einvernehmen gebunden ansieht, enthielte diese Bindung die unabänderliche Feststellung, dass die Erfüllbarkeit der betreffenden Aufgaben nicht durch die betroffene Gemeinde, sondern durch den Übertragungsempfänger möglich ist.

12 **h) Anspruch auf Normsetzung:** Da der Gegenstand der Übertragung Selbstverwaltungsangelegenheit und -aufgabe der betroffenen Gemeinde bleibt, wäre das Festhalten am Einvernehmen verfassungsrechtlich nicht gerechtfertigt, wenn die Voraussetzung und die Grundlage hierfür nicht (mehr) gegeben ist.

Das Wort „*kann*" ermächtigt, es eröffnet nicht gesetzgeberische Freiheit schlechthin. Der Anspruch ist nötigenfalls mit Hilfe der **Leistungsklage beim Verwaltungsgericht** durchsetzbar. An einen Anspruch auf Übertragung ist zu denken, wenn die in Rn 9 bezeichnete Anforderung erfüllt ist und eine andere im BauGB vorgesehene Erfüllung der Aufgabe(n) nicht zur Verfügung steht, insbesondere eine in den §§ 203–206 vorgesehene. Die bundesrechtlich vorgesehene Übertragung geht einer landesrechtlich möglichen Ersatzvornahme vor.

i) Empfängerkreis: Übertragungsempfänger kann nur eine Gebietskörperschaft sein. In Betracht kommt der Landkreis oder eine andere Gemeinde. Eine **Gebietskörperschaft** ist eine öffentlich-rechtliche Körperschaft, bei der die Mitgliedschaft natürlicher oder juristischer Personen durch ihre Ansässigkeit in deren Gebiet begründet wird und die die Gebietshoheit ausübt (BVerfGE 52, 95). 13

j) Finanzierung: Die Finanzierung der Erfüllung der übertragenen Aufgabe(n) ist einfach-bundesgesetzlich nicht geregelt. Sie dürfte landesrechtlich idR der für Auftragsverwaltung folgen. 14

III. Zu Abs 2:

a) Allgemeine landesweite Regelung: Abs 2 ermächtigt zu einer allgemeinen landesweiten Übertragung von Aufgaben der Gemeinden. Durch die allgemeine Geltung für alle betroffenen Gemeinden im Land unterscheidet sich diese Ermächtigung von der des Abs 1 zu einer Einzelfachregelung für eine Gemeinde. 15

b) Form: Landesgesetz: Die Übertragung erfolgt durch förmliches Landesgesetz, das aufgrund eines Gesetzesbeschlusses des Parlaments zustande kommt. Das Gesetzgebungsverfahren einschließlich der Gesetzgebungsinitiative richtet sich nach Landesverfassungsrecht. Die Übertragung kann auch in einem weitere Gegenstände regelnden Gesetz erfolgen, beispielsweise in der Gemeindeordnung. Bundesrecht verlangt nicht ein auf die Aufgabenübertragung beschränktes Spezialgesetz. Der **actus contrarius** erfolgt durch entsprechendes Landesgesetz. Bezüglich der Gesetzgebungskompetenz s Rn 1. 16

c) Gesetzgeberische Freiheit: Im Rahmen der Ermächtigung hat der Landesgesetzgeber gesetzgeberische Freiheit. Materielle Anforderungen an die Leistungsfähigkeit der betroffenen Gemeinden – wie bei Abs 1 (s Rn 8) – stellt die Vorschrift nicht. Einhalten muss der Landesgesetzgeber den Umfang der Ermächtigung iVm dem Gebot, die Teilhabe der Gemeinde an der Willensbildung des Übertragungsempfängers zu regeln. Das sind insbesondere der Gegenstand der Übertragung und der Kreis der möglichen Übertragungsempfänger. **Prozessrechtlich** ist zu beachten, dass die Frage, ob das Landesgesetz die bundesrechtliche Ermächtigung einhält, revisionsrechtlich überprüfbar ist. 17

d) Aufgaben: Möglicher Gegenstand der Übertragung sind Aufgaben, jedoch nur diejenigen, die nicht mit einem Recht aus dem Kern der Selbstverwaltung verbunden sind. Die Verwendung des gleichen Wortes „*Aufgabe*" in Abs 1 und Abs 2 ist irreführend (aA BVerwG, Buchholz 406.11, § 36 Nr 54 und Gaentzsch, in: BK, Rn 9). Art 28 II Satz 1 GG hindert, Gemeinden etwas aus dem Kernbereich ihres Rechts auf Selbstverwaltung allgemein zu erziehen (Rn 1). 18

e) Teilhabe an der Willensbildung: Für die Teilhabe der betroffenen Gemeinden an der Willensbildung zur Erfüllung der übertragenen Aufgaben gebietet die Vor- 19

schrift, dass das Landesgesetz diese regelt. Wenn der Gesetzgeber von der Ermächtigung Gebrauch macht, so muss er vollständig Gebrauch machen, also das Gebot einschließlich der Anforderungen an die Teilhabe erfüllen. Die Anforderungen ergeben sich aus dem Demokratiegebot des Art 28 I Satz 1 GG und dem Rechtsstaatsgebot. Die Regelung muss danach gewährleisten, dass die Gemeinden auf die Meinungsbildung zur Willensentscheidung und auch für diese selbst maßgebenden Einfluss nehmen können. Das geht deutlich über Einflussnahme durch Anhörung (Weyreuther, Einflussnahme durch Anhörung, FS Sendler) hinaus. Das erfordert zwar nicht, dass die einzelne Gemeinde einen bestimmten Inhalt des Willensergebnisses muss erzwingen oder – durch ein Vetorecht – muss verhindern können, wohl aber, dass das Gewicht ihrer Einflussnahme durchsetzungsfähig ist. Wäre das Gewicht einer Gemeinde so gering, dass sich diese praktisch niemals durchsetzen könnte, genügte die Regelung über die Teilhabe der Gemeinde nicht der Anforderung. Zu denken ist zB an die Erfüllung der Erschließungsaufgabe auf dem Gebiet einer Gemeinde.

20 f) **Empfängerkreis:** Zur Bezeichnung des Kreises der möglichen Übertragungsempfänger bedient sich das Gesetz landesrechtlicher Begriffe, nämlich des rheinland-pfälzischen der Verbandsgemeinden und des baden-württembergischen der Verwaltungsgemeinschaften und fügt an *„oder vergleichbare gesetzliche Zusammenschlüsse von Gemeinden, denen nach Landesrecht örtliche Selbstverwaltungsaufgaben der Gemeinden obliegen"*. Der Begriff des möglichen Übertragungsempfängers ist danach ein bundesrechtlicher. Die Anforderungen sind den gemeinsamen Merkmalen der bezeichneten Beispiele, wie sie der Bundesgesetzgeber vorgefunden hat, zu entnehmen iVm dem, was das Gesetz daraus als Mindestanforderung gemäß dem zitierten Teilsatz hervorgehoben hat.

21 g) **Freiwilliger Zusammenschluss:** Umstritten ist, ob ein freiwilliger Zusammenschluss „aufgrund" Landesgesetzes ein Zusammenschluss iSd bundesrechtlichen Begriffs ist. Kalb (EZB, § 203 Rn 33) und Fislake (KK, § 203 Rn 17) meinen, nur der vom Gesetz selbst bestimmte Zusammenschluss erfülle den Begriff; sie berufen sich auf den Wortlaut der Vorschrift. Schmidt-Eichstaedt (*NVwZ* 1997, 846/849 f) und Gaentzsch (BK Rn 13 unter Aufgabe der gegenteiligen Auffassung in der Vorauflage Rn 17) meinen, ein Zusammenschluss *„aufgrund"* eines Gesetzes erfülle den Begriff. Maßgebend ist, ob nach Landesrecht einer bestimmten Art von Zusammenschluss örtliche Selbstverwaltungsaufgaben der Gemeinde allgemein obliegen. Ob das Landesgesetz Gemeinden freigestellt hat, von dem von ihm zur Verfügung gestellten Zusammenschluss freiwillig Gebrauch zu machen, oder ob es den Zusammenschluss ohne Willensbeteiligung der Gemeinden selbst vornimmt, erfüllt das Ziel des Gesetzes gleichermaßen, die im Gesetz bestimmten Aufgaben im vorgegebenen Zusammenschluss zu erfüllen. Die Novelle hat den Streit nicht gesetzgeberisch gelöst (Rn 2).

IV. Abs 3:

1. Bundes- und Landesrecht

22 Die Vorschrift ermächtigt die Landesregierung, die im BauGB der höheren Verwaltungsbehörde zugewiesenen Aufgaben auf andere staatliche Behörden, Landkreise oder kreisfreie Gemeinden zu übertragen. Ihr ist zugleich zu entnehmen,

dass die bundesrechtliche Zuweisung zurücktritt, sofern die Landesregierung von der Ermächtigung Gebrauch gemacht hat. Zur Gesetzgebungskompetenz s Rn 1 und 4.

2. Inhalt

a) Gegenstand und Novelle 2004: Gegenstand der anderweitigen Zuweisung sind alle im BauGB der höheren Verwaltungsbehörde zugewiesenen Aufgaben. Die Novelle 2004 hat die bisherige Ausnahme der Genehmigung der Entwicklungssatzung nach § 165 VII gestrichen. 23

b) Form: Rechtsverordnung: Als Form für die anderweitige Zuweisung schreibt die Vorschrift die Rechtsverordnung vor. Zum bundesrechtlichen Begriff der Rechtsverordnung s Rn 9. 24

c) Empfängerkreis: Den Kreis der möglichen Empfänger der Zuweisung beschränkt das Bundesrecht auf staatliche Behörden, gemeint sind des Landes, auf Landkreise und kreisfreie Gemeinden. Es geht um die sachliche Zuständigkeit. 25

d) Länder, die Gebrauch gemacht haben: Gebrauch gemacht von der Ermächtigung haben die Länder Baden-Württemberg, Bayern, Berlin, Brandenburg, Bremen, Hamburg, Niedersachsen, Mecklenburg-Vorpommern, Nordrhein-Westfalen, Rheinland-Pfalz, das Saarland, Schleswig-Holstein und Thüringen. Nicht Gebrauch gemacht haben die Länder Hessen, Sachsen und Sachsen-Anhalt. 26

V. Zu Abs 4:

a) Satz 1: Relevanz nur für Länder mit Mittelinstanz: Satz 1 ist nur in den acht Ländern mit einer Mittelinstanz relevant, das sind Bayern, Baden-Württemberg, Hessen, Niedersachsen, Nordrhein-Westfalen, Rheinland-Pfalz, Sachsen und Sachsen-Anhalt. In den Ländern Berlin, Brandenburg, Bremen, Hamburg, Mecklenburg-Vorpommern, Schleswig-Holstein, Saarland und Thüringen, in denen eine Mittelinstanz fehlt, ist Satz 1 nicht relevant. 27

b) Satz 2: Länderübergreifende Flächennutzungsplanung: Satz 2 betrifft den länderübergreifenden FPl. Die Vorschrift ergänzt die §§ 204 und 205. Der Plural „die Behörden" und die verlangte Gegenseitigkeit des Einvernehmens stellen klar, dass die Oberste Verwaltungsbehörde jedes der beteiligten Länder den VA der Genehmigung oder Ablehnung der Genehmigung erlässt bzw. die Zustimmung erteilt oder verweigert. Die Behörden können ihr Einvernehmen oder ihre Zustimmung durch einfache Erklärung oder durch Verwaltungsvereinbarung oder durch Verwaltungsvertrag herstellen. Ihre abschließende Erklärung gegenüber den Gemeinden oder dem einheitlichen Planungsträger können sie gemeinschaftlich abgeben. 28

c) Anspruch auf Regelung und richterliche Überprüfungsdichte: Die Gemeinde und folglich auch ein Zusammenschluss von Gemeinden oder ein Verband hat den Anspruch auf Erteilung der Genehmigung des Plans oder auf Zustimmung zum Plan oder der Satzung. Länderübergreifende Planung verändert weder die materiell-rechtliche Rechtmäßigkeit des Plans noch der Satzung, noch die Anspruchsposition der Gemeinde. Maßgebend ist, ob die Gemeinde einen Anspruch auf Genehmigung oder Zustimmung nach Maßgabe des Planungsrechts hat. Der Anspruch ist durch **Verpflichtungsklage** beim Verwaltungsgericht durchsetzbar. 29

Die Klage ist gegen die Behörde der Sitzgemeinde bzw. des Sitzes des Verbandes zu richten. Die Behörde des anderen beteiligten Landes ist beizuladen.

§ 204 Gemeinsamer Flächennutzungsplan, Bauleitplanung bei Bildung von Planungsverbänden und bei Gebiets- oder Bestandsänderung

(1) Benachbarte Gemeinden sollen einen gemeinsamen Flächennutzungsplan aufstellen, wenn ihre städtebauliche Entwicklung wesentlich durch gemeinsame Voraussetzungen und Bedürfnisse bestimmt wird oder ein gemeinsamer Flächennutzungsplan einen gerechten Ausgleich der verschiedenen Belange ermöglicht. Ein gemeinsamer Flächennutzungsplan soll insbesondere aufgestellt werden, wenn die Ziele der Raumordnung oder wenn Einrichtungen und Anlagen des öffentlichen Verkehrs, sonstige Erschließungsanlagen sowie Gemeinbedarfs- oder sonstige Folgeeinrichtungen eine gemeinsame Planung erfordern. Der gemeinsame Flächennutzungsplan kann von den beteiligten Gemeinden nur gemeinsam aufgehoben, geändert oder ergänzt werden; die Gemeinden können vereinbaren, dass sich die Bindung nur auf bestimmte räumliche oder sachliche Teilbereiche erstreckt. Ist eine gemeinsame Planung nur für räumliche oder sachliche Teilbereiche erforderlich, genügt anstelle eines gemeinsamen Flächennutzungsplans eine Vereinbarung der beteiligten Gemeinden über bestimmte Darstellungen in ihren Flächennutzungsplänen. Sind die Voraussetzungen für eine gemeinsame Planung nach Satz 1 und 4 entfallen oder ist ihr Zweck erreicht, können die beteiligten Gemeinden den Flächennutzungsplan für ihr Gemeindegebiet ändern oder ergänzen; vor Einleitung des Bauleitplanverfahrens ist die Zustimmung der höheren Verwaltungsbehörde erforderlich.

(2) Werden Gemeinden in ihrem Gebiet oder Bestand geändert oder geht die Zuständigkeit zur Aufstellung von Flächennutzungsplänen auf Verbände oder sonstige kommunale Körperschaften über, gelten unbeschadet abweichender landesrechtlicher Regelungen bestehende Flächennutzungspläne fort. Dies gilt auch für räumliche und sachliche Teile der Flächennutzungspläne. Die Befugnis und die Pflicht der Gemeinde, eines Verbands oder einer sonstigen Körperschaft, fortgeltende Flächennutzungspläne aufzuheben oder für das neue Gemeindegebiet zu ergänzen oder durch einen neuen Flächennutzungsplan zu ersetzen, bleiben unberührt.

(3) Verfahren zur Aufstellung, Änderung, Ergänzung oder Aufhebung von Bebauungsplänen können nach einer Gebiets- oder Bestandsänderung in ihrem jeweiligen Stand fortgeführt werden. Satz 1 gilt entsprechend bei Bildung von Planungsverbänden und für Zusammenschlüsse nach § 205 Abs. 6. Die höhere Verwaltungsbehörde kann verlangen, dass bestimmte Verfahrensabschnitte wiederholt werden.

Gesamtübersicht

	Rn		Rn
I. Unterschiedliche Gegenstände	1	2. Bindung	8
1. Pflicht zu gemeinsamem, interkommunalem FPl	1	a) Bindung des Gemeinsamen	8
II. Gesetzgebungskompetenz	2	b) Erlöschen der Bindung	9
III. Inhalt	3	3. Verfahren und Rechtsnachfolger	10
1. Gemeinsamer FPl	3	a) FPl-Aufstellungsverfahren – Novelle 2004	10
a) Gemeinsamer FPl	3		
b) Vertrag der beteiligten Gemeinden	4	b) Regionaler FPl, § 9 Abs 6 ROG	11
c) Überpflichtmäßig gemeinsamer FPl	5	c) Abs 2	12
d) Übersicht über die Gestaltungsmöglichkeiten für Gemeinsames	6	d) Funktionennachfolge während des BPl-Aufstellungsverfahrens	13
e) Anspruch der Gemeinden auf Mitwirkung der anderen pflichtigen Gemeinden	7		

I. Unterschiedliche Gegenstände:

1. Pflicht zu gemeinsamem, interkommunalem FPl

§ 204 regelt Unterschiedliches. Abs 1 bestimmt die Pflicht der Gemeinden, einen gemeinsamen FPl aufzustellen. Abs 2 bestimmt die Fortgeltung eines FPl im Fall der Gebietsänderung oder einer anderen Funktionennachfolge des Autors des FPl. Abs 3 regelt die Fortführung des FPlan-Aufstellungsverfahrens, wenn eine Funktionennachfolge während des Aufstellungsverfahrens auftritt. 1

II. Gesetzgebungskompetenz

Die Gesetzgebungskompetenz des Bundes für die drei Regelungsgegenstände des § 204 (s Rn 1) folgen aus dem Erfordernis der Gewährleistung eines wirksamen Aufgabenvollzugs im Bereich der Bauleitplanung als Annex-Kompetenz (BVerfGE 22, 180/210 und BVerfGE 77, 288/298 f). Für die Regelungsgegenstände für sich gesehen hat der Bund nicht die Gesetzgebungskompetenz. 2

III. Inhalt

1. Gemeinsamer FPl

a) Gemeinsamer FPl: *„Gemeinsam"* ist der FPl mehrerer Gemeinden, deren Darstellungen gemeindegebietsüberschreitend für die beteiligten Gemeinden bindend sind (Gaentzsch, BK, 3. Aufl, § 204 Rn 8, seine frühere Auffassung aufgebend). Die Bindung kann auf bestimmte Darstellungen und auf einen bestimmten Raum beschränkt sein. Die gemeindegebietsüberschreitende Bindung von Darstellungen des von den beteiligten Gemeinden aufgestellten FPl ist die Eigenart des *„gemeinsamen Flächennutzungsplans"*. Außerhalb des BauGB ermöglicht § 9 VI ROG, dem Regionalplan die Funktion eines solchen gemeinsamen FPl beizulegen. Der von einem anderen Hoheitsträger iSv § 203 oder von einem Zusammenschluss iSv § 205 aufgestellte gebietsüberschreitende FPl ist dessen und nicht etwa ein gemein- 3

samer FPl. Die Autorschaft der beteiligten Gemeinden für die Bindung ist maßgebend. Die Bindung tritt mit der übereinstimmenden Beschlussfassung und dem Inkrafttreten des gemeinsamen Ergebnisses ein.

4 **b) Vertrag der beteiligten Gemeinden:** Das BauGB ist **vertragsfreundlich**. Der gemeinsame FPl ist das abschließende Ergebnis der Aufstellungsverfahren. Ohne Zusammenarbeit der beteiligten Gemeinden lässt sich ein solches gemeinsames Ergebnis nicht vorstellen. Zweckmäßig ist ein **Vertrag** zwischen den beteiligten Gemeinden. In diesem ist der Wille zur Aufstellung eines gemeinsamen FPl verbindlich zu bestimmen, dazu Planungsziele und Inhalte, ein Zeitplan, das Verfahren der weiteren Abstimmung, die Kostenaufteilung, ggf die Auftragserteilung zur Ausarbeitung eines Planentwurfs mit Begründung und eine Regelung über die Beilegung von Meinungsverschiedenheiten. Mit fortschreitendem Planungsstand ist die **Fortschreibung des Vertrages** über Inhalte, den weiteren Zeitablauf, und die weitere Abstimmung geboten. Ein Mustervertrag wäre wegen der höchst unterschiedlichen Erfordernisse im konkreten Fall unzweckmäßig. Beachtlich ist, welche Gegenstände im Einzelfall für welchen Raum die Pflicht zur Aufstellung eines gemeinsamen FPl begründen, s Rn 5. Abs 1 Satz 2 bezeichnet Beispiele. Vorab ist sorgfältig zu klären, welche Gegenstände die Pflicht zur Bindung hervorrufen. Sodann ist zu verhandeln und vertraglich zu vereinbaren, ob und ggf inwieweit überpflichtmäßige Bindungen angestrebt werden und welche vom Gesetz zur Verfügung gestellte Möglichkeit eines gemeinsamen Ergebnisses; diese Möglichkeiten sind in Rn 6 bezeichnet. Welcher Form der Vertrag bedarf, ist dem Landesrecht zu entnehmen; das Recht über zwischengemeindliche Zusammenarbeit enthält üblicherweise auch Verfahrensfachrecht.

5 **c) Überpflichtmäßig gemeinsamer FPl:** Die Pflicht zum gemeinsamen bindenden Ergebnis beschränkt das Gesetz auf das für die räumlichen und sachlichen Teilbereiche **Erforderliche**. Es ermächtigt die beteiligten Gemeinden, die gemeinsame Bindung auch für räumliche und sachliche Teilbereiche zu bestimmen, für die die Pflicht hierzu nicht besteht. Der klarste und einfachste Fall ist der des gemeinsamen FPl flächendeckend für die Territorien der beteiligten Gemeinden mit Bindung für alle seine Darstellungen, der in Rn 6 unter 1. bezeichneten Fall. Soweit im FPl von der Ermächtigung zu überpflichtmäßiger Bindung nicht Gebrauch gemacht ist, ist sicherzustellen, *erstens,* dass sich die jeweilige Gemeinde an die Grenze ihrer Planungshoheit hält, also mit ihrer Beschlussfassung ausschließlich ihr eigenes Territorium überplant und *zweitens,* dass für jede Darstellung eindeutig bestimmt ist, dass sie gemeinsam ist oder dass sie ausschließlich für die betreffende Gemeinde gilt, und dass das aus der zeichnerischen und textlichen Darstellung eindeutig hervorgeht. Die Gemeinde muss sich bei der Planung bewusst sein, ob sie gemeinsam mit anderen Gemeinden plant oder für sich selbst. Für die Rechtsunterworfenen muss eindeutig sein, ob das Ergebnis ein gemeinsames oder eines auf die betroffene Gemeinde beschränktes ist. Um solche Eindeutigkeit zu erreichen, ist notwendig, den Vertrag sorgfältig zu verhandeln und zu formulieren, s Rn 4.

6 **d) Übersicht über die Gestaltungsmöglichkeiten für Gemeinsames:** Als gemeinsamen FPl oder eine gemeinsame Bindung stellt das Gesetz eine Vielzahl an Möglichkeiten zur Verfügung, nämlich
1. den gemeinsamen die Territorien der beteiligten Gemeinden flächendeckenden FPl mit Bindung aller Darstellungen, Abs 1 Satz 1,

2. den örtlichen F-Teilplan mit Bindung aller darin enthaltenen Darstellungen, Abs 1 Satz 3 2. HS,
3. den gemeinsamen sachlichen flächendeckenden Teil-FPl (Abs 1 Satz 3 2. HS),
4. den gemeinsamen örtlichen Teil-FPl mit Begrenzung der Bindung der Darstellungen, Abs 1 Satz 3 2. HS,
5. den gemeinsamen örtlichen Teil-FPl kombiniert mit einem sachlichen Teil-FPl für diese oder andere Teilbereiche bis hin zur flächendeckenden Geltung für die Territorien der beteiligten Gemeinden, Abs 1 Satz 3 2. HS,
6. die Bindungsvereinbarung für einen örtlichen Teilbereich, Abs 1 Satz 4,
7. die Bindungsvereinbarung für einzelne sachliche Darstellungen flächendeckend für die Territorien der beteiligten Gemeinden, Abs 1 Satz 4,
8. die Bindungsvereinbarung für einen örtlichen Teilbereich und für einzelne Darstellungen innerhalb dieses Bereichs, Abs 1 Satz 4,
9. die Bindungsvereinbarung für einen örtlichen Teilbereich kombiniert mit der Bindung einzelner sachlicher Darstellungen auch für andere Teilbereiche flächendeckend für die Territorien der beteiligten Gemeinden, Abs 1 Satz 4,
10. die Zulassung der Funktion eines gemeinsamen FPl des Regionalplans, § 9 VI ROG.

Die vom Gesetz zugelassenen Gestaltungsmöglichkeiten sind abschließend. Sie sind auch ausreichend.

e) Anspruch der Gemeinden auf Mitwirkung der anderen pflichtigen Gemeinden: Die Pflicht der beteiligten Gemeinden, einen gemeinsamen FPl aufzustellen, ist mit deren Mitwirkungspflicht verbunden, den gemeinsamen FPl aufzustellen. Mit dieser Mitwirkungspflicht geht der Anspruch der übrigen beteiligten Gemeinden einher, diese Mitwirkungspflicht zu erfüllen. Diese Mitwirkungspflicht ist mit der einfachen **Leistungsklage beim Verwaltungsgericht** durchsetzbar. Die Mitwirkungspflicht ist nicht auf ein bestimmtes Ziel oder einen bestimmten Inhalt gerichtet. Sie ist auf die pflichtige Gemeinsamkeit begrenzt und besteht nicht für überpflichtige Darstellungen. Sie kann deshalb auf einen örtlichen oder sachlichen Teilplan oder eine entsprechende Bindungsvereinbarung beschränkt sein (s Rn 6). Ob ausnahmsweise etwas anderes gelten kann, wenn nur ein Ziel oder ein Inhalt die pflichtmäßige Gemeinsamkeit bewirken kann oder ein anderes Ziel oder ein anderer Inhalt zwar möglich ist, vernünftigerweise aber nicht ernsthaft in Betracht gezogen werden kann, ließe sich nur am Einzelfall beurteilen. Zu einer Bindungsvereinbarung iSd in Rn 6 unter 6.–9. genannten Fallgestaltungen ist die Gemeinde nicht verpflichtet, sodass der Anspruch auf die Aufstellung eines gemeinsamen Teil-FPl gerichtet ist, wenn nicht auf einen umfassenden gemeinsamen FPl. Die Mitwirkungspflicht gilt inhaltlich bis einschließlich der Bekanntmachung. Unterbleibt das Inkrafttreten, weil eine Gemeinde den gemeinsamen FPl nicht bekannt macht, so ist der – klageweise durchsetzbare – Anspruch der übrigen beteiligten Gemeinden auf die Bekanntmachung gerichtet. Für den Fall einer Bindungsvereinbarung nach Abs 1 Satz 4 gilt dasselbe.

2. Bindung

a) Bindung des Gemeinsamen: Die Bindung des Gemeinsamen besteht in zwei Richtungen. *Erstens* gilt die gemeinsame Darstellung objektiv-rechtlich. *Zweitens* bindet sie die beteiligten Gemeinden untereinander. Objektiv-rechtlich ist gem § 8

II Satz 1 aus der gemeinsamen Darstellung der verbindliche BPl zu entwickeln. Die gemeinsame Darstellung ist ein öffentlicher Belang iSv § 35 III Satz 1 Nr 1; ohne das eingeholte und erteilte Einvernehmen der beteiligten Gemeinden nach § 36 I BauGB darf die Baugenehmigungsbehörde ein der Darstellung widersprechendes Vorhaben nicht genehmigen. Auf die Anfechtung einer übergangenen Gemeinde wäre die gleichwohl erteilte Genehmigung aufzuheben. Erteilt die Gemeinde, auf deren Territorium das Vorhabengrundstück liegt, ihr Einvernehmen, sei es auch in der Form der Fiktion und setzte sich die Genehmigungsbehörde über das von der anderen beteiligten Gemeinde versagte Einvernehmen hinweg oder holte sie es gar nicht erst ein und erteilte sie die Genehmigung gleichwohl, so kann das die Planungshoheit der übergangenen Gemeinde verletzen. Jedenfalls ist diese Verletzung wehrfähig. Zwischen den Gemeinden bedeutet die Bindung, dass die für die verbindliche Bauleitplanung zuständige Behörde ihren BPl nur aus der gemeinsamen Darstellung entwickeln darf und die Darstellung, solange sie gilt, nur gemeinsam mit den anderen beteiligten Gemeinden ändern oder aufheben kann, Abs 1 Satz 3 HS 1 (Rn 9). Die Bindung **tritt mit der letzten Bekanntmachung** der beteiligten Gemeinden **in Kraft**.

9 **b) Erlöschen der Bindung:** Die zwischengemeindliche Bindung erlischt, wenn die in Abs 1 Satz 1 und 4 bestimmten Voraussetzungen für eine pflichtmäßige Gemeinsamkeit entfallen oder ihr Zweck erreicht ist, Abs 1 Satz 5. Die beteiligten Gemeinden können dann den FPl für ihr Gemeindegebiet ändern oder ergänzen. Mit dem Erlöschen der Pflicht (Rn 5) erlischt auch die zwischengemeindliche Bindung für überpflichtmäßige Bindungen. Dasselbe gilt, wenn die pflichtmäßigen gemeinsamen Darstellungen wegen Funktionslosigkeit faktisch außer Kraft getreten sind. Solange eine Gemeinde von ihrer wiedererlangten alleinigen Planungshoheit für den FPl keinen Gebrauch gemacht hat, bleiben die Darstellungen für die verbindliche Bauleitplanung nach § 8 Abs 2 und als öffentlicher Belang iSv § 35 III Nr 1 in Kraft. Solange die Pflicht zum Gemeinsamen nicht erloschen ist, können die beteiligten Gemeinden den gemeinsamen FPl nur gemeinsam aufheben, ändern oder ergänzen (Abs 1 Satz 3, HS 1). Ist die Änderung iSv § 1 III erforderlich, sind die beteiligten Gemeinden mitwirkungspflichtig, (Rn 7).

3. Verfahren und Rechtsnachfolger

10 **a) FPl-Aufstellungsverfahren – Novelle 2004:** Für die FPlan-Aufstellung gelten die allgemeinen Vorschriften. Zu beachten ist: Jede der beteiligten Gemeinden muss alle Belange abwägen und alle vorgebrachten Anregungen prüfen. Die Entscheidung über Anregungen ist Bestandteil der Abwägung (BVerwGE 110, 118 = BRS 62 Nr 45). Das führt zu einer umfassenden **wechselseitigen Mitteilungspflicht** der beteiligten Gemeinden. Sie müssen sich die ihnen bekannt gewordenen Belange mitteilen, wie sie deren objektives Gewicht einschätzen und wie sie sich deren planerische Gewichtung vorstellen; sie müssen die eingegangenen Anregungen und Stellungnahmen der TöB mitteilen und wie sie sich deren Behandlung vorstellen. Bezüglich abwägungserheblicher Belange ist die Anregensfrist bzw. die Erklärungsfrist für TöB unerheblich. Zum inhaltlich übereinstimmenden Abwägungsergebnis müssen sich die Gemeinden abstimmen. Erst wenn sich die Gemeinden über das gemeinsame Ergebnis einig sind, ist die Beschlussfassung über einen gemeinsamen FPlan möglich (Gaentzsch, in: BK, Rn 9). Nach der Novelle

2004 ist dem Erläuterungsbericht die EU-rechtlich vorgegebene zusammenfassende Erklärung über die Art und Weise beizugeben, wie Umweltbelange und die Ergebnisse der Öffentlichkeits- und Behördenbeteiligung in dem Plan berücksichtigt und aus welchen Gründen der Plan nach Abwägung mit den geprüften, in Betracht kommenden anderweitigen Planungsmöglichkeiten gewählt wurde, § 6 V Satz 3. § 5 I Satz 3 idF der Novelle 2004 hat die Verpflichtung zur Überprüfung und erforderlichenfalls Änderung, Ergänzung oder Neuaufstellung **15 Jahre** nach der erstmaligen oder erneuten Darstellung eingeführt; diese Vorschrift ist auch für **vor** dem Inkrafttreten der Novelle am **20.07.2004 aufgestellte FPle erstmals ab 01.01.2010** anzuwenden, § 244 IV. Gegenstand der Genehmigung der höheren Verwaltungsbehörde ist der gemeinsame FPl als Einheit. Die Genehmigung der höheren Verwaltungsbehörde ergeht dementsprechend einheitlich gegenüber allen beteiligten Gemeinden (Schmidt-Eichstaedt, NVwZ 1997, 846/853). Gehören die Gemeinden zum Zuständigkeitsbereich unterschiedlicher höherer Verwaltungsbehörden oder liegen sie in unterschiedlichen Ländern, gilt die in § 203 IV bestimmte Zuständigkeitsregelung. Jede beteiligte Gemeinde muss den gemeinsamen FPl ortsüblich bekannt machen. Zur Mitwirkungspflicht s Rn 7.

b) Regionaler FPl, § 9 Abs 6 ROG: Nach § 9 VI ROG kann zugelassen werden, dass ein Plan zugleich die Funktion eines Regionalplans und eines gemeinsamen FPl nach § 204 übernimmt. Die Vorschrift ist Bundesrahmenrecht und bedarf der Umsetzung durch Landesrecht. Übernimmt ein Regionalplan die Funktion eines gemeinsamen FPl, gelten dessen Bindungen (Rn 9). Enthält ein solcher Plan nicht alle pflichtmäßigen Darstellungen nach Abs 1 Satz 1 und 2, käme allenfalls eine Zulassung für die Funktion eines Teil-FPl in Betracht. Ob die Teilung nach Pflichtdarstellungen zulässig ist, ist offen. § 9 VI ROG ermöglicht jedenfalls nicht, die Pflicht zur Aufstellung eines gemeinsamen FPl (Rn 5) zu derogieren. 11

c) Abs 2: Fortgeltung des FPl bei Funktionennachfolge dessen Autors: Nach Abs 2 gelten FPl und Teile von FPln im Falle von Gebietsänderungen nach dem 31.12.1976 generell fort (OVG NW, NVwZ 1983, 748). Das gilt nur dann nicht, wenn der FPl oder Teil des FPl wegen Funktionslosigkeit obsolet geworden ist. Im Fall der Gebietsänderung oder einer sonstigen Funktionsnachfolge kann die Planänderung iSv § 1 III erforderlich sein. 12

d) Funktionennachfolge während des BPl-Aufstellungsverfahrens: Abs 3 lässt generell zu, FPl-Aufstellungsverfahren im Fall einer Gebiets- oder Bestandsänderung oder einer Funktionsnachfolge nach § 205 VI in ihrem vorgefundenen Stand fortzuführen, ohne dass die Gemeinde vorangegangene Verfahrensabschnitte wiederholen muss. 13

§ 205 Planungsverbände

(1) Gemeinden und sonstige öffentliche Planungsträger können sich zu einem Planungsverband zusammenschließen, um durch gemeinsame zusammengefasste Bauleitplanung den Ausgleich der verschiedenen Belange zu erreichen. Der Planungsverband tritt nach Maßgabe seiner Satzung für die Bauleitplanung und ihre Durchführung an die Stelle der Gemeinden.

(2) Kommt ein Zusammenschluss nach Absatz 1 nicht zustande, können die Beteiligten auf Antrag eines Planungsträgers zu einem Planungsverband zusammengeschlossen werden, wenn dies zum Wohl der Allgemeinheit dringend geboten ist. Ist der Zusammenschluss aus Gründen der Raumordnung geboten, kann den Antrag auch die für die Landesplanung nach Landesrecht zuständige Stelle stellen. Über den Antrag entscheidet die Landesregierung. Sind Planungsträger verschiedener Länder beteiligt, erfolgt der Zusammenschluss nach Vereinbarung zwischen den beteiligten Landesregierungen. Sollen der Bund oder eine bundesunmittelbare Körperschaft oder Anstalt an dem Planungsverband beteiligt werden, erfolgt der Zusammenschluss nach Vereinbarung zwischen der Bundesregierung und der Landesregierung, sofern die beteiligte Behörde des Bundes oder der bundesunmittelbaren Körperschaft oder Anstalt dem Zusammenschluss durch die Landesregierung widerspricht.

(3) Kommt eine Einigung über die Satzung oder über den Plan unter den Mitgliedern nicht zustande, stellt die zuständige Landesbehörde eine Satzung oder einen Plan auf und legt sie dem Planungsverband zur Beschlussfassung vor. Einigen sich die Mitglieder über diese Satzung oder diesen Plan nicht, setzt die Landesregierung die Satzung oder den Plan fest. Absatz 2 Satz 4 ist entsprechend anzuwenden. Ist der Bund oder eine bundesunmittelbare Körperschaft oder Anstalt an dem Planungsverband beteiligt, wird die Satzung oder der Plan nach Vereinbarung zwischen der Bundesregierung und der Landesregierung festgesetzt, sofern die beteiligte Behörde des Bundes oder der bundesunmittelbaren Körperschaft oder Anstalt der Festsetzung durch die Landesregierung widerspricht.

(4) Dem Planungsverband können nach Maßgabe der Satzung die Aufgaben der Gemeinde, die ihr nach diesem Gesetzbuch obliegen, übertragen werden.

(5) Der Planungsverband ist aufzulösen, wenn die Voraussetzungen für den Zusammenschluss entfallen sind oder der Zweck der gemeinsamen Planung erreicht ist. Kommt ein übereinstimmender Beschluss über die Auflösung nicht zustande, ist unter den in Satz 1 bezeichneten Voraussetzungen die Auflösung auf Antrag eines Mitglieds anzuordnen; im Übrigen ist Absatz 2 entsprechend anzuwenden. Nach Auflösung des Planungsverbands gelten die von ihm aufgestellten Pläne als Bauleitpläne der einzelnen Gemeinden.

(6) Ein Zusammenschluss nach dem Zweckverbandsrecht oder durch besondere Landesgesetze wird durch diese Vorschriften nicht ausgeschlossen.

(7) Wird die Befugnis zur Aufstellung von Bauleitplänen nach den Absätzen 1 bis 3 oder 6 übertragen, sind die Entwürfe der Bauleitpläne mit Begründung vor der Beschlussfassung hierüber oder der Festsetzung nach Absatz 3 Satz 2 oder 4 den Gemeinden, für deren Gebiet der Bauleitplan aufgestellt werden soll, zur Stellungnahme innerhalb angemessener Frist zuzuleiten. Auf die Behandlung der von den Gemeinden fristgemäß vorgebrachten Anregungen ist § 3 Abs. 2 Satz 4 und 6 entsprechend anzuwenden.

Gesamtübersicht

	Rn		Rn
I. Novelle 2004	1	b) Verbandssatzung	7
II. Gegenstand und Aufgaben	2	aa) Einstimmiger Beschluss der Mitglieder	8
a) Verband	2	bb) Angebot einer Satzung	9
b) „Planungs"verband	3	cc) Ersatzvornahme der Verbandssatzung	10
III. Zustandekommen und Auflösung	4	3. Aufgabenübertragung, Abs 4	11
1. Zustandekommen	4	4. Auflösungspflicht, Abs 5	12
2. Vorgang zum Zustandekommen	4	**IV. Planung und sonstige Aufgabenerfüllung**	13
a) Wille zum Zustandekommen	4	**V. Zusammenschluss aufgrund Landesrechts, Abs 6**	15
aa) Wille der künftigen Mitglieder, sich zusammenzuschließen, Abs 1	5		
bb) Gründungsgebot, Abs 2	6		
cc) Anforderungen an das Gründungsgebot	7		

I. Novelle 2004

Die Novelle 2004 hat Abs 7 an die Wortwahl des Planungsrechts angepasst. Im Übrigen hat sie das in § 205 geregelte Recht der zusammengefassten Planung in einem Planungsverband unverändert belassen. 1

II. Gegenstand und Aufgaben

a) Verband: Ein Verband ist ein mitgliedschaftlich organisierter Zusammenschluss, der die Kompetenz hat, die ihm übertragenen Aufgaben eigenverantwortlich zu regeln. Als Planungsverband ist er Körperschaft des öffentlichen Rechts. 2

b) „Planungs"verband: Das Teilwort „*Planungs*" vom Planungsverband bestimmt, dass die in Rn 2 bezeichnete Kompetenz darin bestehen muss, Bauleitplanung nach den §§ 1–13 durchzuführen. Der Bereich kann räumlich begrenzt sein. Dem Verband können weitere Aufgaben der Gemeinde übertragen werden, „die ihr nach diesem Gesetzbuch obliegen" (Abs 4). Mitglieder können auch andere Stellen sein als Gemeinden, selbst eine Bundesbehörde. Ein Verband aber, der nicht die Kompetenz zur eigenverantwortlichen Bauleitplanung hat, ist nicht Planungsverband. Deshalb ist nicht jede aufgrund Landesrechts gebildete Körperschaft ohne weiters Planungsverband iSd § 205, auch wenn ihr Bauleitplanung landesrechtlich übertragen ist und sie das Teilwort „*verband*" in ihrem Namen führt. Das in § 205 geregelte Bundesrecht gilt nur für die Körperschaft, die die Merkmale beider bundesrechtlich bestimmter Merkmale eines Planungsverbandes erfüllt. Das die Bauleitplanung verlangende Merkmal verlangt, dass jedenfalls diejenigen Gemeinden mitgliedschaftlich beteiligt sein müssen, um deren Planungshoheit es geht. 3

III. Zustandekommen und Auflösung

1. Zustandekommen

4 Zustande kommt der Planungsverband durch die wirksame Bekanntmachung seiner Verbandssatzung nach dem für seine Mitglieder geltenden Bekanntmachungsrecht. Zustande gekommen ist er, wenn seine Satzung in der letzten in ihm zusammengeschlossenen Gemeinde wirksam bekannt gemacht ist.

2. Vorgang zum Zustandekommen

5 **a) Wille zum Zustandekommen: aa) Wille der künftigen Mitglieder, sich zusammenzuschließen, Abs 1:** Vorrangig ist der übereinstimmende Wille der künftigen Mitglieder, sich zu einem Planungsverband iSd § 205 zusammenzuschließen, sog freiwilliger Planungsverband (Abs 1). Dieser Wille – dem Grunde nach – genügt jedoch für sich genommen nicht, einen Planungsverband hervorzurufen. Er ist öffentlich – rechtlicher Vertrag (BVerwGE 42, 331). Erforderlich ist die Verbandssatzung, die den Zusammenschluss bestimmt, die Aufgaben bezeichnet, die Willensbildung zur Aufgabenerfüllung regelt, die Finanzierung und die sonstige Zusammenarbeit. Freiwillig ist der Zusammenschluss nur, wenn die Grundlagensatzung (Verbandssatzung) einstimmig zustande kommt.

6 **bb) Gründungsgebot, Abs 2:** Gelingt ein Zusammenschluss nicht, sieht Abs 2 ein Gründungsgebot vor (BVerfGE 56, 298). Das Gründungsgebot ist Regelung iSd § 35 VwVfG des Bundes (§ 1 II Satz 1 VwVfG). Die künftigen Mitglieder sind vorher anzuhören, und zwar umfassend, sodass sie wirksam Einfluss auf die Willensbildung zum Gründungsgebot nehmen können bzw. dass es unterbleibt (BVerfG, aaO; Weyreuther, Einflussnahme durch Anhörung, FS Sendler, S 183).

7 **cc) Anforderungen an das Gründungsgebot:** Die materiell-rechtlichen Anforderungen und das Verfahren zum Gründungsgebot (Rn 6) sind Abs 3 iVm Art 28 II GG zu entnehmen. Aus der durch die Verfassung gewährleisteten Planungshoheit der Gemeinde folgt die materielle Anforderung, dass höherwertigere und dringlichere Interessen den Zusammenschluss erfordern (BVerfGE 56, 298).

8 **b) Verbandssatzung: aa) Einstimmiger Beschluss der Mitglieder:** Sowohl der freiwillige Zusammenschluss nach Abs 1, als auch der Zusammenschluss aufgrund eines Gründungsgebots kommt aufgrund der einstimmig beschlossenen Verbandssatzung zustande, die alle in Rn 5 bezeichneten Regelungen enthält.

9 **bb) Angebot einer Satzung:** Für den Fall, dass die Verbandssatzung sowohl zum freiwilligen Zusammenschluss als auch den aufgrund eines Gründungsgebots nicht zustande kommt, stellt Abs 3 eine bewährte **gestufte Methode** zur Verfügung. Die zuständige Landesbehörde muss den Mitgliedern zunächst einen eigenen Satzungsentwurf zur Beschlussfassung vorlegen. Die Mitglieder haben Gelegenheit, diesen zu erörtern und sich auf diesen oder einen geänderten Entwurf einstimmig zu einigen.

10 **cc) Ersatzvornahme der Verbandssatzung:** Kommt auch dann nicht eine Einigung zustande, setzt die Landesregierung den vorgeschlagenen Entwurf im Wege der Ersatzvornahme fest. Zustande kommt der Planungsverband dann mit der letzten Bekanntmachung (s Rn 4). Ist der Planungsverband länderübergreifend oder ist eine Bundesbehörde beteiligt, verlangt Abs 3 vorab eine staatsvertragliche Einigung.

3. Aufgabenübertragung, Abs 4

Der bundesrechtlich zustande gekommene Planungsverband kann außer der Bauleitplanung „die Aufgaben der Gemeinde, die ihr nach diesem Gesetzbuch obliegen", übernehmen. Der Umfang der Durchführung – Abs 1 Satz 2 – ist in der Verbandssatzung zu bestimmen. Eine Unterscheidung von Durchführung und Aufgaben wäre unergiebig, weil der Umfang gleichermaßen zu bestimmen ist. 11

4. Auflösungspflicht, Abs 5

Die in Abs 5 bestimmte Auflösungspflicht begründet für das einzelne Mitglied einen Anspruch. Ist der sich aus der Verbandssatzung ergebende Zweck erreicht oder bestehen die Voraussetzungen für den Zusammenschluss nicht mehr und kommt ein einstimmiger Beschluss über die Auflösung nicht zustande, hat jedes Mitglied einen Anspruch gegen die nach Landesrecht zuständige Stelle, ein Auflösungsgebot zu erlassen. Das ergibt sich aus Abs 5 Satz 2 HS 2, nach welchem Abs 2 entsprechend anzuwenden ist. Einigen sich die Mitglieder trotz des Auflösungsgebots nicht, ist Abs 3 analog anzuwenden mit der dort vorgesehenen **gestuften Methode** (Rn 9 und 10). Im äußersten Fall nimmt die Landesregierung den actus contrarius durch Ersatzvornahme vor. 12

IV. Planung und sonstige Aufgabenerfüllung

Der Planungsverband führt in dem bestimmten Gebiet die Bauleitplanung zusammengefasst vor. Der Umfang der Funktionennachfolge ergibt sich aus der Satzung (BVerwGE 42, 173). Das sich aus der Besonderheit der Zusammenfassung ergebende Verfahren ist in Abs 7 geregelt. Die Mitgliedsgemeinden haben danach ein Recht zur Stellungnahme und Anregungen vorzubringen, über die der Verband beschließen muss. Nach der Auflösung des Planungsverbands gelten die von ihm aufgestellten Pläne als Bauleitpläne der einzelnen Gemeinden (Abs 5 Satz 3). 13

Scheitert eine zusammengefasste Planung daran, dass die in der Satzung hierfür vorgesehene Mehrheit nicht zustande kommt, stellt Abs 3 dieselbe Methode zum Zustandekommen des Bauleitplans zur Verfügung wie für das Scheitern des Zustandekommens der Satzung. Die zuständige Landesbehörde legt dem Verband einen Planentwurf zur Beschlussfassung vor. Kommt nach Erörterung weder ein Beschluss über diesen Planentwurf oder einen vom Verband dann geänderten Plan zustande, setzt die Landesregierung den Plan im Wege der Ersatzvornahme fest (s auch Rn 9 und 10). Das Planangebot setzt an dem Verfahrensschritt ein, an dem sich die Mitglieder nicht einigen konnten. Die Ersetzungspflicht schließt nicht die Befugnis ein, die Planung von Grund auf nach einem eigenen Planziel und eigenen Vorstellungen zu entwickeln. 14

V. Zusammenschluss aufgrund Landesrechts, Abs 6

Abs 6 stellt klar, dass § 205 das Zustandekommen eines Zusammenschlusses zu einem Planungsverband nach dem Zweckverbandsrecht der Länder oder durch besondere Landesgesetze nicht verdängt. Das Ergebnis muss ein Planungsverband sein (Rn 2 und 3). 15

§ 206 Örtliche und sachliche Zuständigkeit

(1) Örtlich zuständig ist die Behörde, in deren Bereich das betroffene Grundstück liegt. Werden Grundstücke betroffen, die örtlich oder wirtschaftlich zusammenhängen und demselben Eigentümer gehören, und liegen diese Grundstücke im Bereich mehrerer nach diesem Gesetzbuch sachlich zuständiger Behörden, so wird die örtlich zuständige Behörde durch die nächsthöhere gemeinsame Behörde bestimmt.
(2) Ist eine höhere Verwaltungsbehörde nicht vorhanden, so ist die Oberste Landesbehörde zugleich höhere Verwaltungsbehörde.

Gesamtübersicht

	Rn		Rn
I. Verfahrensfachrecht	1	d) Zuständigkeit ausschließlich für staatliche Verwaltung	6
II. Gesetzgebungskompetenz des Bundes	2	e) Bestimmbare höhere Verwaltungsbehörde	7
III. Inhalte	3	f) Länderübergreifende Belegenheit	8
a) Betroffenheit	3	IV. Rechtsschutz	9
b) Grundstück	4	V. Länder ohne Mittelinstanz	10
c) Örtliche Behördenzuständigkeit übergreife Belegenheit innerhalb eines Landes	5		

I. Verfahrensfachrecht

1 Die Vorschrift ist Verfahrensfachrecht. Sie geht dem allgemeinen Verwaltungsverfahrensrecht vor. § 203 III betrifft die Delegation nach unten und berührt deshalb § 206 II nicht (aA Fislake, in: BK, Rn 11).

II. Gesetzgebungskompetenz des Bundes

2 Die Vorschrift sichert den Vollzug des Bundesbodenrechts durch staatliche Behörden. Die Gesetzgebungskompetenz des Bundes ist deshalb als Annex-Kompetenz-Kompetenz gerechtfertigt (Nachweise aus der Rspr des BVerfGs, s § 204 Rn 2).

III. Inhalte

3 **a) Betroffenheit:** Betroffen ist das von einem Verwaltungsverfahren betroffene Grundstück, wenn es bei dem Verfahren um die Erfüllung einer staatlichen Aufgabe geht, und zwar auch wenn die Zuständigkeit der Gemeinde als Auftragsverwaltung übertragen ist.

4 **b) Grundstück:** Grundstück ist das Grundstück iSv § 200. Das kann, je nachdem worum es geht, ein unterschiedlicher Grundstücksbegriff ein. Siehe hierzu die Kommentierung zu § 200.

5 **c) Örtliche Behördenzuständigkeit übergreife Belegenheit innerhalb eines Landes:** In Selbstverwaltungsangelegenheiten endet die Zuständigkeit der Gemeinde schlechthin an deren Gebietsgrenze, zB im Umlegungsverfahren, bei der Ausübung des Vorkaufsrechts oder bei der Erschließung.

d) Zuständigkeit ausschließlich für staatliche Verwaltung: Abs 1 Satz 2 betrifft arrondierten Besitz desselben Eigentümers, der im Bereich mehrerer Behörden liegt. Die Bestimmung dient, widersprechende behördliche Regelungen und positive oder negative Kompetenzkonflikte zu vermeiden.

e) Bestimmbare höhere Verwaltungsbehörde: Die nächst höhere gemeinsame Behörde muss die örtlich zuständige Behörde nach pflichtgemäßem Ermessen bestimmen. Bestimmer ist nur eine einzige Behörde. Bestimmer ist nur eine Behörde, in deren Bereich der arrondierte Besitz – ggf zum Teil – liegt. Zur richterlichen Überprüfbarkeit s Rn 9.

f) Länderübergreifende Belegenheit: Ist der arrondierte Besitz länderübergreifend, liegt er also in verschiedenen Ländern, ist die Vorschrift nicht anwendbar. Entsprechend § 3 Abs 2 Satz 4 VwVfG des Bundes können die beteiligten Länder nur gemeinsam die zuständige Behörde bestimmen, sofern das Landesrecht der beteiligten Länder das vorsieht. Ist je nach der Belegenheit der einzelnen Grundstücke unterschiedliches materielles Landesrecht und nicht nur Bundesrecht anzuwenden, so kann eine konzentrierte örtliche Kompetenz für eine positive Entscheidung förderlich sein; ggf ist die Behörde des anderen Landes nach Maßgabe des Verfahrensrechts der entscheidenden Behörde zu beteiligen.

IV. Rechtsschutz

Die Bestimmung der Behörde ist ein Verwaltungsinternum und deshalb für die Beteiligten des Verwaltungsverfahrens nicht selbstständig anfechtbar. Im Verwaltungsrechtsstreit über den das Verwaltungsverfahren abschließenden VA ist die Rechtmäßigkeit der Bestimmung der Zuständigkeit der Behörde mit zu prüfen. Für den Fall der sog Untätigkeitsklage gilt: Ist die in § 75 VwGO bestimmte Wartefrist abgelaufen, kann der Kläger seine Verpflichtungsklage auf die Erteilung des von ihm begehrten VA gegen diejenige Ausgangsbehörde richten, zu deren Bestimmung das Ermessen der höheren Verwaltungsbehörde auf Null reduziert ist. Die Anfechtungsklage gegen einen VA zum Ziel ausschließlich dessen Aufhebung ist gegen die erlassende Behröde zu richten. Bleibt die Widerspruchsbehörde untätig, ist nach dem Klagebegehr zu unterscheiden. Das Klagebegehr, den Drittwiderspruch zurückzuweisen, ist gegen die Widerspruchsbehörde zu richten. Ist wegen Ermessensreduzierung eine andere Widerspruchsbehörde zuständig, ist die nach der Auffassung des Gerichts allein zuständige Behörde notwendig beizuladen. Hat die wegen Ermessensreduzierung unzuständige Behörde den VA abgelehnt, kann der Kläger seine Klage im Wege der Klagehäufung gegen die Ausgangsbehörde richten.

V. Länder ohne Mittelinstanz

Abs 2 gilt für die Länder, in denen eine Mittelinstanz nicht vorhanden ist. Das sind derzeitig die Länder Berlin, Bremen und Hamburg sowie Brandenburg, Mecklenburg-Vorpommern, das Saarland, Schleswig-Holstein und Thüringen. Soweit Berlin, Bremen oder Hamburg von der Ermächtigung des § 246 Abs 4 Gebrauch gemacht haben, gilt Abs 2 nicht.

Dritter Abschnitt
Verwaltungsverfahren

§ 207 Von Amts wegen bestellter Vertreter

Ist ein Vertreter nicht vorhanden, so hat das Vormundschaftsgericht auf Ersuchen der zuständigen Behörde einen rechts- und sachkundigen Vertreter zu bestellen
1. für einen Beteiligten, dessen Person unbekannt, oder für eine Person, deren Beteiligung ungewiss ist,
2. für einen abwesenden Beteiligten, dessen Aufenthalt unbekannt oder dessen Aufenthalt zwar bekannt, der aber an der Besorgung seiner Vermögensangelegenheiten verhindert ist,
3. für einen Beteiligten, dessen Aufenthalt sich nicht innerhalb des Geltungsbereichs dieses Gesetzbuchs befindet, wenn er der Aufforderung der zuständigen Behörde, einen Vertreter zu bestellen, innerhalb der ihm gesetzten Frist nicht nachgekommen ist,
4. für Gesamthandseigentümer oder Eigentümer nach Bruchteilen sowie für mehrere Inhaber eines sonstigen Rechts an einem Grundstück oder an einem das Grundstück belastenden Recht, wenn sie der Aufforderung der zuständigen Behörden, einen gemeinsamen Vertreter zu bestellen, innerhalb der ihnen gesetzten Fristen nicht nachgekommen sind,
5. bei herrenlosen Grundstücken zur Wahrung der aus dem Eigentum sich ergebenden Rechte und Pflichten.

Für die Bestellung und für das Amt des Vertreters gelten die Vorschriften des Bürgerlichen Gesetzbuchs für die Pflegschaft entsprechend.

1 Die Vorschrift ist anwendbar, wo immer das BauGB einen **Beteiligten** bestimmt. Der Anwendungsbereich erstreckt sich insbesondere auf die Umlegung (§ 48 f), die vereinfachte Umlegung (§§ 80 und 82, bis zur Novelle 2004 als Grenzregelung bezeichnet), die Enteignung (§ 106) und die Sanierung (§ 137). Im – landesrechtlich – geregelten Baugenehmigungsverfahren gilt die Vorschrift nur, soweit das jeweilige Landesrecht sie einbezieht (aA Bracher, in: Gelzer/Bracher/Reidt, 6. Aufl, Rn 1219, der diese unmittelbar anwendbar hält). Der Begriff der Beteiligten ist der jeweiligen Fachmaterie zu entnehmen. § 207 bestimmt eine mögliche Rechtsfolge im Fall, dass ein Vertreter nicht vorhanden ist, nicht aber einen allgemeinen Begriff des Beteiligten.

2 § 207 ergänzt das im BauGB zur jeweiligen Materie geregelte Verfahrensfachrecht. § 16 VwVfG (des Bundes) gilt gem § 1 II Satz 1 VwVfG subsidiär, wirkt also nicht, soweit § 207 eine Regelung trifft. Für den **gebrechlichen** Beteiligten ist danach § 16 I Nr 4 VwVfG anwendbar.

3 § 207 soll im öffentlichen Interesse den zügigen Fortgang und Abschluss des Verfahrens ermöglichen. Gewährleistet der Beteiligte einen zügigen Fortgang und Abschluss, wäre die Stellung eines Vertreters grob unangemessenen und deshalb un-

zulässig. Das kann insbesondere für einen im **grenznahen Ausland** wohnenden Beteiligten relevant sein.

Die Bestellung erfolgt im **FGG-Verfahren**. Rechtsmittel sind die Beschwerde und die weitere Beschwerde, §§ 19 ff, 57 ff FGG. Die Zuständigkeit ist § 16 II VwVfG zu entnehmen, den § 207 insoweit nicht verdrängt. Maßgebend ist der objektive Inhalt des Gesetzes und nicht die hiervon abweichende subjektive Vorstellung der am Gesetzgebungsverfahren Beteiligten (BVerfGE 11, 126/130). Das öffentliche Amt des Vertreters schließt im Enteignungsverfahren die Befugnis zur Einigung nach § 110 ein, nicht aber zum Abschluss eines die Enteignung abwendenden Verkaufs (BGH, NJW 1974, 1374). 4

§ 208 Anordnungen zur Erforschung des Sachverhalts

Die Behörden können zur Erforschung des Sachverhalts auch anordnen, dass
1. **Beteiligte persönlich erscheinen,**
2. **Urkunden und sonstige Unterlagen vorgelegt werden, auf die sich ein Beteiligter bezogen hat,**
3. **Hypotheken-, Grundschuld- und Rentenschuldgläu- biger die in ihrem Besitz befindlichen Hypotheken-, Grundschuld- und Rentenschuldbriefe vorlegen.**

Für den Fall, dass ein Beteiligter der Anordnung nicht nachkommt, kann ein Zwangsgeld bis zu fünfhundert Euro angedroht und festgesetzt werden. Ist Beteiligter eine juristische Person oder eine nichtrechtsfähige Personenvereinigung, so ist das Zwangsgeld dem nach Gesetz oder Satzung Vertretungsberechtigten anzudrohen und gegen ihn festzusetzen. Androhung und Festsetzung können wiederholt werden.

Der **Untersuchungsgrundsatz** gilt in allen Verfahren nach dem BauGB. Das bestimmt für Verwaltungsverfahren § 24 VwVfG des Bundes (§ 1 II Satz 1). § 208 ergänzt um der Behörde dabei zustehende Befugnisse. 1

§ 138 IV Satz 1 erklärt die Vorschrift für den Fall der Auskunftsverweigerung nach dessen Abs 1 entsprechend anwendbar. 2

Satz 2 beschränkt Zwangsmittel zur Durchsetzung einer Anordnung nach § 208 auf Zwangsgeld. 3

Satz 3 schließt in den Kreis der Vollstreckungsadressaten die Vertreter juristischer Personen auch des öffentlichen Rechts ein, dies über Vorschriften in anderen Gesetzen hinausgehend. 4

Die Zwangsgeldfestsetzung ist Verwaltungsakt. 5

§ 209 Vorarbeiten auf Grundstücken

(1) Eigentümer und Besitzer haben zu dulden, dass Beauftragte der zuständigen Behörden zur Vorbereitung der von ihnen nach diesem Gesetzbuch zu treffenden Maßnahmen Grundstücke betreten und Vermessungen, Boden- und Grundwasseruntersuchungen oder ähnliche Arbeiten ausführen. Die

§ 209 Drittes Kapitel. Zweiter Teil. Dritter Abschnitt

Absicht, solche Arbeiten auszuführen, ist den Eigentümern oder Besitzern vorher bekannt zu geben. Wohnungen dürfen nur mit Zustimmung der Wohnungsinhaber betreten werden.

(2) Entstehen durch eine nach Absatz 1 zulässige Maßnahme dem Eigentümer oder Besitzer unmittelbare Vermögensnachteile, so ist dafür von der Stelle, die den Auftrag erteilt hat, eine angemessene Entschädigung in Geld zu leisten; kommt eine Einigung über die Geldentschädigung nicht zustande, so entscheidet die höhere Verwaltungsbehörde; vor der Entscheidung sind die Beteiligten zu hören. Hat eine Enteignungsbehörde den Auftrag erteilt, so hat der Antragsteller, in dessen Interesse die Enteignungsbehörde tätig geworden ist, dem Betroffenen die Entschädigung zu leisten; kommt eine Einigung über die Geldentschädigung nicht zustande, so setzt die Enteignungsbehörde die Entschädigung fest; vor der Entscheidung sind die Beteiligten zu hören.

1 § 209 gilt für die zur Vorbereitung der nach dem BauGB zu treffenden Maßnahmen. Das sind außer den in Abs 1 genannten die Umweltprüfung nach § 2 IV und die Erkundung von Altlasten. Nicht dazu gehört die Überwachung nach § 4c und die Überprüfung des FPl nach § 5 I Satz 3, wohl aber, wenn das Überprüfungsergebnis vorliegt die Vorarbeit, um den FPl zu ändern, zu ergänzen oder neu aufzustellen. Ein **Betretungsrecht** zur Fortführung des Liegenschaftskatasters (Schlussvermessung) kann sich aus dem Landeskatastergesetz ergeben. Die LBOen bestimmen ein Betretungsrecht für die Bauaufsicht. Das als lex specialis in § 197 I Satz 3 für den Gutachterausschuss bestimmte Recht ergänzt § 209.

2 Die Vorschrift bestimmt eine gesetzliche Duldungspflicht, das Grundstück zu betreten, **nicht aber Wohnungen, Arbeits- und Geschäftsräume** (BVerfGE 32, 54). Das Betretungsrecht steht unter dem Vorbehalt der **Verhältnismäßigkeit**.

3 Durchsetzen kann die Behörde die Duldungspflicht mittels **Duldungsverfügung**. Die Bekanntgabe informiert. Sie ist nicht VA (aA OLG Zweibrücken, NVwZ 1989, 596 und W. Schrödter, in: Schrödter, 6. Aufl, Rn 6 und Fislake, in: BK, Rn 13, der einen feststellenden VA annimmt). Bekannt zu geben ist nach Abs 1 Satz 2 die Absicht, solche Arbeiten auszuführen; dass diese Regelung der Bekanntgabe eine feststellende Wirkung beilegte, ist ihr nicht zu entnehmen. Einen vollziehungsfähigen Inhalt hätte sie ebenfalls nicht. Gegen die bekannt gegebene Absicht ist die **vorbeugende Unterlassungsklage** gegeben, ggf Eilrechtsschutz nach § 123 VwGO.

4 Für Vermögensschäden infolge einer rechtmäßigen Maßnahme enthält Abs 2 die **Entschädigung**sregelung. Bezahlt der Entschädigungspflichtige den festgesetzten Entschädigungsbetrag nicht, ist die Leistungsklage nach § 217 gegeben. § 122 ist für die Festsetzung nach Abs 2 nicht für anwendbar erklärt.

5 Für Folgen einer rechtswidrigen Maßnahme haftet der Handelnde nach § 839 BGB oder aus enteignungsgleichem Eingriff. Rechtswidrig ist die Maßnahme ua, wenn die Behörde ihre Absicht nicht vorher bekannt gegeben hat (Gaentzsch, BauGB, Rn 2).

§ 210 Wiedereinsetzung

(1) Wenn ein Beteiligter ohne Verschulden verhindert war, eine gesetzliche oder auf Grund dieses Gesetzbuchs bestimmte Frist für eine Verfahrenshandlung einzuhalten, so ist ihm auf Antrag Wiedereinsetzung in den vorigen Stand zu gewähren.
(2) Die nach § 32 Abs. 4 des Verwaltungsverfahrensgesetzes zuständige Behörde kann nach Wiedereinsetzung in den vorigen Stand anstelle einer Entscheidung, die den durch das bisherige Verfahren herbeigeführten neuen Rechtszustand ändern würde, eine Entschädigung festsetzen.

Abs 1 **verdrängt § 32 Abs 1 Satz 1 VwVfG**, der die Wiedereinsetzung nur für die Versäumung gesetzlicher Fristen vorsieht, nicht aber – wie hier – auch für aufgrund des BauGB gesetzte Fristen. Das VwVfG des Bundes ist gemäß dessen § 1 II Satz 1 für Verfahren nach dem BauGB subsidiär zu den fachrechtlichen Verfahrensvorschriften des BauGB einschlägig. Dementsprechend sind **alle weiteren Bestimmungen des § 32 VwVfG anzuwenden**. 1

Ihre Bedeutung entfaltet die Vorschrift insbesondere im **Umlegungs- und Enteignungsverfahren**. 2

Mit dem Zwang zur Wiedereinsetzung, wenn deren Voraussetzungen vorliegen, auch bei der Versäumung von aufgrund des BauGB gesetzter Fristen, geht die Vorschrift weit **über die allgemeine Wiedereinsetzungsvorschrift** hinaus, auch die der Prozessordnungen. Den Ausgleich liefert die Rechtsfolgeregelung des Abs 2. 3

Die Wiedereinsetzung kann einen Verfahrensstand betreffen, in dem – ggf für viele Beteiligte – bereits ein neuer Rechtszustand eingetreten ist und in dem Beteiligte oder auch die Gemeinde oder der sonstige Erschließungsträger im Vertrauen darauf, dass es beim neuen Rechtszustand bleiben wird, erhebliche Veränderungen – auf dem Grundstück – vorgenommen haben und hierfür – ggf sehr erhebliche – finanzielle Mittel aufgewendet haben. Abs 2 schützt – *erstens* – das **Vertrauen der sonst Beteiligten** darauf, den erreichten Rechtszustand erhalten zu dürfen und – *zweitens* – davor, den **Aufwand des bisherigen Verfahrens** einschließlich der hierfür oft erheblichen Kosten noch einmal betreiben zu müssen. Als Rechtsfolge der Wiedereinsetzung bestimmt die Vorschrift, wenn die entsprechenden Tatbestandsmerkmale erfüllt sind, die Befugnis der Behörde, für den in die Frist wieder eingesetzten Beteiligten eine **Entschädigung** festzusetzen, **statt** den neuen Rechtszustand zu beseitigen und das Verfahren zu wiederholen. Die Entscheidung ist in das **Ermessen** der Behörde gestellt. Bei der Ermessensausübung fällt ins Gewicht, dass die Vorschrift dem Beteiligten die Folgen seiner Fristversäumung mit der Kann-Bestimmung objektiv zurechnet. Je größer der Aufwand wäre, den erreichten Zustand wieder zu beseitigen und je einschneidender es für sonstige Betroffene wäre, wenn der erreichte Rechtszustand rückgängig gemacht werden müsste, desto drängender ist es für die Behörde von ihrem Ermessen iSd Ermächtigung Gebrauch zu machen. 4

§ 211 Belehrung über Rechtsbehelfe

Den nach diesem Gesetzbuch ergehenden Verwaltungsakten ist eine Erklärung beizufügen, durch die der Beteiligte über den Rechtsbehelf, der gegen den Verwaltungsakt gegeben ist, über die Stelle, bei der der Rechtsbehelf einzulegen ist, und über die Frist belehrt wird.

1 Nicht die in der Vorschrift bestimmte Pflicht aller Behörden, ihnen ein Verfahren nach dem BauGB abschließenden VA mit einer Rechtsmittelbelehrung zu versehen, ist sonderlich aufregend, vielmehr ist es die **Fehlerfolge einer unrichtigen oder fehlenden Belehrung** (s Rn 3). § 59 VwGO verpflichtet schon nach seinem Wortlaut ausschließlich Bundesbehörden, ihrem schriftlichen VA eine Rechtsmittelbelehrung beizufügen. Die im BauGB vorgesehenen VAe erlassen Kommunal – und Landesbehörden. Um die kurze – einen Monat betragende – Frist des § 58 VwGO für alle im BauGB vorgesehenen Verfahren verläßlich in Gang zu setzen und Bindung nach Ablauf der Frist herbeizuführen, verpflichtet das Gesetz alle Behörden, ihrem ein in diesem Gesetz vorgesehenes Verfahren abschließenden VA eine Rechtsmittelbelehrung beizufügen.

2 Die Vorschrift gilt für alle VAe, die ein im BauGB geregeltes Verfahren abschließen mit Ausnahme der Enteignungsbeschlüsse, für die § 113 I Satz 2 die lex specialis enthält. Sie gilt nach allgemeiner Meinung auch für den Bußgeldbescheid nach § 113 iVm den §§ 50 Abs 2 und 66 II OwiG. Legt ein Betroffener Widerspruch ein, so erhält der VA seine endgültige Gestalt gem § 79 I Nr 1 VwGO durch den Widerspruchsbescheid gem § 73 I Satz 1 VwGO, für den § 211 ebenfalls gilt. In Baulandsachen ist ein Vorverfahren nicht bundesrechtlich vorgeschrieben; die Länder sind nach § 212 ermächtigt, ein Vorverfahren vorzusehen und haben hiervon unterschiedlich Gebrauch gemacht; eine Rechtsmittelbelehrung kann nach dem jeweiligen Landesrecht vorgeschrieben sein, sei es auch, in dem es § 212 als entsprechend anwendbar erklärt. Für die landesrechtlich geregelten Baugenehmigungsverfahren gilt § 211 nicht. Die Ausführungsgesetze der Länder können jedoch eine Rechtsmittelbelehrung vorschreiben. Das haben die Länder Hessen, Rheinland-Pfalz, Niedersachsen, Sachsen, Sachsen-Anhalt, Schleswig-Holstein und Thüringen getan, indem sie pauschal eine Rechtsmittelbelehrung vorschreiben, ohne für deren Inhalt exakte Anforderungen zu stellen. Ob eine nicht den Anforderungen des § 211 bzw 59 VwGO genügende Belehrung die kurze Rechtsmittelfrist in Gang setzt, ist aus rechtsstaatlichen Gesichtspunkten höchst zweifelhaft.

3 **Umstritten ist die Fehlerfolge** einer nicht den Anforderungen des § 211 genügenden oder fehlenden Belehrung in Baulandsachen. Für Verwaltungsstreitverfahren gilt § 58 VwGO. Der BGH hat die Beantwortung der Frage bisher offen gelassen (Z 41, 249; BRS 26 Nr 157; DVBl 1974, 908; BRS 45 Nr 217), der BGH hat § 58 VwGO auch den Fall angewendet, dass der Beteiligte durch eine unrichtige Rechtsmittelbelehrung auf einen unrichtigen gerichtlichen Weg verwiesen worden ist (kritisch hierzu: Fislake, BK, Rn 10). Die Verweisung des von der unrichtigen oder fehlenden Rechtsmittelbelehrung Betroffenen auf erfolgreiche Wiedereinsetzung ist für diesen der sehr viel aufwendigere und risikoreichere Weg und verschiebt das Risiko der zwingend vorgeschriebenen, aber unrichtigen oder fehlenden Belehrung von der Behörde auf den Adressaten. Sie stellt ihn darüber hinaus schlechter als

den von einer richtigen Belehrung Betroffenen. **Ausgewogen ist deshalb § 58 Abs 2 VwGO entsprechend anzuwenden**. Die OLGe Karlsruhe (OLGZ 1977, 88 = NJW 1976, 1508 – LS –), Zweibrücken (OLGZ 72, 57) und München (NVwZ 1988, 1069) entnehmen dem Umstand, dass das BauGB für das Baulandverfahren eine § 58 I VwGO entsprechende Vorschrift nicht enthält, dass die Bekanntgabe des VA die kurze Rechtsmittelfrist ohne weiteres in Lauf setzt und verweisen auf Wiedereinsetzung wegen unrichtiger oder fehlender Belehrung. Das OLG Köln (DVBl 1971, 299) wendet § 58 VwGO entsprechend an.

§ 212 Vorverfahren

(1) Die Landesregierungen können durch Rechtsverordnung bestimmen, dass ein nach dem Vierten oder Fünften Teil des Ersten Kapitels erlassener Verwaltungsakt durch Antrag auf gerichtliche Entscheidung nach § 217 erst angefochten werden kann, nachdem seine Rechtmäßigkeit und Zweckmäßigkeit in einem Vorverfahren nachgeprüft worden ist; das Vorverfahren ist in Anlehnung an die Vorschriften der Verwaltungsgerichtsordnung zu regeln.
(2) Ist ein Vorverfahren vorgesehen, hat der Widerspruch gegen
1. **den Umlegungsbeschluss nach § 47 Abs. 1,**
2. **die Bekanntmachung der Unanfechtbarkeit des Umlegungsplans nach § 71 Abs. 1 sowie**
3. **die vorzeitige Besitzeinweisung nach § 77 oder § 116**

keine aufschiebende Wirkung. § 80 Abs. 4 und 5 der Verwaltungsgerichtsordnung ist entsprechend anzuwenden.

Der vierte Teil betrifft das Umlegungsverfahren einschließlich der vereinfachten 1
Umlegung und der fünfte Teil die Enteignung. Die Vorschrift betrifft **Baulandsachen** und gehört systematisch zu den §§ 217–231. Für Verwaltungsstreitverfahren im Verwaltungsrechtsweg schreibt § 68 VwGO das Vorverfahren vor. § 212 stellt den Ländern anheim, in Baulandsachen landesrechtlich ebenfalls ein Vorverfahren vorzuschreiben.

Nur für Umlegungs- einschließlich vereinfachter Umlegungsverfahren haben Län- 2
der von der Ermächtigung Gebrauch gemacht, nicht aber für die Enteignungsverfahren. Auch in Umlegungsverfahren gibt es ein Vorverfahren nicht in den Ländern Bremen, Baden-Württemberg, Nordrhein-Westfalen und dem Saarland. Textauszüge der einschlägigen Landesvorschriften sind abgedruckt bei *Kalb* (in: EZB, Rn 9–24, Stand: Mai 2001). Eine Übersicht gibt Brügelmann (KK, Anhang B).

Für die **Widerspruchseinlegungsfrist** gilt: Ist der VA durch ortsübliche Bekannt- 3
machung bekannt gegeben, gilt er nach § 41 IV Satz 3 VwVfG zwei Wochen nach der ortsüblichen Bekanntmachung als bekannt gegeben mit der Folge, dass die Frist mit Ablauf dieser zwei Wochen zu laufen beginnt. Einschlägig ist das VwVfG des Bundes gemäß dessen § 1 II Satz 1.

Bezüglich der Rechtsmittelbelehrung s die Kommentierung zu § 211. 4

Für die vorzeitige Besitzeinweisung sowohl im Umlegungs- als auch im Enteig- 5
nungsverfahren schließt Abs 2 die **aufschiebende Wirkung** aus. Die Novelle 2004 hat den Ausschluss erweitert auf den Umlegungsbeschluss und auf die Bekanntma-

chung der Unanfechtbarkeit des Umlegungsplans. Weitere Ausschlüsse sind in § 212a bestimmt. Für die Anordnung der aufschiebenden Wirkung in diesen Fällen ist § 80 IV und V VwGO entsprechend anzuwenden. Desgleichen zur Wiederherstellung der aufschiebenden Wirkung, wenn die Behörde aufgrund Landesrechts den Sofortvollzug eines Verwaltungsakts angeordnet hat, bei dem das Rechtsmittel an sich die aufschiebende Wirkung bewirkt.

§ 212a Entfall der aufschiebenden Wirkung

(1) Widerspruch und Anfechtungsklage eines Dritten gegen die bauaufsichtliche Zulassung eines Vorhabens haben keine aufschiebende Wirkung.
(2) Widerspruch und Anfechtungsklage gegen die Geltendmachung des Kostenerstattungsbetrags nach § 135a Abs. 3 sowie des Ausgleichsbetrags nach § 154 Abs. 1 durch die Gemeinde haben keine aufschiebende Wirkung.

Gesamtübersicht

	Rn		Rn
I. Abs 1: Rechtsmittel gegen die baupolizeiliche Zulassung	1	c) Gleichwertige materiell-rechtliche Rechtsposition von Bauherr und Gemeinde	10
1. Bedeutung	1	d) Vergleich der Wertigkeit der Rechtspositionen in anderen Fällen	11
a) Bedeutung – Nachbaranfechtung und Anfechtung der Gemeinde	1	e) Rechtsstaatliche Ausgeglichenheit der Initiativanforderung an den Dritten bei Beschränkung auf diese	12
b) Novelle 2004	2	f) Prüfungstiefe und Umfang der materiell-rechtlichen Rechtslage	13
2. Regelungszusammenhang	3	5. Maßstab der Interessenabwägung	14
a) Art 14 Abs 1 Satz 1 GG iVm der Eigentumsinhalt vermittelnden Norm/Art 28 Abs 2 GG/Art 19 Abs 4 GG iVm den §§ 80 und 123 VwGO/ Rechtsstaatsgebot und dem Richterbild	3	a) Vordergründig Regel-Ausnahmeverhältnis	14
b) Prüfungsschema	4	b) These vom Verbot der Vorwegnahme der Hauptsche	15
3. Geltungsbereich	5	c) Maßstab der Interessenabwägung	16
a) Dritter	5	6. Verfahren	17
b) Verfügender, die präventive Schranke lüftender VA/Vorbescheid	6	a) Vorabantrag bei der Behörde, § 80a VwGO	17
c) Vorhaben	7	b) Beiladung des Adressaten der Zulassung (Bauherrn)	18
4. Prüfungstiefe	8	c) Änderungsbefugnis nach § 80 Abs 7 VwGO	19
a) Gleichwertige materiell-rechtliche Rechtsposition der Nachbarn	8		
b) Ungleichwertige Rechtsposition von Nachbarn (Rücksichtnahmegebot)	9		

	Rn		Rn
7. Rechtsschutz gegen Bautätigkeit	20	b) Freigestellte Vorhaben – Zuständigkeit des VG –	21
a) Zügige Bautätigkeit/Rechtsschutz bei unbeachtet bleibender Herstellung der aufschiebenden Wirkung	20		

I. Abs 1: Rechtsmittel gegen die baupolizeiliche Zulassung

1. Bedeutung

a) Bedeutung – Nachbaranfechtung und Anfechtung der Gemeinde: Die Vorschrift ist von zentraler praktischer Bedeutung für den Rechtsschutz im Baunachbarstreit und für den Rechtsschutz der Gemeinde gegen eine einen Bau zulassende Genehmigung der staatlichen Behörde. Die in § 80 Abs 1 VwGO als Regel bestimmte aufschiebende Wirkung des Rechtsmittels ist das *„Damokles-Schwert"* des deutschen Verwaltungsprozessrechts. Diese aufschiebende Wirkung bewirkt die Effektivität des deutschen verwaltungsgerichtlichen Rechtsschutzes. Die aufschiebende Wirkung – insbesondere als die Regel – markiert einen Hauptunterschied des deutschen Verwaltungsrechtsschutzes zu dem anderer Staaten, etwa der französischen Republik. Das deutsche System haben ua Spanien und Taiwan übernommen. Die Vorschrift kehrt die Regel für die Fälle der baupolizeilichen Zulassung von Vorhaben in die Ausnahme, indem sie dem Dritten die Verfahrensinitiative zur Anordnung der aufschiebenden Wirkung zuteilt (s Rn 12). Der Hauptanwendungsfall ist der der Nachbaranfechtung, gefolgt von der Anfechtung der Gemeinde, sei es, weil die staatliche Behörde das Vorhaben ohne das Einvernehmen der Gemeinde nach § 36 erteilt hat, sei es im zwischengemeindlichen Streit. 1

b) Novelle 2004: Die Novelle 2004 hat die Vorschrift unverändert belassen. 2

2. Regelungszusammenhang

a) Art 14 Abs 1 Satz 1 GG iVm der Eigentumsinhalt vermittelnden Norm/Art 28 Abs 2 GG/Art 19 Abs 4 GG iVm den §§ 80 und 123 VwGO/Rechtsstaatsgebot und dem Richterbild: § 212 II regelt einen ausschnittartigen Aspekt des Regelungszusammenhangs des behördlichen und gerichtlichen Rechtsschutzes. Dieser Aspekt hat eine materiell-rechtliche und eine verfahrensrechtliche Komponente. Die materiell-rechtliche besagt, dass der Bauherr bauen darf, auch wenn ein Dritter Widerspruch oder Klage gegen die Baugenehmigung erhoben hat, und zwar so lange, als nicht die Behörde oder das Gericht die aufschiebende Wirkung angeordnet hat und auch dann wieder, wenn die Frist des § 80 I abgelaufen ist und das Gericht die aufschiebende Wirkung nicht verlängert hat. Die verfahrensrechtliche Komponente verschiebt die Verfahrensinitiative zur Anordnung der aufschiebenden Wirkung auf den Dritten mit allen sich daraus ergebenden verfahrens- und materiell-rechtlichen Konsequenzen (s Rn 12). Zu **Anforderungen an den Erfolg des Rechtsschutz Suchenden ist § 212a Abs 1 nichts zu entnehmen**. Den Erfolg des Rechtsschutzes macht das Prozessrecht von der **materiell-rechtlichen Rechtslage** abhängig, genauer: von der **Anspruchsposition des den Rechtsschutz Suchenden**. Das gilt auch für den vorläufigen bzw. Eilrechtsschutz. Diese Anspruchsposi- 3

§ 212a Drittes Kapitel. Zweiter Teil. Dritter Abschnitt

tion ist im Baunachbarstreit der eigentumsinhaltsbestimmenden Norm iVm Art 14 I Satz 1 GG zu entnehmen, bei Anfechtungen von Gemeinden § 36 oder der Selbstverwaltungsangelegenheit, beide iVm Art 28 II GG und bei anderen Konstellationen der einschlägigen materiell-rechtlichen Vorschrift. Den Erfolg des vorläufigen Rechtsschutz Suchenden macht § 80 IV und V VwGO von einer Interessenabwägung abhängig. Der Inhalt der Interessen ist den bezeichneten materiell-rechtlichen Positionen zu entnehmen und der Maßstab dem Verwaltungsprozessrecht iVm dem Effektivitätsgrundrecht aus Art 19 IV GG, einschließlich der pflichtmäßigen Prüfungstiefe (s Rn 13). In diesem Zusammenhang gehört auch das **Richterbild** (Ortloff, in: Schoch/Schmidt-Aßmann/Pietzner, Vorb § 81 Rn 7 und 8 und 11–15). Dabei geht es um die von der Prozessordnung vorgegebene Aktivität des Richters mit dem **Ziel, in einem möglichst frühen Stadium der gerichtlichen Auseinandersetzung endgültigen Rechtsfrieden** zwischen den Beteiligten zu fördern.

4 **b) Prüfungsschema: Erstens: Gegebensein – Zweitens: materiell-rechtliche Rechtslage – Drittens: Interessenabwägung nach § 80 VwGO.** Daraus ergibt sich das folgende dreistufige Prüfungsprogramm: Auf der *ersten* Stufe ist die Gegebenheit (Tatbestandsmäßigkeit) zu ermitteln, Rn 5–7 betreffend den Geltungsbereich der Vorschrift. Auf der *zweiten* Stufe ist die materiell-rechtliche Rechtslage zu ermitteln, Rn 8–13 zum Maßstab. Auf der *dritten* und letzten Stufe findet die Interessenabwägung nach § 80 IV bzw V VwGO statt, Rn 14 und 16 über den Maßstab. Zur ersten und zweiten Stufe sollte der Antragsteller – und sein Rechtsanwalt – möglichst **umfassend und überzeugend darlegen und Beweismittel beibringen**. Die Untersuchungsmaxime zwingt daneben die Behörde und den Richter, auf den beiden ersten Stufen, den Sachverhalt von Amts wegen zu ermitteln und die **Rechtslage abschließend zu prüfen**.

3. Geltungsbereich

5 **a) Dritter:** Dritter ist, wer die bauordnungsrechtliche Zulassung (Baugenehmigung) anficht und nicht derjenige ist, dem sie als Adressat erteilt ist. Ob sein Rechtsbehelf zulässig ist, ob er also die Verletzung eines subjektiven Rechts geltend macht, ist unerheblich. Das Merkmal des Dritten in § 212a Abs 1 befasst sich nicht mit der Zulässigkeit dessen Rechtsmittels. Dritter ist der Nachbar oder die Gemeinde oder ein Sonstiger. Ob er Nachbar iSd einschlägigen materiell-rechtlichen Vorschrift ist und ob diese ihn schützt, ist unerheblich, desgleichen, ob sein Rechtsmittel Erfolg versprechend ist. Der Bauherr, sein bürgerlich-rechtlicher Einzel- oder Gesamtrechtsnachfolger oder sein öffentlich-rechtlicher Bauherren-Nachfolger ist nicht Dritter. Ficht dieser die Baugenehmigung an, sei es mit dem Ziel, eine Baugenehmigung anderen Inhalts zu erhalten oder diese mit dem Argument kassieren zu lassen, er habe sie nicht beantragt oder nicht mit diesem Inhalt beantragt, gilt die Vorschrift nicht. Ficht der Eigentümer des Grundstücks die einem Dritten erteilte Zulassung an, ist der Eigentümer zwar Dritter, kann aber aus seiner Eigentümerposition den Bauherrn zivilrechtlich daran hindern, sein Eigentum baulich zu verändern.

6 **b) Verfügender, die präventive Schranke lüftender VA/Vorbescheid:** Baupolizeiliche Zulassung ist der verfügende VA, der die präventive Schranke der formellen Zulassungsbedürftigkeit lüftet. Für bauaufsichtliche Zulassungen können spezielle Zusammenhänge anderer Fachbehörden zuständig sein, beispielsweise das

Bergamt oder eine Wasserbehörde. Bei einer **in einer anderen Genehmigung konzentriert** enthaltenen baurechtlichen Zulassung – beispielsweise der immissionsschutzrechtlichen Genehmigung nach § 13 BImSchG – stellt sich die Frage nach der Geltung der Vorschrift nicht; hat das Rechtsmittel gegen eine solche Genehmigung aufschiebende Wirkung, darf der Anlagenbetreiber nicht isoliert vorab die bauliche Anlage errichten. Die einheitliche **konzentrierte Genehmigung** schließt unterschiedliche aufschiebende bzw. nicht aufschiebende Wirkung bezüglich der Teile aus. Umgekehrt nehmen im **Huckepack** der baurechtlichen Zulassung erteilte Genehmigungen – nach Landesrecht die naturschutzrechtliche oder die denkmalschutzrechtliche Genehmigung – am Ausschluss der aufschiebenden Wirkung teil. Ein **ausschließlich feststellender VA – zB der Vorbescheid –** ist nicht eine bauaufsichtliche Zulassung. Das Rechtsmittel des Dritten hat deshalb aufschiebende Wirkung. Auf die zeitlich nachfolgende umfassende Zulassung wirkt sich das nicht aus; hat das vom Dritten gegen den Vorbescheid erhobene Rechtsmittel aufschiebende Wirkung, so hat gleichwohl sein Rechtsmittel gegen die zeitlich nachfolgende verfügende Zulassung keine aufschiebende Wirkung; nicht die feststellende Wirkung, die das Gesetz dem VA beilegt, erlaubt dem Bauherrn trotz Rechtsmittels des Dritten zu bauen. Andererseits hindert die aufschiebende Wirkung des Rechtsmittels gegen den Vorbescheid nicht die Behörde, anschließend das Vorhaben umfassend zuzulassen; diese verfügende Zulassung vollzieht nicht die dem Vorbescheid vom Gesetz zugelegte feststellende Wirkung (aA: Schmaltz, in: Schröter, 6. Aufl, Rn 3).

c) Vorhaben: Vorhaben ist, was dem bundesrechtlichen Begriff des **§ 29 BauGB** entspricht. 7

4. Prüfungstiefe

a) Gleichwertige materiell-rechtliche Rechtsposition der Nachbarn: Die materiell-rechtlichen Positionen der Nachbarn folgen aus deren Eigentumsinhalt, stehen gleichermaßen unter dem Grundrechtsschutz des Art 14 I Satz 1 GG und sind deshalb gleichwertig (BVerfGE 35, 263; Finkelnburg, DVBl 77, 677; Schoch, in: S/S-A/P, § 80 Rn 18). Die Position des Nachbarn ist deshalb gleich schutzwürdig wie die des Bauherrn. Als Maßstab bildend für eine Interessenabwägung ist ein wertender Vergleich der eingebrachten wertgleichen Positionen unergiebig. 8

b) Ungleichwertige Rechtsposition von Nachbarn (Rücksichtnahmegebot): Ist das Gebot der Rücksichtnahme nachbarschützend, beschränkt sich die Rechtsmacht des Nachbarn darauf, die Einhaltung des Gebots – nötigenfalls mit Hilfe des Richters – durchzusetzen, ist aber eigentumsrechtlich eine Schranke für den Bauherrn, ohne zugleich Eigentumsinhalt des Nachbarn zu sein. Ist das Vorhaben an sich rechtmäßig und lässt es sich anders – rücksichtsvoll – nicht ausführen, muss der Nachbar zurücktreten. Die Schwierigkeit im Verfahren mit dem Ziel der Anordnung der aufschiebenden Wirkung liegt darin, die sichere tatsächliche Feststellung zu treffen, dass sich das Vorhaben anders nicht ausführen lässt. § 212a Abs 1 lässt sich ein Vorrang des Vorhabens nicht entnehmen (s Rn 4). 9

c) Gleichwertige materiell-rechtliche Rechtsposition von Bauherr und Gemeinde: Ein Rang- oder Wertunterschied zwischen dem Eigentumsgrundrecht des Bauherrn und dem Selbstverwaltungsgrundrecht der Gemeinde ist weder dem materiellen, noch dem Verfahrensrecht zu entnehmen. Verletzt die bauaufsichtliche Zulas- 10

sung eine das Selbstverwaltungsrecht konkretisierende Bestimmung, so ist sie rechtswidrig und auf die Anfechtung der Gemeinde aufzuheben. Die Positionen von Gemeinde und Eigentümer sind gleichwertig. Als Maßstab bildend für eine Interessenabwägung ist ein wertender Vergleich der eingebrachten Positionen unergiebig.

11 **d) Vergleich der Wertigkeit der Rechtspositionen in anderen Fällen:** Bei den – seltenen – anderen Konstellationen, bei denen der Dritte weder Nachbar noch Gemeinde ist, ist die Wertigkeit der Positionen entsprechend zu vergleichen. Eine Besonderheit bilden diejenigen Fälle, in denen das Gesetz einem **Dritten die Rolle des Hüters des Gesetzes** erlaubt, ohne Inhaber eines eigenen subjektiven Rechts zu sein. Das sind die in einigen Ländern zugelassenen Aufsichtsklagen der höheren Verwaltungsbehörde und die naturschutzrechtliche Verbandsklage. Die verfahrensrechtlich zugelassene Hüterfunktion lässt sich nicht mit der Eigentumsposition des Bauherrn wertend vergleichen. Sie entspricht der Funktion der zulassenden Behörde, die berufen ist, die Rechtmäßigkeit des Vorhabens zu prüfen und aufgrund ihres Ergebnisses die präventive Schranke verfügend zu lüften. Der Hüterfunktion ist iVm dem Rechtmäßigkeitsgebot des Art 20 IV GG zu entnehmen, dass die um Anordnung der aufschiebenden Wirkung ersuchte Behörde bzw das Gericht verpflichtet ist, die Rechtmäßigkeit abschließend zu prüfen. Als Maßstab bildend für eine Interessenabwägung ist ein wertender Vergleich der eingebrachten Positionen unergiebig.

12 **e) Rechtsstaatliche Ausgeglichenheit der Initiativanforderung an den Dritten bei Beschränkung auf diese:** § 212a Abs 1 erfüllt – endlich – die verfassungsrechtliche Pflicht zum Ausgleich. Das **Rechtsstaatsprinzip** verlangt, gegenläufige, mit Rechtspositionen, zumal verfassungsrechtlich abgesicherten, Interessen **auszugleichen**. Die früher vom Dritten durch seine Anfechtung generell ausgelöste aufschiebende Wirkung war unausgeglichen. Um dem Bauherrn vorläufig das Recht zu bauen abzujagen, brauchte der Dritte nur fristgerecht anzufechten. Im Windschatten der aufschiebenden Wirkung konnte er es sich bequem machen. Um diese Art 14 I Satz 1 verletzende Situation zu entschärfen, musste der Bauherr die Initiative ergreifen, bei der Behörde oder dem VG die sofortige Vollziehbarkeit seiner Baugenehmigung zu erwirken. In der Initiativrolle des Verpflichtungsantragstellers stand sein Anspruch auf die bauaufsichtliche Zulassung insgesamt auf dem Prüfstand. Entdeckte das VG einen nicht die Position des Dritten berührenden Fehler, sei es auch nur ein Aufklärungsmangel, konnte sein materiell-rechtlicher Anspruch scheitern. Erst die abschließende Entscheidung über die Anfechtung des Dritten scheiterte nach § 113 I Satz 1 VwGO daran, dass diese kein subjektives Recht auf seiner Seite hatte, ggf nach mehreren Jahren. Zugleich ging der Bauherr mit seinem Begehr das Risiko ein, dass das VG einen Fehler außerhalb der Rechtsposition des Dritten entdeckte, an den dann die Widerspruchsbehörde seine Baugenehmigung scheitern lassen konnte. Manche Gerichte haben gar die aufschiebende Wirkung der Anfechtung eines Dritten als *„normales Bauherrenrisiko"* als für die Interessenabwägung maßgebend angesehen. § 212a Abs 1 beseitigt diese dreifache Unausgeglichenheit. *Erstens* **entzieht die Vorschrift dem Dritten die Rechtswohltat, es sich im Windschatten der aufschiebenden Wirkung bequem sein zu lassen**, indem sie ihn die **Initiative mit Begründungsanforderung** zur Anordnung der aufschiebenden Wirkung abverlangt und damit auch das Risiko des von ihm in-

itiierten Verfahrens. *Zweitens* beschränkt die Vorschrift das **Prüfungsprogramm auf die Verletzung eines Rechts des Dritten** und damit in aller Regel auf einen minimalen Ausschnitt aus der Gesamtzahl aller für die Rechtmäßigkeit des Vorhabens maßgebenden Bestimmungen. Schließlich konzentriert die Vorschrift – damit *drittens* – den **Streitstoff auf den Streitgegenstand der Hauptsache.** Der Dritte kann nicht mehr für die Dauer des ihm günstigen Windschattens einen Streitstoff zu seinen Gunsten wenden, mit dem er in der Hauptsache nicht erfolgreich sein kann. Damit erfüllt die Vorschrift das **verfassungsrechtliche Gebot der Ausgewogenheit.** Schließlich **entlastet** sie – *viertens* – mit der bezeichneten Konzentration das **Gericht.** Sie entlastet den Umfang des aufklärungsbedürftigen Sachverhalts und den Umfang der prüfungsbedürftigen Rechtspositionen.

f) Prüfungstiefe und Umfang der materiell-rechtlichen Rechtslage: Das Eilverfahren nach § 80 ist ein zentrales einfach-rechtliches Instrument, das durch Art 19 IV GG gewährleistete Grundrecht auf effektiven Rechtsschutz zu gewähren. Dieses Grundrecht verbietet, die von den Beteiligten eingebrachten Rechtspositionen nicht umfassend zu prüfen. Zu den ohne weiteres erreichbaren Beweismitteln gehört auch die **Ortsbesichtigung.** Die Rechtslage erschließt sich im Baunachbarstreit erfahrungsgemäß idR erst aufgrund einer Ortsbesichtigung. Das gilt insbesondere, wenn die zeichnerische Beschreibung mit Bemaßung nicht ausreicht, die Rechtspositionen abschließend zu beurteilen. Die §§ 80 ff stehen einer Ortsbesichtigung nicht entgegen. Erörtert das Gericht die Streitsache am Ende einer Ortsbesichtigung mit den Beteiligten, lässt sie sich in einem sehr hohen Prozentsatz auch abschließend erledigen. Kann das Gericht die Angelegenheit im Ortstermin erledigen, entfällt der Aufwand für eine schriftlich zu begründende Entscheidung, die selten geeignet ist, Rechtsfrieden hervorzurufen. Entsprechend hoch ist die **Akzeptanz der richterlichen Hilfe.** Hinzu kommt die hohe absolute Zahl an Erledigungen. Verweist das Gericht die Beteiligten auf das Hauptsachverfahren und damit die Erledigung auf einen Zeitpunkt sehr viel später, hinterlässt es **Enttäuschung statt Akzeptanz.** 13

5. Maßstab der Interessenabwägung

a) Vordergründig Regel-Ausnahmeverhältnis: Die Formulierung, es handele sich um ein Regel-Ausnahme-Verhältnis, bleibt in der Beziehung zwischen dem Bauherrn und seinem Nachbarn unergiebig. Sie verdeckt eher Begründungsnot, als dass sie hilfreich wäre, das Gewicht der Rechtsposition des Nachbarn zu kennzeichnen oder gar Akzeptanz bei demjenigen hervorzurufen, der das Eilverfahren verliert. 14

b) These vom Verbot der Vorwegnahme der Hauptsche: Im Baunachbarstreit nimmt die Entscheidung nach § 80 V VwGO ihrer Natur nach die Hauptsache partiell vorweg. Die These vom Verbot der Vorwegnahme der Hauptsache ist deshalb ungeeignet, das Rechtsschutzgrundrecht aus Art 19 IV GG zu erfüllen. Schoch (Schoch/Schmidt-Aßmann/Pietzner, § 123 Rn 88–91) hat das überzeugend dargelegt. 15

c) Maßstab der Interessenabwägung: Bei rechtlich und insbesondere grundrechtlich gleichwertigen Positionen der Beteiligten ist eine dem Grundrecht auf effektiven Rechtsschutz aus Art 19 IV GG gerecht werdende Interessenabwägung nur möglich, wenn die eingebrachten Rechtspositionen hinreichend geklärt sind. Das 16

Arbeitsprogramm zur Interessenabwägung erfordert deshalb als ersten Schritt, die von den Beteiligten eingebrachten Rechtspositionen hinreichend zu klären. Erst diese Klärung ermöglicht, in einem zweiten Schritt das *objektive* rechtliche Gewicht der Positionen wertend zu ermitteln und in einem dritten Schritt die individuelle sich aus den konkreten Umständen des Einzelfalles – insbesondere vor Ort – wertend zu beurteilen.

6. Verfahren

17 a) **Vorabantrag bei der Behörde, § 80a VwGO:** § 80a VwGO verlangt nicht auch, im Baunachbarstreit die Anordnung der aufschiebenden Wirkung vorab von der Behörde zu verlangen (nicht einhellige Meinung).

18 b) **Beiladung des Adressaten der Zulassung (Bauherrn):** Im gerichtlichen Verfahren ist der Adressat der Zulassung notwendig beizuladen, das ist idR der Bauherr (§ 65 VwGO).

19 c) **Änderungsbefugnis nach § 80 Abs 7 VwGO:** Eine erhebliche Rolle spielt im Baunachbarstreit die Änderungsbefugnis nach § 80 VII VwGO. Ist dem Gericht eine Befriedung in der Erörterung vor Ort misslungen (Rn 13) oder hat es eine Befriedung nicht versucht, kann der Bauherr idR der abschließenden Entscheidung entnehmen, an welchem Hindernis sein Vorhaben nach der Auffassung des Gerichts scheitert. Das nimmt er **vernünftigerweise zum Anlass, sein Vorhaben zu korrigieren**. Die Behörde wird die Korrektur im Wege der **Nachtragsgenehmigung** alsbald aufgreifen, auch, um einen eventuellen Amtshaftungsanspruch nach § 839 BGB zu vermeiden. Daraufhin ist angezeigt, alsbald die Änderung nach § 80 VII VwGO anzustreben.

7. Rechtsschutz gegen Bautätigkeit

20 a) **Zügige Bautätigkeit/Rechtsschutz bei unbeachtet bleibender Herstellung der aufschiebenden Wirkung:** Baut der Bauherr zügig und schafft er dadurch schwer rückgängig zu machende Tatsachen, oder baut er weiter, obwohl die aufschiebende Wirkung angeordnet ist, ist Rechtsschutz nach § 80 V S 3 analog gegeben (Puttler, in: Nomos-Kommentar § 80 Rn 165 u. § 80a Rn 36).

21 b) **Freigestellte Vorhaben – Zuständigkeit des VG –:** Bei nach Landesrecht freigestellten Vorhaben gibt es keinen anfechtbaren VA und infolge dessen keine aufschiebende Wirkung. Ist das Vorhaben rechtswidrig, kann die Behörde nach Maßgabe des Landesrechts gegen die Bauausführung einschreiten. Ihr Ermessen kann auf Null reduziert sein. Verletzt das Vorhaben eine nachbarschützende Vorschrift, und darf die Behörde einschreiten, so schuldet sie dem das verlangenden Nachbarn einzuschreiten (OVG Saar, BRS 44 Nr 165). Dasselbe gilt, wenn die Gemeinde von der Behörde verlangt, gegen ein ihr Selbstverwaltungsrecht verletzendes Vorhaben einzuschreiten. Darf die Behörde ihr Ermessen ausüben, indem sie den nachteilig betroffenen Nachbarn darauf verweist, die Rechtsverletzung unmittelbar gegen seinen Bauherren-Nachbarn geltend zu machen, nimmt die (noch) hM an, den Streit zwischen den Privatbeteiligten zu entscheiden sei das Zivilgericht zuständig. Dieser Auffassung ist nicht zu folgen. Zuständig ist das VG. (Ortloff, NVwZ 1998, 932; Schmidt-Preuss, 100 Jahre allgemeines Baugesetz Sachsen, S 585/598). Die nach der Behauptung des Nachbarn verletzte materiell-rechtliche Vorschrift ist öffentliches Recht. Der Streit ist deshalb öffentlich-rechtlich. § 40 VwGO knüpft an

die öffentlich-rechtliche Qualität der „Streitigkeit" an; dass darüber hinaus eine Behörde Hauptbeteiligte sein muss, also in der Rolle des Antragsgegners oder des Antragstellers, verlangt § 40 nicht.

§ 213 Ordnungswidrigkeiten

(1) Ordnungswidrig handelt, wer
1. wider besseres Wissen unrichtige Angaben macht oder unrichtige Pläne oder Unterlagen vorlegt, um einen begünstigenden Verwaltungsakt zu erwirken oder einen belastenden Verwaltungsakt zu verhindern;
2. Pfähle, Pflöcke oder sonstige Markierungen, die Vorarbeiten dienen, wegnimmt, verändert, unkenntlich macht oder unrichtig setzt;
3. einer in einem Bebauungsplan nach § 9 Abs. 1 Nr. 25 Buchstabe b festgesetzten Bindung für Bepflanzungen und für die Erhaltung von Bäumen, Sträuchern und sonstigen Bepflanzungen sowie von Gewässern dadurch zuwiderhandelt, dass diese beseitigt, wesentlich beeinträchtigt oder zerstört werden;
4. eine bauliche Anlage im Geltungsbereich einer Erhaltungssatzung (§ 172 Abs. 1 Satz 1) oder einer Satzung über die Durchführung von Stadtumbaumaßnahmen (§ 171 d Abs. 1) ohne Genehmigung rückbaut oder ändert.

(2) Die Ordnungswidrigkeit kann in den Fällen des Absatzes 1 Nr. 1 und 2 mit einer Geldbuße bis zu fünfhundert Euro, im Falle des Absatzes 1 Nr. 3 mit einer Geldbuße bis zu zehntausend Euro und im Falle des Absatzes 1 Nr. 4 mit einer Geldbuße bis zu fünfundzwanzigtausend Euro geahndet werden.

Gesamtübersicht

	Rn		Rn
I. Auflistung der Ordnungswidrigkeiten	1	VII. „Bepflanzung" und natürliche Sukzession	7
II. Geringe praktische Bedeutung:	2	VIII. Einflüsse der Wasserqualität	8
III. Beugemittel	3	IX. Überschreitung der Höchstbuße nach § 17 Abs 4 OwiG	9
IV. Ausschließlich Vorsatz:	4	X. Verjährung	10
V. Beeinflussung des Gutachterausschusses	5		
VI. Nachteile eines Anderen nicht erforderlich	6		

I. Auflistung der Ordnungswidrigkeiten

1

§ 213 listet die Ordnungswidrigkeiten auf, die nach Maßgabe des OwiG zu ahnden sind. Die Vorschrift ist für die Schutzzwecke des BauGB erschöpfend. **Landesrechtliche** Ordnungswidrigkeitentatbestände unter anderen Schutzzweckgesichtspunkten schließt sie nicht aus. Dementsprechend enthalten ua die LBOen und die BaumschutzVOen Ordnungswidrigkeitenkataloge.

II. Geringe praktische Bedeutung

Große praktische Bedeutung hat die Vorschrift nicht. Die Behörden sind zurückhaltend, Ordnungswidrigkeiten zu ahnden. Das wird darauf zurückgeführt, dass die tatsächliche Feststellung von Vorsatz (Rn 4) und die tatbestandliche Abgrenzung regelmäßig aufwendig und schwierig ist.

III. Beugemittel

Zwangsgeld ist ein Beugemittel nach dem Verwaltungsvollstreckungsrecht der Länder. Die Festsetzung eines Zwangsgeldes hindert nicht, den Verstoß als Ordnungswidrigkeit zu ahnden. Umgekehrt hindert ein rechtskräftiger Bußgeldbescheid die Behörde nicht, einen rechtmäßigen Zustand durchzusetzen, nötigenfalls im Wege der Verwaltungsvollstreckung.

IV. Ausschließlich Vorsatz

Die Ordnungswidrigkeiten nach dem BauGB erfordern Vorsatz, § 10 OwiG iVm § 213.

V. Beeinflussung des Gutachterausschusses

Die Beeinflussung des Gutachterausschusses durch eine Handlung iSv Abs 1 Nr 1 ist nicht ordnungswidrig. Das Arbeitsergebnis des Gutachterausschusses ist nicht VA (BVerwG, DVBl 73, 371).

VI. Nachteile eines Anderen nicht erforderlich

Einen Nachteil eines Anderen fordert Abs 1 Nr 2 anders als § 274 Abs 1 Nr 3 StGB nicht.

VII. „Bepflanzung" und natürliche Sukzession

„Bepflanzung" ist, was vom Menschen final angepflanzt ist. Natürliche Sukzession gehört nicht dazu, zB durch Samenflug oder Auswurzelung.

VIII. Einflüsse der Wasserqualität

Bezüglich des Gewässers muss die Handlung geeignet sein, eine Verschlechterung der physikalischen, chemischen oder biologischen Beschaffenheit des Wassers herbeizuführen.

IX. Überschreitung der Höchstbuße nach § 17 Abs 4 OwiG

Den in Abs 2 bestimmten Bußgeldrahmen kann die Behörde nach § 17 Abs 4 OwiG überschreiten, wenn der vom Betroffenen gezogene wirtschaftliche Vorteil ihn überschreitet.

X. Verjährung

Die Verjährung beginnt mit der Beendigung der Handlung. Sie beträgt bei den Nrn 1 und 2 sechs Monate, Nr 3 zwei Jahre und Nr 4 drei Jahre.

Vierter Abschnitt
Planerhaltung

§ 214 Beachtlichkeit der Verletzung von Vorschriften über die Aufstellung des Flächennutzungsplans und der Satzungen ergänzendes Verfahren

(1) Eine Verletzung von Verfahrens- und Formvorschriften dieses Gesetzbuchs ist für die Rechtswirksamkeit des Flächennutzungsplans und der Satzungen nach diesem Gesetzbuch nur beachtlich, wenn
1. entgegen § 2 Abs. 3 die von der Planung berührten Belange, die der Gemeinde bekannt waren oder hätten bekannt sein müssen, in wesentlichen Punkten nicht zutreffend ermittelt oder bewertet worden sind und wenn der Mangel offensichtlich und auf das Ergebnis des Verfahrens von Einfluss gewesen ist;
2. die Vorschriften über die Öffentlichkeits- und Behördenbeteiligung nach § 3 Abs. 2, § 4 Abs. 2, §§ 4a und 13 Abs. 2 Nr. 2 und 3, § 22 Abs. 9 Satz 2, § 34 Abs. 6 Satz 1 sowie § 35 Abs. 6 Satz 5 verletzt worden sind; dabei ist unbeachtlich, wenn bei Anwendung der Vorschriften einzelne Personen, Behörden oder sonstige Träger öffentlicher Belange nicht beteiligt worden sind, die entsprechenden Belange jedoch unerheblich waren oder in der Entscheidung berücksichtigt worden sind, oder einzelne Angaben dazu, welche Arten umweltbezogener Informationen verfügbar sind, gefehlt haben, oder bei Anwendung des § 13 Abs. 3 Satz 2 die Angabe darüber, dass von einer Umweltprüfung abgesehen wird, unterlassen wurde, oder bei Anwendung des § 4a Abs. 3 Satz 4 oder des § 13 die Voraussetzungen für die Durchführung der Beteiligung nach diesen Vorschriften verkannt worden sind;
3. die Vorschriften über die Begründung des Flächennutzungsplans und der Satzungen sowie ihrer Entwürfe nach §§ 2a, 3 Abs. 2, § 5 Abs. 1 Satz 2 Halbsatz 2 und Abs. 5, § 9 Abs. 8 und § 22 Abs. 10 verletzt worden sind; dabei ist unbeachtlich, wenn die Begründung des Flächennutzungsplans oder der Satzung oder ihr Entwurf unvollständig ist; abweichend von Halbsatz 2 ist eine Verletzung von Vorschriften in Bezug auf den Umweltbericht unbeachtlich, wenn die Begründung hierzu nur in unwesentlichen Punkten unvollständig ist;
4. ein Beschluss der Gemeinde über den Flächennutzungsplan oder die Satzung nicht gefasst, eine Genehmigung nicht erteilt oder der mit der Bekanntmachung des Flächennutzungsplans oder der Satzung verfolgte Hinweiszweck nicht erreicht worden ist.

Soweit in den Fällen des Satzes 1 Nr. 3 die Begründung in wesentlichen Punkten unvollständig ist, hat die Gemeinde auf Verlangen Auskunft zu erteilen, wenn ein berechtigtes Interesse dargelegt wird.

(2) Für die Rechtswirksamkeit der Bauleitpläne ist auch unbeachtlich, wenn
1. die Anforderungen an die Aufstellung eines selbständigen Bebauungsplans (§ 8 Abs. 2 Satz 2) oder an die in § 8 Abs. 4 bezeichneten dringenden Gründe für die Aufstellung eines vorzeitigen Bebauungsplans nicht richtig beurteilt worden sind;

§ 214 Drittes Kapitel. Zweiter Teil. Vierter Abschnitt

2. § 8 Abs. 2 Satz 1 hinsichtlich des Entwickelns des Bebauungsplans aus dem Flächennutzungsplan verletzt worden ist, ohne dass hierbei die sich aus dem Flächennutzungsplan ergebende geordnete städtebauliche Entwicklung beeinträchtigt worden ist;
3. der Bebauungsplan aus einem Flächennutzungsplan entwickelt worden ist, dessen Unwirksamkeit sich wegen Verletzung von Verfahrens- oder Formvorschriften einschließlich des § 6 nach Bekanntmachung des Bebauungsplans herausstellt;
4. im Parallelverfahren gegen § 8 Abs. 3 verstoßen worden ist, ohne dass die geordnete städtebauliche Entwicklung beeinträchtigt worden ist.

(3) Für die Abwägung ist die Sach- und Rechtslage im Zeitpunkt der Beschlussfassung über den Flächennutzungsplan oder die Satzung maßgebend. Mängel, die Gegenstand der Regelung in Absatz 1 Satz 1 Nr. 1 sind, können nicht als Mängel der Abwägung geltend gemacht werden; im Übrigen sind Mängel im Abwägungsvorgang nur erheblich, wenn sie offensichtlich und auf das Abwägungsergebnis von Einfluss gewesen sind.

(4) Der Flächennutzungsplan oder die Satzung können durch ein ergänzendes Verfahren zur Behebung von Fehlern auch rückwirkend in Kraft gesetzt werden.

Gesamtübersicht

	Rn		Rn
I. Fehlerfolgenregelung, §§ 214–216	1	**II. Beachtlichkeit der Verletzung von Vorschrift für die Aufstellung des FPl und der Satzungen**	10
1. Allgemeines	1	1. Gegenstände der vier Absätze	10
a) Fehlerfolge „unbeachtlich" zur Planerhaltung (Heilung)	1	a) Verfahrens- und Formvorschriften, Abs 1	10
b) Bedeutung	2	b) Verhältnis von FPl zum BPl, Abs 2	11
c) „Unwirksam"/Nichtig	3	c) Abwägung, Abs 3	12
d) Bagatellfehler/abgestufte Missbilligungsgrenze für Planung/unterschiedliches Gewicht von Fehlern	4	d) Ergänzendes Verfahren, Abs 4	13
e) Gewicht von Verfahren und Gewicht von materiellrechtlicher Anforderung	5	2. Verfahrens- und Formfehler, Abs 1	14
f) Sowohl materiell-rechtlicher als auf verfahrensrechtlicher Inhalt desselben Rechtssatzes	6	a) Allgemeines	14
		aa) Satzungen	14
g) Aufteilung der Materie auf die drei Paragrafen	7	bb) Verfahrensvorschriften	15
2. Novelle 2004	8	cc) Landesrechtliche Verfahrensvorschriften	16
a) Unabhängige Expertenkommission unter dem Vorsitz von Dr. Gaentzsch	8	dd) „Interne" Unbeachtlichkeitsklausel	17
b) Novelle 2004 – § 47 VwGO	9	b) Ermittlungsfehler, Abs 1 Nr 1	18
		aa) Ermittlungsfehler	18
		bb) Offensichtlich	19
		cc) Auf das Ergebnis von Einfluss	20

Beachtlichkeit der Verletzung von Vorschriften § 214

Gesamtübersicht

	Rn		Rn
c) Beteiligung der Bürger und der Träger öffentlicher Belange, Abs 1 Nr 2	21	e) Landesrechtliche Verfahrens- und Formfehler	34
		f) Doppelfehler	35
aa) Bösgläubiger Verfahrensfehler	21	g) Parallelverfahren	36
bb) Drei weitere Fallgruppen in HS 2	22	4. Abwägung, Abs 3	37
		a) Zeitpunkt der Sach- und Rechtslage	37
d) Begründungsgebot, Abs 2 Nr 3	22	b) Abwägungsergebnis	38
aa) Unvollständigkeit	23	c) Abwägungsvorgang	39
bb) „Interne" Unbeachtlichkeitsklausel	24	d) Abgrenzung	40
		e) Offensichtlich	41
cc) Auskunftspflicht als Fehlerfolge	25	f) Auf das Abwägungsergebnis – konkret möglich – von Einfluss	42
e) Beschlussgebot, Abs 1 Nr 24	26	III. Ergänzendes Verfahren, Abs 4	43
aa) Beschlussgebot	26	1. Fehler beheben	43
bb) Gewohnheitsrecht	27	a) Klarstellende Vorschrift	43
cc) Genehmigungen	28	b) Von Fehler „infiziert"	44
dd) Hinweiszweck	29	c) Vereinfachtes Verfahren, § 13	45
3. Verhältnis des FPlans zum BPl, Abs 2	30	d) Normwiederholungsverbot	46
a) Bebauungsplan, Abs 2, Funktion und Verhältnisse/ Beeinträchtigte städtebauliche Entwicklung	30	2. Rückwirkendes Inkraftsetzen	47
		a) Verfassungsrechtliche Rechtmäßigkeit	47
b) Anforderungen	31	b) Ausnahme	48
c) Bewusster Fehler	32	c) Erstes „Inkrafttreten" als weitest zurückliegender Zeitpunkt	49
d) Bekannt unwirksamer FPl/ gemeindeinterne Inzidentkontrolle	33	d) Unbefristetes ergänzendes Verfahren – Anzuwendendes Recht/Übergansregelungen	50

I. Fehlerfolgenregelung, §§ 214–216

1. Allgemeines

a) Fehlerfolge „unbeachtlich" zur Planerhaltung (Heilung): Die §§ 214–216 befassen sich mit der Folge von Rechtsfehlern des Flächennutzungsplans, des Bebauungsplans und der weiteren im Gesetz vorgesehenen Satzungen. Die Fehlerfolgenregelung ist bezüglich der in diesem Abschnitt bezeichneten materiell-rechtlichen Fehler abschließend. Die hier nicht im Tatbestand bezeichneten Fehler bewirken ohne weiteres, dass der Plan oder die Satzung unwirksam ist. Ohne weiteres unwirksam ist danach ein BPl, der nicht erforderlich ist, § 1 III, der nicht den Zielen der Raumordnung angepasst ist, § 1 IV, der gegen ein nicht durch Abwägung überwindbares Recht verstößt (BVerwGE 116, 144 = BRS 65 Nr 17) oder der eine nicht nach § 9 Abs 1 zulässige Festsetzung enthält. Die Überschrift des vierten Abschnitts „*Planerhaltung*" bezeichnet den Zweck der Fehlerfolgenregelung. Diese Fehlerfol-

1

§ 214 Drittes Kapitel. Zweiter Teil. Vierter Abschnitt

genregelung bestimmt *erstens,* dass Fehler entweder „unbeachtlich" (§ 214 II und § 215 I), an anderer Stelle „nur erheblich" (§ 214 III Satz 2 HS 2) sind oder „nur beachtlich" (§ 214 I Satz 1) und *zweitens,* dass ein mit einem beachtlichen Fehler behafteter FPl bzw eine Satzung „unwirksam" (§ 47 V Satz 2 VwGO) ist. „Nur beachtlich" und „nur erheblich" sind bezüglich der Fehlerfolgenregelung synonym. Eine andere Fehlerfolge bestimmt Abs 1 Satz 2 für den Fall einer in wesentlichen Punkten unvollständigen Begründung des Plans, nämlich eine Auskunftspflicht der Gemeinde. Im Grunde genommen sortiert das Gesetz Rechtsfehler des FPl, des BPl und anderer Satzungen als folgenlos oder nicht folgenlos. Zweck der Folgenlosigkeit ist die Planerhaltung als öffentliches Interesse. Die Vorschriften zur Planerhaltung durchbrechen nicht das Gebot zu gesetzmäßigem Verhalten der Verwaltung. Der Bericht der unabhängigen Kommission schreibt dazu: *„Es geht darum, die Rechtsfolgen von Fehlern bei der Aufstellung von städtebaulichen Plänen und Satzungen so zu gestalten, dass die der Bedeutung des Rechtsfehlers angemessen sind. Städtebauliche Pläne und Satzungen ordnen und gestalten die rechtlichen Beziehungen einer Vielzahl von Bürgern und Behörden in Bezug auf die Bodennutzung und sind Grundlage für deren Disposition im vermögensrechtlichen Bereich. Gesichtspunkte der Rechtssicherheit, des Vertrauensschutzes und der Verhältnismäßigkeit rechtfertigen und erfordern deshalb eine Differenzierung der Rechtsfolgen von Fehlern nach deren Bedeutung."* (Rn 134. Erhältlich beim Fraunhofer-Informationszentrum für Raum und Bau (IRB), Nobelstraße 12, 70569 Stuttgart).

2 **b) Bedeutung: Kontrollerfolg und verbleibender Eigentumsinhalt:** Ihre Bedeutung entfalten die Fehlerfolgenvorschriften bei der Ermittlung des **Eigentumsinhalts eines Grundstücks** und damit, welche Nutzung zulässig ist. Die Festsetzungen des BPls sind Eigentumsinhaltsbestimmung (BVerfG, NVwZ 99, 997; BVerwGE 104, 68; BVerwG, BRS 60 Nr 44). Ist der BPl infolge eines Fehlers unwirksam, gilt uU die Festsetzung eines Vorgänger-BPls, oder die Zulässigkeit ist nach den §§ 34 oder 35 zu beurteilen. **Verfahrensrechtlich** bestimmt die Fehlerfolge den Erfolg der Normenkontrolle, sei es der gerichtlichen Normenkontrolle nach § 47 VwGO, sei es der Inzident-Kontrolle im Prozess oder im behördlichen Verfahren (Rn 9).

3 **c) „Unwirksam"/Nichtig:** Das bisherige Recht unterschied in dem durch die Novelle 2004 aufgehobenen § 215a I zwischen nichtig und unwirksam. Diese überflüssige Unterscheidung hat die Novelle beseitigt. Sie bleibt, um festzustellen, ob sich der Fehler in einem ergänzenden Verfahren beheben lässt (Rn 43), ohne Ertrag; maßgebend ist die Qualität des Fehlers. Eine unwirksame Norm entfaltet keine Rechtswirkung.

4 **d) Bagatellfehler/abgestufte Missbilligungsgrenze für Planung/unterschiedliches Gewicht von Fehlern:** Das Gesetz unterscheidet Bagatellfehler von Verstößen gegen die absolute Missbilligungsgrenze für Planung. Es unterscheidet kasuistisch und verzichtet auf eine allgemeine Vorschrift.

5 **e) Gewicht von Verfahren und Gewicht von materiell-rechtlicher Anforderung:** Sowohl die Verletzung bestimmter materiell-rechtlicher als auch die bestimmter verfahrensrechtlicher Vorschriften missbilligt das Gesetz. Die Grenze verläuft nicht zwischen verfahrens- und materiell-rechtlichen Vorschriften. Damit honoriert das Gesetz einerseits Gemeinschaftsrecht andererseits das Gewicht bestimmter Verfahrensregeln entsprechend europäischem Standard, insbesondere des französischen Rechtskreises.

f) Sowohl materiell-rechtlicher als auf verfahrensrechtlicher Inhalt desselben Rechtssatzes: Mancher Rechtssatz hat sowohl eine materiell-rechtliche als auch eine verfahrensrechtliche Seite. Herausragendes Beispiel ist die Abwägung, § 1 VII. Bei der Prüfung eines Fehlers anhand einer solchen Vorschrift ist sorgfältig zu untersuchen, ob er aus der materiell-rechtlichen oder aus der verfahrensrechtlichen Seite folgt.

g) Aufteilung der Materie auf die drei Paragrafen: Die Fehlerfolgenregelung teilt das Gesetz auf die §§ 214–216 folgendermaßen auf: § 214 I–III unterscheidet Fehler danach, ob sie beachtlich sind oder nicht und bestimmt in Abs 1 Satz 2 für unvollständige Begründungen eine Auskunftspflicht als Fehlerfolge (Rn 25). § 215 gliedert eine Gruppe von nach § 214 beachtlichen Fehlern nach einer Übergangsfrist von zwei Jahren aus. Die §§ 214 Abs 4 und 216 stellen klar. § 214 Abs 4 stellt klar, dass die Gemeinde behebbare Fehler in einem ergänzenden Verfahren beheben darf. Die an sich überflüssige Klarstellung des § 216, dass eine Genehmigungsbehörde die Genehmigung auch im Fall der Verletzung solcher Vorschriften versagen darf, die nach den §§ 214 und 215 unbeachtlich sind, hat die Novelle 2004 unverändert bestehen lassen, um den Fehlschluss aus der Aufhebung zu vermeiden, nur nach den §§ 214 und 215 beachtliche Fehler seinen ein Genehmigungshindernis (Bericht der unabhängigen Expertenkommission, Rn 255, Fundstelle s Rn 8).

2. Novelle 2004

a) Unabhängige Expertenkommission unter dem Vorsitz von Dr. Gaentzsch: Zur Novelle 2004 hat der Gesetzgeber im Wesentlichen die Vorschläge der unabhängigen Expertenkommission unter Vorsitz von Herrn Dr. Gaentzsch, Vorsitzender Richter am BVerwG aD über die Bestandssicherung von städtebaulichen Plänen und Satzungen (Rn 122–166) aufgegriffen (erhältlich beim Fraunhofer-Informationszentrum für Raum und Bau (IRB), Nobelstraße 12, 70569 Stuttgart). Siehe zur Planerhaltung als öffentliches Interesse das Zitat Rn 1. Eine allgemeine, den Grundsatz der Planerhaltung als Leitlinie positiv bestimmende Vorschrift hat der Gesetzgeber den Regelungen nicht vorangestellt (Bericht Rn 34). Den Vorschlag zur administrativen Normprüfung und -verwerfung hat er nicht aufgegriffen (Bericht Rn 156–164 und 166 Nr 2).

b) Novelle 2004 – § 47 VwGO: Die §§ 214 und 215 hat die Novelle 2004 neu gefasst und § 216 unverändert belassen. In diesen Zusammenhang gehört die Änderung von § 47 VwGO in dessen Abs 5 ist das Wort „nichtig" durch das Wort „unwirksam" ersetzt und der auf die frühere Vorschrift des § 215a aF Bezug nehmende Satz 4 aufgehoben. Die Novelle 2004 hat die Überschrift um das ergänzende Verfahren erweitert. Die Systematik von Abs 1 ist beibehalten. Der Nummernkatalog ist um die jetzt erste Nummer auf insgesamt vier Nummern erweitert. Diese erste Nummer setzt Gemeinschaftsrecht um, nämlich die Plan-UP-Richtlinie 2001/42/EG des Europäischen Parlaments und des Rates vom 27.06.2001, ABl EG Nr L 197 S 30. Sie betrifft die Zusammenstellung des Abwägungsmaterials einschließlich der Ermittlung des objektiven Gewichts der Belange. Die Regelung des Abs 2 über das Verhältnis des BPls zum FPl hat die Novelle 2004 unverändert belassen. In Abs 3 Satz 1 über den maßgebenden Zeitpunkt für die Sach- und Rechtslage ist der FPl eingeschlossen. Ein neuer Satz 2 soll klarstellen, dass dieser Teil der Planerhaltungsvorschriften nunmehr in Abs 1 Satz 1 Nr 1 geregelt ist (Reg-E Drs 15/2250,

65). Der neue Abs 4 übernimmt zum ergänzenden Verfahren für behebbare Fehler die Regelung des bisherigen, durch die Novelle 2004 aufgehobenen § 215a.

II. Beachtlichkeit der Verletzung von Vorschrift für die Aufstellung des FPl und der Satzungen

1. Gegenstände der vier Absätze

10 a) Abs 1 befasst sich mit der Verletzung von Verfahrens- und Formvorschriften.
11 b) Abs 2 betrifft das Verhältnis des BPls zum FPl.
12 c) Abs 3 betrifft die Abwägung.
13 d) Abs 4 stellt klar, dass die Gemeinde behebbare Fehler des FPl oder der Satzung beheben darf und befugt sie, den von Fehlern befreiten Plan rückwirkend in Kraft zu setzen.

2. Verfahrens- und Formfehler, Abs 1

14 **a) Allgemeines: aa) Satzungen:** Das Gesetz sieht Satzungen vor in den §§ 10 I (BPl), 16 (Veränderungssperre), 17 II und III (Verlängerung und Erneuerung einer Veränderungssperre), § 22 I (Fremdenverkehrssatzung), § 25 (Vorkaufsrechtssatzung), § 34 IV (Abrundungssatzung), § 132 (Erschließungsbeitragssatzung), § 142 und 162 (Sanierungssatzung), §§ 165 VI und 170 (Entwicklungssatzung), § 171d (Stadtumbausatzung) und § 172 (Erhaltungssatzung).

15 **bb) Verfahrensvorschriften:** Verfahrensvorschriften sind solche, die sich auf den äußeren Ablauf des Planungsverfahrens beziehen (BVerwGE 74, 47; BVerwGE 78, 305).

16 **cc) Landesrechtliche Verfahrensvorschriften:** § 214 regelt nicht die Folge eines Verstoßes gegen eine landesrechtliche Verfahrensvorschrift (BVerwGE 68, 369/373).

17 **dd) „Interne" Unbeachtlichkeitsklausel:** Nach den „internen" Unbeachtlichkeitsklauseln soll ein Fehler folgenlos bleiben, wenn er das Ergebnis nicht beeinflusst hat, Abs 1 Nr 1, Nr 2 HS 2 und Abs 3 Satz 2 HS 2 (Rn 20 und 42).

18 **b) Ermittlungsfehler, Abs 1 Nr 1: aa) Ermittlungsfehler:** § 2 III bestimmt: „Bei der Aufstellung der Bauleitpläne sind die Belange, die für die Abwägung von Bedeutung sind (Abwägungsmaterial) zu ermitteln und zu bewerten." Es geht um einen Teil des Abwägungs**vorgangs**. Betroffen ist *erstens* der nicht hinreichend ermittelte abwägungserhebliche Belang und *zweitens* die Verkennung des objektiv dem Belang zukommenden Gewichts.

19 **bb) Offensichtlich:** Offensichtlich ist der Mangel, wenn in den Akten ein ausdrücklicher Hinweis enthalten ist, dass dem Beschlussorgan der Umstand unbekannt war (BVerwG, BRS 54 Nr 18). Als offensichtlich hat es das BVerwG angesehen, wenn das Beschlussorgan die Zulässigkeit der Überschreitung einer Höchstzahl nach § 17 Abs 1 BauNVO übersehen hat (BVerwG, BRS 55 Nr 36).

20 **cc) Auf das Ergebnis von Einfluss:** Auf das Ergebnis von Einfluss war der Mangel, wenn die konkrete Möglichkeit bestand, für das Ergebnis kausal zu sein. Die Vermutung genügt nicht (BVerwG, BRS 54 Nr 18; BVerwG, BRS 54 Nr 15). Der Maßstab sowohl für Offensichtlichkeit eines Fehlers als auch dafür, ob er auf das Ergebnis von Einfluss war, entspricht dem gleicher Vorschriften im Fachplanungsrecht (BVerwG, Buchholz 407.4, § 17 Nr 104).

c) **Beteiligung der Bürger und der Träger öffentlicher Belange, Abs 1 Nr 2:**
aa) Bösgläubiger Verfahrensfehler: Die Beteiligungen dienen vorrangig, die Quellen für die nach § 2 Abs 3 gebotene Ermittlung (s Rn 18) umfassend und möglichst erschöpfend zu nutzen. Die Beteiligung hat den aus diesem Gesichtspunkt folgenden hohen Stellenwert. Das rechtfertigt, die Bagatellverletzung jedenfalls in dem Fall folgenlos zu lassen, dass der von dem übergangenen Beteiligten einzubringende Belang entweder unerheblich ist oder von der Gemeinde ohnehin berücksichtigt worden ist. Die Bestimmung über die Folgenlosigkeit honoriert den unbewussten Bagatellfehler, nicht aber einen bösgläubigen Fehler.

bb) Drei weitere Fallgruppen in HS 2: Nr 2 HS 2 fügt drei weitere Fallgruppen unbeachtlicher Fehler an. Das sind folgende Fälle: *Erstens* der Fall, dass bei der öffentlichen Bekanntmachung nach § 3 II einzelne Angaben zu den umweltbezogenen Informationen fehlen, *zweitens* der Fall, dass im vereinfachten Verfahren nach § 13 die Angabe darüber fehlt, dass von einer Umweltprüfung abgesehen wird und *drittens* der Fall, dass die Gemeinde bei erneuter Offenlegung oder im vereinfachten Verfahren die Voraussetzungen für die Durchführung der Beteiligung verkannt hat. Diese aufgeführten Fälle folgenloser Fehler sind wegen der jeweiligen materiell-rechtlichen Anforderungen unbedeutend.

d) **Begründungsgebot, Abs 2 Nr 3: aa) Unvollständigkeit:** Unvollständig ist eine Begründung, wenn die Begründung eines einzelnen die **Plankonzeption tragenden** Inhalts fehlt (BVewGE 45, 309/331) oder einzelne in den die **Begründung gebietenden Vorschriften** (Rn 14) verlangte Angaben fehlen. Fehlt die Begründung ganz oder ist sie nur formelhaft, ist der Plan oder die Satzung ohne weiteres unwirksam. Eine dem Plan beigegebene Begründung ist idR auch mitbeschlossen. Sprechen konkrete Umstände gegen diese Annahme, so ist das aufzuklären. Ist die Begründung nicht mitbeschlossen, ist der Plan bzw. die Satzung unwirksam.

bb) „Interne" Unbeachtlichkeitsklausel: Die Plan-UP-Richtlinie 2001/42 EG (ABl EG Nr L 197 S 30) verlangt den Umweltbericht. Dieses Verlangen in nationales Recht umsetzend beschränkt Nr 3 HS 3 die Unbeachtlichkeit eines unvollständigen Berichts auf unwesentliche Punkte.

cc) Auskunftspflicht als Fehlerfolge: Als Fehlerfolge einer unvollständigen Begründung iSd Nr 3 bestimmt Abs 1 Satz 2 eine Auskunftspflicht der Gemeinde, die mit einem Anspruch dessen verbunden ist, der an ihr ein berechtigtes Interesse darlegt. Ein Journalist kann dieses Interesse mit dem Informationsgebot der **Presse** darlegen.

e) **Beschlussgebot, Abs 1 Nr 24: aa) Beschlussgebot:** Der Beschluss über den FPl, den BPl oder eine sonstige Satzung (Rn 14) ist die Grundlage des Entstehens des Plans bzw. der Satzung. Er ist unverzichtbar. Fehlt er, ist der Plan bzw. die Satzung unwirksam, und der Mangel wird auch nicht durch Fristablauf nach § 215 unbeachtlich. Der Fehler lässt sich ausschließlich beheben, indem ihn die Gemeinde ggf in einem ergänzenden Verfahren nach Abs 4 behebt. Fehler zur oder bei der Beschlussfassung führen nicht dazu, dass ein Beschluss nicht gefasst wäre. Ist der positive Beschluss nicht zustande gekommen (zB mangels Mehrheit) ist er nicht gefasst, auch wenn das Protokoll das Gegenteil dokumentieren sollte.

bb) Gewohnheitsrecht: Auch jahrelange Anwendung eines nicht beschlossenen Plans ist ungeeignet, dessen gewohnheitsrechtliche Geltung hervorzurufen (BVerwGE 55, 369). Die Regeln über das gesteigert förmliche Zustandekommen

des Plans bzw. der übrigen Satzungen schließen aus, dass der Inhalt auch nach der ungeschriebenen Regel über das Entstehen von Gewohnheitsrecht zustande kommen kann.

28 **cc) Genehmigungen:** Genehmigungen sehen vor § 6 I (FPl), § 10 II (vorgezogener BPl) und § 165 II (Entwicklungssatzung). Genehmigungsfiktionen sehen vor § 6 IV Satz 4 und § 10 II iVm § 6 IV Satz 4 Die Genehmigung ist Bestandteil des Zustandekommens der Norm.

29 **dd) Hinweiszweck:** Der Hinweiszweck betrifft die Erkennbarkeit, worum es geht. Das Gebot der Normklarheit wird üblicherweise aus dem Rechtsstaatsgebot abgeleitet (BVerfGE 65, 283/291; BVerwGE 69, 344; BVerwGE 75, 271/272). Der Plan muss das Plangebiet **schlagwortartig**, für die Betroffenen erkennbar, bezeichnen. Die Normunterworfenen und die Norminteressierten müssen ihre Betroffenheit erkennen können. Ist der Hinweiszweck nicht erreicht, kann die Gemeinde diesen Fehler im ergänzenden Verfahren nach Abs 4 beheben.

3. Verhältnis des FPlans zum BPl, Abs 2

30 **a) Bebauungsplan, Abs 2, Funktion und Verhältnisse/Beeinträchtigte städtebauliche Entwicklung:** Aus dem FPl ergibt sich, wie die städtebauliche Entwicklung im größeren Raum geplant ist, idR das ganze Gemeindegebiet umfassend, der BPl regelt die städtebauliche Entwicklung im engeren Raum seines Gebietes (BVerwG, BRS 62 Nr 48). Daraus ergibt sich das Verhältnis des BPls zum FPl. Ob ein BPl aus dem FPl entwickelt ist, beurteilt sich nach der planerischen Konzeption für den engeren Bereich des BPls. Der planerischen Konzeption des FPl für dessen größeren Raum ist zu entnehmen, ob der nicht aus ihm entwickelte BPl die in ihm vorgesehene städtebauliche Entwicklung beeinträchtigt (BVerwG, aaO).

31 **b) Anforderungen:** Die Wörter „nicht richtig beurteilt" in Nr 1 bezeichnen die rechtsfehlerhafte Annahme der Gemeinde, dass die Anforderungen erfüllt seien und räumen nicht etwa einen Spielraum ein. In Bezug auf den vorzeitigen BPl bezieht sich die fehlerhafte Beurteilung auf die dringenden Gründe.

32 **c) Bewusster Fehler:** Die Vorschrift honoriert es mit Planerhaltung, wenn die Gemeinde Rechtmäßigkeit fahrlässigerweise angenommen hat. Hat sie das bösgläubig getan, ist der Plan unwirksam.

33 **d) Bekannt unwirksamer FPl/gemeindeinterne Inzidentkontrolle:** Der aus einem im Zeitpunkt der Bekanntmachung unwirksamen FPl entwickelte BPl ist unwirksam. Bekannt unwirksam ist der FPl, wenn ein Gericht das inzident entschieden hat oder wenn die Gemeinde die Unwirksamkeit selbst erkannt hat. Die Gemeinde darf nach Art 20 III GG den unwirksamen FPl nicht anwenden (Hess VGH; NVwZ 1990, 885; Gerhardt, Sch/Sch-A/P, Vorb § 47 Rn 10; Gaentzsch, BK, § 10 Rn 19). Ist die Gemeinde im Zeitpunkt der Bekanntmachung des BPls überzeugt, dass der FPl unwirksam ist und ist ihre Überzeugung richtig, ist der gleichwohl bekannt gemachte BPl unwirksam. „Herausgestellt" bedeutet Gewissheit, nicht aber bindende Feststellung. Im Planerhaltungsinteresse (Rn 1) ist die Anforderung nicht zu hoch zu stellen.

34 **e) Landesrechtliche Verfahrens- und Formfehler:** Erhalten bleibt der Plan auch, wenn sich die Unwirksamkeit des FPl wegen Verletzung einer landesrechtlichen Verfahrens- oder Formvorschrift herausstellt (BVerwGE 68, 369/373).

f) Doppelfehler: Erhalten bleibt der Plan auch im Falle eines Doppelfehlers, wenn 35
er die sich aus dem unwirksamen FPl ergebende städtebauliche Entwicklung nicht
beeinträchtigt.

g) Parallelverfahren: Das von Nr 4 betroffene in § 8 III zugelassene Parallelverfah- 36
ren entspricht dem praktischen Bedürfnis der planenden Gemeinde, mit der Aufstellung eines BPls so lange warten zu müssen, bis der – sehr viel zeitaufwendiger zustande kommende oder ebenso zeitaufwendig wieder BPl zu ändernde – FPl in Kraft getreten ist. § 8 III ermöglicht, zügig zu einem rechtverbindlichen Ergebnis iSd § 8 I zu gelangen. Aus Nr 4 ergibt sich, dass der BPl unwirksam ist, wenn nicht die inhaltliche Abstimmung des BPls mit dem FPl möglich und gewollt ist (BVerwGE 70, 171, 177). Das Merkmal der geordneten städtebaulichen Entwicklung ist dem in Aufstellung befindlichen FPl zu entnehmen (BVerwG, BRS 62 Nr 48; Rn 30).

4. Abwägung, Abs 3

a) Zeitpunkt der Sach- und Rechtslage: Maßgebender Zeitpunkt für die der Ab- 37
wägung zugrunde zu legenden Sach- und Rechtslage ist der der Beschlussfassung.
Kritisch ist es, wenn diese sich bis zur Bekanntmachung nach § 10 III Satz 1 in Bezug auf einen abwägungserheblichen Belang wesentlich ändert. Ein solcher Fall
kann um so eher vorkommen, je länger der Zeitraum zwischen Beschlussfassung
und Bekanntmachung ist (BVerwG, BRS 57 Nr 29).

b) Abwägungsergebnis: Ein Plan mit rechtswidrigem Abwägungsergebnis ist un- 38
wirksam. Der Mangel wird auch nach Ablauf der zweijährigen Rügefrist nach
§ 215 I Nr 3 nicht unbeachtlich. Hat die Gemeinde versucht, einen durch Abwägung nicht überwindbaren Umstand durch Abwägung zu überwinden, so ist der
Plan unwirksam, soweit das Recht die Beachtung dieses Umstandes verlangt
(BVerwGE 116, 144 = BRS 65 Nr 17).

c) Abwägungsvorgang: § 2 III idF der Novelle 2004 erklärt den Abwägungsvor- 39
gang ausdrücklich als Gegenstand des Verfahrens, der Thema von Abs 1 Nr 1 ist.
Abs 3 Satz 2 HS 1 stellt klar, dass die Fehlerfolgenregelung abschließend in Abs 1
Nr 1 enthalten ist.

d) Abgrenzung: Die Abgrenzung zwischen **materiell-rechtlichen und verfah-** 40
rensrechtlichen Komponenten des Abwägungsvorgangs hat das Gesetz in Abs 2 III
idF der Novelle 2004 iVm Abs 1 Nr 1 entlastet, indem es die Pflicht, die „Belange,
die für die Abwägung von Bedeutung sind (Abwägungsmaterial) zu ermitteln und
zu bewerten" normativ als Teil des Vorgangs bestimmt hat. Dabei handelt es sich
darum, das Material vorbereitend aufzuarbeiten. Dem schließt sich das eigentlich
planerische Abwägen an, das *„das gewissermaßen an einem Mosaik bastelnde, immer wieder auch scheinbar bereits gesicherte Teilergebnisse wieder in Frage stellende Erwägen und erneute Abwägen"* ist (Weyreuther, DÖV 1977, 419/421). Dieses planerische Abwägen hat beide Aspekte, einen verfahrensrechtlichen und einen
materiellen. Diese planerische Abwägung kennzeichnet jede rechtsstaatliche Planung.

e) Offensichtlich: Offensichtlich ist der Mangel, wenn in den Akten ein ausdrück- 41
licher Hinweis enthalten ist, dass dem Beschlussorgan der Umstand unbekannt war
(BVerwG, BRS 54 Nr 18). Als offensichtlich hat es das BVerwG angesehen, wenn
das Beschlussorgan die Zulässigkeit der Überschreitung einer Höchstzahl nach
§ 17 Abs 1 BauNVO übersehen hat (BVerwG, BRS 55 Nr 36).

42 **f) Auf das Abwägungsergebnis – konkret möglich – von Einfluss:** Auf das Ergebnis von Einfluss war der Mangel, wenn die konkrete Möglichkeit bestand, für das Ergebnis kausal zu sein. Die Vermutung genügt nicht (BVerwG, BRS 54 Nr 18; BVerwG, BRS 54 Nr 15). Der Maßstab sowohl für Offensichtlichkeit eines Fehlers als auch dafür, ob er auf das Ergebnis von Einfluss war, entspricht dem gleicher Vorschriften im Fachplanungsrecht (BVerwG, Buchholz 407.4, § 17 Nr 104).

III. Ergänzendes Verfahren, Abs 4

1. Fehler beheben

43 **a) Klarstellende Vorschrift:** Abs 4 enthält – gestrafft und vereinfacht – die früher in § 215a aF enthaltene Heilungsvorschrift, erweitert auf die Heilungsmöglichkeit des FPlans und erweitert über die Beschränkung auf Verfahrensfehler auf jeden Fehler, wenn er denn behebbar ist (BVerwG, BRS 60 Nr 52; BVerwG, BRS 60 Nr 53; BVerwGE 110, 193).

44 **b) Von Fehler „infiziert":** Ein Fehler kann das weitere Verfahren „*infizieren*". Zu beheben sind auch die durch solche Infektion entstandenen Fehler.

45 **c) Vereinfachtes Verfahren, § 13:** Hat das Normenkontrollgericht einen Plan bzw. eine Satzung nach § 47 V VwGO wegen eines behebbaren Mangels für unwirksam erklärt, steht der Gemeinde frei, ob sie entweder den Fehler in einem ergänzenden Verfahren nach § 214 IV behebt und die Satzung erneut in Kraft setzt, ob sie es bei der normenkontrollgerichtlichen Unwirksamkeitserklärung belässt und in einem erneuten Aufstellungsverfahren einen rechtmäßigen Plan aufstellt oder ob sie es mit der Unwirksamkeit bewenden lässt. Für eine erneute Planung von Anfang an kommt das vereinfachte Verfahren nach § 13 in Betracht, insbesondere im Fall von Teil-Unwirksamkeit. Das ergänzende Verfahren ermöglicht, die im Verfahren bisher erbrachten **Vorarbeiten auszunutzen** (BVerwG, BRS 60 Nr 53).

46 **d) Normwiederholungsverbot:** Die Rechtskraft des den Plan oder die Satzung für unwirksam erklärenden Normenkontrollurteils bewirkt ein Normwiederholungsverbot (BVerwGE 92, 266; BVerwG, BRS 60 Nr 52; BVerwG, BRS 62 Nr 44; Ziekow, in: Sodan/Ziekow, § 47 Rn 370; Dürr, KK, § 215a Rn 7). Das ergänzende Verfahren steht der Gemeinde zur Verfügung, den oder die **Fehler zu beheben**. Hat das Normenkontrollgericht einen weiteren in Betracht kommenden Fehler nicht abschließend geprüft (BVerwG, BRS 64 Nr 58, der pflichtmäßige Prüfungsumfang in diese Richtung ist vom BVerwG nicht geklärt), muss die Gemeinde auch diesen weiteren Fehler beheben, um einen wirksamen Plan bzw. eine wirksame Satzung zustande zu bringen. Als administratives Wiederaufgreifensverfahren steht das ergänzende Verfahren nicht zur Verfügung.

2. Rückwirkendes Inkraftsetzen

47 **a) Verfassungsrechtliche Rechtmäßigkeit:** Das Inkrafttreten des BPls ist im Gesetz selbst geregelt, § 10 III Satz 4, und zwar als Bestandteil des Bekanntmachungsverfahrens und steht nicht zur Disposition der inhaltlichen Regelung des Satzungsgebers. Deshalb ist es – anders als bei anderen Gesetzen – nicht Gegenstand des Planinhalts (BVerwG, BRS 63 Nr 42). Vertrauen darein, dass ein Plan ungültig sei, ist nicht schutzwürdig (BVerwGE 66, 116/122; BVerwGE 75, 262). Beim nach außen gegebenen Plan ist anzunehmen, dass er wirksam ist; dass ein

eventueller Fehler mit Wirkung ex tunc heilbar ist, wohnt ihm gleichsam inne. Verfassungsrechtlich ist das Inkrafttreten nach einer Fehlerbehebung ex tunc unbedenklich.

b) Ausnahme: Änderung der Sach- und Rechtslage als Hindernis: Wird nach der Beschlussfassung die Sach- und Rechtslage in einem wesentlichen Punkt geändert, kann die Gemeinde gehindert sein, den Plan bekannt zu machen (BVerwGE 56, 283/288; BVerwG, BRS 54 Nr 22). Die in Abs 4 bestimmte Befugnis, den geheilten Plan rückwirkend in Kraft zu setzen, beschränkt sich auf diese Befugnis und derogiert nicht dieses **Bekanntmachungshindernis**. Betrifft die geänderte Sach- oder Rechtslage einen anderen Punkt als den die Unwirksamkeit nach sich ziehenden Fehler, was die Regel sein dürfte, ist der betreffende Punkt im ergänzenden Verfahren zu berücksichtigen. Das ergänzende Verfahren setzt das eingeleitete Verfahren fort und **nutzt** dabei die **erarbeiteten Vorarbeiten aus** (BVerwG, BRS 60 Nr 53). Die Bezeichnung „*ergänzendes Verfahren*" kennzeichnet, dass die Gemeinde das wegen Unwirksamkeit nicht abgeschossene Planaufstellungsverfahren weiter durchführt. Die verfahrens- und materiell-rechtlichen Anforderungen an das Aufstellungsverfahren sind Gebote; sie sind nicht zugleich Verbote, einen Schritt zu wiederholen oder einen einmal behandelten Schritt noch einmal zu behandeln. Erst wenn das Aufstellungsverfahren mit dem Inkrafttreten wirksam abgeschlossen ist, lässt sich der Plan nur noch ändern. Für diesen Fall schreibt § 1 VIII iVm den übrigen Vorschriften dieses Gesetzes, insbesondere § 13 für das vereinfachte Verfahren vor, das Planaufstellungsverfahren mit dem Ziel der Änderung des wirksamen Plans von Anfang an durchzuführen.

c) Erstes „Inkrafttreten" als weitest zurückliegender Zeitpunkt: „Rückwirkend" bedeutet frühestens ab dem Zeitpunkt des scheinbaren Inkrafttretens des unwirksamen Plans. Das ergänzende Verfahren ermöglicht, den Fehler zu beheben. Im Übrigen gelten für das ergänzende Verfahren die Vorschriften dieses Gesetzes – § 1 VIII – einschließlich dessen § 10 III Satz 4, den § 214 IV für die Fehlerbehebung modifiziert. Wäre der Fehler nicht vorgekommen, bliebe es beim gesetzlichen Zeitpunkt des ursprünglichen Inkrafttretens. Abs 4 erweitert das nicht. Ändert die Gemeinde im ergänzenden Verfahren einen nicht fehlerhaften Punkt, um die zwischenzeitlich eingetretene Änderung der Sach- oder Rechtslage zu beachten, kann sie den Plan ebenso wenig rückwirkend in Kraft setzen, wie sie das im Fall des nicht fehlerbehafteten Plans könnte, wenn die Sach- oder Rechtslage sich vor der Schlussbekanntmachung geändert hätte und die Gemeinde noch einmal hätte beschließen müssen.

d) Unbefristetes ergänzendes Verfahren – Anzuwendendes Recht/Übergangsregelungen: Befristet ist die Befugnis zur Fehlerbehebung im ergänzenden Verfahren nicht. Je später die Gemeinde Fehler behebt, desto wahrscheinlicher ist auch eine zu beachtende Änderung der Sach- und Rechtslage. Die für das in Kraft setzen Dürfen relevante Änderung der Sach- oder Rechtslage betrifft neu hinzugetretene Umstände innerhalb des Plangebiets sowie die Planung beeinflussende Umstände in der Umgebung des Plangebiets. Solche gebietsrelevanten Umstände rechtfertigen einerseits nicht, bei Gelegenheit der Fehlerbehebung unbeachtet zu bleiben, andererseits rechtfertigt das Planerhaltungsinteresse nicht, später in Kraft getretene Anforderungen an die Planung berücksichtigen zu müssen. Die bisherige Nichtberücksichtigung der später in Kraft getretenen gesetzlichen Anforderung ist nicht vom Fehler „*infiziert*". Nur wenn sich der Fehler – und was von diesem „*infiziert*"

ist – nur unter Beachtung zwischenzeitlich in Kraft getretener Anforderungen beheben lässt, kann etwas anderes gelten. § 233 I erlaubt, die Planaufstellung nach den im Zeitpunkt des Aufstellungsbeschlusses geltenden Anforderungen zu Ende zu führen, soweit nicht dieses Gesetz etwas anderes bestimmt. Etwas anderes bestimmt § 244 I, nämlich, dass Planverfahren, die nach dem 20.07.2006 abgeschlossen werden, nach den Vorschriften dieses Gesetzes zu Ende geführt werden. Die Absätze 2–4 des § 244 enthalten weitere einschlägige Übergangsregelungen, die auch für das ergänzende Verfahren gelten. Hervorzuheben ist Abs 3, nach welchen die Vorschriften des § 4 III über die Unterrichtungspflicht der Behörden über deren Erkenntnisse über erhebliche Auswirkungen auf die Umwelt und § 4c über die Pflicht der Gemeinde, die erheblichen Umweltauswirkungen aufgrund der Durchführung des BPls zu überwachen nur gelten, wenn die Gemeinde das Planaufstellungsverfahren nach neuem Recht zu Ende führt.

§ 215 Frist für die Geltendmachung der Verletzung von Vorschriften

(1) Unbeachtlich werden
1. **eine nach § 214 Abs. 1 Satz 1 Nr. 1 bis 3 beachtliche Verletzung der dort bezeichneten Verfahrens- und Formvorschriften,**
2. **eine unter Berücksichtigung des § 214 Abs. 2 beachtliche Verletzung der Vorschriften über das Verhältnis des Bebauungsplans und des Flächennutzungsplans und**
3. **nach § 214 Abs. 3 Satz 2 beachtliche Mängel des Abwägungsvorgangs,**

wenn sie nicht innerhalb von zwei Jahren seit Bekanntmachung des Flächennutzungsplans oder der Satzung schriftlich gegenüber der Gemeinde unter Darlegung des die Verletzung begründenden Sachverhalts geltend gemacht worden sind.

(2) Bei Inkraftsetzung des Flächennutzungsplans oder der Satzung ist auf die Voraussetzungen für die Geltendmachung der Verletzung von Vorschriften sowie auf die Rechtsfolgen hinzuweisen.

Gesamtübersicht

	Rn		Rn
I. Novelle 2004	1	b) Fristbeginn	5
II. Zweijahresfrist-bedingte Fehlerfolgenlosigkeit	2	c) Geltendmachung vor Fristbeginn	6
1. Zweijahresfrist	2	d) Schriftlich	7
a) Zusammenhang mit § 214	2	e) Adressat	8
b) Was bleibt	3	f) darlegen	9
2. Geltendmachen	4	g) Wirkung inter omnes	10
a) Zweijahresfrist	4		

I. Novelle 2004

1 Abs 1 ist von der Novelle 2004 neu geregelt, Abs 2 sprachlich klarer gefasst. Neu ist die einheitliche Zweijahresfrist. Sie ist an die in § 47 II Satz 1 VwGO bestimmte

Zweijahresfrist zur Erhebung der Normenkontrollklage angepasst. Neu ist, dass Mängel des Abwägungsergebnisses unbefristet geltend gemacht werden können; das verfassungsrechtliche Problem einer materiellen Präklusion eines rechtswidrigen Ergebnisses besteht damit nicht mehr.

II. Zweijahresfrist-bedingte Fehlerfolgenlosigkeit

1. Zweijahresfrist

a) Zusammenhang mit § 214: Die Vorschrift steht im Zusammenhang mit § 214, dessen Regelung sie ergänzt. Ob der Tatbestand des Abs 1 erfüllt ist, ist den in Bezug genommenen Vorschriften des § 214 zu entnehmen. Die in Bezug genommenen, zur Unwirksamkeit des Plans bzw. der Satzung führenden Fehler – und nur diese – werden folgenlos, wenn sie nicht innerhalb der Zweijahresfrist geltend gemacht worden sind.

b) Was bleibt: Was von den in § 214 bezeichneten Fehlern **unbefristet beachtlich** bleibt, sind *erstens*, dass ein Beschluss der Gemeinde über den FPlan oder die Satzung (insbesondere über den BPl) nicht gefasst ist, *zweitens* eine vorbeschriebene Genehmigung nicht erteilt ist oder *drittens* das Plangebiet nicht erkennbar, also der Hinweiszweck nicht erreicht worden ist. Nicht in diesen Zusammenhang gehört, dass alle materiell-rechtlichen Fehler unbefristet die Fehlerfolge haben, dass der Plan bzw. die Satzung unwirksam – oder ggf teilweise unwirksam – ist (BVerwG, BRS 62 Nr 19). Dazu gehört das fehlerhafte Abwägungsergebnis, mangelnde Erforderlichkeit – § 1 III –, mangelnde Anpassung an die Ziele der Raumordnung – § 1 IV –, mangelndes interkommunales Abgestimmtsein – § 2 II –, aber auch die Verletzung anderer durch Abwägung nicht überwindbare Rechte, zB die durch das Eigentumsgrundrecht aus Art 14 I Satz 1 GG gewährleistete Schutzpflicht (BVerwGE 116, 144).

2. Geltendmachen

a) Zweijahresfrist: Die Frist beträgt einheitlich zwei Jahre. Die bisherige Rügefrist, einen Fehler des Abwägungsergebnisses geltend zu machen, ist entfallen. Die bisherige Siebenjahresfrist, einen Fehler des Abwägungsvorgangs zu rügen, ist auf die **einheitlichen zwei Jahre** verkürzt. Für vor dem 20.07.2004 in Kraft getretene FPle, BPle und sonstige Satzungen gelten nach § 233 II Satz 3 die Fristen der bisherigen Fassung; das ist für Mängel des Abwägungsvorgangs weiterhin die Siebenjahresfrist. Ist aufgrund des bisherigen Rechts der Mangel eines Plans oder einer Satzung durch Verfristung unbeachtlich geworden, bleibt es dabei, § 233 II Satz 2; durch die Verlängerung der bisherigen Einjahresfrist lebt also die Möglichkeit, den Mangel geltend zu machen, nicht wieder auf.

b) Fristbeginn: Die Frist beginnt am Tag der Bekanntmachung, entsprechend § 187 I BGB. Sie endet am gleichen Tag nach zwei Jahren, entsprechend § 188 II BGB.

c) Geltendmachung vor Fristbeginn: Nicht geklärt ist, ob ein nach Beschlussfassung aber vor Fristbeginn geltend gemachter Mangel wirksam geltend gemacht ist. Die Frage ist bejahend zu beantworten. Das Geltendmachen ist kein Rechtsmittel (BVerwG, DVBl 82, 1095), sondern dokumentiert den Fehler und hindert, dass er unbeachtlich wird. Die Erforderlichkeit, den Mangel geltend zu machen, folgt aus

dem Bedürfnis, ihn der Gemeinde bewusst zu machen, damit sie ihn beheben kann. Ist der Plan bzw. die Satzung schon bekannt gemacht, ist das aufwendig und je nach der Sachlage schwierig. Vor der Bekanntmachung gibt es kein rechtliches Hindernis, den als solchen erkannten Fehler zu beheben. Bis zur Klärung der Frage empfiehlt sich, einen vor der – ggf wiederholten – Bekanntmachung geltend gemachten Fehler danach noch einmal geltend zu machen.

7 **d) Schriftlich:** Schriftlich bedeutet Schriftform (BVerwG, BRS 57 Nr 51). Das kann auch zu Protokoll der Gemeinde sein oder in einem Schriftsatz in einem Verfahren, an welchem die Gemeinde beteiligt ist, zB in einem Widerspruchsverfahren. Autor des Geltendmachens kann nur ein anderer als die Gemeinde sein. Das ergibt sich daraus, dass der Fehler „gegenüber der Gemeinde" geltend zu machen ist.

8 **e) Adressat: die Gemeinde:** Adressat des Geltendmachens muss die Gemeinde sein. Das Schriftstück muss bei der Gemeinde innerhalb der Frist eingegangen sein. Den Mangel gegenüber der Aufsichtsbehörde oder in der Presse geltend zu machen genügt den Anforderungen auch dann nicht, wenn das Schriftstück oder eine Ausgabe des Printmediums bei der Gemeinde eingeht, zB mit der Aufforderung, Stellung zu nehmen.

9 **f) darlegen:** Darlegen bedeutet, *erstens* den Sachverhalt zu bezeichnen und *zweitens* zu erklären, dass dieser Sachverhalt einen Fehler des Plans bzw der Satzung darstelle. Die – hohen – prozessrechtlichen Anforderungen an die Darlegung gelten nicht und sind auch nicht nutzbar zu machen. Es muss für die Gemeinde erkennbar sein, welcher Umstand zu welchem Plan bzw. welcher Satzung fehlerhaft sei und dass es sich aus der Sicht des Darlegenden um einen Fehler dieses Plans bzw. dieser Satzung handelt.

10 **g) Wirkung inter omnes:** Ist der Mangel wirksam und fristgerecht geltend gemacht, wirkt die Geltendmachung inter omnes (BVerwG, BRS 39 Nr 28). Jeder, der ein berechtigtes Interesse hieran hat, hat einen Anspruch gegen die Gemeinde, ihm Auskunft darüber zu erteilen, ob dieser konkrete Mangel geltend gemacht ist.

§ 215a (weggefallen)

§ 216 Aufgaben im Genehmigungsverfahren

Die Verpflichtung der für das Genehmigungsverfahren zuständigen Behörde, die Einhaltung der Vorschriften zu prüfen, deren Verletzung sich nach den §§ 214 und 215 auf die Rechtswirksamkeit eines Flächennutzungsplans oder einer Satzung nicht auswirkt, bleibt unberührt.

Diese an sich überflüssige Vorschrift hat die Novelle 2004 unverändert belassen, um zu vermeiden, dass man im Umkehrschluss annehmen könne, das Gesetz regele nunmehr das Gegenteil (Bericht der unabhängigen Expertenkommission unter dem Vorsitz von Herrn Dr. Gaentzsch Rn 155, erhältlich beim Fraunhofer Informationszentrum für Raum und Bau IRB, Nobelstraße 12, 70569 Stuttgart). Die Genehmigungsbedürftigkeit eines Plans oder einer Satzung ist vorbeugende administrative Normenkontrolle, die alle Fehler umfasst, eingeschlossen diejenigen, die später die Wirksamkeit des in Kraft getretenen Plans bzw. der in Kraft getretenen Satzung –

im Planerhaltungsinteresse – nicht mehr beeinflussen. Der Erfolg der Verpflichtungsklage der Gemeinde auf Erteilung der Genehmigung hängt davon ab, ob der Plan bzw. die Satzung insgesamt fehlerlos ist.

Dritter Teil
Verfahren vor den Kammern (Senaten) für Baulandsachen

§ 217 Antrag auf gerichtliche Entscheidung

(1) Verwaltungsakte nach dem Vierten und Fünften Teil des Ersten Kapitels sowie nach den §§ 18, 28 Abs. 3, 4 und 6, den §§ 39 bis 44, § 126 Abs. 2, § 150 Abs. 2, § 181, § 209 Abs. 2 oder § 210 Abs. 2 können nur durch Antrag auf gerichtliche Entscheidung angefochten werden. Satz 1 ist auch anzuwenden auf andere Verwaltungsakte auf Grund dieses Gesetzbuchs, für die die Anwendung des Zweiten Abschnitts des Fünften Teils des Ersten Kapitels vorgeschrieben ist oder die in einem Verfahren nach dem Vierten oder Fünften Teil des Ersten Kapitels erlassen werden, sowie auf Streitigkeiten über die Höhe der Geldentschädigung nach § 190 in Verbindung mit § 88 Nr. 7 und § 89 Abs. 2 des Flurbereinigungsgesetzes. Mit dem Antrag auf gerichtliche Entscheidung kann auch die Verurteilung zum Erlass eines Verwaltungsakts oder zu einer sonstigen Leistung sowie eine Feststellung begehrt werden. Über den Antrag entscheidet das Landgericht, Kammer für Baulandsachen.

(2) Der Antrag ist binnen eines Monats seit der Zustellung des Verwaltungsakts bei der Stelle einzureichen, die den Verwaltungsakt erlassen hat. Ist die ortsübliche Bekanntmachung des Verwaltungsakts vorgeschrieben, so ist der Antrag binnen sechs Wochen seit der Bekanntmachung einzureichen. Hat ein Vorverfahren (§212) stattgefunden, so beginnt die in Satz 1 bestimmte Frist mit der Zustellung des Bescheids, der das Vorverfahren beendet hat.

(3) Der Antrag muss den Verwaltungsakt bezeichnen, gegen den er sich richtet. Er soll die Erklärung, inwieweit der Verwaltungsakt angefochten wird, und einen bestimmten Antrag enthalten. Er soll die Gründe sowie die Tatsachen und Beweismittel angeben, die zur Rechtfertigung des Antrags dienen.

(4) Die Stelle, die den Verwaltungsakt erlassen hat, hat den Antrag mit ihren Akten unverzüglich dem zuständigen Landgericht vorzulegen. Ist das Verfahren vor der Stelle noch nicht abgeschlossen, so sind statt der Akten Abschriften der bedeutsamen Aktenstücke vorzulegen.

§ 217 Drittes Kapitel. Dritter Teil.

Gesamtübersicht

	Rn		Rn
I. Sachliche Zuständigkeit der Baulandgerichte	1	II. Antragsbegehren und Antragsbefugnis	4
1. Enumerative Aufzählung der Baulandsachen (Abs 1)	1	III. Rechtsfolgen des Antrages	6
2. Zuständigkeit kraft Sachzusammenhangs	3	IV. Antragsfrist, Form und Inhalt des Antrages	7
		V. Verfahren nach Einreichen des Antrages	11

I. Sachliche Zuständigkeit der Baulandgerichte

1. Enumerative Aufzählung der Baulandsachen (Abs 1)

1 In die Zuständigkeit **Baulandkammern** fallen alle Verwaltungsakte in Umlegungs-, Grenzregelungs- und Enteignungsverfahren, unabhängig davon, ob der betreffende Verwaltungsakt die Entschädigung regelt. Verwaltungsakte, die im Zusammenhang mit Maßnahmen nach den in § 217 Abs 2 Satz 1 aufgeführten Vorschriften geregelt sind, beziehen sich auf folgende Normen: § 18 (Veränderungssperre), § 28 Abs 3, Abs 4 und 6 (Ausübung des Vorkaufsrechts der Gemeinde), § 39–44 (Änderung, Ergänzung oder Aufhebung eines BPls), § 126 Abs 2 (Anbringen von Haltevorrichtungen und Leitungen für Beleuchtungskörper etc im Rahmen der Erschließung), § 150 Abs 2 (Änderung von Einrichtungen, die der Versorgung dienen), § 181 (Werteausgleich), § 209 Abs 2 (Vorarbeiten auf Grundstücken zur Vorbereitung von Maßnahmen nach diesem Gesetz) und § 210 Abs 2 (Entschädigung und Wiedereinsetzung in den vorigen Stand statt Änderung des neuen Rechtszustands).

2 Im Hinblick auf das gemeindliche **Vorkaufsrecht** ist wie folgt zu unterscheiden: Nur die in § 217 Abs 1 Satz 1 ausdrücklich genannten Verwaltungsakte, § 28 Abs 2, Abs 4 und 6 sind mit dem Antrag auf gerichtliche Entscheidung vor der Baulandkammer anfechtbar (OLGR Hamburg 2001, 479). Für Verwaltungsakte nach § 28 Abs 2 bleibt es aufgrund des Wortlauts hingegen beim Verwaltungsrechtsweg (OVG Münster NJW 1981, 1467; OVG Lüneburg BRS 36 Nr 120). Der Zuständigkeitsbereich der Baulandgerichte erstreckt sich nach § 217 Abs 1 Satz 2 auf alle Verwaltungsakte nach dem BauGB, für die Anwendung des Entschädigungsabschnitts im Enteignungsteil (§ 93–103) vorgeschrieben ist, sowie zB § 176 Abs 5 iVm § 43 Abs 2 (Baugebot) und § 179 Abs 3 iVm § 42 Abs 2 (Abbruchgebot). Schließlich werden von der Zuständigkeitsregel erfasst und der Kammer für Baulandsachen zugewiesen ua die Entziehung des Eigentums, die der Eigentümer verlangen kann, wenn die Gemeinde die Genehmigung eines nach § 144 genehmigungspflichtigen Vorhabens nicht erteilt sowie der Streit über die Höhe der Geldentschädigung im Rahmen der Flurbereinigung (§§ 88 Nr 7, 89 Abs 2 FlurbG).

2. Zuständigkeit kraft Sachzusammenhangs

3 Obwohl die Zuständigkeiten der Kammer für Baulandsachen enumerativ aufgezählt sind, ist die Erweiterung der Zuständigkeitsregelung um diejenigen Verwaltungsakte, die im rechtlichen oder tatsächlichen Zusammenhang mit den zu den Baulandsachen zugewiesenen Gegenständen stehen, anerkannt (BK, 3. Aufl, § 217

Rn 6; KK, § 217 Rn 12; BKL, § 217 Rn 4). Der BGH hat dies ua entschieden für den Entschädigungsanspruch aus enteignungsgleichen Eingriffen wegen rechtswidrig erteilten gemeindlichen Einvernehmens (BGHZ 99, 262) und den Übernahmeanspruch nach dem Saarländischen Straßengesetz (BGH WM 1991, 336). Insofern besteht die Zuständigkeit der Baulandgerichte **kraft Sachzusammenhangs**.

II. Antragsbegehren und Antragsbefugnis

Nach § 217 Abs 1 Satz 1 können die dort genannten Verwaltungsakte mit dem Antrag auf gerichtliche Entscheidung angefochten werden, dh der Antrag richtet sich auf die Änderung oder Aufhebung eines Verwaltungsakts. Weitere zulässige Antragsbegehren enthält § 217 Abs 1 Satz 3. Danach kann auch die Verurteilung zum Erlass eines Verwaltungsakts oder zu einer sonstigen Leistung sowie eine Feststellung begehrt werden. In der Rechtsprechung sind behandelt: Anträge auf Verpflichtung zum Erlass eines VA (OVG Lüneburg, NJW 1964, 687), Feststellungsanträge auf Bestehen oder Nichtbestehen eines Rechtsverhältnisses (BGH NJW 1977, 67; BVerwG NJW 1986, 2845), Leistungsanträge (BGHZ 86, 104), Untätigkeitsanträge (BGH NJW 1966, 1267), Anträge auf Aufhebung der Vollstreckung eines Verwaltungsakts (BGH NJW 1975, 829; LG Darmstadt NVwZ 1982, 525). Unzulässig ist dagegen eine „Widerklage" des entschädigungspflichtigen Enteignungsbegünstigten nach Ablauf der Antragsfrist (BGHZ 155, 27 = NVwZ 2003, 1546).

Das Recht, den Antrag auf gerichtliche Entscheidung zu stellen, steht jeder natürlichen oder juristischen Person (auch des öffentlichen Rechts) zu, die geltend machen kann, durch einen Verwaltungsakt, durch seine Ablehnung oder Unterlassung, oder durch die Untätigkeit in ihren Rechten verletzt zu sein (BK, 3. Aufl, § 217 Rn ; KK, § 217 Rn 15).

III. Rechtsfolgen des Antrages

Der Antrag auf gerichtliche Entscheidung wird nicht erst mit der Zustellung, sondern entsprechend §§ 81, 90 VwGO bereits mit Eingang des Antrages bei der Baulandkammer rechtshängig (BGH BRS 19 Nr 159). Der Antrag zeigt **aufschiebende Wirkung**, dh die Einreichung des Antrags hindert den Eintritt der Rechtswirkung der Unanfechtbarkeit des Verwaltungsaktes und damit im Regelfall den Vollzug. Ausnahmen vom Suspensiv-Effekt gelten bei der Anfechtung einer vorzeitigen Besitzeinweisung nach § 77 oder § 116, eines Umlegungsbeschlusses (§ 47) und der Bekanntmachung der Unanfechtbarkeit des Umlegungsplanes (§ 71). Gemäß § 224 hat in diesen Fällen der Antrag keine aufschiebende Wirkung. Das Baulandgericht kann auf Antrag von der ihm nach § 224 iVm § 80 Abs 5 VwGO gegebenen Möglichkeit Gebrauch machen und die aufschiebende Wirkung ganz oder teilweise anordnen.

IV. Antragsfrist, Form und Inhalt des Antrages

Nach § 217 Abs 2 Satz 1 ist der Antrag binnen eines Monats seit der Zustellung des Verwaltungsakts bei der Stelle einzureichen, die den Verwaltungsakt erlassen hat. Der Antrag ist auch bei der Ausgangsbehörde einzureichen, wenn ein Widerspruchsverfahren vorausgegangen ist (vgl BGHZ 54, 364). Eine Ausnahme von diesem Grundsatz gilt dann, wenn ein Verfahrensbeteiligter durch den Widerspruchsbescheid erstmalig beschwert wird; in einem solchen Fall kann der Antrag

auf gerichtliche Entscheidung wirksam auch bei der Widerspruchsbehörde eingereicht werden (BGH NJW 1992, 2634). Sowohl Leistungs- als auch Feststellungsanträge können dagegen direkt bei Gericht eingereicht werden (BGHZ 86, 104).

8 Die Berechnung der Antragsfrist richtet sich nach § 222 ZPO iVm §§ 186 ff BGB. Eine Antragsfrist beginnt nicht zu laufen, wenn die Zustellung oder die ortsübliche Bekanntmachung nach den landes- oder gemeinderechtlichen Vorschriften nicht wirksam vorgenommen worden ist (OLG Stuttgart NVwZ 1994, 518 mwN). Das gänzliche Fehlen und die Unrichtigkeit einer Rechtsmittelbelehrung hindert den Fristablauf grds nicht (OLG Karlsruhe MdR 1976, 498; OLG München NVwZ 1988, 1069; BGH DVBl 1999, 777; OLG Hamm NVwZ 2000, 114). Doch wird eine fehlende oder fehlerhafte Rechtsmittelbelehrung ein Grund sein, nach § 218 wegen Versäumnis der Antragsfrist Wiedereinsetzung in den vorigen Stand zu gewähren.

9 Der Antrag bedarf der Schriftform. Er kann deshalb auch durch Telefax (BGH NJW 1998, 262; BVerfG NJW 1996, 2857), mittels Btx (BVerwG NJW 1995, 2121) oder durch sog Computerfax im Wege der elektronischen Übertragung einer Textdatei mit eingescannter Unterschrift auf ein Faxgerät (GmS-OGB, NJW 2000, 2340) eingelegt werden. Der Inhalt ergibt sich aus § 217 Abs 3, der im Wesentlichen § 82 Abs 1 VwGO entspricht.

10 Gemäß § 292 Abs 3 Satz 2 iVm § 78 ZPO besteht **Anwaltszwang** nur für Beteiligte, die Anträge in der Hauptsache stellen. Der Antrag auf gerichtliche Entscheidung selbst ist noch kein dem Anwaltszwang unterliegender Sachantrag (BGHZ 41, 183).

V. Verfahren nach Einreichen des Antrages

11 Die Behörde hat den Antrag unverzüglich mit den Akten dem zuständigen Baulandgericht vorzulegen. Unverzüglich heißt, ohne schuldhaftes Zögern, § 121 Abs 1 Satz 1 BGB. Die Behörde ist jedoch nicht gehindert, den Verwaltungsakt aufgrund des Antrages auf gerichtliche Entscheidung abzuändern (BGH BRS 19 Nr 121). Mit den Akten sind die Unterlagen gemeint, die für die Entscheidung über den Antrag rechtserheblich sind. Im Einvernehmen mit dem Antragsteller ist zu vereinbaren, von einer kurzfristigen Vorlage an die Baulandkammer abzusehen.

§ 218 Wiedereinsetzung in den vorigen Stand

(1) War ein Beteiligter ohne Verschulden verhindert, die Frist nach § 217 Abs. 2 einzuhalten, so ist ihm auf Antrag vom Landgericht, Kammer für Baulandsachen, Wiedereinsetzung in den vorigen Stand zu gewähren, wenn er den Antrag auf gerichtliche Entscheidung binnen zwei Wochen nach Beseitigung des Hindernisses einreicht und die Tatsachen, die die Wiedereinsetzung begründen, glaubhaft macht. Gegen die Entscheidung über den Antrag findet die sofortige Beschwerde an das Oberlandesgericht, Senat für Baulandsachen, statt. Nach Ablauf eines Jahres, vom Ende der versäumten Frist an gerechnet, kann die Wiedereinsetzung nicht mehr beantragt werden.

(2) Ist der angefochtene Verwaltungsakt ein Enteig- nungsbeschluss und ist der bisherige Rechtszustand bereits durch den neuen Rechtszustand ersetzt (§117 Abs. 5), so kann das Gericht im Falle der Wiedereinsetzung den Enteignungsbeschluss nicht aufheben und hinsichtlich des Gegenstands der Enteignung oder der Art der Entschädigung nicht ändern.

Gesamtübersicht

	Rn		Rn
I. Inhalt und Regelungsbereitschaft	1	III. Entscheidung über den Wiedereinsetzungsantrag	4
II. Voraussetzung der Wiedereinsetzung	2		

I. Inhalt und Regelungsbereitschaft

§ 218 gibt dem Beteiligten, der die Frist des § 217 Abs 2 ohne Verschulden versäumt hat, unter den genannten Voraussetzungen einen Anspruch auf Wiedereinsetzung in den vorigen Stand. § 218 gilt nicht für die Versäumung der Berufungs- und Revisionsfrist. Hierfür gelten ausschließlich die §§ 233–238 ZPO iVm § 221 Abs 1. Die Regelung ist weiterhin abzugrenzen von § 210, der die Wiedereinsetzung in dem Verwaltungsverfahren regelt.

II. Voraussetzung der Wiedereinsetzung

Die Wiedereinsetzung in den vorigen Stand setzt voraus, dass der Beteiligte ohne Verschulden verhindert war, die Frist des § 217 Abs 2 einzuhalten. Die Regelung entspricht § 60 VwGO bzw § 233 ZPO. Das Verschulden eines Bevollmächtigten oder gesetzlichen Vertreters wird dem durch diese Vertretung Beteiligten wie eigenes Verschulden zugerechnet (BVerfG NJW 1982, 2425). Zur Rechtsprechung des BGH zur Wiedereinsetzung in den vorigen Stand s von Pentz, NJW 2003, 858; Müller, NJW 2000, 322. Eine erschöpfende Darstellung aller Einzelfälle ist an dieser Stelle nicht möglich (vgl daher: Kopp/Schenke, § 60 VwGO Rn 9–23; Zöller, § 233 ZPO Rn 23).

Die Wiedereinsetzung wird im Unterschied zu § 210 iVm § 32 Abs 2 Satz 4 VwVfG nur auf Antrag gewährt. Dieser muss binnen zwei Wochen nach dem Wegfall des Hindernisses bei der Behörde eingereicht werden, die den Verwaltungsakt erlassen hat. Gleichzeitig sind die Tatsachen, welche die Wiedereinsetzung begründen sollen, glaubhaft zu machen (§ 294 ZPO).

III. Entscheidung über den Wiedereinsetzungsantrag

Über den Wiedereinsetzungsantrag kann durch Urteil sowie durch Beschluss entschieden werden, § 221 Abs 1 Satz 1 iVm § 238 ZPO oder § 218 Abs 1 Satz 2. § 218 Abs 2 enthält aus Gründen der Rechtssicherheit eine Sonderregelung für die Wiedereinsetzung gegenüber Enteignungsbeschlüssen. Die Entscheidungsbefugnis des Gerichts (§ 226) ist dahingehend eingeschränkt, dass das Gericht den Enteignungsbeschluss nicht aufheben und auch nicht hinsichtlich des Gegenstandes der Enteignung und der Art der Entschädigung entscheiden kann, sofern mit dem in der

Ausführungsanordnung festgesetzten Tag der bisherige Rechtszustand durch den im Enteignungsbeschluss angeordneten Rechtszustand ersetzt ist (§ 117 Abs 5). Nach dem klaren Wortlaut gilt die Einschränkung des § 218 Abs 2 nur für Verwaltungsakte in Umlegungsverfahren.

§ 219 Örtliche Zuständigkeit der Landgerichte

(1) Örtlich zuständig ist das Landgericht, in dessen Bezirk die Stelle, die den Verwaltungsakt erlassen hat, ihren Sitz hat.

(2) Die Landesregierungen können durch Rechtsverordnung die Verhandlung und Entscheidung über Anträge auf gerichtliche Entscheidung einem Landgericht für die Bezirke mehrerer Landgerichte zuweisen, wenn die Zusammenfassung für eine Förderung oder schnellere Erledigung der Verfahren sachdienlich ist. Die Landesregierungen können diese Ermächtigung auf die Landesjustizverwaltungen übertragen.

I. Gesetzlicher Grundsatz (Abs 1)

1 Abs 1 bestimmt die ausschließliche, also nicht durch Vereinbarung abänderbare, örtliche Zuständigkeit der Kammern für Baulandsachen. Der Sitz der Widerspruchsbehörde ist für die örtliche Zuständigkeit der Baulandkammer grds ohne Bedeutung (BK, 3. Aufl, § 219 Rn 1). Wird jedoch ein Verfahrensbeteiligter durch einen Widerspruchsbescheid erstmalig beschwert, so ist für seinen Antrag auf gerichtliche Entscheidung nach Auffassung des BGH in jedem Falle das Baulandgericht nach § 219 Abs 1 örtlich zuständig, in dessen Bezirk die Behörde ihren Sitz hat, deren Bescheid ganz oder teilweise unmittelbar Gegenstand der Anfechtung ist (BGH NJW 1992, 2638; vgl LG Bremen NdsRpfl 2004, 76). Entscheidet statt der Baulandkammer eine Zivilkammer, liegt darin ein Verfahrensmangel. Auf die Geltendmachung dieses Verfahrensmangels kann jedoch wirksam nach § 295 ZPO iVm § 221 Abs 1 Satz 1 BauGB verzichtet werden (BGHZ 40, 148).

II. Landesrechtliche Sonderregelung

2 Abs 2 ermächtigt die Landesregierungen und über diese die Justizverwaltung, die örtliche Zuständigkeit in Baulandsachen auf ein Landgericht zu konzentrieren (Piekenbrock, BauR, 2000, 542). Hiervon haben mit Ausnahme der Stadtstaaten die Länder durchweg Gebrauch gemacht (zur Verfassungsmäßigkeit der Regelung BVerfGE 4, 387 (408)).

§ 220 Zusammensetzung der Kammern für Baulandsachen

(1) Bei den Landgerichten werden eine oder mehrere Kammern für Baulandsachen gebildet. Die Kammer für Baulandsachen entscheidet in der Besetzung mit zwei Richtern des Landgerichts einschließlich des Vorsitzenden sowie einem hauptamtlichen Richter eines Verwaltungsgerichts. Die Vorschriften über den Einzelrichter sind nicht anzuwenden.

(2) Die Richter der Verwaltungsgerichte unddiefürden Fall ihrer Verhinderung erforderlichen Vertreter werden von der für die Verwaltungsgerichtsbarkeit zuständigen Obersten Landesbehörde auf die Dauer von drei Jahren bestellt.

I. Baulandkammer als Spruchkörper der Landgerichte

Die Vorschrift regelt die Zusammensetzung der Kammer für Baulandsachen, die nach § 217 sachlich zuständig sind. Die Baulandkammern werden mit einem Verwaltungsrichter besetzt, bei deren Entscheidung über die Rechtmäßigkeit der zu entschädigenden Maßnahmen die besonderen Kenntnisse und Erfahrungen der Verwaltungsgerichtsbarkeit zugute kommen sollen. Verfassungsrechtliche Bedenken, die atypisch besetzten Spruchkörper seien keine ordentlichen Gerichte iSv Art 14 Abs 3 Satz 4 GG, bestehen nicht (BVerfGE 4, 397). Zwischen Baulandkammer und Zivilkammern eines Gerichts wird weder nach § 17 GVG noch nach § 281 ZPO verwiesen. Die Akten werden durch prozessleitende Verfügungen in jeder Phase des Verfahrens abgegeben (BGHZ 40, 148; BGHZ 1, 249). Eine Verweisung wegen örtlicher Unzuständigkeit kommt dann nach § 281 ZPO in Betracht, wenn der Antrag vor einem Landgericht eingegangen sein sollte, bei dem nach § 219 Abs 2 keine Baulandkammer besteht. 1

II. Besetzung der Baulandkammer

Mit Rücksicht auf Art 14 Abs 3 Satz 4 GG müssen die Richter der ordentlichen Gerichtsbarkeit den Vorsitzenden stellen (BKL, § 220 Rn 3; EZB, § 220 Rn 4; aA: OLG Frankfurt DÖV 1973, 280). Abs 1 Satz 3 stellt klar, dass zur Förderung des Zusammenwirkens von Zivil- und Verwaltungsrichtern die Vorschriften über den Einzelrichter im Baulandverfahren nicht anwendbar sind. Unberührt bleibt die Befugnis der Baulandkammer bzw ihres Vorsitzenden, ein Mitglied der Kammer mit der Vorbereitung des Verhandlungstermins zu beauftragen (vgl § 273 ZPO) oder die Beweisaufnahme in gewissen Fällen einem Mitglied des Gerichts oder einem anderen Gericht zu übertragen (§ 355 ff ZPO; BGH NJW 1983, 1793). 2

§ 221 Allgemeine Verfahrensvorschriften

(1) In den Sachen, die auf Grund eines Antrags auf gerichtliche Entscheidung bei den Gerichten anhängig werden, sind die bei Klagen in bürgerlichen Rechtsstreitigkeiten geltenden Vorschriften entsprechend anzuwenden, soweit sich aus den §§ 217 bis 231 nichts anderes ergibt. § 227 Abs. 3 Satz 1 der Zivilprozessordnung ist nicht anzuwenden.
(2) Das Gericht kann auch von Amts wegen die Aufnahme von Beweisen anordnen und nach Anhörung der Beteiligten auch solche Tatsachen berücksichtigen, die von ihnen nicht vorgebracht worden sind.
(3) Sind gegen denselben Verwaltungsakt mehrere Anträge auf gerichtliche Entscheidung gestellt, so wird über sie gleichzeitig verhandelt und entschieden.
(4) Die Vorschriften über die Vorauszahlung der Gebühr für das Verfahren im Allgemeinen nach § 12 Abs. 1 Satz 1 und 2 des Gerichtskostengesetzes sind nicht anzuwenden.

Gesamtübersicht

	Rn		Rn
I. Entsprechende Anwendung der ZPO (Abs 1)	1	III. Gleichzeitige Verhandlung und Entscheidung (Abs 3)	3
II. Ermittlung des entscheidungserheblichen Sachverhalts (Abs 2)	2	IV. Vorschusspflicht (Abs 4)	4

I. Entsprechende Anwendung der ZPO (Abs 1)

1 Das BauGB enthält für das Verfahren vor Baulandgerichten eine Reihe von Sonderregelungen, die notwendig waren, um eine sachgerechte Entscheidung dieser öffentlich-rechtlichen Streitsachen durch die bei den Landgerichten gebildeten Baulandkammern, die bei den Oberlandesgerichten gebildeten Senate für Baulandsachen und den Bundesgerichtshof zu gewährleisten (vgl BVerfGE 4, 387 (408 f)). Es ist ausgeschlossen, im Rahmen dieser Kommentierung des BauGB alle Vorschriften der Zivilprozessordnung daraufhin zu untersuchen, ob und inwieweit sie neben den §§ 217–231 entsprechend herangezogen werden können. Einzelne Beispiele aus der Rechtsprechung sind: BGHZ 62, 93 (zu §§ 402 ZPO), BGHZ 61, 128 (zu §§ 263, 264 ZPO), BGH NVwZ 1991, 404 (zu § 287 ZPO), BGH BRS 45 Nr 229 (zu § 176 ZPO), OLG Hamm BRS 53 Nr 181 (zu § 148 ZPO); OLGR Karlsruhe 2004, 369 (zu § 531 ZPO).

II. Ermittlung des entscheidungserheblichen Sachverhalts (Abs 2)

2 Das Baugesetzbuch hat in § 221 Abs 2 die Formulierung des § 616 ZPO übernommen. Ob daraus geschlossen werden kann, dass die Anwendung des Untersuchungsgrundsatzes im gerichtlichen Ermessen steht (EZB, § 221 Rn 10; BKL, § 221 Rn 2) muss bezweifelt werden (BK, 3. Aufl, § 221 Rn 8). Vielmehr ist in der Vorschrift die Befugnis des Gerichts zu sehen, Ermittlungen anzustellen (Schrödter, § 221 Rn 7).

III. Gleichzeitige Verhandlung und Entscheidung (Abs 3)

3 Verwaltungsakte, die einem Bodenordnungsverfahren (Umlegung §§ 75–79) oder in einem Enteignungsverfahren (§§ 85–122) ergehen, betreffen meist mehrere Eigentümer oder sonstige Berechtigte. Um zu vermeiden, dass auf verschiedene Anträge hin sich widersprechende Entscheidungen ergehen, ordnet Abs 3 an, dass über mehrere Anträge gleichzeitig verhandelt und entschieden wird (BGH NJW 1992, 2636). Für eine besondere Prozessverbindung iSd § 147 ZPO ist wegen der gesetzlichen Verbindung kein Raum (OLG Schleswig NJW 1969, 1862). Teilurteile sind nur nach § 226 Abs 4 zulässig (OLG München BRS 26 Nr 163).

IV. Vorschusspflicht (Abs 4)

4 Nach Abs 4 entfällt die Vorschusspflicht für die Prozessgebühr (§ 65 GKG), nicht die Vorschusspflicht für Sachverständige und Zeugen (§ 68 GKG).

§ 222 Beteiligte

(1) Wer an dem Verfahren, in dem der Verwaltungsakt erlassen worden ist, Beteiligter war, ist auch in dem gerichtlichen Verfahren Beteiligter, wenn seine Rechte oder Pflichten durch die Entscheidung des Gerichts betroffen werden können. In dem gerichtlichen Verfahren ist auch die Stelle Beteiligte, die den Verwaltungsakt erlassen hat.
(2) Der Antrag auf gerichtliche Entscheidung ist den übrigen in Absatz 1 Satz 1 bezeichneten Beteiligten, soweit sie bekannt sind, zuzustellen.
(3) Auf die Beteiligten sind die für die Parteien geltenden Vorschriften der Zivilprozessordnung entsprechend anzuwenden. § 78 der Zivilprozessordnung gilt in dem Verfahren vor dem Landgericht und dem Oberlandesgericht nur für Beteiligte, die Anträge in der Hauptsache stellen.

I. Beteiligte, nicht Parteien

Im Baulandverfahren gibt es nur Beteiligte, keine Parteien. Selbst der Antragsteller ist, wie unmittelbar aus verschiedenen Bestimmungen hervorgeht, letztlich nur Beteiligter. Die Stelle, die den angefochtenen Verwaltungsakt erlassen hat, ist im gerichtlichen Verfahren immer beteiligt, sie ist auch rechtsmittelbefugt (BGH NJW 1975, 658; vgl BRS 26 Nr 160; BGH NJW 1992, 2636). Beteiligter ist zudem der, wer durch die Entscheidung des Gerichts in seinen Rechten und Pflichten betroffen werden kann (BGHZ 105, 386). Dabei kommt es nur auf den möglichen Ausgang des Verfahrens an. Die Erfolgsaussichten sind nicht zu prüfen (BGHZ 60, 34). Die Widerspruchsbehörde ist nur ausnahmsweise die Behörde, die den Verwaltungsakt erlassen hat und nur dann Beteiligte (BKL, § 222 Rn 2; BGH NJW 1968, 1107). Zu beteiligen ist die Widerspruchsbehörde nur, wenn sie den Verwaltungsakt nicht nur bestätigt, sondern inhaltlich abgeändert hat (BK, 3. Aufl, § 222 Rn 2). Zur Beteiligung der Gemeinde, sofern sie nicht Antragstellerin ist (BGHZ 50, 291); zur Beteiligung von Gläubigergrundpfandrechten (BGHZ 23, 377).

Die Rechtsstellung der Beteiligten bestimmt sich gem Abs 3 Satz 1 analog den für die Parteien geltenden Vorschriften der ZPO, soweit nicht Sondervorschriften aus den §§ 217–231 hervorgehen.

II. Anwaltszwang

Nur Beteiligte, die Anträge in der Hauptsache stellen, müssen durch Rechtsanwälte vertreten sein. Der Antrag auf gerichtliche Entscheidung selbst unterliegt nicht dem Anwaltszwang (BGHZ 41, 183), ebenso wenig der Antrag nach Lage der Akte zu entscheiden (KG NJW 1970, 614), die Kostenbeschwerde (OVG Koblenz NJW 1983, 2036), die Einwilligung in die Sprungrevision nach § 566 ZPO (BGH NJW 1975, 830) unterliegen ebenfalls nicht dem Anwaltszwang. Erledigungserklärungen nach § 91a ZPO (OLG München NJW 1968, 2065) sowie sofortige Beschwerde gegen den Beschluss eines Oberlandesgerichts (BGH NJW-RR 1994, 1021; BGH NVwZ 1995, 412) unterliegen dem Anwaltszwang.

§ 223 Anfechtung von Ermessensentscheidungen

Soweit die Stelle, die den Verwaltungsakt erlassen hat, ermächtigt ist, nach ihrem Ermessen zu handeln, kann der Antrag nur darauf gestützt werden, dass die Entscheidung rechtswidrig ist, weil die gesetzlichen Grenzen des Ermessens überschritten sind oder von dem Ermessen in einer dem Zweck der Ermächtigung nicht entsprechenden Weise Gebrauch gemacht worden ist. Dies gilt nicht, soweit in dem Verwaltungsakt über einen Anspruch auf eine Geldleistung entschieden worden ist.

I. Bedeutung der Vorschrift

1 Abweichend von den Regelungen der ZPO enthält § 223 für das baulandgerichtliche Verfahren die Regelung, in welchem Umfang die Baulandgerichte Ermessensentscheidungen überprüfen können. Der Gesetzgeber hat sich dabei fast wortgetreu an die entsprechende Regelung in § 114 VwGO gehalten, sodass die Kommentierungen zu dieser Vorschrift auch zur Auslegung des § 223 herangezogen werden können (hervorzuheben: Schoch/Schmidt-Aßmann/Pietzner, VwGO-Kommentar, § 114 Rn 1 ff).

II. Bedeutung des Ermessens in Baulandsachen

2 Negativ abzugrenzen vom Ermessen sind die unbestimmten Rechtsbegriffe wie „Wohl der Allgemeinheit" (§ 87 Abs 1) und „zwingende städtebauliche Gründe" (§ 88) im Tatbestand einer Norm. Unbestimmte Rechtsbegriffe räumen den Behörden kein Ermessen ein, sondern sind voll gerichtlich kontrollierbar, abgesehen von den anerkannten Einschätzungsprärogativen (vgl BVerwG NVwZ 1993, 677; BVerfGE 83, 130). Als Beispiel für Ermessensentscheidungen in Baulandsachen ist das Herausnehmen von Grundstücken aus dem Umlegungsgebiet (§ 52 Abs 2), die Wahl des Verteilungsmaßstabes (§ 56), die Aufrechterhaltung von Rechten an den zu enteignenden Grundstücken und die Einräumung gleicher Rechte (§ 97 Abs 1 und 2), die Festsetzung der Entschädigung in wiederkehrenden Leistungen (§ 99 Abs 1 Satz 2) oder die Ablehnung einer Rückenteignung (§ 102 Abs 4) zu nennen.

3 Soweit in Verwaltungsakten iSd § 217 Abs 1 über Ansprüche auf Geldleistung entschieden worden ist, die aus Rechtsverlusten und Wertminderungen erwachsen, folgt aus Art 14 Abs 3 Satz 3 GG, dass für Ermessensentscheidungen kein Raum ist. Dem folgend stellt Satz 2 klar, dass die Baulandgerichte die Höhe der Geldleistung voll nachprüfen und durch eine eigene Entscheidung ersetzen können.

§ 224 Entfall der aufschiebenden Wirkung im Umlegungsverfahren und bei vorzeitiger Besitzeinweisung

Der Antrag auf gerichtliche Entscheidung gegen
1. den Umlegungsbeschluss nach § 47 Abs. 1,
2. die Bekanntmachung der Unanfechtbarkeit des Umlegungsplans nach § 71 Abs. 1 sowie
3. die vorzeitige Besitzeinweisung nach § 77 oder § 116

hat keine aufschiebende Wirkung. § 80 Abs. 5 der Verwaltungsgerichtsordnung ist entsprechend anzuwenden.

I. Novelle 2004

Die Novelle bestimmt, dass nicht nur der Antrag auf gerichtliche Entscheidung gegen eine vorzeitige Besitzeinweisung (§ 77 und § 116) keine aufschiebende Wirkung hat, sondern nunmehr für den Antrag auf gerichtliche Entscheidung gegen den Umlegungsbeschluss nach § 47 Abs 1 und die Bekanntmachung der Unanfechtbarkeit des Umlegungsplans nach § 71 Abs 1 die aufschiebende Wirkung entfällt. Die Erweiterung soll die Umlegung erleichtern und beschleunigen. Mit der Bestimmung hat der Gesetzgeber eine der wichtigsten Rechtsfolgen eines Widerspruchs und (oder) Antrages auf gerichtliche Entscheidung, den Suspensiveffekt außer Kraft gesetzt. Gerechtfertigt soll diese für den Betroffenen nachhaltige Einschränkung der verfassungsrechtlichen Rechtsschutzgarantie (Art 19 Abs 4 GG) durch die im öffentlichen Interesse liegenden Notwendigkeit einer zügigen Einleitung und Durchführung des Umlegungs- oder Enteignungsverfahrens sein. Ein solcher Sachverhalt gestattet es ausnahmsweise, den Rechtsschutzanspruch des Grundrechtsträgers einstweilen zurückzustellen, um unaufschiebbare Maßnahmen im Interesse des Allgemeinwohls rechtzeitig in die Wege zu leiten (BVerfGE 35, 382 (402)). Im vereinfachten Umlegungsverfahren bleibt es bei der aufschiebenden Wirkung des Widerspruchs und des Antrags auf gerichtliche Entscheidung (Stock, ZfBR 2004, 536 (538)). 1

II. Anordnung der aufschiebenden Wirkung

Gemäß § 224 Satz 1 hat der Antrag auf gerichtliche Entscheidung gegen eine vorzeitige Besitzeinweisung keine aufschiebende Wirkung. Auf Antrag kann das Gericht der Hauptsache, in dringenden Fällen der Vorsitzende allein (§ 80 Abs 7 Satz 1 VwGO analog; EZB, § 224 Rn 15; aA: BK, 3. Aufl, § 224 Rn 9) durch **Beschluss** die aufschiebende Wirkung, wenn die vorzeitige Besitzeinweisung bereits vollzogen ist, anordnen oder die Aufhebung der Vollziehung (gem § 80 Abs 5 Satz 3 VwGO) anordnen. Der Entscheidung hat das Gericht die Interessen des Antragstellers sowie die Interessen betroffener Dritter und der Allgemeinheit gegeneinander abzuwägen. Es hat dabei auch absehbare Erfolgsaussichten in der Hauptsache zu berücksichtigen (BK, 3. Aufl, § 224 Rn 8; OLGR Hamm 2003, 89). 2

Die Rechtsprechung zu dem **Rechtsmittel** gegen einen Beschluss entsprechend § 80 Abs 5 VwGO ist noch uneinheitlich. Zum einen wird die sofortige Beschwerde gem §§ 67 Abs 1, 93 ZPO als zulässig angesehen (OLG Karlsruhe NVwZ 2001, 839; OLG Jena NVwZ 1998, 771; OLG Koblenz NVwZ 1984, 678). Andere Gerichte gewähren mit unterschiedlichen Modifikationen die einfache Beschwerde der ZPO, die jedoch durch die ZPO-Reform ab 01.01.2002 entfallen ist (OLG Stuttgart NVwZ 1989, 693). 3

§ 225 Vorzeitige Ausführungsanordnung

Ist nur noch die Höhe einer Geldentschädigung streitig, so kann das Gericht auf Antrag des Enteignungsbegüns-tigten beschließen, dass die Enteignungsbehörde die Ausführung des Enteignungsbeschlusses anzuordnen hat. In dem Beschluss kann bestimmt werden, dass der Enteignungsbegünstigte für den im Streit befindlichen Betrag Sicherheit zu leisten hat. Die Ausführungsanord-

nung darf erst ergehen, wenn der Enteignungsbegünstigte die festgesetzte Geldentschädigung gezahlt oder zulässigerweise unter Verzicht auf das Recht der Rücknahme hinterlegt hat.

Gesamtübersicht

	Rn		Rn
I. Bedeutung der Vorschrift	1	III. Rechtsschutz	3
II. Voraussetzungen der vorzeitigen Ausführungsanordnung	2		

I. Bedeutung der Vorschrift

1 Die Vorschrift dient der Ergänzung des § 117, wonach die Eigentumsübertragung durch Enteignung erst dann eintritt, wenn der Enteignungsbeschluss (§ 113) unanfechtbar geworden und die Ausführungsanordnung erlassen worden ist. Außer der vorzeitigen Besitzeinweisung nach § 116 sehen die Enteignungsbestimmungen keine weitere Möglichkeit für ein teilweises Inkraftsetzen des Enteignungsbeschlusses vor (anders bei der Umlegung, § 71 Abs 2). Hier greift § 225 ergänzend ein, indem das Gericht in einem Baulandprozess, in dem nur noch die Höhe einer Geldentschädigung streitig ist, beschließen kann, dass die Enteignungsbehörde die Ausführungsanordnung zu erlassen hat. Die Vorschrift findet auch Anwendung, wenn der Enteignungsbeschluss nach § 113 Abs 4 ergangen ist oder wenn die Vorabentscheidung gem § 112 Abs 2 angefochten wird (BK, 3. Aufl, § 225 Rn 3; EZB, § 225 Rn 3; BKL, § 225 Rn 1).

II. Voraussetzungen der vorzeitigen Ausführungsanordnung

2 Voraussetzung ist, dass nur noch die Höhe der Enteignungsentschädigung in Geld streitig ist. Unerheblich ist, wie der Antrag auf gerichtliche Entscheidung ursprünglich gefasst war. Dabei ist ein Antrag erforderlich, den nur der Enteignungsbegünstigte, nicht etwa ein anderer Beteiligter, auch nicht die Enteignungsbehörde, stellen kann (BK, 3. Aufl, § 225 Rn 4).

III. Rechtsschutz

3 Gegen die ablehnende Entscheidung der Baulandkammer steht dem Enteignungsbegünstigten, gegen die stattgebende Entscheidung dem Enteignungsbetroffenen in entsprechender Anwendung des § 793 ZPO die sofortige Beschwerde zu.

4 Wenn die Entscheidung vom Baulandsenat des Oberlandesgerichts oder dem Bundesgerichtshof erlassen wird, ist kein Rechtsmittel gegeben. **Rechtsbeschwerde** findet nur statt, wenn das Beschwerdegericht sie zugelassen hat (§ 574 Abs 1 Nr 2 ZPO; grundlegend: BGHR 2004, 1185 ff; BGHR 2003, 1104 = NJW 2003, 2991).

§ 226 Urteil

(1) Über den Antrag auf gerichtliche Entscheidung wird durch Urteil entschieden.

(2) Wird ein Antrag auf gerichtliche Entscheidung, der einen Anspruch auf eine Geldleistung betrifft, für begründet erachtet, so hat das Gericht den Verwaltungsakt zu ändern. Wird in anderen Fällen ein Antrag auf gerichtliche Entscheidung für begründet erachtet, so hat das Gericht den Verwaltungsakt aufzuheben und erforderlichenfalls auszusprechen, dass die Stelle, die den Verwaltungsakt erlassen hat, verpflichtet ist, in der Sache unter Beachtung der Rechtsauffassung des Gerichts anderweit zu entscheiden.

(3) Einen Enteignungsbeschluss kann das Gericht auch ändern, wenn der Antrag auf gerichtliche Entscheidung nicht einen Anspruch auf Geldleistung betrifft. Es darf in diesem Falle über den Antrag des Beteiligten hinaus, der den Antrag auf gerichtliche Entscheidung gestellt hat, den Enteignungsbeschluss auch ändern, soweit ein anderer Beteiligter es beantragt hat; dabei ist eine Änderung des Enteignungsbeschlusses zum Nachteil dessen, der den Antrag auf gerichtliche Entscheidung gestellt hat, nicht statthaft. Wird ein Enteignungsbeschluss geändert, so ist § 113 Abs. 2 entsprechend anzuwenden. Wird ein Enteignungsbeschluss aufgehoben oder hinsichtlich des Gegenstands der Enteignung geändert, so gibt das Gericht im Falle des § 113 Abs. 5 dem Vollstreckungsgericht von seinem Urteil Kenntnis.

(4) Ist von mehreren Anträgen nur der eine oder ist nur ein Teil eines Antrags zur Endentscheidung reif, so soll das Gericht hierüber ein Teilurteil nur erlassen, wenn es zur Beschleunigung des Verfahrens notwendig erscheint.

Gesamtübersicht

	Rn		Rn
I. Bedeutung der Vorschrift	1	III. Erlass eines Teilurteils oder Zwischenurteils	4
II. Inhalt der Sachentscheidung	2	IV. Kostenentscheidung und vorläufige Vollstreckbarkeit	6

I. Bedeutung der Vorschrift

Über den Antrag auf gerichtliche Entscheidung wird nach Abs 1 durch Urteil entschieden, auf das nach der allgemeinen Verweisungsbestimmung des § 221 Abs 1 die bei Klagen in bürgerlichen Rechtsstreitigkeiten geltenden Vorschriften entsprechend anzuwenden sind, soweit sich aus den §§ 217–231 nichts anderes ergibt. Sondervorschriften enthält das BauGB vor allem für den Inhalt der Sachentscheidung, für den Erlass von Teilurteilen und für die Kostenentscheidung. Hieraus ergeben sich auch abweichende Regelungen zur vorläufigen Vollstreckbarkeit.

II. Inhalt der Sachentscheidung

Bei der Entscheidung über einen Antrag, indem es um die Zulässigkeit der Enteignung geht, ist im Urteil der Sach- und Streitstand der letzten mündlichen Verhand-

lung maßgebend (BGH NJW 1966, 2012; BGHZ 48, 286). Das Gericht kann ein Aufhebungs- oder Bescheidungsurteil aussprechen (Abs 2 Satz 2). Bei Streitigkeiten über Geldleistungen kann das Gericht den Verwaltungsakt abändern. Aus Abs 2 Satz 2 hat das Gericht auch die Befugnis, bei Spruchreife die Behörden zu verpflichten, eine bestimmte Maßnahme zu erlassen (BGHZ 54, 208; OVG Lüneburg NJW 1964, 687). Wenn sich der Verwaltungsakt erledigt hat, kann ein sog Feststellungsurteil ergehen (KG NJW 1970, 614).

3 Die auf Geldleistungen beschränkte Änderungsbefugnis erweitert Abs 3 für das Enteignungsverfahren auf den Enteignungsbeschluss überhaupt. Das Gericht kann zB den Ausspruch der Enteignung im Beschluss der Behörde bestehen lassen und nur die Höhe der Vorauszahlung ändern (BGH DVBl 1983, 1147 (1149)). Es ist an den Antrag des Antragstellers nicht gebunden.

III. Erlass eines Teilurteils oder Zwischenurteils

4 In § 301 ZPO wird der Erlass von Teilurteilen zur Pflicht gemacht, wenn von mehreren in einer Klage geltend gemachten Ansprüche nur der eine oder nur ein Teil des Anspruch zur Endentscheidung reif ist. Demgegenüber soll ein Teilurteil in Baulandsachen nur ergehen, wenn es zur Beschleunigung des Verfahrens notwendig erscheint (Abs 4). § 221 Abs 3 schreibt vor, dass über mehrere gegen denselben Verwaltungsakt gerichtete Anträge auf gerichtliche Entscheidung gleichzeitig verhandelt und entschieden werden soll. Ein Teilurteil kommt dann in Betracht, wenn die Enteignung mehrerer Grundstücke eines Eigentümers im Streit ist und die Rechtslage in Hinblick auf ein Grundstück als geklärt erscheint (vgl OLG München BRS 26 Nr 163).

5 Selbstständig anfechtbare Zwischenurteile (§§ 280, 304 ZPO) sind nur in der Einschränkung des Abs 4 zulässig (EZB, § 226 Rn 29).

IV. Kostenentscheidung und vorläufige Vollstreckbarkeit

6 Für die Kostenentscheidung in baulandgerichtlichen Urteilen gilt die Besonderheit des § 228. Die vorläufige Vollstreckbarkeit ist ausgeschlossen gem § 167 Abs 2 VwGO bezüglich der Sachentscheidungen, die Verwaltungsakte ganz oder teilweise aufheben oder abändern oder die eine Verpflichtung der Verwaltungsbehörde zum Anlass eines Verwaltungsakts aussprechen (BK, 3. Aufl, § 226 Rn 15; Schrödter, § 226 Rn 10; aA: BKL, § 26 Rn 10, der eine analoge Anwendung des § 167 Abs 2 VwGO ablehnt).

§ 227 Säumnis eines Beteiligten

(1) Erscheint der Beteiligte, der den Antrag auf gerichtliche Entscheidung gestellt hat, in einem Termin zur mündlichen Verhandlung, so kann auch dann mündlich verhandelt werden, wenn einer der anderen Beteiligten nicht erscheint. Über einen Antrag, den ein nicht erschienener Beteiligter in einer früheren mündlichen Verhandlung gestellt hat, kann nach Lage der Akten entschieden werden.

(2) Erscheint der Beteiligte, der den Antrag auf gerichtliche Entscheidung gestellt hat, in einem Termin zur mündlichen Verhandlung nicht, so kann jeder andere Beteiligte eine Entscheidung nach Lage der Akten beantragen.
(3) **Die §§ 332 bis 335, 336 Abs. 2 und § 337 der Zivilprozessordnung gelten entsprechend. Im Übrigen sind die Vorschriften über die Versäumnisurteile nicht anzuwenden.**

I. Bedeutung der Vorschrift

Die Vorschrift enthält das Verbot des Erlasses von Versäumnisurteilen. Der Erlass eines Versäumnisurteils würde dem öffentlichen Interesse an der objektiv richtigen Entscheidung von Baulandsachen widersprechen. Auch das Verwaltungsprozessrecht kennt keine Versäumnisurteile (Kopp/Schenke, VwGO, § 107 Rn 6). Der weitere Inhalt der Vorschrift des § 227 beschäftigt sich damit, die Vorschriften der §§ 330–347 ZPO, die außer dem Erlass von Versäumnisurteilen auch die Entscheidung nach Lage der Akten regeln, den Besonderheiten des Baulandprozesses anzupassen. 1

II. Verfahren bei Säumnis der Beteiligten

Erscheint zumindest einer der Beteiligten, die den Antrag gem § 217 gestellt haben, zur mündlichen Verhandlung, so kann mündlich verhandelt werden (Abs 1 Satz 1). Erscheint dagegen kein Beteiligter, der einen Antrag gestellt hat, zur mündlichen Verhandlung, so kann zwar nicht mündlich verhandelt werden, aber jeder andere erschienene Beteiligte kann eine Entscheidung nach Lage der Akten beantragen (Abs 2). Diesen Verfahrensantrag kann auch ein nicht anwaltlich vertretener Beteiligter stellen (KG, NJW 1970, 614). Bei Säumnis aller Beteiligten darf ein Urteil nur ergehen, wenn in einem früheren Termin vor der Instanz eine mündliche Verhandlung stattgefunden hat (BK, 3. Aufl, § 227 Rn 7; BKL, § 228 Rn 4). Daneben steht dem Gericht auch die Möglichkeit nach § 251a Abs 3 ZPO zur Verfügung. 2

§ 228 Kosten des Verfahrens

(1) **Soweit der Beteiligte obsiegt, der den Antrag auf gerichtliche Entscheidung gestellt hat, gilt, wenn keiner der Beteiligten dazu im Widerspruch stehende Anträge in der Hauptsache gestellt hat, bei Anwendung der Kostenbestimmungen der Zivilprozessordnung die Stelle, die den Verwaltungsakt erlassen hat, als unterliegende Partei.**
(2) **Über die Erstattung der Kosten eines Beteiligten, der zur Hauptsache keinen Antrag gestellt hat, entscheidet das Gericht auf Antrag des Beteiligten nach billigem Ermessen.**

Gesamtübersicht

	Rn		Rn
I. Grundlegendes	1	III. Festsetzung des Streitwerts	4
II. Festsetzung der Kosten eines sonstigen Beteiligten	3		

I. Grundlegendes

1 Anders als im Parteiverfahren der ZPO kann es in dem auf die Rechtmäßigkeit eines Verwaltungsakts ausgerichteten Baulandverfahren keine unterliegende Partei geben, wenn nur der Beteiligte, der den Antrag auf gerichtliche Entscheidung gestellt hat, obsiegt, die Behörde oder ein anderer Beteiligter jedoch keine dazu im Widerspruch stehenden Antrag gestellt hat. Um für diesen Fall einen Kostenpflichtigen zu haben, bestimmt Abs 1, dass die Stelle, die den Verwaltungsakt erlassen hat, bei Anwendung der Kostenbestimmungen der ZPO als unterliegende Partei gilt. Wird der Antrag auf gerichtliche Entscheidung vom Antragsteller zurückgenommen, so ist über die Kosten nach § 269 Abs 3 ZPO zu entscheiden. Zur Anwendung des § 91a ZPO (OLG München NJW 1968, 2046).

2 Bei der Frage, ob den obsiegenden Beteiligten die Kosten zu erstatten sind, die er im Verfahren vor der Verwaltungs- und der Widerspruchsbehörde aufwenden musste, ist zu unterscheiden zwischen den Kosten, die der öffentlichen Hand durch ein Umlegungs-, Grenzregelungs- oder Enteignungsverfahren entstanden sind, und den Kosten, die ein Beteiligter durch die Wahrnehmung seiner Rechte in einem solchen Verfahren hatte. Die erstgenannten Kosten können einem Beteiligten nicht auferlegt werden (BGHZ 31, 233). Für die Erstattung der weiteren Kosten gilt § 80 VwVfG bzw das entsprechende Landesrecht. Die gerichtliche Entscheidung hat auch über die Kosten des Vorverfahrens zu befinden (OLG München NVwZ-RR 2003, 78; OLG Stuttgart, JurBüro 1991, 84; BGHZ 28, 302; OLG Frankfurt, AnwBl 1977, 310; BK, 3. Aufl, § 228 Rn 3; EZB, § 228 Rn 5 mwN).

II. Festsetzung der Kosten eines sonstigen Beteiligten

3 Abs 2 ermächtigt das Gericht, im Urteil oder im Kostenbeschluss auf Antrag nach billigem Ermessen zu entscheiden, ob die Kosten eines Beteiligten, der keine Anträge zur Hauptsache gestellt hat, zu erstatten sind. Den entsprechenden Kostenantrag kann ein Beteiligter, der ohne Sachantrag am baulandgerichtlichen Verfahren teilnimmt, bis zum Schluss der letzten mündlichen Verhandlung stellen; ein späterer Kostenantrag ist unzulässig (OLG München BRS 34 Nr 116 = BauR 1974, 269).

III. Festsetzung des Streitwerts

4 Für die Kosten des Rechtsstreits ist der gem § 222 Abs 1 Satz 1, §§ 3 ff ZPO, 12 ff GKG, 33 ff RVG zu berechnende Streitwert maßgebend. Grundsätzlich ist der Streitwert in Baulandsachen entsprechend § 3 ZPO festzusetzen. Regelmäßig wird der Streitwert mit 20% des Wertes der zu enteignenden Fläche festgesetzt, für die eine Abfindung in Land begehrt wird (BGHZ 48, 200), in Besitzeinweisungsstreitigkeiten 20% des Gegenstandes, um dessen Besitz es geht (BGH NJW 1973, 2202; WM 1976, 669), im Umlegungsverfahren 20% des Wertes des Grund- und Bodens einschließlich Aufbauten (BGHZ 49, 317; BGHZ 51, 341), bei Streit um die Zuteilung aus dem Umlegungsplan 20% des Wertes des Grund und Bodens der eingeworfenen Fläche (BGH MDR 78, 648); Nachweise weiterer Rechtsprechung bei: EZB, § 228 Rn 37–44.

§ 229 Berufung, Beschwerde

(1) Über die Berufung und die Beschwerde entscheidet das Oberlandesgericht, Senat für Baulandsachen, in der Besetzung mit zwei Richtern des Oberlandesgerichts einschließlich des Vorsitzenden und einem hauptamtlichen Richter eines Oberverwaltungsgerichts. § 220 Abs. 1 Satz 3 und Abs. 2 gilt entsprechend.

(2) Die Landesregierungen können durch Rechtsverordnung die Verhandlung und Entscheidung über die Berufungen und Beschwerden gegen die Entscheidungen der Kammern für Baulandsachen einem Oberlandesgericht oder dem obersten Landesgericht für die Bezirke mehrerer Oberlandesgerichte zuweisen, wenn die Zusammenfassung für eine Förderung oder schnellere Erledigung der Verfahren sachdienlich ist. Die Landesregierungen können diese Ermächtigung durch Rechtsverordnung auf die Landesjustizverwaltungen übertragen.

Gesamtübersicht

	Rn		Rn
I. Berufung und Beschwerde	1	III. Ermächtigung zur Rechts-	
II. Besetzung der Baulandsenate	3	verordnung	4

I. Berufung und Beschwerde

Über das Rechtsmittel der Berufung entscheidet der beim OLG gebildete Senat für Baulandsachen. Die Berufung findet nach den entsprechenden zivilprozessualen Vorschriften (§§ 511–541 ZPO) gegen die von den Baulandkammern erlassenen Endurteile statt. Anders als für die Stellung des Antrags auf gerichtliche Entscheidung nach § 217 besteht für die Einlegung der Berufung Anwaltszwang (OLG Hamm NJW 1996, 601).

Abs 1 Satz 1 und § 218 Abs 1 stellen klar, dass die Baulandsenate auch über Beschwerden (§§ 567–577 ZPO) entscheiden (zur Neuordnung des Beschwerderechts: Hartmann, NJW 2001, 2977 ff).

II. Besetzung der Baulandsenate

Der Senat für Baulandsachen besteht seit der durch das Rechtspflegeentlastungsgesetz vom 11.01.1993 (BGBl I S 50) vorgenommene Änderung aus zwei Richtern des OLG einschließlich des Vorsitzenden sowie einem hauptamtlichen Richter des OVG (oder VGH). So ist sichergestellt, dass die Eigenschaft des Baulandsenats als ein Gericht der ordentlichen Gerichtsbarkeit iSd Art 14 Abs 3 Satz 4 GG gewährleistet ist. Die Vorschrift über den Einzelrichter ist nicht anwendbar. Wird hiergegen verstoßen, so ist eine Verfahrensrüge nach § 295 Abs 1 ZPO zu erheben (BGHZ 86, 104).

§ 231 Drittes Kapitel. Dritter Teil.

III. Ermächtigung zur Rechtsverordnung

4 Gemäß Abs 2 kann die Landesregierung durch Rechtsverordnung die „zentralen" Baulandgerichte bilden. Ist dies landesrechtlich umgesetzt, so kann gem § 519 Abs 1 ZPO iVm § 221 Abs 1 die Berufung fristwahrend auch nur bei diesem Gericht eingelegt werden (BGH NJW 2000, 1574).

§ 230 Revision

Über die Revision entscheidet der Bundesgerichtshof.

1 Zuständig für die Entscheidung über das Rechtsmittel der Revision in Baulandsachen ist der BGH (vgl BGH NJW 1967, 105). In die Zuständigkeit fällt auch die Entscheidung über eine Rechtsbeschwerde nach § 522 Abs 1 ZPO, wenn die Berufung als unzulässig verworfen wurde. Zur Anwendung des § 221 Abs 3 in der Revisionsinstanz (BGH NJW 1992, 2636). Am BGH ist kein besonderer Senat für Baulandsachen gebildet.

§ 231 Einigung

Einigen sich die Beteiligten während eines gerichtlichen Verfahrens, das eine Enteignung betrifft, so gelten die §§110 und 111 entsprechend. Das Gericht tritt an die Stelle der Enteignungsbehörde.

I. Bedeutung der Vorschrift

1 Die Möglichkeit der Einigung ist nur für das Enteignungsverfahren besonders geregelt. § 231 erklärt die im Enteignungsverfahren mögliche Einigung (§§ 110, 111) auf das Gerichtsverfahren für entsprechend anwendbar. Für Vergleiche in allen anderen Verfahren vor den Baulandgerichten gelten die allgemeinen Grundsätze.

II. Anforderungen an Einigung

2 Die Möglichkeit der Einigung iSd § 231 ist damit auf jene baulandgerichtlichen Verfahren beschränkt, die Enteignung iSd §§ 85 ff zum Gegenstand haben. Wie im Enteignungsverfahren ist auch vor den Baulandgerichten ein **gesondertes Entschädigungsfeststellungsverfahren** in entsprechender Anwendung des § 111 Satz 3 zulässig (BGH NJW 1986, 933). Gemäß § 231 iVm § 110 Abs 2 Satz 3 muss die Niederschrift von den Beteiligten unterschrieben werden. Die Ausfertigung des Sitzungsprotokolls ersetzt die Unterschrift nicht (hM: EZB, § 231 Rn 3; BKL, § 231 Rn 2; aA BK, 3. Aufl, § 231 Rn 3; BGH NJW 2003 757, hat die Frage offen gelassen). Die gerichtliche Einigung oder Teileinigung hat für diesen Fall dieselbe Wirkung wie vor der Enteignungsbehörde (§§ 110 Abs 3, 111 Satz 1, 3, 113 Abs 5, 117, 122 Abs 1 Nr 1). Ungeachtet dessen haben die Beteiligten die Möglichkeit, auf den Prozessvergleich als allgemeines Institut zur einvernehmlichen Beendigung eines gerichtlichen Verfahrens zurückzugreifen, wenn nicht nur eine Einigung iSd §§ 231, 110 getroffen werden soll, sondern ein umfassender **Prozessvergleich** geschlossen wird (BGH NJW 2003, 757).

Ein Baulandverfahren kann in den Fällen, in denen kein Enteignungsverfahren iSd 3
§ 85 ff im Streit ist, durch Prozessvergleich unmittelbar oder durch außergerichtlichen Vergleich iVm einer entsprechenden Prozesshandlung, ggf § 91a ZPO beendet werden. Für den außergerichtlichen Vergleich über den Gegenstand des Baulandverfahrens gelten die §§ 54 ff VwVfG.

§ 232 Weitere Zuständigkeit der Kammern (Senate) für Baulandsachen

Die Länder können durch Gesetz den Kammern und Senaten für Baulandsachen die Verhandlung und Entscheidung über Maßnahmen der Enteignung und enteignungsgleiche Eingriffe, die die in § 86 genannten Gegenstände betreffen und auf Landesrecht beruhen oder nach Landesrecht vorgenommen werden, und über Entschädigungsansprüche übertragen sowie die Vorschriften dieses Teils für anwendbar erklären.

§ 232 stellt klar, dass die Länder ermächtigt sind, den Baulandgerichten auf Lan- 1
desrecht beruhende oder nach Landesrecht vorgenommene Enteignungs- und Entschädigungsverfahren durch Gesetz zuzuweisen. Ihr Sinn ist, eine einheitliche Regelung des Rechtswegs in Enteignungssachen herbeizuführen, eine Verpflichtung für den Landesgesetzgeber hierzu besteht nicht.

Die Ermächtigung bezieht sich erstens auf Verhandlungen und Entscheidungen über 2
Maßnahmen der Enteignung und enteignungsgleiche Eingriffe, die die in § 96 genannten Gegenstände betreffen und auf Landesrecht beruhen, dh sich unmittelbar aus dem Enteignungs- oder zB Straßengesetz der Länder ergeben (OLG Hamm NVwZ 1998, 658). Zweitens bezieht sich die Ermächtigung auf Verhandlungen und Entscheidungen über Maßnahmen der Enteignung, die nach Landesrecht vorgenommen werden, die ihre materielle Rechtsgrundlage zunächst im Bundesrecht haben, bei denen das Enteignungsverfahren aber – wegen Fehlens eines allgemeinen Enteignungsgesetzes des Bundes- nach dem Enteignungsrecht des jeweiligen Landes durchgeführt wird (OLG Celle NuR 1999, 476; LG Hannover NdsVBl 1999, 118). Darüber hinaus gilt § 232 auch für Entschädigungsansprüche (BVerwG DVBl 1990, 362).

Viertes Kapitel
Überleitungs- und Schlussvorschriften

Erster Teil
Überleitungsvorschriften

§ 233 Allgemeine Überleitungsvorschriften

(1) Verfahren nach diesem Gesetz, die vor dem Inkrafttreten einer Gesetzesänderung förmlich eingeleitet worden sind, werden nach den bisher geltenden Rechtsvorschriften abgeschlossen, soweit nachfolgend nichts anderes bestimmt ist. Ist mit gesetzlich vorgeschriebenen einzelnen Schritten des Verfahrens noch nicht begonnen worden, können diese auch nach den Vorschriften dieses Gesetzes durchgeführt werden.

(2) Die Vorschriften des Dritten Kapitels Zweiter Teil Vierter Abschnitt zur Planerhaltung sind auch auf Flächennutzungspläne und Satzungen entsprechend anzuwenden, die auf der Grundlage bisheriger Fassungen dieses Gesetzes in Kraft getreten sind. Unbeschadet des Satzes 1 sind auf der Grundlage bisheriger Fassungen dieses Gesetzes unbeachtliche oder durch Fristablauf unbeachtliche Fehler bei der Aufstellung von Flächennutzungsplänen und Satzungen auch weiterhin für die Rechtswirksamkeit dieser Flächennutzungspläne und Satzungen unbeachtlich. Abweichend von Satz 1 sind für vor dem Inkrafttreten einer Gesetzesänderung in Kraft getretene Flächennutzungspläne und Satzungen die vor dem Inkrafttreten der Gesetzesänderung geltenden Vorschriften über die Geltendmachung der Verletzung von Verfahrens- und Formvorschriften, von Mängeln der Abwägung und von sonstigen Vorschriften einschließlich ihrer Fristen weiterhin anzuwenden.

(3) Auf der Grundlage bisheriger Fassungen dieses Gesetzes wirksame oder übergeleitete Pläne, Satzungen und Entscheidungen gelten fort.

I. Novelle 2004

§ 233 enthält die allgemeinen Grundsätze für die Überleitung von Verfahren nach dem BauGB auf den durch das EAG Bau zum 20.07.2004 neu geschaffenen Rechtszustand. Die für sämtliche Verfahren nach dem BauGB geltende Vorschrift des § 233 Abs 1 wird durch weitere Spezialregelungen in den folgenden Paragrafen ergänzt. Auf Verfahren nach § 19 BauGB 1998 ist die Überleitungsvorschrift nicht anwendbar (vgl BVerwG BRS 62 Nr 126). Das Baugenehmigungs- und das Bauordnungsverfahren gehören nicht zu den Verfahren nach § 233 Abs 1, weil sie landesrechtlich geregelt sind (VGH Mannheim BRS 60 Nr 140; OVG Münster BRS 62 Nr 113). 1

§ 234 Viertes Kapitel. Erster Teil.

II. Wichtigste Fallgruppen

2 Die praktisch wichtigste Fallgruppe für die Anwendung des § 233 Abs 1 ist das Verfahren zur **Aufstellung eines BPls**. Dieses Verfahren wird regelmäßig durch den Aufstellungsbeschluss nach § 2 Abs 1 Satz 2 eingeleitet; fehlt der Aufstellungsbeschluss, der bundesrechtlich für die Wirksamkeit des BPls nicht erforderlich ist (BVerwGE 79, 200 (204)), so kommt als förmliche Einleitung die frühzeitige Bürgerbeteiligung nach § 3 Abs 1 oder die öffentliche Auslegung des Planentwurfs nach § 3 Abs 2 in Betracht. Zu beachten sind hier jedoch die besonderen Regelungen der §§ 244 und 245.

3 Nach § 233 Abs 2 sind die Vorschriften der §§ 214–216 auch auf FPle und Satzungen anzuwenden, die auf der Grundlage bisheriger Fassungen dieses Gesetzes in Kraft getreten sind. Neu eingefügt ist der Zusatz, dass unbeschadet des Abs 2 Satz 1 auf der Grundlage bisheriger Fassungen dieses Gesetzes unbeachtliche oder durch Fristablauf unbeachtliche Fehler bei der Aufstellung von FPlen und Satzungen auch weiterhin für die Rechtswirksamkeit dieser FPle unbeachtlich sind. Weiterhin abweichend sind für vor dem Inkrafttreten der Gesetzesänderung in Kraft getretene FPle und Satzungen, die vor dem Inkrafttreten geltenden Vorschriften über die Geltendmachung der Verletzung von Verfahrens- und Formvorschriften, von Mängeln der Abwägung und von sonstigen Vorschriften einschließlich ihrer Fristen weiterhin anzuwenden. Der neu eingefügte Satz 3 macht deutlich, dass für den Fall, dass Fristen für die Geltendmachung von Fehlern nach bisherigem Recht noch nicht abgelaufen sind, sich die Frage, nach welchen Vorschriften die Geltendmachung zu erfolgen hat, nach dem bisherigen Recht beurteilt.

4 § 233 Abs 3 soll sicherstellen, dass wirksame oder übergeleitete Pläne, Satzungen und Entscheidungen weiterhin in Kraft bleiben.

§ 234 Überleitungsvorschriften für das Vorkaufsrecht

(1) Für das Vorkaufsrecht sind die jeweils zur Zeit des Verkaufsfalls geltenden städtebaurechtlichen Vorschriften anzuwenden.

(2) Satzungen, die auf Grund von § 25 des Bundes- baugesetzes erlassen worden sind, gelten als Satzungen nach § 25 Abs. 1 Satz 1 Nr. 2 weiter.

1 Nach Abs 1 sind auf das Vorkaufsrecht diejenigen städtebaulichen Vorschriften anzuwenden, die zur Zeit des Verkaufsfalls galten. Als Verkaufsfall ist der notarielle Abschluss des Kaufvertrages anzusehen, unabhängig davon, ob alle notwendigen zivil- und öffentlich-rechtlichen Genehmigungen bereits erteilt sind (BK, 3. Aufl, § 234 Rn 2).

§ 235 Überleitungsvorschriften für städtebauliche Sanierungs- und Entwicklungsmaßnahmen

(1) Auf städtebauliche Sanierungs- und Entwicklungsmaßnahmen, für die vor dem Inkrafttreten einer Gesetzesänderung nach den bisher geltenden Rechtsvorschriften der Beginn der vorbereitenden Untersuchungen oder der

Voruntersuchungen beschlossen worden ist, sind abweichend von §233 Abs. 1 die Vorschriften dieses Gesetzes anzuwenden; abgeschlossene Verfahrensschritte bleiben unberührt. Ist eine städtebauliche Entwicklungsmaßnahme jedoch vor dem 1. Juli 1987 förmlich festgelegt worden, sind die §§ 165 bis 171 in der bis zum 30. April 1993 geltenden Fassung weiter anzuwenden; wird zur zweckmäßigen Durchführung entsprechend den Zielen und Zwecken einer solchen Entwicklungsmaßnahme eine Änderung des Geltungsbereichs der Entwicklungsmaßnahmeverordnung erforderlich, ist § 53 in Verbindung mit § 1 des Städtebauförderungsgesetzes weiter anzuwenden.
(2) Ist eine städtebauliche Sanierungsmaßnahme vor dem 1. Januar 1998 förmlich festgelegt worden und ist nach der Sanierungssatzung nur die Genehmigungspflicht nach § 144 Abs. 2 in der bis zum 31. Dezember 1997 geltenden Fassung ausgeschlossen, bedarf eine Teilung auch weiterhin der schriftlichen Genehmigung der Gemeinde. Die Gemeinde hat dem Grundbuchamt Sanierungssatzungen im Sinne des Satzes 1 in entsprechender Anwendung des ab dem 1. Januar 1998 geltenden § 143 Abs. 2 Satz 1 bis 3 unverzüglich nachträglich mitzuteilen.
(3) In dem Gebiet, in dem das Grundgesetz schon vor dem 3. Oktober 1990 galt, ist § 141 Abs. 4 auf Beschlüsse über den Beginn der vorbereitenden Untersuchungen, die vor dem 1. Mai 1993 bekannt gemacht worden sind, nicht anzuwenden.

§ 235 hatte durch das BauROG 1998 einen völlig neuen Regelungsgehalt bekommen. § 235 enthält die Überleitungsvorschriften für städtebauliche Sanierungs- und Entwicklungsmaßnahmen. 1

§ 236 Überleitungsvorschriften für das Baugebot und die Erhaltung baulicher Anlagen

(1) § 176 Abs. 9 ist auf Enteignungsverfahren nach § 85 Abs. 1 Nr. 5 anzuwenden, wenn der Eigentümer die Verpflichtung aus einem Baugebot nicht erfüllt, das nach dem 31. Mai 1990 angeordnet worden ist.
(2) § 172 Abs. 1 Satz 4 bis 6 gilt nicht für die Bildung von Teil- und Wohnungseigentum, dessen Eintragung vor dem 26. Juni 1997 beantragt worden ist. Dies gilt auch, wenn ein Anspruch auf Bildung oder Übertragung von Teil- und Wohnungseigentum vor dem 26. Juni 1997 durch eine Vormerkung gesichert wurde. § 172 in der ab dem 1. Januar 1998 geltenden Fassung ist auch auf Satzungen, die vor dem 1. Januar 1998 ortsüblich bekannt gemacht worden sind, anzuwenden.

Abs 1 leitet § 176 Abs 9 über. § 176 Abs 9 Satz 1 betrifft die Feststellungswirkung des unanfechtbaren Baugebots für eine abschließende Enteignung. § 176 Abs 9 Satz 2 regelt, dass im Enteignungsverfahren Werterhöhungen unberücksichtigt bleiben, die nach Unanfechtbarkeit des Baugebots eingetreten sind. 1

2 Abs 2 leitet die Änderungen im Recht der Erhaltungssatzung über. Nach Abs 2 Satz 3 ist § 172 idF des BauGB 1998 auch auf Satzungen anzuwenden, die vor dem 01.01.1998 ortsüblich bekannt gemacht worden sind.

§ 237 (weggefallen)

§ 238 Überleitungsvorschrift für Entschädigungen

Wurde durch die Änderung des § 34 des Bundesbaugesetzes durch das Gesetz zur Änderung des Bundesbaugesetzes vom 18. August 1976 die bis dahin zulässige Nutzung eines Grundstücks aufgehoben oder wesentlich geändert, ist eine Entschädigung in entsprechender Anwendung der §§ 42, 43 Abs. 1, 2, 4 und 5 und des § 44 Abs. 1 Satz 2, Abs. 3 und 4 zu gewähren; dies gilt nicht, soweit in dem Zeitpunkt, in dem nach § 44 Abs. 3 bis 5 Entschädigung verlangt werden kann, eine entsprechende Aufhebung oder Änderung der zulässigen Nutzung auch nach § 34 des Bundesbaugesetzes in der bis zum 31. Dezember 1976 geltenden Fassung hätte eintreten können, ohne dass die Aufhebung oder Änderung nach § 44 des Bundesbaugesetzes in der bis zum 31. Dezember 1976 geltenden Fassung zu entschädigen gewesen wäre. Wird durch die Änderung des § 34 durch das Europarechtsanpassungsgesetz Bau vom 24. Juni 2004 die bis dahin zulässige Nutzung eines Grundstücks aufgehoben oder wesentlich geändert, ist Satz 1 entsprechend anzuwenden.

1 § 238 schreibt die Überleitungsvorschrift des Art 3 § 10 Abs 2 Satz 1 Änderungsgesetz BauGB 1976 fort und hat durch das EAG Bau die Änderung erfahren, dass Satzes 1 entsprechend anzuwenden ist, wenn durch die Änderung des § 34 durch das EAG Bau die bis dahin zulässige Nutzung eines Grundstücks ausgehoben oder wesentlich geändert wurde. Die Voraussetzungen des Entschädigungsanspruchs nach § 238 ergeben sich aus Satz 1 und der Verweisung auf § 42 und dessen tatbestandlichen Voraussetzungen (Gaentzsch, § 238 Rn 2).

§ 239 Überleitungsvorschrift für die Grenzregelung

Hat die Gemeinde den Beschluss über die Grenzregelung (§ 82 in der vor dem 20. Juli 2004 geltenden Fassung) vor dem 20. Juli 2004 gefasst, sind die Vorschriften des Zweiten Abschnitts des Vierten Teils des Ersten Kapitels in der vor dem 20. Juli 2004 geltenden Fassung weiterhin anzuwenden.

1 Die bisherige Überleitungsregelung des § 239 für die Bodenordnung wurde durch die Überleitungsregelung für die Grenzregelung ersetzt. Die Vorschrift ist im Interesse der Rechtssicherheit geboten. Es gelten die Vorschriften des 4. Teils des ersten Kapitels in der vor dem 20.07.2004 geltenden Fassung, wenn die Gemeinde den Beschluss über die Grenzregelung vor dem Termin gefasst hat.

§§ 240 und 241 (weggefallen)

§ 242 Überleitungsvorschriften für die Erschließung

(1) Für vorhandene Erschließungsanlagen, für die eine Beitragspflicht auf Grund der bis zum 29. Juni 1961 geltenden Vorschriften nicht entstehen konnte, kann auch nach diesem Gesetzbuch kein Beitrag erhoben werden.

(2) Soweit am 29. Juni 1961 zur Erfüllung von Anliegerbeitragspflichten langfristige Verträge oder sonstige Vereinbarungen, insbesondere über das Ansammeln von Mitteln für den Straßenbau in Straßen bau kassen oder auf Sonderkonten bestanden, können die Länder ihre Abwicklung durch Gesetz regeln.

(3) § 125 Abs. 3 ist auch auf Bebauungspläne anzuwenden, die vor dem 1. Juli 1987 in Kraft getreten sind.

(4) § 127 Abs. 2 Nr. 2 ist auch auf Verkehrsanlagen anzuwenden, die vor dem 1. Juli 1987 endgültig hergestellt worden sind. Ist vor dem 1. Juli 1987 eine Beitragspflicht nach Landesrecht entstanden, so verbleibt es dabei.

(5) Ist für einen Kinderspielplatz eine Beitragspflicht bereitsauf Grund der vor dem 1. Juli 1987 geltenden Vorschriften (§ 127 Abs. 2 Nr. 3 und 4 des Bundesbaugesetzes) entstanden, so verbleibt es dabei. Die Gemeinde soll von der Erhebung des Erschließungsbeitrags ganz oder teilweise absehen, wenn dies auf Grund der örtlichen Verhältnisse, insbesondere unter Berücksichtigung des Nutzens des Kinderspielplatzes für die Allgemeinheit, geboten ist. Satz 2 ist auch auf vor dem 1. Juli 1987 entstandene Beiträge anzuwenden, wenn

1. der Beitrag noch nicht entrichtet ist oder
2. er entrichtet worden ist, aber der Beitragsbescheid noch nicht unanfechtbar geworden ist.

(6) §128 Abs. 1 ist auch anzuwenden, wenn der Umlegungsplan (§ 66 des Bundesbaugesetzes) oder die Vorwegregelung (§ 76 des Bundesbaugesetzes) vor dem 1. Juli 1987 ortsüblich bekannt gemacht worden ist (§ 71 des Bundesbaugesetzes).

(7) Ist vor dem 1. Juli 1987 über die Stundung des Beitrags für landwirtschaftlich genutzte Grundstücke (§ 135 Abs. 4 des Bundesbaugesetzes) entschieden und ist die Entscheidung noch nicht unanfechtbar geworden, ist § 135 Abs. 4 dieses Gesetzbuchs anzuwenden.

(8) § 124 Abs. 2 Satz 2 ist auch auf Kostenvereinbarungen in Erschließungsverträgen anzuwenden, die vor dem 1. Mai 1993 geschlossen worden sind. Auf diese Verträge ist § 129 Abs. 1 Satz 3 weiterhin anzuwenden.

(9) Für Erschließungsanlagen oder Teile von Erschließungsanlagen in dem in Artikel 3 des Einigungsvertrags genannten Gebiet, die vor dem Wirksamwerden des Beitritts bereits hergestellt worden sind, kann nach diesem Gesetz ein Erschließungsbeitrag nicht erhoben werden. Bereits hergestellte Erschließungsanlagen oder Teile von Erschließungsanlagen sind die einem technischen Ausbauprogramm oder den örtlichen Ausbaugepflogenheiten entsprechend fertig gestellten Erschließungsanlagen oder Teile von Erschließungsanlagen. Leistungen, die Beitragspflichtige für die Herstellung von Erschließungsanla-

§ 242 Viertes Kapitel. Erster Teil.

gen oder Teilen von Erschließungsanlagen erbracht haben, sind auf den Erschließungsbeitrag anzurechnen. Die Landesregierungen werden ermächtigt, bei Bedarf Überleitungsregelungen durch Rechtsverordnung zu treffen.

I. Allgemeines

1 Die Überleitungsvorschrift gilt unverändert. Ziel des Gesetzgebers ist es, weitere Erschließungsanlagen beitragsfähig zu machen (Schrödter, § 242 Rn 1)

II. Die Überleitung im Einzelnen

2 Ausschließlich für die alten Bundesländer bestimmt Abs 1, dass für vorhandene Erschließungsanlagen, für die sachliche Beitragspflichten aufgrund der bis zum 29.06.1961 geltenden Vorschriften nicht entstehen konnten, auch nach dem BauGB keine Erschließungsbeiträge erhoben werden können. In den neuen Bundesländern tritt an die Stelle des Abs 1 der Abs 9 (OVG Greifswald SächsVBl 1998, 38).

3 Abs 2 enthält eine Ermächtigung an den Landesgesetzgeber zur Regelung der Abwicklung von Anzahlungsvereinbarungen für den Straßenbau, die unter dem vor Inkrafttreten des BBauG geltenden Recht verbreitet waren. Von dieser Ermächtigung hat lediglich das Land Berlin Gebrauch gemacht.

4 Abs 3 bestimmt, dass vor dem 14.06.1987 rechtswirksam gewordenen BPle keine weitergehende planungsrechtliche Bindung auslösen, als die nach diesem Zeitpunkt in Kraft getretenen.

5 Abs 4 und Abs 5 enthalten die Überleitungsvorschriften für unbefahrene Verkehrsanlagen und Kinderspielplätze.

6 Abs 6 enthält die komplementäre Regelung zur rückwirkenden Ermöglichung erschließungsbeitragspflichtiger Zuteilung in der Umlegung.

7 Abs 7 bestimmt, dass § 135 Abs 4 mit der Pflicht der zinslosen Stundung des Erschließungsbeitrages für landwirtschaftlich genutzte Grundstücke auch dann anzuwenden ist, wenn zwar über die Stundung bereits entschieden wurde, die Entscheidung aber noch nicht unanfechtbar geworden ist.

8 Abs 8 Satz 1 enthält eine eng begrenzte Überleitungsregelung für den Erschließungsvertrag, die vor dem Inkrafttreten des Investitionserleichterungs- und Wohnbaulandgesetzes abgeschlossen worden sind (sog Altverträge). Es bleibt hier bei der gemeindlichen Beteiligung von 10% des beitragsfähigen Erschließungsaufwandes (§ 129 Abs 1 Satz 3 ist weiterhin anzuwenden). Die angeordnete Rückwirkung begegnet keinen verfassungsrechtlichen Bedenken (BKL, § 242 Rn 10 mwN; vgl BVerwG NJW 1992, 1642).

§ 243 Überleitungsvorschriften für das Maßnahmengesetz zum Baugesetzbuch und das Bundesnaturschutzgesetz

(1) § 233 ist auf Verfahren, Pläne, Satzungen und Entscheidungen, die auf der Grundlage des Maßnahmengesetzes zum Baugesetzbuch eingeleitet, in Kraft getreten oder wirksam geworden sind, entsprechend anzuwenden.

(2) Bei Bauleitplanverfahren, die vor dem 1. Januar 1998 förmlich eingeleitet worden sind, kann die Eingriffsregelung nach dem Bundesnaturschutzgesetz in der bis zum 31. Dezember 1997 geltenden Fassung weiter angewendet werden.

Abs 1 tritt als Folge der Aufhebung des BauGBMaßnG an die Stelle und verweist auf die entsprechende Anwendung des § 233 BauGB. 1

Abs 2 gewährt den Gemeinden ein Wahlrecht, Bauleitplanverfahren, die vor dem 01.01.1998 förmlich eingeleitet worden sind, aber noch nicht abgeschlossen worden sind, nach unter Anwendung des § 8a BNatSchG zu Ende zu führen oder, falls die Neuregelung in Hinblick auf die zugelassenen Maßnahmen zum Ausgleich an anderer Stelle (§ 1a Abs 3 BauGB) günstiger ist, nach dem geltenden Recht durchzuführen. 2

§ 244 Überleitungsvorschriften für das Europarechtsanpassungsgesetz Bau

(1) Abweichend von § 233 Abs. 1 werden Verfahren für Bauleitpläne und Satzungen nach § 34 Abs. 4 Satz 1 und § 35 Abs. 6, die nach dem 20. Juli 2004 förmlich eingeleitet worden sind oder die nach dem 20. Juli 2006 abgeschlossen werden, nach den Vorschriften dieses Gesetzes zu Ende geführt.

(2) Abweichend von Absatz 1 finden auf Bebauungsplanverfahren, die in der Zeit vom 14. März 1999 bis zum 20. Juli 2004 förmlich eingeleitet worden sind und die vor dem 20. Juli 2006 abgeschlossen werden, die Vorschriften des Baugesetzbuchs in der vor dem 20. Juli 2004 geltenden Fassung weiterhin Anwendung. Ist mit gesetzlich vorgeschriebenen einzelnen Verfahrensschritten noch nicht begonnen worden, können diese auch nach den Vorschriften dieses Gesetzes durchgeführt werden.

(3) § 4 Abs. 3 und § 4c gelten nur für Bauleitpläne, die nach Absatz 1 oder 2 nach den Vorschriften dieses Gesetzes zu Ende geführt werden.

(4) § 5 Abs. 1 Satz 3 ist auf Flächennutzungspläne, die vor dem 20. Juli 2004 aufgestellt worden sind, erstmals ab 1. Januar 2010 anzuwenden.

(5) Die Gemeinden können Satzungen, die auf der Grundlage des § 19 in der vor dem 20. Juli 2004 geltenden Fassung erlassen worden sind, durch Satzung aufheben. Die Gemeinde hat diese Satzung ortsüblich bekannt zu machen; sie kann die Bekanntmachung auch in entsprechender Anwendung des § 10 Abs. 3 Satz 2 bis 5 vornehmen. Unbeschadet der Sätze 1 und 2 sind Satzungen auf der Grundlage des § 19 in der vor dem 20. Juli 2004 geltenden Fassung nicht mehr anzuwenden. Die Gemeinde hat auf die Nichtanwendbarkeit dieser Satzungen bis zum 31. Dezember 2004 durch ortsübliche Bekanntmachung hinzuweisen. Die Gemeinde hat das Grundbuchamt um Löschung eines von ihr nach § 20 Abs. 3 in der vor dem 20. Juli 2004 geltenden Fassung veranlassten Widerspruchs zu ersuchen.

(6) Für eine auf der Grundlage des § 22 in der vor dem 20. Juli 2004 geltenden Fassung wirksam erlassene Satzung bleibt § 22 in der vor dem 20. Juli 2004 geltenden Fassung bis zum 30. Juni 2005 weiterhin anwendbar. Auf die Satzung ist § 22 in der geltenden Fassung anzuwenden, wenn beim Grund-

§ 244 Viertes Kapitel. Erster Teil.

buchamt vor Ablauf des 30. Juni 2005 eine den Anforderungen des § 22 Abs. 2 Satz 3 und 4 entsprechende Mitteilung der Gemeinde eingegangen ist. Ist die Mitteilung hinsichtlich der Satzung nicht fristgerecht erfolgt, ist die Satzung auf die von ihr erfassten Vorgänge nicht mehr anzuwenden. Eine Aussetzung der Zeugniserteilung nach § 22 Abs. 6 Satz 3 in der vor dem 20. Juli 2004 geltenden Fassung ist längstens bis zum 30. Juni 2005 wirksam. Die Baugenehmigungsbehörde hat das Grundbuchamt um Löschung eines von ihr nach §20 Abs. 3 in der vor dem 20. Juli 2004 geltenden Fassung oder auf Grundlage von Satz 1 oder 4 in Verbindung mit § 20 Abs. 3 in der vor dem 20. Juli 2004 geltenden Fassung veranlassten Widerspruchs im Grundbuch zu ersuchen, wenn die Satzung nicht mehr anwendbar ist oder die Aussetzung der Zeugniserteilung unwirksam wird.

(7) § 35 Abs. 5 Satz 2 gilt nicht für die Zulässigkeit eines Vorhabens, das die Nutzungsänderung einer baulichen Anlage zum Inhalt hat, deren bisherige Nutzung vor dem 20. Juli 2004 zulässigerweise aufgenommen worden ist.

I. Novelle 2004

1 § 244 ist durch das EAG Bau eingefügt worden. Die Vorschrift enthält das Überleitungsprogramm für das Bauleitverfahren (Battis/Krautzberger/Löhr, NJW 2004, 2553; Krautzberger, UPR 2004, 241 (246)).

II. Die Überleitung im Einzelnen

2 Abs 1 bestimmt, dass abweichend von § 233 Abs 1 Verfahren für **Bauleitpläne und Satzungen**, die nach dem 20.07.2004 förmlich eingeleitet worden sind oder die nach dem 20.07.2006 abgeschlossen werden, nach den Vorschriften des EAG Bau zu Ende zu führen sind. Hieraus resultiert die praxisrelevante Konsequenz, dass auch vor dem 20.07.2004 eingeleitete Verfahren vor dem 20.07.2006 abgeschlossen sein müssen, um die Verfahren nach bisherigem Recht durchführen zu können.

Abs 2 bestimmt hierzu eine konkretisierende Regelung für Bebauungsplanverfahren, und eröffnet die Möglichkeit, einzelne Verfahrensschritte, die noch nicht begonnen worden sind, nach dem EAG Bau durchzuführen. Abs 3 enthält eine weitere Überleitungsvorschrift für **Bauleitpläne**. Abs 4 bestimmt, dass auf **Flächennutzungspläne**, die vor dem 20.07.2004 aufgestellt worden sind, § 5 Abs 1 Satz 3 erstmals ab 01.01.2010 anzuwenden ist. Abs 5 beschäftigt sich mit Satzungen zur **Teilungsgenehmigung**. Abs 6 enthält eine Überleitungsvorschrift für Satzungen, die auf Grundlage des **§ 22 BauGB** erlassen worden sind.

§ 245 Überleitungsvorschriften für den Stadtumbau und die Soziale Stadt

(1) Ein von einer Gemeinde bis zum 20. Juli 2004 im Hinblick auf die Verwaltungsvereinbarungen über die Gewährung von Finanzhilfen des Bundes an die Länder nach Artikel 104a Abs. 4 des Grundgesetzes zur Förderung städtebaulicher Maßnahmen beschlossenes Gebiet für Stadtumbaumaßnahmen

sowie ein hierfür aufgestelltes städtebauliches Entwicklungskonzept der Gemeinde gilt als Stadtumbaugebiet und städtebauliches Entwicklungskonzept im Sinne des § 171 b.

(2) Ein von der Gemeinde bis zum 20. Juli 2004 im Hinblick auf die Verwaltungsvereinbarungen über die Gewährung von Finanzhilfen des Bundes an die Länder nach Artikel 104a Abs. 4 des Grundgesetzes zur Förderung städtebaulicher Maßnahmen beschlossenes Gebiet für Maßnahmen der Sozialen Stadt sowie ein hierfür aufgestelltes Konzept der Gemeinde gilt als Gebiet und Entwicklungskonzept im Sinne des § 171 e.

Die Überleitungsregelung für die soziale Stadt soll gewährleisten, dass die bereits vor Inkrafttreten des Gesetzes nach den einschlägigen Verwaltungsvereinbarungen zur Förderung von Stadtteilen mit besonderem Entwicklungsbedarf beschlossenen Gebiete für die soziale Stadt und ihre aufgestellten Konzepte ohne Umstellung und Schwierigkeiten vorgeführt werden können. 1

§ 245a (weggefallen)

§ 245b Überleitungsvorschriften für Vorhaben im Außenbereich

(1) (weggefallen)
(2) Die Länder können bestimmen, dass die Frist nach § 35 Abs. 4 Satz 1 Nr. 1 Buchstabe c bis zum 31. Dezember 2008 nicht anzuwenden ist.

Durch das ÄndG 1996 wurde mit § 245b (seit BauROG 1998 § 245b Abs 1) eine Überleitungsvorschrift für Entscheidungen über die Zulässigkeit von Windenergieanlagen eingeführt. Die Einführung der Vorschrift steht im Zusammenhang mit der Privilegierung der Windenergie durch § 35 Abs 1 Nr 7, seit dem BauROG 1998 § 35 Abs 1 Nr 6, seit dem EAG Bau § 35 Abs 1 Nr 5. 1

Abs 1 ermöglicht die befristete Zurückstellung von Anträgen über die Zulässigkeit von **Windenergieanlagen**, und ist insoweit des § 15 nachgebildet. Die Zurückstellungsmöglichkeit bestand bis 31.12.1998. 2

Nach Abs 2 können die Länder bestimmen, dass die Frist nach § 35 Abs 4 Satz 1 Nr 1c, die ua vorsieht, dass die Umwidmungsfrist zwischen Aufgabe der Privilegierten und Aufnahme der neuen Nutzung nicht mehr als sieben Jahre betragen darf, dass die Aufgabe der bisherigen Nutzung auf länger als 7 Jahre zurückliegen darf. Von dieser Regelung haben Baden-Württemberg, Brandenburg, Mecklenburg-Vorpommern, Sachsen und Schleswig-Holstein Gebrauch gemacht. Durch das EAG Bau wurde die Frist auf den 21.12.2008 verlängert. Mit der Änderung des Abs 2 wird die bisherige Regelung beibehalten. 3

§ 245c (weggefallen)

Zweiter Teil
Schlussvorschriften

§ 246 Sonderregelungen für einzelne Länder

(1) In den Ländern Berlin und Hamburg entfallen die in § 6 Abs. 1, § 10 Abs. 2 und § 190 Abs. 1 vorgesehenen Genehmigungen oder Zustimmungen; das Land Bremen kann bestimmen, dass diese Genehmigungen oder Zustimmungen entfallen.

(1a) Die Länder können bestimmen, dass Bebauungspläne, die nicht der Genehmigung bedürfen, und Satzungen nach § 34 Abs. 4 Satz 1, § 35 Abs. 6 und § 165 Abs. 6 vor ihrem Inkrafttreten der höheren Verwaltungsbehörde anzuzeigen sind; dies gilt nicht für Bebauungspläne nach § 13. Die höhere Verwaltungsbehörde hat die Verletzung von Rechtsvorschriften, die eine Versagung der Genehmigung nach § 6 Abs. 2 rechtfertigen würde, innerhalb eines Monats nach Eingang der Anzeige geltend zu machen. Der Bebauungsplan und die Satzungen dürfen nur in Kraft gesetzt werden, wenn die höhere Verwaltungsbehörde die Verletzung von Rechtsvorschriften nicht innerhalb der in Satz 2 bezeichneten Frist geltend gemacht hat.

(2) Die Länder Berlin und Hamburg bestimmen, welche Form der Rechtsetzung an die Stelle der in diesem Gesetzbuch vorgesehenen Satzungen tritt. Das Land Bremen kann eine solche Bestimmung treffen. Die Länder Berlin, Bremen und Hamburg können eine von § 10 Abs. 3, § 16 Abs. 2, § 22 Abs. 2, § 143 Abs. 1, § 162 Abs. 2 Satz 2 bis 4 und § 165 Abs. 8 abweichende Regelung treffen.

(3) (weggefallen)

(4) Die Senate der Länder Berlin, Bremen und Hamburg werden ermächtigt, die Vorschriften dieses Gesetzbuchs über die Zuständigkeit von Behörden dem besonderen Verwaltungsaufbau ihrer Länder anzupassen.

(5) Das Land Hamburg gilt für die Anwendung dieses Gesetzbuchs auch als Gemeinde.

(6) (weggefallen)

(7) Die Länder können bestimmen, dass § 34 Abs. 1 Satz 1 bis zum 31. Dezember 2004 nicht für Einkaufszentren, großflächige Einzelhandelsbetriebe und sonstige großflächige Handelsbetriebe im Sinne des § 11 Abs. 3 der Baunutzungsverordnung anzuwenden ist. Wird durch eine Regelung nach Satz 1 die bis dahin zulässige Nutzung eines Grundstücks aufgehoben oder wesentlich geändert, ist § 238 entsprechend anzuwenden.

1 Auch die Schlussvorschriften haben durch das EAG Bau Änderungen erfahren. Die Streichung des § 246 Abs 3 und 6 dient dabei der Rechtsvereinfachung.

§ 246a (weggefallen)

§ 247 Sonderregelungen für Berlin als Hauptstadt der Bundesrepublik Deutschland

(1) Bei der Aufstellung von Bauleitplänen und sonstigen Satzungen nach diesem Gesetzbuch soll in der Abwägung den Belangen, die sich aus der Entwicklung Berlins als Hauptstadt Deutschlands ergeben, und den Erfordernissen der Verfassungsorgane des Bundes für die Wahrnehmung ihrer Aufgabe besonders Rechnung getragen werden.

(2) Die Belange und Erfordernisse nach Absatz 1 werden zwischen Bund und Berlin in einem Gemeinsamen Ausschuss erörtert.

(3) Kommt es in dem Ausschuss zu keiner Übereinstimmung, können die Verfassungsorgane des Bundes ihre Erfordernisse eigenständig feststellen; sie haben dabei eine geordnete städtebauliche Entwicklung Berlins zu berücksichtigen. Die Bauleitpläne und sonstigen Satzungen nach diesem Gesetzbuch sind so anzupassen, dass den festgestellten Erfordernissen in geeigneter Weise Rechnung getragen wird.

(4) Haben die Verfassungsorgane des Bundes Erfordernisse nach Absatz 3 Satz 1 festgestellt und ist zu deren Verwirklichung die Aufstellung eines Bauleitplans oder einer sonstigen Satzung nach diesem Gesetzbuch geboten, soll der Bauleitplan oder die Satzung aufgestellt werden.

(5) (weggefallen)

(6) (weggefallen)

(7) Die Entwicklung der Parlaments- und Regierungsbereiche in Berlin entspricht den Zielen und Zwecken einer städtebaulichen Entwicklungsmaßnahme nach §165 Abs. 2.

(8) Ist im Rahmen von Genehmigungs-, Zustimmungs oder sonstigen Verfahren für Vorhaben der Verfassungsorgane des Bundes Ermessen auszuüben oder sind Abwägungen oder Beurteilungen vorzunehmen, sind die von den Verfassungsorganen des Bundes entsprechend Absatz 3 festgestellten Erfordernisse mit dem ihnen nach dem Grundgesetz zukommenden Gewicht zu berücksichtigen. Absatz 2 ist entsprechend anzuwenden.

§ 247 trägt der besonderen Bedeutung und Funktion von Berlin als Hauptstadt der Bundesrepublik Rechnung. Die Schaffung von § 247 geht auf Art 4 des Hauptstadtvertrages vom 25.08.1992 (Anlage 1 zu BR-Drs 6/93) zurück. Zwar wird den planerischen Belangen und Erfordernissen der Verfassungsorgane durch verschiedene Eingriffe in die Bauleitplanung Berlins zur Verwirklichung geholfen, doch verbleibt es grds bei der Planungshoheit der Stadt. Insoweit bedarf es besonderen Erwägungen im Abwägungsprozess, die in dem von Abs 2 vorgesehenen Gemeinsamen Ausschuss zu erörtern sind. Kommt es zu keiner Einigung, ist nach Abs 3 zu verfahren.

Abs 4 sieht abweichend von § 2 Abs 3 vor, dass ein Bauleitplan bzw eine Satzung aufgestellt werden soll, wenn die Verfassungsorgane des Bundes Erfordernisse förmlich festgestellt haben, zu deren Verwirklichung ein solcher Plan notwendig ist. Hieraus ergibt sich, dass die Bauleitplanung insoweit den förmlich festgestell-

ten Erfordernissen Rechnung tragen muss, so dass den städtischen Planungsgremien nur begrenzte Gestaltungsmöglichkeiten verbleiben.

3 Praxisrelevant ist die Anlage, die § 247 angefügt ist. Es handelt sich um die Anforderungen an den Umweltbericht nach § 2 Abs 2 und § 2a Satz 2 Nr 2 (Bunzel, ZfBR 2004, 328). Bundesgesetzblatt Jahrgang 2004 Teil I Nr. 52, ausgegeben zu Bonn am 1. Oktober 2004.

Anlage
(zu § 2 Abs. 4 und § 2a)

Der Umweltbericht nach § 2 Abs. 4 und § 2a Satz 2 Nr. 2 besteht aus
1. **einer Einleitung mit folgenden Angaben:**
 a) **Kurzdarstellung des Inhalts und der wichtigsten Ziele des Bauleitplans, einschließlich der Beschreibung der Festsetzungen des Plans mit Angaben über Standorte, Art und Umfang sowie Bedarf an Grund und Boden der geplanten Vorhaben, und**
 b) **Darstellung der in einschlägigen Fachgesetzen und Fachplänen festgelegten Ziele des Umweltschutzes, die für den Bauleitplan von Bedeutung sind, und der Art, wie diese Ziele und die Umweltbelange bei der Aufstellung berücksichtigt wurden,**
2. **einer Beschreibung und Bewertung der Umweltauswirkungen, die in der Umweltprüfung nach § 2 Abs. 4 Satz 1 ermittelt wurden, mit Angaben der**
 a) **Bestandsaufnahme der einschlägigen Aspekte des derzeitigen Umweltzustands, einschließlich der Umweltmerkmale der Gebiete, die voraussichtlich erheblich beeinflusst werden,**
 b) **Prognose über die Entwicklung des Umweltzustands bei Durchführung der Planung und bei Nichtdurchführung der Planung,**
 c) **geplanten Maßnahmen zur Vermeidung, Verringerung und zum Ausgleich der nachteiligen Auswirkungen und**
 d) **in Betracht kommenden anderweitigen Planungsmöglichkeiten, wobei die Ziele und der räumliche Geltungsbereich des Bauleitplans zu berücksichtigen sind,**
3. **folgenden zusätzlichen Angaben:**
 a) **Beschreibung der wichtigsten Merkmale der verwendeten technischen Verfahren bei der Umweltprüfung sowie Hinweise auf Schwierigkeiten, die bei der Zusammenstellung der Angaben aufgetreten sind, zum Beispiel technische Lücken oder fehlende Kenntnisse,**
 b) **Beschreibung der geplanten Maßnahmen zur Überwachung der erheblichen Auswirkungen der Durchführung des Bauleitplans auf die Umwelt und**
 c) **allgemein verständliche Zusammenfassung der erforderlichen Angaben nach dieser Anlage.**

Literaturverzeichnis

Kommentare/Erläuterungen

Battis/Krautzberger/Löhr, BauGB-Kommentar, 8. Auflage 2002, (BKL)

Bielenberg/Koopmann/Krautzberger, Städtebauförderungsrecht, Kommentar und Handbuch, Loseblattausgabe

Brügelmann ua, (sog. Kohlhammer-Kommentar), BauGB-Kommentar, Loseblattausgabe, (KK)

Ernst/Zinkhahn/Bielenberg/Krautzberger, BauGB-Kommentar, Loseblattausgabe, (EZB)

Fickert/Fieseler, Baunutzungsverordnung, Kommentar, 10. Auflage 2002

Gronemeyer (Hrsg.), BauGB-Praxiskommentar, 1999

Jäde/Dirnberger/Weiß, BauGB-BauNVO, Kommentar, 2. Auflage 1999

Schlichter/Stich (Hrsg.), Berliner Kommentar zum BauGB, 2. Auflage 1995, (BK, 2. Aufl)

Schlichter/Stich/Driehaus/Paetow, Berliner Kommentar zum BauGB, 3. Auflage, Loseblattausgabe, (BK, 3. Aufl)

Schrödter, BauGB-Kommentar, 6. Auflage 1998

Ferner, Minimierung von Flächenverbrauch bei der Schaffung von Wohnraum, 1. Aufl. 2003

Ferner/Stahl, Erläuterung zum BauGB, in: Das Deutsche Bundesrecht, Loseblattausgabe, Stand 10/2003

Gaentzsch, Kommentar zum BauGB, 1991

Lehr- und Handbücher

Battis, Öffentliches Baurecht und Raumordnungsrecht, 4. Auflage 1999

Birk, Bauplanungsrecht in der Praxis, 4. Auflage 1998

Brohm, Öffentliches Baurecht. Bauplanungs-, Bauordnungs- und Raumordnungsrecht, 3. Auflage 2002

Erbguth/Wagner, Bauplanungsrecht, 3. Auflage 1998

Festschrift für Schlichter: Planung- und Plankontrolle, Berkemann/Gaentzsch/Halama/Heeren/Hien/Lemmel (Hrsg.), 1995

Festschrift für Weyreuther: Baurecht aktuell, Driehaus/Birk (Hrsg.), 1993

Ferner, Minimierung von Flächenverbrauch bei der Schaffung von Wohnraum, 2003

Finkelnburg/Ortloff, Öffentliches Baurecht, Band 1, 5. Auflage 1998; Band II, 4. Auflage 1998

Gelzer/Bracher/Reidt, Bauplanungsrecht, 6. Auflage 2001

Hoppe/Bönker/Grotefels, Öffentliches Baurecht, 2. Auflage 2002

Hoppenberg/de Witt, Handbuch des öffentlichen Baurechts, Loseblattausgabe

Literaturverzeichnis

Jacob/Ring/Wolf (Hrsg.), Freiberger Handbuch zum Baurecht, 2001

Koch/Hendler, Baurecht, Bauordnungs- und Landesplanungsrecht, 3. Auflage 2001

Krautzberger/Söfker, BauGB mit BauNVO, Handbuch mit Synopse, 6. Auflage 2001

Kühling/Hermann, Fachplanungsrecht, 2. Auflage 2000

Lansnicker, Das baurechtliche Mandat, Band 2: Öffentliches Baurecht, 2002

Rabe/Steinfort/Heintz, Bau- und Planungsrecht, 5. Auflage 2002

Stüer, Städtebaurecht 2001

Uechtritz, Öffentliches Baurecht, Bauplanungsrecht, Baugenehmigungsrecht, Verwaltungsprozess, 3. Auflage 2002

Werner/Pastor/Müller, Baurecht von A–Z, Lexikon des öffentlichen und privaten Baurechts, 7. Auflage 2000

Weyreuther, Bauen im Außenbereich, 1979

Stichwortverzeichnis

(z.B. **12** 26 = § 12 Rz 26)

A

Abfindung **55** 19; **59** 12; **60** 13; **63** 2
Abfindungs- bzw. Ausgleichsbetrag **60** 5
Abgaben- und Auslagenbefreiung **79** 6
Ablösungsvertrag **11** 2; **133** 22
Abschnittsbildung **127** 24, 26; **130** 5, 7, 9 ff.
Abstandsflächen **80** 3
Abstimmungsgebot, interkommunales **2** 4
Abstimmungspflicht **188** 2
Abwägung **171b** 2; **214** 36
Abwägungsausfall **1** 16
Abwägungsdefizit **1** 16
Abwägungsergebnis **1** 13, 17; **214** 38
Abwägungsfehleinschätzung **1** 16
Abwägungsfehler **1a** 3
Abwägungsgebot **1** 12, 16; **6** 2; **136** 4; **165** 5; **172** 9
Abwägungsmaterial **1** 13
Abwägungsvorgang **1** 13, 17; **214** 39
Abweichungssatzung **125** 5; **132** 6
Ackerbau **201** 6
Agrarstrukturverbesserung **187** 2
Anerkenntnis **33** 4
Anhörung **66** 7
Anpassung **7** 8
Anpassungsgebot **1** 8
Anpflanzungen **60** 13, 4
Anteilsanspruch **59** 7
Anzeigepflicht **174** 1
Artzuschlag **131** 18, 27 ff.
Atypik **31** 5
Auflagen **6** 4
Auflösungspflicht **205** 11
Aufschüttungen **29** 9
Aufstellung **1** 6
Aufstellungsbeschluss **2** 2
Aufwendungsersatz **37** 4
Augenschein **34** 10
Ausgleich **5** 10

Ausgleichsbetrag **154** 5
Ausgleichsflächen **55** 21
Ausgleichsmaßnahmen **9** 24; **135a** 3
Auskunftspflicht **138** 1
Auslegung **3** 3
Auslegungspflicht **3** 1
Ausschachtungen **29** 9
Außenbereich **34** 6; **35** 1; **125** 2; **127** 14; **131** 10; **133** 9; **135** 6
Außenbereichssatzung **35** 50
Außenbereichsverträglichkeit **35** 39

B

Bagatellfälle **80** 10
Bagatellfehler **214** 4
Bauantrag **176** 2
Baubeschränkung **131** 9; **133** 2; **135a** 4
Baufläche **5** 2; **34** 25
Baugebot **59** 12; **176** 1
Baugenehmigung **32** 2; **176** 2
Baugenehmigungspflicht **37** 1
Baugesuch, Zurückstellung **15** 26
Bauherr **212a** 10
Baukostensteigerung **18** 9
Baulandkammer **179** 5
Baulandkataster **84** 4
Bauliche Anlagen **29** 1; **34** 4
Baulücke **34** 2
Baumaßnahmen **148** 1
Baunutzungsverordnung **9a** 1
Bauordnungsrecht **31** 2
Bauverbot **30** 4: **172** 6
Bebauung **34** 5
Bebauungsgenehmigung **15** 6
Bebauungsplan **1** 4, 9; **8** 2; **9** 1; **30** 1; **33** 2; **123** 4, 7; **124** 4; **125** 1 ff.; **127** 3, 13; **128** 11, 16; **130** 5, 9; **131** 5, 9; **133** 2, 9, 18; **179** 2
Bebauungsplan, qualifizierter **30** 1
Bebauungszusammenhang **34** 1
Bedarfsträger **174** 1
Befreiung **31** 3; **34** 15
Begründung **5** 15; **9** 31

Stichwortverzeichnis

Begründungs- und Überprüfungspflicht **200a** 7
Begründungsgebot **214** 22
Begrünung **178** 1
Beitragspflicht **125** 2 ff.; **126** 2; **127** 1, 6, 8 ff., 13 ff., 22 f., 25; **128** 3, 5 ff., 10, 23; **129** 1: **130** 2, 9, 11, 13; **131** 6 f., 10 f., 13, 15, 24, 31; **132** 2, 5, 9; **133** 1 ff.; **134** 1 ff.; **135** 1 ff.
Beitrittsbeschluss **6** 4
Bekanntgabe **125** 2; **134** 1; **135** 1
Bekanntmachung **2** 2; **3** 3; **10** 7; **50** 3; **69** 4; **72** 5; **83** 7; **143** 3
Bekanntmachung, ortsübliche **6** 7
Belange, öffentliche **37** 2
Belange, ökologische **1a** 1
Belehrung über Rechtsbehelfe **211** 4
Bemessung des Geldausgleichs **59** 8
Bepflanzung **213** 7
Beratung **175** 2
Bergehalten **200a** 6
Berichtigung **74** 4
Beschluss **33** 3; **138** 1; **141** 1; **165** 5
Beschlussgebot **214** 26
Besitzeinweisung **72** 4
Besitzeinweisung, vorzeitige **77** 6; **212** 5 6
Bestandsaufnahme **1** 14
Bestandsentwicklung **1** 12
Bestandskarte **53** 7
Bestandsschutz **30** 2; **33** 7; **35** 38; **179** 1
Bestandsverzeichnis **53** 7
Bestimmtheitsgebot **66** 9
Beteiligte **48** 7
Beteiligung **4a** 2; **171e** 4 2
Betrieb **201** 7
Beugemittel **213** 3
Beweislast **128** 11
Billigkeit **181** 0
Billigkeitsregelungen **124** 2; **127** 1, 3 f.; **131** 12; **135** 1 ff.
Bindungsentschädigung **57** 7
Binnenfischerei **201** 10
Bodenertragsnutzung **35** 6
Bodenrente **18** 9
Bodenschutzklausel **1a** 4; 5, 9
Bodenwertsteigerung **45** 11
Buchgrundstück **84**, 2; **131** 3, 5
Bürgerbeteiligung **13** 8

C
Clearing-Stellen **4** 2

D
Datenschutz **138** 3
Denkmalschutz **172** 1
Deponien **200a** 6
Differenzmethode **60** 6
Duldungspflicht **209** 3
Duldungsverfügung **175** 4
Durchführung, zügige **136** 1; **165** 3
Durchführungsvertrag **11** 2; **12** 3 2

E
Eckgrundstück **127** 1; **128** 26; **130** 14; **131** 19, 31f.
Eigentum **144** 2
Eigentümer **35** 41
Einfriedigungen **35** 31
Einfügen **34** 10
Eingriff **1a** 5; **9** 24, 23
Einheitssätze **130** 1, 3
Einmündung **128** 18; **130** 16
Einrichtungen **60** 13, 4
Einsichtnahme **75** 3
Einvernehmen **31** 10; **36** 1; **203** 9
Einwurfsmasse **55** 8
Einwurfswert **59** 7
Einzelfall **35** 25
Einzelfallbeschränkung **31** 5
Enteignung **190** 0
Enteignungsentschädigung **185** 1
Entschädigung bei Veränderungssperre **18** 10
Entschädigungsanspruch **179** 3
Entschädigungsrichtlinien Landwirtschaft **60** 6
Entscheidung, Vorwegnahme **76** 2
Entsiegelungsgebot **179** 4

Stichwortverzeichnis

Entstehen der Beitragspflicht **125** 4; **127** 1, 6, 15, 25; **128** 3; **129** 1; **131** 6, 24; **132** 1 ff., 9; **133** 9 f.; **135** 1 f., 9
Entwässerung **127** 24; **128** 10, 18 f.; **130** 1, 3; **132** 5
Entwicklung **5** 1
Entwicklung und Ordnung, städtebauliche **1** 1
Entwicklung, städtebauliche **8** 1
Entwicklungsbedarf, besonderer **171e** 3
Entwicklungsbereich, städtebaulicher **182** 6
Entwicklungsgebot **5** 16; **8** 2
Entwicklungskonzept **171c** 1
Entwicklungsmaßnahmen, städtebauliche **165** 1
Entwicklungssatzung **165** 7
Entwicklungsträger **167** 2
Erforderlichkeit 1; 4, 8; **6** 2; 175, 3
Erforschung des Sachverhalts **208** 4
Ergänzendes Verfahren **214** 13
Erhaltungssatzung **172** 1
Erholungslandschaft **35** 19, 31
Erklärung **10** 9
Ermessen **31** 3; **145** 2; **154** 1
Ermittlungsfehler **214** 17
Erörterung **66** 6; **137** 1; **175** 2
Erörterungspflicht **173** 1
Errichtung **29** 5
Ersatzland **185** 2; **189** 1
Ersatzmaßnahme **200a** 2
Ersatzwohnraum **179** 3
Ersatzwohnraumklausel **182** 5
Erschließung **30** 4; **31** 2; **33** 4; **34** 18; **35** 30, 36; **175** 3
Erschließungsanlage **vor 123** 1 ff.; **123** 3 ff., 8; **125** 1 ff.; **127** 1, 6 ff.; **128** 13 ff.; **129** 1 ff.; **131** 10, 16 ff.; **132** 2, 5 f.
Erschließungsanlagen **150** 1
Erschließungsaufwand **124** 2; **127** 6, 11, 15, 22, 26; **128** 1 ff.; **129** 1 ff.; **130** 1 ff.; **131** 1 ff.
Erschließungseinheit **127** 26; **130** 5 ff.; **131** 19
Erschließungsvertrag **11** 2

Erschlossensein **124** 2; **125** 4; **127** 1 f., 10, 13 f., 17, 19, 22 ff.; **129** 3; **130** 9, 14 f.; **131** 6, 8 ff.; **133** 3 f., 7 f.
Erweiterung **30**, 3; **vor 123** 2; **125** 4; **127** 8, 12; **128** 10, 24
– faktische **17** 4; **18** 4
Erweiterung, angemessene **35** 47

F

Fahrbahn **125** 7; **127** 15, 19 f., 24; **128** 26
Fälligkeit **127** 1; **135** 1 ff.
Familie **35** 42
Fauna-Flora-Habitat-Richtlinie **1a** 6
Fehlbetrag **64** 5
Festsetzungen **9** 1
Fiktion **36** 6
Finanzierung **203** 14
Finanzierungsfunktion **155** 3
Finanzierungsmöglichkeiten **175** 2
Flächen- und Wertmaßstab **56** 1
Flächenabzug **55** 17
Flächenbeitrag **58** 8
Flächenmaßstab 56; 5, 7; **58** 7, 9
Flächennutzungsplan 1; 4, 9; **5** 1, 16; **6** 1; **7** 1; **8** 2; **35** 27
Flächennutzungsplanung, länderübergreifende **203** 28
Flächenrecycling **1** 12
Flächenverbrauch **1a** 4; **187** 1, 2, 3; **188** 1, 3; **190** 1;
FPl, regionaler **204** 11
FPl, interkommunaler **204** 29
FPl-Aufstellungsverfahren **204** 10
Freilegung **127** 24; **128** 6, 8, 25
Freizeitnutzung **35** 18
Fremdkapitalkosten **128** 5; **133** 14
Fristbeginn **215** 5
Funktionslosigkeit **30** 5
Funktionsverlust **171a** 3
Fußwege **127** 8, 16 ff.; **128** 25; **131** 14

G

Gebietsbezug **171b** 1
Geldabfindung **55** 15; **63** 5
Geldabfindung/Geldausgleich **60** 3
Geldausgleich **55** 13

Stichwortverzeichnis

Geldleistung **81** 26; **64** 5
Geltendmachung vor Fristbeginn **215** 6
Geltungsbereich, räumlicher **16** 5; **14** 12
Geltungsdauer **17** 7
Gemeinbedarf **5** 3; **9** 6
Gemeinbedarfsflächen **55** 19
Gemeindeneugliederung **49** 2
Gemeinsamer FPl **204** 3
Gemeinschaftliches Eigentum **62** 2
Gemeinwohl, Gründe **31** 6
Genehmigung **6** 1; **145** 1
– nach Maßgabe **6** 4
Genehmigungspflicht **10** 6; **144** 1
Genehmigungsverfahren, Aufgaben **216** 10
Genehmigungszuständigkeit **203** 2
Geringfügigkeitsgrenzen **59** 6
Gesamtbetrachtung **155** 1
Gesamtmaßnahme **136** 1; **165** 2
Geschossflächenmaßstab **131** 26
Gewinnerzielung **35** 10
Gewohnheitsrecht **214** 27
Grünanlage **vor 123** 1; **125** 1; **127** 10 f., 19 ff.; **128** 26; **129** 3; **131** 16, 27
Grundbuch **72** 3; **84** 2
Grundbuchamt **54** 2; **74** 2; **143** 2
Grundflächenmaßstab **128** 6 f.; **131** 25
Grundstückseigentümer **34** 29
Gründungsgebot **205** 6
Grünfläche **9** 15
Gutachterausschuss **154** 2; **213** 5

H

Haftung **161** 1
Handel mit Flächen **200a** 5
Härte **31** 8
Härteausgleich **180** 1; **181** 1
– Fälle **181** 1
Härteregelung **64** 8
Hauptsatzung **2** 1; **6** 7; **10** 7
Heilung **214** 1
Heranfahrenkönnen **131** 11
Herauffahrenkönnen **131** 11
Herstellung, endgültige **123** 3; **125** 5; **127** 15, 18, 24; **128** 10 ff., 15, 18; **130** 15; **132** 5, 7 f.; **133** 9, 12 ff.

Herstellungskosten **vor 123** 1; **127** 14; **128** 3 f., 8, 10, 14 ff., 25; **129** 1, 4, 6; **130** 1 ff.
Herstellungsmerkmale **vor 123** 1; **123** 3; **125** 5; **127** 9; **128** 10, 13; **132** 5 ff.; **133** 9
Hinterlegung **65** 11
Hinterliegergrundstück **131** 11 ff.; **133** 7
Höhenlage **9** 26

I

Imkerei **201** 10
Immissionsschutzanlage **127** 23; **131** 18, 30; **132** 8
Infrastrukturflächen **67** 4
Inkrafttreten **71** 5
Innenbereich **34** 3
Instandsetzung **177** 1
Interessen, nachbarliche **31** 9
Interessenabwägung **212a** 13
Internet **4a** 3
Inzidentkontrolle **10** 3; **142** 2

K

Katasteramt **54** 2
Kausalität **1** 17
Kernenergie **35** 23
Kinderspielplatz **127** 8, 20, 22; **133** 4
Kleingarten **201** 3
Konflikttransfer **12** 14
Konkretisierung **1** 1
Konzept, städtebauliches **171b** 2
Kooperation **4b** 1
Kostenerstattungsbeträge **135a** 3
Kostenspaltung **127** 19, 24 ff.; **128** 12; **130** 9, 11; **132** 4, 9; **133** 14
Kreuzung **128** 18; **130** 16
Kündigung **11** 10

L

Lagegebot **59** 2
Lagewertverhältnis **58** 12
Land- und forstwirtschaftlicher Betrieb **35** 4
Landschaftsbild **172** 2
Landwirtschaft **35** 5; **201** 7

Stichwortverzeichnis

Längsspaltung **127** 24, 26
Lärmimmissionen **1** 15
Lärmschutzanlage **127** 23; **131** 18, 30; **132** 8
Leistungsbeschreibung **11** 7
Leitlinien **1** 10
Liegenschaftskataster **74** 2; **84** 2
Luxusmodernisierung **172** 3

M

Mängel **177** 1
Mehrfacherschließung **127** 1; **131** 6, 32
Mehrzuteilung **59** 9
Mieter **34** 29
Milieuschutzsatzung **172** 3
Minder- und Mehrzuteilung **59** 5
Mindestfestsetzungen **30** 1
Missbilligungsgrenze **214** 4
Missbrauch **124** 6; **127** 7
Missstände **136** 2; **177** 1
Mitwirkung **137** 1; **204** 7
Mitwirkungspflicht **204** 7
Modernisierung **177** 1
Modernisierungs- und Instandsetzungsgebot **59** 12
Monatsfrist **3** 4
Monitoring **4c** 1; **5** 1
Mutterboden **202** 10, 4

N

Nachbaranfechtung **212a** 1
Nachbarn **212a** 8
Nachbarschutz **8** 5; **9** 31; **14** 18; **30** 8; **31** 10 11; **34** 27; **36** 7
Nachhaltigkeit **1** 10
Nato-Truppen-Statut **37** 3
Naturschutz **200a** 3
Nebenanlagen **9** 5
Nebenerwerbslandwirtschaft **35** 12
Negativplanung **1** 1
Neuausweisung **1** 12
Neutralität **159** 3
Normenkontrollklage **14** 26
Normwiederholungsverbot **214** 46
Nutzung, gewerbliche **vor 123** 1; **127** 13; **131** 4, 7, 16, 27 ff.; **133** 2 f., 7
Nutzungsänderung **29** 7; **183** 1

Nutzungsart **131** 27
Nutzungsausschluss **29** 10
Nutzungsbeschränkungen **5** 7

O

Obstbau **201** 8
Öffentliche Belange **31** 8; **35** 2, 25
Öffentliche Last **64** 9
Öffentlichkeitsbeteiligung **3** 1
Öko-Konto **135a** 3
Ordnungsmaßnahmen **147** 1
Ordnungswidrigkeit **202** 11; **213** 1
Örtliche Behördenzuständigkeit **206** 5
Ortsbild **172** 2
Ortsgebundenheit **35** 17
Ortsteil **34** 8

P

Parkflächen **127** 10, 20 ff.; **128** 26; **131** 16 f.
Parkhaus **131** 10
Parzellenschärfe **9** 30
Pensionstierhaltung **35** 8
Pflanzgebot **9** 22; **178** 1; **188** 12
Pflicht zur Erschließung **123** 4
Planänderung **188** 2
Planerhaltung **214** 1
Plangewährleistung **12** 19
Planreife **33** 1; **35** 1
Planung, Grundzüge **31** 4
Planungsbefugnis **1** 5
Planungsgrundentscheidung **1** 8
Planungshoheit **1** 9; **2** 1; **10** 6 31 4; **36** 1; **140** 1
Planungskontrolle **1** 6
Planungspflicht **1** 5, 7
Planungsträger **4** 1
Planungsverband **205** 3
Planungsverbände **205** 13
Planungsziel **14** 3; **15** 8
Planunterschreitung **125** 4 f.
Planverwirklichungsgebot **175** 1
Planzeichenverordnung **5** 2; **9a** 1; **9** 3
Privatstraßen **123** 5; **131** 13
Prüfungstiefe **212a** 13

Q

Querspaltung **127** 26

R

Rangrücktritt **64** 11
Raumordnung **1** 9
Rechtsbehelf **80** 25
Rechtsmittelbelehrung **211** 1
Rechtsnachfolge **49** 1
Rechtsnormcharakter **10** 2
Rechtsschutz **5** 17; **206** 8 17
Rechtsschutz gegen Bautätigkeit **212a** 19
reformatio in peius **127** 6
Relevanz, planungsrechtliche **29** 4
Rückbaugebot **179** 1
Rücksichtnahme **1** 15; **31** 10; **34** 15 28; **35** 26 29 35
Rücksichtnahmegebot **212a** 9
Rückübertragung **164** 4
Rückwirkung **124** 9; **127** 5; **132** 1; **133** 9

S

Sackgasse **125** 2; **127** 13; 15
Sammelstraße **127** 13, 19; **131** 15 f.
Sand- und Kiesgruben **201** 3
Sanierungsgebiet **182** 3, 6
Sanierungskonzept **140** 2
Sanierungsmaßnahme **136** 1
Sanierungssatzung **142** 4 **158** 1 4
Sanierungsträger **158** 1
Satzung **5** 16; **8** 1; **9** 31; **10** 1; **34** 24; **vor 123** 1 f.; **124** 8; **125** 5, 7; **127** 2, 5, 12, 25; **128** 7, 10, 18, 20, 22; **129** 1 ff., 6; **130** 1, 4, 7; **131** 2, 9, 22, 24 ff.; **132** 1 ff.; **133** 9, 12, 15, 19; **135a** 1
Satzungsbeschluss **10** 1
Satzungserfordernis **135a** 1
Satzungsermächtigung **171d** 1
Schadstoffe **202** 9
Schienenwege **131** 10
Schießstand **35** 20
Schonung **35** 50
Schriftform **11** 11
Schweinemastanlage **35** 7 20

selbstständige Anlage **127** 13, 16, 20 ff.; **129** 3; **130** 9, 14; **131** 13, 16, 27
Selbstverwaltung **203** 18
Selbstverwaltungsangelegenheit **2** 1
Sicherungskosten **18** 9
Siedlungsstruktur **34** 9
Soziale Stadt **171e** 1
sozialer Missstand **171e** 3
Sozialplan **172** 4; **180** 1; **186** 1
Spannungen, bewältigungsbedürftige **34** 18
Sperrwirkung **14** 19
Splittersiedlung **35** 33
Sportgelände **201** 3
Städtebauförderungsmittel **164a** 3
Stadterhaltung **172** 1
Stadterneuerung **172** 1
Stadtumbau **171a** 1
– -gebiet **171b** 1
– -vertrag **171c** 1
Steinbruch **200a** 6
Steuernachteil **18** 9
Stichstraße **127** 13, 15
Störung **34** 28
Strukturverbesserung **165** 2
Strukturwandel **35** 22, 40; **171a** 3
Stützmauer **125** 1; **127** 24; **128** 16; **131** 8
Subsidiarität **171c** 1
Subsidiaritätsklausel **1** 8; **1a** 4
Substanzentschädigung in Geld **18** 8

T

Teilanlage **125** 7; **127** 24, 26; **128** 12; **130** 3; **133** 11
Teilbaugenehmigung **36** 3
Teilnichtigkeit **9** 3
Teilumlegungsplan **66** 11; **76** 3
Tiefenbegrenzung **131** 6, 9
Tierhaltung **201** 2, 7
Träger öffentlicher Belange **214** 20
Treuhänder **159** 1; **160** 1

U

Übernahme **176.** 3; **179** 3
Übernahme, nachrichtliche **9** 29
Übernahmeanspruch **168** 1; **173**

Überprüfungsdichte **203** 29
Umlegung **80** 14
Umlegung, freiwillige **45** 8
Umlegung, Ziel **45** 6
Umlegung, Zweck **45** 2
Umlegungsanordnung/Umlegungsbeschluss **46** 3
Umlegungsausschuss **46** 5
Umlegungsbeschluss **47** 8; **50** 3; **52** 1
Umlegungsgebiet **45** 6; **52** 9
Umlegungskarte **67** 14
Umlegungskasse **64** 2; **78** 5
Umlegungsmasse **55** 6, 16, 4
Umlegungsplan **47** 7; **59** 7; **66** 2; **70** 6; **71** 5; **73** 7; **75** 3
Umlegungsstelle **47** 2; **54** 2
Umlegungsverfahren **48** 1; **49** 3; **80** 21
Umlegungsverfahren, vereinfachtes **82** 6; **80** 7; **13** 2; **80** 7
Umlegungsvermerk **54** 9
Umlegungsverzeichnis **68** 4
Umlegungsvorteil **52** 3; **55** 9; **58** **68** 11; **59** 4
– Geldausgleich **57** 8
Umlegungszweck **80** 1
Umwelt **4c** 2
Umweltbelange **1** 12
Umweltbericht **2a** 1
Umwelteinwirkungen, schädliche **35** 29
Umweltprüfung **2** 6; **214** 22
Umweltschutz **5** 9; **9** 20
Umweltverträglichkeitsprüfung **1** 12
Umwidmungsklausel **1a** 4
Unbeachtlichkeitsklausel **214** 17, 24
Undurchführbarkeit **162** 1
Unterrichtung **4a** 4
Unterstützungspflicht **139** 2
Untersuchung **141** 1
Unvollständigkeit **214** 23
Unzumutbarkeit **176** 3

V

Veränderungssperre **14** 12; **16** 13; **17** 4; **18** 4; **171d** 1
Verbandssatzung **205** 7
Verbesserung der Agrarstruktur **187** 1
Verbindungsstraße **127** 13, 19 f.; **128** 15; **131** 13

Verdrängungsgefahr **172** 3
Verfahren, vereinfachtes **214** 45
Verfahrens- und Sachkosten **78** 7
Verfügungs- und Veränderungssperre **51** 6
Verfügungssperre **51** 4
Verhältniszahl **58** 5
Verjährung **127** 1, 5; **132** 1; **133** 13, 23; **134** 1; **135** 1; **213** 10
Verkehrsflächen **9** 11
Verlängerung **17** 5
Vermögensschäden **209** 4
Versorgungsbereiche **34** 23
Verteilungsmasse **55** 4, **7** 16
Verteilungsmaßstab **55** 10; **56** 21; **58** 4; **135a** 1; **131** 9, 21, 31; **132** 3
Verteilungsregelung **135a** 2
Verteilungsverfahren **65** 11
Verteilungsvorgang **55** 4
Vertrag, öffentlich-rechtlicher **180** 0
Vertrag, städtebaulicher **11** 2
Vertragsverhältnisse, schuldrechtliche **184** 0
Vertrauensschutz **214** 1
Vertretbarkeit, städtebauliche **31** 7
Vertreter, bestellter **207** 10
Verunstaltung **35** 31
Verwaltungsakt, privatrechtsgestaltender **186** 1; **186** 1
Verwaltungskosten **128** 4
Verwaltungsvereinbarung **164b** 3
Verzinsung **64** 7 **9** 7
Vorarbeiten auf Grundstücken **209** 5
Vorausleistung **123** 4; **125** 2; **127** 24, 26; **128** 5; **133** 14 ff.; **135** 1, 7; **135a** 5
Vorbereitung, einheitliche **136** 1; **165** 3
Vorbescheid **36** 3
Vorhaben **15** 3; **29** 1; **35** 2; **171d** 1;
Vorhaben, privilegiertes **35** 2
Vorhaben- und Erschließungsplan **12** 1; **30** 6
Vorhabenträger **135a** 2, 3
Vorranggebiet für Windenergieanlagen **14** 6
Vorverfahren **212** 3
Vorwirkung **18** 4

Stichwortverzeichnis

W

Waldwertermittlungsrichtlinie **60** 6
Wasserqualität **213** 8
Wechselflächen **80** 7
Weinbau **201** 9
Werterhöhungen **153** 1
Wertermittlung **81** 4; **154** 2
Wertmaßstab **56** 5, 8
Wertminderung **34** 17
Wertminderung, unerhebliche **80** 17
Widmung **125** 5; **127** 13, 16, 20, 25; **133** 9, 13
Wiederaufbau **35** 44
Wiedereinsetzung **210** 5
Wiesen- und Weidewirtschaft **201** 6
Wirtschaftsstelle eines Betriebes **191** 2
Wohnbedarf **175** 3
Wohngebäude **35** 41
Wohnungseigentum **172** 5

Z

Zumutbarkeit **34** 16; **35** 29; **172** 7
Zurückhaltung, planerische **5** 2; **9** 2
Zurückstellung **15** 10
Zusammenschluss **205** 15
Zustellung **70** 6; **55** 19; **59** 12; **134** 1 f.; **135** 1
Zuteilungsanspruch **56** 4
Zuteilungs-Außengrundstück **67** 4
Zuteilungsgrundstück **59** 3; **67** 4
Zuteilungsmaßstab **80** 8
Zuteilungsverfahren **80** 24
Zuweg **vor 123** 1; **127** 19; **131** 11
Zwischenliegergrundstück **127** 1